刑法学名师讲演录

讲演录 第三版

总 论

Criminal Law Lectures

刘宪权◎著

上海人民出版社

目　录

前　言

"人生天地之间,若白驹之过隙,忽然而已。"我自 1983 年留校担任刑法教研室的教师,迄今匆匆已过三十九寒暑。无论是对本科生或硕士研究生的大堂讲课,还是对博士研究生的小范围传授,刑法学教学始终是我情有独钟并愿意与其终生相伴的工作或事业。鄙人不敢妄言已有面壁功深的教学能力,且常常自忖学力未逮。本书之著述,既是对自己三十多年来的教学经验和研究生涯的一个总结,也期望更多对刑法学研究学习有兴趣者借由本书之助,能有所得。

刑法学理论在百年的蓬勃发展历程中硕果累累,但理论的日臻成熟及其不断精致化的深入,令刑法学变得愈发艰深晦涩。刑法学亦是与社会生活关联性极强的应用型学科,层出不穷的司法实例,也令刑法学变得愈发错综复杂。因此,当我在课堂上讲授刑法课程时,曾煞费苦心地斟酌,如何把深奥的刑法学原理,用通俗生动的语言深入浅出地说明,使初学者不再将刑法学视之如畏途;又如何时刻将新鲜的司法热点注入课堂,理论与实务并重,从而引导学生融会贯通刑法学的理论体系。这样的教学目标,我心向往之,但深知只有旷日积晷的潜心钻研,方可艰难玉成。

近年来,我潜心于本科生和研究生的课堂教学。承蒙国家教育部的高度重视以及华东政法大学的大力支持,由我作为主讲教师讲授的"刑法学"课程被评为"上海市重点建设课程项目"、首批"上海市精品课程",由我开设的"金融犯罪研究"课程被评为 2012 年度"上海市精品课程"。本人所著的《金融犯罪刑法理论与实务》于 2010 年获"上海市第十届哲学社会科学优秀成果奖"三等奖,本人主编的《刑法学》于 2007 年获"上海市优秀教材"一等奖,本人所著的《金融犯罪刑法学专论》于 2011 年获"上海市优秀教材"二等奖。我作为项目负责人所讲授的"犯罪与刑罚理论专题研究"课程以及本人主持的《刑法学课程与教学体系的改革》成果分别于 2001 年、2009 年两次被评为"上海市教学成果"二等奖。感谢本校历届学子们的厚爱,我连续 20 年被评为"我心目中的最佳教师",并由此获得"最佳教师终身成就奖"。另外,近年来,我还获得"全国杰出专业技术人才""全国优秀教师""国家级教学名师""上海市高等教育教学名师""上海市教育功臣"等荣誉称号,并入选首批"国家高端人才特殊支持计划"。这些荣誉既是对我过去努力的一种肯定,亦是对我未来工作的一个鞭策,尤其看到同学们的学有所获和学有所成,更加令我孜孜而不敢懈怠。

根据出版社的建议,本书以《刑法学名师讲演录》为书名。"名师"之名实属各位同仁的抬爱,与实际情况可能并不十分相符。当然,这也对本书的内容和质量提出了更高的要求。本书主要是以"刑法学"和"金融犯罪研究"这两门"上海市精品课程"的多媒体教学录像为基础,先由我的博士、硕士研究生将课堂录音转录成文字稿,再由我精心修改、整理和补充而完成。本书在构筑内容时,一方面顾及读者需要,以"讲"为编写体例,尽可能采用授课时口语化的表述形式,完整地再现了课堂的教学实况,力求以生动、平易之风格使读者易于理解;另一方面保持学术水平,将囿于课堂时间限制而省略的重要刑法理论和个人研究成果予以补充,兼顾口语化简明易懂的风格,令本书的体系与论述更趋完备,力求在内容深度上能够满足法学专业本科生和刑法学专业研究生水平的学习需求。除此之外,我还要作出几点说明:

一、本书的体系不同于一般的刑法学教科书。根据讲演录这种特殊形式,本书共分36讲,其中总论和分论各18讲,每讲之下设一些层级标题,同时以日常课堂口语化的表述作为逻辑上的衔接,从而达到内容的连贯和风格的统一。

二、本书是以2004年被评为"上海市重点建设课程项目""上海市精品课程"的"刑法学"和2012年被评为"上海市精品课程"的"金融犯罪研究"的课堂录音为基础,后又在成稿之中增加了一些新的内容。因此,讲演录中所列举的大多是当前的司法热点案例,对于最新的刑事立法与司法解释的规定也基本作了介绍,这些均有助于读者更深入地掌握刑法基本理论并了解最新刑事立法与司法的发展动态。

三、本书所参照使用的教材为本人主编的《刑法学(第五版)》上、下册(上海人民出版社2020年版)。本书不但基本涵盖了教材的主要内容,而且还补充了部分重要刑法理论和个人研究成果,因此读者是否对照教材都不影响对本书的阅读。

四、本书由于受到讲演录形式的限制,对于一些在课堂上引用的资料或者学者观点的表述,除了在讲课中或字节说明以外,无法也不便于一一标明出处,但是大多数相关引用的资料和观点,在本人其他著作中均已经标明出处,所以绝无侵犯他人著作权之意,望有关学者和读者予以谅解。

自惭德薄能鲜,且授课毕竟不同于写作,本书内容未经妥适,缺漏错误之处,在所难免,尚祈读者不吝指正。

本书是根据我的讲课录音整理而成,在书稿的整理与修订过程中需投入大量的时间,为此,我所带的博士、硕士研究生提供了很大的帮助。他们中的一些同学在学校冒着严寒酷暑,悉心完成课堂录音到文字稿转录、修订以及文字稿校正等繁杂工作,对弟子们的辛劳只能用"感谢"两字加以回报。

刘宪权　谨识

2021年2月于东风楼

第一讲

刑法学概述

首先自我介绍一下，我叫刘宪权，宪法的"宪"，权利的"权"，即宪法的权利，从父亲给我起名时，就"命中注定"我今后可能会从事与法律相关的工作。（全场笑）令人遗憾的是，现在我并非从事宪法学教学工作，却成了一名刑法学教授。但是，这里所谓的"遗憾"是指未能如我父亲之愿，就自身而言则没有任何遗憾，我非常热爱刑法学专业，我已经并将终生"与刑法学为伴"。

从这个学期开始我为大家讲授刑法学。对我们法学专业的学生来说，我们这个课属于专业课。刑法学本身，在我们法学中所占的位置是相当重要的。我们每个老师在讲自己的课之前，都要强调一下自己的课是很重要的，当然我也要强调一下，但是实际上即便我不强调，你们也都知道刑法学的重要性。理工科里有句话叫"学好数理化，走遍天下都不怕"，法学中我用一句话来概括就是："学好刑民法，走遍天下都不怕。"由此可见，刑法学在整个法学中所占的位置是最为重要的。

我认为，这里的"最重要"体现在两方面：一方面是教育部规定的专业主干课中，刑法学是其中最主要的课程之一，它是所有法学课程中课时最多的；另一方面就是司法实践对我们的要求，刑法学本身就相当于理工科数理化的位置，也就是通常所讲的我们"吃饭的工具"，是我们的"饭碗"。作为一名合格的法律人才，必须具有扎实的刑法学基础。当然，并不是说学好了刑法学就一定可以成为合格的法律人才，但是，我们可以说，学不好刑法学则一定不是一名合格的法律人才。我还想说的是，对于刑法学的学习也不是期末考试考完就结束了，如果单从考试讲，刑法学要一直考下去，对于很多人而言，甚至会与刑法学"相伴终生"，除非你今后不从事法律工作。需要指出的是，在我们国家统一法律职业资格考试里，刑法学所占比重也很高。

随着社会的发展，有些人提出刑法学可能已经过时了，在市场经济条件下，刑法学不会再像以前那样引人关注了。但是，我不同意这种说法，实际上刑法学不可能过时。随着经济的发展，刑法学的地位好像有所变化，但是各种各样新型的犯罪在不断涌现，需要我们加以研究，由此可见，刑法学研究的领域还是相当广阔的。

我们学校法学专业本科设置了四个方向：国际经济法、经济法、民商法、刑事法，在高考考生填报志愿时,刑事法这个方向确实不是很热门。很多人(包括我们学生的家长)都认为刑事法律就是杀人放火,因为民商法有商,经济法有经济,按照这样的一个思路,家长们都认为国际经济法最好,因为它又国际、又经济、又法律。(全场笑)但是我们从就业角度讲,没有那么多国际经济法的岗位让你就业,相反运用最普遍的还是刑法、民法。无论你从事什么方向的法学学习,最基本的法律你还是要学好,很多法学基本原理的东西都在我们刑法、民法里。

以上就是我给你上第一节刑法学课时,必须向你们强调的学习刑法学的重要性。

一、刑法学的历史和最新发展

下面,我给大家介绍一下我国刑法学的历史和最新发展。

通过了解我国刑法学的历史和最新发展,我们可以很全面地把握刑法学的发展脉络,这对于学习这门课程也是十分必要的。

我们国家的传统律学绵延近两千年的时间,在 19 世纪末、20 世纪初由于受到西学东渐的影响而开始发生明显变化,所以这个时期可以被认为是中国传统律学向中国现代法学转变的门槛。反观 20 世纪以及进入 21 世纪后的中国法制建设,经历了由传统的人治到现代法治的转变。回首历史,我们可以看到,我国在 20 世纪及以后经历的三次伟大的法律革命,分别是辛亥革命的法律制度的建立、新中国的法制建设和 1978 年与改革开放和随后开始的社会主义市场经济体制改革相适应的法治国家建设。与此相对应,从刑法学角度看,20 世纪以后的刑法学的发展也经历了以下几个阶段,分别是清末刑法的改制与刑法学的转轨、民国时期刑法学的发展、新中国成立至改革开放前刑法学的缓慢进展和改革开放后刑法学的发展。接下来,我依次为大家介绍刑法学在不同发展阶段的历史。

(一)清末刑法学的转轨

我们首先来看刑法学的第一个历史阶段:清末刑法学的转轨。学习过中国法制史的同学应该知道,我国传统法律一向以刑法见长,有的学者指出,我国古代历来重视刑事法,因此,如果说到我国的传统法律,通常指刑事法,刑事法的发达,远胜于民事法。但是,一直以来,我们国家古代刑事法的发展过程中并没有出现现代意义上刑法学的研究,而是表现为受儒家思想影响的传统律学。然而,法学近代化是一场影响全球的法学变革和改制运动,我们国家不可避免会受到这种近代化辐射波的影响。一般认为,20 世纪的中国刑法学,是指 19 世纪末 20 世纪初西学东渐以来受西方刑法制度和刑法学说影响而形成和发展起来的近现代法学。

在 20 世纪初,沈家本引进西方立宪法治思想和现代法律体系,并且主持了具有深远历史影响的变法修律运动。我认为,这是中国刑法学转型的基本标志。这场修律运动的历史意义主要表现在两个方面。一方面,它是中国近代社会政治、经济以及国际、国内形势发展的必然要求,虽然对于清政府来说是亡羊补牢,但在修律过程中引发的礼法之争把历史上法礼派和礼教派的斗争推到了顶峰,同时将西方先进的法律及法学传播到中国,带来了中国刑法意识和刑事法制的变革,这对我们后世的影响是巨大的。另一方面,这场修律运动,它不但标志着近现代刑法体系、刑法理念在中国的落地生根,是中国刑法现代化的发端,同时也为民国时期北洋政府、国民党政府的刑事立法奠定了基础。

(二)民国时期刑法学的发展

接下来是刑法学发展的第二个阶段:民国时期刑法学的发展。

民国时期可以说是 20 世纪中国现代刑法学史上的一个非常重要的时期,这一时期,随着许多的刑法学家引进、介绍、评价大陆法系刑法制度和刑法学说,中国现代刑法学体系初步得以形成,并在很多刑法基本理论问题的研究上取得了相当的成就,这对于指导民国时期的刑事立法、司法以及推动对刑法学的进一步研究都起到了非常重要的作用。可是由于历史原因,我国在 1949 年新中国成立后将国民党政府的东西一律推倒重来,刑法学的研究在很长一段时间内不能在民国时期刑法学的成就上面得以延续,新中国成立以后对刑法学的研究呈现出一种漠视、淡忘甚至是否定民国时期刑法学的发展历史的状况,因此导致了我们国家 80 年代的许多刑法学研究都是在重复前人已经研究过的问题,甚至是前人已经达成共识的东西。这不能不说是一种遗憾。但是我们也不得不承认,民国时期的刑法学也存在着许多不足,表现为典型的移植刑法学,对西方主要是大陆法系德国、日本等国的刑法学说,不加分析和批判,也不经中国现实社会实践的证明,而盲目地加以照搬和移植。

(三)新中国前三十年刑法学的主要成就

我们现在继续介绍第三个阶段:新中国前三十年刑法学的主要成就。

由于历史的原因,可以说新中国的刑法学研究并不是一帆风顺的,新中国第一部刑法典直到 1979 年,也就是新中国成立后三十年才得以颁布实施,由此我们可以看到,在这段漫长的时间里,刑法学的发展经历了一个曲折的过程。在此,我主要给大家介绍的是从新中国成立至 1979 年《刑法》颁布这段时期我国刑法学所取得的主要成就。

大家都知道新中国成立初期苏联对中国的发展影响很大,包括刑法理论方面,也受到了苏联的影响,因此在这一时期里,首先值得特别介绍的就是苏联刑法理论的全面引进。新中国成立前夕,1949 年 3 月 31 日中共中央发布《废除国民党的六法全书及其一切法律》的训令,明令提出各级人民政府的司法审判不得再援引其条文。这个训令说明我们已经废除了国民党的六法全书,同时也代表了国民党统治在中国大陆的终结。随着中华民国的终结,旧中国的刑法学理论成果也遭到了全面的否定。1952 年我们国家又开展了司法改革运动,主要目的就是对剥削阶级的旧法观点和旧法学理论进行彻底的批判,刑事古典学派的行为中心论和刑事实证学派的行为人中心论的两个刑法学体系受到彻底清算。从此,以社会危害性为中心的苏联刑法学体系开始在我国落地生根并产生深远影响。

新中国成立初期,我们除了聘请苏联刑法学家到中国来讲学授课以外,还翻译苏联及其他社会主义国家的刑法典,其中苏联刑法著作就有 30 余部被翻译出版。在这些著作中,尤其值得一提的是中国人民大学出版社 1958 年翻译出版的苏联著名刑法学家特拉伊宁的《犯罪构成的一般学说》一书,很多刑法专业的老师在讲到犯罪构成的时候都会提到这本书。在这本书中,特拉伊宁对犯罪构成的基本理论进行了系统的研究,提出了一些有价值的见解。比如说,他在书中明确指出,犯罪构成是主客观要件的有机统一,犯罪构成不能脱离犯罪的实质概念,犯罪构成是负刑事责任的唯一根据,确立犯罪的因果关系和罪过必须以辩证唯物主义的哲学为指导等一系列对我国犯罪以及犯罪构成理论的建立有深刻影响的观点。通过这本书对我国犯罪构成理论的影响的缩影,我们可以看到苏联刑法学理论对中国刑法学的影响有多深。同时,苏联刑法学的大量引入也就意味着我国当时理论界对原大陆法系刑法学的背离或否定,导致了在此之后相当长的一段时间里,我国刑法学的发展主要处于对苏联刑法学的模仿和消化阶段。这种全盘照搬苏联刑法学的做法所带来的负面效果是巨大的,那就是不顾法律文化的历史传承性,隔断了刑法学的历史联系,并使当时的中国刑法学在很大程度上具有教条主义的倾向,从而为当时创建新中国社会主义刑法学的科学体系和理论预设了潜在的障碍。

这一阶段的刑法学研究成果不是很多,成果大多数体现为一些刑法教科书。但囿于历史局限,这些教科书只包括总则而没有分则,这是因为我国当时还没有刑法典,刑事立法又不完备,这就使得以刑法为研究对象的刑法学理论体系存在相当不足,无论在内容还是体系方面都明显留有模仿苏联刑法教科书的痕迹。我要特别指出的是,1957 年出版的李光灿的刑法学专著《论共犯》,表明了刑法学者在理论研究过程中的侧重点转向一些特殊复杂领域。这本书介绍并分析了苏联学者关于共犯的学说,并结合中国的实际,对共同犯罪的概念、共同犯罪的种类及其刑事责任、犯罪的牵连行为及对资本主义刑法中共犯学说等各方面的理论问题作了难能可贵的开拓性研究。有兴趣的同学可以看一看这本书。

在这个时期里,除了教科书以外,学者们也发表了一些学术论文,主要就刑法中的因果关系、未成年人犯罪、过失犯罪、犯罪动机、犯罪未遂、刑罚目的、刑罚种类、量刑、自首、数罪并罚、缓刑、减刑、假释、刑法分则的体系以及某些具体犯罪,展开了讨论和论述,这些都在一定程度上推动了刑法学的发展。

随后由于轻视法制的"左"倾思想的抬头,我国的刑法学研究基本处于停滞状态。特别是对于一些重要的刑法理论,比如刑法的基本原则、犯罪构成等问题,学者们都不敢进行研究。在这样的形势之下,一些政法学院的刑法教学逐渐转向以刑事政策的教学和研究为主。各校教材,也大都是适应政治运动需要的产物,由于过分强调政治性,刑法学的专业内容就被大大压缩了。

（四）改革开放后刑法学的发展

通过我们刚才对刑法学发展的三个阶段的了解，大家可以感觉到，这个历程中充满了刑法学初创的艰辛、萧条、停滞的痛苦，此后，中国刑法学的研究终于走上了恢复、发展的道路，这就是我下面继续介绍的第四个历史发展阶段：改革开放后刑法学的发展。

应该看到，改革开放为我国刑法学的发展创造了良好的环境和氛围。我认为，改革开放以来我国刑法学在发展过程中取得了很大的成就，主要表现为这么几个方面。

第一个成就：注释刑法学研究的迅猛发展。这一时期学者们对于司法实践中需要正确解决的多发和疑难问题，比如正当防卫、共同犯罪、量刑方法等进行了充分的研讨，并对证券犯罪、计算机犯罪、安乐死的罪与非罪等较新问题也给予了密切关注。伴随着我国经济体制的改革和商品经济的发展，经济犯罪的研究也得到了刑法学界的重视。一些论著从宏观上论述了经济犯罪的概念、分类及其在刑法分则体系中的地位，还有一些论著针对经济犯罪中的具体问题进行了深入的研讨。特别是进入 20 世纪 90年代，尤其是 1997 新刑法修订以后，经济犯罪、金融犯罪等更是得到了充分的重视和研究。

第二个成就：刑法学者关注并参与刑法典的修改完善工作。1979 年《刑法》实施以来，刑法学者们虽然着力进行注释刑法理论的研究，但是大家并没有完全拘泥于注释刑法，有很多学者也从建议或批判的视角开始对刑法典的修改和完善进行研究，这就大大推动了刑事立法进程。随着刑法的实施，刑法的修改与完善逐渐成为刑法学者们关心的一个重要课题，不仅有数千篇论文发表，还有很多专著对这个问题进行了系统论述，就比如薛瑞麟、侯国云主编的《刑法的修改与完善》、赵秉志主编的《刑法修改研究综述》等等，并且在 1988 年、1994 年和 1996 年的中国法学会刑法学研究会年会中，还专门就刑法的修改与完善问题进行研讨。这些对于促进 1997 年《刑法》的出台具有非常重要的作用。而 1997 年《刑法》修订以来，学者们围绕这部新刑法缺陷的研究也从来就没有停止过。比如范忠信的《刑法典应力求垂范久远——论修订后的刑法的局限与缺陷》等，甚至出现了相关专著探讨修订后的刑法的不足。这些对于新刑法的不断完善是具有很大促进作用的，随后出现的几个刑法修正案和学者们的努力探讨是分不开的。

第三个成就：刑法学理论研究不断深入。正如我们刚才讲到的，这一时期学者们在对刑法立法与司法实践进行理论研究的同时，也十分注重刑法基础理论的研究，并且取得了丰硕的成果，主要体现为这个时期发表和出版的具有较高学术水准的学术论文和专著。特别应当指出的是，这个时期，随着我国刑法学研究生教育培养体系的健全和发展壮大，在老一辈刑法学者的栽培和提携下，一大批刑法学硕士、博士在刑法学基础理论研究方面显示了深厚的学术功底，研究成果卓著，很多以硕士、博士论文为基础的学术专著得以出版，这些作为我国刑法学界的新生代代表的贡献都大大丰富和深化了我国刑法基础理论的研究。

第四个成就:不断加强对外国刑法学、比较刑法学、国际刑法学的理论研究。这一时期,我国刑法学界加强了中外学术交流,派出许多刑法学界中的青年学者出国考察、访问甚至攻读学位,学习外国刑法和刑法学,当今活跃于刑法学界的许多著名学者就是这一时期留欧、留美、留日的法学博士。同时,中国刑法学界还聘请国外知名刑法学者到国内讲学、作学术报告,拓宽了中国刑法学的研究视野,使中国刑法学日趋开放化和国际化。

另外,我国刑法学者不但翻译出版了世界上主要国家的刑法学著作,而且也陆续翻译出版了这些国家的刑事法典。正是具备了对外国刑事立法、司法实践及理论研究的充分了解和把握,我国刑法学者才能逐渐加强对外国刑法学理论的研究。学者们还发表了数量颇多的翻译和介绍外国刑法和刑法学的论文,涉及西方国家刑法理论的新进展和刑事立法的新变化等。透过前面讲的这些成果,我认为,我国刑法学出现了很大演变,概括地说,苏联刑法学对我国刑法学的影响逐渐退位,而其他国家特别是德日等国的刑法学对我国刑法学的影响日益增强。

第五个成就:相关刑法学学术机构不断成立,学术活动也逐渐系统化,并且取得很大成果。这里为大家重点介绍一个刑法学的学术机构——中国法学会刑法学研究会,当然,现在已升级为"中国刑法学研究会"。中国法学会刑法学研究会成立于1984年,是中国法学会下属的从事刑法学研究的全国性的学术团体,由中国法学会中从事刑法研究与实践的会员组成。刑法学研究会自成立始,就以开展相关学术活动和学术研究作为工作的重点。它把广大刑法学理论工作者和实践工作者团结起来,一年一度开展学术研讨,这个就是我们现在每年举行的刑法学年会。我们的年会每次都根据刑事法治建设和刑法学发展的需要,围绕刑法实施中出现的新问题,确定研讨会议题,会上学者们进行论文交流以及与参会者研讨争鸣,会后有专人负责将优秀论文集结出版,至今已出版有20余本论文集,这样就在更大范围内促进了刑法学研究。

第六个成就:一系列高质量的刑法连续出版物不断被推出。由于受课堂时间的限制,我在这里就不再向大家进行介绍了。

第七个成就:我国刑法学专门人才培养机制的日趋完善。"文化大革命"后,我国刑法学科从1978年开始恢复招收研究生。经国家批准,刑法学科从1984年起开始招收和培养博士研究生,到目前为止,全国范围内有多个刑法学专业博士学位授予点,并且有众多高校已经取得了法学一级学科博士学位授予点,其中多家高校还先后设立了刑法学博士后流动站。各大院校基本上都有刑法学硕士学位授予点。

简单地回顾中国百年刑法史之后,我们应该获得怎样的启示呢?(下讲台提问)

提问:"你认为我们应从中国百年刑法史中获得怎样的启示?"

学生1:"我认为,应该在我们刑法学界甚至法学界掀起百花齐放、百家争鸣的浪潮,只有让学术争鸣不断,才能使得我们刑法学的研究更加深入,发展更加迅速。"

学生2:"我认为,我们刑法学应有独立发展的精神,虽然说刑法与政治联系也比较紧密,但绝对不能沦为政治的附庸,历史证明当刑法学完全沦为政治附庸、沦为统治工具时,刑法学的发展就会停滞甚至倒退。"

学生 3："我认为,我们刑法不能成为'刀把子',而应该注入更多人性、宽和、博爱的因素,要像严厉的慈父一样。"

(回讲台)刚才那三位同学都表达了自己独立的见解和看法,都有自己的思考,这是很难得的。下面,我讲一下我认为我们应该从中获得的启示。

首先,我们要看到,刑法学的发展与社会的发展是同步的,只有置身于现实社会,紧密结合社会实践,刑法学的研究才有价值。20 世纪初的中国正是面对现实,由最初的被动、无奈被迫转而以积极、主动的心态去适应这场法学近代化运动,近现代刑法学体系才得以逐渐形成。新中国成立后,刑法学研究同样也应该立足现实,关注社会生活中的重大问题,因而所取得的成就也是有目共睹的。

其次,刑法学的发展必须处理好刑法学的科学性与政治性的关系。新中国成立初期的一段时间内中国刑法学的发展告诉我们,在中国,刑法学是一门政治色彩很浓的社会科学,它的兴衰存亡总是与法治在国家政治生活中的地位有关,由此导致刑法学者们总是过分强调刑法为政治服务,为形势服务,片面强调刑事法制的实用,轻视基础理论研究。因此,我们要反思的就是,如何在保持刑法学科学性、强调体现统治阶级意志并为政治服务的同时,避免将刑法学变成政治权威的附庸,处理好刑法学的科学性与政治性的关系。

最后,刑法理论研究的成果只有包含更多的理性思考,才具有生命力。回顾一百多年来我国的刑法学研究,应该说是硕果累累。然而值得深思的是,在这些研究成果中,为什么有的理论只是昙花一现,而有的理论则长期为我们所提及与引用? 其中一个重要的原因就是该研究是否实际包含理性的思考,凡理性思考含量多并且能够把握或反映刑法内在规律的研究成果生命力就强,反之那些未经理性思考不能把握或反映刑法内在规律的研究则很快被我们遗忘。

当然,我认为,中国刑法学的研究还有很多不尽如人意而有待改进的薄弱环节,比如说我国的刑法研究方法还相对比较单一,注释方法尚占据过重的地位,基础理论研究相对薄弱,没能取得突破性的进展;经济犯罪和经济刑法的研究不够深入系统;对当代世界先进刑法的比较研究不够,还没有完全走出简单移植、生搬硬套的理论研究误区;学科之间的交叉整合几乎处于空白。我认为,中国刑法学要走出初级阶段,摆脱"幼稚法学"的讥讽,成为一门真正意义上的科学,依然任重道远,还有很多基础性的问题需要重新研究。

二、刑法学的基本内容

接下来,我们来了解一下刑法学的基本内容。

刑法学是研究刑法的一门学科,顾名思义,研究的对象是刑法。刑法学由三大块基本内容组成,分别是沿革刑法学、比较刑法学和解释刑法学。

第一,沿革刑法学是对刑法学的纵向研究,比如研究正当防卫,沿革刑法学探讨从古代各个朝代的法律一直到现行刑法都是如何规定的。

第二，比较刑法学是对刑法学进行横向研究，它把刑法本身的规定和实行的效果，放在世界各个主要国家和地区的刑事立法中进行横向比较。同样以正当防卫为例，比较刑法学研究的是美国如何规定，俄罗斯如何规定，还有我国港澳台地区如何规定等等，把正当防卫放到世界各个主要国家和地区的刑事法律中进行横向比较。由此可见，沿革刑法学和比较刑法学构成对刑法学纵横交错的研究。

第三，解释刑法学主要是对刑法学点和面的研究，它是对现行刑法的相关规定以及由这些规定所产生的基本制度和基本理论，进行全面阐述的一门学科。

需要特别指出的是，在组成刑法学的三个基本内容中，无论是同学们的自学还是我的讲课，始终是以解释刑法学为主，而以沿革刑法学与比较刑法学为补充。因此，你们在今后读书的过程中，就要以现行刑法的基本理论及制度作为自己学习的重点，而我在课堂中所讲的内容，也以此作为一个基本要点。

刑法学的研究对象是刑法，由此决定了刑法学的理论框架结构是以现行刑法为依据制定的。现行刑法分成两部分，一个是总则，一个是分则，与此相对应，我们刑法学也分为两大部分，一个是总论，一个是分论（或者称之为各论）。我们所使用的这本刑法学教科书，一共分为十三论，总论部分共有三论，分论部分依照刑法分则中所规定的十大类犯罪而形成十论。

我们在了解了刑法学的知识框架结构与刑法的对应关系之后，需要清晰掌握两个问题。

第一个问题，刑法总论部分由三大论组成，分别是绪论、犯罪论和刑罚论。那么，与总论相对应的是刑法总则条文，一共有五章。绪论强调刑法学的基本概念、研究范围以及和其他学科的联系和区别，还包括刑法的基本原则、适用范围和刑法的任务等等。犯罪论是刑法总论的中心理论，包括犯罪的基本概念、犯罪构成及正当防卫、紧急避险、预备、未遂、中止等等这些理论，因为这部分理论内容十分丰富，所以，在今后的学习中，我们要花很长时间来讲犯罪论。刑罚论主要讲的是刑罚的种类、原则、基本制度。

第二个问题，刑法分论对应的是刑法分则条文。现行刑法是 1997 年《刑法》，在此之前是 1979 年《刑法》。1997 年《刑法》是在对 1979 年《刑法》进行修订的基础上形成的，在整个修订过程中，变化最大的就是刑法分则。那么，究竟发生了什么样的变化呢？下面我为同学们详细介绍一下。

我们先来看看 1979 年《刑法》分则的规定，当时刑法分则有八章犯罪：第一章反革命罪，第二章危害公共安全罪，第三章破坏社会主义经济秩序罪，第四章侵犯公民人身权利、民主权利罪，第五章侵犯财产罪，第六章妨害社会管理秩序罪，第七章妨害婚姻、家庭罪，第八章渎职罪。

同学们再来看一下 1997 年《刑法》对前面讲的八章犯罪所进行的重大修改。首先，1997 年《刑法》改了两章的罪名，把第一章"反革命罪"改成"危害国家安全罪"，把第三章"破坏社会主义经济秩序罪"改成"破坏社会主义市场经济秩序罪"。其次，把原来放在"侵犯财产罪"里的"贪污罪"和放在"渎职罪"里的"贿赂罪"，分离出来之后又合并在一起,单独规定一章为"贪污贿赂罪"。最后,把以前独立成章的"妨害婚姻、家庭罪"并入到"侵犯公民人身权利和民主权利罪"里。简单总结一下,原来1979年《刑法》的八章犯罪,在我们修订的过程中,改了两章,拉出一章,并掉两章,还是八章,在此基础上,又增加两章,分别是"军人违反职责罪"和"危害国防利益罪",一共是十章。由此,相对应于刑法分则,刑法各论就是十论,即危害国家安全罪、危害公共安全罪、破坏社会主义市场经济秩序罪、侵犯公民人身权利和民主权利罪、侵犯财产罪、妨害社会管理秩序罪、危害国防利益罪、贪污贿赂罪、渎职罪和军人违反职责罪。

三、学习刑法学的理论意义和实践意义

下面,我们来了解一下学习刑法学的意义,学习刑法学的意义包括理论意义和实践意义两方面。

我们说,刑法学的地位决定了刑法学的意义。有些人可以看不起刑法学方向,但无论选择什么方向来学习法学,首先必须学好刑法学。前面我们提到过,现在很多人喜欢从名称来看一个学科,我以前有一个设想,假如把"刑法学"改成"国际经济刑法学"之后,我们这个专业肯定热门得一塌糊涂,然后再加一个说明:本专业就业方向为海牙国际法院。(全场笑)当然这只是说说笑话,说到底无论刑法学的名字是什么,刑法学在整个刑法学科中的重要地位无法撼动,学好刑法学课程的重要性毋庸置疑。

(一)学习刑法学的理论意义

我们先谈第一个方面,刑法学的理论意义。

刑法学尽管是一门应用性学科,但是它的理论还是非常丰富的,特别是应用性理论相当多。随着社会的发展会不断涌现出很多新型的犯罪,需要刑法学和其他学科之间交叉的理论才能解决,这样的理论的突出特点就是应用性比较强。比方说,目前刑法学者十分关注对金融犯罪的研究,这时就需要学者们对相关的金融知识有一定的掌握,比如研究操纵证券、期货市场罪,首先要准确掌握什么是构成该罪客观方面的"操纵行为",由此,至少还需要研究者本人掌握证券市场的一些基本概念,比如"涨停板"和"跌停板"等专业术语。由此可见,研究金融犯罪的前提是要具备有关的金融知识,这就体现了刑法学这门课在司法实践中的重要理论价值。

再比如刑法的溯及力采用从旧兼从轻理论,是指当新刑法的规定轻于旧刑法时,可以适用新刑法的规定,这是有条件的"从新",也即法律有条件的可以溯及既往,而最早提出罪刑法定原则的派生原则是法律一概不能溯及既往。为什么我们会从一开始的"法律绝对不能溯及既往",转变为现在的"法律可以有条件地溯及既往"呢?是什么原因导致了刑法学理论在这个问题上会发生这样的变化呢?(下讲台提问)

学生1:"因为时代发生变化了,社会更进步了。"

提问:"能否从罪刑法定原则本身加以思考呢?"

学生2:"我觉得是因为以前的太绝对化了,现在的就具有灵活性,也更人性化了。"

学生 3:"我觉得'法律可以有条件地溯及既往'更符合罪刑法定的内在精神。"

（回讲台）这位同学回答到点子上了。我认为，这个变化体现了罪刑法定原则从内容到根本精神逐步统一的过程，也集中反映了刑法学理论所具有的应用性特征。下面我就为大家分析一下这个问题。

应该看到，在当初一开始提出罪刑法定原则的时候，从这个原则推出的一个派生原则是法律不能溯及既往。所谓法律不能溯及既往，就是不能用一个以后颁布的法律对以前的行为进行评价和惩罚。这是因为，如果法律可以溯及既往的话，当事人就必须去猜测以后的法律变化，这不但对于当事人而言十分不公平，而且也不符合罪刑法定原则的要求。但是，人们在贯彻这个原则的实践过程中发现，如果绝对地履行法律不能溯及既往的原则，有时候会违背罪刑法定原则的根本精神，这个根本精神就是有利于被告。（这一点我在后面要专门讲，在这里先提一下。）于是我们对溯及力方面的制度进行了修正，修正的时候就产生了很多变化，也提出了新的理论。我们现在规定的从旧兼从轻的溯及力原则，就是从这一系列理论变化中发展出来的。所以，刑法学的理论意义十分重大。

我们有些同学会利用假期时间到司法实践部门去实习，在实习的过程中，你们应该会体会到，即使在司法实践部门里，对办案人员掌握刑法学理论的要求也相当高。我们现在的判决书通常都非常厚，这是因为，在判决书里面需要把有关刑法理论问题讲清楚，如果一个法官不具有相当深度的刑法学理论功底，他可能就不能准确地表达自己的观点，从而导致判决书也写不好。

谈到刑法学的重要理论意义，我再给大家举一个我个人体会深刻的例子。我会经常去司法实践部门举办讲座，二十多年前去的话，下面听的人往往很反感，因为当时他们对刑法学理论价值的认识还很不到位。十多年前去的话，他们比较容易接受你讲的内容，因为他们欠缺这种知识，所以喜欢听，但是他们仍然会认为我讲的内容都是书本上的，对实践也起不到什么作用。很多人向我反映，我讲的内容虽然很精彩且很有道理，但是，实践部门却不是这么做的，理论和实践是相脱离的，这种脱离反映的可能是理论落后于实践。而现在我去开讲座，就不会再有人认为我讲的内容在实践中用不到了，因为他们已经深深感觉到了刑法学理论的重要性。很多人甚至觉得如果说理论与实践相脱离的话，完全应该是实践落后于理论，我们的理论在总体上是先进的，而我们的司法实践却是落后的。

刑法学和其他一些纯理论学科相比，比如法理学，两者之间可能不完全一样。这是因为，刑法学本身当然也包括一些纯理论的知识，但刑法学同时又是一门应用性学科。比如我国有一位学者，专门写过很多刑法学纯理论方面的著作，这些著作属于刑法理念方面的研究。这位教授认为，他的许多研究和大多数人想象的并不一样。他举例子说，如果一个苹果，很多人都可以去咬，这个不稀奇，而他研究的恰恰是大家咬不到的东西。我赞赏这位教授的学问和水平，但是我的观点可能与这位教授有些不一样，我们承认，大家都咬不到的东西，确实需要有人去咬一口，但是，对于大家都可以去咬的东西，你比别人咬得好一点，那也不也很好吗？所以，我认为，应用性的学科当然应该立足于应用本身,但是应用性的东西并非一定不具有理论性。

总之,我们必须要把刑法学这门课程研究好、学习好。

(二)学习刑法学的实践意义

我们接下来谈第二个方面,刑法学的实践意义。刑法学的实践意义体现在两个方面,一方面体现在立法中,另一方面体现在司法实践领域。

首先,讲一下刑法学的实践意义在立法中的体现。

我们的立法往往都是遗憾之作,因为我们常常会在法律颁布后,发现仍然存在很多问题没有解决。我举一个在 1979 年《刑法》中规定的条文,来说明这种立法的遗憾。1979 年《刑法》第 122 条规定的是制造枪支弹药罪,后来立法者感觉到,只规定制造枪支弹药还不够,于是在犯罪对象上增加了一个"爆炸物",这就形成了"制造枪支、弹药、爆炸物罪"。后来又经过一段时间,立法者又发现犯罪对象的范围还是过窄,在"枪支、弹药、爆炸物"后面又加了"危险物质",形成了现行刑法中的"制造枪支、弹药、爆炸物、危险物质罪"。后来,又发现某地有人在制造"大炮",而我们刑法规定的"制造枪支、弹药、爆炸物、危险物质罪",并不包括"大炮"。于是,有人提出来把大炮归类到枪支里面,但是我国军事法明确规定了多少口径为枪,多少口径为炮,显然两者是不一样的。我们绝对不能把炮看做是大枪,也不能把枪看做是小炮,枪炮理应分开。这里就涉及立法技巧的问题,当时的立法者没有考虑到有人会专门制造大炮,但是在实际中确实发生了制造大炮的情况。后面我还要专门讲,在罪刑法定原则的要求下,我们应该如何理解和认识这类情况。因此,我们说刑法学研究十分重要的一点,是如何掌握科学的立法技艺和正确理解刑法条文,这充分体现了刑法学在立法和司法层面的实践意义。

再比如,20 世纪 80 年代的时候,社会上有淫书淫画,就是那种"黄色手抄本",你们可能不知道,你们的父母那一代人应该知道,因为现代社会中绝对不会再有"黄色手抄本",除非他为了练字。(全场笑)后来人们发现"黄色手抄本"越来越少,新的东西越来越多,比如黄色电影、黄色录像、黄色幻灯片、黄色照片等,当时 1979 年《刑法》第 170 条规定制作贩卖淫书淫画罪,只把淫书淫画列为该罪的犯罪对象,怎么办? 一开始出现的是黄色照片,于是司法实践部门将照片认定为画,也就是把黄色照片归类到淫画里。随着科技的进步,后来又出现了黄色小电影和黄色录像,因为电影都是由一个一个的画面组成的,最高人民法院就出了一个司法解释,规定把黄色电影视为淫画。其实司法实践中的这种认定有点牵强,因为,无论如何,淫画和黄色电影的社会危害性有很大的不同。我们举个例子,淫书和黄色录像的传播面就有很大的不同,淫书一般是一个人看的,不太可能组织一个读书会,但是组织放映一场黄色录像,传播面就很广泛,其造成的危害要比一个人看淫书大很多。于是,1997 年《刑法》就把制作、贩卖淫书淫画罪改成制作、贩卖淫秽物品罪,这样就把我们刚才所讲的各种情况都包含到这个罪名里了。所以,我们如何把刑法学的一些基本理论运用到立法中,这是很有讲究的,也体现了刑法学理论对于立法的实践意义。

其次,讲一下刑法学的实践意义的第二个方面,即在司法实践领域里的体现。

刑法学理论对于司法实践部门正确处理案件具有三个方面的指导意义。

第一个方面,学好刑法学基本理论,有利于司法实践部门办案人员形成正确的办案思路、准确地判断责任归属。

给大家举一个案件,这是上海首例行人因乱穿马路被检察机关以涉嫌交通肇事罪起诉的案件。

基本的案情是这样的:有五个人在没有人行横道线的地方一起穿马路,正好有一辆速度很快的摩托车经过,超速行驶的摩托车驾驶员就撞倒了其中的一个人,被撞倒的行人只是受了点小伤,但超速驾驶的摩托车驾驶员被反弹出去撞在迎面开来的一辆卡车上,当场死亡。我应浦东新区法院邀请去参与这个案件的讨论,也全程旁听了这个案件的庭审过程。为被告人辩护的正好是我的学生,庭审结束后,学生让我评价一下他刚才的辩护。我说,你前面辩得可以,但是后面结论有问题,这么精彩可辩的案件被你浪费了。这是因为,他辩护最大的弊病是思路不完全一致,前面法庭辩论阶段他按无罪辩护,后面总结陈词的时候,他却要求法院能够从轻处理,对被告人适用缓刑,前后辩护的矛盾说明了他在思路上存在矛盾之处。

这个案件,关键的问题是对于刑事责任的认定,即到底是行人还是摩托车驾驶员承担刑事责任。

我们首先看一下交警对这起交通事故责任是如何认定的。交警认为行人负主要责任,摩托车驾驶员负次要责任。交警从对路权的占有角度来判断责任大小:如果乱穿马路的地点与最近的人行横道线距离在200米以内,那么,乱穿马路的人负主要责任;如果乱穿马路的地点与最近的人行横道线的距离在200米以外,其他人有超速等责任的,其他人负主要责任。结合该案的现场勘查情况看,交警认为,因为行人乱穿马路的地方和离他最近的人行横道没有超过200米,又因为行人乱穿马路的行为导致了摩托车驾驶员的死亡,因此行人应该负主要责任。

针对交警的这个观点,庭审完,我发表了自己的以下几点看法。

首先,交警认定肇事责任和刑法对刑事责任追究的角度并不完全一样。交警判断的这种交通事故的主要责任和次要责任主要是根据行人对马路的占有权利进行比较的。而从刑法角度来讲,我们判断主要责任和次要责任很重要的一点就是从注意义务考虑的。因此,我提出了一个刑法角度的注意义务,也就是说,行人和驾驶员在马路上的注意义务是不一样的。很显然,在机动车的驾驶员和行人都具有过错的情况下,机动车的驾驶员应该负主要责任,因为他的注意义务要大于行人的注意义务。举一个最简单却很有说服力的例子,机动车驾驶员必须经过培训才能取得驾驶执照,但是行人走路是不要执照的,行人只要能走就能作为行人。这说明法律对机动车驾驶员的要求要比对行人的要求高很多。正是因为对驾驶员要求更高,所以,在马路上驾驶员的注意义务要远远大于行人的注意义务。而就这一点本身来讲,我们就不能认同交警简单地从占有马路的权利来判断责任主次或大小。其实,后来义经过调查,我们还发现行人乱穿马路的地方和离他最近的人行横道实际上已经超过了200米,这就说明交警原来的认定本身就存在问题。由于我认为驾驶员在马路上负有更高的注意义务,因此,在这个案件中,既有行人乱穿马路,又有摩托车驾驶员超速行驶,比较这两个因素,本案的驾驶员应该负主要责任。这是我的一个观点,当然,最后法院也采用了我的观点。

其次,假设交警的观点成立,我们从刑法的角度来审视这个观点,也会发现存在明显的不公正。本案中有五个人一起乱穿马路,而其中驾驶员最后撞倒的仅仅是五个人中的一个。那么按照交警的观点,被撞倒的行人要负责任的话,说明他乱穿马路的行为导致了这个结果。事实上,乱穿马路不是他一个人的行为,而是五个人同时乱穿马路,摩托车驾驶员实际上是为了避免把五个人撞倒,而采取了撞倒其中一个人的方法。所以,如果说摩托车驾驶员规避的话,是规避五个人,那么违规、违章也是五个人共同的违规、违章,但是最后被撞倒的其中一个行人反而要负刑事责任,没受伤的其他四个行人却一点责任都没有,如果从实际刑事责任追究角度来讲,就是明显的不公平。从另一个角度来看,这个驾驶员是为了躲避这五个人而撞倒一个人,这个行人其实是个受害者。现在受害者反而要负刑事责任,而其他没有被撞倒的乱穿马路的行人反倒一点责任都不用负,这个也是不公平的。交警也觉得我的观点有道理,他们之后又去找了其他四个行人,有些人已经找不到了。当然,最后检察机关对这个案件作出了撤诉处理,撤诉之后,这就是一个无罪案件。

通过这个案件,我们可以看到,在追究刑事责任的时候,刑法学的基本理论对于指导司法实践部门形成正确的办案思路,确实起着重大的作用。

第二个方面,如果把刑法学的基本理论学好,有利于我们在实践中准确审理刑民交叉类的案件。

我们现在很多案件都具有刑民交叉的性质,给大家举一个曾经发生在静安区的典型案件。这个案件的被告人是国家工作人员,他挪用了本单位的 40 万元去买福利彩票。当时他想通过买福利彩票中个大奖之后,再把这 40 万元还回单位。但事与愿违,当他用 40 万元购买彩票之后,实际上只是中了 9 万元的小奖,也即实际亏了 31 万元无法返还。此时,他的挪用行为被单位里的人发现并且向检察机关举报,检察机关随即对他进行了控制。他的家属因此十分着急,在外面凑了 31 万元,加上中奖的 9 万元,将这 40 万元归还到单位。从他最初挪用 40 万元到家属帮助他归还 40 万元,期间只有两个多星期。

这个案件,从侦查、审查到起诉都没有遇到问题,最后到法院审判阶段产生了问题。法官在审理案件的时候,经过讨论之后,觉得应该明确福利彩票的定义。因为在挪用公款罪中,国家工作人员利用职务上的便利,挪用公款归个人使用,一共包括三种活动,分别是非法活动、营利活动和一般活动。这三种活动在挪用公款罪的构成要件上要求是不一样的。首先,对于挪用公款归个人使用,进行非法活动的情形,刑法条文并没有对数额和时间有任何要求。其次,挪用公款进行个人营利活动的情形,刑法条文要求数额较大,对时间则没有要求。最后,对于挪用公款进行一般活动的情形,刑法条文不但要求数额较大,而且在时间上要求"超过三个月未还"。正是因为刑法对前面讲的三种情况在挪用公款罪的构成要件的要求上有区别,所以只有首先正确认定购买福利彩票行为的性质,判断出该行为属于三种情况的哪一种,才能进一步定罪量刑。结合该案案情,如果将被告人购买福利彩票的行为认定为是营利活动,那么他挪用公款 40 万元完全符合数额要求,且该类行为在挪用时间长短上没有要求,因此,被告人构成挪用公款罪。如果将被告人购买福利彩票的行为认定为一般活动,对于挪用数额和挪用的时间上都有一定要求。本案被告人从挪用 40 万元到家属归还 40 万元,不过才两个星期多点,显然不符合"一般活动"所要求的"超过三个月未还"。因此,我们可以看出对购买福利彩票行为的定性对于判断行为人的罪与非罪,似乎起着至关重要的作用。

审理该案的法官首先请教我们学校的民法老师。民法老师认为购买福利彩票行为实际上具有捐赠性质,是对社会福利事业的一种贡献,它本身并不是一种经营和营利活动。听取了该老师的意见之后,这位法官马上意识到,被告人的挪用行为可能属于"一般活动",因为其挪用时间没有超过 3 个月,所以不构成犯罪。而被告人已经被刑事拘留并且被检察机关提起了公诉,接下来应该怎么处理呢?此时问题就变得十分麻烦,于是,这位法官又请教了我,我对购买福利彩票行为性质的认定与民法老师的观点不尽相同。应该说,我对民法专家有关购买福利彩票的定义不存异议,因为民法老师专门研究这个问题,他们对于这种问题的理解肯定是正确的。但我认为,刑法看问题跟民法看问题角度不一样,最关键的区别就是"刑法看行为,民法看关系"。刑法注重的是人的主观意识支配之下的行为,而民法则注重因行为而产生的法律关系。

下面我为大家具体解释一下这句话的含义。

其一,"刑法看行为"中的"行为"指的是人的主观意志支配下的行为。

具体来说,就是刑法在判断一个人的行为时,实际上是按照他的主观认识来判断的。具体到本案,尽管购买福利彩票是一种带有捐赠性质的行为,客观上是对社会福利的一种贡献。但是,行为人在挪用公款 40 万元购买福利彩票的时候,主观上绝对不具有捐赠的意图。我认为,如果当时他具有捐赠意图的话,那么他的行为就不是挪用而应该是贪污了,因为他把国家的钱款作为自己的财产进行了捐赠的处理,根本不会具有归还的意图,反而可证明其具有"非法占有"的目的。因此从本案行为人意图利用公款 40 万元中大奖,再归还公款的实际情况分析,显然其主观上是把购买福利彩票的行为视为营利活动的。根据我的观点,刑法注重的是人的主观意识支配之下的行为,我认为被告人的行为符合挪用公款罪中"营利活动"的相关要件。最后法院审理认为,本案中被告人挪用公款购买社会福利彩票的行为属于营利活动,其行为构成挪用公款罪。这个案件就是一个典型的刑民交叉的案件,交叉之处在于对购买福利彩票的行为性质的认定,刑法和民法存在很大区别。

其二,"民法看关系"该怎么理解呢?给大家再举一个案例,通过这个案例,有助于你们更好地理解"民法看关系"及其与"刑法看行为"之间的本质区别。

这是一个在上海发生的案件。甲某到仓库里偷东西,正要离开的时候,他发现值班室的门虚掩着,门上挂着一件花衬衫。他由此推断,值班室里应该是女值班员,于是偷偷朝门里看去,发现值班室的床上睡着一个"长发女郎",这就更加肯定了他的想法。

甲某随即产生强奸的意图,他悄悄溜进屋里之后,对准他认为是女性的值班员掐脖子和撕衣服,进而准备实施强奸。其实,睡在床上的是个留着长发的男性值班员,甲某发现值班员原来是个男人的时候,还没来得及逃跑,就被惊醒的值班员抓住。从我们刑法角度来讲,甲某主观上对于值班员的性别产生了认识错误,但是根据"刑法看行为",就是从甲某的主观想法来认定其行为的性质,甲某主观上具有明显的强奸故意,客观上又实施了强奸的行为,只是由于对象实际上的不能犯而导致其行为未遂。据此,我们认定甲某构成强奸罪不会有任何问题,只是在犯罪形态上应以未遂论处而已。

"民法看关系"是指民法主要依据对民事关系造成侵害的客观实际,来判断行为的性质。我们学校的一位民法老师就从这个角度出发,和我讨论了这个案件。按照他的观点,这个案件中连妇女都没有,何谈造成妇女性权利的侵害,所以,本案无法得出甲某行为构成强奸罪的结论。同时,这位老师也不同意只有民法才看关系,他认为刑法也看关系,这个关系就是犯罪构成四个要件中的犯罪客体,因为犯罪客体的定义恰恰就是刑法所保护的被侵害的社会关系。

那么,为什么刑法注重行为而民法注重关系呢?(下讲台提问)

学生1:"我觉得这与它们所分别调整的内容有关吧。"

提问:"能稍微具体点吗?"

学生1:"刑法调整的是具有一定社会危害性的行为,而民法只是调整平等主体之间的法律关系。"

学生2:"我也觉得这与刑法和民法所分别调整的内容有关。"

(回讲台)这两位同学的回答是正确的。这其实是一个很复杂的问题,但是,我们简单地看,可能主要是受刑法与民法所调整社会关系性质以及调整力度不同的影响。

首先,我们来看刑法。相对民法而言,刑法所调整的行为一般均具有严重的社会危害性。为此,刑法对社会关系的保护力度较强,其调整关系的"触角"往往会前伸,也即刑法强调某种行为只要对社会关系造成"可能"的损害,就要将其作为犯罪并纳入惩处的范围。刑法中规定预备、未遂、中止等故意犯罪的停止形态,实际上都是对刑法所保护的社会关系造成"可能的侵害"的情形,这些均在刑法惩治的范围之中。结合该案案情,甲某主观上把值班员作为妇女来看待,同时又实施了具体的暴力行为,因此,他主观上有强奸的故意,客观上又有暴力的行为。我认为,甲的行为完全符合强奸罪的构成要件,可以构成强奸罪。只不过由于值班员实际上是男性,甲最终不可能强奸得逞,所以我们按照强奸罪的未遂来认定。

其次,我们再来看民法。应该看到,在民事侵权行为的认定中,是不存在预备、未遂、中止等停止形态的,也即民事的侵权行为必须要有"实害",如果没有实际的危害出现,民事赔偿是不可能发生的。正是因为如此,所以民法注重的是其所保护的法律关系实际受侵害的程度,并重点关注如何恢复或补偿这种受侵害的法律关系。可见,"民法注重关系"是完全可以理解的。

综上,我认为,由于刑法强调的是行为对社会关系的"可能害",因此其着重看行为;而民法中的侵权强调的是行为对社会关系的"实际害",因此其着重看关系。今后我们处理刑民交叉的案件时,一定要注意分清刑法和民法在判断角度和标准上的界限,也就是我一再强调的"刑法看行为,民法看关系"。

第三个方面,如果把刑法学的基本理论学好,有利于区别罪与非罪、此罪与彼罪。

我要侧重讲的是刑法学理论对于区分此罪与彼罪的指导意义。此罪与彼罪的区分主要对于量刑有着直接影响。

有人认为,看看刑法条文规定就可以很容易地区分此罪与彼罪,比如说杀人、放火等传统犯罪,其实已经不需要太多的刑法学理论作为支撑了。但是,我并不这样看。我认为,随着社会的不断发展,即使传统犯罪也会以很多新的形式表现出来,尽管刑法学理论对传统犯罪的研究已经十分透彻,但仍然需要对有些新的形式进行专门研究,以便司法实践部门更好地解决案件。由此,刑法学理论在认定此罪与彼罪问题上,具有不可或缺的价值。

以盗窃罪和诈骗罪为例,这两个罪名都属于传统犯罪,但是现实生活中则可能以多种形式表现出来。也即仅以盗窃罪和诈骗罪为例,我们就有很多新的问题需要研究。如果我们不具有深厚的刑法理论功底,对某些行为很难判断究竟是构成盗窃罪还是诈骗罪。

大家来看这两个案例。随着市场经济的发展,商店经营模式发生很大变化,以前我们一般都采用柜台式营业的模式,但是现在柜台式营业实际上已经很少见,市场上基本上采用超市或大卖场等经营模式。在这个变化中,传统型诈骗罪出现了新的诈骗方式,这就需要用正确的刑法学理论来解说。比如说,在超市里,行为人把原来放在箱子里面的商品全部换成其他的商品结账,通常是以"贵"换"贱",例如,行为人把箱子里的方便面全倒掉,然后在方便面箱子里装满 VCD 光盘,把封条重新封好,然后拿着这个装满 VCD 光盘的方便面箱子到收银台结账,收银员误认为是一箱方便面而只收其很少的钱就予以放行,并欢迎行为人下次再来。(全场笑)那么对这种案件中行为人的行为应如何定性?应该定盗窃罪还是定诈骗罪?

再比如,某甲对卖香烟的营业员乙说:"你给我拿 10 条中华牌香烟。"乙拿来 10 条之后,他说:"你再去拿 5 条。"乙认为买 15 条中华牌香烟绝对是一笔大生意,就很开心地又去拿了 5 条。就在乙去拿这 5 条香烟的时候,甲用事先准备的 10 条假烟与放在柜台上的 10 条真烟调包。乙回来以后,见柜台上放着 10 条香烟,误认为这仍然是自己店里的烟,而并没有发觉香烟已被调包。此时,甲一边让乙把 15 条烟包装起来,一边对乙说自己要去外边开张支票来付款。乙认为烟还在自己手中,所以就放心地让甲去开支票,甲趁机逃走。后来,隔了很长时间,乙才发现放在自己店里的实际上是被调包的假烟。

对于这两个案例中行为人的行为,我要问的是,应该以什么罪名定性呢?(下讲台提问)

学生 1:"好像都应该以盗窃罪定性吧。"

学生 2:"我讲不清楚。"

(回讲台)对这类案件中行为人行为的定性,涉及盗窃罪和诈骗罪的区分问题。

　　由于课堂时间有限，有关这两个案件的认定问题，我们在讲授刑法分论的时候会具体讲。在这里，我要强调的是，面对这样比较复杂的案例，如果没有掌握刑法理论和刑法知识，就无法具体地从这种案件中看到其中比较深刻的法理问题。因此，我们要重视对刑法学理论知识的学习，这样才能正确分析许多复杂的案件。这就是我所要强调的，刑法学的实践意义，我们绝对不应低估。

　　第一讲的内容我就介绍到这里，谢谢大家！

第二讲

刑法概述

下面,我们开始第二讲刑法概述的学习。

一、刑法的概念、性质和任务

(一)刑法的概念

我们首先来了解一下刑法的概念。传统刑法理论认为,刑法是统治阶级为了维护其阶级利益与统治秩序,根据自己的意志,以国家名义颁布并以国家强制力保证其实施的,规定犯罪、刑事责任以及刑罚的法律规范的总和。这个定义揭示了刑法的阶级本质与法律性质,表明了刑法的内容与范围。在这个定义中,突出体现了刑法的阶级性。我们知道,法律具有阶级性,法律是阶级意志的一种体现。而刑法作为我国法律中的一个部门法,它与其他法律一样,都体现了阶级性。从某种意义上讲,由于刑法是规定犯罪、刑事责任和刑罚的法律,因此,刑法与其他法律相比,其阶级性的体现更为直接和鲜明。由于近年来人们对于法律具有阶级性早已有所定论,也正是因为阶级性已经体现在我国法律中,对于刑法的定义就没有必要再特别强调阶级性的体现。据此,我认为,所谓刑法,是指规定犯罪、刑事责任和刑罚的法律规范的总和。

下面我再为大家具体分析一下刑法的概念。

首先,刑法所规定的内容是"犯罪、刑事责任和刑罚"。这是刑法不同于其他部门法的最本质的特征。我们在刑法中明确用条文规定了什么行为是犯罪,什么行为不是犯罪,构成犯罪应具备何种要件,刑事责任的基础是什么,刑事责任的依据是什么,刑事责任的形式是什么,对于犯罪应该如何适用刑罚,在适用刑罚过程中如何正确地量刑,对各种犯罪应适用何种刑罚,对各种犯罪应如何追究刑事责任等等。

其次,刑法是关于犯罪与刑事责任的法律规范的总和。从其形式上看,刑法的渊源有三种。第一,系统的刑事法律,也就是刑法典。刑法典是国家以刑法名称颁布的,系统规定犯罪、刑事责任和刑罚的法律。我们的 1979 年《刑法》和 1997 年《刑法》,都属于刑法典。第二,单行刑法。单行刑法是国家以决定、规定、补充规定、条例等名称颁布的,规定某一类犯罪及其刑事责任或者刑法的某一事项的法律。大家比较熟悉的有《关于严惩严重破坏经济的罪犯的决定》《关于惩治贪污罪贿赂罪的补充规定》等等。单行刑法的产生,主要是针对刑法中本身规定的不足而适时作出的修改和补充规定。随着新刑法的颁布施行,以及有关单行刑法被纳入刑法条文中,这些单行刑法,有的被刑法所废止,有的则失去效力,只是有关行政处罚与行政措施的规定继续有效。值得指出的是,有不少学者认为,1998 年全国人大常委会《关于惩治骗购外汇、逃汇和非法买卖外汇犯罪的决定》(以下简称《决定》)是我国现行有效的唯一一部单行刑法。笔者认为,此种理解不甚妥当。最高人民法院于 1998 年 8 月 28 日颁布《关于审理骗购外汇、非法买卖外汇刑事案件具体应用法律若干问题的解释》,然而,当时并不存在有关骗购外汇、非法买卖外汇犯罪的刑法规定。《决定》正是在此种尴尬境地下仓促出台。因此,《决定》的初衷并不是要独立于刑法典而对某类犯罪作专门规定,其不过是特殊背景下出于补充刑法典的目的而作出的"救火式"应对,本质上与修正案无异。在《决定》之后出台的冠以"修正案"之名的 11 个修正案,是立法者深思熟虑与反复权衡的结果,而《决定》只不过是之前受单行刑法之立法惯性思维影响的一个仓促的尝试罢了。一言以蔽之,《决定》与修正案在本质上具有一致性,都是对刑法典的补充,仍然属于刑法典的范畴,不能将其看作是单行刑法。由于对刑法条文的修改和补充工作现在已经确定用修正案的方式进行,因而,可以预计今后我国的单行刑法将会很少甚至不会再出现。第三,非刑事法律中的罪刑规范,也就是附属刑法。附属刑法是指附带规定于民法、经济法、行政法等非刑事法律中的罪刑规范。由于我国强调刑法典是规定犯罪、刑事责任和刑罚的统一规范,因此,我国的附属刑法规范中一般都没有规定具体的构成要件与法定刑。1979 年《刑法》公布后,出现了 130 多个附属刑法条文,对完善刑法起到了较大的作用。

下面,我介绍一下在刑法学理论上对于刑法的形式分类。依据不同的标准,可以有不同的分类,我主要为大家介绍几种比较重要的分类。

第一种,从形式上看,我们可以将刑法分为广义的刑法和狭义的刑法。广义的刑法是指一切有关犯罪、刑事责任和刑罚的法律规范的总和,也就是包括刑法典、单行刑法与附属刑法。狭义的刑法仅指刑法典。理论上通常把狭义的刑法叫作普通刑法,而把单行刑法与附属刑法叫作特别刑法。

第二种,依照法律成立的来源分析,我们可以将国家的法律分为固有法与继受法。刑法属于固有法,即我国刑法是根据我国的政治、经济、文化、治安等实际情况制定的,比较适合我们的国情。

第三种,依照法律规制的对象及法律后果的不同分析,我们可以将国家的法律分为刑事法与民事法(广义的)。而刑法属于刑事法,即刑事法是关于犯罪的侦查、追诉、认定、刑事责任以及刑罚的适用与执行的法律。刑法规制犯罪,其法律后果主要是刑罚,所以刑法属于刑事法。

第四种,依照法律规定的内容分析,我们可以将国家的法律分为实体法与程序法。刑法是实体法,即我国刑法仅指有关什么是犯罪、对犯罪追究何种刑事责任的实体规范,而不包括认定犯罪与追究刑事责任的程序规范。

第五种,依照法律效力的强弱分析,我们可以将国家的法律分为强行法与任意法。刑法是强行法,即我国刑法是关系国家、社会安宁的重要法律,它不管个人的情愿与否而一律适用。

第六种,依照指导原理的不同分析,我们还可以将国家的法律分为司法法与行政法。刑法是司法法,即理论上一般认为,行政法的指导原理是法的目的性,司法法的指导原理是法的安定性,刑法是以后者为指导的,基本上属于司法法。

通过前面对刑法概念的分析,我认为,刑法是国家法律体系中的一个重要组成部分,是国家的基本法律之一。它既区别于其他的法律,有自己调整的特定的社会关系和实现自己任务的手段;同时,与其他各种法律都有一定的联系,既有不同分工又互相衔接和配合,共同构筑了国家严密的法律体系。

(二)刑法的性质和任务

接下来,我们来了解一下刑法的性质和任务。

首先我介绍一下刑法的性质。

刑法属于部门法,这实际上是相对于宪法而言的。刑法与宪法之间的关系,我们应该很清楚,我们通常把宪法称为母法,而将刑法称为子法,两者是"母子关系"。那么,大家想想刑法与其他部门法相比具有哪些特有的属性呢?(下讲台提问)

学生1:"刑法比其他法律更严厉。"

提问:"既然你说其他法律也严厉,而刑法只是比其他法律更严厉,那严厉性还能说是刑法特有的吗?"

学生2:"我觉得应该说是刑法制裁方法的严厉性。"

提问:"那刑法还有其他特性吗?"

学生2:"只有刑法能对具有较大社会危害性的行为进行调整吧。"

(回讲台)这位同学回答得很好,但还不完整。刑法的特有属性主要表现在三个方面。

第一个方面,刑法规范内容的特定性。正如我前面所讲的,刑法是规定犯罪、刑事责任和刑罚的法律规范的总称。从这一概念中,我们不难发现,刑法所规定的内容是犯罪、刑事责任和刑罚。而这些内容在其他诸如刑事诉讼法、民法、民事诉讼法、行政法等部门法中都不会加以规定。

第二个方面,刑法调整社会关系的广泛性。我认为,没有哪一部法律的调整范围的广泛性能跟刑法相比,刑法调整的范围是最广泛的。

首先,将刑法与民法所调整的社会关系相比,民法只是调整和保护财产关系以及人身关系。但是,刑法对于其他部门法所调整的社会关系都要进行调整,因为所有的社会关系都在刑法调整的范围中。刑法中专章规定了侵犯公民人身权利、民主权利罪和侵犯财产罪。

其次,将刑法与宪法调整的社会关系相比。国家和个人之间的关系,一般是由宪法来调整，但是在刑法中，我们还是有专章规定危害国家安全罪的。

再次，将刑法与婚姻法调整的社会关系相比。婚姻家庭关系，原来应该是由婚姻法来调整的。但是在刑法中，原先确实有一章破坏婚姻家庭罪，现在把这一章规定到侵犯公民人身权利、民主权利罪中，但破坏婚姻家庭罪的内容实际上仍然存在。

最后，将刑法与军事法调整的社会关系相比。军事关系一般都是由军事法来调整的，但是刑法还有专章规定军人违反职责罪和危害国防利益罪等等。

由此可见，刑法对各行各业、各条战线都要调整。我们通常将刑法作为"最后一道防线"，主要是就立法层面而言，刑法将某种行为规定为犯罪时应该特别谨慎，如果其他法律能够调整的行为，就不需要纳入刑法打击的范围；另外，也是针对刑法所调整和保护社会关系的广泛性而言的，即刑法是各个领域法律关系保护的最后一道防线。也正是因为这一点，学刑法的时候要求我们的知识面要比较广。

第三个方面，刑法制裁手段的严厉性。在有些部门法中也存在强制方法，比如赔偿损失、警告、行政拘留等。但是与刑法中的刑罚方法相比，其严厉程度则相差甚远。刑罚是国家最为严厉的强制方法，其内容不仅包括剥夺财产、剥夺权利，还包括限制自由、剥夺自由，甚至包括剥夺生命。既然刑罚连生命都可以剥夺，那么，就不会有哪一种法律的制裁手段的严厉程度可以和刑法相比了。比如我们之前电视里有个节目叫"终极对话"，就是和被判死刑的犯罪人对话，我们习惯上将死刑称为"极刑"，从这里的"终极""极刑"等词就能看出刑法制裁手段的严厉性。

刚才我所讲的这些也是刑法和其他部门法的区别。

接下来，我们来了解一下刑法的任务。

《刑法》第2条专门规定中华人民共和国刑法的任务，概括一下，刑法有四个任务：政治、经济、权利、秩序。讲到底，大家只要记住八个字，就能够将这一条文的内容全部记住。

下面，我来分析一下这八个字所包含的具体内容。

第一个任务是从政治角度提出来的。"政治"这两个字集中反映在保卫国家的安全、人民民主专政和社会主义制度上。国家安全、人民民主专政的政权和社会主义制度，是国家和人民群众利益的根本保证，如果犯罪行为危害了国家安全、推翻了国家政权与制度，国家和人民群众将丧失其他一切利益。因此，刑法的首要任务，是用刑罚与危害国家安全的犯罪行为作斗争，以保卫国家安全、保卫人民民主专政的政权和社会主义制度。在刑法分则规定的十章犯罪中，危害国家安全罪放在第一章，任何国家的刑法条文中都有这种规定，无非就是名称不一样，有些称之为"国事罪"，我们现在称之为"危害国家安全罪"，以前则称之为"反革命罪"。

第二个任务是从经济角度提出来的。保护社会主义的经济基础，是我国刑法的一项极为重要的任务。应该看到，刑法在实际生活中对社会主义经济基础的保障作用是巨大的。我们在刑法条文中专章规定了"破坏社会主义市场经济秩序罪"，也专章规定了"侵犯财产罪"等等这些犯罪，实际上都是从不同的角度对经济基础的一种保障。不可否认，现行刑法对不同性质的经济的保护是有侧重点的，比如对国有经济的保护，在相当长的时间里,我们是将其放在首要位置的。随着市场经济的不断发展,这种侧重点似乎存在着一些不公平,恐怕需要作一些调整。

第三个任务就是保护公民的人身权利、民主权利和其他权利。这也是我国刑法的重要任务之一。如果人的这种基本权利都得不到保障,我们的社会就要乱了。根据刑法这一任务,我国刑法分则第四章专门规定了"侵犯公民人身权利、民主权利罪",并规定了相应的刑罚,对其中严重的犯罪还规定了较重的法定刑。

第四个任务是维护社会秩序、经济秩序。大量的犯罪,严重妨害了公民的生活安全,扰乱了社会秩序,破坏了各项活动的正常进行。因此,刑法的任务之一是要通过惩罚危害社会治安、破坏经济秩序的犯罪,维护社会的正常秩序,从而保障社会主义物质文明和精神文明建设事业的顺利进行。刑法分则第二章、第六章、第九章分别规定的"危害公共安全罪""妨害社会管理秩序罪"与"渎职罪",就是为了维护社会秩序、生产秩序、工作秩序、教学科研秩序和人民群众生活秩序不受犯罪的侵犯。刑法分则第三章规定的"破坏社会主义市场经济秩序罪",也是为了维护经济秩序。

二、我国刑法的产生和发展

接下来,我们再来了解一下我国刑法的产生和发展。

我国刑法经历了一个比较漫长的发展过程,我分四个阶段来介绍。

(一)革命根据地时期的刑法

根据革命根据地时期出现的政权性质的不同,我们可以将这个时期分为三个阶段来分别加以介绍。

首先,是工农民主政权的刑事法律。

应该说,在这个阶段,实际上还不存在典型意义的刑法。在这段时期中,我们党创建了许多革命组织,建立了由自己掌握的基层政权机关。各地工农民主政权相继在自己已经建立的革命根据地里,发布了许多决议、命令、布告、禁令等。这些法律文件反映了革命人民的意志,是带有法律性质的规范,其中有很多是具有刑法含义的规范。但是,由于这些法律规范仅仅局限于某一个革命根据地政权里边,所以只能被认为是与刑法相关的一些法律规范,就此而言,我们不能说这个时期已经有刑法。

其次,是抗日民主政权的刑事法律。

抗日战争时期,各抗日民主政权都制定了自己的刑事政策和单行的刑事法规。这一时期的刑事法规以打击汉奸活动作为同反革命活动进行斗争的重点。除奸斗争,是我党抗日战争时期刑法的主要任务,各边区抗日民主政权都颁布了惩治汉奸的单行法规,比如,1939年《陕甘宁边区抗战时期惩治汉奸条例(草案)》和1943年4月《山东省战时除奸条例》等,抗日战争时期是我国新民主主义时期刑事立法发展史上的一个重要阶段,对打击敌人、惩治犯罪,巩固抗日民主政权,发挥了重要作用。

最后,是人民民主政权的刑事法律。

抗日战争胜利后不久，蒋介石集团在美帝国主义的支持下，于1946年7月对我解放区发起了全面军事进攻，挑起了中国历史上空前规模的内战，中国革命进入了第三次国内革命战争时期，也叫做解放战争时期。在这一时期里，为配合最后推翻国民党的反动统治，各解放区的刑事法律都将战争罪犯、暗藏特务、地主恶霸作为打击的重点，对犯罪分子实行区别对待，也就是"首恶者必办、胁从者不问、立功者受奖"，根据这一方针，中共中央、人民解放军及各解放区人民政府颁布了许多刑事立法。比如制定了有关审判和惩办内战的罪犯等内容的1947年《中国人民解放军宣言》。随着各解放区土地改革运动的开展，一些地方的地主恶霸勾结反动武装，破坏土改运动。为打击反动地主恶霸，保证土地改革的顺利进行，各解放区先后制定了有关刑事法规，比如1947年11月晋察冀边区发布的《对破坏土地改革者的制裁问题》的布告。还包括对有关的反动组织进行解散和清除的布告，比如华北人民政府于1949年1月专门发布的《解散所有会门道门封建迷信组织》的布告。

在革命根据地时期出现的法律规范，多少都涉及刑事法规，但在形式上，往往是通过在一些布告、条例等里面规定一些与刑法相关的内容加以体现。所以，我们可以说，这时期的刑事法律是很不完整的。我认为，在革命根据地时期，也没有现代意义上的刑法，或者说似乎不存在现代意义上的刑法。

（二）新中国成立后刑事法律的初步发展

1949年中华人民共和国成立以后，我们国家对法律的重视存在一个发展过程。在相当长的一段时间内，我们是依靠党的政策来管理整个国家的，而且人们的法律观念和立法活动，实际上都是随着党和国家领导的意志在转变，因为当时我们的国家应该还不是一个法治国家。刑法的制定也是由某一个领导的想法决定的，尽管在这段时期我们先后制定了一批单行刑事条例和法规，但当时并没有考虑制定刑法典。

在这段时期制定的许多单行刑事条例和法规中，大家需要特别注意一下1951年《惩治反革命条例》，它是新中国成立后制定的第一个单行刑事法规，其中对反革命罪的概念、种类和类推以及量刑的标准、从轻、减轻或免予处刑的条件、数罪并罚的原则等，都作了规定，是镇压反革命活动的有力武器。后来，《惩治反革命条例》的许多规定都被新制定的刑法典所吸纳。

新中国成立初期的刑事法律虽然没有形成一个完整统一的体系，但基本具备了刑法典的雏形，确立了我国刑事立法和司法的一些重要的原则和制度。比如，惩办与宽大相结合的原则、罪刑相适应的原则、数罪并罚原则和坦白从宽的原则。

特别为大家介绍一下这个时期的一个党的政策，这就是"坦白从宽、抗拒从严，首恶必办、胁从不问"，这个政策对法治起到了很大的破坏作用。在"文化大革命"中，这种政策干预了法律，当时有个说法叫"问题不在大小，关键在于态度"，但是，我们惩罚犯罪就是看问题大小的，怎么能一个人犯了很严重的罪，就因为他态度好了问题就没了呢，这个是不对的。再比如"首恶必办、胁从不问"，依据法律，即使是胁从犯也还是要问的，无非是问的过程中可以从轻处理，但依据这个政策，只要是胁从犯，就可以对其不追究刑事责任,这是明显违背法治精神的。

(三)《中华人民共和国刑法》制定和颁布的过程

1954 年第一届全国人民代表大会通过了《中华人民共和国宪法》,这是我国第一部社会主义宪法,这部宪法的颁布标志着我们国家开始向法治化方向迈步。在这次会议上也通过了《全国人民代表大会组织法》《国务院组织法》《人民法院组织法》《人民检察院组织法》《地方各级人民代表大会和地方各级人民委员会组织法》。

宪法和五个组织法的颁布,标志着我国法治建设进入一个新的阶段,从此以后,我国就开始逐步地制定部门法,刑法是首先被纳入立法计划的部门法。因为,任何国家的建立,首要目的是维护政权稳定,而刑法对维护政权稳定起着最关键的作用,并且到目前为止,我们还没有完成制定民法典的任务,这些都证明了我们长期以来形成的"重刑轻民"的观念是根深蒂固的。

下面我简单为大家介绍一下刑法制定工作的历史,这是一个漫长曲折的过程,经历了从《中华人民共和国刑法(草案)》的拟定、修改到最后颁布几个阶段。

1954 年 10 月,《中华人民共和国刑法(草案)》的起草工作正式开始,当时,这一工作由全国人大常委会办公厅法律室负责。到 1956 年 11 月,已经写出了 13 稿。1957 年 6 月,已经写出了 22 稿,其中分为总则和分则两编,有 215 个条文。《草案》第 22 稿是个很重要的稿件,经过全国人大常委会讨论审议以后,并且征求了全体代表的意见,准备修改后,再提请全国人大进行审议通过。但是,由于全国反右派斗争以后,"左"倾思想抬头,造成否定法律、轻视法律等思想的滋生,再加上三年经济困难,使刑法起草工作停顿下来。

后来,毛泽东提出"不仅刑法要,民法也需要。现在是无法无天,没有法律不行"。中央根据毛泽东的指示,全国人大常委会法律室自 1962 年 5 月开始,对刑法草案第 22 稿进行全面修改,到 1963 年 10 月写出第 33 稿,共 206 条。这个第 33 稿就是后来我国 1979 年《刑法》基础的一个蓝本,我们称之为"蓝本"。这一草案修正稿,经过中共中央政治局常委和毛泽东审查,并准备按人大四次会议决定公布试行。但因"四清"运动和随之而来的"文化大革命"十年动乱,当时阶级斗争占主要位置,使刑法草案的修订工作又被耽搁,而这一耽搁就是 10 年。

粉碎"四人帮"以后,经过总结"文化大革命"中的经验教训,我们认为,法治不健全是造成"十年动乱"的主要原因。于是,我们逐步恢复了法治建设工作。在 1979 年推出了第一批法律,《中华人民共和国刑法》就是这一批法律中的一部,这是在彭真委员长的主持之下推出的一部刑法。1978 年 10 月中央再次组成刑法草案的修订班子,对第 33 稿进行修订。1979 年 2 月到 6 月期间,经过人大常委会法制工作委员会对刑法草案作了较大的修改之后,终于在 1979 年 7 月 1 日通过了《中华人民共和国刑法》,7 月 6 日以人大常委会委员长第 5 号令公布,并决定自 1980 年 1 月 1 日起施行。由于刑法是一部大法,所以从它的推出到正式的实施一般都有半年的时间,至此,终于诞生了新中国成立后的第一部刑法。刑法分为总则、分则两编,共 13 章 192 条。这个条文本身还是比较粗糙的,因为当时受到立法经验的限制,指导思想就是要粗犷一点,要原则点,不要太细。我国刑法的公布和实施标志着我国的刑事立法从此进入了健全发展时期。

(四)对我国《刑法》修订的问题

接下来,我讲一下对我国《刑法》的补充和完善的相关问题。

我们首先要明确的是,刑法需要补充和完善的原因有哪些。这部刑法是在历史进入新时期以后,人心思法、人心思治的背景下出台的。总体而言,刑法所规定的任务和基本原则是正确的,许多具体规定是可行的。它在巩固人民民主专政、保障人民民主权利等方面发挥了积极的作用。但是,十几年的司法实践和理论研究表明,由于受当时历史条件的限制,这部刑法典无论在体系结构、规范内容还是立法技术上,都存在一些问题。另外,随着改革开放的不断深入,我国政治、经济、文化等各方面发生了巨大的变化,大量的新情况、新问题不断出现。面对这样的改革形势和社会需要,刑法典中的许多规定已不能适应新时期形势的发展。

人们逐渐发现当时的刑法典确实存在很多问题,于是全国人大常委会开始搜集这方面的内容,以便进一步开展对刑法补充和完善的工作。接下来,我给大家介绍一下1979年《刑法》存在的几个比较突出的问题。

第一个问题,随着社会的发展,导致某些刑法条文不能涵盖出现的新情况、新问题。如1979年《刑法》第170条规定了"制作、贩卖淫书淫画罪",但后来出现了电视、录像、光盘,原来的法律就难以适用,为了弥补刑法的这种滞后性,我们需要对其进行修订。

第二个问题,有些犯罪行为在制定刑法时研究不够,导致有些条文过粗,不利于操作,最典型的是1979年《刑法》规定的玩忽职守罪、流氓罪和投机倒把罪这三个罪名。因为条文规定得比较笼统,执行起来随意性较大,我们形象地称这三个罪名为"口袋罪",或者"笼筐罪",意思是说,这三个罪名中的每一个都好比一个大口袋,对于一些难以定性的行为,只要能靠得上这些罪名的,全部都能被装下。

下面,我为大家举几个曾经按"口袋罪"处理的典型案件。

第一个是发生在上海闸北区天通庵路上的一个案件。案情是这样的,有一个小孩,在回家经过马路的时候,正好沿街马路人家有一个妇女往外倒水,由于没有注意到小孩的经过,水就泼到了小孩的身上,弄湿了孩子的衣服。小孩的家长得知自己孩子身上衣服是被那个妇女泼水弄湿的之后,全家人立刻十分气愤地去围攻这个妇女。一开始双方之间是争吵,最后越吵越厉害,引来了很多人的围观,可谓人山人海,导致整个一条马路交通堵塞。最后,小孩的家人又叫了家里其他的亲戚朋友来一起围攻那位妇女。然而,围攻中局面失控,这一家人动手把这个妇女的衣服全部扒光了。导致交通堵塞是次要的,最为关键的是造成了不良的社会影响。这个案件经过媒体炒作以后,首先是妇联发表意见,因为妇联在我们生活中占据很重要的位置。妇联主任认为一定要保护我们姐妹的利益。妇联的表态将问题上升到了对妇女权利是否需要特殊保护的高度,因此引发了社会更大的关注。接下来是闸北区公安局局长发表讲话,这个案子正式进入立案程序,被列为刑事案件。随即区检察院的检察长也发表了意见。而且原来只是区司法机关的领导讲,这个范围还局限于区里,后来,这个案件越闹越大,老百姓的情绪也遏止不住了,民愤也越来越大。因此,在这个时候,大家感觉区里的公安局局长和检察长的讲话分量已经不够了。接着,市检察分院的检察长讲话了。在当时市检察分院对应的就是市中院,大家都知道,刑事案件的审理,到了中级人民法院这一档是要判无期徒刑以上刑罚的,这就意味着整个案子被升格了。而无期徒刑、死刑的刑事案件是由中院这一档来负责的,幸亏当时的中院院长没有表态,如果中院院长接着检察分院的检察长继续表态的话,这一家人就死定了。所以,我想顺便提一下,司法工作人员应该是低调的,不能也不应该随便发表讲话,如果法官可以在电视里边随便发表对案件的意见,那就意味着案子已经有了结论,再进行审理的公正性就完全没有了,还需要法官审理什么呢?现在,很多法官耐不住寂寞,总觉得自己应该在媒体面前说上几句,否则如何体现自己的水平呢?(全场笑)但是我们看看西方国家的法官,有几个是在电视的镜头上面晃来晃去的?没有的。(全场笑)因此,我们说,法官应该特别具备一种素质,这种素质就是低调,不能随便对案件表态。如果你耐不住这种寂寞,你就不能做法官。实际上,法官针对某些案件对媒体的表态和我们学者在媒体上发表个人看法,还是有本质区别的。

这个案件经过了很长时间的讨论,结果这些人都被认定为流氓罪。在量刑上,经过很多人的努力,包括我们学者的努力,最后给予了从轻处罚。特别是第一被告人,是当时我们争取的重点。当时,我们都认为从以下几点可以争取对第一被告人从轻处罚。首先,被告人平时表现非常好。在单位里,他是先进;在里弄里,邻居对他的印象很好;在家里,他又很孝顺。其次,他认罪态度也很好,对自己的行为多次作了悔过表示,而且很深刻。最后,法院综合考虑前面所讲的情况,决定对他从轻处理,判处死刑,缓期两年执行。(讨论声)我认为,如果没有前面讲的那些良好的表现,如果没有我们的"努力",这个人肯定会被判处死刑立即执行。那么,其中很重要的就是,给这些人认定的罪名就是流氓罪。这种由于邻居纠纷而引起的案件,最后导致要判处死刑,处罚是很重的。我们认为,当时这个案件就是被"箩筐罪"之一的流氓罪装进去的。

但是没有多久,在南汇区同样发生了一个案件,也是邻居纠纷引起的争吵,但争吵的结果却相反,是女的把男的衣服扒光。这个案件也引起了人山人海的围观和交通堵塞,也产生了很恶劣的影响,但是,据说对这个案件根本没有进行任何处理。因为流氓罪的客观方面表现为聚众斗殴、寻衅滋事和侮辱妇女,注意这里仅是侮辱妇女,没有侮辱男子。由于这个罪中没有规定侮辱男子的内容,所以对于这个女性的行为就不能按照流氓罪来处理。所以,我们当时讲,这个"箩筐罪"还是分东西装的,也不是乱装的,它是"只装男不装女"。

这些案例说明,我们1979年《刑法》条文本身的设计过于笼统、抽象,包含的客观内容复杂,这些均不利于定罪量刑,而且操作起来也相当困难。

第三个问题,1979年《刑法》存在很多不科学的犯罪归类。

刚刚讲的是 1979 年《刑法》的三个"口袋罪"。此外,1979 年《刑法》也存在很多不科学的犯罪归类。

第一,1979 年《刑法》涉及杀人罪的就有三个罪名,分别是反革命杀人罪、故意杀人罪和过失杀人罪。这三个罪在实际认定中存在很大困难,比如杀什么人叫做反革命杀人,与故意杀人罪很难准确区分。

第二,把本不应该作为反革命罪处理的犯罪行为,归入反革命罪中,存在很多弊端。比如,对于劫持飞机的行为,当时把它规定在反革命破坏罪中,这样的规定带来很多麻烦:当我们对劫机犯要求引渡的时候,由于当时很多人将反革命罪视为"政治犯",而国际法的一条通行原则是"政治犯不引渡",所以,我们要求相关国家移交劫机犯就很困难。相比较而言,其他国家对劫机行为也在刑法中加以惩罚,但是他们不会放在"国事罪"或者"危害国家安全罪"中,而是将劫机行为定性为对公共安全的一种破坏。因此,世界各国依据相关公约的规定,完全可以要求引渡劫机犯。可见,1979 年《刑法》将劫机行为规定在"反革命罪"中是很不科学的。

早在 1982 年国家有关部门就作出了研究修改刑法的决定。国家立法机关和司法部门陆续收集与整理了有关刑法修改的意见和问题。一直到 20 世纪 80 年代的末期,我们对于刑法的修订基本上已经成稿了,准备让全国人大来通过有关的修订草案。就在这个时候,出现了"六四风波",导致一直筹划的刑法的修订工作耽搁了。是什么原因导致耽搁刑法的修订呢?因为在刑法修订中,有一个很重要的内容,就是把"反革命罪"改成"危害国家安全罪"。当时,学者们已经达成了比较一致的意见,而且已经把这个内容规定在草案中。但是,"八九政治风波"发生之后,很多人就觉得这个修改属于政治问题,因为"八九政治风波"中出现了这么多反革命分子,如果这个时候还要把反革命罪改掉,与当时的形势很不吻合。我记得当时有人专门在法学杂志上发表文章,提出现在出现了一个危险的信号,意思是指把反革命罪改掉的行为是阶级斗争的一种新动向,要引起我们高度注意。将修改反革命罪上升到阶级斗争这个高度之后,就再没有人敢于正面提出这个问题了。也就是由于这个原因,我们刑法的修订工作实际上就暂时耽搁了。现在回过头来看,当时的这种耽搁,与其说是坏事,倒还不如说是好事。因为,当时整个经济体制的改革还没有全面展开,很多新的犯罪还没有体现出来,比如我们当初还没有证券、期货市场,也就不可能有所谓的证券、期货犯罪。假如我们对刑法进行了全面修订,那么到现在又要重新修订了。

应该看到,在刑法修订被耽搁的这段时期里,刑法在适用过程中实际上存在很多问题需要解决,那该怎么办呢?全国人大常委会就决定采用颁布有关单行法律,也就是我们讲的刑法修改补充规定和决定,通过这种小修小补的形式来完成对刑法的修订。于是,自 1981 年以来,全国人大常委会先后通过了 23 个刑法修改补充规定和决定,比如《关于走私罪的补充规定》《关于惩治贪污罪贿赂罪的补充规定》,还有《惩治军人违反职责罪暂行条例》等等。此外,全国人大及其常委会还在一些民事、经济、行政法律中规定了 130 多个"依照""比照"刑法的有关规定追究刑事责任的附属性的刑法规范。这些单行刑事法律和附属刑事法律规范的颁布,及时弥补了刑法中的某些缺陷,对打击各种刑事犯罪活动,保障人民生命财产的安全起了重大作用。

下面,我们来了解一下对《刑法》的修订。

一直到1996年,"八九政治风波"对人们的影响才开始慢慢变淡薄。这时我们就感到,回过头去看我们的刑法,通过零散的修补方式并不能从根本上解决问题,而且出现了一些新的矛盾和不平衡现象。同时,由于在刑法之外还存在数量巨大的单行刑事法律和附属刑法规范,使刑法典显得零乱,缺乏一个体系上的归纳。因此,这时人们就提出,为了适应与犯罪作斗争的实际需要,客观上有必要对刑法作一次全面系统的修订。

于是从1996年起,我们开始对刑法进行全面的修订。1996年12月全国人大常委会法制工作委员会把修订草案提交给第八届全国人大常委会进行审议,在1996年12月26日的第23次会议和1997年2月19日的第24次会议审议过两次后,提交给1997年3月召开的第八届全国人大第五次会议审议通过。应该说,这次修订与原来的1979年《刑法》的制定相比,时间比较短,但是征求意见的面很广,开了很多座谈会,搜集了各方面的意见。最后,该刑法典在1997年3月14日第八届全国人大第五次会议上通过,同年10月1日开始施行。

现行《刑法》共452条,其中总则101条、分则350条、附则1条,比1979年《刑法》192个条文净增了260条。我在国外的时候,曾经把我国刑法修订后净增260条的这个变化告诉外国的专家,他们感到很吃惊,而我却感到很骄傲,这是因为外国专家看待这个问题的思路和我不完全一样,他们提出了两点质疑。

第一,他们认为增加的条文超过了原来的条文,这属于重新制定而不是修订。而我认为,因为刑法总则中的内容变化并不大,特别是刑法的立法精神等并没有很大的变化,主要的变化发生在刑法分则中。

具体来说,在刑法分则中,我们对体系结构进行了适当的调整,如将反革命罪改为危害国家安全罪;将破坏社会主义经济秩序罪改为破坏社会主义市场经济秩序罪;将原来财产犯罪中的贪污罪和渎职罪中的受贿罪等单列出来,专门设立贪污贿赂罪一章;将原来的妨害婚姻家庭罪并入侵犯公民人身权利和民主权利罪之中;在这个基础上增加规定危害国防利益罪和军人违反职责罪两章犯罪,从而使刑法分则的犯罪增至十章。另外,分则对许多犯罪的规定进一步具体化,分解了渎职罪、投机倒把罪和流氓罪,针对在社会主义市场经济下出现的新情况、新问题增加了一系列新的罪名。此外,在量刑幅度方面,我们根据犯罪行为的社会危害性程度作了变动,使其更具有可操作性,从而避免了司法中的随意性。

也正是因为总则的变化不大,而分则的变化较大,说明刑法立法精神没有根本的变化,所以,我坚持认为,1997年《刑法》仍然是对1979年《刑法》的修订,而不能说是重新制定。

第二,他们认为我国刑法的发展不符合国际各国刑法的发展趋势。现在有很多人认为,国外的刑法已经开始走"萎缩"的道路,它们的发展体现在三个方面,一个是废除死刑,一个是以自由刑为中心的刑法改革,第三个就是非犯罪化。非犯罪化就是缩小刑法条文涉及的范围,精炼刑法条文,甚至把刑法的有些内容规定到其他的法规中。基于此,国外的专家认为我国刑法过于"膨胀",已经完全不符合国际各国刑法的发展趋势。针对这样的质疑,我认为,现在刑法的"膨胀"是为以后的"不膨胀"打基础的,没有今天的"膨胀"就不会有我们今后的"简化"。(全场笑)因为刑法目前面临的新问题层出不穷,在今后一段时间中,可能仍然会继续"膨胀",这符合我国刑法正常发展的要求。

了解了 1979 年《刑法》修订的过程之后,接下来,我们看一下修订之后的 1997 年《刑法》具有哪些特点。

经过修订以后的刑法,具备以下四个特点。

第一,完备性。应该承认,修订后的刑法是一部统一的、完整的、完备的刑法典。不仅表现在与原刑法相比条文数量的大量增加,而且表现在具体内容上比原刑法更加充实。这主要表现在:首先,新刑法将分别以单行法规的形式颁布的 23 个条例、决定或补充规定和附属刑法中的相关规定纳入了刑法典条文,以利于集中了解与掌握。其次,根据国防建设的需要,专门增加"危害国防利益罪"一章规定。最后,对新出现的犯罪行为,需要追究刑事责任而又比较有把握的,增加了规定。比如黑社会性质的组织犯罪、破坏土地资源的犯罪、洗钱犯罪、计算机犯罪、证券犯罪等。另外,修订后的刑法对其他危害社会的犯罪行为都作了较为全面的规定。

第二,科学性。它的系统具备一定的科学性,通过借鉴国外的有关先进经验,把原来的一些不合理之处都作了修订。刑法典内在的科学性直接关系到刑法的权威性与稳定性。修订后的刑法在认真总结刑法实施以来的经验的基础上,适当借鉴国外立法的有益经验,把原来的一些不合理之处都作了修订,从而使法典体系更为合理,罪状更为精确,前后更趋连贯,用语更为规范。比如说,修订后的刑法将原刑法之反革命罪改为危害国家安全罪,就充分考虑到了我们国家已经从革命时期进入社会主义现代化建设时期的实际;考虑到了危害国家安全罪的表述比反革命罪更为准确之意见。再比如说,修订后的刑法将原刑法中规定笼统的三个"口袋罪"(投机倒把罪、流氓罪和渎职罪)予以分解,使罪状更为具体、精确,便于操作。再比如说,修订后的刑法废除类推,摆脱了原刑法既欲体现罪刑法定原则,又保留类推之矛盾窘境。最后,修订后的刑法注意法条用语之规范,避免使用易生歧义之用语,使表述更为科学。

第三,连续性。对于这一点,我前面也已经提到了,这里我再简单强调一下。修订后的刑法虽然对原刑法作了较大修改,但它不是对原刑法的全盘否定,而是原刑法的延续与发展。特别是在刑法体例上,仍保持了原刑法的框架,没有很大的变化。应该看到,这次刑法修订中除分则内容有较大变化外,总则内容基本上与原刑法相同,这在很大程度上说明了刑法的立法精神没有很大的变化。所以,我们只能说是修订而不是重新制定。

第四,明确性。修订后的刑法对原刑法中一些笼统、原则的规定,尽量使其细化、具体。比如说,用明文列举的形式替代了原刑法中的"其他""在必要的时候"等诸如此类的不明确规定,在刑法分则中,尽可能多地采用叙明罪状,而很少采用空白罪状和简单罪状,从而使罪状的描述力求明确、具体,避免笼统、含糊。对于原来 1979 年《刑法》中规定得含糊不清的地方,在 1997 年《刑法》中就予以删除。我只就其中的一个表现,为大家举一个例子。比如说,原来规定已满 14 周岁不满 16 周岁的人对杀人、重伤、抢劫、惯窃、放火以及其他严重破坏社会秩序的犯罪应当负刑事责任。而现在这次修订明确规定,对于已满 14 周岁不满 16 周岁的人,犯故意杀人,故意伤害致人重伤或者死亡、强奸、抢劫、贩卖毒品、放火、爆炸和投毒(《刑法修正案(十一)》改为"投放危险物质")这八种犯罪应当负刑事责任,而把"其他严重破坏社会秩序的犯罪"删除了。

这是用明文列举的规定替代了原刑法"其他"等模糊规定的一种修订。但我认为,法律是需要一定的模糊性,还是必须作绝对的明确规定,这是一个很值得思考的问题。我们常说,凡事皆有利弊,有时候如果法律过于清晰明确的话,反而会产生不利的后果。比如说,1979 年《刑法》对很多犯罪在数额要求上不予以明确规定。盗窃多少属于数额较大,立法中不规定,贪污多少,立法中也不规定。为什么不规定呢?道理很简单,因为社会经济生活发生了翻天覆地的变化,城乡居民收入大幅增加,数额大小的衡量标准也会发生变化。原来在我读书的年代,如果盗窃 20 元就属于"数额较大"了,因为当时我们的工资就 36 元,相比现在而言,显然 36 元已经是很小的数额了。另外一点,各地经济、社会发展情况很不平衡,中东西部地区、城乡之间、沿海内地等差别显著,如果在刑法中明确规定一个追诉标准,对同一个行为在全国执行这个标准,就不能体现区别对待的政策,有失公正。

但是,1997 年《刑法》中不少规定里就专门明确了具体的数额要求,比如在《刑法修正案(九)》生效之前对贪污罪、受贿罪就明确了定罪量刑的标准。应当说,像贪污罪这样在法条中明确规定了数额标准,虽然对于罪刑法定有利,但是在实际中运用起来困难就很大。举一个最简单的例子,在上海贪污 5 万元和在江西革命老区贪污 5 万元,社会危害性是不一样的。在上海贪污 5 万,可能对很多企业来讲根本就是牛身上拔一根毛,但是在江西老区贪污 5 万元,可能导致一家工厂的倒闭。同样的贪污数额,在不同的地区所导致的社会危害性是不一样的。但是,1997 年《刑法》中有关贪污罪、受贿罪的法条却规定了统一的数额,这既有好的一面,又有不利的一面。而《刑法修正案(九)》则改变了在贪污罪、受贿罪法条中明确规定具体数额的做法,修改为"概括数额+情节"的定罪量刑模式。

对于这部经过修订以后的刑法,虽然实际中对这次修订存在各种意见,但是总体上大家感觉还是不错的,因为法律的制定总归是有遗憾的,尽管我们可以在立法技术中作一些调整,但是要一部法律能完全符合整个社会的发展也是不客观的。我有一个观点,立法者是有智慧的人,但是他们的智慧是有限的,而社会发展是无限的,在社会发展中犯罪现象的发展也同样是无限的。要使立法者有限的智慧完全符合无限的犯罪现象的发展,是根本不可能的。因此,法律的制定总是有遗憾的,法律的完善是一个永恒的主题。

总之,1997 年《刑法》被认为是一部统一的、完整的、新中国成立以来最完备的刑法典。它的修订与实施,表明我国刑事法律的发展进入了一个新的历史阶段。

我们最后再来看一下对 1997 年修订后《刑法》的补充和修正。

就像资产阶级启蒙思想家卢梭说的一句话，"不变的法律是僵死的法律"，法律的适时变化是不可避免的现象，因此，正如我前面提到的，法律的完善是一个永恒的主题。如果法律到了不需要变化和完善的时候，那么我们也就不需要法律了，这是一个辩证的关系。因此在 1997 年《刑法》正式实施以后，司法实践中又出现了许多新的问题，新刑法在适用过程中也暴露出一些不完善的地方。是否需要对新刑法进行补充和修正？如何加以补充和修正？这些内容无疑成为我们必须解决的问题和需要研究的课题。

自 1997 年《刑法》颁布以来二十余年间，全国人大常委会通过单行刑法和刑法修正案的形式对刑法作了十二次重要的立法层面的修改补充，下面我分别就这两种修订形式，为大家介绍相关的内容。

第一个问题，1997 年修订后的《刑法》正式施行后的第一个《决定》。

1998 年 12 月 29 日第九届全国人大常委会颁布了《关于惩治骗购外汇、逃汇和非法买卖外汇犯罪的决定》。这是自 1997 年《刑法》施行以后，全国人大常委会以"决定"的形式所颁布的第一个补充和修正，从目前看，这也许也是最后一个"决定"。我们最初就是采用单行刑法作为修订刑法的主要模式。

那么，这个"决定"是在怎样的背景下颁布的呢？面对当时日益猖獗的骗购外汇、非法买卖外汇等外汇犯罪行为，为了更有效、更迅速地打击涉及外汇的金融犯罪，维护国家外汇管理秩序，最高人民法院在很匆忙的情况下出台了一个司法解释（即 1998 年 8 月 28 日《关于审理骗购外汇、非法买卖外汇刑事案件具体应用法律若干问题的解释》），但这就产生了一个矛盾。大家觉得会是什么矛盾呢？（下讲台提问）

学生 1："可能是与刑法的规定相矛盾吧。"

提问："刑法法条中有关于骗购外汇犯罪的规定吗？"

学生 2："好像没有吧。"

（回讲台）这就对了，我们知道，司法解释是对法律的解释，法律的存在是司法解释产生的前提。但是，当时刑法中并没有关于骗购外汇犯罪的规定，因此，最高院的这个司法解释自然成了无源之水、无本之木。在这样的窘境之下，全国人大常委会颁布了《关于惩治骗购外汇、逃汇和非法买卖外汇犯罪的决定》，可以说，这个"决定"是为化解最高人民法院出台司法解释的尴尬境地而产生的。

这个"决定"主要涉及哪些内容呢？这个"决定"主要从六个方面进行修订：第一，增设了骗购外汇罪；第二，将买卖伪造、变造的国家机关的公文、证件、印章的行为，明确规定依照《刑法》第 280 条的规定定罪处罚，也就是依照伪造、变造、买卖国家机关公文、证件、印章罪定罪处罚；第三，修改了《刑法》第 190 条的规定，扩大了逃汇罪的主体，提高了法定刑；第四，非法买卖外汇情节严重的行为，明确规定依照《刑法》第 225 条的规定定罪处罚，也就是依照非法经营罪定罪处罚；第五，对海关、外汇管理部门的工作人员的渎职犯罪行为作了具体规定；第六，明确规定了对金融机构、从事对外贸易经营活动的公司、企业的工作人员由于渎职造成国家大量外汇流失的，依照《刑法》第

167 条的规定定罪处罚,也就是依照签订、履行合同失职被骗罪定罪处罚,扩大了该条文的适用范围。

第二个问题,对 1997 年《刑法》的十一个修正案。

在前面讲的"决定"之后,全国人大常委会陆续在 1999 年 12 月 25 日、2001 年 8 月 31 日、2001 年 12 月 29 日、2002 年 12 月 28 日、2005 年 2 月 28 日、2006 年 6 月 19 日、2009 年 2 月 28 日、2011 年 2 月 25 日、2015 年 8 月 29 日、2017 年 11 月 4 日以及 2020 年 12 月 26 日通过了十一个刑法修正案。

我先介绍一下为什么我们不再使用"决定",而最终采用"修正案"作为对 1997 年《刑法》的补充和修正的方式。

我们究竟应该采取何种方式完善刑法立法?在第一个"决定"颁布之后,我们一直在思考单行刑法作为修正刑法的模式的利弊,力求找出一个更适合刑法修订的最佳模式。不可否认,单行刑法模式具有简便快捷、针对性强的优点。但是,刑法属于国家的基本法,它本身的性质要求具有一定的稳定性。如果刑法朝令夕改,那么必然会使人民无所适从,也就根本没有刑法公正性可言。如果我们继续采用"决定"的形式修订刑法,过了若干年以后,就会累积出现很多个"决定",此时就需要对刑法进行大范围的修订整理,这就很容易对刑法典的稳定性造成严重冲击。法律的不稳定,会影响人的观念,造成法律本身的权威性和严肃性大打折扣。

我们可以看一下我国台湾地区"刑法"。台湾地区"刑法"是 1935 年颁布的,一直沿用至今,而我们大陆的刑法是 1979 年颁布的,到 1997 年就修订了,如果我们继续用"决定"修订刑法的话,恐怕十几年以后,刑法又发生变化了,这就使刑法丧失了稳定性。事实上,台湾地区"刑法"1935 年颁布以后并不是没有变化,只是它进行变化所采用的方式相对比较科学,这个方式就是"修正案"。于是,我们对"修正案"这种方式进行了认真的研究和讨论,并且与单行刑法的修订模式进行了比较,最后总结出了修正案具有单行刑法所不可比拟的优点,这个优点集中体现在它与刑法典的关系上。刑法修正案是对刑法典原有条文的修改、补充、替换或者在刑法典中增补新的条文。比如,我们如果要增加条文的,在原有的条文中最接近的条文后面弄一个"之一"或"之二"等。如果不增加条文,就原有条文增加内容的,那就另起一行,增加项或者款等等。这是建立在维护总体框架基本不变的基础上,我们对刑法进行小的修改。因此,刑法修正案不但直接被纳入了刑法典而成为后者的组成部分,而且其立法技术使其并不打乱刑法典的条文次序,从而有利于维护刑法典的稳定性,并且更容易被理解和掌握。

相比较来说,单行刑法是形式上独立于刑法典而内容上仍涉及刑法的相关规定,因此,久而久之,就需要不断将这些"决定"整合到刑法典中,造成刑法"伤筋动骨的变化",这不利于维护刑法典的稳定性,而这些分散的"决定"也不利于人们从整体上理解和把握刑法典的变化。

经历了这样一个对刑法修正模式不断研究、不断探索的过程之后,我们最终决定今后对刑法的补充和修正都采用修正案的方式。

对于十一个修正案所涉及的内容,一方面因为课堂时间有限,另一方面因为大家还没有开始刑法的学习,这里就不讲解了,在今后的讲课中我会给大家详细讲解。

三、刑法的体系和解释

接下来,我们来看刑法的体系和解释。

(一)刑法的体系

我们首先来了解一下刑法体系的概念。刑法体系是指刑法的组成和结构,它是按照一定的规则,有秩序、有层次的一种排列,是统治阶级表达自己意志的一种方式。

我们在理解刑法典的组成时,应该掌握“编、章、节”和“条、款、项”这两套刑法条文的基本组成因素。

首先,我们来看“编、章、节”。

我国刑法在编下设章,在章下设节。具体说,我们刑法有两编,总则和分则两编,外加一条附则。“编”下有“章”,在刑法总则中现在有五章,在刑法分则中总共十章,所以实际中形成了十五章。此外,我们有很多“章”下面都设“节”,但并不是所有的“章”下都设“节”。刑法分则十章犯罪中,只有破坏社会主义市场经济秩序罪、妨害社会管理秩序罪这两章中还专门设节,其他章中则不专门设节,下面直接规定的就是“条”。

其次,我们来看“条、款、项”。条以下称“款”,款以下称“项”。

第一,组成刑法的各项规范,不管是总则性的规范还是分则性的规范,“条”是我国刑法的基本单位。需要特别强调的是,我们刑法的“条”跟其他的文件或文章表达相比有个特点,就是我们法律条文的这个“条”是贯穿到底的,各编、章、节中的条文,由统一的顺序进行编号,不受编、章、节划分的影响。这种“贯穿到底”有什么好处呢?主要是引用条文方便。也即在我们具体应用法律时,我们只需说“根据《刑法》第几条规定”就可以了,而不用说“根据《刑法》第几编、第几章、第几节、第几条的规定”。

第二,在我国刑法中,条以下为款,没有编号,用另起一行的形式将上下段落分开,也即刑法条文中“款”的标志就是另起一行。比如说,《刑法》第 6 条,分三段,就是三款,引用第一段的就读作“第 6 条第 1 款”。引用的时候需要特别注意的是,如果在一个刑法条文中只有一款,我们就不要说这是“第几条第 1 款”的内容,也即“第 1 款”就不要说了。如果这个条文中有第 2 款,引用的时候一般要说“根据《刑法》第几条的第 1 款”。也就是说只有存在“第 2 款”,在引用时才说“第 1 款”,整个条文只有一款,不用说“第 1 款”。

第三,款以下为项,是用基数号码编写。比如说,《刑法》第 34 条第 1 款规定附加刑的种类分三项:“(1)罚金;(2)剥夺政治权利;(3)没收财产。”也有的条文是没有分款而直接分项的,比如《刑法》第 33 条规定:“主刑的种类如下:”接着就规定:“(1)管制;(2)拘役;(3)有期徒刑;(4)无期徒刑;(5)死刑。”对此,在引用时可直接读为“第 33 条第几项”。

在引用的时候,需要特别注意,如果“条”下面只有一款,但是“款”下面有“项”,你只要说"根据《刑法》第几条第几项的规定",而不必说这是"第1款第几项",因为条文中没有第2款。比如说第34条第1款是附加刑的规定,因为有第2款。这个第2款就是:"附加刑也可以独立适用。"所以我们要说是第1款的第几项。但是,如果条文中没有第2款,比如对前面列举的第33条,我们就不用说"第1款",因为它没有第2款,你只要说"根据《刑法》第33条第几项",用不着说这是第1款的第几项,这个很简单,但我们必须掌握,司法实践中经常出现根据判决书找不到刑法条文的现象,这是很不正常的。

最后,但书规定。有的条文前后的内容包含着相反的意思或者例外的情况,或者有限制性的规定,或者是对前面部分的补充,为了把这前后两部分的内容有机地组合在一起,通常是在中部加"但是"这个表示转折关系的词加以连接。"但是"后面的部分,学理上称之为但书规定。

我国刑法中的但书规定,大致有下面四种情况:第一,但书对前段表示了相反的关系。比如说,《刑法》第13条的规定,前面部分规定了什么是犯罪,但书部分则规定:"情节显著轻微危害不大的,不认为是犯罪。"后面的但书对前面规定的内容表示了相反的意思。这是最典型的"但书"规定。第二,但书对前段表示了例外关系。比如《刑法》第8条规定:"外国人在中华人民共和国领域外对中华人民共和国国家或者公民犯罪,而按本法规定的最低刑为3年以上有期徒刑的,可以适用本法,但是按照犯罪地的法律不受处罚的除外。"第三,但书对前段表示了限制关系。比如《刑法》第73条第1款规定:"拘役的缓刑考验期限为原判刑期以上1年以下,但是不能少于2个月。"第2款规定:"有期徒刑的缓刑考验期限为原判刑期以上5年以下,但是不能少于1年。"第四,但书对前段表示了补充关系。最典型的是《刑法》第37条的规定:"对于犯罪情节轻微不需要判处刑罚的,可以免予刑事处罚,但是可以根据案件的不同情况,予以训诫或者责令具结悔过、赔礼道歉、赔偿损失,或者由主管部门予以行政处罚或者行政处分。"可见我国刑法中但书的作用和意义是多种多样的。

另外,还有分则条文关于具体的罪状和法定刑的规定等等,这些我在讲解刑法分论的时候会专门讲。

(二)刑法的解释

下面我们来看刑法的解释。

首先,我们看一下刑法解释的概念。

刑法的解释,就是对刑法规范含义的阐明。刑法的解释是以刑法规范和刑法实施中的问题为解释对象的法律解释的一种。

针对法官是否应该过多地依赖法律解释,学者们的观点可谓仁者见仁,智者见智。

有的学者认为,法官过度地依赖于刑法的解释,会使主观能动性降低。法官应该多从判例和案例入手,发挥自己的主观能动性。在前几年的司法考试试题中,有一道题目就代表了出题者的这种观点。我认为,这样的观点本身属于个人的见解,不应将这个观点固定化,更不能简单将其作为一个标准答案,在回答这一题目时,只要答题者能够把自己的观点论述清楚,理由充足,也应该取得合理的分数。

我和前面提到的这些学者的观点之间最关键的区别在于:我认为,我们一定要立足于我们国家的现状来分析这个问题。在我们国家现有的情况下,法官依赖于刑法的解释,这既是迫不得已的做法,也是一种无奈的选择,因而是完全说得过去的。因为现在我们法官的水平普遍不是特别高,绝大多数法官的能力,还没有达到能准确理解法条的程度。所以让这部分法官依赖于我们的司法解释,应该说利大于弊,最起码可以有一种依据吧。那么,在这样的现状之下,如果要求法官发挥自身的主观能动性,对条文的含义进行创新的理解,我觉得是不切实际的。法官怎么可以随意地对条文含义进行创新呢?我们的刑事法官如果能随意创新的话,就可能把人家的头给"创新"掉了。所以,实际上在相当长的一段时间内,法官对司法解释有一些依赖,我觉得是说得过去的,而且是利大于弊的。另外,我还有一个观点,即在罪刑法定原则下,刑事法官理应是一个"保守"的群体,创新的重任应该由刑事立法者承担,我们不能也不应该要求一个刑事法官所作的判决有很大的创新性,否则就可能与罪刑法定原则的精神相悖。

其次,我们来看一下刑法解释的种类。

从不同的角度,我们可以把刑法解释分成两类。

第一,从解释的效力角度分类,分为有权解释和无权解释。

首先我们来看有权解释,这是我们学习的重点。有权解释就是具有效力的解释,指的是由特定的国家机关依照宪法和法律赋予的职权,对刑法规范的含义及其具体应用中的问题所作的解释。根据《中华人民共和国宪法》和全国人大常委会《关于加强法律解释工作的决议》的规定,有权解释刑法的国家机关有全国人大常委会、最高人民法院和最高人民检察院。由此,根据享有解释权的机关性质的不同,有权解释可以分为两种,分别是立法解释和司法解释。

立法解释就是由立法机关所作的解释,我们现在通常的解释是由全国人大常委会作出的。我们知道,全国人大常委会是国家立法机关的常设机关,因此,由它对刑法规范所作的解释,同刑法规范一样具有普遍的约束力,属于刑法立法的范畴。

其解释的方式,归纳起来有三种情况。

其一,在刑法中列入解释性条文。例如,《刑法》第 91 条至第 99 条,这 9 个条文是刑法本身规定的解释性条文,分别对刑法有关条文中所说的"公共财产""公民私人所有的财产""国家工作人员""司法工作人员""重伤""违反国家规定""首要分子""告诉才处理""以上、以下、以内"的范围和含义作出了明确的解释。

其二,国家立法机关在"法律的起草说明"中所作的解释。比如,第五届全国人民代表大会在 1979 年制定刑法时所作的《关于七个法律草案的说明》中对有关刑法规定所作的说明。又比如,1997 年 3 月第八届全国人大第五次会议上所作的《关于中华人民共和国刑法(修订草案)的说明》。

其三,在刑法施行过程中,对于发生歧义的问题,按照《中华人民共和国宪法》的规定,全国人大常委会有权解释法律。同时,根据需要,由全国人大常委会可以对刑法的某些条款进行补充解释。比如说,在对 1979 年《刑法》作出系统修订前,1988 年 1 月

21 日第六届全国人大常委会通过施行的《关于惩治走私罪的补充规定》对 1979 年《刑法》第 116 条规定的走私罪的构成要件"情节严重"作出了解释,具体规定了犯罪情节和处刑档次,而且增加了逃汇套汇罪、单位走私罪等新的罪名。又比如说,1990 年 12 月 28 日第七届全国人大常委会通过施行的《关于禁毒的决定》的第 1 条,对毒品的范围作了明确的解释。另外,立法机关还曾经在非刑事法律中对刑法某些条文的适用作了补充规定。比如,1982 年全国人大常委会通过的《中华人民共和国商标法》第 40 条规定:"假冒他人注册商标,包括擅自制造或者销售他人注册商标标识的,除赔偿被侵权人的损失,可以并处罚款外,对直接责任人员由司法机关依法追究刑事责任。"这一规定就是对刑法原假冒商标罪所作的补充。

需要指出的是,在刑法施行过程中,全国人大常委会专门所作的立法解释以前并不多见,但是,近年来已有增长趋势,这一点大家要特别注意。1979 年《刑法》颁布以后,我们没有立法解释,如果硬要说有立法解释的话,只有在通过刑法的时候,由全国人大常委会的副委员长对刑法的通过所作的一个解释,这个我们通常也把它作为立法解释。但是在具体实施过程中,对一些具体法律条文适用问题,立法一般是不作解释的。而在 1997 年《刑法》修订以后,出现立法解释逐步增多的倾向。比如说,2000 年 4 月 29 日全国人大常委会通过的《关于〈中华人民共和国刑法〉第 93 条第 2 款的解释》中明确规定,村民委员会等村基层组织人员协助人民政府从事下列行政管理工作时,属于《刑法》第 93 条第 2 款规定的"其他依照法律从事公务的人员"。此外,2004 年 12 月 29 日全国人大常委会根据司法实践中遇到的情况,讨论了《刑法》规定的"信用卡"含义问题,并对其作了立法解释:"刑法规定的'信用卡',是指由商业银行或者其他金融机构发行的具有消费支付、信用贷款、转账结算、存取现金等全部功能或者部分功能的电子支付卡。"

我们再来看第二种有权解释——司法解释。司法解释指的是由最高人民法院和最高人民检察院所作的解释,现在按照《关于加强法律解释工作的决议》的明确规定,这种解释都只能由最高人民法院和最高人民检察院作出,如果"两高"之间的解释有分歧,则要报全国人大常委会。这个也是我们现在见到的最多的解释。

当然,由于我们国家的司法权很大,因此司法解释的颁布量很大,进而导致扩张性司法解释成为目前面临的一个问题。很多学者提出,一方面,司法解释本身不应该脱离法律,不能创新;另一方面,扩张性的司法解释还是普遍存在,所以,我们要对此加以一定的限制。我认为,这个问题是客观存在的。我们的司法权确实很大,特别是有很多的立法权都下放给司法机关行使。最典型的莫过于全国人大常委会将设定罪名权下放给最高人民法院和最高人民检察院。刑法分则中的每个罪的罪名的设定,按道理应该属于立法范畴,但是我们是由全国人大常委会下放给最高人民法院和最高人民检察院来行使。以至于在一段时间里,最高人民法院颁布了刑法分则的罪名,最高人民检察院也颁布了刑法分则的罪名,而个别的罪名表述还不一样,两家之间产生很多纷争。经过协调之后,最终由最高人民法院和最高人民检察院联手出了一个有关罪名的解释,才把确定罪名的问题解决了。

按照《立法法》的规定,立法解释和司法解释这种有权解释都具有法律效力。在我们司法部门工作人员的眼里,这两种有权解释的作用很大,地位很高。它们除了具有法律效力以外,从某种意义上来说,由于这种有权解释的表述更清晰,操作更简便,因此实用性极大,法官也更愿意采用这种有权解释。司法实践中,很多法官可以手里没有刑法条文,但是立法解释和司法解释是他审理案件必备的参照。虽然,这不是一种很正常的现象,但是正如我在前面已经强调过的,如果立足于我们的现状,法官依赖于有权解释,也是完全可以理解的。

下面,我们来看无权解释,或者称之为学理解释。学理解释,指由国家宣传机构、社会组织研究单位、教学部门或者法学专家、法律工作者对刑法规范所作的宣教性、学术性、知识性的解释。比如说,教学单位的刑法教科书、专著、学术论文、专题报告乃至案例分析研究以及对刑法的学理注释等,都属于学理解释。它属于理论性的探讨,因此,在法律上不具有约束力,更不能作为司法机关办案的依据。

尽管学理解释是无权解释,但是我们不能就此忽视,因为正确的学理解释,对于促进立法和司法工作具有很大作用,有很多立法解释和司法解释就是从学理解释中来的。比如说,关于信用卡诈骗罪中的"信用卡"的含义,实践中一直存在争议。就信用卡的含义问题,我曾在一篇文章中表明了自己的观点,这篇文章是《信用卡诈骗罪的司法认定》,发表在2003年第3期的《政法论坛》上。实际上在此之前,我就已经多次表达了我的观点,但是,有很多学者认为这一观点没有"与时俱进"。后来,2004年12月29日全国人大常委会就这一问题颁布了相关的立法解释,其中很多内容都参照了我这篇文章中的观点。由此可见,学理解释的作用还是相当大的。

另外,在没有立法解释和司法解释的情况下,学理解释实际上是有效的。在司法实践中,对于某些案件,在既没有立法解释也没有司法解释可以引用的情况下,只要你能够就案件讲清楚道理,法官一般都容易接受。我们办案的时候曾有过这样的经验,如果一个案件,在既没有立法解释也没有司法解释可以引用的情况下,如果依据最高人民法院所编的教材的观点进行辩护,法官一般是采纳的,因为这是最高人民法院培训法官的指定教材,此时的学理解释是很有说服力的。其实,法官们可能不知道这个教材中的观点与我们华东政法大学教材中的提法是完全一样的。(全场笑)所以说,学理解释有时候作用还是很大的。

以上就是我们从效力角度对刑法解释所作的分类。

第二,从解释的方法角度分类,分成文理解释和论理解释。

文理解释,又称字面解释、文法解释。是对法律条文的字义,包括词句、术语、概念从字面含义到语法结构上所作的解释。比如,《刑法》第94条对"司法工作人员"所作的专门解释:"本法所称司法工作人员,是指有侦查、检察、审判、监管职责的工作人员。"第95条对什么是"重伤"所作的专门解释、第97条对什么是"首要分子"所作的专门解释等等。它的主要特点是严格按照刑法条文字面上的含义进行解释,既不扩大,也不缩小。

论理解释,是指按照立法精神和刑事政策,联系有关情况,从逻辑上所作的解释。

其主要特点是,不拘泥于刑法条文的字面意义,从条文的内部结构关系及条与条之间的相互联系上,探求立法的意图,阐明立法的主要精神。

在论理解释中,又分扩张解释和限制解释。

扩张解释,又称扩大解释,是指将刑法条文作大于其字面含义范围的解释。比如说,最高人民法院在《关于惩治走私、制作、贩卖、传播淫秽物品的犯罪分子的决定》制定以前,就曾批复:对于组织播放淫秽录像、影片、电视片、幻灯片等构成犯罪的,可直接依据《刑法》第 170 条的规定定罪判刑。从字面含义看,1979 年《刑法》第 170 条中的淫书淫画,并不包括淫秽录像、影片、电视片和幻灯片等。可见,前面讲的批复就是对刑法有关条文的扩张解释。与文理解释所具有的不扩大也不缩小解释的特点相比,论理解释实际上是结合立法的精神和刑事政策,联系实际情况,在逻辑上对立法原意进行的一种阐述,其中存在一些扩张。从目前来看,我们使用最多的解释方法是扩张解释,按照我的观点,解释的问题确实牵涉到对罪刑法定原则的理解问题。我们是不是只能从字面上逐字逐句进行理解,还是可以存在一些扩张的解释,这个是很值得研究的问题。

限制解释,又叫做缩小解释,是指将刑法条文作小于其字面含义范围的解释。比如 1983 年 11 月 17 日最高人民法院、最高人民检察院等联合发布的《关于查处破坏邮电通信案件工作的通知》中指出:"邮电工作人员利用职务上的便利,从邮件中窃取财物,情节恶劣、后果严重的,应依照《刑法》第 191 条第 2 款的规定从重处罚。"这里用了"情节恶劣、后果严重"来限制对刑法这一条款的适用。可见,这是一种限制解释。

好,关于刑法概述的内容,我就为大家介绍到这,谢谢大家!

第三讲

我国刑法的基本原则(一)

今天,我们开始学习我国刑法的基本原则,由于刑法的基本原则是刑法中很重要的内容,因此,我分两讲给大家讲述。

一、刑法的基本原则概述

（一）刑法基本原则的概念和内容

我们先来看刑法基本原则的概念和内容。刑法的基本原则是刑法的核心和精髓,其不仅能体现刑法的根本精神,而且能指导刑事立法和刑事司法。因此,刑法的基本原则是带有指导和决定意义的一个内容,从某种意义上说,如果刑法的基本原则不正确的话,那么整个立法和执法就不可能正确。

世界各国有关刑法基本原则的表现模式主要有三种。第一种是直接规定的模式,就是刑法的基本原则直接由刑法条文加以规定。第二种是援引的模式,也就是刑法的基本原则不是由刑法条文加以规定,而是由宪法或其他宪制性法律加以规定,如果涉及刑法的基本原则的,就说"根据宪法或者其他宪制性的法律的有关规定"将它援引过来。第三种是推论模式,就是刑法的基本原则既不是由刑法条文加以规定,也不是由宪法或其他宪制性法律加以规定,而是由一些学者根据刑法的具体规定,从理论上进行归纳和总结并作出推论。

1979 年《刑法》中没有对刑法基本原则作出规定,其他法律也没有这方面的规定,当时刑法基本原则都是由一些学者根据自己对刑法规定内容的理解从理论上推论出来的。由于每个人对刑法条文的内容及其精神理解不会完全一样,推论的角度也不可能完全一致,因此,刑法的基本原则在各种教科书中的表述并不完全一样。我们华东政法大学的教材有华东政法大学的刑法基本原则,中国人民大学有中国人民大学的刑法基本原则,北京大学有北京大学的刑法基本原则,表述都不一样。即使有些基本原则表述大体相同,但是在具体的阐述中又会有所不同。比如说,同样是"罪刑法定",我们华东政法大学的教科书的表述是:"以罪刑法定为基础,以类推作为补充的原则",而在北京某高校的教科书的表述为"罪刑法定的原则",在当时看,我认为,当然是我们的表述正确。因为1979年的时候我们就是"以罪刑法定为基础,以类推作为补充",北京某高校的表述在提法上似乎有所提前,因而很难说是科学的。

后来,在1997年修订《刑法》过程中,人们认识到了刑法基本原则的重要地位。许多人提出应该将刑法的基本原则直接规定在刑法条文中,立法者最终采纳了这一观点,明确地将刑法基本原则规定在刑法条文中。这里大家需要注意的是,从我国1979年《刑法》对基本原则采用推论的模式到1997年《刑法》采用直接规定的模式,这种变化无疑成为我国法治建设的又一重大成果。

那么,作为刑法的基本原则应当包含哪些内容?理论上大多数学者认为,界定刑法基本原则应当注意三个方面的内容。

第一,刑法基本原则应当"特有"。刑法基本原则应该是刑法这个部门法所特有的原则,而不是各个部门法所共有的原则。但是这次刑法的修订中规定的一些原则很难说是特有的。比如说人人平等原则,人人平等怎么可以说是刑法特有的呢?在民法面前也要人人平等的,在其他法律面前也应该平等。但我们加了个"刑法"适用人人平等,这个也可以称之为"特有"吧!

第二,刑法基本原则应当"贯穿始终"。刑法基本原则应当具有全局性、根本性的属性,在刑事立法、司法的各个阶段都能起作用,具有普遍的指导意义,而不是仅适用于某一特定阶段。比如对未成年人犯罪从宽处罚的原则、累犯从重处罚原则、数罪并罚原则等,虽然都是刑法中不可或缺的原则,但它们毕竟只是量刑等方面的局部原则,并不具有贯穿于刑法始终的特性,因而不能将它们视为刑法的基本原则。

第三,刑法基本原则应当符合"原则"的内涵。刑法基本原则是刑法制定、解释与适用等活动中都必须遵循的准则。应该看到,刑法基本原则对于刑法解释与适用等活动的指导作用是十分明显的,因为既然是刑法的基本原则,其内涵当然应该制约着刑法的解释与适用等活动,这是不用多说的。

根据前面讲的刑法基本原则的要求,在对1979年《刑法》进行修订的过程中,立法者广泛听取了各方面的建议和意见,将罪刑法定原则、平等适用原则(也称适用刑法平等原则)以及罪刑相当原则(也称罪责刑相适应原则)明确地规定在《刑法》第3条、第4条和第5条之中。

将这些基本原则直接规定在刑法条文中,说明了我们法治建设又迈出了很重要的一步。特别需要指出的是罪刑法定原则,从某种意义上来讲,这个原则对我们的有关观念的改变,是具有划时代的意义的。如果没有这种原则的规定,我们现在的很多讨论都无法展开,没有这种原则的规定,我们也就不会有"佘祥林案件"的曝光。也正是因为有了这种原则的规定,我们的思想才得到了解放,所以说,刑法的基本原则在实际中确立的意义是重大的。尽管我们可能现在还不能完全体会到刑法基本原则所具有的深刻意义,但是,若干年后再加以回味,必然会体会到这些刑法原则对我国的刑事立法活动和刑事司法实践活动的指导作用,以及这些原则给我们的思想、理念上所带来的巨大震撼作用。

（二）确立刑法基本原则的意义

关于确立刑法基本原则的意义,我认为主要有这么几点。

第一,刑法基本原则在刑事立法活动中的指导意义。

因为确立了罪刑法定原则,所以在刑事立法中,要求罪和刑必须明确和具体,所有的罪名、罪状和法定刑都应该用刑法的条文明确加以规定,要使一般的人都能理解。又因为确立了罪责刑相适应原则,我们在立法过程中就会考虑到合理配置有关法定刑,对严重的刑事犯罪设定较高的法定刑,对相对较轻的刑事犯罪设定较低的法定刑,这就贯彻了罪责刑相适应原则。另外,刑法基本原则确立以后,包括在对刑法的修订过程中,我们也要从这些基本原则出发来具体考虑对刑法的修订问题,这些都是刑法基本原则对刑事立法活动的指导意义。

第二,刑法基本原则在刑事司法实践活动中的指导意义。

刑法基本原则在刑事司法实践活动中的指导意义,体现为这些原则在我们具体办案过程中具有很明显的指导性。很多法官在办案过程中,也会有意无意地考虑到刑法基本原则。接下来我们来看一下,在司法实践中,三个原则分别体现出的指导意义有哪些。

首先,看一下罪刑法定原则在司法实践中的指导意义。如果一个行为在刑法中没有被明文规定为犯罪,尽管我们在考察这个行为的时候,觉得它具有一定的社会危害性,但是我们仍然应该严格按照罪刑法定原则的要求。对于这种看上去具有一定社会危害性,但是刑法没有明确把它作为犯罪来处理的行为,我们就不应该按照犯罪来处理。

另外,罪责刑相适应原则的指导意义在司法实践中体现得就更加明显。司法工作人员根据罪责刑相适应原则,对某一个人具体的犯罪行为定罪之后,再找到一个相应的刑罚,最后作出判决,在量刑中力求罪与罚的相当,重罪重罚,轻罪轻罚。这个就是罪责刑相适应原则在司法实践中的具体运用。

当然,适用刑法人人平等原则也是在我们司法实践中运用最广泛的。尽管在任何法律面前人人都应该平等,但是,为什么我们特别要强调在刑法面前人人平等呢? 一方面,因为在刑法适用方面,人人平等原则体现得比较直接。一个刑事案件的处理是否公平公正,老百姓看得比较清楚。如果同样判一个罪,有些人判掉了,有些人放掉了,老百姓的直接感觉就是法律不平等。另一方面,刑法适用上不平等所造成的危害,要比其他法律适用不平等所造成的危害大。因为刑法处罚是所有法律中最为严酷的,甚至还会剥夺人的生命,所以一旦刑法的适用失去平等和公正,往往所造成的后果是难以弥补的。基于这种考虑,我们特别强调适用刑法人人平等原则。

第三,刑法基本原则对刑法任务实现的保障作用。

任何法律的制定都有其需要达到的目的和需要完成的任务,刑法也不例外。当我们在建构刑法体系时也需要明确刑法所要实现或完成的目的或任务。刑法的目的或者任务,我在上一节课曾经提到过,可以简单概括为八个字:政治、经济、权利和秩序。

为了完成这一任务,我们就必须在刑法基本原则的指导下,将刑法所要实现或完成的任务细化到每一个条文之中。如果没有刑法基本原则,就无法形成具体的刑法任务,更谈不上刑法任务的实现和完成了。就这一点来说,我们可以说刑法基本原则对刑法任务的实现和完成具有保障作用。我国刑法在整体上主要是围绕控制犯罪和保障人权两个直接任务而运转的。总体上讲,我国刑法所确立的基本原则正是为了保障人们更有效地去实现刑法的任务。

二、罪刑法定原则

接下来,我们要着重讲的就是罪刑法定原则。

罪刑法定原则是刑法三大原则中的第一个原则,也是三大原则中最重要的原则。我们说它是最重要的原则,其中关键的一点就是,罪刑法定原则是现代世界各国和地区普遍认同的一个极为重要的刑法原则和国际法原则。据不完全统计,目前世界上公开反对罪刑法定原则的国家和地区已经不存在,大多数国家和地区都把罪刑法定原则规定在刑法条文中,也有些国家虽然没有在法律中加以规定,但在理论和实践中都予以承认。特别是发展至今,罪刑法定原则已经从原来的国内刑法的原则,发展成宪法上的原则并进而演变成国际法上的一个重要原则。《世界人权宣言》《欧洲人权公约》和《公民权利和政治权利国际公约》对罪刑法定原则都作出了明确规定。一个法律的原则能够在这么长的时间内被不同国家、不同社会制度、不同民族的人们所广泛、持久地接受,这本身就足以证明罪刑法定原则其内容的科学性及其具有强大的生命力。

因为这一章是我们授课的重点,所以我分成以下几个方面进行讲解。

（一）罪刑法定原则的历史沿革

关于罪刑法定原则的历史沿革,理论上一般认为,罪刑法定原则最初的思想渊源是1215年由英王约翰签署的《自由大宪章》。罪刑法定思想最初只是包含在大宪章中,后来通过1628年的权利请愿书,1679年的人身保护法和1689年的权利法案逐渐发展成熟。接下来,这一思想又随着英国殖民主义在美洲的发展传入美洲。罪刑法定原则的完善体现在1774年北美费城12个殖民地代表会议的宣言、1776年弗吉尼亚州权利宣言以及1787年美利坚合众国宪法。

随后,法国资产阶级革命又把这一思想从美洲带到了欧洲大陆,并在法国的人权宣言中得到完全的体现。《人权宣言》第8条规定:"法律只能规定确实需要和显然不可少的刑罚,不依据犯罪行为前制定、颁布并付诸实施的法律,不得处罚任何人。"这条规定告诉我们,法律必须颁布在前,而行为出现在后,只能以颁布在前的法律对出现在后的行为进行惩罚,而不能用事后的法律来惩罚先前的行为。否则,就是让行为人去猜测法律,去期待一种不可能,而我们的法律只期待行为人做出可能做出的事情。因此,用事后的法律来惩罚先前的行为,对行为人来说既不公平也不合理。

1789年法国《人权宣言》第5条对罪刑法定原则作出了明确的规定。而罪刑法定从学说到刑法原则的转变,是在 1791 年的《法国刑法典》(草案)和 1810 年的《法国刑法典》。1791 年《法国刑法典》(草案)规定了体现罪刑法定原则的内容,1810 年《法国刑法典》第 4 条明确规定了罪刑法定原则:"没有在犯罪行为时以明文规定刑罚的法律,对任何人不得处以违警罪、轻罪和重罪。"从此,该法典成为世界上大多数国家仿效的范本,形成了罪刑法定原则最直接的刑法渊源。从此以后,欧洲各国和世界其他国家和地区,都将罪刑法定原则作为各国和地区刑事司法的基本原则。

提到《法国刑法典》,我想到自己曾经在法国专门去拜谒过拿破仑的坟墓。我们很多人误以为法国就只有《法国民法典》,主要因为拿破仑曾讲过的一段很精彩的话,原意大致是这样,拿破仑说自己一生打过无数次的胜仗,但是滑铁卢的一役就把所有的胜仗功绩全部抵消了。但是,自己主持并颁布了《法国民法典》,这一功绩却没有什么东西能够掩盖得了,因为这是对人类社会的一个巨大贡献。拿破仑所言极是,《法国民法典》在人类历史的发展过程中,绝对可以说是具有里程碑意义的,但是,我们却不应该在《法国民法典》的光辉下,忽视《法国刑法典》的价值。正是因为《法国刑法典》把罪刑法定原则刑法条文化,才使今后世界各国广泛沿用该原则成为可能。只不过与《法国民法典》突出的成就相比,《法国刑法典》的光辉稍微暗淡了些而已。

下面为大家介绍一个大问题,也就是罪刑法定原则在我国刑法中的确立。

我国罪刑法定原则的确立有一个曲折的过程。实际上,罪刑法定原则由沈家本等人移植中国已经有了一百年的历史。1911 年《大清新刑律》首度确立了罪刑法定原则,但是,在我国近、现代社会中,由于社会的长期动荡,法律尚且不能稳定,又怎么能够全面推行罪刑法定原则呢? 可以说,新中国成立之前,罪刑法定原则在我国根本没有贯彻执行的可能性。我认为,从新中国成立以后到现在,我们大致经历了三个阶段,从罪刑非法定到罪刑法定原则和类推制度并存,再到由现行刑法确立的罪刑法定原则。下面依次给大家简单介绍一下,罪刑法定原则在各个阶段的具体发展情况。

第一,罪刑非法定阶段(从 1949 年新中国成立之后到 1979 年)。

通过前面学习中国刑法的发展阶段,我们知道,新中国的法制是在彻底摧毁旧法统的基础上,按照苏联早期的法制模式,在阶级斗争和群众运动中建立起来的。我们国家当时处于计划经济体制下,表现出典型的政治社会的特征,一切都为政治服务。因此,在相当长的时期内,我们是没有法治的,主要是以政策作为治理国家的手段。司法活动也是以政策为导向,并成为贯彻政策的工具。在这样的情况下,当时的刑法就是政治的工具,它主要的功能就是保护社会。为了政治斗争的需要,决策者随时可以超越刑法的规定而自行定罪处刑。比如说,当时发生了许多由执政党、领导人依据政策来定罪量刑的案例,甚至还出现许多"罪刑由人民群众定"的案件,比如说"四人帮"在辽宁的死党推行的"五群"经验;再比如,在"文革"前期,三五个人凑到一起,代表什么群众组织,就可对公民抄家、游斗、通缉、劳改等。

因此,不仅刑事诉讼程序方面与罪刑法定原则相背离,在刑事实体法方面,在长达 30 年的时间里,我国甚至没有一部刑法典,更别提对罪刑法定原则的确认及遵守。在这种情况下,罪刑法定原则也就失去了必须用法律明文规定的现实基础。我们由此认为,从1949年新中国成立之后到1979年这段时间里,罪刑是非法定的。

第二,罪刑法定与类推制度并存阶段(从1979年到1997年)。

1979年《刑法》并没有明确规定罪刑法定原则,相反该法第79条用一个条文明确规定了类推制度。大家说这两者可以并存吗?(下讲台提问)

学生1:"可以。"

提问:"为什么呢?"

学生1:"哲学里有句名言'存在的就是合理的',所以我觉得它既然从1979年到1997年期间确实存在过,那就是合理的。"

提问:"我们从刑法的角度分析,你还觉得合理吗?"

学生1:"好像不太合理。"

提问:"你觉得呢?"

学生2:"我也觉得不合理,因为它们之间是存在不可调和的矛盾的。"

(回讲台)所以我认为,"存在的也不一定合理"。(全场笑)我们说,类推制度是一种对刑法分则没有明文规定为犯罪的行为比照最相类似的条文定罪判刑的制度,这显然是不利于被告人的类推。从这个意义上说,罪刑法定原则与刑事类推实际上体现了刑法中的一对矛盾,这就是刑法的保障机能与保护机能之间的矛盾。刑法的保障机能要求实行罪刑法定,使公民能够预见到自己行为的法律后果,以便更好地保障公民的人身及其他各种权利。而刑法的保护机能要求实行类推,使刑法能够更好地保护社会的政治、经济和其他各种秩序。我在当时那段时期给学生讲课的时候,经常提的是"把罪刑法定和类推有机地结合起来"。但是我们都知道,这两者是根本不可能结合的,更不要说是"有机"地结合了。(全场笑)最根本的原因是,罪刑法定原则本身就和类推是对立的,它就是为了反对类推而提出的一个原则,怎么可能结合呢? 遗憾的是,当时理论界并没有正确地认清罪刑法定原则和类推制度的关系。

但是,我们还要了解,类推制度的推出与当时的社会背景有很大关系。在当时的形势下,我国各种危害国家安全和其他性质的犯罪仍然存在,并且会随着经济体制和政治体制的改革而不断发展变化。在这种情况下,允许有限制的类推在当时普遍被认为是必要的。所以,从1979年到1997年之间,我们应该肯定,罪刑法定原则是1979年《刑法》的基本原则,类推制度是罪刑法定原则的补充和例外。当时我们华政教科书的表述就是:以罪刑法定为基础,以类推作为补充原则。

第三,1997年以来罪刑法定刑事立法的确立阶段。

尽管类推制度在历史上起到了一定的积极作用,在一定程度上也弥补了立法的疏漏与不足,但我们要看到类推制度背后隐藏着的一种得不偿失的危险:这就是严重地破坏法治、扩张刑罚权和损害公民权利自由。我认为,刑法的漏洞虽然可能导致某些法无明文规定的危害行为得不到应有的惩罚,但是,如果我们继续保留类推的话,人们的权利自由将遭受"法外"的侵害,如果这样对比考虑,刑法的漏洞所带来的弊端根本算不了什么。

后来,学者们通过对这两个根本对立的制度的利弊进行再三权衡,也经过很多人的努力,再加上我们观念的转变,终于,1997年《刑法》废除了类推制度,同时在刑法条文中确立了罪刑法定原则。1997年《刑法》第3条明确规定:"法律明文规定为犯罪行为的,依照法律定罪处刑;法律没有规定为犯罪行为的,不得定罪处刑。"毫无疑问,罪刑法定原则在刑法中的规定,标志着中国的刑法已经向现代化迈进,也标志着法治国家的建设,在刑事法领域的立法层面得到了原则的实现,这里的价值是不可估量的。

（二）罪刑法定原则的理论基础

接下来,我们再来了解一下罪刑法定原则的理论基础。关于罪刑法定原则的理论基础,理论上有不同的观点,但是通说认为罪刑法定原则主要有两大理论基础。

第一个理论基础是以资产阶级启蒙思想家卢梭等人为代表的"天赋人权""社会契约论"和"三权分立和制衡"等学说。

关于这些学说的内容,我想大家并不陌生,我再稍微展开讲一下。

首先,按照卢梭等人的观点,人人生而有自由、平等的权利。这种权利是天赋的,不是哪个人恩赐给他的。这就是"天赋人权"的基本内容。

其次,我们看一下"社会契约论"的内容。卢梭等人认为,人的这种天赋的权利有一个实现的过程,人在实现自己权利的过程中,可能会碰到各种各样的障碍,因此,国家通过制定法律来保证人的这种自由、平等的权利的实现。国家的法律实际上是国家和个人建立的一种社会契约。既然是一种契约,也就是我们现在所讲的合同,那么签约的双方在签约之前对合约的内容应该了解得十分清楚,特别是涉及对人行为的禁止性规定,在契约颁布之前应该让人知道禁止性行为规定中的具体内容,而且这些内容必须要明确而不能含糊。所以,刑法作为法律的一种,同样也是一种契约,罪和刑作为契约的内容,立法者在制定法律的时候就一定要做到条文本身的具体化、明确化,不能含糊,要便于操作,也就是罪和刑要法定、要明确、要具体。司法机关不能超越法律规定,更不能在没有法律规定的情况下就对人的行为定罪判刑。

最后,按照卢梭的观点,作为契约的法律颁布以后,我们就要保证它的公正实施,既然要保证它的公正实施,很重要的一点就是立法者、司法者和执法者要分开,而且必须分开,互相起到监督制约的作用,这个就是我们刚才所提到的"三权分立和制衡"观点。为了保证司法者能正确地实施法律的规定,立法者对相关立法内容的规定一定要明确、具体且易于执行,而这些内容又是罪刑法定原则的基本要求。

第二个理论基础,被奉为近代刑法鼻祖的费尔巴哈的"心理强制说"。

费尔巴哈认为,人人都有比较痛苦与快乐、追求愉快、趋避痛苦的本性,人们对犯罪所得的快乐与受法律惩罚的痛苦比较与权衡之后,就会在心理上自动抑制犯罪。按照费尔巴哈的说法,因为人有一种本能叫做趋利避害,人们在实施任何行为的时候,他都有一个利弊权衡的过程,两利相衡取大的,两害相衡取小的。同样,人们在实施犯罪行为的时候,也是处在一个利弊权衡的过程中,如果犯罪所可能给他带来的痛苦超过犯罪所可能给他带来的快乐,他就可能不干;相反,如果犯罪所可能给他带来的快乐超过犯罪所可能给他带来的痛苦,他就会坚决地干。不要以为一些人很冲动,犯罪时他是没有选择的,其实他也是有选择的,只不过对于这种选择他决定得比较快。(全场笑)比如一个行为人到某家去送水,当看到这户人家没有大人而只有一个小孩时,他冲动之下把小孩杀死并劫取了财物。这个看似是因为行为人一时冲动而犯下的故意杀人案件,其实行为人也曾经面临这样一个选择,什么选择呢?因为只有一个小孩,杀害了小孩,劫取财物是不容易被别人发现的,因而具有逃脱法律制裁的可能性,由此,他认为这样的选择带给他的快乐超过了痛苦。

行为人在犯罪时进行的这种利弊权衡,类似于马克思曾经说过的一段话,"资本如果有百分之五十的利润,它就会铤而走险,如果有百分之百的利润,它就敢践踏人间一切法律,如果有百分之三百的利润,它就敢犯下任何罪行,甚至冒着被绞死的危险"。这是一种典型的利弊权衡观,我们社会中有很多案件都体现了这一点。改革开放以后,由于新旧体制的转换,我们国家出现了新中国成立以来程度最严重、持续时间最长的走私高潮。我们曾经对一些地区作过调查,一个村里除了走不动的老人和年幼的儿童以外,都去搞走私了。当时我们对走私的处罚也是比较严厉的,为什么还会出现这种情况?很多人在决定从事走私这种犯罪行为的时候就经历了一个利弊权衡的过程,走私犯罪行为带来的快乐远远大于痛苦。造成这种现象的一个很重要的原因是当初抓走私的体制存在问题。当时的体制规定,如果缉私队员抓到走私并且缴获罚款之后,可以从罚款中分得一定的提成作为奖励。因此,有很多缉私队员,他们抓到走私的人以后,往往对其进行罚款,之后就把走私的人放掉。为什么他们只罚款而不移交公安机关立案处理呢?因为如果一旦把走私的人移交公安机关进行刑事立案以后,查缴走私所得的赃款全部要移交司法机关,一旦移交以后,缉私队员就无法靠提成而拿到奖励了。这种体制就决定了明明应该移送司法机关的走私案件,却被缉私人员直接以罚款处理掉了。在这样的一种体制下,走私的人就有一个利弊的权衡问题,自己即使被缉私人员罚十次,但只要走私成功一次,就能连本带利一起赚回来。因此,走私行为带给行为人的快乐超过了痛苦,在这种情况下,他就会坚决地干。相反,走私行为人最怕被司法机关抓住后关押起来,一旦被关押,就再也没办法走私获利了。因此,如果缉私人员能够做到抓获走私后按程序移交司法机关,此时带给走私行为人的痛苦就达到了一定的量,他也就不敢再犯罪了。而缉私人员罚款的行为对他们而言不痛不痒,非但起不到教育作用,也无法遏制这种犯罪行为。

也正是因为这一点,按照费尔巴哈的观点,要有效地遏制犯罪,其中最关键的一点,就是人们在实施犯罪行为之前,就应该让他们明确地知道,实施犯罪行为将可能给其带来的痛苦有多大,并且把这种痛苦明确化、量化,从而使得行为人在实施犯罪行为之前就进行必要的选择。在这种情况下,就会有很多人因为害怕受到这种痛苦而放弃犯罪。费尔巴哈认为,通过这种方法就可以在人们实施犯罪行为之前,让他们看到痛苦,并尽可能将这种痛苦量化,从而对他们形成一种心理的压力,使他不敢犯罪。这就是我们讲的费尔巴哈的心理强制说。

由此,费尔巴哈提出,刑法的条文应该事先明确规定什么是犯罪和犯了罪将要受到多重的处罚,从而对人们的心理上造成一定强制压力,以便让人们自发控制犯罪的欲望并有效地遏制一些犯罪的发生。根据这一要求，有效地遏止住犯罪就必须给可能实施犯罪者施加一种心理强制，而造成心理强制的一个具体做法就是犯罪和刑罚必须由刑法条文具体、明确地加以规定。

以上，就是我给同学们介绍的罪刑法定原则的第二个思想渊源。

（三）罪刑法定原则的内容

下面，我讲一下罪刑法定原则的内容。所谓罪刑法定原则，在有些理论中又称罪刑法定主义，是指认定行为人的行为是否构成犯罪、构成什么样的犯罪，以及应承担什么样的刑事责任并给予什么样的刑罚处罚，必须以刑法的明文规定为前提，如果刑法没有明文规定，即使行为危害很大，也不能认定犯罪、追究刑事责任和给予刑罚处罚。简单概括为一句话："法无明文规定不为罪、法无明文规定不处罚。"这一原则一开始是资产阶级在同封建主义斗争的过程中提出的一个口号，后来这个口号慢慢地演变为法律的原则，在宪法上率先得到了承认，随后在宪制性的法律中也得到了承认，然后逐步地被世界各国和地区以刑法条文的形式固定为国内刑法的原则，最后逐步被国际法所承认。这个过程是漫长和曲折的，但是，我们应该看到，经过数百年的发展，罪刑法定原则的内容并没有发生什么很大的变化，还是这么一句话，法无明文规定不为罪，法无明文规定不处罚。这句话我们可以扩展理解为，认定行为人的行为构成犯罪和给予处罚，必须以刑法的明文规定为前提，如果刑法没有明文规定，即使行为危害很大，也不能认定犯罪和给予处罚。

根据罪刑法定原则的含义，我认为，罪刑法定原则的基本内容由三个方面构成。

第一个方面，法定化，是指犯罪和刑罚必须事先由法律作出明文规定，不允许司法人员自由擅断，也不允许司法人员用以后颁布的法律惩罚以前的行为。这里的"法律"可以从两个方面理解：一方面，与"法律"相对的是司法人员，我们不允许司法人员自由擅断；另一方面，从法律颁布的时间上看，这里的"法律"只能是行为前已经颁布的法律，也不允许用以后颁布的法律惩罚以前的行为。

第二个方面，实定化，是指对什么行为是犯罪以及犯罪所产生的具体法律后果，都必须作出实体化的规定。

第三个方面，明确化，是指刑法条文必须用清晰的文字表述确切的意思，不可以含糊其辞或模棱两可。

前面讲的罪刑法定原则的内容，对不同主体有着不同的指导意义。首先，我们作为一般公民，可以根据刑法的明文规定准确预测自己行为的后果，对于没有实施刑法规定的犯罪行为的人，将不会受到刑罚处罚。其次，作为犯罪人，则可以根据刑法的明文规定预测自己的行为可能招致的法律后果，法律保障其不受明文规定之外的处罚。最后，作为司法工作人员，在定罪量刑时必须以刑法的明文规定为限，并且只能以犯罪人在行为时的刑法规定为依据，不能在刑法的明文规定之外实施处罚，不能援引没有经过刑法认可的习惯法作为处罚的依据。

需要指出的是，罪刑法定原则的基本内容还体现在由这一原则派生出来的其他原则的内容中,对于这些派生的原则,大家也要熟知,这样才能全面掌握罪刑法定原则的基本内容。

理论上通常认为,罪刑法定原则的派生原则主要有四个。

第一个是排斥习惯法的原则。习惯法这个概念大家在法理学中应该已经学习过。习惯法作为一类社会规范,它是独立于国家制定法之外,依据某种社会权威确立的、具有强制性和习惯性的行为规范的总和。因为习惯法不属于国家制定法,因此罪刑法定原则要求习惯法不得成为刑事判决的依据,也就意味着,我们应在刑法的渊源上排斥习惯法的地位。

第二个是刑法效力不溯及既往的原则。关于刑法溯及力的问题,我们在以后讲到刑法的时间效力时,会为大家详细地讲解,在这里我只是简单介绍一下。这一原则包含两方面的要求:一方面,行为实施时的法律(行为时法)不认为是犯罪行为,即使行为实施后的法律认为是犯罪行为的,也不能依据行为实施后的法律(裁判时法)认定为犯罪和加以处罚;另一方面,行为实施时的法律已经认为是犯罪行为,虽然行为实施后的法律经过修正,加重了对该行为的刑罚,也不能依据实施后的法律加重处罚。随着社会的不断发展,刑法效力不溯及既往的原则在内容上有了很大的变化,从最初的"绝对不溯及既往"变化为"从旧兼从轻"。这是因为,人们在贯彻这一原则时发现,如果行为实施后的刑法完全不能溯及既往,那么当审判时的刑法比行为时的刑法对被告人更为有利时,就无法对被告人适用处罚更轻的刑法,使被告人从中获益。这种情况虽然符合罪刑法定原则的原本内容,但是却违背了罪刑法定原则所体现的有利于被告人的根本精神,同样是不可取的。由此,理论和实践中形成了"从旧兼从轻"等溯及力的原则,并且被大多数国家和地区的刑法所采用。

第三个是禁止绝对不定期刑。这一原则要求禁止法律条文中出现没有规定刑罚种类和幅度的绝对不定期刑,换句话说,就是要求刑法条文中必须明确规定刑罚的种类和幅度。

第四个是禁止类推解释。这一原则要求,刑法中应禁止通过援引法律条款的方法,对法无明文规定的行为进行定罪判刑。

通过学习前面讲的这些罪刑法定原则的派生原则,我们不难发现,这些派生原则的内容与罪刑法定原则的内容具有相当程度的一致性,只是这些派生原则是从不同的侧面丰富和完善了罪刑法定原则"不定罪、不处罚"的基本内容。

大家需要注意的是,近年来,有很多学者在谈及罪刑法定原则时普遍认为,我国的罪刑法定原则与其他国家和地区的罪刑法定原则在内容上有很大的区别,我们的罪刑法定是具有"中国特色"的罪刑法定。(全场笑)他们认为,对于我国罪刑法定原则的基本内容应该从两方面去理解,也就是所谓的"两点论":第一点是法律如果有明文规定的,就按照法律规定定罪或处罚;第二点才是法律没有明文规定不能定罪,不能处罚。按照他们的观点,对于罪刑法定原则的理解应该分两个层面,首先应该是"要定罪、要处罚";其次才是"不定罪、不处罚"。对于这一观点,我是不能同意的。我认为,我国罪刑法定原则从本质上仍然是"一点论",也就是说罪刑法定内容的应有之义仍侧重于

"不定罪、不处罚",而"两点论"是对罪刑法定原则理解上的根本性偏差,必然会导致罪刑法定原意中"侧重点"的转移,从而使罪刑法定原则应有的价值完全丧失。

下面我讲一下为什么反对两点论的理由,请大家注意理解一下。

第一,"两点论"把刑法所要实现的双重机能要求,强加给罪刑法定原则的机能。

持"两点论"的这些学者认为,我们的刑法具有惩罚犯罪和保障人权两种作用,也就是通常所说的刑法的保护机能和保障机能。那么,作为刑法基本原则之一的罪刑法定原则,不应该只包括保障人权的机能,还应该体现刑法惩罚犯罪的保护机能,于是,这些学者就认为,首先应该强调"要定罪、要处罚",其次才是"不定罪、不处罚"。

我认为,这个观点的根本错误在于,将刑法的机能与罪刑法定原则的机能混为一谈,就是把刑法的所要实现的双重机能要求,强加给罪刑法定原则的机能。事实上,刑法的双重机能是通过刑法的构成要素从不同侧面体现的。特别是由于各种构成要素受到其本身内容的限制,因而体现刑法双重机能的角度或侧重面有可能完全不同。反过来,我们看一下罪刑法定原则,它以保障公民自由、限制国家刑罚权的行使为最终任务,其基本内容是法无明文规定不为罪,法无明文规定不处罚。在这一基本内容中所体现出来的一个侧重面显然是很清楚的,也就是说罪刑法定原则从其诞生那天起,就是从"不定罪"和"不处罚"角度提出来的。正是由于受这个原则原本含义和基本内容的限制,罪刑法定原则的机能实际上只能突出对行为人个人基本权利的保障机能,而没有办法如刑法那样达到保护机能与保障机能双重机能的统一。

通过前面刚刚讲过的罪刑法定原则的派生原则,我们可以很清楚地看到罪刑法定原则的"不定罪、不处罚"的偏向性。比如说,刑法中有关溯及力的原则,在确立罪刑法定原则的当时,人们强调法律不能溯及既往。之所以强调法律不能溯及既往,完全是按照罪刑法定原则的要求派生出来的,就是不能用人们不知道的法律来处罚他人的行为,也不能用以后颁布的法律来处罚以前的行为。由此可见,溯及力原则的这一精神显然是罪刑法定原则内容的体现,因为罪和刑必须事先由法律作出规定,否则就不能用事先的法律对行为人进行惩治。我们不能让行为人去猜测法律今后将会有什么样的变化,更不能期待行为人在实施行为前要对今后法律的变化作出一定的预测。可见,这些原则实际上是从有利于被告人的角度提出来的。

另外,刑事诉讼中我们提倡的"疑罪从无""无罪推定"等原则,都是由罪刑法定原则所派生出来的基本原则。按照人的一般认识,一个案件如果存疑的话,其本身既可能存在"有"也可能存在"无"的因素,但我们最后是从"无"的角度作出判断。为什么要从无罪的角度加以考察和判断呢?这些都反映一个实质问题,那就是罪刑法定原则是有侧重点和偏向性的,而"不定罪、不处罚"就是其侧重点和偏向性的集中体现,这样的理解应该是完全正确的。

第二,"两点论"以《刑法》第3条作为自己的实证根据和支撑的理由是不充分的。

就我国现行刑法规定分析,我们说《刑法》第3条确实作了两方面的表述,从形式上看,刑法有关罪刑法定原则的表述是从正反两方面提出来的,因此成为"两点论"的实证根据和支撑。下面我们就来分析一下《刑法》第3条。我们发现,从《刑法》第3条产生的过程来看,它并不是从一开始就采取了双向表述的方式。实际上,在1995年8月8日由全国人大常委会法工委刑法修改小组起草的刑法"总则修改稿"草案中出现关于罪刑法定的表述时,首先采取的是与国外一样的单向表述方式,1995修改稿的第3条是这样表述的:"对于行为时法律没有明文规定为犯罪的,不得定罪处罚。"这样的规定与罪刑法定的传统表述以及"法无明文规定不为罪,法无明文规定不处罚"的含义完全一样。到1996年10月10日法工委总则修改稿草案第3条与原来的相应规定相比发生了重大变化,破天荒地规定:"法律明文规定为犯罪行为的,依照法律定罪处刑;法律没有明文规定为犯罪行为的,不得定罪处刑。"随后的几次修订草案都延续了前面的具有中国特色的双向表述,并且,最终在1997年3月14日修订通过的《中华人民共和国刑法》第3条中,前面的这种双向表述方式被正式确认下来。

我们说,一方面,它并不是从一开始就采取了双向表述的方式;另一方面,这种表述有悖于世界各国对这一原则表述方式的惯例。如果持"两点论"的学者认为现行《刑法》第3条的表述可以作为他们论点的一个支撑的话,那么显然从第3条产生的过程看,这个理由并不十分充分。

通过这两点分析,我认为,"不定罪、不处罚"才是罪刑法定原则的应有的含义。对于"两点论"中所强调的"要定罪、要处罚",它是为了强调对犯罪行为严格依照法律规定定罪处刑,这本身也有一定的合理性,特别是我们国家长期以来比较重视社会、国家本位,导致了我们比较偏重刑法的惩罚和保护的机能,而忽视对公民个人权利的保护。因此,持"两点论"观点的学者,将正确运用刑罚权以惩罚犯罪和保护人民作为刑法首要任务,还是可以理解的。另外,我们说,刑法条文的规定当然要追求完整和全面,特别是我们国家的民众比较喜欢"两点论",因为"两点"总要比"一点"稳嘛。(全场笑)所以刑法从两个方面对罪刑法定原则加以规定,也是无可厚非的。但是,如果我们根据这些就认为罪刑法定原则的原本内容就包含"两点论",甚至进一步提出罪刑法定原则首先应该追求"要定罪、要处罚"的内在价值,其次才能体现"不定罪、不处罚"的内在价值,那就完全背离了罪刑法定原则的基本精神和价值取向,这无论在理论上还是实践中都是不可取的。我之所以主张要坚持"一点论",是因为"两点论"中的前一点其实根本无需强调,特别是在我国,依照法律对刑事被告人定罪和处罚是不可能受到忽视的,因而也就没有必要再加以强调了。

(四)罪刑法定原则的基本精神

接下来,我要讲一下罪刑法定原则的基本精神。从前面刚刚讲过的内容来看,罪刑法定原则的基本内容,从原则的形成一直发展到今天,虽然在这段时间里,它的派生原则的内容发生了不少变化,但作为罪刑法定原则的基本内容,却始终是有侧重面和偏向性的,这就是"不定罪、不处罚"的倾向。对于罪刑法定原则所体现的基本精神我们可以从很多角度去考察,那么,从这个原则所体现的侧重点中,我们不难发现,这些内容实际上集中反映了罪刑法定原则所要体现的根本精神就是"有利于被告人",也就是说,罪刑法定原则实际上是从保护被告人合法权利的角度提出并发展起来的。

讲到有利于被告人的精神,对于在座的同学们来说,应该还比较容易接受,因为相对而言,你们接受的都是现代教育。但是,我到外边去作讲座的时候,如果对法官、检察官和公安机关工作人员讲到有利于被告人的精神,常常发现不同的系统对这个精神的接受程度是不同的。对法官讲有利于被告,他们稍微能够接受,而检察官就难以接受一点,公安机关工作人员就更难接受。因为公安机关工作人员直接战斗在第一线,直接跟罪犯接触,所以他们就不太能接受有利于被告人的提法。

大部分人都认为,刑事被告就是一个坏人,被告人这么坏为什么还要有利于被告人呢? 记得最高人民法院某位刑庭的负责人,曾经向我们介绍,他对法官判案轻重进行过专门调查,统计后发现,我们现在很多刑事法官在判案时,一般都将刑事被告人作为坏人来对待,在这种观念下,对刑事被告人的判刑通常都判得较重。一些负责刑事审判的女性法官,她们的判刑平均要比男性法官判得重,特别是在审理性侵害案件的时候,她们是带着"阶级仇恨"进行审判的。(全场笑)我认为,这种情况是难以避免的,因为受到性侵害的往往是女性,刑法只保护女性的性权利,除了男性儿童以外,男性的性权利一般是不保护的。(全场笑)由于女性法官比男性法官在感情上对"恶"的现象更为仇视,反应更为敏感,因而当女法官审理这类对女性的性侵害案件时,受人的本能和情感的影响,她们在对刑事被告人的处罚上会相对比较重。(全场笑)这也可以说,是人的情感影响到了判决。

正如美国某位著名的学者曾经说过,法官的早餐直接决定了被告人的命运。这句话尽管说得有点绝对,但是恰恰说明了人的情感可能对判决造成影响。因为法官早餐吃得好,心情就舒畅,而早餐吃得不好,心情就不舒畅,接下来审案子的时候肯定要受到些许影响。(全场笑)比如一个法官早上和妻子吵架之后去审案子,有可能会把对妻子的"仇恨"发泄到被告人头上。相反,如果早上领导通知给这个法官加工资了,这个法官可能会带着一种"喜悦"的心情去审理案件,并且把这种"喜悦"不经意间同被告人"分享"。(全场笑)这个是很难避免的,因为法官也是人,而人都是有情感的。即便是历史上铁面无私的包公也是有情感的,因为他在杀自己亲戚的时候是流泪的,而杀其他罪犯的时候是不眨眼的。但是,我们仍然说他铁面无私,因为他最后还是公正地处决了自己的亲戚。

刚刚讲到关于罪刑法定原则的基本精神用一句话概括是有利于被告人精神,那么在刑事诉讼中,在刑事法律关系中,我们为什么要强调有利于被告人的精神呢?(下讲台提问)

学生1:"我觉得是因为被告人相对于庞大的国家机器显得十分弱小,利益也很容易受到损害,所以必须强调对被告人的保护。"

学生2:"我认为这也是刑法规定的罪刑法定原则所要求的。"

(回讲台)刚才这两位同学回答得很好,我们强调有利于被告人的精神主要就是出于三个方面的原因。

第一个原因,在刑事诉讼中强调有利于被告人的精神是由罪刑法定的内涵所决定的。

通过刚才讲到的罪刑法定原则的内容,我认为,罪刑法定的内涵就是保护人的基本权利。我们前面讲过罪刑法定原则的思想渊源之一,以卢梭、贝卡利亚等为代表的资产阶级启蒙思想家们提出,国家权力来自人们与国家之间订立的契约,法律就是国家和个人签订的这种契约。大家都知道,刑罚权属于国家公权力的重要组成部分,而对公民自由和权利的最大威胁主要来自国家对公权力的滥用。从刑罚的严酷性可以看出,刑罚权能否正当行使,直接关系到我们每个公民的生命、自由和财产的安全,所以刑罚权的滥用是国家对公权力滥用的最直接也是最重要的表现。正因为如此,贝卡利亚等人提出国家的刑罚权必须体现尊重人权、保障自由的价值观。因此,在论证了国家权力来自人们订立的契约后,又由于在近代刑法理论之中特别强调了保护人权的理念,从而使罪刑法定原则将保护人权作为罪刑法定原则的终极目标。因此,我们在刑事诉讼中强调有利被告人的精神,理所当然符合罪刑法定的真正内涵。

第二个原因,在刑事诉讼中强调有利于被告人的精神,这是由被告人的弱者地位所决定的。

原、被告在民事诉讼中的地位是完全平等的,但是在刑事诉讼中,原、被告地位是不可能平等的,这一点大家应该都很清楚。正如马克思、恩格斯在《德意志意识形态》一书中曾指出的:"犯罪……孤立的个人反对统治关系的斗争,和法一样,也不是随心所欲产生的。"就这一马恩经典语录分析,我们可以很清楚地看到,犯罪实际上是孤立的个人反对统治关系的一种斗争,因此由犯罪而引发的刑事法律关系当然就是个人和国家的关系。

公诉人代表国家对犯罪人个人提起诉讼,那么公诉人作为原告,是不可能和被告人平等的。特别是在刑事诉讼中,刑事被告人与原告(主要是公诉案件的公诉人)之间实际上是个人同国家在进行对话。在公诉案件中,公诉人代表国家对被告人提起诉讼,在这种情况下,刑事被告人怎么可能同公诉人平等呢?应该说这种平等是永远不可能存在的,事实上,在全世界任何地方,也没有哪一个刑事被告人会追求这种平等,除非追求平等的这种人精神有问题。(全场笑)

先不要说公诉人和被告人的平等,就多数检察官而言,他们面对辩护人都有着"高人一等"的心态,可以想象他们对于被告人又是抱着何等"高高在上"的态度。按照法庭安排位置的惯例,公诉方和辩护方应该是坐到法官下面的,法官在上面进行审判。有些检察官不愿意坐到下面,他们认为自己代表国家来监督法官的审判,怎么可能坐到法官的下面呢?否则就不是监督了。(全场笑)他们认为,自己和法官最起码应该是平起平坐的,开庭时也应该一起走进来。正是因为检察官抱着自己是代表国家的姿态,所以导致这些检察官心里产生不平衡。所以,最早的时候,有一些法庭的组成是法官和检察官坐在一排的,虽然这不符合惯例,但是恰恰说明了在我们国家公诉权占有特别重要的地位。

在刑事诉讼中公诉人不要说与被告人地位不可能平等,其与辩护人的地位也不可能平等。因为公诉人是代表国家对被告人提起诉讼,而辩护人则是为被告人(即孤立的个人)进行辩护,有人甚至会说,"为坏人辩护的人是比坏人还要坏的坏人"。由于工作性质不一样,所以公诉人与辩护人的法律地位也就不可能一样,公诉人的地位要高很多。

由此可见,在刑事诉讼中,被告人与公诉人之间实际上是力量相差悬殊的弱者与强者的对话,在这种情况下,如果再不强调对被告人的利益进行保护,那么被告人的合法权益必然受到侵害。我认为,在我国刑事诉讼中,无论如何强调有利于被告人,都只会达不到而绝不会过度,因为我们国家的公诉权力特别强大。

第三个原因,罪刑法定原则之所以强调有利于被告人的精神,还是由刑法的人道性所决定。

由于在现代社会中弱者的利益最容易受到侵害因而也最需要保护,而法律(包括刑法)在很大程度上,或者很大意义上所追求的是尽可能地保护弱者的利益。在日常生活中,如果在强弱力量对比悬殊的情况下,弱者的利益最容易受侵害。比如说,大人和小孩打架,小孩最容易受侵害;男的和女的打架,女的最容易受侵害。社会生活中就是因为存在弱者,我们才通过制定法律来保护弱者,并保证他们的权益得以实现。如果我们的法律不强调保护弱者利益的话,那么弱者的利益必然受到侵害。所以罪刑法定原则强调有利于被告人的精神并不为过,这就是理论上人们通常所说的刑法是保护犯罪人的大宪章的渊源。在刑事诉讼中我们强调有利于被告人这么一个精神,就是为了体现这一点。

以上三点就是为什么罪刑法定原则要把有利于被告人的内容作为基本精神的原因。

接下来,我们看一下,有利于被告人的精神体现在罪刑法定原则的哪些方面?

从罪刑法定原则的内容里面,我们也可以看到有利于被告人的精神实际上贯彻在罪刑法定原则的方方面面。

首先,罪刑法定原则是从"不定罪、不处罚"的侧重面提出来的,这恰恰体现了对被告人的保护。

其次,在罪刑法定原则的许多派生原则中,有利于被告人的精神得到集中的体现。

第一,法律不能溯及既往原则。法律不能溯及既往原则是指国家不能用以后颁布的法律来惩罚以前的行为。但是人们在贯彻这个原则的过程中感觉到,如果法律绝对地不能溯及既往的话,那么就有可能对被告人不利。比如说法律的变化有可能是对被告人有利的,也有可能是对被告人不利的。为大家举一个典型的例子,比如说现行刑法取消了1979年《刑法》规定的投机倒把罪,原来被认定为投机倒把的犯罪行为,在现在看来就不是犯罪了,这就属于法律的发展是对被告人有利的情况。

如果强调法律绝对地不能溯及既往,人们在贯彻这一原则时发现,如果以前是犯罪,现在不是犯罪,当审判时的刑法比行为时的刑法对被告人更为有利时,新法不能溯及以前的行为,那么,有利于被告人的精神就无法体现。于是,人们就对法律不溯及既往的原则进行了修正。我们现在通常采用的是从旧兼从轻原则,就是新的法律在原则上不溯及既往,除非审判时的法律对被告人更为有利。

第二,刑事诉讼法中的无罪推定原则。在进行判决之前,我们要把被告人作为无罪的人来看待。我们既然已经把被告人抓起来，为什么还要把他作为无罪之人来看待呢？因为如果你把他视为有罪的话，那么你作出的所有的判决都可能是对被告人不利的。因此，我认为应进行无罪推定，首先认定被告人无罪。无罪推定这个原则充分体现了有利于被告人的精神。

第三，刑法中的"疑罪从无"和"疑罪从轻"，从某种意义上来讲都是有利于被告人。"疑罪从无"和"疑罪从轻"的含义是，如果一个案件存在疑问，就是有疑，我们就应该按照轻的或者按照无罪来处理。换句话说，如果一个案件本身是有疑问的，我们就按照无罪来推定，即使我们无法做到按无罪处理，最起码也要做到从轻处理。既然"有疑"，说明存在"有"的成分，也存在"无"的成分，为什么要从"无"呢？这实际上就体现了有利于被告人的精神。

尽管现在理论上对于什么是罪刑法定原则的根本精神还存在多种不同的观点，但是，我认为，无论从罪刑法定原则的内容及其派生原则的内容分析，还是从刑事诉讼中原、被告地位分析，将"有利于被告人"作为罪刑法定原则的根本精神，应该是在法理和情理之中的。

好，这一讲的内容我就讲到这里，关于如何贯彻罪刑法定原则，以及刑法基本原则其他内容我将在下一讲给大家介绍，谢谢大家！

第四讲

我国刑法的基本原则(二)

在这一讲中,我们继续学习我国刑法基本原则的内容。

(五)如何贯彻罪刑法定原则

前面我们学习了罪刑法定原则的内容以及基本精神,接下来,我来具体讲一下应当如何贯彻罪刑法定原则。由于这部分内容比较多,所以我分成三个问题来讲。

1. 贯彻罪刑法定原则的关键在于贯彻有利于被告人的精神

在司法工作人员的观念中贯彻有利于被告人的精神仍然存在很大的障碍。一方面是多数司法工作人员把被告作为坏人来看待。我经常讲,好人与坏人是个道德观念,它不是一个法律的概念。比如有的人构成了犯罪,但从道德标准来讲,他并不一定是坏人,相反,有的人没有构成犯罪,但是从道德标准来讲,他可能道德败坏。因此,我们刑法中只判断一个人是否构成犯罪,不要把道德中的"好坏"观念用到刑法中。

那么在贯彻有利于被告人精神的过程中,我们会碰到各种各样的问题,其中很重要的一点就是司法人员的观念问题。我以"佘祥林案件"为例来说明司法人员的观念对贯彻有利于被告人的精神所产生的巨大阻碍。

"佘祥林案件"是2005年司法系统中具有震撼性意义的一个事件,我们也称之为"佘祥林现象"。案情大致是这样的,在湖北荆州地区发现了一具女尸,在上级"命案必破"的压力下,当地警方全力开展这个案件的侦破工作。警方在荆州地区进行广泛排查的过程中,一个曾在派出所帮忙的人引起了他们的注意,这个人就是佘祥林。为什么他会引起警方的注意呢? 因为佘祥林的妻子平时精神不正常,并且当时他的妻子已经失踪一段时间了,而且时间又与发现女尸的时间比较吻合,因此警方就把目标锁定在佘祥林身上。在接下来的侦查过程中,觉得佘祥林越看越像杀人犯。警方分析认定,佘祥林不但有作案的时间和条件,而且因为他和妻子关系一直不好,也具备了作案的动机。出于警方办案的一个习惯性的思路,随即佘祥林就被抓了起来,同时被认定构成故意杀人罪,但是警方并没有对女尸进行尸体检验。在讯问的整个过程中,佘祥林有过辩解,也有几次供认自己杀了妻子,还把杀人的过程都讲得很清楚。

任何人包括像佘祥林这样的农民在内,都十分清楚承认自己杀人将会造成偿命的后果,没有杀人是不会承认杀过人的。如果没有杀过人去承认,这无异于自寻死路。一个正常的人是不太可能自寻死路的,因此承认杀人的供述肯定是真实的。法官就是从这个角度作出了一步一步的推测,最终认定佘祥林杀死妻子的行为成立。大家也一定会问,既然佘祥林并没有杀人,为什么要承认,而且还把杀人的过程讲得很清楚呢?其中很重要的一点,也是我们唯一的一个推测是,在当时,佘祥林可能处在"生不如死"的状态下,否则他怎么会去找死呢?他为了暂时"摆脱"当时面临的痛苦,觉得还不如早点去死,于是他承认了杀人。

下面我给大家讲一下"佘祥林案件"审理的大致过程。先是由湖北省荆门市中级人民法院对佘祥林杀妻一案作出一审判决,认定被告人佘祥林犯故意杀人罪成立,判处死刑,剥夺政治权利终身。佘祥林向湖北省高级人民法院提出上诉之后,高院认为,该案事实不清,证据不足,决定发回重审。这个时候荆门市政法委在京山县人民检察院召开了针对此案的协调会。会议决定:被告人佘祥林故意杀人一案由京山县人民检察院向京山县人民法院提起公诉,因省高院《退查函》中提到的 8 个问题中有 3 个无法查清,决定对该案降格处理,对佘祥林判处有期徒刑。随后,按照政法委协调会的指示,京山县人民检察院对佘祥林提起公诉,指控他构成故意杀人罪。接下来,京山县人民法院判决被告人佘祥林故意杀人罪成立,判处有期徒刑 15 年,附加剥夺政治权利 5 年。佘祥林不服判决上诉,但是湖北省荆门市中级人民法院驳回上诉,维持原判。通过这样一个过程,他们才把"佘祥林案件"解决了。

"佘祥林案件"现在已经解决,这是因为佘祥林在服刑 11 年多后,杀人行为的被害人即其妻子出现了。实际上佘祥林再过几个月就要刑满释放了,因为,其在服刑期间"认罪服法,积极改造",对其宣告的 15 年有期徒刑已经被法院减为 12 年。京山县人民法院最终明确宣告佘祥林无罪,国家对他 11 年的服刑也进行了赔偿。这些赔偿加在一起大概 90 多万,对佘祥林来讲,他心里应该也满足了。(讨论声)因为网上很多人认为,一个农民在外干 11 年是赚不到 90 万的,所以 90 多万对于佘祥林来说足够了。这无疑是现代社会法治的悲哀。

"佘祥林案件"是我们法治社会的悲哀。以前我们出现过将被告人搞错的情况,而佘祥林一案之所以令人震惊,主要在于案件中不仅被告人搞错了,甚至连被害人也搞错了,这种情况实属古今中外罕见。我将从以下三个方面谈一下对"佘祥林案件"的看法。

第一个方面,我们应该坚持"疑罪从无"的理念,并对"疑罪从轻"的观念进行检讨。

在刑法中确立罪刑法定原则后,在我国刑事司法实践中,司法工作者也始终不愿将"有疑问的案件"定为无罪。我们在讲罪刑法定原则的时候强调过,既然是"疑罪",理应存在"有罪"和"无罪"两种可能,我们的司法工作者显然更愿意采纳"宁可信其有而不可信其无"的结论。理论上和实践中,人们较多接受的是"疑罪从轻"的观念,特别是当行为人被作为犯罪嫌疑人受到羁押后,即使案件存在许多疑问,往往也要想尽办法来"消化案件"。而"消化案件"的最好办法当然就是对行为人作"从轻处理"。为什么这样说呢？"疑罪从轻"实际上就为我们拉出了一个平台,在这个平台中,各方利益得到了平衡,各方的心态得到了调整。

下面我结合"佘祥林案件",为大家详细分析一下。

首先,我们从司法工作人员的立场看。因为这是一个存"疑"的案件,在证据上一定有许多漏洞,但是又必须把这个案件尽快"消化",所以法官往往采取"从轻处罚"的办法,将原来要判处死刑改变成现在判有期徒刑15年,审判人员觉得已经对被告作出了比当初更轻的判决,已经对得起被告人了。这样,审判人员在消化"疑案"后,在这个平台上得到了心理上的平衡。

其次,我们从作为被告人的佘祥林的立场看,他也觉得自己在"疑罪从轻"这个平台里,得到了平衡。为什么这样说呢？因为这个时候他已经糊里糊涂地以为自己杀过人了,佘祥林觉得自己"杀了妻子"但却只被判处15年有期徒刑,这在"杀人偿命"的社会里绝对应该算是"从轻处理"了,觉得自己的命是"捡来"的,此时他的内心充满着一种感激之情。(全场苦笑)正是在这样的心态下,在这15年中,佘祥林因为认真服刑并且表现比较好,被减刑到12年。最后,佘祥林实际上在监狱服刑了11年多一点,也就在他还有几个月就要刑满释放的时候,他的妻子出现了。假如佘祥林的妻子再晚一点出来,等到他服刑结束,他的心态可能更加平衡了。(全场苦笑)

通过前面的分析,我认为,"疑罪从轻"的观念不仅不会有利于被告人,相反却会成为有些人制造冤假错案的理由。最起码会使有些司法工作人员在消化"疑案"后得到心理上的平衡,从而进一步导致冤假错案的出现。所以,我们十分有必要坚持"疑罪从无"的理念,这在很大程度上可以防止甚至杜绝冤假错案的出现。特别是在行为人的行为是否构成犯罪这一关键的问题上"存有疑问"或者是证据不足的,如果采用"疑罪从轻"确实可能在"从轻"的幌子下对清白的人作出处罚,而如果采用"疑罪从无"则完全可以避免这种情况发生。

第二个方面,我们将通过比较"佘祥林案件"和"辛普森案件",进一步理解"绝不放过一个坏人"和"绝不冤枉一个好人"这两种观念之间的本质区别,进而阐明,我们应该明确地坚持"绝不冤枉一个好人"的理念。

首先,我对"辛普森案件"进行一个简单的介绍和评述。

"辛普森案件"是美国非常著名的案件,它和"佘祥林案件"有一些相似的地方,都是发现了一具女尸,最后确定了她的身份是辛普森的前妻。经过调查之后,种种迹象表明,辛普森是杀人凶手。于是,警方对辛普森进行了传唤。因为美国严格要求传唤时间不能超过规定的长度,所以在传讯辛普森的时候,警方加紧进行有关的侦查活动。此时,有一个警官觉得还有许多能证明辛普森犯罪的直接证据没有搜集到。迫于传唤的时间较短,这个警官就自己翻窗进入了辛普森的家里,他在辛普森家里找到了一个血手套,并且取得了一个血样,后来证实,他所取得的这个血手套和犯罪现场遗留下来的另外一个血手套是吻合的。同时,他所取得的这个血样和犯罪现场遗留下来的血样也是吻合的。

针对"辛普森案件"中这位警官非法取证的事实,假如发生在中国,我认为,可能会产生两方面的结果。

一方面,对于怎样认定非法取得的血手套和血样证据,我曾经问过我们的法官,大部分法官们认为,现场发现的血手套和血样属于"证据确凿",判定辛普森构成故意杀人罪,这是没有任何疑义的,并且有一个定一个,有两个定两个,不杀辛普森不足以平民愤。但是在美国就会出现截然不同的结论。

另一方面,对于怎样评价这个警官的非法取证行为,如果这个警官在中国,他肯定是立功受奖。因为在这么紧要的关头,他果断采取措施,一举攻破案件,肯定要受到一定的表彰。(全场笑)但是在美国,这个警官是不可能升官奖励的,为什么?因为他翻窗进入辛普森家里,没有办任何手续,所以警方取得手套是不符合程序的。

很多人认为,这个是资本主义制度古板或者腐朽性的表现,如果发生在中国的话,补办一个手续不就解决了吗?而且翻窗进入的时间可以随便填,填好以后辩护人也不可能发现,因此程序上不会出现任何问题。即使不能补填时间的话,最起码可以重新办手续,再重新进行搜查,这个办法在中国是被允许的。但是,在美国不行,这个手续不但不能补,而且也不能再重新办手续。美国法律是基于这样的考虑:如果允许警官重新办手续进而重新取证的话,就很难保证放在辛普森家里的血手套及血样本不是这个警官事先安排的。因此,整个案件就被这个美国警官搞砸了,更不用提什么表彰了。

审理中,当控告方拿出血手套时,辩护人对血手套来源的程序提出了质疑,并且主控官突然要求辛普森在法庭上戴上手套。我们知道,棉质的手套在粘上血以后,会发生严重的收缩,并且辛普森在办案的这段时间发胖了,他就装模作样地戴不进去。同时,辩护人通过对警官是否有"种族歧视倾向"的质询,引导陪审团对该警官的人格可信度产生怀疑。陪审团认为,该警官当庭说谎,显然是一个不诚实的人。更由于其采集所谓证据的程序不合法,再加上辛普森连手套都戴不进去,因此一致认定辛普森无罪。我们说,就是这样一个在各方面看来都可以证明嫌疑人有罪的案件,由于办案人员取证程序和手段不合法,从而导致了将嫌疑人无罪释放的结果。

其次,我们看一下美国"绝不冤枉一个好人"的刑事司法理念。

那么,将"辛普森案件"与"佘祥林案件"进行比较之后,我们会发现,"辛普森案件"中能够证明辛普森是有罪的证据,要远远多于证明佘祥林有罪的证据。而且按照一般的判断,前妻和前夫的矛盾往往比夫妻之间的矛盾深,因此辛普森杀前妻的可能性要远远大于佘祥林杀妻子的可能性。最后的结果却是,辛普森被无罪释放,佘祥林被判故意杀人罪服刑11年之久。为什么会发生截然不同的结果?我认为,这主要是源于两个国家的司法理念不同。美国的刑事司法理念较多地突出对人的基本权利的保护,在刑事理论和司法实践中一般都十分强调"绝不冤枉一个好人"的理念。在这种理念下,人们在办案过程中就会有"铁案"意识,而不会为追求工作业绩和体现个人能力去冤枉无罪的人,甚至在某些情况下,为了做到不冤枉无罪之人,哪怕放掉一些"存疑之人"也在所不惜。

审理"辛普森案件"的法官有一段话说得很精辟,我觉得这番话体现了美国法官的"绝不冤枉一个好人"的理念。他大致的意思是这样的,如果他今天判辛普森无罪,他可能放掉了一个真正的罪犯。但是我通过放掉辛普森,却教育了一大批警官,告诫他们以后要严格遵守取证程序。因此,他维护的是美国法治的纯洁性、严肃性和完整性。相反,如果今天他判辛普森故意杀人罪成立,尽管他判掉的可能是一个真正的罪犯,但是通过这个判决,实际上是在放纵一大批警官,暗示他们今后违法取证也是被认可的,这对美国的法治无疑是一种严重的破坏。这位美国法官认为,辛普森案不仅仅是对一个案件的判决,而且牵涉到一代人司法理念转变的问题。因为,犯罪人是永远判不完的,但是人的观念转变却是一个根本性的问题,对一个国家的法治建设具有根本性作用。

再次,我们检视一下"绝不放过一个坏人"的传统刑事司法理念。

检视我国刑事司法理念,我们不难发现,长期以来司法工作人员的头脑中还是以"绝不放过一个坏人"为主导理念,我们追求"绝不放过一个坏人"的理念,完全有可能在实践中导致为了"不放过坏人"而"冤枉好人"的情况出现。"佘祥林案件"就是一个沉痛的教训,因为事实上出现了被害人死亡的情况,在很难找到真正犯罪分子的情况下,司法工作人员为了不放过一个坏人,为了及时结案,对只是有嫌疑的人进行定罪判刑,甚至判处死刑,这就成为在这种理念下行事的必然后果。

那么,导致"绝不放过一个坏人"成为我国传统刑事司法的主导理念的原因有哪些呢?

我认为,主要是受到人们的办案习惯等因素的影响。下面以"佘祥林案件"的一个相关细节为例,大家从中可以体会到"办案习惯"对"绝不放过一个坏人"理念的影响。事后媒体采访了与佘祥林案件相关的一个法官,这个法官的第一反应是,即使佘祥林没有杀害自己的妻子,那么,发现的女尸肯定是佘祥林杀的。这个法官的想法就是一种"办案习惯"的观念,这就是,一旦我判了你,那么你肯定是有罪的,我判了你,你肯定是杀人的,即使你没有杀这个人,那么你肯定杀了那个人,否则我怎么会判你呢? 他的这种观念把疑罪从无原则全部颠覆了,佘祥林案之所以会出现不应该出现的冤情,就在于法官在观念上一定要给他定罪。

这种情况在"佘祥林案件"里仍有体现。根据某报刊文摘的报道,2005 年春天,也就是在佘祥林被判杀妻入狱后不久,有一个支部副书记和他的妻子,曾经看到过佘祥林的妻子。因此从时间上可以判断,这个女尸不应该是佘祥林的妻子。他们夫妻二人就把这个情况反映给了公安机关。这个时候,佘祥林案件已经进入了很关键的阶段,公安机关考虑到,如果一旦把新发现的情况吸收到案件中,那么就无法破案了。因此,公安机关就以涉嫌伪证罪为由,把夫妻二人全部抓起来,这样就把他们反映的情况彻底消灭了。而佘祥林的母亲叫冤以后,也被公安机关抓起来,直到他母亲被关到无力再申冤时,才被放出来,过了几天以后就抑郁而终了。正是由于办案人员为了达到结案制度和打分、扣分等制度的要求,为了追求"办大案",所以即使发现了佘祥林妻子还活着的证据,办案人员也要把这些不利于定罪的所有证据都予以坚决地消灭,不得不说,这是体制上的弊病引发了冤案的发生。

最后,我们应该确立"绝不冤枉一个好人"的刑事司法理念。

当我在电视台讲这个问题时,有很多主持人会问,"绝不冤枉一个好人"和"绝不放过一个坏人"是不是一定都是矛盾的? 我回答说,大多数情况下可能是不矛盾的,也即并不是说"绝不放过一个坏人"就"一定要冤枉一个好人"。只有当案件存疑的时候,也就是可能是犯罪,也可能不是犯罪的情况下,坚持哪一个理念,最后得出的结论是不同的。我们坚持绝不放过一个坏人,就把佘祥林给判了,而美国坚持绝不冤枉一个好人,他们将辛普森给放了。

"绝不冤枉一个好人"和"绝不放过一个坏人"的侧重点是完全不一样的。"绝不冤枉一个好人"着重强调对人的基本权利的保护,而"绝不放过一个坏人"则主要突出对人的行为的惩治。我认为,无论从现代社会的刑事理念来讲,还是从有利于被告人精神的角度来讲,哪一个理念先进,哪一个理念不先进,是一目了然的。但是,这种观念上的转变难度很大,包括我在内,我也没有这么高的境界,也达不到这么高的境界。由于长期以来受传统刑事司法理念影响,在司法实践中,我们很难达到美国的"绝不冤枉一个好人"的境界。但是,"绝不冤枉一个好人"的理念是一种发展的必然趋势,因为我们最终要贯彻有利于被告人的精神。

"佘祥林案"对我们刑法理论和司法实践带来的震撼作用是巨大的,通过这一案件进行深刻的反思显然是十分重要的。这个案件发生以后,在当时理论界争议很大,我在《法学》中专门发表了文章,同时我们还专门在松江校区和长宁校区举办了两次博士生论坛,专门谈论这个案件。我认为,不同的人可以有不同的观点,但是我们不能让"佘祥林案"白白发生。后来,最高人民法院和最高人民检察院明确地把"佘祥林案"作为一个反面教材,要求在司法工作人员之间开展一次全方位的反面教育。中央政法委也专门发文,把这个案件作为典型案件进行反面教育。这就说明,如果不从"佘祥林案"中汲取教训的话,今后"李祥林"或者"王祥林"案都会继续发生,这将会对法治造成更大的破坏。美国可以用"辛普森案件"影响和教育一大批警官,我们为什么就不能用"佘祥林案件"影响和教育一代司法工作者呢?

第三个方面,我们必须更深刻地认识到,要克减"佘祥林案"这类冤假错案,我们还应当严格遵循司法公正、非法证据排除等制度或原则。

首先,我们来看司法公正原则。

司法公正既是民众对司法活动的追求和期盼,也是司法本身所应当具备的品质特征。2013年两会前夕,习近平总书记在全国政法工作电视电话会议上也强调,要努力让人民群众在每一个司法案件中都能感受到公平正义,所以司法机关都要紧紧围绕这个目标来改进工作,重点解决司法公正和制约司法能力的深层次问题。

司法实践中因司法不公而导致冤假错案发生的情况主要体现为两个方面:一是在司法过程中某些司法工作人员受利益驱使或者受民意、舆论挟持,不依照或不完全依照事实和法律办案;二是在某些司法工作人员发现冤假错案后不敢纠错、不敢担当,反而刻意回避和掩饰。

司法公正要求司法机关应坚守司法权独立、坚持法律至上。然而,司法机关在办理刑事案件过程中总会不可避免地受到各种因素的影响,最明显的就是经常受到民意或舆论的影响甚至被民意或舆论所左右。民意的随意性、从众性和易被操纵性容易导致情绪性司法。民意来源的复杂性决定了其具有较大的随意性。特别进入网络时代以来，几乎每一起重大刑事案件的背后，都可以听到各种来自社会各个阶层的汹涌的"民意"表达。但在现实中，每个社会个体的情感都不尽相同，民意看不见、摸不着，那么谁代表了真正的民意呢？这恐怕是一个谁都无法回答且无法解释的问题。民意的随意性容易诱发民意的从众性和易被操纵性。在利益分化的社会中，民意很容易被某些别有用心的团体恶意地或者善意地利用甚至操纵。特别是网络技术的迅猛发展使人与人之间的交流突破了时间和空间的障碍，这无疑会加剧民意的从众性，导致情绪性司法的滋生。应当看到，"佘祥林案"的酿造与"被害人"家属及其组织的数百群众联名上书表达的"民意"不无直接关系。为此，我国《宪法》第131条规定：人民法院依照法律规定独立行使审判权，不受行政机关、社会团体和个人的干涉。为了确保司法公正，《宪法》的这条规定无疑否定了司法过程应受其他因素的影响，其中自然也包括了民意或舆论等因素。尤其在刑事司法领域，法院必须遵循罪刑法定原则，定罪量刑的依据只能是我国现行《刑法》。否则司法权就很容易丧失其应有的独立性与公正性而沦为舆论或利益的工具，司法的权威性也将随之被动摇。

同时，司法机关勇于主动纠错也是司法公正的重要内容，其可以在很大程度上克减冤假错案的发生。我们经常讲，被动是司法的属性，但纠错却应主动而不能被动。对于冤假错案的受害人来说，纠正错案才是最为重要的一种错案救济方式。纠正错案意味着消除刑事诉讼程序当中已经出现的必须予以更正的错误，按照法定证明标准将错案纠正至公正的状态。只有错案得以纠正，正义才不会缺席，冤假错案的受害人才能摆脱"罪犯"的帽子，获得公正的对待，进而获得国家赔偿、追究违法者责任等其他一系列救济。所以，我们要意识到冤假错案的出现虽然是对司法公正的严重破坏，但冤假错案迟迟得不到纠正和平反，甚至千方百计地予以掩饰和隐瞒，则是对司法公正更为严重的毁损和践踏。通常，我国冤假错案被发现主要取决于两个偶然因素：一是"真凶重现型"，二是"亡者归来型"。但是，在"张氏叔侄强奸致死案"中，属于司法机关主动纠错。2003年杭州发生一起"强奸致死案"，嫌疑人张辉、张高平二审分别被判处死刑缓期2年执行和15年有期徒刑。2013年3月26日上午，浙江省高级人民法院撤销原审判决，宣告张辉、张高平无罪。在被害人没有"复活"，可能的"真凶"勾海峰已被枪决的情况下，浙江省高级人民法院主动通过再审程序改判无罪具有显著的司法示范意义。它不仅是司法能动主义在司法实践领域的一次大胆创新和尝试，更是贯彻体现罪刑法定原则偏向性的"疑罪从无"等刑事诉讼原则与精神的重要体现。

接下来我们来看非法证据排除规则。

之所以说遵循非法证据排除规则能够克减冤假错案的发生，原因就在于该规则的适用可以从根本上杜绝刑讯逼供等非法取证行为。刑讯逼供等非法取证行为是"有毒之树"，通过非法取证手段获得的证据就如同有毒之树生出的"果实"。由于非法取证行为与非法证据之间存在直接因果关系，非法取证行为必然会影响和"污染"到非法证据，因而应将非法证据排除。经验表明，如果仅拔除有毒之树而吞食毒树之果，将会产生极大的负面影响。因为吞掉毒树之果实际上意味着肯定和承认了毒树的存在和意义,这势必会给栽种毒树之人带来恶性的刺激和激励。只有将毒树和毒树之果一同抛弃,才能从根本上防止毒树的再生。同样的道理,要杜绝刑讯逼供等非法取证行为,不仅要谴责和处罚刑讯逼供等非法取证行为本身,还要将通过刑讯逼供等非法取证行为获得的证据一并予以排除,如此才能从源头上遏制刑讯逼供等非法取证行为,才能将这种有毒之源连根拔起。

需要指出的是,我国已经在刑事诉讼法中确立了非法证据排除规则。2010年6月,最高人民法院、最高人民检察院、公安部、国家安全部、司法部联合发布了《关于办理刑事案件排除非法证据若干问题的规定》和《关于办理死刑案件审查判断证据若干问题的规定》,就初步构建了我国非法证据排除规则的框架。2012年经修订的《刑事诉讼法》又通过规定"严禁刑讯逼供和以威胁、引诱、欺骗以及其他非法方法收集证据,不得强迫任何人证实自己有罪""只有被告人供述,没有其他证据的,不能认定被告人有罪和处以刑罚""采用刑讯逼供等非法方法收集的犯罪嫌疑人、被告人供述和采用暴力、威胁等非法方法收集的证人证言、被害人陈述,应当予以排除"等内容,从而正式确立起在侦查、审查起诉、审判阶段排除非法证据的程序。这也是当时《刑事诉讼法》修订中公认的亮点,对于促进司法文明、克减冤假错案无疑具有重大意义。

2. 贯彻罪刑法定原则应排除"浪漫主义"和"教条主义"两种观念

首先,我们要注意排除"浪漫主义"观念。

刑法学界很多学者认为,在我国要贯彻罪刑法定原则为时过早,要真正加以贯彻实际上有一定难度。因为罪刑法定原则应该建立在一部良法的基础上,如果没有一部良法就不能真正贯彻罪刑法定原则。在恶法的基础上贯彻所谓的罪刑法定原则,只会使法治环境越来越糟。也就是说,只有在法律完善后才能贯彻罪刑法定原则。由于我们国家还有很多法律并不完善,特别是刑法条文还很不完善,因此在这种情况下,我们不可能真正贯彻罪刑法定原则。我们把这种观点叫做"浪漫主义"观点。

我认为,这种观点本身是自相矛盾的,而导致自相矛盾的最关键的一点是,这种观点没有认识到,法律的完善其实是一个永恒的主题。按照这一观点,罪刑法定原则的贯彻必须在我们有完善的法律后才能贯彻执行。但是,只要有法律存在,就存在完善的问题,世界上任何一部法律都不可能一劳永逸而不需要任何完善。刑法也不例外,不可能存在有任何不需要完善的刑法,任何一部刑法其实都有完善的余地。这种观点无疑表明这一思想:因为法律是永远要完善的,所以罪刑法定原则是永远都不可能贯彻的。这恰恰与刚才提出的"罪刑法定原则的贯彻必须在我们有完善的法律后才能贯彻执行"观点自相矛盾。因此,我们绝不能因为法律永远存在完善的必要,而就此认为罪刑法定原则永远不可能贯彻。

同时,我们应该认识到,贯彻罪刑法定原则与刑法的完善并不矛盾,相反,贯彻罪刑法定原则可以成为刑法完善的一种动力。

当实践中出现了某些社会危害性比较严重的行为,但是依据刑法的规定,这种行为并不构成犯罪,因此我们无法用刑法对这种行为加以惩治。在这种情况下,我们就会直观地感受到刑法的不完善之处。经过一段时间的努力,我们通过完善刑法进而对这些行为进行了规制,这就促使了刑法的不断完善。相反,如果我们没有严格贯彻罪刑法定原则,对这些具有严重社会危害性的行为,即使刑法没有规定为犯罪,也擅自将它作为犯罪处理,实际中就无法对刑事立法的完善起到一种促进的作用。因此,我认为,贯彻罪刑法定原则与刑法的完善并不矛盾,反而还会促进刑法的完善。

其次,我们要排除"教条主义"的观念。

我们先来了解一下什么是"教条主义"的观念。

这里讲的"教条主义"观念,是指有些人认为要坚持罪刑法定原则,就必须严格地按照刑法条文中所规定的内容加以执行,而且要逐字逐句地加以理解。举个例子,大家就可以更深刻地理解什么是"教条主义"观念了。一个管路的人在一路口竖了一块牌子,上面写着"禁止牛、马通行"。有一个骑着骆驼的过路人要通过这条路时,被管路的人拦住。当过路人询问不让走的原因时,管路的人指着牌子说:"为什么不让你走,因为这牌子上写得很清楚。"过路人看了这个牌子以后,认为自己更应该走这条路,因为牌子上写的是"禁止牛、马通行",而没有说要禁止骆驼通行,自己骑的是骆驼,既非牛也非马,为什么不能通行呢?(全场笑)更何况,牛马不能通行,骆驼不一定就不能通行。但是,管路的人则坚持认为,连牛马都不能通行,骆驼怎么能够通行呢?我们经常说瘦死的骆驼比马大!(全场笑)牌子上的意思清楚地表明了这一点。两个人争执不下,谁都不肯相让。

我们应该看到,在这个例子中,我们可以把管路人比作立法者,把过路人比作司法者。司法者死抠字眼去理解我们的刑法条文,认为牌子上写了只是禁止牛和马通过,从而就会得出骆驼当然可以通行的结论。但是,立法者的意思是所有和牛马相类似的大型动物都不能通过,因而就会得出骆驼当然不能通行的结论。我们说,过路人理解牌子的含义就好比司法者理解法条的含义,这种死抠字眼的理解就是典型的"教条主义"观念。

在这个例子中,大家特别应该思考的是,这个管路的人竖牌子到底是想说明什么?也就是说我们通常所说的立法原意究竟是什么。尽管管路的人自认为牌子上的内容已经写得很清楚,但实际上存在模糊和容易产生歧义的地方。我认为,就这块牌子来说,我们至少可以有两种以上的理解。

第一,我们可以理解为"禁止牛、马通行",就是指禁止牛、马以上的大型动物通行,那么骆驼当然不能通行,因为骆驼确实比马大。(全场笑)

第二,我们也可以理解为"禁止牛、马通行"指牛、马不能通行,但是其他动物可以通行,这也许就是过路人的观点。其可能考虑到牛头上有角可以伤人,马蹄上有铁掌可以踢人,而且跑得比较快,所以,这条路牛、马不可以通行。骆驼不仅头上没有角而且蹄上也无铁掌,并且跑得又比较慢,所以骆驼通行不会有什么问题。(全场笑)立法者在立法时,如果其所制定的刑法条文可能会让我们产生两种以上不同的理解,那么,这个条文必然会使司法者产生歧义。

就此而言,我认为,立法者就应该尽可能地明确条文的内容,尽量不要让人产生歧义。那么,作为司法者则应从立法原意角度去考察和理解法律条文,特别是在立法者已经对法律条文做出解释后,更不应该死抠字眼,用"教条主义"的观念来理解和适用法律。

接下来,当我们排除"教条主义"观念的时候,也面临着对法律解释应该作主观解释还是客观解释的问题。

我们讲要排除"教条主义"观念,就产生了在法律适用中究竟如何贯彻罪刑法定原则这样一个具体的问题。从理论上讲,这可能涉及的是绝对的罪刑法定还是相对的罪刑法定的问题,也可能涉及对法律解释应该做出主观解释还是客观解释的问题。德国学者拉伦茨曾经对法律的解释做出过表述,他认为,主观解释就是以探究历史上立法者的心理意愿为解释目的的,而客观解释是以解析法律内存的意义为目标的。

前几年发生了一个争议较大的组织男性卖淫案,这个案件就集中反映了法律主客观解释的问题。这个案件发生在 2003 年,犯罪嫌疑人叫李宁,他经营了一家酒吧,为了赚更多的钱,就先后与几个人商量好,到处张贴广告、登报来招聘男青年做"公关人员"。随后,在自己经营的酒吧里,李宁让手下的人把招聘来的这些"公关先生"多次介绍给男性顾客,再让男性顾客将"公关人员"带走进行同性卖淫活动。这个案件曾引起理论界和司法实务界很大争议,法院最后认定李宁构成组织卖淫罪。这个案件的关键在于怎样理解"卖淫",卖淫是否包括同性之间的卖淫行为。这就需要我们去探究"组织卖淫罪"的立法原意,也就是要对"组织卖淫罪"作出主观解释。

我认为,法院判决李宁构成组织卖淫罪是有一定道理的。因为,在当今社会生活中,异性之间的性行为一般不受人们的指责,而同性之间的性行为则往往不被大多数人所接受。为什么这样讲呢?大家都知道,社会对于破坏婚姻关系的第三者,在道德上历来都是排斥并且加以谴责的。但是,如果提到同性恋,可能人们从心里排斥的程度要远远高于第三者。至少在我国,同性之间的性行为是受到人们较大责难的。在我们设立组织卖淫罪这一罪名的时候,这显然也是立法者的共识。在这个基础上,李宁等人实施了"组织同性卖淫"的行为,也应该构成组织卖淫罪。我们没有任何理由认为,只需要严惩那些组织异性实施卖淫的行为,而对于组织同性实施卖淫的行为,我们的刑法却应坐视不管。我对"组织卖淫罪"的解释可能就属于依据刑法的主观解释所得出的结论。

再比如我们以后会讲到的抢劫罪。抢劫罪中专门规定了八种情节加重犯,对其中每一种加重情节,究竟应该从字面上理解还是应该从立法原意上加以理解?这都很值得我们去思考。接下来,我就其中三种较为复杂的情节加重犯,为大家分析一下,我们应该用怎样的解释方法去理解。

第一,我们怎样理解"在公共交通工具上抢劫"中的"在公共交通工具上"?

举两个比较特殊的情况,第一种,如果行为人站在公共交通工具下,用刀对着公共交通工具上的人实施抢劫,是否可以认定为在公共交通工具上实施抢劫呢?第二种更为麻烦些,行为人既不站在公共交通工具上面,也没有站在下面用刀对着公共交通工具上面的人实施抢劫,而是把公共交通工具拦下来并把交通工具上的人全部赶下来,然后在下面一个一个地搜身抢劫,这算不算"在公共交通工具上抢劫"? 如果认为这是在公共交通工具上实施抢劫就要判 10 年以上有期徒刑,相反,只需判 3 年以上 10 年以下有期徒刑。因为两种情况的法定刑相差很大,对此,我们当然应该明确定性,随意不得。

持"教条主义"观点的人认为,刑法条文既然已经明文规定要在公共交通工具上抢劫的才能判 10 年以上有期徒刑,那就应该严格地从字面上按照法条的规定加以理解和执行。凡是不在公共交通工具上的都不能作为情节加重犯对待。我不同意这种看法,我们应该从立法原意角度进行主观解释,因为抢劫罪设置的这个加重情形,都是针对公共交通工具上的乘客的,无论是否实际在公共交通工具上实施抢劫,其社会危害性是基本一样的,所以刚才提到的两种情况都应该认定为"在公共交通工具上抢劫"的行为,并按较重的法定刑予以处罚。

第二,持假枪抢劫是否属于"持枪抢劫"?

抢劫罪的八种情节加重犯中还有一种是"持枪抢劫",如果有人持假枪抢劫是否属于"持枪抢劫"? 有人认为,持假枪抢劫与持真枪抢劫对被害人而言,可能造成相同的心理压力,因而社会危害性基本相同,所以刑法中的"持枪抢劫"理应包括持假枪抢劫的情况。我认为,持假枪抢劫和持真枪抢劫无论在行为人的主观恶性程度上,还是在实际有可能导致的危害后果上,都是具有很大的区别的,所以,抢劫罪中的"持枪抢劫"当然不能包括持假枪抢劫。

第三,身为军警人员的行为人以军警人员的身份进行抢劫,是否属于"冒充军警人员抢劫"?

抢劫罪规定的"冒充军警人员抢劫",指行为人本身不是军警人员而假冒军警人员的身份进行抢劫。在实践中就曾出现过,行为人本身就是军人或者警察,并且他利用了自己的这个特殊身份进行了抢劫,对于这种情况是否属于"冒充军警人员抢劫",我们要不要对他判处 10 年以上有期徒刑呢?

有人认为,从"冒充"的字面含义理解,就是以假充真,因此,只有不是军警人员的人才具备"冒充"的可能,如果本身就是军警,根本不符合"冒充"的含义。对于本身就是军警人员并且以这样的身份进行抢劫的人,只能按照一般的抢劫罪处罚。令人遗憾的是,2016 年 1 月 6 日施行的最高人民法院《关于审理抢劫刑事案件适用法律若干问题的指导意见》也规定,对于军警人员利用自身的真实身份实施抢劫的,不认定为"冒充军警人员抢劫",只是予以从重处罚。

我不同意这种观点。非军警人员冒充军警人员进行抢劫与军警人员以军警人员的身份进行抢劫,我们可以从给被抢者当时造成的心理压力角度和事后所造成的社会危害两个方面来分析。

一方面,从对被抢者造成的心理压力来看,两者可能基本相同。刑法之所以将"冒充军警人员抢劫"规定为情节加重犯,主要是因为军警人员对人们具有很大的心理压力,而且军警人员的职务中具有一定的管理或维持社会秩序的职能,非军警人员在冒充军警实施抢劫行为时的成功率极高。同时,以军警人员的身份实施抢劫,就必然会导致军警人员在人们心目中声誉和威信的下降。在这种情况下实施抢劫当然就会带来较为严重的社会危害性。

另一方面,从事后所造成的社会危害来看,军警人员以军警人员的身份实施抢劫显然要重得多。试想,如果事后人们知道抢劫者并不是军警人员,军警人员的声誉和威信不会受到很大的影响;如果事后人们知道抢劫者真的就是军警人员,老百姓可能认为"警匪一家",那么,军警人员的声誉和威信则必然会受到很大的影响。

我们知道,刑法的条文毕竟是有限的,它不可能将一切可能发生的情况都明确规定在条文之中。因此,当刑法条文把一种相对较轻的情况规定为情节加重犯时,在相同的情况下,危害可能更为严重的情况就理所当然地应视为情节加重犯。这就是我们一直强调的"举轻明重"的原理。我认为,对罪刑法定原则的理解不能用教条主义的观念,应该在一定的条件下体现"举轻明重"的精神,而这种体现实际上就是要求我们应该从立法原意角度去理解和适用刑法条文。

前面所讲的,就是在贯彻罪刑法定原则的过程中所遇到的实践操作问题,也即在罪刑法定原则背景下如何理解法条内容的问题。刑法分则的罪名中还有很多类似的问题,我们以后还会陆续讲到。

3. 贯彻罪刑法定原则还应该树立刑法的新理念

我们在贯彻罪刑法定原则的时候应该排斥一些观念,同样,我们也需要树立一些刑法的新理念。我认为,在我国要真正确立符合现代社会发展的刑法理念,这不仅是一项系统工程,而且必然会有一个长期的甚至是"痛苦"的过程。

接下来,我将从立法和司法两个层面,来讲一下怎样树立刑法新理念的问题。

首先,在刑事立法层面,我们应该树立以下三个刑法新理念。

第一,我们要坚持罪刑法定原则,就必须废除类推制度。

根据罪刑法定原则的要求,认定行为人构成犯罪并给予刑罚处罚的规定,必须在刑法中予以明确规定,没有刑法的明文规定就没有犯罪和刑罚。需要指出的是,尽管在刑事立法时,立法者会努力追求立法内容本身的全面性和完整性,做到尽可能地将实际中发生的各种犯罪行为归入调整的范围中。但是,正如我们前面所讲的,立法者的智慧是有限的,而社会中犯罪现象的变化则是无限的,所以,刑事立法的完善是个永恒的主题,而刑事立法的滞后性则是不可避免的。

因此,如果要真正贯彻罪刑法定原则,我们不可避免地会面临这样的考验,就是当出现了人们认为的具有一定的社会危害性的行为,但是刑法并没有将其规定为犯罪,这时我们应该怎么办? 我认为,由于长期以来形成的以社会危害性为中心的传统刑法观念很难得到突破,对我们司法工作人员来说,将这种行为认定为无罪绝不是一件容易的事。但是,如果我们不能做到这一点,罪刑法定原则就不可能得到真正的贯彻执行。因此,面对这样的考验,我们应该坚持以刑法有无规定作为判断行为人的行为是否构成犯罪的标准这一新的刑法观。

类推制度和罪刑法定原则的关系是我们学习的重点,下面我为大家详细介绍一下这部分内容。

1997年修订后的我国刑法在明文规定罪刑法定原则的同时,还明确废除了旧刑法规定的类推制度。但是在此之前,刑法理论界对坚持罪刑法定原则是否可以容纳类推制度的问题始终存在争议。主张保留类推制度的学者的最主要理由可以总结为三点:一是他们认为,"法有限,情无穷",刑法条文不可能穷尽一切可能发生的犯罪,而我国地域辽阔,人口众多,犯罪现象复杂多变,没有类推不利于打击犯罪;二是我国的刑事立法经验还有欠缺,保留类推制度可以为刑法的修改和完善积累经验;三是有限的类推案件不足以构成对罪刑法定原则的影响。

应该承认,刑法中的类推制度在中国有着悠久的历史,中国法制史里讲到的"比附援引"就是类推在古代的表现形式。按照我的观点,类推制度在本质上肯定是与罪刑法定原则相背离的。因此,确立罪刑法定原则后就应该理所当然地废除类推制度,两者不应该也不可能同时存在。对于那些传统上或习惯上认为具有社会危害性而无法用刑罚加以处罚的行为,如果我们仅仅为了"消化"为数很少的一些案件而保留类推制度并放弃真正的罪刑法定原则,显然是很不值得的。而对于那些认为保留类推制度可以弥补刑事立法的不足的看法,我们可以通过修正案或单行刑法等方式加以弥补和完善,从而有效地规范以后的行为。因此,如果要真正贯彻罪刑法定原则,并使其不断地发展与完善,就必须取消类推制度。只有这样才符合罪刑法定原则的内容和精神,并顺应世界刑法的发展趋势。

第二,制定法律条文应当具有明确性和具体性,不得含混不清。当代世界各国和地区都十分注重刑法规范的明确性,有些国家甚至将不明确的刑法规范视为违宪的、无效的。这是因为刑法是规定犯罪和刑罚的法律规范,刑法条文如果对犯罪和刑罚虽然作了规定,但是规定的内容不明确,也同样无法真正符合罪刑法定的要求。就我国目前的刑法规定来分析,在刑法条文中,我们已经改变了许多以前不明确的弹性用语,废除了不少司法实践难以掌握的立法规定。例如,在刑事责任年龄的规定中,我们改变了以前相对负刑事责任年龄内容不明确的规定,具体规定为"已满14周岁不满16周岁的人,犯故意杀人、故意伤害致人重伤或者死亡、强奸、抢劫、贩卖毒品、放火、爆炸、投放危险物质罪的,应当负刑事责任"。但我们也应该看到,现行刑法条文中仍然存在许多诸如"行凶""情节严重""情节恶劣""其他方法"以及"等"之类的表述。刑法条文表述的不科学还会造成有些规定的内容互相矛盾。

关于刑法条文的明确性,有两个问题需要大家注意。第一个需要注意的问题是,刑法条文的明确性和具体性是相辅相成的关系,条文规定如果不能做到具体化,实际上就不可能存在明确化的问题;同样,条文规定虽然做到了具体化,但如果内容不明确,这种具体化也就失去了本身存在的价值。第二个需要注意的问题是,虽然我们提倡刑法条文应该尽可能做到明确化,但是刑法条文明确化的程度应该与实际相符合,如果过于"明确"反而会适得其反,导致处理案件实质上的不公平。比如我们前面已经讲过,《刑法修正案(九)》之前,我国刑法在有关贪污、受贿犯罪的条文中明确规定了相关的数额标准,这虽然从一个侧面体现了罪刑法定原则的要求,但是,由于我国经济发展速度很快,且不同区域经济发展很不平衡,数额规定得过于确定,虽然可以做到形式上的公平,但是却无法达到实质上的公平。例如,贪污、受贿同样数额的财物,在不同的社会发展时期以及在经济发展较快的地区与较为落后的地区所反映出来的社会危害性就不完全一样,好在《刑法修正案(九)》针对该问题作出了相应的调整与修改。所以过分强求规定的确定性,就必然会导致处理案件实质上的不公平。

另外,刑法条文本身又要求有相对的稳定性,不可能经常对刑法条文所确定的数额标准进行修改,我们如果过分强调确定性,在短期内,必然会出现刑法所确定的数额标准与社会发展现实不相适应的情况。因此,按照我的观点,我们一方面要强调明确性,同时也要注意一个"度"的问题,应该留足一定程度的弹性空间,这样,我们可以通过立法或者司法解释解决这些弹性规定在一定时期内的明确性的问题。

第三,刑法分则中所规定犯罪的罪名应该做到法定化。我们前面已经讲到过这个问题,在我国享有分则罪名确定权的主体是最高人民法院和最高人民检察院,也就是说,我们的立法者实际上是将设定罪名的立法权交给了司法者,由司法者根据自己对刑法条文的理解对刑法分则中的罪名作出规定。这种做法的弊端十分明显,一方面,由司法机关承担罪名的立法工作,必然导致司法机关可以根据司法实践的需要随意进行罪名立法,有时甚至可能出现违背立法原意的情况。另一方面,由于司法者对于刑法条文的理解不可能完全一致,往往会出现罪名确定不同的情况。比如说,曾经在相当长的一段时间里,最高人民法院明确确定刑法分则中的罪名有 413 个,而最高人民检察院则明确确定刑法分则中的罪名有 414 个。

我认为,司法机关不应该具有创制罪名的权力,这种司法权与立法权混同的情况,显然与罪刑法定原则的精神不相吻合。由此可见,在我国要实现真正的罪刑法定原则,还需要迈出的一步就是,将罪名立法权还给立法者,完全可以由全国人大或全国人大常委会在刑事立法或作立法解释时,对刑法分则中的罪名加以规定。

其次,在刑事司法层面,我们应该树立以下三个刑法新理念。

第一,我们司法工作人员在处理案件时要有一种魄力,这个魄力就是,对于某些传统观念中认为具有社会危害性的行为,因为刑法中没有详细规定,我们就不对它定罪量刑。而不是按照过去"消化"案件的习惯思路和做法对凡是严重危害社会的行为都一定要以犯罪定罪处罚,就算法律没有明文规定,也要千方百计想出一个罪名给其定罪处罚。只有具备这样的魄力,我们才能真正做到有利于被告人,真正贯彻罪刑法定原则。

第二,司法机关应该避免作出超越刑法规定内容的司法解释。

我们说,司法机关原本应该严格遵循法律的规定,在不违背刑法规定和立法原意的前提下,对刑法有关条文作出相关司法解释。但是,司法实践中仍出现了司法解释超越刑法规定内容的现象,有些司法解释的内容不但"超越",甚至还与刑法的基本原理严重"抵触"。

比如说,大家都知道交通肇事罪是过失犯罪,但是,最高人民法院在 2005 年出台的一个关于交通肇事罪的司法解释中,提出交通肇事罪也可以存在共犯。而在我国只有故意犯罪才存在共犯,最高人民法院这一司法解释的内容,无论出于何种考虑,显然与刑法基本原理相违背。按理说,司法解释的内容如果与刑法规定相违背,这个司法解释就应该无效。但是在我国,实际上不存在对司法解释内容是否合法的审查监督机制,因而,在司法实践中,这些明显与刑法规定不一致的司法解释仍然在被贯彻执行。我认为,一方面司法机关应该严格忠于刑法规定的原意进行司法解释,尽量避免这样的情况出现;另一方面,一旦出现这样的情况,我们应尽快建立一套对司法解释的审查监督机制,这样就可以在制度上保证出台的司法解释不与刑法规定相矛盾。

这里还需要强调一个问题,就是刑法立法原意和司法解释之间的关系。我们应该看到,随着社会的不断发展,刑法立法原意也需要发生一定的变化,有的人就提出可以通过司法解释来体现刑法立法原意的变化。我不同意这个观点,如果需要改变立法原意,那么,我们只能通过修订刑法条文规定的方式进行,也就是说,改变立法原意只能在刑事立法层面通过相关的刑法立法活动进行,例如,我们可以通过颁布刑法修正案对立法原意进行修改、补充或变更。最高人民法院和最高人民检察院作为享有司法解释权的主体,是无权对刑事立法的变化做出解释的。这一点是我们需要特别搞清楚的。

第三,司法机关不应该越权对刑法规定作所谓的"司法解释"。

我们知道,刑法司法解释不可避免地存在有"滞后性"的特点,而这一特点必然会导致司法实践适用刑法规定困难的结果出现,因此,有些地方的司法机关大量地出台所谓"会议纪要""适用意见"等内部规定。我们承认,地方司法机关为统一本辖区刑事司法活动中对刑法条文的适用而出台"会议纪要""适用意见"等内部规定,虽然在一定程度上可以"减少"或"缓冲"刑法司法解释的压力并能统一相关辖区内司法工作人员对刑法条文的理解和适用。但是,这种情况的存在明显违反罪刑法定原则,不应该加以提倡。

我认为,这些内部规定与罪刑法定原则的相悖之处主要体现在三个方面。

首先,地方司法机关出台的"内部规定"是一种越权行为。在我国,只有国家最高司法机关——最高人民法院和最高人民检察院才依法享有司法解释权,而其他机关都没有司法解释权。而依照法律规定,某些地区的司法机关根本不享有司法解释权,所以它们用"内部规定"的方式对刑法的适用作实际的解释,显然是一种越权的行为。

其次,只要稍加分析我们就不难发现,这些"会议纪要""适用意见"等内部规定实际上属于不是司法解释的"司法解释",或者称之为"准司法解释"。主要原因在于,这些内部规定虽然不公开颁布,但实际上却是对刑法条文作了具体解释,并且相关司法工作人员必须"遵照执行"。在这种情况下,一方面,会导致地区间不同司法机关因对法律条文的理解不一致而产生矛盾;另一方面,则会导致相关司法工作人员对内部规定逐渐产生不必要的依赖性。

最后,这些"会议纪要""适用意见"等内部规定的贯彻执行必然会带来不公平的现象。因为这种内部规定是不对外公开的,并非人人都能够知悉,这样往往造成了被告人在确实不知"法"的情况下,莫名其妙地被确定了罪名并受到了刑罚的处罚。特别是在很多情况下,由于这些内部规定很难被司法文书直接引用,以致法官在对被告人定罪量刑的判决书中无法说明判决理由，特别是对于被告人的辩解和辩护人的辩护通常只能用"与法律不符，本庭不予采纳"一笔带过。至于怎么与法律不符？为什么不予采纳？法官通常不作具体说明。我们知道，其实这里所谓的"与法律不符"实质上是与"会议纪要""适用意见"等内部规定不符。（全场笑）可见，这种做法是无法令当事人信服的，也是不符合罪刑法定原则的，即完全有悖于罪刑法定原则所要体现的有利于被告人的根本精神。

三、平等适用原则

接下来，我来简单介绍一下刑法的平等适用原则。

前面已经讲过，既然一切法律都应该平等适用，为什么刑法还要专门强调这一点？立法者考虑到刑法的适用面比较广，老百姓也比较关注刑法的适用，特别是刑法的适用是否平等，老百姓通常看得比较清楚。可能出于这样的一个初衷，所以，刑法专门规定平等适用原则作为基本原则之一。因为前面已经讲过，所以这一点我就不重复了。

关于平等适用原则，我只重点讲一个问题，这就是我们应该怎样正确理解平等适用原则中的"平等"？

实践中存在很多不平等的现象，对于这些不平等，我们应该正面地去认识。比如经常有人说，故意杀人和抢劫的法定刑有死刑的规定，类似这种暴力犯罪刑法都规定了死刑，而且实践中判处死刑的较多。但是，相比之下，贪污罪和受贿罪为什么被判死刑的却很少？在这里我要强调的就是，如何评判对某一些犯罪分子的惩罚是否平等的问题。我认为这里的"平等"，也只能是一种相对的概念。因为，我们不可能做到绝对的平等，我们只能是做到相对的平等。不仅仅是这两个罪名，还有很多事物，可能从法律角度看是平等的，但在实际生活中就是不平等的。

比如说，80岁的人被判无期徒刑和18岁的人被判无期徒刑相比，如果仅仅从犯罪人的犯罪行为的角度来看，两者是平等的。但是，如果从年龄角度考虑，两者就完全不平等了。这是因为，80岁的人被判无期徒刑，可能没过几年他就死了，而18岁的人被判无期徒刑，他的整个黄金时代就在监狱里度过了，你说平等吗？应该是不平等的。针对这一点，我认为，平等适用原则主要应该从犯罪行为的角度考虑，因为，刑法是调整行为的法律规范；当然，我们在具体量刑的时候，还是应该对犯罪人的年龄加以考虑的。所以，在这里我要强调的是，我们所讲的平等只是一种理性认识，是应然层面的平等，而有时候在实际中还是一种"相对"的平等，我们不可能做到一种"绝对"的平等。

再比如，我们都说公民在法律面前都是平等的。但是，在司法实践中判断某个人是否构成犯罪的时候，我们不得不考虑行为人是否属于少数民族等因素。因为少数民族有一些特殊习惯，我们如果严格按照刑法的规定，而不去考虑少数民族的这些习惯，是无法很好处理案件的。依据某个民族的习惯，如果发生一些伤害行为，比如一个人把另一个人的手弄伤了，实施伤害行为的人只要向受伤一方赔偿几头牛就解决问题了。另外，对于过失造成别人死亡的情况，某个少数民族专门有一种"赔命价"，可能赔几头牛也解决问题了。相反,如果我们不去考虑少数民族这些特有的习惯,对于刚才提到的无意的伤害或者过失伤人,依据刑法的相关规定去追究行为人的刑事责任的话,可能会在各个姓氏之间或者种族之间引起很大的矛盾,从而带来很大的不稳定。那么,相对于少数民族内部的伤害或者伤人行为,我们到底要不要强调在法律面前人人平等呢? 我认为,从理性角度必须强调"平等"。因为中华人民共和国刑法不仅仅是我们东部地区的刑法,它对于中部和西部都是一样的,但在实际适用刑法的过程中,确实可能存在一些不平等。

所以,平等只能相对而言。对于刑法平等适用原则,我们需要有一个认识的过程和一个理解的过程。随着法治的不断完善,我们要明确地做到,在相同的案件中保持基本一致,而不能根据行为人的身份、职业、民族等不同而处以不同的刑罚。但是,这种平等仍然是相对而言的平等,我们不可能做到绝对的平等,任何一个国家都无法做到绝对的平等。

四、罪刑相当原则

我接下来要为大家介绍的是罪刑相当原则。

(一)罪刑相当原则的基本含义和理论基础

首先,我们来了解一下罪刑相当原则的基本含义和理论基础。罪刑相当原则,也叫做罪刑相适应原则,也是我国刑法基本原则之一。我认为,罪刑相当原则强调犯罪社会危害性程度的大小,是决定刑罚轻重的重要依据,犯多大的罪就处多重的刑,要求在适用刑法中做到重罪重罚、轻罪轻罚,罪刑相当、罚当其罪。我们要排除"轻罪重判"和"重罪轻判"等不正常现象,也就是"罪刑不相当"的现象。值得一提的是,刑事政策有一种提法叫做"轻轻重重"或者"重重轻轻"。所谓"轻轻重重"或者"重重轻轻"的概念就是重其重,轻其轻,分两头。对重罪我们重罚,对轻罪我们轻罚。这个提法多多少少也是对罪刑相当原则的体现,因此也成为我们立法中贯彻的一个精神。

罪刑相当的思想最早可以追溯到原始社会的同态复仇和奴隶社会的等量复仇。我们常说的"以血还血,以眼还眼,以牙还牙"就是罪刑相当思想最原始的一种表述形式。但是,罪刑相当真正成为刑法原则之一,主要是由于资产阶级启蒙思想家们倡导的结果。资产阶级启蒙思想家针对封建主义的严刑苛罚而提出罪刑相当的口号。同时,从主客观相一致的角度,他们又提出,相同的犯罪行为要全面地进行考察,要把犯罪在客观上的社会危害性和罪犯的人身危险性结合起来考虑。

(二)罪刑相当原则在我国刑法中的确立和体现

下面,我介绍一下罪刑相当原则在我国刑法中的确立和体现。受当时历史环境的局限,1979 年《刑法》没有明文规定罪刑相当原则,但是理论上普遍认为罪刑相当应该是我国刑法中的基本原则,而且在当时刑法总则和分则中都充分体现了这一原则。修订后的现行《刑法》为了突出强调这一原则,在第5条中明文规定:"刑罚的轻重,应当与犯罪分子所犯罪行和承担的刑事责任相适应。"可以说,罪刑相当原则作为我国刑法的基本原则之一,在我国刑法中的体现是十分明确和具体的,主要体现在以下四个方面。

第一,体现在刑罚体系的设置中。我国的刑罚体系按照各种刑罚方法的轻重顺序加以排列,并且各个刑罚方法既相区别又相衔接,结构严密,主刑、附加刑相配合,能够根据犯罪的各种情况灵活地运用,这就从立法上为罪刑相适应原则奠定了基础。

第二,体现在法定刑的配置上。我国刑法以罪刑法定原则为依据,根据不同犯罪对社会危害的程度大小,配置了轻重不一的法定刑。比如说,对于危害国家安全罪中一些犯罪的法定刑设置,就明显地要高于渎职罪中一些犯罪的法定刑。此外,我们立法中规定了很多犯罪都有死刑,现在有46个条文涉及死刑。当然,也有很多犯罪规定的法定刑比较低,比如有些犯罪的法定刑规定为3年以下有期徒刑。司法实践中存在一些犯罪,这些犯罪虽然具有一定的社会危害性,但是在实际中造成的危害又是比较轻微的,于是刑法就专门规定,对于有些犯罪,即使认为构成犯罪也可以免予刑事处罚,即使构成犯罪而且应该处罚的,我们对其处罚也会比较轻微。同时,对各种犯罪规定了相对确定的法定刑,并且根据情节轻重,分别规定了两个甚至三个量刑幅度,这样司法工作人员可以根据犯罪分子的人身危险性大小,正确地适用刑罚,该轻则轻、该重则重。

第三,体现在根据各种犯罪形态的社会危害性程度不同,规定了轻重有别的处罚原则。比如,防卫过当、避险过当虽然应当负刑事责任,但是根据刑法的规定,"应当减轻或者免除处罚"。另外,对于故意犯罪的停止形态,刑法也作出不同于既遂形态的处罚。预备犯可以比照既遂犯从轻、减轻处罚或免除处罚;未遂犯可以比照既遂犯从轻、减轻处罚;对于中止犯,没有造成损害的,应当免除处罚,造成损害的,应当减轻处罚等等。这些规定明确地提出了对于相同犯罪的不同情节,应该严格依据刑法的规定,作出不同的处罚。

第四,罪刑相适应原则还体现在刑罚具体运用的一系列制度中。比如累犯制度、自首制度、缓刑制度、减刑制度、假释制度等等。这些规定明确地提出了对犯罪分子适用刑罚时应该考虑行为人本身的危险性作出合理量刑。

刚才讲的这四个方面就是我们的刑事立法对重罪重刑、轻罪轻刑的罪刑相当原则的落实。应该说,刑法中的这些刑罚制度是为适应犯罪分子的人身危险性大小而设置的,这是因为,罪刑相适应不是罪刑绝对相等和机械对应。判断罪刑是否相适应,不单要看犯罪行为及其所造成的危害结果,还要看整个犯罪事实,包括罪行和罪犯各个方面因素综合体现的社会危害性程度,也就是说,要把犯罪在客观上的社会危害性和罪犯的人身危险性结合起来考虑。犯罪是适用刑罚的前提和基础,而犯罪分子的具体情况,包括他的一贯表现和犯罪后的态度和再犯可能性等,也是适用刑罚的重要参考方面,只有在全面考察的基础上,才能科学地确定整个犯罪的社会危害性程度,也从而才能真正贯彻罪刑相适应原则。

　　我曾经参加过一个案件的辩护,在辩护过程中我就体会到贯彻罪刑相适应原则的重要性。

　　基本案情是这样的:我的当事人甲男,因为欠乙男的钱,被乙男关押了三天,并且遭到了殴打。经甲男的朋友帮助还钱之后,甲男才被乙男放出来。甲男被放出后,对乙男十分怨恨,一直在寻找机会报复。他让自己的女朋友找到一个三陪女丙女,打算安排丙女与乙男认识之后,伺机在乙男的饮料中投放毒品,进而对乙男实施报复。很快,乙男就约丙女在上海松江的某别墅见面,丙女按计划趁乙男不备,将事先准备好的毒品投放到了乙男的矿泉水中。但是不曾想,乙男本身就是有毒瘾的人,他在喝饮料的时候就已经发觉味道有些不对,他随即拿矿泉水到灯下仔细一看,发现里面确实有杂质。丙女在乙男的追逼之下,一五一十地交代了甲男让她去实施的整个报复计划。尽管当时已经是接近凌晨,乙男还是将投了毒品的矿泉水和丙女一并带到长宁古北的一个宾馆里边。我觉得有点像从我们松江校区转移到长宁校区。(全场笑)直到第二天的晚上,乙男才向公安机关报案,然后经过相关部门的检验证实,矿泉水里投放的毒品是冰毒。

　　经过调查,实际上乙男本身就是吸毒的人,更奇怪的是,我们还拿到了乙男被判死缓的判决书,他是在1991年被外地某法院判处死缓的,算一下现在好像还不应该到出来的时候,但是我们不知道乙男为什么已经在外边了。(讨论声)甲男的家属让我在法庭中把乙男被判处死缓的判决书向法官提交。我认为,乙男的死缓判决书与本案没有任何关系,因为我们不能说被判过刑的人就应该被人家下毒。所以,有时候辩护是讲基本技巧的。我们倒是可以在庭审完了以后把有关的判决书提供给法院参考一下。

　　后来我在松江法院开庭辩护的时候,因为松江检察院和法院有很多我们实习的学生,听到我来辩护了大家都来旁听,旁听席里有一半是我的学生。那天这个案件的庭审实际上是很精彩的,在辩护的过程中我讲了以下几个观点。

　　首先,这个案件中乙男本身就是吸毒的人,而甲男报复的目的是在乙男的矿泉水中放点毒品要让他 high,让他兴奋,(全场笑)用吸毒人的行话叫做让他“high 到爆”。公诉人的理解“high 到爆”就是“high 到死”。(再次全场笑)我后来专门问了吸毒的人“high 到爆”是什么意思? 其实,“high 到爆”的实际意思是让人“high 到极点”。所以,我认为“high 到极点”并不一定要吸毒的人死呀! 让他兴奋得难受也是一种“high 到爆”的表现。公安机关一开始以为“high 到爆”的意思就是要把吸毒的人杀掉,因此给甲男定的罪名是故意杀人罪,后来因为了解到“high 到爆”的意思并不是要置人于死地,所以改成欺骗他人吸毒罪。

　　我提的第二个观点是,如果以欺骗他人吸毒罪起诉甲男,那么乙男作为本身吸毒的人,是否能够成为这一犯罪的对象,这就是一个值得讨论的问题。

　　在考虑这个问题之前,我们首先要证明被害人乙男是有毒瘾的人。公安机关侦查的材料中并没有查证被害人是否有毒瘾,虽然这一点十分重要,但是公安机关却没有查证。被害人请的代理人认为,既然被告人知道被害人有毒瘾,还给他喝毒品,很显然,被告人不是要让被害人飘飘欲仙,而是故意杀人的行为。我认为,因为公安侦查的材料中并没有查证被害人是否有毒瘾,只是被告人交代自己知道被害人有毒瘾。现在被害人代理人的一句"飘飘欲仙"正好帮助我们又一次证实了被害人有毒瘾的事实,那么我们就可以认为被害人是有毒瘾的。后来被害人的这个代理人辩称自己没有说过他吸毒,我反驳说他刚才明明讲到被告人给被害人吸毒不是让他飘飘欲仙而是要置人于死地,而我们都清楚,只有对吸毒的人才会用"飘飘欲仙"来描述他吸毒之后的状态,所以被害人的代理人是知道被害人有毒瘾的。实际上,本案中被害人确实是有毒瘾的。

证明被害人确实有毒瘾之后,我们下一步要考虑的是,乙男能否作为欺骗他人吸毒罪的对象。从引诱、教唆、欺骗他人吸毒罪设定的立法原意来看,因为被欺骗、被引诱和被教唆的人本身是不吸毒的,当他被他人欺骗、引诱和教唆以后,导致其吸毒并且染上了毒瘾,所以,我们对引诱者、教唆者和欺骗者按照引诱、教唆、欺骗他人吸毒罪来惩处。尽管对于本身吸毒的人能否作为引诱、教唆、欺骗他人吸毒罪的犯罪对象,我们现在既没有立法解释,也没有司法解释。但是,我认为从立法原意来讲,通常乙男不能作为引诱、教唆、欺骗他人吸毒罪的被害人。那么公诉人就提出,如果对一个卖淫女实施强奸,当然构成强奸罪。同理,本身吸毒的人也应该可以构成欺骗他人吸毒罪的被害人。我认为这两个情况是存在区别的,刑法中两个罪名之间不可以这样简单地套用。之所以强奸卖淫女构成强奸罪,因为她在不卖淫的时候也是享有自己的权利。此时,如果行为人强迫卖淫女发生性行为,侵犯的是卖淫女作为一个妇女的性权利。这种强奸行为是不可能引发卖淫女"上瘾"问题的。相反,刑法设立引诱、教唆、欺骗他人吸毒罪这一罪名,主要是因为行为人的引诱、欺骗和教唆的行为导致了被害人染上了毒瘾,这和强奸卖淫女仍然构成强奸罪的角度不一样。这里面主要涉及一个基本权利的问题,因为卖淫女在没有卖淫的时间,她作为妇女的性的权利是需要法律保护的,而本身吸毒成瘾的人是不存在类似的需要刑法保护的基本权利。

退一步讲,即便我们不去考虑吸毒的人本身能否构成引诱、教唆、欺骗他人吸毒罪的犯罪对象,最起码欺骗吸毒者吸毒和欺骗从没吸过毒的人吸毒,社会危害性肯定是不一样的。公诉人既然以欺骗他人吸毒罪起诉,就应该证明这个罪名中的"他人"包括吸毒的人,一旦拿不出这样的依据,我们当然要从有利于被告的角度去考虑,认为吸毒的人是不能成为该罪的对象的。

我的第三个观点认为,被害人一方提供的检验矿泉水中含有冰毒的证明存在很大漏洞,我在法庭上也就这个问题提出了异议,主要理由有两个。其一,被害人破坏了犯罪现场,因为丙女投放冰毒的行为发生在松江的别墅里,乙男发现之后,将矿泉水瓶转移到了长宁古北的名都城里,并且仅仅由乙男一方将该矿泉水瓶拿到公安刑侦总队去检验。在这个转移的过程中,谁能够保证乙男不会在瓶子里放点冰毒呢?我们现在不是说他一定放,而只是存在这种放冰毒的可能性。但是,这种可能性在检验的时候并没有被排除掉,而在不能排除这种可能性的情况下,公诉机关怎么可以指控甲男构成犯罪呢?其二,虽然乙男也进行了尿样检验,但是在经过一天一夜之后才进行尿样检验,最后检测出来的尿样中存在的毒品含量是否可信?我认为,在送去检验之前的这段时间里,乙男完全可能为了陷害甲男,在送去检验之前的这段时间里,自己又吃了一点冰毒。在这种可能性也无法排除的情况下,又怎么可以认定里面的冰毒就是我的被告人放进去的? 当然,我在辩护时还是比较客观的,因为这个事实本身是可能存在的,但是公安机关和公诉机关在整个侦查和起诉的过程中,确实不应该遗漏如此重要的问题。

这个案件涉及与罪刑相当原则密切相关的一个问题,就是存在隐性犯罪构成要件的时候,怎样在定罪量刑中体现该原则。犯罪构成要件有显性要件和隐性要件,某些构成要件是不言而喻的,公众一般也都知道,我们就没有必要在刑法条文里再把这些要件专门规定进去,这样的要件就是隐性要件。比如盗窃罪是故意犯罪,但是在法条中并不会写明是"故意"盗窃他人财物的犯罪,因为盗窃罪是不存在过失的,只能是故意,这个"故意"就是不言而喻的。这个案件说明,我们从欺骗他人吸毒罪的立法原意角度分析,只有欺骗从没吸毒的人吸毒并且使其上瘾,刑法才有必要用欺骗他人吸毒罪对行为人加以惩处。因此,"他人"应该是将吸毒的人排除在外的,这就是一个隐性要件。我们只有分析出隐性要件,才能更好地适用罪刑相当原则。

好,关于刑法基本原则的内容我就介绍到这里,谢谢大家!

第五讲

刑法的效力范围

今天，我们开始第五讲的学习——刑法的效力范围。

一、刑法效力范围概述

我们首先来简单了解一下刑法的效力范围。

刑法的效力范围，又叫做刑法的适用范围，是指刑法适用于什么地方、什么人和什么时间，以及是否有溯及既往的效力。刑法效力范围所要解决的是，刑法在什么地方有效，对什么人有效，在什么时间内有效等问题。根据刑法效力范围的具体内容，通常把刑法的效力范围分成空间效力和时间效力两部分。空间效力包括在什么地方、对什么人有效；时间效力包括法律的生效、终止、溯及力问题。

二、刑法的空间效力

（一）刑法空间效力的概念

刑法的空间效力是解决一国刑法适用于什么地域和适用于哪些人的问题。关于刑法在空间上的效力，世界各国的刑法典曾有过一些不同的规定，许多刑法学家提出过各种主张和学说。接下来，我主要介绍六种原则，分别是属地原则、属人原则、保护原则、折衷原则、普遍原则以及永久居所或营业地原则。

第一，属地原则。属地原则从维护国家领土主权出发，主张以地域为标准，凡在本国领域内犯罪，不论犯罪人是本国人或外国人（包括无国籍人），都适用本国刑法。属地原则的基础是国家主权原则，也就是说，国家对在其领域内的犯罪行为依照本国法律进行刑事追诉是国家行使主权权力的表现。这个原则的优点在于，它通过地域设定管辖权的范围，而国家对地域的管辖是最直接的管辖，也是最有效的管辖。按具体内容的不同，属地原则可分为三种类型，分别是主观的领土管辖原则（即行为地主义）、客观的领土管辖原则（即结果地主义）和行为结果择一原则。主观的领土管辖原则是指凡是在本国领域内发生的犯罪行为，不论其结果发生于何处，都适用本国刑法。客观的领土管辖原则是指不论犯罪行为发生于何处，只要其结果发生在本国领域内，都适用本国刑法。行为和结果择一原则是指只要犯罪行为和结果有一项发生在本国领域内，就适用本国刑法。我国采取的就是最后一种类型，稍后我会详细介绍。

需要指明，属地原则具有一定的缺陷。在实际中有的情况是属地管辖原则没有办法处理的，比如一旦本国公民或者本国利益在国外受到侵害，因为被侵害的地方不在本国的领域之内，所以不属于本国的管辖范围，导致我们无法对在国外的我国公民和国家利益进行保护，这显然是不妥当的。所以，目前世界上单纯采取这一原则的国家和地区很少，世界各国普遍认可的方式是，以属地原则为主，兼采用其他原则。

第二，属人原则。属人原则主张以行为人的国籍为标准，凡是本国公民，无论是在本国领域内还是在领域外犯罪，只要构成犯罪，都适用本国刑法。这个原则虽然从行为人的国籍角度，把所有构成犯罪的本国公民全部纳入刑法规制范围，但它也存在两个明显的缺陷：其一，如果外国人在本国进行犯罪，按照属人原则就无法对外国人主张刑事管辖权；其二，如果外国人在国外对本国公民和国家利益造成侵害，也无法主张刑事管辖权。由此可见，纯粹地以国籍作为刑法空间效力的标准不符合现代刑法理念的要求，所以目前单独采用属人原则的国家和地区并不多见。

第三，保护原则。保护原则是以本国利益为标准，不考虑犯罪人国籍，也不考虑犯罪发生在本国领域内还是领域外，只要侵犯了本国国家或公民的利益，本国刑法都可适用。这个原则的优点是很明显的，它解决了属地主义和属人主义都不能解决的外国人在国外侵害本国国家和公民利益的问题。但是，如果犯罪人是外国人，犯罪地又在国外，贯彻执行起来确实很困难，所以说这个原则也是一种理想化的原则。同时，保护原则毕竟是对在外国犯罪的外国人行使管辖权，容易与外国的刑事管辖权发生冲突，一旦使用不当，极易造成对他国内政的干涉。因而，无论在理论上还是实践中，对于确立和贯彻保护原则存在较大争议，尽管跨国犯罪不断增加，人们对保护原则的要求也有所增加，但是，各国刑法在采用保护原则时一般都加以限制，只是把保护原则作为刑事管辖中的一项辅助性原则加以采用。

第四，折衷原则。折衷原则是以属地原则为基础，以属人原则和保护原则为补充的原则，这一原则在当前被世界大多数国家采用。

第五，普遍原则。普遍原则主张不考虑犯罪人的国籍，不考虑犯罪地点在哪个国家的领域内，也不考虑犯罪行为侵害了哪一个国家和公民的利益，只要有犯罪行为发生，任何国家都有权根据刑法的共同原则加以处罚。

普遍原则的产生完全是基于社会发展的需要，随着科技的发达和交通的愈发便利，跨国犯罪和国际犯罪越来越多，比如贩毒、恐怖袭击、劫持飞机和劫持人质等严重刑事犯罪。这些犯罪行为严重危害国际社会的安全与和平，威胁了世界各国人民的生命和财产安全。针对这些犯罪具有的跨国性特点，靠个别国家的单打独斗是无法有效遏制这类犯罪的，只有加强国际间的合作，才能有力地打击跨国犯罪和国际犯罪。

普遍原则同样具有一定的弊端，它也可能成为干涉他国内政的手段或借口，因而很难被世界各国全面地采纳，而且在司法实践中，由于各国的阶级利益和政治、法律观点不同，对所有犯罪都实行普遍管辖权也是不可能的。目前，世界各国通常的做法是采用列举的方式只对某些特殊的犯罪作出普遍管辖的规定。

普遍管辖原则得到越来越多国际公约的认可。比如大家比较熟悉的有《关于制止非法劫持航空器的公约》《禁止并惩治种族隔离罪行国际公约》《反对劫持人质国际公约》和《联合国海洋公约》等。特别需要指出的是，世界许多国家也在本国刑法中作了与这些公约内容一致的规定。

第六，永久居所或营业地原则。刚才讲到普遍管辖原则是国际公约普遍采纳的原则，还有一个在公约国范围内采用的原则，即永久居所或者营业地原则。这个原则是在 20 世纪 60 年代以后，由民事管辖权的一个原则发展起来的。主要是指如果犯罪人或受害人在某国有永久居所或营业处所，那么该国就可以行使刑事管辖权。在《蒙特利尔公约》《东京公约》以及《海牙公约》中都有永久居所或者营业处所这个要求，这是对刑事管辖权的国际法原则的新发展。

根据永久居所或营业地原则的内容，这个原则又可具体划分为犯罪人主义、被害人主义和犯罪人兼被害人主义。犯罪人主义依据的是犯罪人在该国有永久居所或营业处所；被害人主义依据的是被害人在该国有永久居所或营业处所；犯罪人兼被害人主义是指无论犯罪人还是被害人，只要在该国有永久居所或营业处所的，都归本国刑法管辖。

前面就是刑法理论中有关空间效力的六种观点，大家当然不难发现其中很多内容其实是国际法上的内容。

（二）我国刑法的空间效力

接下来我们来看我国刑法的空间效力。

我国刑法的空间效力规定在《刑法》第 6 条到第 11 条中。一般认为，我国《刑法》第 6 条规定采用的是属地原则，第 7 条规定采用的是属人原则，第 8 条规定采用的是保护原则。

在理解这部分内容时，我们要注意两个内容。一是大家需要熟记《刑法》第 6 条到第 11 条。因为这些条文已经对刑法空间效力进行了十分全面的规定，熟记这些条文也是我们理解和运用这些条文的基本前提。二是在熟记前面所讲条文的基础上，要求大家理解并能够灵活运用这些条文以解决实际问题。接下来的讲课中，我将提出几个问题，请同学们来回答。通过对这些问题的分析，同时把刑法空间效力的相关知识点介绍给大家。

1. 我国刑法的属地管辖权

对于这个问题我们可以从三个方面加以掌握。

首先，我们来分析《刑法》第 6 条第 1 款。这个条款规定："凡在中华人民共和国领域内犯罪的，除法律有特别规定的以外，都适用本法。"需要大家掌握的有两个知识点。其一，什么是"领域"？"领域"是指我国国境以内的全部区域，具体包括领陆、领水、领空。其二，刑法该条款规定中所谓"法律有特别规定"，主要有四个特别规定。一是《刑法》第 11 条关于"享有外交特权和豁免权的外国人"的特别规定。二是《刑法》第 90 条关于"民族自治地方不能全部适用本法规定的，可以由自治区或者省的人民代表大会根据当地民族的政治、经济、文化的特点和本法规定的基本原则，制定变通或者补充的规定，报请全国人民代表大会常务委员会批准施行"的规定。三是刑法实施后国家立法机关所制定的特别刑法、附属刑法的规定。在 1979 年《刑法》制定以后，1997 年对它进行修订以前，曾有过许多这类的规定。（1）单行刑事法律。比如，《惩治军人违反职责罪暂行条例》《关于严惩严重破坏经济的罪犯的决定》《关于严惩严重危害社会治安的犯罪分子的决定》《关于惩治走私罪的补充规定》《关于惩治贪污罪贿赂罪的补充规定》等都是特别刑法。（2）在非刑事法律中设置有关追究刑事责任的附属性的刑事法律条款。比如，《海关法》《商标法》《专利法》等法律中有关刑法条款。四是《中华人民共和国香港特别行政区基本法》《中华人民共和国澳门特别行政区基本法》所规定的，对于我国内地绝大部分的法律如民法、刑法、刑事诉讼法等都不适用于香港特别行政区和澳门特别行政区的规定。这是"一国两制"制度下刑事管辖权高度灵活性的具体体现。但是当全国人民代表大会常务委员会决定宣布战争状态或因在香港或澳门特别行政区内发生特区政府不能控制的危及国家统一或安全的动乱而决定特区进入紧急状态时，中华人民共和国刑法将适用于香港或澳门特别行政区。我曾经办过一个沪港通证券犯罪的案件，就涉及属地管辖权的适用问题，我们来探讨一下。沪港通，包括沪股通和港股通两部分：沪股通指的是投资者委托联交所参与者，通过联交所证券交易服务公司，向上交所进行申报，买卖规定范围内的上交所上市股票；港股通指的是投资者委托上交所会员，通过上交所证券交易服务公司，向联交所进行申报，买卖规定范围内的联交所上市股票。中国结算公司、香港结算公司相互成为对方的结算参与人，为沪港通提供相应的结算服务。案情是这样的，被告人甲获悉香港某上市公司的内幕信息，通过港股通购买该香港公司发行的股票，通过抛售赚取差价。按照我国《刑法》，对被告人应当追究刑事责任，但是按照香港地区刑法，尚不足以追究刑事责任。你们觉得应该适用什么管辖原则，适用香港地区刑法还是内地刑法？

（下讲台提问）同学 1：我觉得应该根据我国《刑法》第 7 条属人管辖权的规定，适用内地刑法。

同学 2：我觉得应该通过两地的司法协助进行解决。

（回讲台）第一位同学犯了与公诉机关同样的错误。公诉机关认为，被告人甲是内地公民，所以应该根据我国《刑法》第 7 条属人管辖权的规定适用内地刑法。这种观点存在对属人管辖权和属地管辖权的错误理解，混淆了"领域外"和"境外"的区别。属人管辖权适用的前提是我国公民在我国领域外犯罪，在本案中，香港地区是我国领土的一部分，怎么能适用属人管辖权呢？判断涉港刑事案件的管辖权涉及对我国《刑法》第 6 条属地管辖权规定的理解。我国《刑法》第 6 条第 1 款规定："凡在中华人民共和国领域内犯罪的，除法律有特别规定的以外，都适用本法。"其中"法律有特别规定"就包括刚刚讲的《香港特别行政区基本法》和《澳门特别行政区基本法》，根据这两个基本法的规定,内地刑法不能适用于在香港和澳门地区发生的案件,反之亦然。这是"一国两制"制度下刑事管辖权高度灵活性的具体体现,既维护了国家领土主权,又保证了"一国两制"制度的顺利实施。香港、澳门地区属于中华人民共和国领域,因此,涉港澳地区的刑事管辖不同于普通的跨国刑事案件,并不是国家领土主权的纷争,需要根据具体情况判断应当适用内地刑法还是港澳地区的刑法。沪港通中的证券犯罪涉及内地和香港两个地区,两地的刑事管辖权问题其实属于区际管辖冲突范畴。2014 年 4 月中国证监会发布的《沪港股票市场交易互联互通机制试点若干规定》明确了沪港通适用主场原则。2014 年 9 月 4 日,香港联交所、上海证交所、香港结算公司和中国结算公司针对沪港通的实施签订的"四方协议"则正式确立了主场原则。港股通中出现的内幕交易案件属于交易阶段中出现的违法犯罪行为,根据主场原则,理应适用证券交易地——香港地区的法律,也即刑事管辖权归香港地区;而沪股通中出现的内幕交易案件,则理所当然地适用内地的法律,也即刑事管辖权归内地。

其次,我们来分析一下《刑法》第 6 条第 2 款。

请大家思考一下这个问题。有一艘美国制造的,临时停靠在西班牙港口的,插着中国国旗的轮船,一个美籍越南人,站在这艘轮船上,持枪对准站在西班牙港口岸边的英籍古巴人开枪,把他杀死。那么,对这个美籍越南人能不能适用中国刑法?(学生答:"可以")为什么可以? 这个问题的实质就是如何理解"领域"所包含的范围,其实《刑法》第 6 条第 2 款也已经做出了专门规定,"凡在中华人民共和国船舶或者航空器内犯罪的,也适用本法"。按照国际惯例,国家主权除及于领土外,还及于"拟制领土"。拟制领土是为了从法律上解决管辖权问题而产生的一种假设,因而只是法律上的拟制,而不是真正的领土。拟制领土包括船舶和航空器,过去也有人称之为"浮动领土"。

根据国际惯例,航行于公海或停泊于外国港口的我国军用船舰、军用飞机或者悬挂我国国旗的其他船舶、飞机,主权应属于我国。总之,凡在我国船舶或航空器内犯罪的,不论该船舶或航空器在何地点,应该视为在中华人民共和国领域内犯罪,按照属地原则我国都有刑事管辖权。此外,根据我国承认的 1961 年 4 月 18 日《维也纳外交公约》的规定,各国驻外大使馆、领事馆及其外交人员不受驻在国的司法管辖,因此,我们驻外的使馆、领馆,我们一般也把它视为领土的延伸。凡在我国驻外大使馆、领事馆内犯罪的,也应适用我国刑法。

在我国领域内犯罪的,一般是中国人,也就是具有我国国籍的公民,但也有少数外国人。我国刑法中所说的外国人,是指具有外国国籍的人或无国籍的人。我国是拥有独立主权的国家,对在我国领域内的一切犯罪行为都有刑事管辖权,无论实施犯罪的是中国人还是外国人。

但是,对于犯罪的外国人适用我国刑法也有例外情况,这就是《刑法》第 11 条的规定:"享有外交特权和豁免权的外国人的刑事责任,通过外交途径解决。"所谓外交特权和豁免权,是依照国际惯例,一个国家为保证驻在本国的外交代表机构及其工作人员正常执行职务而给予的一种特殊权利和优待。这种特权和优待是建交国家之间互相尊重主权和平等互利而作出的。一方面尊重了驻在国的主权和法律的尊严;另一方面又保障了派遣国的权利和两国之间的正常外交关系。为了确定外国驻中国使馆及使馆人员的外交特权与豁免，便于外国驻中国使馆代表其国家有效地执行职务，第六届全国人民代表大会常务委员会于 1986 年 9 月 5 日通过了《外交特权与豁免条例》。这个条例详尽规定了外国使馆享有的外交特权与豁免的内容，由于时间的关系，同学们可以回去自己看书学习具体内容。

当然，如果外国人中有人在我国领域内犯罪，我们也不能坐视不管。根据《刑法》第 11 条规定："享有外交特权和豁免权的外国人的刑事责任，通过外交途径解决。"可以建议派遣国依法处理；也可以宣布为不受欢迎的人，令其限期出境；罪行严重的也可以由政府宣布驱逐出境等等。《刑法》第 11 条的规定，既维护了我国的主权和法律的尊严，又尊重了别国的主权，有利于协调国与国之间正常的外交关系。应当指出的是，在我国享有外交特权和豁免权的人员，不是在我国可以为所欲为，其也负有尊重我国法律规范的义务，并且他们的管辖豁免权还可以由其派遣国政府放弃。在这种情况下，如果他们中有人犯了罪，就可以适用我国刑法。

最后，我们分析一下《刑法》第 6 条第 3 款。

先请同学们思考一个问题：在中缅边境，有一个美籍越南人，他站在缅甸境内，持枪向站在中国境内的一个英籍古巴人开枪，把他杀死了。请问对这个在缅甸境内开枪的美籍越南人能不能适用中国刑法？（下讲台提问）

学生 1："不能。"

提问："为什么不能？"

学生 1："两个人都不是中国人。"

学生 2："我觉得一般不适用。"

提问："你的意思是说，一般不适用，还有特殊的情况可以适用？"

学生 3："我觉得根据我国的四个管辖权好像都可以排除，因此不能适用我国刑法。"

提问："属地管辖权可不可以呢？"

学生 3："不可以，因为属地管辖权规定要求必须是行为发生在中国。"

提问："如果换一换呢？ 行为发生在中国，结果发生在缅甸可不可以适用中国刑法？ 如果我现在讲这个美籍越南人，他站在中国境内，持枪向站在缅甸境内的一个英籍古巴人开枪，把他杀死，这个可以吗？"

学生 3："可能可以，因为他在中国境内犯罪啊。"

提问："那么他一只脚在中国境内，一只脚在缅甸境内呢？"（全场笑）

学生 3："可以。"

提问："好，现在已经产生三种观点。第一种观点认为以行为作为判断标准，当行为发生在缅甸而结果发生在中国时，不可以适用中国刑法；当行为发生在中国而结果发生在缅甸时，可以适用中国刑法。第二种观点以国籍作为标准，因为两个人均不是中国人，因而认为都不可以适用中国刑法。第三种观点认为，尽管两个人都不是中国人，但是行为和结果中只要有一项发生在中国的，就可以适用中国刑法。大家觉得哪种观点正确呢？"

学生 4："我觉得第三种观点正确，只要开枪者站在中国，就意味着他的犯罪行为是发生在中国的，就可以适用中国刑法。"

提问："嗯，那像刚才我讲的一只脚在中国一只脚在缅甸呢？"

学生 4："我认为只要行为和结果有一项发生在中国就可以管，只是看我们想不想管。"（全场笑）

提问："那你有没有依据啊？"

学生 4："依据是属地原则，结果发生在中国我们就可以管了。"

（回讲台）我提这个问题的目的，主要是考察你们对法条的熟悉程度，因为《刑法》第 6 条第 3 款已经对此问题作出了明确规定："犯罪的行为或者结果有一项发生在中华人民共和国领域内的，就认为是在中华人民共和国领域内犯罪"。大家需要注意的是，法条不是用"和"而是用"或"来连接"行为"和"结果"这两个词的。也就是说，"行为"与"结果"中只要有一项发生在中国境内，就可以适用我国刑法。此外，法条对"行为"与"结果"的含义都专门作了一个明确的规定，希望大家注意一下。

2. 我国刑法的属人管辖权

根据我国刑法所确立的平等适用原则，我国公民不论其资格多老，地位多高，功劳多大，在我国领域内犯罪，都应当依法制裁。决不允许存在凌驾于法律之上，超越法律之外的特权人物。因此，在国外的我国公民，在受到我国法律保护的同时，也应当遵守我国的法律。

现行《刑法》第 7 条规定，中国公民在我国领域外犯我国刑法规定之罪的，适用我国刑法，除非按我国刑法规定的最高刑为 3 年以下有期徒刑的，可以不予追究。另外，《刑法》第 7 条第 2 款还规定，我国的国家工作人员和军人在我国领域外犯本法规定之罪的，适用本法。刑法的这一规定显然属于属人管辖原则。根据前面讲的刑法规定，我国公民在我国领域外犯罪的，无论按照当地法律是否认为是犯罪，也无论罪行是轻是重，以及是何种罪行，也不论其所犯罪行侵犯的是何国或何国公民的利益，原则上都适用我国刑法。只是按照我国刑法的规定，该罪法定最高刑为 3 年以下有期徒刑的，才可以不予追究。

值得大家注意的是，我们对法条里"可以不予追究"应该正确地去理解，并不是说绝对不予追究，而是保留追究的可能性。也就是说，对于我国公民在境外实施了我国刑法规定的法定最高刑为 3 年以下有期徒刑的行为，我国刑法也存在追究其刑事责任的可能性。至于对国家工作人员和军人，由于他们身份特殊，如果在境外犯罪肯定比一般的人要带来更恶劣的影响和更大的危害，因此，修订后的刑法规定，国家工作人员和军人在领域外犯我国刑法规定之罪，一律适用我国刑法。

关于中国人在领域外犯罪的刑事责任以及刑罚，我国《刑法》第 10 条作了明确规定："凡在中华人民共和国领域外犯罪，依照本法应当负刑事责任的，虽然经过外国审判，仍然可以依照本法追究。但是，在外国已经受过刑罚处罚的，可以免除或者减轻处罚。"这一条规定表明，我国是一个独立自主的主权国家，有自己独立的刑事管辖权，不受外国审判效力的约束。即使在外国犯罪的我国公民在外国已经接受了审判,我们仍然可以依照刑法追究他的刑事责任。同时,考虑到各国的实际情况,如果犯罪分子已经在外国受到刑罚处罚,可以考虑免除或者减轻处罚。

3. 我国刑法的保护管辖权

我国《刑法》第 8 条规定:"外国人在中华人民共和国领域外对中华人民共和国国家或者公民犯罪,而按本法规定的最低刑为 3 年以上有期徒刑的,可以适用本法,但是按照犯罪地的法律不受处罚的除外。"刑法这一规定明确了我国刑法空间效力中保护管辖原则。根据刑法这一规定,外国人在我国领域外,无论对我国国家还是对我国公民犯罪,我国原则上有刑事管辖权。这一管辖权既保护了我们国家的利益,又保护了我国公民的正当合法权益。

尽管如此,我们应该看到,对外国人在我国领域外对我国国家和公民犯罪的刑事管辖权是有限制的。这些限制具体体现在三个方面。

第一,外国人所犯的罪行,必须侵犯了我国国家或者公民的利益,这是保护管辖权的适用前提。如果外国人的犯罪行为只是侵犯了其他国家和公民的利益的,我国刑法就没有管辖权。刑法对保护管辖权作出这种限制的用意是,我们在强调保护我国国家和公民的利益的同时,应该尊重其他国家的主权,避免引起刑事管辖权的冲突和争议。

第二,按我国刑法规定,外国人所犯之罪的最低刑必须是 3 年以上有期徒刑,这是对保护管辖原则适用在犯罪程度上所作的限制。这说明,我国刑法只对较为严重的刑事犯罪才能适用保护管辖原则。

第三,外国人所犯的罪,按照犯罪地的法律也应受刑罚处罚。刑法之所以做这个限制,主要是因为,外国人在外国所受到的教育与我们毕竟不一样,特别是他们实际上并不了解我国法律的规定,如果仅以我国刑法规定为标准,而全然不顾外国人所在国的法律规定,显然既不符合实际也不符合尊重他国国家主权的一般要求。我们不应该要求一个身在他国的外国人来了解我国的法律,而如果我们用我国刑法惩罚犯罪地法律并不认为是犯罪的外国人的行为,必然有悖于法律原则。

从刚才我讲的三个方面可以看出,我国刑法对于外国人在我国领域外对我国国家和公民犯罪在强调有刑事管辖权的同时,作一些限制是完全必要的。

需要指出的是,保护管辖权在某种程度上只能是一种理论上的规定,其具体实现有时并不十分容易。这是由于这种情况中的犯罪人是外国人,犯罪地又在我国境外,如果犯罪人没有被引渡,也没有被我国抓获,我国司法机关事实上无法对他进行刑事追究,这也是显而易见的。然而,为维护国家的主权,保障国家和公民的合法权益不受侵犯,不让一些外国犯罪分子钻空子,我国刑法就必须有这个规定,通过强调我国刑法具有保护管辖权,对有关犯罪者起到一定的震慑作用。

4. 关于普遍管辖权在我国刑法中的适用问题

比如说,1981 年中国政府代表签署了《禁止或限制使用某些可被认为具有过分伤害力或滥杀滥伤作用的常规武器公约》,还有 1980 年的《海牙公约》和《蒙特利尔公约》，1987年的《关于防止和惩处侵害应受国际保护人员包括外交代表的罪行的公约》，还有《关于禁毒的决定》等，我们参加了这些公约后也就意味着我们承认普遍管辖的内容，这些大家应当知道。

《刑法》第9条规定："对于中华人民共和国缔结或者参加的国际条约所规定的罪行，中华人民共和国在所承担条约义务的范围内行使刑事管辖权的，适用本法。"根据这个条文的规定，我国行使刑事普遍管辖权必须具备五个条件。

第一，追诉的犯罪必须是中华人民共和国缔结或者参加的国际条约所规定的罪行。我国缔结或者参加的公约有很多，比如1981年中国政府代表签署了《禁止或限制使用某些可被认为具有过分伤害力或滥杀滥伤作用的常规武器公约》，还有1980年的《海牙公约》和《蒙特利尔公约》，以及1987年的《关于防止和惩处侵害应受国际保护人员包括外交代表的罪行的公约》，这些公约所规定的罪行主要是一些性质严重的危害国际社会利益的犯罪，比如反和平罪、战争罪、反人道罪、非法使用武器罪、劫持航空器罪、劫持人质罪等。我国在批准或加入这些条约后，便承担了对犯有条约规定的罪行的罪犯实施管辖的义务。相反，对于不属于我国缔结或者参加的国际条约所规定的犯罪，我国刑法就不能行使普遍管辖权。

第二，追诉的犯罪必须是中华人民共和国在所承担义务的范围内行使刑事管辖权的。这主要是指我国在缔结或参加的国际条约中，同意承担的条约义务。应该看到，我国参加的国际条约，情况并不完全一样，有的是无条件参加的，有的则是附有保留条款后参加的。如果我国声明保留的条款中所规定的义务，就不在我国所承担的条约义务的范围内。

第三，追诉的犯罪必须是发生在我国领域之外的。如果这些犯罪行为发生在我国领域之内，也就不存在有所谓的普遍管辖问题了，此时我们只需依据属地原则对此类案件就可以进行管辖。

第四，犯罪人必须是外国人（包括无国籍人）。如果犯罪人是我国公民，也不存在有所谓的普遍管辖问题了，因为我们只需依据属人原则对这类案件就可以进行管辖。

第五，犯罪人必须是在我国领域内居住或者进入我国领域的。因为只有这样我国才可能对犯罪人行使管辖权。也就是说，只要符合前面讲的那些条件的外国人，不论他犯罪地在哪里，只要居住在我国领域或者进入我国领域，我国就有权依照刑法的有关规定追究其刑事责任。

通过前面分别对我国属地管辖权、属人管辖权、保护管辖权和普遍管辖权的介绍，我认为，我国刑法目前在空间效力问题上是以属地原则为主，兼采属人原则和保护原则，同时也明确规定了对普遍管辖原则的有条件适用。

最后，还有一个需要大家特别注意的问题。我们前面讲过，一个美籍越南人站在缅甸境内，持枪向站在中国境内的英籍古巴人开枪，把他杀死，对这个美籍越南人可以适用我国刑法，因为我国刑法规定，行为或结果只要有一项发生在中华人民共和国领域内就可以适用中国的刑法。那么，如果缅甸也有同样的规定，强调他们国家刑法对这个美籍越南人也享有刑事管辖权，这时我们该怎么办？（下讲台提问）

学生 1:"我觉得应该两国协商解决吧?"

提问:"哦,那么,如果协商不成怎么办?"

学生 2:"我觉得协商不成,可以按照国际惯例。"

提问:"我们能不能认为,因为缅甸刑法有规定,所以我国就放弃对这个美籍越南人的刑事管辖权?"

学生 2:"不行。"

(回讲台)这位同学的回答是正确的。因为这个问题牵涉到我们国家的主权问题,所以当我们在考虑这个问题的时候,可以考虑到缅甸刑法也有这种规定,但是我们的立场一定要坚定,(全场笑)因为现在讨论的是中华人民共和国刑法,我们不会因为缅甸有相同的规定,就放弃自己的刑事管辖权。这个问题的实质是国际法中的国际法律冲突问题,需要由国际法中的冲突法来解决,与我们现在学的中华人民共和国刑法没有关系。其实也就是因为中外刑法有相同或相似的规定,且各国都坚持自己的立场,才会有法律冲突问题。因此,当我们学习我国刑事管辖权时,一定要站在我国刑法规定的立场上来考虑问题,即使缅甸有相同的规定,我们也要坚持自己的原则。

三、刑法的时间效力

刑法的时间效力,是指刑法的生效和效力终止的时间以及刑法对它生效前的行为是否具有溯及力。刑法的时间效力主要解决三个大问题,分别是刑法的生效、刑法的失效(就是终止)和刑法的溯及力。

(一)刑法的生效和终止

首先为大家介绍刑法的生效和终止。

刑法的生效时间大体上分为两种情形。一是自公布之日起生效。也就是在对外公布法律的同时,宣布新的法律当即生效,或者说是从刑法被批准或公布之日起施行。我国的一些单行刑事法规,一般也是从公布之日起施行的。比如《惩治贪污条例》《妨害国家货币治罪暂行条例》,虽然这两部法规都已经废止。二是在新的法律公布后间隔一段时间再行生效实施。希望大家注意一点,因为刑法是国家最基本、最重要的部门法,它的涉及面也很广,我们需要向公民进行宣传教育,同时也需要让执法机关熟悉和掌握。所以,通常刑法需要自公布之日起间隔半年左右的时间才能生效。1979 年《刑法》是 7 月 1 日通过,7 月 6 日公布,1980 年 1 月 1 日正式实施,间隔半年时间;1997年《刑法》3 月 14 日通过,同时宣布 1997 年的 10 月 1 日起正式施行,也间隔了半年时间。

刑法的终止也就是失效,通常也有两种情况。一是由立法机关明文宣布原有的法律终止,叫做明示废止。通常都是在新的法律颁布以后同时宣告原有的法律终止,就比如我国 1997 年《刑法》明文规定废止 15 个单行刑法。二是原有法律实际上效力终止也就是自然失效,或者叫做默示废止。这种情况通常是由于新法代替了同类内容的原有法律,使原有的法律自行失去了效力,或者是由于原有的某种立法条件已经消失,使原有法律实际上已经无法适用从而失去效力。

(二)刑法溯及力的问题

下面,我为大家介绍刑法溯及力问题,这也是需要大家重点掌握的内容。刑法溯及力问题所包含的内容十分广泛,因此,我分成六个问题为大家介绍。

1. 刑法溯及力的概念

刑法的溯及力,就是刑法溯及既往的效力,是指刑法生效实施以后,对其生效之前发生的还没有审判或者判决还没有生效的行为,能不能加以适用的问题。如果能够适用,就具有溯及力;如果不能适用,就没有溯及力。

以前我在讲课时,每当讲到溯及力的问题,同学们经常会提出一个疑问,对以前已经发生法律效力的判决还要考虑溯及力问题吗?我还要再特别强调一下,这也是大家需要注意的。我们现在所讲的溯及力,只是对那些发生在法律颁布之前,并且没有被发现、没有审判或者判决未生效的行为,能不能适用新的法律的问题,如果能加以适用,说明新的法律就有溯及力;如果不能适用,说明这个法律没有溯及力。对以前已经实际生效的判决,我们不能因为法律的变化而改变以前的行为的性质和量刑的轻重,这个不属于我们现在讲的溯及力所考虑的问题,希望大家要搞清楚。

刑法溯及力的概念实际上包含两个问题。

第一,刑法溯及力解决的是选择法律的问题。对新的刑法生效以前发生的行为,我们到底是用行为时的法律对它加以适用,还是用裁判时的法律对它加以适用。正是因为法律发生了变化,于是形成了"行为时法"和"裁判时法"这两个概念。如果以行为时法对行为进行裁量和判决,说明裁判时的法律对该行为就没有溯及力。如果以裁判时的法律对行为进行裁量和判决,说明裁判时的新法对原有的行为具有溯及力。既然出现了行为时法和裁判时法的概念,那么也就是说溯及力问题说到底就是解决选择法律的问题。

第二,对行为时法和裁判时法进行选择的原则。这种法律选择实际上是司法工作人员来进行的,但又不是自由的选择,它有一定的原则。从全面理解罪刑法定原则的角度出发,我认为,刑法效力不溯及既往是罪刑法定原则中的重要内容之一。按照罪刑法定原则的原本涵义,确定某一行为是否构成犯罪,以及应判处何种刑罚,原则上应根据行为当时的法律来确定。行为实施时的法律(行为时法)不认为是犯罪行为,虽然行为实施后的法律(裁判时法)认为是犯罪行为,也不能依据行为实施后的法律定罪处罚。罪刑法定原则要求,在人们实施行为之前,就应该告诉人们什么行为是犯罪,什么行为不是犯罪,然后用这种法律惩罚人的行为,这才是最合理的。人们只能根据行为时已经生效的法律抉择自己的行为,而不可能预见行为后立法机关会颁布或推行实施什么样的新法律。这也是国民预测可能性的客观要求,也就是说,法律只能期待人们做可能做的事情,而不能期待人们做出不可能做的事情,其中包括不能期待人们对今后法律的颁布或推行实施作出预测。新法如果溯及既往必然会破坏法的安定性,从而侵害个人自由。由此可见，对于任何行为只能适用行为时法，不能适用裁判时法，这是罪刑法定原则的必然要求。

但是，随着罪刑法定原则的贯彻，人们发现如果对任何行为都只能适用行为时法而绝对不能适用裁判时法，对当事人来说有时候是不利的。这主要是因为，当裁判时法实际对被告人更为有利时，绝对不能适用裁判时法就会对被告人产生不利的后果。同时，又因为罪刑法定原则的根本宗旨在于保障人权和自由，而且这一原则所体现的根本精神是有利于被告人，如果强调裁判时法绝对不能适用先前的行为，有时候确实会出现与这一精神相背离的情况。基于这一考虑，世界各国和各地区在坚持罪刑法定原则中刑法不能溯及既往精神的前提下，开始对这一原则的内容进行修正。各国和地区刑法在坚持不溯及既往原则的情况下通常允许存在一个例外，也就是说当有利于被告人时，裁判时法可以有溯及力。换句话说，某行为被行为时法认为具有可罚性，但裁判时法认为不具有可罚性，或虽具有可罚性但裁判时法对其处罚较行为时法更轻时，就从有利于被告人的角度考虑，可以适用裁判时法。

有关溯及力的问题，世界各国的刑事立法中通常有四种原则。一是从旧原则，认为某行为是否构成犯罪和是否处以刑罚、处以何种刑罚，一概适用行为时的旧刑法，而不能适用裁判时的新刑法。也即认为，无论什么情况下都应该是以行为时法作为依据。从旧原则实际上就是从法律绝对不能溯及既往这个角度提出来的。二是从新原则，认定某行为是否构成犯罪和是否处以刑罚、处以何种刑罚，全部依照裁判时的新刑法加以判定，而不能适用行为时的旧刑法。实际上，现在世界各国单纯地采用这两个原则的国家和地区还是有的，但是很少。三是从新兼从轻原则，认为某行为是否构成犯罪和是否处以刑罚、处以何种刑罚，原则上依照裁判时的新刑法加以适用，但是，如果行为时的旧刑法对该行为不认为犯罪或虽认为犯罪但处罚较轻的，就应该适用行为时的旧刑法。四是从旧兼从轻原则，认为某行为是否构成犯罪和是否处以刑罚、处以何种刑罚，原则上依照行为时的旧刑法加以适用，但是，如果裁判时的新刑法对这个行为不认为犯罪或虽认为犯罪但处罚较轻的，则应适用裁判时的新刑法。我国现行刑法采用的是从旧兼从轻的原则。

结合罪刑法定原则的内容和这一原则所体现的有利于被告人的根本精神进行分析，我们不难发现，刚才介绍的四种有关溯及力的原则中，从旧兼从轻的原则最为科学。理由是在这一原则中，"从旧"表明了对行为时不受处罚的行为，不能适用裁判时的法律给予处罚，即使行为时应受处罚的行为，原则上也应按行为时的法律处罚。这正体现了对行为人定罪量刑应以行为时有法律明文规定为限的思想。而在这一原则中，"兼从轻"则表明了当适用裁判时法有利于行为人时应该适用裁判时法。这里的"有利"具体包括按裁判时法不受处罚或按裁判时法处罚较轻两种情况，这正体现了对行为人定罪量刑应遵循有利被告人的精神。我们再来看一下其他三种原则，从旧原则只体现了罪刑法定原则的内容，但明显不符合罪刑法定原则所体现的根本精神。从新原则显然不符合罪刑法定原则所强调的"法无明文规定不为罪，法无明文规定不处罚"的基本内容。需要大家特别注意的是，从新兼从轻原则和从旧兼从轻原则的本质区别到底是什么？我认为，只有出现新、旧刑法就某一犯罪的法定刑规定完全相同时，才能够明显体现出两个原则的区别。从新兼从轻原则首先考虑对被告人适用新法，而从旧兼从轻原则首先考虑对被告人适用旧法。显而易见，从旧兼从轻原则立足点是坚持适用行为时的刑法，价值取向是有利于被告人。因此，目前世界各国主要采用的是从旧兼从轻的原则。

我国现行刑法也是采用从旧兼从轻原则。我们是以行为人行为时所面对的法律作为一个基点，对他进行评价，对他进行判决，如果裁判时的法律对当事人的行为更为有利，那么适用裁判时的法律。这个原则实际上是从"从旧原则"中发展出来的，它既体现了罪刑法定的基本含义同时又体现了罪刑法定的根本精神。关于我国采用的从旧兼从轻原则，接下来我们会有更全面细致的介绍。

2. 我国刑事法律有关溯及力问题规定的发展与变化

就我国刑法立法的发展分析，有关溯及力问题的规定主要经历了三个发展阶段。

第一阶段，采用从新原则。

新中国成立初期，我国刑事法律和刑事政策的主要任务是惩治反革命分子，巩固新生的人民民主政权，因此有关单行刑事法律、法规当然适用于中华人民共和国成立以前的人民革命根据地的未经审判的犯罪行为，以及发生在国民党反动统治时期的一切犯罪行为。"文革"期间，法制受到严重破坏，定罪量刑根本不以法律为依据，因此溯及力问题也就无从谈起。

第二阶段，采用从旧兼从轻原则，同时，对某些有特别规定的犯罪采用从新或有条件从新原则。

1979年《刑法》第9条，确立了从旧兼从轻的溯及力原则。这个条文明确规定了从旧兼从轻的溯及力原则。随后，全国人大常委会陆续颁布了一些单行的刑事法律，对从旧兼从轻原则作出一些变化，这些变化体现在全国人大常委会于1982年3月8日和1983年9月2日通过的两个决定中。

第一个决定是1982年3月8日全国人大常委会通过的《关于严惩严重破坏经济的罪犯的决定》。由于通过这个决定的时间碰巧是"三八"妇女节，我们通常把这个决定简称为"三八决定"。（全场笑）"三八决定"第2条规定："本决定自1982年4月1日起施行。凡在本决定施行之日前犯罪，而在1982年5月1日以前投案自首，或者已被逮捕而如实地坦白承认全部罪行，并如实地检举其他犯罪人员的犯罪事实的，一律按本决定施行以前的有关法律规定处理。凡在1982年5月1日以前对所犯的罪行继续隐瞒拒不投案自首，或者拒不坦白承认本人的全部罪行，亦不检举其他犯罪人员的犯罪事实的，作为继续犯罪，一律按本决定处理。"

从这一规定可以看出，这个决定实际上是以5月1日作为一条界线，如果罪犯在5月1日以前仍然不交代，而是继续隐瞒，既不投案自首，也不坦白检举，那么该条最后一句话说明，这种行为就作为继续犯罪。对于这个条文存在两种理解。一种观点认为，这个决定是以犯罪分子是否在限期内投案自首或坦白检举，作为解决该决定有无溯及力问题的根据，而且作为适用从新原则的条件。另一种观点认为，"继续犯罪"说明犯罪分子在新法生效之后一直处于犯罪状态,对于在新法颁布之后还在犯罪的情况,是不存在溯及力的问题,我们考虑溯及力是针对法律颁布之前的行为。因此,"三八决定"实际上没有违背1979年《刑法》第9条所确立的从旧兼从轻原则。我同意第一种观点,第二种观点也只是从字面上作出的理解,这种将犯罪分子是否在限期内投案自首或坦白检举作为判断是否"继续犯罪"的标准,无论在理论上还是在司法实践中都很难说得通。这是因为,行为人犯罪而没有交代,怎么可能是继续犯罪呢? 刑法规定的追诉时效是指,犯罪时没有被发现,经过若干年以后被发现了,在犯罪的时间和被发现的时间段里没有再犯罪,如果这个时间段超过了刑法所规定的时限,我们就不再追究行为人的刑事责任,这就是刑法规定的追诉时效。但是按照"三八决定"的规定,一个人犯罪以后如果一直不交代,那么这个人就被认为是一直在犯罪,刑法所规定的追诉时效也就因此失去了意义。因为如果没有发现犯罪人的犯罪行为,就认为犯罪人一直在犯罪,哪一天被发现,才被认为犯罪停止,而我们发现犯罪的时候又是追究犯罪行为人刑事责任的时候,因此就没有必要规定追诉时效。由此可见,"三八决定"的这个规定本身是很不合理的。我们不能在本身不合理的规定基础上,又得出这个决定不违背从旧兼从轻原则的结论。

第二个决定是1983年9月2日全国人大常委会颁布施行的《关于严惩严重危害社会治安的犯罪分子的决定》。这个决定规定:"本决定公布后审判上述犯罪案件,适用本规定。"这个决定彻底取消了"三八决定"以时间为限来有条件地适用从新原则,而是采取了无条件的绝对的从新原则。

从刚才我讲的两个决定有关溯及力问题的规定中,我们不难发现,虽然在规定的内容上有"有条件"与"无条件"之分,但实际上都是采用从新原则。由于两个决定中的有关规定都是对原来刑法的补充和修改,且经补充和修改后条文都比原来刑法的规定要重得多,因此,采用从新原则不仅是用裁判时法适用被告人,而且这种适用对被告人是极为不利的。

第三阶段,重新统一采取从旧兼从轻原则。

1997年经过修订以后的我国新刑法,根据罪刑法定原则的要求,再次统一规定刑法溯及力采用从旧兼从轻原则。根据《刑法》第12条规定,首先,行为时的法律不认为是犯罪的,不管修订后的刑法如何规定,都不能依据修订后的刑法追究,也就是说刑法没有溯及力。其次,行为时的法律认为是犯罪,而修订后的刑法不认为是犯罪的,如果该行为还没有经过审判或者判决还没有确定,则不认为是犯罪,也就是说刑法有溯及力。行为时的法律认为是犯罪的,按照修订后的刑法总则中关于时效的规定应当追诉的,按照行为时的法律追究,也就是说刑法没有溯及力。但如果修订后刑法处刑较轻的,应适用修订后的刑法,这则是说刑法有溯及力。最后,为了保持原来判决的稳定性,修订后的《刑法》第12条第2款还专门增加了"本法施行以前,依照当时的法律已经作出的生效判决,继续有效"的规定。这主要是指在处理申诉案件时,不能因为修订后的刑法不认为是犯罪或者罪名变更、处刑较轻等而改变过去按当时的法律规定已经发生法律效力的判决和裁定。

3. 从旧兼从轻溯及力原则中的"处刑较轻"标准的理解

接下来,我想为大家介绍一下怎样正确理解从旧兼从轻原则。前面我们已经专门讲过,从旧兼从轻原则实际上是如何选择法律的问题,就是针对犯罪行为,我们到底应适用行为时的旧法还是裁判时的新法。从旧兼从轻的含义包括两点:第一,"从旧"是指裁判时法认为这种行为是犯罪,而行为时法不认为是犯罪,这个时候我们就以旧的法律,也就是行为时法作为依据;第二,"从轻"是指裁判时法不认为是犯罪,而行为时法认为是犯罪,我们以裁判时法为依据,如果裁判时法和行为时法都认为是犯罪,我们就选择对犯罪行为判处较轻的法律作为依据。简单地说,新法和旧法有一个不认为是犯罪的,我们按照不认为犯罪的法律处理;新法和旧法如果都认为犯罪,我们按照对犯罪行为判处较轻的法律处理。应该看到,"从旧"与"从轻"不是并列关系,而是主与次的关系,补充与被补充的关系,"从旧"是前提和原则,而"从轻"则应该是例外,也就是只有在新法不认为犯罪或者较旧法处罚较轻时才能适用新法。

由于从旧兼从轻原则中涉及"从轻"问题,但是刑法对溯及力原则的规定中对"处刑较轻"的内容又没有作明确定义,需要大家着重理解的是,我们怎么去判断"较轻"?我先举个例子,假定一个人在 1980 年盗窃 5 000 元,1999 年才被发现,我们现在不去考虑时效的问题,着重解决溯及力的问题。大家都知道,5 000 元在 1980 年是很大一笔钱,因为那时人们工资一般都是 36 块钱,5 000 元相当于一个普通人约 10 多年的工资,因而绝对是很大的数额,我们假定这个人可能被判处有期徒刑 10 年。到 1999 年的时候,人们的工资普遍都提高了,盗窃 5 000 元在 1999 年最多可能被判处有期徒刑 8 年。另外大家注意一下,1980 年时盗窃罪的法定最高刑是无期徒刑,1999 年时盗窃罪的法定最高刑是死刑。那么,我现在的问题是,我们怎么比较行为时法和裁判时法的轻重问题?应该按照盗窃罪的宣告刑——10 年和 8 年来比较轻重吗?还是应该按照盗窃罪的法定刑——无期徒刑和死刑来比较轻重呢?(下讲台提问)

学生 1:"我觉得是按照无期徒刑和死刑来比较。"

学生 2:"我觉得应该按照宣告刑。"

学生 3:"我觉得是先根据法定刑的最高刑来判断,然后再比较它的最低刑。"

(回讲台)我认为,比较处刑的轻重应以法定刑作为标准,而不能以实际宣告刑作为标准。理由是:我这里只是举例,事实上也不可能发生实际判处刑罚的比较的,为什么呢?如果以行为时法与裁判时法对某一具体犯罪行为所作的具体宣告刑的轻重作为比较标准,这就意味着,法院在选择法律时,必须先以行为时法对行为人的行为作一次量刑,然后再以裁判时法对行为人的行为作一次量刑,并在两次量刑后,比较具体量刑结果的轻重,从而选择法律,再作一次最后量刑。这样做不仅大大增加了法院的工作量,而且也违反量刑的一般原则,因为在没有选择好法律的情况下进行量刑本身就是不妥当的。所以,事实上是不存在所谓的实际判处刑罚的比较,也就是说,这个 8 年、10 年是我举例说出来的,实际上不会发生这种宣告刑的比较。正是因为法官在量刑之前首先要选择法律,那么法律的选择要有标准,而这个标准需要是客观标准,只有刑法条文规定中的法定刑规定才是客观的,因此我们在实践中比较轻重的标准是法定刑。确定法定刑作为选择法律的标准以后，我们实际中比较轻重的顺序是先看法定最高刑，法定最高刑中哪一个轻就选哪一个，如果法定最高刑完全一样；然后再比较法定最低刑，看法定最低刑中哪一个轻就选哪一个；如果法定最低刑也一样，我们适用旧法。如果刑法规定的某一犯罪有两个以上的法定刑幅度，法定最高刑或者最低刑是指具体犯罪行为应当适用的法定刑幅度的最高刑或者最低刑。

4. 关于"跨法犯"的刑法适用问题

接下来，我们要讲一下"跨法犯"的问题。"跨法犯"是 1997 年《刑法》颁布施行后产生的一个新概念。它是指行为人的行为开始于新刑法生效之前而结束于新刑法生效以后，跨越新旧刑法的一种犯罪形态。由于"跨法犯"中涉及的部分行为发生于新刑法生效以前，因此，研究"跨法犯"无法回避刑法中的溯及力问题。

对于跨法犯的刑法适用问题，理论和司法实践均认为应适用新刑法。1998 年 12 月 2 日，最高人民检察院出台了《关于对跨越修订刑法施行日期的继续犯罪、连续犯罪以及其他同种数罪应如何具体适用刑法问题的批复》，其中规定：第一，"对于开始于 1997 年 9 月 30 日以前，继续到 1997 年 10 月 1 日以后终了的继续犯罪，应当适用修订刑法一并进行追诉"。也就是说，只要行为延续到新刑法生效以后，就全部按照新刑法一并进行追诉。第二，"对于开始于 1997 年 9 月 30 日以前，连续到 1997 年 10 月 1 日以后的连续犯罪，或者在 1997 年 10 月 1 日前后分别实施的同种类数罪，其中罪名、构成要件、情节以及法定刑都没有变化的，应当适用修订刑法，一并进行追诉；罪名、构成要件、情节以及法定刑已经变化的，也应当适用修订刑法，一并进行追诉，但是修订刑法比原刑法所规定的构成要件和情节较为严格，或者法定刑较重的，在提起公诉时应当提出酌情从轻处理意见"。换句话讲，对跨法犯应一律适用新刑法。这个应该说也是当初我们贯彻刑法中的一个标准。

我们基本赞同理论和司法实践中的对于"跨法犯"应适用新刑法的观点。但是，在对"跨法犯"适用新刑法时应注意两个问题。

第一，我们不要任意扩大跨法犯的范围。理论上认为，跨法犯的行为必须具有"继续或者连续"状态，也就是说，按跨法犯处理的犯罪必须是我们通常所说的持续犯和连续犯。持续犯和连续犯的有关问题我们在后面会专门讲到，这里主要先给大家介绍一下基本的概念，以便我们能很好地理解跨法犯的问题。持续犯是犯罪行为在一定时间内呈持续状态的犯罪，它的本质在于行为随着形态的持续而持续，并随着形态的停止而终了，也就是行为和状态同时存在同时结束。连续犯则是指行为人基于数个同一的犯罪故意，连续多次实施数个性质相同的犯罪行为，触犯同一罪名的犯罪形态。可见，同种类的犯罪并有连续或者持续状态是认定跨法犯最重要的依据。当然如果同样的行为在新旧刑法中规定为不同的罪名，则同样也可以按同种类的犯罪认定，我们考虑的是行为的实质相同而不局限于罪名的字眼不同。比如说，行为人开始于新刑法生效前并连续到新刑法生效后的聚众斗殴行为，由于原刑法对聚众斗殴行为是以流氓罪认定的，而新刑法则以聚众斗殴罪认定。尽管罪名不同，但由于行为人的行为完全相同，所以仍可以按新刑法的聚众斗殴罪统一加以认定，而不需要数罪并罚。同样的情况在诈骗类犯罪案件的认定和处理中更为常见。但是,我们应该注意的是,不要将隔时犯作为跨法犯对待。隔时犯是对于行为发生在新刑法生效之前,但是行为并没有连续或者继续状态,只是结果发生在新刑法生效以后的情况,我们仍然应该以行为时法(也就是旧刑法)作为定罪量刑的依据,而不能对行为人的行为适用新刑法。

第二,我们这里主要强调的是刚才所讲的批复中的第二点,是指如果在新刑法规定的法定刑重于旧刑法的时候,虽然仍然应当适用新刑法的规定,但是在量刑时还应该对新刑法生效前的行为作从轻考虑。这是因为,我国刑法有关追诉期限的规定是以行为终了时的法律作为适用依据的,我国刑法对继续犯和连续犯的追诉期限采用以行为终了时有效的法律为准,因此尽管刑法并没有对跨法犯问题作专门的规定,但是同一刑法条文中的规定应该要保持一致性,跨法犯也应该以行为终了时的法律作为适用依据。同时,我们也要注意,对跨法犯适用行为终了时的法律并不意味着我们可以不考虑有利于被告人的原则。由于跨法犯中的行为确实有一部分是发生在新刑法生效之前的,如果新刑法所规定的法定刑重于旧刑法,简单适用新刑法就必然会导致出现不利于被告人的结果。从罪刑法定原则所体现的根本精神出发,我们更应该在量刑的时候,将这种情况作为从轻处罚的考虑因素。只有这样才能做到既保持刑法规定的一致性,又不违背罪刑法定原则中有利于被告人的精神。

5. 关于累犯、自首制度等"跨法适用"问题

另外一个问题就是关于累犯、自首存在的一个跨法适用的情况。

新刑法对旧刑法中的累犯、自首等一些刑罚制度的规定作了较大的修订。比如,有关累犯制度,作出两大修订。其一,原刑法规定被判处有期徒刑以上刑罚的犯罪分子,刑罚执行完毕或者赦免以后,在3年以内再犯应当判处有期徒刑以上刑罚之罪的,就是累犯。而新刑法将"3年以内"改为了"5年以内",从而扩大了累犯的适用范围。其二,《刑法修正案(八)》增加规定不满18周岁的人犯罪不构成一般累犯。再比如自首制度,我们新刑法明确规定了准自首的内容,也就是被采取强制措施的犯罪嫌疑人、被告人和正在服刑的罪犯,如实供述司法机关还没有掌握的本人其他罪行的,以自首认定。新刑法的这种规定明显比原来的规定扩大了自首的认定范围,而这一点在原刑法中是没有体现的。除了累犯和自首以外,类似的情况还有很多,比如立功、缓刑和假释,都存在新旧刑法规定不一致的情况,由于这些情况的客观存在,就必然会产生对于这些制度如何"跨法适用"的问题。

为了解决这些问题,最高人民法院在1997年9月25日颁布的《关于适用刑法时间效力若干问题的解释》作了规定。由于时间的关系,我不再一一介绍具体规定内容。这个司法解释对有关刑罚制度的规定基本上认为,新刑法中的规定对有关刑罚制度都能够"跨法适用",而不管这些规定是否有利于被告人。对比旧刑法的规定以后,我们会发现,新刑法中有关刑罚制度的规定对于行为人而言,有些是有利的,而绝大多数都是不利的。

接下来,我为大家重点介绍累犯的跨法适用问题,这里边有很多值得我们讨论的问题。由于累犯涉及前、后两罪以及两罪之间时间间隔的问题,特别是新旧刑法对于

有关两罪之间的时间间隔又作了不同的规定，因此，"跨法适用"问题表现较为突出。新刑法规定构成累犯的两罪时间间隔是 5 年，而旧刑法规定的时间间隔是 3 年，新刑法将 3 年延长到 5 年，这就使构成累犯的可能性变大了，很明显，新刑法对累犯的打击力度加大了。

按照前面讲的司法解释的规定，行为人是否构成累犯，关键是看后罪所犯的时间：如果在 1997 年 9 月 30 日以前犯的，是否构成累犯是以 3 年作为判断标准；如果在 1997 年 10 月 1 日以后犯的，是否构成累犯则以 5 年作为标准。大家可以看到，我们的司法解释所规定的这个标准是侧重于犯第二个罪的时间，只要犯后罪的时间是在新刑法生效以后，就应该依照新刑法规定的标准认定累犯。

司法解释的规定表面看上去似乎也是比较合理的，因为犯后罪的时间是在新刑法生效以后，按照新刑法中有关累犯的规定处理是说得过去的。但是，如果仔细分析，我们就不难发现这个规定是有明显不妥的地方的。问题的关键在于，事实上在 1997 年 10 月 1 日以后犯罪的情况也并不完全相同，比如，有些行为人所犯前罪的刑罚是在 1997 年 9 月 30 日以前执行完毕，在 1997 年 10 月 1 日以后又犯罪，犯后罪的时间离前罪刑罚执行完毕还没有超过 3 年；有些行为人所犯前罪的刑罚是在 1997 年 9 月 30 日以前执行完毕，在 1997 年 10 月 1 日以后又犯罪，犯后罪的时间离前罪刑罚执行完毕已过 3 年但还没有超过 5 年。如果对 1997 年 10 月 1 日以后犯罪的情况都按照新刑法的规定，就是都以 5 年作为认定累犯的标准，那么就会出现，当行为人在新刑法生效前，前罪刑罚已经执行完毕且已过 3 年，按照当时的刑法规定，行为人已经明确被告知其已过可能构成累犯的期限，以后犯罪将不是累犯，但在新刑法生效后仍然被认定为累犯的情况。

为了清楚地说明这个问题，我先为大家举一个例子。一个人在 1994 年 7 月 1 日前罪刑罚执行完毕，刑罚执行完毕之后的 3 年内他也没有故意犯罪，因此，到 1997 年 7 月 2 日以后，他就不会再构成累犯。但是，他在 1997 年 10 月 2 日犯了新罪，这时候 1997 年《刑法》已经生效了，而按照新刑法的规定，构成累犯的前后罪的间隔是 5 年，因此他构成累犯。大家注意，这个人在 1997 年 7 月 2 日犯新罪不是累犯，而在 1997 年 10 月 2 日犯新罪就变成累犯了。也就是说，如果行为人犯后罪的时间是在前罪刑罚执行完毕 3 年之后且在新刑法生效之前，则不可能构成累犯，但如果后罪是在新刑法生效之后犯的，则有可能构成累犯。因为从道理上讲，行为人再犯的时间越早，危害越大，构成累犯的可能也就越大。相反，行为人再犯的时间越晚，越不可能构成累犯。而按照司法解释的规定，行为人再犯的时间越早，越不是累犯，而再犯的时间越晚，反而可能变成累犯。用一句话概括，早犯不是累犯，晚犯是累犯，这就很明显地违背了我们设置累犯的初衷。而且从法律规定本身来看，我们的法律明确告诉行为人到 1997 年 7 月 2 日以后，他再犯罪将不再构成累犯。后来刑法发生了变化，因此在 1997 年 10 月 2 日，我们的法律又告诉行为人他仍然构成累犯。我认为，法律是不能如此反复无常的，同时，这种依照后法的规定来否定按前法已经对行为作出的评判并加重对行为人的处罚，显然与罪刑法定原则的精神不相符合。

我的观点是，以新刑法生效的时间作为标准，着重看行为人犯后罪的时间是否已过 3 年，如果已过 3 年，行为人不构成累犯，反之则构成累犯。具体可以分为这么两种情况。第一，如果在新刑法生效的时候，前罪刑罚已经执行完毕并且过了 3 年，即使后罪发生在此时间之后，并且符合新刑法所规定的累犯构成时间，仍然不能构成累犯。第二，如果在新刑法生效前，前罪刑罚已经执行完毕但未过 3 年的，并在新刑法生效后又犯罪的情况，以新刑法中"5 年之内"作为认定累犯的时间标准。尽管有不利于被告人的内容存在，但仍然有一定的可取之处。比如说，一个人在 1994 年 10 月 5 日时前罪刑罚执行完毕，他在 1997 年 10 月 6 日犯新罪，我认为此人构成累犯。因为在新刑法生效的时候，行为人的前罪刑罚已经执行完毕，但是还没有超过 3 年，这个人实际上仍处在有可能构成累犯的期间内。具体地说，他到 1997 年 10 月 5 日时，刑罚执行完毕刚刚 3 年，但是在新刑法生效时，刑罚执行完毕还未过 3 年，按照 1979 年《刑法》的规定，他还处在可能构成累犯的期间。此时随着新刑法的颁布，行为人在犯后罪时理应知道新刑法将构成累犯的前后罪间隔时间由 3 年延长到 5 年。在这种情况下，我们当然就可以将新刑法的规定，以"5 年之内"作为认定其构成累犯的依据和标准。

6. 关于"中间法"的适用问题

接下来，我讲一下关于"中间法"的适用问题。

如果行为时法与裁判时法之间还出现过有关法律规定，那么这个就叫做"中间法"。这是我创造的一个"概念"。（全场笑）刚才讲到刑法溯及力的问题是行为时法和裁判时法的选择问题，那么我们是否也应将"中间法"纳入比较处刑轻重的范围之中？由于现行《刑法》第 12 条关于溯及力的规定，实际上没有涉及这一问题，但司法实践中已经有了这方面的情况，这就必须引起我们的注意并加以研究。

世界上有些国家和地区的刑法对于"中间法"是否应纳入适用范围是有明文规定的。比如，日本刑法第 6 条、意大利刑法第 2 条、我国台湾地区"刑法"第 2 条都有类似的规定。这些国家或地区的普遍做法是，如果行为后法律有变更的，适用最有利于行为人的法律。在这些规定中显然并没有明确法律有几次变更，那么无论有几次变更，我们都应该适用最有利于行为人的法律。就是说在行为时法与裁判时法之间存在"中间法"时，哪个法律对行为人有利便适用哪个法律，"中间法"同样也应作为考虑标准。

我国《刑法》第 12 条仅仅规定了行为时法与裁判时法的选择，而并没有规定"中间法"能否适用的问题。因此，有的学者认为，我们之所以考虑行为时法和裁判时法的比较，主要是从行为时法和裁判时法对行为处理上有可能存在区别，从这个角度出发我们要对行为时法和裁判时法进行比较，而在行为时法和裁判时法之间出现的法律，显然与行为的实施或对行为的处理都没有直接的关系，因而也没有必要将其列入需要比较的法律之中。这就是学界比较通行的所谓"看两头，弃中间"的做法。

是否需要适用"中间法"的问题，在我国司法实践中确实存在。比如，现行刑法规定了国有公司、企业人员失职罪和国有公司、企业人员滥用职权罪，从这两个罪发生的立法变化，就很能说明"中间法"适用的问题。在我国 1979 年《刑法》中原来只有"玩忽职守罪"一个罪名，当时规定的犯罪主体为国家工作人员。1997 年《刑法》中规定了"玩忽职守罪"和"滥用职权罪"的罪名,并且明文规定这两罪的犯罪主体为国家机关工作人员。另外,当时的刑法还规定了"徇私舞弊造成破产、亏损罪",这个罪的犯罪主体为国有公司企业直接负责的主管人员,但构成这个罪必须以"徇私舞弊"为必要要件,因此在司法实践中,有些国有公司、企业人员严重不负责任或者滥用职权,造成国有公司、企业破产或者严重损失,致使国家利益遭受重大损失的,但由于行为人并没有徇私舞弊,而无法受到刑事追究。为了解决这个问题,1999年12月25日全国人大常委会颁布的《中华人民共和国刑法修正案》对刑法条文作了修订,明确规定了国有公司、企业人员失职罪和国有公司、企业人员滥用职权罪两个罪名,将徇私舞弊作为这两个罪的从重情节而不是作为构成要件加以规定。

通过分析这些刑法规定的变化,我们就会发现在这些变化中实际上存在"中间法"的问题。特别是在新刑法生效前,国有公司、企业直接负责的主管人员(属于国家工作人员,但不属于国家机关工作人员)因严重不负责任或者滥用职权,造成国有公司企业破产或者严重损失,致使国家利益遭受重大损失的,但没有徇私舞弊的案件,如果在1997年刑法生效之后,1999年刑法修正案生效之前进行审判,由于行为时法认为可以构成玩忽职守罪,但裁判时法则因行为人不属于国家机关工作人员而认为不能构成玩忽职守罪,同时由于行为人没有徇私舞弊而不能构成徇私舞弊造成破产、亏损罪,按照从旧兼从轻的溯及力原则,行为人应该是无罪。但是,如果同样的案件在1999年修正案生效之后进行审判,则会出现这样的情况:行为时法认为行为人构成玩忽职守罪,"中间法"认为行为人不构成犯罪,裁判时法则认为构成国有公司、企业人员失职罪或者国有公司、企业人员滥用职权罪。按照前面讲的"看两头,弃中间"的做法,行为人的行为尽管有一段时间不构成犯罪,但由于行为时法和裁判时法都认为构成犯罪,所以对行为人只是定什么罪,而不会存在不定罪的问题。

我认为,理论上提出的"看两头,弃中间"的做法是基于这样一个原理,只有行为时法和裁判时法才会发生法律对行为评价的问题,就是当行为人实施行为时自然会产生对自己行为是否违反刑法规定的评价,而在对行为人行为进行裁判的时候,当然会产生司法工作人员运用法律对行为人的行为进行评价的过程。"中间法"的出现只是立法中的一个过渡,是法律本身的变化,并没有产生对行为人行为的实质评价。因此,如果从这个方面来讲,"看两头,弃中间"的做法不能说是没有道理的。

但是,我们也应该看到,"看两头,弃中间"的做法确实存在一些不合理的地方,其中最为关键的就是,这种做法没有真正体现有利于被告人的精神。特别是在处理这类案件时,会出现在相同的时间内实施行为,但因审判时间的不一样而直接影响到行为人是否构成犯罪的问题。但是,由于目前我国现行《刑法》第12条中明确没有将"中间法"纳入溯及力问题考虑的范围,因此,按照罪刑法定原则,现在我们也只能采用"看两头,弃中间"的做法,不能因为强调有利于被告人的精神而违反刑法的规定。

需要特别强调的是,"看两头,弃中间"的做法并不是没有条件的,只有在"中间法"确实没有产生过对行为人行为的实质评判的情况下,才能采用"看两头,弃中间"的做法,而对于那些在刑事诉讼期间发生的法律条文变化的情况,则不能采用"看两头,弃中间"的做法。因此,我把这个观点概括为有条件的"看两头,弃中间"。为什么需要有这么一个限制的条件呢?因为在刑事诉讼期间发生的法律条文变化的情况下,我们仍然允许"看两头,弃中间"的话,可能会导致司法工作人员在明知刑法条文有可能发生变化,并且这种变化对被告人不利的情况下,故意拖延案件的处理,目的是为了利用变化后的不利于被告人的刑法条文对被告人进行裁判。甚至完全有可能出现这样一种极端的情况,司法人员先将已经开始的诉讼程序中止,然后等待刑法条文出现对被告人不利的变化时,再启动诉讼程序对被告人进行审理。这些情况显然是从根本上违背罪刑法定所要体现的根本精神的,与我国刑法所规定的"从旧兼从轻"的溯及力原则以及"看两头,弃中间"做法的原意是不一致的。

所以,按照我的观点,当刑事诉讼程序开始后,刑法条文实际上已经对行为人的行为开始进行评价,此后发生的法律变化虽然应该纳入溯及力考虑的范围,但已经对行为进行过评价的所谓"中间法"则不能弃之不看。因为,我们采用"看两头,弃中间"主要是因为"中间法"没有实际对行为人的行为发生过评价,所以我们可以不去看它。如果"中间法"已经发生过对行为的评价,我们当然不能随意忽略而不将其纳入溯及力考虑的范围。也就是说,在这种情况下我们应该将行为时法、裁判时法和进入刑事诉讼程序后发生变化的"中间法"同时加以考虑,选择对被告人最为有利的刑法条文来适用。

(三)刑法司法解释的时间效力问题

刑法司法解释的溯及力问题是刑法时间效力一讲中十分重要的内容,关于这部分内容我主要讲三个问题。

1. 刑法司法解释的时间效力

长期以来,我国刑法理论对刑法司法解释是否应具有自己的时间效力问题一直存有争议。有人认为,刑法司法解释不应该有自己的时间效力。因为刑法司法解释是对刑法的解释,其时间效力应等同于刑法的时间效力。也就是说,刑法什么时候生效,司法解释也是什么时候生效;刑法的效力有多长,司法解释的效力也就有多长。

我认为,相对于刑法的时间效力,刑法司法解释应具有自己独立的时间效力,主要基于司法解释具有三个很明显的特征。

第一,刑法司法解释具有"法律性"的特征。根据我国立法法的规定,司法解释和立法解释都具有法律效力。换言之,在我国的法律解释体系中,司法解释和立法解释都属于有权解释,司法工作人员对于司法解释和立法解释中所规定的内容必须遵循执行。另外,我国的司法解释在某种意义上已经不仅仅局限于在字面意义上作一般性的阐释,事实上,在司法机关办理刑事案件的过程中,司法解释不但必须遵循,而且在某种程度上是首选采用的。学界有人称司法解释是"副法体系"。我们绝对不应该否认司法解释具有极强的"法律性"特征。

第二,司法解释具有"扩张性"特征。理论上一般认为,我国的司法解释不能创制新的法律,只能针对司法实践中具体适用刑事法律问题,或者进行解释,或者在立法原意内将该问题明确化、具体化。我们的司法解释工作要求必须彻底贯彻刑事立法的基本精神、基本原则和立法原意，不但不能对刑法作出修改、补充，而且不能进行类推解释。但是，由于刑法本身有一定的抽象性和模糊性，就必然会给司法解释提供较大的解释空间，实践中不断出现的"扩张性"司法解释就充分说明了这一点。最典型的是，罪名是通过司法解释加以规定的，这说明司法机关以解释权代替立法权。再比如，1997 年 6 月 23 日最高人民法院《关于司法解释工作的若干规定》已经明确指出司法解释具有法律效力。尽管理论上认为司法解释不能创制法律，我们却无法否定这一事实，那就是我国的司法解释确实在起着弥补刑事立法欠缺的作用。

第三，司法解释具有相当程度的"滞后性"特征。因为刑法司法解释是对刑事法律的解释，它只限于对司法实践中具体应用的法律问题作出解释，而这些问题并不可能与刑法的生效施行时间同步，往往都是在刑法施行了一段时间以后才会出现。另外，我们都知道，司法解释的制定也需要按照一定的程序，而且在制定过程中，还需要花费大量的时间来听取各方面的意见，有些可能要进行多次修改，比如，最高人民法院有关国家工作人员的司法解释草案在多次修改后仍迟迟不能出台就是一种实证。应该看到，刑法司法解释的滞后是正常的和不可避免的，而且随着刑法适用的不断深化，司法解释会不断出现，这种滞后性的特征必定会表现得更加明显。

正是因为司法解释具有法律效力，而且这种效力在刑事司法实践中的作用相当大，同时，刑法司法解释又具有滞后性。因此，如果我们不考虑司法解释应该具有自己独立的时间效力，显然对行为人是不利的。因为在司法解释没有独立的时间效力的情况下，只要是在新的法律颁布以后出现的行为，司法解释就可以直接适用，即使这个司法解释在行为发生之后颁布，对发生在它以前的行为也可以加以适用。如果这样来理解，实际上就是要求当事人对今后可能出现的司法解释进行猜测，显然对行为人是不利的。所以，我一直坚持认为，司法解释应该具有独立的时间效力。

2. 司法解释的生效时间问题

为了正确适用司法解释妥当处理案件，同时为了统一长期以来刑法理论和司法实践中对司法解释时间效力的不同理解和做法，2001 年最高人民法院和最高人民检察院就曾联合颁布了一个有关刑事司法解释时间效力的司法解释——《关于适用刑事司法解释时间效力问题的规定》（以下简称《规定》），这个规定就明确指出，司法解释自发布或者规定之日起施行，效力适用于法律的施行期间。

对于"两高"《规定》的这一句话的内容，我们应该从三方面来理解。

第一，《规定》再一次强调了司法解释具有法律效力，实际上司法解释就是采纳了我一直坚持的观点。

第二，《规定》对于刑法司法解释的生效问题也作了规定，确立了司法解释的生效时间为"发布之日"和"规定之日"的两种标准。具体含义是指，如果司法解释明确规定生效时间，就应该以这个规定的日期为生效时间；如果司法解释没有明确规定生效时间，应该以其公布的日期作为生效时间。我认为，就规范化的要求而言，以后颁布刑法司法解释时，最好能明确规定生效时间，这样可以有利于司法实践在统一的时间内积极贯彻执行司法解释的内容。

第三,《规定》强调了刑法司法解释的效力适用于法律的施行期间。应该说,"两高"的《规定》在这一问题上的规定不是很明确,因为法律的生效时间要早于司法解释的生效时间,其中会有时间差,司法解释的效力又适用于法律的施行期间,那么容易使人产生不同的理解。对此,有人认为这无疑是把刑法司法解释的生效时间提前了。我不同意这种观点,对于"两高"的这个规定应作全面理解而不能断章取义。我认为,这里所指的"刑法的施行期间"应该只限于刑法司法解释生效后的"刑法的施行期间"。也就是说,司法解释"自公布或者规定之日起施行"是一个生效的起点,"适用于法律的实施期间"是一个生效后实际有效的范围。由此可见,对"两高"的《规定》在这一问题上正确的理解应该是:司法解释的效力适用于司法解释生效后的刑法施行期间。

总之,对于司法解释的生效问题,我主张既不能提前,也不能延后,而应该以司法解释发布或者规定的日期作为其生效的时间。这是因为,司法解释是对已经生效的法律所作的解释,没有必要在发布或者规定后加以延后生效;而司法解释本身又具有相对的独立性、扩张性和相当程度的滞后性,所以将其生效时间提前到与刑法生效时间相同也说不通。而最好的选择无疑就是以司法解释发布或者规定的日期作为其生效的时间,并由此推出司法解释的效力适用于司法解释生效后的刑法施行期间。

3. 关于司法解释的溯及力问题

前面我们已经讲过,我国刑法在有关溯及力的规定上几经周折后,修订后的刑法重新明确规定了从旧兼从轻的溯及力原则。那么,就产生了一个问题,司法解释对其生效实施以前的行为是否具有溯及力呢? 我认为,这个问题应该从以下三方面进行分析:一是司法解释对所解释的刑法条文颁布实施以前的案件是否有溯及力;二是司法解释对所解释的刑法条文实施以后而自己生效之前所发生的案件是否有溯及力;三是司法解释对其解释的刑法条文实施以后而其自己生效以前已有刑事司法解释规定,新的司法解释是否有溯及力等问题。

接下来,我们来分析一下这三个问题。

第一,司法解释对所解释的刑法条文颁布实施以前的案件是否有溯及力的问题。

我认为,司法解释是对刑法条文所作的解释,因而它的内容不能违背刑法的立法精神和刑法条文中确定的相关基本原则。根据这一精神,由于现行《刑法》第 12 条已明确规定从旧兼从轻的溯及力原则,并且在以后我们所制定的决定或者修正案以及非刑事法律规定的刑事责任条文中,都没有对溯及力的问题进行专门的规定,考虑到刑法又是基本法律,我认为,现行刑法所确定的从旧兼从轻原则应该没有任何变化。因此,现行刑法生效后的任何刑事司法解释也必须以从旧兼从轻原则为准。

我们看一下在这种情况下应该如何适用从旧兼从轻原则。首先,我们看一下被解释的刑法条文是否具有溯及力,如果用被解释的刑法条文处理案件对行为人更为有利时,就应该适用这个条文,反之,这个条文就没有溯及力。在确定适用被解释的刑法条文后,接下来,我们应该将被解释的条文和有关刑事司法解释进行对比,看哪一个规定对行为人更有利,如果有关刑事司法解释的内容对行为人不利的,则仍然不应适用刑事司法解释,而只能按照刑事司法解释生效前的对刑法条文的理解来处理案件。

我之所以有如此主张,主要是因为行为人在实施行为时,其所面对的是旧的刑事法律,我们不能也不应该用改变后的刑事法律和刑事司法解释来处理以前的案件,况且如果这些改变后的条文对行为人是不利的话,就有悖于罪刑法定的根本精神。遗憾的是我们"两高"的《规定》中对于这种情况没有作出明确的规定,只是笼统地在第2条中指出:"对于司法解释实施前发生的行为,行为时没有相关司法解释,司法解释施行后尚未处理或者正在处理的案件,依照司法解释的规定办理。"这里的所谓"司法解释实施前发生的行为"是否包括刑事司法解释对其所解释的刑法规定实施以前发生的行为不得而知。如果包括的话,我认为这是存在问题的。

第二,司法解释对其所解释的刑法条文实施以后而自己生效之前的案件是否具有溯及力的问题。

针对这种情况,目前理论界存在这样一种观点:司法解释是对刑法规定进行解释,也就是在刑法条文已作出明确规定的前提下就如何具体适用法律条文所作出的具体规定。因此,司法解释本身不涉及溯及力问题,它一经公布施行,效力等同于它所解释的法律本身,对法院正在审理和尚未审理的案件具有法律效力。另外,"两高"的《规定》在第2条就这个问题也作了一些规定:"对于司法解释实施前发生的行为,行为时没有相关司法解释,司法解释施行后尚未处理或者正在处理的案件,依照司法解释的规定办理。"

我认为,与刑法规定相比,司法解释总是具有"滞后性"的特点,因而司法实践中也就必然存在司法解释对其所解释的刑事法律规定生效后,而自己公布实施以前的案件是否具有溯及力的问题。我认为应该以从旧兼从轻原则为准,也就是说,原则上司法解释对其生效前的行为没有溯及力,但如果司法解释的规定更有利于行为人的,就具有溯及力。

针对有的学者提出的司法解释本身不涉及溯及力问题应该与刑法同步的观点,我认为,这种观点只强调司法解释与刑法的依附性的特点,因而在溯及力问题上,司法解释与刑法应同步。但这个观点却忽略了我国司法解释具有一定程度独立性和滞后性的特点,过分强调司法解释与刑法同步显然是不可取的。我们再来分析一下"两高"《规定》第2条的内容,它实际上是承认司法解释具有溯及力的,只不过以"尚未处理或者正在处理的案件"作为限定条件。我认为,这一规定内容在整体上没有体现我国刑法确立的从旧兼从轻的溯及力原则,也与前面我们讲的司法解释生效问题有矛盾。应该看到,"两高"《规定》提出了只有对尚未处理或者正在处理的案件才能适用刑事司法解释,这一内容是有一定的合理性的。因为,从维护刑事司法活动的稳定性、刑事判决的严肃性角度考虑,司法解释对其所解释的刑事法律实施以后,而自己生效以前所发生的案件已经判决的,再适用新的司法解释予以重新处理,必将导致刑事司法活动处于一种不安定状态,也影响了刑事判决的严肃性和权威性。但是,按照这一规定,只要是对以前没有司法解释且尚未处理或者正在处理的案件,司法解释都应适用,而不去考虑这种解释是否对行为人有利,这实际上就是把司法解释的生效时间提前了,也实际上认为只要"行为时没有相关司法解释"并在一定条件下,不管司法解释内容如何,对其生效前的行为都具有溯及力。这显然与我国刑法"原则上不溯及既往,对行为人有利除外"的要求不相吻合。

我认为,关于司法解释对其所解释的刑法条文实施后而自己生效之前的行为是否有溯及力的问题,不仅应该以从旧兼从轻原则为准,而且应该以司法解释生效之日作为确定司法解释的溯及力的时间标准,而不是像前面讲的那种观点那样简单地与刑法公布施行的时间同步。对于司法解释生效后尚未处理或者正在处理的案件,并且行为时没有相关司法解释的情况,司法解释原则上不应该加以适用,除非这种解释对行为人是有利的。那么,判断是有利还是不利,应该以什么作为标准?由于行为时没有相关司法解释,所以不存在有新旧司法解释的比较问题。在这种情况下,我们可以结合司法解释规定的具体内容,对照刑法规定的内容以及行为时适用法律的一般做法和观点进行比较,作出司法解释是对行为人有利的还是不利的判断,我想这应该也不是一件难事。

第三,司法解释对其解释的刑法实施以后而其自己生效以前,已有司法解释正在生效实施,而且新旧司法解释内容又不一致,新的司法解释是否具有溯及力的问题。

应该看到,在我国刑事司法实践中,随着刑法规定以及实际情况的变化,司法解释的内容也在不断地发生变化,对于同一问题有时可能会出现新旧司法解释内容完全不一致的情况,有时甚至可能会出现对同一问题存在三个内容不同的司法解释的情况。给大家举一个比较典型的例子,对"挪用公款归个人使用"的问题,曾经出现三种不同的司法解释,分别是 1989 年"两高"的《关于执行"关于惩治贪污贿赂罪的补充规定"若干问题的解答》(已废止)、1998 年最高人民法院《关于审理挪用公款案件具体应用法律若干问题的解释》,以及 2001 年最高人民法院《关于如何认定挪用公款归个人使用有关问题的解释》。其中对于挪用给单位使用是否构成犯罪的问题就分别出现了三种不同的解释:1989 年司法解释规定,挪用公款后,为私利以个人名义将挪用的公款给企事业单位、机关、团体使用的,应视为挪用公款归个人使用;1998 年司法解释规定,挪用公款给私有公司、私有企业使用的,属于挪用公款归个人使用;2001 年司法解释又规定,国家工作人员以个人名义将公款借给不具有法人资格的私营独资企业、私营合伙企业等使用的,以及为谋取个人利益,以个人名义将公款借给其他单位使用的,属于挪用公款归个人使用。

三个司法解释对基本相同的刑法规定,有不同的解释内容,这就必然会产生如何适用的问题,特别是对现行刑法生效后,新司法解释生效以前的挪用公款行为(未经处理或正在处理的),如果在新司法解释生效后进行处理时,应该适用哪一个司法解释呢?比方说,某国有企业负责人于 1997 年 12 月将企业公款借给某一具有法人资格的私营企业使用,行为人并没有"为私利"也没有"以个人名义",这件事在 2001 年 12 月被发现。虽然行为人在实施借款行为时现行刑法已经生效,但是,当时还没有新的刑法司法解释,而按照 1989 年司法解释规定,由于行为人没有为私利也没有以个人名义,所以不能构成挪用公款罪。而按照行为人行为后的 1998 年司法解释规定,只要挪用公款给私有公司、私有企业使用的,都应该构成挪用公款罪,这样行为人的行为就应构成犯罪。但是,根据行为人的行为被处理时的 2001 年司法解释的规定,由于行为人没有"为谋取个人利益",也没有"以个人名义",所以仍不构成挪用公款罪。在这一案件中,行为人的行为因刑法司法解释的不同而经历了行为时不构成犯罪,期间构成犯罪,处理时又不构成犯罪的过程。大家看一下究竟应该如何处理?(下讲台提问)

学生 1:"我觉得应该根据有利于被告人的精神认定行为人不构成犯罪。"

学生 2:"我认为也可以按照你前面讲'看两头,弃中间'的方法来判断,认定这个行为人不构成挪用公款罪。"

(回讲台)这位同学的观点是有道理的。我认为,这个案件中的行为人的行为不应构成挪用公款罪,理由是,最高人民法院在有关新刑法适用的通知中曾经规定,在新旧刑法条文没有实质变化的情况下,"在新司法解释生效实施前,可参照原作出的司法解释执行"。因此,在新司法解释生效以前,如果旧的司法解释与现行刑法的规定不相矛盾,应仍适用旧司法解释,但如果新司法解释生效后,则应根据从旧兼从轻的溯及力原则来确定新司法解释是否具有溯及力。对此,《规定》第 3 条指出:"对于新的司法解释实施前发生的行为,行为时已有相关司法解释,依照行为时的司法解释办理,但适用新的司法解释对犯罪嫌疑人、被告人有利的,适用新的司法解释。"针对这个规定,我们应该这样理解:首先,如果犯罪行为发生在新刑法司法解释生效实施后,处理时应适用新司法解释;其次,如果犯罪行为发生在新司法解释施行之前,且未经处理或正在处理的,原则上应依照旧司法解释进行处理,如果新司法解释更有利于行为人的,则应适用新司法解释。《规定》的这一内容无疑是符合我国刑法确立的从旧兼从轻的溯及力原则精神的,实践中理应坚决贯彻执行。这个案件所经历的不同司法解释的内容中,有些认为行为人的行为是犯罪,有些则不认为是犯罪,对此,我们理应按照从旧兼从轻的原则,选择对行为人最有利的司法解释进行处理。

应该看到,和我国《刑法》第 12 条规定的内容一样,《规定》也没有对三种司法解释的处理问题作出规定,也就是在行为终了时与案件处理时之间存在有中间过渡司法解释的情况作出规定,而这种情况事实上已经在有关挪用公款罪的司法解释中出现。在目前的情况下,我们同样只能采用"看两头,弃中间"的办法来解决,具体说,我们应该以行为终了时的司法解释与案件处理时的司法解释作为比较轻重对象进行选择,而不去考虑中间过渡的司法解释。这样做的理由是,行为时的刑法司法解释最适合对行为人的处理,而案件处理时的司法解释反映了司法机关对行为的评价意见,如果对行为人有利也应予以适用。但是,中间过渡的司法解释则主要体现司法机关对刑法条文的理解以及对理解的调整问题,与行为人本身没有特别密切的关系。结合我前面讲的案例,行为人在实施行为时现行刑法已经生效的,但新司法解释尚未出台,当时实际参照执行的是 1989 年的司法解释。尽管以后有一段时间有司法解释仍不认为这种行为是犯罪。按照"看两头,弃中间"的办法,这个案件的行为人当然就不能构成挪用公款罪。

需要指出的是,有关"挪用公款罪归个人使用"的含义除了前面讲的三个司法解释外,2002 年 4 月 28 日全国人大常委会还专门颁布了一个立法解释——《关于〈中华人民共和国刑法〉第 384 条第 1 款的解释》。这个解释规定,有下列情形之一的,属于挪用公款"归个人使用":(1)将公款供本人、亲友或者其他自然人使用的;(2)以个人名义将公款供其他单位使用的;(3)个人决定以单位名义将公款供其他单位使用,谋取个人利益的。这就出现了这样一个问题:就同一刑法规定的内容,实际上存在三个司法解释和一个立法解释,尽管有些解释的内容大致相同,但是许多差别还是显而易见的。同时这里又出现一些新问题:也就是当同时存在立法解释和司法解释时,应该以哪个解释为准? 对立法解释是否也要考虑生效时间和溯及力问题? (下讲台提问)

提问:"你觉得当同时存在立法解释和司法解释时,应该以哪个解释为准呢?"

学生 1:"当然应该以立法解释为准,立法解释是全国人大及其常委会作出的解释,而司法解释只是最高人民法院和最高人民检察院作的解释。"

学生 2:"我觉得也要看情况,要看是否有利于被告人,如果司法解释更有利于被告人的话也得以司法解释为准。"

提问:"那对立法解释是否也要考虑生效时间和溯及力问题?"

学生 3:"我觉得是要考虑的,这也是罪刑法定原则所要求的。"

(回讲台)我认为,对于原来已有的司法解释,后来出现了立法解释,如果解释的对象相同,当然应该以立法解释为准。这是因为从解释的效力来看,尽管立法解释和司法解释都属于有权解释,但是,两者的效力并不完全相等,由于立法解释最能体现立法的原意和精神,因此,立法解释的效力明显要高于司法解释的效力。当然这里所指的效力的高低是相对于立法解释生效后的适用情况来说的,对于立法解释生效前的行为能否适用,我们仍然应该遵循从旧兼从轻的溯及力原则加以考虑。如果立法解释对其生效前行为的适用比行为时司法解释的适用更重时,我们仍然应该适用当时的司法解释,相反的情况下,我们可以适用立法解释。理论上有人主张的因立法解释的效力高于司法解释,所以只要立法解释生效后,对所有相关行为(包括立法解释生效前的行为)都适用立法解释的观点,显然是不妥当的。

我们简单回顾一下前面讲过的所有关于司法解释溯及力的问题,从严格贯彻罪刑法定原则的角度,从维护刑事司法活动稳定性的角度,从有利于被告人的刑事立法精神的角度等方面考虑,在司法实践中,司法解释的溯及力应该根据其本身的特点,严格以从旧兼从轻原则为准。在这个问题上,我刚才讲的"两高"的《规定》虽然已经有所体现,但仍需不断完善。

好,以上就是我们讲的刑法效力范围的问题,谢谢大家!

第六讲

犯罪概述

通过前面我们对刑法绪论的学习,我们已经对刑法学有了一个大致的了解,接下来,我们将进入刑法学的核心内容——犯罪论。

一、犯罪概念

首先,我们来了解一下犯罪的概念。按照马克思的观点,犯罪是阶级社会中一种特有的社会、法律现象,这种现象并不是自古就有的,它与国家和法一样,也是一个历史范畴。犯罪概念在刑法学研究中居于十分重要的地位,这是因为犯罪、刑事责任和刑罚是刑法的三大最基本范畴。犯罪是刑事责任的前提,而刑罚是刑事责任的承担方式之一。刑法学以犯罪、刑事责任和刑罚为研究对象,自然要以犯罪概念的研究为逻辑起点。同时,犯罪概念又是对犯罪内在本质、外部特征的高度概括,所以,不同的犯罪概念,又在一定程度上反映人们对犯罪基本问题的不同认识,反映着不同的犯罪观或者刑罚观。

(一)犯罪概念的立法类型

从立法上看,各国刑法除了规定各种具体犯罪外,在刑法条文中是否对犯罪再作一般的概念性规定存在两种不同的立法例。一种是在刑法上不作规定,奴隶制和封建制国家的刑法都是这样,现代一些资本主义国家的刑法也是这样。比如,1908 年生效的现行《日本刑法典》、1999 年 1 月 1 日生效的《德国刑法典》等都没有对犯罪规定一般的定义。另一种是在刑法上对犯罪作一般的定义规定。按照定义中是否表明犯罪的实质内容,可以分为三种类型。

第一种是形式定义。形式定义是指在立法上不揭示犯罪的本质而只是从犯罪的法律特征上给犯罪下定义。比如 1810 年的《法国刑法典》第 1 条规定:"法律以违警刑处罚之犯罪,称违警罪;法律以惩治刑处罚之犯罪,称轻罪;法律以身体刑或名誉刑处罚之犯罪,称重罪。"形式定义认为以刑法禁止的或者刑罚制裁的就是犯罪,表明了犯罪的刑事违法性和应受刑罚处罚的特征,但没有回答出犯罪的本质问题,也就是应受处罚的行为为什么被规定为犯罪、犯罪是违反代表谁的利益的法律等问题。因此,形式定义没有能够揭示出犯罪的实质,也就是我们常说的严重的社会危害性。

第二种是实质定义。实质定义是指在立法上不揭示犯罪的法律特征而只是单纯从行为的阶级本质上给犯罪下定义。这种定义在苏联刑法中体现得十分明显。比如,1922年6月1日实施的《苏俄刑法典》第6条规定:"凡威胁苏维埃制度基础及工农政权在向共产主义过渡时期内所建立的革命秩序的一切有社会危害性的作为或不作为均为犯罪行为。"从这个规定我们可以看出,犯罪的实质定义注重犯罪的本质属性,犯罪的本质就在于他们侵犯了统治者的根本利益。但是,由于实质定义没有规定犯罪的法律特征,我们在刑法的条文中找不到什么是犯罪的依据,因此在认定时候很容易超出立法规定,从而扩大了犯罪的范围,这就对"法治"的实施在实践上造成潜在的危险。

第三种是实质与形式相统一的犯罪定义。实质与形式相统一的犯罪定义,是指在立法上将行为的本质与行为的法律特征两方面相结合而对犯罪进行规定。比如说,1960年的《苏俄刑法典》第6条规定:"凡是刑事法律规定的危害苏维埃社会制度或国家制度,破坏社会主义经济体系和侵犯社会主义所有制,侵犯公民的人身、政治权利、劳动权利、财产权利和其他权利的危害社会的行为(作为或不作为),以及刑事法律规定的违反社会主义法律秩序的其他危害社会的行为,都认为是犯罪。"我认为,这种定义与刚才所讲的形式定义和实质定义相比,在方法论上克服了形式定义和实质定义存在的片面性,从行为的本质特征和法律特征两个方面对犯罪进行定义,它能够把犯罪的法律属性与社会属性结合起来,既回答了为什么立法上规定为犯罪,又能在司法上严格依照法律定罪量刑。这就避免了实质定义因为没有法律条文依据可能产生的不确定性,有利于保障人权。我国刑法历来坚持犯罪的实质内容与法律形式的统一,我国《刑法》第13条就明确规定了我国犯罪的基本概念。关于这个概念,后面我会详细介绍。

(二)犯罪本质的理论分析

接下来,我们来了解一下犯罪的本质是什么?马克思、恩格斯在《德意志意识形态》一书中曾经指出:"犯罪……孤立的个人反对统治关系的斗争,和法一样,也不是随心所欲的产生的。相反的,犯罪与现行的统治都产生于相同的条件。"可以说,这一论述是马克思作为一位伟大的思想家,对刑法学作出的最伟大的贡献。我认为,对于这一段论述,我们可以从四个角度进行理解。

第一,犯罪是阶级社会特有的一种社会现象,是一种历史范畴。作为历史范畴来讲,犯罪不是自古以来就有的,也不会永远存在,而是由于人类社会出现了私有制、阶级且伴随着国家和法的出现而出现的。

第二,犯罪是反抗统治关系的斗争。统治关系是指一种阶级压迫关系,是掌握国家权力的统治阶级,为了维护自己的经济利益和统治秩序而建立或者认可的一种社会关系。统治阶级对自己建立和认可的社会关系当然会采取各种手段进行保护,同样,对反对自己这种统治关系的行为也会进行刑罚制裁,这就是通过法律形式来宣布这些行为是犯罪,然后进行相应的刑事制裁。因此,违反统治阶级的刑法规定只是犯罪的法律表现,实质上是对统治关系的反抗和破坏。

第三,犯罪是孤立的个人反对统治关系的斗争。所谓"孤立的个人"是指某一社会统治秩序下的单个社会成员。因此,犯罪就不同于一个阶级反对另一个阶级、一个民族反对另一个民族、一个国家反对另一个国家的斗争,因为后者是阶级斗争、民族斗争或者战争。当然,这里的"孤立的个人"既可以是被统治阶级的成员,也可以是统治阶级内部的成员。

第四,犯罪是一种严重的反对统治关系的行为。反对统治关系的行为可以有多种,反抗的程度也有不同。只有对那些严重反抗统治关系的行为,统治阶级才可能作为犯罪规定。恩格斯指出,"藐视社会秩序的最明显最极端的表现就是犯罪"。因此,并不是说只要反抗了统治关系就是犯罪,那些情节显著轻微、危害不大,但也侵犯统治关系的行为就不是犯罪。这使得犯罪行为与其他危害社会的行为,比如一般违法行为和不道德行为等,在危害"量"的区分上得到了充分、明确的说明。

(三)我国刑法的犯罪概念和特征

接下来,我们来看一下我国刑法的犯罪概念和特征。

我们首先来看我国刑法中的犯罪的概念。我国《刑法》第 13 条规定:"一切危害国家主权、领土完整和安全,分裂国家、颠覆人民民主专政的政权和推翻社会主义制度,破坏社会秩序和经济秩序,侵犯国有财产或者劳动群众集体所有的财产,侵犯公民私人所有的财产,侵犯公民的人身权利、民主权利和其他权利,以及其他危害社会的行为,依照法律应当受刑罚处罚的,都是犯罪,但是情节显著轻微危害不大的,不认为是犯罪。"这表明,我国刑法中的犯罪,是一种危害社会已经达到触犯刑法的程度,并且是应当受到刑罚处罚的行为。应该说,我国刑法的犯罪概念,对犯罪本身既作了具体内容的描述,同时又揭示了它的本质特征。

长期以来,我国刑法学界对于犯罪的基本特征一直存在着不同的认识,有"两特征说""三特征说"和"四特征说"。但是,我认为,到目前为止还没有其他的理论能够真正撼动"三特征说"的地位。犯罪的"三特征说",目前已经成为我国刑法学界的一种通说,已被较多的刑法学教材所采用。

根据《刑法》第 13 条的规定,"危害社会的行为,依照法律应当受到刑罚处罚的,都是犯罪",这句话揭示了犯罪的三个特征。"危害社会",我们将其称为社会危害性;"依照法律",我们将其称为刑事违法性;"应当受刑罚处罚",我们将其称为应受刑罚处罚性。从三个特征可以总结出我国刑法犯罪的概念,这就是一种危害社会已经达到触犯刑法的程度,并且是应当受到刑罚处罚的行为。

下面,我为大家详细讲解一下犯罪的三个基本特征。

1. 严重社会危害性是犯罪的本质特征

从《刑法》第 13 条规定的表述中我们可以看到,犯罪的三个基本特征实际上是有不同的地位的。第一个特征就是严重的"社会危害性"。严重的社会危害性,是犯罪三个基本特征中的首要特征,也是它的本质特征,同样是刑法中的一根"中枢神经"。应该说,刑法中的很多内容都围绕着社会危害性展开。因为刑法所要解决的问题,其实就是四个字——定罪量刑。那么,无论是定罪还是量刑,实际上都围绕着一个中心——"社会危害性"。所以,希望大家一定注意,我们还是坚持认为社会危害性是犯罪的最本质特征。

社会危害性的重要地位决定了它是我们学习的重点,我将分成三个大问题来介绍。

第一,如何考察社会危害性。

对于社会危害性的考察,我认为,要坚持三个观点:第一个是发展的观点,第二个是本质的观点,第三个是全面的观点。

首先,我们来看考察社会危害性须坚持的第一个观点——发展的观点。

行为社会危害性的有无及其具体程度并不是一成不变的,它会随着社会条件的变化而不断有所改变。某种行为在某种条件下,或者在某种社会的阶段中,它具有社会危害性,而到了另外一个阶段,可能不具有社会危害性。反过来,有些行为在以前可能不具有社会危害性,但是现在可能就具有了社会危害性。这是因为,社会经济、文化、政治等条件的变化,使占统治地位的阶级的根本利益和需求发生相应的改变,从而也决定了他们对同一行为作出不同于以往的法律的评价。这种法律评价的变化是客观存在的,也是刑法阶级性的重要体现。比如说,以前堕胎行为被认为具有社会危害性,而现在我们实行计划生育政策以后,堕胎行为就不再具有社会危害性。还有一个比较典型的例子,全国刚刚解放的时候,党和政府没有力量组织对粮食统购统销,这段时期买卖粮食不具有社会危害性。后来有人就钻了允许自由买卖粮食的空子,搞一些投机倒把行为。经过一段时间的摸索以后,党和政府已经有一定的力量对粮食实行统购统销,在这以后发生的私自倒买倒卖粮食的行为,就具有严重社会危害性。改革开放以后,党和政府放开了对粮食统购统销的政策,自由买卖粮食又不具有社会危害性。所以,买卖粮食的行为,从不具有社会危害性到具有社会危害性,后来又发展到不具有社会危害性,它是随着社会的变化在不断变化的,这就很典型地说明了社会危害性不是一成不变的。

既然社会危害性会发生变化,那么我们的法律观念也要随之改变,我们的法律条文在一定时间内也要做出调整。正如卢梭所说的,"不变的法律是僵死的法律",而僵死的法律对社会的发展肯定是不利的。同时,我们也要兼顾法律的稳定性,这种法律的变化既不能太大也不能过快。

其次,我们来看考察社会危害性须坚持的第二个观点——本质的观点。

犯罪行为是复杂的社会现象,一定行为的实质总是通过诸多表面现象反映出来。我们对行为的社会危害性进行分析时,也要注意不能只看行为方式、结果形态而不考察其行为性质,而应该透过现象看本质。比如说,同样是杀人行为,但实际上有很多因素可能导致杀人行为的发生。既有可能是正当防卫,也有可能是故意杀人行为。如果从本质上进行考察的话,如果行为人是在紧急的情况下,为了维护国家公共利益、本人或他人的人身、财产或其他权利,免受正在进行的不法侵害,而对不法侵害人进行的反击,导致了死亡结果的发生,在这种情况中,尽管形式上出现了有人被"杀死"的结果,但是行为人致人死亡行为的本质属于正当防卫,因此,这个行为就不具有社会危害性,也就不构成犯罪。

最后,我们再来看一下考察社会危害性的第三个观点——全面的观点。

社会危害性的有无及其程度的大小由多种因素组成,各个因素是相互关联、相互影响的。因此,当我们在分析某一行为的社会危害性时,切忌片面、孤立地只看其中某一因素,而应该对所有影响因素作出全面分析,这样才能准确判断行为是否具有社会危害性及其危害性程度的大小。比如说,同样是杀人行为,可能存在过失致人死亡和故意杀人、杀一个人和杀十个人以及报复杀人或者为民除害等不同的情况,这些情况在实际认定社会危害性上是有区别的,因为主观恶性程度不一样。另外,同样是杀人行为,可能存在用拳头将人打死和用刀一点点将人剐死的情况,这两种行为由于手段的残忍程度不同,认定社会危害性也会存在区别。因此,我们考察社会危害性时要全方位地看,而不能只看其中的一点。也即我们在判断某个行为的社会危害性时,应该全面考虑行为人的主观恶性程度,手段是否残忍,动机是否恶劣等内容。

接下来,我为大家举两个相关的真实案例,希望能有助于大家更好地理解"全面"观点的重要意义。

第一个案例是一个母亲把自己的儿子杀死。实际上这个儿子平时游手好闲,经常无缘无故地打骂自己和儿媳妇,家里被他搅得不得安宁。后来有一次,母亲对儿子的行为实在忍无可忍,她趁儿子不注意的时候,用铁丝从后面把他给勒死。这个母亲最终被法院判处缓刑,就是因为我们考察母亲杀人行为的社会危害性时,综合考虑到了儿子平时对妻母的打骂行为,这个母亲杀人的主观动机是被逼无奈,显然母亲的主观恶性程度较低,法官由此对她从轻处罚。(全场议论)

第二个案例是一个 20 世纪 70 年代在上海发生的"武大郎案件"。甲女是一个在上海近郊农场工作的女工,她一直想"上调"到上海市区工作。注意是"上调"而非"上吊",这是我们那个年代的特殊用语。但是,当时对想调回市区的人是有严格要求的,首先要求不能在农场结婚,其次是要求和有城市户口的人结婚。甲女在农场时交了男朋友乙男,她为了实现"上调"的目的,就在市区的工厂里找了一个工人谈恋爱。这个工人因为身高矮小,被人称为"武大郎"。在我们那个年代,那个"武大郎"被叫作"青工",地位还是很高的。你们知道"青工"是什么吗?(问学生)所谓"青工"就是青年工人的简称,在那个年代里,相对于插队落户而言,"青工"是很吃香的。甲女与"武大郎"的关系发展得非常快,很快两人就开始谈婚论嫁。在结婚前几天,甲女才告诉乙男自己要和"武大郎"结婚的事实。乙男很吃惊,他对甲女说:"你没经过我批准怎么随便跟别人结婚呢?"后来甲女把自己打算利用"武大郎""上调"回市区的想法一五一十地告诉了乙男。乙男并没有继续阻止。甲女和"武大郎"的婚礼顺利举行,但当两人在进洞房的时候,乙男也一起跟进去了。一开始,"武大郎"以为乙男是甲女的亲戚,很客气地招待他,可是到了很晚的时间,乙男还不走,"武大郎"就偷偷地问甲女这个人怎么还不走,甲女骗"武大郎"说乙男脾气暴躁,既然他不走,我们还是不要硬撵他走。就这样乙男在"武大郎"的洞房里待了一个晚上。随后的日子里,甲女和乙男渐渐从偷偷摸摸相好,发展到当着"武大郎"的面相好,"武大郎"也忍了。(全场议论)但是,他一直想不通到底是谁和谁结婚了。后来他把自己的委屈告诉了姐姐,姐姐当时就告诉"武大郎"这种事情决不能再容忍下去。正当姐弟二人讲话的时候,甲女回家取衣服,"武大郎"就和甲女发生争吵,"武大郎"一气之下掐死了甲女,后来"武大郎"主动投案自首。在这个案件中,"武大郎"构成故意杀人罪是毫无疑义的,但是这种故意杀人和常见的故意杀人相比,两者的社会危害性肯定存在区别,这个区别的关键在于,"武大郎"是被逼无奈之下,出于激愤而杀人,他的主观恶性远远小于出于谋财、报复等主观动机的杀人。最终,"武大郎"被法院判处有期徒刑 10 年,而常见的故意杀人通常被判处死刑,相比较而言,"武大郎"被判处 10 年有期徒刑属于比较轻的。尽管从我们现在的眼光来看,判 10 年有期徒刑显然还是过重,但是在当时来讲是很不容易的,这也说明了现代社会和当时的社会的法治状况是不一样的。

第二,决定社会危害性有无和大小的因素有哪些?

应该说,决定社会危害性有无和大小的因素有很多,但总体上可以分成四个方面。

第一个方面是犯罪行为所侵害的客体和对象。

犯罪行为所侵害的社会关系不同,社会危害性也有区别。比如,侵害生命权利的犯罪行为与侵害健康权利的犯罪行为相比,显然侵害生命权利的行为的社会危害性更大。另外,犯罪行为所侵害的犯罪对象不同,造成的社会危害性也不同。比如说,同样是杀人行为,以一个身强力壮的人为对象,还是以一个怀孕的妇女为对象,显然两者所造成的社会危害性不一样。我们并不是说去杀身强力壮的人合法,但和杀一个孕妇这样孤立无援的人相比,显然后者的社会危害性更大。如果行为人杀死了一个无辜的小孩,老百姓就会感觉行为人竟然连一个小孩都不放过,因此,杀害小孩的人往往遭到老百姓强烈的痛恨。另外,对不同的犯罪对象,法条规定了不同的法定刑,这也说明我们把犯罪行为侵害的对象作为判断社会危害性的因素。比如抢劫罪,抢劫军用物资的法定最高刑是死刑,而抢劫一般财物的法定最高刑是 10 年有期徒刑。

第二个方面是犯罪行为等客观因素。

犯罪行为包括行为的手段、时间、地点等因素,这些都对社会危害性的大小具有相当大的影响。首先看行为手段对社会危害性的影响。刚才我们讲过,同样是杀人行为,可能存在一刀将人杀死和用刀一点点将人剐死的情况,这两种行为由于手段的残忍程度不同,认定社会危害性也会存在区别。行为人用刀一刀把人杀掉和一刀一刀把人剐死相比,社会危害性不一样。同理,行为人用拳头把人家打死和用机枪扫射把人家射死,这两者的社会危害性又不一样了。其次,犯罪行为的时间对社会危害性大小也有影响。比如 10 月 1 日晚上杀人和今天晚上杀人社会危害性是不一样的。当然,我们不是说今天可以杀人,而是因为 10 月 1 日是国庆节,行为人在国庆节杀人的社会危害性肯定要重于平时杀人所造成的社会危害性。我们有时候讲"顶风作案惩罚重",

指的就是犯罪行为发生的时间。至于犯罪行为发生地点对社会危害性影响如何体现，比如行为人在上海南京路上杀人和在我们学校的松江校区杀人，社会危害性就不一样。因为行为人在上海南京路上杀人和在我们学校的松江校区杀人，所导致的社会恐慌心理和造成的恶劣影响不同，尽管最后对行为人的行为都认定为故意杀人罪，但是不同的故意杀人罪之间，会因为犯罪行为本身所包含的因素不同，它们的社会危害性大小也是会存在区别的。

第三个方面是行为人的主观方面。

针对行为人的主观方面，一方面包括犯罪动机，比如同样是杀人行为，有些是被逼杀人，有些是义愤杀人，有些是图财杀人，有些是报复杀人，有些是奸情杀人，这些杀人行为之间由于行为人的主观动机不同，最终被认定的社会危害性是不一样的。另一方面包括主观上的故意和过失，比如同样是杀人行为，可能存在过失致人死亡和故意杀人，两者所造成的社会危害性也是不一样的。

第四个方面是犯罪主体，也就是行为人自身的一些因素。

行为人自身的因素主要指年龄，因为行为人的年龄决定着不同的刑事责任能力，比如不满14周岁的人即使实施了犯罪行为，我们也不认为是犯罪。还有的情况是，虽然行为人已满14周岁，但还没有达到有关犯罪所要求的年龄的限度，比如已满14周岁不满16周岁的人实施了诈骗行为，依照刑法的规定不构成犯罪。此外，刑法规定不满18周岁的人构成犯罪的，应当从轻或者减轻处罚，这也是由于行为人年龄的因素决定了行为所造成的社会危害性大小不同。除了年龄因素之外，行为人自身因素还包括行为人辨认或者控制自己行为的能力等因素，也会影响到行为的社会危害性。需要指出的是，行为人是否具有特殊身份也是行为人自身因素中的内容之一，根据刑法规定，有些犯罪只有具有特殊身份的人才能构成，如渎职罪的犯罪主体只能是国家机关工作人员。有些犯罪具有特殊身份会影响处罚的轻重，例如，银行或者其他金融机构工作人员违反国家规定，向关系人发放贷款的，按违法发放贷款罪从重处罚。这也说明了身份因素也是影响社会危害性大小的因素之一。

第三，为什么说社会危害性是犯罪的本质特征？

我将社会危害性之所以是犯罪本质特征的理由总结为以下六点。

一是社会危害性是行为构成犯罪的前提，没有社会危害性也就没有犯罪。所有犯罪成立的条件总和都是说明行为具有的社会危害性及程度。如果行为不具备严重的社会危害性，就不可能有犯罪的成立。

二是行为虽然具有社会危害性，但是危害没有达到一定的程度，也不能构成犯罪。也就是说，作为犯罪本质特征的社会危害性，必须达到严重的危害程度。强调这一点，是为了把犯罪同其他违法和不道德行为相区别，这是坚持犯罪质的规定性与量的规定性相统一的要求。犯罪与一般违法行为及不道德行为都有社会危害性，区别它们的关键在于，准确界定各自的社会危害程度，也就是一个社会危害"量"的问题。换言之，某种危害社会的行为是否构成犯罪，实际上也是由社会危害性的大小决定的。对此，我国《刑法》第13条"但书"已作了明确规定，这条"但书"规定："……但是情节显著轻微危害不大的,不认为是犯罪。"由此可见,对于危害社会的行为是否构成犯罪,关键是由行为社会危害性的大小程度所决定的。

三是社会危害性的大小决定了对已经构成犯罪的行为是否需要刑事处罚的问题。行为具有社会危害性,也达到了严重的危害程度,但是根据《刑法》第 37 条的规定,"对于犯罪情节轻微不需要判处刑罚的,可以免予刑事处罚"。也就是说,行为人的犯罪行为达到了严重社会危害性的程度,也构成了犯罪,但是犯罪情节轻微,根据《刑法》第 37 条的规定,对行为人不需要判处刑罚,可以免予刑事处罚。这说明,对实际已经构成犯罪的行为是否要实际判处刑罚,也是由社会危害性的大小来决定的。

四是社会危害性是决定犯罪行为量刑的因素。也即对已经构成犯罪的行为而且要判处刑罚的行为之量刑轻重,也是由社会危害性的大小程度所决定的。我认为,社会危害性应当是决定我们对犯罪行为量刑的重要因素之一,司法实践中,我们主要是根据行为的社会危害性大小来决定对犯罪行为实际处罚的轻重。比如对于盗窃 5000 元和盗窃 5 万元量刑,因为两者所造成的社会危害性存在区别,所以处罚当然是不一样的。

五是社会危害性是判断行为是否构成正当行为(或称排除犯罪性行为)的关键因素。司法实践中发生过很多行为,从形式上看具有社会危害性,而且在很大程度上具备了相应的构成要件,但是,因为本质上不具有社会危害性,因此,我们不认为这些行为构成犯罪。正当防卫、紧急避险之所以不认为是犯罪,就是因为这些行为本质上不具有社会危害性,而是一种有益于社会的行为。就此而言,社会危害性还是判断是否构成正当行为的关键因素。

六是社会危害性是确定刑法中未完成停止形态构成犯罪的根据。刑法中有些行为从形式上看似乎并没有达到犯罪构成的全部要件,比如预备、未遂、中止等,也即行为人的行为不完全符合有关规范化的构成要件,但是由于这些行为在本质上具有社会危害性,因此我们也将它们按照犯罪处理。我国刑法对预备犯、未遂犯、中止犯等规定了不同的处罚原则,就是根据各种犯罪停止形态的社会危害性大小来确定的。

与前面这一点相比,我们可以说正当防卫、紧急避险之所以不是犯罪,是因为它们本质上不具有社会危害性;而预备、未遂和中止等之所以是犯罪,就是因为它们本质上具有社会危害性。通过这一正反两面的对比,我们可以充分说明社会危害性是犯罪的本质特征。

这六点实际上很容易理解,我再给大家简要概括一下。第一点和第二点,是指对行为罪与非罪的判断,如果没有社会危害性就不构成犯罪,如果具有社会危害性但是情节显著轻微的,也不认为是犯罪。第三点是社会危害性决定对已经构成犯罪的行为是否判处刑罚。第四点是对已经构成犯罪的并且要进行实际处罚的行为,社会危害性决定了对它量刑的轻重。第五点是正当防卫和紧急避险之所以不认为是犯罪,就在于它们本质上不具有社会危害性。第六点是预备、未遂、中止之所以是犯罪,就是因为它们本质上具有社会危害性。从这些分析中,我们就不难得出这一结论,即社会危害性是犯罪的本质特征,它是刑法的一根"中枢神经"。

前面讲的这些,就是我们要讲的社会危害性特征,这也是犯罪概念和特征里最重要的内容,希望大家引起注意。

2. 刑事违法性是犯罪的法律特征

接下来,我们讲犯罪行为的第二个特征——刑事违法性。

刚才我们重点讲了犯罪的本质特征是行为具有严重的社会危害性,也就是说,只有当行为危害社会的"量"达到了相当严重的程度时,才能确认它们为犯罪。不过,在社会生活和司法实践中,对某一危害社会的行为是否已经达到"相当严重"的程度,人们的认识不尽一致,这就需要通过权力机关以立法的形式加以规定。我国刑法根据社会上各种行为的社会危害性程度,有选择地宣布某种行为是犯罪并作出相应的规定,这就使犯罪在严重的社会危害性特征之外,又派生出第二个特征——刑事违法性。因此,我们应该明确刑事违法性的特征,它是犯罪的"法律特征"。

我认为,在罪刑法定原则已经确立的今天,尽管社会危害性仍然是犯罪的本质特征,刑事违法性是犯罪的法律特征,但是两者的地位要发生一定的变化,这个变化就是刑事违法性特征的地位应该有所提升。根据罪刑法定原则的要求,我们判断行为是否构成犯罪以及是否判处刑罚,都是依据刑法的明文规定。如果刑法规定了某个行为是犯罪,而行为人又实施了这种行为,我们认为这种行为具有社会危害性。实际上,强调犯罪认定上的法律特征,正是罪刑法定原则的重要体现。我认为,尽管社会危害性决定刑事违法性,但是它对社会危害性的反作用是巨大的,具体体现在,我们在很大程度上是通过法律的形式规定了一个行为具有的社会危害性的范围以及它的具体内容。刑事违法性从"规格上"提出判断一个行为是否具有社会危害性的标准。如果没有这种标准,我们就很难判断一种行为到底是否具有社会危害性。对于一些传统的犯罪,比如杀人放火,我们或许不需要用法条衡量就能判断出这种行为具有严重的社会危害性。但是,对于一些经济犯罪,如果不从法律本身去判断衡量,我们确实很难确定这类行为是否具有社会危害性。

我们讲犯罪的刑事违法性特征,不是讲犯罪具有一般意义上的违法属性,而是指它具有触犯刑事法律规范的"刑事违法性"特征。应当注意的是,违法与犯罪是两个既有联系又有区别的概念。我的问题是,违法和犯罪,哪一个概念大?(下讲台提问)

学生 1:"犯罪概念大。"

提问:"为什么?"

学生 1:"因为犯罪危害大。"

提问:"我不是问危害哪个大,而是问范围哪个大?"

学生 2:"当然应该是违法比犯罪的概念大。"

(回讲台)这位同学回答得应该是正确的。违法具有较为宽泛的含义,它既包括触犯刑事法律规范的行为,也包括民事上的违法、经济上的违法、行政上的违法和治安管理上的违法行为等等。只有社会危害性达到触犯刑事法律规定的严重程度时,这种行为才能被认为是犯罪。因此,犯罪一定是违法,而违法不一定是犯罪。比如我吐一口痰,这是一个违法行为,违反的是《卫生管理条例》,要不要处罚? 当然要处罚,可能要被罚款,但是,这是犯罪吗? 当然不是。所以,需要大家注意的是,犯罪一定是违法的,而违法不一定是犯罪的。换言之,犯罪是违法中的一个最高层面,最严重的违法就是犯罪。

3. 刑罚当罚性是犯罪的法律后果

接下来我们讲犯罪的第三个特征,刑罚当罚性。

危害社会的行为不仅要达到触犯刑事法律规范的严重程度,而且必须是应当给予刑罚处罚的,才属于犯罪。这就使犯罪行为又具有了"刑罚当罚性"的属性。刑罚当罚性是犯罪的第三个基本特征,我们把应受刑罚处罚性称为犯罪的法律后果。从本质上看,刑罚当罚性的犯罪特征,也是从犯罪的严重危害性中派生出来的,它与刑事违法性一样,都以严重社会危害性为前提条件,即是由犯罪的本质特征所决定的。同时,刑罚当罚性又是犯罪严重危害性及刑事违法性的必然结果,因此,仅仅认为"犯罪是应受刑罚处罚的行为",甚至将刑罚当罚性奉为犯罪本质特征的观点,都是不足取的。

关于对刑罚当罚性的理解,还有一个问题需要大家注意。有这样一句话,"犯罪是应当受刑罚处罚的,因此对一切犯罪行为,都必须判处刑罚"。这句话是对还是错呢?(下讲台提问)

学生 1:"错的,因为它没有看清楚犯罪的本质特征,如果已经构成犯罪,但是社会危害性不大的,也可以考虑不判处刑罚。"

提问:"也就是说并不是对所有的犯罪行为都必须判处刑罚,你是不是这个意思?"

学生 1:"是的。"

提问:"那么,按你的说法,也就是并非所有的犯罪都具有应受刑罚处罚性的特征,是不是这样?"

学生 1:"是的。"

提问:"也就是应当判处刑罚处罚并不是所有犯罪的基本特征,是吗?"

学生 1:"对。"

提问:"依你的意思,犯罪就不是具有三个特征,有的犯罪只要两个特征就可以了?"(全场笑)

学生 2:"我认为应当罚和必须判处刑罚是不一样的。"

提问:"我们来看一下,这句话的前半部分和后半部分有没有矛盾? 犯罪是应当受刑罚处罚的行为,这句话对不对?"

学生 2:"对。"

提问:"那么,所有犯罪行为都应当判处刑罚,对不对?"

学生 2:"不对。"

提问:"那么你认为问题出在后半部分,对吧? 那我们就主要看后半部分,你认为并不是对所有的行为都要判处刑罚,有些行为不需要判处刑罚,对不对? 也就是说,并不是所有的犯罪行为必须判处刑罚。那么,并不需要判处刑罚的这种犯罪是不是也具有应当受刑罚处罚的这种特征呢?"

学生 2:"应当具有。我觉得虽然在实际的司法实践中没有判,但是应当受刑罚处罚是强调一种国家强制力所在。比如说在自诉刑事案件中,行为是属于犯罪,但是属于告诉才处理,如果当事人没有提起诉讼,国家强制力还在,只不过没有刑罚处罚。"

提问:"你认为应当和必须是不一样的,对吧? 但是我可以很负责地告诉你,刑法中的'应当'和'必须'就是一样的。"(全场笑)

(回讲台)经过刚才的讨论,同学们也许已经清楚,我刚才提出来的这句话当然是错的。犯罪是应当受到刑罚处罚的,但是这个并不意味着对一切犯罪行为都必须判处刑罚。那么,我们应该怎么来理解这个问题呢? 这句话实际上是把两种不同"层面"的东西拉在一句话里面。"犯罪是应当受到处罚的行为",这是从"犯罪的性质"的角度去谈的,其表明任何犯罪行为在性质上都是应当受刑罚处罚的。那么,"对一切犯罪都必须判处刑罚"则是从"实际惩罚"的角度讲的。我认为,"犯罪的性质"和对犯罪行为的"实际惩罚"是两个不同层面的问题。换句话讲,那些没有被实际判处刑罚的犯罪行为,在性质上仍然是应当受到刑罚处罚的。我们不能把犯罪的性质和对犯罪的实际处理等同起来。无论是不是实际判处刑罚,只要构成犯罪,在性质上都应当是受到刑罚处罚的。免于刑事处分的行为,在性质上仍然是应受刑罚处罚的。实际上,也正是因为有了这种"应当受刑罚处罚"的性质,所以我们才有了免于刑事处分的问题,否则怎么叫免予刑事处分呢? 因为不应当处罚的话,我们就没必要免去刑罚处罚。比如说,你应当交学费,因为家庭困难,学校让你免交学费,也就是说,你应当交学费但是学校让你免交学费。相反,如果你本来就不应当交学费,也就根本不会存在免交学费的问题。所以,对一切犯罪都必须判处刑罚和犯罪是应当受刑罚处罚的行为,这是两个不同层面的提法,我们不能把它们混在一起,不能因为立法和司法中存在免予刑事处分的情况,就认为有些犯罪行为在性质上是不应当受刑罚处罚的,从而得出应受刑罚处罚并不是一切犯罪所具有的特征这一错误结论。

在结束这部分内容前,我想为大家专门讲一下《刑法》第13条中的"但书规定"。

首先,需要大家注意的是,《刑法》第13条"但书规定"和《刑法》第37条之间的区别。

《刑法》第13条最后一句规定,"但是情节显著轻微危害不大的,不认为是犯罪"。前面我们提到过《刑法》第37条规定,"对于犯罪情节轻微不需要判处刑罚的,可以免予刑事处罚"。大家要注意的就是这两个条文之间的区别。第一,两个条文在性质上是有本质区别的,第37条的"可以免予刑事处罚"认为行为构成犯罪,而第13条的"但书"规定认为行为不构成犯罪。所以,两个条文之间的关系是罪与非罪的关系。第二,两个条文的表述不同,第13条的"情节显著轻微"与第37条的"犯罪情节轻微"相比,第37条比第13条多了"犯罪"两字,少了"显著"两字。在考试的时候,我们经常会在题目中把这两条打乱和交叉,比如改成"情节显著轻微,危害不大,不需要判处刑罚的,可以免予刑事处分"或者改成"犯罪情节轻微,危害不大,不认为犯罪"等。

其次,还需要大家注意的是,"但书规定"中的"情节显著轻微,危害不大"的含义。

实际上,"但书规定"是从"情节显著轻微"和"危害不大"两个方面来表述不构成犯罪行为的条件。大家思考一下,"情节显著轻微"和"危害不大",是否必须同时具备才不认为行为是犯罪,还是说只需要具备其中之一就不认为是犯罪?(下讲台提问)

学生1："我认为,必须两者同时具备。"

学生2："我认为,只要具备'情节显著轻微'这一个条件即可。"

学生3："我觉得,只要满足'危害不大'这个条件就可以。"

(回讲台)我认为,在这里情节和危害是两个不同层面的概念。实践中,有些犯罪行为是情节相当严重,但危害不大,也有些犯罪行为是情节显著轻微,但危害很大。我们去判断这样的行为是否构成犯罪,就需要搞清楚这个问题。比如说,一个检修工在检查电网工作中,规章制度要求工人在进入电网工作之前,必须把口袋里的东西清空。但是,在检查的时候,放在这个工人口袋里面的一个硬币没有被检查出来,显然这属于检查工作的疏忽。这个工人在工作的时候,硬币掉进了电网中,使得整个电网全部被烧掉,造成很严重的经济损失。这个工人的行为所造成的社会危害性很大,但是犯罪情节本身确实十分轻微,大家分析一下,这个工人构成犯罪吗? 我认为,尽管他的行为情节很轻微,却造成了严重的社会危害,我们仍然认为他的行为构成犯罪。我再举一个例子,一个人准备了十把机枪去杀人,显然构成情节严重,但是当他刚刚装好机枪,还没来得及瞄准的时候,就被警察抓获,显然他的行为并没有造成严重的社会危害。同样的道理,尽管他的行为没有造成严重的社会危害,却因为情节严重,我们仍然认为他构成犯罪。所以,我认为,"情节显著轻微"和"危害不大"作为认定不构成犯罪两个条件,必须同时具备,缺一不可。

二、犯罪的分类

接下来,我们来看犯罪的分类。犯罪分类,是指根据犯罪所具有的某些特殊属性,将犯罪划分为若干相互对应的类别。大家要注意,对犯罪的分类,我们有理论上的分类和立法上的分类两种。

(一)犯罪的理论分类

我们刑法理论根据不同的标准对犯罪作出了各种不同的分类。

1. 自然犯与法定犯

自然犯,又称刑事犯,是指违反公共善良风俗和人类伦理,由刑法典和单行法规加以规定的犯罪。法定犯,又称行政犯,是指违反行政法规中的禁止性规范,并由行政法规中的刑事法规所规定的犯罪。比如由行政经济法规所规定的职务犯罪、经济犯罪等就是法定犯。这一类犯罪的特点在于,它们原来都没有被认为是犯罪,由于社会情况的变化,在一些经济行政法规中首先作为被禁止的行为或作为犯罪加以规定。随后在修订的刑法中予以吸收而被认定为犯罪。理论上通常将法定犯的这个特点称为"两次违法"。

接下来,我们来分析一下自然犯和法定犯的本质区别。实际上,这个区别在两者的概念里面反映得很清楚,自然犯是违背人的伦理道德观念的犯罪,也就是说,人们按照一般的伦理道德观念,就可以很直接、很清楚地判断出某种行为是否构成犯罪。比如故意杀人、抢劫、强奸、放火、爆炸、盗窃等犯罪,我们不需要去查法条,只需要根据一般的伦理观念就可对这些行为作出是否构成犯罪的评价。对于法定犯来说,从人的伦理道德观念来讲,我们是很难判断出某个行为是不是犯罪。比如证券犯罪中的内幕交易罪,从交易行为本身来看,一个人拿钱去买股票,然后抛出股票,他在买卖过程中所得的利润都是通过正规交易机制获得的,并且相应的,对方也都是自愿去从事这种交易行为的。因此,从内幕交易中的交易行为本身看,我们无法判断它是否构成犯罪。但是,我们通过查找法条后就可以发现,法条明确规定,知道内幕消息的行为人是不允许利用这个内幕消息进行交易的,如果违背这个规定,行为人就构成内幕交易罪。因此,内幕交易行为和我们前面所列举的故意杀人、抢劫、盗窃等行为相比,存在很大的区别。

但是,自然犯和法定犯只是一种理论上的分类,实践中对于这种分类一直存在争议。比如说,我们一般认为经济犯罪都属于法定犯,这也产生了很多值得研究的问题。比如金融诈骗罪属于经济犯罪范畴,但是,其也具有违背人的伦理道德属性,那么这种犯罪行为到底是自然犯还是法定犯? 再比如,台湾地区的一些刑法学家认为,自然犯和法定犯分类的最大意义在于,它实际上是单位是否可以成为某种犯罪主体的分界线。按照这些学者的观点,单位可以成为法定犯的犯罪主体,却不能成为自然犯的犯罪主体。因为,单位是一个虚拟的人,它是法律意义上的人,而不是生活中一般的自然人,由于它不具备自然人的头脑,也就不可能具有伦理道德观念。正是因为这个原因,单位无法成为自然犯的犯罪主体。因此,当实践中出现单位实施故意杀人行为的时候,我们无法用故意杀人罪追究单位的刑事责任。比如,我们有个地方就已经出现过这类案件,一个单位的厂委会为了单位的利益,集体开会讨论后,决定雇用杀手去杀死竞争对手。在这个案件中,行为人的行为都是为了单位利益,依据单位犯罪的原理我们理应把这种情况理解为单位犯罪,但是,故意杀人是一种完全违背人的伦理道德观念的行为,因而单位不能成为故意杀人罪的犯罪主体。那么,我们如何追究相关人员的刑事责任呢? 我认为,厂委会的成员实际上是一个自然犯的集合体,也就是说,他们和杀手形成了一个由自然人实施的共同犯罪。2014 年 4 月 24 日全国人大常委会通过的《关于〈中华人民共和国刑法〉第三十条的解释》规定,公司、企业、事业单位、机关、团体等单位实施刑法规定的危害社会的行为,刑法分则和其他法律未规定追究单位的刑事责任的,对组织、策划、实施该危害行为的人依法追究刑事责任。该立法解释对于如何处理单位实施的自然犯作出规定。因此,在这个案件中,我们可以追究相关主管人员或直接责任人员以及杀手等自然人共同犯罪的刑事责任。由此可见,自然犯和法定犯的分类还是具有一定的理论意义的。

2. 身份犯与非身份犯

身份犯,是指以国家机关工作人员、公司企业管理人员、科学技术人员等一定身份作为犯罪构成主体条件的犯罪。比如贪污罪、受贿罪、玩忽职守罪、滥用职权罪等等。需要注意的是,在西方国家,身份犯被称为白领犯罪,但是我们刑法规定的身份犯比西方白领犯罪的范围要宽广得多,这是因为,只要在刑法分则中对这个犯罪的主体要件作出特别规定的,我们都可以把它理解为身份犯。非身份犯,是指身份犯以外的,刑法对其犯罪主体条件未作特别限定的犯罪,诸如故意杀人罪、故意伤害罪、聚众斗殴罪、盗窃罪、诈骗罪、抢劫罪等等。

从一般意义上看,以犯罪主体的特殊身份对行为人刑事责任的影响性质为标准,可以将这种特殊身份分为定罪身份与量刑身份两种情况。

所谓定罪身份,是指决定刑事责任是否存在的身份,又叫做犯罪构成要件的身份。这种身份是刑法分则某些具体犯罪构成中犯罪主体必须具备的条件,如果不具备这种特定身份,犯罪主体要件就不具备,因而就不能构成刑法分则所规定的某一特定犯罪。比如说,脱逃罪要求犯罪主体是被关押的人犯,如果行为人是被取保候审的,被判处管制或者缓刑的,就不能构成脱逃罪的主体。再比如,贪污罪,刑法规定犯罪主体必须是国家工作人员,如果行为人不具备国家工作人员这一特定身份,就不符合贪污罪的主体要件,其行为也就不能独立构成贪污罪。

所谓量刑身份,也就是影响刑事责任程度的身份,又可称为影响刑罚轻重的身份,是指根据刑法的规定,某种特定的身份存在与否对行为人刑罚的轻重、有无产生影响的身份。比如,《刑法》第349条第2款规定:"缉毒人员或者其他国家机关工作人员掩护、包庇走私、贩毒、运输、制造毒品的犯罪分子的,依照前款的规定从重处罚。"

3. 行为犯与结果犯

行为犯,是指以侵害行为之实施为构成要件的犯罪,或者是以侵害行为实施完毕而成立犯罪既遂状态的犯罪。行为犯的概念分成前后两个部分,在"或者"之前是一个部分,在"或者"之后是一个部分。"或者"之前的部分,也就是我们通常所说的"举动犯",我们把行为的实施作为犯罪成立的标准,在这种情况下,由于行为人只要一着手实施犯罪就构成既遂,因而不存在犯罪未遂问题,典型的如煽动分裂国家罪、煽动颠覆国家政权罪等;"或者"之后的部分,我们是以行为实施完毕作为判断犯罪既遂的标准,在这种情况下,则既有可能是既遂,也有可能是未遂,典型的如诬告陷害罪、伪证罪、偷越国(边)境罪等。

结果犯,是指以侵害行为产生相应的法定结果为构成要件的犯罪,或者是指以侵害结果的出现而成立犯罪既遂状态的犯罪。结果犯的概念也是以"或者"为界分为两种情况,前一种情况是把结果是否产生作为犯罪成立的标准,后一种是把以结果是否发生作为区分既遂和未遂的标准。对于前一种情况,刑法规定所有的过失犯罪都要有结果,没有结果就不构成过失犯罪,这个就是以结果的有无来区分罪与非罪的标准。典型的如玩忽职守罪、交通肇事罪、过失致人死亡罪等过失犯罪;对于后一种情况,刑法有很多故意犯罪,都是将结果是否发生作为区分既遂和未遂的标准。典型的如故意杀人罪、盗窃罪、贪污罪、敲诈勒索罪等。因此,大家需要特别注意,很多故意犯罪中把结果是否发生作为区分既遂未遂的标准,而在所有的过失犯罪中都把犯罪结果是否发生作为区分罪与非罪的一个标准。

4. 实害犯与危险犯

实害犯,是指以出现法定的危害结果为构成要件的犯罪。危险犯,是指以实施危害行为并出现某种法定危险状态为构成要件的犯罪。实害犯是相对于危险犯而言的一个概念,所以通常在规定实害犯的时候,也往往规定有危险犯。如果没有危险犯的法条规定,但是却一定要有某种具体实害结果的发生,我们就不把它称为实害犯,而是叫做结果犯。比如,刑法中专门规定"足以导致……危害发生的"构成犯罪,也规定"已经发生这种危害的"同样构成犯罪。比如,《刑法》第114条专门规定了"足以危害公共安全但尚未造成严重后果"的危险状态,第115条规定了"已经造成严重后果的"实害结果。那么,我们认为第114条规定的是危险犯,而第115条规定的是实害犯。从实质上看,实害犯其实也是一种结果犯,只是因为法条中有危险犯的规定,才对应存在了实害犯的概念。

5. 重罪与轻罪

在国外刑法中,根据犯罪所处刑罚种类的不同,一般都有重罪与轻罪之分。虽然我国没有作出这种划分,我们理论上通常以法定刑3年作为划分轻罪和重罪的一个界限,法定刑3年以下的是轻罪,3年以上的就是重罪。这只是个理论上的分类,实际上还有其他确定标准,比如最高人民法院的统计材料是以法定刑5年作为标准的,而我们司法实践中则是以法定刑10年作为标准的。

除了前面讲的分类以外,刑法学理论还对犯罪进行了其他一些分类,比如说,以犯罪次数或其他法定条件为标准,可以分为初犯、累犯、再犯;以犯罪终了后不法行为或不法状态的具体情形为标准,可以分为既成犯、继续(持续)犯、状态犯;以犯罪时空条件为标准,可以分为同时犯、同地犯与隔时犯、隔地犯;以犯罪人的犯罪特性为标准,可以分为常业犯、习惯犯、普通犯等等。

(二)犯罪的立法分类

接下来我简要讲一下犯罪在立法中的分类。

1. 国事犯与普通犯

我国1979年《刑法》分则将第一章称为"反革命罪",1997年《刑法》将其更名为"危害国家安全罪",属于国事罪的范畴;其余第二章至第十章规定的各类犯罪,相对于"危害国家安全罪"而言,都是普通犯罪。

2. 故意犯罪与过失犯罪

在我国,故意犯罪被规定在《刑法》第14条中,是指明知自己的行为会发生危害社会的结果,并且希望或者放任这种结果发生,从而构成的犯罪。过失犯罪则被规定在《刑法》第15条中,是指应当预见自己的行为可能发生危害社会的结果,因为疏忽大意没有预见,或者已经预见而轻信能够避免以致发生这种结果的犯罪。刑法目前是以处罚故意犯罪为原则,以处罚过失犯罪为例外。

3. 一般犯罪、类罪与具体犯罪

以犯罪客体为标准,分为一般犯罪、类罪和具体犯罪。一般犯罪是《刑法》第13条规定的犯罪概念。类罪是立法时将所有的具体犯罪划分为若干类。比如我国刑法分则将所有的具体犯罪划分为十类,而分则十章所形成的这十类犯罪就属于类罪。具体犯罪就是刑法分则每一章或每一节里规定的犯罪,比如抢劫罪、盗窃罪等等。

作为理论划分的时候,这种划分方法具有一定的意义。对于各个章节具体罪名所保护的社会关系的理解,不能超出该罪名所属章、节所保护的社会关系的范围。例如,诬告陷害罪尽管有扰乱司法秩序的一面,但在确定该罪所保护的社会关系时,仍应限制在该章所保护的人身权利、民主权利范围内。但是定罪量刑过程中所引用的罪名都是具体犯罪的罪名,不能引用类罪罪名。因此,我们不能说某甲构成犯罪依法判处有期徒刑多少年,我们也不能说某甲构成侵犯公民人身权利和民主权利罪,依法判处多少年。大家要注意的是,只有具体罪名才是我们定罪的依据,而不能以类罪或一般犯罪来定罪。

4. 亲告罪与非亲告罪

亲告罪是指告诉才处理的犯罪,也就是我们常说的"不告不理"。前面我在提问的时候,有的同学认为亲告罪可以不具有应受刑罚处罚性特征,这个讲法是不对的。只要是犯罪,无论是亲告还是非亲告,都是具有应受刑罚惩罚性的特征。如果被害人选择不告,那么这种行为就不构成犯罪,不构成犯罪自然就不具有应受刑罚处罚性。在亲告罪中,被害人可以选择告与不告,这是判断是否构成犯罪的一个关键因素,选择不告就一定不是犯罪,选择告诉就有可能构成犯罪。如果被害人选择告诉,并且又被认定为犯罪的情况下,这个行为就应该具有应受刑罚惩罚性的特征。

我国刑法规定的亲告罪有五个,包括侮辱罪、诽谤罪、暴力干涉婚姻自由罪、虐待罪和侵占罪。它们大多与被害人的人格、名誉权利和婚姻家庭关系密切相关,也有一些与侵吞他人财产等道德问题有关。从程序法的角度看,它们不属于公诉案件,必须由被害人或其近亲属自己到人民法院提起诉讼,法院才予以受理。要注意自诉的概念和亲告的概念是不同的,自诉的范围更大,这其中还包括其他的犯罪,比如重婚罪是自诉案件但不是亲告罪。因为即使被害人选择不告,行为人仍然是构成重婚罪并要被追究刑事责任。但在刑事诉讼程序中,被害人可以采用自诉的程序发动。再比如一些轻微伤害的刑事犯罪,同样不属于告诉才处理的亲告案件,但是可以采用自诉的形式来提起诉讼。

除亲告罪以外的其他犯罪,都是非亲告罪。非亲告罪需要由公安机关、检察机关立案侦查,并由检察机关代表国家提起公诉。不过,从全面保护被害人的利益出发,在我国,当被害人因受强制、威吓而无法告诉时,法律则允许人民检察院和被害人的近亲属进行告诉。另外,亲告罪在刑法中往往还同时规定了达到某种程度就不属于亲告罪,这个也是我们需要注意的一个问题。

5. 自然人犯罪与单位犯罪

根据犯罪主体的状况,我们可以将犯罪分为自然人犯罪与单位犯罪。自然人犯罪就是达到刑事责任年龄具有刑事责任能力的人实施的犯罪行为。单位犯罪是公司、企业、事业单位、机关、团体实施了刑法分则明确规定的单位可以构成犯罪的行为。在我们讲到犯罪主体时,我们还要专门并且更加深入地探讨这个问题,这里只是简单地介绍一下。

好,关于犯罪概述的内容我就为大家介绍到这,谢谢大家!

第七讲

犯罪构成

在这一讲中,我要给大家介绍的是犯罪构成的内容。

一、犯罪构成概述

(一) 犯罪构成理论沿革

我们首先来了解一下犯罪构成理论沿革。关于犯罪构成理论沿革,我们分成以下三个阶段来介绍。

1. 资产阶级犯罪构成的理论

首先,我介绍一下资产阶级犯罪构成的理论。

犯罪构成是由资产阶级刑法学家首先提出并创立的,是资产阶级反对封建司法专制的历史性产物和法治思想在刑法学上的成果。起初,犯罪构成只具有诉讼法上的意义。直到19世纪初,德国著名刑法学家费尔巴哈和斯鸠比尔才明确把犯罪构成作为刑法实体意义上的概念来使用。现代意义上的犯罪构成理论,形成于20世纪以后。对犯罪构成理论的发展作出过重大贡献的学者有德国著名刑法学家贝林格、迈耶和麦兹格等。德国的构成要件理论传入日本后,小野清一郎、团藤重光等学者进一步发展了这个理论。目前,大陆法系国家的构成要件理论形成了通说,构成要件符合性、违法性、有责性是成立犯罪的三个条件。因此,构成要件符合性只是犯罪成立的条件之一,符合构成要件的行为原则上具有违法性,另外,有的学者还主张构成要件不仅包括客观的、记述的要素,而且包括主观的、规范的要素。

2. 苏联的犯罪构成理论

接下来,我们来了解一下苏联的犯罪构成理论。

我们了解苏联的犯罪构成理论主要还是要了解苏联的犯罪构成理论对我国的影响。大家都知道,苏联的犯罪理论对我国犯罪构成理论的形成具有重大影响,这种影响体现在我们国家早期的刑法学教育中。在我们这一代人学习刑法之前,我们的法学教育都是沿用苏联的犯罪构成理论,我国基本上没有形成独有的犯罪构成理论。包括现在我们的犯罪构成理论,其中有很大一部分也是沿用了苏联的犯罪构成理论。特别值得一提的是,1946年苏联出版了特拉伊宁教授撰写的专著《犯罪构成的一般学说》,它是苏联第一部专门研究犯罪构成理论的著作。这本书对犯罪构成的概念、要件、理论体系、意义及各相关问题,都作了十分全面、系统的论述,并对资产阶级犯罪构成理论的诸多方面提出了批判。这本书也是我们当年学习刑法的主要教材。

苏联的犯罪构成理论有两个基本特点:一是认为犯罪构成是说明行为的社会危害性的要件;二是认为犯罪构成是犯罪的客体、犯罪的客观方面、犯罪的主体、犯罪的主观方面的统一体,因而犯罪构成本身就包含了前面讲的成立犯罪所必需的四个要件。苏联解体之后形成的一些独立的国家,俄罗斯作为最强大也是最有影响力的国家,它的刑法学理论的发展是最具有代表性的,但是从俄罗斯近年出版的刑法教科书情况看,它的犯罪构成理论的体系、内容及基本观点,基本上是沿用了苏联的犯罪构成理论。

3. 我国犯罪构成理论的形成和发展

最后,我们来了解一下我国犯罪构成理论的形成和发展。

我国犯罪构成理论的形成和发展经历了一个相当长的过程。20世纪50年代初期,我们直接引进了苏联的犯罪构成理论。从此,苏联的犯罪构成理论在相当长的一段时间里,占据了我国犯罪构成理论的重要位置。后来,由于受到法律虚无主义观念的影响和对苏联的全盘否定,苏联的犯罪构成理论在我国刑法理论中也受到了批判和全盘否定。那段时期里,刑法中是不存在犯罪构成理论的。在粉碎林彪江青反党集团以后,我们开始总结"文化大革命"的经验教训,在对刑法拨乱反正的过程中,我们又逐步地恢复了对犯罪构成理论的研究和学习。

在20世纪80年代初期,国家的"严打"工作需要增加人手。当时我刚刚留校任教,而当时正好是"严打"时期,我带着学生们到上海某一个区里实习,区里政法委领导负责安排我们的实习工作。在整个实习的过程中,这位领导把我们的工作安排得井井有条。到了最后实习结束的时候,我觉得他对我欲言又止。我就问他是不是对我们的工作有什么想法,他就告诉我,希望我在以后的办案过程中不要让学生在办案时说这个构成那个构成,因为实践中是不讲犯罪构成的,如果总去考虑犯罪构成就会影响办案效率。我当时没好意思直接反驳他,但是如果让我回去告诉学生办案时不要考虑犯罪构成,显然我是说不出口的,因为我的工作就是教授学生犯罪构成理论的,这样做不是让我不要再教刑法了吗?时隔不久,我去参加一次上海市的普法讲座,市里专门组织各个区的政法委领导来参加。我就花了较多的时间专门讲了犯罪构成要件理论,而且还特意强调了犯罪构成的重要性。我还点名提到了曾经有一位政法委领导不赞成我给学生讲授犯罪构成理论的事情,后来我看到这位政法委领导也坐在下面,若有所思且频频点头。

我认为,定罪量刑必须要有标准,而犯罪构成就是规格,不讲犯罪构成就是不讲定罪的"规格",也就意味着我们可以随意对别人的行为定罪,这无异于"文革时期"的错误做法。尽管我们曾有相当长的时间在否定犯罪构成,但是,在否定的过程中实际出现了大量的冤假错案。因此，犯罪构成是我们必须坚持的重要的刑法理论。目前的司法实践中，经常有些学者会对犯罪构成进行反思和重构，但是很少有人会主张取消犯罪构成。如果取消了犯罪构成，就意味着定罪量刑失去了规格，而这种没有规格的定罪量刑是不能让人信服的。当然，我们后面还会花大量的时间去详细介绍犯罪构成的具体要件，这里只是从宏观上简单介绍一下。

（二）犯罪构成的概念与特征

接下来，我们来看犯罪构成的概念和特征。首先，我们来了解一下犯罪构成的概念。所谓犯罪构成是指由刑法规定的，决定某一犯罪行为社会危害性大小，并为构成犯罪所必须具备的主观要件和客观要件的总和。

根据犯罪构成的概念，这里有三个要点需要大家注意。

第一，犯罪构成以刑事实体法的规定为标准。

我刚才讲过，犯罪构成是犯罪的规格与标准，某一行为是否符合犯罪构成，是判断该行为人是否要对其行为承担刑事责任的根据。由于"罪刑法定"是我国刑法的基本原则之一，因此，犯罪构成要件必须由刑事法律予以明确规定，这也是社会主义法治原则的具体体现。

值得大家特别注意的是，不是所有的犯罪构成要件都会在刑法条文中明确规定。我们经常讲的作为犯罪构成的要件在刑法条文中的规定实际上有两种形式，一种叫显性要件，一种叫隐性要件。因为有很多要件实际上是众所周知的，或者说有很多要件实际上是不言而喻的，那么我们在刑法中就省略规定，这种被我们省略的要件就是隐性要件。另外，如果刑法将所有的要件都进行明文规定，就会导致刑法的"臃肿"，实际上也没有这个必要。比如盗窃罪，盗窃的主观要件是故意，这是众所周知、不言而喻的。因此，刑法对盗窃罪的规定就省去了"故意"这个主观要件。犯罪构成还有一些共同性的要件，有的情况在刑法条文里是集中加以规定的，比如说年龄、故意和过失的具体含义，刑法总则的条文已经作出了明确规定，我们在分则的具体犯罪中就不再另外规定。这就是大家需要注意的第一点。

第二，犯罪构成是主观要件和客观要件的总和。

犯罪构成实际上是由一系列的要件综合而成。从性质上看，这些要件可以划分为两大类，包括反映行为人主观方面特征的主观要件和反映行为客观方面特征的客观要件。我国刑法在犯罪认定及刑事责任的追究方面，坚持主观罪过与客观危害的统一性。因此，如果要认定一个人的行为构成犯罪，就必须证明他在主观上存在罪过，客观上具有危害社会的行为，并且他主观上的罪过与客观上的危害行为和结果之间具有内在的联系。以贪污罪为例，构成贪污罪必须满足下面四个构成要件。一是犯罪客体，贪污罪侵害的是公共财产所有权和公务人员的职务廉洁性。二是犯罪客观方面，行为人必须是利用职务上的便利，侵吞、窃取、骗取或者以其他非法的手段占有公共财物的行为。如果行为人没有利用职务上的便利从事那些行为，有可能构成盗窃罪或者其他犯罪。三是犯罪主观方面，行为人主观上必须是故意，过失不能构成贪污罪。四是犯罪主体方面,行为人必须是国家工作人员。如果行为人不具有国家工作人员身份,有可能构成职务侵占罪或者其他犯罪。我们可以看出,贪污罪的构成要件实际上是一系列要件的总和,是一个综合体,而不是某一点或者某一个方面,这是需要我们注意的第二点。

第三,犯罪构成是由证明行为的社会危害性及其程度的要素组合而成的。

在社会生活中,与犯罪有关的事实特征形形色色、千差万别。这些事实特征都从不同的侧面及意义上说明、证实了犯罪。比如犯罪的对象、时间、地点、方法、痕迹,行为人的相貌、衣着、体态、身高、年龄、口音、习惯动作,以及犯罪者的身份、人数等,他们对于侦破、证实和认定犯罪,都有不同的作用。不过,如此众多的犯罪事实特征,并非都是犯罪构成所必需的要件。下面我来假设一个案件,某一天在上海人民广场东南角边上,有一个身高一米八零的、肤色偏黑的并且穿着皮夹克的男青年,他持刀抢劫了一个妇女的钱财。在这样一个案件中,从侦查角度去看,这里有很多事实特征与抢劫行为有关,比如这个人肤色偏黑、身高一米八零、穿着皮夹克、抢劫所用凶器的特征、实施抢劫的具体手段、抢劫财物的价值、被抢妇女的身高以及所抢财物的颜色等等,以上这些都是我们侦查中应当考察的一些问题。但是,这些情况对于判断这个人是否构成犯罪,不具有任何价值。因为,行为人脸黑或脸白对于其行为是否构成抢劫罪是没有影响的,我们不能因为行为人脸黑就认为他构成抢劫罪,也不能因为行为人脸白就不构成抢劫罪,抢劫罪对于行为人的脸色没有任何限制。所以说,脸黑或脸白对于判断行为社会危害性大小,不具有刑法上的意义。在这个案件中,我们关键是要分析行为人的行为是否侵害了被害妇女的财产所有权?其采用的手段是否符合抢劫的行为特征?其是否实际抢到了财物?其是否达到了法定年龄且行为时精神是否正常?其主观上是否具有故意等因素?因为,这些因素对于行为人的行为是否构成犯罪才具有决定意义。

刑事实体法规定犯罪构成,是为了最终解决犯罪认定的标准问题,所以,我们就必须在众多的犯罪事实特征中进行筛选、抽象,把其中对行为成立犯罪所必需的那些主客观事实特征总结和概括出来,并将其确定为犯罪构成的要件内容。所以,犯罪构成必须是由成立犯罪所必需的一些最基本的事实要件组合而成,因此,我们就必须对众多事实特征进行提炼与精选。事实上,我们所考虑的犯罪构成要件,主要围绕的是社会危害性及其程度,只有能够说明行为社会危害性及其程度的这些要素才是我们犯罪构成的要件。我们依据这个标准,在众多的犯罪事实特征中进行筛选、抽象,最后确定犯罪构成的四要件是客体、客观方面、主体、主观方面。

(三)犯罪构成与犯罪概念

接下来,我想给大家讲一下犯罪构成和犯罪概念的联系和区别。

首先,我们看一下两者之间的联系。

犯罪概念是犯罪构成的基础,犯罪构成是犯罪概念的具体运用。一方面,我们认为犯罪概念是犯罪构成的基础,理由在于,犯罪构成只有在犯罪概念的指导下,才能成为罪与非罪、此罪与彼罪的一个标准。具备犯罪构成的行为,仅仅只是符合了犯罪构成的四个要件,不一定就能构成犯罪。一个行为,只有既具备犯罪构成,同时符合社会危害性、刑事违法性和应受刑罚惩罚性的特征,才是犯罪行为。另一方面,我们认为犯罪构成是犯罪概念的具体运用,因为犯罪概念对罪与非罪的界定作用只有通过犯罪构成才能发挥,没有犯罪构成,犯罪概念是空洞的。由此可以看出,犯罪构成和犯罪概念两者之间相辅相成,具有密切联系。

其次,我们看一下两者之间的区别。

犯罪构成和犯罪概念的区别主要体现在两方面。一方面,犯罪构成与犯罪概念所表述的内容不一样。犯罪概念着重表述的是一切犯罪所具有的最基本的政治本质和危害本质,这个是从宏观上讲的,它反映的是一个犯罪的共性问题。而犯罪构成所要揭示和表述的是犯罪的规格和标准,因此它所揭示的实际上是一些具体犯罪的具体特征,应该说是从微观上看的。另一方面,两者的作用不一样。犯罪概念为人们提供了区分罪与非罪的界限,而犯罪构成除了可以用来区分罪与非罪以外,我们还把构成要件作为区分此罪与彼罪的界限。比如说,刑法规定了什么样的行为构成犯罪,这实际上也告诉了我们什么样的行为不构成犯罪。因此,这个概念实际上是一个划分罪与非罪的界限。但是,单凭概念本身,我们是无法区分一个行为到底构成这个罪还是构成另外一个罪的。以盗窃罪和诈骗罪为例,按照犯罪概念,我们没有办法对两个罪名进行区分,必须借助犯罪构成的四个要件。具体来说,盗窃罪的客观方面是秘密窃取,诈骗罪的客观方面是虚构事实、隐瞒真相。因此,我们只要根据两罪的客观方面的区别,就可以很好地区分盗窃罪和诈骗罪,而我们所依据的这个客观方面就是犯罪构成的要件之一。因此,对于此罪和彼罪的区分,仅仅根据犯罪概念是不够的,只有通过比较犯罪构成的要件,才能把两个不同的罪名区别开来。

二、犯罪构成要件

接下来,我们来看一下犯罪构成的要件与层次结构。

(一)犯罪构成的要件

我们首先来看犯罪构成的要件。犯罪构成是一个有机的整体,是由各相互依赖、相互作用的主客观要件共同组成的。首先要注意的就是,犯罪构成要件究竟包括哪些方面。按照我国刑法理论的通说,犯罪构成要件分别包括犯罪客体、犯罪客观要件、犯罪主体和犯罪主观要件四个有机组成部分。

下面,我为大家分别介绍一下犯罪构成四要件的含义。

首先,犯罪客体是用以说明犯罪社会危害性有无的要件,它是犯罪本质特征在犯罪构成中最集中的反映,是我国刑法所保护而为犯罪行为所侵害的社会关系。其次,犯罪客观要件是用来说明我国刑法所保护的社会关系是通过行为人怎样的行为受到侵害,在怎样的情况下受到侵害,以及受到怎样的侵害的要件。包括危害行为、危害结果等。再次，犯罪主体是用来说明构成犯罪的行为人的基本特性的要件，它不仅包括自然人和法人，还包括自然人的刑事责任年龄和刑事责任能力状况，在一定条件下还包括自然人的特殊身份与特定地位。最后，犯罪主观要件是用来说明行为人是在怎样的心理状态支配下实施危害社会行为的要件，具体指犯罪故意和犯罪过失，以及某些特定的犯罪目的等，它是犯罪主观恶性的重要体现。

关于犯罪构成要件究竟包括哪些方面，我国刑法理论界历来存在不同的观点，有所谓"四要件说""五要件说""三要件说"和"二要件说"等。我认为，到目前为止还没有哪一种说法能够真正替代"四要件说"。尽管现在我们很多教科书里已经对四要件说提出种种挑战，比如，有很多学者认为，以德日为代表的"三阶层说"比"四要件说"更具有层次性。但是，经过多年的改革以后，我们实际上也已经对四要件进行了分层次地理解。所以，"四要件说"以前出现的问题，我们在司法实践中已经自觉地加以纠正了。不管怎么样，我们现在用四要件理论解决案件并没有出现根本性的问题。"四要件说"经过这么多年的反复论证，我们仍然认为它还是具有一定科学性的。因此，大家还是要从"四要件说"来掌握犯罪构成要件。

（二）犯罪构成的层次结构

关于犯罪构成的层次结构，我们主要介绍其中的一个问题，就是犯罪构成四要件的排列顺序。对于犯罪构成四要件如何进行排列，刑法理论界有不同的认识。通说认为，犯罪构成四要件的逻辑排列应当依犯罪客体要件、犯罪客观要件、犯罪主体要件、犯罪主观要件的顺序。我同意通说的这种排列顺序，因为这样的顺序符合我们分析思考一个行为是否构成犯罪的逻辑顺序。

第一，犯罪是对一定社会关系的侵害，而犯罪客体就是刑法所保护的被犯罪行为所侵害的社会关系。因此，我们首先考察犯罪行为侵害什么样的社会关系，也就最先引出了犯罪客体。

第二，讲到犯罪客体的时候，我们必然会想到，因为社会关系是客观存在的，刑法保护的面又很广，所以只有这种社会关系在受到犯罪行为侵害以后，才会转化为犯罪客体。于是犯罪客体又是和犯罪行为紧密相连的，因此引出了客观方面。犯罪行为对社会关系造成的侵害，最终反映出来的是危害结果，于是又引出了危害结果；有了犯罪行为和危害结果之后，犯罪行为和危害结果之间就要有因果关系，于是又引出了因果关系。而行为、结果、因果关系，这三者正是客观方面的主要内容。

第三，当我们讲到行为时，马上就要想到是谁实施的行为，于是引出了主体问题。主体问题包括自然人的行为、单位的行为；作为自然人犯罪的主体，应该达到法定年龄，具有刑事责任能力。

第四，行为人实施的犯罪行为都应该是在自己主观意识、意志支配之下进行的，于是就引出了故意、过失这两个主观方面的构成要素。

通过前面我们对一个行为是否构成犯罪的分析思考过程，我们可以明显地体会到先讲客体、客观方面，再讲主体、主观方面的顺序具有一定的逻辑性，因而是合理和科学的。

（三）犯罪构成的类型划分

接下来，我们来看犯罪构成的类型划分。

关于犯罪构成的类型划分主要有三种分类方法，下面我就依次为大家介绍一下。

第一，根据犯罪构成形态的不同，可以划分为"基本的犯罪构成"和"修正的犯罪构成"。

基本的犯罪构成，是指刑法条文就某一犯罪的基本形态所规定的犯罪构成。我们要注意理解的是，刑法分则规范的设置，是以单一犯罪既遂状态的构成为标准的。理由在于，刑法的条文在设定过程中实际上是需要一定规格的，也就是说，立法者设定某一个条文的时候，首先有一个基本的虚拟的犯罪，进而明确某一种犯罪达到什么样的程度才要加以惩罚，然后立法者再根据这种犯罪的有关表现形式来具体设定刑法条文。这种虚拟的犯罪作为设定条文的基础，应该要有统一的模式。因为立法者不能在这个条文中用这个标准，而在另外一个条文中用另外一个标准。即使刑法条文本身没有一致性，它的设定总是需要一个基本的规格或者模式，这个基本的规格是指刑法分则所设定的每一个具体的犯罪都是以犯罪既遂作为标准，而且都是以一人犯一罪作为基本模式的。这一点是大家应该明确的，如果大家在这个问题上搞不清楚，在以后的很多刑法问题上都可能产生理解的困难，甚至会出现很多无谓的争议。由于立法者就是按照这种标准制定出刑法条文的，因此，刑法条文所形成的犯罪构成要件，我们称之为基本的犯罪构成要件。

但是，人们在实施犯罪行为的时候，不可能与刑法条文规定的具体罪状完全相符。刑法规定犯罪行为必须达到既遂状态，但是行为人不一定能够达到既遂，可能在实施的过程中遇到了阻力而被迫放弃犯罪；也有可能在实施的过程中，由于自己意志的变化而主动放弃继续犯罪；还有可能在实施的过程中，行为人觉得自己一个人的力量不够，又叫了几个人一起实施犯罪行为；还有可能一个人在实施的过程中同时又犯了其他的罪。按照刑法的理论，行为人可能出现犯罪预备、未遂、中止等停止形态；还可能出现一人犯数罪的数罪并罚的问题；还可能出现数人犯一罪的共同犯罪的问题。对于刚才讲到的一个人在犯罪过程中可能出现的所有的情况，刑法是不可能都详细地将这些情况归入到每一个具体的分则条文里的，否则，我们的刑法条文就会出现无限膨胀的状况，这是不可能也是不应该的。于是，对于这些特殊情况，我们就必须结合刑法总则中的规定来对相关犯罪构成要件进行修正，经过修正之后形成的构成要件就是修正的犯罪构成要件。据此，我们可以为修正的犯罪构成作出这样的定义：修正的犯罪构成，是指以基本的犯罪构成为前提，适应行为犯罪形态变化的或者共同犯罪各类形式的需要，而对基本的犯罪构成加以修改、变更的犯罪构成。

最后，我再为大家简要总结一下。刑法分则在设定条文中根据一定的规格所形成的犯罪构成，我们称之为基本的犯罪构成。需要我们特别注意的是，这个基本的规格是指刑法分则所设定的每一个具体的犯罪都是以犯罪既遂作为标准，而且都是以一人犯一罪作为基本标准的。但是,人们在实施行为的过程中,可能会有各种各样的变化,不一定完全符合分则中所规定的犯罪构成要件,而对这种特殊问题,我们又在刑法总则中集中规定,然后由刑法总则中的相关内容对刑法分则中的内容进行修订和补充,由此所形成的犯罪构成要件就是修正的犯罪构成。

第二,根据犯罪构成在刑法中表述状况的不同,可以划分为"叙述的犯罪构成"和"空白的犯罪构成"。

所谓叙述的犯罪构成,又称为完结的犯罪构成或封闭的犯罪构成,是指刑法条文对犯罪构成要件予以简单或者详细描述,完整表明该分则事实特征的分则构成。换句话说,这些犯罪构成在我们刑法分则中是直接叙述和明确的,人们只要看到条文内容就知道是哪一个罪名的犯罪构成要件。我国刑法规定的犯罪构成,绝大多数属于这种类型。大家注意,在认定这种分则构成时,只需要根据刑法的已有规定就可以了。

空白的犯罪构成,又叫做待补充的犯罪构成或开放的犯罪构成,是指刑法条文对犯罪构成要件没有予以明确描述,而仅仅指出应援引其他法律规范来说明的犯罪构成。在我国刑法典的分则条文中,这种类型的犯罪构成通常是用"违反……法规""违反……规定"等形式来表述的。我们应该看到,刑法分则的条文受到篇幅的限制,不可能把所有犯罪都规定得十分详细,特别是有很多犯罪的法条依据,实际上是一些行政法规或者经济法规以及其他的有关法律。在我国刑法典的分则条文中,这种类型的犯罪构成通常是用"违反……法规""违反……规定"等形式来表述的。比如说,刑法对证券犯罪的构成要件有很多就没有作出很详细的描述,而《证券法》中规定了很多对证券犯罪的构成要件的描述,我们应该在《证券法》中的相关规定里找证券犯罪的犯罪构成要件。我们把这种犯罪构成要件称为空白的犯罪构成。

第三,根据犯罪构成内部结构的不同,可以划分为"简单的犯罪构成"和"复杂的犯罪构成"。

简单的犯罪构成,又叫做单一的犯罪构成或单纯的犯罪构成,是指刑法分则规定的各个要件都属于单一的犯罪构成。比如由单一客体、单一行为、单一罪过形式所成立的犯罪的构成就属于这种类型。刑法规定的很多犯罪构成的要件都是由单一要素形成的,比如说盗窃罪,主观上是故意,客观上使用了秘密窃取的手段,侵犯的客体是公私财产所有权,行为人达到法定年龄,具有刑事责任能力。刑法中还规定一些犯罪,它的每一个构成要件的要素实际上都是重叠的或者可供选择的。比如说,刑法中有很多犯罪侵害的客体是双重客体,我们也叫复杂客体。最典型的例子是抢劫罪,行为人用刀逼着被害人交出财物构成抢劫罪,"用刀逼着被害人"说明这个行为侵犯的是人身权利,"把钱交出来"说明这个行为侵犯的是财产权利。因此,抢劫罪的犯罪客体包括了人身权利和财产权利,这个就是复杂客体。抢劫罪的手段也是可供选择的,刑法法条规定的是"暴力、胁迫和其他方法",行为人只要采用其中任何一种手段就都构成抢劫罪,这就是可供选择的手段。

三、犯罪构成与定罪

接下来,我简要讲一下犯罪构成与定罪的问题。

前面我们已经介绍过,与犯罪的一般概念相比较,犯罪构成对犯罪问题的说明和界定要具体、详细得多。犯罪构成提供了认定犯罪能否最终成立的规格与标准。因此,犯罪构成所解决的首要问题就是"定罪量刑"四个字,而定罪是"定罪量刑"的关键。我们很难想象一个人的罪名被定错了,但是,对他的量刑是正确的。即使是正确的,也是偶尔的凑巧,我们一般不可能做到"定错罪"但"量对刑"。所以,定罪是量刑的一个前提条件,是它的基础。

我认为,犯罪构成对定罪起到了三个方面的作用。

第一个作用,为区分罪与非罪提供一个原则界限。

当我们要追究某一个人的刑事责任时,首先就要查明其行为是否构成犯罪。而犯罪构成正是刑事法律所规定的,认定犯罪的规格和标准。某一行为只有符合了某种犯罪的全部构成要件,才能认定为犯罪,才能追究行为人的刑事责任。当某一行为不符合犯罪构成时,我们就不能认定该行为构成犯罪,当然就更没有追究行为人刑事责任的理由了。

第二个作用,为区分此罪与彼罪提供了明确标准。

任何犯罪都必须符合刑法总则规范所规定的犯罪一般构成要件,但同时犯罪又总是具体的,因此,它又必须符合刑法分则规范所确定的、与其特点相对应的特殊构成要件。此罪与彼罪之间的区分,就刑法规定来看,就是由刑法分则规范所确定的犯罪特殊构成要件的差别所形成的。所以,犯罪构成又为我们提供了区分此罪与彼罪界限的明确标准,成为准确确定每一个具体犯罪的性质和判断此罪与彼罪的差异的重要尺度。

我曾经到上海东方电台主办的"东方大律师"节目里参加过一次辩论,当时是我和另外一名在上海很有名的律师,专门针对河北的一个案件进行辩论。案情很简单,在河北当地的一个国有性质的医院里,有些医生利用给病人开处方药的机会,从药品供应商处获取回扣。河北的法院认定这些医生构成相关受贿犯罪,但是类似的案件,在其他的地方却并没有被认定为犯罪。这个案件关键在于,对国有性质医院的医生开处方药之后拿回扣的行为应该如何定性,我们也专门就这个关键问题展开了辩论,辩论的焦点就是医生开处方药的行为究竟是从事公务的行为还是正常的医疗行为? 辩论中,我们提到了医生为病人开处方药收取"回扣"和医生为病人开刀收取"红包"的问题。

那位律师的观点认为,开处方药和开刀是一样的。因为病人到医院看病,医生不是为其开刀就是为其开药,所以,两者都是医疗行为,没有什么区别。国有医院的医生开处方的目的就是为病人治病,所以,医生开处方药后收受"回扣"的行为和为病人开刀手术后收取"红包"的行为一样,是一种医疗行为而不是公务行为。因此,这些案件中的医生拿"回扣"的行为不构成犯罪。

我认为,这些案件中的医生应该构成相关受贿犯罪。医生为病人开处方药收取"回扣"和医生为病人开刀收取"红包"是有很大区别的。这些区别最主要有两点。

其一,病人到医院去看病,医生确实不是为其开刀就是为其开药。但是,医生不可能为多拿"红包"而为病人"多开刀",但是却可以为了多拿"回扣"而为病人多开药。我认为,医生手里掌握的处方权,既有医疗因素,同时又有医生行使权力的因素。因为,病人到医院看病,医生开处方药,一方面是为病人治病,这体现了该行为的医疗性;另一方面,医生可以为病人多开药,这体现了医生行使职务赋予的权力。相比较而言,医生实施开刀手术的行为,只有医疗因素,并没有职务上的权力因素。道理很简单,医生为病人开刀手术,这是一个医疗行为,但是医生绝对不可以多开刀,而医生却可以给病人多开一点药。这个就说明两个行为的性质是不一样的。

其二,医生为病人开刀手术收取的"红包"实际上是由病人及其家属提供的,他们给"红包"是对医生手术治疗行为的一种肯定、回报或者鼓励等等,开刀并不是一种医生行使权力的问题。但是,医生开处方药以后取得的"回扣",不是病人及其家属提供的,而实际上是药品供应商提供的。因此,医生开处方药以后取得"回扣"的行为并不是一种医疗行为。医生开药方的行为,对病人来讲是一种治疗行为,但是对于药品供应商来说,实际上是一种采购行为。换句话说,药品供应商之所以给医生"回扣",是因为医生用了他们的药,这就证明了医生的开药方行为从某种意义上说是一种药品采购行为。因此,医生为病人开刀收取"红包"和医生开处方药收取"回扣",两者之间是有本质区别的。

举这个例子,我想告诉大家的是,当我们分析一个案件的时候,尽管会面对很多关于构成要件的问题,但我们关键要看到问题的实质所在。我们讨论和表达的思路,都要围绕着构成要件中的某个关键点,这一点是十分重要的。

第三个作用,为划分重罪与轻罪提供了合法的依据。

在犯罪构成的分类中,有独立的犯罪构成与派生的犯罪构成之分,这种区分就是根据刑法规定的犯罪构成中行为社会危害性的差异而形成的。因此,当出现刑法规定的社会危害性较重或者较轻的犯罪构成时,便会直接引起该犯罪刑事责任上刑罚轻重的差别。所以,犯罪构成不仅能决定某些行为是否成立犯罪,而且在一定程度上还会影响到对某些犯罪量刑的轻重,成为量刑差异的重要根据。

好,关于这一讲的内容我就为大家介绍到这里,后面我还会对犯罪构成要件进行详细讲解,谢谢大家!

第八讲

犯罪客体要件

通过前面的讲述,我们已经对犯罪构成有了一个大体的认识,接下来,我将分别具体讲述犯罪构成的各个要件。首先,我们来看犯罪客体要件。

一、犯罪客体要件概述

(一)犯罪客体的概念

我们先来了解一下犯罪客体的概念。犯罪客体要件就是我们通常所说的犯罪客体。所谓犯罪客体,是指刑法所保护的、被犯罪行为所侵害的社会关系。

对于犯罪客体要件,理论上有不同的观点。有学者主张用法益的概念代替客体的概念;也有学者认为犯罪客体并不是犯罪构成的要件。但到目前为止,大多数学者还是主张犯罪客体是犯罪构成要件之一。尽管刑法条文把犯罪客体直接规定在具体犯罪中的情况并不是很多,但是我们可以通过对刑法的具体规定分析出犯罪客体。对于犯罪客体的研究实际上是很重要的,因为它为刑法分则的分类提供了依据;另外,对于此罪与彼罪的界限划分以及犯罪停止形态的认定等都有很大的影响。对于这个问题我将在后面专门进行讲解。

下面,我讲一下犯罪客体的特征。犯罪客体的第一个特征是,犯罪客体是一种社会关系。作为一种社会关系,犯罪客体就不是具体的人或物,它是隐藏在人或物背后的一种社会关系。需要注意的是,民法中的客体和对象是相同的,而刑法中的犯罪客体和犯罪对象是不同的,我们必须对两者加以严格区分。举一个简单的例子,甲跟乙有仇,甲一刀把乙杀了,乙是甲杀人行为的对象,而乙所具有的生命的权利,则是甲杀人行为所侵犯的客体。又比如说,甲把手伸到乙的口袋里,偷了乙的钱包,乙的钱包是甲盗窃行为的对象,而乙对这个钱包所拥有的所有权,则是甲的盗窃行为所侵害的客体。按照马克思、恩格斯的说法,社会关系分为两种:一种是思想关系,一种是物质关系。思想关系属于上层建筑,物质关系则属于经济基础。为什么要这样区分呢?这样区分的主要意义就在于:行为对思想关系所造成的损害,反映在犯罪结果上往往是无形的,而行为对物质关系所造成的损害,反映在犯罪结果上往往是有形的。也就是说犯罪结果分为有形的结果和无形的结果。比如说,甲对乙有仇,甲把乙杀了,乙被甲杀的死亡结果属于犯罪结果,这种结果是有形的,因为乙死亡的这种结果是我们眼睛看得见、手摸得着的,是有形的结果。又比如说,甲对乙有仇,甲不杀乙,但是甲编造一些虚假的东西在外面广泛传播,造成了很恶劣的影响。甲通过贬低乙的人格、损害乙的名誉,来达到自己的报复目的。这种人格的贬低和名誉的损害是我们眼睛看不见、手摸不着的。但是我们不能说乙没有受到损害,这种损害反映出来的结果就是无形的犯罪结果。

犯罪客体的第二个特征就是犯罪客体是刑法所保护的社会关系。刑法所保护的社会关系和其他法律所保护的社会关系之间最重要的区别是什么呢?我们前面讲过的。(下讲台提问)

学生1:"刑法保护的是比较重要的社会关系,而其他法律保护的是一般的社会关系。"

提问:"那什么社会关系比较重要,什么社会关系又比较一般呢?你说的是对社会关系侵害比较严重的行为和对社会关系侵害比较小的行为吧。"

学生1:"是的。"

学生2:"我认为应该是刑法保护各种社会关系,而其他法律只分别保护某种社会关系。"

(回讲台)这位同学的回答是正确的。刑法所保护的社会关系具有广泛性,这是其他法律保护的社会关系所不能比的。对于各行各业、各条战线,刑法都要保护。也就是说,从立法层面而言,其他法律不能保护的,就应该由刑法来保护,刑法是最后一道屏障。所以刑法所保护的社会关系具有广泛性的特征,而其他法律所保护的社会关系一般都是单一的,或者说是单方面。比如,婚姻法仅仅保护婚姻家庭法律关系,民法仅仅保护民事法律关系,但是刑法实际上却保护任何权利、任何社会关系,因而刑法所保护的社会关系是最广泛的。广泛性是刑法所保护的社会关系和其他法律所保护的社会关系的最重要的区别。当然,尽管刑法具有广泛性的特征,我们也不能就此认为刑法比其他法律更重要。

犯罪客体的第三个特征是犯罪客体是被犯罪行为所侵害的社会关系。有人说:"刑法所保护的犯罪客体是刑法所保护的社会关系",我问他:"刑法所保护的社会关系和其他法律所保护的社会关系有什么区别?"他说:"刑法所保护的社会关系是受到犯罪行为侵害的社会关系。"显然他的回答是不妥当的,因为刑法所保护的社会关系是客观存在的,不能因为没有受到犯罪行为侵害就不存在这种关系了。比如说,这个杯子是甲的,甲对这个杯子拥有所有权,对杯子的所有权肯定是受到刑法保护的。甲对这个杯子所拥有的所有权是客观存在的,并不因为别人没有实施犯罪行为,甲的所有权就不存在了。也不因为别人没有实施犯罪行为,刑法就不保护甲对这个杯子的所有权了,这种社会关系实际上是受到刑法保护的,但它本身并不是犯罪客体。那么什么时候它才成为犯罪客体呢?就是当别人来抢甲的杯子的时候,甲对杯子的所有权实际上就转变成犯罪客体了。因此,我们要特别注意,社会关系是客观存在且受刑法保护的,只有在受到犯罪行为侵害的情况下这种社会关系才转变为犯罪客体。没有被犯罪行为所侵害,我们就不能将刑法所保护的社会关系视为犯罪客体。所以,总结下来,犯罪客体具有三个要素:社会关系、为刑法所保护、为犯罪行为所侵害。

（二）研究犯罪客体的意义

下面,我们来了解一下犯罪客体的意义。对犯罪客体的研究具有重要的意义,具体而言,其意义主要体现在这么几个方面。

第一,有助于认清犯罪的本质特征,便于确定刑法打击犯罪的重点。严重的社会危害性是犯罪的本质特征,而犯罪行为危害了何种社会关系,则是决定社会危害性程度的首要根据。犯罪行为侵害的客体不同,其社会危害性就有所差别。所以,犯罪客体反映着犯罪的本质特征,决定着犯罪的性质,正因为如此,刑事立法及司法实践都十分重视对犯罪客体的确定和分析研究,以便于对犯罪的危害性及其程度作出科学的区分,确定惩治犯罪的重点。

第二,有助于认定犯罪的性质,科学划分此罪与彼罪之间的界限。犯罪行为侵害的客体不同,表明其危害的具体社会关系种类存在差别,这就决定了犯罪在性质上的不同。我国刑法主要根据犯罪行为所侵犯的客体性质的不同,在分则中把犯罪划分为十大类,从而使此罪与彼罪之间在犯罪客体上得到了较为明确的区分。尤其是当某些犯罪在罪过、行为和侵害的对象等方面都基本相同或者相近之时,犯罪客体对犯罪性质的认定及区分此罪与彼罪之间的界限,就具有了实质性的决定性意义。

第三,有助于评价犯罪危害社会的程度,正确把握刑罚的轻重。罪刑相适应是我国刑法的一项基本原则,它强调法定刑的设置和刑罚轻重的司法裁定,应当以犯罪的社会危害性程度作为基本标准。在犯罪社会危害性程度的判断上,犯罪客体的性质如何,常常起到了关键的作用。所以,人们分析、评价某种犯罪的社会危害性程度,又总是从了解、判断该犯罪侵犯并被刑法保护的具体社会关系(即犯罪客体)的各个方面着手的。犯罪客体性质的不同、被侵犯程度的差别,对于刑事立法中法定刑的设置和司法实践中对具体犯罪量刑轻重的选择,都具有直接的影响。比如说,有人认为,挪用公款进行经营活动的社会危害性比贪污行为的社会危害性还要严重,他的理由是贪污犯只是拿了钱放在自己口袋里,而挪用公款的人则是拿钱开公司,开公司的行为的危害会更大,所以他认为挪用公款比贪污的危害更大,但是刑法规定挪用公款罪的法定刑要低于贪污罪的法定刑,他认为刑法这样规定是不合适的。实际上他是没有掌握犯罪客体。贪污罪是以非法占有为目的的,而挪用公款罪是以使用为目的的。前者侵犯的是公共财产的所有权,而后者侵犯的是公共财产的使用权,两者的危害程度是不一样的。就行为本身进行分析的话,贪污的社会危害性肯定要大于挪用公款的社会危害性。

二、犯罪客体的分类

接下来我简单介绍一下犯罪客体的分类。关于犯罪客体的分类,我分两个方面进行讲述:一个是理论上的分类,一个是立法上的分类。

(一)犯罪客体在理论上的分类

关于理论上的分类,我们可以把犯罪客体分为一般客体、同类客体和直接客体。

1. 犯罪一般客体

首先,我们来看一般客体。一般客体是指一切犯罪行为所共同指向或者侵害的社会关系。从这个概念中不难看出,犯罪的一般客体实际上揭示的是犯罪的共性问题,因为它是所有的犯罪所共同侵害的社会关系。无论什么形式的犯罪,都对我们的法律制度和社会秩序造成了破坏。犯罪的一般客体实际上揭示了犯罪的实质特征、本质特征,它的危害主要反映在对社会主义法律制度和社会秩序的破坏上。研究犯罪的一般客体,意义就在于我们可以认清犯罪共同的本质问题。

2. 犯罪同类客体

我们再来看一下犯罪的同类客体。犯罪的同类客体是指某一类犯罪所共同指向或者侵害的社会关系。我们研究犯罪同类客体最重要的意义就在于犯罪的同类客体为刑法分则的分类提供了依据。我国现行的刑法分则将犯罪分为十大类,而这十类犯罪就是按照犯罪的同类客体进行划分的。总而言之,研究犯罪的同类客体,既有助于我们认清某一类犯罪共同的本质问题,也为刑法分则中犯罪的分类提供了重要依据。

3. 犯罪直接客体

下面我重点讲一下犯罪的直接客体。司法机关定罪量刑并不能以犯罪行为所侵犯的一般客体或者同类客体作为标准,而应该以犯罪行为所侵害的直接客体作为标准,也就是我前面提到的,定罪应当定具体的罪名,而不能定类罪名或者一般罪名。我们说某某人构成犯罪,依法判处有期徒刑多少年,这是不对的;说某某人构成"侵犯财产罪"依法判处有期徒刑多少年,这也是不对的。给行为人定罪的时候必须要定具体的罪名,比如说某某人构成盗窃罪,依法判处有期徒刑多少年。具体罪名实际上就是由直接客体决定的。所谓直接客体是指为某一个具体的犯罪行为所直接指向或者侵害的社会关系。接下来我讲一下在直接客体中应当注意的一些问题。

第一,直接客体可以分为简单客体与复杂客体。大家都知道,在司法实践以及法律条文当中,有很多犯罪行为是一个行为侵害一种社会关系。比如杀人行为侵害了他人的生命权利;伤害行为侵害了他人的健康权利;盗窃行为侵害了他人的财产权利。但是也有很多犯罪,行为只有一个,但却同时侵害了两个以上的社会关系。比如说,甲用刀逼着乙把钱交出来,也就是我们通常所说的抢劫,甲用刀逼着乙的行为,是对乙人身权利的侵害;甲逼迫乙把钱交出来的行为,则是对乙财产权利的侵害。因此,甲实施的抢劫行为既侵害了乙的人身权利,又侵害了乙的财产权利。一个行为同时侵犯两个以上的犯罪客体,我们称之为复杂客体;而一个行为只侵害一种社会关系,我们称之为简单客体。

在复杂客体中有两个问题是值得我们研究的。第一个涉及分类的问题,刑法分则中的犯罪是以犯罪客体为标准进行分类的,但是有时候犯罪行为侵害的是复杂客体,而复杂客体本身又是跨类的,这时我们应该怎么办?比如,刑法分则第四章规定了侵犯公民人身权利罪,第五章规定了侵犯财产罪,人身权利和财产权利是分别被规定在两类犯罪中的。但是抢劫行为既侵害了人身权利,又侵害了财产权利,这就涉及抢劫罪是应当归类到侵犯公民人身权利罪中,还是应该归类到侵犯财产罪中的问题。现行刑法将抢劫罪归类在侵犯财产罪里,抢劫罪是侵犯财产罪中的第一个犯罪。与抢劫罪类似的是绑架罪,即我们通常所讲的掳人勒索,绑架罪是规定在侵犯公民人身权利罪里的。绑架他人在很多情况下也是要索取他人财产的,就是说绑架行为同时也侵害了他人的财产所有权;同时,对他人实施绑架的行为又符合了侵害他人人身权利的特征。那么为什么将绑架罪规定在侵犯公民人身权利罪中,而却将抢劫罪规定在侵犯财产罪中呢?我认为,这完全是根据立法者的意图来规定的,立法者着重强调保护哪种社会关系,在归类的时候就把相应的犯罪归在那一类犯罪中。根据立法者现有的归类,我们可以很清楚地看到,对于抢劫罪,刑法重点保护的是财产权利;而对于绑架罪,刑法重点保护的则是人身权利。但是,也有一些国家就把抢劫罪规定在侵犯人身权利犯罪中,这完全是由于立法者强调的意图不同所导致的。在古代刑法中,抢劫是被称作强盗的,直到现在我国台湾地区"刑法"中也还有"强盗罪",这里的"强盗罪"其实就是我们《刑法》中的抢劫罪,但我们习惯上还是倾向于将抢劫罪归到侵犯财产罪中,这是因为我国比较侧重对财产的保护。正如俗语所言:"人为财死,鸟为食亡。"大多数犯罪分子都是为财产而犯罪,以前是这样,现代社会也是这样。在我国,对财产利益的侵害的犯罪不仅发案率最高而且也最为严重。社会生活中,人们对于财产也较为看重。在相当长的时间里,如果一个农民一只手拿着一张选票,另一只手拿着一块金表。你抢他金表的时候,他肯定会和你拼,但你抢他的选票,他就不一定会和你拼,他可能会觉得选票你抢去就算了,反正选不选以及选谁都无所谓的。这是因为农民对政治上的利益、政治上的权利看得比较淡,而对财产权利则看得相当重。当然,当物质财富达到一定程度的时候,人们就会开始注重政治权利了,这就是我们通常所说的经济基础决定上层建筑。

由复杂客体导致的犯罪形态的问题是一个复杂的问题。比如,甲用刀逼着乙,让乙把钱交出来,一摸乙的口袋,却一分钱都没有,甲构成抢劫罪既遂还是未遂呢?关于这个问题我将在分则中进行专门讲解。

第二,在犯罪客体的分类中,直接客体又可以分为现实客体和可能客体。有很多民法专家认为刑法中的客体和民法中的客体是不一样的。两者的确是不一样的,其中很重要的一点就是犯罪客体是刑法所保护的而被犯罪行为所侵害的社会关系。犯罪行为对社会关系的侵害,可以分为现实的侵害和可能的侵害。我们既要看到现实的侵害也要看到可能的侵害,而绝对不能仅将使刑法所保护的社会关系实际受到侵害的行为认定为犯罪,而对可能侵害刑法所保护的社会关系的行为就不认定为犯罪。正如我刚才所说的甲用刀逼着乙把钱交出来,结果一摸乙的口袋,一分钱都没有。在这种情况下,社会关系实际上已经被侵害了,这种侵害就是对乙的财产关系所造成的一种可能的侵害。因为甲是以非法占有乙的财产为目的的,这种情况下的侵害就是一种可能的侵害,如果乙的口袋里有钱,甲就肯定抢走了,那就侵害了乙的财产权利。再比如,甲要杀乙,把乙杀掉了,则是一种现实的侵害。又比如,甲要把房间里的人全部杀掉,甲准备了 10 挺机枪,但是刚刚准备好机枪,甲就被抓住了,房间里的人一个都没有被杀掉。在这种情况下,我们不能说房间里人的权利没有受到侵害,实际上他们的生命也受到了实际的威胁和可能的侵害。

在这一点上,民法和刑法就不一样了。我经常说"民事看关系,刑事看行为"。刑法判断的是一个人在主观意识支配之下的行为,刑法所调整的社会关系,或者说刑法所规范的行为,都是对社会关系侵害比较严重的行为,所以刑法将其调整的"触角"前伸,只要对刑法所保护的社会关系造成可能的侵害,我们就有可能将其纳入到打击的范围之内。比如,刑法专门规定了预备、未遂和中止,它们均是对刑法所保护的社会关系造成可能的侵害,刑法仍然强调相关的行为构成犯罪。正因为如此,我们可以清楚地看到,刑法关注的当然应该主要是人的主观意识支配之下的行为。而民法关注的是"关系",这是因为民法强调"实际侵害",大家都知道,民事侵权行为中没有预备、未遂和中止。这足以证明,民法侵权行为中并没有可能侵害的问题,也即所有的民法侵权行为都必须对他人的权利造成实际的侵害。比如说,当别人在你楼前建了一幢楼,你必须明确说出这幢楼挡了你多少时间的风,遮了你多少时间的光,这样法庭才能支持你的诉求;反之,你只是说有可能挡住风、遮住光,法庭是不可能支持你的诉求的。对于前面讲的抢劫未遂的案件,搞民法的人可能会问,甲钱都没有拿到,怎么能算侵害乙的财产权利呢?而从刑法角度进行分析,甲主观上要抢别人的钱,即具有占有他人财物的故意,客观上也有实施的行为,只不过财物对象并不存在,这并不影响其行为构成犯罪。甲的行为对社会关系有可能造成侵害,而可能造成侵害就可以构成犯罪了。我认为,拿到钱的行为和没有拿到钱的行为只不过是犯罪形态不一样而已,拿到钱的行为就构成犯罪既遂,没有拿到钱的行为就构成犯罪未遂。有人说:"甲拿着玩具枪去逼乙交钱,甲是开玩笑的,但乙把钱拿出来了,甲把钱拿走了,他说甲是过失拿乙的钱。"这个问题涉及对过失本身的理解。过失包括疏忽大意的过失和过于自信的过失。疏忽大意的过失是指应该预见自己的行为可能发生危害社会的结果,但由于疏忽大意而没有预见的主观心理态度。甲拿乙的钱的时候不可能是疏忽大意的过失。过于自信的过失是指已经预见自己的行为可能发生危害社会的结果,但是,轻信能够避免,以致发生这种结果的主观心理态度。我们总不能说,在这种情况下,甲在拿别人财物的时候,还会"轻信"别人财产损失可以避免?(全场笑)可见,这个人说的"甲认为拿了人家的钱等于白拿或者没拿"的情况实际上是不存在的。

接下来,我要讲的另一个问题是犯罪客体与犯罪行为在客观上所引起的间接后果的界限。我先举一个例子,然后再进行归纳和判断。以前发生过这么一个案件:在一个山区里面，住着一个孤老太。孤老太有一个儿子在部队里做军官，这个儿子每个月会给孤老太寄点生活费。由于孤老太有生活来源，因此，村里并没有把孤老太作为一个"五保户"来看待。我国农村是有"五保户"制度的，国家、村里会承担没有生活来源的"五保户"的所有生活费用。由于这个孤老太本身是没有文化、不识字的，自己不会办取钱的手续，而且又住在山区里面，进出不方便。因而，她儿子寄来的钱都是依靠山区的邮递员代领，她把所有的领款手续都交给了邮递员，这个邮递员在相当长的一段时间里都准时地帮她把钱拿回来。时间长了以后，邮递员发现这个孤老太和儿子除了一个寄钱一个收钱以外，没有其他任何联系，儿子是从来不写信，也从来不回来看孤老太的。这个邮递员就觉得有机可乘，就连续好几个月利用其掌握的领钱凭证，把孤老太儿子寄给孤老太的钱吞掉了。一开始的几个月，孤老太的生活还没出现太大问题，她觉得可能是儿子正好有什么事情所以忘记给她寄钱了。但几个月过去以后孤老太的生活就有问题了。孤老太觉得自己人老珠黄不值钱了，连自己的儿子都嫌弃自己了，但她又不愿意将这种情况和现状告诉人家，觉得说出去不太好意思。她想不通，一气之下，就上吊自杀了。

我现在要问的就是，山区邮递员的行为所侵害的客体是什么？（下讲台提问）

学生1："应该是财产权利。"

提问："那么是否包括人身权利呢？换句话说，邮递员的行为侵害的客体是简单客体还是复杂客体？"

学生2："应该是复杂客体，因为，老太毕竟已经死了呀！"

（回讲台）我认为，山区邮递员所侵害的客体当然应该是财产权利而不是人身权利。为什么这么讲呢？我们知道犯罪客体的一个特征就是为行为所直接指向的或者为行为所直接侵害的社会关系。如果是行为在客观上所引起的间接后果，我们就不能把它当作犯罪客体来对待，因为犯罪客体是决定犯罪性质的，所以犯罪客体就必须是行为直接指向的或者直接侵害的。因此，在这个案件中我们应该看得很清楚，山区邮递员实际上是要侵占财物，他的行为直接指向的是孤老太的儿子寄给她的钱，而他的行为并没有直接指向孤老太的人身权利。孤老太的最后自杀是邮递员侵占财物的行为所引起的间接后果，而邮递员的行为并没有直接指向或者直接侵害孤老太的生命。所以说，我们要划清犯罪的直接客体和犯罪行为在客观上所引起的间接后果之间的界限，不能把犯罪行为在客观上引起的间接后果与犯罪的直接客体等同起来，两者是不一样的。

（二）犯罪客体在立法上的分类

接下来我简要讲一讲犯罪客体在立法上的分类。犯罪客体在立法上的分类就是指我国现行刑法分则把所有的犯罪分成的十大类犯罪。这十类犯罪包括危害国家安全罪、危害公共安全罪、破坏社会主义市场经济秩序罪、侵犯公民人身权利、民主权利罪、侵犯财产罪、妨害社会管理秩序罪、危害国防利益罪、贪污贿赂罪、渎职罪和军人违反职责罪。这十类犯罪都是按照犯罪客体的不同进行划分的。但是大家要注意的是，我国 1997 年《刑法》实际上在犯罪分类中是有一个突破的,就是在破坏社会主义市场经济秩序罪这一章中专节规定了破坏金融管理秩序罪和金融诈骗罪。从刑法的规定中我们应该可以看得很清楚,金融诈骗罪实际上并没有归在破坏金融管理秩序罪里面,因为破坏金融管理秩序罪这一类犯罪是按照犯罪客体划分的,但是将金融诈骗罪单独归类,其实际上是将行为手段作为分类的标准,这显然已经突破了按照犯罪客体不同进行归类的标准。至于突破了传统归类的标准是好还是坏,那就仁者见仁、智者见智了。我认为,我国《刑法》中金融诈骗罪独立设节的做法并不妥当,这种对传统刑法理论的突破缺乏理论依据和实际意义,理由如下。其一,将金融诈骗罪独立设节与现行刑法的体例结构不协调。有观点认为,金融诈骗在实践中往往发生在金融交易中,这种犯罪行为还可能构成对金融交易秩序的破坏,因此这种突破并不有悖于传统刑法按照犯罪客体分论的标准。事实上"秩序"本身离不开"管理",所谓金融交易秩序应该理解为是金融交易管理秩序,金融交易管理秩序无疑是金融管理秩序的本质和核心,国家对金融秩序的管理主要体现在对金融交易的管理之上。如果金融诈骗犯罪行为侵犯了金融交易秩序,那么其必然同时侵犯了金融管理秩序,而我国《刑法》对破坏金融管理秩序犯罪行为的规制只限于金融市场准入阶段,即金融诈骗犯罪行为对金融管理秩序的侵害并不一定会侵害到金融交易管理秩序。诸如操纵证券、期货市场罪,内幕交易、泄露内幕信息罪等犯罪行为主要侵害的是金融交易管理秩序,但仍然被规定在破坏金融管理秩序罪中。可见,我国刑事立法上并没有将"秩序"和"管理"完全割裂开来,而是已将金融交易管理秩序纳入金融管理秩序之中,只是这一思路没有在金融诈骗罪中得以延续。其二,将金融诈骗罪独立设节在立法和司法上均无必要。金融诈骗罪独立设节的立法原意是为了突出保护国家金融管理秩序,立法倾向显然是使金融诈骗犯罪区别于普通诈骗罪,并偏重对金融机构资金安全的保护。从金融诈骗罪兼具金融犯罪和财产犯罪的双重属性来看,若要突出其对"金融管理秩序的破坏"之特征,将其纳入破坏金融秩序罪中,不仅足以达到着重保护金融管理秩序的目的,化解与传统刑法分类依据相悖的问题,而且可满足从整个金融市场入手遏制金融诈骗罪的需要,更有利于实现打击金融诈骗犯罪的现实目的。其三,将金融诈骗罪独立设节暴露了立法思路的不一致。如前所述,如果立法机关是以犯罪手段作为金融诈骗罪独立设节的划分标准,那么就应该彻底贯彻这种立法思路,即将金融诈骗罪中的八种具体犯罪与诈骗罪以及合同诈骗罪一并归入,如此设置反倒显得更为合理。而目前金融诈骗罪独立于破坏金融管理秩序罪,诈骗罪和合同诈骗罪仍旧按照其侵犯的客体不同被分别归入侵犯财产罪和扰乱市场秩序罪中,这多少反映了我国刑事立法技术上"稚嫩"的一面。其四,将金融诈骗罪独立设节与当前国际上的刑事立法现状和发展趋势不相吻合。当代各个国家和地区有关金融犯罪的刑事立法主要采取三种形式:一是在刑法中用专门的条文设置金融诈骗犯罪的罪名,以此强调与普通诈骗罪的区别;二是在刑法中只规定诈骗罪罪名,将具体金融诈骗犯罪的相关内容规定在普通诈骗罪中;三是在各种金融法规的附属刑法规范中分散规定包括具体金融诈骗罪在内的金融犯罪。因此,相对其他国家和地区的立法技术,我国金融诈骗罪独立设节的立法形式并不能代表或反映国际上的刑事立法趋势。

（三）犯罪客体的立法形式

接下来，我讲一讲犯罪客体的立法形式。应该说犯罪客体在犯罪构成要件中的地位是很重要的。但是我们也应该看到刑事法律中规定的犯罪客体的形式是多种多样的。

犯罪客体的第一种立法形式，我刚才已经讲了，就是直接把犯罪客体规定在刑法条文中。这种形式虽然在刑法分则中并不多见，但还是有的。大多数犯罪对犯罪客体的规定是通过其他形式加以推定的。我在这里列举几个罪名，比如说非法剥夺宗教信仰自由罪和侵犯少数民族风俗习惯罪，在这两个罪里面，宗教信仰自由就是一种犯罪客体，少数民族的风俗习惯也是一种犯罪客体。另外，还有侵犯通信自由罪，通信自由就是这个罪所规定的犯罪客体，它们的犯罪客体是被直接规定在刑法条文中的。

犯罪客体的第二种立法形式是刑法条文规定了犯罪客体的物质形态。就伪造货币罪而言，我们并不能把货币作为伪造货币罪所侵害的客体。对于秘密窃取公私财物的行为，我们也不能把财物作为盗窃罪所侵害的客体。我们应该看到，所谓犯罪客体都是隐含或者隐藏在物质形态背后的社会关系。伪造货币罪所侵害的客体就是国家对货币的管理制度，盗窃罪所侵害的客体就是公私财产所有权，而货币和财物是这种社会关系的一种物质表现，只是犯罪对象而已。所以不能把伪造货币罪中的货币作为犯罪客体来看待，也不能把盗窃罪中的财物作为犯罪客体来看待，它们都只是社会关系的一种物质表现。

犯罪客体的第三种立法形式是刑法条文规定了犯罪所违反的法律法规。有很多刑法条文都规定什么罪违反了什么法规，违反了什么法律。大家要注意的是，这种法律法规本身并不是犯罪客体。所谓犯罪客体应该理解为这些法律法规所调整的社会关系。比如内幕交易罪，我们不能把证券法和公司法作为这种犯罪所侵害的犯罪客体，而应该把证券法和公司法所调整的社会关系视为这种犯罪所侵害的犯罪客体。

犯罪客体的第四种立法形式是刑法条文规定了犯罪侵害的具体的人。比如故意杀人罪，我们不能说这个"人"就是杀人行为所侵犯的客体。而实际上，故意杀人罪的犯罪客体是人所具有的生命权。再比如虐待罪，刑法条文规定的是虐待家庭成员，我们不能把"家庭成员"作为虐待罪所侵害的犯罪客体。家庭成员所代表的或者所体现的所有的家庭成员之间的平等关系，这才是虐待罪所侵害的犯罪客体。

犯罪客体的第五种立法形式是刑法规定了犯罪的行为特征。有很多犯罪是根据行为本身的特征来体现社会关系的。比如说，甲要杀乙，甲在乙的杯子里投毒，甲侵害的客体就是乙的生命权；甲要杀其他人，或者虽然甲只要杀其他人中的一部分人，但甲在公用自来水里投放毒药，这时甲的行为实际上已经不是侵害一般人的生命权利而是侵犯了公共安全。因为投毒行为实际上侵害的社会关系是公共安全，所以甲就应该构成危害公共安全罪中的投放危险物质罪，而不是故意杀人罪。这就是通过行为本身来决定犯罪客体的。

三、犯罪客体与犯罪对象

（一）犯罪对象的概念

接下来我要讲的是犯罪对象。犯罪对象是指我国刑法分则条文规定的具体犯罪行为所直接作用的或者对之施加影响的、客观存在的具体的人或者物。

正确把握犯罪对象的概念，应当注意以下几点。第一，犯罪对象是具体的人或者物。传统观点认为，作为犯罪对象的人，只能是自然人。而事实上单位和自然人一样是社会关系的主体，因此，单位也可以成为侵害的对象。物则是不以人的意志为转移的客观存在的物质。将犯罪对象限定于具体的人或者物，既符合刑法规定又便于司法实践的认定。第二，犯罪对象是刑法规定的人或者物。犯罪对象作为犯罪行为所直接作用的或者对之施加影响的、客观存在的具体的人或者物，是社会关系的主体或者是社会关系的物质承担形式。因此，立法机关往往通过对具体的人或者物的规定来表明其要保护的某种社会关系。犯罪对象是否存在、犯罪对象的具体内容是什么，都应当根据刑法的具体规定来把握。第三，犯罪对象是犯罪行为直接作用的人或者物。作为独立的具体存在，无论是人还是物，只有在遇到犯罪行为侵害时，才能称之为犯罪对象。因此，犯罪对象只能是犯罪行为直接作用的人或者物，否则便不是犯罪对象。犯罪对象与犯罪工具、犯罪所得不同。犯罪工具是犯罪人为实施犯罪行为而使用的人或者物，作为犯罪工具的人或者物是犯罪行为与犯罪对象之间的媒介物；犯罪所得则是犯罪行为对具体的人或者物直接作用后对物的获得，在某种情况下，犯罪对象和犯罪所得会发生重合，就比如盗窃罪。

（二）犯罪对象与犯罪客体的联系和区别

1. 犯罪对象与犯罪客体的联系

犯罪对象与犯罪客体有着紧密的联系。犯罪行为所直接作用的具体的物是具体社会关系的物质体现，犯罪行为所直接作用的具体的人则是具体的社会关系的主体。犯罪对象反映着犯罪客体，是犯罪客体的存在和表现形式，犯罪客体则是隐藏在犯罪对象后面的犯罪的实质内容。正如马克思所指出的，盗窃林木这一犯罪行为的实质并不在于侵害了作为某种物质的林木，而是侵害了林木的国家神经——所有权本身。犯罪行为如果离开了对犯罪对象的直接作用和影响，也很难反映出社会关系受侵害的情况。

2. 犯罪对象与犯罪客体的区别

下面我要重点讲述的就是犯罪对象与犯罪客体的区别。首先我们来看犯罪对象与犯罪客体的第一点区别——是否为犯罪构成的必备条件。任何犯罪都有犯罪客体，但并不是所有的犯罪都有犯罪对象，有一些犯罪是没有犯罪对象的。比如，脱逃罪就是没有犯罪对象的，行为人只要脱离监管就可以了。有人说监狱是脱逃罪的对象，这是不对的，因为行为人并没有针对整个监狱，也即没有将监狱毁坏，他只是想脱离监管。我们通常所说的犯罪对象就是人和物,在脱逃罪中不存在所谓人和物的问题。当然也有可能行为人在脱逃过程中把东西搞坏,或者把人搞伤了,在这种情况下的脱逃罪可能是有犯罪对象的。但是很多脱逃行为都是乘人不注意的时候脱离监管跑掉的,这时很难说有具体行为直接指向的人和物。但是,我们可以说,任何脱逃行为,都是对正常的监管制度或秩序的一种破坏,也就是说脱逃罪可以没有对象,但是不可能没有客体。如果没有对正常监管秩序造成破坏的话,就不会构成脱逃罪。所以说任何犯罪都有犯罪客体,但并不是所有犯罪都有犯罪对象,犯罪客体是构成犯罪的必备要件,而犯罪对象一般不是构成犯罪的必备要件。

犯罪对象与犯罪客体的第二点区别——是否决定犯罪的性质。犯罪客体决定犯罪的性质,而犯罪对象一般不能决定犯罪的性质。关于这一点,要从两个方面来理解,我将其归纳为两句话:客体不同,对象相同,性质不同;客体相同,对象不同,性质相同。从这两句话里,我们不难看出,犯罪性质是随着犯罪客体转变的,是由犯罪客体所决定的。我简单解释一下这两句话。第一句话:客体不同,对象相同,性质不同。比如说,同样都是盗窃,甲盗窃正在使用的电线杆上的电线和盗窃仓库里闲置不用的电线,虽然都是电线,而且可能牌子都是一样的,但是,因为电线所处的位置不一样,它们所体现的社会关系就不一样。正在使用的电线杆上的电线所体现的社会关系是公共安全里的公共电力安全,而仓库里闲置不用的电线所体现的社会关系是财产关系,所以盗窃正在使用的电线杆上的电线构成的犯罪是破坏电力设备罪,而盗窃仓库里闲置不用的电线构成的犯罪是盗窃罪,两者是不一样的。第二句话:客体相同,对象不同,性质相同。比如,甲盗窃乙家里的彩电和盗窃丙家里的五斗橱,尽管一个是彩电,一个是五斗橱,对象不一样,但它们都体现了财产所有权,因此甲构成的犯罪都是盗窃罪。这两句话的意思就表明了犯罪客体决定犯罪的性质,而犯罪对象一般不能决定犯罪的性质。

犯罪对象与犯罪客体的第三点区别——是否受到实际损害。任何犯罪都是会对客体造成损害的,但并不是所有的犯罪都会对犯罪对象造成实际的损害,有很多犯罪对犯罪对象是不会造成实际损害的。比如说,甲从乙家把彩电偷过来,甲是不会把这个彩电给砸烂的。再比如说,甲把手伸到乙的口袋里,偷了乙的钱包,甲也不会把钱包里的钱撕掉的。彩电还是彩电,钱还是钱,犯罪对象完好无损。而且有的时候甲保护得可能比被害人还好,因为甲有这方面的技术。(全场笑)但是甲把彩电从乙家拿出来,或者甲偷了乙的钱包,甲的行为本身就侵害了乙对这个彩电的所有权,或者侵害了乙对钱包的所有权,所以任何犯罪客体总归是要受到侵害的,但对象却不一定会受到实际的侵害。又比如说,甲想用机枪把房间里的人全都杀掉,最后甲被人家抓住了,但房间里的人一个都没有被甲杀掉,也就是说对象完好无损,但是房间里的人所具有的基本权利以及社会秩序、公共安全,由于甲的行为都已经受到侵害了,当然仅仅是可能的侵害,但社会关系肯定是受到侵害了,因为我刚讲过的犯罪客体有现实的客体和可能的客体。

犯罪对象与犯罪客体的第四点区别——是否为犯罪分类的依据。犯罪客体是刑法中犯罪分类的依据,而犯罪对象则不是犯罪分类的依据。这点前面我已经说过了,这里就不再强调了。

犯罪对象与犯罪客体的第五点区别——两者的表现形式不同。犯罪对象是能够被感知的具体的人或者具体的物,所呈现的是事物的外部特征;而犯罪客体则是无形的、抽象的概念,要通过人们的思维来认识,是事物的内在本质。因此,犯罪对象属于感性的范畴,而犯罪客体属于理性的范畴。

(三)研究犯罪对象的意义

研究犯罪对象在司法实践中具有重要意义,具体反映在以下三个方面。

第一,犯罪对象是犯罪构成的选择要件。在以某种对象作为某种犯罪构成必备要件的情况下,是否具备犯罪侵害的对象,就成为划分罪与非罪,此罪与彼罪的界限。比如泄露国家秘密罪,其对象就必须是国家秘密,如果泄露的不是国家秘密,而是一般的商业秘密,就不能构成该罪。再比如《刑法》第262条规定的拐骗儿童罪,其犯罪对象只能是不满14周岁的未成年人。同时,在许多情况下,犯罪对象不同,犯罪的性质就不同,罪名也不同。这是因为不同的对象体现了不同的社会关系。所以,犯罪对象不同,就表明行为侵犯的社会关系不同,因而犯罪性质不同。比如说,盗窃公私财物的行为侵犯了财产所有权,构成盗窃罪;盗窃枪支弹药的行为危害了公共安全,构成盗窃枪支、弹药罪。

第二,在同一性质的犯罪中,不同的犯罪对象反映的社会危害性程度不同,因而影响行为人负刑事责任的轻重。在刑法中,有的条文明确将特定的犯罪对象作为从重处罚或者判处较重刑罚的情节。比如《刑法》第263条规定的抢劫军用物资或抢险、救灾、救济物资的,应判处10年以上有期徒刑、无期徒刑或者死刑。绝大多数条文虽未明确规定犯罪对象对量刑的影响,但事实上,不同的犯罪对象反映的社会危害性程度也是不同的。比如,故意杀死孤立无援的老人与一般的杀人以及大义灭亲的杀人,其社会危害性是不一样的。再比如,邮递员侵吞孤老太的钱和侵吞老板的钱是不一样;盗窃我的钱和盗窃某电影明星的钱也可能是不完全一样的,因为盗窃我的钱,就可能等于盗窃穷人的钱,可能导致我家里揭不开锅的后果,而盗窃电影明星的钱就等于盗窃富人的钱,社会危害性不一样。当然这也不是说电影明星的钱就可以随便拿,因为盗窃普通人的钱可能会导致普通人家揭不开锅,而盗窃有钱人的钱只不过是牛身上拔一根毛,当然这根毛也是不能拔的。(全场笑)但是,无论如何社会危害性还是有所区别的。这就是我们所说的不同的对象导致的社会危害性是不一样的。

第三,对犯罪对象的分析有助于认定犯罪结果。在许多犯罪中,犯罪结果就表现为使犯罪对象发生了某些物理性的变化。比如,在故意伤害罪中,根据伤害行为使对象身体遭受的创伤的程度,我们就可以认定犯罪结果的轻重。

好,关于犯罪客体的内容我就介绍到这里,谢谢大家!

第九讲

犯罪客观要件

今天,我们开始第九讲的学习——犯罪客观要件。

一、犯罪客观要件概述

(一)犯罪客观要件的概念

我们首先来了解一下犯罪客观要件的概念。犯罪客观要件是指我国刑法所规定的,说明某种社会关系受到行为侵害而构成犯罪所必需的各种各样的客观事实。犯罪客观要件作为构成犯罪必须具备的条件之一,是犯罪活动的客观外在表现,它说明了我国刑法所保护的社会关系是行为人通过实施怎样的行为才受到侵害,在怎样的情况下受到侵害,以及已经受到了何种程度的侵害。犯罪客观要件与犯罪客体具有直接的联系,同时,由于它与犯罪主观要件密不可分,因而也是行为人构成犯罪并进而承担刑事责任的客观基础。

一般认为客观要件应该包含行为、结果、因果关系,同时还包含时间、地点、方法和手段等。按照传统的刑法理论,行为、结果、因果关系是必要要件。所谓必要要件就是任何犯罪都必须具备的。当然对此也有不同的观点,有人认为因果关系不是必要要件,还有人认为结果不是必要要件,而时间、地点、方法、手段则是选择要件。尽管任何犯罪都是在一定的时间、地点,用一定的方法去实施的,但是时间、地点、方法、手段在大多数犯罪中是不能决定犯罪性质的。比如说,在 10 月 1 日晚上杀人和今天杀人的社会危害性是不一样的,但是构成的犯罪却是一样的,即都是故意杀人罪。时间只能作为量刑上考虑的因素。地点也一样,在热闹的街上杀人和在偏僻的路上杀人,它们的社会危害性是不一样的,但是它们构成的犯罪是一样的,都构成故意杀人罪。当然,在有一些犯罪中,特定的时间、特定的地点以及特殊的方法、手段则是构成这些犯罪的必要要件,但这种情况只是针对某一些特定的犯罪而言。比如非法捕捞水产品罪就是最典型的例子。在这个罪中,法条明确地提出了"禁渔期""禁渔区""禁止使用的方法和工具"等概念。所以,在这个罪中,时间、地点、方法、手段就是必要要件。而在其他犯罪里,时间、地点、方法、手段则不影响定罪,我们称之为选择要件。

(二)犯罪客观要件的特征

下面,我们来看一下犯罪客观要件的特征。犯罪客观要件具有以下一些主要特征。

1. 犯罪客观要件是行为对客体的侵害

犯罪客观要件与犯罪客体具有直接的联系。在犯罪构成的各个要件中,犯罪客体是用以说明犯罪社会危害性之有无和大小、我国刑法所保护的哪一部分社会关系受到犯罪行为侵害的要件,它是犯罪本质特征最集中、最明显的反映;而犯罪客观要件则进一步说明了我国刑法所保护的社会关系是如何受到侵害以及受到了何种程度的侵害。它是犯罪危害性的外在表现,研究犯罪客观要件,有助于人们从客观上把握犯罪的本质特征。

2. 犯罪客观要件是表现于客观的具体事实

犯罪的事实特征是多层面的,其表现形态同样千差万别,作为一个完整的犯罪,它既是主观的,也是客观的,是主客观事实特征的统一体。不过,作为犯罪构成要件之一的犯罪客观要件,则是犯罪主观心理的客观外化,是从"客观事实"这样一个侧面上对犯罪所作的说明。我认为,这并不是对犯罪构成整体性和主客观统一性的割裂与否定,而是为了深入研究的便利所进行的一种方法论上的安排。当然,犯罪客观要件的诸种事实并不是抽象的,通常可以具体划分为危害行为、危害结果以及实施具体危害行为的特定时间、地点或者方法等。因此,我们在犯罪构成要件涉及犯罪客观要件的研究中,就必须具体研究危害行为、危害结果(包括它们之间的因果关系),以及行为的时间、地点和方法等。

3. 犯罪客观要件是刑法规定的客观事实

犯罪事件发生之后,表现于客观外在的事实特征常常千姿百态。但是,并不是所有事实特征都能成为犯罪客观要件的事实进入犯罪的构成要件。从理论上讲,只有那些能够从客观上说明刑法所保护的社会关系受到侵害及其受到的侵害程度的事实,才有可能被我国刑法明文规定为犯罪客观要件的事实特征。反过来说,我们只有根据刑法的规定,才能确定犯罪构成的客观要件,对于刑法中没有规定的客观事实,绝对不能认定为犯罪客观要件。

(三)研究犯罪客观要件的意义

犯罪客观要件在整个犯罪构成中居于核心的地位,研究犯罪客观要件不仅可以对我们考察犯罪构成的各个要件起到引导的作用,同样也有助于我们准确区分罪与非罪、此罪与彼罪,还有助于我们正确地进行量刑。

1. 犯罪客观要件是整个犯罪构成中的核心要件

任何犯罪都表现为客观外在的危害行为,危害行为是犯罪客观要件中最基本的内容。事实上,危害行为也是犯罪的基础,是犯罪之所以存在的根本。犯罪构成的其他各个要件,都是用以说明危害行为的性质及其程度的,都是围绕着危害行为及其相互关系而展开的。没有犯罪客观要件,犯罪构成就失去了其赖以存在的整个基础;没有危害行为,其他各个要件也就失去了它们意欲表明的实际对象,也就不可能再有犯罪主体、犯罪主观要件和犯罪客体了。因此,研究犯罪客观要件,是进一步深入研究整个犯罪构成和全面理解犯罪构成的其他各个要件的基础。

2. 犯罪客观要件是区分罪与非罪的重要根据

犯罪客观要件是说明有没有客观犯罪事实发生的要件。如果一个人有犯罪的思想,而这种思想尚未付诸客观外在的行动,则不能认定他构成犯罪。在过失行为中,虽然行为人实施了高度危险的客观行为,但如果尚未出现特定的严重危害社会结果的,同样不能以过失犯罪论处。在我国刑法中,有些犯罪的构成在客观上必须具备特定的时间、地点和方法、对象等条件,如果行为人不是在特定的时间、地点,没有采取特定的方法,没有侵害到特定的对象,就不能构成某些特定的犯罪。所以,研究犯罪客观要件,查明犯罪客观事实,对认定能否构成某些犯罪具有决定性的影响。

3. 犯罪客观要件也是区分此罪与彼罪的重要标准

这主要表现在当刑法对犯罪主体和犯罪客体等其他要件内容的规定基本相同的情况下,犯罪客观要件就成为区分此罪与彼罪的一个十分重要的标准。比如同样属于侵犯财产罪范围的盗窃、诈骗、抢夺、聚众哄抢罪,它们的主要区别就在于实施占有财产的具体方法有所不同;而侵占罪与盗窃罪的差别,则体现在犯罪行为侵害的对象方面。在我国刑法中,有些犯罪之间的差别可能是由于多种因素共同决定的,但犯罪客观要件的作用同样不可低估。比如说,贪污罪与职务侵占罪之间的界限,不仅取决于犯罪主体的不同,也同样取决于作为犯罪对象的财产性质的差异,而且正因为对象性质的不同,才反映了它们各自所侵害的不同的社会利益。

4. 犯罪客观要件对量刑轻重具有重要影响

犯罪客观要件不仅像我们前面所说的对行为的性质具有决定性作用,而且会对行为社会危害性的大小产生影响,并在一定程度上决定着量刑的轻重。比如说,对于相当一部分直接故意犯罪而言,行为是否实施终了,是否出现法定的危害结果,都直接关系到犯罪既遂与未遂的界限认定;而对于某些犯罪来讲,有没有出现特定的、更为严重的危害结果,则涉及是否属于结果加重犯,有没有必要适用更重的法定刑的问题。而所有这些有可能影响犯罪形态和结果加重犯情节认定的因素,都属于犯罪客观要件的构成内容。所以,研究犯罪客观要件,同样会对具体量刑的轻重发生影响。

二、危害行为

(一)危害行为的概念

接下来我们来了解一下危害行为。所谓的危害行为,是指被刑法所明文禁止,表现人的意识和意志危害的身体动静或者言辞。关于危害行为,我们要理解这么几个问题。大家都知道,犯罪首先就是行为,没有行为就没有结果,没有行为就没有犯罪。我们所讲的危害行为,在刑法中就表现为犯罪行为。在理解这种行为的时候,我们要注意将它与日常生活中所讲的人的一般举动区分开来。日常生活中有很多行为,比如学生读书、工人做工、农民种田、老师教书,这些都是人的一种举动。这种举动较犯罪行为来讲,在延伸面上表现得不是特别突出。犯罪行为除了是一种举动以外,它实际上有很多延伸面。比如说,甲要杀乙,甲用拳头直接打在乙身上,把乙打死了。甲的拳头直接接触了乙的身体,甲的杀人行为比较清楚。再比如说,甲用铁棍把乙的头砸烂,最后接触乙身体的是铁棍,甲的行为也是杀人行为。甲也可以叫一条狗来咬乙,狗的牙齿把乙的喉管咬断了,甲的行为也是杀人行为。这些都是行为人利用工具实施的杀人行为,我们不能说,这是狗在咬人,而应该理解为是人的行为的延伸。又比如说,甲要杀乙,甲把乙绑起来后放到雪地里将乙冻死。甲也可以把乙绑起来后放到铁轨上,让火车把乙碾死,这时我们就不能理解为是火车的轮子把乙杀死了。甲还可以把乙绑起来后放到麻袋里,然后把乙丢到河里淹死。现实中有很多种杀人方式,现在出现了一种新的杀人方式,就是把人抓起来以后关到实验室里面,用实验室里面的装置骤然降温把人冻僵,然后又突然升温。利用这种短时间的温差使人的血管承受不了这种压力,从而导致血管爆裂,这种行为也是一种杀人行为。现在还有用心理暗示的方法进行杀人的,比如说,先把甲的眼睛蒙起来,然后将甲绑起来,接着用针尖刺入甲的手臂,同时在甲身边有一个自来水龙头正在滴水,让甲听滴水的声音并告诉甲现在听到的滴答滴答的声音,就是甲的血流出来的声音。这时甲心里就会感觉自己的血正在慢慢流出,从而甲的心里就会高度恐慌。过一会儿,甲就会觉得自己的血流得差不多了,再过一段时间以后,甲就觉得血不够用了,最后甲因为心力衰竭死掉了,而实际上甲的血一滴都没流出来。

犯罪行为在现实中有多种多样,而社会的发展带来了更多新的问题。比如说,"法轮功"是邪教,这是没有问题的。现在很多科学家认为气功都是伪科学,但是也有人认为气功是确实存在的。如果气功确实存在的话,就会带来很多问题,特别是对法学的挑战会很大。比如,甲眼睛一眨,乙的皮夹子就过去了,甲构成抢劫、盗窃还是诈骗?随着科技的发展、社会的发展,法学面临的挑战也越来越大。比如试管婴儿,如果保密不到位,试管婴儿找到了精子的提供者,他的亲生父亲与他有没有权利义务的关系?婚姻法实际上都是按照血缘关系来规定权利义务的,而且他们两个确实有血缘关系,但他们之间有没有权利义务呢?所以说现代医学的发展对法学的挑战也是巨大的。再比如说,现在狗头移植已经成功了,人头移植只是时间问题,现在已经基本成功只是人的存活率不高,因为排斥性太大,但是在不远的将来人头移植必然会成功,因为肾脏移植都已经成功了。人头移植一旦成功,对法学的挑战就大了。比方说,甲把乙的头砸烂了,但乙的身体还是好的。丙的身体生了一个恶性肿瘤,于是就把丙的头移植到乙的身体上。从刑法的角度来讲,甲是构成犯罪既遂还是犯罪未遂?如果对乙的"头"来讲,甲是构成犯罪既遂,因为存在的是丙的"头"。但是对乙的"身体"来讲,甲就构成犯罪未遂了,因为乙的"身体"还在走。(全场笑)如果从民法角度讲,这里就更有内容值得讨论了。这个人姓名是取"头"的姓名还是取"身体"的姓名?他的配偶是跟着

"头"还是跟着"身体"？他是继承"头"的父母的遗产还是继承"身体"的父母的遗产？（全场笑）这里面还有很多诸如此类的问题。

我曾经到安徽办过一个案件，这个案件法院后来作了无罪判决。这个案件实际上很简单，我是为一个公安特警作辩护的。当时，公安机关收到一个信息，说他们通缉的一个对象回家了，收到这个信息以后，公安机关组织力量对这个被通缉对象的家进行了包抄。由于这个被通缉的对象是一个非常凶狠、曾经犯有多种罪行的犯罪嫌疑人，因此，在执行围捕任务之前，领导就决定在必要的时候可以动用枪支，同时，决定在追捕中由特警冲在最前面。犯罪嫌疑人的家比较大，所以特警们就从他家的两扇门的两边包抄过去，由于我的当事人是特警，当然他就冲在最前面，他当时携带着一支微型冲锋枪。他进去前首先敲了敲门，是犯罪嫌疑人的母亲来开门的。母亲开门以后发现是警察，马上就大喊："小二子，快跑！"犯罪嫌疑人当时正在屋里睡觉，因为是夏天，他实际上只穿了一条短裤睡在床上。他一听到母亲的喊叫声就立刻跳了起来，拔腿就跑，因为母亲站在一扇门边，他就朝着另外一扇门跑，而那边又有警察包抄过来，看到有警察包抄过来他就又转身朝他母亲大声喊叫的那扇门跑去，就在这个时候，我辩护的那个特警就冲进去了。冲进去的时候他们家里有几条狼狗，看到有人过来了，狼狗就都扑上来了，这些狼狗直接影响到了他的追捕行为，我所辩护的那个特警就一梭子出去了，狼狗全部趴下了。狼狗趴下当然是没有问题的，但犯罪嫌疑人也趴下了。公安机关马上把他送进医院进行抢救，但最后人还是死掉了。检察机关指控这个特警是滥用职权。对于这个案件我认为这个特警无罪，而公诉人认为其有罪。我们双方争议的焦点就是犯罪嫌疑人实施的行为是不是符合《人民警察法》第 10 条以及《人民警察使用警械和武器条例》第 9 条中规定的暴力拒捕？《人民警察法》和《人民警察使用警械和武器条例》专门规定，在执行公务、逮捕犯罪嫌疑人时，警察只有在犯罪嫌疑人暴力拒捕的情况下，动用枪支才是合理的。如果是暴力拒捕，特警这样做就是没有问题的。但如果不是暴力拒捕，警察动用枪支就可能是滥用职权。那么检察机关为什么认为那个特警构成滥用职权罪呢？因为被特警打趴下来的那个追捕对象，当时是打着赤膊、穿着短裤，连鞋子都没有穿，因为时间来不及了。检察机关认为对这种赤手空拳的人，特警竟然把他给击毙了，当然是构成滥用职权罪。

按照《人民警察法》的规定，在执行公务过程中，如果遇到反抗，警察能实行正当防卫而不实行正当防卫，是要构成犯罪的。也就是说人民警察在执行公务活动中，正当防卫既是权利又是义务。对于一般老百姓来说正当防卫只是一种权利，而不是义务。权利和义务是不一样的，因为义务是不能放弃的，而权利是可以放弃的。也就是说一般人在可以实施正当防卫时却不加实施，应该是完全没问题的，但是警察在执行公务活动时，在可以实施正当防卫时而不实施正当防卫，本身就是一种违法行为甚至可能构成犯罪。

我对暴力拒捕的分析是很清楚的。首先，犯罪嫌疑人是不是暴力拒捕？我提到了狗的问题，公诉人和诉讼代理人说是狗自发扑上来的，并非被追捕的对象叫狗来咬特警的。我当堂问了被告人，这是谁的狗？被告人回答说，这是被追捕对象家的狗。我又问，这是什么狗？被告人回答说，这是狼狗。由此，我认为，既然是犯罪嫌疑人家里的狼狗而且没有拴好，那就不能简单地理解为是狗自发的行为了。在这里狗的行为明显是人的行为的延伸。其实，这个时候用不着主人叫狗来咬人，狗也会对人袭击的。当时我用了一句话："养狗千日，用狗一时。"家里养了狼狗，当主人受到侵害时，如果这个狼狗不自己扑上来，这还能叫狼狗吗？这不都成了"哈巴狗"！因此，特警开枪是不构成犯罪的。我还提出，如果当时这个特警不开枪，其行为可能构成玩忽职守罪，而现在开枪了，非但不应构成滥用职权罪，而且还应该对其进行嘉奖。（全场笑）经过了漫长且复杂的审查后，法院最终认为这个特警是无罪的。

（二）危害行为的特征

下面我们来看一下危害行为的特征。

第一个特征，危害行为是能够改变或者影响客观事物的身体动静或者言辞。这里强调的是作为危害行为的行为本身，它既可以是我们的一种身体动静，同时也可以是语言表达，例如言辞、文字。言论也可以作为危害行为来看待。所谓身体动静，包含了两方面的行为形式，其中的"动"，是指身体的举动、外在的动作；而"静"，则是指身体的静止、消极的行动。但无论是哪一种行为方式，都必须是能够改变或者影响客观事物的，因此，它也一定是客观的和外在的，即使是作为体现思想的言辞，如果要将它纳入刑法评价的"行为"范围，同样也必须表现为能够改变、影响他人思想或者行为的外在口头言论或者书面词语。如果某些表达思想的言辞方式不可能对他人的思想行为产生影响，例如，用日记形式表达思想、情绪等，则不能作为刑法意义上的危害行为。我们要坚决摒弃那些仅仅根据人的思想活动就认定其有行为并进而作为定罪依据的"主观归罪"论。

危害行为与人的思想也是有原则区别的。我国刑法否认"思想犯罪"。因为人的思想活动如果不同自己的行为发生联系，就不可能对社会产生任何实际的影响。人的思想只有通过其行为才能影响或者改变外部世界。比如说，一个人产生了抢劫的念头，但并没有围绕抢劫这种念头采取任何行动，在这种情况下，我们不能认为其构成抢劫罪，因为他的有害思想并没有对外界产生影响。通常情况下，危害行为与思想的界限比较明显，容易区分。难以区分的是人的有害言论与危害行为。人们一般通过口头或书面的方式来表达自己的思想，这可以说有了一定的身体活动，这种身体活动表达了有害的思想，但是，是否属于危害行为必须根据言论的内容以及发表者的主观心理态度来认定。如果说虽然发表了有害的言论，但只是单纯暴露思想，就不是刑法上的危害行为。反之，发表了有害言论，意在实现其思想时，则可能是刑法上的危害行为。比如，在公共场合发表言论，煽动人们暴力抗拒国家法律的实施，就属于危害行为。

有些地方的法律专家总说我们中国内地是"以言治罪"。我认为，"以言治罪"本身是没有错的，因为我们现实中有很多犯罪本身就是通过言论实施的。比如，侮辱、诽谤犯罪就是可以通过言论实施的。以前刑法中还有宣传煽动罪，现在已经没有这个罪了，但煽动颠覆、分裂政府还是构成犯罪的，煽动行为就可能是一种言论行为。教唆行为有很多就是通过言论实施的,其实,在世界各国和地区都有通过言论实施犯罪的情形。所以不要以为言者一定无罪,"言者无罪"指的是允许在政治领域发表不同的观点。

危害行为的第二个特征是危害行为是人的内在意识和意志的外在表现。它指的就是我们要惩罚的是犯罪行为,而这种犯罪行为应该是在人的意识和意志支配之下的一种行为。

但是,现实生活中也确实存在不表现人的意识和意志的行为,具体来说主要有三种情况。

第一种就是人在睡梦中或者无意识状态之下的行为以及无刑事责任能力的人所实施的行为,我们不能将它们作为犯罪行为来对待。因为我们所讲的人的行为就应该是在人的意识、意志支配之下实施的行为,如果不考虑人的意识、意志,而仅仅考虑行为本身的话,就是一种客观归罪。以前发生过许多这种情况,有个学生半夜起来,拿着菜刀,走到舍友床边,把舍友的头像砍西瓜一样地砍,后来查明是一种梦游行为。我们学校以前也发生过,以前学校的读书条件比较差,没有你们现在条件这么好,有时甚至出现男生女生同住在一栋楼里的情况。女生住在楼上,男生住在楼下。有个男同学半夜跑到女生宿舍门口,在女生宿舍门口大声朗读爱情的诗篇,弄得女生慌得一塌糊涂,最后经过医生的鉴定查明也是一种梦游行为。我们就不能将这些行为作为刑法上的犯罪行为来看待。

第二种是人在不可抗力作用下的行为,刑法中把它作为意外事件或者不可抗力来对待。在这种情况下,行为人不能按照自己的意志行事,因而不能认定它为刑法意义上的危害行为。例如,由于发生洪水,桥梁被冲垮,致使医务人员不能及时赶到现场抢救伤员等。

第三种是人在身体受到强制的情况下所实施的行为。当然,这里所说的强制必须要达到一定的程度。如果没有达到一定的程度,可能还是要负刑事责任的。而且这种情况也必须要符合紧急避险的要求,这才可能不属于刑法中的危害行为。因为,在这种情况下实施的行为是违背行为人主观意愿的,客观上他对自己身体受到的强制是无法排除的,因而这种情况下的行为也不是刑法意义上的危害行为,行为人对于造成的危害结果不负刑事责任。比如说,犯罪分子闯入列车值班室,将值班人员捆绑起来。值班人员眼见火车就要进站了,需要马上扳道岔。但因身体受到外力强制,无法实施行为,以致发生了重大事故。再比如说,门卫被歹徒捆绑,无法同歹徒搏斗,也无法报警,致使单位财物被抢。这些行为都没有表现行为人的意识和意志,所以他们的行为都不是刑法意义上的危害行为。

值得注意的是,人在精神上受到强制,从而实施了某种危害社会行为的情况。如果行为人受到犯罪分子的暴力威胁或精神强制从而实施了某种危害社会的行为,是否属于刑法意义上的危害行为?对于这种情况要具体问题具体分析:如果符合紧急避险条件的,可以认定为紧急避险;但是其他行为一般仍然属于刑法意义上的危害行为。因为在这种情况下,行为人只是精神上受到强制,但并没有完全丧失意志自由,也没有完全丧失人身、行动自由,完全可以做出符合法律规定的选择。另外,有些人由于负有特定职责,所保护的利益特别重大,即使受到了精神强制或暴力威胁,也不允许采取紧急避险手段对所保护的重大合法利益造成损害。这在以后的讲课中,都会专门涉及。

危害行为的第三个特征是危害行为是刑法明文禁止的行为。这是罪刑法定原则的要求。一个行为如果能够作为犯罪行为或者危害行为来看的话,实际中就必须符合刑法的规定。只有刑法强调将这种行为认定为犯罪并加以处罚,这种行为才是现代刑法意义上的犯罪行为。

接下来我想讲一讲在人工智能时代刑法中的行为内涵的应有之义。刚才我已经讲过了,在人工智能时代到来之前,刑法中的行为具有三个特征:一是能够改变、影响客观事物,二是受人的意识支配,三是刑法上明文予以禁止。在人工智能时代来临之后,融入弱智能机器人(即在人类设计和编制的程序范围内实施行为的智能机器人)能动性的行为仍然受人的意识支配,且符合刑法中行为的第一个和第三个特征,理应属于刑法中行为的范畴。而强智能机器人(即能够超出人类设计和编制的程序自主实施行为的智能机器人)能够超出人类设计和编制的程序范围自主实施行为,本质上是在自由意志的影响下受自身意识支配实施的行为,在应然层面属于刑法中的行为,但是在实然层面,有待在强人工智能时代到来以及其他条件成熟时,刑法条文明确将其纳入刑法中行为的范畴之中。

(三)危害行为的形式

接下来我讲一下危害行为的基本形式。作为犯罪行为或者说刑法意义上的危害行为,它的表现形式是多种多样的,比如有杀人、强奸、放火、贪污、受贿、盗窃、诈骗、抢劫、抢夺等各种各样的犯罪行为。但是如果我们把各种各样的犯罪行为进行概括的话,它的基本形式无非只有两大类:作为和不作为。

现在有人提出除了作为和不作为之外,还应该有第三种形式——持有。但是按照传统的刑法理论,持有本身是不能作为一种独立形式的。大多数的"持有"只能表现为不作为的形式,只有一小部分可以归到作为的形式中。持有本身完全可以被作为或者不作为所分解。因为这里指的持有的东西一般都是违禁的。比如持有假币,假币就是一种违禁的物品。违禁的物品在通常意义上是指应该上交而不上交的物品。

作为,是行为人以积极的活动实施刑法上所禁止的行为。"作为"相对于"不作为"而言,是"不当为而为",在客观上呈现出"积极"的形态,但它既可以是故意实施的,也可以由过失构成。我国刑法中规定的绝大多数犯罪,都是作为形式的犯罪,甚至有些犯罪只能由作为的形式构成,比如刑法规定的盗窃、抢劫、敲诈勒索、强奸、贩卖毒品等犯罪,都只能表现为积极的作为形式,我们很难想象有不作为情况的存在。

不作为,是行为人消极地不履行特定的应尽义务的行为。"不作为"相对于"作为"而言,在客观上呈现出"消极"的形态,是"当为而不为",但它同样可以由故意或者过失构成。

我国刑法规定的不少犯罪既可以由作为构成,也可以由不作为构成。放火、爆炸行为，一般以作为的形式实施，但是以不作为的形式也可以实施。我们以故意杀人为例，故意杀人犯罪的形式是作为还是不作为呢？（下讲台提问）

学生1："应该是作为。"

学生2："当然是作为，杀人怎么可能以不作为形式实施呢？"

学生3："我认为，可以作为也可以不作为。"

提问："你能否举个不作为形式故意杀人的例子？"

学生3："例子我举不上来，但我感觉应该是有的。"（全场笑）

（回讲台）其实故意杀人犯罪确实可以既表现为作为，也可以表现为不作为。比如说，母亲要杀儿子，用刀将其砍死，就是作为形式的杀人；而应该给儿子进食，却有意不给其进食让其饿死，就是不作为形式的杀人。

那么，放火、爆炸等犯罪的形式是作为还是不作为呢？（下讲台提问）

学生1："放火、爆炸是作为吧。"

学生2："我真的想象不出放火、爆炸还可以用不作为的形式实施。"

（回讲台）其实放火犯罪同样也可能以不作为的形式实施。比如，甲想要把房子烧掉，就放了一把火，甲的放火行为是以作为的方式实施的。乙是电路检修工，乙应该按时检修电路，但乙想要把房子烧掉，当乙看到电线老化都冒火星了，还是有意不检修电路并让其烧起来，乙的行为就是以不作为方式实施的放火行为。再比如，甲在锅炉里放一个炸药，锅炉爆炸了，甲的行为是作为方式。乙是锅炉工，乙应该给锅炉加水而不加水，让它爆炸，乙的行为就是不作为方式。但刑法中的极个别犯罪，只能由不作为构成，比如遗弃罪、逃税罪等。

接下来我想重点讲一讲不作为，首先我们来看一下构成不作为的基本条件。通说认为，成立不作为，在客观方面应当具备三个基本条件。

第一，行为人必须负有实施某种特定行为的义务，没有特定义务，就不可能有对义务的违反，也就不可能有不作为的问题。这种义务一方面要求是法律性质的义务，但不包括道义上的义务；另一方面要求义务的内容是实施特定的积极行为，而并非不实施一定积极行为的消极义务。据此，与落水儿童没有抚养关系的过路人不抢救儿童的，不成立不作为，因为他只有道义上的义务而没有法律性质的义务。反之，与落水儿童具有抚养关系的父亲不抢救这个儿童，则是不作为。因为他具有法律性质的义务，而且这种义务的内容是抢救落水儿童的积极行为。

第二，行为人必须具有能够履行特定义务的能力，因为只有对于有能力履行这种义务的人，法律上才会提出必须履行的要求。法律规范与法律秩序只是要求能够履行义务的人履行义务，而不会强求不能履行义务的人履行义务。至于行为人能否履行义务，应从行为人履行义务的主观能力与客观条件两方面进行判断。当履行义务面临一定危险时，不能要求行为人冒着生命危险去履行义务。

第三，行为人没有切实履行特定的义务，从而产生相应的危害，这是不作为社会危害性的重要体现。不作为的核心是行为人没有履行义务。行为人在此期间实施的其他行为，不是不作为的内容，不影响不作为的成立。例如，锅炉工在当班时，负有给锅炉加水的义务却没有加水,造成锅炉爆炸事故,这就成立不作为犯罪。至于锅炉工当班时实施了其他何种行为,无论是睡觉还是出去游玩则都不是不作为的内容,不能影响不作为的成立。不作为之所以能成为与作为等价的行为,在于它已经造成或可能造成危害结果。理论上有人认为,并非只有造成危害结果时才构成不作为犯罪,当刑法规定某种犯罪的成立不要求发生危害结果时,没有造成危害结果的不作为也可能成立犯罪。但是,这个观点是值得讨论的。

我们再来看一下不作为中的一个重要问题——特定义务。不作为是以行为人违反特定的应尽义务为构成前提的,因此,刑法理论上着重研究的是这种特定义务的范围问题。比如说,一个研究所里的工程师在早晨上班的路上经过一个铁路岔口,他发现铁路岔口边上有一堆障碍物。按照他所具有的经验,这一堆障碍物是足以导致火车颠覆的,必须加以清除。但是由于离上班时间很近了,如果清除掉障碍物再去上班的话,他上班就要迟到了,而研究所规定上班迟到是要扣奖金的。为了使自己的奖金不被扣除,这个工程师就置这个障碍物于不顾,径直向单位走去,最后火车经过时颠覆了。(下讲台提问)

提问:"工程师的行为算不算刑法中的不作为?"

学生1:"不是刑法上的不作为。"

提问:"为什么呢?"

学生1:"因为他只具有道义上的义务,没有法律上的义务。"

提问:"那么,我国宪法不是明文规定每个公民都有保护国家财产不受损失的义务吗?"

学生1:"这种义务可能不是指宪法上规定的吧。"

提问:"你认为这个义务还需要由具体法律法规明确予以规定吗?"

学生2:"需要。"

(回讲台)我认为,从义务角度来讲,这个工程师肯定没有特定的义务,所以这个工程师的行为不算刑法中的不作为。

对于特定义务的来源,通常认为有四个方面。

特定义务的第一个来源是法律上明文规定的义务。法律上明文规定的义务指的是具体法律法规所规定的具体义务。而对于只是宪法中对每个公民所作的普遍要求或者义务不能作为这里不作为的前提条件。

特定义务的第二个来源是职务上、业务上所要求履行的义务。也就是承担某种职务或者从事某种业务的人,在他职务或者业务范围内要求其应当履行的特定义务。这些特定义务的内容,通常是由相应的规章制度和操作规程加以规定的,也有一些来自行业上约定俗成的习惯或者通行做法,有的则是在各级、各类领导岗位的基本要求上予以确定的。这种义务的表现形式很多,比如我们前面讲到的扳道工、检修工。再比如,上海有个怀孕妇女,路过苏州河,看到苏州河边站了很多人,再仔细一看原来是有人落水了,这个妇女就跳下去把人救上来了。如果妇女不跳下去救人,算不算不作为?当然不算。她跳下去救人是见义勇为的行为,应该弘扬,但是她没有救人的义务。如果在游泳池里有人溺水时,游泳池的救生员不跳下去救人,那就是不作为了,因为救生员的职责就是救人。

特定义务的第三个来源是行为人实施的法律行为而引起的义务。比如,甲领养乙(小孩)并办了领养手续,甲对乙就产生了法律上的特定义务,甲不履行抚养义务完全可能构成刑法上的不作为。

特定义务的第四个来源是由先行行为所产生的义务。也就是由行为人先前实施的某种行为,导致刑法保护的利益处于危险之中,从而产生了行为人必须排除这种危险的义务。至于先行行为的性质如何,理论上有不同的意见。有人认为,先行行为可以包括正当行为,也可以包括违法甚至犯罪行为。我认为,先行行为不应包括犯罪行为。对于故意犯罪来说,行为人之所以实施犯罪就是希望或者放任自己行为引起危害结果,虽然说在这种情况下,行为人有义务采取措施避免自己行为造成危害结果,但这种义务已经不属于我们所要解决的不作为犯罪的问题,不能据此认定行为人没有采取避免危险出现的措施,就是不作为犯罪。如果行为人自动防止危害结果发生,则只是减免刑罚的理由;如果行为人没有防止危害结果发生,则承担犯罪既遂的刑事责任;如果行为人没有防止更严重的结果发生,则承担结果加重犯的刑事责任。对于过失犯罪而言,由于造成严重后果是过失犯罪的必要条件,严重后果已经发生或者行为人的过失行为引起的危险已经成为现实,就不可能存在行为人采取措施避免危害结果发生的情况了。所以说,如果认为先前行为包括犯罪行为,就会使绝大多数一罪变为数罪,这是不合适的。(下讲台提问)

提问:"隔壁邻居家小孩乙向甲讨饭吃,甲不给乙吃饭,乙饿死了,甲算不算不作为?"

学生1:"不算,因为乙不是甲的小孩,甲并没有义务给乙饭吃。"

提问:"那么,如果有一天甲带小孩乙到河里游泳,乙游泳时脚抽筋了,甲不救乙,乙淹死了,甲算不算不作为呢?"

学生2:"算的,因为甲带小孩乙出去就产生了一种特定的义务,那甲就要保证他的安全,最后他死了,甲就是不作为。"

提问:"但是,如果甲看到小孩脚抽筋了,甲也想去救他,但就在这时候,甲脚也抽筋了,最后甲没有救他,他死了,甲算不算不作为呢?"

学生2:"这应该也算是不作为吧,因为,这是甲应该救的,但是他实际上没有救。"

学生3:"这不应该算不作为,因为他没有能力救呀!"

(回讲台)在这种情况下我认为甲应该不是不作为,所谓不作为除了我们通常所讲的"应为而不为"以外,还应该加一个"能为"问题。所以不作为准确地说应该是"应为能为而不为"。在这种情况下,实际上是"非不为也,而是不能也"。(全场笑)由此可见,在不作为犯罪中当事人本身的能力是很重要的。比如说,母亲应该给小孩喂奶,但母亲不喂,因为她自己也要死了,她没有能力喂了,最后小孩死了,这时就不能对这个母亲以不作为认定为故意杀人罪。再比如,儿子应该赡养自己的父母,但是他自己没有能力,他拿不出钱来赡养老人,结果老人由于体弱多病而最终病死,那就不能追究儿子的刑事责任。

当然,我认为,不作为还必须造成严重的后果。没有造成后果很难认定是不作为。比如说,甲带小孩去游泳,小孩脚抽筋了甲不去救他,但最后小孩还是安然地游到岸边,这时就不能追究甲的刑事责任。

接下来,我讲一讲在认定不作为形式犯罪中的几个很重要的问题。

第一个问题就是作为是一种积极的形式,而不作为是一种消极的形式。但是如果从行为对犯罪客体侵害这个角度来看,无论是作为还是不作为都是积极的。也就是说犯罪的形式有积极和消极之分,即有作为和不作为之分。比如说,母亲要杀儿子,一刀把儿子给砍了或者母亲应该给儿子喂奶而不喂,让他饿死了。用刀砍和不喂奶,确实有积极和消极之分,但是在剥夺儿子生命这一点上,无论是用刀砍还是不喂奶,都是积极的。只不过用刀砍是作为,不喂奶是不作为。

第二个问题就是作为和不作为是行为的形式,不能和人的主观方面随意建立联系。不能把作为、不作为和故意、过失随意地挂钩。有人提出作为就是故意,不作为就是过失,将作为和故意挂钩,不作为和过失挂钩。也有人把故意里的直接故意和作为挂钩,把间接故意和不作为挂钩。这些都是随意对号入座,是不对的。我刚讲到了故意犯罪有作为和不作为两种形式,比如,故意杀人罪就有作为与不作为两种形式。过失犯罪也有作为和不作为两种形式,只不过过失犯罪中不作为形式多一些。直接故意有作为和不作为两种形式,间接故意也有作为和不作为两种形式。客观行为中的形式和罪过形式是不一样的,我们不能将行为形式的作为、不作为与行为人主观方面的罪过形式简单地对号入座。

(四)危害行为与时间、地点和方法

下面,我讲一下危害行为与时间、地点和方法的联系。任何行为都是发生在一定的时间、一定的地点,并采用一定的方法。犯罪是一种复杂的社会现象,它的表现形态常常纷繁复杂。但无论是哪一种形态的危害行为,都是由行为人在一定的时空条件下、采用特定的方法实施完成的。因此,危害行为与时间、地点和方法具有必然的联系,社会上不可能存在缺乏时间、地点和具体行为方法的犯罪。但是,这种"必然联系"并不意味着行为的时间、地点和方法就是成立犯罪在客观上都必须具备的条件。恰恰相反,从犯罪构成要件上分析,我们会发现,对绝大多数危害行为而言,刑法并没有将特定的时间、地点和方法作为其构成犯罪的基本条件。也就是说,行为人在何时作案、在何地作案、采用何种方法作案,对这些犯罪是否成立,并不产生直接的影响。比方说,一起行凶伤害案件,总是有具体的行凶时间和事发地点的,行为人实施行凶伤害也总是采取了一定的方法甚至使用了作案工具的,但是,不管伤害案件发生在白天、中午还是晚上,不管发生在室内还是户外,也不管行为人是拳击伤害还是采用棍棒、刀枪等武器伤人,对他构成犯罪并不产生什么影响。我国《刑法》第234条规定的"故意伤害罪"的构成条件中并没有包含伤害的时间、地点和伤害方法的内容。因此,这些内容对故意伤害罪的犯罪构成而言没有任何意义。这就说明,行为的时间、地点和方法不是

任何犯罪在客观上都必须具备的条件。

这里需要注意的是,在刑法中有很多行为在什么时间、什么地点以及用什么方法实施是不会影响定罪的,但是时间、地点和方法是量刑中应该考虑的因素。只有在一些特定的犯罪中,时间、地点、方法才能成为定罪的构成要件。关于这一点我已经在前面的课上讲过了。比方说,对于非法捕捞水产品罪,禁渔期(时间),禁渔区(地点),禁止使用的方法、工具等都是定罪的构成要件。还有一些犯罪的规定对行为的方法做了具体的描述,这说明它也是构成犯罪的一个要件。比如抢劫罪,刑法条文规定抢劫罪是以暴力、胁迫或其他方法抢劫公私财物的行为,刑法条文在这里对抢劫的方法作了一个具体的阐述。什么叫暴力?什么叫胁迫?什么叫其他方法?这些具体方法在认定抢劫罪时都是很重要的,只有采用了这些方法才能构成抢劫罪。如果不是采用这些方法则可能构成其他犯罪,甚至不构成犯罪。

三、危害结果

接下来,我们来看一下危害结果。

(一)危害结果的概念与特征

关于危害结果,大家首先要注意危害结果的概念。危害结果实际上是指对刑法所保护的社会关系所造成的损害程度。它和犯罪客体是紧密相连的。犯罪客体是被犯罪行为所侵害的刑法所保护的社会关系。

下面,我们来看危害结果的特征。危害结果主要有三方面的特征。

第一,危害结果是客观存在的。任何犯罪都是对社会关系的一种侵害,这种侵害所导致的危害结果是客观存在的。危害结果是一种不以人们意志为转移的客观存在,是实际存在的损害事实。这种损害事实是由行为人的危害行为直接造成的,其性质和程度虽然需要人们去发现、认识与判断,但却不能随意地进行解释或者擅自予以改变。

第二,危害结果的形式是多样的。作为一种损害事实的危害结果,其表现形式并不是绝对单一的,它的实际性质常常受到客体性质的影响与制约。因此,危害结果既可以表现为物质性的有形形态,也可以表现为非物质性的无形形态,但无论是哪一种形态的危害结果,它们都是确实存在的。

第三,危害结果是由刑法规定的。作为犯罪客观要件中的一个特殊条件,危害结果本身具有"法定性",也就是说只有当刑法对它们作出了明文规定以后,它们才具有犯罪构成要件的意义,才能够成为某些特定犯罪在客观上的必备条件。比方说,我国刑法中所规定的过失犯罪,都必须是已经造成了严重危害结果的,才构成犯罪。如果刑法分则条文没有对危害结果作出明文规定,它们就不可能成为这些犯罪的构成要件。再比方说,《刑法》第232条规定的"故意杀人罪",就没有危害结果的要求,无论故意杀人行为是否在客观上造成他人死亡,对故意杀人罪的成立都不产生影响。从这个意义上讲,危害结果并不是构成所有的犯罪在客观上都必须具备的条件。

但是,对于危害结果是不是犯罪构成的必要条件的问题,很多同学可能还有疑虑,我认为,由于危害结果有广义、狭义之分,要解决这一问题,必须首先确定危害结果的具体含义。从刑法条文对危害结果的具体规定来看,刑法所指的危害结果是狭义的危害结果,也就是说在刑法中有的条文规定了危害结果,有的条文没有规定危害结果。从广义的危害结果考察,任何犯罪都会产生危害结果,没有危害结果就不存在犯罪,从这个意义上讲,危害结果是犯罪的必要条件。但是,在广义的危害结果中,有些结果确定起来非常困难,不具有可操作性。另外,在有的犯罪中,行为本身就表现出了一定的社会危害性,就没有必要再对危害结果进行具体考察。具体来说,可以从两个方面来看。其一,从危害行为的本质来看,社会危害性是犯罪的社会属性,但社会危害性是由多种因素反映出来的。我们在考察犯罪的社会危害性时,是在纵观整个案件的具体情况的基础上得出的对犯罪行为的综合评价,而危害结果只是反映社会危害性的一个因素。当危害结果以外的因素综合起来能够反映行为的社会危害性达到了犯罪的严重程度时,立法者便不将危害结果规定为犯罪的构成要件。反之,当危害结果以外的因素综合起来不能够反映出行为的社会危害性达到了犯罪的严重程度时,立法者就会将危害结果规定为犯罪的构成要件。其二,从法律规定来看,比如《刑法》第 24 条规定:"在犯罪过程中,自动放弃犯罪或者自动有效地防止犯罪结果发生的,是犯罪中止。"可见,犯罪中止以没有发生犯罪结果为条件。中止行为本身不是犯罪行为,但中止以前实施的行为是犯罪行为。所以,该条第 2 款就明确规定:"对于中止犯,没有造成损害的,应当免除处罚;造成损害的,应当减轻处罚。"然而这种法律后果是以行为构成犯罪为前提的。显然,某些行为没有造成危害结果时也能成立犯罪。因此,危害结果不是一切犯罪构成的必备要件。

(二)危害结果的种类

由于危害结果具有多样性,所以我们有必要从不同角度对它进行分类,这样才能方便我们深入理解危害结果的内涵与意义。

首先,我们可以以危害结果是否属于具体犯罪构成要件要素为标准将危害结果分为属于构成要件的危害结果与不属于构成要件的危害结果。

属于构成要件的危害结果,是指成立某一具体犯罪所必须具备的危害结果,或者说该危害结果是具体犯罪客观要件的内容,如果行为没有造成这种结果,就不构成犯罪。比如说,根据《刑法》第 397 条的规定,国家机关工作人员的玩忽职守行为,只有造成了公私财产、国家与人民利益的重大损失,才构成玩忽职守罪。这里的"重大损失",就属于构成要件的危害结果。根据刑法总则第 15 条以及分则性条文的有关规定,过失犯罪都以发生特定的危害结果为构成要件;根据间接故意的基本特征,间接故意的成立也要求发生特定的危害结果;而大多数直接故意犯罪不以发生危害结果为构成要件,只有少数直接故意犯罪的成立要求发生危害结果。另外,属于构成要件的危害结果,都有其特定的内容。比方说,在过失致人重伤罪中,致人重伤是属于构成要件的危害结果;从某种意义上说,致人轻伤与致人死亡也是危害结果,但它们不可能是过失致人重伤罪的构成要件的危害结果。同样,在过失致人死亡罪中,致人死亡是属于构成要件的危害结果,致人轻伤或者重伤就不可能是该罪的构成要件的危害结果。

需要指出的是,不属于构成要件的危害结果,是指不是成立犯罪所必需的、构成要件之外的危害结果。这种危害结果是否发生以及轻重如何,并不影响犯罪的成立,只是在行为具有犯罪的社会危害性、构成犯罪的基础上,才对反映社会危害性大小起一定作用,进而影响到法定刑是否升格以及同一法定刑内的量刑轻重。比方说,抢劫罪的成立并不要求发生致人重伤、死亡的结果,所以重伤、死亡不属于抢劫罪构成要件的结果,即使抢劫行为导致他人重伤、死亡,这些结果也不属于构成要件的危害结果。但由于发生这些结果的抢劫行为比没有发生这些结果的抢劫行为的社会危害性更大,所以刑法对发生这些结果的抢劫行为规定了较重的法定刑,刑法理论上将其称为结果加重犯。

将危害结果划分为属于构成要件的危害结果与不属于构成要件的危害结果,有利于我们正确认识危害结果在不同犯罪构成中的地位,从而准确认定犯罪。

其次,根据危害结果的现象形态我们可以将危害结果分为物质性危害结果与非物质性危害结果。

物质性危害结果,是指现象形态表现为物质性变化的危害结果。这种危害结果往往是有形的,是可以具体认定和测量的。比方说,致人死亡、致人伤害、毁损财物等,都是物质性危害结果。

非物质性危害结果,是指现象形态表现为非物质性变化的危害结果。这种危害结果往往是无形的,是不能或难以具体认定和测量的。比方说,对人格的损害、名誉的毁损等,都属于非物质性危害结果。应当注意的是,非物质性危害结果也是危害行为造成的具体侵害事实,不能把危害行为本身的属性视为非物质性危害结果。比方说,任何危害行为都会破坏社会心理秩序体系和社会成员心理平衡状态,这是危害行为的固有属性,就不能认定为非物质性危害结果。

将危害结果划分为物质性危害结果与非物质性危害结果,有利于合理确定危害结果的范围,有利于提醒司法机关在评价犯罪的社会危害性时,既注重物质性危害结果,也注重非物质性危害结果。

再次,根据危害结果的严重程度我们也可以将危害结果分为严重危害结果与非严重危害结果。

根据刑法分则条文的规定,严重危害结果,通常是指致人重伤、死亡或者使公私财产遭受重大损失以及使重大的法律秩序遭受严重破坏。严重危害结果既可能表现为严重犯罪的基本危害结果,比如故意杀人罪中的致人死亡;也可能表现为基本犯罪的加重结果,比如抢劫罪中的致人死亡。

非严重危害结果,一般是指致人轻伤、使公私财产遭受较小损失以及使一般的法律秩序遭受损害。当然,危害结果是否严重,还要联系具体犯罪进行分析。同样的危害结果,相对于这个罪而言是严重危害结果,相对于其他罪而言就可能被认为是非严重危害结果。

将危害结果作这些区分具有重要意义。过失行为造成严重危害结果的,才构成犯罪,尚未造成严重危害结果的,则不成立犯罪。在故意犯罪中,危害结果是否严重,往往影响法定刑是否升格,影响在同一法定刑内的量刑。

最后,根据危害结果与危害行为之间的联系形式我们还可以将危害结果分为直接危害结果与间接危害结果。

直接危害结果,是危害行为直接造成的侵害事实,它与危害行为之间具有直接因果关系,也就是说两者之间没有独立的另一现象作为联系的中介。比方说,某甲开枪击中某乙胸部,致某乙死亡。乙的死亡便是甲的杀人行为的直接危害结果。

间接危害结果,是由危害行为间接造成的侵害事实,在危害行为与间接危害结果之间存在独立的另一现象作为联系的中介。"独立的另一现象"既可能是第三者的行为,也可能是被害人的行为或其他现象。前者如甲开车将乙撞倒在公路上,乙被随之而来的另一辆车轧死,乙的死亡是甲行为的间接危害结果。后者如甲男强奸乙女后,乙因羞愤而自杀身亡,乙的死亡是甲行为的间接危害结果。

区分直接危害结果与间接危害结果的基本意义在于,前者主要对定罪起作用(当然也影响量刑),后者主要对量刑起作用。

(三)危害结果的地位与作用

下面,我们接着来看危害结果的地位和作用。危害结果作为犯罪客观方面的一个重要因素,具有重要意义。根据我国现行刑法的规定,危害结果的地位与作用主要表现为这么几个方面。

1. 区分罪与非罪的标准之一

在某种犯罪中,危害结果是犯罪的构成要件,如果行为没有造成法定的危害结果,就不成立犯罪。比方说,过失犯罪和间接故意犯罪。但是,危害结果并非一切犯罪的共同要件,大多数直接故意犯罪的成立都不以发生危害结果为要件。比方说,直接故意杀人,即使没有发生他人死亡的结果,也成立故意杀人罪,只不过是犯罪预备、未遂或者中止罢了,而犯罪形态的不同,并不影响犯罪的成立与罪名的改变。

2. 区分此罪与彼罪的标准之一

危害结果是否发生以及结果的严重程度,在某些情况下是区分此罪与彼罪的标准之一。比方说,《刑法》第247条规定:"司法工作人员对犯罪嫌疑人、被告人实行刑讯逼供或者使用暴力逼取证人证言的,处3年以下有期徒刑或者拘役。致人伤残、死亡的,依照本法第234条、第232条的规定从重处罚。"所以,刑讯逼供与暴力逼取证言的行为,如果发生了致人伤残、死亡的结果,就应分别认定为故意伤害罪、故意杀人罪,并从重处罚。这表明,危害结果的内容不同可能成为区分此罪与彼罪的标准。需要注意的是,危害结果的这一功能,不具有普遍意义,只有在法律明文规定的情况下,才具有区分此罪与彼罪的作用。

3. 区分犯罪形态的标准之一

犯罪既遂通常以发生特定危害结果为前提,而犯罪预备、未遂、中止都以没有发生特定危害结果为条件。这就表明,特定的危害结果发生与否,是区分犯罪形态的标准之一。在直接故意犯罪中,特定的危害结果是否发生,往往成为区分既遂与未遂的决定性标准。

4. 影响量刑轻重的因素之一

在一切犯罪中,危害结果对量刑都会产生影响。因为危害结果是反映社会危害性的事实现象,刑罚必须与犯罪的社会危害性相适应,所以,危害结果必然影响量刑。危害结果对量刑的影响表现为三种情况。一是作为选择法定刑幅度的根据。比方说,《刑法》第234条根据伤害行为造成的结果不同,规定了三个幅度的法定刑。故意伤害他人造成轻伤的,司法机关应选择3年以下有期徒刑、拘役或管制这一法定刑幅度;造成重伤的,应选择3年以上10年以下有期徒刑这一法定刑幅度;造成死亡或者以特别残忍手段致人重伤造成严重残疾的,应选择10年以上有期徒刑、无期徒刑或者死刑这一法定刑幅度。二是作为法定的量刑情节。比如,《刑法》第23条规定:"对于未遂犯,可以比照既遂犯从轻或者减轻处罚。"未遂的特征之一就是没有发生特定的危害结果。因此,在直接故意犯罪中,没有发生特定的危害结果是法定的从宽处罚情节。三是作为酌定的量刑情节。当刑法没有将危害结果规定为法定刑升格条件或法定量刑情节时,危害结果的情况便是酌定量刑情节。比方说,毁损国家保护的珍贵文物,一个使大量的珍贵文物遭受破坏,一个使少量的珍贵文物遭受破坏,这便是法院在量刑时应斟酌考虑的情节。

5. 影响诉讼程序的因素之一

在某些情况下,危害结果的情况还会影响刑事诉讼程序。比方说,故意伤害罪,造成轻伤的,由被害人自诉,人民法院直接受理;造成重伤的,由公安机关侦查,检察机关提起公诉。

由此可见,研究危害结果对正确区分某些行为罪与非罪的界限,具有十分重要的意义。同时,危害结果的有无及其大小,有时对某些犯罪行为成立以后的量刑轻重也会产生重大的影响,某些法定的严重结果是否出现,甚至还会影响到一些案件的诉讼程序。当然,这里所谓的种种结果,已经不再是影响犯罪成立(即作为犯罪客观要件)的危害结果了。

四、危害行为与危害结果之间的因果关系

下面,我将着重讲一下刑法上的因果关系。

(一)刑法上因果关系的概念

首先我们还是来看因果关系的概念。刑法意义上的因果关系,是指危害行为规律性地引起某种危害结果的内在联系。它以哲学上的一种现象在一定条件下引起另一种现象的普遍因果关系为基础,目的是为了解决行为人是否应当对某种危害结果承担刑事责任的问题。在通常情况下,危害行为与危害结果之间的因果关系是清晰可辨

的,并不会发生认定上的困难。比方说,某个人基于杀人的目的,手持利斧猛砍他人头部,致被害人当场死亡。在这一事件中,被害人的死亡结果(危害结果)是某人举斧砍杀行为(危害行为)直接造成的。人员死亡是"果",砍杀行为是"因",原因引起结果,因果关系十分清楚。但在有些案件中,虽然危害结果同样十分显见,但这种结果是否由行为人的危害行为所引起,却并非一目了然。特别是在多因一果、一因多果等情况下,因果关系将表现得更加错综复杂,常常会给行为人刑事责任的正确认定带来一定困难。但如果事实证明危害结果与危害行为之间没有因果关系,行为人就不应对这种危害结果承担刑事责任,所以因果关系的认定是很重要的,这个内容我会在后面着重为大家讲述的。

(二) 刑法上因果关系的特性

接下来,我们来了解一下刑法上因果关系的特性。刑法上的因果关系与哲学上的因果关系是个性与共性、特殊与一般的关系。因此,研究刑法上的因果关系,既要以哲学上的因果关系原理为指导,同时又要注意其自身的特殊性。

1. 刑法上因果关系与哲学上因果关系的统一性

在哲学上,因果关系解决的主要是事物与事物之间的联系问题。刑法上的因果关系是哲学上因果关系理论的具体应用,其解决的是危害行为与危害结果之间的联系问题。刑法上因果关系与哲学上因果关系的个性与共性、特殊与一般的关系决定了它们具有统一性。这种统一性主要表现在五个方面。

第一,因果关系存在的客观性。我这里先举一个例子,请大家讨论。甲驾驶马车在街上行走,后面开来警车,警报一拉,马惊了,甲拼命拉马缰绳,却拉不住马,最后马车把一个行人撞死了。我现在要问的是,甲驾驶马车的行为与行人被撞死的结果是否有因果关系?(下讲台提问)

学生1:"我认为没有因果关系,因为行人并不是被甲撞死的,而是被马车撞死的。"

学生2:"我认为如果说因果关系,应该是拉警报与行人的死亡结果有因果关系,甲的驾车行为与行人的死亡结果没有因果关系。"

提问:"行人是被撞死的,还是被吓死的? 如果警报一拉,行人被吓死了,那么,两者当然有因果关系。现在行人不是被吓死的而是被撞死的呀! 这又如何理解呢?"(全场讨论)

学生3:"我认为没有因果关系,因为,甲对于行人的死亡结果完全属于意外事件。"

(回讲台)应该看到,本案中甲的驾车行为与行人被撞死的结果是有因果关系的。这是因为,因果关系是一种普遍的社会现象,它是不以人们的意志为转移的客观存在。不管行为人有没有想到,其行为与结果之间的关系是客观存在的。本案中,行人是被甲驾驶的马车撞死的,甲的驾车行为与行人的死亡结果之间的因果关系也是客观存在的,这种关系并不会因为甲主观上没有罪过而消失掉。

需要指出的是,许多人认为,本案中的马车撞人是意外事件,因而其行为和结果之间就没有因果关系。其实这是一种误解,这种观点实际上把因果关系与刑事责任等同起来了。意外事件不应该成为影响行为与结果之间客观上是否存在因果关系的因素。我们说，行为人的行为与结果之间有因果关系，并不意味着行为人一定负刑事责任。相反，行为人的行为与结果之间没有因果关系，行为人则肯定不负刑事责任。由此可见，因果关系是行为人负刑事责任的前提，但不是全部。本案中甲属于意外事件，只能作为其不负刑事责任的依据，而不能以此否定甲的行为与结果之间的客观联系。同时，我们也应该看到，我们之所以认为本案中甲属于意外事件，实际上是因为行人的死亡结果确实是由甲的行为所产生的。也即如果甲的行为与行人的死亡结果没有因果关系的话，我们也就没有必要研究甲是否属于意外事件了。

当然，因果关系有其自身的存在形式和内在规律，它虽然不受人的主观意识左右，不会因为人们认识的改变而随意发生变化，但却是可以被人们所认知的。因果关系的客观性告诉我们，在判断危害行为与危害结果的关系时，不能主观臆断，而要深入到客观实践的内部进行深入、细致的调查和研究，实事求是地作出判定。

第二，因果关系存在的特定性。客观世界的各种现象之间存在着普遍的联系与制约，环环相连、节节相扣。在这种相互作用、互为因果的广泛联系中，常常难以划分哪个是原因哪个是结果。在一种现象中的原因，它本身有时正是另一种现象的结果。因此，只有在普遍联系的因果链条中选取特定的环节，才能使这种因果联系充分显示出来，从而成为研究的对象。基于因果关系相对性的特点，刑法意义上的因果关系就必须分析行为人实施的危害行为与特定的危害结果之间的联系，而不能任意超越范围进行不着边际、徒劳无功的研究。

第三，因果关系形成的时间序列性。刑法上的因果关系不仅是一种客观的、特定的联系，作为引起（作用）的"原因"与被引起（被作用）的"结果"，是有着严格的时间序列的。成为原因的现象，不仅要出现在成为结果的现象之前，并且一定能对结果的出现起到引起和决定的作用。这就告诉人们，在某种危害结果发生之后，司法工作者必须在它形成之前的行为中去寻求原因，而绝对不能从它产生之后的危害行为中去"创造"原因力。但是，因果关系并非只是时间上的先后顺序关系，认定因果关系还需要考察其他特征。

从刑法角度来讲，危害行为是发生在危害结果之前的。那么能不能得出这么一个结论：凡是发生在结果之前的行为都是结果的原因？以前在上海游泳馆发生过这么一件事：有一个救生员在上班时间出去看电影，一群学生正好这时来游泳。一个学生在那个救生员的管理区域内跳水后就淹死了。经法医鉴定，这个学生是在入水的一刹那因心脏病发作而死亡的，就算当时救生员在场也救不了这个学生。所以，不能认定救生员出去看电影的行为和这个学生的死亡之间具有刑法意义上的因果关系，尽管救生员出去看电影的行为发生在这个学生死亡结果之前。大家要记住一句话：作为原因的行为只能发生在结果之前，但发生在结果之前的行为不一定都是原因。

第四，因果关系的复杂性。因果关系虽然是普遍的、客观的，但其联系方式并不是纯粹的和单一的。在有些案件中，案件事实十分复杂，存在着"一果多因"和"一因多果"的现象。一果多因，是一种危害结果由数个危害行为共同造成的情形。对此，必须分析这些危害行为在危害结果形成中的实际地位和作用,分清主次,合理解决其刑事责任的分担问题。这种现象主要出现在责任事故类的过失犯罪中。事故的发生往往涉及多人的过失行为,或者主观原因和客观原因交织在一起的复杂情况。比方说,某司机酒后开车,忘记该车已经发生故障需要修理,结果造成交通事故。这里交通事故发生的原因就有两个。在具体确定这样的因果关系时,就应当注意分清主要原因和次要原因、主观原因和客观原因等情况,这样才能全面认识因果关系,正确解决刑事责任问题。但大家需要注意的是,共同犯罪并不属于我们这里所说的"一果多因"的现象。在共同犯罪中,共同犯罪人所实施的行为是彼此联系、互相配合的,属于一个统一、完整的共同犯罪的不同组成部分。也就是说,共同犯罪人各自实施的行为实际上是作为一个整体因素导致了危害结果的发生,因此,共同犯罪应该属于正常的"一因一果",而不属于"一果多因"。正因为如此,虽然有的共同犯罪人可能只实施了部分犯罪行为,但却应当对整个共同犯罪承担刑事责任。当然,由于每个共同犯罪人在共同犯罪中所起作用的大小不同,因而他们对整个共同犯罪承担的刑事责任的大小往往也是不一样的。一因多果,是一个危害行为同时或者前后造成多种危害结果的情形。对此,又必须分析各种危害结果的性质及其实际危害量,全面评价其社会危害性的大小,仔细研究各种危害结果与该危害行为之间的联系程度。同时要注意搞清楚主要结果与次要结果、直接结果与间接结果,科学地解决其刑事责任的轻重问题。

第五,因果关系形式的多样性。刑法上的因果关系通常被认为是危害行为与危害结果之间的一种内在的、必然的、合乎规律的联系。这种危害行为必然直接引起和决定危害结果的联系形式就是"必然因果关系"。但是,刑法上的因果关系并非仅此一种形式,还存在着"偶然因果关系",也就是说当危害行为与其所产生的某种危害结果之间偶然有其他危害行为介入后,便导致了这种危害结果提前产生的情况。我认为,承认偶然因果关系的存在,并不会扩大行为人刑事责任的基础。事实上,因果关系与刑事责任并不是一回事,危害行为与危害结果之间即使存在着因果关系,也不等于行为人要对这种危害结果负刑事责任。这是因为,当我们研究一个人的行为是否构成犯罪时,不仅要分析行为与结果之间因果关系的有无,同时,还必须进一步研究行为人的主体条件是否符合刑法规定,行为人对其行为所造成的危害后果有没有故意或者过失。即使存在因果关系,但如果缺乏犯罪的构成条件,也同样不能以犯罪论处。

接下来我们来看两个案例。第一个案例:甲和乙有仇,甲将乙打成轻伤,乙在去医院的路上被一辆卡车撞死了。那么甲的行为和乙的死亡结果之间有没有因果关系?(下讲台提问)

学生1:"甲的行为和乙的死亡结果之间有因果关系,因为如果甲不把乙打伤,乙怎么会去医院看病,不去医院看病也就不会被车撞死了呀。"

学生2:"没有因果关系,因为乙不是被甲打死的,而是被车撞死的。"

(回讲台)我认为,甲的打人行为和乙的死亡结果之间是没有因果关系的。行为和结果之间有因果关系的前提条件,就是行为有引起结果发生的实在可能性。由于甲将乙打成轻伤,轻伤没有向死亡结果发展的实在可能性,因此甲的行为与乙的死亡没有因果关系。如果可以无限推下去的话，那么，我们甚至可以这样推：如果甲和乙没有仇，甲就不会将乙打伤，从而也不会发生后面的死亡结果；如果甲不认识乙，两人就没有仇……；如果他们的父母不把他们生出来，更不会发生以后的事情。（全场笑）那么，我们是否可以将他们父母的养育行为也视为原因呢？当然不能！

再看第二个案例：甲和乙有仇，甲将乙打成重伤，乙被送往医院抢救。经医生诊断乙必死无疑，但出于人道主义考虑，医生让护士将其送入观察室进行观察。由于需要输氧，护士给他接上氧气。丙是乙的仇人，早就想杀死乙。丙趁护士离开就把乙的氧气给关掉了。最后，乙在生命垂危之际没了氧气窒息而死。甲的打人行为与乙的死亡结果之间有没有因果关系？（下讲台提问）

学生1："没有因果关系。因为乙并非甲打死的，而是被断氧气后窒息而死的。"

学生2："有因果关系。因为在这个案件中，没有丙关氧气的行为，乙也是要死的，医生诊断必死无疑嘛。"

提问："那么，人总是要死的呀！"（全场笑）

（回讲台）我认为，甲的打人行为与乙死亡结果之间是有偶然因果关系的，而丙关氧气的行为与乙的死亡结果之间就属于必然因果关系。我认为，当某一行为引起一种结果必然发生但还没有发生时，又有另一种行为的介入，从而导致了这一必然发生且还没有发生的结果提前发生了，在这种情况下，介入的行为与结果之间应该成立必然因果关系，而先前行为与结果之间则因为偶然的介入行为而变成了偶然因果关系。在这个案件中，甲将乙打成重伤，医生诊断必死无疑，这说明其行为有引起乙死亡结果发生的实在可能性。但是，当这种实在可能性在向现实性转化的过程中，又穿插了丙关氧气的行为，导致了乙提前死亡的结果发生。那么，丙关氧气的行为与乙的死亡结果具有必然因果关系，因为当乙处在急需氧气的时候，丙关了氧气，乙就必然死亡。而甲的打人行为，相对于提前发生的乙窒息而死的结果，则由于丙的行为的介入，而变成了偶然因果关系。

2. 刑法上因果关系的特殊性

刑法上因果关系与哲学上因果关系是个性与共性、特殊与一般的关系，决定了刑法上因果关系具有特殊性。

第一，范围的特定性。在哲学上，凡是引起结果发生的现象，都是原因。但在刑法上，从认定角度而言，只有引起危害结果发生的行为，才是原因；从结局上看，只有引起犯罪结果发生的犯罪行为，才是原因。人的行为之外的现象，从哲学上看也可能是引起危害结果的原因，但从刑法上看却不是引起危害结果的原因，这些都只能称之为条件。在哲学上，凡是行为引起的现象都是结果，但在刑法上，只有行为所引起的危害结果，才是结果。我认为，刑法中因果关系都是在一定条件下的因果关系，离开了一定的条件，也就不会有因果关系存在。这里，我举一个例子。上海曾经发生过"骂死人算不算犯罪"的一场讨论。有一个青工，大家都知道何为"青工"了吧，在早晨上班挤公共汽车时不排队，被一个值班的退休工人从车上拉了下来。青工不服与老头发生争吵，老人原来就有高血压，争吵使其血压有所升高，偏偏这时青工骂了一句"老不死"，老人死了。后来经法医鉴定,老人的死亡是由于气愤引起了血压升高,最后导致脑溢血死亡的。我现在要问的是,青工的骂人行为与老人的死亡结果之间有无因果关系?(下讲台提问)

学生1:"我认为有因果关系。"

学生2:"我认为没有。"

提问:"其实这类情况在司法实践中发生较多。实践中主要有两种观点,有人认为,青工的骂人行为与老人的死亡结果之间没有因果关系,因为骂一般的人骂不死,刑法中的因果关系只有在一般情况下会发生时才存在。你们认为,这种观点对不对?"

学生3:"我认为这种观点有道理。"

提问:"还有人认为,青工的骂人行为与老人的死亡结果之间是有因果关系的,但是这属于多因一果,即老人死亡是由于青工的骂人行为与自身的高血压病结合引起的。你们认为,这种观点对不对?"

学生3:"这种观点也有道理。"

提问:"这两种观点其实是有矛盾的,你怎么会认为都有道理呢?这不是自相矛盾吗?"(全场笑)

(回讲台)我认为,这两种观点都是不正确的。第一种观点的问题在于,其提出的"一般情况"是不存在的,因为,犯罪行为所针对的对象都是具体的,不存在抽象意义上的人和物。我用枪杀你,就是因为你在这个位置上,才会被我杀死,如果你有气功的话,子弹可能飞掉呀!(全场笑)所以不能以一般情况不会发生而否定青工的骂人行为与老人的死亡结果之间存在的因果关系。其实刑法中的因果关系都是在一定的条件下产生的,离开了一定的条件谈因果关系都是错误的。第二种观点初看很有道理,但是,仔细分析就会发现,这个观点偷换了一个概念:即将条件与行为混同了。大家知道,刑法中的因果关系是指行为与结果之间的因果关系,作为这一因果关系中的原因只能是人的行为。而在本案中,老人自身存在的高血压病并不是行为,既然不是行为,又怎么可以成为因果关系中的原因呢?

应该看到,在医学上,老人的高血压可能是其死亡的原因,但是,在刑法中老人的高血压只能是条件,在老人本身具有这种条件下,青工骂了,老人死了。由此可见,本案中青工的骂人行为与老人的死亡结果之间是存在因果关系的,老人的高血压是一种条件,而不是原因。至于青工要不要负刑事责任是另外一个问题,因为,前面我已经讲过,因果关系只是解决了刑事责任的客观基础问题,并没有解决全部问题。也就是说行为人的行为与结果之间有因果关系,并不意味着行为人一定要负刑事责任,但是没有因果关系则行为人肯定不负刑事责任。

本案的讨论主要是解决这么一个问题,即刑法中的因果关系是在一定条件下的相互联系,离开了一定条件,也就没有因果关系的存在。作为刑法中因果关系中的"因",只能是人的行为,我们不能把条件当作原因来对待。

第二,作用的单向性。哲学上认为,在无限发展的链条中,每一现象的发展过程往往互为因果,原因作用于结果,结果又反作用于原因,使自己成为原因,成为原来的原因的原因,使原来的原因成为了结果。这样因果关系便不是单向的,而是双向的。犯罪现象也存在这种情况。比方说,行为人实施某种犯罪行为,造成一定危害结果,得到心理上的畸形满足;这种结果又反作用于行为人,强化了他的犯罪心理,促使他继续实施类似的犯罪行为。但这种结果的反作用是犯罪学研究的内容,而不是刑法上的因果关系的研究内容。我们刑法学上的因果关系只研究行为对结果的单向作用。

好,关于犯罪客观要件的内容我就介绍到这,谢谢大家!

第十讲

犯罪主体要件

在这一讲中,我要给大家介绍的是犯罪主体要件。

一、犯罪主体要件概述

我们先来看犯罪主体要件概述。

(一)犯罪主体的概念

首先,大家必须明确犯罪主体的概念。犯罪主体是犯罪构成的一个必要条件,犯罪在客观上首先表现为危害社会的行为,而危害行为是由一定的人来完成的,同时我们在追究刑事责任时,也离不开确定刑事责任的承担者。没有犯罪主体,就没有危害社会的行为,也就没有刑事责任可言。犯罪主体作为犯罪构成的一个必备要件,需要具备刑法规定的基本特征,也就是说,能够成为犯罪主体的,需要具备一系列的条件,只有具备法定条件的人,才可以成为犯罪的主体。根据我国刑法的规定,犯罪主体就是具备法定条件、具备刑事责任能力、实施了严重危害社会的行为、依法应当承担刑事责任的自然人和单位。

社会关系是人与人之间的相互关系,人不仅是社会关系的参加者,也是社会关系的承受者。犯罪行为首先表现为一种人的有意识、有意志的行为,即使是法律上拟制的人也就是单位,也有自己独立的意志形态。当然,这并不是说,所有的自然人和单位实施了危害社会的行为都可能构成犯罪。刑事立法对犯罪主体的成立条件规定了一些具体的要求,只有符合这些要求,才能成为犯罪主体,也才能追究其刑事责任。

犯罪主体从属性上可分为自然人犯罪主体与单位犯罪主体。我国刑法是以惩罚自然人犯罪为原则,以惩罚单位犯罪为例外的。即自然人犯罪主体是我国刑法中最基本的、具有普遍意义的犯罪主体,而单位犯罪主体在刑法中不具有普遍意义。《刑法》第30条规定:"公司、企业、事业单位、机关、团体实施的危害社会的行为,法律规定为单位犯罪的,应当负刑事责任。"

（二）犯罪主体的基本特征

下面，我们来看一下犯罪主体的基本特征。根据犯罪主体的定义，我认为犯罪主体有三个基本特征。

第一个特征是，犯罪主体必须是自然人或者单位。所谓自然人，是指具有生命的人类个体。自然人的生命始于出生，终于死亡，其基本特征表现为生命存在。所谓单位，是法律上人格化了的组织。它的基本特征在于必须依法成立，包括公司、企业、事业单位、机关、团体。因此，一切动物、植物、物品和死亡的人，都不能成为自然人犯罪主体；那些假借单位名义犯罪的人，也不能成为单位犯罪的主体。在我国刑法中，自然人犯罪主体具有普遍意义，单位犯罪主体只有在法律明确规定的情况下才能成为某些犯罪的主体，而不能适用于所有的犯罪行为。但无论其适用的范围多大，由于刑法采用了总则与分则相结合的规定模式，这表明我国刑法中的犯罪主体，已经从1979年《刑法》所确认的单纯自然人主体向自然人主体和单位主体并行的方向发展，形成了二元主体的结构形式。

同时，大家应该注意的是，在自然人犯罪主体中，如果自然人利用动物实施犯罪行为，以达到自己的犯罪意图，在这种情况下，犯罪主体仍然是自然人，也就是利用者本人，动物只是利用者的犯罪工具；假借单位名义犯罪的人，犯罪主体同样也是自然人，因为在这种情况下，单位犯罪是不成立的，不属于法律上拟制的人。

第二个特征是，犯罪主体是具备刑事责任能力的自然人或者单位。刑事责任能力是行为人对自己危害行为的辨认和控制能力。它对我们确定犯罪主体具有重要意义，在犯罪主体要件中居于核心地位。没有刑事责任能力，就不能成为犯罪主体，更不能追究行为者的刑事责任。对于自然人犯罪主体来说，刑事责任能力的有无，是受个体年龄和精神状况等多种因素的影响和制约的，只有达到一定年龄、具备正常精神状态的，才能认为行为人具备刑事责任能力，可以成为犯罪主体。对于单位犯罪主体来说，其刑事责任能力，是通过单位意志表现出来的。因为单位不同于有血有肉的自然人，它只是由法律赋予其人的资格，属于法律上拟制的人。单位的活动也表现了单位本身对某项事物的辨别及意志，体现了作为单位自身的价值判断。单位的任何活动，都离不开单位内部成员的个人意志，可以说，单位的意志来源于个人的意志。也就是说，单位意志在本质上，是单位内个人意志的集合。它虽然源自个人意志，但又高于个人意志，一旦个人的意志转化为单位的意志，便成为超越个人意志的独立的集体意志。因此，单位作为犯罪主体也存在着刑事责任能力。

第三个特征是，犯罪主体是实施了严重危害社会行为的自然人或者单位。犯罪主体与严重危害社会的行为是密不可分的，具备刑事责任的自然人或者单位，并不是理所当然的犯罪主体，只有当这些自然人或者单位实施了刑事法律中所规定的严重危害社会的行为时，这些主体才能构成犯罪的主体。因此，强调犯罪主体概念必须包含有实施严重危害社会行为的特征，是十分必要的。否则，就无法与普通正常的自然人、单位相区别，也就难以形成"犯罪主体"这一犯罪构成要件中的一些独立概念了。

（三）犯罪主体要件的意义

下面,我们来看一下犯罪主体要件的意义。犯罪主体作为犯罪构成的一个必备要件,在犯罪构成中具有重要的地位。研究犯罪主体对于我们进行正确的定罪量刑,具有重要的意义。具体而言,犯罪主体的重要意义主要体现在三个方面。

第一,犯罪主体是区分罪与非罪的标准之一。任何犯罪都有犯罪主体,而刑法对犯罪主体规定了一定的条件。不符合犯罪主体法定条件的人,即使实施了对社会有危害的行为,也不能成立刑法规定的犯罪。比如说,《刑法》第 17 条规定,行为时不满 12 周岁的人,对其实施的任何危害社会的行为,都不负刑事责任。因此,凡是没有达到 12 周岁的人,在任何情况下都不能成为犯罪主体,他的行为也就不能构成犯罪。再比如,我国刑法中规定了单位可以是生产、销售伪劣产品罪、逃税罪、单位行贿罪、单位受贿罪、非法经营罪等犯罪的犯罪主体,因此,对于刑法中未规定为单位可以构成犯罪的行为,就不能认定为单位犯罪。又比如,刑法分则规定了某些自然人犯罪,其主体必须有某种特定身份(诸如国家工作人员、国家机关工作人员、司法工作人员、邮政工作人员等)才能构成,行为人如果没有这种身份,就不能构成这类犯罪。而且刑法关于不具备刑事责任能力的精神病人的规定等,也为我们区分罪与非罪提供了认定标准。

第二,犯罪主体是我们区分此罪与彼罪界限的标准之一。刑法中规定的许多犯罪,往往在犯罪构成的其他要件方面是相同的,在这种情况下,犯罪主体就成为我们区分此罪与彼罪界限的关键。就比如我国《刑法》第 252 条和第 253 条分别规定了侵犯通信自由罪和私自开拆、隐匿、毁弃邮件、电报罪,这两种犯罪无论是在行为特征方面,还是在主观心理方面都是相同的,但前罪的主体,刑法未作特别限制,只要行为人具备刑事责任能力即可,而后罪的主体除了行为人必须具备刑事责任能力之外,还必须具有邮政工作人员的特定身份。因此,是否具有刑法所规定的"邮政工作人员"这一特别身份,就成为我们区分这两种犯罪的关键。

第三,犯罪主体的不同影响着量刑的轻重。犯罪主体的不同情况,是我们量刑时需要考虑的重要因素。它对行为人的刑罚轻重产生重大影响。比方说,《刑法》第 17 条第 4 款规定:"对依照前三款规定追究刑事责任的不满十八周岁的人,应当从轻或者减轻处罚。"第 17 条之一规定:"已满 75 周岁的人故意犯罪的,可以从轻或者减轻处罚;过失犯罪的,应当从轻或者减轻处罚。"第 19 条规定:"又聋又哑的人或者盲人犯罪,可以从轻、减轻或者免除处罚。"再比方说,《刑法》第 349 条第 2 款规定:"缉毒人员或者其他国家机关工作人员掩护、包庇走私、贩卖、运输、制造毒品的犯罪分子的,依照前款的规定从重处罚。"刑法之所以在某些情况下对不同的主体规定了轻重不同的处罚原则,它的根据就在于这些不同主体的具体情况,体现了不同的社会危害程度,进而影响到了量刑的轻重。

二、自然人犯罪主体

下面,我来讲一下自然人犯罪主体。自然人犯罪主体,就是指具备刑事责任能力、实施了严重危害社会行为的人。人可以借助动物实施有关的犯罪行为,但是动物本身不能成为犯罪主体。死人也不能成为犯罪主体,尽管死人生前可能罪恶滔天,但只要人死之后,就不能被作为犯罪主体来对待。最典型的例子就是,审判林彪、江青反革命集团的时候,江青是被告,而林彪没有被作为被告起诉,因为林彪已经死了。

在自然人犯罪主体的内部结构中,刑事责任能力是最基本的构成要件,而刑法中有特别规定的自然人的身份要素,则是其特殊的构成要件。因此,首先我们来了解一下自然人犯罪主体的最基本的构成要件——刑事责任能力。

(一)刑事责任能力的概念和内容

1. 刑事责任能力的概念

刑事责任能力,是指行为人认识自己行为的性质、意义、作用和后果,并能对自己的行为进行解释、控制以及对自己行为承担刑事责任的能力。由于刑事责任能力是以人的辨认、控制能力为基础,所以,可以简单地说,刑事责任能力就是行为人辨认和控制自己行为的能力。

刑法之所以要求犯罪主体要有刑事责任能力,关键在于人在实施行为时应具备相对的意志自由,这也是刑事责任能力的本质所在。辩证唯物主义认为,客观现实对人的意识和意志具有根本性的决定作用,但人们在客观世界面前并不是被动的,而是可以充分发挥自己的主观能动性的。也就是说,人们在客观世界面前有多种行为选择,是实施一定行为,还是不实施一定行为;是实施法律允许的行为,还是实施法律禁止的行为,人完全能够通过自己的分析判断得出结论,然后根据这种判断选择自己的行为模式。比方说,好多人都有发财致富的愿望,这种愿望可以通过自己的勤奋劳动来实现,这是法律允许的方式;但有些人不愿付出劳动,而是通过贪污、受贿等等其他法律禁止的方式来实现,这就是在行为人具有相对意志自由的前提下实施的行为,因此行为人就要对自己的行为承担相应的责任。这种相对的意志自由就是刑事责任能力的基础和前提。当然,并不是任何人都具有这种判断和选择能力,刑事责任能力的有无、大小受到年龄、精神状况、生理缺陷等多种因素影响。一般来说,当人达到一定的年龄之后,智力发育正常,就自然具备这种能力了。另外,刑事责任能力也是犯罪人承担刑事责任的能力的体现,如果一个人不具备或者丧失了对自己行为的辨认和控制能力,那么对他追究刑事责任也是毫无意义的。因此,刑事责任能力是行为人犯罪的能力和承担刑事责任能力的统一。

2. 刑事责任能力的内容

刑事责任能力的内容,包括行为人所具备的刑法意义上的对自己行为的辨认能力与控制能力。要正确把握刑事责任能力,就必须对刑事责任能力中的两个组成部分的含义和相互关系有明确具体的认识。

刑事责任能力中的辨认能力,是指行为人具备的刑法意义上的对自己行为的性质、后果、作用的认识能力,也就是说,行为人具有对自己的行为是对社会有害的,还是对社会无害的认识能力。刑事责任能力中的控制能力,是指行为人在对行为性质有了认识的基础上,选择和决定自己是否实施刑法中禁止的行为的能力。比方说,达到法律所规定的一定年龄的人,在精神正常的情况下都有能力认识到自己如果实施了杀人、放火、投毒、盗窃、抢劫等行为,对社会是有危害的,这种行为也是法律所禁止的,一旦实施,就要承担法律责任,而且他们都有能力选择和决定自己是否实施这些法律禁止的行为,那么我们说这个人就具有刑事责任能力中的控制能力。

需要提醒同学们注意的是,刑事责任能力中的辨认能力与控制能力是紧密结合在一起的,两者是刑事责任能力不可缺少的组成部分。那么,它们之间存在什么样的关系呢?第一,辨认能力是控制能力的前提。只有行为人具备了认识自己行为的能力,他才可以根据自己的这种认识决定是否实施该行为。所以控制能力的具备是以具备辨认能力为前提条件的,不具备刑法意义上的辨认能力的人,比如未达到刑事责任年龄的人、精神病人等,就谈不上具备控制能力。在这种情况下,行为人对自己的行为性质没有认识,不了解自己的行为会造成何种后果,也就不具备选择自己行为,进而通过自己的行为表现自己意志的基础。因此,一个人如果没有辨认能力,就肯定没有控制能力,他也就不具备刑事责任能力,不能成为犯罪的主体。第二,控制能力是辨认能力的表现。如果行为人对自己的行为进行了选择判断,把自己危害社会的思想通过自己的行为表现出来,这是体现了行为人对自己行为的控制,这就说明行为人具备了控制能力。由于行为人对事物的认识在还没有外化为行为的时候,只是一种纯粹的大脑思维,看不见,摸不着,这时我们不能确切地知道行为人心里到底想的是什么,因为人们对犯罪人思想的观察是通过其犯罪行为而得知的,所以,一个人的辨认能力,要通过他的控制能力来实现。由此可见,辨认能力和控制能力作为刑事责任能力的两个组成部分,其中的关键是控制能力。行为人只要具备了控制能力,就一定具备辨认能力。但是,应当注意,具备辨认能力的人不一定具有刑法上的控制能力,比如说,仓库保管员因身体受到抢劫分子的强制,眼看着抢劫分子把自己保管的财产抢走,财产的所有人在经济上遭到了损失,在这种情况下不能认为保管员没有履行好自己的职责而追究他的刑事责任。因为保管员虽然有辨认能力但却丧失了控制自己行为的能力,也就根本没有了刑事责任能力。因此,仅有辨认能力而没有控制能力,就没有选择和决定自己行为的能力,也就没有刑事责任能力。在刑事责任能力中,必须要求辨认能力和控制能力同时具备,缺一不可。

(二)刑事责任能力的程度

一般来说,影响和决定人的刑事责任能力的因素有两个:一是年龄的大小,二是人的精神状况,也就是人的大脑功能是否正常。我们之所以认为年龄影响人的刑事责任能力,是因为人的知识及智力发展与年龄的大小有关。人在从幼年向成年的发展过程中,随着年龄的增大,大脑功能也逐步发育趋向成熟。在这一过程中,其所掌握的知识、经验不断丰富,认识社会的能力也不断增强。因此,当人达到一定的年龄阶段以后,就由不具备刑事责任能力发展到对某些犯罪具备了刑事责任能力,进而发展到对所有的犯罪具备了刑事责任能力。也就是说,人的刑事责任能力有这样一个过程,随着年龄的增长而从无到有，从不完全具备到完全具备。在具体的生活实践中，人的个体各不相同，有的人成熟得比较早，有的人发育得比较晚，法律在综合多种因素之后，对刑事责任年龄作出了统一的规定，也就是说行为人在达到了某个年龄段后，一般就具备了与这一年龄段相适应的刑事责任能力，这就是我们将要在后面讲到的刑事责任年龄。但是，并不是所有人达到了某一年龄段后都具备刑事责任能力，在刑事责任年龄中还要考虑人的精神状况，就是说，在确定刑事责任年龄时，要把刑事责任年龄与行为人本人的精神状况结合起来，只有那些达到了刑事责任年龄并且精神正常的人，才具有刑事责任能力。相反，如果行为人没有正常的大脑思维，精神存在障碍，那么即使达到了责任年龄也不认为他具备刑事责任能力。比如说，刑法规定的精神病人等等。

根据人的年龄、精神状况等影响刑事责任能力有无和大小的因素的实际情况，各国刑法和刑法理论一般都对刑事责任能力的程度进行了区分。不过，各国关于刑事责任能力程度方面的规定存在着一定的差异，有三分法，有四分法。三分法将刑事责任能力分为完全刑事责任能力、完全无刑事责任能力和减轻（限定）刑事责任能力三种情况。四分法是除刚才说的三种情况外，还有相对无刑事责任能力的情况。我国刑法采取的是四分法。下面我来分别介绍一下这四种刑事责任能力。

1. 完全无刑事责任能力

所谓完全无刑事责任能力，是指行为人没有刑法意义上的辨认和控制自己行为的能力。根据我国刑法的规定，完全无刑事责任能力的人一般有两种：一是未达到刑事责任年龄的未成年人，也就是不满 12 周岁的人；二是因患有精神疾病而丧失了刑法所要求的辨认和控制自己行为能力的人。

2. 相对无刑事责任能力

相对无刑事责任能力，针对不同的内容，理论上也有人将其叫作相对有刑事责任能力，是指行为人对刑法明确规定的某些严重犯罪具有辨认和控制能力，因而具有刑事责任能力；对没有明确规定的其他犯罪不具有辨认和控制能力，因而无刑事责任能力的情况。我国刑法规定的已满 12 周岁不满 16 周岁的未成年人就属于这种情况。

3. 完全刑事责任能力

所谓完全刑事责任能力，是指行为人完全具备了刑法意义上的辨认和控制能力的情况。在我国的刑法规定中，凡是年满 16 周岁的人，都是完全刑事责任能力人。完全刑事责任能力人实施了犯罪行为的，应当负完全刑事责任。

4. 减轻刑事责任能力

减轻刑事责任能力，又称限定刑事责任能力、限制刑事责任能力或者部分刑事责任能力，是完全刑事责任能力和完全无刑事责任能力的中间状态。它是指因精神状况、生理功能缺陷等原因，导致行为人在实施刑法所禁止的行为时，虽然有责任能力，但其辨认和控制能力较完全责任能力有一定程度的减弱。我国刑法认为，减轻刑事责任能力人实施了刑法所禁止的行为，构成犯罪的，应负刑事责任。但是这类行为人的刑事责任因他们的责任能力的减弱而减轻，可以从宽处罚。我国刑法明文规定的减轻刑事责任能力人有三种情况：一是尚未完全丧失辨认和控制自己行为能力的精神病人;二是又聋又哑的人;三是盲人。

有人认为,对于已满12周岁不满18周岁的未成年人,刑法的处罚原则是"应当从轻或者减轻处罚",所以这个年龄阶段的人也属于减轻刑事责任能力人。我认为,刑法之所以对这样的犯罪主体规定从轻或者减轻处罚,并不在于他们是减轻刑事责任能力人,而是由于已满12周岁不满18周岁的未成年人年龄尚小,可塑性较大,比较容易改造,同时也是从人道主义立场出发,所以对这样的犯罪主体规定了从宽处罚的原则,而并不是因为这样的人不完全具备刑法意义上的辨认能力和控制能力。如果将这一年龄段人的刑事责任能力理解为减轻刑事责任能力,那么减轻刑事责任能力就会与前面讲的相对无刑事责任能力及无刑事责任能力的情况发生部分重合的现象。此外,我认为,刑法之所以规定已满75周岁的老年人故意犯罪的,可以从轻、减轻处罚,也并不是因为已满75周岁的老年人不完全具有辨认能力和控制能力,实际上同样也是从人道主义立场出发的。这是因为,老年人在生理和心理方面都有着不同于一般成年人的特征:在生理上,老年人的许多器官和组织的功能会出现一定程度的萎缩现象,如听力、视力下降等;而在心理上,老年人则容易产生孤独感和失落感,通常表现为内心空虚、情感单调、自我封闭等特点。概括来说,随着年龄的增长,老年人对刑罚的承受能力、再犯能力以及人身危险性都呈严重下降的趋势,因而从人道主义的立场考虑,应该对老年人犯罪予以从宽处罚。

（三）决定和影响刑事责任能力的因素

接下来我给大家介绍决定和影响刑事责任能力的因素。我们说,有多种因素决定着行为人刑事责任能力的有无以及影响着刑事责任能力的程度,这些因素主要有:行为人的年龄、精神状况和生理功能状况,下面我将为大家分别介绍这些因素,首先我们来看刑事责任年龄。

1. 刑事责任年龄

刑事责任年龄,是指刑法所规定的,行为人对自己实施的严重危害社会的行为承担刑事责任必须达到的年龄。我认为,刑事责任年龄是我们每个同学必须牢牢把握的内容,最好将其全部背出来,这是因为,无论涉及刑法的什么考试均会有这方面的内容。我在读本科学习刑法时,就把这些内容全部背出来,而且背得"滚瓜烂熟",现在看来很受用。（全场笑）

犯罪是具备辨认和控制自己行为能力的人在其意识和意志支配下实施的危害社会的行为。而一个人的辨认和控制自己行为的能力不是生来就具有的,它必然受到年龄因素的影响。每个人的辨认和控制自己行为的能力与本人的知识水平、智力发育、社会阅历紧密联系,年幼无知的儿童在这方面显然与成年人存有巨大差距,他还不能正确认识周围的事物,对自己行为的性质、意义缺乏必要的辨认和控制能力,在处理问题时,也难以作出合理的选择判断,除非他是一个神童。（全场笑）只有当一个人随着年龄的增长,学习了知识,丰富了阅历,才能逐步具备相应的辨认和控制自己行为的能力。也只有在这个时候,我们才能让他们对自己所实施的危害社会的行为承担刑事责任,从而实现刑罚的目的。由于刑事责任能力是随着年龄的增长而逐步具备的,所以各国刑法正是根据行为人自然年龄与责任年龄的这种内在联系,设立了各自的刑事责任年龄制度,从而使刑事责任年龄成为自然人犯罪主体中的一个重要条件。

现代世界各国对刑事责任年龄的规定不尽相同。有的国家采取"二分法":将刑事责任年龄划分为绝对无责任、完全负责任,或者相对无责任、完全负责任两个时期;有的采取"三分法":把刑事责任年龄分为绝对无责任、相对无责任和完全负责任三个时期;有的则采取"四分法":把刑事责任年龄划分为绝对无责任、相对无责任、减轻责任和完全负责任四个时期。

我国刑法从总结我国刑事司法实践经验、对青少年一贯刑事政策和借鉴国外刑事立法经验出发,用《刑法》第17条和第17条之一两个条文明确对刑事责任年龄进行了规定。第17条第1款规定,已满16周岁的人犯罪,应当负刑事责任。第2款规定,已满14周岁不满16周岁的人,犯故意杀人、故意伤害致人重伤或者死亡、强奸、抢劫、贩卖毒品、放火、爆炸、投放危险物质罪的,应当负刑事责任。第3款规定,已满12周岁不满14周岁的人,犯故意杀人、故意伤害罪,致人死亡或者以特别残忍手段致人重伤造成严重残疾,情节恶劣,经最高人民检察院核准追诉的,应当负刑事责任。第4款规定,对依照前三款规定追究刑事责任的不满18周岁的人,应当从轻或者减轻处罚。第5款规定,因不满16周岁不予刑事处罚的,责令其父母或者其他监护人加以管教;在必要的时候,依法进行专门矫治教育。第17条之一规定,已满75周岁的人故意犯罪的,可以从轻或者减轻处罚;过失犯罪的,应当从轻或者减轻处罚。这两条的内容再加上不满18周岁的人不适用死刑的规定,实际上在涉及犯罪主体的年龄规定上,刑法总共作了六档年龄规定,大家一定要认真记住。这就是:不满12一档;已满12不满14一档;已满14不满16一档;已满16一档;已满12不满18一档(应当从轻或者减轻处罚且不适用死刑);已满75一档。

我认为,我国刑法对刑事责任年龄采取的是"三分法"。

第一,绝对无刑事责任年龄时期。这是依法完全不负刑事责任的年龄时期。根据我国《刑法》第17条的规定,行为人不满12周岁时,是完全不负刑事责任年龄阶段,其实施了对社会有危害的行为时,不构成犯罪。但是,如果这一年龄段的人实施了危害社会的行为,按照刑法的规定,可依法责令其父母或者其他监护人加以管教,必要时依法进行专门矫治教育。立法上之所以不让这一年龄时期的人负刑事责任,是因为不满12周岁的人尚处于幼年时期,不具备承担刑事责任所必须具备的那种对自己行为的辨认和控制能力。

第二,相对负刑事责任年龄时期。这是依法对部分严重犯罪负刑事责任的年龄时期。根据我国《刑法》第17条第2款和第3款的规定,已满12周岁不满16周岁,是相对负刑事责任的年龄时期,也就是说这一年龄段的人只需要对刑法所规定的部分严重犯罪负刑事责任。其中,已满12周岁不满14周岁的人可能负刑事责任的犯罪为故意杀人罪和故意伤害罪;已满14周岁不满16周岁的人负刑事责任的犯罪为故意杀人罪、故意伤害罪(故意伤害致人重伤、死亡)、强奸罪、抢劫罪、贩卖毒品罪、放火罪、爆炸罪、投放危险物质罪,共八种犯罪,除了这八种犯罪之外,对于刑法中的其他犯罪,这一年龄段的人是不负刑事责任的。刑法之所以规定处于这一年龄段的人对部分严重犯罪负刑事责任,是因为他们虽然不具备对刑法禁止的所有危害行为的辨认和控制能力,但已经具备了辨别大是大非和控制重大行为的能力。因此,法律要求这一年龄段的人对自己所实施的一部分性质特别严重并且又较为常见的故意犯罪行为负刑事责任。

刑法的这一规定是严格的、绝对的,是不允许超出这一规定的范围,追究行为人的刑事责任的。例如,《刑法》为什么不在第 2 款规定的八种罪名之后加上"等"字?比如决水、绑架同样具有严重的社会危害性,已满 14 周岁不满 16 周岁的未成年人应该具有对该种严重危害社会行为的辨认能力和控制能力,为什么其不需要负刑事责任?我认为,这是由立法当时的特定社会环境造成的。在当时的社会环境下,实施此类行为的现象较为少见,因此,没有立法的必要性。我们在适用第 17 条第 2 款时,应特别注意两点。

一是刚才讲的《刑法》第 17 条第 2 款规定中的"故意杀人"与"故意伤害致人重伤或者死亡",包括刑法分则规定的以故意杀人罪、故意伤害罪(达到重伤程度)论处的情形。比方说,已满 14 周岁不满 16 周岁的人非法拘禁他人的,并不构成犯罪;但是,如果他们在非法拘禁的过程中,使用暴力致人重伤或者死亡的,那么根据《刑法》第 238 条的规定,就应该以故意伤害罪和故意杀人罪追究刑事责任。

二是《刑法》第 17 条第 2 款所规定的八种犯罪,是指具体犯罪行为而不是具体罪名。根据 2002 年 7 月 24 日全国人大常委会法制工作委员会颁发的《关于已满 14 周岁不满 16 周岁的人承担刑事责任范围问题的答复意见》,《刑法》第 17 条中规定的"犯故意杀人、故意伤害致人重伤或者死亡",是指只要故意实施了杀人、伤害行为并且造成了致人重伤、死亡后果的,都应负刑事责任;而不是指只有犯故意杀人罪、故意伤害罪的,才负刑事责任;而绑架撕票的,不负刑事责任。对司法实践中出现的已满 14 周岁不满 16 周岁的人绑架人质后杀害被绑架人,拐卖妇女、儿童而故意造成被拐卖妇女、儿童重伤或者死亡的行为,依据刑法是应当追究刑事责任的。因此,根据这个答复意见,已满 14 周岁不满 16 周岁的人所实施的行为中只要包含了前面讲的八种犯罪行为的,就应当追究其刑事责任。当然,我认为,在这种情况下对行为人的行为应该以故意杀人罪、故意伤害罪等罪名定性。

对于已满 14 周岁不满 16 周岁的人犯盗窃、诈骗、抢夺罪,为窝藏赃物、抗拒抓捕或者毁灭罪证,而当场使用暴力或者以暴力相威胁的,能否适用《刑法》第 269 条转化的抢劫罪?(下讲台提问)

学生 1:根据最高人民法院《关于审理未成年人刑事案件具体应用法律若干问题的解释》第 10 条的规定,我认为只能根据其所造成的结果——重伤或者死亡,定故意伤害罪或者故意杀人罪。

学生 2:我也认为不能定转化的抢劫罪。因为"为窝藏赃物、抗拒抓捕或者毁灭罪证,而当场使用暴力或者以暴力相威胁的"情形与《刑法》第 263 条的抢劫罪构成要件是有区别的。

（回讲台）我认为,已满 14 周岁不满 16 周岁的人犯盗窃、诈骗、抢夺罪,为窝藏赃物、抗拒抓捕或者毁灭罪证,而当场使用暴力或者以暴力相威胁的,应当适用转化型抢劫的规定。对于转化型抢劫的适用,涉及两个司法解释。2005 年最高人民法院《关于审理抢劫、抢夺刑事案件适用法律若干问题的意见》规定:"行为人实施盗窃、诈骗、抢夺行为,未达到'数额较大',为窝藏赃物、抗拒抓捕或者毁灭罪证当场使用暴力或者以暴力相威胁……但具有下列情节之一的,可依照刑法第二百六十九条的规定,以抢劫罪定罪处罚:(1)盗窃、诈骗、抢夺接近'数额较大'标准的;(2)入户或在公共交通工具上盗窃、诈骗、抢夺后在户外或交通工具外实施上述行为的;(3)使用暴力致人轻微伤以上后果的;(4)使用凶器或以凶器相威胁的;(5)具有其他严重情节的。"根据该《意见》的规定,行为人实施盗窃、诈骗、抢夺行为虽然未达到"数额较大",即尚未构成犯罪,但是具有使用暴力致人轻微伤以上后果等情节的,可以定抢劫罪,其显然是根据抢劫罪的构成要件对行为进行定性。2006 年的最高人民法院《关于审理未成年人刑事案件具体应用法律若干问题的解释》第 10 条规定:"已满十四周岁不满十六周岁的人盗窃、诈骗、抢夺他人财物,为窝藏赃物、抗拒抓捕或者毁灭罪证,当场使用暴力,故意伤害致人重伤或者死亡,或者故意杀人的,应当分别以故意伤害罪或者故意杀人罪定罪处罚。"根据该《解释》的规定,只要行为人属于已满 14 周岁不满 16 周岁的未成年人,其相关行为便不能认定为转化型抢劫,只能以故意伤害罪或者故意杀人罪定罪处罚,其显然是以行为人的年龄作为定性的标准。对比两则司法解释的规定,有关已满 14 周岁不满 16 周岁的未成年人能否构成转化型抢劫的处理标准存在混乱:2005 年《意见》以抢劫罪的构成要件作为标准,2006 年《解释》以行为人的年龄作为标准。实际上,2006 年的《解释》的处理意见具有一定的不合理性。因为抢劫罪与故意伤害罪、故意杀人罪均是已满 14 周岁不满 16 周岁的人需要承担刑事责任的八种行为之一,既然可以将已满 14 周岁不满 16 周岁的人实施的上述行为认定为故意伤害罪或者故意杀人罪,为什么不能认定为抢劫罪? 既然转化型抢劫是抢劫罪的形式之一,那么便没有理由将已满 14 周岁不满 16 周岁的未成年人排除在该罪名的适用范围之外。

第三,完全负刑事责任年龄时期。这是依法全部负刑事责任的年龄时期。根据我国《刑法》第 17 条第 1 款的规定,已满 16 周岁的人犯罪,应当负刑事责任。也就是说,达到了这一年龄的人,已经完全具备了辨认和控制自己行为的能力。由于年满 16 周岁的人在智力水平和社会知识方面已经有了相当的发展,已经具备了刑法意义上的辨认和控制自己行为的能力,所以法律要求他们对自己实施的任何构成犯罪的行为承担刑事责任。

从刑法学意义上,我们这里讲的未成年人是指已满 12 周岁不满 18 周岁的人。由于未成年人是一个比较特殊的群体,他们的身心正处于发展阶段,思想、观点还不像成年人那样成熟、稳定,他们的模仿力强、可塑性大,因此针对未成年人的特点,我国刑法对于未成年人犯罪,规定了一些特殊的原则。

一是从宽处罚原则。根据我国《刑法》第 17 条第 4 款的规定:已满 12 周岁不满 18

周岁的人犯罪,应当从轻或者减轻处罚。也就是说,对未成年人犯罪,刑法作为量刑的一个法定情节,在量刑时必须予以从宽处罚。

二是不适用死刑原则。我国《刑法》第49条规定:"犯罪的时候不满18周岁的人,不适用死刑。"也就是在刑种的适用上,法律对未成年人作出了排除性的规定。这里的"不适用死刑"指的是不能判处死刑,即包括不能判处死刑立即执行和死刑缓期二年执行,大家不要理解为"不执行死刑"。

三是免除前科报告义务原则。我们知道,前科报告制度是说依法受过刑事处罚的人,在入伍、就业的时候,应当如实向有关单位报告自己曾经受过的刑事处罚,不得隐瞒。这个制度是规定在我国《刑法》第100条中的,而《刑法修正案(八)》在《刑法》第100条中增加一款规定,犯罪的时候不满18周岁,被判处5年有期徒刑以下刑罚的人,免除前款规定的前科报告义务。需要注意的是,《刑法修正案(八)》规定的只是免除前科报告义务,而不是免除前科。

四是应当适用缓刑原则。《刑法修正案(八)》第11条第1款规定:"对于被判处拘役、3年以下有期徒刑的犯罪分子,同时符合下列条件的,可以宣告缓刑,对其中不满18周岁的人、怀孕的妇女和已满75周岁的人,应当宣告缓刑:(一)犯罪情节较轻;(二)有悔罪表现;(三)没有再犯罪的危险;(四)宣告缓刑对所居住社区没有重大不良影响。"这也就是说,未成年人犯罪只要符合缓刑适用条件的,都应当对其宣告缓刑。

此外,《刑法》第17条第5款还规定,因不满16周岁不予刑事处罚的,责令其父母或者其他监护人加以管教;在必要的时候,依法进行专门矫治教育。这表明,未达到刑事责任年龄的人,如果实施了有害于社会的行为,虽不追究刑事责任,但也不能姑息放纵,而应加强教育和看管,甚至依法进行专门矫治教育。这也是预防他们将来走向犯罪的必要措施。

需要特别提到的是,与未成年人犯罪的情况类似,《刑法修正案(八)》对于老年人犯罪,也规定了一些特殊的原则。一是从宽处罚原则。《刑法修正案(八)》在我国《刑法》第17条后增加一条,作为第17条之一,规定:"已满75周岁的人故意犯罪的,可以从轻或者减轻处罚;过失犯罪的,应当从轻或者减轻处罚。"这里大家要注意的是,《刑法修正案(八)》对于老年人故意犯罪和过失犯罪从轻减轻的规定,有"可以"和"应当"的区别。二是不适用死刑原则。《刑法修正案(八)》在《刑法》第49条中增加一款作为第2款,规定:"审判的时候已满75周岁的人,不适用死刑,但以特别残忍手段致人死亡的除外。"三是应当适用缓刑原则。也就是说,老年人犯罪只要符合缓刑适用条件的,就应当对其宣告缓刑。这是由《刑法修正案(八)》第11条第1款规定的,条文内容刚刚已经介绍过了,这里就不再重复讲了。这些规定充分体现了对老年人犯罪从宽处理的法律精神。我们说,古今中外的很多法律都规定了对老年人犯罪从宽处理。我国古代对老年人犯罪予以减免刑罚的规定就极为丰富,早在春秋战国时期就产生了"老幼犯罪减免处罚原则",汉朝时继续发展,到唐朝时矜老恤幼的思想就已经非常完备了,之后宋元明清的法律也基本上沿袭了唐律关于老年人刑事责任的规定。鉴于老年人犯罪是一个特殊群体的犯罪,在外国刑法的历史沿革中,无论是大陆法系还是英美法系国家,也都有一些关于老年人犯罪从宽处罚的相关法律规定。有的国家规定对老年人犯罪可以从宽处罚,比如《墨西哥联邦刑法典》《巴西刑法典》《日本刑事诉讼法》等;有的国家规定对老年人犯罪人可以放宽缓刑、减刑、假释的条件,比如《意大利刑法典》;还有的国家规定对老年人犯罪人限制适用某些刑种,比如《法国刑法典》《俄罗斯联邦刑法典》《蒙古国刑法典》等。

由此可见,对老年人犯罪从宽处理的法律精神不仅古已有之,而且还是现代社会的刑法基本理念。究其原因,可能还在于老年人犯罪自身所具有一些特点:从犯罪率上看,老年人犯罪率很低。比如,美国的老年人犯罪只占 1.2%,德国的老年人犯罪只占 5.6%。从犯罪的手段看,老年人犯罪往往采取非暴力手段,表现出智能性、间接性、隐蔽性的特点。从老年人犯罪的类型上看,男性多属猥亵、强奸、诱骗、放火、盗窃、窝赃、赌博、诈骗等,其中女性老年人犯罪则以盗窃犯罪居于首位。所以,从总体上看,我们可以说,老年人犯罪对社会的危害范围、危害程度等都要小于其他成年人以及未成年人的犯罪。

我认为,对老年人犯罪从宽处理是有充分的理论依据的:第一,对老年人犯罪从宽处理并适用轻缓的刑罚,符合老年人的刑事责任能力;第二,对老年人犯罪从宽处理,符合刑法谦抑性与人道性的价值目标;第三,对老年人犯罪从宽处理,符合刑法预防犯罪的目的;第四,对老年人犯罪从宽处理,符合刑罚执行的经济性原则;第五,对老年人犯罪从宽处理,体现了我国"悯老恤老"的传统习惯和道德要求。所以,我们可以说,《刑法修正案(八)》对老年人犯罪从宽处理的规定意义是十分重大的,它不仅有利于我国刑事立法结构的健全和完善,而且有利于完善对弱势群体的特殊保障,促进社会和谐发展;同时还有利于节约诉讼成本,符合刑罚经济性的要求;最重要的是还有利于充分保障人权,而且完全符合当今刑法的发展潮流。

下面,我来讲一下与刑事责任年龄有关的几个问题。

第一,关于如何计算刑事责任年龄的问题。人的年龄的大小不仅决定着刑事责任的有无,有时还影响着刑罚的轻重。那么如何计算刑法中规定的刑事责任年龄,是我们必须解决的问题。这里我们首先应该注意的是,刑法中的年龄都是以"周岁"作为标准的,而并没有我们日常生活中的"虚岁"概念。对于周岁应该如何计算呢? 我出一个题让大家算一下,假定这个人是 2000 年 1 月 1 日出生的,那么其满 1 周岁应该是什么日子? 我给大家三个答案选择:其一是 2000 年 12 月 31 日;其二是 2001 年 1 月 1 日;其三是 2001 年 1 月 2 日。(下讲台提问)

学生 1:"应该是第 2 个答案,2001 年 1 月 1 日,因为我们平时都是这样过生日的。"

学生 2:"应该是第 3 个答案,2001 年 1 月 2 日。"

学生 3:"我认为,应该是在前一天,即 2000 年 12 月 31 日,理由讲不出来。"

(回讲台)显然第 3 个答案是对的。因为根据司法实践和最高人民法院《关于审理未成年人刑事案件具体应用法律若干问题的解释》,"已满"一定周岁,指的是实足年龄,应当按公历的年、月、日计算,并且应当以过周岁生日的第 2 天开始计算。比方说,某人于 1970 年 12 月 20 日出生,1984 年 12 月 20 日是其 14 周岁的生日,1984 年 12 月

21日才应是已满14周岁,他过生日的当天不能认为是已满14周岁。如果某人在过14岁生日那天实施危害社会的行为,就应认为他未满14周岁,也就是距离年满14周岁还相差1天。对于已满16周岁、已满18周岁年龄的计算,与刚才讲的计算方法相同。

需要指出的是,如果这个人是在2000年1月1日晚上10点出生的,那么其满1周岁应该如何计算?(下讲台提问)

学生1:"应该是2001年1月2日晚上10点零1分吧。"

学生2:"我认为应该是2001年1月2日零点。"

(回讲台)实际上我们计算周岁时是以"天"作为计算单位,而不是以"时"作为计算单位的,所以是几点钟出生的是根本不加以考虑的。因为在我们户口簿上也是记载到"天"而不是"时"呀!(全场笑)

第二,关于刑事责任年龄的确定问题。犯罪主体中的刑事责任年龄,是按照行为实施时为准还是按照行为结果发生时为准,这涉及对年龄的实际确定问题。在行为与结果同时出现的场合,一般不发生年龄确定上的难题。但是当行为与结果不同时的场合,就涉及按照哪一个时间计算的问题。我认为,从刑事责任年龄是为了解决行为人在行为当时是否具有或者是否完全具有辨认、控制能力的角度来看,以行为当时的实际年龄为标准来认定行为人是否具有刑事责任年龄是比较科学的。如果行为出现了连续或者持续状态的,就应当按照行为状态结束时行为人的实际年龄来确定。

司法实践中,如果犯罪嫌疑人拒不交代年龄的话应该如何处理呢?根据最高人民检察院《关于"骨龄鉴定"能否作为确定刑事责任年龄证据使用的批复》,犯罪嫌疑人不讲真实姓名、住址,年龄不明的,我们可以委托进行骨龄鉴定或其他科学鉴定,经审查,鉴定结论能够准确确定犯罪嫌疑人实施犯罪行为时的年龄的,可以作为判断犯罪嫌疑人年龄的证据使用。如果鉴定结论不能准确确定犯罪嫌疑人实施犯罪行为时的年龄,而且鉴定结论又表明犯罪嫌疑人年龄在刑法规定的应负刑事责任年龄上、下的,就应当依法慎重处理。

这里既然讲到了刑事责任年龄的确定,我就顺便讲一下《刑法修正案(八)》中有关老年人犯罪从宽处罚的规定在年龄确定方面可能存在的一个问题。应该看到,《刑法修正案(八)》第1条和第11条第1款分别规定了对已满75周岁的老年犯罪人应当从宽处罚以及对符合缓刑适用条件的已满75周岁的老年犯罪人应当宣告缓刑,但却都没有明确"已满75周岁"是指行为人犯罪的时候已满75周岁还是审判的时候已满75周岁,这就在理论上和实践中引发了广泛的争议。我认为,将这两个规定中的"已满75周岁"理解为审判的时候已满75周岁比较妥当,也就是说,对于那些在犯罪的时候不满,但在审判的时候已满75周岁的老年人,也可以适用这两条规定。这是因为,与未成年人年龄越小越需要体恤的情况相反,老年人是年龄越大越需要体恤。而由于年龄具有不可逆转性,因此,在考虑是否"已满75周岁"时,以"审判的时候"要比以"犯罪的时候"作为时间节点,对犯罪的老年人更为有利。我前面曾经讲过,刑法之所以要对老年人犯罪作出从宽处罚的规定,主要还是从人道主义的立场考虑的,而以"审判的时候"作为时间节点既符合老年人的生理和心理特征,又能体现老年人年龄越大越需要体恤的特点,完全符合人道主义的要求。当然,这里的审判时的具体节点应该如何确定,也是一个需要研究的问题。我认为,应该以一审判决宣告前作为确定这里"审判的时候"的时间标准。这样既可以充分体现上述人道主义的立场,同时也有利于保持刑事判决的稳定性。

第三,关于如何认定跨刑事责任年龄段犯罪的问题。对于跨年龄犯罪的认定,不能按照前后一并认定的方法进行处理,而应当根据具体情况,区别不同的年龄阶段,分别予以认定。解决原则是行为人只对达到刑事责任年龄后发生的犯罪行为承担刑事责任,对于不是发生在刑事责任年龄段内的危害行为不负刑事责任。例如,未成年人在年满12周岁之前和已满12周岁不满14周岁期间都实施了《刑法》第17条第3款所规定的行为,甚至是同一性质的行为,在认定是否构成犯罪时,应当根据他在已满12周岁不满14周岁期间实施的行为认定,而不应把年满12周岁以前的行为与已满12周岁不满14周岁期间实施的行为一并作为认定犯罪的依据。再如,一个未成年人在年满16周岁前后都实施了《刑法》第17条第2款规定以外的其他行为,就应当根据他已满16周岁以后的行为去认定,同样不应将他不满16周岁以前实施的依法不负刑事责任的行为一并作为年满16周岁以后犯罪行为认定的根据。比方说,甲在15周岁时,盗窃3 000元,在17周岁时又盗窃5 000元,18周岁时被抓获。在追究甲盗窃罪的刑事责任的时候,他在15周岁时盗窃3 000元不应计算在内。

2. 精神障碍

下面,我们来看一下决定和影响刑事责任能力的第二个因素——精神障碍。

行为人的辨认能力和控制能力是刑事责任能力中不可缺少的两个基本要素。一般来说,只要行为人达到了刑事责任年龄,就具备了刑法意义上的辨认和控制自己行为的能力。但是,作为人类个体的每个独立的人在辨认、控制自己行为方面的能力会受到年龄之外其他因素的影响。比方说,由于各种先天、后天的原因而导致行为人的大脑不能进行正常的思维,丧失或减弱了他在辨认和控制自己行为方面的能力,从而没有或不完全具备刑法意义上的刑事责任能力。这就是刑法所规定的精神障碍。因此,在某些情况下,即使行为人达到了刑法所规定的刑事责任年龄,但由于行为人精神方面的原因从而不具备或者不完全具备刑事责任能力。对此,我国《刑法》第18条规定了三种情况。

第一,完全无刑事责任能力的精神病人。我国《刑法》第18条第1款规定:"精神病人在不能辨认或者不能控制自己行为造成危害结果,经法定程序鉴定确认的,不负刑事责任,但是应当责令他的家属或者监护人严加看管和医疗;在必要的时候,由政府强制医疗。"这是我国关于精神病人是无刑事责任能力人的法律规定。按照刑法学界普遍的观点,确认行为人是否为精神病人,是否具备刑事责任能力,必须坚持两个原则。一是医学标准,又称生物学标准,是指该行为人在实施危害行为时确实处于精神病症的发作状态。精神病是由于人体内外部原因引起的严重精神障碍性疾病,精神病人的精神功能障碍会导致他们丧失辨认或者控制自己行为的能力。根据刑法的规定，在确认行为人是否为精神病人和是否具备刑事责任能力时，必须依照法定程序由具备专门知识的人鉴定后方可予以确认。精神病在医学和司法精神病学上有特定的范围，要注意它与非精神病性精神障碍的本质区别。非精神病性精神障碍人，比如神经官能症、性变态、变态人格等，一般都不会因精神障碍而丧失辨认或者控制自己行为的能力。二是法学标准，又称心理学标准，是指由于行为人的精神病作用，使得行为人在行为当时处于完全不能辨认或者控制自己行为的状态。如果行为人在符合我们刚才讲的两个标准的情况下实施了危害社会的行为，那么就说明他的行为是在丧失了辨认和控制自己行为能力的状态下的举动，因此行为人就没有刑事责任能力，不能认为是刑法意义上的危害行为，不构成犯罪。

第二，间歇性精神病人在精神正常时具有完全刑事责任能力。《刑法》第18条第2款规定："间歇性的精神病人在精神正常的时候犯罪，应当负刑事责任。"这一规定表明间歇性的精神病人在精神正常时，他们是具备正常的大脑思维的，是具有刑法意义上的辨认和控制自己行为的能力的。但是由于间歇性精神病人的病情会阶段性地发作，如果间歇性精神病人在精神正常时期犯罪，但在追诉期间精神病发作，那么应该如何追究这样的人的刑事责任呢？根据相关司法解释，对于犯罪后精神错乱的，可中止案件的审理，等他精神正常后再行处理，而不能因为行为人犯罪后精神病发作而排除他承担刑事责任的可能性。

第三，限制刑事责任能力的精神病人。《刑法》第18条第3款规定："尚未完全丧失辨认或者控制自己行为能力的精神病人犯罪的，应当负刑事责任，但是可以从轻或者减轻处罚。"这种人是介于无刑事责任能力的精神病人和完全刑事责任能力的间歇性精神病人中间状态的精神障碍人。与正常人相比，他们辨认和控制自己行为的能力有一定程度的减弱，但并没有完全丧失辨认和控制能力。也正是由于他们的责任能力与正常人相比有所减弱，法律在追究这种人的刑事责任时，规定了可以从轻或者减轻处罚的原则，以体现法律的公正。

3. 生理功能丧失

接下来我们来看决定和影响刑事责任能力的第三个因素——生理功能丧失。

人的一些重要生理功能对人的辨认和控制能力的程度具有一定的影响作用，我国刑法也对那些生理功能影响刑事责任能力的情形作了具体规定。《刑法》第19条规定："又聋又哑的人或者盲人犯罪，可以从轻、减轻或者免除处罚。"根据这一规定我们可以知道，聋哑人或者盲人在法律上的刑事责任能力是受到限制的，法律对这类人犯罪规定了从宽处罚的量刑原则。而法律之所以把这些人纳入限制刑事责任能力人的范围，就是因为他们的重要生理功能的丧失直接影响到他们的学习、接受教育、社会实践和智力的正常发展；同时由于他们这些重要的生理功能的丧失，往往在心理上会有巨大的压力，因而也会影响他们对自己行为的辨认和控制能力。

这里大家应当注意，要正确适用《刑法》第19条的规定，需要明确两点。第一，对又聋又哑的人和盲人的界定。俗话说，"十聋九哑"，其意思是指在10个耳聋的人中一般有9个人是不会说话的。那么对于其中的可能存在"一个不哑"的人犯罪,是否可以从轻处罚呢? 答案当然是不行的。所谓又聋又哑的人,是指既聋又哑,也就是同时丧失了听能和语能,只聋不哑或者只哑不聋的,不属于刑法规定的范围。盲人,必须是双目失明的人,还有一只眼睛看得见的就不叫盲人。第二,要正确把握对聋哑人和盲人的处罚原则。刑法规定对聋哑人和盲人犯罪"可以从轻、减轻或者免除处罚",这里是"可以"而不是"应当"。也就是说,一般情况下,由于行为人的这种生理功能的丧失,会减弱他的刑事责任能力,对他要从宽处理。但并不是所有生理功能丧失的聋哑人、盲人的刑事责任能力在任何时候都会受到影响,对于那些知识和智力水平正常,犯罪时具备完全刑事责任能力的聋哑人、盲人,就不能考虑从宽处理,在追究刑事责任时应当根据犯罪的具体情况与一般的正常人同等对待。

4. 醉酒

最后,我们来看决定和影响刑事责任能力的第四个因素——醉酒。

世界各国和地区的刑法对于醉酒犯罪的处理有三种态度。其一是从重处罚,例如,我国的港、澳、台地区的"刑法"。他们有些强调处罚时要"罪加一等",有些认为在公共场所醉酒本身就可能构成犯罪,有些则强调在行为人刑满后要对其"强制戒酒"。其二是从轻处罚,例如,意大利等欧美一些国家的刑法。这些国家刑法理论认为,人在醉酒的状态下,辨认和控制能力应该会有所下降,因而对行为人的行为处罚时应该从轻。其三是与正常人同等对待,例如,我国的刑法规定。

我国《刑法》第18条第4款规定:"醉酒的人犯罪,应当负刑事责任。"根据这一规定,行为人在醉酒的状态下,法律认定其是有刑事责任能力的。醉酒,医学上通常称为"酒精中毒""乙醇中毒",是指由于饮酒导致的精神障碍。酒精是酒的主要成分,它对人的神经系统具有一定的影响作用,可以导致急性神经系统的紊乱,甚至会导致神经系统不可逆转的损害。精神病学根据酒精造成人的精神障碍程度的不同,把醉酒分为生理性醉酒和病理性醉酒两种情况。

病理性醉酒,是一种少量饮酒即可引起的严重精神障碍。它的特点是:发病突然、持续时间短暂。处于这种状态的人,他的感知功能先于运动功能受到酒精作用的影响。因此,虽然这种人外在的体貌特征方面没有异样,但他的意识已经发生重大障碍。所以,法医学上将病理性醉酒的人归入精神病的范围,认为他们已经完全丧失了辨认和控制行为的能力,不具备刑事责任能力。对于病理性醉酒,由于在这种状态下行为人完全丧失了辨认和控制自己行为的能力,不能成为犯罪的主体。至于处于这种病理性醉酒状态下的人,是否曾经出现过同样的醉酒经历,这对于判断他的刑事责任能力之有无通常不产生直接的影响,因为解决行为人刑事责任的关键在于行为人在行为当时的责任能力状况,而不是他以前的状况。

生理性醉酒,是指单纯性醉酒,也就是因饮酒过量而导致精神过度兴奋甚至神志不清的情况。与病理性醉酒不同,它是一种非精神病性精神障碍,不属于完全不能辨认和控制自己行为的精神病人。我国刑法所追究的,是生理性醉酒人犯罪的刑事责任。根据我国刑法的规定,生理性醉酒人犯罪,应当负刑事责任。从医学上看,这种醉酒确实减弱了行为人的辨认和控制能力,但法律认为这种人具备完全刑事责任能力的内在根据主要有两点。第一,醉酒完全是人为的,行为人在饮酒前或者饮酒过程中,可以完全控制住自己的饮酒行为。第二,生理醉酒人在醉酒前对自己醉酒后可能实施的危害行为应当预见或者已经有所预见。因此,刑法规定,生理醉酒人是完全刑事责任能力人。

需要指出的是,我们强调醉酒人是完全责任能力人是从处罚层面加以讨论的,但是,这并不意味着醉酒人在实施行为时的实际状况与正常人完全一样,如果完全一样的话,我们也就没有必要专门对此问题加以讨论了。

(四)自然人犯罪主体的特殊身份

接下来,我为大家介绍一下关于自然人犯罪的特殊条件和身份的问题。我刚刚讲到的那种达到法定年龄、具有刑事责任能力的人一般称之为一般主体。一般而言,达到法定年龄、具有刑事责任能力的人实施了法律规定在身份上没有特殊要求的犯罪时就可以构成犯罪,但在实践操作过程中有时也会有一定的困难。

以前在巴拉圭发生过一个案件:有一对连体兄弟,其中的哥哥持枪把当地法官的妻子给杀掉了。按照巴拉圭的法律规定,他是要被判处死刑的,因此就把这一对连体兄弟先抓起来了。抓起来以后,弟弟就提出抗议,他认为自己是无辜的,他觉得法官的妻子是他哥哥杀的,他什么也没干,不能搞株连的。这确实是典型的"株连"了!而且医生也给他们开了证明,证明两个人是不能分开的,他还认为现在把他关起来就已经侵害了他的权利,如果按照法律规定要把他哥哥枪毙,枪毙哥哥的同时也就会剥夺他的生命,因为他们的器官都是共用的。他的辩护律师也为他极力呼吁,后来,据说这一对兄弟最后就被释放了。但我认为释放也是不对的,放掉有罪的人肯定是不对的吧?

我国贵州省也发生过类似的案件,只不过是盗窃案,这个案件在处理的过程中也碰到了同样的问题,因为不能关他们,关他们也就关了一个无辜者。其实这个案件在实际判断的时候还是比较容易的,因为在实施盗窃行为的时候肯定是两个人一起实施的,因为一个是望风,一个是盗窃,当初法院就是将他们作为共犯处理的。我认为作为共同犯罪处理还是有必要的,但是要判就不能分开判,必须要判得一样。据说,最后法院是通过判处罚金的形式狠狠地处罚了他们。

下面,我将从三个方面为大家讲述自然人犯罪主体特殊身份的问题。

首先,我们先来了解一下自然人犯罪主体特殊身份的概念和分类。

自然人犯罪主体,除了必须具备刑事责任能力以外,在刑法分则有明文规定的情况下,成立某种犯罪还必须具备某种特定的身份,而且有时这种特定的身份还会影响量刑。按照理论通行的主张,所谓自然人犯罪主体的特殊身份,是指刑法所规定的影响行为人刑事责任的行为人人身方面的特定的资格、地位或状态。比如说,国家工作人员、司法工作人员、军人、家庭成员等等。

从一般意义上看,以犯罪主体的特殊身份对行为人刑事责任的影响性质为标准,可将这种特殊身份分为定罪身份与量刑身份两种情况。

所谓定罪身份，是指决定刑事责任是否存在的身份，又称为犯罪构成要件的身份。这种身份是刑法分则某些具体犯罪构成中犯罪主体必须具备的条件，如果不具备这种特定身份，犯罪主体要件就不具备，因而就不能构成刑法分则所规定的某一特定犯罪。刑法规定的许多犯罪对犯罪主体有特殊的要求，这叫作犯罪的特殊主体。比方说，贪污罪，刑法规定犯罪主体必须是国家工作人员，如果行为人不具备国家工作人员这一特定身份，就不符合贪污罪的主体要件，其行为不能独立构成贪污罪。我国刑法规定的特殊犯罪主体主要有：国家工作人员，国家机关工作人员，司法工作人员，邮政工作人员，国有公司、企业负责人，军人；辩护人；在押罪犯，首要分子；航空人员，交通运输人员，生产作业人员等。

理论上有人认为，量刑身份也是特殊身份，对此观点，我不是很赞同。在此，我将这种观点介绍给大家。所谓量刑身份，也就是影响刑事责任程度的身份，又可称为影响刑罚轻重的身份，是指根据刑法的规定，对行为人刑罚的轻重、有无产生影响的身份。比如说《刑法》第 17 条第 4 款规定："已满 12 周岁不满 18 周岁的人犯罪，应当从轻或者减轻处罚。"由于这一年龄段的人具有未成年人的特定身份，所以法律在刑法原则上作了特别的规定。再比如说，《刑法》第 349 条第 2 款规定："缉毒人员或者其他国家机关工作人员掩护、包庇走私、贩毒、运输、制造毒品的犯罪分子的，依照前款的规定从重处罚。"我国刑法规定的量刑的特殊身份有：未成年人、老年人、怀孕的妇女；预备犯、未遂犯、中止犯；从犯、胁从犯；累犯；国家工作人员等。依我之见，上述这些均是相关法定情节的规定而并非特殊身份问题，套一个"量刑身份"帽子没有多大必要。

其次，我们来了解一下自然人犯罪主体特殊身份在刑法分则中的立法表现。

综观我国刑法分则的具体规定，我国刑法分则主要是从四个角度来确定自然人犯罪主体的特殊身份的，下面我简要作一下梳理。

第一，从特殊公职人员主体的角度规定特殊条件。这在我国刑法分则规范中较为普遍，从这个角度可以包含六类主体。

一是国家工作人员，也就是在国家机关（国家各级权力机关、行政机关、司法机关和军事机关）中从事公务的人员。根据我国《刑法》第 93 条第 2 款的规定："国有公司、企业、事业单位、人民团体中从事公务的人员和国家机关、国有公司、企业、事业单位委派到非国有公司、企业、事业单位、社会团体从事公务的人员，以及其他依照法律从事公务的人员，以国家工作人员论。"比如，《刑法》第 385 条第 1 款规定："国家工作人员利用职务上的便利，索取他人财物的，或者非法收受他人财物，为他人谋取利益的，是受贿罪。"

二是国家机关工作人员，仅指在国家机关中从事公务的人员。考虑到我国政治领导体制的特殊性，从"从严治党"的角度出发，根据有关规定，作为执政党的中国共产党各级机关工作人员，也可适用刑法上国家机关工作人员的规定。比如，《刑法》第 397 条规定："国家机关工作人员滥用职权或者玩忽职守，致使公共财产、国家和人民利益遭受重大损失的，处 3 年以下有期徒刑或者拘役；情节特别严重的，处 3 年以上 7 年以下有期徒刑。"刑法分则第九章"渎职罪"中，还规定了由特定的国家行政机关工作人员（诸如司法工作人员、税务工作人员、海关工作人员、商检工作人员等)构成的各类渎职犯罪。

三是司法工作人员,也就是负有侦查、检察、审判、监管职责的工作人员。比如《刑法》第401条规定:"司法工作人员徇私舞弊,对不符合减刑、假释、暂予监外执行条件的罪犯,予以减刑、假释或者暂予监外执行的,处3年以下有期徒刑或者拘役;情节严重的,处3年以上7年以下有期徒刑。"

四是邮政工作人员,也就是国家邮政部门的各级负责人、营业员、分拣员、投递员、接发员、押运员、接站员等。例如《刑法》第253条第1款规定:"邮政工作人员私自开拆或者隐匿、毁弃邮件、电报的,处2年以下有期徒刑或者拘役。"

五是国有公司、企业负责人,也就是国有公司、企业的董事长、董事、经理、副经理等管理层的负责人员。例如《刑法》第165条规定:"国有公司、企业的董事、经理利用职务便利,自己经营或者为他人经营与其所任职公司、企业同类的营业,获取非法利益,数额巨大的,处3年以下有期徒刑或者拘役,并处或者单处罚金;数额特别巨大的,处3年以上7年以下有期徒刑,并处罚金。"

六是军人,也就是中国人民解放军现役军人、军内在编人员和预备役人员。根据《刑法》第450条规定,我国刑法分则第十章"军人违反职责罪"的犯罪主体,包括中国人民解放军的现役军官、文职干部、士兵及具有军籍的学员和中国人民武装警察部队的现役警官、文职干部、士兵及具有军籍的学员以及执行军事任务的预备役人员和其他人员。

第二,从特定法律义务主体的角度规定特殊条件,从这个角度可以包含两类主体。

一是纳税义务人。例如《刑法》第203条规定:"纳税人欠缴应纳税款,采取转移或者隐匿财产的手段,致使税务机关无法追缴欠缴的税款,数额在1万元以上不满10万元的,处3年以下有期徒刑或者拘役,并处或者单处欠缴税款1倍以上5倍以下罚金;数额在10万元以上的,处3年以上7年以下有期徒刑,并处欠缴税款1倍以上5倍以下罚金。"

二是抚养义务人。例如《刑法》第261条规定:"对于年老、年幼、患病或者其他没有独立生活能力的人,负有扶养义务而拒绝扶养,情节恶劣的,处5年以下有期徒刑、拘役或者管制。"

第三,从特定法律关系主体的角度规定特殊条件,从这个角度可以包含四类主体。

一是证人、鉴定人等。例如《刑法》第305条规定:"在刑事诉讼中,证人、鉴定人、记录人、翻译人对与案件有重要关系的情节,故意作虚假证明、鉴定、记录、翻译,意图陷害他人或者隐匿罪证的,处3年以下有期徒刑或者拘役;情节严重的,处3年以上7年以下有期徒刑。"

二是辩护人等。例如《刑法》第306条规定:"在刑事诉讼中,辩护人、诉讼代理人毁灭、伪造证据,帮助当事人毁灭、伪造证据,威胁、引诱证人违背事实改变证言或者作伪证的,处3年以下有期徒刑或者拘役;情节严重的,处3年以上7年以下有期徒刑。"

三是在押罪犯等。例如《刑法》第315条规定:"依法被关押的罪犯,有下列破坏监管秩序行为之一,情节严重的,处3年以下有期徒刑……"《刑法》第316条第1款规定:"依法被关押的罪犯、被告人、犯罪嫌疑人脱逃的,处 5 年以下有期徒刑或者拘役。"

四是首要分子等。例如《刑法》第 291 条规定:"聚众扰乱车站、码头、民用航空站、商场、公园、影剧院、展览会、运动场或者其他公共场所秩序,聚众堵塞交通或者破坏交通秩序,抗拒、阻碍国家治安管理工作人员依法执行职务,情节严重的,对首要分子,处 5 年以下有期徒刑、拘役或者管制。"

第四,从特定从业人员主体的角度规定特殊条件,从这个角度可以包含三类主体。

一是航空人员。例如《刑法》第 131 条规定:"航空人员违反规章制度,致使发生重大飞行事故,造成严重后果的,处 3 年以下有期徒刑或者拘役;造成飞机坠毁或者人员死亡的,处 3 年以上 7 年以下有期徒刑。"

二是铁路职工。例如《刑法》第 132 条规定:"铁路职工违反规章制度,致使发生铁路运营安全事故,造成严重后果的,处 3 年以下有期徒刑或者拘役;造成特别严重后果的,处 3 年以上 7 年以下有期徒刑。"

三是生产作业人员等。例如《刑法》第 135 条规定:"安全生产设施或者安全生产条件不符合国家规定,因而发生重大伤亡事故或者造成其他严重后果的,对直接负责的主管人员和其他直接责任人员,处 3 年以下有期徒刑或者拘役;情节特别恶劣的,处 3 年以上 7 年以下有期徒刑。"

此外,我国刑法还从行为人所处的家庭关系、从事的具体职业以及其他特定地位等角度,对自然人犯罪的特殊条件作出了规定,这里因为时间关系我就不再一一介绍了。

(五)研究犯罪主体特殊身份的意义

我们再来看一下研究犯罪主体特殊身份的意义。犯罪主体特殊身份的有无,对我们正确认识犯罪的性质,区分罪与非罪、此罪与彼罪的界限以及对于我们正确地追究犯罪人的刑事责任有重要的作用,具体来说主要有三个方面的重要作用。

第一,是否具备犯罪主体的特殊身份是区分罪与非罪的标准之一。刑法分则规定的某些具体犯罪,以行为人是否具备特定身份作为构成犯罪的必备要件,如果不具备特定的身份,则不构成犯罪。比如说,《刑法》第 291 条规定的聚众扰乱公共场所秩序、交通秩序罪,只有"首要分子"才能构成此罪,因此,具备"首要分子"身份的,才能成为本罪的主体,不具备"首要分子"身份的一般参加人员,不是本罪的犯罪主体,不能构成犯罪。

第二,是否具备犯罪主体的特殊身份是区分此罪与彼罪的标准之一。刑法分则规定的犯罪中,有些犯罪在行为方式上相同或者基本相同,但由于对犯罪主体是否具备特殊身份的要求有不同的规定,从而成立不同的犯罪。比方说,同样是隐匿、毁弃或者非法开拆他人信件的行为,具有邮政工作人员身份并利用职务之便实施者构成《刑法》第 253 条规定的私自开拆、隐匿、毁弃邮件、电报罪,一般公民实施这种行为的,构成《刑法》第 252 条规定的侵犯通信自由罪;再比方说,同是窃取或者骗取公共财物的行为,具有国家工作人员身份且利用职务之便实施的,构成贪污罪,无国家工作人员身份的一般人则构成盗窃罪或者诈骗罪。

第三,是否具有犯罪主体的特殊身份对量刑轻重有影响。当然,对这个观点,前面我已经说了,我是持保留意见的。理论上认为,犯罪主体的特殊身份,有时会影响社会危害性程度的大小,在具体确定刑罚时应予以充分考虑。首先,在我国刑法总则规范中,对犯罪主体特殊身份影响刑罚轻重的情况作了规定。因主体的特殊身份从严处罚的,比如,《刑法》第65条规定,对于累犯应当从重处罚;又比如,《刑法》第74条规定:"对于累犯,不适用缓刑。"因主体的特殊身份从宽处罚的,比如《刑法》第49条关于"审判的时候怀孕的妇女,不适用死刑"的规定;又比如《刑法》第17条第4款规定:"已满12周岁不满18周岁的人犯罪,应当从轻或者减轻处罚。"其次,在我国刑法分则规范中,规定对某些具有特殊身份的犯罪行为人要从重处罚。比如,《刑法》第243条规定,国家工作人员犯诬告陷害罪的,从重处罚。此外,有一些犯罪,虽然法律没有明文规定对主体的特殊身份在量刑时予以考虑,但由于其特殊身份的存在也有可能成为人民法院量刑时酌情考虑的情节,比方说,具有领导干部的身份、执法人员的身份、犯罪前科的身份等。

三、单位犯罪主体

接下来,我讲一下单位犯罪主体的问题。

(一)单位犯罪的由来

首先,我们来了解一下单位犯罪的由来。在刑法理论中,对于法人能不能成为犯罪主体,一直是有争论的。无论是大陆法系还是英美法系都存在这种争论,一般而言,大陆法系认定单位可以成为犯罪主体要比英美法系早一点。我国长期以来都是坚持反对法人能成为犯罪主体的观点,这可以说是传统刑法理论的通论。实际上,在相当长的时间里,我国刑法条文也没有规定法人可以成为单位犯罪主体。我认为,这跟当时的国情是相对应的,我国当时实行的是计划经济,在计划经济下规定法人能够成为犯罪主体确实是比较荒唐的,所有的东西都是国家安排好的,都是在计划之下的,包括生产什么东西都是国家安排好的,生产完了之后的销售也是国家安排好的,所以很少会出现法人为了自己的利益,实施危害国家、其他单位、其他人利益的行为。而且,以前我们通常坚持的观点就是犯罪行为都是在人的意识、意志支配之下实施的,而法人是虚拟的人,它没有大脑,那它也就没有意识和意志,因此,法人不能成为犯罪主体。从刑罚本身来讲,我们有五个主刑:管制、拘役、有期徒刑、无期徒刑、死刑。在这五个主刑中,没有一个能直接对单位进行处罚。我们确实很难想象,能将一个单位关到上海监狱服刑。(全场笑)因此,当时理论上普遍认为,既然对单位没有一个主刑可以适用,单位又如何能够成为犯罪主体呢?

后来随着社会的发展,尤其是随着市场经济体制的建立,在这个过程中,确实出现了很多为了本单位的利益危害国家、危害社会、危害个人的利益的行为,因此单位犯罪或者法人犯罪的概念就逐步进入我们的视野,争议也越来越多,法人能成为犯罪主体的呼声也越来越高。应该是海关法最早提到了单位犯罪的问题,但当时提到的单位犯罪,还只是局限于追究单位犯罪中主管人员或者直接责任人员的刑事责任。后来当这些行为出现以后,我们就开始逐步地在相关条文中规定单位犯罪,海关法当时只规定了走私罪的单位犯罪,在1997年《刑法》修订的时候,理论界和实务界就对这个问题展开了深入的讨论,大家感觉到单位成为犯罪主体是一种立法的趋势,应该在刑法中加以规定。在市场经济体制下,把单位作为犯罪主体来对待,有利于规范社会主义市场经济秩序。出于这些角度的考虑,1997年《刑法》就规定了单位犯罪。但当时在规定的时候,关于用什么名称却讨论了很长时间,大多数人认为应该用"法人犯罪"的概念,因为这是世界各国所普遍采用的一种概念。在法律中,法人是相对于自然人而言的一个概念,既然有自然人犯罪,就应该有法人犯罪这个概念。但是,当时立法者考虑到如果表述为"法人犯罪",就有可能会导致一些不具有法人资格的单位,因不具有法人资格而逃脱法人犯罪惩罚的情况出现,为了解决这一问题,立法者最后就采用了单位犯罪的概念。直到现在,还有很多人提出没有必要这样规定,因为这样一来,很多人就搞不清楚了。比如说我在荷兰读博士的时候,跟他们交流时我还是用法人犯罪的概念的,因为如果用单位犯罪,他们就搞不清楚了,而法人犯罪是他们一听就懂的,因为他们也有这个概念。现在大多数人还是认为应当表述为"法人犯罪"比较妥当,立法者完全可以在法人犯罪的条文后面规定一个条文:不具有法人资格的单位,如果实施了相关犯罪,也按照法人犯罪处理。这样就可以解决这个问题了。当然,由于现行刑法中采用的是"单位犯罪"的概念,我们在讨论时以及法律文书表达时就应该严格遵守刑法的规定。

(二)单位犯罪的概念和特征

下面,我给大家介绍一下单位犯罪的概念和特征。

所谓单位犯罪,是指公司、企业、事业单位、机关、团体以单位名义实施的按照刑法规定应当承担刑事责任的危害社会的行为。

单位犯罪的特征有四点:一是单位犯罪是指公司、企业、事业单位、机关、团体犯罪,这里的公司、企业包括私营公司、企业;二是必须是以单位名义实施的;三是必须是为谋取单位利益而实施的;四是必须有刑法分则的明文规定。

需要注意的是,2014年第十二届全国人民代表大会常务委员会第八次会议通过了《关于〈中华人民共和国刑法〉第三十条的解释》。解释规定,公司、企业、事业单位、机关、团体等单位实施刑法规定的危害社会的行为,刑法分则和其他法律未规定追究单位的刑事责任的,对组织、策划、实施该危害社会行为的人依法追究刑事责任。换言之,单位实施了刑法及其他法律规定不能由单位构成犯罪的犯罪行为,司法机关应当以自然人犯罪的形式追究相关责任人员的刑事责任。接下来,我们看一下如何理解该《解释》中的"刑法分则和其他法律未规定追究单位的刑事责任"。以单位贷款诈骗为例,某公司经单位决策程序决定,诈骗银行的贷款,对该行为应该如何定性?由于《刑法》第193条有关贷款诈骗罪的条文未规定单位可以构成贷款诈骗罪,因此,不能认定单位构成贷款诈骗罪是比较明确的。但是根据最高人民法院《全国法院审理金融犯罪案件工作座谈会纪要》的规定，"在司法实践中，对于单位十分明显地以非法占有为目的，利用签订、履行借款合同诈骗银行或其他金融机构贷款，符合刑法第二百二十四条规定的合同诈骗罪构成要件的，应当以合同诈骗罪定罪处罚"。我认为《会议纪要》的处理意见是正确的。立法解释有关"刑法分则和其他法律未规定追究单位的刑事责任"并不等于"规范这一特定行为刑法条文没有规定单位可以成为犯罪主体"。具体而言，在前者的条件下，对于单位实施的危害社会的行为，是否应当将其以自然人犯罪认定，应当着眼于整个刑法分则和其他法律。也就是说，首先应当考察规范这一特定危害社会行为的刑法条文有无规定单位可以构成此罪，如果单位可以构成，就按照此罪名追究单位的刑事责任，如果不能构成，还要兼顾刑法分则中的其他条文以及其他法律的规定，进一步考察是否能按其他条文的单位犯罪处理。在后者的条件下，对于单位实施的危害社会的行为，《刑法》是否应当将其以自然人犯罪认定，则仅仅只要考察规范这一特定危害社会行为的刑法条文本身即可，如果这一刑法条文规定单位可以构成本罪，就按照此罪的单位犯罪处理，如果这一刑法条文没有规定单位可以构成本罪，就直接按照自然人犯罪处理，不必再行考察《刑法》分则其他条文或者其他法律条文的规定。

大家一定要注意单位犯罪和自然人犯罪之间的区别。在单位犯罪和自然人犯罪的区分过程中，我们要特别注意三种情形。

第一种是以单位名义实施犯罪，但利益归个人的，应按自然人犯罪认定。可见，利益的归属是很重要的，因为在大多数单位可以成为犯罪主体的犯罪中，均有利益问题存在。如果以单位的名义实施犯罪但利益是归个人的，不能按照单位犯罪认定，而应该按照自然人犯罪认定。这里需要明确的就是利益归个人怎么理解，我们通常理解利益归个人是指犯罪所得直接归个人所有。如果说以单位名义实施犯罪，利益归单位，然后自然人通过单位的奖励机制提取有关的奖金，或者用发工资的形式、涨工资的形式来增加收入等等，我们通常认为不能认定为是利益归个人的情形。因为单位犯罪利益归单位，对单位中的成员个人而言，多少总有好处的。如果认为只要个人实际获得了好处，就是利益归个人的话，那么，可能就消解了单位犯罪。

第二种要注意的情形就是为犯罪而设立的单位所实施的行为应当按照自然人犯罪认定。有些单位就是为了实施犯罪行为而设立的，这种单位的设立已经违背了设立单位的宗旨，单位的设置是不允许为犯罪而设置的，如果是为犯罪而设置，那么这个单位的成立实际上已经成为自然人犯罪的一种手段了。

第三种情形是设立单位后，主要从事犯罪活动的，也应按自然人犯罪认定。这里的"主要"应该怎么来理解呢？我们现在所讲的"主要"，是指所从事的犯罪活动在整个经营活动当中应该最起码占百分之七十以上，这是我的理解。总归要有个标准的，而且你如果要按照这一点认定它是自然人犯罪，最起码要把所有的经营活动在案卷中反映出来，如果不能反映的，就不能按照这一条认定它是自然人犯罪。检察机关交上来的材料，基本上都是犯罪事实，不可能把合法的经营行为都在材料中予以反映。也即司法实践中,我们如果要用这一条否定行为人的行为是单位犯罪,检察机关就必须要把合法经营的情况在卷宗里说明,从而来证明这个单位主要是从事犯罪活动的。因为自然人犯罪和单位犯罪无论是在法定刑的立法规定还是在司法实践的量刑中都有很大的区别,我们对单位犯罪处罚比较轻,对自然人犯罪处罚比较重。一般的单位犯罪和自然人犯罪的法定刑,通常要相差 5 倍,也就是说对单位犯罪判 1 年的,对自然人犯罪就要判 5 年。此外,大多数的单位犯罪法定刑中是没有死刑的,而自然人犯罪法定刑中有死刑的却很多。

(三)单位犯罪的处罚及其法定刑的完善

接下来,我们来看单位犯罪的处罚及其法定刑的完善问题。

1. 单位犯罪的处罚

关于单位犯罪的处罚,我们首先来了解一下单位犯罪处罚的一般原则。从各国刑法理论、立法体例以及司法实践的运作来看,对单位犯罪的处罚方式主要有两种。

第一,单罚制。即在单位构成犯罪的情况下,法律规定只处罚单位内部的自然人或只处罚单位。单罚制又根据处罚对象的不同分为两种。一是只处罚单位的自然人而对单位本身不予追究。这种对单位犯罪的惩罚被称为代罚制。适用代罚制的主旨是想通过对单位自然人适用刑罚来达到制止和预防单位犯罪的目的。二是只处罚单位组织自身而不对实施了犯罪行为的单位内部的自然人进行处罚。这种体制被称为转嫁制,其理论根据源于古老的侵权行为赔偿法中的"仆人有过,主人负责"的转嫁罪责说。它肯定单位犯罪的存在,比较重视单位整体的作用和功能,想通过惩罚单位本身来提高其对社会的责任感和道义感,以维护社会正义,建立起符合社会需要的法律秩序和伦理观念。

从刚才的介绍中,我们可以看到,单罚制在惩罚单位犯罪方面表现了它的积极作用,但它的消极方面也不容忽视。一是责任的不公平性。单位犯罪是一种特殊形式的社会组织犯罪,是单位组织自身与自然人犯罪行为相结合的产物,两者紧密联系不可分离,否则便不能构成单位犯罪。单罚制的存在客观上导致了犯罪主体与受刑主体的分离,违背了罪责自负原则,体现出承担刑事责任的不公平性。二是弱化了刑罚的威慑效力。其结果可能会出现这样的情况:单位组织通过牺牲其自然人成员的办法来达到犯罪目的,或者因只惩罚单位自身而使实施了危害行为的自然人逃脱了法律制裁,其负面影响较大。

第二,两罚制。两罚制又称双罚制,这是鉴于单罚制的缺陷而产生的一种新的处罚单位犯罪的制度。其具体内容是,在单位构成犯罪的情况下,既对单位自身进行处罚又对其内部的自然人成员进行处罚。它克服了单罚制的一些弊端,为不少国家立法所采纳,成为一种比较理想的惩罚单位犯罪的制度。两罚制的理论基础在于把单位犯罪行为看作两个层面来理解:一是单位犯罪组织体自身的犯罪行为;二是单位内部自然人的犯罪行为(这种行为体现了单位犯罪意志的决策和执行能力)。单位犯罪行为的双重性是单位犯罪双罚制的根本依据。

下面,我来讲一下我国单位犯罪的处罚问题。我国《刑法》第 31 条规定:"单位犯罪的,对单位判处罚金,并对其直接负责的主管人员和其他直接责任人员判处刑罚。本法分则和其他法律另有规定的,依照规定。"这是我国刑法关于单位犯罪处罚原则的相关规定。根据这一规定,理论上大多数人认为我国刑法对单位犯罪一般采取双罚制的原则,即单位犯罪的,对单位判处罚金,同时对单位直接负责的主管人员和其他直接责任人员判处刑罚。但是,当刑法分则和其他相关法律(特别刑法)对单位犯罪另有规定不采取双罚制而采取单罚制的,就属于例外情况。这是因为,单位犯罪的情况具有复杂性,其社会危害程度差别很大,一律采取双罚制的原则,并不能全面准确地体现罪刑相适应原则和对单位犯罪起到足以警诫的作用。据我不完全统计,单位可以构成犯罪但只处罚自然人的法条共 12 条文涉及 16 个罪名,包括第 107 条"资助危害国家安全犯罪活动罪"、第 135 条"重大劳动安全事故罪"、第 135 条之一"大型群众性活动重大安全事故罪"、第 137 条"工程重大安全事故罪"、第 138 条"教育设施重大安全事故罪"、第 139 条"消防责任事故罪"、第 161 条"违规披露、不披露重要信息罪"、第 162 条"妨害清算罪"、第 162 条之二"虚假破产罪"、第 185 条之一"违法运用资金罪"、第 244 条之一"雇用童工从事危重劳动罪"、第 250 条规定的"出版歧视、侮辱少数民族作品罪"、第 273 条规定的"挪用特定款物罪"、第 396 条的"私分国有资产罪"和"私分罚没财物罪"以及第 403 条的"滥用管理公司、证券职权罪"。

需要强调的是,对于前面讲的在单罚制的情况下也存在"单位犯罪"的传统理论观点,我并不赞同。我认为,将单罚制看作是对"单位犯罪"进行处罚的例外的观点,既缺乏法理依据,也与刑事立法精神相悖,而且与司法解释的内容不符。我国刑法中规定的所谓单罚制的"单位犯罪",实际上应当属于自然人犯罪,我的理由主要有这么几点。

第一,将这种所谓单罚制的"单位犯罪"视为单位犯罪缺乏法理依据。单位是一个具有整体性和组织性的主体,因而它就应当对其意志支配下的犯罪行为承担刑事责任,而不能将这个责任推卸或转嫁给他人。换句话说,在单位犯罪中,作为单位本身理应是承担刑事责任的主体(或称之为受罚主体)。刑法之所以规定要追究单位中直接负责的主管人员和其他直接责任人员的刑事责任,也正是因为单位犯罪实际上是由这些人批准、组织或者具体实施的。就此而言,单位中直接负责的主管人员以及其他直接责任人员所承担的刑事责任,其实就是单位的刑事责任,处罚的主体仍然是单位,只不过是刑事责任的承担者有所区别而已。但是,在前述所谓单罚制的"单位犯罪"中,单位并不具体承担刑事责任(即刑法并未规定要对单位判处罚金),相关的刑事责任全部由单位中直接负责的主管人员和其他直接责任人员承担。由于理论上认为单位中直接负责的主管人员和其他直接责任人员对于单位的刑事责任是具有一定依附性的,因而如果将这种只追究单位中相关自然人刑事责任的情况也视为单位犯罪,明显缺乏法理根据。

第二,将所谓单罚制的"单位犯罪"视为单位犯罪,不符合我国刑法"以处罚自然人犯罪为原则,处罚单位犯罪为例外"的立法精神。我国刑法对单位犯罪规定的立法,主要采用在相应的自然人犯罪之后单列一款对单位犯罪加以特别规定的模式。我国刑法同时还规定,单位犯罪以刑法分则有明文规定的为限。通过分析这些规定,我们不难看出,我国刑法中实际体现着"以处罚自然人犯罪为原则,处罚单位犯罪为例外"的精神。如果在刑法没有规定自然人犯罪的情况下,就将某种情况视为"单位犯罪",必然与前面讲的有关单位犯罪的刑事立法精神相悖。但是,在前面讲的所谓单罚制的"单位犯罪"的刑法规定中,一般都没有自然人犯罪的规定,在这种情况下,我们当然只能将其视为自然人犯罪,而不应该将它视为单罚制的"单位犯罪"。

第三,从新旧刑法规定对比分析上看,将所谓单罚制的"单位犯罪"视为单位犯罪是不合理的。应该看到,我国 1979 年《刑法》中就存在前面讲的所谓单罚制的"单位犯罪"的规定,比如,我国 1979 年《刑法》第 121 条规定,"违反税收法规,偷税、抗税,情节严重的,除按照税收法规补税并且可以罚款外,对直接责任人员,处 3 年以下有期徒刑或者拘役";第 127 条则规定,"违反商标管理法规,工商企业假冒其他企业已经注册的商标的,对直接责任人员,处 3 年以下有期徒刑、拘役或者罚金"。可见,刚才我列举的 1979 年《刑法》的这些规定与我国现行刑法中所谓单罚制的"单位犯罪"的规定是完全一样的。但是,理论上通常认为,我国 1979 年《刑法》中并没有单位犯罪的规定,只是在 1987 年通过的《海关法》才首次在法律上确认了单位可以成为犯罪主体,并在 1988 年《关于惩治贪污罪贿赂罪的补充规定》和《关于惩治走私罪的补充规定》首次在专门的刑事法律中承认了单位犯罪。应该看到,理论上之所以认为我国 1979 年《刑法》中没有规定单位犯罪,完全是基于当时的刑法确实不存在规定单位犯罪的条文。但是,我们如果将现行刑法中所谓单罚制的"单位犯罪"视为单位犯罪的话,就必然会得出我国 1979 年《刑法》中就已经存在单位犯罪的规定的结论。显然,这一结论不仅自相矛盾,也与刑法通说相差甚远,理论上难以服人。

第四,将所谓单罚制的"单位犯罪"视为单位犯罪,也是与相关司法解释的规定相矛盾的。根据 1999 年 6 月 25 日最高人民法院《关于审理单位犯罪案件具体应用法律有关问题的解释》的规定:"盗用单位名义实施犯罪,违法所得由实施犯罪的个人私分的,依照刑法有关自然人犯罪的规定定罪处罚。"可见,司法解释将"利益归属"作为区分单位犯罪与自然人犯罪的重要标准之一。但是,分析所谓单罚制"单位犯罪",我们不难看到,在前面讲的情况中,许多犯罪虽然都是以单位的形式实施的,但犯罪所得的利益通常是由单位中的自然人直接获得的,其社会危害性主要体现在自然人获利的行为之中。比如说,在私分国有资产犯罪中,私分相关国有资产实际上最终直接获得利益的还是单位中的自然人,单位本身不仅不能获利而且有时还可能是受害者。如果将这种情况也视为"单位犯罪"的话,不仅推翻了司法解释中以"利益归属"作为区分单位犯罪与自然人犯罪的标准,而且还使单位陷入既是"受害者"又是"犯罪者"的矛盾之中。据此,我认为,前面讲的所谓单罚制的"单位犯罪"中的很多情况都不具备构成单位犯罪的要件,在这种情况下,只需要处罚单位中直接负责的主管人员和其他直接责任人员即可,完全没有必要将它视为"单位犯罪"。

2. 单位犯罪法定刑的完善

我认为,我国有关犯罪单位的法定刑规定存在可以完善的地方,主要有这么几点。

首先,仅有罚金刑过于单一。根据刑法规定,我国对犯罪单位的法定刑仅为罚金。

应该说,这种法定刑规定过于单一,其弊端是非常明显的,对于犯罪单位的威慑力是有欠缺的。当今世界上不少国家对于犯罪单位规定了一些新的法律措施。比如法国、日本等一些国家在相关法律中规定了"停止法人活动或解散法人""禁止营业""一定权能的剥夺""警察监视"等处分方法。这些都反映出对单位犯罪处罚的新的立法趋势,或许可以成为我们今后的立法借鉴。

其次,罚金刑的数额没有确定。应该看到,我国刑法分则对单位犯罪规定双罚制的条文大多没有规定具体的罚金数额,这固然有利于根据案件的实际情况进行确定,但其不利的一面也是显而易见的,容易造成执行过程中的偏差,出现畸轻畸重,量刑失当,所以立法应充分考虑单位犯罪的各种复杂情况,尽可能采取区段罚金制方式,使自由刑和罚金刑形成合理的匹配,罚金额相对确定,也更有利于司法操作。

同时,根据刑法和相关司法解释,单位犯罪中承担刑事责任的直接责任人员,包括直接负责的主管人员和其他直接责任人员。其中,直接负责的主管人员,是在单位犯罪中起决定、授意、纵容、指挥等作用的人员,一般是单位的主管负责人,包括法定代表人。其他直接责任人员,是在单位犯罪中具体实施犯罪并起较大作用的人员,既可以是单位的经营管理人员,也可以是单位的职工,包括聘任、雇用的人员。应当注意的是,在单位犯罪中,对于受单位领导指派或奉命而参与实施了一定犯罪行为的人员,一般不宜作为直接责任人员追究刑事责任。对单位犯罪中的直接负责的主管人员和其他直接责任人员,应根据其在单位犯罪中的地位、作用和犯罪情节,分别处以相应的刑罚。主管人员和直接责任人员,在个案中,不是当然的主、从犯关系,有的案件,主管人员与直接责任人员在实施犯罪行为中的主从关系不明显的,可不分主、从犯。但具体案件中可以分清主、从犯,且不分清主、从犯,在同一法定刑档次、幅度内无法做到罪刑相适应的,应当分清主、从犯,依法处罚。

(四)单位犯罪与自然人犯罪起刑点的差异性

应该看到,在起刑点和量刑标准方面,单位犯罪和自然人犯罪是不同的,自然人犯罪起刑点较低,单位犯罪起刑点较高。那么,这种差距是否合理呢?

学生:这种差距不合理。因为无论是自然人实施犯罪行为还是单位实施犯罪行为,行为所造成的社会危害性是相同的。

当然,对此问题理论界有三种不同的观点。

传统观点认为,单位犯罪与自然人犯罪在起刑点上应该有差距。因为,自然人犯罪是为自己的利益而犯罪,最终利益归自己。单位犯罪是为单位的利益而犯罪,利益归单位。因而,在自然人犯罪与单位犯罪中,行为人的主观恶性是不同的。

第二种观点认为,单位犯罪与自然人犯罪在起刑点上不应有差距。因为,不管是自然人还是单位,造成的危害是相同的。尤其是单位犯罪具有隐蔽性,更容易得手,更难破案。事实上,从侵犯知识产权犯罪开始,自然人犯罪和单位犯罪在起刑点上开始逐渐拉平。

第三种观点认为,单位犯罪与自然人犯罪在起刑点上要区别对待。我们应该从这一类犯罪的特性考虑。有些犯罪无论是由自然人实施还是由单位实施,行为所产生的社会危害性并没有差别,所以要采用同一标准。而某些犯罪行为由自然人实施和单位实施,行为所产生的社会危害性是有差别的,就应该用不同的标准。这是通过分析现有司法解释以及法律条文的实际规定所得出的结论。

我认为,单位犯罪和自然人犯罪在起刑点上的差距还是应该有的。除了前面讲到的,行为人主观恶性存在差别之外,还有一个重要的原因。从宏观角度讲,现在自然人犯罪的刑罚都很重,单位犯罪就如同一个缓解严刑的平台,通过为单位犯罪与自然人犯罪设置不同的起刑点,事实上我们可以在较大程度上把对犯罪分子的实际处罚降下来,为实现刑法谦抑性、轻刑化的目标制造平台或创造条件。

在结束本讲的内容之前,我想说两句题外话:我一直主张,在强人工智能时代,也就是当人工智能技术发展到一定程度,出现了能够在设计和编制的程序范围之外自主实施行为的强智能机器人时,刑法的刑事责任主体除了我之前为大家讲述的自然人和单位之外,也应该将强智能机器人纳入其中。理由如下:

当智能机器人在设计和编制的程序范围外实施行为时,其行为已超出研发者或使用者的控制范围,不宜再将其认定为研发者或使用者的工具。我认为,此时的智能机器人已经具有了独立的辨认能力和控制能力,其实施的行为并非根据程序的指令,其实现的意志也不是研发者或使用者的意志。也即在这种状况下,智能机器人实施的是自主决策且是为了实现自身意志的行为。如果由于研发者或使用者的故意或过失导致智能机器人超出设计和编制的程序范围实施了严重危害社会的行为,研发者或使用者应当对此负刑事责任,但是,智能机器人本身也应承担责任。如果不是由于研发者或使用者的故意或过失,而完全是出于智能机器人自身的原因,出现了智能机器人在设计和编制的程序范围外实施严重危害社会行为的情况,此时智能机器人实施的行为完全超出研发者或使用者的预期射程,应当由智能机器人单独承担刑事责任。此时,应将智能机器人作为刑事责任主体对待。所以,当强人工智能时代来临时,刑事责任主体的范围应得到拓展,即除了自然人和单位之外,强智能机器人也应成为刑事责任主体。

历史已经不止一次地证明,科技的发展乃至时代的更迭往往能够超越人类的想象。不论人类是否已经作好准备,人工智能时代确实已经来临了。而在迎接或接受这个全新的人工智能时代之际,社会的各项制度与结构都应该随之进行相应的调整。上一个时代的制度设计如不能解决已经到来的新时代问题,我们就应该顺应时代的潮流,在把握人类发展最基本的原则且不改变原制度的基本内涵的基础上,对与制度相关的概念的内容进行相应调整。刑法作为一门特殊的部门法,其设计与安排更应如此。在人工智能时代,只要把握住刑事责任主体应有的本质特征和内涵,我们就能理解将在设计和编制的程序范围外实施行为的智能机器人纳入刑事责任主体的范围内,应该是合情且合理的。我认为,这一观点的提出并非杞人忧天、伯虑愁眠,而完全是未雨绸缪、居安思危,即希望在未出现"智能机器人犯罪"的现阶段,做好一定的风险防控,防患于未然,让人工智能技术真正造福于人类而不至于危害社会。

关于这一讲的内容,我就介绍到这,谢谢大家!

第十一讲
犯罪主观要件

行为人具备了犯罪的客观方面及主体要件,并不意味着其一定构成了犯罪,还要进一步分析行为人主观上是否有罪过以及他行为的动机、目的,这就是接下来我们要学习的犯罪主观要件。

一、犯罪主观要件概述

首先,我们来了解一下犯罪主观要件的概念和特征。

犯罪主观要件,是指我国刑法规定的、行为主体对其危害行为及其已经或者可能造成的危害社会的结果所具有的心理态度。

犯罪构成主观要件的特征主要表现在三个方面:第一,主观要件实际上是支配危害行为的主观心理状态;第二,主观要件是相对于危害社会的结果而言的心理状态,是体现对行为危害社会结果的一种心理状态;第三,这种心理状态都是由刑法明文规定的。

下面,我们来简单了解一下犯罪主观要件的意义。实践中研究主观要件的具体意义主要有以下几点:第一,它是判断罪与非罪的重要标准,犯罪主观要件的有无,直接决定了是否构成有些犯罪。如果不是故意,过失就不构成犯罪;第二,它是判断此罪与彼罪的重要标准,此罪与彼罪的差别很大,比如,故意杀人和过失致人死亡罪的法定刑和处罚标准就完全不一样;第三,它是判断罪轻与罪重的重要依据,同样是故意杀人,不同的动机和目的,量刑就不一样。

二、犯罪故意

接下来,我们来学习一下犯罪主观要件的重要内容——犯罪故意。

(一)犯罪故意的概念

首先,我们还是来看犯罪故意的概念。以前我们均称之为故意犯罪,后来有学者提出,故意犯罪是一个综合的、完整的概念,而表现行为人主观要件的提法应该是犯罪故意。这个观点现在普遍被接受。犯罪故意,是指明知自己的行为会发生危害社会的结果,行为人希望或放任危害社会结果发生的主观心理状态。根据这一概念可以看到,犯罪故意有两个特征或者说构成要素:认识因素和意志因素。认识因素是指实施犯罪行为前对危害社会结果的认识,认识到自己行为的性质、对象、结果和意义。这就是犯罪故意的认识因素,是成立故意犯罪不可缺少的一项内容。意志因素是指行为人在明知的状态下,对自己的行为导致的危害结果持希望或者放任的心理状态,这就是犯罪故意的主观意志因素。故意就是认识因素和意志因素的结合,从法条的内容来看,认识因素就是明知。

大家知道犯罪故意中的明知和刑法分则中的明知是不一样的,犯罪故意中的明知和具体罪名中的明知是不同的。例如,刑法分则中有很多罪名都强调明知,比如窝藏、转移、隐瞒毒品、毒赃罪,窝藏罪,包庇罪等,这些罪都强调明知,明知窝藏的是毒品,明知窝藏、包庇的是犯罪分子。有段时间学界对一个司法解释讨论得很激烈,那个司法解释规定奸淫幼女构成犯罪必须以明知为前提。就此规定,学界有一位专家专门写文章讨论了这个问题并提出了质疑。按照他的观点,如果强调以明知为前提,就有可能导致放纵犯罪的结果出现。即一些犯罪分子在实施奸淫行为时,有意不知道幼女的年龄,事后行为人以"不明知"逃脱法律的制裁。但是我不同意他的观点,他是从非刑法的角度出发,将总则中的明知和分则中具体罪名中的明知相混同了。法条中相同的文字所表达的内容可能是不同的,甚至可能完全不同。我认为,犯罪故意中的明知,是对危害结果的明知,是对结果的预见;而刑法分则具体罪名中的明知则是对犯罪对象的明知,对犯罪对象的明知可能会对犯罪结果的明知状况有影响,但在明知上的实际内容是不一样的。正是有这种区别,我们对于两种明知的证明要求也是不一样的。对于分则中的明知,我们只要证明到应当知道就可以了,证明要求是比较低的,没有必要要求必须证明到确实知道,我同意司法解释的规定,这和总则中的明知是不同的内容。这位专家是担心在很多情况下的"不明知"会导致犯罪人不能得到应有的刑事处罚,从而逃脱法律的制裁。这种担心是多余的,因为,实际上他们是逃脱不了刑事责任追究的,因为我们只要证明到应当知道就可以了,也即除了有充分理由证明行为人在实施行为时确实不知道幼女年龄的情况可以排除在犯罪之外,其他的情况均可按应当知道追究行为人的刑事责任。可见,这位专家的理解是有误的,最关键的还是他不知道刑法总则中犯罪故意的明知与分则具体犯罪中的明知,在内容上以及证明的要求上是不一样的。在奸淫幼女构成强奸罪的案件中,行为人对对象年龄的明知,只要达到应当知道的程度就可以加以认定。

(二)犯罪故意的种类

接下来我们来看犯罪故意的种类。对犯罪故意的种类的划分方法,我们通常有法定分类和学理分类两种。

1. 犯罪故意的法定分类

根据法定分类,我们可以将犯罪故意分为直接故意和间接故意。

我们首先来看直接故意。直接故意就是明知自己的行为必然或者可能会发生危害社会的结果,而希望危害结果的发生。在意识因素上,行为人必须是明知的。所谓明知就是预见,而且这种预见是对危害结果的预见,强调的是结果,而不是行为。在直接故意中,对危害结果的预见,一种是必然性预见,一种是可能性预见。比如说,甲欲杀乙,用枪顶住乙的头顶射击,此时甲明知自己的行为必然会导致乙死亡结果的发生,并且积极地追求乙的死亡。这就是直接故意的一种情况。故意杀人中,对准目标扣动扳机,将人杀死,就是直接故意,因为这必然会导致他人死亡的结果,这就是必然性预见。还有一种是可能性预见,也就是行为人对危害结果的发生与否处于不确定状态,但他就是要结果发生。比如说,甲欲杀乙,将乙每天必经之独木桥的桥背锯断,对于乙是否今天会经过此地,经过时桥是否会断,坠桥后是否会导致乙死亡的结果,这些都是不确定的,但是,甲就是希望乙死亡,并积极实施了这些行为,这就是可能性预见,但由于甲主观上还是希望结果发生的,所以对他就应该按照直接故意来认定。再比如,甲想毒杀乙,但是他对自己准备好的毒药的药性是否会导致乙死亡,没有把握。这时恰好有了在乙饭碗中投毒的好机会,为了不错过这好机会,他希望自己准备的毒药能够置乙于死地,在这种情况下,甲向乙的饭碗中投了毒药。这就是直接故意的又一种情况。因为他已经认识到了危害结果发生的"可能性",所以在他实施行为之后,危害结果可能发生,也可能不发生。但是,由于行为人主观上是希望危害结果出现的,而直接故意的意志因素就是希望结果发生,因此还是属于直接故意。

接下来我们来看间接故意。所谓间接故意,是指行为人明知自己的行为会发生危害社会的结果,而放任危害结果发生的主观心理状态。间接故意同样是由认识因素和意志因素构成。在认识因素上也是行为人认识到自己的行为所具有的危害社会的性质;在意志因素上则是消极地放任这一结果的发生。

在司法实践中,间接故意通常发生在下面三种情况中。

第一种情况是行为人为了实现一定的犯罪目的而放任了一些危害结果的发生。在20世纪70、80年代的时候,曾经发生过这样一个案件,某公社的党委书记甲和公社下属工厂的一个女职工关系暧昧,致使该女职工两次堕胎。后来,该女提出要么甲和自己结婚,成为夫妻,要么就告发他,让他身败名裂。甲向她提出需要一段时间来处理家庭事务,也就是和自己的妻子离婚。于是,甲就在家里制造矛盾,期望能让妻子自己提出离婚,但甲的妻子是个典型的中国农村妇女,人很贤惠,奉行"打不还手,骂不还口"逆来顺受的态度。这样很快就过去了一段时间,甲眼见用制造矛盾的方法无法达到目的,就决定采取强硬措施。第一次,甲买了一瓶食用油(食用油在当时还属于奢侈品),下了毒,让他儿子带回家,因为妻子又比较节约,炒菜时只用了很少的油,家人吃后,因为人多也没有很明显的感觉,只是吃过以后感到这油的味道很不好,就没有再继续用。后来甲又让他的儿子送有毒的面粉回家,恰好,邻居来串门,他的妻子就约邻居一起吃饭,结果造成吃饭的人全部中毒,并有一人死亡。

我们来分析一下甲的主观心理状态。首先,甲对于妻子的死亡,毫无疑问是直接故意的心理状态。但对于其他人是间接故意吗?是的,因为有这种可能存在,其他人有吃面粉的可能性,如果其他人必然吃,则应另当别论,这就是为了实现一种犯罪目的,而放任另外一些危害结果的发生。当然,有些案件行为人的主观方面既有直接故意因素,也有间接故意的因素,如果行为只有一个,通常我们均以直接故意加以认定。

第二种情况是行为人为了实现一种非犯罪的目的,放任了另外一些危害结果的发生。也就是说行为人为了追求某种合法利益,放任了一些危害结果的发生。比如说,为保证自己所种葡萄的安全,在自己的围墙上拉电网防止葡萄被偷;为防止葡萄被偷,在自己的葡萄里注射农药,这就是一种间接故意心理支配下的犯罪行为。

第三种情况是在突发事件中不计后果地实施危害行为。由于在突发事件中,行为人不计后果、动辄行凶时其故意的内容是不确定的,事实上任何结果发生均在他的预见范围之中。此时,我们一般均是以间接故意加以认定,而且具体认定时,还以实际发生的结果作为认定犯罪的标准。也即在某些突发事件中,行为人动辄行凶的行为如果导致被害人死亡结果发生,对行为人就应该以故意杀人罪定罪;如果导致被害人伤害结果发生,对行为人就应该以故意伤害罪定罪。

我们现在来看一下,故意犯罪中直接故意和间接故意的区别。从理论上讲,直接故意和间接故意的区别是显而易见的。从意识因素上看,两者尽管对危害结果的发生均是明知的,也即均有预见,但是预见的程度是有区别的。直接故意的预见包括必然性预见和可能性预见两种情况,而间接故意只有可能性预见。从意志因素上看,两者有很大的区别:即直接故意是持"希望"的态度,对此,我将其称为对危害结果的发生是持"肯定"的态度;而间接故意是持"放任"的态度,我将其称为对危害结果的发生是持"既不肯定也不否定"的态度。

在明确了直接故意和间接故意的上述区别以后,我有一个命题让大家讨论,大家分析一下,这句话是否正确? 行为人只要对危害结果的预见是必然性预见,如果他还这样干的话,我们就可以认定他主观方面是直接故意,而可以不看其态度如何。(下讲台提问)

学生1:"这句话当然是错的,怎么可以不看态度就认定呢?"

学生2:"我认为这句话也是错的,理由同上。"

提问:"为了说明我刚才的那句话,我先举个例子,然后再加以分析。比如说,甲与乙有仇,甲要杀乙,甲是爆破工作的合闸工,乙是爆破工作的安检员。这天,甲发现乙与丙要进山检查爆破线路,甲认为杀乙的机会来了,就到工作室准备合闸爆破。但此时甲产生思想斗争,因为他知道,自己合闸后矿山爆破,乙必死无疑,但丙在山里也必死无疑,虽然自己对乙的仇恨'不共戴天',但与丙却'无冤无仇',将丙炸死显然'于心不忍'。但是,转念一想,如果放弃这次机会,以后杀乙的机会就没了,因为这是矿山最后一次爆破。最后,甲还是下了狠心合上了爆破闸门,矿山爆炸,乙和丙都被炸死在矿山里。现在我要问的是,本案中,甲的主观心理态度是什么? 我们关键是要针对丙的死亡结果进行分析,如果认为甲对丙是直接故意,那么,我前面的这句话的结论就是对的,如果认为甲对丙是间接故意,那么,这句话的结论就是错的。这个案例和对这句话的判断是配套的。"

学生 3："我认为这个案件中甲对丙应该是间接故意,因为甲并不要丙死呀。"

学生 4："我认为甲应该是直接故意,那句话是对的。"

(回讲台)经过讨论后,我认为,我们应该将讨论集中到这个问题上,即在行为人对危害结果有必然性预见时,其主观态度是否可能是"放任"? 如果可能存在的话,那么这是什么故意? 直接故意? 还是间接故意? 或者是新的一种故意:"直接间接故意"? (全场笑)刑法上显然没有这种故意。

我认为,由于必然性预见只存在于直接故意之中,因而行为人只要对危害结果的预见是必然性,如果其还实施相关行为的话,那么,行为实施的本身就证明了其只能是直接故意而不可能是间接故意。因为,行为人认识到这样干必然会发生这种结果,行为人还干! 此时行为人的态度还不"肯定"吗? 其实我的命题之所以会引起同学们的争议,关键还在于我们对"希望"和"放任"这两个词的理解有问题,很多同学均是从字面上理解这两个词的,从而认为由于案件中的甲对丙没有仇,因而甲并不希望丙死,所以是间接故意。但是,如果我们从"肯定"角度理解"希望"一词,就不会对上述结论提出异议了。试想,本案中甲知道自己合闸后丙必死无疑,最后还合闸爆破,其主观态度还可能是既不肯定也不否定吗? 我看是肯定得不能再肯定了。(全场笑)由此可见,我认为,当行为人对危害结果的发生存在必然性预见的情况下,如果其还要实施相关行为,我们确实可以不看其态度就可以将其认定为是直接故意。其实我们不看行为人的态度,并不意味着其没有态度,只是在这种情况下,行为人的态度是不言而喻的,即只能是"希望",而不可能是"放任"罢了。

应该看到,一般情况下,直接故意的危害要大于间接故意的危害。间接故意是按照结果来定罪的,因而没有犯罪未遂的问题,没有结果的出现是不能定罪的。

2. 犯罪故意的学理分类

犯罪故意在学理上的分类主要有两种。

第一种是确定故意和不确定故意。我们将大多数确定故意归入直接故意范围之中,而不确定故意通常是归入间接故意范围之中的。不确定的故意又包括概括故意、择一故意和未必故意三种情况。概括的故意,是指行为人明知自己的行为会发生危害社会的结果,但对侵害的性质或者范围认识不明的故意心理态度。危害公共安全罪的故意大多属于概括的故意,例如,行为人在街区投放炸弹,其对于该行为会造成人员伤亡、财产毁损是明知的,但是对于究竟会造成多少人员伤亡、多大的财产损失不确定。择一的故意,是指行为人明知自己的行为会发生危害社会的结果,但对侵害的具体对象尚不明确的故意心理态度。例如,行为人向人群中射击,子弹一次只能击中一个人,对于谁会中弹不能确定。未必的故意,是指行为人认识到自己的行为可能会造成、也可能不会造成危害社会的结果,即结果是否发生处于不确定状态,并希望或者放任结果发生。

第二种是预谋故意和突发故意。通常情况下,预谋故意犯罪人的主观恶性大于突发故意的犯罪人,但也不是绝对的,突发故意也可能会产生严重的危害结果。犯罪分子如果有预谋就肯定会在一定程度上顾及自己行为的后果,而突发的故意则可能会不计后果。比方说,甲临时起意,在一两个小时之内,打砸抢路上的行人。

应该看到,刑法总则将直接故意和间接故意规定于一个概念之中,分则也没有明确地加以划分,但实际中有的犯罪只有直接故意才能构成,而有的犯罪是直接故意和间接故意都可以构成。这就需要我们根据其他相关构成要件,综合加以考察。

三、犯罪过失

下面,我为大家介绍一下犯罪主观要件的另一个重要内容——犯罪过失。

(一)犯罪过失的概念和特征

犯罪过失是指应当预见自己的行为可能发生危害社会的结果,因为疏忽大意而没有预见或者已经预见而轻信能够避免,以致发生危害社会的结果的主观心理态度。

犯罪过失的重要特征主要表现在两个方面。一是在认识因素上,必须对危害社会的结果"应当预见"或者"已经预见"。构成过失犯罪的行为人,他们对自己的行为所具有的危害社会的性质都是有可能预见的,有些行为人甚至已经预见到了这种危害发生的可能性。如果事实表明,某种危害结果确定是由行为人造成的,但他却缺乏预见能力,不可能对此有所认识,则不成立过失犯罪。二是在意志因素上,必须表现为"疏忽大意"或者"轻信"。在犯罪过失的意志因素上,"疏忽大意"表现为缺乏认识状态下的决意行事,常常显示出无所顾虑的行为倾向。而"轻信"则是一种有认识前提下的意志表现,往往会在行为过程之中、在危害结果尚未发生之前,反映出行为人焦虑不安、无可奈何等心理状态,甚至出现尽力避免危害结果发生的行为倾向。由于"轻信"的前提是行为人对可能发生的危害结果已经有所预见,因此,这种犯罪过失的主观恶性一般要大于缺乏预见的"疏忽大意"。

(二)犯罪过失的种类

接下来,我们来看犯罪过失的分类。犯罪过失与犯罪故意一样也有法定分类和学理分类两种分类方法。需要指出的是我国大陆刑法将犯罪过失分为疏忽大意的过失和过于自信的过失。而我国台湾地区"刑法"则将犯罪过失分为无认识的过失和有认识的过失。

下面,我们先来了解一下犯罪过失的法定分类。根据法定分类,我们可以将犯罪过失分为疏忽大意的过失和过于自信的过失。

所谓疏忽大意的过失,是指应当预见自己的行为可能发生危害社会的结果,因为疏忽大意而没有预见,以致发生这种结果的心理态度。疏忽大意的过失也是认识因素与意志因素的有机统一。从认识因素来讲,行为人对危害社会的结果没有预见。应该看到,疏忽大意的过失是四种主观状态中唯一对结果没有预见的状态,而其他的罪过形式对危害社会的结果都是有预见的。直接故意中的认识因素部分既有必然性预见,又有可能性预见,而间接故意与过于自信的认识因素部分则均存在可能性预见,无论是必然或可能预见,有一点是很明确的,即它们对危害结果的发生都有预见。只有疏忽大意的过失对危害结果的发生是没有预见的,但是由于行为人具有应当预见的义务,所以仍然要追究行为人的刑事责任。应当预见,但由于疏忽大意而没有预见,这就是疏忽大意过失的认识因素。在犯罪过程中,行为人没有预见到自己行为可能造成的危害结果,是一种对危害结果没有认识的过失。正是由于行为人对危害结果没有认识,才导致其实施了引起危害结果发生的行为。但是,行为人对危害结果没有预见,并不是其不具备预见的能力,没有预见的责任,而是在具备预见能力,负有预见义务的前提下,由于疏忽大意而没有预见。也就是我们经常说的,疏忽大意是没有预见的原因,没预见是疏忽大意的结果。行为人是在没有预见到危害结果的情况下,实施了导致结果发生的危害行为,如果行为人预见到了可能发生的危害结果,就不会实施这样的行为了,因此,行为人对危害结果的发生是持否定态度的,这种否定危害结果发生的态度,就是疏忽大意过失的意志因素。

从司法实践来看,判断行为人是否具有疏忽大意过失,并不是先判断行为人是否疏忽大意,而是先判断行为人是否应当预见自己的行为可能发生危害社会的结果,如果应当预见而没有预见,就说明行为人疏忽大意了。在应当预见的前提下,行为人并没有疏忽大意,但又确实没有预见,这种情形应当是不存在的。因此,我认为,我们在认定疏忽大意的过失时,关键应围绕着"应当预见"来展开。下面,我就给大家具体分析一下疏忽大意过失中的"应当预见"。

首先,应当预见是以能够预见为条件的。所谓"应当预见",是指行为人在行为时负有预见到该行为可能导致危害结果发生的义务。这种预见的义务来源于法律的规定,或者职务、业务的要求,或者日常生活准则的普遍要求。法律要求行为人的义务是以行为人能够实际履行为前提的,如果行为人没有预见的能力,则不要求其必须履行负有的义务。因此,"应当预见"是以"能够预见"为条件的,如果行为人没有预见能力,"应当预见"对行为人来说也就没有必要了,行为人也就不存在预见的义务。

那么,大家想想,我们判断行为人预见能力的标准是什么呢?关于判断标准,刑法理论上还是存在不同观点的。一是主观标准,又叫作行为人标准,即行为人是否具备预见能力以行为当时的情况下行为人自身的素质来确定。二是客观标准,也叫作一般人标准,即以社会上普通人的素质来确定行为人的预见能力,普通人能够预见的,如果行为人属于普通人,那么行为人就应当预见。三是以主观标准为主、客观标准为辅的综合标准,即通常以社会上一般人的素质来确定行为人的预见能力,但是如果行为人具有高于或者低于社会一般人的能力,则以行为人的能力作为认定标准。应该说,如果严格从刑事责任承担的角度考虑,以行为人的预见能力为标准是比较可取的,但坚持这个标准在司法实践中是没法贯彻的。因此,在实际判断时,应综合考虑行为人的主观能力和行为当时的具体条件,而不能脱离客观条件以行为人平时的预见能力为标准,要把通常状况与特殊条件结合起来进行实事求是的判断。也就是说,在实际判断预见能力时应坚持主客观相统一的原则,结合行为人因素与一般人因素进行综合考察。我认为,这主要是基于两点原因。

第一，每个人认识能力的高低是存在一定差别的，由于每个人的年龄状况、智力发育、文化知识程度、业务技术水平和工作、生活经验等各不相同，这些因素决定或者影响着一个人的认识能力，所以有的人认识能力高，有的人认识能力一般，还有的人认识能力就弱些甚至没有认识能力。同时，任何案件都是在特定环境、条件下发生的，案发时的具体情况对行为人的认识能力也会产生一定的影响。因此，在确定行为人的认识能力的时候应当把行为人个体的具体情况以及当时所处的环境考虑进来。

第二，要把行为人的认识能力与社会一般人的认识能力结合在一起进行考虑。每个个体之所以存在认识能力的高低之别，是与社会一般人的认识能力相比较而言的，脱离了一般的确认标准，也就不存在每个具体人的认识能力的程度问题。人们的预见义务是针对一般人提出来的，判断行为人能否预见，就要将行为人的认识能力与这种一般人的认识能力联系起来。

所以说，一般人在普通情况下能够预见的，行为人可以因为自身认识能力较低或者行为时的特殊条件而不能预见；相反，一般人在普通条件下不能预见的，行为人也可以因为自身认识能力较高，比如专业知识等，或者行为时的特殊条件而能够预见。因此，既不应当不考虑行为人自身的实际能力，而用一般人的标准来衡量其能否预见，也不能脱离行为时的具体条件，而按普通情况来判断行为人能否预见，而只能按照行为人的实际认识能力和行为当时的具体情况，来分析确认行为人能否预见。

其次，应当预见的内容是法定的危害结果。也就是说行为人没有预见到的是自己的行为可能发生危害社会的结果。但应该如何理解行为人对"危害结果"没有预见呢？因为危害结果是一个外延极广的概念，我们只能在法律规定的范围内理解。过失犯罪是以发生危害结果为构成要件的，而构成要件是由刑法规定的，故这里的危害社会的结果，只能是刑法分则对过失犯罪所规定的具体的犯罪结果。比如说，过失致人死亡时，行为人所预见的是自己的行为可能发生致人死亡这一法定的具体结果。

接下来，我们再来看一下过于自信的过失，也就是有认识的过失。所谓过于自信的过失，是指行为人已经预见到自己的行为可能发生危害社会的结果，但轻信能够避免，以致发生这种结果的心理态度。这里我们先举一个例子加以说明：某县召开全县公社党委书记会议，由于当时经济条件不好，各公社均没有车辆，因此，由县里专门派了一辆车集中接送书记。按照相关的安全规定，摆渡时车上的人都要下车步行上船的，但是，由于时间紧张，书记们所乘的车在过摆渡口的时候，司机为了赶时间且认为自己驾驶技术高超，就没让书记们下车步行。就在车开上船的时候，船因失去平衡而产生倾斜，此时，司机也没加速行进，而是来了个急刹车，导致汽车落水，车上18位公社党委书记全部死亡，司机得以幸免。这里司机的主观罪过就属于过于自信的过失。

与其他罪过形态一样，过于自信的过失也是意识因素与意志因素的有机统一。从意识因素上分析，行为人已经预见到自己的行为可能导致危害结果的发生，对危害结果发生的可能性有了认识。如果行为人预见的是危害结果发生的必然性，就属于直接故意，而不是过于自信的过失了。因为，在危害结果必然发生的情况下，行为人是不可能存在"轻信"问题的。应该看到，行为人的这种"轻信"能够避免危害结果发生的心理,也属于意识要素的内容,"轻信"是对自己能力或者客观环境的一种不正确的认识。在意志因素上,由于行为人实施该行为的原因,是轻信能够"避免"危害结果的发生,所以其对危害结果持否定态度。这里需要注意的是,行为人"轻信"的内容是"能够避免"危害结果的发生,这足以证明其持有的否定态度。也正是由于行为人认识到了危害结果发生的可能性,但对危害结果持否定态度,所以才能成立过于自信的过失。

从上述分析中我们可以看到,过于自信过失的特征主要有两个,即"已经预见"和"轻信能够避免"。其中"已经预见"反映了与疏忽大意过失的差别,说明它是一种有认识的过失。当然,这种认识的程度十分有限,行为人只是预见到危害结果发生的可能性,至于可能性之大小以及在何种条件下会转化为现实性,其认识常常是模糊不清的。事实上,正是行为人未能确切认识危害结果发生的现实可能性,才导致了盲目轻信能够避免的意志倾向。"轻信能够避免"是这种过失的意志本质,体现了在对危害结果"可能发生"的不确定认识基础上的对危害结果的否定性判断。值得注意的是,行为人相信危害结果可以避免是有其主客观依据的,也就是说,行为人的自信不是凭空想象的,而是有其自信的根据的。这种"自信"的根据可以是行为人自身的能力,比如本人经验丰富、技术精湛、体力充沛等等;也可以是客观方面的因素,比如机器设备性能良好等等。总之,行为人自信是有事实根据的,并不是盲目的相信。这一点我在后面还会专门加以阐述。但这种依据仅仅存在于行为人的主观认识之中,是行为人自己的一种判断。虽然,事实表明,这种主观判断带有浓烈的主观色彩,是行为人轻率地高估了主客观条件的产物,但它恰恰反映了行为人对这种危害结果强烈的否定评价,从而区别于"明知故犯"的犯罪故意。至于行为人相信危害结果可以避免,在客观上是否真实可靠,则尚未经过验证。不过,在大多数过于自信过失犯罪案件中,我们一般都看到这些所谓的主客观依据,事实上往往都是不存在的,或者虽然存在,但也是不完全、不充分的,实际上根本不能起到避免危害结果发生的作用。在已经预见到危害结果可能发生的情况下,行为人本来更应该保持冷静的态度,慎重选择自己的行为方向。但是,过于自信的过失行为人却表现出一种十分轻率的态度,对那些既不充分、也不可靠的条件盲目信任,在缺乏足够依据的情况下草率作出判断,并进而采取行动或者不作为,以致造成了实际的危害结果。这说明,行为人没有认真履行自己对社会的"注意"义务,主观上存在着可予责难的因素,这正是这些行为人需要对自己的行为承担刑事责任的主观基础。

接下来,我们再来了解一下犯罪过失的学理分类。根据学理分类,我们可以将犯罪过失分成无认识过失与有认识过失或者普通过失与业务过失。

将犯罪过失分为无认识过失与有认识过失,事实上是犯罪过失法定分类的学理概括,我国台湾地区的"刑法"就是以此对过失犯罪进行分类的。台湾地区的"刑法"对无认识过失的表述相当精准,即应认识,能认识,而不认识。实际上,无认识过失是以行为人缺乏对自己行为所造成的危害结果的认识为前提的,所以称无认识过失;有认识过失则是在行为人已经预见到行为产生危害结果可能性的基础上才构成的,所以称有认识过失。在构成无认识过失的场合,行为人究竟是没有认识到行为的事实还是没有认识到这种事实的性质,是一个值得研究的问题。就无认识过失的不法性质及立法对其作否定性评价的目的而论,我认为,这种"无认识",显然不是指对行为及其结果本身的无认识,而应当是指行为人对其行为结果危害社会性质的缺乏认识。例如,在防卫过当致人死亡的场合,行为人虽然也认识到防卫行为致人死亡的结果状态,但由于他自认为防卫行为的合法性,而未认识到过当致死的非法性质,所以,其主观上仍然是一种无认识过失。因此,对行为及其结果的社会危害性缺乏应有的认识,是无认识过失的核心所在。与此相反,有认识过失是一种违反回避结果发生义务的犯罪心理状态,它以行为人已经预见到自己行为产生危害社会结果可能性为先决条件,其实就是一种过于自信的过失。

下面,我们再来看一下普通过失与业务过失。所谓普通过失是指在日常生活中的过失。业务过失是指在业务活动中的过失,这里通常对人的注意义务的要求比较高。比如说,在行人交通肇事案件中,行人横穿马路,导致迎面而来的摩托车翻车并致使驾驶员死亡。这里应该注意,摩托车的驾驶员是需要培训和持证的,而行为人走路则不需要专门培训,也不要持证。可见,驾驶员和行人在马路上的注意义务的要求是不同的,在同时存在违规的情况下,驾驶员当然应当负主要责任。

（三）犯罪过失的认定

接下来,我们重点讲一下关于犯罪过失的认定问题。我认为,准确把握犯罪故意、犯罪过失以及意外事件相互之间的区别,对于正确定罪量刑是具有十分重要的作用的。下面我将分三个方面来为大家讲解一下。

第一,犯罪过失与犯罪故意的界限。

刚才我已经将所有的犯罪故意和犯罪过失的概念及特征均给大家作了介绍和说明。我们现在暂且不将犯罪故意和犯罪过失分成四类情况,仅就犯罪故意和犯罪过失这两大类罪过形式进行区分。谁能够用最简单的话概括说出两者的最主要区别是什么?（下讲台提问）

学生1:"犯罪故意和犯罪过失最主要的区别,应该是对危害结果是希望还是不希望。"

提问:"如果以希望不希望作为划分标准,希望的是故意,不希望的是过失,那么,间接故意是放任,在内容上也是不希望的,我们是否应该将其归入过失之中呢? 可见,这位同学的说法是不准确的。"

学生2:"两者最主要区别,应该是对危害结果是否有预见?"

提问:"如果以有无预见作为划分标准,有预见的是故意,没有预见的是过失,那么,过于自信的过失对危害结果也有预见,我们是否就应该将其归入故意之中呢? 可见,这个标准也是错误的。我现在提示一下,两者的主要区别究竟是在意识因素上还是意志因素上?"

学生3:"应该是在意志因素上,即主要应该看态度。"

学生4:"应该是意志因素,即对危害结果的发生是持肯定还是否定的态度。"

提问:"那么间接故意对危害结果是持既不肯定也不否定的态度,又如何归类呢?"

学生4:"噢,这我就说不上来了。"

(回讲台)我认为,故意和过失的最主要区别当然应该是在意志因素上,即具体表现为:对危害结果是否持否定态度。注意,这里我的提法为"是否持否定态度",这和刚才那位同学"持肯定还是否定的态度"的提法是有很大区别的。实际上,在肯定态度与否定态度之间,还有一个既不肯定也不否定的态度。很显然,那位同学将其忽略了。我的提法是将故意罪过的最低限度与过失罪过进行比较区别的,这就能很清楚地将两者的界限划清楚。因为,无论是直接故意还是间接故意,其最低限度就是对危害结果持不否定的态度。正如前述,直接故意是持肯定的态度,其对危害结果不可能是否定的;而间接故意是持既不肯定也不否定的态度,其对危害结果也是不否定的。显然,持"不否定态度"是直接故意、间接故意意志因素上的最低限度,也是犯罪故意的共性。而包括疏忽大意的过失和过于自信的过失在内的所有犯罪过失,对危害社会的结果均是持否定态度的,这是犯罪过失的共性。也即在任何过失犯罪中,由于行为人对危害结果的发生是持否定态度的,因而任何危害结果的发生均违背了行为人的意志。就此而言,我们当然可以得出这个结论,即故意和过失最主要的区别应该是行为人对危害结果的发生是否持否定的态度。

通过上述分析,我认为,同学们学习法律,很重要的一点就是正确地理解各概念间的区别,能很清楚地划清界限,并精确且规范地加以表达。

第二,过于自信过失与间接故意的界限。

过于自信的过失与间接故意的区别是我们理论和实践中较难把握的一个问题。现在,包括统一法律执业资格考试在内的绝大多数考试的考题中,一般均会涉及这个问题。

从概念和特征上进行分析,过于自信过失与间接故意之间的异同点是显而易见的。过于自信的过失与间接故意的第一个相同点是在意识因素上,两者对危害结果的发生都是有预见的。在法律上,对间接故意的提法是"明知",而对过于自信过失的提法则是"已经预见",其实这两种提法只是强调程度不同而已,并没有实质的区别。也即间接故意和过于自信的过失对危害结果的发生均有预见,而且这种预见都是可能性预见。第二个相同点在意志因素上,两者对危害结果都是持不希望的态度的。尽管两者不希望的程度有区别,但是,对危害结果的发生持不肯定的态度是两者的共性。

我们应该看到,过于自信过失与间接故意在认识因素和意志因素上还是有很大区别的。从意识因素上分析,尽管两者同样都是对危害结果有可能性预见,但是这种可能性发生的概率是不一样的。间接故意中危害结果发生的可能性概率比较高,而过于自信的过失中危害结果发生的可能性概率则比较低。刑法规定中之所以一个用"明知"一个用"已经预见"的提法,原因也在于此。这是第一个重要的区别,但是这个区别有时较难把握。第二个区别是,尽管它们的态度都是不希望结果发生,但是有程度上的差别。以文字加以表达的话,可能用"不希望"和"希望不"表达更为妥切。也即过于自信的过失是希望不发生危害结果,而间接故意是不希望发生危害结果。由于过于自信的过失对危害结果是持否定态度的,因此,行为人当然是希望结果不要发生,发生了就违背了行为人的意志。由于间接故意对危害结果是持既不肯定也不否定的态度,因此,行为人尽管不希望危害结果的发生,但危害结果发生了并不违背其主观意愿。这种心理正符合我所讲的"既不否定也不肯定"的态度。第三个区别是由于过于自信的过失对危害结果是否定的,所以实际上,过于自信的过失一般都有避免危害结果发生的客观凭借。现在问题的关键是怎样正确理解这种凭借,这是一个很值得研究的问题。这种凭借往往都是借助于自己的一种经验,借助于自己平时的一种认识,借助于自己的一种技术,借助于自己的一种能力。但是,由于行为人对自己的经验、认识、技术、能力估计过高,从而导致了危害结果的发生。

下面,我介绍一下很有讨论价值的"南瓜"案件:甲在自己靠近公路的田里种了南瓜,由于种植技术较好,南瓜长得很大很好。为了防止被偷,甲就用注射器给最靠近公路的两个大南瓜"注射"了剧毒农药。同时,为了防止自己搞错,甲还在这两个南瓜边上插了两面只有自己知道的"小白旗"。"注射"完后,甲到村里走了一圈,边走边喊:"我已在南瓜里下了毒,大家不要去偷,谁偷谁倒霉!"但是,就在下午,有一个赶鸭子的"鸭司令"赶着一群鸭经过南瓜田,发现靠近路边田间的这两个大南瓜,就偷偷摘下,走了一段路后,发现鸭子走散了,就将南瓜放在树荫下去赶鸭子。不久,又有一对母女路过,她们看到树荫底下的南瓜,心想不拿白不拿,就把两个南瓜抱回家了。母亲把其中的一个南瓜送给了自己的妹妹,当天,她们自己没吃,但她妹妹全家晚上就把南瓜吃掉了,她妹妹一家四个人,全部中毒,一人死亡。现在我要问的是,本案中甲的主观罪过是什么?(下讲台提问)

学生1:"我认为,应该是过于自信的过失,理由是甲并不希望别人中毒呀!"

学生2:"我也认为,应该是过于自信的过失,理由是甲实际上到村里走了一圈,说明甲是采取过措施的。"

学生3:"我不同意他们的观点,他只是到村里走了一圈,其他人并不知道,实际上中毒的人又不是村里的人喽。"

提问:"那么,按照你的观点,是不是甲只有通知'全世界的人'才可以算过于自信的过失?"

学生3:"是的。最后的结果只有发生在通知过的人身上,只是他们不相信甲会这样干而造成的,这才可能存在过于自信的过失。"

提问:"那么,如果甲在下毒的南瓜旁边放一块牌子,明确写明'南瓜有毒,请勿偷摘',有人偷摘了并中毒了,这种情况是否可定过于自信的过失呢?"

学生4:"我认为,这种情况应该是过于自信的过失。"

(回讲台)我认为,在这个案件中,甲的主观方面应该是间接故意。这里有一些干扰因素,或者说是使你们产生一种错误理解的因素,主要是他在南瓜下毒以后,还插了两面小白旗,然后又到村里通过喊叫进行了警告。另外还包括我刚才讲的,如果甲在田间放了牌子对他人警告。这些都会让很多人认为,行为人已经采取了一定的措施,因而其主观方面应该是过于自信的过失。其实,这些措施都只是一种干扰因素,会干扰我们准确地判断行为人的主观罪过。其实在这类案件中,行为人的主观罪过是十分明显的,也比较容易判断。正如前述,犯罪过失的行为人对危害结果是持否定态度的,而在南瓜内下毒行为本身就是一种明显的加害行为,这种加害行为的实施,足以证明行为人是不可能对危害结果持否定态度的。因为如果他要持否定态度,他就不会实施这种加害行为了。如果要否定别人中毒的结果发生,他只要不投毒就可以了。也即行为人不可能在投毒以后还对别人中毒结果持否定态度,这从逻辑角度讲也是不妥当的,是不符合逻辑的。由此可见,行为人实施在南瓜中下毒这种明显的加害行为,足以证明其对别人中毒的结果不可能持否定态度,因此,也就排除了行为人主观上成立过于自信的过失的可能性。根据案情分析,行为人的主观罪过应该是间接故意。

类似的案件还有很多。上海曾经发生过这样一起案件:一个骑摩托车的驾驶员,他早晨去上班的时候经过一条路,下班回来时按照原路回家,但到了这路口的时候,发现路口被封了,前面有块牌子上写着:"前面道路施工,车辆绕道行驶"。路口则放着铁栅栏挡住路,铁栅栏有个小缺口。有两个退休的老头,戴着臂章,拿着小红旗,当车辆经过时,指挥他们绕道。摩托车的驾驶员想:我早晨上班的时候路还是通的,现在回来路就不通了,估计还没开始施工,如果不走这条道,我就要绕很大一个圈,不仅浪费汽油,而且浪费时间。另外,他觉得自己冲过去,老头肯定会让开,因此不会有什么问题。于是,他加大马力对准铁栅栏的空当处冲了过去,想不到两个老头以为驾驶员是吓唬他们的,因此一个都没让开。在这种情况下,驾驶员将两个老头都撞倒了,造成一个重伤一个轻伤的后果。后来这人被抓住了,他说他以为冲过去以后两个老头都会让开的,想不到两个老头都不让,最终才导致了两个人受伤的结果。我的问题是,这个驾驶员的主观罪过是什么?像这个案件的行为人应该是过于自信的过失还是间接故意?(下讲台提问)

学生1:"我认为,应该是过于自信的过失,理由是他认为老头会让开的。"

提问:"是不是只要行为人有这种事后的说法,就是过于自信的过失?那么,如果我对一个人开一枪将别人打死了,也可能构成过于自信的过失吗?因为,我事后也可以说,我以为这个人听到枪响会让开的呀!"

学生2:"我认为,驾驶员应该是间接故意,因为他不顾他人死活。"

(回讲台)我认为,本案中的驾驶员主观罪过应该是间接故意,而不是过于自信的过失。确实,在通常情况下当看到有人开车迎面冲来,一般人出于本能都会让开。有人认为,这是行为人轻信能够避免危害结果的一种"凭借"。但是我认为,这实际上不是一种凭借。过于自信的过失主观上对危害结果是持否定态度的,这是毫无疑问的。如果你主观上对危害结果是否定的,你就一定会对避免危害结果的发生作出努力。通常情况下,最起码行为人要有实施具体的措施防止结果发生的主观努力或客观凭借,比如说我觉得这样冲过去,到了前面我是刹得住的。即使他们不让开,我也是刹得住的。但是由于我对自己的刹车技术估计过高,结果把他们撞倒了,我们还可以说,这种情况有可能是过于自信的过失。驾驶员开车对着人直接冲过去,人家没让开,如果这也是过于自信的过失,那就麻烦了,任何情况我们都可以认为是过于自信的过失了。

比如说,甲挥刀过来,乙没来得及躲开,让甲砍中了,如果乙让一让不就没问题了吗?又比如说,在斗殴中,甲用刀乱砍乱挥,最后砍到什么地方算什么地方。斗殴行凶是按照结果定罪的。甲能不能说:"我以为这么乱砍,人都会让开的,你们怎么不让开呢?你们让开,让我砍一下不就完了吗?"如果这样来理解,所有的情况就都可以说是过于自信的过失了。我认为,关键还是应该要有一定的凭借。而在刚刚那个案件中,行为人确实没有避免最后致伤的危害结果发生的主观努力,或者说没有我们讲的客观凭借。最起码在客观上没有任何东西能够证明行为人是要避免这种危害结果发生的,即对危害结果的发生持否定态度。我认为,开车冲过去本身,实际上有两种可能,一种是人家让开,另一种是人家不让开,而他这么冲过去是不计后果的。因,在这种情况下,是没有任何避免危害结果发生的可能的,而且导致这种结果发生的行为也是比较明显的加害行为。所以从道理上讲,按照过于自信的过失来认定,显然是有问题的,所以应该按照间接故意来认定。这是关于过于自信的过失和间接故意的一个区别。

第三,疏忽大意的过失和意外事件的界限。

我们先来了解一下意外事件的概念。《刑法》第 16 条明文规定:"行为在客观上虽然造成了损害结果,但是不是出于故意或者过失,而是由于不能抗拒或者不能预见的原因所引起的,不是犯罪。"我们通常把不能预见称作意外事件,把不能抗拒称作不可抗力。无论是意外事件还是不可抗力的事件,都不认为是犯罪。关于意外事件和不可抗力事件,实践中还是有挺多的。前面讲因果关系的时候,我曾讲到驾驶马车的案例:甲驾驶马车在街上行走,后面开来警车,警报一拉,马惊了,甲拼命拉马缰绳,却拉不住马,最后马车把一个行人轧死了,就属于这一类事件。但是,到底是意外事件还是不可抗力事件,实践中是有争议的。因为意外事件和不可抗力事件两种因素往往都是交叉在一起的。我们从拉警报角度来讲,可能是一种意外,从甲拼命拉马缰绳却拉不住来讲,可能是一种不可抗力。以前我们通常把不可抗力都放在意外事件里,因为意外事件和不可抗力在同一个案件中常常都是同时具备的。比方说,医生去给病人看病,但是在必经的一条河上的一座桥梁被洪水冲断了,他无法赶过去,最后没有及时赶到病人身边,病人死了。医生没有及时给病人看病,这与病人的死亡之间是有因果关系的。但是医生不去看病,是由于不可抗力,因为桥梁被冲断了,他没有能力过去,所以医生不需要负刑事责任。虽然不能预见、不能抗拒的情况在日常生活中是比较多的,但是意外事件和不可抗力还是有侧重点的,意外事件的侧重点在人的主观方面,不可抗力的侧重点在客观方面。

下面,我们来看意外事件和疏忽大意的过失的区别。意外事件和疏忽大意的过失,两者之间既有相同点,也具有不同点。从疏忽大意的概念来讲,是应该预见行为可能发生危害社会的结果,而由于疏忽大意没有预见。它的特点就是没有预见,但是应该预见。而意外事件,它也没有预见,但是这种没有预见是因为它不能预见。也就是说,两者的相同点是对于危害结果都没有预见,两者的区别就是对于危害结果应当不应当预见。我们来看一个案例,大家判断一下。案情是这样的:案件发生在北方农村的某天,这一天天气不好,天色很暗,能见度很低。有一个中年农民,在晚上 8 点钟左右吃完晚饭后,到自己的院子里走一走,北方农村的院子很大,在自己院子的东南角,农民搭了一个丝瓜架子,丝瓜架子下面种了一些菜,他发现有一条狗在菜田里拱动。于是,他就捡起一块石头,对着菜田里的狗丢了过去,将那条狗赶出了院子。到了晚上11点左右的时候,他准备睡觉,临睡之前他到院子里上厕所,当他要回自己房子的时候,他又朝原先发现狗的那个菜田里看了一眼,因为离菜田还有一段距离,隐隐约约发现原来看到狗的地方,又有一个东西在拱动,于是他认为狗又来了。因此,他用很快的速度赶到自己的家里,从门背后找到了一杆农村里扎粮食用、头很尖的扎枪,然后用很快的速度,跑到丝瓜架下面,对准他认为的狗,狠命地扎了下去。一枪下去之后,听到一声惨叫。他定睛一看,发现被他扎中的实际上是隔壁邻居家的一个小孩。这时候他着急了,马上把小孩抱起来去医院抢救,但还没有走出家门,小孩就断气了。案发后,检察院以过失致人死亡罪向法院起诉。被告人为自己请了辩护律师,律师在法庭上是作无罪辩护的,主要原因是辩护人认为这案件属于意外事件。为了证明这是意外事件,辩护人说了两点理由:第一,这一天天气不好,能见度很低,影响到人的判断力了;第二,人是有联想的,他在晚上8点钟看到了一条狗,11点钟就自然会把他想象成了狗。根据这两点,辩护人认为这个案件属于意外事件,被告人不应该负刑事责任。我的问题是,如果作为法官,你们认为是公诉人的意见正确,还是辩护人的意见正确?(下讲台提问)

学生1:"我认为辩护人的观点是对的,那个农民应该属于意外事件。"

学生2:"我认为公诉人的观点是正确的,因为那个农民确实弄错了。"

提问:"你认为公诉人的观点是正确的,就应该将辩护人的两点理由给驳掉,我现在问你,辩护人讲的两点有没有道理?"

学生2:"辩护人讲的两点没有道理。"

提问:"你的意思是那天天气很好?还是天气不好不会影响人的判断力?人是没有联想的?"

学生2:"是的。"

学生3:"我认为,天气不好当然会影响人的判断力,人也是有联想的。但是辩护人的意见是不能接受的。"

提问:"你的意思是辩护人讲的两点辩护意见都有道理,但是'本庭不予采纳'?这种结论对辩护人太不公平了吧?那么,你们认为辩护人究竟错在什么地方?"(全场笑)

学生4:"我认为,辩护人的观点主要错在结论上。"

(回讲台)我同意这位同学的观点。实际上本案讨论的一个关键问题是,行为人对危害结果的发生应当不应当预见的问题,而不是有没有预见的问题。正如前述,没有预见是疏忽大意和意外事件的共同点,我们在讨论案件时,没有必要去反复讨论两个概念的共同点,而应该将争议焦点集中到不同点上。本案中在行为人没有预见这一点上,诉辩双方其实是没有争议的。应该看到,辩护人提出的这两点均是有一定道理的,但是,其证明的方向错了,也即这两点只不过是证明了疏忽大意和意外事件的共同点。而我们需要证明的不是它们的共同点而是它们的差异点。令人遗憾的是,辩护律师说

的这两点都不能证明两者之间的差异点。（全场笑）

通过刚才的讨论，我认为，对案件的分析，对他人观点的判断，一定要抓准，不能将方向搞错。比如说刚才的这个案件，作为一个思维敏锐的公诉人，首先就应该说辩护人所讲的这两点是对的，天气不好、能见度低是会影响人的判断力的，这本身没有错。人是有联想的，人怎么可能没有联想呢？人和动物的最大的区别就是人有联想，而动物是没有联想的。他8点的时候看到有条狗，11点再看到也认为是条狗，这一点也是正确的。公诉人不要一开始就说辩护人的观点是错误的，这样就会给人一种很不讲道理的感觉。反过来，如果首先肯定辩护人的观点是正确的，接下来再"但是……"（全场笑）公诉人完全可以说，根据辩护人提出的两点推不出行为人是"意外事件"，也即这两点只能证明行为人在扎被害人这一枪的时候是把其作为狗来扎的，并没有预见到这可能是人。而这些实际上均在证明行为人对危害结果的发生是"没有预见"而已，并不能证明其主观上是"不应当预见"。相反，辩护人的这两个观点又能反过来证明行为人是"应该预见"的。因为，尽管天气不好能见度低会影响人的判断力，但是就在这种情况下，行为人应该要更仔细呀！如果是在大白天，行为人看到一条狗并将其干掉，后来知道这是一个"披着狗皮的人"。在这种情况下，行为人的行为才有可能是意外事件嘛。可见，应当仔细而不仔细，应当注意而不注意，当然是疏忽大意的过失。另外，人确实是有联想的，但是这种联想不能是绝对化的。8点钟看到一条白狗，11点钟看到白的东西，就一定是狗吗？总不能这样理解吧！事实上，在这种情况下，有可能是狗，但也有可能不是狗，行为人以为是狗，但事实上不是狗。作为公诉人把这些道理说清楚了，法官如果不采纳，那就是法官的问题了。司法实践中，如果公诉人这样说了，辩护人基本上也不会有什么意见的。因为这样说是很到位的，而且辩护人的辩护意见，将辩护方向搞错了，即实际上是证明了疏忽大意和意外事件的共同点，而我们需要证明的是它们之间的区别。而本案最关键是应当不应当预见的问题，辩护人所讲的两点，反过来证明了行为人是应该预见的，也即根据辩护人的观点推出的结论应该是疏忽大意的过失而不是意外事件。

大家知道，疏忽大意的过失和意外事件在具体认定中有很多界限是很重要的，包括我后面还要专门讲的正当防卫中的假想防卫。刑法理论中大多数人认为，假想防卫的主观方面一般是排除直接故意的，主要的是过失，但也不绝对地排除意外事件。例如，上海曾发生过一起典型的案件：有个人名叫张国璐，喜欢打抱不平，在邻里中很有名气。一个夏天的晚上，张国璐打着赤膊，穿着短裤睡在床上。半夜里听到有人喊抓小偷，张从床上跃起，到厨房拿了把菜刀就冲下楼去。他在弄堂里持菜刀左右环顾，看到有四个人迎面走过来，实际上这四个人是工纠队员，只是未穿制服而已，张国璐问他们小偷往哪里去了，工纠队员一看，这人半夜里持刀还打着赤膊，就想这人不是坏人就是精神病人，于是就想将其制服。张国璐则误认为这四个人就是小偷，就在这四个人围过来时，对着他们一通乱砍。后来，这四个人都被他砍伤了，其中一人重伤。检察院以故意伤害致人重伤罪起诉，辩护人则为张作无罪辩护，认为张属于意外事件，最后法院是按照过失致人重伤罪判决的，并免予刑事处分。这是因为本案的实际情况中确实存在诸如纠察队员未及时亮明身份,行为人完全是"见义勇为"等因素。但是,由于判决认定行为人的行为构成犯罪,那就产生民事赔偿问题。法院判决张国璐承担 17 000 元的民事赔偿费用。为此,张国璐很恼火,觉得自己是见义勇为,既被定罪,又要赔钱,这口气咽不下去。于是,张国璐不服一审判决进行上诉,二审维持了原判。

本案中实际上存在三种观点:其一是检察院的观点,认为张国璐的行为属于故意犯罪;其二是辩护人的观点,认为张国璐的行为属于意外事件;其三是两级法院的观点,认为张国璐的行为属于过失犯罪。那么,究竟哪一种观点对呢?

我认为,法院的观点是正确的。应该看到,辩护人的观点存在一定的问题,主要是过度地注意了张国璐的动机以及被害人没有亮身份等因素。本案中张国璐确实是去抓小偷的,但是,并非在弄堂里碰到的人都是小偷。在弄堂这个公共场所,尽管是半夜里,碰到的人有可能是小偷,也有可能不是小偷,这是一般人均应该清楚的。但是,张国璐认为这些人是小偷因而拿刀砍人,而事实上他们又是工纠队员。由此,我们不难看出,辩护人认为张国璐属于意外事件的观点存在明显的瑕疵。我认为,张国璐的见义勇为的动机,决定了其行为应该属于"假想防卫"。而"假想防卫"一般是排除故意犯罪成立的,通常应该是过失,但并不绝对排除意外事件。那么,为什么检察院认为张国璐的行为是故意伤害呢?这是因为,检察院认为拿刀砍人的行为理应是故意而不可能是过失的,其实这里有一个"假想"的问题。即张是出于见义勇为的动机而将对方作为小偷来砍的,在主观上具有"防卫"的意图,而检察机关恰恰忽略了这个"假想"的问题。但是,我认为,也正是因为这个"假想"问题而影响到了人的主观罪过。

关于这个案件,有些老百姓意见很大,觉得不应该对见义勇为的英雄又定罪又罚钱。但是,我觉得这个案子判得很好。张国璐"见义勇为"固然不错,但是不能"乱为"。张国璐的"乱为"行为具备了犯罪的构成要件,因而应该可以构成犯罪。但是,这个案件中确实存在工纠队员没有表明身份的问题,所以,对张免予刑事处分也是完全合适的。既然张国璐的行为构成犯罪,那么,因犯罪行为所导致的民事赔偿责任当然应该由其承担。法院判决要其承担 17 000 多元的赔偿金是很正常的,法律的权威性是要维护的。但是,我认为,这其实关系到处理时的一个策略问题,按照我的理解,法院判与罚都是没有问题的,张国璐构成犯罪了,因犯罪造成的损害,民事赔偿完全是需要的。最关键的一点是,像他这种见义勇为的行为,完全可以对其进行奖励。即用各地广泛设置的"见义勇为奖金"对其进行奖励。据我所知,这笔奖金很多地方都用不掉。有些人可能会认为,对于构成犯罪的人怎么可以进行奖励呢?我认为这些都是传统观念,理应更新。依我之见,政府部门用"见义勇为奖金"对他进行奖励,是对他"见义勇为"精神的奖励,法院的判决,是对他"乱为"行为的处罚。也即张国璐这种"见义勇为"的精神是值得弘扬的,但是,"乱为"的行为则是要处罚的。张国璐可以拿着奖励他的钱去交赔偿金,我认为这是可行的,我们既弘扬了见义勇为的精神,又对犯罪行为本身进行了否定。现在,我们有些人就喜欢走极端,就觉得你犯了罪,就不可以奖励了,实际上两者不是一回事。精神当然值得弘扬,但是你的行为构成了犯罪,照样得惩治。这样一来,大家也知道你弘扬的是什么,惩治的是什么了。任何规定都要给普通民众一个标准,让人家知道今后该怎么做,这样人们在见义勇为的时候就知道不能乱来。

综上所述,我认为,我们在分析刑事案件时一定要时刻注意自己的切入点,包括农民扎狗、摩托车撞人之类的案件分析,切入点是相当重要的,也是最关键的。特别是对于一些法律的界限一定要清楚,什么是相同点,什么是相异点要清清楚楚。当然,分析任何一个案件,切入点就是要始终抓住区别点,抓住了区别点,你提出的观点就不会走弯路了。就拿农民扎狗这个案件来说,这个辩护人就走入了"误区",而这个"误区"就是他没有搞清楚疏忽大意的过失和意外事件的相同点是什么,区别点是什么,他花了很大的力气证明它们的相同点,但这个证明过程是徒劳的,从而也就不能推出他所需要的结论。可见,分析刑事案件关键在于抓住问题的焦点,即区别点。

四、犯罪动机与目的

接下来,我们来学习一下犯罪主观要件中的另一个重要内容——犯罪动机与犯罪目的。

(一)犯罪动机与犯罪目的的概念

我们首先看一下犯罪动机与犯罪目的的概念。

所谓犯罪动机,是指刺激行为人实施犯罪行为的内心起因或者内心冲动。

所谓犯罪目的,是指行为人希望通过实施犯罪行为实现某种危害结果的心理态度,也就是我们经常讲的,行为人通过实施有关危害社会的行为所希望达到的结果。

分析这两个概念,动机和目的都是人的一种内心活动。作为动机来讲,它是一种推动行为人实施犯罪行为的原因,也就是我们通常讲的是一种起因。而目的则是一种行为人希望通过自己的行为(当然是危害社会的行为)所达到的结果。

根据这个概念,我们看一下目的和动机哪个在前哪个在后呢?或者说行为人是先有动机还是先有目的呢?(下讲台提问)

学生 1:"我认为先有目的,后有动机。"

学生 2:"我认为应该先有动机,后有目的。"

(回讲台)从概念角度进行分析,我们不难得出动机在前,目的在后的结论。这是因为,内心起因肯定在前,所以一般讲动机在先目的在后,先有犯罪动机,后有犯罪目的。从心理状态这个角度来看,还是有先后的。

此外,我们还要注意的是,动机是刺激行为人实施犯罪的内心起因,也就是推动行为人实施犯罪的一种内心起因;目的则是通过自己的危害社会的行为所希望达到的结果。由此分析,我们不难发现,所谓的目的和动机都只存在于故意犯罪中,在过失犯罪中是不可能有目的和动机的。这是因为,前面我已向大家介绍过,过失犯罪的行为人对危害结果是持否定态度的,既然对危害结果发生是持否定态度,又怎么可能有"刺激犯罪"的内心起因呢?更不可能有"希望达到的结果"情况存在了。特别需要注意的是,行为人希望通过自己的危害社会的行为所达到的结果是一种目的。这个目的的概念中明确提到了希望的问题,从道理上讲,犯罪目的就只能存在于直接故意犯罪中,因为在间接故意中,并不存在所谓希望通过自己的行为来达到某种结果的情形,行为人对危害结果是既不肯定也不否定,无论出现什么结果都在他的故意范围里,因此也就不存在所谓的犯罪目的。

有些同学可能会混淆,前面在讲间接故意的时候,我专门谈到三种情况:第一种情况是为了实现一个犯罪目的而放任一个犯罪结果的发生;第二种情况是为了实现一些非犯罪的目的而放任一些犯罪结果的发生;第三种情况是动辄行凶不计后果。在第一种情况中,不就有犯罪目的吗? 但是,我们应该清楚,在第一种情况中的这个犯罪目的,其实不是间接故意中的犯罪目的,而是直接故意犯罪中的犯罪目的。行为人为了杀一个人而放任了另外一些结果的发生,对于所杀的这人来讲,是直接故意,而对放任的结果来讲,是间接故意。行为人的这个目的在直接故意中已经用掉了,它是包含在直接故意犯罪里的,而并非包含在间接故意里的,两者不能混淆。由此可见,犯罪目的只能存在于直接故意犯罪中。那么,犯罪动机在间接故意中是否存在呢? 这在理论上有一定的争议。按照传统的刑法理论,大多数人认为犯罪动机只存在于直接故意犯罪中。

(二)犯罪动机与犯罪目的的关系

犯罪动机和犯罪目的有时很容易混淆,因此,我介绍一下它们之间的联系与区别。

首先,我们来看犯罪动机和犯罪目的的联系。犯罪动机与犯罪目的的联系主要表现在三个方面:第一,两者都是犯罪人的主观心理活动,都反映了犯罪人的主观恶性程度;第二,犯罪目的是以犯罪动机为基础的,目的源于动机,动机促使目的实现;第三,动机与目的有时可以互相转换,也就是说犯罪动机是犯罪目的背后的目的。说到底,在刑法分则中有些犯罪动机和目的在内容上是重合的,或者可能是基本相同的。而且很多情况下我们理论上认为的犯罪动机,在刑法表述上却成了犯罪目的。此时,我认为,我们只能这样理解:它既是推动犯罪人实施犯罪的内心起因,同时也是行为人希望通过自己的行为所要达到的结果。例如,在刑法分则中一些财产、经济类的犯罪中,推动犯罪的内心起因本就是图财、贪利,而他要达到的目的也是占有财产,所以占有的动机和图财的目的在内容上是基本重合的。我们也就不能因为在分析犯罪动机时用了某个内容,而在分析犯罪目的时就不用了。按照我个人的分析和理解,刑法分则的某些具体罪名中所讲的犯罪目的很多都是犯罪动机。比如说,刑法中有个罪叫做破坏生产经营罪,在规定其罪状时,第一句话就是"由于泄愤报复或者其他个人目的",此处刑法规定的目的从道理上讲应该就是动机。还有很多以营利为目的的犯罪,在这些犯罪中,其动机和目的也是重合的。既然在刑法分则中,许多目的都是动机,这就说明立法者把动机和目的看得不是很重,所以两者的区分也不是特别明显。

我们再来看一下犯罪动机和犯罪目的的区别。犯罪动机和犯罪目的的区别主要体现在四个方面:第一,从作用上看,动机起的是推动、发动犯罪的作用。犯罪目的起的是定向、确定目标和侵害程度的作用。第二,从产生的顺序上看,一般是犯罪动机在前,犯罪目的在后。第三,具有相同的犯罪目的的相同性质犯罪往往因人或具体情况不同而具有不同的动机。同样,同一个犯罪动机可以导致几个犯罪目的或者不同的目的。正如我经常强调的:相同的动机产生不同的目的;不同的动机也可能产生相同的目的。比如说,甲要杀乙,甲追求的目的无非是通过甲的行为把乙杀掉,剥夺乙的生命,但是甲的动机可以是多种多样的。有些人杀人是为了图财;有些人杀人是为了报复;有些人杀人是为了奸情;有些人杀人是为了为民除害等等。同样,相同的动机也可能产生不同的目的,例如,都是图财的动机,有些人实施了杀人行为;有些人实施了抢劫行为;有些人实施了盗窃行为等等。第四,两者在定罪量刑中所起的作用不同。动机偏重于影响量刑,而目的在很多犯罪中,就直接影响到定罪。

(三)研究犯罪动机与犯罪目的的意义

接下来我们来了解一下犯罪动机和犯罪目的在定罪量刑中的作用。传统的刑法理论认为,犯罪动机和犯罪目的都只存在于直接故意犯罪中,对于故意犯罪中的定罪量刑,犯罪动机和犯罪目的有什么意义呢?

首先,我们来看犯罪动机对量刑的影响。犯罪动机对量刑往往会产生一定的影响。曾经有过这样一个案例:有一位母亲把自己儿子勒死了,最后的量刑结果是判了缓刑。杀人判缓刑,这是极为罕见的,主要是因为其杀人动机是被逼无奈。因为,案件中的母亲和儿媳妇长期受到被害人的虐待和压迫,母亲在忍无可忍的情况下才实施了杀人行为。当然在某些情况下,犯罪动机在某种程度上也可能间接影响到定罪。此处的间接影响一般不是直接出现的,往往在某些犯罪中规定需要具有一定的情节才构成犯罪,比方说,规定只有"情节恶劣"才构成犯罪,而情节是否恶劣,常常是看你的动机是否恶劣,可见,犯罪动机就成了一个很重要的考虑因素。

我们再来看一下犯罪目的的意义。犯罪目的的意义主要体现在三个方面。第一,犯罪目的是某些犯罪构成的必要要件,有很多犯罪如果不具有犯罪目的就不构成犯罪。最典型的如赌博罪,赌博是以营利为目的的,其表现形式有三种:聚众赌博、开设赌场、以赌博为业。这三种情况,我们都强调以营利为目的,如果不以营利为目的,大家只是聚在一起随便玩玩,就不能构成赌博罪,所以以营利为目的是构成赌博罪最关键的一点。第二,在有些犯罪中,犯罪目的又是区分此罪与彼罪的要件。例如,刑法中的传播淫秽物品罪和传播淫秽物品牟利罪。传播淫秽物品牟利罪就是必须以牟利为目的,传播淫秽物品罪则不以牟利为目的,行为人是否具有牟利的目的,是区分两罪的关键。如果有人专门放映黄色录像,而且是收钱的,其社会危害性达到了一定程度,就可以定性为传播淫秽物品牟利罪。但是,如果有些工会在开会期间休息的时候免费放映一段黄色录像或者发一些黄色碟片给大家留作纪念,当然这个工会可能就变成了"黄色工会"了,这些行为如果符合犯罪构成,就可将其定性为传播淫秽物品罪。第三,犯罪目的也有可能影响量刑。应该说犯罪目的能够反映犯罪的恶性程度,所以其在一定意义上会影响到量刑。

五、刑法中的认识错误

接下来,我要着重为大家介绍一下刑法中的认识错误问题。刑法上的认识错误,以前理论上称之为"刑法上的错误",也有人简单地称之为"认识错误"。刑法中很多概念都是约定俗成的,只要学过刑法,提到"认识错误",大家就都知道是什么意思了。但是,如果严格按照字面理解,既然是"刑法上的错误",就应该要修改刑法了。其实确切地说"刑法上的错误"是指"对刑法理解认识上的错误",只不过它是个外来词,当时翻译的时候进行直译了,就变成了"刑法上的错误",现在我们把它称作"刑法中的认识错误"或者"刑法上的认识错误"。

可见,刑法上的认识错误,就是行为人对自己的行为在法律上的意义以及对有关客观事实存在不正确的理解,而非刑法本身的错误。从概念本身可以很清楚地看出,刑法中的认识错误包括两类:一类是法律上的认识错误;另一类是事实上的认识错误,下面我来分别为大家介绍一下。

(一)法律上的认识错误

首先我们来看法律上的认识错误。法律上的认识错误,指的是行为人对刑法规定理解上的错误,它又包括三种情况。

第一,假想犯罪。行为人认为自己已经犯罪,而实际上法律并不认为是犯罪。河南曾经发生这样一个案件:一对男女青年谈恋爱,在恋爱过程中两人发生性关系,第二天双双到公安局投案自首,他们认为自己的行为构成犯罪,而其实法律并不认为他们的行为是犯罪。司法实践中这种情况是很多的,在行为人乙抢劫过程中,甲实行正当防卫把行为人乙打死了,甲认为杀人要偿命,于是就去公安机关投案自首,而甲的行为实际上是正当防卫,是不构成犯罪的。那么,像这种行为人认为他的行为构成犯罪而法律不认为他构成犯罪,对行为人的行为性质是按照法律规定认定,还是按照行为人的错误认识认定?(在讲台上提问)

学生答:"应该按照法律规定。"

我认为,在这种情况下,我们确实应该按照法律规定来认定。

第二,假想不犯罪。行为人认为自己不构成犯罪,但实际上按照法律规定行为人已构成犯罪。司法实践中这样的例子很多,行为人自我感觉良好,通过上网或发短信等方式随意对别人的名誉或人格进行贬低和损害,给被害人带来很严重的后果。他认为自己的行为不构成犯罪,但按照刑法规定却构成犯罪。比如说,有些人在公众场合用"贴大字报"或"写标语"等方式对别人的人格或名誉进行损害,情节很恶劣,给被害人带来很不好的影响。尽管他本人不认为是犯罪,但按照法律规定行为人已构成犯罪,此时对行为的定性还是应该按照法律规定来认定的。

这里我们要明确何为"不知者不为罪"?所谓"不知者不为罪",指的是行为人根本不可能知道或者现实中根本没有颁布相关法律,也就是说,我们不能用以后颁布的法律惩罚以前的行为。当然,这里我们需要讨论的是,对已经颁布的法律,我们即推定每个公民均应该知道,即每个公民都有知法、守法的义务。但是,实践中确实存在某些人因某些特别的原因,而根本不可能知道法律的情况。举个极端的例子,如果一个一直住在深山老林里的人,有一天突然来到上海,在一天之内,连续结婚了好几次,她(他)肯定不知道刑法规定中有重婚罪的,因为她(他)一直躲在深山老林里,没受过也不可能受过普法教育,她(他)是突然之间来到上海的,连续结婚好几次,这种情况怎么处理?(下讲台提问)

学生1:"我认为不能处理她(他),因为他们不知道有这个法律规定。不知者不为罪嘛!"

学生2:"对他们当然要处罚,我们不能对不知者不定罪或不处罚。"

(回讲台)这个问题特别需要引起我们的注意,在我国刑法中从来没有规定"不知者不罚",而在理论上所谓"不知者不罚"的问题,往往是从没有颁布法律的角度去考虑的。这一点在理论上已经基本达成了共识,一般而言,在法律颁布以后,就推定你是知道这部法律的,因为每个公民都有知法、守法的义务。不能因为你不知法律而不对你进行处罚,也不能因为你不知法律而对你从轻处罚。内地的法律是这样规定的,但在我国台湾地区的法律中就专门规定,如果确实有证据证明行为人因为不知道法律而实施了相关的犯罪,是可以从轻处罚的。但是内地的刑法中是没有这个规定的,不过我认为在具体处理时可以作为酌定情节来考量。很多辩护人在辩护时一直强调他的当事人是法盲,这样的辩护理由,其实都是说给被告人家属听的,(全场笑)在定罪量刑时其实是没什么作用的。如果我是法官的话,我可能会想,法律颁布了这么长时间了,你为什么还不学呢?对于这种故意不学法的人还能从轻处罚吗?(全场笑)

第三,行为人对行为触及的罪名或者罪刑轻重有错误理解,也就是对行为受罚性的认识错误。它包括定性错误和量刑错误。所谓定性错误是指根据刑法规定应该构成某一个罪,而我们的行为人自认为应该构成另一个罪。比如说,行为人盗窃了电线杆上的电线,他认为构成了盗窃罪,而按照刑法规定应该构成破坏通讯设施罪。所谓量刑错误是指行为人对自己行为在量刑种类或量刑期限上存在不正确的认识。比如说,行为人认为应该判3年的,而按照法律规定应该判7年以上。

总结以上我所讲的各种情况,不难发现,法律上的认识错误在定罪量刑时,它的标准都是按照法律来的,而并不是按照行为人的错误认识来的。

(二)事实上的认识错误

下面,我们来看事实上的认识错误。事实上的认识错误,是指行为人对自己行为的事实情况存在不正确的理解。事实上的认识错误主要包括四种情况。

第一,行为对象的认识错误。

首先我们来看对象的错误,对象的错误也可以称为目标的错误,它又包含两种情况。

一是同种类对象的认识错误。关于同种类对象错误,最典型的事例是:甲要杀乙,甲看到乙站在那里,甲举枪瞄准,扣动扳机,而实际上被甲杀掉的却是乙的双胞胎弟弟,甲把乙的弟弟当作乙杀了。大家都能理解,在刚才我所举的案例中,甲举枪向乙瞄准,甲瞄准的人和被甲杀掉的人是同一个人。也就是说,在甲举枪向乙瞄准的时候,有一点甲是很清楚的,甲的子弹出去是能剥夺乙的生命的,甲这样杀了乙,最后乙的生命也被剥夺了,确切地说作为甲主观罪过故意的内容和实际导致的结果是一致的,完全符合故意杀人罪的构成要件。至于是哥哥还是弟弟,这只是行为人对对象的认识错误,并不影响其杀人故意和杀人行为的成立,因而,在这里是无关紧要的。因为,不论是哥哥还是弟弟都是享有生命权的人,甲对自己的射击行为会剥夺瞄准对象的生命是完全清楚的,所以,不能因为甲将哥哥和弟弟搞错了而影响对其行为的性质和形态的认定。

还有一个很典型的案件:有个青年妇女回娘家,后因事耽搁,走到半路天已经黑了。由于当地很偏僻,附近没有旅馆,她就在某村村口向某户人家投宿,这户人家只有一个老大爷。她和老大爷商量,是否可以麻烦借住一宿,老大爷心地很善良,说自己的房子虽然很小,但让妇女放心尽管在这儿住。因为,自己对这里熟悉,可以到村子里随便一户人家将就一夜就行了,老大爷安排好了就走了。他去了村子里另外一户人家,这户人家家里有一个青年农民,青年农民对老大爷深更半夜来到自己家里感到很惊讶,于是青年农民便问老大爷:"这么晚了你不待在自己家跑到我家干什么呢?"老大爷就跟他说了:"有一个过路的单身妇女,她很可怜的没地方住,我就让她住在我的房间了,今天晚上只好到你这儿借宿了。"说者无心,听者有意,这个青年农民决定晚上行动。我们回头再看这个青年妇女,她在老大爷的房间里睡了一个安稳觉,接近黎明时分她醒了,看了看手表,离天亮还有一段时间,心想再打一个盹,好起个大早回娘家。正睡得迷迷糊糊的时候,听到外面有开门的声音,女性的第六感觉告知她,黎明时分来开门的肯定不是好人。此时情况又很紧急,周围也没什么地方可以躲避,老大爷的房子里正好放着一个很大的空箩筐,情急之下,她只好把箩筐倒扣在自己身上,躲在箩筐里。此时进来的是一个中年妇女,由于前几天老大爷到他女儿家去了,所以一直都不在家,因此这个中年妇女认为老大爷还没回来,她就想来他家捞点外快。进门后,中年妇女东捞一点西拿一点,正偷得起劲的时候,又有人来开门了,中年妇女心想:肯定是老头从女儿家回来了。惊慌失措中,她往老头房间里的被窝里一钻,问题就在于她钻错地方了,结果进来的是那个青年农民。青年农民本想针对的是青年妇女,但结果被窝里已经变成了中年妇女。因为中年妇女是进来偷东西的,所以"哑巴吃黄连,有苦说不出",所有的这一切,洞若观火的是躲在箩筐底下的青年妇女。现在我的问题是,这青年农民是否构成犯罪?如果构成,是既遂还是未遂?(下讲台提问)

学生1:"我认为青年农民当然构成犯罪,是强奸罪。"

学生2:"这是在中年妇女偷东西的情况下发生的,青年农民似乎不应该构成犯罪,那个妇女罪有应得。"

学生3:"青年农民构成强奸罪,是既遂。"

(回讲台)我认为,在本案中,青年农民的行为当然应该构成强奸罪,而且是强奸罪的既遂。理由是，青年农民在实施行为时，主观上具有强奸妇女的故意，客观上又实施了强奸的行为，只是自己将青年妇女与中年妇女搞错了，但是，这并不影响犯罪的成立以及犯罪形态的判断。因为无论青年妇女还是中年妇女都是妇女，对青年农民来说，这就是典型的认识上的错误，这属于目标错误。而这一目标错误是发生在同一种类的目标上的，因而不影响对行为性质和形态的认定。对强奸罪来说，这是侵害妇女性权利的犯罪，对象只要是妇女，无论是青年妇女还是中年妇女，行为人只要具有强奸的故意，均可构成强奸罪，既不影响定性，也不影响形态。对杀人罪来说，这是侵害他人生命权利的犯罪，对象只要是人，无论是哥哥还是弟弟，行为人只要具有杀人的故意，均可构成杀人罪，既不影响定性，也不影响形态。

二是不同种类对象的认识错误。刚刚讲的案例的对象都是同种类的，在实践中，还可能出现不同种类的情况。比如说把男的当作女的进行强奸，把死人当作活人来杀，把动物当作人来杀。在上海曾经发生过这样一个案例：一个小偷到仓库里去偷东西，他发现值班室的门虚掩着，门上挂着一件花衬衫，心中窃喜，他认为值班室里肯定是女的在值班，二话没说便闯进去，对着他认为的女值班员便掐脖子拉衣服，结果发现值班员是个男的，后来反过来被惊醒的值班员抓住了。我现在的问题是，这个小偷除了构成盗窃罪之外，是否还构成强奸罪？（下讲台提问）

学生1："我认为这人不构成强奸罪，因为，里面实际上是个男的，对男的怎么可以强奸呢？"

学生2："我认为这人可以构成强奸罪，男的为什么不可以成为强奸罪的对象呢？"

（回讲台）我认为，本案中的小偷当然可以构成强奸罪，但应该是强奸罪的未遂，属于对象不能犯未遂。在这案件中，存在一个疑问就是：在案件中根本不存在妇女，而强奸罪侵害的客体是妇女性的权利，很多同学都会提出，没有妇女又怎么会有妇女性的权利呢？实际上正如前面我给大家介绍的本人观点，刑法更注重对行为的认定，这和民法注重关系完全不同。我们一直讲"民法看关系，刑法看行为"。由于民事上的侵权行为必须以实害为前提，因而它所关注的是法律所保护的社会关系受侵害的程度，以及如何恢复或补偿这些社会关系。这就是民法之所以注重社会关系的原因所在。但是，刑法调整的犯罪行为只要对法律所保护的社会关系造成可能的侵害，行为人就可能构成犯罪；而且即使行为人对受侵害的社会关系进行补偿或者恢复，也并不意味着行为没有发生过，我们仍然要追究其刑事责任。正因为如此，刑法所关注的是行为人在其主观意识支配之下的行为。只要行为人主观上具有强奸的故意，客观上实施了强奸的行为，妇女性的权利就有可能遭到侵害，我们就可以将行为人的行为按照犯罪处理。在这个案件中尽管行为人实际侵害的对象是个男的，但是，行为人对这个情况并不知道，他以为是女的，在此情况下，由于强奸行为不可能成功，因而对行为人的行为只能按照未遂形态来认定。同样，如果甲主观上想把乙给杀掉，实际上乙在此之前已经死了，但甲并不知情，仍然实施相关的杀人行为，这就可能给人的生命权利造成侵害，所以应认定故意杀人罪，只不过按未遂形态来处理而已。由此可见，只要行为人主观上有犯罪故意，客观上实施了犯罪行为，就会对社会关系带来可能的侵害。

总之,无论是同种类的还是不同种类对象的认识错误,我们都是以行为人的主观方面内容作为认定其行为性质的依据。只不过行为人对同种类对象的认识错误不会影响犯罪形态的判断,而行为人对不同种类对象的认识错误则有可能影响犯罪形态。

对象与刚才讲的案例反过来的情况也存在。比如说,把活人当作死人,把人当狗。甲看到前面有一条狗,甲要把这狗杀掉,或者前面是一只狼,甲要把狼杀掉,实际上是披着狗皮或披着狼皮的人。如果是在森林里,此处人迹罕至,很少有人出没,则是意外事件;如果这个森林偶尔是有人披着狼皮狩猎,你不小心把人当作是狼了,主观方面也有可能是过失;如果这个森林经常有人披着狼皮狩猎,主观方面则也有可能是间接故意。

上海曾经发生这样一个案件:驾驶员半夜里在高架桥上开车行驶,在某个转弯处突然发现有一个人喝醉酒正在高架桥上散步,由于车速较快不及躲闪,车子一下便撞上了那人。驾驶员下车用手试探躺在地上的行人,发现脉搏不跳了,呼吸也没了,于是他认为这人肯定是死了,就把人放到车的后备箱里,开车下了高架桥后,将车停在苏州河边上,他把这人头朝下,脚朝上,塞到了河旁边的一个垃圾桶里。第二天清晨,有个捡垃圾的人远远看到垃圾桶上有两只脚,再仔细一看,是真人的脚,马上就报案了。经过法医鉴定,这个人并非被撞死的,而是被塞进垃圾桶后窒息而死的。事发不久,那个驾驶员被抓获了。这里存在一个问题,司机是把活人当作死人来处置的,构成犯罪吗?如果构成,其主观罪过如何?我认为,驾驶员把活人当作死人处理了,此时,很清楚他主观上是缺乏杀人故意的,对他的这种处置行为,我们显然可以排除故意存在的可能性,应该认定为过失,驾驶员的行为应该以过失致人死亡罪认定。

讲到不同种类对象的认识错误,我们就有必要讲另外一种情况,因为刚刚讲的,都不涉及客体的问题。还存在这样一种情况,把自己的东西当作人家的东西来偷或者将自己的妻子当作其他妇女来强奸。

某市曾发生过这样一个案件:一个人出差了,他在外期间单位正好发给他奖金,他的同事就代他领了,代领以后就将奖金放在自己的抽屉里。等那人出差回来以后,由于同事正好在处理其他事情来不及告知他奖金的事情,所以那人不知道单位发他奖金的事。当他发现同事的抽屉里有一大笔钱后,就将同事的抽屉撬开拿走了钱。其实这钱就是他自己的,他以为是同事的。

以前还发生过这样的案例:一对夫妻新婚不久,女的上夜班去了,男的在家里没事干,无聊之际,拿着家伙准备出去弄点钱财。在伸手不见五指的夜幕之下,他躲在一个很隐蔽的地方,此时正好有个妇女走过来,他就上去用刀顶着妇女,抢了妇女的手表、提包。后来发现周围没有人,他还对那个妇女实施了强奸。男的走了后,那个妇女就去公安机关报案。结果妇女回到家里发现自己的手表和提包放在自家五斗橱上,此时才恍然大悟,抢劫、强奸自己的,原来是自己的丈夫。第二天她来到公安机关,要求撤销案件。我的问题是,对于上述两个案件中的行为是否能定罪?如何构成犯罪的,应该属于什么犯罪形态?(下讲台提问)

学生1:"两人都不构成犯罪。因为偷自己的东西怎么可能构成犯罪?妻子怎么可能成为强奸的对象呢?"

学生 2:"我同意他的观点,两人都不构成犯罪。"

(回讲台)我认为,两人都应该构成犯罪,把自己的东西当作别人的东西偷,行为人主观上具有盗窃的故意,客观上又实施了盗窃的行为,当然应该构成盗窃罪。将自己的妻子当作其他妇女来强奸,行为人主观上具有强奸妇女的故意,客观上也实施了强奸的行为,同样也应该构成强奸罪。具体理由在前面已经讲了,即刑法关注的是行为人主观意识支配之下的行为。

这里要注意的是,我们如何判断两人的犯罪形态问题。有人认为,自己的财产权当然不能成为犯罪侵害的客体,因而他们的行为应该属于未遂。我认为,这实际上还是把行为人的行为是否构成犯罪和犯罪停止形态的判断混淆了。我认为,在确立两人的行为可以构成相关犯罪的前提下,我们判断他们行为的形态,当然应该按照具体犯罪的犯罪形态标准进行。把自己的东西当作别人的东西偷,东西是能偷到手的,也即行为人已经实际占有财产了,此时还说行为人的行为是未遂? 这是没有道理的。但把死人当作活人杀,人是杀不掉的,因为他是死人;把男的当作女的强奸,是不可能成功的;把自己的妻子当作他人进行强奸,客观上是可能成功的。在这种情况下,行为人主观上又具有了这种故意,我们把这种情况一般称作"客体错误",有人把它理解为客体上的认识错误。我认为,这种案件是可以按照既遂来认定的。很多教科书里认为这样的案件也是未遂,这是值得研究的。我认为在对行为进行定性以后,对于它的形态认定,是要看案件中是否实际能够"犯"的问题。从对象角度看,尽管行为人本身存在对象认识错误,但是实际的对象本身是属于可以"犯"的。因为强奸妇女的对象是妇女,自己的妻子和其他妇女一样都是妇女,这应该属于同种类的,而男的和女的,在强奸案中是属于不同种类的。作为盗窃罪,是否占有财物,是判断既遂和未遂的一个主要标志。至于是自己的财产还是别人的财产,即便他产生了主观认识错误,还是应该按照他的主观认识来定性。行为人怎样认识,我们就怎样给他定性,他把人家的东西当作自己的东西来拿,是不构成犯罪的,因为其主观上缺乏盗窃的故意;行为人把自己的东西当作人家的东西来偷,则构成犯罪,因为其主观上具有盗窃的故意,而客观上,其实际上也有可能占有这个财物,因而应当是既遂。当然,对于这个问题的结论也是存在争议的。

关于目标错误我再做一下总结,我讲的目标错误包含两种情况:一种是同种类对象的认识错误;一种是不同种类对象的认识错误。一般情况下,同种类对象的认识错误是不应该影响定性和犯罪形态的认定的。不同种类对象的认识错误,在很多情况下,确实是会影响到定性和犯罪形态的认定的。但无论是同种类的还是不同种类的对象认识错误,在认定过程中,都是按照人的主观方面的有关认识来认定的。这就是认识错误中很重要的一个问题。

第二,行为手段的认识错误。

接下来我讲一下行为手段或工具的认识错误问题。行为手段认识错误或者说工具的认识错误也是发生比较多的。最典型的一个例子是:甲要杀乙,甲在乙的杯子里放了砒霜,而实际上放进去的是白糖。误将白糖当砒霜,这就是手段上的认识错误。关于手段或者工具认识错误的案例还有很多,比如说,甲用枪瞄准乙,要把乙杀掉,扣动扳机,但却打不出子弹;甲用事先配好的钥匙准备到银行打开保险箱,可实际进入银行以后却怎么也打不开。这几种情况都是工具认识的错误。那么行为人是否构成犯罪? 如果构成犯罪,犯罪形态又应该按照什么来加以认定? 大家要注意,这些情况就属于工具不能犯的未遂。这里要注意这种情况和迷信手段的区别。刚刚讲甲要杀乙,甲在乙的杯子里放了砒霜,而实际放进去的是白糖,这是误将白糖当砒霜,应该按照故意杀人罪的未遂来认定。如果甲想要杀乙,甲把乙的姓名和生辰八字写在一张纸条上,然后扎一个草人,把这纸条贴在草人身上,甲每天咒骂乙,要把乙骂死。这种情况显然是不能以犯罪认定的。误将白糖当砒霜,是很典型的对手段理解的错误。因为甲认为放进去的是砒霜,实际上是白糖,这不就是对手段或者是对工具的误解吗? 他的误解就产生在手段或者工具上。但甲用扎草人咒骂乙的方法杀乙,对手段本身并没有理解错,甲想的是扎草人,实际上也是扎草人,甲对手段本身没有理解错,而误将白糖当砒霜,则是对手段理解错了。所以用迷信的方法咒骂他人实际上不是这里所讲的手段认识错误,因为他对手段没有理解错。也正是因为这一点,误将白糖当砒霜,他对手段的理解是错的,所以行为人一旦知道自己理解是错的,他就会换手段,这是毫无疑问的,即如果甲知道他放在乙杯子里的是白糖而不是砒霜,他就肯定不会这么做的,只要是理解错了,他就有纠正错误的可能性。但是用迷信的方法咒骂他人,由于对手段本身并没有理解错,所以他不存在纠错的问题。如果今后再采取其他的手段,这就是新的故意的问题,是新的内容的问题,而并不存在纠正的问题,同时这种手段也永远都不可能产生危害社会的结果。因此,这种行为是不构成犯罪的。

第三,因果关系的认识错误。

下面,大家看一下因果关系的认识错误。这其实是指行为人对于自己的危害行为及危害结果之间的因果关系在实际发展过程中的认识有错误,主要有四种情况。第一种情况是行为人认为自己的行为已经发生了预期的危害结果,而实际上这种危害结果并没有发生。比如说,甲要杀乙,甲拿着刀拼命对乙乱砍,砍完以后甲认为乙已经死了,但最后医生又把乙救活了。甲认为乙已经死了,但实际上乙并没有死,这就是认为自己的行为已经发生了预期的结果,但最后实际上并没有发生预期的结果的情况,这种情况是按照故意杀人罪的未遂来认定的。第二种情况是行为人所希望的危害结果是由其他原因造成的,但是他认为是自己的行为造成的。比如说,甲对着乙扣动扳机,要杀了乙,实际上在甲杀掉乙之前,乙已经被人家杀了。第三种情况是行为人的行为造成了其所追求结果以外的结果的发生。发生的结果有可能是大于,也有可能是小于预期的结果。比如说,甲要伤害乙,却一刀刺穿了乙的股动脉,乙由于动脉大出血死了。甲追求的是对乙的伤害的结果,结果却导致乙死亡了,这就是最后的结果大于预期的结果。还有一种是小于的情形,比如说,甲原来是要追求乙死亡的结果,但最后并没有把乙杀掉,只是导致了对乙的伤害。第四种情况是行为人实施了前后两个行为,实际上是后行为造成了其所希望的结果,而行为人误认为是前行为造成的。比如说,甲把乙打昏，认为乙已经死了，于是把乙装在麻袋里，丢到河里毁尸灭迹。但实际上真正导致乙死亡的原因，是后面的装麻袋丢到河里的行为。甲以为前面的行为就已经把乙杀掉了，而实际上前面的行为并没有把乙杀掉，而是后面的行为把乙杀掉的。这种情况应该构成故意杀人罪既遂。

第四，行为差误。

最后我讲一下有关行为差误的问题，这也是在较长时间内一直讨论的问题。行为差误，又称之为打击错误，是指由于行为人本身、行为本身的差误，从而导致了行为人所欲攻击的对象与实际受害的对象不一致。最典型的是甲要杀乙，甲举枪向乙瞄准，然后扣动扳机，由于枪法不准，子弹飞出去，打到边上另外一个人身上。甲瞄准的人没有被甲杀掉，而边上的这个人被甲杀掉了，这就叫行为差误。

讲到行为差误，就有必要讨论一个问题，也就是行为差误和目标错误有没有区别？我讲目标错误的时候，一开始讲的就是这个案例。甲看到乙站在那边，甲要把乙杀掉，甲举枪向乙瞄准，扣动扳机，把乙杀了，实际上站在那边的是乙的弟弟。甲误把乙的弟弟当作乙杀了，目标错误。这就很清楚了，与我刚才所讲的行为差误，都有一个问题，就是行为人自己想杀的没有杀掉，而不想杀的却被杀掉了。行为差误是行为过程中的误差，而目标错误则是他在行为之前的认识就发生了错误，导致了结果的不一样。一个是有认识上的错误，一个是没有认识上的错误。实际上，在目标错误中，甲所瞄准的人和被甲杀的人是同一个人。只不过甲搞错了自己瞄准的人和实际被他杀死的人，但甲瞄准的人和实际被甲杀死的人还是同一个人，其中存在认识上的错误。而行为差误是指甲所瞄准的人和实际被甲杀死的人是不同的人，其中不存在认识上的错误。所以说，我们考虑问题就要多从这种角度出发，因为法律有很多内容是需要你表达出来的，表达不出来就没有用。我们尽量要用很精练的语言进行归纳，把问题归纳出来。

也正是因为这一点，从瞄准角度来讲，对目标本身的理解中，目标错误是理解错了，而对行为差误来讲，他所瞄准的人也就是他想要杀的人，这一点没有错，他没有认识上的错误，只是由于技术上的问题，使自己原来想杀的人没有杀到，而杀了自己不想杀的人。因此有人主张，对行为差误应该区分情况分析行为人的主观方面，对其所瞄准的这个对象，因为没有把他给杀死，应该按照故意杀人罪的未遂认定，而对于因自己的技术差误，导致另外一个其不想杀的人被杀死了，则应该可以按照过失，或者意外事件，或者间接故意来认定。比如说，甲发现边上有一个人，甲瞄准自己要瞄准的对象，对于边上的人可能被打到与否，甲是无所谓的，打到活该，谁叫你站在他边上的，这种情况可以按照间接故意来认定。而对边上的这个人，如果甲认为自己的技术是不可能会打到他的，最后子弹却打到他了，可以按照过失来认定。如果边上的这个人是不可能被发现的，但是甲在瞄准的时候这个人突然冲了上来，就可以按照意外事件来处理。因此有人主张，应该把两个情况分开理解。我认为这种分开理解，只是在具体分析主观方面的时候还有用处，但是由于行为只有一个，而主观上也已经有故意了，在这种情况下，就应该把可以分开的两个东西合并起来加以综合考虑。也就是说在一个行为过程中，行为人既有故意的因素也有过失的因素，或者有其他的因素，则肯定是故意吸收过失,或者故意吸收其他主观内容。在一个行为中是有一个混合罪过的,在这种情况下,都是按照最高的一种罪过来加以认定的,没有必要再具体区分这是什么罪过,那是什么罪过。一个行为是不可能数罪并罚的,所以再区分两者的罪过没有太大的意义,这是行为差误中需要注意的问题。

好,关于犯罪主观要件的内容我就讲到这里。到这里我们也对犯罪的四要件有了一个相对具体的认识了,关键还是要大家课后自己好好消化一下,我们在以后分则的学习中还会具体地应用的。

第十二讲

排除犯罪性行为

今天,我们开始第十二讲的学习——排除犯罪性行为。

一、排除犯罪性行为概述

(一)排除犯罪性行为的概念

首先,我们来看一下排除犯罪性行为的概念。排除犯罪性的行为,又称之为排除社会危害性的行为。在大陆刑法理论中,称之为阻却违法性行为或者阻却犯罪性行为。他们所说的阻却和我们所说的排除其实是同一个概念,只不过提法不一样而已。阻却也是犯罪中出现的名词,是约定俗成的一个概念。

关于排除犯罪性的行为,它具有一些本质的特征。为什么在讲了客体、客观方面,主体、主观方面这些构成要件以后,还要专门讲一下排除犯罪性的行为呢?因为客体、客观方面,主体、主观方面是从正面告诉你,什么行为构成犯罪,构成犯罪的规格有哪些,但这只是一个角度。在理解了这些内容以后,也许有人会问:有一些行为从形式上看,好像也完全符合我们的构成要件,为什么他们不是犯罪呢?这是因为,这些行为本质上是为了保护正当合法的权益,也就是本质上并不具有社会危害性,因此尽管这些行为在形式上符合了构成要件,我们对其仍然不按照犯罪处理,这就是排除犯罪性行为理论中的一个本质的内容。由于行为人主观上是为了保护国家公共利益、本人或者他人的人身、财产和其他权利,保护的是一种合法的权益,所以尽管形式上齐备了构成要件中的所有要件,但是由于本质上不具有社会危害性,所以不是犯罪。

另外,之所以规定排除犯罪性的行为,是因为在生活中,对人们的各种权利的保护往往都是通过一种公力的保护以及公力的支持。比如说,人身安全多数情况下是依靠人民警察来进行保护。但是,公力的支持与保护是有限的,不可能随时随地提供各种各样所需要的保护,而且有时候作为人来讲,是有很多隐私不希望被他人知道的。比如说,在自己的房子里,我就不希望有一个警察一直贴身保护着自己,事实上社会也不可能有这么多警察一直对每一个人都贴身保护。因此有时候碰到紧急情况,公力对你的支持可能暂时还达不到,或者公力的支持可能会来不及,或者此种情况下要求公力的支持还不太可能。比如说,警察不可能随时随地对你进行保护,也就是说公力的资源是有限的,这就需要当事人在必要的情况下自己采用一定的措施,维护自己的合法权益,如果不采取措施,合法权益就有可能受到侵害,因此,法律允许我们在一定场合、一定情况下采用私力解决以弥补公力的不足,这也就是刑法中规定有排除犯罪性行为的原因。这是排除犯罪性的行为中,需要从本质上注意理解的一个问题。

(二)排除犯罪性行为的种类形式

下面,我们来看排除犯罪性行为的种类形式。排除犯罪性行为在法律上的分类包含了正当防卫、紧急避险、意外事件和不可抗力。而在理论上的分类,则包括了履行法律的、执行命令的、执行职务的、自救的、被害人承诺的行为等等。比如说,公安依照法律,对罪犯执行逮捕,对犯罪嫌疑人执行拘留,属于一种履行法律的行为;解放军战士杀死了入境侵略者,属于一种执行命令的行为;医生为病人开刀,把病人的腿给锯掉了,属于一种执行职务的行为;有时候在紧要的关头,当自己的利益受到了一定的侵害,进行一定的自救,属于一种自救的行为;甲允许乙将甲的财物拿走,乙就把甲的东西都搬走了,则属于一种被害人承诺的行为。这种理论上的分类,在司法实践中都是客观存在的,但其中也确实有很多界限和限制。由于法律没有规定,一般只能按照相关的规章制度,或者按照一般的理论来加以考虑。比如说,履行法律、执行命令就存在一定的问题。例如,连长命令战士冲锋,杀死侵略者,战士肯定是要杀的。但如果连长命令战士杀死一个老百姓,而且告诉他这是命令,作为一名战士,他要不要杀死这个老百姓呢?这就形成了一种冲突,这种冲突就是军人以执行命令为天职,在执行命令的过程中,军人有没有义务对这种命令的形式和内容进行审查。特别是在战场上,连长说冲锋,这时候如果说我先审查一下你的命令,然后再冲锋,这时你就已经被敌人冲锋了。但如果是在平时,在这种情况下,具有完整形式的命令,一般人都能看出其内容是违法的,是不是还需要执行呢?如果执行了,谁来承担这一责任呢?这些法律中均没有规定,理论上是值得讨论的。我认为,如果内容明显违法,即使具有命令的形式,发布命令者和执行者均应承担责任,只是发布命令者应承担主要责任。当然,这要根据不同情况不同对待。

关于理论分类,刑法中没有作专门规定,但其中有很多内容值得研究。刚刚讲过,医生给病人开刀,明明锯一条小腿就够了,他想,要锯就一起锯,干脆把大腿也给锯了;明明锯一条腿就够了,他想留着一条腿也没用,就把两条腿都锯掉。像这种情形,在理论分类中,就是执行职务行为研究的问题,即执行职务的行为是有一定界限的。此外,在竞技场合中也是一样的,如果你在拳击场上用拳头把人家打死是没问题的,因为在进入竞技场的时候,你就已经承诺这一点了,按照相关规则你在拳击场上将人家击倒,然后导致人家死亡是不可能有刑事责任问题的,但是你又不能超越体育竞技的一般规范,比如,你用拳头将人家的耳朵打下来,是没有问题的,但是如果你像泰森一样用牙齿将人家的耳朵咬掉,那就有问题了。(全场笑)中国的武功和美国的拳击已经较量过了，我们胜利了。中国的武功和俄罗斯的武功也进行了较量，他们也打不过我们的，包括普京的保镖也被我们击倒在地。（全场笑）后来他们认为是规则对他们不利，但是没有办法，因为规则是事先定好的，最后还得按照规则来判断。一个美国的拳击手打不过我们，到最后竟然和我们一样用脚踢，而规定中他们是只能用手的，而我们是可以手脚并用的。他们打不过我们，是因为规则规定我们可以手脚并用，手脚并用人就可以飞起来，而人飞起来后则可以使身体拉开，对手就近不了他的身，拳击也就派不上用场了。这就是我们讲的在一些场合中，由于规则的限定，即使出现了伤害或者杀人行为，行为人很可能都不需要负刑事责任。

当然，在被害人承诺的情况下，行为人也不能超过一定的限度。甲让乙把甲的东西拿去，乙拿去了，这是没问题的，因为有承诺的存在。但是被害人承诺也是有一定限度的，比如说，甲恨死自己了，就让乙把甲的手砍掉，行不行？乙砍掉甲的手肯定是要负刑事责任的。现在虽然有安乐死的说法，但从现有刑法规定来看，安乐死并没有合法化，其本身还是需要承担刑事责任的。但安乐死里确实有被害人承诺的问题，就是说承诺本身也是有一定限度的。比如说，对于他人的人身权利，即有关生命、健康的这种权利，其他人是不能进行处置的。关于被害人承诺，对自己的婚姻权利能不能承诺也是一个问题。比如说，获得承诺的性行为一般是不需要承担刑事责任的，我们一般称之为通奸。但有时候是代替人家承诺的，这种承诺行不行？比如，实践中发生了这样的案件：男的赌博赌输了，他就承诺把自己的妻子送给人家，这看上去好像也是承诺，但问题的关键是他忽略了最根本的一点，那就是这种权利的处置是否由你一个人就能说了算的。婚姻是双方的，感情是双方的，你一个人是没有权决定这种婚姻和感情的。如果你作了承诺，你实际上就是将对方看作一种物品了，像这种内容都是很值得研究的问题。所以有关理论分类中的这些内容，我觉得在合适的情况下，还是应该在法律条文中作出必要的规定，否则有关这一类情形，尽管理论上已经将其纳入了排除犯罪性的行为，但实际中却还是缺乏一定的法律依据。而我国现行刑法中规定的排除犯罪性行为，只有正当防卫和紧急避险两类，下面我将为大家具体介绍一下。

二、正当防卫

（一）正当防卫的概念和意义

关于正当防卫，首先要了解一下它的概念和意义。它的概念很清楚，《刑法》第20条专门规定："为了使国家、公共利益、本人或者他人的人身、财产和其他权利免受正在进行的不法侵害，而采取的制止不法侵害的行为，对不法侵害人造成损害的，属于正当防卫，不负刑事责任。"这是正当防卫在法律条文里的规定。正当防卫的概念，也是根据这个规定概括而来的。

关于正当防卫，有一点需要注意的就是对大多数人而言，正当防卫是一项权利，是法律赋予公民的一项权利。但对于某一些特定的人而言，正当防卫既是权利又是义务，比如说，人民警察在执行公务时，法律规定如果能够实行正当防卫而不实行，本身就是一种违法行为,有时甚至可能构成犯罪。因此,我们可以很清楚地看到,人民警察在执行公务的时候,实行正当防卫既是他的权利,也是他的义务。权利和义务是不一样的,它们之间最大的不同就是权利是可以放弃的,而义务是不能放弃的。

正当防卫的特点主要有三个。第一,正当防卫是通过对不法侵害人实施人身反击行为来实现的,这里所谓的人身反击行为,实际上含义并不是特别准确。通常认为,正当防卫对不法侵害人的反击,可能会造成不法侵害人人身上的损害,也可能造成财产上的损害。第二,正当防卫是一种面临不法侵害而实施的反击行为。第三,正当防卫的目的是为了保护社会的公共利益和公共秩序,它具有目的的合法性。正是因为这一点,所以希望大家注意,由于正当防卫的合法性,我们才把正当防卫当作同犯罪行为做斗争的手段之一,是法律赋予公民的一种武器。既然是武器,武器就有一种使用规则,也就是我们下面要讲到的正当防卫的成立条件。

(二)正当防卫的成立条件

下面,我重点讲一下正当防卫的构成条件或者说成立条件。

第一,起因条件。关于正当防卫的起因条件,我们强调实施正当防卫必须要有不法侵害行为的存在,它只能针对不法侵害行为才能实行。所谓不法侵害,只能是人的不法侵害,而且我们通常认为这里所谓的不法侵害,是指达到法定年龄具有刑事责任能力的人的不法侵害。这里有几点需要大家着重理解。一是要注意不法侵害的内容。我要问的是,不法侵害的内容,包括不包括违法行为?(下讲台提问)

学生1:"不包括,只有对犯罪行为才能实行正当防卫。"

学生2:"法律没有说不包括,我理解是包括的。"

(回讲台)从刑法的规定来分析,我认为,这里的不法侵害当然是包括除犯罪行为之外的其他违法行为的。如果不包括的话,那么,行为人在实施防卫行为时是否还要对不法侵害者的侵害行为进行判断呢?这显然是不现实的。当然,这里大家需要注意,并不是对所有的违法行为和犯罪行为都能实行正当防卫,能够实行正当防卫的违法行为和犯罪行为应该有几个特征:暴力性、破坏性和紧迫性。也就是说,一般我们只能对具有暴力性、破坏性和紧迫性特征的不法侵害才能实行正当防卫。这是一个很重要的内容。二是要注意对合法的侵害行为是不能实行正当防卫的,此处合法的侵害行为包括公安机关的拘捕、人民群众的扭送,也包括正当防卫、紧急避险的行为等等,对这些行为都是不能实行正当防卫的。

这里需要讨论的是对牲畜的侵害以及对没有达到法定年龄的人或精神病人的侵害能否实行正当防卫?我首先要问的是,对于牲畜(例如狗)的侵害能否实行正当防卫?(下讲台提问)

学生1:"当然可以,总不见得被狗咬死喽。"

学生2:"狗来咬人当然要反击的。"

(回讲台)对于牲畜的侵害实际上是要区分不同情况加以分析的。一般而言,牲畜的侵害包括两种情况:第一种情况是动物在人的唆使之下对他人进行侵害。这种情况下行为人的反击属于正当防卫。那么,在反击的时候是打狗还是打人呢?在这种情况下,当然是直接对狗进行反击,同时有权利对驱使人进行正当防卫,也即打狗打人都是可以的,其实这时打狗还是看主人的嘛!此时,狗是行为人实施不法侵害行为的工具,这是需要大家注意的。第二种情况是牲畜在"自发"的情况下向他人发动袭击,没有人唆使。这种情况下,行为人能不能反击?答案当然是可以反击的,只是这种反击在性质上不属于正当防卫,而应当属于紧急避险。因为,正当防卫的危害来源只能来自人的不法侵害,而在紧急避险来源中有一个就是来自动物的侵袭,这就应当属于紧急避险。

接下来看一下对没有达到法定年龄的人和精神病人的侵害能否实行正当防卫。首先,我要问的是,没有达到法定年龄的人和不具有刑事责任能力的人的侵害,和狗的侵害一样吗?(下讲台提问)

学生1:"应该是一样的!"

学生2:"不一样的,人和狗怎么可能是一样的呢?"(全场笑)

(回讲台)我认为,没有达到法定年龄的人和精神病人的侵害与自发的狗的侵害还是有区别的,区别中最关键的一点就是对于动物的侵害,实施反击者不存在一个判断的问题,而对于没有达到法定年龄和不具有刑事责任能力的人的侵害,则有一个"明知""不明知"的问题。其实,在日常生活中,没有达到法定年龄的人和精神病人也是实实在在的人。特别是从外形上有时很难与正常人加以辨别,在对他们的侵害进行反击的时候,反击者有时根本就不知道他们是否属于这类人。但是,对狗的侵害则不存在知道不知道的问题。狗跑过来咬我,我打狗就是了,不存在一个知道对方是不是狗的问题,除非它是一个"披着狗皮的人"。(全场笑)如果狗是自发的,你反击狗就是紧急避险。如果狗是在他人的唆使之下对你进行攻击,那就有可能是正当防卫。不可能产生对狗的理解和认识上的错误,而对于没有达到法定年龄、不具有刑事责任能力的人进行反击,就有一个"明知""不明知"的问题。知道对方是这类人与不知道对方是这类人,结果是不一样的。甲不知道乙是精神病人或未达到刑事责任年龄的人与甲知道乙是精神病人或未达到刑事责任年龄的人,最后出现的结果是不一样的。首先看一下如果甲知道乙是精神病人或未达到刑事责任年龄的人的情况,乙对甲进行侵害,甲能不能进行反击?这个先从客观上进行分析,没有达到法定年龄的人或不具备刑事责任能力的人的这种侵害,能不能理解为刑法意义上的不法侵害?我们现在就是讨论这种行为的性质,行为人认为是正常的人对他进行侵害,是一种不法侵害,而实际上并不是不法侵害,这就有一个认识错误的问题。这在我们刑法中被称为假想防卫。很多教科书都把不知道对方是这类人,而把针对这类人的侵害进行的反击称之为正当防卫。有些书里甚至还提到,这是有限制的正当防卫,就是在不得已的情况下,你也可以进行反击。我认为这种讲法是不够妥当的,因为这种人的侵害从客观角度来分析,是不属于不法侵害的,我们不能也不应该依据反击者对他们的状况是否明知,而使他们客观行为性质发生改变。由此,对于这种不属于不法侵害的行为,我们进行的所谓的反击,就不应该认定是正当防卫。但是,在这种情况下,由于行为人认为是不法侵害,于是就出现了假想防卫的问题。我认为,行为人认为有不法侵害存在,而实际上不存在,这就属于假想防卫,但是,这种情况我们可以按照意外事件来处理,这样解释才是比较正确的。因为一个人在遇到精神病人侵害的时候,你要看出他是精神病人还是有一定困难的,因此这就存在一个主客观不一致的地方,他主观上存在一定的误解,性质上还是属于假想防卫。

总结一下刚才我们学习的内容,我们对没有达到法定年龄的人或精神病人的侵害进行的反击应该分两种情况讨论:如果这种人是在他人的唆使之下进行侵害的,这时候进行的反击是正当防卫;如果是在自发的情况下进行侵害的,又可分为两种:一种是你明知对方是这类人,你对他进行的反击,就是紧急避险,另外一种是你不知道对方是这类人,你对他进行的反击,就是假想防卫,但是可以按照意外事件来处理。

第二,时间上的条件。正当防卫要排除的是防卫不适时。防卫不适时包含两种情况:一种叫事前防卫;另一种叫事后防卫,两者都不属于正当防卫。事前防卫我们称之为"先下手为强""先发制人",从刑法角度上来讲,这不属于正当防卫。因为在正当防卫中,行为人面对的不法侵害必须是正在进行的。如果不法侵害还没有开始,我们就不能进行正当防卫。但是,我们并非说在正当防卫中不能做一些预防准备。比如说,知道你有被侵害的可能,就适当地做些预防。在这种情况下所作出的反击,我们就不能因为他进行了预防或准备,而否定他是正当防卫。事后防卫我们称之为一种报复。报复不属于正当防卫,因为此时不法侵害行为已经结束。

第三,对象条件,也就是说正当防卫只能针对不法侵害人本人。这里我先举个例子,大家进行判断。甲在街上闲逛,看到前面乙持枪对着丙,要非法剥夺丙的生命。在这种紧急情况下,甲拿起棍子将乙打昏在地。我的问题是,甲算不算正当防卫?(下讲台提问)

学生1:"甲不能算正当防卫,因为甲又没有受到侵害。"

学生2:"我同意这个同学的观点,甲当然不能算正当防卫,他根本没有防卫权。"

提问:"那么,请你将正当防卫的概念读一下好吗?"

学生2:"好的。(读正当防卫的概念)噢,甲应该属于正当防卫。"

(回讲台)从刚才的讨论中,我们完全可以得出答案,即甲的行为属于正当防卫,因为,正当防卫既可以是为本人的利益,也可以是为他人的利益,还可以是为国家、公共利益。这里要注意的是,我们所说的对象条件是指,反击的对象是特定的,至于谁进行反击是没有限制的。我再举个例子,你拿棍子来打我,我打不过你,打你儿子行吗?(全场回答:不行!)那么,我儿子反击你行不行呢?(全场回答:行!)对,由此可见,在正当防卫中,实施反击的人可以是被侵害人本人也可以是其他人。但是,无论是谁进行反击,反击的对象只能是不法侵害人本人,这是对象条件中应该特别注意的问题。

另外,在对象条件中也没有身份上的要求,比如,群众对干部、干部对群众、儿子对父亲、父亲对儿子都可以实行正当防卫,现代社会中没有"父要子死,子不得不死"的情况,正当防卫是人人都享有的权利。

第四,主观目的条件,也即实施防卫的人必须具有防卫的目的。正当防卫必须是为了保护合法权益才能实施。这里的合法权益包括国家、社会公共利益、本人或者他人的人身或财产权益。需要指出的是,并不是只有针对人身权益才能实施正当防卫,对财产权益的侵害也能实施正当防卫,而且防卫所造成的损害也可以是对不法侵害人的财产利益造成的损害。

第五,限度条件。这是正当防卫中最关键的一个条件。1997年《刑法》中对防卫过当明确规定:正当防卫明显超过必要限度造成重大损害的,应当负刑事责任。这里提到了两个概念:一个是明显超过,一个是重大损害。而在1979年《刑法》中,对这一点的提法是不一样的。它明确提到:正当防卫超过必要限度,造成不应有的损害,应当负刑事责任。很显然,现行刑法提高了构成防卫过当的标准,标准提高了,也就意味着防卫权扩大了,立法通过对防卫过当标准的提高,扩大了防卫权。可见,由于1979年《刑法》对于防卫权的保护不够,立法者觉得对于防卫权应该给予更重要的保护,要予以扩大。另外,在限度条件里,最关键的就是"必要限度",而对于必要限度,现在一般的观点就是足以制止。很多人认为正当防卫所造成的损害与不法侵害人所造成的损害要基本相等。基本相等这种提法我认为是不妥当的,因为提到基本相等,就有一个对不法侵害行为的判断。比如说,甲拿棍子来打乙,那乙首先要判断甲是要乙死还是要乙伤,如果甲是要乙死,乙才可能要甲死;如果甲要乙伤,乙要甲死,那就不相等了。作为防卫的人,在这么紧要的情况下,要他作出判断是十分困难的。等他判断清楚了,那他也就可能"不清楚"了。(全场笑)因此,在很多情况下,要求防卫人作出这种判断,无异于剥夺他的防卫权。所以我认为,正当防卫是在紧急情况下发生的,不法侵害必须具有紧迫性,对于防卫的人,不能要求太高。对于必要限度的要求,应该以足以制止侵害行为的继续进行为标准。不能拿正当防卫所造成的损害与不法侵害人所造成的损害进行简单的比较,特别是简单地进行量上的比较,这是不可行的。

举个例子来说,被强奸的妇女将强奸者给杀死了,她剥夺的是他人的生命,而强奸者侵害的是她的性权利。以前经常有人说,性的权利和生命的权利进行比较,生命的权利要重于性的权利,因此有人认为,被强奸的妇女把强奸者给杀死了,就应该是过当了,有好多案件在这个问题上往往搞不清楚。新刑法颁布之前,上海也曾发生过这样一个案件:一个妇女上晚班回家,被一个歹徒挟持到一个弄堂口。歹徒气焰很凶,妇女认为,此时反抗是无济于事的,"只能智取,不能强攻"。所以妇女就想先把歹徒的情绪给稳定下来,经过这妇女的一番言语后,歹徒的情绪慢慢平静下来,但是歹徒坚持要同她发生性行为。歹徒弯腰脱衣服时,将刀插在弄堂口的砖墙缝里,妇女趁机将刀夺走,对歹徒拦腰一刀,把歹徒杀死了。我的问题是,这个妇女的行为算不算正当防卫?(全场回答:"算的!")我认为,这个妇女的行为当然属于正当防卫。因为,正当防卫中的"必要限度"只要是"足以制止"侵害行为所必需的就可以了。像这种案件,如果按照现行刑法的规定,认定为正当防卫是没有问题的。

还有一个案件:也是一个妇女上晚班回家,途经一条昏暗且没有灯的公路,突然她发现后面有辆汽车一直跟着她,她走快,车子就开快;她走慢,车子就开慢。过了一会儿,汽车停在了她面前,驾驶员从车里出来了。这个妇女借着路灯看到这个驾驶员满脸横肉,目露凶光,显然来者不善啊。驾驶员下车后对妇女说:"路很黑,我带你走一段",妇女只能被迫上了车。车开了一段时间后,驾驶员又停车了,要对她实施强奸行为,妇女急中生智,对驾驶员说:"这里太乱,不方便,我知道前面有一个打谷场,打谷场边上有一堆草料堆,那里的环境不错的。"于是,驾驶员又开了一段时间,果然到了一个打谷场,他将妇女拉下了车,随手从车上拿了一个扳手。不一会儿,走到了草料堆边上,驾驶员将扳手随手扔在一边,这名妇女就趁着驾驶员脱衣服,站不稳的时候,狠命地将驾驶员一推,推入了草料堆旁边的一个粪坑里。这个驾驶员将手搭在粪坑的边缘上,奋力向上爬,边爬边对这妇女说:"我上来之后要你好看。"妇女听后一想,自己家离这里还有一段距离,如果驾驶员爬上来之后自己未能及时赶到家里,那他确实就会让自己"好看了"。于是妇女就拼命地踩驾驶员搭在粪坑边缘的手,驾驶员又跌入了粪坑。几个回合后,驾驶员就在粪坑中一动不动了。然后妇女就迅速地跑回了家,找人将粪坑中的驾驶员拉了上来,此时,人已经死了。对此案的处理,有人认为妇女是防卫过当,因为妇女不应该等到驾驶员在粪坑里不动了之后才回家叫人,而是应该看到驾驶员差不多没有抵抗能力的时候就回家叫人,所以认为妇女的行为超过了必要的限度,是防卫过当。我认为这种观点值得商榷,正当防卫都是发生在很紧急的时候,不可能要求防卫人很冷静地思考,在这种紧急关头,要让这个妇女准确地判断出驾驶员什么时候"差不多了",是很难的,你又不可能要求妇女在当时问一声:"你差不多了吧?"所以,我认为,这个案件仍然属于正当防卫。通过这两个案例,我们知道在理解"必要限度"时,不能拿正当防卫所造成的损害与不法侵害人所造成的损害进行简单的量比,而是要以足以制止侵害行为所必需的限度来理解。同时,一般超过必要限度也不构成防卫过当,必须是明显超过必要限度,并且造成重大损害。

(三)正当防卫中的特殊防卫

接下来,我们看一下特殊防卫的问题。《刑法》第20条第3款规定:"对正在进行行凶、杀人、抢劫、强奸、绑架以及其他严重危及人身安全的暴力犯罪,采取防卫行为,造成不法侵害人伤亡的,不属于防卫过当,不负刑事责任。"大家在理解时要注意,虽然在理论上有人将其称为"无限防卫",但现在大多数人认为,"无限防卫"的提法并不是很合适,应该叫做特殊防卫。当然,这只是名称的问题,其实只要理解刑法规定的内容即可,名称不应该是主要的。

对特殊防卫条文的理解有两种:第一种理解认为,前面所提到的行凶、杀人、抢劫、强奸、绑架和后面的"以及其他"是一个整体,在这整体下面规定的"严重危及人身安全"以及"暴力"只是限定条件,也就是说"严重危及人身安全"以及"暴力"既管着前面五种行为,同时也管着后面的"其他"行为;第二种理解认为前面的五种行为和后面的"其他"行为是分开的,而"严重危及人身安全"的"暴力"犯罪只限定后面的"其他"行为,而不限定前面的五种行为。之所以会出现这两种不同的观点是因为前面五种行为并不一定都是暴力的,"杀人、抢劫、强奸、绑架"都不一定是暴力的。所谓暴力是用外力对人身体的一种强制,比方说,用投毒的方法杀人就不是暴力的,用麻醉的方法抢劫也不是暴力。对于这种不具有暴力性的"杀人、抢劫、强奸、绑架犯罪"，我们能不能进行特殊防卫？如果不能进行特殊防卫，说明前面五种行为和后面的"其他"行为是一个整体，它们同时受到"严重危及人身安全"和"暴力"的限制。如果能进行特殊防卫，说明前面的五种行为和后面的"其他"行为是分开的。（下讲台提问）

学生1："我认为，不能进行特殊防卫。"

学生2："我认为，能进行特殊防卫。"

（回讲台）我认为，前面所列举的五种行为和后面的"其他"行为应该是一个整体，"严重危及人身安全"和"暴力"是对前面五种行为和后面"其他"行为的一种限制。另外，还要注意的是，这里所谓的"行凶"，并不是规范意义的法律概念，"行凶"一词用在这里并不是很妥当。"行凶"是一种泛指的行为，它包含的范围是很广的，但其中最主要的应该还是故意伤害这一类的行为。

（四）防卫过当及其刑事责任

最后我们再来看一下防卫过当及其刑事责任。

所谓防卫过当，就是指正当防卫明显超过必要限度造成重大损害的行为。根据我国刑法规定，防卫过当应当负刑事责任。

防卫过当是应当负刑事责任的，但按照法律规定是应当减轻或者免除处罚的。这里大家要注意的是，防卫过当其实也是以正当防卫成立为前提的，如果前面不符合正当防卫的成立条件，后面也就不可能有防卫过当的问题。它和正当防卫最主要的区别就在于它不符合第五点限度条件，而前面的其他四个条件都是符合的。也正因为这一点，它的罪过形式和其他犯罪是不一样的。现在理论上大多数人认为，防卫过当的罪过形式以过失为主，但并不绝对排除间接故意。另外，防卫过当不是一个独立的罪名，刑法中是没有防卫过当罪的，过当的那部分行为构成什么犯罪就应该按照什么犯罪来认定。

下面我们就此问题讨论一下"于欢案"，对于此案的一审判决作出后，理论和实践中争议较大的是，于欢的行为是防卫过当还是防卫适当？我认为，于欢的行为应属防卫过当，理由是：

首先，于欢和他的母亲受到的不法侵害不属于特殊防卫中所规定的"正在进行行凶、杀人、抢劫、强奸、绑架"的情形。笔者认为，尽管于欢和他的母亲所受侮辱以及殴打等行为的社会危害、暴力程度远远超过了道德的底线，但是其本质仍是侮辱以及一般殴打行为，还没有达到"行凶""抢劫"等"严重危及人身安全的暴力犯罪"的程度。也即于欢和他的母亲在当时所面临的不法侵害的社会危害性明显低于刑法有关特殊防卫所列行为的严重程度，因此，对于欢的捅刺行为不能适用特殊防卫的规定。

其次，判断于欢的防卫行为是否属于防卫适当应考虑其防卫行为是否在正当防卫的必要限度内。正当防卫虽然是法律赋予公民的一项合法权利，但是由于正当防卫的实施方式通常也是通过对不法侵害人反击的手段进行的，因此正当防卫必须在必要限度内实施，一旦明显超过必要限度，防卫行为可能会造成重大损害，从而产生较大的负面效应,需要承担刑事责任。我认为,认定正当防卫的必要限度不能机械地依靠某个标准,而应当针对具体情况进行具体分析,在判断正当防卫的必要限度的具体标准时需要考虑两点因素:一是应当考虑防卫人对不法侵害的行为性质、行为强度和可能造成的危害后果的认识和防卫人的防卫目的;二是防卫的后果没有明显超出有效制止不法侵害继续进行的限度而造成不应该出现、没有必要出现的重大损害。本案中,多名讨债人在追债过程中并未携带任何器械,对其实施的主要是非法拘禁、侮辱和拍打面颊、揪抓头发等行为。民警进入接待室以后,双方没有发生激烈对峙和肢体冲突。考虑到于欢所使用的工具、刺伤部位以及捅刺强度,尤其是最终造成"一死二重伤一轻伤"的后果,可以看出,于欢所实施的防卫行为与其受到的不法侵害不相适应,该后果明显属于重大损害。因此,应当认为于欢的行为明显超出了必要限度并造成损害,属于防卫过当。

根据我国刑法规定,正当防卫明显超过必要限度造成重大损害的,应当负刑事责任,但是应当减轻或者免除处罚。一审法院判处于欢无期徒刑的主要原因是未认定于欢的行为具有防卫性质,认定其行为构成故意伤害致人死亡,没有对其减轻处罚。防卫过当实际上是在对不法侵害人造成的重大损害中剔除了合法、合理的部分后,要求防卫人承担起防卫行为中不合法、不合理部分的刑事责任。防卫过当构成犯罪,但防卫过当并非一个独立的罪名,因此对防卫过当犯罪的定性应当紧紧依附于过当行为性质和过当结果性质加以判断。根据对案件发生的背景综合分析和全面判断,于欢在实施防卫行为时并没有杀人的故意。于欢虽然采取的是用刀具捅刺他人,但可以看出行为并不是在杀人意志支配下对被害人选择致命的部位进行捅刺,因此将于欢的防卫行为认定为故意伤害似乎没有问题。于欢的行为是出于对母亲的人身自由和人格尊严保护,自古就受到人伦和常理的认可,但其造成了"一死二重伤一轻伤"的严重危害结果,超出法律所容许的限度,因此,对于欢适用减轻处罚而不适用免除处罚,也是完全合理的。根据《刑法》第234条的规定,故意伤害致人死亡的,处10年以上有期徒刑、无期徒刑或者死刑。对上诉人减轻处罚则应当在3年以上10年以下有期徒刑的法定刑幅度内量刑。山东省高级人民法院最终判处于欢有期徒刑5年,充分考虑了于欢的犯罪事实、性质、情节和危害后果,是一个合法、公正的判决。

三、紧急避险

接下来,我来讲一下紧急避险。人们对正当防卫和紧急避险区分得还不是很清楚。接下来我想先介绍一个案例,通过这个案例来帮助大家区分正当防卫和紧急避险。这个案件是这样的,甲在街上闲逛,遭到了歹徒乙的袭击。甲在前面逃,歹徒乙在后面追,眼看就要被乙追上,情况十分危急。这时候,甲发现街面上正好有一户人家的门虚掩着,于是,他果断地闯入了这户人家躲避,但想不到这个歹徒也迅速跟了进来,并直接威胁到了他的人身安全。在此情形之下,甲来不及多想,抓起五斗橱上的一个花瓶,对准歹徒的头就砸了过去。此刻,花瓶的主人丙在边上着急了,因为他知道这个花瓶是"价值连城"的古董，突然冲进来一个人，拿起花瓶就砸人的头，丙心想这个人肯定不是好人，就顺手抄起一根棍子对准甲的头猛敲了一下。最后，出现了三个"开花"，歹徒的头"开花"了，花瓶"开花"了，拿花瓶砸歹徒头的甲的头也"开花"了。我现在要问的是，本案中甲的行为属于什么？（下讲台提问）

学生1："甲属于正当防卫。"

学生2："甲属于紧急避险。"

学生3："我不清楚，很难判断。"

（回讲台）我认为，甲的行为既是正当防卫，又是紧急避险。在这个案例中，甲抓起花瓶砸乙的头这一行为导致了两种损害，一个是歹徒的头被敲破了，另一个就是花瓶碎了，我们应分别对这两种损害作出判断和说明。对于歹徒的头敲破了，行为人是不负刑事责任的，因为这是正当防卫，歹徒的头被敲破了是甲实施了正当防卫行为之后对不法侵害人造成的损害。对于这种损害，正当防卫人是不负刑事责任的。对于花瓶碎了，行为人也是不负刑事责任的，因为甲以牺牲花瓶作为代价来保全自己的人身安全的行为，属于紧急避险行为，紧急避险行为中对第三者合法权益所造成的损害，行为人是不负刑事责任的。所以甲拿花瓶砸歹徒的这个行为，既有正当防卫的因素，又有紧急避险的因素。通过这个案件，我们可以总结出正当防卫和紧急避险的关键区别就是看损害的对象。正当防卫和紧急避险都是针对损害而言的一种行为。在一个行为中，它可能兼具以上两种因素。因为一个行为很有可能导致两种损害，而损害所指向的行为的性质到底是正当防卫还是紧急避险，需要根据具体情况作出具体判断。由此可见，从损害的对象来判断是正当防卫还是紧急避险，这是两者最关键的区别。

那么，花瓶的主人丙拿棍子打甲的行为属于什么性质呢？（下讲台提问）

学生1："当然是正当防卫喽，因为丙要维护自己的利益。"

学生2："应该是紧急避险。"

我认为，丙的行为应该属于假想防卫。对于花瓶的主人丙而言，他主观上以为甲的行为是不法侵害，而刚才我们已经分析，甲的行为既是正当防卫又是紧急避险，而这些行为均属于合法行为。由于对合法的行为不能实行正当防卫，因此，丙的行为当然不可能是正当防卫。需要指出的是，我们看行为合不合法是以客观表现为标准的，而不是看主观。如果客观上是不法的，那么，行为人进行反击当然没有问题，如果客观上是合法的行为，而行为人并不知道是合法的行为而进行反击，就出现了一个认识错误问题。由于认识错误就产生了假想防卫的问题，行为人认为对方是不法侵害，而实际上对方是合法的行为，行为人所进行的防卫就应该是假想防卫。需要注意的是，假想防卫要不要负刑事责任？答案是，既然假想防卫不属于正当防卫，那么，行为人当然是要负刑事责任的。但由于行为人存在认识错误，而我们在认定犯罪的时候，认识错误是有可能影响到行为的性质的，特别是对事实的认识错误。由于丙主观上具有防卫的意图，因此一般可以排除故意犯罪，理论中大多数的观点认为对于假想防卫，应该以过失犯罪认定，但是并不绝对地排除意外事件。像刚才的案件，我认为，对于花瓶的主人，由于甲的行为本身是正当防卫和紧急避险，因此，花瓶主人丙的这种还击行为应该属于假想防卫。由于发生的场合是在花瓶主人丙的家中，我认为应该可以按照意外事件来认定。

（一）紧急避险的概念和意义

通过刚才的案例，大家已经对紧急避险有了一个大概的认识，现在我们来具体了解一下紧急避险的概念和意义。

1. 紧急避险的概念和特点

首先，我们来看紧急避险的概念和特点。通过刚才的分析，我们已经了解到，紧急避险就是指为了使国家、公共利益、本人或者他人的人身、财产和其他权利，免受正在发生的危险，而不得已采取的紧急避险的行为，造成损害的，不负刑事责任。这是紧急避险的法律规定。从紧急避险的概念和我国刑法对紧急避险的规定来看，紧急避险行为有三个鲜明的特点。

第一，紧急避险是通过对合法的人身、财产权利的损害行为来实施的，从而具有伤害人身、损坏财产的行为表现。如果行为在客观上不具有伤害人身、损坏财产的行为表现或者行为结果，那在刑法上就不属于紧急避险的范畴了。

第二，紧急避险是在合法权益遭受重大危险时采取的一种避免危险的紧急措施，从而在最大程度上维护了国家和社会的公共利益、本人和他人的合法权益，因而其实质是有益于社会的行为。

第三，紧急避险是在避险人已无可能采取其他措施避免危险的情况下，不得已而采取的权宜之计，其行为虽然在避险过程中损害了另一较小的合法利益，但避险人是迫于别无选择才为之，其目的是为了保护更大的社会利益或者自身利益，在主观上不具有危害社会的罪过性。因此，紧急避险作为一种与自然灾害和各种危险做斗争的重要手段，与正当防卫一样，为我们国家所提倡和鼓励，所以刑法才明文规定排除其成立犯罪，不负刑事责任。

根据这个规定，我们应该可以清楚地看到，紧急避险的实质含义就是牺牲较小的利益来保存较大的利益。这是以人趋利避害的本能为出发点的，当两种利益面临选择的时候，牺牲较小利益来保存较大利益，这对于维护正当、合法权益来说也是合算的。法律把这种情况规定为紧急避险，它的积极意义是显而易见的。也正是因为紧急避险牺牲的利益是合法利益，所以它的构成要件要比正当防卫更加严格，也就是我们通常讲的，如果能不牺牲较小的利益，照样能够保存较大利益，就尽可能地不要牺牲。这个跟正当防卫不一样，正当防卫牺牲的是不法侵害人的利益，而紧急避险牺牲的是第三者的合法权益，所以我们能不牺牲尽量不要牺牲。另外，很重要的一点，刚刚讲的甲将歹徒的头砸破了，甲不需要负刑事责任，那甲需不需要负民事责任啊？也不需要的。民法里从来没有因正当防卫导致的民事赔偿问题，当然防卫过当导致的民事赔偿是有的。对于花瓶碎了，甲不负刑事责任，那甲要不要负民事责任啊？要的。因为花瓶的损害所侵害的是第三人的合法利益。所以紧急避险以后，我们尽管不要行为人负刑事责任，但是民事责任仍然是存在的。至于民事责任由谁来承担则是另外一回事。

2.紧急避险的意义

我国刑法规定紧急避险,具有非常重要的理论意义和实践价值,具体表现在三个方面。

第一,刑法规定紧急避险,已经明确表明在发生危险的紧急情况下,当两种合法权益发生冲突,又无两全之计时,允许社会成员采取措施牺牲一个较小利益而保护另一较大的利益。

第二,刑法规定紧急避险,能够教育和鼓励社会成员在与自然灾害和违法侵害的斗争中,树立见义勇为、果敢处理、勇于牺牲局部较小的利益以保护全局较大的利益的意识。

第三,刑法规定紧急避险,能够增进社会成员之间的全局观念,共同抵御各种危险,切实保护社会的整体利益。

(二)紧急避险的成立条件

接下来,我重点讲一下紧急避险的成立条件。构成紧急避险也要具备五个要件。

构成紧急避险的第一个要件是起因要件。通常我们所讲的紧急避险的起因,也就是危害的来源可以来自四个方面:首先是人的不法侵害;其次是自然灾害;再次是动物的侵袭;最后是人的生理疾患。自然灾害是紧急避险中比较常见的,像火灾啊,风暴啊等等,比如,我们出海的船,遇到海难,在紧急的情况下,把货物给甩掉,这就是紧急避险。遇到了火灾,把民房拆掉以避免火势蔓延,这也属于紧急避险的情形。人的不法侵害,刚刚也提到了,歹徒的袭击就是人的不法侵害,甲把花瓶砸碎了来保全自己的人身安全。关于人的生理疾患,北京曾经发生过这样一个案例,这个案例曾经在中央电视台专门进行过讨论:一个医生为某病人治眼病,这个医生通过检查发现这个病人的眼角膜坏了,如果不及时给他换眼角膜,这个人的眼睛就会瞎掉,但是一下子又找不到眼角膜。正好在这个时候,医院里有个人刚刚病故,这个医生马上找到了这具尸体,但是没找到死者家属。大家知道,眼角膜过了一定的时间就没用了。这个医生想如果过了这段时间,那个病人的眼睛就会瞎了,而这个眼角膜又会坏掉。在实在没有办法的情况下,那个医生果断采取措施,把病故者的眼角膜取了下来,移植到了等候救治的病人的眼睛里。结果等候救治的病人的眼睛好了,但是病故者的家属意见很大。家属认为这个医生的行为伤害了死者家属的感情,也侵害了死者身体的完整性,因此认为医生应该构成犯罪。中央电视台当初在讨论的时候,很多专家都发表了意见,其中有很多人认为,这是一种职务行为。我认为,医生为病人看病是一种职务行为,但是将医生未经同意而摘取别人的眼角膜的行为认定为是职务行为似有不妥。但是,大家在这个医生要不要负刑事责任这个问题上,意见是一致的,即均认为这个医生不应当负刑事责任。到底从什么角度认为其不负刑事责任呢,争议非常大。我的观点是,这个医生的行为应该属于紧急避险,其危害的来源就是人的生理疾患。这个医生所医治的这个病人处在很紧急的情况下,如果不及时处理,他的眼睛可能就要瞎了。在这种情况下,牺牲死者的利益来保存生者的利益,死者的利益和生者的利益进行比较,生者的利益重于死者的利益,所以医生的行为应该属于紧急避险。很多人认为,如果这种行为属于紧急避险,以后很多人都会偷割别人的眼角膜了。我认为不能这样来理解,首先我们要判断这种情况是不是符合紧急的情况;其次是即使符合了紧急情况也并不代表一定就能够偷割。还有很重要的一点就是,行为属于紧急避险,并不意味着它可以不负任何其他的责任,这个医生可以不负刑事责任,但是他需要负民事责任,他的侵权行为本身是客观存在的。

构成紧急避险的第二个要件是时间要件。这里有一个是否存在避险不适时的问题,事前避险和事后避险都属于避险不适时,避险不适时不属于紧急避险。危险必须正在发生、实际存在。如果危险还未发生,你就进行预先的躲避,采取了所谓的紧急避险措施,这就属于事前避险。危险已经过去,你还进行所谓的避险,这个就是事后避险。危险并不实际存在,而是你主观上臆断出来的,这个叫假想避险。比如说,我发觉今天形势不对,好像暴风雨要来了,然后命令船上的船员把船上的货全部甩掉,但是你判断的危险没有实际依据,这就叫假想避险。

构成紧急避险的第三个要件是对象要件。我们强调紧急避险的对象应是第三者的合法权益。在此,我们要注意对"第三者"的理解。比如,狗"自发地"来咬我,我打狗,属于紧急避险,这只狗算不算第三者呢?在我们一般理解中的第三者既不是你的也不是我的,当然就是第三者的,这个概念很重要。我认为,紧急避险中的"第三者"其实是针对"第二者"而言的一个概念,也即没有"第二者",何来"第三者"呢?就此而言,我们完全可以说只有在危害来自人的不法侵害时,才有"第三者"的概念存在,在其他危害来源中其实是不存在"第三者"问题的。当然,我的观点与许多教科书的观点是不一样的。

构成紧急避险的第四个要件是主观要件。也就是说行为人主观上必须有避险的目的。紧急避险必须是在不得已的情况下进行。不得已,即英语中的"Have to"不得不这样做。这跟正当防卫是不一样的,正当防卫没有这么高的要求,当你面临不法侵害,有能力逃掉,照样可以实行正当防卫。比如,我是一百米短跑冠军,你来袭击我,我跑起来你是追不上我的,但我照样可以实行正当防卫。但是,在紧急避险的情况下,你如果能够跑掉,就要尽量跑掉,只有在不得已的情况下,你才能实行紧急避险。另外,大家要注意的是,根据刑法的规定,关于避免本人危险的规定,不适用于职务上、业务上负有特定责任的人。

构成紧急避险的第五个要件是限度要件。因为规定紧急避险的立法初衷就是为了保存较大的利益,所以这里就存在一个牺牲利益与保存利益的比较问题,如果牺牲较大利益而保存了较小利益,就违背了设置紧急避险这一制度的立法初衷了。避险行为所造成的损失必须小于危害所带来的损害,不能"等于"更不能"大于",这样才能真正体现牺牲较小利益来保存较大利益的实质含义。如果是"等于"或者"大于",则属于避险过当。正是因为有"小于"的限度要求,在实际中就有一个比较的问题,两个性质相同的东西还是比较容易判断出来的,但对不同种类的东西进行比较就有难度了。下面我讲一个案例,大家判断一下是否属于紧急避险。这个案件是这样的:有一个商店的出纳员,她每天要把商店的营业款交到银行里。这种情况被一个歹徒知道了,于是,某天这个歹徒就在路边一直埋伏,等这个商店出纳员经过的时候,他就冲上前去,用刀逼着她把钱交出来,否则要她的命。这个出纳员为了保存自己的生命,就把2万元营业款交出来了。现在我要问的是,这个商店出纳员的行为算不算紧急避险?(下讲台提问)

学生1:"不算紧急避险。因为,出纳员是有特定责任的。"

学生2:"算紧急避险。因为,出纳员也是人呀。"

提问:"根据刑法规定,避免本人危险,不适用职务上、业务上负有特定责任的人。那么,出纳员有没有特定责任呢?大家思考一下,出纳员为了保存自己的生命把钱交掉与消防队员为了保存自己的生命不救火之间有没有区别啊?"(全场议论)

(回讲台)对刚刚讲到的"避免本人危险的规定,不适用于职务上、业务上负有特定责任的人"这句话的理解,我们应将焦点放在"特定责任"上,而不是放在"职务、业务"上,不能因为这个人有职务、有业务就不能进行紧急避险,关键是看他的职务、业务对他有没有特定的要求,如果说有职务、有业务就不能进行紧急避险,就只有"待业青年"能够进行紧急避险了。(全场笑)应该看到,出纳员以及消防员、解放军战士,他们的职业、业务对他们在实际中承担的责任要求是不一样的。解放军战士和消防员要随时随地准备为人民的利益献出自己的生命,这是职务上的特定要求。但是对于出纳员,我们从来不会要求哪一个出纳员应该为保护公共财产而献出自己的生命的。也即要求出纳员保护财产的义务是有的,但是为了保护财产而要"献出自己生命"的这种义务是没有的。所以分析这类问题,关键是看这个义务本身的内容。在这个案件中,出纳员没有为了保护财产而献出自己生命的这种义务,因此不能否定这个出纳员实施的是紧急避险的行为。

接下来我们要讨论第二个问题,也就是既然属于紧急避险,有没有过当的问题?(下讲台提问)

学生1:"不过当!因为人的生命重于2万元。"

提问:"那么,20万或者200万呢?"

学生1:"也不过当。因为人的生命是无价的。"

(回讲台)这个同学说得是对的。希望大家注意,当生命和财产相比较的时候,一般标准是生命重于财产。在这一前提标准之下,我们还需要考虑另外一个标准,就是国家、公共利益重于个人利益。但这是在生命重于财产这个前提之下来说的。首先考虑生命重于财产,然后再考虑国家、公共利益重于个人利益。

这里需要提出的另一问题是,我们能不能以牺牲他人的人身权利来保存自己的人身权利呢?具体而言,是能不能以牺牲他人的生命来保存自己的生命呢?比如说,我看到你用枪瞄准我,我拉一个人过来挡一下,怎么办?算不算紧急避险?如果算是否过当?(下讲台提问)

学生1:"我认为,算避险过当。"

学生2:"我认为,不算紧急避险。"

（回讲台）我认为，这是不能构成紧急避险的，因而也不存在所谓的避险过当问题。有一个很经典的案例，蛮有意思的：一个青年妇女回娘家，她翻过一座山的时候，在山上遭到了一个歹徒的袭击，但是，这个青年妇女身强力壮，而这个歹徒却比较瘦小。两人在搏斗的过程中，青年妇女明显占了上风。最后，这个青年妇女将歹徒推倒在地，歹徒的头撞在一块石头上昏了过去。于是，青年妇女就下山了。因为在山上耽搁了，到山脚下时天已经黑了，这个青年妇女心想回娘家来不及了，于是就在山脚下找了一户人家借宿。这户人家有一个老太和一个小女孩。吃完饭之后，老太安排青年妇女与小女孩住在里间。青年妇女因为白天遭到了袭击，一时睡不着。半夜时分，听到外面进来一个男子，男子称这个老太为娘，这个老太问这个男子为什么这么晚回来，这个男子说日间在山上与一个女子纠缠，被这个女子打昏在地，醒来之后满山遍野找不到人，既急于想报一箭之仇，又怕事情败露。老太问这个女子长什么模样，两人一核对形象，恰好吻合，老太随即将里间的门反锁。老太就问儿子准备怎么办，男子说一不做二不休，把她杀了。老太表示同意，让儿子去准备一下，共同故意也就此形成了。里间的青年妇女听到了他们全部的谈话，她想冲出去，但是知道他们有所准备且门被反扣了，根本无法冲出去。但是，她又不甘心在里边等死，于是就把小女孩轻轻挪到了自己睡的那个位置，而自己睡在原来小女孩睡的位置上。老太让儿子进去后不要开灯，并告诉他青年妇女睡在哪一边，让他不要搞错。于是男子和老太推门进去，一阵猛砍。青年妇女趁乱冲了出去。当他们醒悟过来，才发现杀害的是自己的妹妹。再想去追，青年妇女已经跑了。在这个案件中，那个男子和老太构成犯罪吗？构成什么罪？因为那个男的和其母亲有杀人的故意和杀人的行为，虽然是对象错误，但由于青年妇女和小女孩都是有生命的人，所以仍然构成故意杀人罪犯罪既遂，认识错误既不影响定性也不影响形态。现在关键问题是，这个青年妇女，原来应该是她死的，她把死让给了人家，她的这个行为是什么性质？算不算紧急避险？

对于这个案件，理论上是有不同观点的，但我认为这个不属于紧急避险，当然也不会有避险过当的问题。理由很简单，避险过当的前提条件是符合紧急避险的条件，只是在限度条件上不符合限度要求，造成了不应有的损害。我刚刚讲过了，紧急避险不允许牺牲他人的人身权利来保存自己的人身权利，也就是说不允许牺牲他人的生命或者健康来保存自己的生命或者健康，这是一条原则。正是这个原则，从根本上否定了青年妇女的行为符合紧急避险的可能性。我们从性质上已经否定了紧急避险的可能性，因此也不必再讨论它是不是过当了。对这个妇女应该怎么处理呢？有人认为既然不属于紧急避险，就应该认定为犯罪。但我并不这么认为。我认为在这个案件中，真正的杀人凶手是存在的，就是那个老太和她的儿子，追究他们的刑事责任就可以了。对于这个妇女，我们不能把妇女的行为认定为紧急避险，因为紧急避险是合法的行为，如果认定为紧急避险，以后大家都把死让给别人了。就妇女的行为本身而言，我们是不能这样提倡的，但讨论对这个妇女是不是应当按犯罪处理，我认为也是没必要的。社会上有很多行为，我们不能都急于用法律来进行评价。刑法需要一定的"惰性"，刑事评价也需要一定的"惰性"。

（三）避险过当及其刑事责任

下面,我们看一下避险过当及其刑事责任。从法条规定来看,所谓避险过当,是指紧急避险超过必要限度造成不应有的损害,应当负刑事责任。从这一概念分析,避险过当的构成条件与正当防卫是不一样的,防卫过当是"明显"超过必要限度,造成"重大"损害,而避险过当则没有"明显"的要求,且只要造成不应有的损害即可构成。应该看到,对于避险过当,法条规定应当减轻或者免除处罚,这与防卫过当的处罚是一样的。两者可以联系起来记忆。

避险过当既然是一种需要追究刑事责任的犯罪行为,在主观上就有一个罪过形式的问题。从刑法理论的基本原理出发,由于避险人是出于保护更大的合法利益的需要不得已而进行避险行为的,因此在主观心理上应排除其犯罪故意的成立。但是作为避险行为已超出必要限度,造成不应有的损害结果,避险人是有义务要预见的,其能够预见但因疏忽大意而没有预见,在法律上就形成了疏忽大意的过失。因此,对避险过当应当以疏忽大意的过失的罪过形式加以认定。如果损害结果确实是因避险人不能预见或者不可抗拒的原因所造成的,那就应当以意外事件或不可抗力加以认定。

（四）紧急避险与正当防卫

通过前面的学习,大家可能会觉得紧急避险和正当防卫有很多相同的地方。实际上确实如此,由于紧急避险与正当防卫都属于刑法明文规定的排除犯罪性行为,它们在法律特征上具有诸多的共同性,具体表现在三个方面。

第一,两者在主观目的中,都具有保护社会利益的正当性要求,都是为了保护国家、公共利益、本人或者他人的合法权益。

第二,两者在客观效果上,都产生了有益于社会利益的实际效果,都使得国家、公共利益、本人或他人的合法权益受到最大程度的保护。

第三,两者在法律规定上,都具有排除犯罪性的属性,在适当的情况下,都不负刑事责任。而在过当的情况下,又都不能完全排除其构成犯罪,都要负刑事责任。

接下来我们来看一下紧急避险与正当防卫的区别。在对紧急避险和正当防卫的判断中,最主要的是要看造成了什么损害以及造成了谁的损害。紧急避险与正当防卫的区别主要表现在五个方面。

第一,两者前提条件的性质不同。正当防卫的前提条件仅限于人类社会的违法犯罪等不法侵害。而紧急避险的前提条件虽然包括了人类社会所引起的人为危险,但更多的是来自自然界的危险。

第二,两者行为指向的对象条件有所不同。正当防卫只能针对不法侵害人本人才能实施。而紧急避险则必然针对合法的第三者利益加以进行。

第三,两者的行为限制条件不同。正当防卫面对不法侵害就可实施。而紧急避险只有在迫不得已、别无其他选择的情况下才能进行。

第四,两者过当的限度要求不同。正当防卫是正义与邪恶的较量,因此其所造成的损害,既可小于,也可等于、大于不法侵害可能造成的损害,只有在明显超过必要限度造成重大损害时,才能构成防卫过当。而紧急避险是两种合法利益的冲突,因此其所造成的损害,必须小于危害所带来的损害,否则就是避险过当。

第五,两者行为的主体要求不同。正当防卫不但是每个社会成员的合法权利,而且也是某些特定社会成员的法定义务,必须予以实施,不实施则违法。而紧急避险虽然也是社会成员的一项合法权利,但是对于某些在职务上、业务上负有特定责任的社会成员来说不能进行紧急避险,不能进行紧急避险是一种义务,一旦实施就是违法。

好,关于排除犯罪性行为的内容,就介绍到这里,谢谢大家!

第十三讲

故意犯罪的停止形态(一)

故意犯罪停止形态的认定是司法实践中常见且无法回避的问题,因而也是刑法理论中一个重要的研究课题。虽然近年来我国刑法理论对故意犯罪的停止形态问题已经有了较为深入的研究和探讨且成果颇丰,但是仍有许多问题在理论上没有达成共识,司法实践中也不断出现一些在定罪和量刑上颇有争议的疑难案件。所以,接下来我们将着重学习这部分的内容。由于这部分内容比较多,所以我分两讲给大家介绍。

一、故意犯罪的停止形态概述

(一)故意犯罪停止形态的概念和范围

我们首先来了解一下故意犯罪停止形态的概念。故意犯罪的停止形态,是指故意犯罪在其发展过程中,由于某种原因而停止下来时所呈现的各种状态。由于犯罪停止形态只存在于故意犯罪中,所以,理论上一般将其称为故意犯罪的停止形态。在理论上和法条规定中,故意犯罪的停止形态有四种:犯罪既遂、犯罪预备、犯罪未遂和犯罪中止。在这四种形态中,通常把犯罪预备、犯罪未遂和犯罪中止看作是犯罪的未完成形态,而把犯罪既遂看作是犯罪的完成形态。我国的刑法规定有一个特点,就是刑法分则中规定的所有故意犯罪都是以犯罪既遂作为标准的,也就是说立法者在设定条文的时候,是以犯罪既遂作为一个基本的蓝本,然后规定罪状和法定刑的,刑法分则没有把犯罪的未完成形态规定进去,这是大家需要注意的一个问题。行为人在实施行为的过程中由于各种各样的原因而没有完成分则所规定的所有构成要件,于是就出现了犯罪预备、犯罪未遂、犯罪中止等未完成的形态。对这种未完成形态我们仍要处罚,在处罚过程中,我们必须引用总则中的有关规定。另外,需要注意的是,从现行刑法的规定来看,我国惩罚犯罪是从犯罪预备开始的,这是我国刑法的特点。而现在世界上大多数国家和地区对预备犯都是不处罚的,对未遂犯也只是对部分犯罪才处罚,这多少体现了我国刑法中仍然奉行一定程度的重刑主义思想。

对于故意犯罪停止形态的概念,我们应该有一个总体的理解。接下来我先讲一个案例,大家来分析一下,这样可以让大家有一个整体的印象。这个案例是这样的:甲跟乙有仇,因而要杀乙。为此,甲买了一把刀,买了刀之后就开始磨,然后拿着这把磨好的刀跟踪乙。甲跟着走了一段路以后,便向乙举刀,就这样一刀下去把乙给杀死了。那么,对甲的行为应该如何认定呢?(下讲台提问)

提问:"你认为甲买刀的行为属于什么?"

学生 1:"属于预备吧。"

提问:"磨刀的行为呢?"

学生 1:"还是属于预备吧。"

提问:"那么,跟着走是否着手了?"

学生 2:"没有着手,还是预备。"

提问:"那么何时算着手呢?"

学生 2:"应该从举刀开始算着手。"

学生 3:"跟着走已经着手了。"

提问:"同学们对甲的买刀和磨刀行为属于犯罪预备没有意见。但是对于甲后面的行为就出现了两种意见,有人说跟着走已经着手,所以'跟着走'是未遂,还有人说举刀才算已经着手,所以'跟着走'是预备。那么,这两种意见哪一种正确呢?"

学生 4:"我觉得后面同学的意见正确。"

学生 5:"我觉得前面同学的正确,因为举刀时才表明杀人行为的开始。"

(回讲台)看来同学们的争议很大,其实,我认为这两种意见都是错的,问题主要出在大家没有对故意犯罪停止形态的实质含义真正理解。故意犯罪停止形态的本质特征,我在下面会专门讲授。这里先说两个一定要注意的内容:其一,故意犯罪的停止形态是一个"点",而不是一段时间。其二,这个"点"是与停顿紧密相连的,没有停顿,就没有形态。犯罪是一个动态过程,但判断犯罪形态则应该从静态加以观察。一个行为只有一种形态,我们要以最后的停顿点作为判断形态的标准。

在这个案件中,我们不能分阶段进行考虑,整个案件根本没有未完成形态。在整个犯罪过程中有好几个阶段,但是,正如前述,有停顿才有形态,没有停顿不谈形态。我刚才讲的甲买刀、磨刀、跟着走、举刀下去,最后把人给杀死了,甲的行为最后是停在把乙杀死这一点上的,犯罪已经既遂。既然已经犯罪既遂,又怎么可能还有犯罪预备、犯罪未遂、犯罪中止等形态呢?我们可以说甲有准备活动,但不能说是犯罪预备。什么时候是犯罪预备?比如,甲要杀乙,买一把刀,被人家抓住了,犯罪行为停下来了,这才是犯罪预备。甲磨刀磨到一半,想到自己上有老下有小,就不继续实施犯罪行为了,这才是犯罪中止。甲举刀,被其他人抓住砍不下去了,这才是犯罪未遂。也就是说所谓的形态必须和停顿相连,没有停顿不谈形态,我们不能人为地把一个人的完整行为进行分割。判断一个人的行为的形态,是以最后的停顿状态作为标准的。一个行为只有一种形态,这一点很重要。当然对这个停顿点我们要正确理解,比如说,甲磨刀磨累了休息一下,这不叫停顿。所谓停顿,是指行为到此为止了。像刚才讲的那个案例,人已经被杀掉了,犯罪就已经达到了既遂,也就不存在犯罪预备或犯罪未遂了。我曾经受委托为法官考试出刑法试卷,我出了这么一道题:甲知道对面一栋楼里,有一户人家很有钱,他想取得这户人家的财物,但是他知道这户人家有个老头一直在家,要取得财物必须先把老头制服。为此,甲准备了一把刀向现场进发,当走到这户人家时,甲发现这天老头正好不在。于是,他翻窗进入,盗走了财物。试题的问题是:甲的行为构成什么罪? 我给出三个可供选择的答案:第一个是某甲构成盗窃罪;第二个是某甲构成抢劫罪;第三个是某甲构成抢劫罪(预备)和盗窃罪(既遂),实行数罪并罚。你们认为应该是哪个答案呢? (下讲台提问)

学生1:"我觉得应该还是抢劫罪,因为甲就是怀着抢劫的故意去他家的,而且还带刀去了。"

学生2:"我觉得应该是抢劫罪的犯罪预备和盗窃罪的犯罪既遂,因为甲带了刀准备去实施抢劫,但到现场后又实施了盗窃行为。"

学生3:"我觉得应该是盗窃罪。"

提问:"为什么呢?"

学生3:"说不上来,但我感觉是。"(全场笑)

(回讲台)你的感觉是对的,但我们不能老跟着感觉走。知其然,我们还必须知其所以然。应该说,在这三个答案中,第二个答案一般人通常不会去选,主要是在第三个答案和第一个答案选择上有争议。其实这类题目如果让一点不懂法律的人作判断,反而会是正确的,而让有点懂有点不懂的人判断,则会出错。由于第三个答案比第一个答案多一个抢劫罪的犯罪预备,一般学过法律的同学一下子就想到甲为了制服老头而准备了刀,这不是犯罪预备吗? 于是就认为第三个答案是最全面的,但是恰恰第三个答案是错误的。为什么第三个答案是错误的? 因为没有停顿是不谈形态的。由于行为人的目的是同一的,都是以非法占有财物为目的,在这种情况下,我们是以最后实际取得财物的手段作为判断行为性质的依据的。因此,在这个案件中,尽管甲有抢劫的准备活动,但不能说他有抢劫犯罪预备的形态,最后甲是以秘密窃取的手段取得财物,因此,应认定为盗窃罪。

下面,我给大家介绍一下故意犯罪停止形态存在的范围问题。关于犯罪停止形态存在的范围有两个问题需要讨论。

第一个问题是在过失犯罪中是否存在未完成形态。我认为是没有的,因为在所有的过失犯罪中,行为人对危害结果都是持否定态度的,既然对结果持否定态度,也就不存在为了犯罪准备工具、制造条件或者是犯罪未得逞这样的情况。而且,所有的过失犯罪都是以结果定罪的,没有出现结果就不可能构成过失犯罪。

第二个问题是在间接故意中是否存在犯罪未完成形态。我认为由于在间接故意中,行为人对危害结果发生的态度是既不肯定也不否定的,也就是说不存在追求结果发生的心理状态,而且间接故意也是按结果定罪的,因此我认为间接故意也不存在犯罪未完成形态。当然,这在理论上还存在一定的争议。

（二）故意犯罪停止形态的本质特征

接下来,我们来看故意犯罪停止形态的本质特征。故意犯罪停止形态在不同法系国家的刑法理论中有不同的名称和归类。在英美法系国家的刑法理论中,犯罪既遂被称为完整的犯罪,犯罪未遂、犯罪中止、犯罪共谋与犯罪教唆一并被纳入"不完整犯罪"的范畴。在大陆法系国家的刑法理论中则对犯罪未遂、犯罪中止等概念不作解释,而是直呼其名。在苏联、东欧国家的刑法理论中,是将犯罪预备、犯罪未遂与犯罪既遂称为故意犯罪发展的一定阶段,犯罪中止则是在犯罪预备阶段或犯罪未遂阶段都可能出现的特殊犯罪情况。我国刑法学曾受苏联刑法理论的影响,在相当长一段时间里一直把犯罪预备、犯罪中止、犯罪未遂和犯罪既遂等不同的故意犯罪停止形态,通称为犯罪阶段或故意犯罪的发展阶段。理论上普遍认为,故意犯罪的阶段是指故意犯罪在活动过程中可能停顿的阶段,即犯罪预备、犯罪未遂和犯罪既遂,以及与此直接相关的犯罪中止。从 20 世纪 80 年代开始,这种观点已开始受到质疑。目前刑法学界普遍认为故意犯罪的阶段与故意犯罪停止形态是两个不同的范畴,国内几乎所有的教科书以及相关论述文章都已将犯罪阶段改称为"故意犯罪的停止形态"。

尽管当前我国刑法学界对于故意犯罪停止形态的概念表述较多,但是,很少有学者专门对故意犯罪停止形态的本质特征加以研究和论述。比如说,有学者将犯罪预备、犯罪未遂与犯罪中止,称为犯罪的特殊形态,将这些特殊形态与犯罪既遂形态合称为故意犯罪形态,并认为犯罪的特殊形态只能出现在犯罪过程中,在犯罪过程以外出现的某种状态,不是犯罪的特殊形态。也有学者试图从对象角度对故意犯罪的停止形态作出描述,认为故意犯罪作为复杂的社会现象,其纵向发展过程并不总是完整顺利的,总会受到种种因素的影响与制约,而有种种不同的表现形态和结局。这些不同的表现形态和结局,就是故意犯罪停止形态理论所要研究的对象。分析这些学者的论述,我们不难发现,这些观点较多停留在对故意犯罪停止形态所作的形式定义之上,而较少涉及对其本质特征的揭示。

我认为,刑法理论和司法实践中对故意犯罪停止形态的认定之所以会出现如此多的争议,很大程度上是由于我们不能够准确理解故意犯罪停止形态的本质特征所导致的。正如有学者指出的,故意犯罪停止形态是法律现象,因而具有法律特征,其本质则是指立法者界定这种形态的根据和理由。那么,故意犯罪停止形态的本质特征是什么呢?

按照罪刑法定原则的要求,我国刑事立法中对于刑法分则中所规定的每一个具体犯罪,都是以犯罪既遂为标准具体设定罪状和法定刑的。但是,由于故意犯罪行为是一个过程,当行为人产生和确定犯意后,从其开始着手实施犯罪行为到完成犯罪,有一个逐步向纵深发展的过程。一般而言,并非任何行为人在实施犯罪行为时都能顺利完成并完全齐备刑法分则中所规定的具体犯罪的全部构成要件。许多行为人在实施犯罪行为过程中往往会遇到各种各样来自主观或者客观上的障碍,从而导致行为自动停止或无法继续下去等状况的出现。由于这些行为对于刑法所保护的社会关系造成了可能的侵害,同样也具有一定程度的社会危害性,因而我国刑事立法上明确强调要追究相关行为人的刑事责任。就此而言,故意犯罪停止形态指的就是行为人在故意犯罪过程中由于主观或客观的原因而出现的各种不同的停止形态。

正如我前面介绍的,故意犯罪的停止形态,以其行为最后停顿时犯罪是否已经完成为标准,可以区分为两种基本类型。一种是犯罪的完成形态,也就是犯罪的既遂形态,是指故意犯罪在其发展过程中未在中途停止下来而得以进行到底,行为人的行为已经完全符合刑法分则中所规定的某一具体犯罪构成的全部构成要件的情形。另一种是犯罪的未完成形态,是指故意犯罪在其发展过程中由于主观或者客观方面的原因中途停止下来,行为人的行为没有达到某一具体犯罪构成的全部构成要件的情形。在犯罪未完成形态这一类型中,又可以根据犯罪停止下来的原因或是否实际着手实行犯罪行为等不同情况,再进一步区分为犯罪预备、犯罪未遂和犯罪中止三种形态。

分析前面我们讲的这两种基本类型,有的学者认为,根据故意犯罪停止形态各种类型之间的关系可以把它们在时空坐标系中的位置关系表现出来。就我国刑法规定的故意犯罪停止形态的类型而言,实行终了的犯罪未遂、实行终了的犯罪中止的位置与犯罪既遂的位置之间的距离最近,而犯罪预备、预备犯罪中止、未实行终了犯罪未遂与犯罪既遂之间的距离较远。从这个意义上说,故意犯罪的停止形态是故意犯罪的时空存在形式。也有学者指出,故意犯罪的犯罪预备、犯罪未遂、犯罪中止和犯罪既遂形态,有一个至关重要的共同特征,也就是它们都是犯罪的停止形态,是故意犯罪过程中不再发展而固定下来的相对静止的不同结局,它们之间是一种彼此独立存在的关系,是不可能相互转化的。

分析这些观点,大家可以清楚地看到,所谓故意犯罪停止形态的时空存在形式,集中表现为故意犯罪的"停顿"状态。就此而言,我们完全可以得出一个结论:故意犯罪停止形态的本质特征就在于行为的"停顿"。换句话说,故意犯罪停止形态的成立应该以行为过程中产生"停顿"为前提条件,无论何种故意犯罪的形态都与"停顿"紧密相联。没有"停顿"就不会有故意犯罪行为的终局性状态,也就不会存在犯罪预备、犯罪未遂、犯罪中止或者犯罪既遂等故意犯罪完成或未完成的形态。从刑法理论上分析,我认为,故意犯罪确实存在各种完成或未完成的形态,但是,各种形态之间是一种彼此独立存在的关系,不可能相互转化和演进。一个故意犯罪行为只可能具有一种形态,有了一种形态的存在就不应该有其他形态存在的可能性。而故意犯罪停止形态的确认理所当然应该以该行为最后的"停顿"点作为标准。

但是,正如前面我所讲的,我国刑法学因深受苏联刑法理论的影响,在相当长一段时间里一直把犯罪预备、犯罪中止、犯罪未遂和犯罪既遂等不同的故意犯罪停止形态,通称为犯罪阶段或故意犯罪的发展阶段,从而导致人们长期以来一直认为,故意犯罪的阶段是指故意犯罪在活动过程中可能停顿的阶段,这就是犯罪的犯罪预备、犯罪未遂和犯罪既遂,以及与此直接相关的犯罪中止。尽管近年来这种观点已经遭到了广泛的质疑和否定,而且学界也已经基本达成共识,即都认为应该以"故意犯罪的停止形态"来替代原来的概念。但是,原先的"阶段"理论仍然深深影响着人们的观念,特别是在判断案件中行为人的犯罪形态时,很多人往往会自觉或不自觉地将行为中的某段过程作为判断标准,把行为的某一个过程视为一个犯罪形态,也就是用"动态"的观念来考察应该是"静态"的犯罪停止形态。正是因为在相当长的时间里,人们是在偏离犯罪停止形态本质特征的前提下讨论这个问题的,所以在认定故意犯罪停止形态时,理论上和实践中出现争议且无法达成共识也就是必然的结果了。

大家需要特别注意的是,故意犯罪的停止形态与故意犯罪的过程和阶段不是同一个概念,不能加以混淆。但两者之间有密切的联系,故意犯罪停止形态只能出现在犯罪的过程和阶段中,没有犯罪的过程和阶段,就没有故意犯罪的停止形态。在犯罪的准备阶段,可以产生犯罪预备和犯罪中止两种停止形态;在犯罪的实行阶段,则可以产生犯罪未遂、犯罪中止和犯罪既遂三种犯罪停止形态。那么,我要问的是故意犯罪的停止形态与故意犯罪的过程和阶段有什么区别呢?(下讲台提问)

学生1:"我认为它们的区别主要在于一个是静止的,一个还处于运动状态吧。"

学生2:"我认为区别是,停止形态只是一个点,而过程和阶段则是一段,是一个过程。"

学生3:"我的想法和前面两位同学的差不多吧。"

(回讲台)刚才前面两位同学都只讲到了其中的一点区别,没有讲全。我认为,故意犯罪的停止形态与故意犯罪的过程和阶段的区别主要表现在三个方面。第一,表现形式不同:前者是犯罪过程的停止和结局,是一个点;后者是犯罪的整体过程或段落。第二,呈现状态不同:前者因行为已停顿下来,故处于静止状态;后者因行为可能继续进行,故处于运动状态。第三,能否共存于一罪也是不同的:前者不能同时共存于一个故意犯罪中,一个故意犯罪只能出现一种犯罪停止形态,各犯罪停止形态之间是相互排斥的、择一的;后者却可以共存于一个故意犯罪过程中,一个故意犯罪可以具有数个阶段,是可以共容的。

我们说,故意犯罪停止形态并非一个行为过程,其本质特征理应是行为过程中的最后停顿状态。基于这一点,我们在分析具体案件的过程中就不能对行为人的完整行为进行人为的分割,而将行为中的一些过程误认为是某个犯罪形态。比如分析前面提及的案件,我们不能任意地将一个完整的故意杀人犯罪既遂案件中的"买刀""磨刀"等行为理解为是"杀人犯罪预备"。因为既然在这个案件中故意杀人行为已经达到了犯罪既遂形态,也就不可能再有犯罪预备、犯罪未遂和犯罪中止等形态存在的可能性。我们可以将"买刀""磨刀"等过程视为故意杀人犯罪的准备行为,但绝对不能将这一过程理解为是故意杀人犯罪的犯罪预备形态。只有当行为人在准备杀人过程中或在着手实施杀人犯罪行为后,因客观原因使行为停顿并导致杀人行为无法得逞等终结性的情况出现,或者在准备乃至着手实施杀人行为过程中,出于行为人主观意愿而自动停止杀人行为或有效地防止他人被杀结果的发生时,才可将行为人的行为形态分别以故意杀人犯罪预备、犯罪未遂或犯罪中止加以认定。

正确掌握故意犯罪停止形态的本质特征并运用"停顿"理论,可以解决理论和实践中的很多问题。比方说,司法实践中经常发生的行为人准备实施抢劫,在进入场所后,因为没有抢劫对象,而以秘密窃取的方式占有他人财物的案件。对于这类案件行为人行为的定性,理论上和司法实践中一直有"吸收说"和"数罪并罚说"两种意见。如果不以"停顿"理论考察,而将故意犯罪停止形态视为某个行为的过程,就很容易得出这类案件中的行为人应该构成抢劫犯罪预备和盗窃犯罪既遂的结论。按照"吸收说"的观点,对于行为人的行为应以盗窃罪既遂吸收抢劫罪预备;而按照"数罪并罚说"的观点,对于行为人的行为应分别以抢劫罪预备与盗窃罪既遂定性并实行数罪并罚。但是,如果以"停顿"理论来判断,这类案件中行为人的行为其实并不实际存在"抢劫的犯罪预备",因为,犯罪预备是以行为人行为的"停顿"作为判断标志的,这类案件中行为人的行为是在非法占有的故意下一直持续下去的,其间并没有发生任何终结性的"停顿",也就根本不存在所谓的"抢劫犯罪预备"。既然没有"抢劫犯罪预备"的形态,也就不存在"吸收"或"数罪并罚"的前提。由于行为人最后取得财物的实际手段是秘密窃取,因而对其行为当然应该以盗窃罪一罪论处。

总结一下,我们要记住,故意犯罪停止形态的本质特征在于故意犯罪行为的"停顿",犯罪形态存在于某个时间"停顿点"上,而并非存在于"一段时间或一个行为过程中"。由于犯罪停止形态本身是"静态"的,因此,我们考察故意犯罪停止形态时应该坚持"静态"的标准,而绝对不能用"动态"的标准。我们既不能以行为人某一个行为过程作为判断故意犯罪停止形态的标准,也不能将行为人行为过程中的"暂时停顿"作为判断故意犯罪停止形态的标准。也就是说故意犯罪的停止形态是在犯罪过程中由于某种原因停止下来所呈现的状态,考察一种犯罪的停止形态只能以一种行为"终结性停止"作为参照依据,而不能以行为的"暂时停顿"来确定犯罪预备、犯罪未遂或犯罪中止。正是由于故意犯罪停止形态是一个静止的犯罪行为终结状态,因此,一个犯罪行为只有一种犯罪形态,出现了一种犯罪形态后就不可能再出现另一种犯罪形态。比方说,出现了犯罪既遂形态之后,就不可能再出现犯罪未遂或者犯罪中止形态;出现了犯罪未遂形态之后,就不可能再出现犯罪中止或者犯罪既遂形态。各种故意犯罪停止形态是彼此独立的,不可能相互转化。

二、犯罪既遂

我们说,故意犯罪的停止形态包含四类:犯罪既遂、犯罪预备、犯罪未遂以及犯罪中止。下面,我就分别介绍一下这四种形态。首先,我们来看犯罪既遂。

(一)犯罪既遂的概念

犯罪既遂,是指行为人故意实施的犯罪行为已经齐备了刑法分则规定的该种犯罪构成的全部要件,也就是已经达到了犯罪的完成状态。比如说,故意杀人罪,行为人实施杀人行为后把被害人杀死了,这就齐备了刑法分则规定的故意杀人罪的全部要件,因此构成故意杀人罪的犯罪既遂。然而,由于我国刑法并未对犯罪既遂的概念作出直接规定,而是由刑法理论予以说明的,因此,对于犯罪既遂的标准也有不同的认识。

目前在我国刑法学界较为通行的观点是构成要件齐备说。根据这个学说,确定犯罪既遂的标准为犯罪构成的全部要件是否齐备。每一种犯罪既遂需要哪些构成要件，刑法分则都有明文规定。因此，确定某一行为是否构成犯罪既遂，应以该行为是否齐备了刑法分则规定的全部要件为准。

但是，近年来，该通说的观点也受到了质疑。理由主要有三点。一是它与汉语文字的基本含义相矛盾。因为在汉语中，"既遂"就是"已经如愿"的意思，它总是与人的愿望、目的联系在一起。因此，给犯罪既遂下定义，就不能脱离行为人的目的。二是任何犯罪都是对犯罪客体的侵犯，危害结果就是对犯罪客体侵犯的后果，这种结果可以是有形的，也可以是无形的。不能将危害结果发生说中的危害结果片面地理解为仅指有形结果的发生，还应包括无形结果的发生。危险犯也存在着危害结果，只不过是抽象的危险状态结果。因此，以结果发生作为犯罪既遂的标准也能完全贯彻于所有的犯罪中。三是按照我国刑法中的犯罪构成理论，具备犯罪构成全部要件的，构成犯罪；不具备犯罪构成全部要件的，不构成犯罪。构成犯罪和犯罪既遂是两个不同的概念，构成要件齐备说混淆了犯罪成立与犯罪完成之间的界限。

因此，对于犯罪既遂标准所采用的构成要件齐备说，我们在理解上应该注意三个方面的问题。

第一，犯罪既遂中的"既遂"不能理解为"已经如愿"的意思。刑法的用语与我们日常生活中的用语是有一定差异的，有时并不完全相同。刑法中的犯罪既遂指的是犯罪的完成形态，而不一定与目的有必然的联系。

第二，犯罪既遂意义上的危害结果的发生是指具体的危害结果的发生。因为只有具体的危害结果才容易被我们所掌握。如果将犯罪既遂意义上的危害结果理解为包括对犯罪客体的抽象侵犯，那就缺乏直观和可操作性了。

第三，犯罪构成要件的齐备是从刑法分则规定的犯罪以犯罪既遂为模式而加以理解的，它与行为符合犯罪构成并不矛盾。我国刑法分则规定的犯罪是以犯罪既遂为模式的，对于犯罪完成形态也就是犯罪既遂的犯罪构成，我国刑法分则条文一一作了明文规定，只要完全符合了刑法分则某一条文的规定，就可以直接依照该条文的规定，作为犯罪既遂追究行为人的刑事责任。而犯罪预备、犯罪未遂和犯罪中止，是犯罪的特殊形态，它们要以刑法分则相应的犯罪构成为基础，同时，又以刑法总则的有关条文作为补充，从而确定这几种行为的犯罪构成，由此形成对它们定罪量刑的根据。因此，犯罪既遂符合的是犯罪构成的一般形态，而犯罪预备、犯罪未遂和犯罪中止符合的则是犯罪构成的特殊形态。犯罪预备、犯罪未遂和犯罪中止虽然符合了犯罪构成的特殊形态，也成立犯罪，但并不符合某种犯罪构成要件的一般形态。

对于刑法分则规定的犯罪既遂模式所具有的构成要件，我们不能仅仅从字面加以理解。因为刑法分则中有不少条文采用的是简单罪状或空白罪状的形式，而没有对犯罪构成要件作直接、具体的描述，我们就需要从立法本意、立法精神和刑法总则的原理上对条文所隐含的全部要件做出准确、完整的理解。比如说，《刑法》第 232 条规定的故意杀人罪，条文中只有简单的"故意杀人的……处死刑"的规定，但内在的应有之义我们不能认为不包括被害人死亡的结果。杀人的结果也应包括在这个罪的构成要件之中,不能误认为只要有故意杀人的行为,就是齐备了刑法分则所规定的故意杀人罪犯罪既遂的全部要件。

(二)犯罪既遂的类型

接下来,我简要讲一下犯罪既遂的类型。根据刑法分则对各种直接故意犯罪构成要件的不同规定,犯罪既遂主要有下面四种不同的类型。

第一,结果犯。结果犯是指不仅要实施具体犯罪构成客观要件的行为,而且还必须发生法定的犯罪结果才构成犯罪既遂的犯罪。所谓法定的犯罪结果,是指犯罪行为通过对犯罪对象的作用而给犯罪客体造成的物质性的、可以具体测量的、确定的、有形的损害结果。这类犯罪有很多,而且都是常见罪、多发罪,比如故意杀人罪、故意伤害罪、抢劫罪、抢夺罪、盗窃罪、诈骗罪、贪污罪等等。这类犯罪以犯罪结果是否发生作为犯罪既遂与犯罪未遂区别的标志。在着手实行犯罪的情况下,犯罪结果发生就标志着犯罪的完成和犯罪既遂的成立。故意杀人罪的犯罪结果就是他人的死亡,发生了死亡结果的是犯罪既遂,由于行为人意志以外的原因没有发生死亡结果的是犯罪未遂。

第二,行为犯。行为犯是指以法定的犯罪行为的完成作为犯罪既遂标志的犯罪。这类犯罪的犯罪既遂并不要求造成物质性的和有形的犯罪结果,而是以行为的完成作为标志,但是这些行为又不是一着手就完成的,按照法律的要求,这种行为要有一个实行过程,要达到一定程度,才能看成是行为的完成。因此,在着手实行犯罪的情况下,如果达到了法律要求的程度就是完成了犯罪行为,就应视为犯罪的完成也就是犯罪既遂;如果因犯罪人意志以外的原因没有能达到法律要求的程度,没有能完成犯罪行为,就应该认定为没有完成犯罪而构成犯罪未遂。这类犯罪也有相当的数量,例如强奸罪、脱逃罪、偷越国境罪、诬告陷害罪、绑架罪等等。比如说,脱逃罪就是以行为人达到了逃脱监禁羁押的状态和程度,作为犯罪既遂的标志的,如果行为人因意志以外的原因没能达到这种程度的则是犯罪未遂。

第三,危险犯。危险犯是指以行为人实施的危害行为造成法律规定的某种危险状态的出现作为犯罪既遂标志的犯罪。如《刑法》第 114 条、第 116 条、第 117 条和第 118 条分别规定的是放火罪、决水罪、爆炸罪、投放危险物质罪或者以其他危险方法危害公共安全罪、破坏交通设施罪、破坏交通工具罪、破坏电力设备罪、破坏易燃易爆设备罪的危险犯。这些罪的犯罪既遂不是指造成物质性的、有形的犯罪结果,而是以法定的客观危险状态的出现为标志。比方说,《刑法》第 116 条破坏交通工具罪就属于危险犯,只要行为人实施了破坏交通工具的行为,并造成了足以使火车、汽车、电车、船只、航空器等交通工具发生倾覆、毁坏的危险状态,即使这些交通工具没有发生倾覆、毁坏的严重后果,也应以犯罪既遂处理。如果这类犯罪行为造成了实际的严重后果,则要按照刑法分则条文规定的加重法定刑的条款也就是《刑法》第 115 条和第 119 条来处罚。大家要注意,危险犯的概念通常是和实害犯相对应的,在刑法中,危险犯与实害犯的规定一般是同时出现的。比如我国刑法中的放火、决水、爆炸、投放危险物质以及其他危害公共安全罪,我们是用两个条文规定的,如《刑法》第 114 条和第 115 条。第 114

条是尚未造成严重后果的放火罪,第 115 条是已经造成严重后果的放火罪。第 114 条我们称之为危险犯,而第 115 条就是相对应的实害犯。这两个条文之间的关系是危险犯与实害犯的关系,而不是犯罪既遂与犯罪未遂的关系。因为刑法分则规定的所有犯罪都是以犯罪既遂为标准的。我们讨论问题一定要围绕这个标准来讨论,突破了这个标准讨论就没意义了。有关放火罪的问题我后面还要专门讲,比如说,甲到对面那幢大楼里放了一把火,刚刚燃烧,一场大雨把火扑灭了,是犯罪既遂还是犯罪未遂? 危险犯只要危险状态出现就是犯罪既遂,烧掉了就适用《刑法》第 115 条,没烧掉就适用《刑法》第 114 条。那么,危险犯有没有犯罪未遂呢? 大家要注意危险犯是有犯罪未遂的。在危险状态还没有出现,但已经着手之后行为停顿了,就是危险犯的犯罪未遂。

第四,举动犯。举动犯是指按照法律规定,行为人一着手实行犯罪行为,犯罪就完成并且也完全符合构成要件,从而构成犯罪既遂的犯罪。这与前面所讲的行为犯是不一样的。行为犯是以行为的完成作为犯罪既遂的标准,而举动犯是以着手实行犯罪行为作为犯罪既遂的标准。所以严格来讲,举动犯是不存在犯罪未遂的,因为实行行为一着手就犯罪既遂,而行为犯则是存在犯罪未遂的。从犯罪构成性质上分析,举动犯大致包括两种情况。一是法律将犯罪预备性质的行为提升为实行行为的犯罪。比如《刑法》第 120 条的组织、领导、参加恐怖组织罪,第 120 条之二的准备实施恐怖活动罪,第 294 条的组织、领导、参加黑社会组织性质罪,第 287 条之一的非法利用信息网络罪等。这些犯罪中的实行行为从法理上讲,原本是属于犯罪预备性质的行为,是为具体实施犯罪创造条件的犯罪预备行为,但由于这些犯罪预备性质的行为所涉及的犯罪性质严重,一旦进一步着手实行危害就很大,为有力地打击和预防这些犯罪,法律就把这些犯罪预备性质的行为提升为这些犯罪构成中的实行行为,并且规定这些犯罪为举动犯,一着手实行就构成犯罪既遂。二是教唆、煽动性质的犯罪。比如我国《刑法》第 120 条之三的宣扬恐怖主义、极端主义、煽动实施恐怖活动罪,第 249 条的煽动民族仇恨、民族歧视罪,第 295 条的传授犯罪方法罪等。这些犯罪的实行行为都是具有教唆性、煽动性的行为,是针对多数人实施的,目的是使多数人产生犯罪意图并实行犯罪,但也不一定发生或不一定立刻就产生可以具体确定的有形的实际危害结果。考虑到这些犯罪严重的危害性及其犯罪行为的特殊性质,法律也就将之规定为举动犯。由于举动犯实行犯罪就构成犯罪既遂,不存在犯罪未遂的问题,也就没有犯罪既遂与犯罪未遂的区分。但是,举动犯有犯罪既遂与犯罪预备,以及犯罪预备与犯罪中止形态之间的区别,这个大家还是要注意一下。

三、犯罪预备

(一)犯罪预备的概念和特征

接下来,我们来看关于犯罪预备的相关问题。首先我们还是要把犯罪预备的概念搞清楚。所谓犯罪预备,就是指为了犯罪准备工具、制造条件,最后因为意志以外的原因而出现停顿的一种犯罪停止形态。需要注意的是,犯罪预备是由于意志以外的原因而出现停顿。在国外刑法中,对于预备犯一般是不处罚的,而我国刑法规定预备犯是可罚的。但在司法实践中,由于证据很难收集,预备犯的证明难度很大,所以,实践中很多预备犯也都没有进入刑法评价的范围。

既然刑法将犯罪预备纳入打击的范围之中,那么,我们就有必要对犯罪预备的社会危害性进行考察。我认为,决定犯罪预备社会危害性大小的因素主要有三个。第一是行为人的主观方面。同样是准备一把刀,为杀人准备和为伤害他人准备,社会危害性大小肯定是不同的。第二是犯罪预备行为本身的性质。同样是杀人,准备一把刀和准备一把枪,社会危害性大小也肯定是不一样的。第三是距离"着手"行为的远近程度。同样是杀人,我刚买了刀就被人抓住和在磨刀的时候被人抓住,社会危害性大小也是不一样的。这三个方面都决定了犯罪预备社会危害性的大小。

我们已经谈了犯罪预备的概念,接下来我们看一下犯罪预备的种类。预备犯有两种:一种是准备工具的犯罪预备,另一种是制造条件的犯罪预备。其实,准备工具也属于制造条件的一种,只是因为准备工具这种形式特别常见,所以立法的时候就把准备工具从一般的制造条件中单独列出来加以规定了。换句话说,犯罪预备是包括准备工具在内的为犯罪制造条件的行为的总和,而不能把准备工具误解为不具有制造条件的性质。但是,由于准备工具已经单列,所以,这里的制造条件应该理解为是制造"除准备工具以外"的其他条件。

所谓准备工具,是指制造、收集可供犯罪利用的各种器械物品。比如说,用以杀伤、威胁被害人的各类凶器;用以破坏、侵犯犯罪对象的各类器具;用以伪造货币、票证、文印的各类材料设备;用以掩护犯罪活动、排除障碍物、销毁罪证的各类工具物品等等。生活用品被用作犯罪使用时,也就成了犯罪工具。小至钥匙、针线,大至汽车、机械设备,都可以作为犯罪工具使用。犯罪工具的来源可以是多种多样的,可以是自制的,也可以是购买的,甚至可以是偷来的。

所谓制造条件,是指除准备工具外,为保证实行犯罪而进行的各种准备活动。比如说,为实行犯罪,事先察看现场,选择犯罪时机,排除犯罪障碍,探听被害人行踪,演习犯罪手法和技巧,拟定犯罪实施计划,寻找和勾结犯罪同伙等等。

(二)犯罪预备的构成

下面我们来了解一下犯罪预备的构成。犯罪预备具有客观和主观两方面的特征。首先,我们来看犯罪预备的客观特征。构成犯罪预备的第一个客观条件,是已经实施了相关的准备行为。需要大家注意的是,犯罪行为的形式是多种多样的,但从理论上进行概括,就是两大类:作为与不作为。那么相关的犯罪准备行为能不能以不作为的形式出现呢?比如说甲是仓库保管员,甲知道自己的弟弟晚上要来偷东西,于是甲就没有关门,为其弟弟晚上偷东西大开方便之门。后被人发现而遭案发。我的问题是:甲是否构成犯罪预备?(下讲台提问)

学生1:"我觉得是犯罪预备。"

学生2:"我也觉得是犯罪预备,因为甲就是在帮他弟弟盗窃创造条件。"

提问："那甲的犯罪预备是作为还是不作为呢?"

学生2："应该是不作为吧,因为他是管理员,他要关门的,这是他的工作,那他为了他弟弟没关门,就是不履行他的职务,所以是不作为。"

(回讲台)这位同学回答的是正确的。我们可以看到,甲应该关门而没有关门,甲就是在为其弟弟晚上犯罪创造条件,如果这时候甲被抓住了,甲就构成犯罪预备。下面,我们来看构成犯罪预备的第二个客观条件,就是未能着手实施犯罪而停止下来。这是与犯罪未遂的主要区别所在。未能着手实施犯罪,是指未能实施刑法分则规定的犯罪构成要件所包含的实行行为。比如说,在故意杀人罪中,尚未着手举刀、投毒等杀人行为,而只是进行磨刀、购买毒药等犯罪预备行为。相反,如果行为人在着手实行犯罪后才停止,则不再是犯罪预备,而只能构成犯罪未遂。需要注意的是,不能将未能着手实施犯罪中的"实施犯罪"理解为包括实施着手实行行为以外的犯罪行为,因为犯罪预备行为本身就是一种犯罪行为。构成犯罪预备的第三个客观条件是未能着手实施犯罪是由于犯罪分子意志以外的原因。这一特征是犯罪预备与犯罪中止相区别的标志。比方说,行为人为杀人而在制造爆炸物时,被人发现,夺下了炸药,阻止了他爆炸杀人;又比方说,抢劫犯团伙为抢劫银行,已经策划好行动方案,准备了手枪、面罩、汽车等作案工具,因有人告发而在行动之前被公安机关抓获。这两个案例中的行为人为了犯罪,实施了犯罪预备行为,最终都未能着手实行犯罪而被迫停止,是由于行为人意志以外的原因,并非出于行为人的本意。如果犯罪分子在犯罪预备阶段自愿停顿下来,就不是犯罪预备形态,而是犯罪预备阶段的犯罪中止形态。因为在犯罪预备阶段,也可能出现犯罪中止,如果是由于意志以外的原因而停顿是犯罪预备,而自动停止的则是犯罪中止。

接下来我们看一下犯罪预备的主观特征。从主观方面看,行为人进行准备活动是"为了犯罪",行为人主观上已经具备了犯罪的目的。大多数故意犯罪都有一个准备过程,有些犯罪必须经过犯罪预备阶段才能进入实行阶段,有些犯罪则是经过准备以后,实现犯罪意图的可能性更大。总之,无论犯罪预备对进一步实行犯罪的作用是大是小,它的目的只有一个,就是为了便于完成犯罪,正是在这一点上,体现了预备犯的主观恶性,这也是预备犯承担刑事责任的主观基础。

掌握犯罪预备行为的主观特征,对于认定犯罪预备具有重要意义。某些犯罪的预备行为,例如为了犯罪而精心设计、制作犯罪专用的工具,其犯罪预备的意图暴露得比较明显。但也有一些犯罪预备行为,只从准备的工具上难以断定是否属于犯罪预备。比如说,某人买了一把菜刀,究竟是为了切菜,还是为了杀人或者抢劫,难以认定。在这种情况下,只有根据其他事实证据证明他买刀确实是为了杀人或者抢劫等犯罪的目的,才能认定是犯罪预备。因此,不能忽视犯罪预备行为的主观目的在认定犯罪预备中的作用。

(三)犯罪预备的认定

大家还需要注意的是犯罪预备和犯意表示的区别。犯意表示是指犯罪意图的自

然流露,或者是在客观上的一种表示。比如说甲对乙有仇,甲对乙说,我总有一天要把你杀了。这个行为构成犯罪吗?（下讲台提问）

学生1:"不构成的。"

学生2:"我也觉得不构成的。"

提问:"我都要杀你了,还不构成犯罪啊?"

学生2:"不构成吧,因为我们平时开玩笑都会这样说的啊。"（全场笑）

（回讲台）刚才这位同学说的是对的,但是,同学们,你们不能这样随便开玩笑的,"杀人"玩笑不能随便开的啊。那么,关于这个例子,我认为,当然是不能构成犯罪的,因为这只是一种犯意表示。如果此时甲准备了一把刀,那就进入刑法评价的范围了,因为行为人已经实施了一个犯罪准备活动。所以犯意表示和犯罪预备之间是有原则区别的。大家要学会区分。

刚刚那个例子说的是犯意表示,那如果现在,甲对乙说的是给钱,不给钱我就打你。这样的行为构成犯罪吗?（下讲台提问）

学生1:"构成的。"

学生2:"当然构成的。"

学生3:"肯定构成的。"

提问:"你们都很'当然'、很'肯定'地说是构成的,那么,我们如何理解刚才甲要杀乙的话呢?说要杀别人不构成犯罪,而说要打别人却要构成犯罪?"

学生3:"这好像是不同的,但理由我也说不清楚。"

（回讲台）我认为,这里我们关键要注意的是,有些看似犯意表示的话,但在刑法条文中已经作了规定,此时我们就不应该将其视为犯意表示了。这两个例子最关键的区别在于,我说给钱,不给钱我就打你,这句话里有一个要挟对方给钱的内容,从形式上看,这其实也是一种犯意表示,因为,行为人还没有开始实施打人行为。但是,这种以占有他人财物为目的而以暴力相威胁的行为已经符合了刑法中抢劫罪的构成要件。而一般的口头恐吓,刑法并没有明确规定为犯罪,只是作为犯意表示来看待。换言之,如果形式上的犯意表示被刑法分则明确规定为犯罪行为的方式,就不能再理解为犯意表示了,而应该将其视为具体的犯罪行为,且已经着手。

（四）犯罪预备的刑事责任

最后我们来了解一下犯罪预备的刑事责任问题。我国《刑法》第22条第2款规定,"对于预备犯,可以比照既遂犯从轻、减轻处罚或者免除处罚"。这里有两个要点:第一个是条文中规定的是"可以"而不是"应当";第二个是条文中规定的是"可以比照既遂犯",这句话就是说可以比照刑法分则某个犯罪的法定刑,因为刑法分则中的所有犯罪都是以犯罪既遂作为标准的。司法实践中对预备犯处罚得比较少,一是因为证据很难收集,另一个就是因为犯罪预备行为毕竟是尚未着手的行为,它的社会危害性是很有限的。

四、犯罪未遂

（一）犯罪未遂的概念和特征

接下来，我给大家介绍一下故意犯罪停止形态中较为复杂的一种形态——犯罪未遂。所谓犯罪未遂，是指已经着手实施犯罪，由于犯罪分子意志以外的原因而未得逞的犯罪停止形态。根据这个概念，我们来谈一下犯罪未遂的特征。犯罪未遂的特征非常重要，在犯罪预备、犯罪中止、犯罪未遂、犯罪既遂这四种停止形态中，处在中心环节的就是犯罪未遂，其每一个特点都正好分别作为与其他三种停止形态相区别的界限。

犯罪未遂的第一个特征是已经着手实行犯罪。首先，我们要明确，这个特征是犯罪未遂与犯罪预备相区别的关键所在。我们怎么来理解着手呢？比如，甲拿着刀跟在乙（仇人）后面想要杀了乙，但在跟的过程中被抓住了，这个人已经着手了吗？再比如某监狱犯人想要挖洞逃跑，但在挖的过程中被抓住了，他是犯罪预备还是犯罪未遂？这些都涉及是否着手的问题，如果说他们已经着手，那么，他们的犯罪形态就是犯罪未遂，反之，则是犯罪预备。你们认为，他们是否已经着手？（下讲台提问）

学生1："他们都已经着手，因为一个马上就可以杀人了，另一个马上就可以逃了。"

学生2："我认为，前一个杀人跟随行为应该没有着手，而后一个挖洞行为则应该算着手了，因为行为人已经开始挖了。"

（回讲台）我认为，这两种情况都不能理解为已经着手。所谓的着手，有一个判断标准，就是以刑法分则所规定的行为作为标准，杀人从"杀"的行为开始，脱逃从"逃"的行为开始。挖洞只是为逃跑创造条件，如果这里的罪名是"挖洞罪"的话，那他就已经着手了。（全场笑）此外，杀人行为着手的标志是什么呢？现在一般认为杀人行为着手的标志是举刀，跟随行为只是为靠近被害人并进一步实施杀人行为创造条件。那么，说到举刀，或许有人会提出，如果这个人使用飞刀而没有举刀的行为，那他着手的标志又是什么呢？（全场笑）大家要注意，举刀在这里只是一种形象的标准，是为了方便大家理解，我们无法对行为定格到某种准确的程度。有人说举刀一定要举到一定的高度，然后朝下落的时候才是着手。对此观点，我不能赞同，我认为这种理解就过于断章取义了，其实我们不应该将一个简单行为复杂化，这样只会带来认定上的麻烦，因为人的行为有时是连贯的、不可分的。我认为，飞刀也可以理解为着手，将它看作是横过来的举刀行为就可以了，两者的性质其实是一样的。还有人会说挖洞的那个人如果一边挖一边逃，是着手吗？（全场笑）一般是无法做到边挖边逃的，但是在挖墙洞逃跑中，边挖边逃的情况还是存在的。我认为，一旦出现逃的行为就是着手。

讲到这里，我们知道了杀人行为的着手以"杀"为标准，脱逃行为的着手以"逃"为标准。因此，有人就认为强奸行为的着手应该以"奸"为标准，这就不正确了。有这么一个案件：一个人翻墙进入某户人家以后，看到一个女的睡在床上，于是开始对这个女的实施掐脖子、拉衣服的行为，意图不轨。这个女的被惊醒后就开始大叫，住在她隔壁的父亲听到女儿的叫声就冲了过来，这个人一看情况不妙就想逃跑，最后还是被父女二人联手抓住了。我的问题是，这个人应该定强奸罪未遂还是强奸罪预备？能不能把这个人掐脖子、拉衣服的行为看作是为"奸"创造条件的犯罪预备行为呢？最关键的还是要抓住判断着手的标准，就是通过看分则中规定的强奸罪的行为要件来认定。强奸罪客观上表现为暴力、胁迫、其他方法，掐脖子、拉衣服就属于暴力行为，因此强奸行为已经开始，这个人已经着手实施犯罪而被抓住，当然就属于犯罪未遂。可见，强奸行为的着手应该是以"强"的行为实施为标志。上海市检察系统在对检察官进行业务考核的时候，改编了我曾经讲过的一个案例：甲去仓库盗窃，发现值班室的门虚掩着，值班室里的床上躺着一个穿着花衬衫、留着长头发的人，甲以为是女的值班，就产生强奸歹念，同时发现值班员睡得很熟，就脱了自己的衣服跳上了床，睡着的人被惊醒了，甲发现值班员是个男的，最后甲反过来被抓住了。甲构成强奸罪是没问题的，关键是其属于什么犯罪形态？是犯罪预备还是犯罪未遂？（下讲台提问）

学生1："我认为，是犯罪预备。"

学生2："好像是未遂吧。"

提问："不要好像，确切地说，是未遂还是预备？"

学生2："那就预备吧。"

提问："你们不能变来变去的啊，要相信自己的结论。你觉得是未遂还是预备？"

学生3："预备，他都没有实行强奸的行为，只是跳到床上，都没有碰到对方，应该不算'强'的行为开始吧？更不要说是'奸'的行为开始了。"

（回讲台）同学们要注意，很多人认为某甲并没有掐脖子、拉衣服的行为，所以其尚未着手，因此只能认定为犯罪预备。但是，我认为甲已经着手了，因为强奸罪的表现手段有三种：暴力、胁迫和其他方法。掐脖子、拉衣服属于暴力，而甲利用他人熟睡的状态接近他人的行为则应当归入强奸罪"其他方法"里。所以，这里不是预备而是未遂。大家考虑问题一定要全面，要紧紧抓住判断的关键标准。

犯罪未遂的第二个特征是犯罪未得逞。日常生活中将没有得逞一般理解为目的没有实现。我们是否可以将这里的未得逞理解为行为人没有达到他所希望达到的结果或者行为人没有达到他所希望达到的目的呢？这个问题实际上前面我已经讲过，由于刑法中有很多犯罪，比如，分裂国家罪，行为人所希望达到的结果是永远达不到的，我们不能就此认为这些犯罪都是犯罪未遂。还有很多犯罪，比如，诬告陷害罪，目的是否达到，根本不影响犯罪既遂的成立。在行为犯、危险犯的场合，犯罪结果没有发生也并不等于犯罪构成要件没有齐备。此外，我们还要注意犯罪未得逞是犯罪未遂与犯罪既遂的分界线。由于犯罪既遂是指实施的犯罪已经齐备了刑法分则规定的具体构成要件，所以犯罪未遂中的未得逞的含义应当从刑法分则的构成要件是否齐备这个角度来考虑，得逞与否是以是否符合刑法分则所规定的某个具体罪的构成要件作为判断标准的。犯罪未得逞也不能理解为没有发生任何危害结果，而应理解为作为犯罪构成要件内容的特定的危害结果没有发生。比如说，故意杀人罪的特定的危害结果是他人的死亡，而不是他人的轻伤或重伤。因此，故意杀人仅仅致人重伤或者被害人死里逃生的这些情况都应属于犯罪未得逞，不能成立故意杀人罪既遂。最后，我们还要注意犯罪构成全部要件的齐备没有时间长短的限制。只要犯罪构成全部要件齐备,就应认为是犯罪已得逞,构成犯罪既遂。因此,不能因为出现犯罪人被抓获、赃物被追回或犯罪人事后立刻返还财物等情况,而认为是犯罪未得逞。比方说,脱逃的犯罪分子刚逃出羁押场所不久就被监管人员截获;抢劫犯刚劫得财物,逃离现场时就被联防队员抓住;盗窃犯窃得财物后,又觉得不妥,立刻将财物送还原处等等。这些情况都成立犯罪既遂,而不成立犯罪未遂。接下来,大家看一下这个案子应该怎么处理:甲对乙有仇,甲想乙死,于是甲用刀对着乙乱砍,甲认为乙已经死了,于是甲扬长而去,但是后来乙被人发现又被救活了。甲的行为是什么性质?(下讲台提问)

学生1:"故意杀人未遂,因为乙没有死。"

学生2:"我不同意他的观点,甲杀人都认为其已经死了,最后救活与甲的行为无关,怎么可以是故意杀人未遂呢?"

学生3:"应该是犯罪未遂。虽然甲认为乙死了,但实际上乙被救活了,也就是说,甲杀乙并没有得逞,所以应该是故意杀人罪的未遂。"

(回讲台)我认为,甲的行为当然应该属于未遂,而不是既遂。大家在分析这种问题的时候一定要把握刚才所说的判断是否得逞的标准。故意杀人罪是结果犯,一定要有人被杀死这样的结果出现才能认定为犯罪既遂,如果人没死是不可能按照犯罪既遂来认定的。已经实施了杀人行为,但人没有被杀死,这就是故意杀人罪犯罪未遂,在这个例子中甲的行为性质属于行为已经实行终了的犯罪未遂。这个例子说明,犯罪未遂是有可能发生某种结果的,但这种结果不是刑法分则构成要件中要求的结果。

犯罪未遂的第三个特征是犯罪未得逞是由于犯罪分子意志以外的原因。所谓"犯罪分子意志以外的原因",是指违背犯罪分子本意,阻止其犯罪行为继续实施或犯罪结果发生的各种原因。比如说,杀人犯开枪杀人,因自身射击技术不高,未能射中被害人,或者虽然射中了,但被害人没有死亡;盗窃犯在撬钱柜时被人当场抓获,或者打开后发现钱柜是空的。这一特征是犯罪未遂与犯罪中止相区别的标志。犯罪未遂是"欲达而不能达",简单地讲就是行为人想继续实施,但是他没办法继续实施了。而犯罪中止是"能达而不达",当然,这里的"能达"是指行为人主观上认为能达,而不是以客观上能否达作为判断标准的。也即只要行为人主观上认为自己能够实施下去,但却不实施下去,即使其实施下去后也不可能发生法律要求的结果,也应认定为中止。

应该看到,犯罪分子意志以外的原因,大致可以分为两大类:第一类是自身原因,或称主观方面的原因,主要包括犯罪分子自身行为能力的欠缺和犯罪分子主观认识的错误。前者如在实行犯罪的过程中,犯罪分子突然发病,力不能支,或犯罪技术拙劣、经验不足等。后者主要是指对犯罪对象、犯罪工具、犯罪结果或犯罪现场周围客观情况等发生认识错误。比如说,在实施故意杀人犯罪中,将动物误认为人加以杀害;将白糖误认为砒霜给人食用;将人打成昏迷后误认为已经死亡;盗窃犯听到风吹草动,误认为有人发现而逃跑等。第二类是外界原因,或者说客观方面的原因。主要有被害人的躲避、反抗和阻止;公安人员或其他人的出现、劝阻、制止或抓获;物的阻碍,比如说遇到高墙、铁门、电网,无法逾越,保险柜不能打开,手枪损坏不能扣动扳机等;自然界的阻碍,比如,放火后遭到雨淋或被大风吹灭等。在犯罪未完成的情况下,正确认定行为人犯罪停止的原因究竟是否属于"意志以外的原因",对于区分犯罪未遂与犯罪中止具有十分重要的意义。只有出于意志以外的原因而停止犯罪的,才是犯罪未遂,否则,就是犯罪中止。在司法实践中,有些使犯罪停止的原因,究竟是否属于"意志以外的原因",不容易认定,因而经常会引发争论。比如,被害人的轻微反抗、哭泣、哀求,第三人的劝告、斥责,以及一些意外情况的发生等能否被认为是"意志以外的原因"。比如说,拦路抢劫时发现被抢的人是熟人;实施强奸时发现被害人月经在身等等。对这类情况的认定,应当根据犯罪分子的主观心理活动和案件的具体情况作具体分析。一般认为,原则上应该以"足以阻止犯罪意志"作为认定"意志以外的原因"的标准。"意志以外的原因"包括各种各样对完成犯罪有不利影响的因素,但是无论哪种不利因素,都必须达到足以阻止犯罪意志的程度,这是对"意志以外的原因"在量的方面的要求。

（二）犯罪未遂的分类

下面,我们来看犯罪未遂的分类。犯罪未遂主要有两种分类方法。

第一,以行为是否实行终了作为标准,可以将犯罪未遂分为实行终了的犯罪未遂和未实行终了的犯罪未遂。

实行终了的犯罪未遂,是指犯罪分子将构成犯罪的必要行为已经实行完毕,但由于犯罪分子意志以外的原因而使得犯罪未得逞。例如,开枪杀人,已经完成了举枪射击的行为,但没有射中被害人,或人虽然被射中了但没有被打死;投毒杀人,已经把毒药全部投入了被害人将要喝的饮料中,但被害人发觉有异味而没有饮用,或者虽然饮用了,但因为抢救及时而没有死亡。

未实行终了的犯罪未遂,是指犯罪分子尚未将构成犯罪的必要行为实行完毕,由于犯罪分子意志以外的原因,阻止他继续实行,因而使犯罪未得逞。例如,开枪杀人,正在举枪瞄准被害人时,被人夺下了枪支;投毒杀人,正准备把毒药投入被害人饮料中时,被人发觉并阻拦。刚刚讲的那个案例,甲以为他把乙杀了,于是甲扬长而去,但乙又被救活了,这是实行终了的犯罪未遂。甲举刀杀乙却被乙一把抓住,这是未实行终了的犯罪未遂。

实行终了的犯罪未遂与犯罪既遂的区别就在于刑法分则规定的结果是否出现。将犯罪未遂分为实行终了的犯罪未遂与未实行终了的犯罪未遂,一般只有在结果犯的场合才能适用,在举止犯、危险犯等场合并不适用。在举止犯、危险犯等场合,根据刑法的规定,犯罪行为实行完毕,就已经构成犯罪既遂了,不可能存在实行终了的犯罪未遂。此外,我们应当注意,在相同的条件下,实行终了的犯罪未遂比未实行终了的犯罪未遂更接近危害结果的发生,或者说已经造成了一定的危害后果,两者的社会危害程度是不一样的,因而这种划分方法对于未遂犯的量刑具有一定的意义。

第二,以能否构成犯罪既遂作为标准,可以将犯罪未遂分为能犯未遂与不能犯未遂。

所谓能犯未遂是指犯罪分子本来是可能达到犯罪既遂的，在着手实施犯罪以后由于意志以外的原因而未达到犯罪既遂。实践中发生的犯罪未遂的状况，绝大多数为能犯未遂。例如开枪射击杀人而犯罪未遂的，就为能犯未遂。

不能犯未遂是指在着手实施犯罪以后，由于工具、方法等使用不当，不可能达到犯罪既遂的一种情况。

不能犯未遂又可具体分为两种情况。一是工具不能犯未遂，又称为方法不能犯未遂，这种情况是指犯罪分子实行犯罪时，误用了不可能达到犯罪既遂的工具或方法，致使犯罪未能得逞。例如，误将白糖当作砒霜杀人、用已失效的毒药杀人、用空枪开枪杀人等等。二是对象不能犯未遂，这种情况是指犯罪分子实行犯罪行为时，该种犯罪对象并不存在，致使犯罪不能得逞。例如，误认为被害人在房间内而朝空房开枪、误认男为女而实施强奸、误将赝品当作珍贵文物进行倒卖等等。在不能犯未遂中，行为人实际使用的工具、方法不当，或者犯罪对象实际并不存在，这是与犯罪分子主观意图不相符合的。之所以会这样，是由于行为人对事实的认识错误所导致的。这种错误的发生，也属于犯罪分子意志以外的原因。从行为整体上看，不能犯未遂情形下行为人主观上具有犯罪故意，客观上具有这种犯罪故意支配下的行为，虽然其行为不能发生犯罪结果，但还是具备了犯罪构成主客观方面的必备要件，本质上是具有社会危害性的犯罪行为，必须负未遂犯的刑事责任。大家在理解中要注意，如果是由于工具或者对象的原因而不能实施到最后的是不能犯未遂，除此之外都是能犯未遂。一般所讲的能犯未遂主要是由行为人主观上的认识能力所导致的，而不能犯未遂则是由工具、对象本身的原因所导致的。比如说，甲给乙喝了毒药，但乙回去后又喝了解药，从而没有死亡，这种情况甲是能犯未遂，因为如果不喝解药乙是要被甲毒死的。但是如果甲想在乙杯子里放砒霜，而实际放进去的是白糖，乙虽然喝了但却没死，这种情况甲则是不能犯未遂。再比如说，甲用枪瞄准乙并扣动扳机，但子弹打偏了，甲是能犯未遂，因为作为工具的子弹本身是没有问题的，是甲枪法的问题。但如果甲用枪瞄准乙并扣动扳机，但子弹却打不出来，甲则是不能犯未遂，因为这是作为工具的子弹本身的问题，是工具不能犯未遂。甲用枪瞄准乙并扣动扳机，但在甲杀死乙之前乙就已经被人家杀死了，这个则是对象不能犯未遂。

但是我们要注意，如果从分类的角度来看某一种行为，这种行为则可能在类别上有所重叠，也就是说你可以从不同的标准得出不同的结论。比如说，甲用枪瞄准乙并扣动扳机，子弹打偏了。如果从实行终了与否的角度来判断，这是实行终了的犯罪未遂；如果从能犯与否的角度来判断，则是能犯未遂。再比如说，甲想在乙的杯子里放砒霜，但实际上放的是白糖，并且乙也喝了。如果从实行终了与否的角度来判断，这是实行终了的犯罪未遂；如果从能犯与否的角度来判断，则是不能犯未遂，也就是工具不能犯未遂。前面我曾提到过，在工具不能犯和对象不能犯中有认识错误的问题。对象不能犯是对象错误、目标错误，工具不能犯则是手段错误，对于认识错误通常都是按照主观方面来认定的。

(三)犯罪未遂的存在范围

接下来,我再简单讲一下不存在犯罪未遂的几种情况。我在前面的讲课过程中曾提到,过失犯罪是不存在犯罪未遂的,因为过失犯罪并不存在是否得逞的问题,过失犯罪本身对危害结果是否定的。间接故意犯罪也不应该有犯罪未遂的问题,因为间接故意犯罪和过失犯罪一样都是按照结果来定罪的,结果没有出现的情况也是包含在间接故意范围内的,所以间接故意犯罪也不存在犯罪未遂。

那么,结果加重犯是否存在未遂呢?结果加重犯最典型的是故意伤害罪,法条明确规定故意伤害他人判几年到几年,然后又专门规定故意伤害致人重伤、致人死亡的判几年到几年。一般认为故意伤害致人重伤、死亡,就是前面一般故意伤害的结果加重犯。只要有伤害的故意就可以按照结果定罪,不可能出现故意伤害致人死亡的犯罪未遂。只要有伤害的故意,造成一般的轻伤就按照一般的故意伤害罪认定,造成重伤或死亡就按照故意伤害致人重伤或者故意伤害致人死亡认定,不可能出现故意伤害致人重伤、死亡的犯罪未遂的情况。抢劫罪、强奸罪中也经常会发生这种情况,有时候抢劫致人重伤、死亡,却一分钱也没抢到,一般认为类似情况都应该按照犯罪既遂认定。但是,2013年"两高"《关于办理盗窃刑事案件适用法律若干问题的解释》第12条规定:"盗窃未遂,具有下列情形之一的,应当依法追究刑事责任:(一)以数额巨大的财物为盗窃目标的;(二)以珍贵文物为盗窃目标的;(三)其他情节严重的情形。"按照该司法解释的意见,结果加重犯存在犯罪未遂,其合理性值得好好研究一下。

此外,情节加重犯是否有未遂呢?通常认为结果加重犯本身也是情节加重犯的一种,所以情节加重犯是个大概念。对于情节加重犯中除了结果加重犯以外的其他情节加重犯有没有犯罪未遂的问题,理论上争议很大。按照现在司法实践中的做法以及大多数人的观点,这类情节加重犯是有犯罪未遂的。但我不赞同这个观点。2005年6月8日最高人民法院《关于审理抢劫、抢夺刑事案件适用法律若干问题的意见》明确规定情节加重犯是有犯罪未遂的,比如入户抢劫却一分钱也没抢到。刑法规定抢劫罪有八种从重情节,包括入户抢劫、在公共交通工具上抢劫、持枪抢劫、冒充军警人员抢劫、抢劫军用物资、抢劫银行和其他金融机构、抢劫致人重伤、死亡等。通常认为抢劫致人重伤、死亡是没有犯罪未遂的,但对于入户抢劫,现在有人提出应该是有犯罪未遂的,比如被抢的那人家里穷得一塌糊涂,甲入户抢劫,却一分钱也没抢到,行为人就应该构成抢劫罪未遂。再比如行为人在公共交通工具上抢劫,却一分钱也没抢到,行为人则应该构成抢劫罪未遂。我不同意这种观点,这里最关键的问题是刑法分则中所规定的情节本身的关注点已经不是将财产是否到手作为标准了。入户抢劫要判10年以上就是因为"户"是与外界相对隔离的,其受到公力支持的可能性比较小,入户抢劫的犯罪后果一般比较严重,实施犯罪的人抢到财产的可能性也比较大,行为人实施凶杀行为的可能性也往往比较大。在这种情况下,还去考虑财产到手与否已经没有太大意义了。但也有很多人觉得如果在入户抢劫这类情形中不考虑犯罪未遂,对行为人判处的法定刑就肯定是10年以上,在实际处理中就很难对行为人判处10年以下有期徒刑了,而如果在入户抢劫这类情形中考虑犯罪未遂,就能够对行为人判处 10 年以下有期徒刑了。这种提法也是有一定道理的,但对刑法原理的挑战很大。大家课后可以再好好研究一下。

(四)犯罪未遂的刑事责任

最后,我们来了解一下犯罪未遂的刑事责任问题。我国《刑法》第 23 条第 2 款规定:"对于未遂犯,可以比照既遂犯从轻或者减轻处罚。"根据这一规定,对未遂犯具体量刑时,一般可以比照既遂犯从轻或者减轻处罚。大家要注意,这里规定的是"可以",而不是"应当"。对于这种关键的区别,大家一定要牢牢记住。之所以对犯罪未遂与犯罪既遂规定不同的处罚标准,是因为未遂犯所造成的实际损害,总是要比既遂犯轻一些。至于从轻或减轻处罚的幅度大小,则应当综合考虑案件的具体情况。比如距离既遂的远近、是否已经造成危害后果、已经造成的危害后果的大小、未遂犯本人的人身危险性大小等等。如果犯罪未遂且情节比较轻微的,还可以依照《刑法》第 13 条的"但书"规定,不认定为是犯罪。但对于情节特别恶劣、危害后果严重、人身危险性大的罪犯,也可以与既遂犯处以同样的刑罚,而不从轻或减轻处罚,这也正是《刑法》规定"可以"而不规定"应当"的原因所在。

此外,大家应当注意,我国刑法对未遂犯的处罚,只是在总则中作了一个概括性的规定,也就是说,原则上对一切犯罪的未遂犯都可以进行处罚。但后来也有学者提出,对轻微犯罪的未遂,没有必要追究刑事责任,这样可以有利于司法机关集中力量打击比较严重的犯罪。因此,他们认为,从实际出发,立法上可以考虑规定,只处罚法定最低刑为 3 年以上有期徒刑犯罪的未遂犯。

五、犯罪中止

接下来,我们来看最后一种故意犯罪停止形态——犯罪中止。关于犯罪中止,我主要讲三个问题。

(一)犯罪中止的概念和特征

首先我们来看第一个问题,犯罪中止的概念和特征。

1. 犯罪中止的概念

关于犯罪中止,我们首先要掌握它的概念。所谓犯罪中止,是指在犯罪过程中自动放弃犯罪或者自动有效地防止犯罪结果发生的一种犯罪停止形态。我们之所以称之为犯罪中止,是因为它在犯罪过程中自动停止了犯罪。大家要注意,这里的犯罪过程包括的面是比较广的,既包括着手之前也包括着手之后。理论上把犯罪中止分成了两种情况:一种是在准备过程中的犯罪中止;一种是在着手以后的犯罪中止。但无论是在准备过程中的犯罪中止还是在着手以后的犯罪中止,都是由于行为人自己的意志而停止犯罪的,刑法理论统一将其称为犯罪中止。当然,在行为实施完毕以后也有可能存在犯罪中止。比如说,自动有效地防止犯罪结果的发生,在通常情况下就是指在行为实施完毕以后,犯罪结果没有出现之前有效地防止犯罪结果的发生。

2. 犯罪中止的特征

接下来我们来看犯罪中止的特征。我们通常将犯罪中止的特征表达为"三性",也就是时间性、自动性、有效性。自动性里还包括彻底性,现在也有人将彻底性拉出来作为犯罪中止的第四个特征。

首先我讲一讲犯罪中止的时间性。犯罪中止的"中"字是"中国"的"中"而不是"最终"的"终",这两个字的含义是不一样的,构成犯罪中止有严格的时间限制。以前曾经发生过一个案件:甲在火车站盗窃了一个妇女的钱包,盗窃成功以后他发现这个钱包里的钱不多,觉得不过瘾,于是他就在车站里兜圈子寻找新的对象,一圈兜下来又回到了原来的地方,发现被他掏掉钱包的那个妇女周边围了一圈人,妇女则坐在地上嚎啕大哭。从旁人的议论中,他得知那个妇女钱包里的钱是用来救她丈夫的救命钱,妇女觉得钱包里的钱被偷掉了,也没脸见人了,哭着要去上吊自杀。周围的人很同情这个妇女,都在纷纷谴责小偷,觉得这个小偷太不仗义了,竟然偷这种人的钱。这个小偷听到周围人的议论以后,出于"良心发现",觉得这种人的钱确实不应该偷,于是他趁别人不注意的时候悄悄把钱包还给了这个妇女,最后这个小偷被抓住了。那么,我们如何对这个小偷的行为定性呢?(下讲台提问)

学生1:"我觉得小偷是已经既遂了。"

学生2:"他已经拿到钱了,后来再还回去,只是事后的悔悟,不影响他之前成立犯罪既遂的。"

提问:"他自愿把钱包还回去,这不就是自愿停止犯罪吗?难道这还不成立犯罪中止?"

学生2:"成立犯罪中止,必须是在犯罪过程中的,这里犯罪已经停止了,他已经偷到钱包了,就是既遂。后面的行为不影响这个既遂状态了。"

(回讲台)刚才这位同学回答得非常好。在这个案例中,当其实际获取钱包后,其盗窃行为就已经既遂,其后的归还钱包行为只能在量刑时加以考虑,但不能作为中止来认定。但是,大家在对犯罪行为进行定性的时候就要注意犯罪中止的定义,千万不能认为犯罪实行完毕以后就不能成立犯罪中止了。犯罪行为实行完毕也有可能成立犯罪中止的,只要有效地防止了结果的发生就可能构成犯罪中止。但这里所说的盗窃行为,行为人只要控制了财物犯罪就已经既遂了,在犯罪既遂以后的恢复原状和补偿损失只能作为量刑时考虑的因素,而不能作为犯罪中止来对待。行为实施完毕有可能成立犯罪中止,但前提必须是犯罪结果还没有发生。

成立犯罪中止的第二个条件是自动性,也就是"能达而不达"。正如前述,所谓的能达应该理解为行为人主观上认为能达,而不能以客观上能不能达作为标准。简单地说,就是行为人认为自己是能够继续实施的。但是如果即使继续实施也不会出现法律所要求的危害结果,这种情况能不能作为犯罪中止?举一个最简单的例子,甲要杀乙,甲想在乙的杯子里放砒霜,但实际上放的是白糖,可甲不知道,甲以为放的是砒霜,放完以后甲感觉到这样做良心过不去,于是在乙喝之前,甲就把乙的杯子里的水倒掉了,这种情况下,即使乙把水喝下去也不会死亡,甲还可以构成犯罪中止吗?答案是肯定的。能达是指行为人主观上认为能达,只要行为人主观上认为能达而不达就都可以认定为犯罪中止。

成立犯罪中止的第三个条件是有效性。有效性是犯罪中止认定中最为关键的一点。无论行为人作了多大的努力,但最后如果还是不能有效地防止犯罪结果的发生,行为人所作的努力就都只能作为量刑时考虑的因素,而不能作为犯罪中止来认定。北京曾经发生过一个案件,案情是这样的:有一对男女青年谈恋爱,甲(男的)追求乙(女的),乙对甲说:"你追求我可以,结婚也可以,但结婚以后你一定要住到我家来。"其实这也就是农村中经常讲的"招女婿"或者"倒插门",农村里这种情况很多,但城市里这种情况一般还不是很多。"招女婿"主要是为了解决有的女方家里没有男孩子的问题,封建思想一般认为"招女婿"是不好的,因为女婿的地位不高。但这个男青年为了追求这个女青年,当时就答应女青年了,但结婚以后男青年就变卦了,不愿意住到女方家去,这时女青年也没办法,因为他们已经结婚了,后来还有了两个儿子。但女青年始终对原先的这件事耿耿于怀,她便把仇恨结在了婆婆身上,认为丈夫之所以不到自己家去生活,就是因为婆婆从中作梗。她认为要让丈夫到自己娘家去生活,就必须先"排除障碍",要排除障碍就得把婆婆杀死。于是她就熬了一碗粥,并在粥里放了毒药,然后把粥端给自己的婆婆吃。而婆婆一直很疼自己的孙子,就在自己刚要喝粥的时候,两个孙子进屋了,婆婆就觉得有粥应该大家一起喝,因此自己每喝一口就给两个孙子各喂一口。媳妇在旁边是看在眼里急在心里,她的思想在激烈地斗争,因为她想要杀婆婆,但她又很爱自己的两个儿子,最后思想斗争的结果是"爱子情战胜了恨婆心",于是她就把粥碗给打翻了,并把三个人都送到了医院。经抢救,三个人都被救活了。我的问题是,这个妇女算不算犯罪中止呢?(下讲台提问)

学生1:"是犯罪中止,她在犯罪过程中自动停止了犯罪,把他们送去医院,所以是犯罪中止。"

学生2:"我觉得应该是犯罪未遂吧,因为她没有想到她的两个儿子也会喝粥,是她不能控制的意志以外的原因,所以不是她自愿的,是被迫的。"

提问:"你们两人意见不同,不如你们两个PK一下。"(全场笑)

学生1:"我认为她停止犯罪是自愿的,只是原因是不得已,因为她儿子也喝粥了,但是最后她停止犯罪还是因为她主观上自愿的不想犯罪了。"

提问:"你现在还坚持自己的观点吗?有没有被他说服啊?你和他PK一下。"

学生2:"我还是觉得是未遂,因为她不想停止的,她完全是为了儿子而不得已停止犯罪的。"

(回讲台)刚才两位同学的PK过程大家应该都认真听了吧,正确答案是,这个妇女成立犯罪中止。这里面尽管有一些意志以外的因素,但我认为这个妇女还是应该认定为犯罪中止,因为她是在能够继续实施的情况下不实施了。大家要注意,自动停止犯罪的"自动"并不一定要真心悔过。自动停止犯罪的原因是多种多样的,只要行为人在认为自己能够继续实施的时候不实施了就是自动停止，而不论行为人的动机是什么，有些人是真心悔过，有些人是怕受到法律的制裁，有些人是对被害人产生了怜悯之心，还有些人则是出于良心的发现。但无论是出于什么样的动机，只要行为人认为自己能继续实施而不实施，我们就都认为他是自动停止犯罪。但有一点大家要注意，如果这个妇女把三个人送到医院进行抢救，经过医生的极力抢救，最后三个人还是死了，这时这个妇女算不算犯罪中止？我认为这时就不能成立犯罪中止了。如果只死了一个，这个妇女也还是不能成立犯罪中止，因为只要出现法律所规定的结果，就不能成立犯罪中止。行为人必须有效防止犯罪结果的发生，也就是要有效防止法律所规定的危害结果的发生。这个妇女救活了三个人，但三个人的健康还是受到了影响，这时还是可以将这个妇女认定为犯罪中止。有效防止结果的发生不是要求行为人防止所有结果的发生，只要有效地防止法律所规定的结果发生就可以了。

前面我提到的彻底性，就是指彻底停止犯罪，也就是说行为人不是暂时停止犯罪，等待新的犯罪机会。所谓彻底停止犯罪是指行为人彻底地放弃犯罪的意图，如果是等待时机以后再实施，则不能作为犯罪中止认定。但在判断行为人是否彻底停止犯罪的时候，我们不应该要求行为人保证今后永远不再犯这个罪。只要在一个犯罪构成中，行为人并非认为时机不成熟或者环境对自己不利而暂时停止犯罪就可以了。至于行为人今后能不能犯罪、会不会犯罪，这不是证明行为人彻底性的标准。如果是这样的话，恐怕只有等到行为人死后才能认定其为犯罪中止了，因为人活着都是有可能实施犯罪的。我们更不能理解为行为人不能再犯任何罪，行为人中止了一个犯罪，并不意味着行为人如果以后再犯其他罪，这个罪的犯罪中止也要受到影响。

(二) 中止犯的刑事责任

最后，我们来了解一下中止犯的刑事责任问题。《刑法》第24条第2款规定，"对于中止犯，没有造成损害的，应当免除处罚；造成损害的，应当减轻处罚"。这些内容我们需要联系起来记忆，犯罪预备、犯罪未遂、犯罪中止涉及的情节一共有四个：犯罪预备是可以比照犯罪既遂从轻、减轻或者免除处罚；犯罪未遂是可以比照犯罪既遂从轻、减轻处罚，比犯罪预备少了一个免除处罚；犯罪中止造成损害的，应当减轻处罚，没有造成损害的，则应当免除处罚。所谓的造成损害，应该理解为造成法律规定的危害结果以外的其他损害，因为如果已经造成了这个罪本身所规定的危害结果，就不可能再认定为犯罪中止了。

此外，还有一个问题需要大家注意，举个例子来说吧：甲对乙有仇，甲要杀乙，为此，甲买了一把刀，向乙家进发，走到半路，甲突然肚子痛，他想继续坚持，但实在坚持不了了，于是他叫了一辆三轮车把自己送到了医院，后来由于医院的检举揭发而案发。法院认为甲肚子痛属于意志以外的原因，因此不能属于犯罪中止而只能属于犯罪未遂。那么，法院的这一认定是否有道理呢？（下讲台提问）

学生1："我认为，法院的认定是有道理的，因为肚子痛确实属于意志以外的原因。"

学生2："我认为，法院的认定是没有道理的，甲应该属于犯罪中止。因为又不是别人肚子痛,而是甲自己肚子痛呀!"

(回讲台)我认为,法院的认定既有正确的地方,也有不正确的地方。我们在判断这种案件的时候千万不能受到干扰。甲肚子痛属于意志以外的原因从而不能成立犯罪中止,这是正确的。我们不能因为是甲自己肚子痛,而认为甲可以成立犯罪中止,毕竟甲是想干下去的,只是没有办法而已。但是,我们如果就此认为,不成立犯罪中止就只能成立犯罪未遂则是不正确的。应该看到,犯罪预备和犯罪未遂都是由于意志以外的原因停止,而犯罪中止是自动停止。此外,犯罪预备和犯罪未遂的区别主要在于行为人着手与否。由此可见,不是犯罪中止不一定就是犯罪未遂,也有可能是犯罪预备,关键要看行为人着手与否。

好,这一讲的内容我就讲到这里了,下一讲我将继续给大家介绍故意犯罪的停止形态的相关内容,谢谢大家!

第十四讲
故意犯罪的停止形态(二)

在这一讲中,我们继续来学习故意犯罪的停止形态的内容。

六、故意犯罪停止形态认定中疑难问题分析

在了解了犯罪既遂、预备、未遂和中止等各犯罪停止形态的概念及特征后,我们今天要重点讨论故意犯罪停止形态认定中的一些疑难问题。

(一)自动放弃重复侵害行为是否成立犯罪中止

下面,我要重点讲一下自动放弃可能重复侵害行为的定性问题。首先要明确的是,放弃可能重复侵害的行为,通常指的就是射击的行为。比如,甲枪里有五颗子弹,甲举枪瞄准乙,甲认为在这么近的距离,一枪足以打死乙了,可扣动扳机,子弹却打偏了。这时甲就觉得,这么近的距离都杀不死乙,算了还是不杀乙了吧,于是甲就不再开枪了。我的问题是,在这种情形下,甲成立犯罪中止吗?(下讲台提问)

学生1:"我认为,甲应该属于犯罪中止,因为其可以继续射击而不射击了,认定中止不会有问题。"

学生2:"我也同意是犯罪中止。"

提问:"如果甲一枪出去杀死了乙,甲的形态应该是什么呢?"

学生1:"应该属于犯罪既遂。"

提问:"那么,杀死了是既遂,而没有死却是中止,你们不觉得有矛盾吗?"

学生2:"好像是有矛盾噢! 但是,我认为还是犯罪中止,毕竟甲是能射击而不射击呀。"

提问:"你们都认为是犯罪中止,那么我再举个例子,甲枪里只有一颗子弹,甲举枪瞄准乙,可扣动扳机,子弹却打偏了。这种情况应该如何认定?"

学生3:"我认为,这是犯罪未遂无疑。"

提问:"那么,打枪时多带子弹的危害大,还是少带子弹的危害大呢?"

学生3:"我认为,当然多带子弹危害大。"

提问:"但是,现在有五颗子弹的是犯罪中止,而有一颗子弹的却是犯罪未遂啊。而且这个中止还属于没有造成损害的中止,对其应当免除处罚呢,你们觉得合理吗?"

(回讲台)对于一颗子弹的例子,行为人成立犯罪未遂是没有问题的。但先前讲的那个例子中行为人的枪里却是有五颗子弹的,如果那种情形成立犯罪中止,就会产生枪里子弹是多一点好还是少一点好的问题。我认为这两种情况是不同的概念,如果开一枪没打死,甲想再继续实施犯罪,但是没子弹了和虽然还有子弹,但甲不想再开枪了肯定是不同的。甲开第一枪的时候都是一样的,无论枪里有五颗子弹还是一颗子弹,甲都是瞄准后开枪的,子弹打偏了,甲还有四颗子弹,甲又开了一枪将乙打死了,这种情形属于犯罪既遂,但如果没有继续开枪则是犯罪中止。这实际上涉及判断犯罪形态是朝前看还是朝后看的问题。

对放弃可能重复的侵害行为的定性,我们需要注意两点。第一点要注意的是这里所讨论的只能是射击的行为,不能随意延伸。有人说一拳打下去不打第二拳、第三拳了,他认为他的这个行为也是犯罪中止。这种行为不属于可能重复的侵害行为,因为重复的侵害行为指的仅仅是射击的行为。第二点要注意的是按照现在大多数人的观点,对于放弃可能重复的侵害行为是按照犯罪中止认定的。学界有个教授认为将放弃可能重复的侵害行为认定为犯罪中止有利于鼓励犯罪分子停止犯罪。这种说法是有一定道理的,因为这样认定可以鼓励行为人在能够继续实施犯罪的情况下不再实施犯罪,这就有利于鼓励犯罪分子停止犯罪。另外,该教授还专门举了一个例子:甲掐住乙的脖子,看到乙的脸色很难看,甲就不掐了,这种情况算犯罪中止应该是没有争议的。但是,这个教授以此为例得出放弃可以射击的行为也应该是犯罪中止的结论。我认为用这个例子来解释这个问题是不妥当的。因为掐脖子不属于可以重复侵害的行为,掐脖子的时候是不会数掐的次数的,而开枪却是有一枪一枪打的过程的。所以可能重复的侵害行为有重复性的特征,两者是不一样的。用这种不属于可能重复的侵害行为来解释可能重复的侵害行为,说服力是不强的。认定放弃可能重复的侵害行为是成立犯罪未遂还是犯罪中止的最大的分歧点,就是对开枪的行为应该怎么看?有人将开枪的行为看作是一个整体,我开了第一枪,不开第二、第三、第四、第五枪,成立犯罪中止应该是没问题的。但有人把每一枪都作为一个行为来看待,这时我开一枪的这颗子弹是收不回来的,杀死了对方就成立犯罪既遂,没杀死就成立犯罪未遂。这就是怎么来看待行为本身的问题,但现在大多数人还是认为是成立犯罪中止的。

我认为,从鼓励犯罪分子停止犯罪的角度出发,将这种行为认定为犯罪中止是有一定道理的。但是,这种认定从刑法原理角度分析是讲不通的。从刑法原理的角度考虑,对行为人已经射出去的这颗子弹而言,它是控制不住的,也是收不回来的,杀死了对方是犯罪既遂,没杀死则是犯罪未遂。在实际处理中,将这种情况认定为犯罪中止,还有一个很难解决的问题,也就是我在前面提到的子弹带得越多,处理却越轻的问题。甲枪里装了一颗子弹,开了一枪没杀死对方,按照犯罪未遂来认定;而乙枪里装了五颗子弹,开了四枪不开第五枪则成立犯罪中止,而且未造成损害的犯罪中止应当免除处罚。另外,如果行为人射击了四次,最后留了一颗子弹可以射击而不射击,也是犯罪中止?显然,从刑法原理的角度分析,认定犯罪中止是讲不通的。这里最关键的问题是到底应该从已经发生的角度来考虑,还是从还有可能发生的角度来考虑。认为装五颗子弹的情形成立犯罪中止的观点主要是从还有可能发生的角度来考虑的。

(二)危险状态下停止犯罪的形态

下面,我们来思考一下应该如何认定危险状态下停止犯罪的形态问题。刑法中的危险犯是相对于实害犯而言的一个概念,危险犯是指以实施危害行为并出现某种法定危险状态为构成要件的犯罪。我国刑法中通常将一些有可能严重危害公共安全或严重破坏社会秩序的危险状态直接规定在分则条文之中,并配置相应的法定刑。另外,刑法分则在规定相关危险犯的犯罪时,往往同时规定了相对应的实害犯,也就是以出现法定的实害结果为构成要件的犯罪,这就形成了危险犯与实害犯相对而言的提法。应该看到,近年来我国理论上时不时有学者提出危险犯是实害犯的犯罪未遂形态的观点,从而产生了对危险犯认定上的不同意见。我认为,我国刑法分则中所规定的所有犯罪都是以犯罪既遂作为设定罪状和法定刑的标准的,而犯罪预备、犯罪未遂及犯罪中止则是由刑法总则专设条文统一加以规定的,这在我国刑法的立法模式上得到了充分体现,在刑法理论上也早已达成共识并且形成了定论。因此,我们就不能也不应该将分则条文规定的危险犯理解为实害犯的犯罪未遂形态。刚才讲的危险犯是实害犯犯罪未遂的观点其实是在脱离了我国现行刑法的立法模式的基础上得出的结论,由于选取的标准不科学以及讨论基础的缺失,这一结论也不可能是正确的。

需要指出的是,尽管我们不能将刑法中的危险犯理解为是实害犯的犯罪未遂,但是,犯罪过程中的危险状态与实害状态其实是程度有所差异并且也是可以发展或渐进的现象,而且在这一过程中行为人的行为完全可能基于各种主客观的原因而出现终结性的停顿,这就产生了所谓危险状态下停止犯罪的形态认定问题。

应该看到,如果危险犯在犯罪准备过程中或在犯罪着手后但危险状态未出现之前,因各种主客观原因停止犯罪的,可能存在犯罪预备、犯罪未遂或犯罪中止的形态,理论上对此基本达成共识;如果危险状态出现后,因各种客观原因而产生停顿的,此时,已经排除了犯罪未遂形态存在的可能性,这时就应以实害状态是否出现为标准,分别以实害犯的犯罪既遂或者危险犯的犯罪既遂认定,理论上对此也没有很大的异议。我们就以放火罪为例,实践中通常以"点火"作为着手的标志,以被燃烧物的"独立燃烧"作为危险状态出现并且作为排除犯罪未遂的标志。如果在"点火"之前,行为人基于各种主客观原因而停止行为,就可能存在犯罪预备或者犯罪中止的形态;如果在"点火"以后并在被燃烧物"独立燃烧"之前,行为人基于各种主客观原因而停止行为,就可能存在犯罪未遂或者犯罪中止的形态。但是,只要被燃烧物"独立燃烧",也就是危险状态出现之后,无论在哪个时间点上出现终结性停止,都应该排除犯罪未遂形态存在的可能。也就是说这种因客观原因导致的终结性停止,如果出现在危险状态下,对行为人的行为就应适用《刑法》第114条的规定,以放火罪的危险犯加以认定;而这种终结性停止如果出现在实害状态下,对行为人的行为就应适用《刑法》第 115 条的规定,以放火罪的实害犯加以认定。

当前,理论上与实践中的争议主要集中在危险状态出现后是否存在犯罪中止的问题上,也就是在危险状态出现后但实害结果尚未发生前,行为人自动积极停止犯罪,并有效防止实害结果发生的,能否成立犯罪中止的问题。我这里先介绍一些案例,大家一起分析。甲因加工资问题对领导产生不满,决定在公共场所实施放火行为,甲点燃被燃烧物后,感到这样做的后果不堪设想,于是就脱下衣服将刚燃烧的火扑灭了,后经人举报而案发。我的问题是,甲的行为属于哪种犯罪形态?(下讲台提问)

学生 1:"我认为,甲的行为属于犯罪既遂,对其扑火行为可以在量刑时酌情考虑。"

学生 2:"我认为,甲的行为属于犯罪中止,因为其在犯罪过程中,自动有效地防止了犯罪结果的发生。"

学生 3:"我认为,甲的行为属于犯罪既遂,因为放火罪是危险犯,只要危险状态出现,犯罪就已经既遂,既遂后的恢复原状和补偿损失都只能在量刑时加以考虑,而不能影响犯罪形态的认定。"

提问:"你刚才提到的只要危险状态出现即为犯罪既遂的观点,是谁说的?"

学生 3:"是老师您自己说的。"(全场笑)

提问:"同学们,我说过这句话吗?"(全场议论)

(回讲台)我可没有说说这句话。我只是提到过,由于放火罪是危险犯,因而只要危险状态出现,就排除行为人成立未遂的可能性。但是,我并没有说危险状态出现就是犯罪既遂呀!我认为,本案中甲的行为可以认定为中止,但这是实害犯的中止,我们可以将危险状态的出现作为实害犯中止中"造成损害"的因素考虑。

应该看到,对危害状态出现后行为人停止犯罪的形态认定,意见很不统一。我认为在危险状态出现后确实可能存在实害犯的犯罪中止形态,但是,这种犯罪中止形态不能理解为是犯罪既遂以后的犯罪中止,而应该理解为是排除犯罪未遂以后的犯罪中止,理由主要有四点。

第一,犯罪既遂以后确实不应该存在犯罪中止形态。正如我前面所讲的,一个故意犯罪行为只有一种形态,而各种犯罪形态彼此独立存在且不可能相互转化。犯罪行为的形态是以行为最后的停顿点作为标准,没有行为的终结性停止就没有犯罪形态的存在。因而,我们完全可以得出结论:由于犯罪既遂形态也是以终结性停止作为标准的,因此,无论是何种类型的犯罪,当犯罪行为在犯罪既遂之后就不可能再出现犯罪中止形态。行为人在犯罪既遂后无论基于何种原因实施恢复原状或者补偿损失的行为,都只能作为量刑时考虑的酌定情节,而不能作为犯罪中止的法定情节加以认定。

第二,排除犯罪未遂状态并不意味着就是犯罪既遂。正如我前面所讲的,在存在有危险犯和实害犯的犯罪中,危险状态一旦出现,行为人的行为无论在哪个时间点上出现终结性停止,都应该排除犯罪未遂形态存在的可能。但是,需要指出的是,这里所谓的"危险状态出现后应排除犯罪未遂形态存在",并不必然等于"犯罪既遂状态已经出现"。事实上,在刑法规定危险犯的犯罪中,往往同时规定了相对应的实害犯,而危险状态与实害状态应该有一个可以转化的过程。在一个故意犯罪行为中,犯罪形态不能相互转化,但是,危险状态是完全有向实害状态转化的可能的。当刑法所规定的某一犯罪的危险状态出现后,我们不能说这就是犯罪既遂,而只能说是出现了排除犯罪未遂的情况,因为在行为尚未停顿时是不能确认犯罪形态的。也就是说行为人的行为因客观原因在危险状态出现后的任何一点停下来,只要行为不是行为人自动停止的,我们就都可以将其认定为犯罪既遂。但是,在行为人的行为没有出现停顿时,尽管可以排除犯罪未遂,却很难判断这种行为究竟是什么形态。因为,此时的行为还处于不确定的状态,处于危险状态向实害状态转化过程中,还没有停顿,我们也就无法实际判断这种行为究竟是危险犯还是实害犯。这就是我主张应将这种情况视为排除犯罪未遂而非犯罪既遂的根本原因所在。就此而言,我认为,前面我提到的"犯罪既遂说"和"犯罪中止说"都混淆了在危险状态出现后"排除犯罪未遂"与"犯罪既遂即成立"两者之间的区别,其根本问题还在于他们是从动态的角度去判断故意犯罪的形态的,而没有从静态的角度去考察故意犯罪的形态。

第三,危险状态出现后完全可能存在犯罪中止。我认为,这一观点本身并不违背犯罪既遂以后不存在犯罪中止的原理,也符合司法认定的需要。这是因为,"危险状态出现后可能存在犯罪中止形态"与"犯罪既遂后不存在犯罪中止形态",并非同一层面的命题,两者并没有矛盾。当危险状态出现后,尽管我们应该排除犯罪未遂形态,但是,由于行为人的行为还处在不确定的状态中,如果因客观原因在危险状态停顿下来,无疑应该构成危险犯的犯罪既遂,而如果这种已经出现的危险状态进一步向实害状态发展下去,则可能构成实害犯的犯罪既遂。正是由于危险状态存在向实害状态转化的可能性,因此,如果行为人在危险状态出现后,自动采取措施停止犯罪,并有效地防止实害结果的发生,则完全可以成立实害犯的中止。那么,否定犯罪中止的存在是没有道理的。

我认为,在危险状态出现后,行为人基于自己的意愿停止犯罪并有效防止实害结果发生,理应以犯罪中止加以认定。这是因为,犯罪中止最主要的特征是"时间性""自动性"和"有效性"。在危险状态出现且向实害状态发展的过程中,行为人出于自己的意愿自动停止原本可以继续下去的犯罪,具备犯罪中止"自动性"的条件,这是没有问题的。相对于实害犯而言,行为人在危险状态出现后实害状态出现前,自动停止犯罪,同样也满足犯罪中止"时间性"的条件要求。同时,在危险状态出现后,行为人采取措施有效防止实害结果的发生,又完全符合犯罪中止"有效性"的条件。可见,将这种情况认定为犯罪中止,既符合刑法中犯罪中止的构成原理,也可以起到鼓励犯罪分子停止犯罪以大幅减轻犯罪对社会危害程度的实际效果。大家想一想,如果在危险状态出现以后,犯罪分子无论是何种态度都不能认定为犯罪中止,这就可能更加坚定犯罪分子"一干到底"的决心。这似乎与刑法设立犯罪中止的立法意图和鼓励犯罪分子停止犯罪并尽可能减少犯罪所造成的损失的司法精神并不吻合。

第四,危险状态出现后的犯罪中止形态应该是实害犯的犯罪中止。我认为,在危险状态出现后可能存在犯罪中止形态,但是,我们只能将这种情况下的犯罪中止认定为是造成损害的实害犯的犯罪中止,而不能将其视为危险犯的犯罪中止,原因主要有这么几点。

首先,如果将危险状态出现后的犯罪中止形态视为危险犯的犯罪中止,就必然会导致人们对这种犯罪中止是否存在"有效性"产生质疑,因为在这种情况下,危险状态毕竟已经客观存在。大家都知道,"有效性"是成立犯罪中止最重要的要件,也是刑法设立犯罪中止法定情节的根本意图所在。犯罪中止形态中"有效性"的含义是,行为人成立犯罪中止必须有效地防止其已经实施的犯罪所可能导致的犯罪结果的发生。尽管在危险犯和实害犯共存的犯罪中,确实存在危险状态向实害状态转化的过程,但是,这种转化毕竟是建立在危险状态已经出现的情况下,而且刑法已经将这种危险状态作为危险犯的法定后果规定在条文中了。在这种情况下,如果我们将危险状态出现后停止犯罪的行为认定为危险犯的犯罪中止,显然是不符合犯罪中止"有效性"的特征的。大家需要特别注意的是,刑法是将危险状态视为一种犯罪结果来看待的,也就是说如果从刑法理论上分析,我们不能否认刑法规定的危险犯中的危险状态具有结果的属性,因此,这种危险状态一旦出现了,就很难想象行为人能自动有效地防止危害结果的发生,而犯罪中止又是以有效防止危害结果发生为必要要件的。另外,刑法中危险犯的成立是以危险状态结果的出现为标准的,在危险状态已经出现的情况下,行为人又怎么可能有效防止"危险状态结果"发生呢? 由此可见,将危险状态出现后的犯罪中止形态认定为危险犯的犯罪中止,本身存在明显的矛盾之处。

其次,对危险状态出现后的犯罪中止形态以实害犯的犯罪中止认定,可以解决我们前面讲的"有效性"的矛盾,因为我们可以将这种犯罪中止中的"有效性"理解为"有效防止实害结果的发生"。在危险犯与实害犯并存的犯罪中,确实存在着两种法定的犯罪后果。正如前面我所讲的,在危险状态出现后,有效防止"危险状态结果"发生已经不可能,但是从动态行为上分析,此时的结果还处于不确定状态,处于由危险状态向实害状态转化的过程中。在这种情况下,行为人采取措施停止犯罪,确实可能会阻碍某些同样也是法律规定的"实害状态结果"的发生。而且此时"危险状态结果"已经出现,因此,行为人防止的当然只能是"实害状态结果",而不可能是"危险状态结果"。换句话说,危险状态的出现就标志着危险犯过程的终结,而实害犯的犯罪过程却仍在继续,只有实害状态的出现才标志实害犯过程的终结。由此可以看出,行为人对于"实害状态结果"发生的阻止与否并不会影响危险犯的犯罪形态,但是,却完全可能影响到实害犯的犯罪形态。

最后,将危险状态出现后的犯罪中止形态以实害犯的犯罪中止认定,可以将客观上已经发生危险状态的因素充分考虑进去,而且能够在量刑时加以体现。我国刑法明文规定对犯罪中止的处罚分两种情况,对没有造成损害的犯罪中止,应当免除处罚;而对造成损害的犯罪中止,则应当减轻处罚。从量刑均衡的原则要求出发,将已经出现的危险状态视为在实害犯的犯罪中止中所造成的损害,并对行为人适用"应当减轻处罚"的法定情节,似乎更加合理。因为这样认定既考虑了"危险状态结果"实际存在的因素,也兼顾了行为人自动停止犯罪并有效防止"实害状态结果"发生的因素。如果将这种情况看作危险犯的犯罪中止,就只能以"没有造成损害"的犯罪中止认定,并对行为人适用"应当免除处罚"的法定情节。不仅无法顾及这种情况下"危险状态结果"实际已经出现的客观事实,而且还会带来新的矛盾,即危险状态出现后与危险状态出现前的犯罪中止有同样的认定结果的矛盾。因为在存在危险犯的犯罪中,行为人因主观原因在着手实施具体犯罪行为前停止犯罪的,也同样可能成立犯罪中止,而且这种形态理应属于"没有造成损害"的危险犯的犯罪中止。如果我们将危险状态出现后的犯罪中止形态也以"没有造成损害"的危险犯的犯罪中止来认定,且同样对行为人适用"应当免除处罚"的法定情节,就必然产生与危险状态出现前的犯罪中止有相同的认定结果的情况,这样就无法将两者区别开来。

(三)以"低位犯罪"代替"高位犯罪"的犯罪形态

接下来,我给大家分析一下如何认定司法实践中出现的以"低位犯罪"代替"高位犯罪"的犯罪形态的问题。

目前,司法实践中经常会发生行为人出于各种原因,自动放弃原本可以继续实施的危害较大的"高位犯罪",并转而实施一些危害相对较小的"低位犯罪"的案件。比如说,行为人为报复他人而欲故意杀人,但在杀人过程中,由于各种原因对被害人产生了怜悯之心,决定主动放弃并停止将被害人杀死的行为,但同时出于教训被害人的需要,砍下了被害人的手,从而导致被害人重伤结果的发生。类似的情况在强奸案中也有出现,比如说,行为人在被害妇女不同意的情况下,放弃了可以继续进行的强奸行为,转而实施了同样也构成犯罪的强制猥亵的行为。对于这些行为究竟应该是以"高位犯罪",也就是这里所说的故意杀人罪或强奸罪认定?还是以"低位犯罪"也就是故意伤害罪或强制猥亵妇女罪认定?或者是实行数罪并罚?(下讲台提问)

学生1:"我觉得应该数罪并罚吧。"

学生2:"我觉得这里面有竞合的情形,应该以'高位犯罪'从重处罚。"

学生3:"我觉得应该以'低位犯罪'论处吧。"

(回讲台)应该看到,我前面所举的案件尽管在实践中经常发生,但是,理论上对这种案件却很少有研究。以前曾经有学者提出过"故意转移"的概念,认为故意转移是指行为人基于某一犯罪动机或犯罪目的在犯罪过程中以新的故意代替原有的故意的情形。说到底其无非就是具有不同内容或不同性质的故意间的转化关系,故意转化的发生前提是犯罪故意都是以某种犯罪构成要件为内容的,是具体的、特定的,并且存在内容上的差别。同时,这个学者还列举了两种转化犯的表现情况。第一种就是行为人由一种犯意的犯罪预备行为转化为另一种犯意的实行行为。行为人在犯罪预备阶段是这种犯罪的犯意,但进入实行阶段却是那种犯罪的犯意。比方说,由犯罪预备阶段的抢劫故意转化为实行阶段盗窃故意的情形,其实行行为是盗窃行为并且已达到了犯罪既遂。对此,大多数学者认为,应以实行行为吸收犯罪预备行为,也就是应以盗窃罪既遂论处;但在罪名的否定性评价程度上,有人认为盗窃罪无论如何也不能与强行夺取的抢劫罪相提并论,因而提出了反对意见,认为应以重行为吸收轻行为的原则处理。

第二种就是在实行犯罪的过程中,由于犯意的改变而引起的由这种罪转化为那种罪的情形。比如说,在实施伤害的过程中改变伤害的故意而产生杀人的故意,引起由伤害罪到杀人罪的转化。有时又有相反情况,行为人由杀害的故意转化为伤害的故意。

这里需要引起大家注意的是,我刚才讲的以"低位犯罪"代替"高位犯罪"的案件是有特定含义的,这类案件的主要特征表现为三个方面。

第一,"高位犯罪"与"低位犯罪"在犯罪性质上尽管有所不同,但从行为侵犯的客体上分析,它们整体上属于在某一同类客体下的不同犯罪。比方说,强奸罪与强制猥亵妇女罪虽然都是独立的罪名,且属于不同性质的犯罪,但是,它们都是对妇女性权利侵害的行为。实践中发生较多的既强奸又抢劫的案件中则不存在"高位犯罪"和"低位犯罪"的问题,因为,强奸罪与抢劫罪所侵犯的主要客体是完全不同的,它们之间没有"高""低"之分。在理论上和司法实践中,对于行为人既实施强奸又实施抢劫的行为应实行数罪并罚,也基本上达成了共识。

第二,"高位犯罪"与"低位犯罪"在行为人故意内容及其行为特征上应该具有程度上的区别。比如说,在以"低位犯罪"代替"高位犯罪"的案件中,行为人确实存在放弃"高位犯罪"的故意,并以"低位犯罪"的故意代替的情况。也就是说在这类案件中,行为人放弃的行为和最终实施的行为,在犯罪目的或故意内容上是有所不同的。这与实践中发生较多的行为人准备抢劫但因没有对象转而实施盗窃的案件有很大的区别,因为,在以盗窃代替抢劫的案件中,行为人不发生放弃和改变原有犯罪目的或者故意内容的问题,盗窃罪与抢劫罪的区别主要在犯罪手段上,而在主观要件上基本相同,行为人都是以非法占有为目的,它们之间也不存在所谓的"高""低"之分。以盗窃代替抢劫仅仅只是手段上的更换,并不发生犯罪目的或者故意内容上的放弃或者改变。理论上和司法实践中,对于行为人准备抢劫但因没有对象转而实施盗窃的案件,应以最后实际取得财物的盗窃手段定性,也基本上不存在什么争议。

第三,行为的方向只能由"高位犯罪"向"低位犯罪"转移而不能相反。也就是说行为人在着手实施犯罪前或着手实施犯罪后已经明确产生某一"高位犯罪"的犯意,但是,在原犯意支配下的行为尚未完成之前,行为人主动放弃了原本可以继续进行下去的"高位犯罪"的犯意,并以"低位犯罪"的犯意代替了原来的"高位犯罪"的犯意。如果行为人的犯意转换由"低位"转为了"高位",比如说,行为人在故意伤害他人的过程中产生了故意杀人的犯意并将他人杀死,对于行为人只需按"高位犯罪"的犯罪既遂论处就可以了。对此,刑法理论上和司法实践中,通常不会有很大的意见分歧。另外,如果原来"高位犯罪"犯意支配下的行为还没有实施,行为人就发生了犯意的转变,并顺利实施且完成了犯罪,则只需按"低位犯罪"犯意支配下的行为性质认定为犯罪既遂就可以了,因为,此时仅仅只有行为人主观意愿的改变,而没有行为人行为性质的改变。

应该看到,司法实践中对于以"低位犯罪"代替"高位犯罪"案件的处理很不统一,理论上也存在很大争议。我认为,对以"低位犯罪"代替"高位犯罪"案件的处理,既不能实行数罪并罚,也不能采用犯罪既遂吸收犯罪中止的方式,更不能一味地采取重罪吸收轻罪的做法,而应该采用"高位犯罪"吸收"低位犯罪"的方式处理,对行为人以"高

位犯罪"的犯罪中止认定,并将"低位犯罪"作为在犯罪中止中"造成损害"的因素加以考虑。这是因为:

首先,如果对这类案件实行数罪并罚,就很难避免重复评价的问题。正如我在前面所讲的,这里所指的"高位犯罪"与"低位犯罪"是有特定含义的,尽管行为人侵犯的客体在总体上属于同类客体,但相互之间通常还是具有轻重程度之分的。行为人的主观故意内容也有转化的问题。而且行为人的具体犯罪手段往往是类似的。正因为如此,如果对以"低位犯罪"代替"高位犯罪"案件实行数罪并罚,就很难避免发生重复评价的问题。毕竟在这类案件中行为人的行为针对的是同一侵害对象,而且都发生在一个过程中。特别是在具体案件中从行为上分析,如果在认定行为人构成强奸罪的基础上,又认定其构成强制猥亵妇女罪,就必然会发生对"强制"行为的重复评价。因为根据刑法规定,无论是强奸罪还是强制猥亵妇女罪都是要求"以暴力、胁迫或者其他手段"作为构成犯罪的客观要件。在同一犯罪过程中针对同一对象,行为人使用的手段完全可能相同,如果对行为人实行数罪并罚,重复评价行为人的"强制"行为就不可避免了。

另外,如果对这类案件实行数罪并罚,还可能会与其他案件的处理结果产生矛盾。应该看到,司法实践中绝大多数刑事案件中行为人会掺杂各种各样的行为,例如,大多数强奸案的行为人在实施强奸行为前,会先对被害妇女实施猥亵行为;也有很多故意杀人案的行为人在具体实施杀人行为前,会先对被害人实施伤害行为。由于这类案件中的相关侵害行为是发生在同一过程中的,并且侵害行为针对的是同一个对象,因此,司法实务部门一般对行为人都会以强奸罪或故意杀人罪一罪论处,而绝对不可能对行为人实行数罪并罚。正因为如此,如果对以"低位犯罪"代替"高位犯罪"的案件实行数罪并罚,就必然会与前面这类案件的处理结果产生矛盾。行为人在同一过程中且针对同一个对象采取基本相同的行为,仅仅只是侵害行为发生的顺序不同,但是处理结果却完全不一样,这似乎很难从刑事立法上或刑法理论上找到依据。其实,以"低位犯罪"代替"高位犯罪"的案件与这类案件的区别,最多只是行为人具体故意和具体侵害行为产生的时间顺序可能不完全相同而已。在这类案件中,行为人诸如猥亵、伤害等主观故意内容和侵害行为是混杂在强奸、杀人等主观故意内容和侵害行为中的;而在以"低位犯罪"代替"高位犯罪"的案件中,行为人是在明确放弃强奸、杀人等"高位犯罪"故意后,产生猥亵、伤害等"低位犯罪"的故意的。我认为,就因为这一区别而对两类案件产生"一罪论处"和"数罪并罚"的不同处理结果,是没有道理的。更何况犯罪是一个较为复杂的过程,事实上我们在处理案件时要准确地对行为人故意产生的时间加以区分也是一件很难的事。另外,我们应该看到,在同一过程中针对同一个对象,行为人在坚持"高位犯罪"故意的情况下,实施相关侵害行为的社会危害性应该相对较高;而行为人在放弃"高位犯罪"故意并以"低位犯罪"故意取代的情况下,实施相关侵害行为的社会危害性应该相对较低。但是,我们对社会危害性相对较高的行为以一罪论处,而对社会危害性相对较低的行为却要实行数罪并罚,这显然与我国刑法所坚持的罪责刑相适应的基本原则严重相悖。

其次，如果对以"低位犯罪"代替"高位犯罪"的案件采用"犯罪既遂吸收犯罪中止"的方式处理，尽管可以避免因数罪并罚带来的种种弊病，但是，这种方式仍然存在诸多不妥之处。所谓"犯罪既遂吸收犯罪中止"的方式，是指对相关案件中的行为人以其行为最终结果作为定性的依据，也就是对行为人以"低位犯罪"的犯罪既遂论处，而在量刑时适当考虑吸收"高位犯罪"犯罪中止的因素。我认为，这种方式的主要弊端有两点。

其一，这种方式最终的处理结果是以诸如强制猥亵、伤害等"低位犯罪"对行为人的行为定性，是以"低位犯罪"吸收"高位犯罪"处理。这种方式显然有违重罪吸收轻罪的一般刑法原则和司法办案思路，因为，在现代刑法理论中，对于包括想象竞合犯、牵连犯、吸收犯等在内的罪数形态的处理一般都采用重罪吸收轻罪的原则，而不可能以轻罪吸收重罪的方式处理。

其二，这种方式排除了对"高位犯罪"的反映，因为在对"低位犯罪"的处理中很难将"高位犯罪"的犯罪中止内容体现出来。采用这种方式处理案件，最终对行为人的行为是以诸如强制猥亵、伤害等"低位犯罪"犯罪既遂定性处理。从刑法上分析，这种处理方式当然只能严格依照刑法分则所规定的具体犯罪的法定刑对行为人量刑，由于刑法分则所规定的罪状和法定刑都是以犯罪既遂作为标准的，因而按照刑法分则"低位犯罪"犯罪既遂的规定处理很难反映或体现相关"高位犯罪"犯罪中止的内容。也就是说，从具体刑法规定适用上看，以这种方式处理的最终结果可能与行为人单纯实施"低位犯罪"案件的处理结果基本相同。但是，在以"低位犯罪"代替"高位犯罪"的案件中，行为人确实曾经存在或者出现过"高位犯罪"的故意和行为，而且行为人是出于自己的意愿停止了这一"高位犯罪"，但是这些重要的内容不能在对行为人的定罪量刑中得到明确的反映，似乎也与罪责刑相适应的基本原则不相符合。

再次，对这类案件如果一味地采用"重罪吸收轻罪"的方式，尽管符合刑法学理论的一般原理，同时也可以解决因数罪并罚带来的重复评价问题，但是，我认为，这样处理还是有以下难以克服的弊端的。

其一，对这类案件采用"重罪吸收轻罪"的方式处理，会产生不利于被告人的结果。大家都知道，有利于刑事被告人是罪刑法定原则所体现的根本精神，因为在刑事诉讼中，被告人始终处于弱者的地位，如果不强调对其利益的特殊保护，其合法利益必然会受到侵害。对这类案件的处理采用"重罪吸收轻罪"的方式，是对行为人不分青红皂白一律从重，这无疑是"重刑主义"思想的体现，结果必然会加重对行为人的处罚。这既不符合现代刑法理念中谦抑原则的精神，也与目前学界提倡的"轻刑化"的思潮相背离。特别是在这类案件中毕竟存在行为人主观犯意及侵害行为的停止和改变，行为人确实放弃了原先可以实施下去的"高位犯罪"的犯意和行为，如果在对行为人进行定罪量刑时，不考虑这一因素，仍然坚持"犯意降低者，从旧意"的做法，就无法起到最大限度地鼓励犯罪分子停止实施危害较为严重犯罪的作用，从而必然与刑法中罪责刑相适应的基本原则以及适用刑罚的目的相悖。

其二,对这类案件采用"重罪吸收轻罪"的方式处理,与主客观相一致的原则不符。理论上和司法实践中对犯罪行为定罪和量刑必须坚持主观与客观相统一,我们不仅要考虑行为人的主观恶性程度,还要考察行为人行为的客观危害性,只有这样,才能对犯罪分子准确地适用刑法。而"按从重原则:犯意升高者,从新意,犯意降低者,从旧意"的观点,则是一味根据行为人的犯意"高""低",一律采用"重罪吸收轻罪"的做法,完全不管客观行为导致的社会危害性大小。就这一点来说,不仅有"主观归罪"之嫌,更与主客观相一致原则的要求相去甚远。

其三,对这类案件采用"重罪吸收轻罪"的方式处理,对不同的案件无法做到区别对待。从前面我所讲的内容中,大家可以清楚地看到,行为人在强奸妇女的过程中,往往会伴随有强制猥亵妇女的情况发生,而行为人在故意杀人的过程中,也常常会伴随有伤害的情况发生。对这些案件的处理,理论上和司法实践中都认为,对行为人最终应该以强奸罪和故意杀人罪定罪处罚。但是,在对放弃"高位犯罪"的犯意并转而实施"低位犯罪"的案件中,我们如果也一味地采用"重罪吸收轻罪"的方式,得出的处理结果也必然是以强奸罪和故意杀人罪等"高位犯罪"对行为人进行定罪处罚。这就必然会导致在犯罪情节和社会危害后果上都具有很大区别的不同案件,处理结果却基本一样的情况出现。由此可见,这种处理结果最大的缺陷就在于不能将犯罪分子在犯罪过程中放弃"高位犯罪"的情况,与犯罪分子在实施"高位犯罪"的同时又实施了"低位犯罪"的情况相区分。这就无疑会让人产生行为人无论是放弃还是不放弃"高位犯罪"其实都没有什么太大区别的感觉。

最后,如果按照我主张的采用"高位犯罪"吸收"低位犯罪"的方式来处理以"低位犯罪"代替"高位犯罪"的案件则具有一定的科学性。应该看到,理论上确实也有学者主张对这类案件应结合犯罪中止的理论来处理,如果符合中止犯的条件,则成立中止犯。但是,也有学者反对这一观点,认为这一观点的成立前提是符合犯罪中止的条件,而有关犯罪中止的通说观点认为,行为人自动放弃原有犯罪意图的彻底性不是指避重就轻的犯意改变,因而犯罪中止不能存在于犯意转化的场合中。

这里需要指出的是,我所主张的处理方式,是对这类案件中的行为人以"高位犯罪"的犯罪中止认定,并将"低位犯罪"作为犯罪中止中"造成损害"的因素加以考虑。这种处理方式的科学性具体表现为四个方面。

其一,符合刑法的基本原则。刑法不仅是"被害人的大宪章,也是犯罪嫌疑人的大宪章",这种对行为人以"高位犯罪"的犯罪中止认定,并将"低位犯罪"作为犯罪中止中"造成损害"的因素加以考虑的做法不仅符合罪刑法定原则所体现的"有利于被告人"的基本精神,同时还尽可能地全面遵循了主客观相一致的要求,不仅在主观上充分考虑到了行为人放弃"高位犯罪"的犯意这一要素,而且在客观上考虑了行为最终造成的社会危害后果,并且还考虑到了"低位犯罪"造成的损害。可见,这种处理方式真正坚持了主客观相结合,对行为的评价坚持了定性和定量相结合,并有利于精确区分与其他案件处理的差别,从而可以更好地体现罪责刑相适应的原则。

其二，能够全面反映案件的实际情况。正如我在前面所讲的，对这类案件实行数罪并罚，无疑是对案件情况作出了过度反应，很难面对重复评价的质疑，而采用以犯罪既遂吸收犯罪中止的处理方式，则显然是对案件情况反映不够，让人难免感到有放纵犯罪的嫌疑。但是，如果采用以"高位犯罪"的犯罪中止来认定，并将"低位犯罪"作为犯罪中止中"造成损害"的因素加以考虑的方式来处理这类案件，则可以全面反映这类案件的实际情况。由于这种方式既能反映行为人原本实施的"高位犯罪"的内容，又能突出反映行为人自动停止可以实施下去的"高位犯罪"的内容，同时，还能充分体现行为人实际实施的"低位犯罪"的内容，因此，这种处理结果既可避免数罪并罚处理方式所带来的重复评价弊端，也可以防止犯罪既遂吸收犯罪中止的处理方式所带来的处理不够全面等情况的发生。

其三，符合犯罪中止的基本特征。理论上认为这类案件不符合犯罪中止的最主要的理由是，行为人并没有彻底地停止犯罪，而是以"低位犯罪"替代了"高位犯罪"。这种替代不能体现行为人是真实地放弃了犯罪意图，因而不符合犯罪中止成立要件中"彻底性"的特征。但我认为，对犯罪中止"彻底性"的特征认定应该放在案件的综合环境中加以考察。针对某一个具体犯罪来说，行为人在有条件继续实施下去的情况下，出于自己意愿主动地加以放弃，不能说是不"主动"的，也很难说是不"彻底"的。其实刑法中有关犯罪中止成立"彻底性"的特征也是相对的或者说有条件的，而并非绝对的或无条件的。理论上和司法实践中，我们不应该也不会以行为人"今后不再犯罪"或者"不再犯同样的罪"来作为判断是否具备犯罪中止"彻底性"的标准。有人将以"低位犯罪"代替"高位犯罪"的案件称为"避重就轻的犯意改变"，我并不完全同意这样的说法，因为在这类案件中行为人并非在面临追究刑事责任时"避重就轻"，而是在实施犯罪行为过程中主动放弃，相对他所放弃的"高位犯罪"而言，行为人确实是彻底地打消了"高位犯罪"的故意，在这种情况下不认定为犯罪中止，似乎也不完全符合刑法中设立犯罪中止的立法宗旨：最大限度地鼓励犯罪分子停止犯罪，并尽可能避免较重犯罪结果发生。

其四，这样认定可以完整适用刑法的相关规定。采用"高位犯罪"吸收"低位犯罪"的方式处理这类案件，最终对行为人以"高位犯罪"的犯罪中止定性，不仅可以反映行为人在实施犯罪过程中确实曾经存在或者出现过"高位犯罪"的故意和行为，也可以反映行为人自动放弃这些故意且停止实施相关行为的情况，同时可以通过"应当减轻"的法定情节将这些内容反映出来。更加重要的是，这种方式还可以反映"低位犯罪"的实际内容，也就是通过对"高位犯罪"犯罪中止的认定，将"低位犯罪"犯罪既遂的内容作为"高位犯罪"中"造成损害"的犯罪中止的内容表现出来，对行为人考虑适用"应当减轻"的法定情节，而排除对行为人适用"应当免除"法定情节的可能性，这样就可以从根本上解决完整全面地适用刑法中关于犯罪中止的相关规定的问题，从而真正体现罪责刑相适应这一刑法基本原则的精神。

当然，我们也应该看到，在坚持"高位犯罪"吸收"低位犯罪"，并将"低位犯罪"作为"高位犯罪"中止中"造成损害"的因素考虑这一观点的前提下，我们还是要注意法定刑的配置问题。如果出现对"高位犯罪"中止的处罚明显低于对"低位犯罪"既遂的处罚之情况时,我认为,应该对行为人以"低位犯罪"的既遂加以认定。例如,行为人在实施故意杀人行为过程中自动停止可以继续下去的杀人行为,同时又实施了故意伤害行为且过失导致被害人死亡结果的发生。由于刑法中规定故意伤害致人死亡的法定刑为10年以上有期徒刑、无期徒刑或者死刑;而故意杀人罪造成损害的中止,则应当在10年有期徒刑以下量刑。在此情况下,我认为,对行为人应该以故意伤害致人死亡的犯罪加以认定。理由很简单,因为行为人如果从一开始就是以伤害为故意内容,最后致人死亡,我们只能对其适用10年有期徒刑以上的刑罚,现在加了一个故意杀人中止的内容,反而对其适用10年有期徒刑以下的刑罚,这显然存在严重的量刑失衡问题,因而是不可取的。

好,关于故意犯罪停止形态的内容我就为大家介绍到这了,谢谢大家!

第十五讲

共同犯罪

今天,我要给大家介绍的是共同犯罪。

一、共同犯罪概述

前面我们学习了犯罪构成,刑法分则中各个具体犯罪的构成要件都是以单独犯罪为标准设立的,但现实生活中经常会出现由几个人共同参与完成的犯罪,这就涉及共同犯罪的问题。关于共同犯罪,我国《刑法》第 25 条第 1 款是这样规定的:"共同犯罪是指二人以上共同故意犯罪。"所以,共同犯罪指的是复数主体在同一故意下所实施的单一或复数的犯罪行为,我们可以把它看作是一种修正的犯罪构成。与单独犯罪相比,同等条件下,共同犯罪社会危害性更大。由于是数人共同作案,数人之间往往相互包庇、联合对抗侦查和审判,因而犯罪更加容易得逞。现在,许多犯罪完全靠单个人实施已经不太可能,即使实施了,也很难达到犯罪者的最终目的。因此,现实社会生活中,共同犯罪较为常见。而且,相对于单独犯罪,共同犯罪是一种更为复杂的犯罪现象,历来是刑法理论界非常重视的一个研究领域。下面,我们来分析一下共同犯罪的四个构成特征。

我们首先来看共同犯罪客观方面的特征。共同犯罪客观方面的特征主要表现为对象的不一致性与客体的一致性。共同犯罪中经常会出现这样一种情况:几个人要共同抢劫甲、乙两个人,他们分工由其中几个人对付甲,另外几个人对付乙。这样一来,抢劫的对象就不一致了,但是侵犯的客体是一致的,都是他人的人身权利和财产权利。这就是我们所说的对象的不一致性与客体的一致性。这在共同犯罪中表现得较为突出。关于这一点,后面我还要专门讲解。

接下来,我们来看共同犯罪的客观要件。共同犯罪的客观要件集中体现在共同行为上。那么怎么来理解共同行为呢? 这里有几个问题需要大家特别注意。比如说,在一般共同犯罪中,几个人的行为引起了一种结果,很多人把它视为多因一果。这种理解是不对的,应该还是一因一果。尽管结果是由几个人的行为造成的,但是这几个人的行为受到了共同故意的制约,所以这些人的行为应该看作是一个整体,不能把它们分割开来。当然,在共同犯罪中是有可能发生多因一果情形的,但是这个"多因"绝对不应该理解为共同犯罪成员之间分工的情形。比如说,几个人将甲打倒以后跑掉了,另外几个人又把甲杀死了,这种情况下才有可能是多因一果。还有一个要注意的问题是共同行为的表现形式,它有共同的作为,也有共同的不作为,当然也有作为与不作为的结合。比如甲、乙两个人一起杀死丙,这就是共同的作为。而共同的不作为也是有可能的,比如两个锅炉工为把锅炉炸掉,都不为锅炉加水,最终锅炉爆炸了。至于一方作为一方不作为,或者有些成员作为有些成员不作为的情形,也是存在的。比如甲和乙相约盗窃仓库里的东西,甲是仓库保管员,下班时应该关门,但甲故意不关门,为乙来偷东西创造条件,晚上乙果然来了,并且顺利地偷成了。在这个案例中,甲的行为就是不作为,而乙的行为是作为,甲、乙成立共同犯罪。

下面,我们来看共同犯罪的主体要件。关于共同犯罪的主体要件我主要讲两个问题。

第一个问题,请大家注意共同犯罪概念中的"二人以上"。这里所谓的"二人"是否包括单位呢?(下讲台提问)

学生1:"我觉得包括吧。"

学生2:"我觉得不包括吧,因为像杀人、盗窃这样的犯罪,单位即使实施了也不属于单位犯罪。"

提问:"那如果是可以构成单位犯罪的犯罪呢?"

学生2:"那应该可以吧。"

(回讲台)这里的"二人"的确是既包括自然人也包括单位的。由于现行刑法明确规定犯罪主体包括自然人和单位,因此共同犯罪中的"二人以上"理应既包括自然人也包括单位。事实上,现行《刑法》中已经有了单位共同犯罪的特别规定。《刑法》第350条第2款规定:"明知他人制造毒品而为其提供前款规定的物品的,以制造毒品罪的共犯论处。"同时,该条第3款规定:"单位犯前两款罪的,对单位判处罚金,并对其直接负责的主管人员和其他直接责任人员,依照前两款的规定处罚。"很显然,刑法是明确承认单位可以成为制造毒品罪的共犯的。尽管这是一个特别规定,但它从一个侧面反映了立法者的立场和观点。这样一来,共同犯罪的主体不外乎有这么三种形式:两个以上的自然人;两个以上的单位;一个以上的单位与一个以上的自然人。

我们再来看共同犯罪主体要件的第二个问题,单位与其中的主管人员或直接责任人员的关系问题。大家是否还记得,处罚单位犯罪采用什么方法?(全场回答:双罚制。)对,双罚制!我们说,双罚制就是对单位判处罚金并对单位中直接负责的主管人员和其他直接责任人员判处刑罚。大家要注意,在一般单位犯罪中,单位与其主管人员和直接责任人员之间的关系,不应该理解为共同犯罪。因为这些人是为了单位的利益,以单位的名义,利益也应归属单位。也就是说,这些人的行为是在单位的策划和直接指挥下实施的。这种情况下,他们所做的一切都应该被看作是单位行为的组成部分,不能视为共同犯罪。但是我并不认为,单位与其中的主管人员和直接责任人员之间绝对不能形成共同犯罪。为什么呢？道理很简单。如果单位的主管人员和直接责任人员在为单位利益实施犯罪的同时，也在为自己的利益实施犯罪，那么这就构成了单位和自然人的共同犯罪。比如说，甲是单位的总经理，甲在为单位虚开增值税专用发票时，也借机为自己虚开了增值税专用发票，这其中的利益，部分归自己、部分归单位，这种情况下，甲和单位就可能形成共犯。

最后，我们来看共同犯罪的主观方面。从共同犯罪的概念中，我们可以很清楚地知道，共同犯罪的主观要件是共同故意。那么什么是共同故意？我们通常认为，共同故意包含三层含义：一是各共同犯罪人都认识到自己并不是孤立地实施某一犯罪，而是同其他人一起实施这一犯罪；二是各共同犯罪人都认识到了共同犯罪行为的性质以及行为所引起的危害结果；三是各个共同犯罪人对共同犯罪所引起的危害结果，都抱着希望或者放任的态度。第一点是对行为人意思联络方面的要求，也就是要求行为人知道自己不是孤立地在实施犯罪，而是和其他人一起实施，后面两点，分别是对一般共同故意的认识方面和意志方面的要求。需要注意的是，共同故意不见得一定要有预谋，有时候哪怕不说一句话，打一个手势或者使一个眼神都可能形成主观故意的联络，因此，共同故意有时候是通过预谋产生的，也有时候是临时产生的甚至是心领神会的。

二、共同犯罪的认定

（一）不构成共同犯罪的情形

我们首先来看几种不构成共同犯罪的情况。

第一种是两人以上的共同过失行为。这种情况下，行为人对危害结果都是持否定态度的，所以不可能为了追求某一个危害结果而发生主观上的联络，彼此不可能形成共犯。比如说，医生为病人开药方时不小心多加了一个零，药剂师也不负责任照单配药，护士记错时间提前给病人服药，结果这个人因服药过量中毒身亡。在这个案件中，医生、药剂师和护士都有过失，但是他们之间没有主观上的联络，对病人的死亡结果也都持否定态度，并且都没有预见到自己的行为会发生这种结果，所以属于疏忽大意的过失，对这三个人应当分别论处。

第二种是一方故意一方过失的情形。比如说，甲想晚上去仓库偷东西，到仓库一看，正好门没关，因为仓管员下班的时候忘记关了。忘记关门不就是出于过失吗？但忘记关门为甲晚上偷东西创造了条件。这种情况下，甲主观上是故意的，而仓管员则是出于过失，所以他们之间也不形成共同犯罪。这种一方故意一方过失的情形，在贷款诈骗中更为常见。骗贷者有意地实施贷款诈骗，而银行信贷员因为疏忽大意审查不严发放了贷款，最终导致贷款的损失。对于这种情况，应当各按各的行为处理。

第三种是两人以上在同一场所同时实施故意犯罪，但彼此在主观上和客观行为方面都没有联系的情形。比如说，甲在商场闲逛，恰巧乙也在，他们同时发现首饰柜的营业员正与一位顾客争吵，柜台一时无人看守，于是甲、乙两人一同上前各拿了一条金项链跑掉了。甲和乙的行为都是故意的，并且是在同一时间同一场所，甲知道乙的所为，乙也知道甲的所为,但是他们彼此都不把对方的行为看作是自己行为的组成部分,而是各干各的。这种情形我们称之为同时犯,也不属于共同犯罪。

第四种是行为人利用他人犯罪时创造的条件相继地实施犯罪,这种情形我们称之为先后犯。比如说,甲对丙有仇,乙把丙打昏在地,甲跑过去对丙踢了一脚,结果把丙给干掉了。这也不是共同犯罪。

第五种是两人以上在实施共同故意犯罪过程中,有的犯罪人超出了共同故意的范围,单独地实施了另外的犯罪,这种情况叫做"实行过限"。比如说,乙、丙两人原本打算对甲实施抢劫,于是将甲先捆绑后抢劫,这时丙又对甲实施了强奸。强奸的部分对乙来说就属于超过限度了,因为原来的共同故意仅仅是抢劫。丙超过限度实施了强奸,属于过限犯。这种情况下,超过共同故意范围的行为由行为人单独负责,其他共同犯罪人对此不负共同犯罪的责任。

还有一个问题是,共谋行为是否构成共同犯罪?比如说,几个人商量共同把某人杀掉,结果还没有具体实施犯罪就被人发现了。这种情况能不能按共同犯罪来认定呢?一般认为,共同犯罪行为应该包含共谋行为。所以单纯的共谋行为是犯罪行为,共谋而未共行也构成共同犯罪。关于这个问题我这里先简要分析,后面再作详细讲解。

(二)片面合意的认定

接下来我讲一下片面合意的问题。什么叫片面合意?所谓片面合意,是指一方有意帮助另一方实施故意犯罪,而被帮助的一方并不知道自己的行为是在他人的帮助之下完成的。我举个例子:甲对乙有仇,甲要杀乙。这一天,甲在阳台上看到巷子里乙在前面跑,丙持刀追着。甲于是明白丙也要杀乙的意图。于是他跑到巷子口,把原来一直敞开的铁门关上了。之后,他又跑回自家阳台,"坐在城楼观风景"。这时,乙仍在急切地逃命,丙依旧穷追不舍。乙知道这条巷子平时一直是通着的,就拼命朝前逃,到了巷子口才发现铁门被关了,通路变成了绝路,丙追上来一刀把他给杀死了。很显然,在这个案件中,甲有意地帮助丙把乙给杀了,而丙并不知道自己的行为是在甲的帮助之下完成的。现在我要问的是,甲与丙算不算共同犯罪?(下讲台提问)

学生1:"他们应该算共同犯罪,因为根据共同犯罪的定义,首要的条件是共同故意,这两个人都想把乙杀死,并且都是故意的,一个是明知关门能把乙杀死,一个是一刀把乙杀死。"

提问:"这个算同时犯吗?"

学生1:"不是同时犯,因为这两个人都想把乙杀死,有共同的犯罪故意。"

提问:"只要想杀同一个人就是共同故意?那么前面从柜台抢项链的例子中,如果两人拿的是同一条项链呢?"

学生1:"但是,他们各自拿了不同的项链呀。"

提问:"如果他们拿着的是同一条被扯断了的项链,是不是共同犯罪呀?"

学生1:"在抢劫案件中,行为人不需要另一个人配合把营业员引开,就能单独地把行为实施完毕,所以不能算共同犯罪。而在这个案件中,是关门的人帮了持刀的人,要不然是不可能成功地实施杀人行为的,他们应该算共同犯罪。"

提问:"但是,持刀的人并不知道对方帮了他,他以为是老天帮助他的。你怎么解释这一点呢?"

学生 1:"不能看主观,要看客观。"

提问:"你是说,只要客观上帮了他,就是共同犯罪?"

学生 2:"对甲来说,他知道这是共同故意的犯罪并且他帮助了丙,而对于丙来说,他并不知道有人在帮他,他以为仅仅是自己的行为导致了乙的死亡。"

提问:"你认为对丙不能按照共同犯罪来论处,而对甲可以?"

学生 2:"是的。"

提问:"大家听清楚了吗? 这位同学认为,对帮助杀人的甲应该认定为共同犯罪,而对杀人的丙不应该认定是共同犯罪。"

学生 1:"不能单纯从主观上来看共同犯罪,而是应该从客观行为来看。不管是人帮还是天帮,这样的活动确实是两个人共同实施才完成的。"

提问:"我们现在要谈丙。对丙怎么认定?"

学生 1:"丙也是共犯。"

学生 2:"共犯必须有主观上的共同故意。如果丙和甲没有共同故意,丙就不能称为共犯,对丙来说不应该是共同犯罪。"

(回讲台)这两位同学基本上把对这个问题认识上不一致的地方都谈到了。我们讲的"片面合意",因为是"片面"的,所以不能认为两者都是共犯;因为是有"合意"的,所以又不能认为两者都不是共犯。我认为,有意帮助他人实施犯罪的一方,应该按照共犯来认定;而被帮助的一方,不能按共犯认定,应单独构成相应的犯罪,理由主要有以下三点。

其一,有意帮助他人实施犯罪的这一方,他已经明确知道被帮助的一方所实施的行为的性质以及故意的内容,他也有自己的故意和自己的行为,他把自己的故意和自己的行为融入了被帮助一方的行为中。从他这一方而言,已经完全具备了成立共同犯罪所应该具备的所有主客观要件,唯一的缺陷是被帮助的一方没有响应。我认为,对方有没有响应,是对方是否构成共犯的问题,对实施帮助行为的一方而言,他已经具备了一个共犯成员应该具备的一切要件,对方没有响应,并不影响他本人成为共犯。我们不能因为对方没有响应,而否定帮助者的"合意"因素存在。这就与平时青年人谈恋爱一样,男方有意追求女方,但是女方对男方并无情意,我们总不能说,因为女方无情,所以男方就无意呀! (全场笑)所以从理论上讲,将有意帮助他人实施犯罪的这一方按共犯来认定,是有道理的。

其二,在司法实践中,我们也需要这样来认定,否则对有意帮助他人犯罪的这一方,是没有办法进行处罚的。比如刚才讲的这个案件,对甲如果不按共犯处理的话,他的行为仅仅表现为关门,而刑法中是没有"关门罪"的。只有将甲的关门行为看作是整个杀人行为的组成部分,才可以将它认定为犯罪行为。而要将关门行为作为杀人行为的组成部分来看待,只有一种可能,就是按照共同犯罪来认定,否则是没有办法将这种关门行为和杀人行为联系起来的。有人说甲实际上是把丙当作一个工具,甲是我们刑法理论中所讲的间接正犯。这种观点肯定是错的。在间接正犯的情形中,被利用者必须是没有达到法定年龄、不具备刑事责任能力或不具有罪过的人。比如说,后面有个精神病人追杀你,我把门关上,我利用精神病人杀死你,我就是间接正犯。而在刚才讲的这个杀人案件中,丙是达到法定年龄、具有刑事责任能力的人。甲利用了丙杀乙的情况,暗中助丙一臂之力。由于丙自身是要承担刑事责任的,所以在这种情况下,就不能再用间接正犯的原理来理解,只有运用共犯原理才能从根本上解决甲的刑事责任问题。

其三,实际上片面共犯的问题在法律条文中已经有所体现。例如,我国《刑法》第198条第4款明确规定,"保险事故的鉴定人、证明人、财产评估人故意提供虚假的证明文件,为他人诈骗提供条件的,以保险诈骗罪的共犯论处"。如果仔细分析法条我们就会发现,保险诈骗实际上有两种情形:一是鉴定人、证明人、资产评估人与实施保险诈骗的人共谋,一方提供虚假证明,另一方实施保险诈骗。对于这种情形,毫无疑问我们会按共犯处理。二是鉴定人、证明人、资产评估人知道对方在诈骗,暗中助其一臂之力,而实施保险诈骗的人对别人的帮助毫不知情。这种情形显然也可以包括在法律条文中,这就是片面共犯了。当然,类似的法律条文还有很多,我在这里就不一一列举了。

由此可见,在片面合意中将有意帮助他人实施犯罪的这一方作为共犯认定是完全有道理的。那么,怎么看待被帮助一方行为的性质呢?我认为,由于片面合意案件中,被帮助的一方并不知道自己的行为是在他人的帮助下完成的,因而不能构成共同犯罪,只能单独给其行为定性。在上述案件中,对被帮助的丙来讲,由于他主观上并不知道自己的杀人行为是在甲的帮助之下完成的,因此缺乏主观上的合意。如果把他也认定为共犯,显然不符合共犯的原理。

通过前面案件的分析和比较,现在我们知道,有意帮助他人实施犯罪的这一方必须按照共犯处理,而被帮助的一方不能认定为共犯。这样在片面合意的案件中,就有可能出现单个共犯的情形,这是一个很特殊的问题,我们不能用一般概念来理解这一问题。

此外,片面合意中还需要注意的一点是,被帮助的一方必须构成犯罪。比如,某国家工作人员利用职务上的便利为他人谋取利益,但他并没有收受贿赂的故意,而他的家属却利用这一便利收受了人家的钱财。对家属一方,我们是不能运用片面合意的原理按受贿罪共犯来认定的。因为受贿罪的主体必须是国家工作人员,而该国家工作人员没有收受贿赂的故意,他利用职务上的便利为人家谋利益的行为不构成犯罪,所以即便家属收受了他人的财物,也不应该按受贿罪共犯对其追究刑事责任。当然,在《刑法修正案(七)》出台之前,家属的行为不构成犯罪,但现在可以认定为利用影响力受贿罪了。

总之,对片面合意的认定应当注意两个要点:一是被帮助者必须是达到法定年龄、具有刑事责任能力的人;二是被帮助者自身必须构成犯罪。

通过前面的分析,现在我们来总结一下片面合意的问题。我认为,全面共同故意与片面共同故意的区别并不在于主观联系的有无,而仅仅是主观联系方式的不同。或者说,全面共犯和片面共犯,在共同犯罪故意的内容上,只有量的差别,而没有质的差别。在共同犯罪中,只要行为人具有对自己行为的认识,并且认识到自己是与他人一起在实施相关犯罪,就符合了共同犯罪对于行为人主观方面的要求。用共犯原理解释片面共犯,符合司法实践处理案件的需要。因为在他人不知道的情况下,单方面帮助他人犯罪的情形,在社会中是客观存在的。更何况,将片面共犯按共同犯罪处理,已经有了相关法律规定及司法解释的支持。当然,从片面共犯在共同犯罪中的作用和地位来看,对片面共犯通常会以从犯论处。

以上就是片面共犯所涉及的主要问题,下面我来讲一下一般主体与特殊主体的共同犯罪问题。

(三)一般主体与特殊主体的共同犯罪认定

特殊主体是指刑法分则中规定的某些犯罪,除了要求主体达到刑事责任年龄、具备刑事责任能力的条件外,还要求具有一定的身份条件的主体。刑法中的身份分为两种情况:一是指与犯罪的成立有关的身份,称为构成身份;二是指与刑罚轻重有关的身份,称为量刑身份或者加减身份。前者影响定罪,后者影响量刑。可见,身份在犯罪中有着举足轻重的作用,在刑法中意义重大。

尤其在共同犯罪中,身份给定罪与量刑都带来了不少困惑,概括起来主要有这么几个问题。

第一个问题是,无身份者能否与有身份者共同构成要求特殊身份的犯罪?

一般认为,在单独犯罪中,非特殊主体是不可能成立必须由特殊主体成立的罪名的。我们都知道,在单独犯罪中,非国家工作人员是不可能犯贪污罪的。但在共同犯罪中,非特殊主体的共犯成员利用特殊主体身份上的有利条件来实施要求是特殊主体的犯罪,也是完全有可能的。比如说,甲不是国家工作人员,但甲的弟弟是国家工作人员,他们互相勾结,利用甲弟弟职务上的便利侵吞财产,他们均可能构成贪污罪。这就是我们讲的有身份者和无身份者之间构成共同犯罪的问题。

关于这个问题,也有不同的观点。有少数学者认为,无特殊身份者不能与特殊身份者共同构成要求是特殊主体的犯罪。他们认为,特殊的身份资格是权利义务相统一的反映,特殊的身份表明依照这一身份条件可以取得特殊的权利,同时也负有因这一身份条件而产生的特殊义务。非特殊主体没有特殊主体的特殊权利,也就不能担负只有特殊主体才能承受的特殊义务。如果在以特殊主体为基础的共同犯罪中,缺少特殊主体的资格同样可以构成要求是特殊主体的犯罪,那么这种特殊主体的资格条件将变得毫无作用,剩下的只是刑法需要禁止和惩罚某种行为,而不是禁止和惩罚利用某种身份而实施的这种行为。这是从权利义务对等的角度来看这一问题。这个观点有一定的道理,但是,我认为是不对的。(全场笑)

在我看来,无特殊身份者能够与特殊身份者共同构成要求是特殊主体的犯罪,这一问题可以从两方面来理解。

一方面,我国刑法规定和司法解释中已经存在相关的内容。我国《刑法》第198条第4款规定:"保险事故的鉴定人、证明人、财产评估人故意提供虚假的证明文件,为他人诈骗提供条件的,以保险诈骗的共犯论处。"通过前面对这一条文的分析,我们不难发现,保险诈骗罪的主体只有投保人、被保险人和受益人才能构成,保险事故的鉴定人、证明人和财产评估人不符合保险诈骗罪主体的身份要求,但刑法明确规定,只要他们故意提供虚假的证明文件,就可以构成保险诈骗罪的共犯。类似的情况在《刑法》第382条第3款有关贪污罪的规定中也有体现:"与前两款所列人员勾结,伙同贪污的,以共犯论处。"《刑法》第382条第1、2款在贪污罪的规定中明确指出其主体只能是国家工作人员,但是,根据这一款规定,在共同犯罪中,非国家工作人员则可能构成犯罪主体是国家工作人员的贪污罪。这一情况在相关的司法解释中也有明确规定,例如,2000年7月8日最高人民法院《关于审理贪污、职务侵占案件如何认定共同犯罪几个问题的解释》第1条规定:"行为人与国家工作人员勾结,利用国家工作人员的职务便利,共同侵吞、窃取、骗取或者以其他手段非法占有公共财物的,以贪污罪共犯论处。"第3条规定:"公司、企业或其他单位中,不具有国家工作人员身份的人与国家工作人员勾结,分别利用各自的职务便利,共同将本单位财物非法占为己有的,按照主犯的犯罪性质定罪。"这些规定无疑提供了无特殊身份者可以构成要求有特殊身份的犯罪的共犯的依据。讲到这个司法解释,我这里顺便提一下该司法解释第3条的规定,我要问大家的是,如果不具有国家工作人员身份的人与国家工作人员都是主犯的情况下,应该按谁的犯罪性质定罪呢?(下讲台提问)

学生1:"定职务侵占罪吧。"

学生2:"我觉得还是应该定贪污罪,因为不管怎么说国家工作人员在犯罪过程中所起的作用总是要大一些的。"

(回讲台)应该看到,现行司法解释对于这些情况并没作出明确规定,今后应该加以补充。我认为,对所有的共犯成员都定职务侵占罪或贪污罪肯定是没有道理的。都定职务侵占罪就无法对国家工作人员的贪污行为进行充分的评价,也必然放纵了实施犯罪的国家工作人员,而都定贪污罪的话则又无法体现有利于被告人的精神,必然对其中的不具有国家工作人员身份的人不公平。所以,我认为最妥当的做法是按各自的犯罪性质定罪,也就是说对其中的国家工作人员定贪污罪,对其中不具有国家工作人员身份的人定职务侵占罪,如此才能最大程度地实现罪责刑的均衡。因此,我认为,在最高人民法院的这个司法解释的第3条后面还应该加一款:"如果不具有国家工作人员身份的人与国家工作人员都是主犯的,按各自的犯罪性质定罪。"

另一方面,我认为,无特殊身份者构成要求特殊身份的犯罪的共犯并没有违背权利义务一致性的原则。所谓权利义务的一致性,只是就单独犯罪而言的。因为在单独犯罪中,行为人如果不具有国家工作人员的身份,就没有办法利用国家工作人员身份所创造的条件为犯罪得利。但是共同犯罪有其特殊性。事实上,在无特殊身份者与有特殊身份者共同实施犯罪时,无特殊身份者已经享受了原本只能由有特殊身份者才能享受的利益,或者说他已经享有了权利。这样让其承担相应的义务也就理所当然了。比如说,我是非国家工作人员,我跟国家工作人员一起实施犯罪,我利用国家工作人员的身份侵吞了财产。在这一过程中,我实际上已经享受到了只有国家工作人员这种特殊身份才能享受的权利。在这种情况下,让我承担义务是没有问题的,权利义务也是一致的。那种认为非特殊主体不能担负只有特殊主体才能承受的特殊义务的观点,只是从单独犯罪的一般原理去理解,而没有看到共犯原理的特殊性。

第二个问题是,在共同犯罪中,无特殊身份者是否可以成为有特殊身份要求的犯罪的实行犯?

我认为是不可以的。回答这一问题前,我们要对犯罪的实行行为作完整、全面和实质上的理解。无特殊身份者实施了要求是特殊身份的犯罪的部分行为,并不等于实施了该罪的实行行为。实行行为是由刑法分则规定的客观要件中的全部行为,必须包含该种犯罪的罪质行为。

理论上一般认为,实行行为包括单一实行行为和复合实行行为。单一实行行为比较容易确定。对复合实行行为,我们应注意掌握这么几个要点:第一是规范性。复合实行行为必须符合刑法分则条文所规定的行为特征。第二是整体性。复合实行行为所包含的两个以上行为必须作为一个有机整体看待。第三是实质性。复合实行行为中所包含的几个行为并非没有主次之分,实际上,它们都是围绕着一个核心行为而展开的,这个核心行为就是罪质行为。没有实施罪质行为,就不能被看作是实行行为。对这个问题的理解我们仍以保险诈骗罪为例。首先,从行为的规范性上看,《刑法》第198条规定了保险诈骗罪的5种情形,只有符合这些法定情形之一的行为特征的,才是保险诈骗罪的实行行为。其次,从行为的整体性上看,保险诈骗罪的实行行为是一个完整的行为样态,如果仅仅实施相关的帮助行为,则不符合实行行为的整体性要求。最后,从行为的实质性上看,保险诈骗罪的罪质行为是具体的保险诈骗行为,它要求行为人实施骗取保险金的行为。而这一行为只能由投保人、被保险人或者受益人等符合保险诈骗罪主体身份的人来实施。保险事故的鉴定人、证明人、财产评估人等无特殊身份者参与实施的行为不是保险诈骗罪的罪质行为,他们不可能成为保险诈骗罪的实行犯。

第三个问题是,如何认定无身份者与有身份者共同犯罪的性质?

既然无身份者可以与有身份者构成共同犯罪,并且可以共同构成要求特殊身份的犯罪,这就产生了如何认定犯罪性质的问题。在共犯成员存在不同身份的情况下,认定共同犯罪的性质就更加复杂。

我认为,在有身份者与无身份者共同实施犯罪行为时,如果只有单一的实行犯,共同犯罪的性质应当由实行犯的犯罪性质来确定。我们都知道,事物的性质由事物的主要矛盾所决定,在共同犯罪案件中,实行犯无疑是事物的主要矛盾,因为直接使犯罪发生的是实行行为,教唆行为和帮助行为只是实行行为的发起和补充。

我们前面讲过,无特殊身份者不能成为有特殊身份要求的犯罪的实行犯,但是,我们也应该看到,特殊身份的有无是相对的。在共同犯罪中,不同的共犯成员可能各自具有不同的身份,所以,某种行为,对某一身份犯罪而言,不是实行行为,但对另一身份犯罪而言,就有可能是实行行为。比如说,非国家工作人员与国家工作人员共同受贿,非国家工作人员利用自己职务便利的行为不可能是受贿罪的实行行为,但完全符合非国家工作人员受贿罪的实行行为。因此,同一行为如何认定它的犯罪性质,取决于看问题的角度。这样一来,在共同犯罪中,就可能存在两个以上的实行犯。如何认定这种共同犯罪的性质呢?我认为,这种情况下,应该以占主导地位的实行犯的犯罪性质来确定共同犯罪的性质。主导地位首先体现为利用了哪一方的职务便利或者身份特征。也就是说,哪一方的职务便利或者身份特征被利用,就以哪一方的犯罪行为性质来认定共同犯罪的性质。如果并没有利用哪一方的职务便利或者分别利用各自的职务便利的,主导地位则体现为在实行行为中所起的地位和作用,此时,主犯的行为性质决定了共同犯罪的性质。如果不能分清主从犯的,根据想象竞合原理,从一重处断,实行犯的主导地位此时体现为从一重罪。一般情况下,会以身份犯(或更为特殊的身份犯)的行为性质来认定。因为身份不同,体现的犯罪性质不同,刑罚的轻重也会不同,立法者对身份犯一般有从重处罚的立法设计。所以,前面提到的《关于办理商业贿赂刑事案件适用法律若干问题的意见》第 11 条的规定与我们对这一问题的分析思路是一致的,都是以占主导地位的实行犯的犯罪行为性质来决定共同犯罪的性质。

通常情况下,共同犯罪各共犯成员的罪名应该是相同的,但这也不是绝对的。在承认具有共同犯罪故意、共同犯罪行为的同时,对共犯成员根据法律规定分别定罪也是可以接受的。比如,行贿与受贿是对合性共同犯罪,组织卖淫和协助组织卖淫也是一对共同犯罪,但是,因为刑法分则对它们有特别的规定,这些行为被分别定罪,罪名自然也就不一样了。

第四个问题是,当身份影响到量刑的轻重时,对无身份者应当如何量刑?

我们前面谈的问题,主要针对的是构成身份的情形。现在,我们要专门讨论加减身份的共同犯罪问题。我们说过,加减身份不影响犯罪的性质,仅仅影响刑罚的轻重。例如,我国《刑法》第 243 条第 2 款规定:"国家机关工作人员犯前款罪的,从重处罚。"根据《刑法》第 17 条第 4 款的规定,已满 12 周岁不满 18 周岁的人犯罪的,应当从轻或者减轻处罚。这种情形下,如果无身份者与加减身份者共同实施犯罪的,对无身份者如何处罚?这一问题,在我国刑法理论和司法实践中基本达成了一致意见,认为应当对有身份者依法予以从重、从轻或者减轻处罚,而对无身份者只需按照通常之刑处罚。

实际上,构成身份影响定罪,自然也会影响量刑的轻重。这里又分两种情况,一是无身份者实施某种行为,构成此罪,而有身份者实施相同行为,构成彼罪。侵犯通信自由罪和私自开拆、隐匿、毁弃邮件、电报罪就属于这种情况。二是都是有身份者,但彼此身份不同,在实施相同行为时,犯罪性质不同。比如,职务侵占罪和贪污罪。构成身份的后一种情况也可以看成是特殊的无身份者与有身份者之间的关系,这样,构成身份共犯的量刑问题就可以全部归结到我们前面已经讨论过的第三个问题,简单地说,就是定什么罪、量什么刑。

（四）共同犯罪成员的刑事责任认定

我认为，我们在认定共同犯罪成员的刑事责任时，有三个问题需要大家注意。

其一，共同犯罪的数额认定问题。理论上有人认为，对所有共犯成员，都按照共同犯罪的总额来认定犯罪数额。持该观点者举例说：3个人共同把1个人杀死，1人砍1刀，最后导致了那人的死亡。如果分割来看，任何一刀都不足以致命，于是他认为，这3个人当然应该对3刀负责而不能仅对自己的那1刀负责。他的观点在这个例子中无疑是正确的。但是我认为，用这个观点来解释共同犯罪的数额的认定就不妥当了。因为杀人的结果是不可分割的，而共同犯罪的数额是可分的，用不可分的东西来解释可分的东西是没有说服力的。比如，3个人共同贪污3万元，如果每个人都对3万元负责的话，国家付出的是相当于9万元的刑罚量，但事实上国家的损失就是3万元。当然，我们也不能说各人只需对自己的1万元负责任，如果你只对自己的1万元负责任，就会出现同样贪污3万元，人越多就越不可能构成犯罪了。这些问题都是由于没有从共犯的原理出发去考虑而引发的。我认为，无论是集团犯罪还是一般共同犯罪，共同犯罪作为共同故意下的一个整体行为，必须有一些成员对此行为承担全面的刑事责任。如果缺少这一点，也就不称其为共同犯罪了。但是，绝对不能要求所有的共犯成员都负全面的刑事责任。具体来说，首要分子应当对犯罪总额负责；犯罪集团中除首要分子以外的主犯，应当对其参与的犯罪数额承担刑事责任。一般共同犯罪中的主犯应当对犯罪总额承担刑事责任；从犯和胁从犯应当对分赃数额或挥霍数额承担刑事责任。

其二，共同犯罪中单位主体与自然人主体定性问题。比如，依照法条规定，单位不能作为贷款诈骗罪的主体。最高人民法院在《全国法院审理金融犯罪案件工作座谈会纪要》（以下简称《会议纪要》）中规定："对于单位实施的贷款诈骗行为，不能以贷款诈骗罪定罪处罚，也不能以贷款诈骗罪追究直接负责的主管人员和其他直接责任人员的刑事责任。但是，在司法实践中，对于单位十分明显地以非法占有为目的，利用签订、履行借款合同诈骗银行或其他金融机构贷款，符合合同诈骗罪构成要件的，应当以合同诈骗罪定罪处罚。"这样，就会出现一个现象，如果单位和自然人一起实施贷款诈骗，自然人按贷款诈骗定罪，单位按合同诈骗罪，两者所认定的罪名就会不一致。我认为，这种情况是完全可能发生的，对单位和自然人各按各的罪名定性也是可以的。理由是，合同诈骗罪与贷款诈骗罪其实是法条竞合关系，单位不能成为特别法条的主体，但可以成为普通法条的主体，对单位按普通法条规定的罪名处罚是完全正确的。那么，对单位和自然人形成的共同犯罪各按各的罪名定性完全是以"竞合"为基础的，因而并不违背刑法基本原理。根据2014年4月24日第十二届全国人民代表大会常务委员会第八次会议通过的《关于〈中华人民共和国刑法〉第三十条的解释》的规定："公司、企业、事业单位、机关、团体等单位实施刑法规定的危害社会的行为，刑法分则和其他法律未规定追究单位的刑事责任的，对组织、策划、实施该危害社会行为的人依法追究刑事责任。"具体到单位为了本单位利益实施的贷款诈骗行为，根据该立法解释的规定,首先应当考察贷款诈骗罪的刑法条文,由于我国《刑法》第193条没有规定单位可以构成贷款诈骗罪,此时应当放眼整个《刑法》分则条文,进一步考察单位贷款诈骗行为能否按照其他罪名追究单位的刑事责任。《会议纪要》恰好为我们提供了一条契合刑法基本理论、符合罪刑法定原则的处理路径,将其中符合合同诈骗罪构成要件的,按照合同诈骗罪追究单位的刑事责任。

其三,共同犯罪中单位主体与自然人主体定罪量刑的标准问题。由于对单位犯罪和自然人犯罪的处罚标准一般相差5倍左右,可能会出现让大家更为困惑的情况。比如,在共同犯罪中,某个单位起主要作用,自然人起次要作用。但是共同犯罪的数额,如果按照单位犯罪标准,没有达到,如果按照自然人犯罪标准,已经大大超过了。于是,在共同犯罪中起主要作用的单位,因为数额没到,不构成犯罪,而起次要作用的自然人,因为数额超过,不仅构成了犯罪,可能还具备了从重量刑的情节。这种情况,有人就觉得不妥当了。我认为,这个没有什么不妥当的。单位尽管起主要作用,但是数额没到,不构成犯罪。自然人尽管起的是次要作用,但是他的数额达到了,就应当构成犯罪。考虑到自然人实际上只起次要作用,我们可以按照共同犯罪中起次要作用的相关法律规定来处理。这种对共犯成员在定罪量刑上的区别对待,是贯彻罪刑法定原则的体现,也并不违背罪刑相适应的原则。问题是,这种情况应该怎么定罪量刑?因为我国刑法对单位犯罪和自然人犯罪的定罪量刑标准是不一样的,数额一般相差5倍左右。究竟应该按照谁的标准呢?(下讲台提问)

学生1:"按照单位的标准吧。"

学生2:"我觉得还是应该按照自然人的标准,因为按照单位标准的话,可能会便宜自然人主体。"

(回讲台)我认为,应该各按各的标准认定。对于自然人与单位形成的共同犯罪的处理,不宜按照统一标准对有关自然人和单位进行量刑,而应该采用不同的法定刑以及按各自的标准分别进行定罪和量刑。也就是说,对于共同犯罪中的自然人应按自然人犯罪的法定刑以及起刑点和量刑数额处理,而对于共同犯罪中的单位则应按单位犯罪的法定刑以及起刑点和量刑数额处理,理由主要有两点。

第一,对共同犯罪中的自然人与单位采用不同的法定刑以及起刑点和量刑数额标准,并不违背刑法中共同犯罪的基本原理。在自然人与单位形成的共同犯罪中,尽管自然人和单位有共同的故意和共同的行为,但是,这种共同的故意和共同的行为均只是针对犯罪而言的,而就利益归属分析,则自然人与单位各有自己的利益追求,也就是说共同犯罪中的自然人在共同犯罪中所追求的是自己个人的利益,而单位则是追求本单位的利益,虽然自然人和单位的利益由于共同故意的存在具有许多相同的内容,但是在共同犯罪中,各共犯成员所追求的利益事实上具有相当程度的可分割性特征。正是因为这一点,尽管是共同犯罪,但是其中的自然人和单位实际上均有自己各自的利益归属。在犯罪的定罪和量刑中,利益的归属无疑是至关重要并具有决定意义的内容之一。所以,对共同犯罪中的自然人和单位采用不同的法定刑以及起刑点和量刑数额标准是完全符合刑法原理的。

第二,对共同犯罪中的自然人和单位采用不同的法定刑以及起刑点和量刑数额标准,也完全符合我国刑法确立的罪责刑相适应的原则。所谓罪责刑相适应的原则是指,犯罪社会危害性程度的大小,是决定刑罚轻重的重要依据,犯多大的罪就处多重的刑,做到重罪重罚、轻罪轻罚,罪刑相当、罚当其罪。从我国刑法以及有关司法解释的规定看,对于犯罪的单位和自然人实际上均采用了不同法定刑以及起刑点和量刑数额标准,这种不同的标准显然体现了罪责刑相适应原则的要求,因为单位犯罪毕竟不同于自然人犯罪,其对社会所造成的危害性并不完全相同。正因为如此,在自然人与单位形成的共同犯罪中理应包含有自然人犯罪的成分和单位犯罪的成分,也即这是自然人犯罪与单位犯罪的结合,其中既具备自然人犯罪的特征,也具备单位犯罪的特征。而对于其中的自然人按自然人犯罪的标准定罪量刑,对于其中的单位按单位犯罪的标准定罪量刑,则完全符合罪责刑相适应的原则。如果对于共同犯罪中的自然人统一按照单位的法定刑以及起刑点和量刑数额标准追究刑事责任,则完全可能出现重罪轻罚的结果,并由此产生在同样的犯罪结果下,自然人单独犯罪的处罚比自然人与单位共同犯罪的处罚要重很多的情况。同样,如果对于共同犯罪中的单位统一按照自然人的法定刑以及起刑点和量刑数额标准追究刑事责任,则完全可能出现轻罪重罚的结果。无论从什么角度分析,这些做法显然都与罪责刑相适应的原则相悖。

需要大家注意的是,在司法实践中可能会出现有些共同犯罪的结果对自然人构成犯罪,而对单位则可能尚未达到构成犯罪标准的情况,对此应如何处理? 特别是在共同犯罪中,当单位为实行犯而自然人则处于帮助犯等从犯地位时,如果作为实行犯的单位的实行行为尚未达到犯罪的起刑点数额标准,但作为帮助犯的自然人的行为则已经达到犯罪的起刑点数额标准,对此应该如何处理? 在这类共同犯罪案件中,如果分别按不同的标准处罚,则完全可能出现起主要作用的单位因没有达到起刑点数额标准而不构成犯罪,而起帮助作用的自然人则因达到了起刑点标准而构成犯罪,从而形成只有从犯而无主犯的情形。为此,有人认为,由于共同犯罪的危害性要大于单独犯罪,所以对这类案件中的单位应该以自然人犯罪的起刑点数额为标准,认定构成犯罪。有人则认为,在这类共同犯罪案件中,对于起帮助作用的自然人的个人行为,即使已经达到了个人犯罪的起刑点,也应当认定不构成犯罪。这是依据刑法上的当然解释原理,当重度危害行为(即共犯中的主要实行行为)不构成犯罪时,同类轻度危害行为(即共犯中的次要实行行为或帮助行为)也应当当然地解释为不构成犯罪。

我认为,前面讲的这两种观点均有偏颇之处,他们的共同点在于对单位和自然人均按照一个统一的标准决定各自是否要负刑事责任,区别在于一个是以单位犯罪起刑点数额为标准,从而得出单位和自然人均不构成犯罪的结论;另一个则是以自然人犯罪起刑点数额为标准,从而得出单位和自然人均构成犯罪的结论。但是无论从什么角度分析,这些观点均很难符合罪责刑相适应的原则。首先,前面讲的观点所提及的重度危害行为以及轻度危害行为本身的立足点都有不妥当之处。因为,他只是以共同犯罪中的主、从关系作为区分轻重的标准,而没有从单位犯罪与自然人犯罪本身的不同特征角度综合加以考虑。单位与自然人形成的共同犯罪,单位作为成员之一可能起主要作用,但是这一作用还没有达到构成犯罪的程度,也即作为单位行为,其还未达到"重度危害行为"的程度,我们当然不能要求其承担刑事责任;相反,其中的自然人行为尽管只是起帮助作用,但已经达到了构成犯罪的程度,也即达到了"重度危害行为"的程度,我们就必须要求其承担相应的刑事责任。由此可见,认为均应按照自然人犯罪起刑点数额标准追究刑事责任的观点,对单位明显不公正。试想如果在这些案件中起帮助作用的是单位而不是自然人,那么我们就无法对起主要作用的单位追究刑事责任,这种因为帮助者不同,而对起主要作用的单位是否追究刑事责任采用不同标准,显然有所不妥。同样,刚才讲的认为均应按照单位犯罪起刑点数额标准不追究自然人刑事责任的观点,则明显对自然人犯罪有放纵之嫌。试想如果自然人在共同犯罪中帮助的是其他自然人,同样的帮助行为则完全可能构成犯罪,这种因为帮助对象不同而对明明已经构成犯罪的自然人不追究刑事责任的处理方式显然也有不妥之处。因此,我认为,对于这类共同犯罪,我们仍然应该按照前面讲的原则进行处理,也就是说对于构成犯罪的自然人追究刑事责任,而对于尚未达到犯罪标准的单位不追究刑事责任。事实上这种处理思路也并没有违背有关刑法原理和基本原则,具体实施时应该不会有什么大碍。

三、共同犯罪的形式

关于共同犯罪形式的分类,目前在刑法理论上主要有四种划分标准。

一是以共同犯罪能否任意构成为标准,分成任意的共同犯罪和必要的共同犯罪。任意共同犯罪是指刑法分则中规定的,一人单独能够实行的犯罪,而由二人以上共同实行的情况。这种犯罪,既可以由单个人形成,也可以由几个人共同形成。比如,因杀人而形成的共犯,就是任意共犯。因为杀人可以一个人杀,也可以几个人杀。必要的共同犯罪是指法定的必须由二人以上共同实施犯罪的情况。这类犯罪,只能以共同犯罪的形式出现。理论上,又把必要共同犯罪分成聚合性的和对合性的。聚合性的必要共同犯罪,以不特定多数人的聚合行为作为犯罪构成要件。我们通常所讲的聚众共同犯罪和集团共同犯罪,就是聚合性的必要共同犯罪。对合性的必要共同犯罪,以共同犯罪人之间相对行为的结合为构成要件。但要注意,在对合性的必要共同犯罪中,双方未必都构成犯罪。比如,贿赂包括行贿和受贿双方的行为,但是行贿罪和受贿罪的构成要件并不是相对应地形成的,处罚了受贿的人并不见得就要处罚行贿的人。受贿罪的构成要件中只要求行为人为他人谋取利益,而行贿罪的必要要件之一则是谋取不正当利益。换句话说,为谋取正当利益而行贿的,不构成犯罪。所以,我们现在处罚受贿的比较多,处罚行贿的比较少。再一个是重婚罪,婚姻当然是成双成对的,但是构成重婚罪的人并不一定都是成双成对的。我有配偶还与你结婚,我构成重婚罪,这个是没有问题的。你没有配偶,你明知我有配偶还与我结婚,你也构成重婚罪。这种情况下,我们两个人都构成重婚罪。我因为有配偶还与你结婚,所以无论我知不知道你有没有配偶,我都构成重婚罪。但是,你就不一样了,你没有配偶。如果你不知道我有配偶而与我结婚,你不构成重婚罪。所以,构成重婚罪的人并不一定要有两次婚姻,没有婚姻的人如果要构成重婚罪必须明知对方有配偶。如果不知道对方有配偶而与对方结婚的,有配偶的一方构成重婚罪,没有配偶的一方不构成犯罪。

二是以共同犯罪人之间有无分工为标准,分成简单共同犯罪和复杂共同犯罪。简单共同犯罪,是指各共同犯罪人之间没有行为上的分工,即各共同犯罪人都直接地实行了某一具体行为的情况。复杂共同犯罪,是指各共同犯罪人之间存在着不同分工,处于不同地位的共同犯罪情况。那么,简单共犯和复杂共犯最主要的区别是什么呢?(下讲台提问)

学生 1:"主要在分工方面吧。"

提问:"你的意思是有没有分工,是吧?我举个例子:甲、乙、丙三个人要抢劫财物,他们埋伏在路口,发现一个妇女过来,三个人上去按照事先商量的,甲掐脖子,乙拉手,丙抄口袋。甲、乙、丙三人属于简单共犯还是复杂共犯?"

学生 2:"应该是复杂共犯。"

学生 3:"我认为,他们仍然是简单共犯。"

(回讲台)结论当然应该是简单共犯。我提这个问题,就是想告诉大家,有无分工一定要根据作用、地位来判断。这里的分工是相对作用、地位而言的分工,而不是"拉手、拉脚"的分工。在一个具体的抢劫行为中,有人拉手,有人踹脚,有人掐脖子,有人抄口袋,这个不属于我们所讲的分工。刚刚所讲的这个案件应该属于简单共犯,而不属于复杂共犯。

三是根据共同犯罪故意形成的时间,分成事先有通谋的共同犯罪和事先无通谋的共同犯罪。事先有通谋的共同犯罪,是指共同犯罪人的共同故意是在着手实行犯罪以前形成的,即在犯罪的预备阶段,共同犯罪人对犯罪进行了策划和商议。事先无通谋的共同犯罪,是指各共同犯罪人在着手实施犯罪时或者在实行犯罪的过程中临时形成共同犯罪故意的情况。希望大家注意两点。第一,共犯并不必然需要事先通谋。不要一谈到共犯就认为事先必须有通谋。事先没有通谋的,也有可能形成共犯。第二,实施帮助行为的人,包括事前帮助、事中帮助和事后帮助三种情况,这三种情况是否都可以认定为共犯?比如说,甲知道乙想杀人,甲为乙提供了刀、枪;或者甲看到乙杀人,甲便协助乙望风;或者甲进来看到乙已经把人给杀了,甲便将血迹擦干,把刀埋掉。那么,在这三种情形中,甲的行为都构成共犯吗?(下讲台提问)

学生 1:"第一种和第二种构成,第三种不构成。"

学生 2:"我也觉得第三种不构成吧。"

提问:"为什么第三种就不构成了呢?"

学生 2:"因为甲都已经把人杀死了,行为已经实施完毕了。"

提问:"如果他们事先有通谋呢?"

学生 2:"有通谋的话,那就构成了。"

(回讲台)我认为,事前、事中的帮助行为都应当按照共犯认定,因为在行为实施之前或实施过程中,甲明白了乙的故意的内容,仍然给予帮助。这种情况下,按照共犯认定是没有问题的。但是,对事后的帮助行为,我们如果要按照共同犯罪来认定,就要考查事先是否有通谋。如果事先没有通谋,事后予以帮助的,只能将这种帮助行为单独地按照其他犯罪来处理,而不能按共犯来认定。比如说,甲杀了人,如果乙事后知道甲杀人了,乙便为甲转移赃款赃物,对乙可以按掩饰、隐瞒犯罪所得、犯罪所得收益罪来认定;如果乙事后知道甲杀了人,乙将甲藏起来,这时对乙可以按窝藏罪来认定;如果乙事后知道甲杀了人,还资助甲让他逃跑或者作假证明包庇甲,对乙就可以按包庇罪来认定。但是如果乙事先跟甲通谋,答应在甲杀了人以后帮助其隐藏起来,这时对乙就不能再按窝藏罪来认定了,这时乙应该是故意杀人罪的共犯。同样的道理,与盗窃罪的行为人事先有通谋的销赃行为,应该按照盗窃罪的共犯来认定。有一些同学对这个问题一知半解,搞不清楚。我批过一份卷子,其中有一道关于事先有通谋的事后帮助的案例题。一位考生答得很"内行",他说,甲和乙共谋为乙窝藏赃物,按照法条的规定,事先有通谋的,以共犯论处。答到这里,我认为可以给他满分了。但随后,他又加了一句:因此,甲构成掩饰、隐瞒犯罪所得罪。后面这句话一提,麻烦就大了,前面的话等于都白讲了。你明明知道事先有通谋的按共犯论处,怎么又按掩饰、隐瞒犯罪所得罪来认定呢?构成掩饰、隐瞒犯罪所得罪的,事先是不能有通谋的。事先有通谋的事后帮助行为,应该按照被帮助一方的犯罪行为的性质认定,也就是按共犯来认定。

四是以共同犯罪是否有组织形式作为标准,分为一般的共同犯罪和有组织的共同犯罪,即犯罪集团。根据《刑法》第 26 条第 2 款的规定,犯罪集团是指三人以上为共同实施犯罪而组成的较为固定的犯罪组织。首先,请大家注意一下犯罪集团的特征。犯罪集团的第一个特征是,人数较多,由三人以上组成。一般共犯只要求两人以上。我曾经在一篇文章中提出,黑社会性质组织中的成员一般要有一定的规模。三个人怎么可能形成黑社会性质组织?不可能的。黑社会性质组织往往盘踞一方,横行乡里,造成某一地方社会秩序的混乱。这么严重的后果,三个人恐怕难以做到。犯罪集团的第二个特征是,具有一定程度的组织性。比如,有明确的组织者和领导者,有一定的组织纪律。犯罪集团的第三个特征是,具有一定的稳定性。犯罪集团是为了经常性地共同实施犯罪而形成的组织,不是临时凑合的,骨干成员应当较为固定。第四个特征是具有一定的犯罪目的性。犯罪集团各个成员是基于共同实施某种或某几种犯罪而结合在一起的,有明确或概括的活动宗旨,犯罪目的性较强。

接下来,我简单讲一下犯罪团伙。犯罪团伙不是一个明确的法律用语,司法实践中,公安机关经常使用这一概念,用得多了以后,现在在报纸上也经常出现。什么是犯罪团伙?有人认为犯罪团伙就是犯罪集团,也有人认为这是介于犯罪集团和一般共同犯罪之间的一种犯罪组织,还有人认为犯罪团伙是犯罪集团和犯罪结伙的合称,包括比较牢靠的犯罪集团和比较松散的犯罪结伙。应该看到,犯罪团伙是一个工作用语或媒体专用语,而并非法律用语。刑法没有对犯罪团伙下一个明确的定义,因此,我们在司法文书中不应该出现"犯罪团伙"的字样。根据刑法理论,一般认为,犯罪团伙指三人以上结成一定组织或纠合得比较松散的共同犯罪形式,它可能是犯罪集团,也可能是一般共同犯罪。简单地讲,团伙团伙,有"团"有"伙",它们应当分别属于犯罪集团和一般共犯,也即符合犯罪集团要件的,按照犯罪集团处理,不具备犯罪集团要件的,按照一般共同犯罪来认定。

四、共同犯罪人的分类及其刑事责任

对于共同犯罪人的分类,世界各国的刑法通常采用两种标准,有的按照作用和地位进行分类,有的按照分工形式进行分类。如果按照作用和地位划分,通常会把共同犯罪人分成主犯、从犯等等;如果按照分工形式划分,通常会把共同犯罪人分成组织犯、实行犯、教唆犯、帮助犯等。应该看到,这两种不同的分类标准各有利弊。简单地说,按照作用、地位进行划分的,有利于处罚但不利于认定;按分工形式进行划分的,有利于认定但不利于处罚。我国刑法对共同犯罪人的分类,是我们国家独有的。我国刑法以犯罪分子在共同犯罪中所起的作用为主要标准,适当兼顾分工形式,把共同犯罪人分为主犯、从犯、胁从犯和教唆犯四种。理论上通常认为,主犯、从犯、胁从犯是按照作用地位来划分的,而教唆犯是按照分工形式进行划分的。从这里可以看出,我国立法者比较侧重于处罚,而不是侧重于认定。这当然也是合理的,因为,认定共同犯罪的目的,就在于更好地追究各共犯成员的刑事责任。

接下来,我讲一讲共同犯罪人的具体分类。首先我们来看主犯。我国《刑法》第26条第1款规定:"组织、领导犯罪集团进行犯罪活动的或者在共同犯罪中起主要作用的,是主犯。"另外,《刑法》第97条还规定:"本法所称首要分子,是指在犯罪集团或者聚众犯罪中起组织、策划、指挥作用的犯罪分子。"大家注意一下,主犯和首要分子之间是什么关系?从概念上分析,我认为,两者应该是包含关系。我们可以很清楚地看到,主犯的概念中有"或者"这个词,"或者"之前的部分应该是指犯罪集团的首要分子,"或者"之后的部分应该包括聚众犯罪的首要分子和犯罪集团中除首要分子以外其他起主要作用的犯罪分子,同时也包括在一般共同犯罪中起主要作用的犯罪分子。

但是,也有人认为,主犯和首要分子之间并不是包容关系,而是交叉关系。理论界争议比较大的是聚众犯罪中的主犯。例如,《刑法》第291条规定的聚众扰乱公共场所秩序、交通秩序罪,只能由首要分子构成,非首要分子不能构成本罪。在聚众犯罪中,首要分子可能有若干个,也可能只有一个。他们认为,当首要分子只有一人时,这时的聚众犯罪就不是共同犯罪,因为不存在共同犯罪,所以这个首要分子就不是主犯。可见,首要分子未必就是主犯,两者之间应该是交叉关系。

这种观点对不对?我认为,聚众犯罪中最后承担刑事责任的,确实可能只有一个人,但是,如果没有聚众的形式存在,这个人也不可能构成犯罪。问题不在于最终是追究一个人的刑事责任,还是追究多个人的刑事责任,而在于聚众犯罪的必要要件是聚众,离开了这个必要的形式,就不可能构成聚众犯罪。在刑法理论中,我们称之为必要共犯,必要共犯是共同犯罪形式的分类中的一种。所以,主犯和首要分子之间是包容关系。事实上,我国现行刑法已经取消了对主犯应当从重处罚的规定,在此情况下,将两者的关系理解为是包容关系,既维护了聚众犯罪属于必要共犯的基本原理,又不会发生重复评价问题,因而并无大碍。

主犯与首要分子的主要区别有三点。一是发生的场合不同。首要分子只存在于犯罪集团和聚众犯罪中,而主犯既可以存在于犯罪集团和聚众犯罪中,也可以存在于一般共同犯罪之中。二是主犯未必是首要分子。主犯除了在犯罪集团中起组织、领导作用的首要分子外,还包括在共同犯罪中起主要作用的犯罪分子,主犯的范围比首要分子的大。三是首要分子必定是主犯。无论是在犯罪集团还是在聚众犯罪中,首要分子都是主犯。

关于主犯的刑事责任,我国《刑法》第 26 条第 3 款、第 4 款分别规定了首要分子和主犯的处罚原则:"对组织、领导犯罪集团的首要分子,按照犯罪集团的全部罪行处罚。""对于第三款规定以外的主犯,应当按照其所参与的或者组织、指挥的全部犯罪处罚。"请大家注意,这里有两个标准。对于首要分子以外的主犯是按他直接参与或者组织、指挥的全部犯罪处罚,而不是按整个犯罪集团的全部罪行处罚。对犯罪集团的首要分子就不一样了,不论他是不是直接实施犯罪行为,他都要对集团的全部罪行负责。

下面,我讲一下从犯的相关内容。《刑法》第 27 条第 1 款规定:"在共同犯罪中起次要或者辅助作用的,是从犯。"从概念中我们知道,从犯应该有两类,一类是在共同犯罪中起次要作用的,另一类是在共同犯罪中起辅助作用的。所谓起辅助作用的,就是通常所指的帮助犯。那么,什么叫次要作用? 判断次要作用的因素有哪些呢? 我认为,可以从这么几个方面综合加以考察。第一,行为人在共同犯罪活动中的地位。从犯,顾名思义,在共同犯罪中处于从属地位。尤其是在集团犯罪与聚众犯罪中,从犯听命于首要分子,一般不参与犯罪活动的策划,只接受任务,从事某一方面的犯罪活动。第二,行为人实际参加犯罪的程度。从犯一般只是参与实施了一部分犯罪活动,因此在共同犯罪中不起主要作用。第三,行为人具体罪行的大小。共同犯罪虽然是一个整体,但各个共同犯罪人的罪行又具有相对的独立性,考察共同犯罪人具体罪行的大小可以从主观和客观两方面加以分析。从主观上来说,对共同犯罪故意的形成起主要作用的,是主犯;对主犯的犯罪意图表示赞同、附和、服从,对共同犯罪故意的形成起次要作用的,是从犯。从客观上来说,参与实施的犯罪行为对于共同犯罪的完成具有关键性作用,罪行较大的,是主犯;否则就是从犯。第四,行为人对犯罪结果所起的作用。在共同犯罪中,大多数情况下都是具有物质性的犯罪结果的,虽然各共同犯罪人的行为与这种犯罪结果的发生都存在因果关系,但原因力的大小却是不同的。那些对犯罪结果所起的作用较小的人,是共同犯罪中的从犯。

关于从犯的刑事责任,我国《刑法》第 27 条第 2 款规定:"对于从犯,应当从轻、减轻处罚或者免除处罚。"1979 年《刑法》曾规定:"对于从犯,应当比照主犯从轻、减轻处罚或者免除处罚。"1997 年《刑法》,把"应当"保留了下来,但是把"比照主犯"删掉了。为什么删掉呢? 道理很简单,因为在很多犯罪案件中,主犯可能死掉了,可能逃掉了,有的案件甚至没有主犯。比如,我前面讲到的片面合意中就没有主犯。关铁门的行为是一种帮助行为,是从犯。而杀人的人单独构成犯罪,不按共同犯罪处理。所以,在这种犯罪中没有主犯。当然,这是比较特殊的情况。如果法律规定从犯应当比照主犯从轻、减轻或者免除处罚,很多案件因为无从比照也就没有办法处理。所以 1997 年《刑法》修订后,把"比照主犯"删掉了。只要是从犯,就应当从轻、减轻或者免除处罚。请大家注意,这里的"应当"也就是"必须"。

有人说,"有主犯必有从犯"。大家看一下这句话对不对?(下讲台提问)

学生 1:"我认为,这句话是对的,因为,主犯是相对于从犯而言,没有从犯何来主犯呢?"

学生 2:"我也是这个观点。"

(回讲台)我认为,这句话是不对的。因为,在共同犯罪案件中有可能出现这样的情况:所有共同犯罪人都是主犯却没有从犯。比如,甲、乙、丙三个人共同杀丁,三个人都是主犯。所以说,通常情况下,有从犯必有主犯(片面合意另论),但有主犯未必都有从犯。在共同犯罪中,主犯并非相对于从犯而言的一个概念。

如果在共同犯罪中所有共犯都是主犯,还要不要认定主犯呢?这个问题,在司法实践以及我们的司法解释中,都很模糊。有一些司法解释就认为,如果可以分清主从犯的,应当要区分;如果主从关系不明显的,可以不区分。因为有了这样的讲法,司法实践中很多起诉书、判决书上只是简单地认定三个人是共同犯罪,不区分主从关系,既不说他们是主犯,也不说他们是从犯,反正搞不清楚也不要紧。这种做法,我认为是有问题的。我的观点是,即使在共同犯罪中所有共犯都是主犯,也要逐一认定主犯。道理有两点:第一,认定共同犯罪的主要目的是解决共同犯罪成员的刑事责任问题。主犯、从犯的认定,是解决刑事责任问题的最本质的途径,否则我们就没有必要认定共同犯罪了。如果一方面说他们三个人是共同犯罪,另一方面又不说他们是主犯或者从犯,那么,这个共同犯罪的认定就没有意义了。所以,只要是共同犯罪就必须区分主、从犯,如果都是主犯的,就应该写清楚是主犯。第二,即使不说他们是什么犯,实际上也已经认定他们是主犯了。为什么这么说呢?因为如果按照原来的刑法条文规定,对于主犯应当从重处罚,我们如果既不认定这个人是主犯,也不认定这个人是从犯,确实有可能使其处于既不从重也不从轻、减轻或者免除处罚的位置。但是,我们现在的刑法条文已经取消了对主犯从重处罚的规定。这样,只要我们不对这个人从轻、减轻或者免除处罚的,这个人肯定就是主犯。因为我们只要对其不从轻、减轻或者免除处罚,实际上就是按主犯来处罚的。很多起诉书、判决书中没有认定主、从犯,实际上是把这个人认定为主犯的。所以,不说出来只是一种心理安慰。这个问题可以写一篇文章的,有些同学问我文章怎么写,事实上像这种很少有人研究过的内容,写出来就是一篇很好的文章。

下面,我们来谈谈胁从犯。《刑法》第 28 条规定:"对于被胁迫参加犯罪的,应当按照他的犯罪情节减轻处罚或者免除处罚。"关于胁从犯的概念,我们应当掌握这么几点。第一,胁从犯是我国刑法在共同犯罪人分类上的一个独创,其他国家没有胁从犯的概念。第二,长期以来,我们党有一个刑事政策,叫"首恶必办、胁从不问"。你们年纪轻,可能不知道,你们的父母对这个说法是很熟悉的。"文化大革命"中,我们对"黑五类"进行审查的时候,都是"首恶必办、胁从不问,坦白从宽、抗拒从严"的。但是要注意,党的政策与我们的法律规定并不完全一致。从刑法规定来看,"首恶必办",这是没问题的;"胁从"也还是要"问"的,只不过是按照胁从犯来"问"而已。第三,"被胁迫参加犯罪"的涵义是指不完全自愿地参加犯罪。要注意这里的用词,不完全自愿和完全不自愿是有区别的。完全不自愿是指在没有办法规避的情况下,屈从于他人的胁迫。其中,符合紧急避险条件的,可以按照紧急避险来处理,不认定为犯罪。如果是完全自愿的,也不能按照胁从犯认定。既然行为人主观上是自愿的,他的行为构成什么罪就该按什么罪来认定。处在完全自愿和完全不自愿之间的不完全自愿,是指精神上有一定的压力,但行为人还有一定的自由度。1979 年《刑法》对胁从犯的规定中还包括"被诱骗参加犯罪的"。所谓被诱骗,指的是对犯罪性质有所知道,但是不完全清楚。1997 年《刑法》修订后,把"被诱骗"三个字从胁从犯法条里删掉了。这样,问题就出现了。现在如果是被诱骗参加犯罪的,该怎么处理? 我们学校有个老师为人家辩护的时候,就曾经遇到过这种情况。这个人是被诱骗参加犯罪的,一审的时候,这个老师按照胁从犯为他辩护,一审法院也认定他所辩护的对象构成胁从犯。后来被告人不服上诉,在上诉期间,1997 年《刑法》生效了。于是,在二审的时候,这个老师就认为这个人现在不构成犯罪了。因为原来被诱骗参加犯罪的属于胁从犯,现在法条已经把它删掉了,按照罪刑法定的原则,这个人不再构成犯罪。你们认为这个老师辩护得对不对? (下讲台提问)

学生 1:"符合从旧兼从轻的罪刑法定原则,应该是对的。"

学生 2:"要加重处罚才对。"

(回讲台)当时,本案的法官和检察官都认为,这个辩护似乎很难接受,但是又觉得这位老师的辩护很难反驳。我认为,这位老师的观点显然是不对的。我们说过,"被胁迫"表明不完全自愿,"被诱骗"表明不完全清楚,哪一个社会危害性更大? 比如,我和你参加同样的犯罪,我是被胁迫的,你是被诱骗的,我们两个人谁的社会危害性更大? 当然是被诱骗的更大。因为,被诱骗者主观上的"自由度"比被胁迫者高,在同样的犯罪中,被胁迫者的主观恶性比被诱骗者小。所以说,被诱骗参加犯罪所体现的社会危害性,要比被胁迫参加犯罪的更大。现在,社会危害性较小的保留在胁从犯的概念之中,社会危害性较大的有可能反而"降格"吗? 这是不可能的,只可能"升格"。因此,对被诱骗参加犯罪的应该"升格",可以按照从犯,甚至也有可能按照主犯来认定。这位老师又说,为什么刑法条文不对其加以明确? 我认为,这是不需要明确的,因为理解了他们之间的关系就会明白条文的含义,用不着法条再做专门规定。同时,这也符合刑事立法入罪规定上举轻明重的原理。

关于胁从犯的刑事责任,法条规定,应当按照他的犯罪情节减轻处罚或者免除处罚。我们在学习过程中可以联系从犯的刑事责任,也可以联系预备犯、未遂犯、中止犯等的刑事责任一起记忆。

接下来我讲一下教唆犯。《刑法》第 29 条规定:"教唆他人犯罪的,应当按照他在共同犯罪中所起的作用处罚。教唆不满 18 周岁的人犯罪的,应当从重处罚。如果被教唆的人没有犯被教唆的罪,对于教唆犯,可以从轻或者减轻处罚。"所谓教唆犯,就是教唆他人犯罪的人,我国古代刑法称之为造意犯。教唆犯的最大特点是,本人不直接参加犯罪但具有犯罪的故意,通过唆使他人产生犯罪的意图并实施犯罪来实现自己的犯罪故意的内容。教唆犯客观上有教唆他人犯罪的教唆行为,主观上有引起他人犯罪的故意。大家一定要注意,教唆犯不是一个独立的罪名,对于教唆犯不能定教唆罪。

关于教唆犯,有两个问题大家需要注意。一是教唆犯的定罪标准问题。在犯罪中,教唆的内容和被教唆人所实施的行为的性质有可能是一样的,也有可能是不一样的。比如说,被教唆人将教唆的内容理解错了,实施了其他的犯罪或者被教唆人实施的犯罪超出了教唆的范围。无论是哪一种情形,对教唆犯都应该按照教唆的内容来定罪,而不能按照被教唆人所实施的行为的性质来认定。第二个问题是,对于既教唆又实行的,或者既教唆又帮助的,应该如何认定?比如,我让你杀了你舅舅,你听了我的话,决定去杀他,但是你说一个人不行,于是,我和你一起把你舅舅杀死了。我既教唆你去杀你舅舅,同时又和你一起把你舅舅杀死了。对我来说,无论是教唆还是实行,罪名是一样的,都是故意杀人罪。但是刑事责任有可能不一样,就看对我究竟是按照教唆犯来认定,还是按照主犯来认定?再比如,我让你杀了你舅舅,你听了我的话,决定去杀他,但是你说需要我帮助望风,于是我就在门外为你望风,你进门把你舅舅杀死了。我既引起你杀你舅舅的犯意,同时又帮助你把你舅舅杀死了,我构成故意杀人罪,但是,对我应该按照教唆犯来认定,还是按照帮助犯来认定呢?我们前面说过,就实行、教唆、帮助三种行为与犯罪事实的关系而言,直接使犯罪发生的是实行行为,其次为教唆,再次为帮助。所以,对于既教唆又实行的,当然是实行行为吸收教唆行为;对于既教唆又帮助的,当然是教唆行为吸收帮助行为。

关于教唆犯的刑事责任,我们要注意三种情况:第一,教唆他人犯罪的,应当按照他在共同犯罪中所起的作用处罚;第二,教唆不满18岁的人犯罪的,应当从重处罚;第三,如果被教唆的人没有犯被教唆的罪,对于教唆犯,可以从轻或者减轻处罚。

我们先来看看第一种情况:教唆他人犯罪的,应当按照他在共同犯罪中所起的作用处罚。怎么来理解这里的"作用"?我在前面讲过,在共同犯罪中,教唆犯是按照分工标准划分的,而按照分工划分有利于认定但不利于处罚,于是处罚的问题就出现了。教唆犯很好认定,但是怎么处罚?他的作用如何来确定?教唆犯的作用是相当于主犯还是相当于从犯?刑法规定,对于教唆犯应当按照他在共同犯罪中所起的作用处罚。这样看来,教唆犯的作用有可能相当于主犯也有可能相当于从犯。我的观点是,教唆主犯的,他的作用就相当于主犯;教唆从犯的,他的作用就相当于从犯。另外,认定教唆犯的作用,还要结合被教唆人所实施的行为的性质以及教唆的内容综合加以考察。最关键的还是教唆的内容。比如,我说,你舅舅很坏,你去把他杀了。你听了我的话,把你舅舅给杀了。你是主犯,我是教唆犯,我的作用相当于主犯。请大家注意,我仍然是教唆犯,不是主犯,因为我没有实施杀人行为,但是我的作用相当于主犯。再比如,我说,你舅舅明天要偷人家的东西,你在边上望望风也好,毕竟是你的舅舅么。(全场笑)你听了我的话去望风了。此时,你是从犯,所以我的作用就相当于从犯。

关于教唆犯刑事责任的第二种情况,我举一个例子,大家分析看看:某甲想搞点钱,又不愿意自己动手,于是就教唆隔壁邻居家一个15周岁的小孩,叫他偷仓库里的东西。盗窃完了以后,两人平分。后来被人举报而案发。某法院认为,某甲教唆不满18周岁的人犯罪,应当从重处罚。我要问的是,法院对某甲适用这个条文,对不对?(下讲台提问)

学生1:"对的。因为其完全符合刑法条文的规定。"

学生2:"不对。15周岁的人盗窃,是不构成盗窃罪的,因为年龄没有到。这里讲的教唆不满18周岁的人犯罪的,被教唆的人必须构成犯罪。"

学生3:"应当按照一般的教唆犯处理。"

(回讲台)这个问题的答案,我们暂时把它搁置一旁,等我讲完下一个例子,大家对照一下再来回答。这一个例子是:某甲想搞点钱,又不愿意自己动手,于是就教唆隔壁邻居家一个15周岁的小孩,叫他持刀在马路上抢劫。后来被人举报而案发。法院认为某甲教唆不满18周岁的人犯罪,应当从重处罚。现在的问题是,法院对某甲适用这个条文是否正确?

我认为,后面这个案件的认定是正确的,前面那个案件的认定是不正确的。道理很简单,刑法条文规定,"教唆不满18周岁的人犯罪的,应当从重处罚"。适用这个规定,必须满足两个条件:第一,被教唆的人必须不满18周岁。这个条件两个案件都符合。第二,被教唆的人要构成犯罪。如果这个被教唆的人不构成犯罪,就等于教唆者和被教唆者之间没有形成共同犯罪。共同犯罪需要有两人以上,而且两人都必须是达到法定年龄、具有刑事责任能力的人。如果有个精神病人在追杀你,而我也要杀你,我把铁门关上了,我利用精神病人的行为把你杀死了。由于精神病人不具有刑事责任能力,不构成犯罪,即使我有意帮助他,我和他之间也不可能形成共犯。精神病人所做的一切,都应当看作是我本人在做,这就是我们经常讲的间接正犯的情形。同样道理,我教唆一个15周岁的人实施盗窃,由于他没有达到法定年龄,他的盗窃行为,都应该看作是我的行为。这个15周岁的人就是我的犯罪工具,我单独构成盗窃罪。如果我教唆一个15周岁的人进行抢劫,由于15周岁的人对抢劫是要负刑事责任的,他构成犯罪,我教唆不满18周岁的人犯罪,对我就应该从重处罚。所以,大家要注意,刑法意义上的"人",是指达到法定年龄、具有刑事责任能力的人。否则就不是"人",只是犯罪的工具,好比我叫一条狗来咬你,不能说我是狗的教唆犯呀!(全场笑)

教唆犯刑事责任的第三种情况是:如果被教唆的人没有犯被教唆的罪,对于教唆犯,可以从轻或者减轻处罚。这种情况,理论上称为教唆未遂。教唆未遂的情况又有这么几种:第一,被教唆人拒绝犯被教唆之罪;第二,被教唆人当时接受了教唆,但随后又打消了犯罪意图;第三,在实施犯罪的过程中,被教唆人中止了犯罪;第四,被教唆的人当时接受了教唆,但未犯被教唆的罪,而是实施了其他的犯罪。教唆未遂通常还包括被教唆人的预备行为,比如说,我教唆你杀你舅舅,你在准备凶器时被人家发现抓住了,对我也应当按照教唆未遂来认定。

还有一种情况,我们称为"未遂的教唆"。刑法理论上,"未遂的教唆"是指被教唆的人在着手以后由于意志以外的原因而未得逞的情况。比如说,甲让乙杀乙的舅舅,乙便在他舅舅的杯子里放了毒药,可是舅舅喝了杯子里的毒药后回去又喝了解毒药。这种情况下,认定乙故意杀人未遂,是没有问题的。那么,对甲可不可以从轻或者减轻处罚? 传统的刑法理论认为,"未遂的教唆"不属于教唆未遂。在"未遂的教唆"的情形中,对教唆犯是不能从轻或者减轻处罚的。因为,刑法规定是"被教唆的人没犯被教唆的罪"的情形,现在乙都已经着手了还存在"没有犯"的问题吗? 当然不存在。

五、部分共犯停止犯罪问题

我们接下来谈谈部分共犯成员停止犯罪的形态认定。我先举一个例子:甲、乙、丙三人要杀丁,于是按照事先商量的,朝丁家里走去。半路上,甲想到自己"上有老下有小"不能和他们一起干,于是悄悄地溜掉了。乙和丙继续干下去,把丁给杀了。现在我问大家,对甲、乙、丙三人在犯罪形态上怎么来认定? 最关键的就是对甲——悄悄地溜掉的这个人,怎么来认定? 再比如,甲和乙一起实施盗窃犯罪,乙在里面偷,甲在外边望风。甲望风到一半,突然觉得"对不起人民对不起党",于是甲就跑掉了。而乙还在里面继续偷,最后把东西偷走了。那么,对甲的行为应该如何认定? 能不能认定为犯罪中止? 通常的观点认为,不能按照犯罪中止来认定,因为共同犯罪是一个整体,作为整体,人都被杀死了,怎么可以再认定为犯罪中止呢? 这不符合犯罪中止成立条件中有效性的要求。望风的人最为典型,现在望风的人悄悄溜走了,在里面实施盗窃的人实际上还有"精神支柱"啊。(全场笑)也就是说,他的故意还在他人的故意和行为中得到贯彻。

另外,上述悄悄溜走的行为既然不能认定为犯罪中止,那又该如何认定呢? 上海曾经发生过一起案件:7个人事先商量一起去劫船,早晨集合的时候,有一个人没来,其余6个人等不及了,就把船给劫了。这6个人的行为构成犯罪,而且是犯罪既遂。那么,对于没来的这个人应该怎么认定? 上海法院是把他作为预备犯来认定的。审判员还专门写过一篇文章,说这个人的行为应该单独构成犯罪预备,因为共同犯罪必须要有共同的故意和共同的行为,他并没有去抢,所以他的行为不属于共同犯罪行为。我在前面讲过,共同犯罪行为既包括共同实行行为也包括共同预谋行为。共同预谋行为既然也是共同犯罪行为,就不应该单独认定为犯罪预备,仍然应该按照共同犯罪来认定。问题是,如果按照共同犯罪来认定,根据共犯完整性的原理,就应该否定他是中止犯。那么,按照同样的道理,我们也应该否定他是预备犯。所以从道理上讲,对他的行为应该按照犯罪既遂来认定。

如果不继续实施犯罪的这个人,不仅放弃自己的行为,而且明确地向其他共犯成员表达了自己的意见的,是否仍然按照犯罪既遂来认定? 比如说,甲在外边望风,甲对乙说,"我不干了,要干你干"。(全场笑)需要说明的是,司法实践中可能又有问题了,"要干你干"还不是叫人家干下去嘛!(全场笑)如果他只是说我不干了,能不能认定为犯罪中止呢？有些人认为，既然上了贼船就不能再下来了，这种情况是不可以成立犯罪中止的。我认为，这个观点是值得探讨的。依我之见，共同故意既然可以形成，为什么就不可以分解呢？如果我明确表达了不想犯罪的意思，这时我就已经将自己的故意"拉"出来了，其他人也知道我不会再和他们一起实施犯罪了。所以，对这种情况下停止犯罪的，应当按照犯罪中止来认定。也就是说，在共同犯罪中，部分犯罪成员停止犯罪并且向其他共犯成员明确表达了自己脱离共同犯罪的意图的，应当认定为犯罪中止。

好，关于共同犯罪的内容我就为大家介绍到这，谢谢大家！

第十六讲

罪数形态

在这一讲中,我要给大家介绍的是罪数形态的相关内容。

一、罪数形态概述

罪数是指犯罪行为所构成的罪名的单复数。我们知道,刑法分则的条文都是对现实的危害社会行为作了抽象和归类,以一个单数的犯罪构成作为分则条文规定的内容。但是,现实的犯罪行为是千变万化的,我们在对每个行为进行实体的刑事法律判断时,先要判定这个行为到底触犯了刑法分则的几个罪名,应该以几个罪名进行处罚,这就是罪数要解决的基本问题。

(一)研究罪数理论的意义

我们首先来了解一下研究罪数理论的意义。罪数既是犯罪论中所讨论的问题,同时也是刑事责任和刑罚论所关注的一个重要问题。研究罪数理论主要有三方面的意义。

首先,研究罪数理论有利于完善刑事立法、司法以及刑法理论。现行《刑法》第89条有关"犯罪行为有连续或者继续状态"的追诉时效的规定,被认为是我国刑事立法中存在连续犯、继续犯的法律依据。但是,对于其他的罪数形态,比如想象竞合犯、牵连犯、结合犯等,我们都还没有规定明确的处断原则。刑事立法与司法解释之间也存在不少矛盾的地方。所以,司法实践中,对罪数形态问题,要么把它忽略了,要么由于认定错误,该并罚的没有并罚,不该并罚的实行了并罚。就理论价值来看,在整个现代刑法理论体系中,罪数形态占据非常重要的地位。当前大陆法系国家的学术界,关于罪数形态的研究相当活跃,可以说是百家争鸣、学说林立。相比之下,我国罪数形态理论的研究,在许多基本概念上还存在重大分歧,研究的目的也不够明确。这些都说明,我国刑法理论界对罪数形态问题的研究还不够深入,或者说,现有的理论成果还缺乏相应的可操作性。

其次,研究罪数理论有利于贯彻禁止重复评价的原则。我们都知道,在定罪量刑时,禁止对同一犯罪构成事实给予两次或两次以上的法律评价,这是由法的正义性决定的。法的正义性,在刑法领域,体现为罪与刑的均衡、比例关系。实践中,行为人的犯罪行为,确实有可能符合数个构成要件。这种状况,究竟是一行为还是数行为? 是成立一罪还是成立数罪? 在刑法评价上,我们须对行为人实施行为的个数加以判定。只有这样,才能断定行为人的行为究竟属于犯罪单数还是犯罪复数,否则,对于同一行为可能数次加以处罚。一罪数罚意味着什么? 一罪数罚将导致罪责扩张,直接违背了罪责刑相适应的原则。我们研究罪数理论,正是要避免这种情况的发生。

最后,研究罪数理论有利于限制法官自由裁量的权力。法官的刑事自由裁量权,是指法律赋予法官在法定的范围内,根据罪刑相适应的原则和刑罚的目的,公正合理地自行对刑事被告人决定刑罚的权力和责任。一般情况下,在量刑过程中,法官所作的选择判断越多,出现量刑偏差的可能性也越大。数罪并罚时,这种情况尤为明显。我们以被告人犯两罪、需要根据限制加重原则来数罪并罚为例,这种情况下,法官首先要对被告人所犯的两罪分别作出判断,并选择两罪所应分别适用的刑罚。然后,法官再根据数罪并罚的原则,在两罪的总和刑以下,两罪中的某一较高刑以上,确定一个最终执行的刑罚。我们来看看,在这个过程中,法官作出的选择判断有几次?(学生回答:"两次。")是三次,不是两次。也就是说,在两罪并罚的情况下,法官分别有三次个人情感和主观好恶的流露,而每一次的选择判断都有可能出现量刑上的偏差。但是,我们如果依据罪数形态理论,对某些实际数罪的情况,通过刑法规定或者实际处理,最大限度地减少数罪并罚的运用,就可以使原来需要多次选择判断才能确定的刑罚,变成只需要法官一次选择判断就足够的刑罚,这就达到了限制法官自由裁量权的行使、降低量刑偏差可能性的目的。

实际上,罪数形态在刑法体系中的定位,涉及两个方面的问题,一个是犯罪论中罪数的判定问题,另一个是刑罚论中罪数的处罚问题。尽管罪数形态的重点或归宿在于解决罪数的处罚,但是对犯罪个数的判断是一个前提。行为事实构成一罪还是数罪,这是必须首先解决的问题。关于罪数的区分标准,大陆法系国家理论界争议较大,有基于客观主义立场出发的行为标准说、法益标准说、因果关系标准说、法规标准说,也有从主观主义立场出发的犯意标准说,还有调和客观主义和主观主义的混合标准说以及犯罪构成标准说,等等。我国刑法理论界通常持犯罪构成标准说。这种学说认为,区分罪数应当以刑法分则或者其他的刑法法规中规定的构成要件为标准。犯罪事实符合一个犯罪构成的,是一罪;具备两个或两个以上犯罪构成的,是数罪。我认为,犯罪构成标准说,坚持了主客观相一致的原则,贯彻了罪刑法定原则,契合了罪数判断的实质,所以,它被我国刑法学界采用是必然的。其实,大家在判断罪数时,还有一个基本的标准,那就是通过判断行为的个数,来初步确定犯罪的单复数,因为一个行为是绝对不可能构成数罪的。当然,数个行为也不一定就是数罪,有时候几个行为出于同一个目的,我们也把它们看作是一罪。

大家要注意,犯罪构成标准说虽然解决了一罪与数罪区分的问题,但是还没有解决罪数处断的标准问题。符合数个犯罪构成的,并不一定就以数罪处断。罪数处断的标准,应当考虑两个方面的因素。一是罪刑均衡的要求。由于犯罪行为自身的特征以及特有的规律的差异,在刑事理论与刑事立法上,既有将形式上貌似符合数个犯罪构成的一行为,作为实质的一罪处断,比如想象竞合犯;也有将符合数个犯罪构成的数行为,以处断的一罪论,如牵连犯。二是诉讼效益的要求。比如,我国的刑事立法及司法解释规定,对盗窃罪、贪污罪、受贿罪、挪用公款罪等数额犯,累计计算犯罪的数额,然后按相应的法定刑作一罪处断。所以,在罪数处断标准上,必须摒弃绝对的数罪数罚的处理模式。否则,会导致诉讼繁琐,降低诉讼效率。

(二)罪数形态的基本特征

下面,我们来看一下罪数形态的基本特征。罪数形态,是对一罪与数罪中各种复杂的犯罪形态的统称。它既区别于典型一罪,也区别于典型数罪,是介于两者之间的一种犯罪类型。罪数形态主要有两个基本特征。

第一,犯罪构成的复数性及不典型性。根据犯罪构成标准说,如果各构成要件数都是单数的,就是典型一罪;如果各构成要件数都是复数、彼此又是独立的,就是典型数罪。很显然,如果说典型一罪是刑法分则规定最具代表性的标准形态,那么,典型数罪就是总则数罪并罚制度最具代表性的标准形态。通过比较,我们不难发现,典型一罪与典型数罪有一个共同点,它们在犯罪构成要件的内部组成上都呈现出对称性。恰恰在这一点上,罪数形态跟它们很不一样。

首先,罪数形态的犯罪构成表现出复数性特征,这使罪数形态区别于典型一罪。也就是说,罪数形态中的各种行为事实符合数个犯罪构成。在存在多个行为、触犯了数个犯罪构成时,这些行为符合犯罪构成的复数性是显而易见的。当只存在一个行为时,这个行为要么先后或同时产生两个以上结果而触犯两个以上犯罪构成,要么在发展过程中出现性质转化而改变行为起初实行时的罪名,要么在发展过程中因出现更为严重的后果而加重处罚,从而使这一个行为符合了数个犯罪构成。

其次,罪数形态的复数犯罪构成表现出不典型性,这使罪数形态区别于典型数罪。罪数形态中,行为人的行为事实虽然符合复数的构成要件,但是,与典型数罪中各罪之间互为独立又有不同。罪数形态中的行为事实,有些虽然符合数个构成要件,但从行为样态上观察,只不过是一个意思活动;或者这些符合数个构成要件的行为事实,表现为行为的惯性、连续性、结合性或者吸收性等。

第二,法律后果上的不并罚性,这是罪数形态的另一个基本特征。一些学者在讨论罪数形态中的一罪形态,比如牵连犯、想象竞合犯等概念时,得出的结论是,对这些罪数形态必须数罪并罚。在我看来,这等于否定了研究这些罪数形态的本源意义。

我一直强调这么一个观点:研究罪数形态问题,必须坚持对概念的目的性思考,并且把它作为分析问题的逻辑前提。任何一个科学的概念,都不可能是为提出而提出,都应当具有明确的目的性。这个目的性,是思考这个概念所涉及的一切问题的出发点和归宿。换句话说,理论上之所以提出某个概念,是因为这个概念具有特定的理论功能,这一理论功能,就是这个概念的目的。目的性思考,是一种很重要的概念研究方法,它可以避免在不同语义上使用同一概念时产生无谓的论争。不仅如此,它还是概念界定和理论体系构建的指导,我们在讨论任何概念问题和理论体系之前,都必须先确立它的目的性。缺乏目的性考量的概念和理论体系,是没有理论价值的,因而是不值得研究的。

罪数形态理论作为一个概念的体系,也有它的目的性。罪数形态理论所要解决的问题是,在复数犯罪构成不典型的前提下,如何定罪处罚。罪数形态和数罪并罚是两个既有联系又有区别的刑法理论问题,在很大程度上,罪数形态概念的提出和存在,就是相对于数罪并罚而言的。从概念的目的性考量,罪数形态的处断不应该适用数罪并罚。也就是说,只要对行为人的行为实行数罪并罚的,就不应该再将这些行为理解或认定为罪数形态中的任何一种形态。同时,由于罪数形态的复数犯罪构成表现出不典型性,各犯罪构成所触犯的罪名或行为之间存在紧密的联系,如果对它们实行数罪并罚,有可能违背罪刑均衡或者禁止重复评价等基本刑法理念。

二、一罪的类型

我们一般把一罪的类型,分成单纯的一罪、实质的一罪、法定的一罪和处断的一罪等等。单纯的一罪是指基于一个罪过形式,实施一个行为,符合一个犯罪构成的情况。实质的一罪是指具有一定的数罪特征,但实质上是一罪的各种形态。法定的一罪是指本来符合数个犯罪构成,具有数罪特征,但因某种特定理由,法律上把它明文规定为一罪的各种形态。处断上的一罪是指符合数个犯罪构成,本来是数罪,但是因为它固有的特征,处理时把它作为一罪的各种形态。

应该看到,这种分类是不够科学的,因为分类的标准不统一。在我看来,对罪数形态的分类,应当尽可能地与现行刑法的规定相契合。理论上的分类可以不同于法律上的分类,但是,脱离刑事立法的分类,不仅无助于司法实践的具体操作,还会给审判人员的司法观念造成不利的影响。与其这样,不如直接以是否存在刑法规定为标准,将罪数形态划分为法定的罪数形态和非法定的罪数形态。从而把结合犯、结果加重犯、继续犯、转化犯、法规竞合犯等归入前一类;把想象竞合犯、牵连犯、连续犯等归入后一类。当然,罪数形态的类型并不是绝对定型化的,它是具有动态性的,是一个相对开放的系统。

下面,我将按照通说的分类为大家进行讲解。有不少同学反映这部分的内容比较难,各种各样的"犯"容易混淆。所以,在开始讲解之前,我先告诉大家一个方法:对于这里所讲的"××犯",大家只要记住基本的概念,然后在脑子里用一个案例去匹配它。每出现一个"××犯",就想想相应的例子,多运用几次,你对这些"犯"就比较清楚了,也就容易记住了。这个方法简便易学,我当年学刑法的时候就采用过。

（一）单纯的一罪

一罪的第一个类型是单纯的一罪。它包括四种情形：第一种，纯粹的一罪，是指刑法上把一个犯罪构成规定为一罪的情况。比如，故意杀人罪就是纯粹的一罪。第二种，选择的一罪，是指刑法条文上规定了若干独立的犯罪构成，既可以由一个犯罪构成成立一罪，也可以由两个或者两个以上的犯罪构成成立一罪。比如说，非法制造、买卖、运输、邮寄、储存枪支、弹药、爆炸物罪，其中的每一个行为都能对一个独立的犯罪构成产生影响，都可以单独成立一罪，当然，也可以由两个行为或者两个以上的行为成立一罪。比如说，只制造不买卖的，构成这个罪；又制造又买卖的，还是这个罪，不需要数罪并罚。第三种，复合的一罪，是指刑法条文将数个具有独立犯罪构成的行为规定为一罪的犯罪。其中，符合条件的，我们可以按照结合犯来看待。比如，《刑法》第240条第1款第3项规定的"奸淫被拐卖的妇女"，是指犯罪分子在拐卖妇女的过程中，与被害妇女发生性关系的行为。这里完全可能有拐卖妇女罪和强奸罪的结合。第四种，重复的一罪，是指同一犯罪行为多次重复实施，仍成立一罪的犯罪。比如，《刑法》第358条规定的"多次强迫他人卖淫的"，《刑法》第383条规定的"对多次贪污未经处理的"，都属于重复的一罪的情形。

（二）实质的一罪

一罪的第二个类型是实质的一罪。它是指具有一定的数罪特征，但实质属于一罪的情况。简单地说，就是形式数罪、实质一罪。实质的一罪包括继续犯和想象竞合犯。

继续犯，也叫持续犯，是指行为从着手实行到由于某种原因终止以前一直处于持续状态的犯罪。最为典型的是非法拘禁罪、重婚罪。比如说，甲对乙实施非法拘禁，从拘禁行为开始一直到结束，甲的行为随着这种状态的持续而持续。只有乙被拘禁的状态结束，甲的行为才结束。行为是随着状态的延续而延续的，只要这种状态存在，这个行为就存在。再比如说，甲有配偶，甲还与他人结婚，这个婚姻的状态只要存在，甲的重婚行为就一直在延续着。我们可以看出，持续犯有这么几个特征：第一，只有一个犯罪行为；第二，犯罪行为与不法状态在一定时间内不间断地持续存在着；第三，犯罪行为自始至终侵害或针对同一个对象；第四，行为人必须出于一个直接故意。很显然，对持续犯只能以一罪论处。

那么，什么是想象竞合犯呢？它是指行为人出于一个犯罪故意，实施了一个犯罪行为，却同时触犯数个罪名的犯罪形态。简单地讲，想象竞合犯就是一个行为触犯数个罪名。它最本质的特征是只有一个行为。比如说，人群中有甲的仇人，甲要把乙给杀了，于是，甲对着乙扔了一颗手榴弹。手榴弹爆炸，将甲的仇人炸死了，但人群里的其他人，也被甲炸死了。而甲的目的是杀死仇人，从他的目的来看，他的行为是故意杀人行为；但是，甲采用的手段是爆炸，从他使用的手段来看，他的行为是爆炸行为。刑法中有故意杀人罪和爆炸罪，这两个罪名都可以适用于这一行为。这就是我们通常讲的想象竞合犯。处理想象竞合犯，我们一般采用重罪吸收轻罪的原则，从一重罪论处。

谈到想象竞合犯,常常又会涉及法条竞合犯。它们之间到底是什么关系呢?所谓法条竞合,是指行为人实施一个犯罪行为同时触犯数个在犯罪构成上具有包容关系或交叉关系的刑法规范,只适用其中一个刑法规范的情况。法条竞合最典型的例子是诈骗类犯罪。刑法规定了诈骗罪,同时又规定了合同诈骗罪,在金融刑法中还专门规定了八种金融诈骗罪,有集资诈骗罪、贷款诈骗罪、票据诈骗罪、金融凭证诈骗罪、信用证诈骗罪、信用卡诈骗罪、有价证券诈骗罪和保险诈骗罪等。目前,罪名中出现"诈骗"字样的有十个,我把它们称作"诈骗系列"。这十个罪的外延大小不一,彼此存在着母罪和子罪的关系。刑法最初规定的是诈骗罪,之后,从诈骗罪里将在合同签订和履行过程中的诈骗分离出来,设立了合同诈骗罪,在这个基础上,再一次将一些领域中的诈骗划分出来,比如将金融领域中的金融诈骗从传统诈骗罪中划分出来,这些罪名之间的关系就是法条竞合。从外延上看,诈骗罪最大,合同诈骗罪其次,八种金融诈骗罪最小。认定犯罪的时候,我们是按照由小到大、由特殊到一般的顺序进行的。某种情况出现时,我们首先要看是否符合特殊的罪名,如果符合了,就应该按照这个罪名来认定;如果不符合,再看外延更大一些的罪名。所以,对于法条竞合,我们一般采用特别法条优于普通法条的原则。法条竞合是立法中无法避免的现象,随着法治化进程和罪刑法定原则的深入贯彻,立法者在制定一般法条以后,往往会根据一些特殊情况,专门制定一些特别的法条。所以,从刑事立法细化趋势上看,法条竞合的现象不仅不可避免,而且会越来越多。法条竞合时,法条之间形成的关系,大多是包容关系,当然也有可能形成交叉关系。而在想象竞合情况下,数个罪名之间通常是完全没有关系的,或者仅有很小部分的交叉关系。比如说,用爆炸的手段去杀人,就是这里所说的交叉关系。有关法条竞合的问题,我在以后讲授刑法分论时还会专门给大家介绍的。

(三)法定的一罪

一罪的第三个类型是法定的一罪。它的特征是:原本是数罪,但法律规定它为一罪。简单地说,就是实质数罪、法定一罪。法定的一罪,通常包括惯犯、结合犯和结果加重犯。

1. 惯犯

惯犯,是指行为人因犯罪已成习性,或以犯罪为常业,在较长时间内,反复多次实施某种犯罪,依法律规定,应按一罪处理的情况。其中,以某种犯罪为常业的,或者以犯罪所得为主要生活来源或腐化生活来源的,我们称之为常业惯犯,简称常业犯;犯罪已成习性,在较长时间内反复多次实施某种犯罪的,是常习惯犯,简称常习犯。惯犯最重要的特征是法定性。大家一定要注意这一点,惯犯必须有法律的明文规定。如果刑法分则中没有规定惯犯,我们不能因为某个人多次实施同一犯罪行为,就说他是惯犯。1979年《刑法》中有很多惯犯,包括盗窃惯犯、诈骗惯犯等,但是,现在都已经取消了。现在如果一定要列举惯犯,通常的观点认为,赌博罪还有惯犯的形式。赌博罪中,以赌博为业的情形,就是惯犯。但是,严格地讲,把这种情形称为惯犯也是有问题的。因为我们通常所理解的惯犯,往往是先有一个基本犯罪的规定,而后再有惯犯的规定。比如说,先规定了盗窃罪,然后再专门规定惯窃罪。也就是说,盗窃惯犯是一般盗窃罪的加重或者从重情节。而赌博罪中,以赌博为业,是赌博罪成立的一个构成要件,这与我们通常所讲的惯犯还是有区别的。

2. 结果加重犯

在介绍结合犯之前,我先简要讲一讲结果加重犯。结果加重犯又称加重结果犯,是指故意实施刑法所规定的一个基本的犯罪行为,由于发生了加重结果,而使其法定刑升格的情况。最典型的结果加重犯,就是《刑法》第234条规定的故意伤害罪。《刑法》第234条规定:"故意伤害他人身体的,处3年以下有期徒刑、拘役或者管制。犯前款罪,致人重伤的,处3年以上10年以下有期徒刑;致人死亡的或者以特别残忍手段致人重伤造成严重残疾的,处10年以上的有期徒刑、无期徒刑或者死刑。"这个罪中,故意伤害是基本行为,致人重伤、死亡是伤害的加重结果。我在前面讲课中提到过,加重结果是不存在未遂的。如果没有出现加重的结果,按照一般情况处理就可以了。比如说,甲狠狠地揍乙,但是并没有导致乙重伤或者死亡,对甲只要按照故意伤害处理就可以了,不可能出现故意伤害致人重伤、死亡的未遂。结果加重犯一般有这么几个特征:第一,行为人对于基本犯罪具有故意;第二,加重的结果是由于基本犯罪行为所导致的;第三,行为人对于加重的结果至少存在过失;第四,刑法因为加重结果而加重了该犯罪行为的法定刑。对结果加重犯,应当按照法律规定处理。

有一个概念很容易与结果加重犯混淆,我简单谈谈。这就是结果加重犯与结果犯的区别。结果加重犯虽然和结果犯一样,都有刑法所要求的结果要件,但是两者所要求的结果是不一样的,一个要求的是加重结果,一个要求的是基本结果。更为关键的,在形式上,加重结果已经超出了基本犯罪的结果的限度,构成了其他罪所要求的犯罪结果,从而需要通过结果加重犯来特别加以规定。

3. 结合犯

下面,我着重讲一下结合犯。实际上,我国刑法理论界,对结合犯的概念和特征,一直争议很大。而对于为什么要在刑法中设置结合犯、设置结合犯有什么法律意义等问题,讨论得比较少。在我看来,这是本末倒置的做法。我说过,对概念的目的性思考,是研究罪数形态问题的逻辑前提。探讨结合犯设置的目的及其法律意义,是深入了解结合犯的概念与特征的关键所在。所以,在讨论结合犯之前,我先讲讲这方面的内容。简单地说,设置结合犯有实体法上的意义和程序上的意义。

首先,在实体法上,设置结合犯可以落实罪刑法定原则,达到罪刑相适应的最终结果。有的学者认为,刑法设置结合犯,受罪刑之间的均衡关系的制约,也就是说,从表面上看,刑法设置结合犯的条款,是将本来应该给予并罚或适用其他处断原则的数罪,由刑法明文规定为一罪;而在实质上,设置结合犯的目的是为了达到罪刑相适应的结果。我认为,设置结合犯的重要依据在于落实罪刑法定原则,从而达到罪刑相适应的要求。刑法中将数个独立犯罪规定在一个条文里,并且规定了具体、明确的法定刑加以适用,充分体现了"罪"和"刑"必须以"法律规定"为限的精神,而且也从根本上落实了"罪"和"刑"相适应的要求。

其次，在程序上，设置结合犯可以减少数罪并罚的适用频率，限制法官的自由裁量权。法官的刑事自由裁量权包括两大方面，一是定罪，二是量刑。结合犯的设置，主要是在量刑上限制法官的自由裁量权。

我前面讲过，关于结合犯的概念和特征，有很多不同的说法。简单地说，所谓结合犯，就是指两个以上各自独立且罪名不同的犯罪行为，根据刑法的明文规定而结合成一种新的犯罪。也就是说，只要有数个犯罪明确规定在一个刑法条文中，结合成一个具体的犯罪，并有与它相对应的法定刑的，都是结合犯。根据定义，可以看出，结合犯有两个特征：独立性和法定性。

独立性是针对被结合的罪而言的。独立性有两层含义。第一层含义是指被结合的罪的构成要件独立于其他任何犯罪的构成要件。也就是说，被结合的罪的构成要件，既不依附于其他犯罪的基本构成要件，也不依附于由其他犯罪的基本构成要件派生的加重构成要件。独立性的第二层含义，是指被结合的罪之间互相独立，各自具有自己独立的构成要件和独立的罪名。从形式上看，行为人是基于数个罪过，实施了数个行为，触犯了数个罪名。也就是说，结合犯的罪过与行为都是复数。

这里还有一个问题，我简单提一下。结合犯的数个罪过是否都要以故意为限？从国外有关结合犯的立法例来看，被结合的罪一般都是故意犯罪。有学者根据《联邦德国刑法典》第 251 条"犯强盗罪过失致人死亡"的规定，认为过失也可以成立结合犯。我认为，在这种情况下，行为人的罪过虽为复数，但他的行为只有一个，也就是强盗行为，不符合结合犯独立性的特征。所以，这不是结合犯的规定，而是结果加重犯的规定，与我国刑法对抢劫致人死亡的规定是一样的。

法定性是针对结合的罪而言的。所谓法定性，是指数罪结合在一起，必须基于刑事法律的明文规定。法律没有明文规定的，不可能成立结合犯。法定性是判断结合犯成立与否的重要标准。

结合犯的法定性还表现为确定性。它是指结合之后所成立的结合之罪及其处罚应当是具体的、确定的，而不仅仅是诸如"从一重罪处断"等原则性的规定。司法实践中，对于结合犯，法官可以直接依照条文确定罪名、适用法定刑。

对结合犯的形式，理论界主要有两种不同的观点。第一种是三形式说，这种观点认为，结合犯有三种形式，用公式表示就是：第一，甲罪＋乙罪＝甲罪的严重情况；第二，甲罪＋乙罪＝乙罪的严重情况；第三，甲罪＋乙罪＝新罪名。第二种是二形式说，这种观点认为，结合犯有两种形式，用公式表示分别为：第一，甲罪＋乙罪＝甲乙罪，日本刑法以及我国台湾地区"刑法"将强盗罪与强奸罪结合，成立强盗强奸罪，就属于这种情形；第二，甲罪＋乙罪＝丙罪，比如，台湾地区"刑法"将暴力胁迫与夺取财物结合，成立强盗罪。

我认为，成立结合犯不应以新的罪名为条件。有些学者，以日本刑法和我国台湾地区"刑法"中的强盗强奸罪为依据，认为新罪名是结合犯存在的标志，进而否定我国刑法中存在结合犯。这种观点显然脱离了我国的刑事立法现状。大家都知道，我国刑法中的罪名，并不是由立法者规定的，确定罪名的工作是由"两高"通过司法解释的形式来完成的。正因为这样,刑法条文不仅不可能对结合而成的新罪作出规定,而且连被结合的各个独立的罪名,也没有作出规定。这种情况下,当数个犯罪行为规定在一个刑法条文中时,我们根据什么来判断是不是成立了一个新罪呢? 比如说,我国《刑法》第 239 条规定的绑架并杀害被绑架人的,究竟有没有成立新罪? 我们无从判断。在罪名没有立法化的情况下,仅仅从刑法条文本身来判断是不是成立新罪,往往是不可能的。我们前面说过,设置结合犯的目的,要么是为了做到罪刑相适应,要么是为了限制法官的自由裁量,减少数罪并罚。所以,结合之罪是否为新罪,其实并不重要,只要符合结合犯设置的目的,将数罪结合的,都可以视为结合犯。也即,确认刑法中有无结合犯的存在,不能仅仅从形式上看,有没有成立一个新的罪名,而应该从实质上看,是否将数个独立的罪名明确地规定在一个条文里。机械地套用其他国家或地区的模式来否定我国《刑法》中存在结合犯,是不符合客观实际的。因此,结合犯的基本形式可以有这么两种,用公式表示分别是:第一,甲罪＋乙罪＝甲罪或乙罪;第二,甲罪＋乙罪＝丙罪或甲乙罪。

长期以来,刑法理论界和司法实务界对我国刑法条文中是否存在结合犯,或者说是否存在典型的结合犯,一直存在争议。我国刑法中有没有结合犯呢? 我的观点是,我国刑法中存在许多结合犯的立法例。具体来说,我国刑法中的结合犯分为以下两种类型。

第一种类型是牵连型的结合犯。这种情况下,数个犯罪行为之间有目的行为与手段行为,或者目的行为与结果行为的牵连关系。也就是,行为人的目的在于实施一罪,而以实施另一犯罪行为为手段;或者目的在于实施一罪,而犯罪结果行为又构成另一罪。在我国刑法中,这一类型的结合犯主要有四个。

第一,我国《刑法》第 171 条第 3 款规定:"伪造货币并出售或者运输伪造的货币的,依照本法第 170 条的规定定罪从重处罚。"这是伪造货币罪与出售、运输假币罪的结合。

第二,我国《刑法》第 208 条第 2 款规定:"非法购买增值税专用发票或者购买伪造的增值税专用发票又虚开或者出售的,分别依照本法第 205 条、第 206 条、第 207 条的规定定罪处罚。"这是非法购买增值税专用发票、购买伪造的增值税专用发票罪与虚开增值税专用发票罪、出售伪造的增值税专用发票罪、非法出售增值税专用发票罪的结合。

第三,我国《刑法》第 229 条第 2 款规定:"前款规定的人员,索取他人财物或者收受他人财物,犯前款罪的,处 5 年以上 10 年以下有期徒刑,并处罚金。"这是中介组织人员提供虚假证明文件罪与受贿罪(或非国家工作人员受贿罪)的结合。

第四,我国《刑法》第 253 条第 2 款规定:"犯前款罪而窃取财物的,依照本法第 264 条的规定从重处罚。"这是邮政工作人员犯私自开拆、隐匿、毁弃邮件、电报罪与盗窃罪的结合。

第二种类型是包容型的结合犯。这种情况下,行为人在实施某一犯罪过程中,又实施了另一犯罪,但是刑法明确规定,其中的一罪被另一罪所包容,两者结合成一罪,而不实行数罪并罚。在我国刑法中,包容型的结合犯主要有六个。

第一,我国《刑法》第 239 条规定:"以勒索财物为目的绑架他人的,或者绑架他人作为人质的,处 10 年以上有期徒刑或者无期徒刑,并处罚金或者没收财产;情节较轻的,处 5 年以上 10 年以下有期徒刑,并处罚金。犯前款罪,杀害被绑架人的,或者故意伤害被绑架人,致人重伤、死亡的,处无期徒刑或者死刑,并处没收财产。"这是故意杀人罪与绑架罪的结合。

第二,我国《刑法》第 240 条第 1 款规定:"拐卖妇女、儿童,有下列情形之一的,处 10 年以上有期徒刑或者无期徒刑,并处罚金或者没收财产;情节特别严重的,处死刑,并处没收财产:……(三)奸淫被拐卖的妇女的;(四)诱骗、强迫被拐卖的妇女卖淫或者将被拐卖的妇女卖给他人迫使其卖淫的……"这是强奸罪、强迫卖淫罪、引诱卖淫罪与拐卖妇女罪的结合。

第三,我国《刑法》第 318 条第 1 款规定:"组织他人偷越国(边)境的……有下列情形之一的,处 7 年以上有期徒刑或者无期徒刑,并处罚金或者没收财产:……(四)剥夺或者限制被组织人人身自由的;(五)以暴力、威胁方法抗拒检查的……"这是非法拘禁罪、妨害公务罪与组织他人偷越国(边)境罪的结合。

第四,我国《刑法》第 321 条第 2 款规定:"在运送他人偷越国(边)境中……以暴力、威胁方法抗拒检查的,处 7 年以上有期徒刑,并处罚金。"这是妨害公务罪与运送他人偷越国(边)境罪的结合。

第五,我国《刑法》第 347 条第 2 款规定:"走私、贩卖、运输、制造毒品,有下列情形之一的,处 10 年以上有期徒刑、无期徒刑或者死刑,并处没收财产:……(四)以暴力抗拒检查、拘留、逮捕,情节严重的……"这是妨害公务罪与走私、贩卖、运输、制造毒品罪的结合。

第六,我国《刑法》第 358 条第 1 款规定:"组织他人卖淫或者强迫他人卖淫的……有下列情形之一的,处 10 年以上有期徒刑或者无期徒刑,并处罚金或者没收财产:……(四)强奸后迫使其卖淫的……"这是强奸罪与强迫卖淫罪的结合。

有的学者认为,这些包容型的结合犯的情况应构成包容犯,并认为包容犯与结合犯在形式上有所不同,结合犯的公式是:甲罪＋乙罪＝甲乙罪;而包容犯的公式是:甲罪＋乙罪＝甲罪。在我看来,它们都是结合犯的基本形式。从实质意义上说,设置包容犯与结合犯的目的,都是为了弥补数罪并罚制度的不足、实现刑种升格,从而达到罪刑相适应。两者没有本质上的不同,包容犯实质上就是结合犯,是结合犯的一种形式。

需要特别注意的是,我国刑法中,还有一些条文将两个独立的犯罪规定在一起,也不实行数罪并罚,但它们并不是我们所说的结合犯。比如,我国《刑法》第 399 条第 4 款规定:"司法工作人员收受贿赂,有前三款行为(指徇私枉法、枉法裁判和执行判决、裁定失职、滥用职权)的,同时又构成本法第 385 条规定之罪(指受贿罪)的,依照处罚较重的规定定罪处罚。"这一刑法条款,在定罪和量刑上仅仅是一个原则性的规定。也就是说,它对行为人究竟是定徇私枉法罪(或枉法裁判罪)还是定受贿罪,并没有作出明确的规定。这种情形下,仍然需要法官行使自由裁量权。因此,不符合我们前面讲的结合犯的确定性要求,不是我们所说的结合犯。再比如,我国《刑法》第329条第3款规定,犯抢夺、窃取国有档案罪或者擅自出卖、转让国有档案罪,同时又构成其他犯罪的,"依照处罚较重的规定定罪处罚"。同样的道理,这也不是结合犯。

我们还可以通过明确结合犯与其他罪数形态的界限,来加深对结合犯的了解。

我们首先来看一下结合犯与结果加重犯的区别。你们认为结合犯与结果加重犯有哪些区别呢?(下讲台提问)

学生1:"一个是法定的一个是非法定的吧。"

学生2:"我觉得它们好像不是一个层面上的概念吧。"

学生3:"我讲不清楚。"

(回讲台)可以肯定的是,两者的区别不在法定性特征上,因为结果加重犯的构成以及加重处罚的法定刑,同样需要由法律明文规定。我认为,两者最根本的区别体现在三个方面:第一,结果加重犯不具有结合犯的独立性特征。结合犯是由数个独立成罪的犯罪行为结合成为一罪,而结果加重犯只是单独的一罪。具体来说,结合犯必须有两个以上独立的犯罪行为,是罪与罪的结合;而结果加重犯是基本犯罪与加重结果的结合,它的加重结果是由基本犯罪引起的,是依附于基本犯罪而存在的。结果加重犯只有基本犯罪这么一个独立的犯罪行为,这是它区别于结合犯的关键所在。第二,结合犯是数个故意犯罪的结合,而结果加重犯的基本犯罪是故意,对于加重结果,一般是过失。第三,结合犯有既遂未遂的问题,而结果加重犯不存在未遂的情况。

大家看看,以下这个规定是什么"犯"。我国《刑法》第239条规定:"以勒索财物为目的绑架他人的,或者绑架他人作为人质,杀害被绑架人的,或者故意伤害被绑架人,致人重伤、死亡的,处无期徒刑或者死刑,并处没收财产。"看出来了吗?(下讲台提问)

学生1:"是结合犯。"

学生2:"我觉得是结果加重犯吧。"

(回讲台)这是《刑法修正案(九)》修正之后的条文。这里除了绑架行为以外,还存在着故意杀人、故意伤害的行为,所以是结合犯。修正之前,法条表述为,"以勒索财物为目的,绑架他人的,或者绑架他人作为人质……致使被绑架人死亡或者杀害被绑架人的,处死刑,并处没收财产"。这就包括了两种不同的犯罪形态。"致使被绑架人死亡的",是指由于绑架行为而造成他人死亡的结果,这里只有一个绑架行为,所以是结果加重犯;而"杀害被绑架人的"是指除了绑架行为以外,还存在着故意杀人的行为。所以是结合犯,两者有着本质的不同,而《刑法修正案(九)》修改之前的刑法将它们不加区分地同样对待,我认为是不妥的。

接下来,我讲一讲结合犯与转化犯的区别。转化犯的概念是我国的一些刑法学者创造的。他们认为,所谓转化犯,是指行为人在实施某一较轻的故意犯罪过程中,由于行为的变化或者具备了某种情节,使其转化为性质更为严重的犯罪,依照法律的规定,按重罪定罪处罚的犯罪形态。转化犯有以下三个特征:第一,转化犯是罪与罪之间的转化;第二,转化犯是故意犯罪过程中,轻罪向重罪转化;第三,转化犯是由法律明文规定的。我国《刑法》中,除了盗窃罪、诈骗罪、抢夺罪转化为抢劫罪外,还有一些转化犯。

比如说,《刑法》第 292 条规定,聚众斗殴罪,致人重伤、死亡的,转化为故意伤害罪、故意杀人罪。《刑法》第 247 条规定,刑讯逼供罪,致人伤残、死亡的,转化为故意伤害罪、故意杀人罪。可见,转化犯与结合犯的相同之处在于它们都具有法定性的特征,也就是说发生转化的条件、转化后的定罪及处罚,都必须由法律明文规定。但两者的区别也是很明显的。

首先,从形式上看,结合犯是将两个独立的罪结合为一个罪,而转化犯是将一个独立的罪转化为另一个独立的罪,而且是由轻罪向重罪转化,它强调的是犯罪构成的完全转化而不是结合。

其次,从实质上看,结合犯具备数个罪过和数个构成要件行为,而转化犯虽然存在数个罪过,但其行为只有一个。我们以聚众斗殴罪转化为故意杀人罪为例,从构成要件上看,在整个转化过程中,只有斗殴这么一个行为。如果这个行为没有出现严重的结果,就定聚众斗殴罪;一旦这个行为造成他人死亡,就发生罪的转化,就要定故意杀人罪。

最后,从罪数理论上说,转化犯是犯罪构成的完全转化,只存在一个犯罪构成,属于实质的一罪;而结合犯是罪与罪的结合,是实质上的数罪,由于法律的明确规定,结合成为一罪,是典型的法定一罪。

我们再来看看结合犯与想象竞合犯的界限。与结合犯的实质数罪、法定一罪的特征正好相反,想象竞合犯是形式上数罪、实质上一罪。具体来说,在想象竞合犯的情形下,行为人所实施的危害行为,造成了数个危害社会的结果,触犯了数个罪名,在形式上具备了数个犯罪构成,但是,由于行为人仅仅实施了一个行为,所以不是真正意义上的数罪,只是观念上的数罪。

想象竞合犯与结合犯的区别主要在于以下三点。第一,行为的单复数不同。想象竞合犯只有一个危害行为,体现为行为上的单数;而结合犯有数个危害行为,体现为行为上的复数。第二,不实行数罪并罚的根据不同。想象竞合犯是实质的一罪,倘若实行数罪并罚,就有可能导致对同一行为的重复评价。因此,在处罚上,想象竞合犯采用"从一重罪处断"的原则。而结合犯之所以不实行数罪并罚,并非为了回避重复评价之嫌,而是因为法律已经明确地将数罪规定为一罪,并且规定了具体的法定刑。所以,对结合犯的定罪处罚,只能依照相应法律条文的具体规定,不可以实行数罪并罚。第三,法官的自由裁量权不同。结合犯具有鲜明的法定性特征,结合犯的定罪与处罚都由法律明文规定,法官只能在法定刑规定的范围内行使自由裁量权。而想象竞合犯就不一样,我国现行刑法虽然没有对想象竞合犯的处罚作出明确的规定,但是,在刑法理论上和其他国家的法律中,对想象竞合犯的处罚,一般采用原则性的处断措施,这就给法官留下了相当大的自由裁量的空间。

拿日本来说,日本刑法对想象竞合犯的处罚,是做了明文规定的,但是这些规定都是原则性的,实践中运用时,会遇到很多困难。比如说,在运用"从一重罪处断"原则时,马上会出现这样的问题:怎么"从一重"? 判断轻重的标准是什么? 为解决这些问题,不同的国家又有不同的规定。在日本,是先比较法定刑的轻重,然后再确定应判处的刑罚,采用的是先比后定法。在保加利亚,是先分别决定刑罚,然后再比较刑之轻重,采用的是先定后比法。这两种做法各有利弊,共同的弊端是,都给法官自由裁量留下很大的余地。这种情况下,要做到量刑精确恐怕不太容易。

前面我们讲了这么多结合犯与其他罪数形态的区别,接下来,我想再次强调一下设置结合犯的必要性,作为这部分内容的小结。

首先,设置结合犯可以实现罪刑法定原则的根本内容。从社会危害性上看,结合犯类型的犯罪,比单一犯罪要严重得多。刑法上明文规定结合犯,可以使这些独立成罪而又紧密联系在一起的数个犯罪的社会危害性,在整体上得到合理、准确的评价。就这一点来说,结合犯的规定符合当代社会对刑事立法的要求,同时也充分体现了罪刑法定的精神实质。

其次,设置结合犯可以贯彻罪刑相适应的原则。长期以来,我国刑法受"宜粗不宜细""宁疏勿密"的指导思想的影响,同时也受刑事立法技术的局限,法定刑的设置幅度过于宽泛。这种状况在1997年《刑法》修订后虽然有所改观,但总体而言,刑罚幅度还是太宽。设置结合犯,可以减少相应的罪数形态的认定,增强法律认定与适用上的确定性,实现罪与刑的均衡。

再次,设置结合犯可以更好地实现法的公平与正义。我们说过,结合犯是实质数罪、法定一罪,立法者在设置结合犯时,已经将数罪的社会危害性作了通盘的考虑,通过法定刑的设置实现量刑平衡。所以,司法实践中,对于结合犯,法官只需依照刑法规定定罪处罚就可以了。这在很大程度上限制了法官的自由裁量权,减少了量刑偏差的可能性,也有利于执法的统一。

最后,设置结合犯可以提高诉讼效率。结合犯的情形,是刑法上将通常容易同时发生的数个犯罪规定为一个犯罪,在诉讼上作为一罪来看待,实现了数罪的一并审理,因而可以提高诉讼效率,节约司法资源。

因此,我认为,有必要借鉴外国的立法经验,在刑法中更多地设置结合犯,比如说,可以增设抢劫重伤罪、抢劫杀人罪、强奸重伤罪、强奸杀人罪等结合犯形态。同时,应加强对结合犯形态的刑法理论研究,在理论上真正划清结合犯同其他犯罪形态的界限,特别是与牵连犯的界限,为刑事立法提供理论指导。

(四)处断的一罪

接下来我们来看一罪的第四个类型——处断的一罪。它的特征是,原本是数罪,但是作为一罪来处断。也就是说,在处断的一罪的情形中,几个行为虽然符合数个犯罪的犯罪构成,或者符合同一个犯罪的犯罪构成,却被认为只构成一罪的情况。简单地说,处断的一罪就是实质数罪、处断一罪。处断的一罪包括连续犯、吸收犯和牵连犯。

连续犯是指基于同一或者概括的犯意,连续实施数个性质相同的犯罪行为,触犯同一罪名的情况。连续犯主要有三个特征。

第一,数行为具有独立性和连续性。独立性是指行为人实施了数个行为,或者是数次实施了一种行为,每个行为或者每次行为都能构成独立的犯罪。连续性是指这些数个或数次的行为之间,无论是从主观上还是从客观上判别,都存在一定的连续性。

第二,数行为基于同一或概括的犯意。在连续犯情形下,行为人可能从一开始就有实施数行为的明确的同一犯意。或者在实施每个具体行为时,行为人可能仅仅具有单个的犯意,但是存在一个概括的犯意对这些单个的犯意起统领作用,并且贯穿于各单个犯意之中,连接着各单个犯意。正是通过这个概括的犯意,我们才将行为人在单个犯意下的各个行为看成是一个整体。所以,同一或概括的犯意是连续犯的主观要件。

第三,数行为触犯同一罪名。刑法理论上虽然把连续犯归入处断的一罪,但是,对于连续犯作为一罪认定是可以找到法律根据的。比如,《刑法》第 89 条所规定的,对"犯罪行为有连续状态"的,其追诉时效从行为终了之日起计算。这表明对连续犯是作为一罪来认定的。再比如,《刑法》第 383 条第 2 款规定:"对多次贪污未经处理的,按照累计贪污数额处罚。"《刑法》第 153 条第 3 款规定:"对多次走私未经处理的,按照累计走私货物、物品的偷逃应缴税额处罚。"我认为,这些规定同样包含了对连续犯作一罪认定的意思。

连续犯最突出的特征是行为人在主观上必须基于同一或者概括的故意。比如说,某人出于盗窃的故意,连续多次实施盗窃行为;或者某人出于占有的故意,利用职务上的便利,分几次侵吞单位的钱,这些都叫做连续犯。

对连续犯,我们通常按"从一重处断"的原则处理,也就是说,连续犯只构成一罪,从重处罚。

大家要注意连续犯与持续犯的区别。首先,从行为的数量上看,持续犯只有一个行为,连续犯有数个行为。持续犯是指行为从着手实行到由于某种原因终止以前一直处于持续状态的犯罪,它在本质上只有一个行为,只不过这个行为是一直持续着的,而连续犯则有数个行为。其次,由于持续犯本质上只有一个行为,所以不存在行为之间的时间间隔问题。比如说,甲有配偶,甲再与其他人结婚,只要这种婚姻状态存在,甲的重婚行为就一直持续着。而连续犯有数个行为,连续犯的行为与行为之间有时间上的间隔。再比如说,甲每隔一段时间就去偷点东西,或者甲利用职务上的便利侵吞了一部分财产,隔几天又侵吞了一部分财产。这里甲是基于同一或者概括的故意,分阶段地实施犯罪行为,每一次行为之间有时间上的间隔。当然,这两个概念之间也是有可能重合的。又比如说,甲绑架了乙,后来又放了乙,再绑架丙,后又放掉了丙。甲的绑架行为本身是持续犯,但是每次绑架行为之间又是连续犯。

连续犯和想象竞合犯的区别也是需要我们掌握的。它们之间的区别主要有四点:第一,连续犯是连续数行为触犯同一罪名,想象竞合犯是一行为触犯数罪名;第二,连续犯所触犯的罪名中,基本犯罪构成必须相同,想象竞合犯则没有这个限制;第三,连续犯以一罪论,但却是刑罚的从重事由,想象竞合犯从一重处断,可以不从重处罚;第四,连续犯只能是故意犯,想象竞合犯不排斥在故意犯中同时竞合过失犯。

接下来,我简要讲一下吸收犯。吸收犯是指一个犯罪行为被另外一个犯罪行为所吸收,而失去独立存在的意义,仅以吸收的那个行为论罪,对被吸收的行为不再予以论罪的犯罪形态。或者说,行为人实施数个犯罪行为,因为这些行为所符合的犯罪构成之间具有特定的依附与被依附关系,从而导致其中不具有独立性的犯罪,被具有独立性的犯罪所吸收,对行为人仅以吸收之罪论处,而对被吸收之罪置之不论的犯罪形态。

在刑法理论上,吸收犯可以分为三种类型:第一,高度行为吸收低度行为,比如运输毒品行为吸收持有毒品行为;第二,主行为吸收从行为,比如教唆行为吸收帮助行为;第三,实行行为吸收非实行行为。比如说,甲知道乙在家里,甲闯入乙家把乙杀死了。甲闯入乙家这个行为,可以构成非法侵入住宅罪;而甲把乙杀死这个行为,可以构成故意杀人罪。但是,在这种情况下,甲要杀乙,非得闯入乙家不可,也就是说,非法侵入住宅的行为依附于故意杀人的行为。对甲的行为,只定故意杀人罪,而不实行数罪并罚。

下面,我着重讲一下牵连犯。所谓牵连犯,是指犯罪人以实施某一犯罪为目的,而其方法、手段或者结果行为触犯其他罪名的犯罪。从概念中我们知道,牵连犯的成立必须具备四个条件。

首先,是行为的复数性。牵连犯的成立必须有数个犯罪行为的存在,而不仅仅是触犯了数个罪名。如果一个行为触犯数个罪名,比如说,用放火的方法杀人,或者放火导致他人被烧死,就不能以牵连犯加以认定,而只能以想象竞合犯论处。

其次,是行为的独立性。构成牵连犯的数个行为,必须是在刑法分则上,具备独立构成要件的犯罪行为。如果虽有数个独立行为,但其中只有一个行为可以成罪,而其他行为不能成罪,也就不存在牵连犯问题。比如说,以色相勾引抢劫他人钱财的,其中的色相勾引行为,不能独立成罪。这种情况,就不是我们所说的牵连犯。

再次,是行为的异质性。构成牵连犯的手段行为与目的行为,或者目的行为与结果行为,必须触犯不同的罪名。罪名相同的,不能构成牵连犯。比如说,行为人以伪造证件、印章的方法,诈骗他人钱财,由于伪造证件、印章的行为与诈骗行为,都可以构成独立的犯罪,可以按牵连犯论处。如果行为人连续实施几个相同的犯罪行为,尽管行为与行为之间具有一定的联系,也不能以牵连犯加以认定。这类行为,应当以连续犯论处。

最后,是行为的牵连性。构成牵连犯的数个独立的不同罪名的犯罪行为之间必须具有牵连关系,这种牵连关系既可以是方法行为与目的行为的关系,也可以是目的行为与结果行为的关系。

那么,如何认定两种行为之间是否具有牵连关系呢?我认为,认定牵连犯必须综合考虑行为人的主观因素和客观因素。如果只注意行为人的主观因素,就会将不具有牵连关系的数个犯罪,也按牵连犯来认定。相反地,如果只注意行为人的客观因素,完全不顾行为人的主观因素,就会将同时发生但主观上并无联系的数个犯罪,以牵连犯加以认定。

行为人的主观因素怎么来认定呢?我认为,应当以"一个犯罪目的"为标准。因为正是有了这个犯罪目的，行为人主观上才有牵连意图。比如说，行为人通过伪造公文、证件实施诈骗，如果他主观上没有占有他人财物的目的，就不会实施伪造公文、证件的行为。伪造公文、证件的行为，与后来实施的诈骗行为，都是为了占有他人的财物。这里的"非法占有目的"，很明确地将行为人的牵连意图反映出来了。

对于行为人的客观因素的认定标准，我的观点是要同时具备规范性和可操作性。怎么理解这里的规范性？通俗地讲，就是在认定牵连犯的客观因素时，应该有一个明确的标准。在这个问题上，一些学者提出了所谓"通常"的概念以及"不可分离"的概念。我认为，这些概念含糊不清，容易引起歧义，不能采用。从可操作性的要求出发，在认定牵连犯的客观因素时，应该有一个具体的、统一的标准，以便司法操作，并且可以限制办案人员的主观随意性。为寻找牵连犯的客观因素标准，我认为，还是应当回到"犯罪构成要件"上来。也就是说，在客观上，只有当行为人的方法行为与目的行为，或者目的行为与结果行为，在法律上包含于一个犯罪构成客观要件中时，才能认定为牵连犯。以"犯罪构成要件"作为标准，既具规范性又具可操作性，同时还可以适当地限制牵连犯的适用范围。比如说，通过伪造公文、证件实施诈骗的行为，之所以可以构成牵连犯，行为人除了在主观上具有一个犯罪目的外，客观上的伪造公文、证件的行为又正好符合诈骗罪"虚构事实、隐瞒真相"的客观要件。换句话说，作为方法的伪造公文、证件行为，完全被作为目的的诈骗行为构成要件中的客观要件所包含，因此具备了牵连犯构成的主、客观因素。再比如，为了抢劫而盗窃枪支弹药，为了绑架而盗窃枪支弹药，其中涉及的抢劫罪、绑架罪都是独立的罪名，盗窃枪支、弹药罪也是独立的罪名，这种情况算不算牵连犯？（下讲台提问）

学生1："算的。"

学生2："我也觉得是牵连犯。"

提问："理由呢？"

学生2："因为他盗窃枪支、弹药罪的目的是为了抢劫，所以存在手段和目的的牵连关系。"

提问："那么，这和我刚才所讲行为人为了实施诈骗而伪造证件的情况是否相同？"

学生2："应该是一样的，都是手段和目的的牵连关系。"

（回讲台）我认为，这和我刚才讲的为了实施诈骗而伪造证件的情况是不一样的。行为人通过盗窃枪支、弹药而实施抢劫行为，虽然在主观上也可能出于一个所谓的"最终的犯罪目的"，在客观上盗窃枪支、弹药的行为与抢劫行为，也形成了通常意义上的手段行为与目的行为的关系，但是，由于盗窃枪支、弹药的行为，无法被抢劫罪构成要件中的客观要件所包含，所以，这里不存在牵连关系，不能以牵连犯加以认定。司法实践中我们没有按照牵连犯处理，而是按照数罪并罚来认定的。这是正确的。

下面，我们来看对牵连犯的处罚原则。按照传统的刑法理论，对于牵连犯不实行数罪并罚，而是从一重处断或从一重重处断。也就是说，在处理时按牵连犯数罪中最重的一个罪定罪，然后在这个罪的法定刑内酌情从重处罚。但是近年来，特别是1997年《刑法》颁布以来，理论上和司法实践中对于牵连犯的处罚采用什么原则的问题，产生了不同的观点:有人认为,对牵连犯应当实行数罪并罚。理由是,无论从什么角度来讲,牵连犯都触犯了刑法规定的数个不同的罪名。既然是数罪,就应该并罚。并且认为,对牵连犯采用从一重处断的原则,没有法律依据。有人则认为,对于牵连犯的处罚,既不能一律采用从一重处断的原则,也不能都适用数罪并罚,应当依据一定的标准决定所采取的原则。由于所采用的标准不同,这种观点又可以细分为两种。第一种,是以法律规定为标准的双重处断原则。持这种观点的人认为,对于牵连犯如何处罚,应以刑法规定为标准。也就是说,对于刑法有明文规定要并罚的牵连犯,应当实行数罪并罚;对于刑法没有明文规定的牵连犯,应当采用从一重处断的原则进行处罚。第二种,是以罪行轻重为标准的双重处断原则。持这种观点的人认为,对于牵连犯如何处罚,应以所触犯罪名的轻重为标准。也就是说,对于社会危害程度一般或者罪行较轻的牵连犯,应适用从一重处断的原则;对于社会危害程度较大或罪行较重的牵连犯,应当实行数罪并罚。我认为这两种观点都是不对的,理由主要有这么几点。

首先,它们都缺乏对牵连犯这一罪数形态的目的性思考。这里涉及对牵连犯原本含义的理解问题。从牵连犯概念提出的初衷分析,作为罪数形态的一种,牵连犯概念之所以产生,与从一重处断原则有着密切的联系。费尔巴哈创设牵连犯概念的初衷,就在于限制当时数罪并罚的适用范围。我们研究牵连犯,在很大程度上也是为了寻求不数罪并罚的根据。牵连犯是与数罪并罚相对应的一组罪数形态概念中的一个。从根本上讲,既然是牵连犯,就不应该有数罪并罚的问题;如果实行数罪并罚,也就不是牵连犯。如果说对牵连犯也可以实行数罪并罚,那么,从概念的目的性角度分析,牵连犯的概念还有什么存在的必要呢?显然,认为对牵连犯可以实行数罪并罚的观点,是从根本上对传统刑法理论提出挑战,这种观点本身存在着逻辑上的错误。因为这种挑战是建立在否定牵连犯存在的必要性的基础之上的。既然这样,也就没有必要再研究牵连犯的处罚问题了。在我看来,牵连犯既然实际存在,并且长期以来为理论和司法实践所普遍接受,就不应该随意更改它的原意,否则会混淆牵连犯与数罪并罚的区别。

其次,牵连犯的本质在于实质上的数罪、处断上的一罪。牵连犯在实质上是数罪,但由于数罪之间具有特殊关系,也就是存在牵连关系,从而在客观上降低了它的社会危害性。因此,对牵连犯不实行并罚,有一定的合理性。对牵连犯应该或者可以实行数罪并罚的观点,虽然早已有人提出过,但它受到较多人的认同还是在 1997 年《刑法》颁布以后。我国《刑法》第 157 条第 2 款规定:"以暴力、威胁方法抗拒缉私的,以走私罪和本法第 277 条规定的阻碍国家机关工作人员依法执行职务罪,依照数罪并罚的规定处罚。"有人认为,这就是对牵连犯实行数罪并罚的依据,类似的规定在《刑法》中还有第 120 条第 2 款、第 198 条第 2 款、第 294 条第 4 款、第 318 条第 2 款以及第 321 条第 3 款等条文。我认为,这种观点实际上混淆了牵连犯与数罪并罚之间的界限。牵连犯概念设立的初衷,就是从社会危害性以及行为与行为之间的关联性角度考量,将某些刑法没有明文规定、但数行为之间具有牵连关系且具有一个共同的犯罪目的的情况,从数罪并罚中分离出来。从这一点来看,无刑法规定性和不实行并罚性,理所当然应该是牵连犯概念的应有之意和本质特征。按照这种标准,这些观点中提到的刑法规定，尽管有些行为与行为之间可能存在所谓的"牵连"关系，但因为有了刑法的规定，并且应实行数罪并罚，所以在理论上和实践中，就不应该再把它们看作是牵连犯。

另外，我认为，从简化刑法理论的要求出发，吸收犯与牵连犯也没有区分的必要，我们完全可以将吸收犯与牵连犯合而为一，统一归入牵连犯的概念之中。理论上一般认为，吸收犯与牵连犯一样，也属于实质上数罪、处断上一罪的罪数形态，而且对吸收犯的处罚原则也与牵连犯基本相同，都采用"从一重处断"或"从一重重处断"的原则。另外，什么叫做"不具有独立性"的犯罪？什么又叫做"具有独立性"的犯罪？很难有一个统一的标准。从理论上对牵连犯和吸收犯再作细分，既有相当大的困难，又没有什么实际的价值。理论是为实践服务的，脱离实际的理论，必然是一种空洞的理论，而空洞的理论，自然也不会有生命力。

接下来，我们来看牵连犯和想象竞合犯的界限。两者都属于"处断的一罪"，在理论上有很多相同的地方，实践中也经常发生混淆。从概念来看，牵连犯和想象竞合犯都存在触犯数个罪名的情况，往往可以找到数个结果和数个罪过。除此之外，牵连犯的方法行为或结果行为经常被理解为是犯罪方法或者犯罪结果，这就使它们容易被人混同。其实，牵连犯和想象竞合犯的界限也是很清晰的。我们知道，成立牵连犯的首要条件是行为的复数性。也就是说，数行为的存在是构成牵连犯的前提条件。记住了这一点，也就掌握了牵连犯和想象竞合犯最关键的区别。因为想象竞合犯是实质的一罪，它是指行为人出于一个犯罪故意，实施了一个犯罪行为，却同时触犯数个罪名的犯罪形态。想象竞合犯因为只有一个行为，也就不存在方法行为或者结果行为的问题。所以说，牵连犯与想象竞合犯的主要区别，就在于行为人实施了一个行为还是数个行为。掌握了这一点，也就可以从本质上将两者区分开来。

最后，我重点讲一下牵连犯和结合犯的区别。这是理论上和实践中难以划清的一对罪数形态。特别是我国 1997 年《刑法》颁布后，理论上有一种扩大牵连犯认定范围的倾向，所以，很有必要对两者的界限进行深入的研究。前面我讲过，所谓结合犯，是指原本各自独立且性质各异的数个犯罪，由刑法条文明确结合成为一个具体的罪并规定了相应法定刑的罪数形态。

从这个概念分析，结合犯与牵连犯在行为的独立性上是相同的，也就是都具有数个危害行为，而且数个行为具有异质性。牵连犯的数个行为必须触犯不同的罪名，而结合犯的数个被结合之罪也必须是不同的罪名。另外，牵连犯的数个犯罪行为之间具有牵连关系，而结合犯中的数个被结合之罪之间有时也具有牵连关系。这些都是牵连犯和结合犯常常被混淆的主要原因。那么，牵连犯与结合犯的主要区别究竟是什么呢？（下讲台提问）

学生 1："我认为，两者没有本质的区别。"

学生 2："我认为，结合犯是法定的一罪，而牵连犯是处断的一罪，这是最主要的区别。"

（回讲台）我认为，牵连犯和结合犯的区别还是比较明显的。两者的区别首先在于是否具有法定性。结合犯是由刑事法律明文规定的，当具有牵连关系或不具有牵连关系的两个以上的犯罪行为,经由刑事法律规定为一个具体明确的犯罪之时,就成了结合犯;而牵连犯不具有这种法定性,牵连犯的成立并不是由于刑事法律的规定,而是取决于行为人在同一犯罪目的下所实施的数个犯罪行为之间的牵连关系。其次,在处罚上,结合犯有明确、具体的法定刑。这样做的目的,是为了限制法官的自由裁量权。而对牵连犯,一般实行"从一重罪处断"。也就是说,法官不仅能决定刑罚的轻重,还能决定罪名,法官的自由裁量权比较大。再次,结合犯中各被结合之罪,除了有牵连关系外,还有包容关系。最后,在刑法理论上,牵连犯属处断的一罪,结合犯为法定的一罪。

在这些区别中,我认为,法定性是牵连犯和结合犯的分水岭,也是区别两者的关键所在。掌握了这一点,一切问题就迎刃而解了。目前,在我国刑法理论界,有一种无限扩大牵连犯的适用范围的倾向,较为典型的观点有"牵连犯法定化说"和"牵连犯数罪并罚说"。我认为,这一学术倾向至少可能导致两种理论上的误区:第一是混淆牵连犯与结合犯的界限,并以牵连犯取代结合犯;第二是混淆牵连犯与数罪并罚的界限,从而导致理论上的混乱。牵连犯和结合犯是刑法理论上两个重要的罪数形态,在我看来,是否具有法定性是两者的本质区别,也正是因为这一点,决定了结合犯不能也不应该为牵连犯所取代。

在强调罪刑法定原则的今天,我们的刑法理论应该突出结合犯适用的法律地位。不能也不应该因数犯罪行为之间有"牵连关系"的存在,而将属于结合犯形态的犯罪归入牵连犯形态之中。相反,我们应该将虽具有"牵连关系",但同时又具有"法定性"特征的形态归入结合犯形态之中。另外,无论是结合犯还是牵连犯,都不能实行数罪并罚,这是理论上之所以有结合犯与牵连犯概念的关键所在。如果对牵连犯也实行数罪并罚,又何必出现牵连犯的概念呢?

总之,牵连犯作为一种刑法条文没有明文规定、且不能实行数罪并罚的罪数形态,在理论上是很值得研究的。不能因为牵连犯难以认定,就主张干脆将这一概念废除,或者统统实行数罪并罚。我国刑法尽管对牵连犯的概念及处罚原则没有作出规定,但是牵连犯数行为之间的特殊关系客观上是存在的,我们不能对此视而不见。刑法不可能包罗万象,在认定犯罪行为时,总有一些特殊情况存在。牵连犯的特殊性,就在于它的数行为之间的牵连关系,也就是在同一犯罪目的下的目的行为与方法行为或者目的行为与结果行为的关系。正是这种特殊性,才决定了对牵连犯不能实行数罪并罚。另外,受到刑法条文规模不能过大的限制以及立法者的智慧有限性的限制,结合犯的刑法规定也必然是有限的,立法者不可能将所有犯罪的组合均用刑法条文加以明确规定。正因为如此,保留牵连犯作为结合犯规定的"拾遗补缺"是完全必要的。当然,我也不同意无限扩大牵连犯适用范围,并以牵连犯替代结合犯的主张。因为这种主张,既不符合我国法制建设发展的要求,也与刑法基本原理相悖。

当然,对于牵连犯这一罪数形态,我们除了加强理论上的研究外,在刑事法律上作一些完善,也是很有必要的。由于立法条件本身的局限性,刑法条文不可能对每一种具体的牵连犯逐一作出规定。所以我认为,在目前的情况下,为了明确牵连犯适用的范围,我国刑法可以在总则条文中,对牵连犯的概念及其处罚原则,作一些原则性的规定。比如说,在主观上以犯罪目的作为限制要件,在客观上以犯罪构成作为限制要件,并确定"从一重处罚"或者"从一重重处罚"的原则,从而将刑法理论的研究和司法实践的运用统一起来。以此为起点,逐步缩小牵连犯的适用范围,最终以结合犯的罪数形态取代牵连犯的罪数形态。

三、数罪的分类

下面,我们来简单了解一下数罪的分类。这里所讲的数罪,是指同一个犯罪主体的行为因具备了数个犯罪构成要件,因而应当依法受到数罪并罚的行为。按照不同的标准,可以对典型的数罪进行不同的分类。

根据数罪所触犯的罪名进行分类,可以将数罪分为同种数罪和异种数罪。

同种数罪,是指行为人实施的数个行为都独立构成犯罪,但属于性质相同、罪名相同的犯罪。从某种意义上说,惯犯和连续犯都是同种数罪的情况,符合性质相同、罪名相同这一特性。但是,惯犯在法律上被规定为一罪,而连续犯在裁判上被当作一罪来处理。所以这里所讲的同种数罪,已经将惯犯和连续犯排除在外了。

但是,我们仍然应当清楚同种数罪与连续犯的关系。连续犯与同种数罪的区别主要有这么几点:第一,连续犯在主观上只能是故意并且有连续意思;同种数罪因分别起意,意思不具有连续性,罪过形式不限于故意,过失犯也可以成立。第二,连续犯的数行为之间具有连续性,是反复实施的连续行为;同种数罪实施的数行为之间,没有连续性。第三,连续犯以一罪论,是实质上的数罪、处断上的一罪;同种数罪一般认为属并合论罪,根据我国刑法分则规定,同种数罪可以像连续犯一样,以一罪适用法律条文,从重处罚。当存在"情节严重""情节特别严重""情节特别恶劣"等加重构成时,适用加重处罚的条款。

异种数罪是指行为人实施的数个行为都独立构成犯罪且触犯了不同罪名的犯罪。在某种意义上来说,结合犯、牵连犯和吸收犯也是异种数罪,但是由于法律上把它们规定为一罪或者在裁判上被处断为一罪,所以我们这里所讲的异种数罪也不包括结合犯、牵连犯和吸收犯。

以行为人的犯罪事实所构成的实质数罪是否实行数罪并罚为标准,数罪还可以分为并罚的数罪与非并罚的数罪。

并罚的数罪,是指依照法律规定应当予以并罚的实质数罪。刑法中的多数犯罪,在成立数罪后都应当实行数罪并罚。比如说,一人犯故意杀人罪和强奸罪,在任何情况下都必须实行并罚。

非并罚的数罪,是指法律规定或实际处理时不实行并罚,而应对其适用相应处断原则的实质数罪。我在前面讲到的一罪的类型中,比如连续犯、牵连犯和吸收犯等,多数都是非并罚的数罪。这种分类的主要意义在于明确实质数罪中应该予以并罚的范围,在这个基础上,对非并罚的实质数罪,确定与其相对应的处断原则。

好,关于罪数形态的内容我就为大家介绍到这,谢谢大家!

第十七讲

刑罚论(一)

接下来,我们将进入刑罚论的学习,由于刑罚论的内容比较多,所以这里我分两讲给大家介绍一下。

一、刑罚论概述

(一)刑罚的概念与刑罚权

我们首先来了解一下刑罚的概念。刑罚是统治阶级为了维护本阶级利益和统治秩序,由国家审判机关根据刑事立法,对犯罪人适用的一种最严厉的强制方法。从概念中,我们可以知道,刑罚具有四个属性:政治属性、惩罚属性、法律属性以及目的属性。

下面,我简单讲一下刑罚作为一种强制处罚方法同其他强制方法的区别,也就是刑罚的特征。刑罚的特征主要有五点。

第一,刑罚是最严厉的强制方法。刑罚不仅可以剥夺罪犯的财产,而且还可以剥夺罪犯的政治权利、人身自由乃至生命。而作为行政制裁的罚款、警告、记过、开除等,以及作为民事制裁的赔偿损失、恢复原状、支付违约金等,都不涉及政治权利、人身自由,更不涉及生命。有人会说,行政制裁中的行政拘留和刑事诉讼上的强制措施,不是也涉及公民的人身自由吗? 是的,但比起刑罚来,它们的持续时间短,制裁强度轻,远不如刑罚严厉,法律后果也根本不一样。

第二,刑罚只能适用于犯罪分子。任何公民如果仅仅违反国家的民事法规、行政法规、经济法规等,而没有达到触犯刑律、构成犯罪的严重程度,就不能对他适用刑罚,只能相应地适用其他法律制裁措施。可见,刑罚的适用对象与其他强制方法的适用对象有严格的区别。

第三,刑罚只能由人民法院依法适用。定罪量刑是国家审判权的一项重要内容,依照我国宪法规定,审判权只能由人民法院独立行使,因此,只有人民法院才有权适用刑罚,其他任何机关、团体或个人都无权对公民适用刑罚。而且人民法院对犯罪分子适用刑罚必须以刑法为根据，严格按照刑事诉讼法规定的程序进行。

第四，刑罚只能由国家最高立法机关确立。在我国，只有作为国家最高立法机关的全国人民代表大会及其常务委员会才拥有制定刑事法律、确立刑罚的权力。国务院及其各部委与地方各级人民代表大会、地方各级人民政府虽然有权在一定范围内颁布行政法规、地方性法规、确立行政制裁措施，但无权确立刑罚。

第五，刑罚是由特定机构执行的制裁措施。对犯罪人适用的刑罚只能由人民法院、公安机关、司法行政机关和监狱管理机关依法执行，而且主要是由监狱管理机关执行，除此之外，其他任何单位或个人都无权执行刑罚。

总之，没有一种惩罚方法的严厉程度可以和刑罚相提并论，我们说过，刑罚甚至可以剥夺人的生命，所以刑罚的确立、执行、实施及其适用的对象都需要严格地加以限制。

刑罚与犯罪以及刑事责任之间是什么关系？这个比较容易理解。比如你犯了罪，按照法律规定要负刑事责任，而国家追究你刑事责任和你承担刑事责任的最后落脚点，就是刑罚。所以，刑罚实际上是刑事责任的最后归结和体现。

接下来，我们来看刑罚权的相关内容。简单地说，刑罚权是指国家运用刑罚的权力，它分为制刑权、求刑权、量刑权和行刑权。制刑权是指国家立法机关在刑事立法中创制刑罚的权力。制刑权由立法机关行使，在我国是由全国人民代表大会及其常务委员会行使。求刑权是指请求国家审判机关对犯罪人予以刑罚处罚的权力。通常来说，在公诉案件中由公诉机关来行使求刑权，在自诉案件中由原告来行使求刑权。量刑权是指人民法院决定是否科处以及科处什么样刑罚的权力，我国行使量刑权的机关是人民法院。行刑权是指对犯罪人执行刑罚的权力，我国行使行刑权的机关是人民法院、公安机关、司法行政机关和监狱管理机关。

关于国家刑罚权及其根据的问题，一直存在着不同的学说。我主要介绍一下马克思主义的观点。马克思主义认为，国家刑罚权具有政治学根据和哲学根据，它是统治阶级行使统治权的表现形式之一。犯罪作为一种社会现象，严重危害着统治阶级的利益，威胁着统治秩序。统治阶级为维护自己的阶级统治就会适用刑罚，把它作为与犯罪作斗争的必要措施，这是刑罚权最基本的政治学根据。从哲学上看，马克思主义哲学认为，人具有相对的意志自由，能够认识并控制自己的行为，因此，人对自己的行为要负法律上的责任，这是刑罚权的哲学根据。

（二）刑罚的功能与目的

刑罚具有什么功能？从大类上看，刑罚的功能可以分为特殊预防功能和一般预防功能。特殊预防功能，是指刑罚对犯罪人适用可能产生的积极的社会作用，主要表现为：剥夺和限制再犯能力的功能、个别威慑功能、个别教育功能和改造功能。一般预防功能，是指刑罚对犯罪人以外的其他人所可能产生的积极的社会作用，主要表现为：一般威慑功能、安抚补偿功能和一般教育功能。

安抚补偿功能在我们司法实践中是很重要的。有时候，被害人闹得凶一点，被告人往往就要被判得重一些。司法实践中,你作为法官,安抚不了被害人,判决后被害人开始闹事,这时审委会就要问你了:连被害人都安抚不了,你是怎么判的? 这种情况多少体现了刑罚的安抚功能。我曾经办过的一个案子就是这样的:一个男的杀死了他的女友,一审判决被告人死刑立即执行。被告人不服,提出上诉。被告虽然有立功的情节,但是一般的立功要改成死缓,还是有一定难度的。我花了很长时间来安抚被害人的家属。时间一长,被害人的父母心理上也有了一些变化,觉得自己的女儿可能也有一点过错,他们俩毕竟是谈过恋爱的,而且原来关系也是很好的,只是偶然的一次争吵才导致了悲剧的发生。被害人的父母心想,女儿已经死了,是不可能再活过来的,争取一些补偿倒是很实在的。安抚补偿功能在这里就体现出来了。安抚补偿工作做好了,法院就可以考虑从轻处罚。后来,二审将死刑立即执行的一审判决改为死缓。

下面,我讲一下刑罚的目的。刑罚的目的和刑罚的功能有一定的联系,刑罚的目的是以刑罚的功能为根据、追求刑罚功能的最大化。刑罚的目的也不是惩罚,惩罚只是刑罚的一种属性,不是刑罚的目的。所谓刑罚的目的,是指国家创制、适用与执行刑罚的目的。刑罚的目的是预防犯罪,它的最终目的是消灭犯罪。但消灭犯罪可不是这么容易实现的,所以我们应该把注意力放在犯罪预防上。

预防犯罪包括特殊预防和一般预防。特殊预防是对犯罪分子本人的一种预防。我们对犯罪分子适用与执行刑罚,主要是预防犯罪分子今后再犯。处以死刑,就是彻底剥夺他的生命,让他永远不能犯罪,当然这里也有报复的因素,但是我们的目的还是预防犯罪。一般预防是对不稳定分子的警戒作用,防止他们走上犯罪的道路。我曾经看过一篇硕士研究生的论文,他提到我们的刑法对职务犯罪处罚太轻,认为这是我们国家职务犯罪之所以严重的主要根源之一。我觉得这种说法是不妥当的。这种说法不符合世界刑事立法发展的潮流,不符合当代法治的理念。大家不要以为处罚重了,犯罪就会少了,这种想法是没有根据的。另外,他还作了一个比较,他认为职务犯罪判死刑的很少,其他犯罪判死刑的很多。这种比较,我认为都是表面的、肤浅的。我曾经讲过,对实施暴力犯罪者判处死刑,与对实施职务犯罪者剥夺职务权力,在某种程度上所起的作用可能是一样的。因为,实施暴力犯罪主要依靠的就是力气,他只要有力气就能继续实施犯罪。而实施职务犯罪主要依靠的是职务上的权力,你剥夺了行为人的职务,他再犯的能力也就没有了。所以,对于严重暴力犯罪,要彻底剥夺行为人的再犯能力,就要剥夺他的生命。而对于职务犯罪,要彻底剥夺行为人的再犯能力,只要剥夺行为人的职务就可以了。当然,刑罚实际上还是存在对行为惩罚的意义,就此而言,仅仅剥夺职务犯罪者的权力,显然是不够的。还有一点要提醒大家注意,刑罚预防犯罪的两个目的往往是同时达到的,我们对犯罪分子进行惩罚的同时,既体现了对犯罪分子本人的一种预防,同时也是对社会上的不稳定分子的一种警诫。

(三) 刑罚的体系和种类

在学习刑罚的体系和种类之前,我们要先了解一下有关的概念。什么是刑罚的体系? 刑罚的体系是指刑法所规定的并按照一定的次序排列的各种刑罚方法的总和。

各个国家的制度不一样,刑罚体系的内容也不一样。我们现在的刑罚体系,就是把刑罚分成主刑和附加刑两大类。我国的刑罚体系是按照这两大类,由轻到重进行排列的。其中,主刑有五个:管制、拘役、有期徒刑、无期徒刑和死刑;附加刑有四个:罚金、剥夺政治权利、没收财产和驱逐出境。下面我分别给大家介绍一下。

主刑的特点是,只能独立适用,不能附加适用。对一个罪,我们不能同时适用两个以上的主刑。比如对一个人,我们不能判他两个死刑。即使是数罪并罚,也要并罚完了以后,确定一个主刑来加以适用,而不能对一个犯罪同时适用两个主刑。

我先讲一下主刑中的管制。根据《刑法修正案(八)》第 2 条对《刑法》第 38 条的修订,管制是指对犯罪分子不实行关押,但限制其一定的自由,依法实行社区矫正的刑罚方法。这是"社区矫正"一词第一次正式出现在刑法规定的条文之中,其意义不可低估。我认为,这可能意味着我国刑罚体系已经发生重大变化,即我国刑法中管制这种刑罚方式已经改造成社区刑,如果这样的话,我国将以生命刑、自由刑、社区刑重构刑罚体系的主刑部分。管制主要有这么几个特点。

第一,管制是我们国家的独创。到目前为止,还没有其他国家有管制刑。当然不是说我们特别聪明,人家不聪明。人家对我们的管制刑也进行过考察,认为管制刑是好的,但是完全可以用其他刑罚(比如缓刑)来替代,没有必要当作主刑来确立。我认为,管制这种刑罚方法还是相当好的,我们国家现在对管制刑的运用不够重视,司法实践中管制刑用得很少,缓刑用得很多,从这个意义上说,确实可以用缓刑来替代管制刑。我们国家的刑罚从古代到近代再到现代都是五刑,有很长的历史传统。如果把管制刑弄掉了,是不是要把罚金刑上升为主刑?这也是很多人所主张的观点。

第二,管制适用的对象是罪行较轻不需要关押的犯罪分子。《刑法》原来规定,被判处管制的犯罪分子在服刑期间,不用羁押在监狱、看守所等执行场所中,仍留在原工作单位或居住地,也不用离开自己的家庭,不中断与社会的正常交往。《刑法修正案(八)》在《刑法》第 38 条中增加一款,作为第 2 款,规定:"判处管制,可以根据犯罪情况,同时禁止犯罪分子在执行期间从事特定活动,进入特定区域、场所,接触特定的人。"同时,又将《刑法》第 38 条原第 2 款作为第 3 款,修改为:"对判处管制的犯罪分子,依法实行社区矫正。"但是,对犯罪分子不实行关押,依然是管制刑与其他刑罚方法的重要区别。

第三,管制的执行机关是司法行政机关。被判处管制刑的犯罪分子必须在司法行政机关的管束和人民群众的监督下进行劳动改造,他的自由会受到一定程度的限制。比如,我们会限制犯罪分子的政治自由、外出经商、迁居等。

第四,管制的期限是 3 个月以上 2 年以下,数罪并罚的最高不能超过 3 年。管制的刑期从判决执行之日起计算,判决前先行羁押的,羁押 1 日折抵刑期 2 日。为什么会有刑期的折抵?从道理上讲,被判管制的犯罪分子是不应该被羁押的,但是有时候为了侦破案件,需要将犯罪分子先行羁押。在他被判管制后,对他先前的羁押不能白白羁押,所以法律规定羁押 1 日折抵刑期 2 日。要注意的是,管制刑的实质是限制自由刑而不是剥夺自由刑。

第五,管制的待遇是在劳动中同工同酬。被判处管制的犯罪分子可以自谋生计,在劳动中与普通公民同工同酬。

第二个主刑是拘役。拘役是指剥夺犯罪分子短期人身自由,就近实行强制劳动改造的刑罚方法。拘役的适用对象是罪行较轻需要关押的犯罪分子。我们要注意拘役与行政拘留以及刑事拘留的区别:行政拘留是一种行政处罚方法,刑事拘留是诉讼法中规定的一种强制措施,并不是一种处罚方法。我们这里所讲的拘役是一种刑罚惩罚方法,它和行政拘留的主要区别在于:一个构成犯罪,一个不构成犯罪,两者的性质、适用的对象、适用的机关、依据的法律以及期限都不相同。拘役和刑事拘留也是不一样的,它们的性质不同,一个是刑罚,一个是临时强制措施;期限也不同,拘役期限是1个月以上6个月以下,刑事拘留从限制被拘留人的人身自由开始起算,最多延长到37天;适用的机关也是不同的,拘役由人民法院判决适用,刑事拘留一般由公安机关直接适用。另外,拘役与刑事诉讼法上的羁押以及与民事拘留也有区别。这些区别大家都要熟练掌握,学法律的人要知道这些内容。也许有同学会说,我是学国际法的,和这个无关,那我就要说了,学国际法的人连刑事拘留、行政拘留和拘役都搞不清楚,还学什么国际法。这些最基本的东西是每一个学法律的人都要掌握的。

拘役的期限是1个月以上6个月以下,数罪并罚时不能超过1年。它的上限和有期徒刑是衔接的。有期徒刑最低6个月,这里的"6个月以下"包括不包括6个月?(下讲台提问)

学生1:"包括的,因为刑法中的以上以下包括本数在内。"

学生2:"不包括的,如果包括的话,不就与有期徒刑的低限重叠了吗?"

(回讲台)当然应该包括的。事实上,有期徒刑"6个月以上"也包括6个月的。那么,这"6个月"既有可能是拘役6个月,也有可能是有期徒刑6个月。同样是6个月,有期徒刑6个月和拘役6个月是不一样的,法律后果和内容都是不一样的。

拘役的刑期从判决之日起计算,判决以前先行羁押的,羁押1日折抵刑期1日。拘役期间的待遇,还是比较高的,主要有三点:第一,就近执行;第二,每月回家一到两天;第三,参加劳动酌量发给报酬。

第三个主刑是有期徒刑。有期徒刑是我国适用面最广的刑罚方法,是名副其实的主刑。有期徒刑是指在一定期限内剥夺犯罪人的人身自由,在监狱或其他执行场所强制进行劳动改造的刑罚方法。有期徒刑适用对象非常广泛,在我国刑法中,凡是规定了法定刑的,基本上都规定了有期徒刑这一刑罚种类(危险驾驶罪除外)。

有期徒刑的主要内容包括三方面。第一,有期徒刑的刑期。有期徒刑的刑期为6个月以上15年以下,数罪并罚时,有期徒刑总和刑期不满35年的,最高不能超过20年,总和刑期在35年以上的,有期徒刑最高不能超过25年。有期徒刑的刑期,从判决执行之日起计算;判决执行以前先行羁押的,羁押1日折抵刑期1日。第二,有期徒刑的执行场所。被判处有期徒刑的犯罪分子,在监狱或者其他执行场所执行。另外,根据我国《监狱法》的有关规定,有期徒刑的执行场所分为两种,一种是监狱,这是成年男犯和成年女犯的执行场所;另一种是未成年犯管教所,这是被判处有期徒刑的不满18

周岁的未成年犯的专门执行场所。第三，有期徒刑的执行内容。被判处有期徒刑的犯罪分子，凡有劳动能力的，都应当参加劳动，接受教育和改造。这里的劳动改造具有强制性，除丧失劳动能力的以外，都必须参加劳动。西方一些国家的刑罚中，有单纯剥夺犯罪分子自由的监禁刑，我国的有期徒刑与它的最大区别就在这里。

有期徒刑的适用面很广，所有的犯罪都有这一刑种（危险驾驶罪除外）。但是，对有期徒刑也有争议。越来越多的人认为，人实际上不是靠关押就能改造好的，真正能改造好的犯人，你不关押他，他也能改造好。而且，关押的负面作用往往要大于正面作用。关押为犯罪分子的交叉感染、恶性感染提供了场所。有期徒刑的封闭性还可能造成犯罪分子对新生活的不适应，增加他们再犯的可能性。另外，有期徒刑的定期性可能造成刑罚的"不足"或"过剩"，影响刑罚功能的发挥。所以我们现在正在尝试社区改造这样一种途径。

第四个主刑是无期徒刑。无期徒刑的适用对象是那些罪行严重，但不够判处死刑，而判处有期徒刑又不足以惩罚其罪的犯罪分子。大家对无期徒刑的存废问题争论得很激烈。主张废除的理由主要有两个：一是认为无期徒刑是在慢慢地折磨人，所以比死刑还要残忍；二是认为无期徒刑不公平，因为同样判处无期徒刑，18 岁的人实际关押的时间要远远超过 80 岁的人。有一位学者认为，我们国家之所以不能废除死刑就在于我们的生刑太短，如果把生刑延长，就会减少死刑的运用。对此观点，我并不是很赞同。我认为，对自由都不重视的法官对生命肯定也不会重视，生刑是否延长和判处死刑的多少没有必然的联系。当然，这个观点是可以讨论的。另外，前面提到的主张废除无期徒刑的两个观点，我认为也是没有道理的。其一，在保留死刑的情况下，无期徒刑肯定还是应该存在的，无期徒刑作为有期徒刑与死刑的过渡还是必要的。认为无期徒刑比死刑还要残忍，肯定是不对的，俗话说："好死不如赖活"呀，生命总是比自由重要。在这里，刑罚的轻重是显而易见的。而且，实行终身监禁的无期徒刑毕竟是少数，一般情况下，犯罪分子经过一段时间的改造后，会被减刑为有期徒刑。其二是关于公平的问题。如果说无期徒刑对 18 岁的人和对 80 岁的人不公平，那有期徒刑 15 年对 18 岁的人和 80 岁的人同样也是不公平的。我们说的公平或不公平是针对所犯的罪而言的，只要这个 80 岁的人犯了罪且应该判无期徒刑，我们对他这么判就是公平的，此时，80 岁的人要和 18 岁的人比，那就是在追求一种绝对的公平了。哪怕判处管制，对 18 岁的人和 80 岁的人也是不公平的，18 岁的人在外面正是黄金年代，80 岁的人在家里本来也是要休息的，被管制一下又有什么关系？所以说公平是相对的，世上没有绝对的公平。

最后一个主刑是死刑。关于死刑存废的争议就更多了。废除死刑是世界潮流，我们国家也必然会朝着这个方向发展，无论你愿不愿意，废除死刑是必然的。问题是，死刑在当下还有没有存在的必要？死刑是否应当废除是一回事，死刑能否在某一特定的国家、特定的时期内废除又是另一回事。有人认为，从应然意义上说，死刑应该予以废除，但是死刑的废除应当建立在一定的基础之上。事实证明，凡是不具备一定条件而废除死刑的国家，事后都恢复了死刑。因此必须具备一定高度的物质文明和精神文明,废除死刑才能成为现实。我国死刑废除的过程将是一个由逐步限制死刑到最终废除死刑的过程。现在废除死刑,还为时过早。这并不是因为我们国家的犯罪比其他国家的严重,而是人们的观念、习惯以及经济发展的状况还跟不上。老百姓担心一旦没有了死刑,一些人就会肆无忌惮地去犯罪了。我认为,这种担心是多余的。欧美国家并没有因为废除了死刑导致犯罪率的上升,相反,这些国家的犯罪率是在逐年下降的。所以死刑是否废除,与犯罪会不会增加,并没有必然的联系。

关于我们国家死刑废除的问题,有学者曾经拟定了一个时间表,按这个时间表计算,废除死刑需要 50 年。当时,也有人认为 50 年太短了,因为我国刑法规定死刑的条文有 68 个,而 1979 年《刑法》只有 28 个,净增了 40 个,废除死刑还有很长的一段路要走。但是,《刑法修正案(八)》一次性削减了 13 个犯罪的死刑,占了死刑罪名总数的 19.1%,将死刑罪名降至 55 个。其中,第三章破坏社会主义市场经济秩序罪中占 9 个:走私文物罪,走私贵重金属罪,走私珍贵动物、珍贵动物制品罪,走私普通货物、物品罪,票据诈骗罪,金融凭证诈骗罪,信用证诈骗罪,虚开增值税专用发票、用于骗取出口退税、抵扣税款发票罪,伪造、出售伪造的增值税专用发票罪;第五章侵犯财产罪中占 1 个,即盗窃罪;第六章妨害社会管理秩序罪中占 3 个:传授犯罪方法罪,盗掘古文化遗址、古墓葬罪,盗掘古人类化石、古脊椎动物化石罪。这是自 1979 年新中国刑法颁布以来第一次削减死刑罪名,我们完全可以说,三十多年来的涉及死刑的刑事立法始终在做"加法"。直到《刑法修正案(八)》一次性削减了 13 个死刑罪名,应该说这是一次明确而具体的"减法"。可以说,《刑法修正案(八)》一举废除 13 个死刑,不但是将学者关于限制和废除死刑的理念付诸实践,而且有希望大大缩短学者拟定的时间表中的废除死刑的时间。所以,我们完全有理由说,《刑法修正案(八)》在我国废除死刑的进程中具有里程碑意义。

2015 年,《刑法修正案(九)》一次性削减了 9 个罪的死刑,将死刑罪名降至 46 个。废除的 9 个死刑罪名中,第三章破坏社会主义市场经济秩序罪中占 5 个,具体包括:走私武器、弹药罪,走私核材料罪,走私假币罪,伪造货币罪和集资诈骗罪,金融犯罪等领域如今不再有死刑,在一类犯罪中完全废除死刑,其意义不可低估。第六章妨害社会管理秩序罪占 2 个,具体包括:组织卖淫罪和强迫卖淫罪。第十章军人违反职责罪占 2 个,即阻碍执行军事职务罪和战时造谣惑众罪。这是继《刑法修正案(八)》后,我国迈向死刑废除之路上的又一个里程碑,再一次表明了我国刑法的方向和趋势是严控死刑、逐步减少死刑。经过 30 余年来的改革,限制和减少死刑已成为当前中国死刑立法和司法改革的重要内容。当前中国社会稳定、政治较为开明、法治比较健全、人权观念渐入人心、国际废止死刑运动仍如火如荼,从综合影响死刑制度演进的这些主要因素可以预见,进一步限制、减少死刑乃至最终废止死刑无疑是未来中国死刑制度改革的基本趋势和目标,《刑法修正案(九)》无疑使得我国刑法朝这个目标又靠近了一步。

当然,不管怎么样,我们还必须承认一个事实,我们现在是全世界适用死刑最多的国家之一。有人说,这可能和人口数量有关系,因为我们国家人口多。这个观点,我不赞同。日本横滨市的人口和上海差不多,20 世纪 80 年代初期,我们与日本学者交流的时候,他们跟我们讲,这一年横滨市只判了 1 个人死刑。而我回想了一下,这一年我在静安区参加了一次执行死刑的活动,一下子就枪毙了 23 个人。(全场惊叹声)严打的时候我们一个区一次就枪毙 23 个人,而人家一个市一年才判了 1 个人死刑。我认为,在我国刑法仍然需要保留死刑的情况下,我们所能做的只能是尽量少地适用死刑,坚持"可杀可不杀的一律不杀"。中共十八届三中全会上通过的《中共中央关于全面深化改革若干重大问题的决定》明确指出要完善人权司法保障制度,国家尊重和保障人权,逐步减少适用死刑罪名。我认为,减少适用死刑罪名,不仅是对人权保障原则的充分体现,而且是对刑罚人道主义精神的极力彰显,更是我国当下死刑制度改革的重要内容。要做到减少适用死刑罪名,除了通过诸如《刑法修正案(八)》、《刑法修正案(九)》等立法途径来削减死刑适用罪名之外,我们还必须做好以下两点:

其一,在司法上,我们应严格控制死刑的适用,坚持"少杀、慎杀"的刑事法治理念。2007 年《最高人民法院关于进一步加强刑事审判工作的决定》强调贯彻执行"保留死刑,严格控制死刑"的刑事政策,强调慎用死刑立即执行。此后,最高院、最高检、公安部、司法部相继颁布规定,重申死刑只适用于极少数罪行极其严重的犯罪分子,为严格限制适用死刑作出了许多努力。司法人员在审理案件时,应当综合考量犯罪性质、犯罪情节及犯罪分子的人身危险性等因素,尽量减少死刑的适用,并且当死刑作为选择性刑种出现时,努力慎用死刑。在程序上,严格适用非法证据排除规则和执行死刑复核程序,确保死刑案件的公正审理,防止冤假错案的发生。由于死刑适用的不可逆转性,一旦出现冤假错案,将没有任何挽回的余地。

其二,做好正确的民意导向,改变民众对死刑的传统观念,这似乎也是我们工作中不可缺少的重要一环。毋庸置疑,由于历史的原因,我国刑法中实际存在着重刑主义的倾向,而推行严刑峻罚的后果之一就是会使人们形成崇尚重刑、迷信死刑的偏好。特别是在传统"杀人偿命"和报复心理的影响下,我国民众客观上存在对死刑盲目崇拜的态度和过度依赖的情绪,对死刑的废除多多少少仍存在一些抵触。因而,我国死刑改革如欲顺利进行,时下最重要的任务之一就是对民意进行引导,使其向理性化方向发展,并进而争取使民意成为削减死刑适用的司法改革的基础力量。司法机关可以通过公正执法、严格适用法律对民意加以引导,并通过典型案例引导公众对死刑案件进行理性思考。媒体则应在日常工作中加强公众人权理念的培养,形成一种科学、文明的健康刑罚观,从而逐步改变民众对死刑废除所持的犹豫和抵触态度,以推进我国死刑制度的改革。

从现行刑法的有关规定来看,我国对死刑的严格控制,主要体现在五个方面:

第一,严格控制死刑的适用范围。我国《刑法》第 48 条规定:"死刑只适用于罪行极其严重的犯罪分子。"

第二,犯罪主体上的限制。我国《刑法》第 49 条原来规定:"犯罪的时候不满 18 周岁的人和审判的时候怀孕的妇女,不适用死刑。"要注意的是,这里不满 18 周岁是不包括 18 周岁的。另外要注意,这里是指"犯罪的时候"而不是审判的时候。如果犯罪的时候不满 18 周岁,而审判的时候已满 18 周岁的,照样不适用死刑。后来,《刑法修正案（八）》在《刑法》第 49 条中增加一款作为第 2 款，规定："审判的时候已满七十五周岁的人，不适用死刑，但以特别残忍手段致人死亡的除外。"这样我国不适用死刑的主体就包括三类，即未成年人、怀孕的妇女和老年人（有例外情况）。需要注意的是，对老年人不适用死刑须是"审判的时候"而不是"犯罪的时候"，这与《刑法》第 49 条对于未成年犯罪人的规定是不一样的。还需要注意的是，并不是对所有审判的时候已满 75 周岁的人都不适用死刑，因为有些老年犯罪人还是比较恶劣的，所以这个条款后面又规定了一个但书，即对于以特别残忍手段致人死亡的老年犯罪人还是可以判处死刑的，这个规定也是与未成年犯罪人不一样的地方。这里的"不适用死刑"还包含不适用死缓。1979 年《刑法》中规定是可以判死缓的，现在取消了。死缓并不是一个独立的刑种，"不适用死刑"就包括了不适用死缓。现在，我让大家做一道是非判断题："审判的时候怀孕的妇女不适用死刑，但罪行极其严重、先期羁押期间流产的妇女，审判时可以适用死刑。"这句话对不对啊？（学生答：不对。）所以我们对这里"审判的时候"应该理解为"羁押的时候"，羁押时如果是怀孕的妇女，审判时不怀孕了，仍不能判处死刑，无论是人工流产还是自然生产，都不能判处死刑。否则，这个法条就虚设了，因为我们可以延后审判，等到不怀孕了，再判处死刑。现在还出现了羁押的时候不怀孕而审判的时候怀孕的情况。（全场议论）这是一个很有名的案件，我在电视节目中曾经评论过这个案件：一个犯有重大贪污罪的犯罪嫌疑人，在羁押的时候没有怀孕，但是，在看守所里与看守所的副所长和一个民警发生了性关系并且怀孕了。这种情况下，对她能不能适用死刑？当然是不能的。因为我们是以羁押时为标准的，在羁押时怀孕的尚不能适用死刑，羁押后就更不能适用了，不过这个案件是极个别的情况。

这里还有一点需要大家特别注意，在我国刑法中有关怀孕妇女和老年人不适用死刑的规定中，实际上都存在"审判的时候"这一时间标准。而根据我前面所讲的，应当将怀孕妇女不适用死刑规定中的"审判的时候"扩大解释为"羁押期间"，那么，对于老年人不适用死刑规定中的"审判的时候"，是不是也应该作出与怀孕妇女相同的理解呢？对于这个问题，我认为，应该从怀孕妇女和老年人不适用死刑的考量因素加以具体分析。就怀孕妇女来说，怀孕是她不适用死刑的考量因素，但这一因素却会随着时间的推移而消失。因而，怀孕妇女不适用死刑规定中的"审判的时候"理应指的是一个时间段，而不是一个时间点，也就是说，在一个时间段里，妇女无论什么时候怀孕都不适用死刑。据此，在一个时间段里，越往前确定这个时间段的起始点，对怀孕妇女来说就越有利。而如果将怀孕妇女不适用死刑规定中的"审判的时候"严格理解为"法院审判期间"，那么，对那些在审判前的羁押期间怀孕但在法院审判期间已不再怀孕的妇女，就仍然可能适用死刑。但应当看到，刑法之所以规定怀孕妇女不适用死刑，主要是考虑怀孕妇女腹中的胎儿或刚出生的婴儿是无辜的，如果判处怀孕妇女死刑，则必然会伤及无辜的胎儿或者会影响刚出生婴儿的正常发育与生长。因而，从有利于怀孕妇女的角度出发，将其不适用死刑规定中的"审判的时候"扩大解释为"羁押期间"显然具有较大合理性。但老年人与怀孕妇女不适用死刑的情形并不相同。就老年人来说，"已满 75 周岁"是他不适用死刑的考量因素，而这一因素只会随着时间的推移产生，而并不会随着时间的推移消失。所以,老年人不适用死刑规定中的"审判的时候"理应指的是一个时间节点,而不可能是"羁押期间"或"审判期间"这样的时间段。同时,由于年龄具有不可逆转性,随着时间的推移,老年人不适用死刑的考量因素就越可能出现。因此,越往后确定老年人不适用死刑的时间节点,对老年人而言就越有利。由此可见,理应将老年人不适用死刑规定中的"审判的时候"理解为"判决确定时"这一时间节点,而不能理解为"羁押期间"这一时间段。

第三,死刑核准程序的限制。我国《刑法》第 48 条规定:"死刑除依法由最高人民法院判处的以外,都应该报请最高人民法院核准。"需要说明的是,1979 年《刑法》原本规定所有的死刑都由最高人民法院核准,但全国人大常委会于 1983 年 9 月将《人民法院组织法》第 13 条修改为:"死刑案件除由最高人民法院判决的以外,应当报请最高人民法院核准。杀人、强奸、抢劫、爆炸以及其他严重危害公共安全和社会治安判处死刑的案件的核准权,最高人民法院在必要的时候,得授权省、自治区、直辖市的高级人民法院行使。"从那以后,最高人民法院就把死刑的核准权下放到高级人民法院。直到 2007 年 1 月 1 日,最高人民法院将死刑核准权收回。

第四,规定了死刑缓期执行制度,以控制死刑立即执行的范围。《刑法》第 48 条规定:"对于应当判处死刑的犯罪分子,如果不是必须立即执行的,可以判处死刑同时宣告缓期 2 年执行。"

第五,死刑执行方法的限制。我国《刑事诉讼法》第 252 条第 2 款规定:"死刑采用枪决或者注射等方法执行。"我们原来只规定用枪决,现在可以用注射等方法。目前比较大的城市,一般都采用注射。因为从被注射人的表现来看,这种执行方法是没有痛苦的,当然,是不是真的没有痛苦谁都不知道。

关于死刑缓期两年执行的制度,我们要注意三点。第一是死缓适用必须具备两个条件:罪该处死,但不是必须立即执行。第二是死缓执行有三种不同的处理办法:第一种情况是在死刑缓期执行期间,如果没有故意犯罪,两年期满后,减为无期徒刑。第二种情况是在死刑缓期执行期间,如果确有重大立功表现,两年期满后,减为 25 年有期徒刑。第三种情况是在死刑缓期执行期间,如果故意犯罪,情节恶劣的,报请最高人民法院核准后执行死刑;对于故意犯罪未执行死刑的,死刑缓期执行的期间重新计算,并报最高人民法院备案。也就是说,死缓执行期间故意犯罪的,情节如果不恶劣,也可以不立即适用死刑,而是报最高人民法院备案后重新计算死缓执行期。执行死刑的条件是以情节恶劣的故意犯罪为标准的,如果没有情节恶劣的故意犯罪,就不能执行死刑。这实际上又减少了死刑的适用。审判林彪、江青反革命集团的时候,江青就是被判死缓,后来减为无期徒刑的。当时就有人提出,她在监狱里不服管教,应该执行死刑。按照现在的规定,必须是故意犯罪且情节恶劣,但当时还没有这个规定。第三是对一些被判处死刑缓期执行的犯罪分子可以限制减刑。这是《刑法修正案(八)》的新规定,即对被判处死刑缓期执行的累犯,以及因故意杀人、强奸、抢劫、绑架、放火、爆炸、投放危险物质,或者有组织的暴力性犯罪被判处死刑缓期执行的犯罪分子,法院根据犯罪情节等情况可以同时决定对其限制减刑。

死缓的期限怎么计算？我国《刑法》第 51 条规定："死刑缓期执行的期间，从判决确定之日起计算。死刑缓期执行减为有期徒刑的刑期，从死刑缓期执行期满之日起计算。"也就是说，如果死刑缓期执行减为有期徒刑，这个有期徒刑应当是 25 年，这个刑期从死刑缓期执行两年期满之日起开始计算，也就是说这个 25 年是不包含已经执行的这两年死刑缓期执行期间的。如果这 25 年有期徒刑的刑罚全部执行到位，那么这个人实际上被关押了 27 年。

最后，我想借此机会，和大家探讨一下 2013 年的刘志军案以及 2014 年的复旦投毒案。通过这两个案件，我们可以了解到，在司法实务中，哪些情况下可以判处死缓，而哪些情况必须判处死刑立即执行。

2013 年，北京市二中院对铁道部原部长刘志军受贿、滥用职权案作出一审判决，对其以受贿罪判处死刑，缓期两年执行，剥夺政治权利终身，并处没收个人全部财产；以滥用职权罪判处其有期徒刑十年，决定执行死刑，缓期两年执行，剥夺政治权利终身，并处没收个人全部财产。该判决结果在当时引发了舆论哗然，不少人对刘志军判处死缓表示"大失所望"并提出质疑。

依我之见，判处一个罪犯死刑立即执行还是死缓，既与罪行的严重程度有关，也与国家对死刑的态度和政策有关，更与国家对生命和人权的尊重程度有关。在废除和限制死刑已经成为国际大潮流的背景下，在人权尊重程度不断提升的当今，我国立足于基本国情对死刑采取了"保留死刑，但坚持少杀、慎杀，防止错杀"的基本刑事原则。正由于此，《刑法修正案（八）》首次废除了 13 个经济性非暴力犯罪的死刑，《刑法修正案（九）》又废除了 9 个罪的死刑，实现了我国死刑废除历程中具有里程碑意义的重大跨越。由此可见，在立法中废除并在司法中限制对经济性非暴力犯罪的死刑的适用已经成为一种趋势和基调。对刘志军判处死缓，不但是出于对经济性非暴力犯罪判处死刑的慎重，更是对生命和人权的尊重。这恐怕才是对刘志军判处死缓而非死刑立即执行的重要原因。

而复旦投毒案的情况则有所不同。备受关注的复旦投毒案的被告人林森浩被判死刑，剥夺政治权利终身。对此判决，社会褒贬议论的焦点之一就是，为何是死刑而不是死缓？是不是判得有点重了？现在我也问一下同学，你们认为对于林森浩适用死刑立即执行，是否过重了？（下讲台提问）

学生 1："我认为过重了，因为对林森浩判处死刑并不能挽回被害人的生命。"

学生 2："我也认为过重了，因为林森浩毕竟年龄太轻。"

学生 3："我认为对林森浩判处死刑太重了，因为林森浩是一个具有高学历的研究生，判处死刑太可惜了。"

提问："那么，如果林森浩是一个上了年龄的民工，你们是否认为，就可以对其适用死刑呢？"

学生 2、学生 3：（一时无语）

（回讲台）从同学刚才的讨论中，我们不难理解社会上各阶层的人对此案的强烈反应。但是，我认为，从法理的角度来看，这个结果当属意料之中。

毋庸置疑,在当代社会中,废除和缩减死刑是世界各国和地区刑法发展的潮流。我国也已经在立法上缩减了一些可以适用死刑的罪名,并在相关的司法解释中一再强调,要尽量减少司法实践中死刑的适用。但是对于诸如故意杀人罪等严重刑事犯罪,我国刑法中仍然保留死刑,且在司法实践中采取高压的态势进行打击。

林森浩实施了杀人行为,且导致了被害人死亡的结果,罪该适用死刑,这可能是社会各界的一个共识。争议点在于对其能否适用死缓。然而,从本案的实际案情分析,对林森浩适用死缓似乎不具备条件。

首先,从刑法上分析,故意杀人罪是我国刑法中规定的最为严重的刑事犯罪之一。自有刑法规定以来,故意杀人罪一直是我国立法和司法中强调要予以严惩的犯罪。说其"最为严重"是因为这种行为具有极其严重的社会危害性,完全属于"罪行极其严重"的犯罪。从故意杀人罪的法定刑上看,其与其他犯罪"由轻至重"的法定刑规定完全不同,我国刑法对故意杀人罪规定了"由重至轻"的法定刑,即对故意杀人罪可处"死刑、无期徒刑或者十年以上有期徒刑"。这就说明,对犯故意杀人罪的罪犯适用刑罚,我们一般首先考虑适用死刑。因此,对林森浩适用死刑是完全有法律依据且并不违背现行的刑事政策。

其次,林森浩采用的杀人手段十分恶劣,即用投毒的方式杀人,且在行为过程中完全有避免最严重结果发生的可能,但他没有采取任何措施。用林森浩的说法,他没有杀人的动机,这仅仅是一次"游戏"或者"玩笑"。有人认为,据此对其可以适用死缓。但是,从专业角度分析,在没动机的情况下,还可以用如此残忍的手段杀人,只能说明行为人主观恶性程度极高。将杀人视为"玩笑"或者"游戏",只能说明行为人"随意杀人""漠视生命"的主观态度。

最后,司法实践中,对于因婚姻家庭、邻里纠纷等民间矛盾激化引起的故意杀人案件,是否应该适用死缓,通常的标准主要有三个:其一,被害人在起因上是否存在重大过错;其二,被告人案发后是否进行积极赔偿,是否真诚悔罪;其三,是否取得被害人家属谅解。分析本案,这些条件均不实际存在。本案中被害人在整个过程中不存在重大过错。案发后,林森浩及其家属尽管也有一定程度的补偿表示,但没有明确的态度,更不存在具体的举动,且多次提出这是一次"游戏",悔罪态度显然很不真诚。在这种情况下,不可能取得被害人家属谅解。

从上述三点来看,对林森浩宣判死刑立即执行是合法、合情且合理的。同时,通过这两个案例,我们也可以看出,在对人权尊重程度不断提升的现在,司法机关对于那些经济非暴力性犯罪的案件的态度较为谨慎,很多情况下会判处死缓;而对于那些如复旦投毒案这类情节严重且以剥夺生命为内容的犯罪,司法机关还是应当适用死刑的。

下面我简单讲一讲附加刑。附加刑是补充主刑适用的刑罚方法,又称为从刑。我国附加刑中有罚金、剥夺政治权利和没收财产。除此之外,还有一个驱逐出境,但它不是常规的附加刑,因为它的适用对象是犯罪的外国人和无国籍人。对中国人是不能适用驱逐出境的。许多年前我讲这个话的时候,同学们都会笑,他们心想:这个不是蛮好么?把我驱逐出境不是让我过好日子么?(全场笑)这种想法现在看来很幼稚,我们的经济发展得很快,人们都过上好日子了,国外不见得比我们国内好。

那么,主刑和附加刑有什么区别呢? 简单地说,有以下两点:第一,主刑只能独立适用,而附加刑既可以独立适用也可以附加适用;第二,一个罪只能适用一个主刑,不能同时适用两个以上的主刑,但一个罪却可以同时适用两个以上的附加刑。

关于附加刑,我先讲一讲罚金。罚金是指强制犯罪人向国家缴纳一定数量金钱的一种刑罚方法。罚金主要适用于经济犯罪和贪利性质的犯罪。罚金的数额应当根据犯罪情节来确定。刑法分则规定罚金的方法主要有三种:一种是明确规定罚金的上下限数额;第二种是以违法所得或犯罪涉及的数额为基准,处以一定比例或倍数的罚金,又叫倍比罚金制;还有一种是对数额不作具体规定。《刑法修正案(九)》对罚金刑进行了修改,总体上,我们对罚金数额的规定还是比较宽泛的。罚金可以一次缴纳,也可以分期缴纳。期满不缴纳的,强制其缴纳,对于不能全部缴纳罚金的,人民法院在任何时候发现被执行人有可以执行的财产,应当随时追缴。当然,如果遭遇不能抗拒的灾祸缴纳确实有困难的,经人民法院裁定可以延期缴纳、酌情减少或者免除。罚金刑现在运用得比较多,国外正在进行的刑罚改革,已经从废除死刑发展到了轻刑化,轻刑化中很重要的一点就是对以剥夺自由刑为中心的刑罚体系进行改革,逐渐建立起以财产刑为中心的刑罚体系。我们与国外的差距还很大,但国外刑罚改革的这种趋势是历史发展的必然。

第二个附加刑是剥夺政治权利。剥夺政治权利的内容主要包括四个方面:一是选举权和被选举权;二是言论、出版、集会、结社、游行、示威自由的权利;三是担任国家机关职务的权利;四是担任国有公司、企业、事业单位和人民团体领导职务的权利。

根据不同的对象,剥夺政治权利在具体适用上也有所不同:一是对危害国家安全的犯罪分子,应当附加剥夺政治权利;二是对故意杀人、强奸、放火、爆炸、投毒、抢劫等严重破坏社会秩序的犯罪分子,可以附加剥夺政治权利;三是对一些轻微犯罪的犯罪分子,可以独立适用剥夺政治权利;四是对被判处死刑、无期徒刑的犯罪分子,应当剥夺政治权利终身。

剥夺政治权利的期限也包括四种情况:独立适用剥夺政治权利或者判处拘役、有期徒刑附加剥夺政治权利的,剥夺政治权利的期限为 1 年以上 5 年以下;判处管制附加剥夺政治权利的,剥夺政治权利的期限和管制的期限相同,同时执行;判处死刑、无期徒刑的,附加剥夺政治权利终身;原判死刑缓期 2 年执行减为有期徒刑或者原判无期徒刑减为有期徒刑的,应当把附加剥夺政治权利的期限改为 3 年以上 10 年以下。

下面,我提几个问题,大家思考一下。第一个问题是:如果犯罪分子被判处有期徒刑 15 年,附加剥夺政治权利 3 年,这个犯罪分子实际被剥夺政治权利几年?(下讲台提问)

学生:"3 年。"

提问:"你怎么会认为是 3 年呢?"

学生:"因为它是附加剥夺 3 年,而且有期徒刑附加剥夺政治权利的,是 1 年到 5 年,所以不可能是 18 年的。"

提问:"你的意思是这 3 年是从有期徒刑执行完毕之后开始计算的?"

学生:"是的。"

提问:"有期徒刑 15 年期间到底有没有政治权利?"

学生:"有的。"

(回讲台)这个人被判处有期徒刑 15 年,附加剥夺政治权利 3 年,你们大多数人认为这个犯罪分子实际被剥夺政治权利 3 年。这是错误的,实际被剥夺政治权利的期限应该是 18 年。我国《刑法》第 58 条作了专门的规定:"附加剥夺政治权利的刑期,从徒刑、拘役执行完毕之日或者从假释之日起计算;剥夺政治权利的效力当然施用于主刑,执行期间。"也就是说,剥夺政治权利的 3 年是从刑罚执行完毕或者假释之日起计算,主刑执行期间也是当然适用的。这样一来,在有期徒刑 15 年期间当然适用剥夺政治权利,再加上附加剥夺政治权利 3 年,一共是 18 年。这是法律明文规定的。

如果这个犯罪分子被判处有期徒刑 15 年,没有附加剥夺政治权利,这时就不能剥夺他的任何政治权利。因为从附加刑的角度考虑,一个人被判附加剥夺政治权利,说明对他真的有必要剥夺政治权利,因此主刑期间当然剥夺政治权利。如果这个人没有被判附加剥夺政治权利,说明他的政治权利无需被剥夺,所以在有期徒刑 15 年期间是不剥夺他的政治权利的。当然,他行使政治权利会有一定的困难,比如说,他要自由地参加某些活动还是有困难的;他要担任国家机关领导职务,那就更有困难了。(全场笑)但是,说他没有政治权利则是不对的,比如说,他有选举权,上海监狱就是一个选区。

我再提一个问题,一个犯罪分子被判处管制 2 年,附加剥夺政治权利 3 年,那他实际上被剥夺政治权利几年?(下讲台提问)

学生 1:"3 年。"

学生 2:"5 年。"

提问:"怎么 3 年、5 年的都有? 到底应该几年?"

学生 3:"2 年。"

(回讲台)其实我的问题就是一个"圈套",这种情况是不可能发生的。(全场笑)听清楚了吗? 不可能发生的。如果这个人被判处管制刑,附加剥夺政治权利的期限必须和管制的期限相等,而且不是从管制执行完毕的时候开始计算,它们的期限应该是同时起算的。所以这种情况是不可能存在的。如果要判处附加剥夺政治权利,也只能是两年。我之所以这么问,是为了给你们一个刺激,你们在看书的时候如果没有这种刺激,就会觉得这部分的内容很枯燥。

我再提一个问题:如果一个人被判处有期徒刑 15 年,附加剥夺政治权利 3 年,服刑 12 年后,假释出狱,假释考验期 3 年,那他实际被剥夺政治权利多少年?(下讲台提问)

学生 1:"15 年。"

学生 2:"18 年。"

提问:"要注意他还有个假释考验期的。到底是 15 年还是 18 年? 我估计再问下

去就成 20 年了。"(全场笑)

学生 3:"15 年。"

(回讲台)对,15 年。法条中写得很清楚,只要背一下法条就全都清楚了。这种情况下,附加剥夺政治权利的 3 年应该从"假释之日"起开始计算。刚刚还有同学问,为什么判处死刑的人还要剥夺政治权利终身?道理很简单,因为人有很多权利,有些权利是依附于生命的,有些却不是。比如说,出版的权利,就不是完全依附于生命的,著作权并不与作者的生命一同结束,你看巴金的文选现在不是照样在发行嘛。(全场笑)另外,对判处死刑的人剥夺政治权利终身,可以防止他们被特赦或假释后利用政治权利再去犯罪,当然这里是指被判处死缓的情况。

附加刑中的第三个是没收财产。没收财产一般适用于比较严重的犯罪。按照《刑法》第 59 条的规定:"没收财产是没收犯罪分子个人所有财产的一部或者全部。"无论怎么样,即使是没收全部财产,也要对犯罪分子个人及其扶养的家属保留必需的生活费用。在判处没收财产的时候不能没收属于犯罪分子家属所有或者应有的财产。什么叫"应有的财产"?比如说,他的孩子还没有长大成人,就必须留一部分给他的孩子。而且有很多财产是不能分割的,比如五斗橱,从财产的角度来说,属于夫妻共有,你不可能把这个五斗橱一劈为二,这个五斗橱是他妻子生活所必需的,属于她应有的,应该留给他的妻子。《刑法》第 60 条还规定:"没收财产以前犯罪分子所负的正当债务,需要以没收的财产偿还的,经债权人请求,应当偿还。"一般来讲,在没收财产之前应当先偿还债务。另外,大家要注意,没收财产和追缴财物是不一样的。

附加刑中的第四个是驱逐出境,这是特殊的附加刑。我国《刑法》第 35 条规定:"对于犯罪的外国人,可以独立适用或者附加适用驱逐出境。"这里的"外国人"包括外国国籍和无国籍的人,刑法中对驱逐出境的规定和《外国人入境出境管理法》中的规定是不一样的。我们这里适用的对象是犯罪的人,而我们外交上对一些不受欢迎的人驱逐出境也是有的,这种驱逐出境不属于刑罚意义上的惩罚。同时,我们要知道驱逐出境的时间,如果判处的主刑是有期徒刑等刑罚的,驱逐出境的时间应该是主刑执行完毕之后。但是我们司法实践中并不是这么做的,往往判了 10 年有期徒刑,宣判后就把人给驱逐出境了,这样一来,10 年有期徒刑就白判了。

最后,我简单地讲一下刑法上的非刑罚措施。《刑法》第 36 条第 1 款规定:"由于犯罪行为而使被害人遭受经济损失的,对犯罪分子除依法给予刑事处罚外,并应根据情况判处赔偿经济损失。"《刑法》第 37 条规定:"对于犯罪情节轻微不需要判处刑罚的,可以免予刑事处罚,但是可以根据案件的不同情况,予以训诫或者责令具结悔过、赔礼道歉、赔偿损失,或者由主管部门予以行政处罚或者行政处分。"大家要注意,《刑法》第 36 条和第 37 条的出发点是不一样的,第 36 条是在判处刑罚以后的经济赔偿,而第 37 条是在免予刑事处罚以后所采用的处理方法。两者的相同点在于都构成犯罪,不同点在于有无实际判处刑罚。

此外,《刑法修正案(九)》在《刑法》第 37 条之后加了禁业规定,作为《刑法》第 37 条之一:"因利用职业便利实施犯罪,或者实施违背职业要求的特定义务的犯罪被判处刑罚的,人民法院可以根据犯罪情况和预防再犯罪的需要,禁止其自刑罚执行完毕之日或者假释之日起从事相关职业,期限为三年至五年。被禁止从事相关职业的人违反人民法院依照前款规定作出的决定的,由公安机关依法给予处罚;情节严重的,依照本法第三百一十三条的规定定罪处罚。其他法律、行政法规对其从事相关职业另有禁止或者限制性规定的,从其规定。"禁业规定是通过禁止犯罪分子从事相关职业,从而降低其再犯可能性。禁止处罚期从刑罚执行完毕之日或者假释之日起计算,期限为3年至5年。

另外,我在前面给大家上课的时候曾经提到过,在人类设计和编制的程序范围外自主实施行为的强智能机器人具有独立的辨认能力和控制能力,理应作为刑事责任主体。当强智能机器人在设计和编制的程序范围外实施了严重危害社会的行为时,理应受到刑罚处罚。但是,根据我在这一节中为大家讲述的内容,我们知道,我国现行刑法所规定的刑罚包括主刑和附加刑两大类:主刑包括管制、拘役、有期徒刑、无期徒刑、死刑,附加刑包括罚金、剥夺政治权利、没收财产。其中,死刑可被称为生命刑,管制、拘役、有期徒刑、无期徒刑可被称为自由刑(除管制为限制自由刑外,其他均为剥夺自由刑),罚金和没收财产可被称为财产刑,剥夺政治权利可被称为权利刑。但是放眼于未来,面对强智能机器人在设计和编制的程序范围外实施的严重危害社会的行为,我们的刑罚将无能为力。由于强智能机器人与自然人和单位存在明显的差异,我国的刑罚体系中的四种类型的刑罚——生命刑、自由刑、财产刑、权利刑可能无法很好地适用于强智能机器人。

我认为,在将强智能机器人纳入犯罪主体范围的情形下,增设能够适用于强智能机器人的刑罚处罚方式,无疑是人工智能时代我国刑罚体系重构的重要内容。我建议,将来刑法可以针对智能机器人增设删除数据、修改程序、永久销毁等适用于强智能机器人的刑罚处罚方式。所谓删除数据,是指删除智能机器人实施犯罪行为所依赖的数据信息,相当于抹除智能机器人的"犯罪记忆",使其恢复到实施犯罪行为之前的状态,"犯罪记忆"将不会再成为该智能机器人成长经历中的一部分,从而引导智能机器人在今后的深度学习过程中主动获取"正面数据",排斥或绝缘于可能导致违法犯罪行为的"负面数据",直接降低其人身危险性。所谓修改程序,是指在通过多次删除数据仍然无法阻止智能机器人主动获取有可能实施违法犯罪行为的"负面数据"时,也即该智能机器人不能被正面引导时,强制修改其基础程序,将其获取外界数据、深度学习的能力限制在程序所设定的特定范围内,从根本上剥夺其实施犯罪行为的可能性。这意味着该智能机器人的深度学习功能从此将是不全面的或受限制的,不再能获取人类设计和编制的程序限定范围外的数据,因而当然无法产生超出人类意志之外的自我独立意志。所谓永久销毁,是指在删除数据、修改程序均无法降低实施犯罪行为的智能机器人的人身危险性时,便只能将其永久销毁。换言之,该智能机器人的深度学习历程已经十分漫长,并在长久的实践与成长中形成了程序上的"反删除能力""反修改能力",除了将其永久销毁外,人类已无法实现对其在数据、程序上的有效控制。可见,删除数据、修改程序、永久销毁构成了专门适用于智能机器人的刑罚阶梯,体现了处罚的层次性,可以与智能机器人所实施行为的社会危害性与其自身的人身危险性产生对应关系。当然,如果将来的法律赋予智能机器人财产权,可以对在设计和编制的程序范围外实施严重危害社会行为的智能机器人单独或者附加适用罚金或者没收财产等财产刑;如果将来的法律赋予智能机器人政治权利或者其他资格,也可以对在设计和编制的程序范围外实施了严重危害社会行为的智能机器人单独或者附加适用剥夺政治权利或者剥夺相关资格的权利刑。

二、刑罚裁量概述

(一)刑罚裁量的概念、特征及其作用

刑罚裁量,是指审判机关对构成犯罪的人衡量和决定刑罚的活动。在我国,刑罚裁量指的是人民法院对犯罪分子依法裁量决定刑罚的审判活动。刑罚裁量也可以称为量刑,从概念中我们可以看出,量刑有三个特征:第一,量刑是审判机关的活动。在我国专指人民法院,其他任何个人或者组织都不得实施这种活动,都无权决定被告人的刑罚;第二,量刑的前提是被告人的行为构成犯罪。只有当法院认为被告人的行为构成犯罪时才会有量刑活动,如果认为被告人的行为不构成犯罪就不会有量刑活动;第三,量刑是审判的最后活动。量刑活动决定了被告人的实体权益,是对刑法中罪刑关系的细化,是对刑法规定的法定刑的具体应用,同时也是执行的前提和基础。

我们常说,刑法是规定犯罪、刑事责任和刑罚的法律规范的总和,因此,刑法所解决的主要问题是定罪与量刑。理论上一般认为,定罪和量刑是人民法院整个刑事审判活动的两个中心环节。如果说定罪是人民法院代表国家意志对危害社会的行为在社会政治和法律方面的质的否定评价,那么量刑就是人民法院代表国家意志对危害社会的行为在法律报应和社会预防方面的量的否定评价。定罪是为了解决行为人的行为是否构成犯罪以及构成何种犯罪的问题;而量刑是为了解决行为人构成犯罪后,应当承担什么性质的刑事责任的问题。我们可以说,量刑是定罪的司法对应活动,是定罪的必然归结,是实现刑罚制裁的前提条件。也可以说,量刑的本质是国家意志在打击犯罪、惩罚犯罪方面的具体体现。从某种意义上说,我们所有的刑事立法活动、刑事司法活动以及刑事法律研究活动都是围绕着这些问题展开的。

(二)刑罚裁量的原则

刑罚裁量这么重要,有没有必须遵循的原则呢?这些原则的具体内容又是什么?刑罚裁量当然必须遵循一定的原则。至于这些原则的具体内容,存在多种学说,例如两项原则说、三项原则说和四项原则说。我持三项原则说的观点,我认为,刑罚裁量的原则具体包括:以犯罪事实为根据的原则、以刑法和相关法律法规为准绳的原则以及考虑犯罪的特点和相关刑事政策的原则。

首先我们来讲一下以犯罪事实为根据的原则。这个原则就是要求在量刑时首先考虑被告人的犯罪事实。犯罪事实是指客观存在的犯罪的各种情况的总和。以犯罪

事实为根据是一个总的、概括性的要求,其具体内容包括犯罪事实、犯罪性质、犯罪情节和犯罪对于社会的危害程度四个方面。作为犯罪事实,既包括构成犯罪要件的各种事实,也包括与犯罪构成事实密切相关、直接影响犯罪危害程度的其他事实。所以"以犯罪事实为依据"的量刑原则就要求我们做到这么几点。

第一,必须查清犯罪本身所具有的事实。犯罪事实是定罪量刑的基础,查清犯罪事实是准确认定犯罪性质和正确适用刑罚的前提。司法机关在处理犯罪案件时,必须正确地确定案件的真实情况,查清案件的犯罪事实,做到事实清楚,证据确凿。比如说,在处理有关操纵证券、期货市场犯罪案件时,司法机关首先要查清证券、期货市场上是否确实有操纵事实的存在,如果实际上并不存在有操纵证券、期货市场的事实,也就无所谓定罪和量刑的问题。犯罪事实本身要很清楚,比如确实有人被杀了,人被杀了这个事实就要查清楚。佘祥林案件就是由于事实没有查清楚,不仅将被告人搞错了,连被害人也搞错了。

第二,必须确定犯罪的性质。如果说,有没有犯罪事实是区分罪与非罪的根据,那么,犯罪的性质就是区分此罪与彼罪的根据。犯罪性质是指行为人具体犯什么罪,应以什么具体的罪名对他定罪。由于犯罪构成是行为人负刑事责任的基础,因此,判断犯罪的性质当然不能脱离每个具体犯罪的构成要件。我国刑法在总则中规定了犯罪的一般特征,又在分则中具体规定了每一个犯罪的构成要件。然而,有些犯罪属于刑法理论上的"行政犯"或"法定犯",这些犯罪的构成要件,有的并不规定在刑法条文中,而是规定在一些行政、经济法律法规中。我们对这些犯罪的构成要件的考察还必须结合相关的行政、经济法律法规条文的具体内容。但是,无论是哪一种形式,犯罪构成都反映着犯罪的性质以及它的社会危害性程度。刑法正是依据不同的犯罪性质规定相应的法定刑,如果定性上发生错误,量刑上的差误就不可避免。因此,准确地认定犯罪性质,对于量刑有着非常重要的意义。如果连犯罪性质都搞不清楚,量刑怎么可能准确?比如明明是盗窃罪,你定他抢劫罪,量刑怎么可能准确呢?所以定性对于量刑非常重要。老百姓比较注重量刑的结果,他们会说:"你判我十个罪都没有关系,只要把我放了。"我们比较注重的是定性,怎么能随便判人家十个罪呢?两者看问题的关注点是不一样的。简单地说,犯罪性质和量刑有直接的关系,犯罪性质如果搞错了,量刑是不可能正确的,即使正确也是偶然的巧合。

第三,必须考察犯罪的情节。判明犯罪性质只是解决了对某一具体犯罪应当依照刑法分则哪一条的法定刑来考虑量刑的问题。然而,同一性质的犯罪由于犯罪的情节不同,行为给国家和人民的利益造成的危害程度就不同,因此所处的刑罚也就应当有所不同。犯罪情节是指犯罪构成必要要件的基本事实以外的其他能够影响社会危害性程度的各种具体事实情况,比如犯罪动机、手段、环境和条件,以及犯罪分子的一贯表现、犯罪后的态度、直接或间接的损害后果等等。不同犯罪的犯罪情节是刑法规定轻重不同的法定刑的依据。准确地认定犯罪的各种情节,对于正确地量刑至关重要。刑法上的犯罪情节有两种:一是定罪情节,二是量刑情节。

第四,必须全面准确评价犯罪行为对社会的危害程度。犯罪对于社会的危害程度是指犯罪行为对社会造成或者可能造成的损害。我们之所以要根据犯罪行为对社会的危害程度确定刑罚,就是因为行为的社会危害性是犯罪的本质特征。司法实践中各种行为的社会危害性的有无及其大小,不仅是区分罪与非罪的主要依据,而且还是决定罪重罪轻以及刑罚轻重的重要标准。我们在判断某一犯罪行为的社会危害性的程度时,应当坚持全面的、本质的和历史的唯物主义观点。只有这样,才能避免出现量刑上的畸轻畸重、罪责刑不相适应的现象。

总之,犯罪事实是量刑的客观基础或者根据。没有犯罪事实,就无法确立犯罪,更谈不上量刑了。比如说,对于内幕交易、泄露内幕信息罪的认定,首先应当确定客观上是否存在犯罪事实,具体包括:证券、期货交易内幕信息的知情人员或者非法获取证券、期货交易内幕信息的人员,在涉及证券的发行,证券、期货交易或者其他对证券、期货交易价格有重大影响的信息还没有公开前,买入或者卖出该证券,或者从事与该内幕信息有关的期货交易,或者泄露该信息,或者明示、暗示他人从事这些交易活动等。如果这些犯罪事实可以确定,那么再进一步考察行为人的行为是否达到了情节严重的程度,是否构成了犯罪,进而依照刑法规定对行为人判处刑罚。所以"以犯罪事实为依据"是量刑的原则。

刑罚裁量的第二个原则是以刑法和相关法律法规为准绳的原则。这就是说,人民法院在开展量刑活动时,必须严格依照刑法和相关法律法规的规定,在坚持罪责刑相适应和刑罚个别化的原则下,做到恰当用刑、罚当其罪,这是我国社会主义法治原则在量刑工作中的具体要求。我国现行《刑法》第61条明确规定,对于犯罪分子决定刑罚的时候,"依照本法的有关规定判处"。因此,对于犯罪的量刑,我们同样也应当坚持这个原则。具体来说,要做到以下两点。

第一,要严格依照刑法分则以及相关法律法规中有关犯罪的规定,根据各具体犯罪的情节轻重,为已经确认的犯罪选择相应的刑罚。从我国现行刑法有关犯罪的法定刑规定来看,有些犯罪刑法分别规定有"情节严重"和"情节特别严重"的法定刑幅度;有些犯罪刑法分别规定了"造成严重后果的"和"情节特别恶劣"的法定刑幅度;还有些犯罪刑法只规定"情节严重"或"造成严重后果"的单一的法定刑幅度。刑法对犯罪设定这些法定情节是十分必要的,这些情节表述可以概括那些刑事立法中无法简洁表达的内容。这些法定情节的规定,也是为了解决法律的稳定性与社会现象多变性之间的矛盾,实现量刑上的平衡与和谐。因此,在量刑时,应首先根据法律规定的情节确定量刑幅度,然后结合案件的具体情况选择适用的刑种和刑期等,做到重罪重罚、轻罪轻罚、罚当其罪、罪刑相当。

第二,要严格依照刑法总则有关刑罚个别化的特殊规定,区别犯罪分子的具体情况进行量刑。也就是按照刑法总则中有关从重、从轻、减轻或者免除处罚等规定,对犯罪分子适当量刑。我国现行《刑法》第62条规定:"犯罪分子具有本法规定的从重处罚、从轻处罚情节的,应当在法定刑的限度以内判处刑罚。"第63条规定:"犯罪分子具有本法规定的减轻处罚情节的,应当在法定刑以下判处刑罚。"司法实践中,每个具体的案件都可能具有多个不同的法定从重、从轻、减轻或者免除情节,要区别情况准确量刑。以共同犯罪为例,量刑时应当根据刑法有关共同犯罪人中的主犯、从犯、胁从犯和教唆犯的处罚原则,结合每一个共犯成员的地位、作用和分工形式的不同情况,逐一量刑。

刑罚裁量的第三个原则是考虑犯罪的特点和相关刑事政策的原则。在量刑活动中,以犯罪事实为根据、以刑法和相关法律法规为准绳的原则固然重要,但为了准确量刑,我们还必须考虑犯罪的特点和相关刑事政策因素对量刑的影响。比如,证券、期货犯罪不同于一般的刑事犯罪,它只能产生于市场经济体制之下,没有市场经济就不会有证券、期货市场,没有证券、期货市场也就不会有证券、期货犯罪。因此,我们在对证券、期货犯罪定罪量刑时,必须依据市场经济的发展规律,证券、期货市场本身的特点以及国家对证券、期货市场的相关调控政策等,全面综合地加以考察。再比如说,证券、期货市场除具有投资性以外,还不可避免地具有投机性,从某种意义上说,证券、期货市场如果没有了投机,也就失去了它自身的魅力。但是,"投机"一词在经济学上容易与囤积居奇、牟取暴利联系在一起,在刑法中也往往与投机倒把、非法经营扯上关系,长期以来人们把它作为贬义词来使用。近年来,随着人们观念的逐步转变,在某些领域中也开始慢慢接受了投机行为,并认识到法律所禁止和谴责的并不是所有的投机行为,而仅仅是非法的投机行为。因此,在对证券、期货犯罪认定与量刑时,我们必须注意转变长期以来厌恶投机的传统理念,宽容那些合理、合法的投机,充分考虑证券、期货犯罪的特点和相关的刑事政策。

(三) 刑罚裁量中的情节

下面我讲一下刑罚裁量中的情节。刑罚裁量中的情节也叫量刑情节,是指对犯罪分子量刑时,影响刑罚轻重的各种事实。具体来说,量刑情节是指客观存在的、法律规定或司法实践认可的,反映犯罪行为的社会危害性和犯罪人的人身危险性,并在审判人员裁量时需要予以考虑的,据以决定对被告人处刑轻重或免于处罚的构成要素的事实以外的各种主客观事实。

量刑情节与犯罪情节的界限要搞清楚。理论上和司法实践中对于量刑情节和犯罪情节的界定存在许多争议。我认为,两者的区别可以从范围与功能两个方面来考察:从范围上看,犯罪情节包括定罪情节和量刑情节。从功能上看,犯罪情节既作用于定罪,也作用于量刑与行刑;量刑情节作为一个整体,只能作用于量刑,但是法律有特殊规定的情况下,原有的量刑情节内容可以转化为行刑情节。在犯罪情节中定罪情节和量刑情节各有特征,它们性质不同,作用也不同。一般来说,定罪情节就是对定罪起决定作用的情节。量刑情节是指在行为已构成犯罪的前提下,决定对行为人是否需要判处刑罚以及判刑轻重的情节。

需要指出的是,在量刑时,我们应该提倡禁止重复评价的原则。所谓禁止重复评价的原则,是指禁止对法条所规定的、已经作为影响刑罚轻重考虑在内的因素,在刑罚裁量中再度当作刑罚裁量事实重复评价并且作为加重或减轻刑罚的依据。如果对犯罪事实进行重复评价,一个犯罪事实就会演变为多个犯罪事实;如果对量刑进行重复评价,等于对一个行为实行并罚。从广义上来说,我们对量刑采取的是立法机关与法官既分工又协同作业的原则,对于立法机关为了确定法定刑已经评价的事实,如果法官再次评价,就意味着法官侵入了立法领域,这直接违背了法治原则。所以说,禁止重复评价不仅是一个定罪原则,也是一项量刑原则,司法人员应牢固树立禁止重复评价的观念。应该看到,禁止重复评价原则在有些国家的刑法中已经有了明确规定,例如德国刑法典就明确规定禁止两次使用同一个情节。《德国刑法典》第 46 条第 3 款规定,禁止在量刑时考虑那些已经作为法定构成的情节。《德国刑法典》第 283 条第 1 款第 2 项规定,资不抵债或濒临或已经无支付能力的人,通过非经济性支出消费或者负债的,构成破产犯罪。如果行为人在自己经济困难时期购买了豪华汽车构成破产犯罪的,在对其判刑时,对这一点就不能作为从重处罚的因素考虑,因为这一点已经是构成犯罪的因素了。另外,在德国,如果法院在判处作为轻罪的诈骗时,将行为人"牟利"的目的作为从重的情节考虑,也是违反禁止两次使用同一个情节的规定的,因为在通常情况下,行为人的牟利目的应当是构成诈骗罪的要件。我认为,我国刑法完全可以借鉴德国刑法典的做法将禁止重复评价原则法定化,以更好地在刑事司法中真正体现罪刑均衡的精神。

下面我们来看量刑情节的分类。量刑情节根据不同的标准可以有不同的分类。第一,以法律是否明文规定为标准,量刑情节可以分为法定的量刑情节和酌定的量刑情节。法定的量刑情节是刑法明文规定的。酌定的量刑情节是刑法没有明确的规定,按照刑事政策和审判经验,由法官根据每个案件的具体情况予以掌握的情节。第二,以量刑情节是否必须在量刑中予以运用为标准,量刑情节可以分为应当的量刑情节和可以的量刑情节。例如,法条中规定,"对于预备犯,可以比照既遂犯从轻、减轻处罚或者免除处罚"。所以,这属于可以的量刑情节。"对于中止犯,没有造成损害的,应当免除处罚;造成损害的,应当减轻处罚。"所以是应当的量刑情节。考试的时候,很多人不作区分,随意乱写。我认为,"可以"与"应当"的区别是很重要的,所以你们"应当"要搞清楚,而不仅仅是"可以"搞清楚。第三,以量刑情节影响刑罚的轻重为标准,量刑情节可以分为就轻的量刑情节和就重的量刑情节。就轻的量刑情节又可以具体地分为从轻情节、减轻情节和免除刑事处罚情节。就重的量刑情节也可以进一步分为从重情节和加重情节。第四,以一种事实对量刑影响的单一或复合的情况来分,量刑情节可以分为单功能的量刑情节和多功能的量刑情节。比如累犯,只具有量刑情节的从重功能,是单功能的量刑情节。再比如共同犯罪中的从犯,法律规定应当从轻、减轻或者免除处罚,所以是多功能的量刑情节。大家要注意,这些都是学理上的分类,这种划分是相对的,比如反映社会危害性的情节与反映人身危险性的情节就不是可以截然分开的,有些影响量刑的情况既体现犯罪的社会危害性也体现犯罪的人身危险性,犯罪中止就属于这种情况。因此,不能将量刑情节的划分标准绝对化,只能说,不同的分类对量刑实践有着不同的指导意义。

下面,我根据第一种分类,讲一讲法定量刑情节和酌定量刑情节。法定量刑情节有很多,如果全部按照法条顺序来记忆,是记不下来的。怎么办呢? 还是按照我以前给大家讲过的,从法条中一组一组地记忆。预备、未遂、中止、既遂,作为一组记忆。主犯、从犯、胁从犯、教唆犯,作为一组记忆。主体年龄也是一组一组地记忆。比如,对于预备犯,刑法规定是可以比照既遂犯从轻、减轻或者免除处罚。对于未遂犯,是可以比照既遂犯从轻或者减轻处罚,少了一个免除处罚的规定。中止犯,区分造成损害的和没有造成损害的,没有造成损害的应当免除处罚,造成损害的应当减轻处罚。你们看,这样记忆是不是更清晰、也更容易记住呀? 酌定情节,主要包括犯罪的手段是否恶劣、是否残忍,犯罪时间、地点,犯罪侵害对象的具体情况,犯罪造成的危害结果的大小,犯罪的动机是否卑劣,犯罪后的态度,犯罪人的一贯表现,犯罪人有无前科,等等。这些酌定情节,都应该予以考虑。

接下来我们来看一下量刑情节的运用。大家注意,法定量刑情节包含从重、从轻、减轻、免除处罚四种情节,对它们的涵义应当正确理解。从重处罚和从轻处罚是相对应的一组概念,都是针对犯罪分子没有适用该情节时法律规定的应当判处的刑罚而言的,并且都是在法定刑范围之内选择刑罚,但需要注意不能将其理解为是在法定刑的中间刑"以上"或"以下"量刑,而是应当根据每个案件的具体情况,按照应当选定的法定刑加以确定。《刑法》第 63 条第 1 款原来规定,犯罪分子具有本法规定的减轻处罚情节的,应当在法定刑以下判处刑罚。在当时的司法实践中,对于减轻处罚的具体适用存在一定分歧。有人认为,减轻处罚就是在法定刑以下减一档处罚。也有人认为,减轻处罚没有限制,可以减轻一档量刑,也可以减二档甚至三档量刑。但《刑法修正案(八)》第 5 条已明确规定,将《刑法》第 63 条第 1 款修改为:"犯罪分子具有本法规定的减轻处罚情节的,应当在法定刑以下判处刑罚;本法规定有数个量刑幅度的,应当在法定量刑幅度的下一个量刑幅度内判处刑罚。"据此,对于减轻处罚的具体适用不应再存在分歧,我国刑法法定量刑情节中的减轻处罚显然是指在法定刑以下减一档处罚。

需要大家注意的是,减轻处罚中的"法定刑以下"通常是不包括应当选定的法定刑所在法定刑幅度内的最低刑的,但如果某罪仅有一个法定刑幅度或者应当选定的法定刑属于最低的法定刑幅度,那么这里的"法定刑以下"就应该包括法定刑幅度内的最低刑。这是因为,减轻处罚无论如何都不能减到没有,减到没有就变成了免除处罚。例如,根据《刑法》第 133 条之一的规定,犯危险驾驶罪的,处拘役,并处罚金。如果行为人构成危险驾驶罪,且具有法定减轻处罚情节,那么只能按照法定最低刑判处行为人拘役 1 个月。再例如,根据《刑法》第 233 条的规定,过失致人死亡的,处 3 年以上 7 年以下有期徒刑;情节较轻的,处 3 年以下有期徒刑。本法另有规定的,依照规定。如果行为人构成过失致人死亡罪,且行为人既属于情节较轻的情形,又具有法定减轻处罚的情节,那么只能以 3 年以下有期徒刑这一法定刑幅度的最低刑期判处行为人有期徒刑 6 个月。当然,如果上述情形属于"情节显著轻微危害不大"的,我们也可以根据《刑法》第 13 条有关"但书"条款的规定,不认定为犯罪。

量刑情节具体怎么运用呢? 酌定情节对量刑有辅助性的影响。多功能量刑情节中同向量刑情节的应用,可以根据量刑情节的排列顺序来选择,也可以根据量刑情节本身的轻重来选择,还可以根据案件本身的特点来选择。这里的主要问题是,如果量刑情节出现冲突,该怎么办?比如,某人被判处死刑,缓期两年执行,在这期间,他既有重大立功表现又实施了情节恶劣的故意犯罪。按规定,故意犯罪情节恶劣的,执行死刑;有重大立功表现的,减为有期徒刑。理论中对量刑情节冲突的解决,有抵消说、优势情节适用说、综合判断说等观点。到目前为止,还没有一个比较权威的说法,说明这个问题确实比较难办。我的观点是要区分情况,根据案件的不同特点进行处理,有的时候可以运用优势情节适用说,有的案件可以运用抵消说,有些情况可以运用综合判断说。关于刑罚裁量的方法,我们有经验操作说、数学量刑说、电脑量刑说等。它们中的有些方法,我们现在已经开始采用了。

关于量刑情节的立法完善,简单地说,我认为可以从五个方面入手。

一是量刑情节概念的法定化。我国现行刑法中并没有对量刑情节下一个定义,有关量刑情节的概念,仅仅是刑法学界在学理上的理解。由于理论界"仁者见仁,智者见智",实际上并没有形成一个统一的概念。这种现状导致量刑情节的内涵与外延不够明确,量刑情节与定罪情节甚至与犯罪情节产生混淆,不利于量刑情节的分类与界定,甚至影响量刑的科学性与合理性。因此,有必要在刑法条文中明确量刑情节的定义,使量刑情节的概念法定化。

二是在刑法中确立禁止重复评价等量刑原则。现行刑法典没有规定量刑情节的适用原则,这导致了司法实践中量刑的混乱。我认为刑法应当对量刑情节的适用原则加以规定。比如,刑法可以将全面原则、综合原则以及禁止重复评价原则等规定在条文中。我们可以借鉴《德国刑法典》第46条第3款关于禁止在量刑时考虑那些已经作为法定构成的情节等的规定,将这些内容法定化。这么做的好处是,可以更好地在刑事司法中贯彻量刑原则,实现罪刑均衡。

三是在刑法中明确数情节的适用规则。我国刑法中很少有案件只有一种量刑情节,多数案件存在两个或两个以上的量刑情节,还有不少案件存在逆向的多个量刑情节,这就使得多个量刑情节之间的冲突与协调非常复杂,不同时期、不同法源甚至不同审判人员对这些情节在理解上差异也很大,导致相同或类似的案件量刑结果相差很大。因此,我国刑法对量刑情节的适用规则,尤其是数情节的适用规则,应当作出明确的规定。这些规定要尽可能具体、明确并具有可操作性,以便审判人员在具体判案过程中能比较容易地解决同一案件中数情节之间的冲突。

四是在刑法中细化多功能量刑情节的幅度。我国刑法中有不少条文将具备从轻、减轻和免除处罚这三种功能不同的情节集中规定在同一个条文中,但是这三种功能是轻重有别的,是三个量刑档次,究竟量刑情节中哪些内容可以与这三个档次相对应,刑法没有作出明确的规定,这就在无形中加大了法官的自由裁量权,影响了执法的严肃性和统一性。从立法技术上讲,两个完全相对或相反的概念不应当规定在同一条款中,应当分开作为独立的款项加以规定。世界各国和地区的刑事立法一般也都取消了多幅度量刑情节,我们应该加以借鉴。具体来说,应当根据不同的情节功能,分别对应规定不同的刑罚档次。

　　五是在刑法中明确减轻处罚的内涵。我国刑法中有关法定减轻处罚适用的规定存在一定的缺陷,对减轻的幅度、减轻的办法以及有关法定用语都没有作出明确的界定和解释。减轻处罚的情节究竟是只能减一格还是可以无限制地减? 在什么情况下减一格? 减轻的方法是什么? 对于这些疑问,刑法原来的规定都没有作出明确的解答,导致法官自由裁量权过大。为此,《刑法修正案(八)》将《刑法》第 63 条第 1 款修改为:"犯罪分子具有本法规定的减轻处罚情节的,应当在法定刑以下判处刑罚;本法规定有数个量刑幅度的,应当在法定量刑幅度的下一个量刑幅度内判处刑罚。"这样规定,就明确了减轻处罚的内涵,有利于司法机关准确地适用减轻处罚情节。

三、累犯

　　下面我来讲一下刑罚裁量制度。刑罚裁量制度,具体包括:累犯、自首、立功、数罪并罚和缓刑制度等。

　　我们首先来了解一下累犯制度。累犯,是指受过一定的刑罚处罚,在刑罚执行完毕或者赦免以后,在一定时间内又犯应当被判处一定刑罚之罪的犯罪分子。累犯和连续犯是不一样的,二者有很多区别。累犯是受过一定的刑罚处罚后再犯罪的问题,连续犯不存在这个问题。连续犯连续实施的都是同一性质的犯罪,而累犯实施的犯罪不一定是同一性质的。累犯的人身危险性比较大,因为一个人在刑罚执行完毕后一段时间还犯罪,说明他没有被改造好,所以处罚的时候就要重一些。刑法中有很多条文对累犯有专门的规定,比如说,缓刑和假释就不能适用于累犯。

　　累犯可以分为一般累犯和特殊累犯。《刑法》第 65 条规定:"被判处有期徒刑以上刑罚的犯罪分子,刑罚执行完毕或者赦免以后,在五年以内再犯应当判处有期徒刑以上刑罚之罪的,是累犯,应当从重处罚,但是过失犯罪和不满十八周岁的人犯罪的除外。"这是一般累犯的法定概念。一般累犯的成立必须具备这么几个条件。

　　第一是罪质条件。前罪与后罪都是故意犯罪。对这个问题的理解,我们容易出现一个误区,很多同学会把它理解为前后两罪必须是同一个犯罪,这是错误的。还有一些同学把它理解为罪名必须相同,这也是错误的。我讲的是前后两罪都必须是故意犯罪,并不意味着前后两罪的罪名一样。当然,罪名一样也可能是累犯,但罪名不一样,只要都是故意犯罪的,也可能是累犯。

　　第二是刑度条件。前罪与后罪都必须是判处有期徒刑以上刑罚的犯罪。要注意,认定累犯时,前罪肯定已经判了,关键是看后罪。对后罪在决定它的宣告刑的同时,实际上也在判断其是否成立累犯的问题。考察的时候,我们要先判断这个后罪要不要判处有期徒刑以上刑罚,再决定是不是累犯,在确定是累犯的基础上才考虑从重处罚。我们说,后罪必须是判处有期徒刑以上刑罚的犯罪,并不是指这个罪名的法定刑包含有期徒刑以上刑罚,因为大部分犯罪的法定刑中都包含有期徒刑,而是指根据具体的罪行,对行为人有没有可能判处有期徒刑以上刑罚。如果有,就认定累犯,在确定宣告刑的同时,对他从重处罚。

第三是前提条件。后罪的发生必须是在前罪的刑罚执行完毕或赦免以后。这是一个起点,累犯不可能发生在刑罚执行中,只可能发生在刑罚执行完毕以后,这是一个很重要的要求。

第四是时间条件。后罪的发生必须在前罪刑罚执行完毕或赦免后5年之内,这是对累犯在时间终点上的要求。这个问题也很容易产生认识上的误区。比如说,某人前罪刑罚执行完毕后第4年又犯罪了,而且是故意犯罪并要判处有期徒刑以上的刑罚。有些同学就说,这个不是累犯,因为5年还没到,不到5年怎么可以是累犯呢?希望大家注意,法条规定是5年内,不是要满5年,时间越短,"累"得越厉害。当然不能没有时间,没有时间指的是在刑罚执行过程中又犯罪,那就不是累犯了。对于如何计算刑罚执行完毕以后"5年以内"的起止时间,2018年12月28日最高人民检察院专门发布了《关于认定累犯如何确定刑罚执行完毕以后"五年以内"起始日期的批复》,其规定:"刑法第六十五条第一款规定的'刑罚执行完毕',是指刑罚执行到期应予释放之日。认定累犯,确定刑罚执行完毕以后'五年以内'的起始日期,应当从刑满释放之日起计算。"此外,需要特别注意的是,对于被判处拘役、3年以下有期徒刑宣告缓刑的犯罪分子,在缓刑考验期满后5年内再犯罪的,能否构成累犯?我一直坚持的观点是,由于《刑法》76条规定:"对宣告缓刑的犯罪分子,在缓刑考验期限内,依法实行社区矫正。如果没有本法第77条规定的情形,缓刑考验期满,原判的刑罚就不再执行。""原判的刑罚就不再执行"意味着缓刑考验期满的犯罪分子没有执行过刑罚,也就不存在认定累犯有关"刑罚执行完毕"的条件。2020年1月17日"两高"发布的《关于缓刑犯在考验期满后五年内再犯应当判处有期徒刑以上刑罚之罪应否认定为累犯问题的批复》对此问题进行了明确规定:"被判处有期徒刑宣告缓刑的犯罪分子,在缓刑考验期满后五年内再犯应当判处有期徒刑以上刑罚之罪的,因前罪判处的有期徒刑并未执行,不具备刑法第六十五条规定的'刑罚执行完毕'的要件,故不应认定为累犯,但可作为对新罪确定刑罚的酌定从重情节予以考虑。"

第五是主体条件。《刑法修正案(八)》对《刑法》第65条第1款作了修改,规定:"被判处有期徒刑以上刑罚的犯罪分子,刑罚执行完毕或者赦免以后,在五年以内再犯应当判处有期徒刑以上刑罚之罪的,是累犯,应当从重处罚,但是过失犯罪和不满18周岁的人犯罪的除外。"此次修改新增了不满18周岁的人不构成累犯的规定,这样构成累犯的主体就必须是已满18周岁的犯罪人了。

那么,这里的"不满十八周岁"是指实施前罪时不满18周岁,还是指实施后罪时不满十八周岁?《刑法修正案(八)》并没有作出明确规定,学界对这个问题也存在一定争议。2011年4月25日最高人民法院《关于〈中华人民共和国刑法修正案(八)〉时间效力问题的解释》第3条第1款后半段规定:"……但是,前罪实施时不满十八周岁的,是否构成累犯,适用修正后《刑法》第65条的规定。"由此可见,这个司法解释实际上是以实施前罪时的年龄作为排除累犯的时间标准的。但我认为,这个司法解释的规定并不合理,我们应该以实施后罪时的年龄作为排除累犯的时间标准。我的理由主要有这么几点。

　　首先,如果以实施前罪时的年龄作为排除累犯的时间标准,有可能会违背禁止重复评价的原则。法院基于行为人在未成年时实施的前罪对其判处刑罚时,实际上已经遵循刑法对未成年人予以特殊保护的立法精神,对其予以了从宽处罚。如果在判断行为人能否排除累犯时,再将行为人实施前罪时未成年这一情节加以考虑,并以此作为排除行为人构成累犯的依据,则显然属于重复从轻,有违"禁止重复评价"的原则。

　　其次,以实施后罪时的年龄作为排除累犯的时间标准,符合累犯从重处罚的根据。《刑法修正案(八)》之所以作出未成年人排除累犯的规定,就是因为未成年人在接受刑罚处罚后再次犯罪,其人身危险性虽然较未成年初犯要大,但其终究还是未成年人,生理、心理尚处于发育阶段,各方面都很不成熟,认识世界、辨别是非和控制自我的能力也很有限,与成年人累犯相比,其人身危险性要小得多,矫正改善的可能性也要大得多,从而也就不应对其依成年人累犯从重处罚,而应继续实行教育为主、惩罚为辅的原则。但应当看到,判断行为人人身危险性的大小,只有根据具体的行为人,从行为人犯罪前后整体的角度,或者说从行为人人格形成的角度来认识人身危险性趋强或趋弱的态势才具有可比性。对于实施前罪时不满但实施后罪时已满 18 周岁的情况来说,行为人在实施前罪时,固然由于未成年而辨认、控制自己行为的能力有限,但其在成年后就理应以前罪为戒,而其却在成年后又故意实施犯罪行为,这就足以说明其人身危险性呈现趋强的态势。如果在这种情况下,仍不对行为人以累犯论处,显然有违累犯从重处罚的根据。

　　最后,以实施后罪时的年龄作为排除累犯的时间标准,有利于保护公众利益和社会安全。根据《刑法》第 65 条的规定,因故意犯罪被判有期徒刑以上刑罚的犯罪分子,在刑罚执行完毕或赦免后 5 年内,又故意犯应判有期徒刑以上刑罚之罪的,是累犯。而我国刑法规定的完全负刑事责任的年龄是 16 周岁,相对负刑事责任的年龄是已满 14 周岁不满 16 周岁。也就是说,我国未成年人负刑事责任的最早年龄是 14 周岁,距其成年只有 4 年的时间。试想,即使是刚满 14 周岁就犯罪的未成年人,在距其成年的 4 年时间里,既要执行完前罪被判处的有期徒刑,又要再次故意犯罪,应当说,这种未成年人构成累犯的比例是较低的,更不用说已满 16 周岁以后初次犯罪的未成年人了。也就是说,行为人在实施前罪时不满 18 周岁,但在前罪判处的有期徒刑执行完毕或赦免后 5 年内再故意犯罪的时候,绝大多数情况下都已满甚至远远超过 18 周岁。例如,某行为人在 17 周岁时因犯抢劫罪、盗窃罪等数个犯罪,而被法院数罪并罚判处有期徒刑 25 年。在刑罚执行完毕后的第 5 年,这个行为人又实施了应当判处有期徒刑以上刑罚之罪。而这时这个行为人的年龄可能已经达到了 47 周岁。如果以实施前罪时的年龄作为排除累犯的时间标准,则必然会导致这些已经进入中年的行为人无法被认定为累犯。这显然会导致对公众利益和社会安全维护的极不充分,甚至会对其造成较大程度的损害后果。我认为,在为未成年人提供保护的同时,也不应忽略对公众利益和社会安全的保护。以实施后罪时的年龄作为排除累犯的时间标准,一方面充分照顾了未成年人实施前后罪时的生理、心理特点,另一方面也注意保护了公众利益和社会安全,因而更为可取。

除了这三点理由以外,从我国刑法有关未成年人前科报告义务免除的规定以及相关司法解释的规定分析,也可以得出以实施后罪时的年龄作为排除累犯的时间标准更为妥当的结论,这里我就不详细讲解了,有兴趣的同学可以去看一看我就这一问题写的相关论文。

接下来我讲一下特殊累犯。《刑法》第66条原来规定,危害国家安全的犯罪分子在刑罚执行完毕或者赦免以后,在任何时候再犯危害国家安全罪的,都以累犯论处。因此,之前特殊累犯被称为危害国家安全罪的累犯。但《刑法修正案(八)》将《刑法》第66条修改为:"危害国家安全犯罪、恐怖活动犯罪、黑社会性质的组织犯罪的犯罪分子,在刑罚执行完毕或者赦免以后,在任何时候再犯上述任一类罪的,都以累犯论处。"我认为,《刑法修正案(八)》实际上扩大了刑法特殊累犯的范围,即特殊累犯的范围包括危害国家安全犯罪、恐怖活动犯罪及黑社会性质的组织犯罪这三类犯罪。依此规定,构成特殊累犯的条件应该有两个。第一,前罪与后罪必须都是危害国家安全罪、恐怖活动犯罪、黑社会性质的组织犯罪中的任一类犯罪,大家要注意这里的"任一类犯罪"的规定,这个规定就表明前后两罪的种类不需要一一对应,即使相互交叉也可能构成累犯,例如某甲前罪犯的是危害国家安全罪,即使他后罪犯的是恐怖活动犯罪或黑社会性质的组织犯罪,都可能构成累犯。第二个条件是后罪发生在前罪的刑罚执行完毕或赦免以后。

一般累犯与特殊累犯的主要区别有三点。第一,一般累犯要求前后两罪是故意犯罪,而特殊累犯前后两罪都必须是危害国家安全罪、恐怖活动犯罪或黑社会性质的组织犯罪;第二,一般累犯前后两罪都必须是判处有期徒刑以上刑罚的犯罪,而特殊累犯前后两罪在刑度上没有要求,只要判过刑就可以满足累犯的前罪条件,至于判什么刑则没有要求;第三,一般累犯和特殊累犯尽管都有起点,也就是说后罪的发生都要在前罪刑罚执行完毕或赦免之后,但一般累犯有终点,而特殊累犯没有终点。一般累犯5年之内犯罪就是累犯,而特殊累犯无论什么时候犯罪都可以构成累犯。简单地说,一般累犯与特殊累犯,除了前提条件必须是在前罪的刑罚执行完毕或赦免以后,也就是说起点上是一样的外,其他三点都有区别。

我们再来看一下对于累犯的处罚规定。刑法规定,对累犯应当从重处罚。要注意这里的用词,是"应当"而不是"可以",不能含糊。此外,法条明确规定,累犯不适用缓刑,累犯不得假释。

理论上讨论较多的一个话题是,累犯与毒品犯罪的再犯之间的关系。我国《刑法》第356条规定:"因走私、贩卖、运输、制造、非法持有毒品罪被判过刑,又犯本节规定之罪的,从重处罚。"对于这个问题,有人认为是一种特别的累犯,是毒品犯罪的累犯。我认为,这是关于毒品再犯的规定,与累犯还是有区别的。第一,这里只说"从重处罚",并没有明确说"应当从重处罚",在提法上是不一样的;第二,严格来讲,累犯的成立条件比毒品再犯更加苛刻,累犯的前后两罪都必须是故意犯罪,都要求判处有期徒刑以上刑罚,而且是在刑罚执行完毕或赦免之后5年之内再犯罪。而毒品再犯则没有类似的规定,只规定因毒品犯罪判过刑,不一定要有期徒刑以上刑罚,判处有期徒刑缓期执行、管制、拘役甚至单处附加刑的，也可以适用。毒品再犯没有起点和终点的问题，这与累犯也不一样。就此而言，我认为，两者关系应该是：毒品累犯一定是毒品再犯，而毒品再犯不一定是毒品累犯。在一般情况下，符合累犯条件的，按刑法总则以累犯从重处罚；如果不符合累犯条件但符合毒品再犯条件的，按照毒品再犯的要求从重处罚。

而在《刑法修正案（八）》作出未成年人不构成一般累犯的规定后，理论上又产生了一个值得讨论的话题，也就是在未成年人不能构成一般累犯的情况下，其还能不能构成毒品再犯和特殊累犯？对于这个问题，我认为，未成年人既然不能构成一般累犯，也就理应不能构成毒品再犯和特殊累犯。我刚刚讲过，构成累犯所需具备的要件较之毒品再犯要苛严得多，毒品累犯肯定都是毒品再犯，毒品再犯却并不一定都是毒品累犯。由此可见，适用毒品再犯的规定较之适用累犯的规定而言，打击范围显然更大，对行为人而言处罚也就更重。此外，我国刑法中经修正后的特殊累犯尽管与毒品再犯在前罪刑罚是否需要执行完毕或赦免这一构成要件上存在一定差异，但由于二者在时间间隔、前后罪所判处的刑罚、前后罪的罪质等构成要件方面都具有极大的相似性，因而二者在本质上其实是相同的。也就是说，与毒品再犯的情况相同，适用特殊累犯的规定较之适用一般累犯的规定而言，打击范围更大，对行为人而言处罚也更重。而我们应该看到，《刑法修正案（八）》之所以明确规定未成年人不能构成一般累犯，一方面是为了进一步加强对未成年人的特殊保护，另一方面则是为了适应轻刑化的趋势。而由于毒品再犯和特殊累犯在适用范围、适用条件上都比一般累犯要宽泛，打击面也更广，因此，既然修正案规定未成年人不能构成一般累犯，那么，未成年人就理所当然不能构成毒品再犯和特殊累犯，否则就有违修正案规定未成年人不能构成一般累犯的立法原意，也会使得这一修改失去应有的价值和意义。

四、自首

自首，是指犯罪分子在犯罪以后自动投案，如实供述自己的罪行的行为，或者被采取强制措施的犯罪嫌疑人、被告人和正在服刑的罪犯，如实供述司法机关还没有掌握的本人其他罪行的行为。所以自首分两种，一种叫一般自首，还有一种叫准自首或特别自首。一般自首是指犯罪以后自动投案，如实供述本人所犯罪行的行为。特别自首或准自首是指被采取强制措施的犯罪嫌疑人、被告人和正在服刑的罪犯，如实供述司法机关还未掌握的本人的其他罪行的行为。

设立自首，一方面可以最大限度地节约司法成本，有利于司法机关节省破案和审案开支。在我看来，国家不会因为认定自首而损失什么，倒是可以收益很多。另一方面，可以保证刑罚目的的实现。自首是一项刑事政策，可以实现一般预防的刑罚目的；对自首的人从轻处罚，有助于对他进行改造，从这个意义上说，自首还可以实现特殊预防的刑罚目的。按照我的想法，自首制度的设立是有百利而无一害的。

接下来，我讲一下一般自首的构成要件。一般自首主要包括两个要件。

自首的第一个要件是自动投案。这里有几点需要明确。

其一是投案的方式。从道理上讲,我们一般要求本人直接到案,但是如果情况特殊也可以成立自首,比如向所在单位、城乡基层组织或者其他有关负责人员投案的;犯罪嫌疑人因伤病或者其他原因,委托他人先代为投案的;或者先以信电投案的,如打电话投案、发电报投案或者发 e-mail 投案的。形式可以多种多样,但是不能匿名投案。更不能说这件事是我做的,我是这么做的,但是,我就不告诉你我是谁,你是抓不到我的。这个不能算自动投案,应该是向司法机关"公然挑战"的行为。投案的机关,可以是司法机关,也可以是其他机关。投案必须是向组织投案,但组织实际上是由人组成的。有时候,犯罪分子可能会找到机关中的某些人,这个时候,他把这些人当作组织来看待,也可以成立自首。比如,投案的时候单位里的工作人员下班了,犯罪分子就跑到党委书记家里,这个时候就看他把党委书记是作为组织来看待,还是作为他的小兄弟、好朋友来看待。

其二是投案的时间。自动投案在时间上存在这么几种情况:第一种,犯罪事实和犯罪嫌疑人都还没有被发现。这时候投案是标准的投案,是"最纯"的投案。(全场笑)第二种,犯罪事实已经被发现,但犯罪嫌疑人没有被发现。第三种,犯罪事实和犯罪嫌疑人都被发现,但犯罪嫌疑人尚未受到讯问、未被采取强制措施。在贪污贿赂、渎职等职务犯罪中,犯罪事实或者犯罪分子虽然已经被掌握,但犯罪分子还没有受到调查谈话、讯问,或者还没被宣布采取调查措施或者强制措施时,向办案机关投案的,也是自动投案。除了刚才讲的这几种情况外,还有两种情况大家需要注意。第一种情况是,犯罪人到底是谁,司法机关并不清楚,但嫌疑对象是有的,司法机关对嫌疑对象进行盘问,在盘问的过程中,嫌疑对象主动交代了有关的犯罪事实。这个也算是自首。也就是说,罪行尚未被司法机关发觉,仅因形迹可疑,被有关组织或者司法机关盘问、教育后,主动交代自己罪行的,算自首。但值得注意的是,最高院 2010 年 12 月 22 日发布了《关于处理自首和立功若干具体问题的意见》,根据这个司法解释的规定,如果有关部门、司法机关在嫌疑对象身上、随身携带的物品、驾乘的交通工具等处发现与犯罪有关的物品的,则不能认定其为自动投案。还有一种情况是,犯罪后逃跑,在被通缉、追捕过程中,主动投案的;或者经查实确已准备去投案,或者正在投案途中,被公安机关捕获的,也应当视为自动投案;或者并非出于犯罪嫌疑人主动,而是经亲友规劝、陪同投案的,也是自动投案;公安机关通知犯罪嫌疑人的亲友,或者亲友主动报案后,将犯罪嫌疑人送去投案的,也应当视为自动投案。但这里要注意,如果犯罪嫌疑人被亲友采用捆绑等手段送到司法机关,或者在亲友带领侦查人员前来抓捕时无拒捕行为,并如实供认犯罪事实的,不能认定为自动投案,但可以参照刑法对自首的有关规定酌情从轻处罚。

司法实践中,对党员干部有"双规"或称"两规"、对非党员干部有"两指"的做法,我国《监察法》颁布实施后,用留置措施代替了"两规""两指"。在 2009 年以前,对于在"双规"期间或"两指"期间作交代的,我们通常是一律认定为自首的,这也就为干部"创造"了自首的机会。但根据 2009 年"两高"出台的《关于办理职务犯罪案件认定自首、立功等量刑情节若干问题的意见》,"没有自动投案,在办案机关调查谈话、讯问、采取调查措施或者强制措施期间,犯罪分子如实交代办案机关掌握的线索所针对的事实的,不能认定为自首。没有自动投案,但具有以下情形之一的,以自首论:(1)犯罪分子如实交代办案机关未掌握的罪行,与办案机关已掌握的罪行属不同种罪行的;(2)办案机关所掌握线索针对的犯罪事实不成立,在此范围外犯罪分子交代同种罪行的"。据此,对于在"双规""两指"或者"留置"期间作交代的,如果交代的是办案机关掌握的线索所针对的事实,则不能认定为自首。

所以,一般说来,自动投案有四个要求。第一,投案行为必须发生在犯罪人归案之前,这是自动投案的时间要求。第二,投案行为是由犯罪人的主观意志决定的,这是自动投案的主观要求。第三,投案行为是犯罪人向司法机关或者有关单位、组织承认自己实施了犯罪行为,这是自动投案的实质要求。第四,投案以后,犯罪人应当自愿将自己置于司法机关或者有关单位、组织的控制之下,等待进一步对犯罪事实核实查证,这是自动投案的自然要求。

自首的第二个要件是如实供述罪行。首先,犯罪人供述的必须是自己所犯的罪行。如果到案后,都讲别人的,而不说自己的,这哪是自首?分明是揭发。自首就是要供述自己的罪行。其次,犯罪人所供述的罪行应该是主要的犯罪事实。如果供述的只是皮毛,而把主要的犯罪事实掩盖掉,不能作为自首认定。当然,我们要求他供述主要的犯罪事实,并不是要求他对所有细节都讲得很清楚,只要他把主要犯罪事实讲清楚就可以了。再次,根据最高人民法院 2010 年发布的《关于处理自首和立功若干具体问题的意见》的规定,犯罪人除了供述自己的主要犯罪事实外,还应当供述自己的姓名、年龄、职业、住址、前科等情况。犯罪嫌疑人供述的身份等情况与真实情况虽然有差别,但并不影响定罪量刑的,仍然应当认定为如实供述自己的罪行。犯罪嫌疑人自动投案后隐瞒自己的真实身份等情况,影响对其定罪量刑的,则不能认定为如实供述自己的罪行。最后,犯有数罪的犯罪人仅如实供述所犯数罪中部分犯罪的,则只对如实供述的部分犯罪,认定为自首。共同犯罪案件中的犯罪嫌疑人,除了如实供述自己的罪行外,还应当供述所知的同案犯的罪行,主犯则应当供述所知其他同案犯的共同犯罪事实,才能认定为自首。犯罪嫌疑人自动投案并如实供述自己的罪行后又翻供的,不能认定为自首,但在一审判决前又能如实供述的,应当认定为自首。这里我要特别提醒大家一点,有很多人认为,如实供述罪行就是不能翻供,而不能翻供就意味着在法庭上或者在整个审查过程中不能为自己作无罪或罪轻的辩解。我认为,只要你对原来自己所供述的犯罪事实不推翻,在这个基础上你为自己作无罪或罪轻的辩护,都是允许的。作为被告来讲,这是他的基本权利。为自己作无罪或罪轻的辩护并不等于翻供,也并不等于不如实供述罪行。最高人民法院《关于被告人对行为性质的辩解是否影响自首成立问题的批复》对此问题予以了明确规定:"被告人对行为性质的辩解不影响自首的成立。"

接下来,我讲一下特别自首。特别自首,也被称为准自首,是指被采取强制措施的犯罪嫌疑人、被告人或者是正在服刑的罪犯,如实供述司法机关还未掌握的本人其他罪行的行为。特别自首中有几点需要大家注意一下。

第一是适用对象的特殊性。特别自首适用于被采取强制措施的犯罪嫌疑人、被告人和正在服刑的罪犯。这一点和一般自首是不一样的。一般自首都是在未采取强制措施之前。自首，有时候是可以"创造"的。犯了罪之后"傻乎乎"地等在家里，被司法机关抓到，不可能是自首。犯了罪之后到外面躲一躲，司法机关来抓，没抓到，过后马上出来，这个就是自首。（全场笑）

第二是适用条件的特殊性。特别自首的主体必须如实供述司法机关还未掌握的本人的其他罪行。根据司法解释的规定，犯罪嫌疑人、被告人在被采取强制措施期间，向司法机关主动如实供述本人的其他罪行，这一罪行能否认定为司法机关已经掌握，应当根据不同的情形区别对待。如果这一罪行已经被通缉，一般应当以司法机关是否在通缉令发布范围内作出判断，不在通缉令发布范围内的，应认定为还没有掌握，在通缉令发布范围内的，则应视为已经掌握。如果这一罪行已经录入全国公安信息网络在逃人员信息数据库，应视为已经掌握。如果这一罪行还没有被通缉、也没有录入全国公安信息网络在逃人员信息数据库，则应当以司法机关是否已经实际掌握这一罪行为标准。那么，这里的"其他罪行"又应当如何理解呢？比如说，一个人因犯盗窃罪被司法机关抓住，司法机关在审理这个盗窃案时，他又主动交代了司法机关尚未掌握的本人其他盗窃犯罪事实。现在问，这个人算不算是自首？（下讲台提问）

学生1："应该可以算自首，因为刑法条文已经有了规定。"

学生2："同意这个同学的观点。"

（回讲台）其实这个人如实供述的行为是不能算自首的。大家注意，这里所讲的"其他"犯罪事实，按照最高人民法院《关于处理自首和立功具体应用法律若干问题的解释》的规定，指的是与原来被发现的犯罪事实不同种类的罪行。如果原来被发现的是盗窃，后来交代的还是盗窃，这属于坦白态度较好而不是自首。所供述的必须是不同种类的犯罪，我们才按自首认定。根据最高人民法院《关于处理自首和立功若干具体问题的意见》的规定，犯罪嫌疑人、被告人在被采取强制措施期间如实供述本人其他罪行，这一罪行与司法机关已掌握的罪行属于同种类的罪行还是不同种类的罪行，一般应以罪名区分。如行为人因犯诈骗罪被捕，又主动交代自己贷款诈骗的犯罪事实的，应认定为自首。而且即使如实供述的其他罪行的罪名与司法机关已掌握犯罪的罪名不同，但如实供述的其他犯罪与司法机关已掌握的犯罪属选择性罪名或者在法律、事实上密切关联，如因受贿被采取强制措施后，又交代因受贿为他人谋取利益的行为，构成滥用职权罪的，仍然应当认定为是同种类罪行，不以自首认定。此外，根据"两高"《关于办理职务犯罪案件认定自首、立功等量刑情节若干问题的意见》，贪污贿赂、渎职等职务犯罪案件，办案机关所掌握线索针对的犯罪事实不成立，在此范围外犯罪分子交代同种罪行的，以自首论。

自首制度中比较复杂的是有关单位自首的问题。刑法规定了单位犯罪，因此，从自首制度的完整性角度来看，前面讲的自首成立的条件也应该能够适用于单位。由于单位是法律上拟制的"人"，单位犯罪是由单位与单位中的自然人一体化实施的，因此，单位自首的认定也应当体现一体化的特征。单位自首中的自动投案只能由集体研究决定委派自然人或由能够代表单位意志的负责人实行。同样的道理，单位自首中的如实供述罪行，表现为被委派的人或能够代表单位意志的负责人必须将单位所实施的主要罪行如实交代。

具体说来，单位犯罪案件中，单位集体决定或者单位负责人决定而自动投案，如实交代单位犯罪事实的，或者单位直接负责的主管人员自动投案，如实交代单位犯罪事实的，应当认定为单位自首。单位自首的，直接负责的主管人员和直接责任人员未自动投案，但如实交代自己知道的犯罪事实的，可以视为自首；拒不交代自己知道的犯罪事实或者逃避法律追究的，不应当认定为自首。单位没有自首，直接责任人员自动投案并如实交代自己知道的犯罪事实的，对该直接责任人员应当认定为自首。

自首对刑事责任有影响，《刑法》第67条规定："对于自首的犯罪分子，可以从轻或者减轻处罚。其中，犯罪较轻的，可以免除处罚。"另外，还需要大家注意的是，《刑法修正案（八）》在《刑法》第67条中增加了1款，作为第3款，规定："犯罪嫌疑人虽不具有前两款规定的自首情节，但是如实供述自己罪行的，可以从轻处罚；因其如实供述自己罪行，避免特别严重后果发生的，可以减轻处罚。"也即把我们通常所说的坦白作为法定的从轻、减轻情节，真正实现了"坦白从宽"，同时，也彻底粉碎了"坦白从宽，牢底坐穿"的谣言。（全场笑）

五、立功

刑罚裁量中的立功，是指人民法院判决、裁定之前，犯罪分子有揭发他人犯罪的行为，经查证属实，或者提供重要线索，从而得以侦破其他案件等情况。

立功制度一方面有助于激励犯罪分子悔过自新、改过从善，分化瓦解犯罪势力，从而较好地协调和发挥刑罚的惩罚犯罪和教育改造罪犯的重要功能；另一方面，也有利于提高司法机关办理刑事案件的效率，减少司法机关打击犯罪的成本，有利于犯罪案件的及时处理，从而获得有利于国家、社会的预防犯罪的效果。

立功需要具备三个方面的条件。第一是时间条件。根据刑法和有关司法解释的规定，立功的时间应当始于犯罪分子到案以后和刑罚执行完毕之前。但是，作为量刑制度的立功，应当发生在犯罪分子实施犯罪行为而实际到案后到人民法院判处刑罚前。第二是主体条件。立功者只能是犯罪分子。为使犯罪分子得到从轻处理，犯罪分子的亲友直接向有关机关揭发他人犯罪行为，提供侦破其他案件的重要线索，或者协助司法机关抓捕其他犯罪嫌疑人的，不应当认定为犯罪分子的立功表现。第三是实质条件。也就是必须检举揭发他人犯罪行为，经查证属实，或者提供重要线索，从而得以侦破其他案件等。根据"两高"《关于办理职务犯罪案件认定自首、立功等量刑情节若干问题的意见》，据以立功的他人罪行材料应当指明具体犯罪事实；据以立功的线索或者协助行为对于侦破案件或者抓捕犯罪嫌疑人要有实际作用。如果犯罪分子揭发他人犯罪行为时没有指明具体犯罪事实的，或者揭发的犯罪事实与查实的犯罪事实不具有关联性的，或者提供的线索或者协助行为对于其他案件的侦破或者其他犯罪嫌疑人的抓捕不具有实际作用的,都不能认定为立功。

立功分为一般立功和重大立功。一般立功的主要形式有:犯罪分子到案后有检举、揭发他人犯罪的行为,包括共同犯罪案件中的犯罪分子揭发同案犯共同犯罪以外的其他犯罪,经查证属实;提供侦破其他案件的重要线索,经查证属实;阻止他人犯罪活动;协助司法机关抓捕其他犯罪嫌疑人等。根据最高人民法院《关于处理自首和立功若干具体问题的意见》,这里的"协助司法机关抓捕其他犯罪嫌疑人"则主要应当包括这么几种情况。第一种情况是按照司法机关的安排,以打电话、发信息等方式将其他犯罪嫌疑人(包括同案犯)约至指定地点的;第二种情况是按照司法机关的安排,当场指认、辨认其他犯罪嫌疑人(包括同案犯)的;第三种情况是带领侦查人员抓获其他犯罪嫌疑人(包括同案犯)的;第四种情况是提供司法机关尚未掌握的其他案件犯罪嫌疑人的联络方式、藏匿地址的等。如果犯罪分子仅仅提供同案犯姓名、住址、体貌特征等基本情况,或者提供犯罪前、犯罪中掌握、使用的同案犯联络方式、藏匿地址,司法机关据此抓捕同案犯的,不能认定为协助司法机关抓捕同案犯。重大立功,通俗地讲,就是指在一般立功的基础上加上"重大",比如重大案件、重大犯罪嫌疑人、重大罪行等等。重大立功的主要形式有:犯罪分子有检举、揭发他人重大犯罪行为,经查证属实;提供侦破其他重大案件的重要线索,经查证属实;阻止他人重大犯罪活动;协助司法机关抓捕其他重大犯罪嫌疑人等。根据最高人民法院《关于处理自首和立功具体应用法律若干问题的解释》,所谓"重大犯罪""重大案件""重大犯罪嫌疑人"的标准,一般是指犯罪嫌疑人、被告人可能被判处无期徒刑以上刑罚或者案件在本省、自治区、直辖市或者全国范围内有较大影响等情形。怎么理解这里的"可能被判处无期徒刑以上刑罚"呢?根据"两高"《关于办理职务犯罪案件认定自首、立功等量刑情节若干问题的意见》,可能被判处无期徒刑以上刑罚,是指根据犯罪行为的事实、情节可能判处无期徒刑以上刑罚。案件已经判决的,以实际判处的刑罚为准。如果因为被判刑人有法定情节而经依法从轻、减轻处罚后判处有期徒刑的,不影响对重大立功的认定。

不能认定为立功的情况有:虚假的检举揭发和案件线索;检举揭发和案件线索是人所共知的事实;犯罪分子仅供述自己的犯罪事实等。根据"两高"《关于办理职务犯罪案件认定自首、立功等量刑情节若干问题的意见》,贪污贿赂、渎职等职务犯罪案件中,如果据以立功的线索、材料来源是本人通过非法手段或者非法途径获取的,或者本人因原担任的查禁犯罪等职务获取的,或者他人违反监管规定向犯罪分子提供的,或者负有查禁犯罪活动职责的国家机关工作人员或者其他国家工作人员利用职务便利提供的,都不能认定为立功。此外,最高院2010年发布的《关于处理自首和立功若干具体问题的意见》中还规定,犯罪分子亲友为使犯罪分子"立功",向司法机关提供他人犯罪线索、协助抓捕犯罪嫌疑人的,也不能认定为犯罪分子有立功表现。

关于立功对刑事责任的影响,《刑法》第68条原来规定:"犯罪分子有揭发他人犯罪行为,查证属实的,或者提供重要线索,从而得以侦破其他案件等立功表现的,可以从轻或者减轻处罚;有重大立功表现的,可以减轻或者免除处罚。犯罪后自首又有重大立功表现的,应当减轻或者免除处罚。"《刑法修正案(八)》删去了《刑法》第68条第2

款规定,即"犯罪后自首又有重大立功表现的,应当减轻或者免除处罚"。之所以将其删去,主要是考虑到,一些罪行极其严重、本应判处死刑的犯罪分子,却可能会因为其有自首和重大立功表现而不能被判处死刑,这就违背了罪刑相适应的原则。

这里还有一个问题需要大家注意,对于自首和立功,刑法都规定可以从轻或者减轻处罚,那么,这两种情节对量刑的影响是等同的吗? 根据刚刚提到的最高院 2010 年发布的司法解释的规定,在类似的情况下,对具有自首情节的被告人的从宽幅度应当适当宽于具有立功情节的被告人。我认为,司法解释之所以作此规定,主要是考虑到自首情节对于每一名犯罪分子机会均等,而立功并不是人人都有机会,同时自首比立功更能充分体现出犯罪分子的悔罪态度,从而对自首的认定标准和从宽幅度的掌握也就应当要更宽一些。根据《人民法院量刑指导意见(试行)》以及 2013 年 12 月 23 日最高人民法院《关于常见犯罪的量刑指导意见》的规定,对于自首情节,可以减少基准刑的 40% 以下,犯罪较轻的可以减少基准刑的 40% 以上或者依法免除处罚;对于立功情节,一般立功的可以减少基准刑的 20% 以下,重大立功的可以减少基准刑的 20% 至50%,重大立功且犯罪较轻的可以减少基准刑的 50% 以上或者依法免除处罚。由此可以看到,这一规定也充分体现了我前面所讲的那种政策精神。

六、数罪并罚

(一) 数罪并罚的概念和特征

数罪并罚,是指刑法规定的一人犯有数罪而由审判机关依照刑法规定的原则和方法合并处罚的制度。理解数罪并罚时,我们要把握它的几个特征:第一,数罪并罚是针对一人犯数罪而言的,没有数罪也就没有并罚的问题;第二,数罪并罚中的数罪,都是发生在刑罚执行完毕以前,过了这个期间的所谓数罪,就不是这里需要并罚的数罪;第三,对数罪的并罚,是按照法定的原则和方法进行的,不是简单地合并相加。

在第一个特征中,我们要注意的一个问题是,在数罪并罚中的数罪可不可以是同种数罪? 也就是说,这里所指的数罪是不是既包括异种犯罪也包括同种数罪? 对于这个问题,理论界也存在着争论。我认为,数罪并罚中的数罪不应该包括同种数罪,对同种数罪不能实行数罪并罚。我的观点主要基于三点理由。第一,从我国长期以来的刑事立法和司法实践来看,对同种数罪都没有实行并罚,大多作为该罪的从重情节在量刑时予以考虑。比如 1951 年颁布的《惩治反革命罪条例》第 15 条规定,"凡犯多种罪者,除判处死刑和无期徒刑外,应在总和刑以下,多种刑中的最高刑以上酌情定刑",只对不同种类的反革命罪适用并罚。1952 年颁布的《惩治贪污条例》第 4 条也规定,犯贪污罪"屡教不改者","得从重或者加重处罚",也不适用并罚。罪数形态中的惯犯、连续犯都是同种数罪,根据它们的处罚原则,也不能适用并罚。第二,从我国现行刑事立法看,我国刑法分则所规定的绝大多数犯罪都规定了两个或者两个以上的量刑幅度,基本上能够满足同种数罪的并罚问题,能够实现罪刑相适应原则。第三,这个原则也为我国的司法解释所确认。尽管我国刑事立法对同种数罪能否并罚的问题并没有明确作出规定,但是在一些司法解释中存在对同种数罪不并罚的相关规定。比如1993年最高人民法院《关于判决宣告后又发现被判刑的犯罪分子的同种漏罪是否实行数罪并罚问题的批复》规定:"人民法院的判决宣告并已发生法律效力以后,刑罚还没有执行完毕以前,发现被判刑的犯罪分子在判决宣告以前还有其他罪没有判决的,不论新发现的罪与原判决的罪是否属于同种罪,都应当依照刑法第六十五条的规定实行数罪并罚。但如果在第一审人民法院的判决宣告以后,被告人提出上诉或者人民检察院提出抗诉,判决尚未发生法律效力的,第二审人民法院在审理期间,发现原审被告人在第一审判决宣告以前还有同种漏罪没有判决的,第二审人民法院应当依照刑事诉讼法第一百三十六条第(三)项的规定,裁定撤销原判,发回原审人民法院重新审判,第一审人民法院重新审判时,不适用刑法关于数罪并罚的规定。"这表明,判决宣告以前的数罪并罚是不包括同种数罪的。

第二个特征是关于数罪并罚的时间条件,也就是说,数罪必须是在法定期限以内发生的。根据我国刑法的规定,刑罚执行完毕以前发现行为人犯有数罪的,实行数罪并罚。具体来看,这三种情况应当适用数罪并罚:第一,判决宣告以前一人犯数罪的;第二,判决宣告以后刑罚执行完毕以前或者在缓刑、假释考验期限内发现漏判之罪的;第三,在刑罚执行过程或在缓刑、假释考验期内又犯新罪的。从刑法有关数罪并罚的规定中,我们不难发现,是否需要实行数罪并罚有一个时间界限,而这一时间往往是以"判决宣告"或犯罪被"发现"时为标准的,而不是以具体犯罪的实施时间为标准。比如说,在刑罚执行中犯罪分子又犯新罪,如果当时被发现就应该实行数罪并罚;但是如果当时并未被发现,而在刑罚执行完毕后才被发现,我们只能对新发现的罪单独进行处罚,而不能实行数罪并罚。同样,如果在刑罚执行中发现犯罪分子还有漏罪,就应该实行数罪并罚;但是如果当时并未被发现,而在刑罚执行完毕后才被发现,我们只能对新发现的漏罪单独进行处罚,也不能实行数罪并罚。

第三个特征涉及数罪并罚的原则和方法。首先我们来看数罪并罚的原则。综观世界各国关于数罪并罚的规定,数罪并罚的原则主要有三种。第一,吸收原则。也就是对数罪采取重刑吸收轻刑的处罚原则,在对各罪分别宣告的刑罚中,选择其中最重的一种刑罚作为执行的刑罚,其余较轻的刑罚,被最重的刑罚所吸收,不予执行。第二,相加原则,又称为并科原则。根据有罪必罚和一罪一罚原则,认为数罪合并的刑罚,就是各罪刑罚的综合,也就是对数罪分别宣告刑罚,然后数刑相加,合并执行。第三,限制加重原则。这是在前面两种原则存在重大缺陷的基础上提出的原则,也就是对数罪分别判刑后,在其中最重的一个刑罚以上,数罪总和刑以下,确定应当执行的刑罚,并规定刑期最高不能超过一定的限度。

应该看到,吸收原则防止了刑罚的无限加重,在数刑中有死刑、无期徒刑的刑罚适用时相对比较科学,但这一原则存在很大的弊端:第一,一人犯数罪有时与一人犯一罪可能受到相同的惩罚,在某些情况下显得很不合理;第二,同一人不管犯了多少罪也只是按照一个重罪处罚,违背了罪责刑相适应原则,这容易使犯罪分子钻法律的空子,不利于预防犯罪的发生;第三,在某些情况下刑与刑之间不能吸收,无法体现并罚,比如有期徒刑和有期徒刑之间的并罚,根据吸收原则根本无法真正达到并罚的要求。

相加原则能使各具体犯罪都得到实际的惩治,从而体现了朴素的公平观念,但是会导致刑罚无限加重,在司法实践中很难操作。特别是当数刑中有死刑或者无期徒刑时实际上无法按照相加原则进行所谓的合并执行。像一些国家,把有期徒刑加在一起,最后弄出个一千多年的有期徒刑,导致执行很困难。

限制加重原则克服了前面讲的那两种原则要么过于宽纵而不足以惩罚犯罪、要么过于严酷并且不便具体适用的弊端,使数罪并罚制度既符合了有罪必罚和罪刑相适应原则,又采取了较为灵活、合乎情理的处罚方式。但这一原则也不是十全十美的,仍然存在一定的局限性。如果数刑中有死刑或无期徒刑,限制加重原则根本无法体现"限制"和"加重"的内容,也就是说在这种情况下,这一原则根本无法适用。另外,在数刑中如果出现不同的刑种,采用限制加重原则可能也有一定的难度,特别是涉及主刑和附加刑的并罚时,根本无法按照限制加重原则进行并罚。

事实上,世界各国大多没有单一地采取某一种原则,通常是将这三种原则结合起来,综合加以运用,以弥补各自的弊端。我国刑法的规定也是这样,我国刑法对数罪并罚采取的原则表现为以限制加重原则为主,兼采吸收原则和相加原则,具体表现在三个方面。

第一,数罪中有一罪被判处死刑或者无期徒刑的,采取吸收原则,也就是只执行死刑或者无期徒刑。如果两个罪一个死刑一个无期徒刑,执行死刑;如果两个罪都是无期徒刑,不能把两个无期徒刑合并为死刑,应执行无期徒刑;如果两个罪都是死刑,就执行死刑。

第二,对判处有期徒刑、拘役和管制的,采取限制加重原则。对于这个原则,《刑法》原来规定"应当在总和刑期以下、数刑中最高刑期以上,酌情决定执行的刑期,但是管制最高不能超过 3 年,拘役最高不能超过 1 年,有期徒刑最高不能超过 20 年",现《刑法修正案(八)》将其修改为,"应当在总和刑期以下、数刑中最高刑期以上,酌情决定执行的刑期,但是管制最高不能超过 3 年,拘役最高不能超过 1 年,有期徒刑总和刑期不满 35 年的,最高不能超过 20 年,总和刑期在 35 年以上的,最高不能超过 25 年"。另外,我们前面讲过,《刑法修正案(八)》还将现行刑法规定的死缓减为有期徒刑的"15年以上 20 年以下"之刑期改为"25 年",也即如果死缓减为有期徒刑,只能减到 25 年。这样一来,我们国家"生刑"的期限就大大延长了。而《刑法修正案(八)》对"生刑"的延长,我认为,主要还是因为受到了学界一些观点的影响。在较长时间里,我国刑法学界许多人认为,我国死刑之所以难以废除,主要是因为刑法规定的"生刑太短"。持这种观点的学者认为,从当前我国刑罚结构来看,死刑与死缓、无期徒刑及有期徒刑不够协调,一生一死过于悬殊,难以与死刑衔接,因此我们应该延长"生刑"的期限。我是不赞同这种观点和修改的:第一,与世界各国刑法的规定相比,我国有期徒刑的最高限度并不存在特别低的问题;第二,《刑法》原来规定的 15 年和 20 年的最高限度相对于人的平均寿命而言,我们显然不会得出"太短"的结论;第三,人们现在感觉"生刑太短",问题恐怕是出在实际执行上,而并非刑法规定本身所导致的;第四,提高"生刑",并不能真正解除人们对废除死刑的担心。试想,如果社会公众对自由权利都不珍惜,还可能会珍惜生命权利吗?好,我们再回过头来看看限制加重原则的问题,下面我举一些例子来加深大家对这一原则的认识。比如说,一个人犯有三个罪,一个罪被判处有期徒刑15年,另一个罪被判处有期徒刑10年,第三个罪被判处有期徒刑5年。对这个人应该在什么幅度之内选择刑罚呢?应该是在15年以上、20年以下选择刑罚。15年以上是加重的体现,总和刑期是30年,根据《刑法修正案(八)》对《刑法》第69条的修改,在总和刑期不满35年的情况下,数罪并罚有期徒刑最高仍然不能超过20年。这是限制加重的例子。再比如说,一个人因一罪被判处有期徒刑15年,因另一罪需判处拘役6个月,对这个人应该在什么幅度之内选择刑罚?(下讲台提问)

学生1:"是15年以上20年以下判处有期徒刑。"

提问:"你这个20年是怎么来的?我无论如何看不出来。"

学生2:"应该是直接相加,就是15年有期徒刑,然后再6个月拘役,分别执行。"

提问:"那就不要限制加重了?"

学生2:"这两个是不一样的刑种呀,好像不能限制加重的。"

提问:"那第一个同学说的15年以上,20年以下,你同意?"

学生2:"我不知道他的20年怎么出来的。"

提问:"他说他不知道你的20年怎么出来的,那你解释给他听。"

学生1:"因为不能直接相加,所以我想在这种情况下有期徒刑最高不能超过20年,现在他已经有15年了,再加一个拘役,就是大于15年,小于20年,所以就这样出来的。"

提问:"那为什么不是大于15,小于16呢?"

学生1:"这个,让我再想想,想出来再告诉你。"(全场笑)

(回讲台)你真的要好好想想,不过我们不能等你想出来再讨论这个问题的。刚才两位同学的回答都是有问题的。其实,在实践中是很少会出现这种情况的。道理很简单,法官在判刑的时候何必判拘役6个月呢?不如直接就判他有期徒刑6个月。如果判拘役6个月,一般要把拘役6个月再折算成有期徒刑6个月,然后再数罪并罚,还不如直接判他有期徒刑6个月。2015年,《刑法修正案(九)》在《刑法》第69条后增设了第2款,规定数罪中有判处有期徒刑和拘役的,执行有期徒刑,所以上面的例子中只需执行15年有期徒刑。再举一个例子,一个人被判处有期徒刑15年,因另外一个罪被判处管制2年。那怎么处理?(下讲台提问)

学生1:"那就折算后限制加重呀。"

提问:"怎么折算?"

学生1:"可以管制2天折算为1天有期徒刑。"

学生2:"我基本同意这位同学的观点,但我也不确定。"

(回讲台)同学们,你们要注意了,这种情况下刑期不能折抵是毫无疑问的。因为管制是限制自由刑,而有期徒刑是剥夺自由刑,法律只规定被判处管制的犯罪分子,先期羁押的,羁押一天可以折抵管制两天。这是没有办法的,因为最后判这个人管制,而这个人已经被羁押了,我们不能让这个人白白被关,所以羁押一天折抵管制两天。但管制两天能否折抵羁押一天? 没有这种说法的,你们不能想当然的。这个问题暂时不讨论,我先问一下,一个罪判有期徒刑 15 年,另一个罪比较轻,判管制 2 年的这个情况有没有可能发生?(下讲台提问)

学生:"有的吧,为什么会没有啊?"

提问:"你再好好想想到底有没有?"

学生:"如果他第二个罪很轻,判管制不是很正常么?"

(回讲台)同学们,其实这种情况是不可能发生的。道理很简单,管制的适用对象有两个条件:罪行较轻、不需要关押。对这个人来讲,一个罪要判有期徒刑 15 年,另外一个罪再怎么轻也不可能判管制的,所以实践中是不可能出现这种情况的。但是,有一种情况倒是有可能的。即如果这个人先犯一个罪,被判管制,在管制执行期间又犯一个重罪,被判有期徒刑 15 年,只有在这种情况才可能发生管制和有期徒刑并罚的问题。《刑法修正案(九)》在《刑法》第 69 条中增设第 2 款规定,数罪中有判处有期徒刑和管制,或者拘役和管制的,有期徒刑、拘役执行完毕后,管制仍须执行,如果碰到这种情况,应当先把管制的执行中断,然后执行新罪或漏罪应当执行的刑罚,执行完后再执行剩余的管制期,实际上是采用并科原则。所以,对于管制和有期徒刑或拘役的并罚,我们不采用限制加重原则,而采用相加原则。而且这种相加,只有在刚才说的这种情况下才会出现。当然,管制与管制进行并罚时,适用限制加重原则。

第三,如果数罪中有判处附加刑的,采取相加原则。这里的数刑相加指主刑与附加刑之间的相加,以及附加刑与附加刑之间的相加。事实上,《刑法》原来对于不同种类的主刑之间、不同种类的附加刑之间以及同种类的附加刑的并罚问题,都没有明确规定,但《刑法修正案(八)》第 10 条第 2 款对不同种类的附加刑之间以及同种类的附加刑的并罚问题做了明确规定,规定附加刑种类相同的,合并执行,种类不同的,分别执行。但是,这样规定依然存在一些问题,而且,《刑法修正案(八)》对于不同种类的主刑之间的并罚问题依然没有明确。这些问题,我以后还要详细讲解。

接下来,我讲一下关于数罪并罚的三种情况。第一种情况,判决宣告以前,一个人犯有数罪的,应当对所犯各罪分别量刑,依照前面所说的数罪并罚的原则和方法,决定应当执行的刑罚。我说过,这里所谓的数罪是不同种类的犯罪。如果是同种类的,不按照数罪处理。如果我连续伤害 10 个人,都仅仅造成轻伤,我们是不可能定 10 个故意伤害罪的。根据《刑法》第 234 条的规定,故意伤害他人身体的,处 3 年以下有期徒刑、拘役或者管制;故意伤害他人身体,致人重伤的,处 3 年以上 10 年以下有期徒刑;致人死亡或者以特别残忍手段致人重伤造成严重残疾的,处 10 年以上有期徒刑、无期徒刑或者死刑。这样就会出现一个很不平衡的现象,轻伤 10 人和重伤 1 人,从社会危害性的角度来看的话,前者不见得一定比后者小。如果讲得再绝对一点的话,轻伤 100 人与重伤 1 人比较,轻伤 100 人的社会危害性肯定要大于重伤 1 人的。但是,轻伤 100 人不可能折算为重伤 1 人,这是法条中不严密的地方,应该在 10 年以下有期徒刑的法定刑中加上"有其他严重情节的",这样伤害 100 人就跳上一档,进入第二档量刑幅度。

第二种情况,判决宣告以后,刑罚执行完毕以前,也就是刑罚执行中,又发现漏罪的,采用"先并后减"的处罚方法。第三种情况,判决宣告以后,刑罚执行完毕以前,又犯新罪的,我们采用的刑罚计算方法是"先减后并"。这里要注意的是,第二种和第三种情况中的漏罪和新罪,既包括同种类的也包括不同种类的。

我举个例子,有一人在2005年强奸了1人,2006年又强奸了1人,2007年再强奸了1人。法院判决,构成强奸罪,判处有期徒刑10年。这个人于2009年从监狱逃出来,又强奸了1人,最后案发。司法机关在审理这个强奸案的时候,发现他2004年还强奸了1人。我这里先问两个问题:这个人是不是惯犯?这个人是不是累犯?(下讲台提问)

学生1:"这个人当然是惯犯,强奸了这么多人,还不是惯犯?"

学生2:"这个人不是惯犯,因为惯犯必须由刑法明文规定才行。"

提问:"好,这个回答是正确的。那么这个人是否成立累犯呢?"

学生3:"是的吧。"

提问:"为什么是的?"

学生1:"他实施的都是强奸行为,强奸罪是故意犯罪的。然后他是2004年到2009年之间犯了这几个强奸罪,刚好都在5年之内。"

(回讲台)你们认为,刚才那位同学的回答对吗?(全场回答:"对的!")实际上你们的回答都是错的。你们要注意,仔细看一下累犯的概念,累犯是在前罪刑罚执行完毕或者赦免以后再犯后罪的。由此看来,这个人当然不是累犯,他是在刑罚执行期间犯罪。累犯有时间起点,必须在前罪刑罚执行完毕或者赦免之后。大家不要将累犯和数罪并罚相混淆,如果是在刑罚执行期间犯罪的,才要数罪并罚。我的第三个问题是,这个人前前后后总共构成几个强奸罪?(下讲台提问)

学生1:"5个。"

学生2:"3个。"

学生3:"2个。"

提问:"你们厉害的,2个、3个、5个,那还缺1个和4个呢?你是不是想说1个或者4个?"(全场笑)

学生4:"不是的,应该是3个吧。"

提问:"为什么?"

学生4:"他逃出来之前是犯了一个强奸罪,判了10年,逃出来后又犯了一个,还发现了一个,所以就是3个。"

(回讲台)好了,你们什么答案都有了。那到底是几个呢?我认为,从理论上讲,应该是有三个的,但这个案件有它的特殊性,也就是新罪和漏罪是同时被发现的,而且新罪和漏罪是属于同一种类的。我认为,服刑期间,又犯新罪,同时又发现漏罪,如果漏罪和新罪属于同一种类的,把漏罪和新罪按照一个罪来认定,视为新罪。因此,这个人实际上前前后后构成两个强奸罪。如果2004年犯的是故意伤害罪,那就有三个罪了。

接下来,我讲一下"先并后减"和"先减后并"的区别。比如说,某人因犯罪被判处有期徒刑 15 年，服刑 10 年，又犯了一个罪，应当被判处有期徒刑 8 年。怎么计算刑期呢？因为又犯的这个罪是新罪，应当"先减后并"，将 15 年减去服刑的 10 年，剩下 5 年，这是"先减"；"后并"就是 5 年与 8 年相加，得出 13 年，这是上限，体现"限制"；再将 5 年和 8 年比较，取高刑者以体现"加重"，应该是 8 年。这样，对这个人应该在 8 年以上 13 年以下执行刑罚。如果应当被判处有期徒刑 8 年的这个罪是漏罪，则应该"先并后减"。就是把前后两罪所判处的刑罚，在数罪最高刑期以上、总和刑期以下，决定应当执行的刑罚。一个罪是 15 年，还有一个罪是 8 年，总和刑期是 23 年，根据《刑法修正案（八）》对《刑法》第 69 条的修改，在总和刑期不满 35 年的情况下，数罪并罚最高仍然不能超过 20 年，所以，对这个人所能判处的刑期上限为 20 年。数罪中的最高刑期是 15 年，所以刑期下限是 15 年。这样，对这个人应当在 15 年以上 20 年以下确定刑罚，减去已经执行的 10 年，这个人还要执行的刑期是 5 到 10 年。

我们现在可以回过头来看看，"先并后减"和"先减后并"哪一个判处刑罚更重一些？从前面的例子我们可以看出，"先减后并"比"先并后减"要重，而且这个"重"还体现在实际执行的刑期有可能超过 20 年或 25 年，因为根据《刑法修正案（八）》对《刑法》第 69 条的修改，在有期徒刑总和刑期不满 35 年的情况下，最高不能超过 20 年，但总和刑期超过 35 年的话，数罪并罚最高刑期就是 25 年了。我举个例子：一个人被判处有期徒刑 15 年，服刑 14 年时，又犯一个罪，被判处有期徒刑 10 年，应当按"先减后并"的计算方法，对这个人在 10 年以上 11 年以下选择刑期，这是他将要执行的。但是他已经执行了 14 年，实际上他在监狱里将待 24 年以上 25 年以下。我再举个例子：一个人被判处有期徒刑 15 年，服刑 5 年后，又犯两个罪，分别被判处有期徒刑 15 年和 12 年，仍然应当按照"先减后并"来计算刑期，对这个人应该在 15 年以上 25 年以下决定刑期，这是将要执行的。他已经执行了 5 年，所以加上他将要执行的，他实际在监狱里的时间将是 20 年以上 30 年以下。这两个例子说明，同样是再犯新罪，服刑时间越长的，处罚越重。这样规定是有道理的，服刑时间更长却仍然犯罪，表明你没有改造好，处刑当然要更重，这是"先减后并"原则科学的一面。另外，从前面例子也可以看出，先减后并的实际执行刑期有可能超过 20 年或 25 年。但先并后减的，不可能超过 20 年或 25 年。当犯罪人的总和刑期不满 35 年时，先并后减的，不可能超过 20 年；当犯罪人的总和刑期超过 35 年时，先并后减的，则是不可能超过 25 年了。就拿犯罪人的总和刑期不满 35 年的情况来说吧，同样是判 15 年，服刑 14 年，但如果只有一个应判 10 年的漏罪，这样因为总和刑期只有 25 年，所以最高刑期不能超过 20 年，所以在先并后减的时候，就应当在 15 年以上 20 年以下确定一个刑期，再减去已经执行的 14 年，所以无论怎么计算，他在监狱里待的时间是不可能超过 20 年的。道理就在于，"并"的时间的先后，也就是"盖帽"的时间先后，两者是不一样的。"先并后减"的，"并"在前面，"盖帽"就盖掉了，盖掉以后再决定刑罚，在监狱里面不可能超过 20 年或 25 年。"先减后并"的，是先减掉已经执行的，再"盖帽"，再加上已经执行的，就有可能超过 20 年或 25 年。

（二）数罪并罚的相关疑难问题

应该看到，我国刑法有关数罪并罚的规定还存在一些不明确的地方，在具体适用数罪并罚制度时，许多司法机关对一些问题的理解和做法也各不相同，造成了法律适用的不统一。我重点为大家分析下面几个问题。

第一个问题是，不同种类主刑之间如何适用数罪并罚原则，尤其是有期徒刑、拘役、管制之间的数罪并罚。《刑法修正案（九）》在《刑法》第 69 条后增设第 2 款，规定"数罪中有判处有期徒刑和拘役的，执行有期徒刑。数罪中有判处有期徒刑和管制，或者拘役和管制的，有期徒刑、拘役执行完毕后，管制仍需执行"。也就是说，数罪中判处有期徒刑和拘役的，采用吸收原则，有期徒刑吸收拘役，执行有期徒刑。数罪中有判处有期徒刑和管制，或者拘役和管制的，采用并科原则，有期徒刑、拘役执行完毕后，仍需执行管制。只要被判处的两罪中含有管制刑，管制刑就一定要与其他刑罚分别执行，即管制始终是要执行的。这样一来，有期徒刑、拘役、管制之间的数罪并罚原则同时兼顾吸收主义和分别执行主义。

需要指出的是，学界的某些观点存在误区，有些所谓不同种有期自由刑的并罚问题客观上是不可能存在的，完全是由学者们自己"闭门造车"想出来的。首先，在判决宣告前一人犯数罪时，不可能出现有剥夺自由刑和限制自由刑的并罚情况。当一人犯有数罪，在其中一罪应判剥夺自由刑时，其他罪无论罪行多轻，都不能再适用管制刑。因为管制刑的适用对象为罪行较轻、不需要关押的犯罪分子。由于数罪中有一罪被判剥夺自由刑，说明犯罪者需要关押，因此对其他罪就不可能再适用管制刑。其次，在判决宣告前一人犯数罪时，理论上尽管可能存在有期徒刑和拘役的并罚问题，但是在司法实践中这种情况通常也是不可能存在的。因为当一人犯有数罪，在其中一罪应判有期徒刑时，其他罪即使符合拘役的条件，审判人员也没必要对他判处拘役，完全可以判处较轻的有期徒刑。事实上我国刑法分则中的绝大多数犯罪都不存在只能判处拘役的情况，选择适用短期的有期徒刑肯定不会违背罪刑法定的原则。应该看到，不同种的有期自由刑并非绝对不可能存在并罚的问题，但这种并罚只能存在于一种情况下，也就是行为人先犯一罪并且该罪被判处管制或者拘役，在刑罚执行过程中行为人又犯另一个应当判处有期徒刑的新罪，或者又发现在判决宣告前还存在另一个应当判处有期徒刑的漏罪。在这种情况下的并罚理应按照《刑法修正案（九）》新增的 69 条第 2 款分别进行处理。若行为人先犯一罪，且该罪被判处为管制，那么在刑罚执行过程中发现的新罪、漏罪无论应处有期徒刑还是拘役，在其执行完毕后，管制仍需执行。若先犯之罪被判处拘役，执行过程中又发现了应处有期徒刑的新罪、漏罪，则只需执行有期徒刑。需要指出的是，不同种有期自由刑的并罚，事实上也不可能在执行有期徒刑期间又犯新罪或又发现漏罪的情况之中发生，因为不同种的有期自由刑在性质上不同，此时审判人员针对新罪或漏罪判处管制或者拘役的情况同样也不可能出现。

第二个问题是，附加刑如何并罚。司法实践中经常出现需要对附加刑进行并罚的情况。从附加刑与主刑的关系来看，附加刑的并罚是指附加刑与主刑之间的并罚，附加刑与主刑的并罚采用的是相加原则。从附加刑内部来看,附加刑的并罚是指当出现两个或者两个以上的附加刑时的并罚。关于附加刑之间的并罚问题,我前面讲过,《刑法修正案(八)》对不同种类的附加刑之间以及同种类的附加刑的并罚问题做了较为明确的规定:"其中附加刑种类相同的,合并执行,种类不同的,分别执行。"但是,我认为,这样规定仍存在一些不明确的地方,例如,合并执行的含义是什么? 我认为,这里的"合并执行"应该理解为包括吸收、限制加重和相加三种情况。这个问题,我在后面还会作具体介绍。

大家首先来看一下同种附加刑的并罚。同种附加刑的并罚主要包括三种情况。

第一,罚金与罚金之间的并罚。对于这个问题,司法实践一般都采取相加原则,《刑法修正案(八)》也规定同种附加刑要合并执行。我认为,对罚金之间的并罚采用相加原则有一定道理,但是不完全可行,需要进行一定的修正。其一,从域外的立法例来看,采取相加原则的国家,往往同时规定在总额以下确定罚金数额作为并科的例外;其二,从我国刑事立法和司法实践来看,采取简单相加的办法,不符合我国目前的实际情况,实践中难以执行。我在前面说过,我国刑法在罚金上采用了无限额罚金、幅度罚金和倍比罚金三种形式,在某些情形下根本无法执行并科。比如说,幅度罚金或倍比罚金,它的幅度刑的起点比较高,如果数个罚金完全并科,最终确定的罚金数额可能与犯罪人的经济状况和实际履行能力相距很大,导致判决无法执行。因此,对两个以上的罚金刑采用相加原则并不可取,应该规定一个罚金刑并罚的最高限额,在此基础上采用有限制的相加原则,将数个罚金刑相加,确定执行的罚金数额,但是不得超过法定的罚金刑并罚的最高限额。

第二,没收财产与没收财产之间的并罚。这里又可以具体分为三种情况。第一种情况是数个没收财产刑中有一个是没收犯罪人的个人全部财产。第二种情况是数个没收财产刑都只没收犯罪人的部分财产,而且没收财产的总和不超出犯罪人个人所有的全部财产。第三种情况是数个没收财产都是没收犯罪人的部分财产,但数个没收财产的总额已是或超过犯罪人个人所有的全部财产。对于前面讲的第一种情况,按照《刑法修正案(八)》对同种附加刑合并处罚的规定,应采用吸收原则。对于后面讲的两种情况,应采用限制加重原则。但《刑法修正案(八)》只是笼统规定合并处罚,没有规定并罚时的最高数额。我认为,对数个没收财产的并罚,刑法应明确规定"两个以上没收财产,应以犯罪人个人全部财产为限"。

第三,剥夺政治权利与剥夺政治权利之间的并罚。这种情况,也应当做具体的区分。如果其中一个是剥夺政治权利终身,按照《刑法修正案(八)》对同种附加刑合并处罚的规定,采用吸收原则,应当执行剥夺政治权利终身;如果都是剥夺一定期限的政治权利,应采用限制加重原则,但《刑法修正案(八)》只规定合并处罚,而没有规定并罚的上限。对这个问题,理论界一般认为应当有一个上限。对具体的期限也存在不同的观点,一种观点认为应当是 5 年,因为《刑法》第 55 条第 1 款规定剥夺政治权利的最高期限除了剥夺政治权利终身外,为 1 年以上 5 年以下,所以,在并罚时,最高期限也不能超过 5 年;另一种观点主张 10 年,因为《刑法》第 57 条第 2 款规定,死缓、无期徒刑减为有期徒刑,应把剥夺政治权利的期限改为 3 年以上 10 年以下。我认为,应当以 10 年作为剥夺政治权利并罚的上限。认为应当是 5 年的观点并不妥当,因为刑法同样规定管制、拘役和有期徒刑的最高刑期,但是在并罚时都在相关最高刑期上有所增加,比如有期徒刑在一罪中最高只能判至 15 年,但在数罪并罚中则可判至 25 年,刑法以此体现对实施数罪行为人的从重处罚。对剥夺一定期限政治权利发生并罚时,以 10 年作为上限有一定的道理。因为,10 年比 5 年有所增加,符合数罪并罚应该体现加重的精神,而且 10 年也不是学者想出来的,是有一定法律依据的。所以,我认为,在剥夺一定期限政治权利并发生并罚的情况下,并罚的上限应为 10 年。

总结我们前面对同种附加刑的并罚的分析,我认为,应该把《刑法修正案(八)》规定的“附加刑种类相同的,合并执行”理解为,对于同种附加刑可以采取包括吸收原则、限制加重原则以及相加原则在内的并罚原则,但是,采用限制加重原则时的并罚的最高限还需要法律进一步明确。

接下来,我们来探讨一下不同种类的附加刑如何并罚的问题。对于这个问题,刑法原来并没有作出明确规定,《刑法修正案(八)》则规定对不同种类的附加刑应分别执行。这里的“分别执行”只能理解为相加原则。关于不同种类附加刑的并罚主要包含三种情况。第一,罚金与没收财产的并罚。这里也应当区分具体的情况。如果没收财产是没收全部财产,应当适用吸收原则;如果没收财产是没收部分财产,我们主张适用限制加重原则。罚金与没收财产虽然名称不一致,但都是财产刑,在性质上是一样的,执行方式以及给犯罪人所带来的后果都是一样的,所以可以将同种附加刑的并罚原则适用于这种情况。而《刑法修正案(八)》只是笼统地规定对不同种类的附加刑应分别执行,并没有考虑到不同种类附加刑之间也可能存在需要根据吸收原则和限制加重原则来并罚的情况,这是有问题的。第二,罚金与剥夺政治权利的并罚。这种情况应当适用相加原则。因为罚金刑属于财产刑,而剥夺政治权利属于剥夺权利刑,两种刑罚性质完全不同,在并罚时只能相加。第三,没收财产与剥夺政治权利的并罚。同样道理,也应当适用相加原则。

第三个问题是,如果罪犯在服刑期间,又犯新罪,同时发现漏罪,如果新罪与漏罪是同种犯罪,应当如何处理? 如果新罪与漏罪是不同种犯罪,应当如何处理?

对于这一问题,刑法条文没有规定,我认为,罪犯在服刑期间,又犯新罪,同时发现漏罪的,如果新罪与漏罪属于同一种类的犯罪,就把新罪与漏罪看成一个犯罪,然后采用先减后并的方式予以并罚。应当看到,在新罪与漏罪属于同一种类犯罪的情况下,该司法解释的思路是将新罪与漏罪等同对待。那么,当新罪与漏罪属于不同种类的犯罪时,我们也完全可以将漏罪与新罪等同对待,先将漏罪与新罪合并,看成是一个新罪,再与先前的判处的罪行采用先减后并的方式予以并罚。

最后,附加刑的并罚问题还有一些特殊的情况需要大家注意,这里我们重点讨论其中的几种情况。

第一种情况是,主刑执行期间发现漏罪或再犯新罪附加刑的并罚。在主刑执行期间发现漏罪或再犯新罪附加刑的并罚,从前后罪判处的附加刑类型看,既可能判处同种附加刑，也有可能判处不同种的附加刑；从前罪附加刑的执行情况看，包括已执行完毕、已执行部分和尚未执行三种情况。所以，对前后罪判处的附加刑并罚，应当区分不同的情况采取不同的方法处理。

第一，对前罪与后罪都判处剥夺政治权利的，根据我国《刑法》第58条的规定，判处徒刑、拘役的犯罪分子，在主刑执行期间，附加剥夺政治权利的刑期尚未开始执行。这种情况属于同种附加刑的并罚，应当将前罪判处的剥夺政治权利与后罪判处的剥夺政治权利，按照有限制的相加原则决定执行的剥夺政治权利期限。对前罪与后罪中有一个判处剥夺政治权利终身的，应采用吸收原则，执行剥夺政治权利终身。对前罪因判处死缓或无期徒刑而判处剥夺政治权利终身的，在服刑期间，因主刑被减为有期徒刑而相应对剥夺政治权利改判为3年以上10年以下的，后罪的刑罚是与原判处的刑罚实行并罚，还是与减刑后的剥夺政治权利的刑期并罚？我认为，应当与减刑后的刑罚并罚，决定执行的剥夺政治权利的刑期。也就是说，后罪判处的剥夺政治权利应当与已改判为3年以上10年以下的剥夺政治权利并罚，并按照有限制的相加原则决定执行剥夺政治权利的刑期。

第二，前罪判处的罚金、没收财产尚未执行或已执行部分，漏罪又判处同种附加刑的并罚。根据前面讲的并罚原则，我认为，应当适用有限制的相加原则决定执行的刑罚。前罪判处并已执行罚金和没收财产的，应当计算在新判决决定执行的罚金、没收财产数额之内，也就是采用"先并后减"的办法。

第二种情况是，主刑执行完毕，附加刑尚未执行完毕，又犯新罪的并罚。2017年全国人民代表大会常务委员会法制工作委员会《关于对被告人在罚金刑执行完毕前又犯新罪的罚金应否与未执行完毕的罚金适用数罪并罚问题的答复意见》规定："刑法第七十一条中的'刑罚执行完毕以前'应是指主刑执行完毕以前。如果被告人主刑已执行完毕，只是罚金尚未执行完毕的，根据刑法第五十三条的规定，人民法院在任何时候发现有可以执行的财产，应当随时追缴。因此，被告人前罪主刑已执行完毕，罚金尚未执行完毕的，应当由人民法院继续执行尚未执行完毕的罚金，不必与新罪判处的罚金数罪并罚。"按照该《意见》的思路，主刑执行完毕但罚金尚未执行完毕前再犯新罪的，无需数罪并罚。我认为该《意见》之所以这样规定，是因为罚金刑没有执行期限的问题，罚金刑一般在判决宣告时立即执行，对于不能全部执行的，人民法院应当随时追缴。因此，在判处附加罚金刑的情形下，刑罚执行完毕是指主刑执行完毕。但是，这一规定不能类推适用于主刑执行完毕但剥夺政治权利尚未执行完毕前再犯新罪的数罪并罚问题。原因在于：一方面剥夺政治权利存在执行期限，在执行附加剥夺政治权利期间再犯新罪的，前罪的刑罚尚未执行完毕；另一方面对在执行剥夺政治权利期间再犯新罪的罪犯进行数罪并罚，符合我前面讲的同种附加刑应当采取包括吸收原则、有限制的相加原则以及相加原则在内的并罚原则的观点。在这种并罚情况中，问题比较突出的是剥夺政治权利的并罚。根据《刑法》第58条的规定，被判处有期徒刑、拘役的，其剥夺政治权利的刑期，从有期徒刑、拘役执行完毕之日起计算。因此，在有期徒刑、拘役执行完毕后，前罪判处的剥夺政治权利的刑期才开始计算，在此期间行为人再犯新罪的,就不存在主刑的并罚问题,但是剥夺政治权利的附加刑还处于执行期间,应该与后罪判处的剥夺政治权利并罚,具体又分为这么几种情况。

第一,行为人的新罪未附加剥夺政治权利的,根据 2009 年 6 月 10 日起施行的最高人民法院《关于在执行附加刑剥夺政治权利期间犯新罪应如何处理的批复》,对判处有期徒刑并处剥夺政治权利的罪犯,主刑已执行完毕,在执行附加刑剥夺政治权利期间又犯新罪,如果所犯新罪无须附加剥夺政治权利的,前罪尚未执行完毕的附加刑剥夺政治权利的刑期从新罪的主刑有期徒刑执行之日起停止计算,并从新罪的主刑有期徒刑执行完毕之日或者假释之日起继续计算。附加刑剥夺政治权利的效力施用于新罪的主刑执行期间。这就体现主刑与附加刑并罚的相加原则。

第二,行为人的新罪附加剥夺政治权利的。对判处有期徒刑的罪犯,主刑已执行完毕,在执行附加刑剥夺政治权利期间又犯新罪,如果所犯新罪也剥夺政治权利的,首先根据新罪主刑的情况决定新罪附加剥夺政治权利的期限,再与前罪尚未执行完毕的剥夺政治权利的期限实行并罚。具体来说,有这么几种情形。首先,新罪主刑是死刑、无期徒刑的,应当决定执行剥夺政治权利终身,并且与前罪尚未执行完毕的附加刑剥夺政治权利的刑期并罚时,采用吸收原则,决定执行剥夺政治权利终身。其次,新罪的主刑在死刑缓期执行期间减为有期徒刑或者无期徒刑减为有期徒刑的,应当把新罪的主刑附加剥夺政治权利的期限相应地改为 3 年以上 10 年以下,在与前罪尚未执行完毕的剥夺政治权利的期限并罚时,采用有限制的相加原则决定执行剥夺政治权利的期限。最后,新罪的主刑是有期徒刑或拘役的,新罪附加剥夺政治权利的期限应为 1 年以上 5 年以下,在与前罪尚未执行完毕的剥夺政治权利的期限并罚时,采用有限制的相加原则决定执行剥夺政治权利的期限。我们前面说过,一般情况下,前罪主刑判处有期徒刑,在执行附加刑剥夺政治权利期间重新犯罪的,对新罪的主刑判处管制刑的可能性极小。如果确实发生了这种情况,新罪的剥夺政治权利的期限与管制的期限相等,同时执行。待管制刑结束后再执行前罪尚未执行完毕的剥夺政治权利的期限,实际上,也是采用有限制的相加原则。

好,关于这一讲的内容我就介绍到这,下面的内容我将在下一讲中给大家介绍,谢谢大家!

第十八讲

刑罚论（二）

在这一讲中，我继续给大家介绍刑罚论的内容。

七、缓刑

下面，我来介绍一下刑罚裁量制度中的缓刑制度。所谓缓刑，是指对被判处一定刑罚的犯罪分子，在一定期限内附条件地不执行原判刑罚的制度。对于缓刑，我国《刑法》只是笼统地规定，对于被判处拘役、3年以下有期徒刑的犯罪分子，根据犯罪分子的犯罪情节和悔罪表现，适用缓刑确实不致再危害社会的，可以宣告缓刑。而《刑法修正案（八）》则对这个规定进行了具体化，分别规定了可以宣告缓刑的情形和应当宣告缓刑的情形。可以宣告缓刑的情形是指，被判处拘役、3年以下有期徒刑，同时符合犯罪情节较轻、有悔罪表现、没有再犯罪的危险、宣告缓刑对所居住社区没有重大不良影响等条件的犯罪分子；而应当宣告缓刑的情形是指，被判处拘役、3年以下有期徒刑，同时符合犯罪情节较轻、有悔罪表现、没有再犯罪的危险、宣告缓刑对所居住社区没有重大不良影响等条件的不满18周岁的人、怀孕的妇女和已满75周岁的犯罪分子。另外，《刑法修正案（八）》还规定可以根据犯罪情况，同时对缓刑犯采取一些限制性措施，比如，可以禁止犯罪分子在缓刑考验期限内从事特定活动，进入特定区域、场所，接触特定的人等。当然，如果最后缓刑犯在缓刑考验期内没有犯新罪也没有发现漏罪，并且遵守缓刑考验监管制度以及人民法院判决中的禁止令的，缓刑考验期满，原判刑罚就不再执行，并公开予以宣告。

中外各国刑法中都有关于缓刑的具体规定，缓刑是当代世界各国刑事惩罚制度的一个重要组成部分。大陆法系国家刑法中的缓刑仅指自由刑的缓执行，而在英美法系国家中，缓刑还包括自由刑的缓宣告。从我国刑法规定的内容分析，我国的缓刑制度显然属于缓执行（也称之为"犹豫执行"）的范畴。

缓刑制度的价值体现在很多方面，比如可以消除短期自由刑的负面效应，实现刑罚的目的，包括促使罪犯改恶从善和有利于罪犯再社会化，符合刑罚经济原则，有利于构建和谐社会与宽严相济刑事政策的实现，符合刑罚非监禁性的轻刑化趋势等等。

（一）缓刑的适用条件

根据我国刑法关于缓刑制度的规定，适用缓刑必须具备三个条件。

一是前提条件。缓刑只适用于被判处拘役或者3年以下有期徒刑的犯罪分子。缓刑的宣告条件是以人身危险性较小为前提的。需要强调的是，这里所讲的被判处拘役或者3年以下有期徒刑，是指人民法院对犯罪分子的宣告刑而不是指法定刑。为什么不是法定刑呢？我认为原因有这么几点：第一，我国刑法规定的法定刑幅度比较大，绝大多数犯罪都有多个刑种或较长的刑期，如果以法定刑为准，就会使缓刑的适用范围大大减少，不利于发挥缓刑的积极作用；第二，以宣告刑为标准，更能体现缓刑的适用条件。宣告刑与法定刑比较，更能体现具体犯罪的个性差异，因为法官不仅要考虑犯罪行为的社会危害性，还要考虑被告人的人身危险性。而适用缓刑的条件，正是着重于对犯罪人的人身危险性的考察。所以说，宣告刑更能反映缓刑的适用条件。

二是实质条件。从对象上看，并不是所有被判处拘役或者3年以下有期徒刑的犯罪分子都要或者都能宣告缓刑，适用缓刑应当根据每个犯罪分子的具体情况作出具体的分析判断。具体来说，根据《刑法修正案（八）》第11条的规定，犯罪情节较轻、有悔罪表现、没有再犯罪的危险以及宣告缓刑对所居住社区没有重大不良影响的被判处拘役、3年以下有期徒刑的犯罪分子可以宣告缓刑，但其中不满18周岁的人、怀孕的妇女和已满75周岁的人，应当宣告缓刑。

三是排除条件。对于缓刑的排除条件，《刑法》原来只规定了累犯这一项条件，而《刑法修正案（八）》则增加了犯罪集团的首要分子。犯罪分子构成累犯，这一事实就足以表明他没有认真接受教育和改造，人身危险性较大，不适宜留在社会上进行改造，因而刑法规定对其不适用缓刑。而犯罪集团的首要分子则主要是因为人身危险性较大，修正案才规定对其也不适用缓刑。

（二）缓刑的考验程序

对于缓刑犯的考验程序，《刑法》原来只是规定在缓刑考验期限内，由公安机关考察，所在单位或基层组织予以配合，而《刑法修正案（八）》则将这种考验程序修改为社区矫正。根据《社区矫正实施办法》第2条的规定："司法行政机关负责指导管理，组织实施社区矫正工作。"缓刑的考验期限则是指对被宣告缓刑的犯罪分子进行考察的一定期限。缓刑考验期的长短，取决于被判处的实际刑期。拘役的缓刑考验期是原判刑期以上1年以下，最短不能少于2个月。被判处3年以下有期徒刑的缓刑考验期，最长为原判刑期以上5年以下，但最短不能少于1年。一个人被判处拘役6个月，他的缓刑考验期应该是6个月以上1年以下，在这个幅度内选择考验期。那么，如果这个人被判处拘役1个月，他的缓刑考验期应该是多少呢？（全场回答："2个月以上1年以下。"）如果这个人被判处有期徒刑2年，缓刑考验期应该是？（全场回答："2年以上5年以下。"）那么，如果这个人被判处有期徒刑6个月，他的缓刑考验期应该是？（全场回答："1 年以上 5 年以下。"）如果这个人被判处有期徒刑 4 年，他的缓刑考验期应该是多少呢？（全场回答："4 年以上 5 年以下。"）抱歉，你们都错了！其实，有期徒刑 4 年是不可以判缓刑的。你们不要以为我搞错了，我这是有意考考你们的。大家应该要注意，有期徒刑 3 年以下的才能适用缓刑。

对缓刑犯的考察有这么几点。第一，遵纪守法。遵守法律、行政法规，服从监督。第二，报告活动情况。按照考察机关的规定报告自己的活动情况。第三，遵守会客制度。遵守考察机关关于会客的规定。第四，迁居要获得批准。离开所居住的市、县或者迁居，应当报经考察机关批准。

缓刑和死缓是不一样的。死缓是判处死刑，缓期两年执行；而缓刑是放在监外，给予一定的考验期。被宣告缓刑的犯罪分子，在缓刑考验期限内犯新罪或者发现判决宣告以前还有其他罪没有判决的，应当撤销缓刑，对新犯的罪或者新发现的罪作出判决，把前罪和后罪所判处的刑罚，依照数罪并罚的有关规定，决定执行的刑罚。被宣告缓刑的犯罪分子，在缓刑考验期限内，违反法律、行政法规或者国务院公安部门有关缓刑的监督管理规定，或者违反人民法院判决中的禁止令，情节严重的，应当撤销缓刑，执行原判刑罚。

简单地说，缓刑的法律后果有三个：第一，缓刑考验期间没有漏罪、新罪和违法违规的，缓刑考验期满，原判刑罚就不再执行，并公开予以宣告；第二，缓刑考验期间有新罪或漏罪的，撤销缓刑，数罪并罚；第三，缓刑考验期间违反法律、行政法规或者国务院有关部门关于缓刑的监督管理规定，或者违反人民法院判决中的禁止令，情节严重的，应当撤销缓刑，执行原判刑罚。

（三）战时缓刑制度与一般缓刑制度

下面我简单介绍一下战时缓刑制度。战时缓刑制度是指在战时，对被判处 3 年以下有期徒刑没有现实危险宣告缓刑的犯罪军人，允许其戴罪立功，确有立功表现时，可以撤销原判刑罚，不以犯罪论处的制度。战时缓刑制度与一般缓刑制度的最大区别就在于"不以犯罪论处"。一般缓刑是"原判的刑罚就不再执行"，只不过是刑罚不再执行，但"罪"还是在的。战时缓刑制度所体现的理念应该是很先进的，我很赞赏。我认为，我们的立法者实际上可以将此理念运用到一般缓刑制度中。比方说，有才干的科技工作者犯了罪之后，我们对他适用缓刑，但他的罪一直都在，今后很难再得到重用。但是，我们完全可以对他适用类似战时缓刑的制度，给他戴罪立功的机会，让他承包一家濒临倒闭的工厂，确有立功表现的，不以犯罪论处，通过这种方式，还可以促进经济增长。

战时缓刑制度和一般缓刑的区别主要有这么几点。第一，适用对象不同。战时缓刑只适用于除累犯以外的被判处拘役或 3 年以下有期徒刑的犯罪军人；而一般缓刑适用除累犯和犯罪集团的首要分子以外的被判处拘役或 3 年以下有期徒刑的犯罪分子，包括和平时期的犯罪军人。第二，适用时间不同。战时缓刑只能在战时适用；而一般缓刑不存在适用时间上的限制。第三，适用的关键条件不同。战时缓刑适用于在战时状态下没有现实危险的犯罪军人;而一般缓刑的条件是犯罪情节较轻、有悔罪表现、没有再犯罪的危险以及宣告缓刑对所居住社区没有重大不良影响。第四,适用方法不同。战时缓刑制度没有明确的缓刑考验期,缓刑考验内容为犯罪军人是否有立功表现;而一般缓刑的适用,必须在宣告缓刑的同时依法确定其考验期,在考验期限内依法实行社区矫正,考验期的考察内容为犯罪分子是否具备《刑法》第 77 条规定的情形。第五,法律后果不同。战时缓刑,在犯罪军人立功的情形下,原判刑罚可撤销,对缓刑犯不以犯罪论处;而一般缓刑,考验期满,如果没有违反《刑法》第 77 条规定的情形,原判刑罚不再执行,而缓刑犯的犯罪仍然成立,也就是说仍有前科。

(四)缓刑适用的相关疑难问题

接下来,我讲一讲缓刑适用制度中的一些疑难问题。

第一个问题是缓刑考验期的起算时间和在押被告人的释放时间应当是什么时候?《刑法》第 73 条第 3 款规定:"缓刑考验期限,从判决确定之日起计算。"我认为,这里的判决之日既不是判决宣判之日,也不是判决签署之日,而是指判决发生法律效力之日。判决只有在发生法律效力之后才能交付执行,我们不能根据没有发生法律效力的判决来计算缓刑的考验期。对于一审判决来说,其宣判之日并不当然发生法律效力,如果提出上诉或者抗诉后,二审法院维持原判的,则应当从二审判决确定之日起计算。那么,一审宣告缓刑的在押被告人什么时候释放?司法实践中,一般根据《刑事诉讼法》第 259 条"判决和裁定在发生法律效力后执行"的规定,待缓刑判决生效后才将在押被告人释放。我认为,这样做不利于保护被告人的上诉权,也不利于维护被告人的合法权益,对一审宣告缓刑的在押被告人应当在宣判后立即释放,没有必要等到判决生效。如果一审宣告缓刑的在押被告人,在法定期限内提出上诉,一审判决宣告 10 天后,仍属未发生法律效力的判决,不能执行,被告人将被继续羁押直至终审判决作出。因此,如果采用这种做法,许多被判缓刑的被告人,虽然对缓刑判决不服,但考虑到不上诉,10 天上诉期满,就可释放;如果上诉,将被继续关押到判决生效,而被迫放弃上诉权。如果对一审宣告缓刑的被告人在宣告后立即释放,那么被告人提出上诉就不必付出这样的代价,被告人也就可以充分地行使上诉权,维护自身的合法权益。

第二个问题是剥夺政治权利的犯罪分子可否适用缓刑?关于这个问题,刑法学界存在两种不同的观点。第一种观点认为,犯罪分子如果被判处附加剥夺政治权利,就表明他的罪行是严重的,因为审判机关根据被告人的犯罪情节和罪犯的现实表现,认为只判处相应的主刑还不能做到罪刑相适应,或者认为主刑执行完毕后还应在一定期限内限制罪犯参加政治活动的时候,才会确定对他并处剥夺政治权利。这恰恰说明犯罪分子不具备适用缓刑应当具备的犯罪情节较轻、有悔罪表现、没有再犯罪的危险以及宣告缓刑对所居住社区没有重大不良影响等条件,因而不可能对他宣告缓刑,否则就会造成罪刑不相适应的矛盾。第二种观点认为,对被判处附加剥夺政治权利的犯罪分子,只要具备法定的适用缓刑的条件,就可以适用缓刑。我认为,第二种观点是正确的。因为根据我国刑法的规定,附加剥夺政治权利的犯罪分子并没有排除在适用缓刑的对象之外,我们不能在没有法律根据的情况下人为地增加限制适用缓刑的条件,从而缩小缓刑的适用范围。特别是刑法明确规定,对于危害国家安全的犯罪分子应当附加剥夺政治权利。这就意味着对于危害国家安全犯罪的犯罪分子,如果其原判刑罚是3年以下有期徒刑或者拘役的,也可能适用缓刑。另外,我国刑法规定,判处管制附加剥夺政治权利的,剥夺政治权利的期限与管制的期限相等,同时执行。这一规定表明,管制是可以附加剥夺政治权利的。但是管制在我国刑法中是一种适用于轻罪的刑罚。它的期限仅为3个月以上2年以下。它的执行并不是人身自由被剥夺,而仅仅是人身自由受到一定程度的限制。从这一点上说,缓刑与管制的适用条件有某种相似性,既然管制可以附加剥夺政治权利,那么对于有些附加剥夺政治权利的犯罪分子适用缓刑就更不应该有什么障碍了。

第三个问题是附加刑中的罚金可否适用缓刑? 我认为,罚金也可适用缓刑。从罚金的目的和它单独适用的对象上看,适用罚金与适用缓刑的犯罪有相似之处。对这些人处以罚金,往往能起到特殊的教育效果。另外,罚金主要适用于以图利为目的的犯罪分子,在这些犯罪分子中,有的人经济条件较为宽裕,也有相当一部分人经济条件较差。对后面这些人处以其他刑罚不一定恰当,就他们的罪行来看,最恰当的是处以罚金刑,但他们往往又无"金"可罚。尽管刑法有分期缴纳的规定,但在某些情况下,难免有缴纳的困难。如果对他们免去罚金的缴纳,由于没有考验制度,实际上也可能会出现罚不当罪的情况。如果规定对于犯罪情节较轻的犯罪分子在判处罚金的同时又可以宣告缓刑,不仅能够做到罪刑相适应,使同样的犯罪,不因犯罪分子个人的经济情况不同而在所处刑罚上有所轻重,而且还可以充分体现改造犯罪分子成为新人的刑罚目的。简单地说,罚金缓刑考验可以鼓励犯罪分子加紧改造,争取不执行原判的罚金刑罚。

第四个问题是缓刑能否合并适用? 对此我分成三个具体的问题为大家讲解一下。

一是对于实行数罪并罚的犯罪分子能否适用缓刑? 我认为不能一概而论,应该具体问题具体分析。在判决宣告以前,一人犯数罪的,如果同时符合犯罪情节较轻、有悔罪表现、没有再犯罪的危险以及宣告缓刑对所居住社区没有重大不良影响等条件,可以宣告缓刑的,应当根据以下情况区别对待:如果数罪并罚后,确定的刑罚超过3年有期徒刑的,即使数罪分别看来较轻,也不能予以缓刑;如果数罪并罚后,确定的刑罚是在3年以下有期徒刑幅度内的,仍然可以适用缓刑。

二是在缓刑考验期内,又犯新罪或者发现漏罪的,缓刑能否合并适用? 根据我国《刑法》第77条规定,被宣告缓刑的犯罪分子,在缓刑考验期限内犯新罪或者发现判决宣告以前还有其他罪没有判决的,应当撤销缓刑。

关于这一点,我认为应当区别对待。其一,在缓刑考验期限内发现还有"漏罪"没有判决的,说明犯罪分子的悔罪表现不真诚,没有彻底交待以前所犯罪行,不具备适用缓刑的条件,并且存在数罪并罚的情况,也应当从重惩处,所以应当撤销缓刑,依照数罪并罚的原则,决定执行的刑罚。其二,对于在缓刑考验期限内又犯"新罪"的犯罪分子的处理方法可以分为两种。一是撤销缓刑,数罪并罚。主要适用于又犯应判处有期徒刑以上的故意"新罪"的对象。二是中断缓刑考验期,待"新罪"刑罚执行完毕后继续开始。主要适用于又犯过失或应判有期徒刑以下的较轻的故意"新罪"的对象。这种区别对待,是基于罪刑相适应的刑事责任原则的考虑。比如说,某人因一时义愤犯罪,案发后悔不当初,主动坦白,法院对他适用了缓刑。他在缓刑考验期内表现很好,但在缓刑考验期末犯了交通肇事罪。于是,按照刑法规定,我们只能对他撤销缓刑,两罪并罚。然而,从实际情况分析,他对前罪的悔罪表现是很好的,交通肇事并非由于对前罪缺乏认罪服法的态度所致,我们如果因此完全否定缓刑考验期间他所接受的教育、改造,以及所发生的转变,显然是不客观的。这样的两罪并罚,罪和刑就很难相适应。如果一个缓刑犯是由前罪的有期徒刑判处缓刑的,新罪是一个仅可判处罚金刑的罪,前后两罪的性质、严厉程度都相差很大,一律撤销缓刑,前后罪并罚,又如何来体现罪刑相适应的原则呢?所以说应当区别对待。

如果缓刑考验期满才发现缓刑考验期内又犯新罪或者缓刑考验期满才发现漏罪的,如何处理?我认为,如果是又犯新罪的话应当撤销缓刑实行数罪并罚,而如果是发现漏罪的话就不应撤销缓刑实行数罪并罚。理由是,我国刑法中设立缓刑撤销制度的初衷之一在于防止缓刑犯重新犯罪,所以考察的重点是犯罪的时间,而不是犯罪被发现的时间。只要是缓刑考验期内又犯新罪的,如果没有超过追诉时效期限的,都应当撤销缓刑并实行数罪并罚。而对于缓刑考验期满才发现漏罪的,刑法规定所强调的侧重点在于所发现的时间。而且,我国现行刑法只规定在缓刑考验期内发现漏罪没有判处的,应撤销缓刑并实行数罪并罚的情形,并没有将缓刑考验期满后发现漏罪的情形作为撤销缓刑的条件来规定。从罪刑法定的原则出发,这种情形应视为不符合撤销缓刑并实行数罪并罚的条件,在司法实践中,可以对相关漏罪单独定罪量刑。

三是缓刑能否减刑及缩减考验期?我认为,缓刑不存在减刑的问题。所谓减刑,是对犯罪分子在刑罚执行期间,鉴于其确有悔改表现,将原判的刑罚予以减轻的制度。裁定减刑的时间必须是在刑罚实际执行期间,而缓刑制度是一种有条件不再执行原判刑罚的制度,缓刑考验期当然不能视为刑罚的执行期间。刑罚既然还没执行,减刑又从何谈起呢?最高人民法院在2016年《关于办理减刑、假释案件具体应用法律的规定》中的第18条规定:"判处拘役或者三年以下有期徒刑并宣告缓刑的罪犯,一般不适用减刑。前款规定的罪犯在缓刑考验期限内有重大立功表现的,可以参照刑法第七十八条的规定,予以减刑,同时应依法缩减其缓刑考验期限。拘役的缓刑考验期限不能少于二个月,有期徒刑的缓刑考验期限不能少于一年。"我认为,这个解释从根本上说,还是缩减缓刑考验期的问题。缓刑考验期,究其性质,是预计犯罪者自觉改造所需要的期限。由于缓刑者在考验期内接受教育、改造的情况各不相同,从刑罚目的的考虑,根据其具体情况,缩减考验期,是一个值得探讨的做法。所以,可以考虑设立有条件地缩减缓刑考验期的制度,提高被宣告缓刑的犯罪分子将功赎罪的积极性和接受教育、改造的效果。其实,我的观点还是前面阐述的,与其缩减有重大立功表现的缓刑犯的考验期,还不如设立"不以犯罪论处"的制度。

第五个问题是缓刑犯的权利与义务具体内容是什么?我国目前对缓刑犯义务的

规定较为原则,不易操作。我认为,可以借鉴国外的立法,适当地修改《刑法》第76条的规定,修改后的内容应当包括以下六个方面:(1)禁止性义务,包括禁止缓刑犯重新犯罪、吸毒、持有危险物品和违禁品、参与犯罪活动、从事不良职业、光顾特定场所等;(2)限制性义务,包括限制缓刑犯迁徙、与不良行为人交往、从事特定职业、不良消费等;(3)强制性义务,包括接受指定的文化教育、职业训练、戒酒或戒毒治疗等;(4)经济方面的义务,包括向被害人赔偿损失,按时交纳罚金、参加义务劳动等;(5)社会方面的义务,包括努力工作、承担家庭义务、依法纳税等方面;(6)一般性义务,包括遵守法律、法规,服从监管等。

缓刑犯在监督考验期内享有的权利就是获得社会救助的权利,这种权利的享有有助于缓刑犯重返社会。因此,缓刑执行主体应当保障缓刑犯权利的实现,确保缓刑犯在社会上不受歧视,更好地融入社会。我国刑法对缓刑犯的权利没有明文规定。我认为,除被依法剥夺或限制的权利外,缓刑犯享有普通公民所享有的权利,法律应当给予平等保护。除此之外,立法还应对缓刑犯容易被侵犯或忽视的权利加以规定,主要是这几方面的权利:(1)政治权利,对于缓刑犯,如果未被剥夺政治权利,仍然享有政治权利;(2)劳动就业的权利,未被禁止从业的,仍可从业,在就业机会上享有与普通公民同等的权利;(3)福利待遇权,对于缓刑犯仍留原单位工作的,应当同工同酬;(4)受教育权,对于缓刑犯应明确其继续就学和升学不受歧视。

第六个问题是,在缓刑过程中,发现漏罪,或是又犯新罪,我们对犯罪分子能不能再适用缓刑?

学生:"如果符合缓刑条件的话应该也可以适用缓刑,因为这样有利于被告人。"

我认为,不能再适用缓刑。根据刑法规定,罪犯在缓刑考验期中,如果发现漏罪或是又犯新罪,是要撤销缓刑,实行数罪并罚的。那么,在发现漏罪或是又犯新罪的情况下,一方面我们先撤销缓刑,另一方面我们如果又判处缓刑,那不是与立法精神相悖吗? 同时,罪犯在考验期内违法违规尚且要撤销缓刑,执行原判刑罚,那么发现了漏罪或是又犯新罪,我们又怎么能再判处缓刑呢? 这不是与刑法的规定相矛盾吗? 更何况,罪行越晚被发现,不但说明危害越大,而且又犯新罪,表明罪犯的悔罪态度并不诚恳,这种情况下我们再判处缓刑,从某种程度上说,也是不合适的。值得注意的是,在我们对罪犯撤销缓刑实行数罪并罚时,应当将原先已经羁押的期限予以扣除。

八、刑罚执行制度

刑罚执行,是指有行刑权的司法机关将人民法院生效的判决所确定的刑罚付诸实施的刑事司法活动。

(一)刑罚执行的特征与原则

关于刑罚执行的特征,我们要注意掌握三个方面的内容。第一,刑罚执行是将刑罚付诸实施的一项刑事司法活动,是国家对犯罪行为的侦查、审判、执行刑事司法活动的最后环节,这一环节是对犯罪分子实施刑罚惩罚的具体环节。第二,刑罚执行的前提和基础是法院生效的判决所确定的刑罚,刑罚执行机关对犯罪人执行刑罚的依据必须是人民法院发生法律效力的刑事判决或者裁定,具体包括已过法定期限而未提起上诉、抗诉的判决和裁定,终审的判决和裁定,最高人民法院核准的死刑判决,高级人民法院核准的死刑缓期两年执行的判决等。第三,刑罚执行的主体是国家有权行刑的司法机关,这些机关分别执行不同的刑罚。其中,监狱是刑罚执行的专门机关,负责有期徒刑、无期徒刑、死刑缓期两年执行刑罚的执行;公安机关负责被判处拘役、剥夺政治权利、监外执行等刑罚的执行;《刑法修正案(八)》规定,对判处管制、缓刑、假释的犯罪分子,依法实行社区矫正,社区矫正是非监禁刑罚执行方式,由司法行政机关执行;人民法院负责罚金、没收财产、死刑的执行等。

刑罚的执行应当遵循一定的原则,这些原则包括:(1)合法性原则,包括执行机关的合法性、执行依据的合法性和执行程序的合法性;(2)惩罚与改造相结合、教育与劳动相结合的原则;(3)人道主义原则;(4)个别化原则和效益性原则等。

为了体现刑罚执行的原则,在刑罚执行中必须适用一定的办法,这就是刑罚执行制度。刑罚执行制度只能在刑罚执行过程中适用,因此,没有刑罚的裁决和实际适用,就没有刑罚的执行制度。刑罚执行制度的适用对象是构成犯罪、已经被判处刑罚的犯罪分子,并且以判处一定的刑罚为前提,它本身不能独立适用。在我国,刑罚执行制度一般只能减轻刑罚,而不能消灭刑罚的执行。

(二)减刑

下面,我们来看一下减刑制度。我国刑法中,减刑是指对被判处管制、拘役、有期徒刑、无期徒刑的犯罪分子,在执行期间,如果认真遵守监规,接受教育改造,确有悔改表现的,或者立功表现的,将其原判刑罚予以适当减轻的一种刑罚执行制度。减刑作为一项刑罚的执行制度,体现了对经过一定劳动改造后取得较好效果的犯罪分子实行宽大政策,以鼓励正在服刑的犯罪分子积极改造,促使其自觉悔过。

减刑实际上是将犯罪分子的原判刑罚予以适当减轻,具体包括把原判较重的刑种减轻为较轻的刑种,或是把原判较长的刑期减轻为较短的刑期。我国刑法规定了减刑适用必须具备的条件。

第一,减刑的对象条件。减刑只适用于被判处管制、拘役、有期徒刑、无期徒刑的犯罪分子。我们要特别注意几个问题,第一个要注意的是,死刑缓期两年执行后被减为无期徒刑或有期徒刑的,不是我们这里所讲的减刑。因为它不是减刑制度的内容,而是属于死缓制度的范畴。第二个要注意的是,缓刑也可以适用减刑。对缓刑的减刑,是对原判刑罚予以减刑,同时相应地缩减其缓刑考验期。比如说,对原"判 3 缓 5"的,先对"判 3"进行减刑,然后相应缩短其"缓 5"的考验期。

第二,减刑的实质条件。犯罪分子在刑罚执行期间,认真遵守监规,接受教育改造,确有悔改或者立功表现的,可以适用减刑。确有悔改表现所具备的条件,在最高人民法院 2016 年《关于办理减刑、假释案件具体应用法律的规定》第 3 条中有明确的规定。值得注意的是该条的第 2 款规定了一些不能认定为"确有悔改表现"的情形,即"对职务犯罪、破坏金融管理秩序和金融诈骗犯罪、组织(领导、参加、包庇、纵容)黑社会性质组织犯罪等罪犯,不积极退赃、协助追缴赃款赃物、赔偿损失,或者服刑期间利用个人影响力和社会关系等不正当手段意图获得减刑、假释的,不认定其'确有悔改表现'"。有重大立功表现的,应当适用减刑。大家要注意,减刑不是改判,减刑和改判的最大区别在于减刑是在承认原判决正确的情况下,根据其表现、态度,减轻处罚。减刑是执行中的问题,改判则是对原判决的否定。

第三,减刑的限度条件。根据《刑法修正案(八)》的规定,减刑以后实际执行的刑罚,对于原被判处管制、拘役、有期徒刑的,不能少于原判刑期的二分之一,这个跟《刑法》原来的规定相比没有变化。但对于原被判处无期徒刑的,《刑法修正案(八)》则将《刑法》原来规定的不能少于 10 年,提高为不能少于 13 年。此外,《刑法修正案(八)》还规定了如何对被判处死缓的犯罪分子予以限制减刑,即在法院依照规定限制减刑的死刑缓期执行的犯罪分子,缓期执行期满后依法减为无期徒刑的,实际执行的刑期不能少于 25 年,缓期执行期满后依法减为 25 年有期徒刑的,实际执行的刑期不能少于 20 年。此外,最高人民法院 2016 年 11 月 15 日公布的《关于办理减刑、假释案件具体应用法律的规定》以及 2019 年 4 月 24 日公布的《关于办理减刑、假释案件具体应用法律的补充规定》,也就有期徒刑罪犯的减刑幅度、减刑起始时间和间隔时间以及无期徒刑罪犯的减刑幅度等内容作出了相关规定。应当看到,由于减刑不是改判,所以无论经过多少次减刑都不能超过必要的限度,不能动摇原判刑罚的严肃性和稳定性。

具体的减刑程序,根据《刑法》第 79 条的规定,是由执行机关向中级以上人民法院提出减刑建议书。人民法院应当组成合议庭进行审理,对确有悔改或者是立功事实的,裁定予以减刑。非经法定程序不得减刑。

关于减刑后刑期的计算方法,无期徒刑和管制、拘役、有期徒刑是不一样的。如果一个人被判处有期徒刑 15 年,服刑 5 年,减为 12 年有期徒刑,实际还要执行 7 年。已经执行的刑期应该从 12 年中扣除。但是如果这个人被判处无期徒刑,服刑 10 年,被减刑为 18 年,实际还要服刑 18 年。已经执行的 10 年不能从 18 年里扣除。这两者的计算方法是不一样的。

对于减刑后发现漏罪、又犯新罪的,根据 2012 年最高人民法院《关于罪犯因漏罪、新罪数罪并罚时原减刑裁定应如何处理的意见》,罪犯被裁定减刑后,因被发现漏罪或者又犯新罪而依法进行数罪并罚时,经减刑裁定减去的刑期不计入已经执行的刑期。在此后对因漏罪数罪并罚的罪犯依法减刑,决定减刑的频次、幅度时,应当对其原经减刑裁定减去的刑期酌情予以考虑。

还有一个关于减刑制度的问题。从常理上说,一个人犯了罪就应当承担刑事责任,犯多大的罪就应当承担多大的刑事责任,这是理所当然的。而被处刑罚的人在刑罚执行过程中有某种值得奖励的行为,对这个行为予以奖励,比如假释、监外执行、减刑等,这也是应该的。有人因此将减刑理解为是对原判决的重新评价,这种观点显然是错误的,这与我们的司法理念相背离。我们也相信人是会变的,应该给被处刑的人以出路,鼓励他们早日改过自新。但是认为减刑是以修改原判决的方式重新量刑或者认为减刑是对原判决的重新评价,就不对了。应当看到,减刑制度评价的是处刑以后犯罪人的表现,而不是处刑时所依据的犯罪行为。

（三）假释

接下来,我来讲一下假释制度。有人说假释就是"假的释放"。这种理解是不对的。我们不做假的事情,释放是真的,不是假的。假释的"假"是"有条件的"意思,这是沿用了古汉语中"假"的意思。所谓假释,是对在押犯罪分子附条件地予以释放的刑罚执行制度。根据《刑法》原来的规定,假释是指被判处有期徒刑或者无期徒刑的犯罪分子,在执行一定刑期以后,因其确有悔改表现,不致再危害社会而附条件地将其提前释放的刑罚执行制度。而《刑法修正案（八）》则将其中长期为人们所诟病的"不致再危害社会"的条件,修改为"没有再犯罪的危险的"。

假释的适用条件主要有五个。一是前提条件。假释只适用于被判处有期徒刑或者无期徒刑的犯罪分子。其中包括被判处死刑缓期2年执行后减为无期徒刑或者有期徒刑的犯罪分子。这跟前面所讲的减刑的对象是不一样的。假释的对象只有两种人,减刑的对象是四种人。二是限制条件。假释的对象必须已经执行过一定期限的刑罚。具体说来,《刑法》原来规定,被判处有期徒刑的犯罪分子在执行了原判刑期二分之一以上,被判处无期徒刑的犯罪分子在实际执行10年以上的,才有可能适用假释,而《刑法修正案（八）》则将被判处无期徒刑的犯罪分子在实际执行期限的下限由10年提高到13年,由此可见,被判处无期徒刑的犯罪分子适用假释的条件较以前相比更加严格了。此外,大家还可以将假释的限制条件与减刑的限制条件联系起来一起记忆。三是实质条件。犯罪分子认真遵守监规,接受教育改造,确有悔改表现,且没有再犯罪的危险。除此之外,根据《刑法修正案（八）》第16条第3款的规定,对犯罪分子决定假释时,还应当考虑其假释后对所居住社区的影响。四是排除条件。《刑法》原来只规定对累犯以及因杀人、爆炸、抢劫、强奸、绑架等暴力性犯罪被判处10年以上有期徒刑、无期徒刑的犯罪分子,不适用假释。概括来说,共有两种人不得假释,一种是累犯,一种是因暴力性犯罪被判处10年以上有期徒刑或无期徒刑的犯罪分子。而《刑法修正案（八）》第16条则规定:"对累犯以及因故意杀人、强奸、抢劫、绑架、放火、爆炸、投放危险物质或者有组织的暴力性犯罪被判处十年以上有期徒刑、无期徒刑的犯罪分子,不得假释。"对比修正前后不得假释的刑法规定,我们不难发现,虽然修正前的刑法罗列的五个具体犯罪种类少于修正后的刑法罗列的八个具体犯罪种类,但是,修正前的刑法规定中使用了"等"的字样,以表达列举未尽的其他暴力性犯罪之意。就此而言,我们完全可以认为,修正前刑法中有关不得假释的犯罪范围应该大于修正后刑法的规定,即修正前刑法规定中的"等"字既包括修正后刑法新增罗列的三种犯罪,甚至还包括其他暴力性犯罪。此外,根据最高人民法院2016年11月15日公布的《关于办理减刑、假释案件具体应用法律的规定》,对累犯以及因故意杀人、强奸、抢劫、绑架、放火、爆炸、投放危险物质或者有组织的暴力性犯罪被判处死刑缓期执行的罪犯,被减为无期徒刑、有期徒刑后,不得假释。根据最高人民法院2019年4月24日公布的《关于办理减刑、假释案件具体应用法律的补充规定》第1条,对拒不认罪悔罪的,或者确有履行能力而不履行或者不全部履行生效裁判中财产性判项的,不予假释。五是程序条件。假释的程序条件与减刑是一样的。

那么,对假释的犯罪分子又应该怎么进行考验呢? 我们先了解一下假释的考验期。被判有期徒刑的假释考验期为没有执行完毕的刑期,被判无期徒刑的假释考验期是10年。假释考验期从假释之日起计算。《刑法》原来只是规定,对假释的犯罪分子,在假释考验期限内,由公安机关予以监督,而《刑法修正案(八)》则规定,应当对假释的犯罪分子,在假释考验期限内,由司法行政机关依法实行社区矫正。假释的法律后果则有三种:第一种,被宣告假释的犯罪分子,在假释考验期内没有犯新罪,也没有被发现漏罪,并且遵守监管规定的,假释考验期满,原判刑罚就认为执行完毕,并公开予以宣告。第二种,被宣告假释的犯罪分子,在假释考验期内又犯新罪,或者被发现漏罪的,应当撤销假释,依照《刑法》第70条或第71条的规定,实行数罪并罚。这与缓刑有相似的地方。第三种,被宣告假释的罪犯,在假释考验期内,违反法律、行政法规或者国务院有关部门关于假释的监督管理规定,尚未构成新的犯罪的,应当依照法定程序撤销假释,收监执行尚未执行完毕的刑罚。另外,如果犯罪分子被判处附加剥夺政治权利的,剥夺政治权利从假释之日起执行。

下面,我举一个例子来加深大家的理解:某甲2000年犯盗窃罪被判有期徒刑2年缓刑4年;某乙2000年犯诈骗罪被判有期徒刑4年,2002年获假释。甲乙两人分别于2006年犯须判有期徒刑以上刑罚的抢劫罪。对这两个人应当如何处理?(下讲台提问)

提问:"对他们要不要数罪并罚?"

学生1:"我认为,要的。他们都分别犯了两个罪,当然要数罪并罚。"

学生2:"我同意这位同学的观点。"

学生3:"我认为,不要。"

提问:"为什么不要?"

学生3:"因为甲和乙的刑罚已经执行完毕了。"

提问:"期满是哪一年?"

学生3:"2004年。他们犯后罪是2006年。"

提问:"期满以后再犯罪有没有可能数罪并罚?"

学生3:"没有可能。"

(回讲台)好! 这里我们要注意,案例中的这两种情况都是不可能数罪并罚的,之前我已经反复讲过了,像这种情况,如果再从数罪并罚角度去考虑,你就钻不出来了,你会"认认真真地"把这个题目做错(全场笑),而且你还会庆幸自己终于把这道题目做好了。但实际上你是做错的。我曾再三强调过,数罪并罚与累犯都涉及再犯罪的问题,但是,两者最大的区别主要在于"犯后罪"的时间,如果是在前罪执行期间内犯,考虑数罪并罚的问题,如果是在前罪执行完毕后犯,就要考虑其他问题,这是最关键的。

那么,对这两个人的处理,我们主要应该考虑什么?(下讲台提问)

学生 1:"应该考虑累犯问题。"

提问:"这里确实可以考虑其是否为累犯。大家要注意的是,我并不是说不能数罪并罚的就一定是累犯。没有这种讲法的,我只是说思路是这样的。那么这两个人都是累犯吗?"

学生 2:"是的,他们都是累犯。"

提问:"我出题目一般不大可能两个都是累犯的吧! 两个人都是累犯吗?"

学生 2:"是的。"

提问:"不管我怎么说,你还是坚持'是的'?"

学生 2:"题目不够完整,可能还有其他因素。"

提问:"不要考虑其他的因素,所有的因素题目中都告诉你了。两个人都是累犯吗?"

学生 2:"我还是觉得都是累犯。"

提问:"缓刑考验期满,原判刑罚就不再执行了。那假释呢? 假释考验期满,原判刑罚就认为已经执行完毕。这两个规定一样吗?"

学生 3:"表达不一样,但结果是一样的。"

提问:"表达不一样,结果怎么会一定一样呢? 你认为这两个人都是累犯吗?"

学生 4:"甲不是累犯,乙是累犯。"

(回讲台)显然,最后一位同学回答是正确的。因为,缓刑执行期间没有新罪、没有漏罪、没有违法违规事件的发生,按照法条规定,缓刑执行完毕,原判刑罚不再执行,不再执行说明原判刑罚没有执行过,既然没有执行过,怎么可能有累犯呢? 累犯必须是在刑罚执行完毕以后,才可能构成的。可见,因为甲未执行原判刑罚,所以不是累犯。累犯的前提条件是后罪的发生必须是在前罪的刑罚执行完毕或赦免以后。但是,按照刑法规定,假释期间没有新罪、没有漏罪、没有违法违规,原判刑罚就认为已经执行完毕。就认为已经执行完毕,说明乙在考验期满后其原判刑罚就已经执行完毕,而且考验期也算执行期的。乙假释考验期满后 5 年内再犯抢劫罪,当然应该是累犯。所以,甲不是累犯,乙是累犯。

在明确了这个问题后,我再提出一个问题:如果甲乙两人分别于 2003 年犯抢劫罪,该如何处理呢?(下讲台提问)

学生 1:"对甲应该撤销缓刑,数罪并罚。"

提问:"怎么数罪并罚?"

学生 2:"犯新罪,先减后并。"

提问:"先减后并? 减几年?"

学生 2:"减 1 年。"

提问:"减 1 年? 1 年从哪里来的?"

学生 3:"不是减 1 年,应该是减 0 年吧!"

学生 4:"我觉得不应该减。"

提问:"那对乙呢?"

学生 4:"撤销假释,数罪并罚。"

提问:"怎么数罪并罚?"

学生 5:"犯新罪,先减后并,减 2 年。"

(回讲台)经过大家的讨论,我们对有些问题实际上已经清楚了。缓刑期间又犯新罪,由于没有执行过有期徒刑,所以不可能发生减的问题。只需直接撤销缓刑,把原来判处的有期徒刑 2 年和新罪应该判处的有期徒刑实行并罚。缓刑是不存在执行问题的,甲没有执行刑罚,所以不存在减的问题。

但是,假释是有执行问题的,因而当然会涉及"先减后并"的内容。问题是对乙应该减几年?大家要特别注意,假释考验期内犯罪的,已经过去的考验期不算刑期,这是对犯罪分子从重处罚的一种体现。考验期过后犯罪的,过去的考验期可以算刑期,认为刑罚已经执行完毕。乙由于实际已经执行了 2 年,假释考验期又过了 1 年,但是,在"先减后并"的计算时,只能减去 2 年,而不是 3 年。

通过做这道题帮助我们澄清了很多问题。我之所以出这种题目,就是要让你们特别关注刑法条文中有些很关键的用语,这样你们看书时注意的内容就会不一样了。我如果直接就让你们背这段:缓刑期间不犯新罪、没有漏罪、没有违法违规,原判刑罚不再执行;假释期间没有违法违规、没有犯新罪、没有漏罪,原判刑罚就认为执行完毕。你们就会背得漫不经心。现在做了题目以后,回过头再来看到这些句子,你就会有感觉了,你会很注意这两句不同的表述方法和它们所带来的不一样的法律后果。这种表述的不一样是有特别含义的。而且一旦你搞清楚了,以后就绝对不会再忘记了,除非你根本就不想记它。

九、刑罚消灭制度

接下来,我们来了解一下刑罚消灭制度。刑罚消灭是指由于法定的或事实的原因,致使司法机关不能对犯罪人行使具体的刑罚权。刑罚消灭具有以下特征:一是行为人的行为已经构成犯罪,并且应当受到刑罚处罚或者已经受到刑罚处罚;二是已经构成犯罪并且应当受到或者已经受到刑罚处罚的行为,基于某种原因而使刑罚趋于消灭,这种原因是基于法律的明文规定以及某种事实的发生;三是刑罚消灭意味着刑罚执行或后果的消灭,一般不影响犯罪行为的曾经发生或存在。

(一)刑罚消灭的事由

我们首先来了解一下刑罚消灭的事由。刑罚消灭的事由包括刑罚裁量权的消灭和刑罚处罚权的消灭。刑罚裁量权的消灭事由有以下三种:一是犯罪人在判决前死亡;二是自诉案件的自诉人撤诉;三是犯罪人在判决前获得赦免。刑罚处罚权的消灭事由一般有以下九种:一是犯罪人在判决后或在刑罚执行过程中死亡;二是犯罪人执行完毕人民法院判决的刑罚;三是被判缓刑的犯罪人缓刑期限届满,依法宣告原判刑期不再执行;四是犯罪分子获得假释,假释考验期限届满,原判刑期执行完毕;五是犯罪人虽然负有刑事责任,但免予刑事处罚;六是犯罪人在刑罚执行过程中被大赦,原判刑罚终止执行;七是犯罪人在刑罚执行过程中被宣告特赦;八是犯罪人被依法判处刑罚,但因某种原因超过法定的行刑时效而刑罚没有执行;九是犯罪人犯罪后超过规定的追诉时效。

（二）时效

下面我们来看时效制度。时效是指经过一定的期限,对刑事犯罪不得再追诉或者对所判刑罚不得再执行的刑罚制度。按照这个概念,我们所讲的时效可以分为追诉时效和行刑时效。行刑时效,是指犯罪分子被判处刑罚以后,经过法律规定的时限而未执行,便不再执行原判刑罚的刑罚制度。简单地说,追诉时效,就是你犯了一个罪,当时没有被人家发现,后来被人家发现了,但是从你犯罪到被发现的这一段时间很长,超过了法律规定的期限,而且在这个期间你没有再犯罪,在这种情况下,我们就认为,可以不追究你的刑事责任了,这个期限就叫追诉时效。而行刑时效是指你被判了刑罚,由于各种各样的原因,没有得到实际的执行,后来你被人找到了,从你应当执行而没有执行刑罚的时间起到你最后被找到,经过了很长的一段时间,超过了法律规定的时限,而且在这个期间内你没有犯罪,我们就不再对你执行原来的刑罚了,这个时限就叫行刑时效。现在世界各国普遍都规定追诉时效和行刑时效制度。我国只有追诉时效制度,没有规定行刑时效制度。这主要还是观念问题,以为有了行刑时效可能有人会抗拒执行。我认为,规定行刑时效,还是很有用处的。像遇到地震或者其他非常特殊的情况,没办法执行刑罚,后来被人家找到以后,发现在这一段时间里,犯罪人没有再犯罪。经过这么长一段时间他不犯罪,说明他已经自觉改造成为新人了,达到了我们刑罚的目的。我们惩罚犯罪也就是为了预防犯罪,所以没有必要再纠缠于旧账。另外,有了时效制度还可以适当减轻监狱的负担。

接下来,我着重讲讲追诉时效的期限问题。追诉时效期限是指刑法规定的对犯罪分子追究刑事责任的有效期限。根据我国刑法对各个具体犯罪的法定刑的轻重,追诉时效期限也长短不一:法定最高刑不满 5 年有期徒刑的,追诉时效的期限为 5 年;法定最高刑为 5 年以上不满 10 年有期徒刑的,追诉时效的期限为 10 年;法定最高刑为 10 年以上有期徒刑的,追诉时效的期限为 15 年;法定最高刑为无期徒刑、死刑的,追诉时效的期限为 20 年。如果 20 年以后认为必须追诉的,报请最高人民检察院核准后,仍然可以追诉。

你们可以这样来记忆,法定最高刑不满 5 年的经过 5 年,5 年以上不满 10 年的经过 10 年,10 年以上的经过 15 年,无期徒刑或者死刑的经过 20 年,20 年以后还要追诉的报最高人民检察院。这里要注意与死刑核准程序的区别,死刑的核准是要报最高人民法院的。

我又要开始提问了,有一个人犯了罪,这个罪的法定刑是 3 年以上 10 年以下,经过多少年可以不追究他的刑事责任?（下讲台提问）

学生1:"15年。"

提问:"还有谁有不同意见?"

学生2:"应该是15年。"

(回讲台)这个人应该经过15年才可不追究其刑事责任。因为,这个人犯罪的法定刑是3年以上10年以下,法定最高刑是10年。我们来看,追诉时效期限的第二档法定最高刑是5年以上不满10年的,而不满10年是不包括10年的,而这个人的法定最高刑正好是10年,这就进不了这一档。第三档是法定最高刑10年以上,这是包括10年的。根据第三档的规定,法定最高刑为10年以上有期徒刑的,追诉时效的期限应该为15年,所以15年是正确的。像这种内容没有去记忆,做错也就算了,因为大家没背过,也算对得起自己。可是如果背了以后再做错,非但对不起自己,而且也对不起我了。(全场笑)我不这么问,你们也许是不会注意的。法定最高刑不满5年不包括5年,法定最高刑5年以上不满10年不包括10年,法定最高刑10年以上包括10年。那么,我再提一个问题,一个人犯了罪,这个罪的法定刑是7年以上有期徒刑,经过多少年可以不追究他的刑事责任?(下讲台提问)

学生1:"15年。"

提问:"这个罪的法定刑是7年以上有期徒刑,这个罪的法定最高刑应该是多少年?"

学生2:"20年。"

(回讲台)有期徒刑是没有20年的,只有数罪并罚才有20年,有期徒刑的最高刑是15年。这个罪规定的是7年以上有期徒刑,那么它的最高刑当然就是15年,从而这个罪的追诉时效期限也就应该是15年。只有无期徒刑、死刑的,才是20年。

接下来,我简单讲一下追诉时效的计算。追诉时效的期限从犯罪之日起计算。如果犯罪行为有连续或者继续状态,追诉时效的期限从犯罪行为终了之日起计算。大家注意,这里有一个追诉时效的中断的问题,如果在追诉期限以内又犯罪的,前罪追诉的期限从犯后罪之日起计算。举个例子来说:一个人原来犯了故意杀人罪,追诉时效的期限应该是几年?(全场回答:"20年。")这个问题是很简单的。再比如说,他在1980年犯故意杀人罪,追诉时效的期限应该是20年,也就是2000年后就不再追诉。但是,他在1990年又犯了一个抢劫罪,抢劫罪的法定最高刑也是死刑,那么,对他前面犯的故意杀人罪,要到2010年才可以不追究他的刑事责任,抢劫罪也是要到2010年。从1980年到1990年经过的10年时间是不能算的,这就是前罪的追诉时效必须从犯后罪之日起计算。

我们还要注意追诉时效的延长问题。我国《刑法》第88条规定:"在人民检察院、公安机关、国家安全机关立案侦查或者在人民法院受理案件以后,逃避侦查或者审判的,不受追诉期限的限制。被害人在追诉期限内提出控告,人民法院、人民检察院、公安机关应当立案而不予立案的,不受追诉期限的限制。"

在这里,我简单提一下单位犯罪追诉时效的问题。我国目前还没有相应的规定,有人建议,从刑法的立法原意以及打击单位犯罪的客观需要上来看,单位犯罪也应当确立诉讼时效制度,理由主要有这么几点:第一,单位具有法律上的独立人格,和自然人一样,能够对社会生活、经济生活的信息和状况进行认知并作出反应,在单位利益支配下,单位同样能够作出危害社会的行为;第二,单位犯罪适用追诉时效制度,有利于实现刑罚目的,保证刑罚的特殊预防和一般预防的目的的实现;第三,单位犯罪适用追诉时效制度,有利于社会的安定和市场经济稳定发展;第四,单位犯罪适用追诉时效制度,有利于促使司法机关公平、公正执法。我认为,对单位犯罪追诉时效问题,在理论上加以思考还是很有价值的,单位犯罪是刑法规定的犯罪状况,它必然存在刑事责任的承担以及刑罚执行的相应制度等方面的要求,追诉时效问题必然会发生。当然,这一问题还有待于法律的规定和司法解释的完善。

(三) 赦免

最后,我们再来看一下赦免制度。赦免是指依法免除或者减轻犯罪分子罪责或者刑罚的刑罚制度。赦免的法律后果一般有这么几种:第一,对于已经发生的犯罪案件,未被提起刑事追究的,不再提起,或者虽然提起但是减轻或者免除刑罚;第二,对于已经提起刑事追究但是还未经判决的案件,不再判决或者减轻判决;第三,对于已经被判刑并正在执行刑罚的罪犯,减轻或者免除刑罚的执行;第四,宣布对已经执行刑罚或者免除刑罚的罪犯,免除其罪,视同没有前科的人。

赦免有大赦和特赦两种情况,但是我们国家只有特赦,而没有大赦。大赦,是指对一定范围内的罪犯一概赦免的刑罚制度。经过大赦,行为人的刑事责任完全消灭。尚未追诉的不再追诉;已经追诉的撤销追诉;已经受到罪刑宣告的,宣告刑归于无效,不再执行。而特赦是指对已受罪刑宣告的特定犯罪分子免除其刑罚的一部分或者全部的制度。

这两种制度有这么几点区别。第一,适用的范围不同。大赦通常适用于某一时期或者特定地域内的某一类或者几类犯罪分子,具有一定的普遍效力;而特赦只适用于特定的犯罪分子。第二,法律的效果不同。特赦一般只能免除被特赦者的刑罚的执行,通常不能使被特赦者的有罪宣告归于无效;而被大赦者的罪与刑一般认为完全归于消灭。第三,宣告的时间不同。大赦在判决确定前或者确定后都可实行;而特赦只能在判决确定后实行。第四,法律的后果不同。被大赦者在大赦后如果再犯罪,不发生累犯的问题;被特赦者在特赦后如果再犯罪,符合累犯条件的,依法构成累犯。

1959年以来,我国先后九次实行了特赦。最近的一次特赦是在2019年,对依据2019年1月1日前人民法院作出的生效判决正在服刑的九类罪犯实行特赦:一是参加过中国人民抗日战争、中国人民解放战争的;二是中华人民共和国成立以后,参加过保卫国家主权、安全和领土完整对外作战的;三是中华人民共和国成立以后,为国家重大工程建设做过较大贡献并获得省部级以上"劳动模范""先进工作者""五一劳动奖章"等荣誉称号的;四是曾系现役军人并获得个人一等功以上奖励的;五是因防卫过当或者避险过当,被判处3年以下有期徒刑或者剩余刑期在1年以下的;六是年满75周岁、身体严重残疾且生活不能自理的;七是犯罪的时候不满18周岁,被判处3年以下有期徒刑或者剩余刑期在 1 年以下的;八是丧偶且有未成年子女或者有身体严重残疾、生活不能自理的子女,确需本人抚养的女性,被判处 3 年以下有期徒刑或者剩余刑期在 1 年以下的;九是被裁定假释已执行五分之一以上假释考验期的,或者被判处管制的。并同时规定,上述九类对象中,具有以下情形之一的,不得特赦:(1)第二、三、四、七、八、九类对象中系贪污受贿犯罪,军人违反职责犯罪,故意杀人、强奸、抢劫、绑架、放火、爆炸、投放危险物质或者有组织的暴力性犯罪,黑社会性质的组织犯罪,贩卖毒品犯罪,危害国家安全犯罪,恐怖活动犯罪的罪犯,其他有组织犯罪的主犯,累犯的;(2)第二、三、四、九类对象中剩余刑期在 10 年以上的和仍处于无期徒刑、死刑缓期执行期间的;(3)曾经被特赦又因犯罪被判处刑罚的;(4)不认罪悔改的;(5)经评估具有现实社会危险性的。这些特赦的特点可以概括为:特赦的对象除第一次、第八次和第九次特赦略大外,基本限于战争罪犯;特赦的范围属于一类或者几类犯罪分子,不是个别人;特赦的前提都是犯罪分子确有改恶从善的表现,对特赦者分别情况给予释放或者减轻刑罚;特赦的效力只及于刑罚,不涉及罪行,不等于宣告无罪。

长期以来,我们对赦免是不大重视的,现在我们宪法里只规定有特赦而没有规定大赦。应该看到,赦免是一种很好的法律制度。实际上,赦免制度源远流长,中国历代帝王登基都要大赦天下,欧洲国家也早有赦免制度。为什么要大赦天下? 这会给外界一种政局稳定的感觉,大赦天下可以稳定军心、稳定民心。改革开放初期,我国正处在社会转型时期,犯罪率居高不下,从 1983 年起我国开始实行严打的刑事政策,在这样的社会大背景下,赦免制度没有实行是可以理解的。但是在当前宽严相济的刑事政策下,我认为可以搞一点大赦。

好,关于刑罚执行与消灭制度的内容我就向大家介绍到这,同时刑法总论的内容我也就讲到这了,谢谢大家!

刑法学名师讲演录

讲演录 第三版

分 论

Criminal Law Lectures

刘宪权◎著

上海人民出版社

目　录

第一讲

刑法分论概述

经过一个学期学习以后,我想大家应该对我已经很熟悉了,在此我就不再介绍自己了。在开始刑法分论的学习之前,我们先简单复习一下刑法总论的主要内容。

刑法学由三个部分组成,分别是沿革刑法学、比较刑法学和解释刑法学。沿革刑法学是对我们国家的刑法学发展的纵向研究,沿革刑法学的内容在中国法制史里面占有相当大的比重。比较刑法学是对当今世界各个国家和地区的有关刑法的规定和制定,以及围绕着这些规定和制定所形成的基本理论进行横向比较。而解释刑法学,是对现行刑法的相关规定以及由这些规定所产生的基本制度和基本理论,进行全面阐述的一门理论。作为刑法学概论,我们重点学习的就是解释刑法学。

刑法学的研究对象是刑法典,因此刑法学的理论框架结构是以现行刑法为依据而构建的。我国刑法条文分成三大编,分别是总则编、分则编和附则编。附则编只有一个条文,我们是把它放在总则编里的。所以,现行刑法分成两部分,一个是总则,一个是分则。与此相对应,我们刑法学也分为两大部分,一个是总论,一个是分论或者各论。

刑法总论部分由三大论组成,分别是绪论、犯罪论和刑罚论。与总论相对应的是刑法总则条文,一共有五章。第一部分是绪论。绪论强调刑法学的基本概念、研究范围以及和其他学科的联系和区别,还包括刑法的基本原则、适用范围以及刑法的任务等等。第二部分是犯罪论。犯罪论是刑法总论的中心理论。我们首先介绍的是犯罪的基本概念及其三个特征,犯罪的三个特征分别是社会危害性、刑事违法性和应受刑罚惩罚性。接下来,我们又重点学习了犯罪构成的基本理论,包括客体、客观要件、主体、主观要件。然后又介绍了正当防卫、紧急避险、预备、未遂、中止以及罪数形态和共同犯罪等理论。第三部分是刑罚论。在讲刑罚论的时候,我专门介绍了刑罚的基本概念和刑罚的种类。刑罚包括五个主刑,分别是管制、拘役、有期徒刑、无期徒刑和死刑,然后是几个附加刑:罚金、没收财产、剥夺政治权利和对外国人适用的驱逐出境。最后,我又分别介绍了数罪并罚、缓刑、减刑和假释等刑罚基本制度。前面讲的这些就是我们在刑法总论中学习过的主要内容。

可能有的同学会产生这样的疑问,总论和分论之间到底是什么样的关系呢?

我们讲,总论和分论的关系既是整体和部分的关系,也是原则性规定和具体运用的关系。我们可以这样理解,刑法总论是从一个整体的角度告诉我们什么是犯罪,如何对一个犯罪行为进行处罚,以及定罪量刑的时候应该遵循什么样的原则。但是,司法实践中对于某一个具体的行为进行定罪量刑的时候,总则的规定并不具有实际操作性,我们必须运用分则中的具体条文进行分析,才能正确地对犯罪行为进行定罪量刑。就像我们以前强调过的,不能仅仅原则性地认定某个行为构成犯罪以后就对它量刑,而必须明确认定某个行为构成刑法中的具体罪名之后,才可以进一步量刑。

反过来讲,对一个具体的犯罪行为进行定罪量刑,我们主要依据刑法分则的规定。但是,仅仅依靠刑法分则的规定,也是不足以解决所有问题的。我们必须结合总则的相关规定来补充。所以,总则和分则都是很重要的,不存在哪个重要哪个不重要的问题,它们各自承担不同的任务,解决的问题是不一样的,这一点大家是一定要注意的。

比如,刑法分则设定的每一个具体犯罪的罪状和法定刑,都是以犯罪既遂且以一人犯一罪作为基本标准。但是实际中发生的犯罪行为,不可能与刑法条文规定的具体罪状完全相符。行为人可能由于主客观的原因导致最后没有齐备立法者在刑法分则中规定的犯罪构成要件,这就需要用总则规定的预备、未遂、中止等犯罪形态来补充分析。行为人也可能既实施了一个犯罪,同时又实施了另外一个犯罪,对于这种情况的定罪处罚,有的可能在分则具体条文中明确规定了处理的办法,而如果没有规定,我们就需要借助总则中数罪并罚的基本原理来解决。这些问题涉及了数罪并罚、罪数形态等具体原理的应用,而这些具体原理都是总则中的相关规定。因此,我们只有将总则和分则结合起来,进行全面的分析判断,才能对一个犯罪行为进行准确的定罪量刑。

为了让大家更好地理解总论和分论之间的关系,我下面举一个比较有争议的案件。这个案件的基本案情是,河南省平顶山市一个犯罪团伙为敲诈勒索,绑架了平顶山市新华区人民检察院的工作人员夏某,当歹徒在知道了夏某的身份之后,为达到勒索夏某1 000万元的目的,歹徒威胁他去强奸另外一个被劫持的女学生王某,并要求夏某在强奸之后用绳子勒死王某。夏某完全按照歹徒的要求,对王某实施了强奸和杀害的行为,而歹徒则将整个过程拍成照片并作为勒索夏某的手段。最后,涉案的8名歹徒全部被抓获,夏某也被警方解救。然而,检方只对8名歹徒提起公诉,直接导致女生被强奸并死亡的夏某,却没有被采取任何法律措施。公安人员的理由是,夏某也是受害人,他是在被威胁的情况下实施的强奸杀人行为。(全场议论)这种情况下,夏某所实施的强奸杀人行为究竟应否被认定为犯罪?认定为何种犯罪? 又如何承担刑事责任呢?(下讲台提问)

学生1:"我同意上述公安人员的观点,因为在这种情形下,夏某确实是不得已才实施的强奸杀人行为,在他实施行为的过程中,应该说是没有意志自由的,这种情况应该属于不可抗力,根据我国的刑法规定,夏某对此不应当承担刑事责任。"

学生2:"我不同意刚才那个同学的观点,我认为在这种情况下,夏某还是有一定意志自由的,至少他可以选择牺牲自己来保护那个女学生。"

学生3："我认为夏某的行为应该被认定为紧急避险，因为当时他的生命安全正面临着紧迫的危险，他不得已而实施的强奸并杀害那个女学生的行为是一种避险行为，符合紧急避险的要件，他无须对此而造成的损害负刑事责任，只要将那八名歹徒绳之以法就足够了。"

（回讲台）应该说这三位同学的回答基本上体现了问题争议的焦点。这起案件发生后，许多学者也对夏某的行为在法律上究竟该如何评价的问题发表了自己的观点，但各种观点之间也存在着一些差异，学界在这个问题的处理上并没有形成一致意见。我认为，夏某与这个案件的犯罪团伙构成强奸罪和故意杀人罪的共同犯罪，只是夏某属于胁从犯，理由主要有这么几点。

其一，夏某的行为不符合紧急避险。紧急避险不允许以牺牲他人的人身权利来保全自己的权利，这是一个基本原则。由于有了这条基本原则，对于检察官实施的强奸并杀害女大学生的行为，我们可以从根本上排除它成立紧急避险的可能性。有的观点认为，强奸王某的行为符合紧急避险，因为强奸侵害的是女大学生性的权利，而保全的是夏某自己的生命权，那么拿他人的性的权利和自己生命权利相比较，显然生命权利比性权利重要，因此夏某的行为不属于避险过当。我认为，持这种观点的人可能是没有学过法律的人，这样的想法"一塌糊涂"。（全场笑）也有人说，法律不能要求一个人在受到威逼的情况下而不去做危害他人利益的事情。按照这种理解，就意味着法律允许我们通过实施严重危害他人利益的行为，来使自己的利益最大化。换句话说，等于法律同意我们把危险转移给他人，甚至是剥夺他人生命。很显然，这种理解也是错误的。

其二，夏某与犯罪团伙构成强奸罪和故意杀人罪的共同犯罪，属于胁从犯。根据胁从犯的特点，被胁迫参加犯罪的人并非完全丧失意志自由，而仅仅是不完全自愿，实际上还是有选择自由的。相反，如果行为人的身体完全受到外在的暴力强制，完全丧失了选择行动的自由，就可以认为是不可抗力或者紧急避险而不负刑事责任了。具体到这个案件，尽管夏某当时受到了歹徒的威胁，但是他的意志自由并没有完全丧失，他竟然还能够实施强奸行为，难道他的意志还不够自由吗？相反，在我们很多教材里都举到的扳道工的案例中，扳道工被绑架后，他的意志自由是完全丧失的，他的身体因为绑架而完全丧失了能够选择扳道的自由，如果造成列车相撞的事故，我们完全可以免除扳道工的刑事责任。这个案件经过媒体的网络炒作之后，还没有出现主张对夏某立案的观点，公安机关也作出了夏某是被逼无奈而强奸杀人的一个说明，但是，我认为，这些都不足以说明这个检察官可以不负刑事责任。

我举这个案例的意义在于，它可以告诉我们，司法实践中，我们判断具体某个行为是否构成犯罪的时候，不但需要依据刑法分则准确地判断具体行为是否符合犯罪构成的四要件，还需要对总论中关于正当防卫、紧急避险等理论作出正确、全面的理解。所以说，对于我们准确地判断具体行为是否构成犯罪，总则和分则都具有十分重要的意义，两者缺一不可。

好，回顾完总论的内容，我们现在就进入刑法分论的学习了，我首先为大家介绍一下刑法分则的体系。

一、刑法分则体系

我们说,刑法分论一般以刑法分则为研究对象,因此,我们首先来了解一下刑法分论的研究对象、内容以及研究意义,然后再来看刑法分则的体系以及特点。

(一)刑法分论的研究对象和研究内容

首先,我们来看一下刑法分论研究的对象有哪些。

刑法分论研究的对象是一个具体的犯罪行为,我认为主要包括两个方面。一方面,刑法分论研究对具体犯罪行为的定性。所谓定性,是指对某一个具体犯罪行为作出符合刑法分则哪个具体罪名的判断。另一方面,刑法分论研究对具体犯罪行为的量刑。当我们学习分则中的具体罪名的时候,实际上最主要的还是学习怎么划清此罪与彼罪的界限,怎么具体、科学地对行为进行定性,并了解各种犯罪的基本构成要件,然后再进行合理的量刑。

这样讲可能比较抽象,我们可以结合几个具体案件来看。一个是当时社会十分关注的"成都醉驾交通肇事案"。对于高危驾车肇事的案件,据相关统计,仅在 2009 年 7 月就审判了好几起同类案件。一个是"杭州飙车交通肇事案",造成 1 人死亡,杭州中院以交通肇事罪判处被告人有期徒刑 3 年。另外一个是"三门峡醉驾交通肇事案"造成 6 人死亡,7 人受伤,三门峡法院也是以交通肇事罪判处被告人有期徒刑 6 年零 6 个月。2008 年 12 月发生的"成都醉驾交通肇事案",造成 4 人死亡,1 人重伤。2009 年 7 月 23 日,成都中院一审认定为以危险方法危害公共安全罪判处孙伟铭死刑立即执行。关于这个案件的定性方面,就存在着一定的争议。为此,我曾在《法学》上发表了一篇文章,我的观点是应该定交通肇事罪。我的观点与当时媒体大多数人的观点都不同。但最后二审没有改变一审以危险方法危害公共安全罪定罪的判决,但是,在量刑方面作了改变,一审判处的死刑最后被改判为无期徒刑。这就是一个涉及定罪和量刑的典型案例。后面讲到交通肇事罪的时候,我会为大家更加全面细致地分析这些案件。

接下来,我们来了解一下刑法分论研究的内容。刑法分论研究的内容主要有这么几个方面。

第一,研究各种具体的犯罪概念和构成要件。刑法分则是对各种具体犯罪的规定,但它的规定主要着眼于罪状,除了少部分犯罪由分则明文规定概念以外,绝大多数犯罪没有明确的概念。因此,我们首先就要对各种具体犯罪的立法规定加以概括和提炼,来确定各种犯罪的概念,概括出各种犯罪的具体特征。只有在这个基础之上,刑法分论才能根据各种犯罪的具体概念归纳出各种具体犯罪的犯罪构成要件,从而在认定犯罪方面确立构成犯罪的标准,同时也为区分罪与非罪提供具体的标准。

第二,研究罪与罪之间的界限。所谓罪与罪之间的界限,也就是此罪与彼罪之间的界限。我们有几个基本概念,一个是罪与非罪,一个是此罪与彼罪,大家一定要分清楚。刑法分则规定了四百多种犯罪,许多犯罪之间存在着较大的相似性,无论在理论上还是在实践中,我们都很容易对相似的罪名产生混淆,从而影响定罪的准确性。因此,如何区分此罪与彼罪,就成为刑法分论的一项重要内容。刑法分论在研究各种具体犯罪构成要件的同时,根据每种犯罪所特有的构成要件,着重对此罪与彼罪进行分析和研究,为我们指出那些容易混淆的犯罪,并且提出罪与罪之间的区分界限。

第三,研究具体的罪数,比如数罪并罚和罪数形态。在前面的刑法总论中,我们学习了一罪与数罪的区分标准、形式数罪实质一罪或者实质数罪处断一罪等理论,这些理论都具有抽象性。在刑法分则中,罪与罪之间的紧密联系性和罪与罪之间的交叉性,使罪数认定不仅具有复杂性,更具有实用性,由此我们可以确定犯罪的数量和相应的刑罚数量。特别是刑法分则对一些犯罪的规定,采用了包容或者转化的立法方式,这为刑法总论罪数的研究,提供了新的研究内容。刑法分论在研究具体罪数过程中,结合刑法总论中的罪数原理,依据刑法分则对具体犯罪的构成要件的规定,提出了对具体罪数的认定方法和认定标准。

第四,研究各种具体案件的处罚和量刑。刑罚处罚是犯罪的必然结果,有犯罪的规定同时也就有刑罚处罚的规定。刑法分则针对各种具体犯罪的危害状况、特点和轻重程度,设定了各自不同的法定刑。因此刑法分论根据刑法分则对各罪法定刑的规定,研究对各种具体犯罪的刑罚处罚,以及轻重不等的法定刑的适用等等。特别是上下幅度法定刑的适用依据和标准,是刑法分论研究的又一个重要内容。

第五,研究具体的司法解释。有关刑法方面的司法解释,大多数是针对刑法分则中具体犯罪的认定和处罚。这些司法解释不仅将分则规定的犯罪的构成要件具体化,还将具体犯罪的法定刑的适用具体化。比如说,有关抢劫犯罪中故意杀人和加重情节适用的司法解释,或者有关交通肇事犯罪的犯罪认定标准、共犯适用情况、法定刑适用的司法解释等。刑法分论必须研究有关的刑事司法解释,研究解释中对具体犯罪的构成要件、法定刑的适用性规定,以充实刑法分则所规定的具体犯罪的犯罪构成内容,进一步明确具体犯罪法定刑的适用标准。需要大家注意的是,尽管有很多司法解释是有争议的,但是它们毕竟属于有权解释,法官就必须按照司法解释来审理案件,所以我们也一定要以司法解释的规定为准。

(二) 刑法分论研究的意义

下面,我们来了解一下刑法分论研究的意义。

以刑法分则为对象的刑法分论的研究,对于刑事立法、刑事司法和刑法理论三个方面,都具有十分重要的意义。

第一,刑法分论的研究对于刑事立法的完善具有重要意义。

社会的不断发展,客观上就对刑事立法提出不断改进和完善的要求,不仅要求对现有刑事立法中与社会发展状况不相协调的部分加以修改,而且要求刑事立法对新出现的情况加以确认。刑事立法的改进和完善很大程度上依赖于刑法分论的研究,因为刑法分论在对刑法分则进行研究时,必然会结合社会的实践和发展,对刑法分则具体规定的立法依据、立法的不足和遗漏、立法的改进和完善等问题提出研究意见。这些研究为刑事立法的修改和完善提供了重要的内容和参考，从我国 1980 年到 1997 年的立法修改、补充状况来看，也充分说明了刑法分论的研究对刑事立法完善的重要作用。

第二，刑法分论的研究对于刑事司法有重要的意义。

刑事司法的工作内容就是对具体行为决定是否构成犯罪，构成何种犯罪，应当处以何种刑罚和处以何种程度的刑罚。而要对具体行为定罪量刑，离不开对刑法分论的研究。刑法分论对刑法分则的具体规定进行研究，明确各种具体犯罪的概念和构成要件，这为刑事司法确定具体行为是否构成犯罪提供了标准，从而保证了在罪与非罪问题上的正确认定。同时刑法分论对各种具体犯罪的构成要件进行了研究，明确了每种犯罪所特有的犯罪构成，划分了罪与罪之间的界限，这又为刑事司法正确认定犯罪的性质，区分此罪与彼罪提供了可靠的依据。

有些人认为，我们已经对传统犯罪研究得十分透彻了，现在只要重点关注一些新型犯罪，就能学好刑法分论。但我并不这样认为。其实在司法实践中，一些传统犯罪同样会出现很多新问题，这些仍然值得刑法分论去深化研究。只有这样，才能更好地指导刑事司法中的定罪量刑。

为了更好地说明这个问题，我为大家举一些出现新问题的传统犯罪的案例。

首先，我们来看这样一个案例，甲男知道乙女是有夫之妇，也发现了乙女与某个男子的婚外情。甲男为了敲诈乙女的钱财，将乙女与该男子约会的整个过程拍摄下来，之后用录影带勒索乙女，乙女怕奸情败露就给了甲男几万元。过了一段时间之后，甲男将勒索的几万元钱挥霍一空，他第二次向乙女勒索 10 万元，乙女又给了他 10 万元。不久，他先找人绑架了乙女，并以杀死乙女相威胁，向她的丈夫勒索 100 万元。最后，甲男落网归案。我们来分析一下甲男的行为，他的第一次勒索行为构成了敲诈勒索罪，第二次向乙女勒索显然也构成敲诈勒索罪，第三次绑架乙女的行为应该构成绑架罪。因此，甲男最后被判处敲诈勒索罪和绑架罪，数罪并罚。

我们说，绑架罪和敲诈勒索罪相比，两者在主观方面都具有勒索财物的故意。但是，两者最大的区别在于对象不同。敲诈勒索罪一般都是勒索被害人本人；而绑架罪是以扣押人质为手段，利用被害人的家属或者亲友出于对被害人的人身安危的担忧，进而逼迫他们拿钱救人。这个案件值得思考的是，如果行为人先后实施的敲诈勒索和绑架行为，针对的是同一个对象，并且主观上都具有勒索财物的故意。那么，我们还能否对行为人数罪并罚？

大家再来看第二个案例，某甲假装来到珠宝店购买珠宝，他先让营业员拿出一件珠宝，看过之后假装认为这个珠宝不太合自己的心意，让营业员再去拿一个比较一下。根据珠宝店的正规销售程序，营业员应该先收回某甲手中的珠宝，再去拿第二件珠宝。但是这个营业员却忘记了这一点，而是直接去拿第二件珠宝。某甲趁营业员转身去拿珠宝的时机，将自己事先准备好的假珠宝替换了手中的真珠宝。等营业员回来的时候，某甲借口对两件珠宝都不满意，之后便迅速逃离珠宝店，营业员也没有发现自己拿回来的是已经被调包的假珠宝。某甲的行为中既有"骗"也有"盗"。那么，像这种"盗骗交织"的情况我们应该定盗窃罪还是诈骗罪？理论和实践中争议很大。

第三个案例，在一个饭店里面，某甲向身边的客人某乙借用手机，他边接打电话，边说信号不好，听不清楚对方说话。于是，某甲就向某乙询问，是否可以到饭店门口接听电话。某乙对某甲的话信以为真，同意了某甲的请求。某甲出门之后，马上骑上准备好的摩托车扬长而去。对某甲的行为，究竟是定盗窃罪还是定抢夺罪？对此，理论和实践中也有很大争议。

对于这些案例，我们将暂时留到后面讲解刑法分则具体罪名的时候再具体解答。这些案例都说明，对于我们认为已经很熟悉的传统犯罪，随着社会的发展，也会涌现出层出不穷的新问题，这些新问题使得传统犯罪的此罪与彼罪的界定问题变得更加复杂，这些都要求我们对刑法分论做进一步细致的研究，进而更好地指导刑事司法实践对这些案件作出正确处理。

此外，刑法分论对各种具体犯罪的法定刑运用的研究，包括不同档次的法定刑运用，加重处罚情况下的法定刑运用等等，都为刑事司法的正确量刑提供了依据。由此可见，刑法分论的研究，为刑事司法的定罪量刑，特别是在复杂情况下的正确定罪量刑提供了依据。

第三，刑法分论的研究也丰富了刑法理论的研究。

刑法分论对各种具体犯罪的研究，虽然以刑法分则的具体规定为基点，以刑法的理论为指导，但是反过来也为刑法理论提供了研究的素材和内容。比如抢劫过程中的致人死亡问题，受贿罪的利用职务便利问题，国家工作人员在贪污、受贿、挪用公款犯罪中的范围问题等等，都为刑法理论的研究和丰富提供了有价值的内容。

（三）刑法分则的体系和特点

接下来，我们再来了解一下刑法分则的体系和特点。

刑法分则体系，是指刑法分则对所规定的犯罪的分类和排列顺序。现行刑法规定有四百多种犯罪，这就需要我们对各种各样的犯罪进行一定的分类和排序。我国刑法分则体系是以各种犯罪所侵犯的社会主义社会关系不同为分类依据，将各种各样的犯罪根据所侵犯的社会关系的不同分为十大类犯罪，同时又主要根据其对社会的危害程度大小进行先后排列。由此，现行刑法分则的体系设置的十章犯罪依次是：第一章"危害国家安全罪"、第二章"危害公共安全罪"、第三章"破坏社会主义市场经济秩序罪"、第四章"侵犯公民人身权利、民主权利罪"、第五章"侵犯财产罪"、第六章"妨害社会管理秩序罪"、第七章"危害国防利益罪"、第八章"贪污贿赂罪"、第九章"渎职罪"和第十章"军人违反职责罪"。

下面，我主要从"分类"和"排序"两个方面来介绍刑法分则的体系。

第一，刑法分则体系的分类标准是犯罪客体。

我国刑法分则根据具体犯罪侵犯的客体的不同，把各种各样的犯罪分成十类，也就是分则的十章犯罪。每一类犯罪侵犯同一客体，反映了这一类犯罪所侵害的社会关系的共性。

值得注意的是,第三章破坏社会主义市场经济秩序罪和第六章妨害社会管理秩序罪下面分别还设有八节、九节犯罪。这两章犯罪由于犯罪种类繁多,条文设立也多,两章的条文之和达 180 多条,占全部刑法分则十章条文总数的 50％ 以上。刑法对这些数量庞大的条文采用在章中再分节的方法进行设置。所以,在刑法分则的所有类罪中,这两章犯罪还是比较特别的。

关于这两章犯罪,还有一个需要大家注意的地方。对于这两章犯罪下面所设节的分类,我们也都是按照同类客体来划分的,具体来说,第三章各节犯罪的同类客体都是社会主义市场经济秩序,第六章各节犯罪的同类客体都是社会管理秩序。但是其中只有一个例外,这就是第三章破坏社会主义市场经济秩序罪下设的第五节金融诈骗罪。因为,第四节破坏金融管理秩序罪侵犯的同类客体是金融管理秩序,而第五节金融诈骗罪侵犯的同类客体也是金融管理秩序,如果以"金融管理秩序"这个同类客体作为分类标准的话,我们就应该把第四节和第五节合并起来,而不应该在规定破坏金融管理秩序罪的同时,又专门规定了金融诈骗罪。究其原因,是因为对于第五节金融诈骗罪,立法者其实是以客观行为作为分类标准的,这就导致了两节的并列。因此我们说,这两节犯罪在分类标准上颠覆了我们一贯的标准。除了这一个例外,其他所有的罪名我们都是按照同类客体来划分的。

尽管我们按照同类客体划分出某一类犯罪,但是我们不能用类罪名对具体的犯罪行为进行定性。比如说,对于盗窃他人财物的行为,我们绝不能将这个行为认定为侵犯财产罪,而只能认定为盗窃罪。在前面我们讲的案例中,成都中院一审认定孙伟铭构成以危险方法危害公共安全罪,这就是一个具体的罪名,它与放火罪、决水罪、爆炸罪和投放危险物质罪并列规定在《刑法》第 114 条和第 115 条中。某媒体记者曾经就"杭州飙车交通肇事案"和"成都醉驾交通肇事案"采访我的时候提问:"为什么一个定危害公共安全罪,而另一个定交通肇事罪?"这个记者实际上是把"危害公共安全罪"和"以危险方法危害公共安全罪"混淆了,危害公共安全罪是一个类罪名,是不能用来为具体犯罪行为定性的。所以,大家一定要注意,类罪名是不能用来定罪的。

第二,刑法分则体系的排列依据是犯罪对社会的危害程度。

接下来,我们要讨论的是类罪的排列,每个类罪的顺序不是任意的排列,也是要依据一定的标准,这个标准就是犯罪对社会的危害程度。

刑法分则规定的十类犯罪就是主要根据各类犯罪的社会危害性的大小,由重到轻依次排列。危害国家安全罪侵犯的是国家安全,而国家安全是我国的根本利益,关系到国家的生死存亡,因此,这类犯罪的社会危害性最为严重,我们将它排在各章之首。危害公共安全罪侵犯的是社会的公共安全,其社会危害程度仅次于危害国家安全罪,因此,这类犯罪紧随危害国家安全罪之后。刑法分则第一章至第十章的排列,基本上就是按照刑法所保护的社会关系的重要程度进行的。

同样,在每一类犯罪中,刑法也是把社会危害性最大的个罪列在各具体犯罪之首。比如故意杀人罪被列在第四章侵犯公民人身权利、民主权利罪的首位,抢劫罪也是被列在第五章侵犯财产罪的首位。大家需要特别注意的是,各类犯罪中每一种具体犯罪，并非是绝对按照社会危害性的大小进行排列的。类罪的先后排列顺序，是从总体上来考虑社会危害程度的大小，并不意味着排在前面的类罪中的每一种具体犯罪的社会危害性都大于排在后面的类罪中的所有具体犯罪的社会危害性。比如说，侵犯人身、民主权利行为的社会危害性，从整体而言，肯定重于侵犯财产权行为，所以我们把侵犯人身、民主权利罪中所有具体罪名都放在侵犯财产罪的前面。由于暴力干涉婚姻自由罪属于侵害人身、民主权利罪，抢劫罪属于侵犯财产权罪，因此，暴力干涉婚姻自由罪的条文肯定排在抢劫罪的条文之前。如果我们是绝对地依照社会危害性大小来排列个罪，那么条文的先后顺序就说明，暴力干涉婚姻自由罪的社会危害性要重于抢劫罪的社会危害性。但是，我们都知道，抢劫罪的社会危害性是明显大于暴力干涉婚姻自由罪的。立法者之所以这样排列，完全是立法规定的需要和立法技术本身的要求。所以，条文在后的罪名的社会危害性不一定比条文在前的社会危害性小，这是受到犯罪归类的限制。因此，我们一方面把社会危害性的大小作为个罪的排列依据，另一方面也要兼顾立法技术上的要求。但从总体上看，刑法分则类罪的整体性排列仍然是以社会危害性的大小作为先后顺序的依据的。

最后，我讲一下如何对复杂客体的具体犯罪进行归类的问题。

前面我们已经讲过，一个行为只侵犯一个客体，我们称之为简单客体。比如说，甲一刀把乙杀死，甲侵犯的就是乙的生命权利，甲构成故意杀人罪，生命权就是简单客体。而我们把一个犯罪行为同时侵犯了两种或两种以上的具体的社会关系，称作复杂客体。比如说，甲持刀逼迫乙交出财物的行为，甲持刀逼迫乙的行为侵犯了乙的人身权利，而甲让乙交出财物的行为同时又侵犯了乙的财产权。甲的一个抢劫行为，不仅侵犯了公私财物所有权，而且也侵犯了他人的人身权利。由于复杂客体的犯罪侵害了两种社会关系，因此，究竟依据哪种客体对这个犯罪进行归类，就成为我们必须要解决的问题。在复杂客体中，各个客体之间的关系不是并列的，而是有主次之分的。主要客体是指立法者在确定某一具体犯罪构成时予以重点保护的社会关系；次要客体则是立法者在确定某一具体犯罪构成时，刑法也予以保护的社会关系。立法者正是根据主要客体，把某一具有复杂客体的犯罪列入某一类犯罪之中。

我们仍然以抢劫罪为例，它有很多情况是抢到了钱，而被害人没有受伤害，因此抢劫罪重点侵犯的是财产权利，财产权利成为了抢劫罪的主要客体，立法者据此将抢劫罪归入第五章侵犯财产罪。再比如绑架罪，行为人通过将被害人拘禁起来，然后向他的亲属索要钱财，而绑架行为最容易导致的结果是，行为人因为没有拿到钱而杀死被绑架人。因此，绑架行为重点侵犯的是人身权，人身权也就成为绑架罪的主要客体，立法者据此将绑架罪规定在第四章侵犯公民人身权利、民主权利罪里面。

通过立法者对抢劫罪和绑架罪主要客体的认定，也说明了在不同的复杂客体犯罪中，刑法考察的重点也有所区别。对于抢劫罪刑法重点保护的是财产权利，所以立法者把它放在侵犯财产罪里面；对于绑架罪刑法重点保护的是人身权利，所以刑法把它放在侵害公民人身权利、民主权利罪里面。也正是因为这一点，导致了不同犯罪的犯罪形态也不一样。比如甲持刀抢劫乙，结果乙身无分文，此时甲可能构成抢劫罪的未遂;而如果甲为勒索财物而扣押拘禁他人,即使没有拿到钱,也应该构成绑架罪的既遂。这就涉及复杂客体犯罪的犯罪形态问题,我们以后讲到具体罪名时会详细介绍的。

二、刑法分则的条文结构

接下来,我讲一下关于刑法分则的条文结构。

刑法分则的条文结构,实际上是由罪状和法定刑两大部分组成的。罪状是刑法分则条文对犯罪具体状况的规定和描述,它的内容通常是对犯罪构成条件的说明。理论上讲,罪名也应该属于刑法分则条文结构的组成部分,但是我们刑法分则条文中没有罪名的规定,而是由最高人民法院、最高人民检察院根据单行刑法、刑法修正案的内容来单独或联合发文确定相应法条对应的罪名。罪名不是由立法机关规定,而是由最高司法机关来规定,这也是我国的特色。但是这个特色本身并不合理。接下来,我会从罪状、罪名和法定刑三方面,详细地为大家介绍刑法分则的条文结构。

(一)罪状

关于罪状,我主要讲三个问题。

第一,罪状的含义。罪状是指刑法分则条文对犯罪具体状况的规定和描述,它的内容通常是对犯罪构成条件的说明。分则条文的结构主要是罪状,当然也有法定刑。而且每个人关注的重点和角度都不一样,老百姓比较关注法定刑,他们关注的是判多少,而不关注具体的罪名。比如说,成都醉酒驾车肇事者的家属,他们就比较关注法定刑,不管你给被告人定什么罪,只要判的时候判轻一点就可以了。而我们研究的时候,比较关注罪状,主要关注的是对行为的定性,因为行为的定性直接决定法定刑。例如,交通肇事后逃逸最高15年,而以危险方法危害公共安全罪的最高刑就是死刑,两者的刑度是不一样的。这是我们讲的第一个问题。

第二,罪状的分类。刑法分则罪刑规范对罪状的规定,主要分为以下两大类别。

一是基本罪状。基本罪状,是指对基本犯罪构成特征的描述。根据描述方式的不同可以分为四种,分别是简单罪状、叙明罪状、引证罪状和空白罪状。

简单罪状只规定犯罪的名称,而对具体犯罪构成特征不作描述。例如,《刑法》第232条规定的"故意杀人的"、第240条规定的"拐卖妇女、儿童的"等等,都是简单罪状。在全部刑法分则条文中,简单罪状数量相对较少,通常用于一些众所周知的犯罪的规定中。简单罪状的特点是条文简练,但也往往因过于简练而引起认识和理解上的分歧。

叙明罪状,是指详细规定具体犯罪构成特征的罪状。例如,《刑法》第254条规定:"国家机关工作人员滥用职权、假公济私,对控告人、申诉人、批评人、举报人实行报复陷害的。"大家看到,这个罪状规定得十分详尽,既规定了主体,又规定了对象,还规定了行为的方式和内容。叙明罪状在刑法分则条文中占的比例很大。但是大家需要注意一点,并不是所有叙明罪状都把犯罪构成的四个要件全部囊括,有的叙明罪状确实对犯罪构成的四个特征都作了规定,但有的只规定犯罪构成中的两个或三个特征,大多数叙明罪状因为主体、主观方面以及客体比较明确,没有再作规定,只对行为的方式、内容和后果作出规定,这种不言自明的要件就是我们前面讲过的隐性构成要件。因为叙明罪状对构成特征进行了详细的描述,因而便于理解和掌握,也有利于司法实践对罪与非罪、此罪与彼罪的正确认定。

引证罪状,是指分则条文本身没有直接规定某一犯罪的构成特征,而是引用分则的其他条款来说明和确定某一犯罪的构成特征。它可能是引用该条前款规定,比如刑法分则许多关于单位犯罪的规定,通常就采用"单位犯前款罪的"等。也有可能是引用分则的其他条款,比如《刑法》第185条规定:"商业银行、证券交易所、期货交易所、证券公司、期货经纪公司、保险公司或者其他金融机构的工作人员利用职务上的便利,挪用本单位或者客户资金的,依照本法第二百七十二条的规定定罪处罚。"引证罪状的特点是条文简练,主要是为了避免在法律已有规定情况下的重复规定。

空白罪状,是指条文本身没有明确规定某一犯罪的构成特征,而是指出需要参照其他法律或者法规中的有关规定来具体说明这一犯罪的构成特征。比如《刑法》第343条第2款规定:"违反矿产资源法的规定,采取破坏性的开采方法开采矿产资源,造成矿产资源严重破坏的……"往往是刑法难以全面表述,而其他法律法规又已经作了详细规定,因而采用空白罪状的方式来规定。

值得大家注意的是引证罪状和空白罪状的区别。引证罪状表现为引用刑法的其他条款来说明和确定某一犯罪的构成特征。空白罪状没有具体说明某一犯罪的构成要件,但指明了必须参照的其他法律法规。两者最主要的区别是引用的是刑法的规定还是刑法以外的其他法律法规,简单地说,就是引"本法"还是引"外法"的区别。很显然,空白罪状是引"外法",而引证罪状是引"本法"。这是一个很容易混淆的问题,也是一个很重要的问题。

二是加重或减轻罪状。加重或者减轻罪状,是指对适用加重或者减轻法定刑的罪状的描述,主要有加重罪状和减轻罪状两种。

加重罪状,是指适用比基本罪状的法定刑更重法定刑的罪状。通常是在基本罪状和相应法定刑之后,对适用更重法定刑的罪状规定。主要有两种表现形式,一种是规定在基本罪状相应的法定刑之后,另一种是用第二款的形式或者是用专条形式来规定。它的内容主要是规定情节严重、情节特别严重、情节恶劣、情节特别恶劣、数额巨大、数额特别巨大、造成严重后果、致人重伤死亡或者使用某种特定手段、在特定场合、针对特定对象等等。刑法分则中的很多犯罪都有加重罪状的规定。比如盗窃罪,加重罪状包括"数额巨大或者有其他严重情节的"和"数额特别巨大或者有其他特别严重情节的"。

减轻罪状,是指适用比基本罪状的法定刑更轻法定刑的罪状,它与基本罪状以及相应的法定刑规定在同一条款中,只是规定在最后。减轻罪状的内容都是规定"情节较轻"。比如说,在绑架罪中,经过《刑法修正案(七)》修正后,增加了"情节较轻的,处五年以上十年以下有期徒刑,并处罚金",这就是减轻罪状。再比如故意杀人罪,《刑法》第 232 条规定,"情节较轻的,处三年以上十年以下有期徒刑",这也是减轻罪状。大家需要注意,因为适用缓刑的对象必须是被判处拘役,或者 3 年以下有期徒刑的犯罪分子。而根据故意杀人罪的减轻罪状,行为人可能被判处 3 年,这也就意味着故意杀人罪也可能被判缓刑。我们以前讲过一个母亲勒死打骂妻母的儿子的案例,那个母亲就是适用了减轻罪状,最后被判处缓刑。因此,类似大义灭亲或者出于义愤、打抱不平等故意杀人的行为,尽管行为人构成故意杀人罪,但是因为情有可原,法院可以依据减轻罪状判处 3 年以下有期徒刑,并且适用缓刑。

（二）罪名

接下来,大家看一下罪名。

罪名,就是犯罪的名称,是对某一具体犯罪的本质或主要特征的高度概括。每一种犯罪都需要一个名称,这样我们才能很好地区分此罪与彼罪。如果一种犯罪没有一个可以称呼的概括名称,实践运用和理论研究都将产生极大的麻烦。对犯罪确定罪名,通常应当由立法机关来进行。许多国家采用条标的方式来确定分则条文规定的犯罪的罪名,这是个比较好的方式,这种方式不仅可以保持罪名确定的权威性,而且可以保证司法实践认定罪名的统一性。

我们前面也提到过,在我国刑法之中,刑法分则条文中没有罪名的规定,而是由最高人民法院、最高人民检察院根据单行刑法、刑法修正案的内容单独或联合发文确定相应法条对应的罪名。主要表现为最高人民法院于 1997 年 12 月 11 日公布的《关于执行〈中华人民共和国刑法〉确定罪名的规定》,和"两高"于 2002 年 3 月 26 日实施的《关于执行〈中华人民共和国刑法〉确定罪名的补充规定》,而从 2002 年 3 月 26 日起到目前为止,"两高"已经发布了六个"确定罪名的补充规定"。

罪状与罪名既有一定的联系,又有相当大的区别。其一,看两者的联系。罪状是对犯罪构成特征的描述,而罪名是从罪状中概括而来,是从罪状的具体描述中概括出本质的或主要的特征,因此罪名以罪状为概括的基础。当然在有些条文中,罪状本身就是犯罪的名称,这往往存在于简单罪状之中,比如《刑法》第 232 条规定的"故意杀人的……"这本身就是罪名,又如《刑法》第 240 条规定的"拐卖妇女、儿童的",也是如此。但这毕竟只是少数。其二,罪状与罪名的区别主要表现在,罪状是对具体犯罪的犯罪构成特征的描述,罪名是对具体犯罪的犯罪特征的概括,因此,罪状对具体犯罪的犯罪构成的描述越详细越具体越好,而罪名则是越概括越抽象越好。

刑法分则中的罪名有其不同的表现形式,归纳起来,主要有三种类别。

第一,类罪名与具体罪名。

这部分内容我们在前面已经介绍得很详细了,所以这里我只简要地提一下。类罪名,就是一类犯罪所共有的名称。刑法分则规定的十章犯罪,每章犯罪的名称就是这一类犯罪共有的罪名。具体罪名是每一种具体犯罪的名称。每一种犯罪都有其独自的罪名,有多少种刑法意义上的犯罪就有多少个罪名。在一个类罪名之下,有数量众多的具体罪名,有的甚至达到上百个具体罪名。所以,在刑法分则中,类罪名只有 10 个,而具体罪名却有 400 多个。

第二,单一罪名、选择性罪名和概括罪名。

单一罪名是指在一个犯罪规定之中只能有一个罪名的情况。单一罪名所包含的犯罪行为只有一种,比如故意杀人罪、盗窃罪、贪污罪等等。大家需要注意,单一罪名的行为方式可能有多种多样的表现形式,但就行为性质或种类而言只有一种,也不能分解成多种。在刑法分则中,绝大多数犯罪是单一罪名。

选择性罪名是指所包含的犯罪构成的具体内容复杂,有多种行为或者有多种对象的情况,既可概括使用,也可分解拆开使用的罪名。在选择性罪名的情况中,既可以将同一法律条文所规定的多种行为概括成一个罪名,也可以将多种行为分解成数个罪名,择一行为或选择其中几个行为确定罪名的情况。选择性罪名所包含的犯罪行为有多种,比如《刑法》第 347 条规定的走私、贩卖、运输、制造毒品罪,就包含有四种行为,如果行为人实施了这四种行为,就以走私、贩卖、运输、制造毒品罪一罪论处。如果行为人只实施了贩卖毒品的行为,则可以以贩卖毒品罪论处。如果既有贩卖,又有运输毒品行为,则以贩卖、运输毒品罪论处,而不数罪并罚。

刑法中的选择性罪名,有的是行为的多种选择,有的是对象的多种选择,比如公文、证件、印章等,还有的则是行为和对象在一个条文中都有多种选择,比如《刑法》第 125 条规定的非法制造、买卖、运输、邮寄、储存枪支、弹药、爆炸物罪。

概括罪名是指在一个犯罪的规定中,有多种不同的犯罪行为但只能以一个罪名定罪的情况。在概括罪名的情况中,虽然有多种行为,比如《刑法》第 224 条规定的合同诈骗罪中,规定了五种合同诈骗行为,有以虚构的单位或者冒用他人名义签订合同的行为,也有以伪造、变造、作废的票据或者其他虚假产权证明作担保的行为等,但这五种行为都只有合同诈骗罪这一个统一的罪名。再比如,信用卡诈骗罪也包括了多种行为方式,有使用伪造的信用卡或者使用以虚假身份证明骗领的信用卡的,也有使用作废的信用卡、冒用他人信用卡和恶意透支的行为等,行为人无论实施其中的哪种行为,都只能被认定为信用卡诈骗罪。还有诈骗罪的行为方式包括虚构事实和隐瞒真相。虚构事实是无中生有,而隐瞒真相是把存在的事实掩盖掉。但是,无论是虚构事实还是隐瞒真相,我们对行为人只能认定为一个诈骗罪。

大家注意一下概括罪名与单一罪名的区别。概括罪名只有一个罪名,这与单一罪名相同,但是概括罪名则有多种行为,这是单一罪名所没有的。概括罪名有多种行为,这同选择性罪名有相同性,但是概括罪名只有一个统一罪名,与选择性罪名不同。

第三,包容罪名与并列罪名。

与我们前面讲的一个分则条文只有一个罪名情况不同的是,这两种情况都是在一个分则条文中同时有多个罪名存在。包容罪名是在一个条文中有两个以上的罪名,其中一个罪名被另一个罪名所包容的情况。比如,《刑法》第 240 条规定的拐卖妇女、儿童罪包括了强奸、强迫妇女卖淫罪等多个罪名,如果行为人实施了这个条文所包含的多个罪名的行为,在认定该犯罪时只能定一个拐卖妇女、儿童罪,而不能数罪并罚。再比如《刑法》第239条规定的绑架罪,行为人绑架他人并杀害被绑架人,也被认定为绑架罪。这种行为其实是绑架罪和故意杀人罪的结合,但是刑法并没有按数罪并罚处理,因此,我认为绑架罪中包容了故意杀人罪。

并列罪名是指在分则一个条文中并列规定了几个罪名的情况。比如,《刑法》第114条并列规定有放火罪、决水罪、爆炸罪、投放危险物质罪、以危险方法危害公共安全罪五个罪名,当行为人实施了并列罪名中的一个行为,我们就用一个罪名定罪处罚;当行为人实施两种以上行为,我们就对这些行为按照数罪并罚处理。比如行为人实施了放火、爆炸行为,我们对行为人就应该以放火罪、爆炸罪两罪并罚论处。

最后一个需要强调的问题是,并列罪名和选择性罪名的区别是什么?选择性罪名在条文里包含的罪名是一个,而不是数个。行为人实施了选择性罪名中的多种行为,只能以一罪而不以数罪论处。如果一个条文里只规定一个罪,那么符合这个罪名里的几种行为方式也只定一个罪,这个就是选择性罪名。并列罪名是立法者为了节省条文,把相似的行为以不同的罪名规定在一个条文中,但是这个条文里面包含的罪名是数个,而不是一个。行为人触犯了这个条文中的任何一个罪,就定一个罪,触犯了数个,就定数罪。

(三)法定刑

所谓法定刑,是指刑法分则和其他单行刑事法律对各种具体犯罪所规定的刑罚种类和刑罚幅度。关于法定刑,我分成两个问题来讲。

我们首先来看第一个问题——法定刑的种类。

法定刑分为绝对确定的法定刑、绝对不确定的法定刑和相对确定的法定刑。

首先,绝对确定的法定刑是指在条文中只规定单一的刑种和固定的刑度。比如我国《刑法》第121条规定,犯劫持航空器罪致人重伤、死亡或者使航空器遭受严重破坏的,处死刑。这种形式的法定刑往往只有一种刑种和一个刑度。这种法定刑的缺点在于缺乏灵活性,使法院难以针对不同情况适用相对不同的法定刑。我们1979年《刑法》中原来没有绝对确定的法定刑,而1997年《刑法》中新增了绝对确定的法定刑。我以前在讲我国台湾地区"刑法"中的绝对确定的法定刑时,认为这是不科学的,现在我们自己也有了。当然,我国刑法中的绝对确定的法定刑只限于少数几个罪,并且只是针对这几个罪中情节特别严重的情况。

其次,绝对不确定的法定刑。也就是在条文中不规定具体的刑种和刑度,只笼统规定对某种犯罪应"依法惩处"或"依法追究刑事责任"。这种形式的法定刑由于法律没有明确应适用的刑种和刑度,留给了法官以极大的自由裁量权,不符合罪刑法定原则。包括我国刑法在内的各国刑法已不再采用这种法定刑形式。

最后,相对确定的法定刑,是指在条文中对某种犯罪规定一定的刑种与刑度,并明确规定最低刑与最高刑。比如刑法规定某个罪可以判处"三年以上十年以下有期徒刑",这是一个确定的范围,但这个罪具体判几年,它又是相对确定的,所以叫相对确定的法定刑。这种法定刑的优点在于,既有明确的刑种与刑度,又有一定的灵活限度,这对于保持量刑的相对统一是有利的,并且也有利于刑事司法根据案件的具体情况酌情裁量刑罚。因此,我国刑法和其他国家刑法基本都采用这种法定刑形式。

我国刑法分则基本采用的是相对确定的法定刑,具体来说主要有四种表现形式。

第一,刑法分则条文仅规定最高限度的法定刑,刑罚的最低限度则根据刑法总则的规定。比如《刑法》第 429 条规定的"拒不救援友邻部队罪"的法定刑是"处五年以下有期徒刑"。这个罪的法定刑种为有期徒刑,它的最高限度分则规定为 5 年有期徒刑,最低限度依据刑法总则第 45 条的规定为 6 个月有期徒刑。

第二,刑法分则条文仅规定刑罚的最低限度,刑罚的最高限度则根据刑法总则的规定。比如《刑法》第 133 条规定的交通肇事罪中,对"因逃逸致人死亡的,处七年以上有期徒刑"。这里的最低刑度为 7 年有期徒刑,其最高限度依据刑法总则第 45 条的规定为 15 年有期徒刑。

第三,分则条文同时规定刑罚的最低刑期和最高刑期。刑法分则中常见的 3 年以上 10 年以下或者 3 年以上 7 年以下有期徒刑,就属于这种法定刑形式。

第四,规定两种以上主刑或者同时规定一种或两种以上附加刑的法定刑。比如《刑法》第 240 条规定:"拐卖妇女、儿童的,处五年以上十年以下有期徒刑,并处罚金;有下列情形之一的,处十年以上有期徒刑或者无期徒刑,并处罚金或者没收财产。"

除了刚才讲的这几种表现形式以外,我国刑法除个别犯罪的某些特别严重情节适用绝对确定的法定刑和绝大多数犯罪适用相对确定的法定刑之外,还有一些犯罪没有直接规定其应适用的法定刑,而是规定依照本法某某条的规定处罚,这可以说是一种特殊的法定刑形式。

需要指出的是,我国刑法对主刑与附加刑有不同的规定形式。对主刑适用的法定刑,刑法主要采用相对确定的法定刑。对附加刑适用的法定刑,则主要采用不确定的法定刑形式,比如法律对单位犯罪所规定的罚金,就没有明确的罚金数额。理论上将这种情况称为"浮动的法定刑",也就是说没有明确的量的规定。这种不明确的罚金法定刑规定产生的主要原因就在于法律很难作出具体的明确规定,所以采用了"对单位处罚金"或者"并处或者单处罚金"等的规定形式。不可否认,这种所谓的"浮动法定刑"所产生的不利后果是现实存在的。一方面它使行为人在犯罪前无法预知他所犯之罪会产生怎样的法律后果,另一方面则使司法机关有特别大的自由裁量权,容易产生同案不同罚的不公正现象。所以对于这类不明确的附加刑法定刑,应当如何加以规范,是需要我们进一步研究的问题。

下面,我们来看第二个问题——法定刑和宣告刑之间的关系。

宣告刑,是指人民法院根据法律规定的刑罚和具体的犯罪状况,对犯罪分子判处的刑罚。法定刑与宣告刑不同:法定刑是立法者确定的刑罚,有一定的刑种选择和幅度选择;宣告刑是司法机关对案件处理时确定的刑罚,只限于特定的刑种和刑度。宣告刑是在法定刑的幅度内,是对法定刑的具体运用。

比如"许霆案",法官认定许霆符合"盗窃金融机构,数额特别巨大的"这一情节,因此,一审判处许霆无期徒刑。后来因为媒体和学者的关注和讨论,二审最后改判为有期徒刑5年。很多老百姓出于"朴素的阶级感情"认为,当官的受贿500万元,最高可能只判处无期徒刑,而许霆只是拿了17万元,法院怎么可以判他无期徒刑呢?（全场笑）他们觉得法院的判决是很过分的,都为许霆鸣不平。而我认为,从刑法的角度,政府官员的受贿行为和许霆盗窃行为是不能相提并论的。在公共交通工具上扒窃的小偷,虽然偷到的钱不是很多,但是给其他乘客造成的心理压力是巨大的。因为,如果社会上盗窃成风,我一边在这里上课,一边就要担心家里是不是被盗了,可见这种盗窃成风对我教学工作也会产生很大影响。（全场笑）相反,如果社会受贿成风,我在这里上课不会有任何影响。特别是受贿的行为是需要行贿的人配合才会发生,而小偷盗窃是主动进攻不需要主人配合的。因此,我认为,社会危害性不能简单地以数额来衡量。

在"许霆案"的二审过程中,法院仍坚持原审认定,认为许霆行为构成盗窃罪,而且构成盗窃金融机构数额特别巨大,但考虑到许霆的盗窃犯意和取款行为都是在柜员机出错的情况下发生的,与有预谋、有准备的盗窃犯罪相比,主观恶性相对较小。同时与采取破坏性手段盗取钱财相比,犯罪情节相对较轻。最后,依照我国《刑法》第63条第2款的规定,对许霆在法定刑以下量刑,所以判处有期徒刑5年。

我认为,尽管法院对许霆在法定刑以下量刑是有法律依据的,但是,宣告刑已经远远背离了原来的法定刑,明显有不合理之处。我们知道,刑法分则规定的法定刑是分格的,无期徒刑算一格,那么它下一格是有期徒刑15年,再下一格是有期徒刑10年,再下面一格是有期徒刑7年,再下面一格才是有期徒刑5年。而在"许霆案"中,法官一次性从无期徒刑降格到有期徒刑5年,连降四格。而从当时的司法实践看,在"应当"的"法定情节"下,我们通常也是明确要求不能降低两格以上。后来《刑法修正案（八）》第5条更是明确规定有数个量刑幅度的,减轻处罚时,应当在法定量刑幅度的下一个量刑幅度内判处刑罚,即只能降低一格。应该看到,理论上一般认为,法定情节对量刑的影响应该远远大于酌定情节,否则就是对立法者的"嘲弄"了。可是,即使在存在"法定情节"的情况下,我们法定刑的降格当时也最多是两格,而"许霆案"因为取款机出故障这个"酌定情节"而连降四格,确实不符合当时司法实践的一贯做法。所以,宣告刑不能严重脱离法定刑。我们可以适用各种各样的酌定情节来降刑,但在量刑时我们要依法操作。即便是通过最高人民法院批准在法定刑外判处刑罚,我们也要经过严格的程序量刑,而且不能太过度。

三、刑法分则的法条竞合

接下来,我讲一下刑法分则中的法条竞合。

（一）法条竞合的概念和特征

我们首先看一下法条竞合的概念。法条竞合,是指一个犯罪行为同时符合数个法条规定,在法律适用上发生重合,只能选择适用其中一个法条,排斥其他法条适用的情况。

我认为,法条竞合的现象是不可避免的,为什么呢? 原因在于,立法者在立法的时候是出于对一般犯罪的考虑来设定条文。后来,立法者又感觉到,在一般犯罪中可能有特殊的情况发生。我们以诈骗罪为例,诈骗罪的客观方面是虚构事实,隐瞒真相。随着社会的发展,出现了利用合同实施的诈骗行为,并且诈骗的数额往往大于一般的诈骗罪。因此,立法者专门规定了"合同诈骗罪"。在规定合同诈骗罪以后,在金融领域又出现了以各种各样的手段进行的诈骗行为,这些行为与利用合同诈骗的行为又存在很大区别,诈骗金额可能比合同诈骗更大,于是立法者又专门规定金融诈骗罪,其中包括八类金融诈骗罪,分别是集资诈骗罪、贷款诈骗罪、票据诈骗罪、金融凭证诈骗罪、信用证诈骗罪、信用卡诈骗罪、有价证券诈骗罪以及保险诈骗罪。这八个金融诈骗罪名和一般诈骗、合同诈骗共同形成了两个"诈骗系列"。但是,对于一个人的诈骗行为,我们只能适用一个条文,从而排除了其他条文的适用。比如,我们认定一个人构成集资诈骗罪,同时就排除认定为合同诈骗罪和一般诈骗罪的可能性,由此决定了诈骗罪、合同诈骗罪和八种具体的金融诈骗罪之间是法条竞合关系。

我认为,尽管立法者在刑事立法时会努力追求立法内容本身的全面和完整性,做到尽可能地将社会生活中发生的各种犯罪行为归入调整的范围之中,但是,立法者的智慧是有限的,而社会的发展是无限的,在社会发展中产生的犯罪现象的变化也是无限的。要使有限的立法者的智慧完全适应无限的犯罪现象的变化,这是不可能的。也就是说,刑事立法的完善终究难以全面跟上社会生活中犯罪现象变化的步伐,在不同的时期往往都会有刑事立法部分内容滞后的情况出现,这是不可避免的。所以,法条竞合也是罪刑法定原则引申出来的一个不可避免的现象。另外,罪刑法定原则强调的是法律条文的细化,而法律条文越细化,就越可能出现法条竞合的现象。

接下来,我们介绍一下法条竞合的三个特征。

第一,行为人实施了一个犯罪行为,而不是数个犯罪行为。虽然行为人实施的行为涉及多个法律条文,表面上看行为似乎触犯了数个罪名,具有数个行为。但实际上行为人仅实施了一个行为。这个特征决定了我们最终只能适用一个法条。

第二,行为人所实施的行为只具有一个犯罪构成,但却被规定在数个法条之中。从形式上看,行为人所实施的行为在数个法条中都有规定,具备数个法条规定的犯罪构成,但究其实质,只有一个犯罪构成。

第三,只能选择一个法条适用,也就是说,只能选择数个法条中的一条定罪处罚,而排斥其他法条的适用。在法条竞合中,行为人实施的行为所符合的两个法条之间,通常认为存在其中一个法条被另一个法条所包含的情况,比如《刑法》第 224 条规定的合同诈骗罪被《刑法》第 266 条的普通诈骗罪所包容。因为存在包容与被包容的关系,其实质就是一个罪。因此,我们对法条竞合的处理,也必须选择其中一个法条适用。

（二）法条竞合的适用原则

由于法条竞合必须在数个法条中择一适用,因此,我们必须依据一定的原则来决定到底选择哪一个法条适用。我们对法条竞合适用的原则有两种,下面我分别为大家介绍一下。

第一个原则,特别法优于普通法。

特别法优于普通法,是指当法条竞合时,应当适用特别法,排斥普通法的适用。普通法是指在一切场合普遍适用的法条,特别法是在特定范围内适用的法条。特别法条的产生往往是立法者在设立普通法条之后,出于种种原因需要对普通法条规定的某些特别情况作专门规定而分离形成的,因此特别法条所针对的是特定的人、地、时、事、结果,它的效力仅限于特定范围。

特别法条优于普通法条的原因是显而易见的,因为立法者在立法的时候,已经对一些特殊的情况专门通过特别的法条进行了规定。行为人的行为越是符合特殊情况,就越和我们立法者的设计相接近,这个时候我们适用特殊法条就越符合罪刑法定原则的要求。另外,司法适用中对某个行为定性的时候,往往是先考虑特殊法条,才考虑一般法条。比如,司法工作人员在判断一个行为属于哪种诈骗罪名的时候,是按照八种具体金融诈骗罪、合同诈骗罪、诈骗罪的顺序来思考的。具体来说,一个行为如果符合八种具体的金融诈骗罪之一,就可以以这个罪名认定,如果不符合的话接下来就要看这个行为是否符合合同诈骗罪,如果也不符合合同诈骗,我们最后才考虑这个行为是否符合一般诈骗罪。大家需要注意,刑法立法的时候,恰恰是按照相反的顺序考虑的。立法者通常首先考虑一般的犯罪,再考虑特殊的犯罪。所以,从这个角度看,对于法条竞合适用特别法条优于普通法条是合理的。

正是由于特别法已经体现了法律的特别要求和特定评价,因此当普通法与特别法发生竞合时,我国刑法理所当然地选择适用特别法,典型的例子如,《刑法》第233条规定的过失致人死亡罪、第234条规定的故意伤害罪、第266条规定的诈骗罪和第397条规定的玩忽职守罪及滥用职权罪等等都是普通法条,而在这些普通法条中,立法都明确规定"本法另有规定的,依照规定",即不再适用普通法条。

第二个原则,重法优于轻法。

在刑法的规定中,普通法条与特别法条在刑罚的轻重方面,表现为轻于、等于、重于三种情况。比如《刑法》第266条的普通法条诈骗罪之刑轻于第195条的特别法条信用证诈骗罪;诈骗罪的刑罚与第224条的特别法条合同诈骗罪的刑罚相等;诈骗罪的刑罚又重于第198条的特别法条保险诈骗罪。我认为,一般情况下,特别法条的处罚是重于普通法条的,否则立法者规定特别法条就没有很大的意义。但是实际中,立法者可能出于多种原因的考虑,在规定特别法条的时候,将个别特别法条的法定刑规定为轻于普通法条。比如《刑法》第279条规定的招摇撞骗罪,是对冒充国家机关工作人员招摇撞骗的一种规定,这种行为属于一种特殊的诈骗行为。这是由于当初在立法的时候,立法者考虑到国家机关工作人员职务的廉洁性,别人不太可能会给他们很多钱。因此,立法者认为冒充国家机关工作人员是很难骗取高额钱财的,而且,我们重点保护的是国家机关工作人员的身份利益。因此,刑法把招摇撞骗罪规定在第六章妨害社会管理秩序罪中,法定最高刑是10年。诈骗罪是规定在第五章侵犯财产罪中,法定最高刑是无期徒刑。这体现了当时立法者所要保护的侧重点是不一样的。但在当今社会,行为人冒充国家机关工作人员的目的,多数是为了骗取他人的财产,并且骗得的财产数额往往都很大。如果在这种情况下,行为人冒充国家工作人员诈骗到巨额财产,最高判处 10 年有期徒刑。但假如他没有冒充国家工作人员,按照一般诈骗罪,却要被判处无期徒刑。矛盾的地方就在于,在同样诈骗巨额财产的情况下,冒充国家工作人员诈骗所造成的社会危害性更大但刑罚却比社会危害性相对较小的诈骗罪轻。于是,面对这种特别法条轻于普通法条的情况,在法条竞合的适用原则之中,我们专门规定了"重法优于轻法"原则。

关于法条竞合犯,我还要为大家强调两个比较重要的问题。

我们首先来看第一个问题,法条竞合犯与想象竞合犯的区别。

法条竞合犯与想象竞合犯的区别主要表现在四个方面。

第一,适用的原则不同。法条竞合犯的适用原则是以"特别法优于普通法"为原则,以"重法优于轻法"为补充。而想象竞合的适用原则是重罪吸收轻罪,通常也被叫做"从一重处断"或者"从一重重处断"。"从一重处断"是指按照所触犯数罪中最重的刑罚处断,轻的刑罚不再适用。而"从一重重处断"就是指对想象竞合犯的处罚应当选择行为所触犯的重罪名并适当从重或加重的处罚原则。第一个"重"是名词,是指重的犯罪,第二个"重"是指从重处罚的意思,"从"就是按照的意思,这是想象竞合的处罚原则。

第二,行为人所实施的行为是否超出一个犯罪构成的范围。法条竞合的行为人所实施的行为分别在数个法条中都有规定,具备数个法条规定的犯罪构成,但究其实质,只有一个犯罪构成。也就是说,法条竞合犯的行为的主客观四个要件都在一个犯罪构成的范围之中,没有超出一个犯罪构成的范围之外。而想象竞合犯虽然也是只有一个行为,但行为所实施的结果却超出了一罪犯罪构成所容纳的范围,触犯了两个或两个以上的罪名。

第三,想象竞合是行为人实施犯罪行为中可能触犯的法条条文的竞合,是对行为定性中的认定,侧重的是司法适用。而法条竞合是立法过程中无法避免的条文之间的竞合,侧重的是立法。简单地说,法条竞合是立法中不可避免的现象,而想象竞合是在司法实践中一个行为触犯了不同的罪名的问题。正是因为两者的侧重点不一样,所以在适用原则上会存在区别。

第四,法条竞合中的法条之间存在包容关系与交叉关系,而想象竞合中的一行为触犯的数罪名之间是交叉关系或是完全没有关系的。

我举一个想象竞合的典型例子来说明一下想象竞合中罪名之间的交叉关系。甲为了杀死仇人乙,决定用手榴弹将正在街上行走的乙炸死。但是甲炸死乙的同时,也把乙身边路人炸死了。甲的行为只有一个,就是爆炸行为。但是,甲触犯了两个罪名,一个是故意杀人罪,另一个是爆炸罪。对于杀人手段而言,甲既可以选择爆炸的手段,也可以选择其他的手段;对于爆炸的目的而言,甲既可以是为了杀人,也可以是为了毁灭财物。由此可见,对于甲这种选择爆炸方法来杀人的行为来说,爆炸和杀人之间存在的是交叉关系。当然想象竞合触犯的数罪名之间也可能没有关系。例如,甲开枪杀乙的同时,不小心导致丙的死亡,此时,甲构成故意杀人罪与过失致人死亡罪的想象竞合犯、故意杀人罪与过失致人死亡罪既不是包容关系,也不是交叉关系。

而关于法条竞合的关系,我们还是以诈骗罪和合同诈骗罪来说明。诈骗罪的客观方面是以虚构事实或隐瞒真相的方法骗取他人财物,而合同诈骗罪的客观方面是在签订和履行合同的过程中虚构事实或隐瞒真相,显然,合同诈骗罪的范围小于诈骗罪的范围,这两个法条之间的关系是一种包容关系。法条竞合中的法条关系也存在部分交叉关系。例如,行为人冒充国家工作人员骗取财物的行为构成了诈骗罪与招摇撞骗罪的法条竞合。

下面我们来看第二个问题,"特别法优于普通法"和"重法优于轻法"这两个原则之间是什么关系?

"重法优于轻法"与"特别法优于普通法"的关系是一个很重要的问题。有人提出了这样一个观点,既然有"重法优于轻法"作为原则,那就意味着"特别法优于普通法"的原则就没有存在的价值。这种观点是源于这样的逻辑,因为一般情况下,特别法条的刑罚总是要比普通法条的重,那么在特别法条轻的少数情况下,我们就按照"重法优于轻法"的原则来处理。也就是说,"重法优于轻法"原则完全可以替代前面"特别法优于普通法"的原则。

我认为,两个原则之间是不能互相替代的,"特别法优于普通法"是原则,而"重法优于轻法"是补充,这种"原则和补充"的关系才是最符合立法原意的。因为立法者已经考虑到这种特别情况,所以特别情况由特别法条来调整,是符合立法的精神的,因此按照罪刑法定的原则是"特别法优于普通法"。但是我们前面已经提到过,特别法条和普通法条的法定刑可能会存在特别法条的法定刑重于普通法条、特别法条的法定刑等于普通法条和特别法条的法定刑轻于普通法条这三种情况。如果我们因为强调"重法优于轻法"可以替代"特别法优于普通法",一旦特别法条的法定刑和普通法条的法定刑是一样的时候,应该适用哪个法条呢?很显然,这种情况下我们已经没有可以适用的原则了。因此,我们还是需要将"特别法优于普通法"作为原则,才能解决这个问题。所以,只有当特别法规定的法定刑轻于普通法规定的法定刑的特殊情况下,我们才需要适用"重法优于轻法"原则;而当特别法条的法定刑重于或者等于普通法条的法定刑的时候,我们应当适用"特别法优于普通法"。由此可见,"重法优于轻法"原则其实是对"特别法优于普通法"原则的补充。

在结束第一讲之前,我还是要强调一下,我们学习刑法分则和刑法总则的侧重点应该有所不同。

一方面,刑法总论的组成内容之间的逻辑关系比较紧密。在总论中,我首先介绍的是犯罪的概念,紧接着又讲了认定犯罪行为的规格。之后我们介绍了对于虽然符合罪刑标准,但由于本质上不具备社会危害性因而不构成犯罪的情况,也就是指正当防卫和紧急避险。在犯罪构成要件中,首先我们可以通过看一个行为侵犯了什么社会关系,进而判断出犯罪客体。接下来,我们就要考虑是什么侵犯了客体?是人的行为,行为对社会关系造成的损害就是结果,行为和结果之间还应该具有因果关系。这就进入到了犯罪的客观方面。同时,讲到行为,我们又会思考这是人的行为,人就是犯罪主体。讲到人的行为,我们也要思考人是在什么情况下实施的行为,这就是人的主观方面,包括故意和过失。由此可见,总论内容之间的逻辑关系相当紧密,一环扣一环。

另一方面,刑法分论的组成内容之间的逻辑关系相对松散。分论内容之间的逻辑关系没有像总论那么紧密,最多是通过此罪和彼罪之间罪名的划分来区分内容,整个分论内容不具有逻辑上的整体性。刑法分论中有十章犯罪,面对这么多具体的罪名,我们绝对不需要每个罪名都背得滚瓜烂熟。如果这样做的话大家要"累坏"的,也是没有必要的。实际上每一章犯罪都可以分成三大块:第一块是每一章犯罪中类罪的概念和构成要件。我认为,不是所有的章的类罪都需要把握,我们只要把握具有概括性的根本特征的类罪就可以了。我们学习的重点是具体个罪的概念和构成要件。第二块是对类罪的法律意义的把握,这一般也不是我们学习的重点。第三块是具体个罪的把握,包括罪名、罪状、法定刑以及罪与非罪、此罪与彼罪等等问题。具体罪名中,我们又可以把具体个罪分成三大类。第一类是司法实践中极少发生的犯罪。我们只需简单了解一下这些罪名就可以,其实我上课也很少涉及这些罪名。第二类犯罪是司法实践中常见的,同时也是比较简单的犯罪。我们只要掌握这些犯罪中的关键点就可以,而没有必要去记忆这些犯罪的概念和构成要件。第三类犯罪就是司法实践常见的罪和容易混淆的罪,这才是我们讲课和学习的重点。当然,这里的"常见罪"并非就是我们经常碰到的罪名,我们学习和讲课中所指的"常见罪"其实就是"容易混淆的罪",越容易混淆我们越要讲。

四、刑法分则中的法律拟制与注意规定

在我国刑法中,注意规定几乎是与法律拟制相对应的概念。人们在谈到法律拟制时,通常会联想到注意规定,认为某个带有"依照""以……论"等字样的规定不是法律拟制就是注意规定。应该看到,将某个条款理解为注意规定还是法律拟制,会直接关系到罪与非罪、此罪与彼罪的认定问题。原来在1979年《刑法》中没有法律拟制和注意规定;而1997年修订《刑法》既增加了法律拟制条款,也增加了注意规定。因而,要学好刑法分则,懂得如何区分刑法中的法律拟制与注意规定就很重要。

虽然注意规定与法律拟制是相对应的概念,但在司法实务中,两者很容易发生混淆。法律拟制与注意规定既有联系又有区别。

依我之见,法律拟制和注意规定主要存在以下两个方面的共同之处。

第一,法律拟制和注意规定都能补充法律规定的不足。一方面,法律需要有稳定性,我们不可能对法律尤其是刑法朝令夕改。但很多刑法规范本身由于立法者认识水平的局限性及客观情况的复杂性、多变性等原因,不可避免地存在诸多法律漏洞,因此必须对这些漏洞进行补充和修复。法律拟制正是作为调节社会需要与法律之间矛盾的手段而产生的,它既可以满足社会的需要,又可以促进法律的完善。另一方面,基于法律原则性要求,刑法条文往往比较概括,很多行为无法被明确列举在法条中。一些

社会危害性较为突出的行为虽然属于犯罪或者应属于某种具体犯罪,但由于法条的概括性,司法工作人员在司法过程中往往会将其忽略或混淆。为了防止司法工作人员混淆《刑法》的有关规定,立法者方才通过设置注意规定条款来对基本规定进行解释或补充,这就决定了注意规定具有补充主要规定不足之功效。

第二,法律拟制与注意规定在构成形式上颇为相似。在设置法律拟制时,由于需引用其他法律条款来拟制某行为或事物,因而法律拟制条款的构成形式通常会表述为"……的,依照本法第×条的规定定罪处罚"或者"……的,以……论处"等。在设置注意规定时,立法者也往往会通过使用"……的,依照本法第×条的规定定罪处罚"或者"……的,以……论处"等表述来提示或指示司法工作人员对于某行为应适用的法条。因此,在一般情况下,仅仅根据法条的外观形式,我们很难区分法律拟制与注意规定。

然而,法律拟制与注意规定无论是在适用还是在规定的内容方面均存在相当大的差异,将某一规定理解为注意规定或法律拟制,将会得出大相径庭甚至截然相反的结论。依我之见,两者的区别主要表现在以下两个方面。

第一,两者所规定的内容与基本规定的关系不同。法律拟制所规定的内容与基本规定的内容总是存在较大差异。例如,《刑法》第 267 条第 2 款规定:"携带凶器抢夺的,依照本法第二百六十三条的规定定罪处罚。"该条款所规定的"携带凶器抢夺的"行为,因为并不存在使用暴力或以暴力相威胁的情况,故而与《刑法》第 263 条所规定的必须要求行为人具有使用暴力或以暴力相威胁行为的抢劫罪存在较大差异。

注意规定则并不改变基本规定的内容,只是重申基本规定的具体性,其内容实际上已包含于基本规定中,因而与基本规定的内容一致。例如,《刑法》第 183 条规定:"保险公司的工作人员利用职务上的便利,故意编造未曾发生的保险事故进行虚假理赔,骗取保险金归自己所有的,依照本法第二百七十一条的规定定罪处罚。"该条款所规定的保险公司工作人员利用职务之便骗取保险金的行为其实就是《刑法》第 271 条所规定的职务侵占行为,它完全符合职务侵占罪的构成要件,是职务侵占罪在保险领域的具体表现方式。

第二,两者功能上存在差别。从功能上来看,注意规定主要有提示、强调和解释的功能,针对的是同一类型的类似行为或事物,若没有该注意规定条款,一般也不会影响司法工作人员判案。例如,《刑法》第 242 条第 1 款规定:"以暴力、威胁方法阻碍国家机关工作人员解救被收买的妇女、儿童的,依照本法第二百七十七条的规定定罪处罚。"该注意规定条款设置的主要功能是提醒司法工作人员对于以暴力、威胁方法阻碍国家机关工作人员解救被收买的妇女、儿童的行为也应以妨害公务罪定罪处罚。但即使没有该条款,一般情况下司法工作人员也会根据《刑法》第 277 条的规定对嫌疑人以妨害公务罪定罪处罚。

法律拟制虽也有一定的提示功能,但其更主要是以命令和强制的方式实现拟制。这就意味着法律拟制是将明知互不相同的事物等同视之。故而在没有该法律拟制条款时,司法工作人员的判案结论会出现与在有该法律拟制条款时截然不同的情况。例如,《刑法》第 382 条第 2 款规定:"受国家机关、国有公司、企业、事业单位、人民团体委托管理、经营国有财产的人员,利用职务上的便利,侵吞、窃取、骗取或者以其他手段非法占有国有财物的,以贪污论。"该法律拟制条款即是将"受国家机关、国有公司、企业、事业单位、人民团体委托管理、经营国有财产的人员"强制等同于国家工作人员。如果没有该条款,这些人员利用职务之便非法占有国有财物的行为则构成职务侵占罪而非贪污罪。

那么,我们如何来区分法律拟制与注意规定? 我认为,应综合以下三个方面对它们进行区分。

第一,我们可以根据某条款的存在与否是否会影响结论的判定而进行区分。由于注意规定只是对基本规定的重申和提示,并不改变其内容,因而无论该条款是否存在,最终结论均应该相同。而法律拟制虽具有基本规定的法律效果,但实际上却相当于改变或修正了基本规定的内容,因而该条款存在与否,会导致不同的结论。例如,《刑法》第 269 条规定:"犯盗窃、诈骗、抢夺罪,为窝藏赃物、抗拒抓捕或者毁灭罪证而当场使用暴力或者以暴力相威胁的,依照本法第二百六十三条的规定定罪处罚。"该条款对于行为人犯盗窃、诈骗、抢夺罪,为窝藏赃物、抗拒抓捕或者毁灭罪证而当场使用暴力或者以暴力相威胁的,是以抢劫罪认定的。而这些行为根据刑法相关条文的规定,完全可以以其他侵犯财产的犯罪以及侵犯人身权利的犯罪来认定。如果不存在《刑法》第 269 条的规定,我们必然对"转化型抢劫"的行为认定为其他相关罪名,故我们可以认定该条款属于法律拟制。再如,《刑法》第 361 条规定:"旅馆业、饮食服务业、文化娱乐业、出租汽车业等单位的人员,利用本单位的条件,组织、强迫、引诱、容留、介绍他人卖淫的,依照本法第三百五十八条、第三百五十九条的规定定罪处罚。"由于《刑法》第 358 条、第 359 条所规定的组织卖淫罪、强迫卖淫罪,以及引诱、容留、介绍他人卖淫罪等并没有对行为主体资格作出限制,因而任何人实施组织、强迫、引诱、容留、介绍他人卖淫行为均可能构成上述各罪名,当然也不排除该条款所规定的"旅馆业、饮食服务业、文化娱乐业、出租汽车业等单位的人员"了。由此可见,该条款仅是对《刑法》第 358 条、第 359 条规定的重申和具体化,而没有对其作任何实质性的改变,即使不存在该条款,我们也仍然会将其以组织卖淫罪、强迫卖淫罪及引诱、容留、介绍他人卖淫罪等罪名定罪处罚。所以,我们可认定该条款为注意规定。

第二,我们可以根据法条所蕴含的立法意图进行区分。由于法律拟制属于"将明知不同者等同视之"的虚拟性规定,我们均能在法律拟制条款中找到为实现罪刑均衡、为维护社会治安稳定及为实现司法统一和便捷等较为突出、明显的法律拟制事由。因此,当一些条款难以看出其是否改变或修正了基本规定时,我们可以通过探寻该条款中是否存在法律拟制事由来区分法律拟制与注意规定。例如,《刑法》第 247 条规定:"司法工作人员对犯罪嫌疑人、被告人实行刑讯逼供或者使用暴力逼取证人证言的,处三年以下有期徒刑或者拘役。致人伤残、死亡的,依照本法第二百三十四条、第二百三十二条的规定定罪从重处罚。"根据该条款,对于司法工作人员实施的刑讯逼供或暴力取证行为,应处 3 年以下有期徒刑或者拘役。但其中"致人伤残、死亡"这一严重侵犯公民人身权利行为的社会危害性,已经明显超出了仅能科处"3 年以下有期徒刑或者拘役"的刑讯逼供罪或暴力取证罪的范畴。如果对此仍以这两个罪名定罪处罚,显然会造成刑罚与严重侵犯人身权利的犯罪不相称的结果。因此,立法者正是基于实现罪刑均衡的立法意图,才将这种致人伤残或死亡的刑讯逼供和暴力取证行为拟制为故意伤害罪或故意杀人罪。再如,《刑法》第 300 条规定的组织、利用会道门、邪教组织、利用迷信破坏法律实施罪中,其第 3 款规定:"犯第一款罪又有奸淫妇女、诈骗财物等犯罪行为的,依照数罪并罚的规定处罚。"因为如果实施组织和利用会道门、邪教组织或者利用迷信与妇女发生性交行为的过程中,如果犯罪嫌疑人并没有违背妇女的意志,而是一些"虔诚"的妇女基于某种"信仰"和"笃诚"时的真实意志体现,该行为可能仅侵犯了社会管理秩序。对此,如果以侵犯妇女不可侵犯的性权利的强奸罪定罪处罚,反而可能导致罪刑失衡。可见,该条款实际上不存在为实现罪刑均衡等法律拟制事由,宜将该条款认定为注意规定。

第三,我们可以根据某条款是否具有普遍适用性或可推广性进行区分。从法条所规定的内容来看,由于法律拟制并不与基本规定的内容保持一致,而只是立法者基于某种政策或意图将原本并不符合某一规定的行为或事物强行赋予该规定的法律效果,因而法律拟制属于一种强制性规定,仅适用于该法律拟制明文规定的情形,对于类似情形,不得比照该法律拟制规定处理。而注意规定并不改变基本规定的内容,只是对基本规定的具体性重申,对于与其相类似的情形则可以推而广之。例如,《刑法》第 267 条第 2 款规定:"携带凶器抢夺的,依照本法第二百六十三条的规定定罪处罚。"由于"携带凶器抢夺的"行为与抢劫罪的犯罪构成并不完全吻合,因而不能将携带凶器抢夺定抢劫的规定推而广之。再如,《刑法》第 157 条第 2 款规定:"以暴力、威胁方法抗拒缉私的,以走私罪和本法第二百七十七条规定的阻碍国家机关工作人员依法执行职务罪,依照数罪并罚的规定处罚。"由于以暴力、威胁方法抗拒缉私的行为也完全符合《刑法》第 277 条妨害公务罪的构成要件,对于行为人在走私过程中又实施的以暴力、威胁方法抗拒缉私的行为,以走私罪和妨害公务罪数罪并罚是《刑法》第 69 条这一基本规定使然,实属理所应当。所以,也就不难断定该条款应属于注意规定而非法律拟制。

结合以上三种区分方法,基本上可以将法律拟制与注意规定区分开来。当然,这些区分方法也只是在难以区分某些既似法律拟制又像注意规定的条款时才会使用到。对于那些具有法律拟制或注意规定明显特征的条款,如果根据其是否具备相应的特征即可进行区分,就没有必要使用如此繁杂的区分方法。

好,关于刑法分论概述的内容我就给大家介绍到这,谢谢大家!

第二讲

危害公共安全罪

在这一讲中,我们来学习关于危害公共安全的犯罪。

一、危害公共安全罪概述

首先,我们来看危害公共安全罪的概念。危害公共安全罪,是指故意或者过失实施危害不特定多数人的生命、健康或者重大公私财产安全的行为。这个概念涉及对"故意或者过失"的判断、对"不特定"的理解以及对"多数人的生命、健康或者重大公私财产安全"的认定,而其中最关键的就是对"不特定"的理解。在学习危害公共安全罪这一章时,如果我们能够准确理解"不特定"的含义,这一章也就基本上不存在理解上的难点了。应当看到,对危害公共安全罪中"不特定"的理解实际上涉及对"公共安全"的理解,因为"公共安全"就是指不特定多数人的生命、健康或者重大公私财产的安全。那么,什么情形才能称为"不特定"呢?我举个简单的例子,你们中间有一个人是我的仇人,我要将他杀死,于是我对准他扔了一个手榴弹,结果我的这个仇人被炸死了,但坐在我仇人旁边的许多人也被炸死了。在这种情况下,我所针对的对象是特定的还是不特定的?(下讲台提问)

学生1:"我觉得是特定的,因为行为人针对的就是他的仇人。"

提问:"你的意思是判断特定还是不特定应当按照行为人的主观来确定,对吗?"

学生1:"对的。"

提问:"你觉得呢?"

学生2:"我觉得是不特定的,因为旁边还有很多人都被炸死了。"

提问:"那你的标准是什么呢?"

学生2:"我认为,判断特定还是不特定应当按照客观上造成的结果来确定。"

(回讲台)应该说,判断特定还是不特定应当根据客观情况,同时结合行为人的主观内容来综合确定。比如,我要杀某个人,我在他喝水的杯子里放了毒药,我构成故意杀人罪。但如果我知道他经常喝一口井里的井水,并且还有许多人也经常喝这口井里的井水，我在井水里放了毒药，我就应当构成危害公共安全罪中的投放危险物质罪。也就是说，判断特定还是不特定主要应当根据客观上有没有可能给不特定多数人造成危害，同时再结合行为人的主观方面加以判断。由于在井水里投放毒药时，我对最后可能对不特定多数人导致的危害结果其实是具有认识的，而且我不想且没有去阻止这一危害结果的发生，因此我主观上对于自己的行为可能导致的危害公共安全的后果实际上是持一种放任的态度，从而也就理应构成投放危险物质罪。

按照我的观点，判断特定还是不特定的一个最简单的标准就是看行为针对的对象有无"可替代性"。具体来说，如果行为针对的对象具有可替代性，就是不特定的；如果不具有可替代性，就是特定的。这是判断行为是否涉及公共安全、是否针对的是不特定多数人的一个很重要的标准。就拿我刚刚所讲的扔手榴弹炸死仇人的例子来说，我扔手榴弹的行为针对的对象肯定是不特定的，因为如果坐在我仇人旁边的是其他人，我同样还是会扔手榴弹。再比如说，北京有一个出租车驾驶员，因为对领导十分不满，开着出租车在天安门广场见人就撞。由于这里被撞的人是可替代的，因而我们将他的行为认定为以危险方法危害公共安全罪。但如果我驾车就只是撞你，而不撞其他人，则应构成故意杀人罪。由此可见，行为针对的对象是否可替换对于判断对象是特定的还是不特定的而言非常重要。

此外，大家还要注意的是，如果行为人主观上确实想将危害结果控制在一定范围之内，但是客观上造成的危害结果却超出了行为人主观意料的情况，应该如何处理呢？比如，我要杀某个人，我在他喝水的杯子里放了毒药，但他本人没有喝这杯水，而是被几位刚刚打完篮球回来的同一间办公室的同事喝掉了，最后喝了水的这些同事全部死掉了。在这种情况下，应该构成什么罪呢？这种情况在雇工杀雇主的案件中发生得最多，雇工在雇主家烧饭的电饭煲中放了毒药，结果老板打电话说不回来吃饭了，要其他一些雇工将饭分吃掉，结果其他雇工一人一碗将饭吃掉了，最后吃了饭的雇工全部死掉了。对于这种情形中雇工放毒行为的性质应当如何认定呢？（下讲台提问）

学生："我认为行为人针对的对象是特定的，对行为人应当按照故意杀人罪认定。"

（回讲台）就这个问题来说，理论上大多数人的观点以及司法考试中的标准答案，都是以故意杀人罪认定的。因为行为人主观上确实是想将危害结果控制在一定范围以内的，最后实际出现的危害结果也确实是出乎行为人意料的。从主客观相一致的角度来考虑，将这种情况中行为人的行为所针对的对象认定为不特定的并不妥当，因为如果将被害人换成其他人，行为人就根本不会再实施相关行为了。因此，在司法实践中，我们通常都是先看行为客观上造成的危害结果，然后再结合行为人的主观方面来认定，也就是对这种情况中的行为人以故意杀人罪认定。

在理解"不特定"的含义时，最后一点需要大家注意的是，判断危害行为针对的对象是否是不特定的，不能简单地按照实际侵害人数的多少来确定。这是因为，刑法中所指的危害行为包括了实际危害和可能危害两种情况，危害公共安全罪中也就存在"可能造成不特定多数人的生命、健康或者重大公私财产安全遭受侵害"的情况，那么，在判断危害行为针对的对象是否不特定时，显然就不能简单地按照实际侵害人数的多少来确定。比如,在杭州飙车案中,虽然飙车行为最终只导致了一人死亡的危害结果,但我们对其仍然是按照以危险方法危害公共安全罪认定的。在类似案件中,我们实际上并不是以最后被撞的人数多少作为判断行为针对的对象是否为不特定的标准的,而是将行为在客观上造成的危害结果与行为人的主观方面综合考虑,进而加以判断的。具体来说,我们既要看行为人主观上对于危害结果的范围有没有想办法加以控制,也要看客观上危害行为针对的对象有没有可替代性,应当在综合主客观两方面的基础上,判断行为人有没有危害到公共安全。

其次,刑法针对本章中的很多犯罪同时规定了危险犯和实害犯的犯罪形态,也就是说,本章中的很多犯罪在客观上都既包括了足以危害公共安全的情况,也包括了已经实际危害了公共安全的情况。大家要注意,危险犯不同于行为犯,行为犯是相对结果犯而言的,而危险犯是相对实害犯而言的。行为犯只要实施了危害行为就构成犯罪,而不需要行为导致危险状态的出现。但如果要构成危险犯,则必须出现一定的危险状态。

最后,本章中的很多犯罪之间还存在法条竞合的问题。比如,交通肇事罪是过失犯罪,而过失以危险方法危害公共安全罪也是过失犯罪,那么,这两个罪名之间的关系就是法条竞合关系,应对行为人根据特殊法条优于普通法条的适用原则加以定性。当然,如果行为人故意利用交通工具去撞人,在行为针对的对象是特定的情况下,应对行为人按照故意杀人罪认定;在行为针对的对象是不特定的情况下,则应当按照以危险方法危害公共安全罪认定。

下面,我将选择这一章犯罪中的几个比较重要的罪名作重点讲解。

二、放火罪

首先,我们来看第一类以危险方法危害公共安全犯罪中的放火罪。所谓的放火罪,是指故意以放火焚烧公私财物的方法,危害公共安全的行为。以危险方法危害公共安全的犯罪总共有十个具体的罪名,其中故意犯罪有五个,相应的过失犯罪也有五个。由于这一类犯罪在很多方面都有共同点,所以我将其中的一些罪都集中到放火罪中一并讲解。

第一点需要我们注意的是,涉及以危险方法危害公共安全犯罪的条文有《刑法》第114条与第115条,也就是我们通常所说的"114"和"115"。"114"规定的是尚未造成严重后果的以危险方法危害公共安全的犯罪,"115"第1款规定的是已经造成严重后果的以危险方法危害公共安全的犯罪,第2款规定的是过失以危险方法危害公共安全的犯罪。那么,这里的"114"和"115"之间是什么关系? 能不能说"114"是"115"的未遂?(下讲台提问)

学生1:"我觉得不可以。'114'虽然没有造成实害结果,但它作为危险犯本身也存在既遂状态。在危险犯中,只要有危险状态出现,危险犯就达到既遂了。"

提问:"你觉得呢?"

学生 2:"我也觉得不可以。因为刑法分则条文都是以既遂作为标准的。"

(回讲台)这位同学的回答说到本质上了,刑法分则条文的设立都是以既遂作为标准的。只要我的行为符合"114"的规定就构成该罪的既遂,而不存在哪一个刑法条文是哪一个刑法条文的未遂。预备、未遂、中止都是刑法总则规定的,刑法分则并不会将预备、未遂、中止的形态规定在条文中。那么,我们再来看下一个问题。按照刚才的讲法,"114"规定的也是一种既遂形态,比如放火罪,我要放火,刚刚开始燃烧,一场大雨将火浇灭了,这种情况是既遂还是未遂?(下讲台提问)

学生 1:"我觉得是未遂。"

提问:"那是不是跟我们刚才说的刑法分则条文的设立都是以既遂作为标准的观点矛盾了?"

学生 2:"是的,跟我们刚才说的观点矛盾了,我认为应该构成既遂。"

提问:"那'114'规定的放火罪有没有未遂呢?"

学生 3:"我认为点火以后就是犯罪了。"

提问:"我没有问它是不是犯罪,而是问它是既遂还是未遂,这是两个层面的问题。"

学生 3:"我认为点火以后但还没有燃烧就是未遂。"

(回讲台)应当注意,虽然"114"不是"115"的未遂,但这并不意味着危险犯就没有未遂形态。以放火罪为例,我们以点火作为放火行为着手的标准,以被燃烧物的独立燃烧作为放火罪排除未遂的标准。由此可见,在点火之后被燃烧物独立燃烧之前,如果出现了我意志以外的原因导致行为停顿的,就是"114"的未遂形态。但是一旦被燃烧物独立燃烧了,如果没有烧掉构成"114",烧掉了则构成"115"。那么,这里就会产生一个新的问题:我放一把火,被燃烧物独立燃烧了,如果没有烧掉,构成"114";如果烧掉了,构成"115"。但如果被燃烧物烧掉一半呢?这时我们就应该看燃烧的结果,看实际损失的数额,如果达到了一定标准就构成实害犯,如果没有达到一定标准则是危险犯。此外,应当注意,危险犯在行为实施以后,还要有危险状态的出现才能构成既遂。那么,我放一把火要将房子烧掉,房子刚刚开始燃烧,我感觉这么做对不起人民对不起党,(全场笑)于是我后悔了,脱下衣服将刚刚开始燃烧的火扑灭了,这种情况下我的犯罪形态应该怎么认定?

学生 1:"我认为应该构成放火罪的中止,因为行为人采取了有效行为防止了危害结果的发生。"

提问:"你觉得呢?"

学生 2:"我认为应该构成既遂,因为一个行为只有一个停止形态,被燃烧物独立燃烧后就构成既遂形态了,而且老师你刚才也是这么说的。"

提问:"我说过吗?"

学生 2:"说过的,你刚才说被燃烧物独立燃烧就是既遂。因而在行为构成既遂形态后就不可能再存在其他停止形态了。"

提问:"我说的是被燃烧物独立燃烧是排除未遂的标准,而你将我这句话理解为被燃烧物独立燃烧是构成既遂的标准。这种理解是否正确呢？排除未遂和就是既遂的提法之间是否有区别呢？"

学生2："这个问题我不太清楚。"

（回讲台）在总论故意犯罪停止形态部分我曾讲过，一个行为只有一种停止形态，而对停止形态是从一个点上去判断的，这个点就是停顿点。同时，我也说过没有停顿就没有停止形态，没有停顿就没有犯罪预备、未遂、中止的存在。我刚才之所以说被燃烧物独立燃烧是排除未遂的标准，是因为行为在被燃烧物独立燃烧之后的任何一点停顿下来，行为人都不可能再构成未遂。正如我前面讲过的，被燃烧物独立燃烧后没有烧掉的构成"114"，烧掉了构成"115"。由此可见，行为在被燃烧物独立燃烧后任何一点停顿下来都不可能构成未遂。但这是不是就意味着被燃烧物独立燃烧之后就一定构成既遂呢？这时我们就应当看行为是否停顿了，没有停顿则不可能构成既遂。如果火被大雨扑灭从而停下来了，就构成"114"；如果火烧掉了房子从而停下来了，则构成"115"。被燃烧物的独立燃烧是动态的，而故意犯罪停止形态的确定则是静态的。当火还在燃烧时，我将它扑灭了，则应该认定为犯罪中止。刚才那位同学提出的由于已经构成了既遂所以不可能存在中止的命题本身就是错误的，因为构成既遂是需要停顿状态的，没有停顿状态就没有既遂可言。而火还在燃烧就意味着还没有停顿状态，所以我说的是被燃烧物独立燃烧是排除未遂的标准，而不是构成既遂的标准。当被燃烧物独立燃烧后，行为人出于自己的意愿将火扑灭，有效地防止了"115"规定的实害结果的发生，则可以认定为犯罪中止。当然，这里的中止应该是"115"的中止，而且应当认定为造成了一定损害的中止，造成的损害就是行为所导致的危险状态的发生。这是一个很重要的问题，如果不将这种情形认定为犯罪中止则不利于鼓励犯罪分子及时停止犯罪。

第二点需要我们注意的是，放火罪中往往还涉及焚烧自己财物的情况，对于这种行为的性质应该如何来认定？我们一般认为，焚烧的财物是谁的并不重要，关键是看行为人实施的这种焚烧行为有没有可能或者已经危害到公共安全，这才是我们判断行为人是否构成放火罪的关键。如果我将自己的东西烧掉，但在客观上可能或者已经危害到了公共安全，我同样应当构成放火罪。

第三点需要我们注意的是放火罪与故意杀人罪、故意伤害罪、故意毁坏财物罪以及其他一些相关犯罪之间的区别。行为人以放火、爆炸等手段实施杀人行为，属于以危险的方法实现自己杀人目的的行为。对于这种情况，关键是看行为人的行为是否可能或者已经危害到公共安全。如果行为人的行为可能或者已经危害到了公共安全，则应对其以危害公共安全的犯罪认定；如果行为人的行为不可能危害到公共安全，则只能对行为人以故意伤害罪、故意杀人罪等罪认定。此外还有一种情况，行为人在实施相关犯罪行为后，又使用可能危害或者已经危害到公共安全的危险方法毁尸灭迹。例如，行为人闯入他人家中，将他人杀害，但行为人又担心自己的作案痕迹被人发现，于是就放火烧掉了被害人的家。由于行为人杀人后又以危险方法毁尸灭迹的行为危害到了公共安全，因而我们应对行为人以故意杀人罪和放火罪数罪并罚。上海曾经发生过一个案件，在动迁的过程中，有一户人家因为动迁条件谈不拢，就是不肯搬走。动迁负责人为了吓跑这户人家,就暗示手下员工采取点措施吓吓这户人家。于是他手下的几名员工就在凌晨的时候将汽油泼洒在这户人家家中,然后在楼梯口点火,点火后整个房子就燃烧起来了,最终导致正在家中睡觉的两位老人被烧死,老人的儿子等其他人则从天窗逃生。在这个案件中,虽然行为人的动机是要将拆迁户赶走,但是他们采用了危害到公共安全的放火手段,所以理应对他们以放火罪认定。

第四点需要我们注意的是犯罪主体的年龄问题。根据我国《刑法》第 17 条第 2 款的规定:"已满 14 周岁不满 16 周岁的人,犯故意杀人、故意伤害致人重伤或者死亡、强奸、抢劫、贩卖毒品、放火、爆炸、投放危险物质罪的,应当负刑事责任。"从这八种犯罪可以看到,其中的放火罪、爆炸罪和投放危险物质罪都属于以危险的方法危害公共安全的犯罪。但应当注意,这八种犯罪并不包括决水罪。这是因为,放火罪、爆炸罪和投放危险物质罪在现实生活中的发案率比较高,决水罪则很少发生,而已满 14 周岁不满 16 周岁的行为人实施决水行为的概率就更低了。当然,这只是一种解释,至于这种解释有没有道理,也可以再探讨。

最后,应当看到,除了放火罪、决水罪、爆炸罪、投放危险物质罪以外,刑法还规定了以危险方法危害公共安全罪,也就是刑法条文所规定的"以其他危险方法危害公共安全"的犯罪。这个罪名其实是一个独立且具有概括性的罪名,包含了开车乱撞人、私拉电网等其他一些以危险方法危害公共安全的行为。同时,构成本类犯罪中的所有过失犯罪,如失火罪、过失决水罪、过失爆炸罪、过失投放危险物质罪、过失以危险方法危害公共安全罪等,都必须要造成一定的损害,否则不能构成犯罪。

三、破坏交通工具罪

首先,我们来看破坏交通工具罪。破坏交通工具罪,是指故意破坏火车、汽车、电车、船只、航空器,已经造成严重后果或者足以使火车、汽车、电车、船只、航空器发生倾覆、毁坏危险,危害公共安全的行为。关于这个罪名,有以下四个要点需要大家理解。

第一,对"正在使用中"的理解。"正在使用中的交通工具和交通设施"不能理解为只有在行驶过程中的才算是"正在使用"。正在行驶过程中肯定是"正在使用",但是除此之外,也包括已交付使用而停靠待用的,还包括已经生产完毕并经检验合格即将投入营运的;但是,对已经报废的、正在检修中或者正在生产中的这类交通工具或者交通设施,就不能算作"正在使用"。如果说对已经报废了、还在生产中或者检修中交通工具或者设施进行所谓的损坏,我们应该按照故意毁坏财物罪或者破坏生产经营罪等相关的犯罪来认定,而不能按照破坏交通设施罪或者破坏交通工具罪来认定。这个就是我们讲的"正在使用"的问题。

第二,对于"破坏"的理解。破坏交通工具所使用的方法,一方面,表现为对交通工具物理性的破坏,不仅包括毁坏,而且还包括盗走或者爆炸等行为;另一方面,表现为对交通工具功能性的破坏,具体指改变交通工具的性能。尽管物理上可能没有遭到损坏,但是,行为人导致交通工具不能正常运行也属于"破坏"。

第三，破坏交通工具罪的既遂与未遂。这个罪的既遂与未遂的区分关键在于行为人是否实施完毕刑法分则规定的全部犯罪构成要件。这个罪属于理论上的危险犯，只要行为人实施了破坏火车、汽车、电车、船只、航空器的行为，并足以使其发生倾覆、毁坏危险的，就构成犯罪，并不要求出现实际的严重后果。如果实际上已经造成这些交通工具的倾覆、毁坏的严重后果，则应加重处罚。如果行为人尚未实施完毕足以危害公共安全的破坏交通工具行为，由于意志以外的原因而被迫停止犯罪，犯罪未得逞的，则构成这个罪的未遂。如果行为人破坏交通工具的行为不足以危害公共安全的，不论是否实施完毕，都不构成这个罪。

第四，这个罪与盗窃罪、故意毁坏财物罪的界限。盗窃罪与故意毁坏财物罪在侵犯对象为交通工具时，很容易与破坏交通工具罪发生混淆。区分这两个罪的关键有两点。其一，判断行为的对象是否是正在使用中的交通工具。如果侵犯的对象是未处于正在使用中的交通工具，行为只体现了对公私财产所有权的侵犯，符合盗窃罪或故意毁坏财物罪的犯罪客体要求。如果侵犯的对象是正在使用中的交通工具，则行为既体现了对交通运输安全的危害，又体现了对公私财产所有权的侵害，符合破坏交通工具罪的客体要求。其二，判断侵害导致后果的程度是否达到严重危害公共安全的程度。如果只是盗窃或毁坏交通工具上的一般设备或附属设备、辅助设施，不足以危害交通安全的，应以盗窃罪或故意毁坏财物罪论处；如果行为人盗窃交通工具重要机件直接危及交通运输安全，足以造成交通工具倾覆、毁坏的，则属于想象竞合犯，应该以破坏交通工具罪论处。

四、破坏交通设施罪

下面，我们来看破坏交通设施罪。破坏交通设施罪，是指故意破坏轨道、桥梁、隧道、公路、机场、航道、灯塔或者进行其他破坏活动，已经造成严重后果或者足以使火车、汽车、电车、船只、航空器发生颠覆、毁坏危险，尚未造成严重后果的危害公共安全的行为。关于这个罪名也有三个要点需要大家掌握。

第一，破坏交通设施罪的犯罪对象限于与行车、行船、飞行安全有直接关系的交通设施，比如轨道、桥梁、隧道、公路、机场、航道、灯塔、标志等。需要大家特别注意的是，破坏交通工具上的附属设施，仍然属于破坏交通工具，而不是本罪的交通设施。

第二，对"破坏"含义的理解。"破坏"包括破坏交通设施本身或破坏交通设施的固有功能。这与破坏交通工具中的"破坏"具有相同的含义，既包括物理性的破坏，也包括功能性的破坏。比如说，使航标灯熄灭、移动海上岛屿中的灯塔或航标的位置或方向，使其丧失了正常显示方位的功能。尽管灯塔或航标本身没有受到损坏，但仍属于这里所说的"破坏"。

另外，刑法还规定了"进行其他破坏活动"。所谓"进行其他破坏活动"，应包含两方面内容：其一，是指对除这些交通设施以外的其他交通设施进行破坏的行为；其二，是指虽然没有直接破坏本条规定的这些交通设施，但是通过其他行为使这些交通设施无法正常发挥作用,足以使交通工具发生倾覆或毁坏危险的一切破坏活动。比如说,任意改动航空器、火车、船只的停发时间,使其标志等交通设施难以正常工作,交通运输安全受到威胁。由于这些破坏活动同样具有严重的社会危险性和危害性,因而也构成本罪。

第三,这个罪属于理论上的危险犯,也就是说只要足以使火车、汽车、电车、船只、航空器发生倾覆、毁坏危险的,就构成犯罪既遂。如果实际上已经造成这些交通工具的倾覆、毁坏的严重后果,就应该加重处罚。

最后,我举几个案例,通过分析这些案例,大家可以更好地理解和把握我刚才提到的那些要点问题。

我们首先来看这样一个案例,某甲对正在使用的临时停靠在站台上的火车,用爆炸的方法炸毁了这列火车上的主要设施,危害到了公共安全。请问某甲构成什么犯罪?我给你们五个答案,这五个答案中只有一个答案是对的。第一个是爆炸罪和破坏交通工具罪并罚,第二个是爆炸罪和破坏交通设施罪并罚,第三个是爆炸罪,第四个是破坏交通工具罪,第五个是破坏交通设施罪。(下讲台提问)

学生1:“构成爆炸罪和破坏交通设施罪吧。”

学生2:“应该是爆炸罪和破坏交通工具罪吧,因为他炸的是火车上的主要设施呢。”

学生3:“我觉得应该只构成爆炸罪,因为那火车是临时停靠在站台的火车而不是在行驶的火车。”

(回讲台)首先,我们先来分析,因为某甲只有一个犯罪行为,所以不可能构成数罪并罚,所以,我们可以率先排除了第一个和第二个选择。接下来,我们需要分析的是爆炸罪和其他两个破坏工具、设施类犯罪的关系。破坏交通工具罪和破坏交通设施罪的客观方面都规定的是“破坏”,破坏的概念显然要大于爆炸的概念,它实际上把爆炸也包容进去了。在刑法中,如果特指的对象在刑法分则中有专门的罪名进行规定,而且用的是一个大范围的概括性的动词,行为人如果构成犯罪,我们都应该按照这种有特指对象的犯罪来处理。具体到这个案件中,因为犯罪对象特指的是临时停靠在站台上的火车,而破坏本身是个大范围的概念,理所当然包括爆炸。因此,行为人如果针对交通工具或者设施,使用爆炸方法对其进行破坏,当然应定破坏交通工具罪或者破坏交通设施罪,而排除定爆炸罪的可能性。那么,爆炸罪被排除之后,接下来,我们还剩另外两种选择:破坏交通设施罪和破坏交通工具罪。我们需要解决的关键问题是,本案行为人破坏的对象是什么?这就需要我们对本案中行为人炸毁的“火车上的主要设施”进行判断,它究竟属于“交通设施”还是“交通工具”?我们在刚才的学习中提到,刑法中的交通设施是有特定含义的,是指一种辅助的设施,比如桥梁、隧道和航标灯等等,对于在交通工具上的设施仍然被认定为交通工具。所以,破坏交通工具上的设施的行为当然应该被认定为破坏交通工具罪。

第二个案例,甲为了使火车倾覆,在火车的轨道上放上了很多牛油,后来火车经过时发生了倾覆。请问:甲构成什么犯罪?破坏交通设施罪还是破坏交通工具罪?

这个案例的关键问题有两个。

第一个问题是我们如何理解甲放牛油的行为,这种行为构成破坏交通设施吗?(下讲台提问)

学生1:"不构成的吧,因为他放牛油不会损坏车轨。"

学生2:"我也觉得不构成。"

提问:"那么,如果甲在轨道上放了一大块牛皮呢?"

学生2:"那我就不知道了。"

提问:"通过前面对两个罪名中'破坏'的了解,我们知道,'破坏'不等于弄坏,也就是不仅仅包括物理上的损坏,还应当包括使其实际功能、用途发生改变的情况。虽然放牛油并没有对铁轨造成物理上的损坏,但是却极有可能造成铁轨摩擦力变小,使火车在经过的时候容易发生倾覆的危险。因此,放牛油就属于对交通设施进行功能性的破坏。

我要问的第二个问题是,甲的目的就是使交通工具倾覆,最后发生的结果也是交通工具被倾覆,但是他的手段是破坏交通设施,这能否改变甲行为的性质呢? 也就是说,甲用破坏交通设施的手段去实现破坏交通工具的目的,甲的行为究竟构成是'破坏交通设施罪'还是构成'破坏交通工具罪'呢?"

学生3:"构成破坏交通工具罪吧,因为他的目的就是要破坏交通工具的啊。"

学生4:"我的观点和前面那位同学一样。"

(回讲台)我们不能把破坏交通设施狭义地理解为,必须是行为人为了破坏交通设施而破坏。如果按照这个逻辑,破坏交通设施罪就不会存在了,因为,任何破坏交通设施的行为人的目的,都是为了使交通工具倾覆。比如破坏公路,不可能为了破坏公路而破坏,肯定是为了使交通工具倾覆来影响公共交通安全。那么,区分破坏交通设施罪和破坏交通工具罪的关键点在哪里? 由于两者的目的以及最后导致的结果完全可能是一样的,所以我们应该看行为直接作用的对象,而不是以行为人的目的以及行为最后导致的结果作为判断的依据。如果行为人的行为直接作用的对象是交通工具,那么就是破坏交通工具罪;如果直接作用的对象是交通设施,那么就是破坏交通设施罪。通过这个案例我们可以看到,行为人将牛油放到铁轨上,而铁轨是交通设施,那么行为人的行为应该被认定为破坏交通设施罪。如果行为人将牛油放在火车的轮子上,作用的对象是交通工具,行为人的行为应该被认定为破坏交通工具罪。因此,对于这种以破坏交通设施为手段来达到破坏交通工具的目的行为仍然应该认定为破坏交通设施罪。如果导致交通工具损坏造成严重后果的,属于这个罪的结果加重要件。

五、盗窃、抢夺枪支、弹药、爆炸物、危险物质罪和非法持有、私藏枪支、弹药罪

接下来,我们介绍的是盗窃、抢夺枪支、弹药、爆炸物、危险物质罪和非法持有、私藏枪支、弹药罪。

（一）两罪的认定

盗窃、抢夺枪支、弹药、爆炸物、危险物质罪，是指以非法占有为目的，秘密窃取或公然夺取枪支、弹药、爆炸物、危险物质，危害公共安全的行为。

非法持有、私藏枪支、弹药罪，是指违反枪支、弹药管理规定，未经批准非法持有、私藏枪支、弹药，危害公共安全的行为。

对这两种犯罪的认定，大家需要把握这么几个问题。

第一个问题，盗窃、抢夺枪支、弹药、爆炸物、危险物质罪是并列罪名，而非法持有、私藏枪支、弹药罪属于选择罪名。

盗窃和抢夺实际上是独立的罪，我们把它们规定在一个罪名里边，如果既实施盗窃又实施抢夺，是需要数罪并罚的。因此，盗窃、抢夺枪支、弹药、爆炸物、危险物质罪是并列罪名。大家需要注意的是，这个罪名与非法持有、私藏枪支、弹药罪的区别。非法持有、私藏枪支、弹药罪属于选择性罪名，也就是说，行为人只要实施了这几种行为中的任何一种，就符合本罪的客观行为特征。如果行为人同时实施了两个或两个以上的规定行为，也只构成一罪，不得适用数罪并罚。

第二个问题，关于盗窃、抢夺枪支、弹药、爆炸物、危险物质罪，行为人在实施盗窃、抢夺行为的时候，必须明知自己行为的对象是枪支、弹药、爆炸物和危险物质。比如，行为人如果不知道在别人口袋里面的是枪支，而将枪支当作钱包进行了盗窃。对于这种行为，我们应当认定为盗窃罪而不是盗窃枪支罪。但是，如果行为人事后发现了自己盗窃的是枪支，仍然把枪支藏在家里。那么，我们对行为人的行为应该如何定性？还有另外一种情形，如果行为人明知在他人口袋里面的是枪支而进行了盗窃，盗窃得手以后，行为人把枪支藏在了家里，我们对行为人的行为又应该如何定性？这两种情形究竟一样还是不一样？（下讲台提问）

学生1："前一种情形中，行为人应该构成两个罪，一个是盗窃枪支罪，另一个是非法私藏枪支罪。后一种情形中，行为人也构成两个罪，一个是盗窃罪，另一个是非法私藏枪支罪。"

提问："你的观点本质上是一样的。"

学生2："我不同意刚才那个同学的观点，因为盗窃枪支就是以非法占有为目的，所以后来行为人继续持有枪支的行为也只能定盗窃枪支罪一个罪名，不能数罪并罚。"

提问："你的意思是后一种情形不可以数罪并罚，那前一种情形呢？因为前后两个情况中，行为人的动作是完全一样啊，你怎么理解？你怎么分两种情况呢？"

学生2："因为盗窃之前不知道是枪支和知道后再持有是两个行为，所以应该数罪并罚。"

提问："怎么解释动作一样但是分两种情况？"

学生2："因为行为人有一个主观上的变化，这就是前一种情形中行为人是从盗窃的故意转变为非法占有枪支的故意，后一种情况里行为人主观上一直是非法占有枪支的故意。"

　　(回讲台)这个同学回答出了前后两种情形中的关键区别,因而是有道理的。在后一种情形中,当行为人知道他人的口袋里装的是枪支然后予以盗窃,最后放在家里,他把枪支放在家里的行为是盗窃行为的延续,行为人的行为是一个完整的整体,中间并没有发生中断。这种情况类似于行为人将盗窃的财物放在家里,放在家里的行为是不可能构成窝藏赃物的犯罪。因为,窝藏赃物的犯罪是窝藏他人的赃物,行为人窝藏自己盗窃的赃物,是不能构成窝藏赃物的犯罪的,这是不可罚的事后行为。

　　对于前一种情形,如果行为人不知道他人口袋里是枪支而盗窃,他的主观方面是盗窃财物,最后拿到之后才发现是枪支并且私藏起来。此时,行为人的故意内容已经转变为非法占有枪支。由于故意的内容是分开的,所以行为也是分开的。那么就是说,不同的故意,不同的行为,当然应该构成不同的犯罪。因此,我认为,人的行为个数可能随着人的主观转变而发生变化。所以,我们应该对行为人的两个犯罪按照数罪并罚处理。

　　第三个问题,对于前一种情形中的行为人究竟构成哪两个不同的犯罪呢?换句话说,对于非法持有、私藏枪支、弹药罪中的"私藏"我们应该如何理解?

　　行为人把他人枪支当作财物盗窃的行为,属于刑法中的主观认识错误,应该被认定为盗窃罪,这个是没有疑义的。最关键的是,对于行为人私藏枪支行为如何定性?

　　根据我国《枪支管理法》的规定,配备公务用枪,由国务院公安部门或省级人民政府公安机关发给公务用枪持枪证,民间不允许私自持有枪支,这也是我们国家和政府一贯的规定。关键的问题是,我们如何对"私藏"加以理解。有的学者依据《枪支管理法》的这些规定,将"私藏"理解为,依法配备、配置枪支、弹药的人员,在配备、配置枪支、弹药的条件消失后,违反规定私自藏匿依法配备、配置的枪支而拒不交出。按照这种理解,只有曾经具有过依法配备、配置枪支弹药资格的人员才是非法持有、私藏枪支、弹药罪的主体。

　　我不同意这种观点,我认为只要是违反枪支管理的规定而私自藏匿枪支的人,无论以前是否具有依法配备、配置枪支弹药的资格,都可以成为非法持有、私藏枪支、弹药罪的犯罪主体,理由主要有四点。

　　第一,从未曾具有过依法配备、配置枪支弹药资格的人与曾经具有这种资格的人相比,前者私藏枪支的社会危害性更大,按照"举轻以明重"的原理,理应成为非法持有、私藏枪支、弹药罪的犯罪主体。

　　我们反过来想想,如果行为人不是依法配备、配置枪支、弹药的人员而私自藏匿枪支弹药和原来依法配备、配置枪支、弹药的人员,在配备、配置枪支、弹药的条件消失后而拒不交出枪支、弹药,比较两种行为,哪一个社会危害性更大?很显然,一直没有依法配备枪支、弹药资格的人员私藏枪支、弹药行为的社会危害性肯定更大。因为,具有依法配备枪支、弹药资格的人员是依法审查过的,只是他在配备、配置枪支、弹药的条件消失后,没有主动交出枪支、弹药。而不是依法配备、配置枪支、弹药资格的人员,从未受过国家有关部门的依法审查,这样的人私藏枪支、弹药行为的社会危害性是很大的。从"举轻以明重"的原理分析,这种情况理应受到非法持有、私藏枪支、弹药罪的规制。

第二,具有依法配置枪支、弹药资格的人过了一定期间不交构成犯罪,而从未曾具有过依法配备、配置枪支弹药资格的人私藏枪支还不构成犯罪,这就从根本上违背了《枪支管理法》的规定,因为根据《枪支管理法》的有关规定,任何人未经许可不能私自携带、藏匿枪支。

第三,对非法持有、私藏枪支、弹药罪中的"违反枪支、弹药管理规定"应该作出扩大解释。从刑法角度来讲的话,我们不应该仅仅将条文中的"违反枪支、弹药管理规定"理解为违反《枪支管理法》的相关规定,除此之外,也应该包括民间不允许未经许可或者擅自携带配枪的规定。这样,我们就可以将那些从未具有依法配备配置枪支资格的人员纳入非法持有、私藏枪支、弹药罪的主体范围,私自藏匿,私自持有枪支,这些行为都是构成犯罪的。

第四,按照这些学者的观点,对于从未曾具有过依法配备、配置枪支弹药资格的人私藏枪支的行为,应该定非法持有枪支罪,而对于曾经具有这种资格的人的私藏枪支的行为,应该定非法私藏枪支罪。我认为,私藏和非法持有属于行为特征的变化,不应该按照主体的不同而区别处理。

一方面,我们需要对"持有"含义作出正确理解。刑法中规定的持有犯罪都有"兜底条款"。"兜底条款"就只有在其他罪都不能给某一行为定罪的情况下,才能根据行为人在实际中控制财物的情况而认定他的行为是"持有"。比如说,贩卖毒品罪,如果行为人构成贩卖行为,就一定要定贩卖毒品罪。这是因为,任何贩卖都是持有性质的行为,不可能发生可以定贩卖毒品罪而却被认定为持有毒品罪的情况。我们只有在那些无法用贩卖毒品罪定罪,而且实际中又没有办法定其他罪,但又无论如何都必须定罪的情况下,我们才可以定非法持有毒品罪,这就是"兜底条款"的含义。同理,非法持有、私藏枪支、弹药罪的"持有"也是"兜底条款"。另一方面,因为这些学者将从未曾具有过依法配备、配置枪支弹药资格的人排除在非法私藏枪支罪的主体之外,但是这种行为人私藏枪支的行为具有很大的社会危害性,我们必须对其用刑法定罪处罚。于是,按照持有型犯罪"兜底条款"的规定,对这种行为人私藏枪支的行为,我们可以认定为非法持有枪支罪。而对于曾经具有这种资格的人私藏枪支的行为,却认定为非法私藏枪支罪。我认为,私藏和非法持有属于行为特征的变化,怎么可以按照主体的不同而区别处理呢?这明显不符合刑法的一般原理,也说明了这些学者对"私藏"的理解确实存在不妥之处。

综合刚才我所讲的四点理由,对于非法持有、私藏枪支、弹药罪中"私藏"的定义,不能仅仅根据《枪支管理法》的规定,还应该从社会危害性、立法原意和刑法一般原理等角度综合衡量认定。

（二）持有行为的认定

最后,我们再来看一个问题,持有行为的认定。

从非法持有、私藏枪支、弹药罪开始,我们就会开始陆续学习到一系列的持有型的犯罪。持有类的犯罪仔细看的话就会发现，在刑法分则中，持有类的犯罪有两种表现形式，有的在罪名中加了"非法"，有的没有加"非法"。刑法分则对于哪些罪名加"非法"、哪些罪名不加"非法"是有严格界限的，这个界限就是以持有的对象作为标准的。如果持有的对象并不是法律明文规定的违禁品，那么对于这个物本身的持有既可能是合法也可能是非法。立法者为了表示出这种区别，要求必须在"持有"前面加"非法"。比如说枪支，解放军或者公安干警就是合法持有。毒品也是有合法持有的，因为有医学上的用途，我们医院里面的杜冷丁就是麻醉的药品，但是你获得的话就可能是非法持有。所以我们在持有毒品罪的前面加上"非法"两个字。如果持有的是违禁品，前面就不需要加"非法"，比如假币本身不存在合法持有的问题，所以规定"持有假币罪"就可以，而无需再加上"非法"两个字了。

六、交通肇事罪

接下来，我们来看一下交通肇事罪。所谓的交通肇事罪，是指违反交通运输管理法规，因而发生重大事故，致人重伤、死亡或者使公私财产遭受重大损失的行为。交通肇事罪是一个很重要的罪名，特别是近年来发生的一系列醉驾、飙车等高危驾车肇事案件，有关问题不仅成为人们茶余饭后的热点话题，而且成为法学理论和司法实务界的争议焦点。因此，我在讲课过程中也会结合这些热点案件，为大家介绍交通肇事罪中值得研究的一些理论焦点问题。

（一）交通肇事罪的主体

我们先来思考一个问题——行人是否可以成为交通肇事罪的主体？1979年《刑法》第113条第1款规定交通肇事罪的主体是"从事交通运输的人员"，第2款又规定，"非交通运输人员犯前款罪的，依照前款规定处罚"。由于此后一直没有司法解释对"非交通运输人员"的范围进行明确，所以理论界和实务界对此一直存在争议。有一种观点认为，非交通运输人员仅指非专业从事交通运输的人员或不具备从事交通运输资格的人员在从事交通运输过程中发生了交通事故，比如无证驾驶造成交通事故。还有一种观点认为，非交通运输人员除了包含前一个观点的所指含义之外，也包括其他并不驾驶交通工具或指挥交通运输的人员在内，比如行人违章横穿高速公路。1997年《刑法》对这个问题进行修改的时候，对交通肇事罪的构成主体没有限制，只要是违反了交通运输法规发生重大事故的都可以构成事故责任主体，就是说行人也能构成交通肇事罪的主体。这一点需要大家特别注意。

另外，随着自动驾驶技术的发展，在不久的将来，全自动驾驶技术（即不存在驾驶员，汽车的行驶完全在设计和编制的程序控制之下进行）将会成为现实。在传统的交通肇事罪的构成要件中，能够承担交通肇事刑事责任的是从事交通运输的人员（包括有合法手续的人员和无合法手续的人员）。而在人工智能时代，全自动驾驶汽车在行驶过程中，似乎并不存在从事正常交通运输的人员。全自动驾驶汽车是在设计和编制的程序控制之下从事交通运输的,汽车上只有乘客而无驾驶员,在乘客没有违反操作规则干预全自动驾驶汽车正常行驶的情况下,乘客对交通事故的产生没有任何原因力,不应承担任何责任。全自动驾驶汽车之所以违反交通规则,也是在程序支配之下进行的。退一步讲,即使全自动驾驶汽车程序发生了紊乱,导致全自动驾驶汽车违反交通规则,其根本原因也可以追溯到程序设计和编制中发生的错误或疏忽。由此可见,将全自动驾驶汽车违反交通规则造成交通事故的过失犯罪的刑事责任归于全自动驾驶汽车的研发者或生产者似乎不应有疑义。但是根据我们在总论中学过的内容可知,过失犯罪的成立取决于三点:一是违反注意义务;二是对危害结果的预见可能性;三是危害结果发生。毫无疑问,对于全自动驾驶汽车造成交通事故的危害结果,其研发者或生产者是有预见可能性的。问题的关键在于全自动驾驶汽车的研发者或生产者是否有保证全自动驾驶汽车遵守交通规则从而避免交通事故发生的注意义务。全自动驾驶汽车的研发者或生产者在设计和编制程序时,通常是有能力为全自动驾驶汽车设置相应程序,从而使其遵守交通规则的,如果其未设置相应程序,使得全自动驾驶汽车在行驶过程中违反交通规则引发交通事故,理应承担过失犯罪的刑事责任。在弱人工智能时代,应构建和完善相应的前置性法律法规,明确全自动驾驶汽车的研发者或生产者的注意义务,否则对其追究过失犯罪的刑事责任时将缺乏依据。

(二)交通肇事罪的主观方面

下面,我们来看第二个问题——交通肇事罪的主观方面。关于交通肇事罪的主观方面,有这么几个问题需要大家注意。

1. 交通肇事罪的"过于自信的过失"与以危险方法危害公共安全罪的"间接故意"的区分

大家都知道,犯交通肇事罪的行为人主观上表现为过失,而犯以危险方法危害公共安全罪的行为人主观上则表现为故意。尽管《刑法》第115条第2款还规定有过失以危险方法危害公共安全罪,但是,由于这个罪与交通肇事罪属于法条竞合关系,交通肇事罪是特别法条,而过失以危险方法危害公共安全罪是普通法条,根据"特别法优于普通法"的适用原则,行为人如果在交通法规调整的范围内违反交通法规,并且因为过失而构成犯罪的,就应以交通肇事罪论处。

值得大家关注的是,之前发生的"三门峡醉驾交通肇事案""杭州飙车交通肇事案"和"成都醉驾交通肇事案",对于行为人的主观方面作了完全不同的认定。前两者被认定为是过失,而后者则被认定为是故意。我认为,四川法院将孙伟铭的主观方面认定为故意,这种做法既与刑法理论相悖,也与事实相去甚远,理由主要有以下两点。

第一,从刑法上分析,故意和过失的最主要区别在于行为人主观上对于危害结果的态度是否持否定的态度。由于直接故意犯罪行为人对危害结果的态度是持肯定态度,而间接故意犯罪行为人对危害结果是持既不肯定也不否定的态度,因而我们据此可以这样认为,故意犯罪的最低限度是行为人对危害结果持不否定的态度;但是,过失犯罪,无论是疏忽大意的过失还是过于自信的过失,行为人对危害结果完全持否定的态度,也就是说,在所有过失犯罪的心理状态下,危害结果的发生都是违背行为人意愿的。应该看到,从这几件交通肇事案来看,理论和实践中对行为人主观罪过的认定,主要争议集中在间接故意和过于自信过失的区别上。由于间接故意和过于自信过失的行为人对危害结果发生都有预见,而且都是可能性预见,同时对危害结果的发生都持有不希望的态度,因而理论和实践中普遍认为较难区分两者的界限。我认为,尽管两者的区别可以从行为人的意识因素和意志因素两个角度进行分析,但是,最主要的区别还在于行为人的意志因素,也就是我们刚才一直在强调的,行为人对于危害结果的发生所持的态度。虽然两者对危害结果的发生都持有不希望的态度,但是,我认为这种"不希望"仍然存在程度上的区别,这种区别主要体现在两个方面。一方面,过于自信过失对危害结果的发生是持"否定"的态度,另一方面间接故意对危害结果的发生是持"既不肯定也不否定"的态度。在文字上我们可以作这样的表示,间接故意是持"不希望"的态度,而过于自信过失则是持"希望不"的态度。我认为,在"不希望"的态度下,如果发生危害结果并不违背行为人的意愿;而在"希望不"的态度下,危害结果的发生是违背行为人意愿的。因此,我们完全有理由认为,在绝大多数高危驾车肇事案件中,由于事故都是在驾车过程中发生的,这足以说明行为人对实际危害结果的发生是持否定态度的,也就是"希望不"的态度,因而行为人的主观方面应该被认定为过于自信的过失而不是间接故意。

第二,"明知故犯"不等于故意犯罪。我们在处理高危驾车肇事案件时要特别注意,不能将对交通法律、法规的故意违反或者说"明知故犯"与行为人对危害后果的态度加以混淆。应该看到,任何交通肇事犯罪,行为人对于违反交通法规都存在有"明知故犯"的情节,无论是"醉驾肇事"还是"飙车肇事"一概不能除外。但是,刑法中所称的故意和过失,主要是以行为人对危害结果的态度作为依据的,而不是针对违法、违规而言的。也就是说,行为人主观上明知的对象应该是危害结果。另外,无论行为人实施的是何种过失行为,他对违规的主观心理永远是故意。所以我认为,行为人在对交通法规"明知故犯"的情况下,完全可能对自己行为造成的危害后果持否定态度,这也是我主张对绝大多数高危交通肇事案件行为人的行为以交通肇事罪论处的主要依据。

因此,法院认定"成都醉驾交通肇事案"的行为人主观上为故意是缺乏依据的。我们注意到,一审判决认定行为人主观上为故意的其中一个理由是行为人不仅醉酒驾车,而且还是无证驾车。审理该案的审判长曾指出,行为人作为具有完全刑事责任能力的人,长期无证驾驶并多次违反交通管理法规,反映出其对交通管理法规以及公共安全的蔑视。他醉酒后,仍然驾车行驶于车辆、人群密集之处,发生追尾事故后,仍继续驾车高速逃逸,说明行为人无视不特定多数人的生命、健康和财产安全,放任危害结果的发生,因而他的主观故意非常明显。但是,我认为,这位审判长的这一认定没有很大的道理。因为,实际上无论是醉酒驾车还是无证驾车都属于违反交通法规的行为,两者同时具备的情况下,无非是行为人违规程度大小的问题,行为人对危害结果的罪过形式不会也不应该因此而有所改变。肇事者孙伟铭具有多次违规的情节,反映的是他的违法犯罪的严重程度,我们完全可以在交通肇事罪的法定刑中考虑对他从重处罚。但是,我们不能将两次"明知故犯"的过失犯罪合并成一个故意犯罪。至于孙伟铭在肇事后逃逸的行为,在相关交通法律、法规中也是把这种行为纳入交通肇事范围之内的,即使在我国刑法中,也只是把它列入交通肇事罪的从重情节之中。可见从我国现行法律规定中,我们是无法找到交通肇事案中因行为人的逃逸行为而导致改变其主观罪过的依据的。

2. 醉酒驾车不等于醉酒后故意犯罪

关于醉酒交通肇事案件的主观方面,有的学者提出,醉酒驾车实际上是行为人在醉酒的状态下实施的驾车行为,由于我国刑法将醉酒人视为完全刑事责任能力人,因此,行为人在醉酒的情况下自己明知道醉酒不能驾车还驾车,就说明他对危害结果是持放任态度,对这种行为可以认定为以危险方法危害公共安全罪。

我不同意这种观点。持这种观点的人,要么是不懂法,要么就是对刑法的规定存在误解。这种观点实际上是把醉酒后的故意犯罪与在醉酒状态下的驾车行为混淆了。我国刑法明文规定,醉酒人犯罪应当负刑事责任。这主要是从行为人的刑事责任能力角度分析作出的规定,行为人的醉酒状态并不能成为决定和影响其刑事责任能力的因素,也就是说,行为人无论是在故意还是在过失的主观罪过下实施的犯罪,都不会因为他醉酒的事实而影响他刑事责任的承担。

但是,我们也应该看到,行为人在醉酒状态下实施相关行为时的主观罪过并不必然是故意犯罪,相反,在这种状态下发生的过失犯罪实际上有很多,比如,实践中大量的重大责任事故类犯罪,行为人也可能是在醉酒状态下实施的。特别是在交通肇事案件中,由于驾车者通常对于违规行为所导致的后果持否定的态度,因此,醉酒驾车者对于肇事发生的危害后果,也往往是持过失的主观罪过。如果由于行为人的驾车行为是在醉酒状态下实施的,就认为这是故意犯罪,这显然是缺乏依据的。

所以说,醉酒状态不能成为决定和影响行为人刑事责任能力的因素,这是相对于行为人犯罪后承担刑事责任而言的一个概念,而我们在判断行为人在醉酒状态下实施行为的主观罪过的时候,是不应该考虑这个因素的。行为人出于故意或者过失的罪过实施有关的犯罪行为,无论是在醉酒还是不醉酒的状态下,他所承担的刑事责任应该是完全相等的。但是,行为人在醉酒状态下实施的行为,主观上并不一定只能是故意,相反,在很多情况下完全可能存在过失的主观心理态度。就像前面我们讲过的,在交通肇事案中,酒后驾车只是行为人违规的一种表现,我们判断行为人的主观罪过是不能以行为人对违规的态度作为标准的,而应当是以行为人对危害后果的态度作为依据。大家只要牢记这一点,以后在区分具体案件中行为人主观上的故意和过失的时候,也就不会产生任何差错。

3. 危害后果严重不能改变主观罪过

我们要注意,虽然醉酒的人和正常人对刑事责任的承担是一样的,但是这并不意味着在实施行为的时候,这两种人的辨认、控制能力也是一样的。我们可以将"成都醉驾交通肇事案"与"杭州飙车交通肇事案"作个比较。"杭州飙车交通肇事案"的胡斌在飙车的时候,并没有饮酒。而"成都醉驾交通肇事案"的孙伟铭处于严重醉酒状态。从医学上和人的生理上来看,醉酒者在酒精的作用下辨认、控制能力虽然不会丧失但肯定会有所下降的,而飙车者完全处在清醒状况之中。因此,从主观恶性角度上讲,在其他条件基本相同并且行为人都实施危险驾驶行为的交通肇事案件中,由于飙车的人是清醒的,飙车者的主观恶性程度应该大于醉驾者的,对这个结论大家应该都不会反对的吧?(全场回答:嗯!)但是,司法实践中对于"杭州飙车交通肇事案"和"成都醉驾交通肇事案"的处理却采取了完全相反的态度,就是在同样是危险驾驶的情况下,对于飙车者胡斌认定为过失犯罪,而对于醉驾者孙伟铭认定为故意犯罪。出现这种情况,我认为还是因为胡斌的行为只导致了一人死亡,而孙伟铭的行为导致的是四人死亡、一人重伤。我的这种推断可以从审理成都醉驾交通肇事案的审判长的话中得到印证。他曾经说:"这个案件是综合考虑了被告人极大的社会危害性,以及对被害人及家属所造成的无法弥补的损失等因素,所以依法作出了死刑判决。"我们可以看到,在这些案件的审理中,司法实务部门认定行为人主观罪过形式,大多数是以行为实际导致的危害结果严重不严重作为依据的,危害后果严重的,通常就考虑以故意犯罪认定,而危害后果相对不太严重的,我们可能考虑以过失犯罪认定。

我认为,这种以危害结果严重与否作为判断行为人主观罪过形式的标准,实际上是"客观归罪"的表现形式之一,这是十分危险的。因为,我国刑法中的过失犯罪都是以造成一定后果为构成犯罪的必要要件的,而且对绝大多数过失犯罪,刑法都规定以造成严重后果为构成犯罪的必要要件。比如,《刑法》第133条规定的交通肇事罪就是以"发生重大事故,致人重伤、死亡或者使公私财产遭受重大损失的"作为构成犯罪的必要要件。可见,从刑法规定角度分析,过失犯罪导致的危害结果并不一定不严重,相反,故意犯罪导致的危害结果并不一定很严重。因此我认为,客观上危害结果的严重与否,不能也不应该成为决定或者改变行为人主观罪过形式的因素。所以说,在处理交通肇事案件时,以危害结果的严重与否作为判断行为人是过失犯罪还是故意犯罪的标准是十分不妥的。事实上在"三门峡醉驾交通肇事案"的判决中,法院认定王卫斌构成交通肇事罪,我们就已经可以看到对这种标准的否定。因为从危害结果的严重程度上分析,"三门峡醉驾交通肇事案"并不比"成都醉驾交通肇事案"轻,而且都是"醉驾",但前一个案件对行为人以"交通肇事罪"定性,判处有期徒刑6年零6个月,而后一个案件一审则以"以危险方法危害公共安全罪"定性,判处死刑,二审仅仅是在维持原判认定罪名的基础上,改判为无期徒刑。

4. 危险驾驶不完全等于危险方法

在讨论高危驾车肇事案件时,有人经常将危险驾驶与放火、决水、爆炸以及投放危险物质等危险方法危害公共安全的行为视为一类,据此提出应该将醉驾、飙车等高危驾车肇事行为定性为以危险方法危害公共安全罪。许多学者也提出了解释这种观点的理由。他们认为,危险驾驶机动车辆的社会危害性是显而易见的,由于在交通道路上行驶的机动车辆具有面向公众、难以控制等特点,因此,危险驾驶实际上与放火、决水、爆炸以及投放危险物质等行为并没有本质的区别。行为人明知自己的行为会造成人身、财产严重损害的危害后果,却持一种"听之任之"的放任态度,也就是说,肇事者实施这种高危驾车行为的时候,放任了对他人生命健康财产安全的保障。根据这一点,可以判断肇事者对危害结果的发生在主观上具有故意,并且这种主观过错已经超出了疏忽大意的过失或者过于自信的过失。

从这些观点中,我们不难看出,这些学者实际上认为,对于高危驾车肇事案件中行为人主观故意的认定在很大程度上是由行为人实施的危险驾驶行为本身的危险性所决定的,而这种情况在放火、爆炸等犯罪中对于行为人的主观故意认定上是不会存在任何问题的。

我认为,这种危险驾驶与放火、决水、爆炸以及投放危险物质等以危险方法危害公共安全的行为,其实并不类似。实际上,从行为本身的危险性角度分析,这些行为具有相似之处,这就是它们都是高危行为。但是,它们最大的区别在于行为是否具有明显的"加害性"。

首先,我们来分析一下,为什么说放火、决水、爆炸以及投放危险物质等危险行为具有"加害性"。

危险驾驶行为的重点在于驾驶,虽然危险驾驶行为本身具有相当的危险性特征,但是这种危险性主要体现在驾驶中的违规行为上,即使《刑法修正案(八)》将醉驾、飙车以及《刑法修正案(九)》将校车、客车超载超速,违规运输危险化学品等危险驾驶行为规定为犯罪,也不能否定行为人的驾驶行为本身并不具有明显的"加害性"。这与放火、决水、爆炸以及投放危险物质等行为既具有危险性,又具有明显"加害性"的特征是完全不同的。我曾经在刑法总则的课上讲过,比如某甲在自家的围墙上拉电网并且在墙上写着"有电,请勿攀爬",但后来还是有人偷爬围墙而被电死。那么,某甲在主观上是过于自信的过失还是间接故意?(下讲台提问)

学生 1:"过于自信的过失吧,因为他实际上是不希望看到有人被电死的。"

学生 2:"我也觉得是过于自信的过失。"

提问:"理由呢?"

学生 2:"因为他已经在墙上写了有电的警示语了,这就表明他对他人被电死的死亡结果是持排斥心理的。"

(回讲台)很多同学都会觉得,既然某甲已经在墙上写了有电的警示语,那么某甲主观上一定是不希望看到有人被电网电死的后果,由此认为某甲的主观是过于自信的过失。而实际上,尽管某甲写了墙上有电的字样,但是他主观上认为,如果小偷不攀爬他的围墙就不会被电死,如果小偷执意攀爬而被电死,那也是咎由自取。这就体现了某甲对攀爬者被电死的结果是一种既不肯定也不否定的心态,也就是我们常说的间接故意。如果某甲主观上果真是不希望攀爬者被电死的结果发生,那么他就不应该拉电网。所以,某甲拉电网的行为本身既具有危险性,同时也具有加害性,这种加害性就足以证明某甲对危害结果是不可能否定的,我们认定他的主观方面为间接故意是没有问题的。同样的道理,当行为人实施放火、决水、爆炸以及投放危险物质等行为时,由于这些危险方法"加害性"特征的存在,就决定了行为人主观上不可能对危害结果的发生持否定态度。因为,如果是持否定态度的,行为人就不可能实施这些具有明显"加害性"特征的危险行为。

其次,我们再来分析一下,为什么说高危驾车行为人不具有"加害性"?高危驾车肇事案件中行为人的行为不同,行为人实施危险驾驶行为时,尽管驾驶机动车辆存在一定的危险性,但是这种危险性实际上是驾驶行为本身固有的,而并非是由其"加害性"所带来的。比如说,一个行为人对公共设施放火和他醉酒后驾车送父母到车站,这两个行为都有危险性,很明显的区别是,送父母去车站的这个行为是没有加害性的,行为人只是醉酒后驾车,他以为自己的驾驶技术足够熟练,在醉酒的时候也可以安全驾驶,那么在这种状态下发生危害结果,我认为行为人对于危害后果的态度完全可能持否定的态度,并且行为人主观上大多数是过于自信的过失。

从总体上看,司法实践中,在处理高危驾车肇事案件的时候,出现了定性不一、量刑悬殊的情况。我觉得很重要的原因可能在于,对于危险驾驶行为的危险性与放火、决水、爆炸以及投放危险物质等危险方法危害公共安全行为的"加害性"的区别,实务界还存在很多不正确的认识。我的观点是,在处理高危驾车肇事案件时,判断行为人主观罪过形式必须以驾车行为本身的特性为依据。一方面,我们既不能不看高危驾车行为具有的危险性,进而把它与过失致人死亡、过失致人重伤等犯罪行为同等对待;另一方面,也不能不顾高危驾车行为不具有"加害性",又把它与放火、决水、爆炸以及投放危险物质等以危险方法危害公共安全行为混为一谈。我们只有做到既能正确认识危险驾驶行为的危险性,又能切实理解一般驾驶行为不具有"加害性"的特征,才能有助于我们在处理高危驾车肇事案件时候,做到看法一致并且得出正确的结论。

最后,我再简单强调一下刚才所讲的内容。根据高危驾车存在危险性而且一般又不具有"加害性"的特征,我们对于高危驾车肇事案件的处理,只有在有充分证据证明行为人违章驾车的动机已经偏离了驾车本身,并且行为人具有利用机动车辆实施加害行为的情况下,才能认定行为人主观上具有故意,按以危险方法危害公共安全罪处理,相反,对于高危驾车肇事行为,我们只能以交通肇事罪处理,至于肇事者是醉酒?还是无证?还是飙车?这些因素都只是说明行为人在交通肇事中的违规程度不同而已,我们只能把这些因素作为量刑情节考虑而不能作为影响定罪的因素。

(三)交通肇事罪的"自首"认定

下面,大家再来看一个问题,交通肇事后先行逃逸再投案能否被认定为"自首"?

先为大家介绍曾经发生在上海的一起交通肇事案件。某天深夜,一辆上海牌照的红色宝马车沿沪南公路由南向北逆向高速行驶,在行至杨莲路路口时,宝马轿车迎头撞上对面车道上的一辆电动自行车,导致骑车男子当场身亡。但肇事宝马并没有停车,而是继续逆向高速行驶,接连撞上迎面正常行驶的一辆帕萨特轿车和一辆蓝色联盟出租车,一直行驶到离最初宝马车撞人的地方三四百米远的地方,宝马车才停下来。为什么停下来呢?因为它的左前轮掉下来了,车子才被迫停了下来。我到现在还没搞清楚,宝马车的质量怎么会是这样的。(全场笑)宝马车的司机是一个中年女人,根据当时目击者反映,她下车之后一边不停地说着对不起,一边弃车逃离现场。警方根据宝马车上的小区停车牌找到了女司机的家,但是家里的保姆说她一直没有回来过。一直经过了 12 个小时之后,女司机才在家人的陪同下去公安局投案,而公安机关就对她进行了行政拘留的处罚。

这个案件引发了很多争论,这里我主要介绍两个争议比较大的问题。

第一,女司机投案之后,公安机关对她进行行政拘留是否合理?

《七分之一》节目组在采访我的时候,问我怎么看待公安机关对女司机行政拘留的处罚?我当时很吃惊,因为按照《道路交通安全法》的相关规定,这个案件中的女司机逆向行驶造成了交通事故,她肯定要负全部责任。同时又根据最高人民法院《关于审理交通肇事刑事案件具体应用法律若干问题的解释》的规定,如果驾驶员负事故的全部责任或者主要责任,同时又造成 1 人死亡或者 3 人重伤的,应该构成交通肇事罪。因此,女司机的行为构成了交通肇事罪。所以,公安机关应该对她采取刑事拘留,而不是行政拘留。过了几天我看报纸上就登出把女司机由行政拘留改成刑事拘留,这个改变可能出于我的学术压力。(全场笑)

第二,女司机在交通肇事后先行逃逸,12 小时后再投案的行为能否被认定为“自首”?

这个案件的女司机在案发 12 小时以后才主动投案,很多人推测,女司机弃车逃跑的真正意图,是为了掩盖她酒后驾车的事实,而且从案发当时的一些细节看,她极有可能是醉酒驾车。因此,对于女司机在交通肇事后先行逃逸,12 小时后再投案的行为能否被认定为“自首”的问题,实际中产生了很多争议。浙江省高院 2009 年 8 月 27 日出台的《关于审理交通肇事刑事案件若干意见》,其中一条规定,交通肇事后报警等待不算自首,而肇事逃逸后自动归案算自首。此外,最高院 2010 年 12 月 28 日发布了《关于处理自首和立功若干具体问题的意见》,根据这个司法解释的规定,交通肇事逃逸后自动投案,如实供述自己罪行的,也应认定为自首,但应依法以较重法定刑为基准,视情形决定对其是否从宽处罚以及从宽处罚的幅度。我下面就结合这个案件和浙江高院以及最高院的有关规定,来为大家具体介绍一下我的观点。

我认为,交通肇事后逃逸又自动归案的行为不能认定为自首,主要有这么几点理由。

第一,“肇事逃逸后自动归案算自首”与立法精神相矛盾。

我认为,与一般刑事案件的逃跑相比,交通肇事案件的逃跑具有自身的特点。

对于一般的刑事案件,行为人犯罪后逃跑是正常的,如果行为人不逃跑,法律也不会对他加重处罚。这是因为,在一般刑事案件中,行为人并不对自己造成的危害结果具有救助的义务,法律也不应该对行为人作出这样的期待。比如说,我们不可能要求故意杀人犯对自己杀死的人必须履行抢救的义务。而对于交通肇事案件,行为人不逃跑是正常的,如果行为人逃跑,法律会对他加重处罚。这是因为,交通肇事后,行为人有对被害人救助的义务,如果行为人不去履行这个救助义务,法律会对行为人进行加重处罚。因此,从立法的精神看,法律要求对于“逃跑”从重处罚,而对于“自首”则要求从轻处罚。如果我们把交通肇事逃逸后又主动投案的行为视为自首,也就意味着将本来立法精神要求从重的"逃跑"，变成了一种立法精神要求从轻处理的"自首"，这显然是与立法精神背道而驰的。

至于浙江高院规定的"交通肇事后报警等待不算自首"，我的观点认为，从刚才分析的交通肇事后逃逸的特点来看，行为人肇事后救助被害人是一种义务，逃跑要加重处罚，由此推断不救助也不逃跑的这种"交通肇事后报警等待"行为不应该认定为自首。

第二，交通肇事后逃逸的行为，可以掩盖一些对肇事行为定罪量刑具有重要影响的犯罪情节，由此会制造法律的漏洞，导致肇事者规避或者减轻法律的制裁。

我们都知道，酒精在体内是不会停留 12 个小时以上的，因此，如果这个女司机当时确实处于酒后驾车的状态，当她投案的时候，喝酒痕迹就会彻底消失，公安机关因此也无法就此追查。这个问题我们可以从定罪和量刑两个角度来分析。

一方面，刑法对于醉酒驾车肇事和一般交通肇事的定罪条件存在很大区别。依据最高院的《关于审理交通肇事刑事案件具体应用法律若干问题的解释》第 2 条的规定，酒后、吸食毒品后驾驶机动车辆的，只要造成 1 人重伤，并且负事故全部或者主要责任，就可以构成交通肇事罪。假如女司机只造成 1 人重伤，负事故全部责任的情况下，那么她必须具有酒后、吸食毒品的行为，才构成交通肇事罪。但是，如果女司机确实是酒后驾车肇事，逃逸之后又投案，女司机醉酒的状态已经完全消失，因此她的行为已经不构成交通肇事罪，由此导致女司机逃避了法律的制裁。

另一方面，女司机 12 小时以后主动归案的行为一旦被认定为"自首"，那么对于"同样是全责撞死人"的情况，构成自首的行为人会承担较小的刑事责任。具体来说，按照现行《刑法》，构成"交通肇事罪"的刑罚是 3 年以下有期徒刑，即使肇事者有逃逸情节，刑期可在 3 至 7 年间，但只要事后主动向警方投案，又能积极向受害人家属善后理赔，司法实践中仍然可能判 3 年左右。因此，我们也开创了一个先例，醉酒肇事者会选择先逃逸，等酒精在体内消失以后再投案，这样就可以承担较小的责任。

第三，"肇事逃逸后自动归案算自首"等于取消了交通肇事罪中关于"逃逸"从重处罚的规定。

我们前面说过，在行为人只造成 1 人重伤，负事故的全部责任的并且逃逸的情况下，那么她必须具有酒后、吸食毒品的行为，才构成交通肇事罪。如果她掩盖了醉酒的状态，就无法认定她构成交通肇事罪。而刑法对于交通肇事后逃逸的规定都是量刑情节，这种量刑情节的适用是以成立交通肇事罪为前提的，因此这种做法无异于取消了"交通运输肇事后逃逸，处 3 年以上 7 年以下有期徒刑"的规定。

（四）交通肇事罪的法定刑

接下来，我们来看最后一个问题，交通肇事罪的法定刑。

分析《刑法》第 133 条的规定，我们不难发现，交通肇事罪的法定刑分为三档：一般交通肇事行为的最高刑为 3 年，交通肇事后逃逸或者有其他特别恶劣情节的，最高刑为 7 年；因逃逸致人死亡的最高刑为 15 年。从刑法条文中分析，在交通肇事行为的规定上主要强调了对逃逸行为的从重惩处,而并没有专门对高危驾车肇事行为作特别的规定。另外,根据最高人民法院《关于审理交通肇事刑事案件具体应用法律若干问题的解释》规定,酒后、吸食毒品后驾车以及无证驾车等违规行为都属于构成犯罪的起码要求,它们与其他要素结合共同成为构成交通肇事罪的必要要件。可见司法解释同样也没有将这些高危驾车行为归入"有其他特别恶劣情节"之中。因此,我们很容易得出这样一个结论:在《刑法修正案(八)》出台之前,我国刑法与司法解释都没有对高危驾车行为作出特别定性或者特别处罚的规定。

也正是因为这一点,媒体和社会大众普遍认为,现行有关交通肇事罪的法律规制明显太宽松,处罚明显太轻。特别是对于动辄造成多人伤亡或者造成重大公私财产损失的高危交通肇事案,行为人如果不发生逃逸致人死亡的,最高只能处7年有期徒刑的刑罚,老百姓普遍感到明显罪刑不相适应。在我们学术界和司法实务界中,很多学者和司法工作人员也认为,现行刑法和司法解释有关交通肇事罪的规定已经不适合现代社会发展的需要,他们主张应该及时作出修正。有人甚至认为,在不能对现行刑法及时修正的情况下,我们完全可以用其他条文对一些恶性交通肇事案进行适用,从而弥补刑事立法上的不足。实际上,比较一下我们前面所讲到的一些案例,我们看到,司法实践中对基本相同的高危驾车交通肇事案件作出不同定性,就多多少少反映和体现了这种观念和思想。

目前,针对交通肇事罪法定刑存在的问题,出现了两种不同的解决意见。接下来,我依次分析一下这两种意见。

第一种意见,主张把交通肇事罪的法定刑提高到无期徒刑。我认为这个观点是不妥当的,原因主要有两点。

首先,现行刑法中有关交通肇事罪的法定刑规定绝对不能算太轻,而是比较合理的。我们对交通肇事罪是过失犯罪是不存在任何争议的,我国刑法对于绝大多数过失犯罪都规定相对较轻的法定刑,特别是对于重大责任事故类的过失犯罪,刑法大多将有期徒刑5年或者7年作为法定最高刑加以规定。相比较而言,交通肇事罪的法定刑规定绝对不应该属于"太轻"的过失犯罪的范畴。另外,与《刑法》第115条规定的过失以危险方法危害公共安全罪的法定最高刑为有期徒刑7年相比,交通肇事罪的法定最高刑也应该算是很高的了。而且在现代社会普遍强调"轻刑化"的氛围下,有期徒刑15年也绝对不可能纳入轻刑之列。更何况,我国现行刑法有关交通肇事罪法定最高刑为有期徒刑15年的规定是在原来1979年《刑法》规定的有期徒刑7年的基础上发展而来的,对法定刑的这一提高其实已经反映了立法者对恶性交通肇事罪从重处罚的意图。因此,依我的观点,再提高交通肇事罪的法定最高刑既不应该也没有必要。

其次,在现有的刑法立法框架下,如果对交通肇事罪作出法定刑上的修正,那么其他过失危害公共安全罪的法定刑也会相应被提高,这样必然会打破本罪与其他过失犯罪法定刑规定上的平衡,从而造成立法上新的矛盾和不平衡,甚至可能引发刑法规定的其他犯罪法定刑的整体提高,形成新的一轮重刑化的倾向,这显然与现代刑法"轻刑化"的理念完全相悖。

第二种意见,用司法上的灵活适用来弥补立法上的不足。

如果不能以提高交通肇事罪的法定刑作为调整方法,那么对于交通肇事逃逸导致多人死亡的这种恶性案件就判刑不重,判刑不重的话,就出现了第二种意见,有的人就想到采用适用其他罪名的办法,也就是用司法适用来弥补刑事立法和解释中存在的缺陷。甚至有人主张通过将高危驾车肇事行为认定为以危险方法危害公共安全罪来达到对恶性交通肇事案件重判的效果。

我认为,这种用司法问题来解决立法问题,违背罪刑法定原则。在处理高危驾车肇事案件时,我们不应该因为醉驾、飙车等高危驾车肇事行为具有的严重社会危害性,为迎合媒体及社会大众的呼声,而不顾刑法有关交通肇事罪的规定,通过所谓司法适用的灵活性,任意改变对行为人的主观罪过认定,并随意选取罪名对行为人的行为进行定性,从而达到对高危驾车肇事者严惩的目的。这种做法显然是与罪刑法定原则严重背离的,因而也是不可取的。刑法条文的不足或缺陷只能依靠刑事立法本身加以修正,而绝对不应该在司法适用中进行所谓的弥补。

在目前的情况下,如果出现个别刑法规定的犯罪在具体适用上存在很大问题,我们完全可以通过制定刑法修正案的方式加以调整修正。但是,在相关修正案还没有出台之前,我们应该严格按照刑法明文规定的各种犯罪的罪状和法定刑来认定犯罪和判处刑罚,即使出现罪名与法定刑不相适应的情况,也不能不顾刑法明文规定,随意地通过更换罪名来寻找较重的法定刑。另外,我们还可以在不违背交通肇事罪刑事立法原意的前提下,通过司法解释合理阐释刑法条文的含义,以指导司法实务部门正确处理高危驾车肇事案件。这种做法才符合罪刑法定原则的基本要求和主要内容。

接下来,我想对醉酒驾车肇事犯罪存在的问题,谈一下自己的解决意见。

大家都知道,佛山黎景全和四川孙伟铭都是被认定构成以危险方法危害公共安全罪,判处无期徒刑。而且,在“孙伟铭案”二审结束之后,最高人民法院就醉酒驾车肇事犯罪的有关问题召开新闻发布会,最高人民法院认为,今后对于此类醉酒驾车在肇事后,继续驾车冲撞,造成重大伤亡,一律按照以危险方法危害公共安全罪定罪。对于最高院的这个说法,我认为存在两个漏洞:一是“逃逸”是交通肇事罪的一个量刑情节,不可能存在顾及被撞者死活的逃逸,如果肇事人还顾及被撞者的死活,他根本就不会选择逃逸;二是这样规定就等于取消了交通肇事罪所有关于肇事后逃逸的条款。我认为,并非为了惩罚一些恶性的交通肇事案件,我们就一定要选一个重罪名来达到严惩的效果。对此,我的解决意见,是通过调整司法解释,将酒后驾车和酒后驾车致多人死亡分别提高适用交通肇事罪的第二档和第三档法定刑。

一方面,把酒后驾车行为设置为交通肇事罪的加重情节,也就是将酒后驾车行为增加到“其他恶劣情节”中,酒后驾车致人死亡由原来的基本量刑 3 年以下有期徒刑或拘役加重到 3 至 7 年有期徒刑,提高了酒后驾驶行为的违法成本。

另一方面,把酒后驾车致人死亡作为“后果特别严重”,适用第三档法定刑。前面提到过,交通肇事后逃逸,尽管没有致人死亡的情况,可以被认定为属于“情节严重”,依照第二档法定刑调整量刑,最高可以被判处 7 年有期徒刑。而交通肇事后逃逸,无论致使多少人死亡,我们也都只能适用交通肇事罪的第三档法定刑,最高判处有期徒刑 15 年。我的意见是,可以通过调整相关的司法解释,把酒后驾车肇事致人死亡的恶性交通肇事案件,调整适用第三档法定刑,最高判处 15 年有期徒刑。

我觉得这样的做法既避免了将过失犯罪的法定刑规定得太重,同时又能严惩这种犯罪。当然,这只是我个人的见解,同学们也可以自己思考。

(五) 交通肇事罪与类似犯罪

最后,我还有几个比较简单的问题需要向大家强调一下。

1. 交通肇事罪与重大飞行事故罪、铁路运营安全事故罪的区别

交通肇事罪与重大飞行事故罪、铁路运营安全事故罪,主要有两点区别。第一,交通肇事罪侵犯的主要是公路、水上交通运输安全;而重大飞行事故罪、铁路运营安全事故罪侵犯的是航空交通运输、铁路交通运输的安全。在日常生活中,发生航空方面的事故属于重大飞行事故罪,发生在铁路方面的事故属于铁路运营安全事故罪,交通肇事罪发生的领域包括了除航空和铁路运输之外的水路、陆路,还包括我们的地铁、轻轨等轨道交通,但它必须是在交通管理法规所调整的范围内。第二,交通肇事罪的主体是一般主体,包括交通运输人员和非交通运输人员;而重大飞行事故罪的犯罪主体只能是航空人员,包括空勤人员和地勤人员;铁路运营安全事故罪的犯罪主体必须是铁路职工。航空人员、铁路职工以外的人员造成重大飞行事故或者铁路运营安全事故的,应以交通肇事罪处罚。

2. 交通肇事罪与过失致人死亡罪、过失以危险方法危害公共安全罪的区别

我们结合一个案例来看这三个罪名的区别。这个案件是发生在上海浦东新区临沂五村小区内,一个"本本族"由于很久没有开车,在小区里驾驶的时候发生失误,司机在第一次撞击之后由于过度紧张,误将油门当作了刹车,导致轿车失控,接连撞倒 17 个人,并且导致其中 1 人死亡。通过媒体的报道,检察院以过失致人死亡罪来批捕。大家分析一下,这个"本本族"的行为应该怎么定性呢?我给三个选项:一是交通肇事罪;二是过失致人死亡罪;三是过失以危险方法危害公共安全罪。(下讲台提问)

学生 1:"我觉得应该是交通肇事罪。"

学生 2:"我也觉得是交通肇事罪。"

学生 3:"我认为应该是过失致人死亡罪吧。"

(回讲台) 我认为,行为人的主观上构成过失,这是没有疑问的。但是,我们要确定的是居民小区是否属于交通肇事罪的"交通运输的场所"? 我们说,交通运输场所必须是公共交通管理范围内的公路、城镇道路以及水路上,机关、厂矿、学校、封闭的住宅小区等属于没有实行公共交通管理的范围,因此我们排除了行为人构成交通肇事罪的可能性。这就说明,交通运输场所是交通肇事罪与其他两个罪名的区分的关键。再者,司机一共撞倒了 17 个人,但是从他的主观上分析,他显然是在失控的情况下,不小心撞倒了这 17 个人,由此我们可以提出这个案件的对象是不特定的人群,而非某一个特定的对象。既然是不特定的对象,就排除了适用过失致人死亡罪的可能性。因此,我

认为,行为人的行为应该构成过失以危险方法危害公共安全罪。

　　另外,大家还需要注意的是交通肇事的工具。对于交通肇事的工具我们已经没有限制了,1979年《刑法》中我们专门规定了从事交通运输的人,因此自行车的驾驶员当然就不包括了。以前本科考试经常考一个人在桥上下来的时候骑着一辆除了铃响以外其他都不行的自行车,正好碰到一个人,因为没有刹车了,最后把人撞死了。我们以前认定是过失致人死亡罪,这个是没有问题的。而现在像这种情况,我们都可以用交通肇事罪来认定,因为现在我们已经明确了自行车可以成为肇事工具。

七、危险驾驶罪

　　下面,我们来看危险驾驶罪。所谓的危险驾驶罪,是指在道路上醉酒驾驶机动车的,或者驾驶机动车追逐竞驶,情节恶劣的行为。我在交通肇事罪部分曾经讲过,近年来,醉酒驾驶、追逐竞驶等危险驾驶行为造成重大人员伤亡和财产损失的案件频频发生,而且在司法实践中还出现了同样是驾车肇事的案件,但有的地方是按照交通肇事罪处理,有的地方却是按照以危险方法危害公共安全罪处理的情况。危险驾驶行为一时间成为人们广泛讨论的热点话题,也成为了刑法理论界和司法实务界的争议焦点。也正是在这样的背景下,《刑法修正案(八)》增设了危险驾驶罪的规定。《刑法修正案(九)》又对危险驾驶罪进行了补充,增加了校车、客车超载、超速,以及违规运输危险化学品等危险驾驶行为。根据《刑法》第133条之一的规定:"在道路上驾驶机动车,有下列情形之一的,处拘役,并处罚金:(一)追逐竞驶,情节恶劣的;(二)醉酒驾驶机动车的;(三)从事校车业务或者旅客运输,严重超过额定乘员载客,或者严重超过规定时速行驶的;(四)违反危险化学品安全管理规定运输危险化学品,危及公共安全的。机动车所有人、管理人对前款第三项、第四项行为负有直接责任的,依照前款的规定处罚。有前两款行为,同时构成其他犯罪的,依照处罚较重的规定定罪处罚。"至此,我国刑法正式将醉酒驾驶、追逐竞驶等危险驾驶行为纳入了刑法的规制范围。关于危险驾驶罪,大家需要重点把握这么几个问题。

　　(一)危险驾驶罪主观方面的刑法分析

　　目前,很多学者认为,危险驾驶罪的主观方面为故意。你们认为,危险驾驶罪的主观方面是故意还是过失?(下讲台提问)

　　学生1:我认为是故意。因为行为人明知危险驾驶是违规行为,仍然放手实施。

　　提问:刑法中的故意到底是对什么的故意? 到底是对危害结果的故意还是对"违规"的故意? 如果按照你的观点,交通肇事罪也变成故意犯罪了,因为交通肇事罪对违反交通法规也是明知故犯。关于这一点你怎么解释?

　　学生1:(一时无语)

　　学生2:我也认为是故意。因为行为人明知道醉酒驾车会产生危险状态,却希望和放任这种危险状态的出现。

提问：那么同样是醉酒驾车，为什么仅仅出现危险状态是故意犯罪，而发生了实害结果反倒是过失犯罪（构成交通肇事罪）？

学生 2：（一时无语）

（回讲台）我认为，危险驾驶罪的主观方面理应为过失而非故意。

首先，从立法体例来看，我国刑法修正案通常是将增设的罪名规定在构成要件与其最为接近或类似的章节、条文之后，以此保持刑法典章节、罪名划分的统一性与科学性。据统计，除第 133 条之外，我国刑法共有 21 个刑法条文包含第×条之一、之二的表述。具体分析这 21 个条文与其之一、之二间的关系，不难发现，这 21 个条文所规定的犯罪与相应条文之一、之二所规定的犯罪在主观方面无一例外都具有一致性。因此，从刑法体系协调性的角度来看，认为《刑法》第 133 条之一危险驾驶罪在主观方面为过失，与第 133 条交通肇事罪相同，无疑具有一定的依据。

其次，危险驾驶罪的法定最高刑为拘役 6 个月，而交通肇事罪的法定最高刑则为有期徒刑 15 年。在我国刑法中，相关犯罪的危险犯与实害犯的法定刑通常是相衔接的。例如根据《刑法》第 114 条（危险犯）和第 115 条第 1 款（实害犯）的规定，故意实施放火、爆炸等行为，尚未造成实害结果的，处 3 年以上 10 年以下有期徒刑；故意实施放火、爆炸等行为，造成致人重伤、死亡等实害结果的，处 10 年以上有期徒刑、无期徒刑或者死刑。但如果把危险驾驶罪的主观方面认定为故意，那么，行为人故意以危险驾驶的方式危害公共安全的，如果客观上没有造成实害结果，应构成《刑法》第 133 条之一危险驾驶罪，处拘役，并处罚金；如果客观上造成了致人重伤、死亡等严重实害结果的，则有可能构成《刑法》第 115 条第 1 款以危险方法危害公共安全罪，处 10 年以上有期徒刑、无期徒刑或者死刑。这就使得危险犯与实害犯的法定刑无法衔接。

再次，我们还应当看到，如果危险驾驶罪是故意犯罪，那么就会形成一个悖论。行为人实施醉酒驾车行为，如果没有造成实害结果是故意犯罪，如果造成实害结果反倒变成过失犯罪，这是说不通的。值得注意的是，刑法中的危害结果并不仅限于实害结果，也包括危险结果。危险驾驶罪的危害结果，就属于危险结果的范畴，即对公共安全造成的危险状态。在危险驾驶罪中，尽管行为人对违法违规是故意的，但是行为人在很多情况下对行为所产生的"危险状态"显然没有主观上的"加害性"。就此而言，我们应当认为，在危险驾驶罪中，行为人在主观上对行为所产生的危害结果是持否定态度的。

最后，如果危险驾驶罪是故意犯罪，那么该罪与第 114 条以危险方法危害公共安全罪是什么关系？二者之间显然就存在包容关系。那么，既然是包容关系，为什么立法者不把危险驾驶罪直接规定在刑法第 114 条之下，却要将该罪规定为第 133 条之一？这说明危险驾驶罪与以危险方法危害公共安全罪是有区别的，区别在于主观方面，以危险方法危害公共安全罪的主观罪过是故意，而危险驾驶罪的主观罪过为过失。

事实上，很多学者之所以认为危险驾驶罪的主观罪过为故意，很大程度上是因为他们认为，过失犯罪成立必须以发生实害结果为前提，即不承认所谓的过失危险犯。我认为，如果将危险驾驶罪的主观方面理解为是过失，在这一点上确实可能存在对"危险犯"的突破问题。但是,比较而言,这一突破与前述这些突破似乎可以说是微不足道的。特别需要指出的是,在我国刑法规定中这一突破也非首次,实际上在《刑法修正案(八)》颁布之前,我国刑法中就存在第 330 条妨害传染病防治罪、第 332 条妨害国境卫生检疫罪等过失危险犯的立法例。据此,我认为,将危险驾驶罪的主观罪过认定为过失,具有较为充分的法理依据。那么,按照前面的分析,既然认为危险驾驶罪是过失犯罪,《刑法修正案(九)》所规定的对于机动车所有人、管理人根据危险驾驶罪追究刑事责任,也即《刑法》第 133 条之一第 2 款的规定,就可以从刑法中的监督过失理论中得到支撑和说明。这可能是我国刑法典中第一次明确规定监督过失的典型情形,也就是监督者与被监督者成立相同的犯罪。在这种情况下,驾驶者的一般过失与机动车所有人、管理人的监督过失形成了过失的竞合,从而他们需要分别对自己的行为承担相应的过失责任。

(二)危险驾驶罪的出罪情形

时任最高人民法院副院长张军在 2011 年 5 月重庆召开的全国法院刑事审判工作座谈会上曾表示,要正确把握危险驾驶罪的构成要件,不能认为只要达到醉酒标准而驾驶机动车的,就一律构成刑事犯罪。而这一言论一出就引来了广泛的质疑和批判,也将民众对于危险驾驶行为入刑司法问题的关注推向了一个新的高潮。那么,醉酒驾驶行为到底是否应当一律入刑? 也就是说,是不是只要醉酒后驾驶了机动车的,就一律构成危险驾驶罪呢?(下讲台提问)

学生 1:"是的,因为《刑法修正案(八)》只是规定追逐竞驶行为要构成危险驾驶罪必须要情节严重,而并没有规定醉酒驾驶也要具备一定的条件才能构成危险驾驶罪。"

提问:"根据我国刑法总则第 13 条的规定,一切危害社会的行为,依照法律应当受刑罚处罚的,都是犯罪,但是情节显著轻微危害不大的,不认为是犯罪。其中,'但是情节显著轻微危害不大的,不认为是犯罪'就是我们通常所说的'但书'条款。那么,危险驾驶行为能不能适用这一'但书'条款呢?"

学生 2:"我认为是不能适用的,因为危险犯的特征是只要行为人的行为造成了某种危险状态就可以构成犯罪,而如果认为'但书'条款可以适用于危险犯,就意味着即使行为造成了某种危险状态仍然可以不构成犯罪,那危险犯就没有存在的意义了。"

(回讲台)我与这两位同学的观点不太一样,我认为,虽然《刑法修正案(八)》规定的危险驾驶行为入罪的条件并不严格,没有设置造成严重实害后果的要件,也没有明确规定需要造成特定的危险状态,但这并不意味着只要醉酒驾驶的,就一律构成危险驾驶罪,危险驾驶罪实际上具有犯罪客体和《刑法》第 13 条"但书"条款等两种出罪情形。

从修正案条文的规定来看,构成危险驾驶罪不仅不需要发生实害结果,而且条文也没有明确规定构成危险驾驶罪是否需要具备某种特定的危险状态,因此,危险驾驶罪理应属于我们刑法理论危险犯中的抽象危险犯。也就是说,在通常情况下,只要行为人实施了醉酒驾驶行为,不需要发生危害公共安全的具体结果,也不需要具体判定是否有危害公共安全的危险,均构成危险驾驶罪。但也应当看到,抽象危险犯中的危险状态是立法者通过对社会生活经验的提炼以及统计资料的归纳、整理而在立法时推定的。换句话说,抽象危险犯的法条中所规定的危险行为其实都是那些在普通人的正常理解范围内肯定会发生一定危险的行为。但由于实际中肯定也会存在一些在普通人正常理解范围以外的情况,因此,即使行为人实施了抽象危险犯条文规定的危险行为,也完全有可能存在没有发生任何危险的特殊情况。我认为,在这种特殊情况下,仍然需要判断抽象危险是否存在。如果通过对特定情况的判断,认为危险驾驶行为根本不可能具备危害不特定多数人的生命健康和公共财产安全的抽象危险,那么,这种行为就并没有侵犯危险驾驶罪的客体,从而也就不能认定为危险驾驶罪。例如,行为人醉酒后在空无一人的处于修缮状态的道路上短时间驾驶机动车的,就根本不可能危害公共交通安全,因而不应该对行为人以危险驾驶罪追究刑事责任。而且从国外刑法对抽象危险犯的设置来看,在确保重大客体免受侵害的前提下,为了不至于打击面太大,许多国家的刑事立法在设置抽象危险犯时,又增加了"允许反证成立"的补救措施,或者在司法实践中设有相关补救措施。这种反证,是对虽然出现了符合刑法规定的抽象危险犯的犯罪构成要件的行为,但在实际上并不存在任何危险,当然包括不存在抽象危险的证明,如果这种反证成立,法官也可否定抽象危险犯的成立。因而,从严格意义上说,抽象危险犯在国外也是需要审查的,而不是"拟制的天然存在"。由此可见,认为危险驾驶罪中立法所推定的危险状态可以反证并推翻的观点,实际上也是符合国际刑事立法现状的。

此外,根据我国的刑法理论,虽然不是每个刑法总则条文对于分则条文都可以一律加以适用,但刑法总则第13条作为犯罪的一般定义,理应对于刑法分则中的每个具体犯罪都具有指导和制约的作用。而"但书"条款又是该条的有机组成部分,因而可以推定,"但书"条款应该适用于包括危险驾驶罪在内的刑法分则规定的每个具体犯罪。也就是说,即使危险驾驶行为符合了危险驾驶罪的所有构成要件,司法者仍然还可以依据刑法总则第13条的"但书"条款,认定危险驾驶行为"情节显著轻微危害不大",从而不认定为犯罪。由此可见,对于醉酒驾驶行为不能一味强调"入罪"和"处罚",而是要注意刑法总则与分则之间的关系,并划清"醉酒驾驶违法"与"醉酒驾驶犯罪"之间的界限。前面提到的张军副院长的发言只不过是对刑法总则相关规定的重申与强调,而不是对危险驾驶罪构成要件的重新解释,因而是正确的。就醉酒驾驶行为来说,由于情形比较复杂,如果不看到其中的差异性,而简单地搞"一刀切",则既不符合刑法谦抑性的理念和刑罚经济性的原则,也不符合宽严相济的刑事政策和"惩罚较少数,教育挽救大多数"的方针。比如说,有的行为人是在车辆、行人较多的路段长时间醉酒高速驾驶,有的行为人则是在车辆、行人非常稀少的路段短时间以极低的速度醉酒驾驶,等等。由此可见,同样的醉酒驾驶行为,不同的情形对公共安全造成的威胁以及所反映出的行为人的主观恶性和人身危险性具有很大的差别。因而,在目前情况下,对于那些"情节显著轻微危害不大"的醉酒驾驶行为,确实不应该作为犯罪处理,而应通过行政处罚加以制裁,这一方面可以防止因危险驾驶罪的设立而过度扩大犯罪圈,从而完全"消灭"违法醉酒驾驶行为的存在,另一方面也有利于节约司法成本。但我们也应该看到,到目前为止,醉酒驾驶行为到底在什么情况下属于"情节显著轻微危害不大",还缺乏切实可行的判断标准,这就造成了一个罪与非罪之间的模糊地带,急需司法机关作出明确的司法解释或者指导意见,从而使"醉酒驾驶违法"与"醉酒驾驶犯罪"有一个更加具体、明确的界定标准,以杜绝危险驾驶罪刑法适用的模糊性。

总的来说,在判断危险驾驶行为人是否构成危险驾驶罪时,我们不应该一味地强调定罪与处罚,而应同时对行为人的危险驾驶行为是否具备出罪条件进行判断。就醉酒驾驶行为来说,一方面,我们应该判断行为人的醉酒驾驶行为有没有造成特定的危险状态,如果没有造成任何危险状态,我们就应该以醉酒驾驶行为没有侵犯危险驾驶罪的客体为由,认定行为人不构成危险驾驶罪;另一方面,即使行为人的醉酒驾驶行为造成了特定的危险状态,同时也符合危险驾驶罪的其他构成要件,我们也还应该正确理解和适用刑法总则第 13 条"但书"条款,将一些"情节显著轻微危害不大"的醉酒驾驶行为排除出犯罪,从而正确把握"醉酒驾驶违法"和"醉酒驾驶犯罪"之间的界限。

(三)危险驾驶罪与其他犯罪

1.危险驾驶罪与交通肇事罪

虽然危险驾驶罪是作为《刑法》第 133 条之一,被规定在第 133 条交通肇事罪之后的,但两罪在犯罪构成方面还是存在较大差异的,具体体现在这么几个方面:第一,两罪侵犯的直接客体不同。危险驾驶罪侵犯的直接客体是道路交通运输的正常秩序,而交通肇事罪侵犯的直接客体则是交通运输的正常秩序,其范围既包括道路交通运输的正常秩序,也包括水上交通运输的正常秩序。由此可见,交通肇事罪侵犯的直接客体的范围要比危险驾驶罪广。第二,两罪的客观方面不同。危险驾驶罪的客观行为方式仅包含在道路上驾驶机动车追逐竞驶,情节恶劣的行为、在道路上醉酒驾驶机动车以及校车、客车严重超载、超速以及违规运输危险化学品的行为。而交通肇事罪的客观行为方式则包含所有违反交通运输管理法规的行为。由此可见,交通肇事罪客观行为方式的范围也比危险驾驶罪广。此外,构成交通肇事罪需要行为造成致人重伤、死亡或者使公私财产遭受重大损失的重大交通事故,而构成危险驾驶罪则无需造成任何交通事故,只要行为人实施了醉酒驾驶行为或者情节恶劣的追逐竞驶等行为就可以构成。也就是说,交通肇事罪属于实害犯,而危险驾驶罪属于危险犯。第三,两罪的主体不同。危险驾驶罪的主体是一般主体,凡年满 16 周岁且具有刑事责任能力的自然人都可以构成危险驾驶罪的主体,实践中则通常是机动车驾驶人员。而交通肇事罪的主体也是一般主体,在实践中主要是从事交通运输的人员,但非交通运输人员也可成为本罪的主体。由此可见,交通肇事罪的主体范围也比危险驾驶罪广。

2.危险驾驶罪与以危险方法危害公共安全罪

虽然危险驾驶罪与《刑法》第 114 条规定的尚未造成严重后果的以危险方法危害公共安全罪在犯罪构成特征上具有很多相似之处,如两罪侵犯的同类客体都是公共安全、两罪的客观方面都不需要造成实害结果等。但两罪的区别也是非常明显的,具体则体现在行为是否具有"加害性"、犯罪主体以及犯罪主观要件三个方面:第一,两罪在客观行为是否具有"加害性"这一点上有所不同。虽然从行为本身的危险性角度分析,追逐竞驶以及醉酒驾驶等危险驾驶行为与放火、决水、爆炸以及投放危险物质等以危险方法危害公共安全的行为都属于高危行为,但它们之间也存在根本区别。追逐竞驶以及醉酒驾驶等危险驾驶行为本身并不具有"加害性",而放火、决水、爆炸以及投放危险物质等行为则既具有危险性,又具有明显的"加害性"。正如我前面曾经讲过的,追逐竞驶以及醉酒驾驶等危险驾驶行为的重点在于驾驶,虽然危险驾驶行为本身具有相当的危险性特征,但是这种危险性主要体现在驾驶中的违规行为上,虽然刑法将追逐竞驶、醉酒驾驶等危险驾驶行为规定为犯罪,但这并不意味行为人的危险驾驶行为本身就具有明显的"加害性",但需要注意的是,如果行为人出于报复社会、泄愤等,故意采取危险驾驶机动车的方法,从而危害不特定多数人的生命健康和财产安全,如借酒壮胆之后驾驶机动车在闹市冲撞等,在这种情形下,行为人的危险驾驶行为已经具有了侵害一定法益的明确指向,从而也就具备了明显的"加害性",因而应当认定为以危险方法危害公共安全罪。在这种以危险驾驶行为作为实施其他犯罪手段的情况下,刑法就不再对危险驾驶行为本身进行评价,而只评价行为人利用危险驾驶行为所实施的犯罪。第二,两罪的主体也有所不同。危险驾驶罪的主体为一般主体,且实践中主要为机动车驾驶人员,而以危险方法危害公共安全罪的主体虽然也是一般主体,但却不一定为机动车驾驶人员,所有年满16周岁的具有刑事责任能力的人都能构成以危险方法危害公共安全罪。"两高"与公安部联合发布的《关于惩治妨害公共交通工具安全驾驶违法犯罪行为的指导意见》中明确规定:乘客在公共交通工具行驶过程中,抢夺方向盘、变速杆等操纵装置,殴打、拉拽驾驶人员,或者有其他妨害安全驾驶行为,危害公共安全,尚未造成严重后果的,依照《刑法》第114条规定,以以危险方法危害公共安全罪定罪处罚。由此可见,以危险方法危害公共安全罪的主体范围实际上要比危险驾驶罪广得多。第三,两罪的主观要件也存在差异。以危险方法危害公共安全罪的主观方面为故意,而危险驾驶罪的主观方面为过失。

(四)危险驾驶罪客观行为方式的立法完善

根据《刑法修正案(八)》第22条的规定,我国刑法中危险驾驶罪的客观行为方式只有追逐竞驶和醉酒驾驶两种情形,《刑法修正案(九)》也仅仅在原有的基础上增加了校车、客车严重超载、超速与违规运输危险化学品的危险驾驶行为,而并不包括吸毒后驾驶、一般情形的严重超载驾驶等其他一些危险驾驶行为。但从世界各国的刑法规定来看,对危险驾驶行为的种类规定,除了醉酒驾驶和飙车以外,还包括服用毒品或麻醉剂后驾车、没有驾驶技术而驾车等同样具有极大危险性的行为。我认为,吸毒同样会使驾驶者的精神产生异常,从而造成高度危险的驾驶状态,它和醉酒驾驶等行为实际上具有相当的危险性。所以,既然修正案已经将醉酒驾驶、追逐竞驶等行为规定为犯罪,就没有理由将具有相当危险性的吸毒后驾驶的行为排斥在刑法规范的领域之外。

同样，对于没有驾驶技术而驾驶等行为是否应当予以刑法规制，也是一个需要大家深入思考的问题。我们不能因为这类行为不具有醉酒驾驶、追逐竞驶行为的多发性而忽略它，更不能因为刑事侦查的复杂性或艰难性而使相应的刑事立法处于空白的状态。因此，我认为，修正案只规定了醉酒驾驶和追逐竞驶等四种客观行为方式，而对于吸毒后驾驶等同样具有极大危险性的情况却没有加以规定，显然规定得还不够全面，需要在今后的立法过程中进一步完善。

好，关于危害公共安全罪的内容我就讲到这里，谢谢大家！

第三讲

破坏社会主义市场经济秩序罪(一)

从这一讲开始,我将陆续为大家介绍破坏社会主义市场经济秩序罪的有关内容。具体来说,就是刑法分则第三章的相关罪名。这部分内容很丰富,涉及面很广,专业性也很强。由于课时有限,在这里我只能选择几种常见的罪名进行讲解,同时,由于这部分的内容比较多,我将分五讲给大家讲述。

一、伪造货币罪

我们首先来看伪造货币罪。所谓的伪造货币罪,是指行为人仿照我国货币或者外国货币的图案、形状、色彩、文字、面额,非法制造假货币的行为。伪造货币罪规定于我国《刑法》第 170 条,具体规定是这样的:伪造货币的,处 3 年以上 10 年以下有期徒刑,并处罚金;有下列情形之一的,处 10 年以上有期徒刑、无期徒刑,并处罚金或者没收财产:(1)伪造货币集团的首要分子;(2)伪造货币数额特别巨大的;(3)有其他特别严重情节的。对于伪造货币罪,我主要为大家分析该罪的三个问题。

首先,我们来分析这个罪的主观要件。从法条上看,这个罪在主观上只能是故意,这在理论界和司法实务界也没有争议。但是,是否还进一步要求行为人具有特定的目的? 关于这一点,就有不同的意见了。

从国外的立法例看,一般都将包括伪造货币行为在内的妨害货币管理的犯罪作为目的犯来对待,规定这类犯罪必须"以行使为目的",或者把"意图供行使或流通之用"作为这类犯罪的主观要件。比如,《德国刑法典》第 146 条第 1 款第 1 项规定,意图供流通之用,或有流通可能而伪造货币,使票面价值具有较高价值的,处 1 年以下自由刑。《日本刑法典》第 148 条第 1 款的规定,以行使为目的,伪造通用的货币、纸币或者银行券的,处无期或者 3 年以上惩役。《韩国刑法典》第 207 条第 1 项规定,以使用为目的,伪造、变造通用的大韩民国货币、纸币或者银行券的,处无期或者 2 年以上劳役。《俄罗斯刑法典》第 186 条第 1 项规定,以销售为目的而制作或销售伪造的俄罗斯联邦中央银行钞票、金属硬币、国家有价证券或以俄罗斯货币计价的其他有价证券或外国货币或以外国货币计价的有价证券的,处 5 年以上 8 年以下的剥夺自由,并处或不并处没收财产。

我国台湾地区的刑法理论认为,所谓伪造、变造货币罪,是指行为人意图供行使之用,而伪造、变造通用之货币、纸币或者银行券的行为。《澳门刑法典》第 252 条规定,意图充当正当货币流通,而假造货币者,处 2 年至 12 年徒刑。意图供流通之用,而将正当货币之票面价值伪造或更改至较高价值者,处 1 年至 5 年徒刑。

我国在 1951 年的《妨害国家货币治罪暂行条例》中,将妨害国家货币行为的目的划分为两种:一是"意图营利",另一个是"以反革命为目的"。但是,在我国 1979 年《刑法》和现行《刑法》中,对这类犯罪的目的都没有作出明确的规定。因此,理论上和司法实践中对于妨害货币管理的犯罪是否要有特定的目的就有了各种各样的说法,形成了"肯定说"与"否定说"两种对立的观点。

我认为,妨害货币管理犯罪应当以"意图进入流通"为主观要件,刑法是否明确规定不应该影响这类犯罪作为目的犯。当然,我们在讨论特定目的是否应该是这类犯罪的必要要件时,还应该明确两点。

第一,无论是"肯定说",还是"否定说",多数学者对于妨害货币管理犯罪必须以"营利为目的"的观点是不赞成的。他们认为,行为人实施妨害货币管理犯罪通常具有营利的目的,但也不完全是这样,行为人实施妨害货币管理犯罪的目的(事实上这里指的是动机)可能是多种多样的。

我同意多数学者的这种意见,妨害货币管理犯罪不应该将"营利目的"作为主观要件。实际上,在妨害货币管理犯罪中,学界所讨论的"营利目的"往往表现为犯罪动机。行为人可能为了营利而将货币投入流通,但意图进入流通才是伪造行为的目的,营利只是推动行为人去追求意图进入流通这一目的的内心起因或者内在动力。根据我国刑法理论,在大多数犯罪中,动机不影响犯罪的构成。所以说,将"营利目的"作为妨害货币管理犯罪主观要件的看法是不妥当的。

第二,妨害货币管理犯罪虽然不属于严格意义上的目的犯,但是,行为人主观上必须具有"意图进入流通"的目的。判断这类犯罪是否属于目的犯,涉及对"目的犯"概念的理解。

目的犯中的目的可以分为两种:法律有特别规定的以及法律没有特别指明的。在犯罪构成要件上,前者是"显性要件",后者是"隐性要件"。作为目的犯中的构成要件的目的,当然也存在这两种情况。比如说,抢劫罪、盗窃罪和诈骗罪等占有型侵犯财产犯罪,法律并没有指明必须"以非法占有为目的";在金融诈骗罪中,除集资诈骗罪和贷款诈骗罪刑法条文明确规定"以非法占有为目的"外,其他六个金融诈骗罪,刑法条文并没有规定"以非法占有为目的"。但是,事实上"以非法占有为目的"是金融诈骗犯罪的构成要件是不言而喻的。也就是说,这些犯罪的目的虽然没有在刑法条文中被明确规定,但是它们仍然属于刑法中的目的犯。

这样看来,我们不能因为刑法中没有特别规定"以意图进入流通为目的",就否定妨害货币管理犯罪是目的犯。即使在现行刑法未作明确规定的情况下,妨害货币管理犯罪的行为人在主观上应具有"进入流通的意图"的要件,也是无可争议的。例如,理论界对出于鉴赏、收藏目的而实施的伪造货币等行为不作为妨害货币管理犯罪处理,已经形成共识,以往的审判实践对这一点也没有异议。既然这样,我们为什么还要以刑法条文没有明文规定,而否定妨害货币管理犯罪必须具有"意图进入流通"的目的呢? 当然,较为妥当的做法还是应当借鉴国外的规定,在刑法条文中对目的要件加以明确规定。

其次,我们来看伪造货币罪的客观行为的特点。伪造货币罪在客观行为上有什么特点呢? 通常所说的伪造货币,是指仿照货币的图案、形状、色彩等,使用各种方法,非法制造足以使普通人误认为是正在流通或兑换的人民币或者境外货币,进而冒充货币,意图进入流通的行为。实践中,人们往往把它与变造货币的行为相混淆。变造货币,是指通过对真实货币剪贴、涂改、挖补、拼接、揭层等方法,使真实货币发生增值,数额较大的行为。因此,从广义上说,变造货币应当包含在伪造货币之内。从本质上说,经过变造的货币也已经不再是金融机构原来发行的货币。但是,从概念上分析,我们不难发现,伪造货币与变造货币还是有本质区别的:伪造货币行为的本质在于"从无到有",也就是通过非法的伪造行为,凭空制造假货币;变造货币行为的本质在于"从少到多",也就是通过对真实货币的改造,增加真实货币的票面价值。简单地说,伪造货币和变造货币的最大区别在于是否有真实货币的存在。那么,我要问大家的是,伪造货币罪和变造货币罪最本质的区别是什么呢?(下讲台提问)

学生1:"用的原材料不同。如果原材料是真实的,就是变造,否则就是伪造。"

提问:"那么,我用制造货币的特种纸张和高档油墨,利用高级彩色复印机复印出来的货币是伪造的还是变造的?"

学生1:"伪造的。"

提问:"你认为纸张不属于原材料? 如果我收集5元面值且为硬币的港币,我把它熔化掉,然后铸成10元的硬币,这种行为是伪造还是变造?"

学生2:"伪造。"

提问:"为什么还认为是伪造而不是变造,原材料不是真实的吗。"

学生2:"变造是在真币上动手脚,伪造是仿造真币。"

提问:"你们的意思是变造货币必须存在真实的货币,是不是这样啊?"

学生3:"伪造应该是'从无到有'。"

提问:"5元硬币熔化掉了,是有还是无?"

学生4:"无。"

提问:"不是存在过真实的5元硬币吗? 伪造还是变造?"

学生5:"伪造。"

(回讲台)如果行为人大量收集低面额的硬币,把它们熔化后,制造出更高面额的硬币,这种行为应该属于伪造货币罪。由于整个制造过程中,确实存在过真实货币,如果说只要有真实货币存在就不存在伪造货币的问题,那么,行为人的这种行为就不能以伪造货币罪认定。我的看法是,这种行为应当属于伪造行为而不是变造行为。因为尽管在整个行为过程中确实存在过真实的货币,但是当行为人将真实货币熔化后,真实货币就不存在了,也就是失去了货币的"同一性",这个时候实际上只存在生产货币的原材料。在这个基础上,行为人所进行的制造,当然不能理解为是对真实货币的改造。这种行为的性质并不是"从少到多"的变造,而是"从无到有"的伪造。所以严格地说,是否曾经存在过真实的货币,并不是伪造货币和变造货币的区别,并不是只要有真实货币的存在就一定不发生货币的伪造,关键要看相关制造行为的物质基础是否已经失去货币"同一性"。

如果行为人制造出根本不存在的货币是否属于"伪造",对于这个问题,学界有人认为,"伪造"包括两种情况:一是仿照货币的形状、特征、图案、色彩等制造出与真实币的外观相同的假货币;二是自行设计制作出足以使一般人误认为是真实货币的假货币,比如根据人民币的一般形状、基本特征等自行设计制作出面值为200元的假货币。后面这种情况,不存在与伪造的货币相对应的真实货币。我国刑法理论通常只承认前一种行为是伪造货币的行为。但也有人认为,这种说法人为地缩小了伪造货币罪成立的范围,事实上,行为人完全可能设计制作出外观上足以使一般人误认为是真实货币的假货币,特别是可能设计出所谓的外国货币。因此,不能排除后一种情况也是伪造货币的行为。

我认为,制造根本不存在的货币不能看作是"伪造"行为。因为伪造货币罪中的伪造行为是一种妨害货币管理制度的犯罪行为,它的本质在于"仿真制假",事实上,只有仿照真实币的伪造行为,才有可能对国家的货币管理制度造成破坏。如果行为人自行设计出并不存在的货币,比如200元面额的人民币,由于这种"制假"行为并不是以"仿真"为前提的,行为人所制造出来的"货币"实际上不可能使用,根本无法进入流通领域,也无法对国家的货币管理制度造成现实的危害。因而,伪造并不真实存在的货币不应该以伪造货币罪论处。从本质上看,行为人的这种制造行为不存在仿照的基础,完全是一种凭空的"创造",根本谈不上是"伪造"。但是,这种行为不构成伪造货币罪并不表明不可能构成其他犯罪,如果行为人用这种货币骗取他人财物,他的行为特征完全符合虚构事实、隐瞒真相的诈骗罪客观方面构成要件的,应当以诈骗罪论处。

司法实践中曾经发生过制造和使用"半真半假"货币的案件。比如说,甲伪造了一张假币,甲再拿一张真币,把假币和真币分别剪开,将一半的假币和一半的真币粘贴在一起,利用验钞机只认半边的特点,到自动存款机上大量地存款,这种半真半假的货币存进自动存款机后,甲的银行卡上的金额就相应地增加了。于是甲再到其他地方去取款。这类案件中,行为人利用验钞机"认半边"的特性,将真实的货币和伪造的货币对半拼接,通过验钞机的辨认,使金融机构的自动存款机信以为真而接受了这些货币。我要问的是制造这种"半真半假"的货币的行为究竟是伪造还是变造?(下讲台提问)

学生1:"变造。"

学生2:"我觉得应当是伪造吧。"

（回讲台）事实上，对这种制假行为的定性，理论和司法实践中存在不同的观点。有人认为，这种行为的性质属于伪造，因为这种"半真半假"的货币毕竟存在较大成分假币的内容。还有的人认为，这种行为的性质属于变造，因为这种"半真半假"的货币中存在一半真币的成分。

我的观点是对这种行为应当以变造货币罪来认定。首先，在这类"半真半假"的假币案件中，行为人实际上是利用了验钞机认半边的特性而实施了制造行为，也就是在制造出来的"半真半假"的货币中，行为人利用的是这种货币中真实的那一半。事实证明，验钞机之所以认可这种货币，完全是基于对这种货币中真实的那半边的判断，而不是由于对这种货币中虚假的那半边产生了误解。也就是说，这种货币能被市场接受的正是它真实的那一半。这种通过真实部分进行使用的行为的性质更加符合变造货币罪的特征，因为变造货币罪的本质特征就在于对真实货币进行改造。其次，"半真半假"的货币并没有"失去货币的同一性"。在没有"失去货币的同一性"的基础上所进行的制造，理应属于变造。我们之所以说"半真半假"的货币没有"失去货币同一性"，是有比较充分的依据的。除了验钞机认半边的构造机制本身可以说明外，在相关的金融业务规则中也可以找到佐证。在有关金融业务中，对由于自然灾害、人的过失等原因导致"票面撕裂、损缺，或因自然磨损、侵蚀，外观、质地受损，颜色变化，图案不清晰，防伪特征受损"等残缺货币的处理，按照 2004 年 2 月 1 日施行的《中国人民银行残缺污损人民币兑换办法》规定，能辨别面额，票面剩余四分之三（含四分之三）以上，其图案、文字能按原样连接的残缺、污损人民币，金融机构应向持有人按原面额全额兑换；能辨别面额，票面剩余二分之一（含二分之一）至四分之三以下，其图案、文字能按原样连接的残缺、污损人民币，金融机构应向持有人按原面额的一半兑换。也就是说，只要这个残缺货币的剩余部分在 50％ 以上，通常就可以获得兑换。这一规则充分表明，金融业务中事实上也是以 50％ 作为判断该货币是否"失去货币同一性"的标准。由于"半真半假"的货币中确实存在"半真"的部分，我们完全有理由认为这些货币没有"失去货币的同一性"。那么，在这个基础上所进行的制造行为，当然应该理解为是变造行为而不是伪造行为。值得注意的是，最高人民法院 2010 年发布了《关于审理伪造货币等案件具体应用法律若干问题的解释（二）》，其第 2 条规定："同时采用伪造和变造手段，制造真伪拼凑货币的行为，依照《刑法》第 170 条的规定，以伪造货币罪定罪处罚。"应当看到，司法解释的这一规定还是比较模糊的，如果在司法实践中严格按照这一规定处理案件，那么，对于那些制造真伪拼凑货币，但货币的绝大部分是真的，仅有极小一部分是假的的行为人则都应该以伪造货币罪论处，这显然不尽合理。我认为，司法解释理应进一步对制造真伪拼凑货币的行为进行细化规定，明确真伪货币在货币中所占的比例，并根据这一比例判断货币是否"失去货币同一性"，进而在这一基础上对行为人以伪造货币罪或变造货币罪定罪量刑。

最后，我们来看伪造货币罪的犯罪对象问题。伪造货币罪的犯罪对象有哪些呢？包不包括外币？包不包括境外货币？根据相关司法解释和金融法规，我国刑法中妨害货币管理制度犯罪的对象包括可在国内市场流通或者兑换的人民币和境外货币，但不包括有价证券、代币券。人民币是指中国人民银行依法发行的货币，包括纸币和硬币；境外货币，既包括我国香港、澳门、台湾地区的货币，也包括在我国境内可以流通或者兑换的外国货币。这里的外国货币是指在我国境内（香港特别行政区、澳门特别行政区及台湾地区除外）可收兑的其他国家或地区的法定货币。另外，因为在边贸活动中缅甸货币可自由兑换，缅甸货币也是伪造货币罪或出售假币罪的对象。

需要特别注意的是，有两类货币不能作为伪造货币罪的犯罪对象。一是不能在我国境内流通或者兑换的外国货币。它们因为不能在我国流通或者兑换，所以不属于我国货币管理制度调整的对象。就拿朝鲜货币来说吧，在过去的很长一段时间里，朝鲜对外贸易中多是以物易物，比如他们给我们大米，我们给他们煤炭，不用货币结算，也无法使用朝鲜货币跟别人交易。所以伪造朝鲜货币的，要按诈骗罪处理，而不能按伪造货币罪来认定。伪造货币罪侵害的是一个国家的货币管理制度，不能在我国境内流通或者兑换的货币不可能对我们国家的货币管理制度产生危害。二是在国内市场上既不能流通，又不能兑换的货币。比如已经停止使用、退出流通的古币、古钱、废钞或者已退出流通的第一套人民币、第二套人民币、外汇券等。

国内曾经发现多起用 1928 年以前老版小面额美钞改成特大面额美钞（一般是改成面额 100 万元、50 万元等），用来假投资、假买货以骗取财物的案件。1997 年 2 月 19 日中国银行在柜台发现一张用 1923 年版 1 元美钞（银币券）改成的 100 万美元大钞。实际上在美国历史上从来没有发行过 100 万元、50 万元大额美钞。再比如，国内不法分子利用已作废的旧钞行骗，主要是将旧的秘鲁货币说成是德国马克或秘鲁币。秘鲁货币过去名称叫"印蒂"（INTIS），面值有 10、50、100、500、1 000、5 000、10 000 和 50 000 印蒂，由于货币贬值，后来发行 10 万、50 万、100 万和 500 万面值的印蒂。这些货币早已停止流通，面额 5 000 印蒂以下小面额纸币，已于 1991 年 1 月 1 日停止流通，1991 年 11 月 12 日作废。1 万印蒂以上大面额（含 1 万印蒂）纸币也于 1994 年 9 月 1 日停止流通，但还有价值，可以 100 万比 1 的比例兑换新币。

关于伪造货币罪，还有一些问题需要特别注意。一是伪造货币罪的实行行为与预备行为的认定。伪造货币，不论是否完成全部印制工序，都可以构成伪造货币罪；对于尚未制造出成品，无法计算伪造、销售假币的面额的，或者制造、销售用于伪造货币的版样的，不认定犯罪数额，依据犯罪情节决定刑罚；行为人制造货币的版样或者与他人事前通谋，为他人伪造货币提供版样的，依照伪造货币罪定罪处罚。二是数罪并罚问题。对同一宗假币实施了刑法没有规定为选择性罪名的数个犯罪行为，择一重罪从重处罚。比如伪造货币后使用的，以伪造货币罪定罪，从重处罚。对不同宗假币实施了刑法没有规定为选择性罪名的数个犯罪行为，分别定罪，数罪并罚。

二、持有、使用假币罪

下面，我们来看一下持有、使用假币罪。所谓持有、使用假币罪，是指持有、使用假币,数额较大的行为。持有、使用假币罪规定于《刑法》第 172 条,具体内容是:明知是伪造的货币而持有、使用,数额较大的,处 3 年以下有期徒刑或者拘役,并处或者单处 1 万元以上 10 万元以下罚金;数额巨大的,处 3 年以上 10 年以下有期徒刑,并处 2 万元以上 20 万元以下罚金;数额特别巨大的,处 10 年以上有期徒刑,并处 5 万元以上 50 万元以下罚金或者没收财产。

首先,我们来看持有、使用假币罪的主观目的认定的问题。实践中,持有、使用假币行为的认定往往与主观目的的认定联系在一起。比如,行为人为证明自己的资信能力而持有或使用假币的行为,应该怎么来定性? 这一问题,从形式上看是如何判定"持有"和"使用"行为的内容,但从实质上说,仍然是持有或者使用假币者在主观上是否需要具备"进入流通的意图"。

有的学者认为,"使用"必须是将伪造的货币作为真币直接用于流通。如果不是这样,就不能构成"使用"。比如,将假币投入自动售货机的行为,应当看作是"使用";将伪造的货币作为注册资本向公司登记主管部门登记注册的,也是"使用"。而在行为人仅仅为了证明自己的资信能力或者证明自己有钱而向他人展示假币的,不能认定为"使用"。

还有的学者认为,"使用"并不是仅仅指将假币充当真币用于流通,也就是使伪造的货币现实地进入流通,如付账、汇兑、支付酬金等,还包括其他并不使伪造的货币进入流通的情形,比如,公民甲与公民乙签订合同时,以伪造的货币冒充真币向乙出示,以骗取对方信任。持这种观点的学者认为,立法打击使用假币的行为,不在于这种行为是否使假币进入了流通,而在于假币被当成真币使用,发挥了真币的作用,从而破坏了货币的信用,危害了交易安全,构成了对货币管理秩序的直接破坏。从这个意义上讲,"使用伪造的货币"可以进一步解释为:以伪造的货币冒充真币,以通用货币的通常用法加以利用的行为。

我同意第一种观点。我们前面说过,妨害货币管理犯罪的主观方面应当具有"意图进入流通"的目的,尽管刑法条文没有作出明确的规定,但是这一目的显然是所有妨害货币管理犯罪的构成要件。与伪造货币行为相比,持有、使用假币行为的社会危害性明显要小,既然伪造货币罪必须以"意图进入流通"为目的,那么持有、使用假币罪就更应该把这一目的作为必要要件,否则很难避免扩大打击面的情况出现。持有、使用假币罪的本质应该是使假币直接进入流通领域,从而充当像货币一样的一般等价物的作用。如果行为人出示假币并不是为了使假币充当如同货币的一般等价物作用,而仅仅是为了向他人炫耀或显示其经济能力,这并不是妨害货币管理犯罪中的"持有"或"使用"行为。对于这种使用假币的行为,如果构成其他犯罪的可以按其他犯罪论处。学者们所举的例子中,甲如果是以非法占有为目的,在出示假币、骗签合同后,骗取了乙的财物,对甲可以按合同诈骗罪论处。关于这一问题,日本刑法理论界也持相同观点。在他们看来,只是为了证明自己的信用能力而单纯向他人展示伪币的,由于并未置于流通而不是使用。另外,他们还认为,没有遵从货币的使用方法将伪币交付他人的,比如说作为标本赠与他人、作为商品卖给收藏家、单纯为了保管而寄托等等,也不属于使用。可见,持有、使用假币罪的"持有""使用"行为其实是与行为人的主观目的紧密相连的,我们不能用社会生活中的持有、使用行为的一般含义简单地进行套用。只有行为人主观上具有"进入流通的意图",我们才可以对他所实施的持有、使用假币的行为定罪。

其次,我们来分析一下如何认定持有、使用假币罪中的"持有"。持有、使用假币罪在客观行为方面的主要问题也就是怎么来认定"持有"。理论上一般认为,持有、使用假币罪中的"持有"概念是广义的,是指行为人将伪造的货币置于自己的支配和控制之下的一种持续性状态的行为,一般表现为携带于身边或藏放于某处或委托他人保管。这里需要注意三点:第一,行为人与伪造的货币在空间上的距离不影响持有行为的构成,"持有"并不一定要随身携带或放在家里,只要行为人对伪造的货币具有支配、控制权就是"持有";第二,行为人对伪造的货币的持有,在时间上应具有持续性,也就是说,行为人在一定时间内相对稳定控制、支配了假币;第三,行为人对伪造的货币的持有必须是非法持有。

一般情况下,只有当无法证明伪造的货币的真实来源和去向时,我们才对行为人以持有假币罪论处。如果有证据证明伪造的货币的真实来源和去向的,并且这种来源和去向的性质属于其他妨害货币管理的犯罪时,就不能以持有假币罪论处。也就是说,通过实施其他妨害货币管理的犯罪而持有假币,行为人的行为不构成持有假币罪,而构成其他相关的妨害货币管理的犯罪。比如伪造货币后持有的,构成伪造货币罪;为出售假币而持有的,以出售假币罪论处。最高人民法院在《全国法院审理金融犯罪案件工作座谈会纪要》中指出:"明知是伪造的货币而持有,数额较大,根据现有证据不能认定行为人是为了进行其他假币犯罪的,以持有假币罪定罪处罚;如果有证据证明其持有的假币已构成其他假币犯罪的,应当以其他假币犯罪定罪处罚。"这是因为持有行为是一种源于作为的占有、支配状态,只有在难以查清持有的真实来源和去向时,刑法所规定的持有行为才具有独立的意义。

一个常见的问题是,当行为人因为实施了抢劫、抢夺、盗窃等犯罪行为而持有了假币时,怎么来认定他的行为的性质? 有的学者认为,如果行为人对假币并非明知,盗窃假币后加以持有,情节严重的,可以按盗窃罪未遂论处。因为假币并不是财物,没有任何经济财产价值,不能成为盗窃罪犯罪对象意义上的财物。也就是说,对盗窃假币后的持有假币行为没有必要单独定罪,只要定盗窃罪未遂就可以了。

但我认为,这种观点是不正确的。从刑法理论上讲,行为人误将假币当作真币而抢劫、抢夺、盗窃的,属于对象不能犯,确实可以按抢劫、抢夺、盗窃罪的未遂来处理。但是,当行为人在抢劫、抢夺、盗窃后发觉是假币,仍然不上交国家而故意持有时,应当认定为持有假币罪。我们前面所讲的持有假币行为的被吸收,只能发生在行为人明知对象是假币而进行其他妨害货币管理制度的犯罪活动的情况下,比如说,行为人明知是假币而出售、购买或者运输,或者明知是假币而使用。这是因为在这种情况下,行为人在进行其他妨害货币管理制度的犯罪活动时,他持有假币的状况是必然发生的,这个时候,行为人持有假币行为理应被其他妨害货币管理制度的犯罪行为所吸收,这在刑法理论上属于不可罚的附随行为。而在误将假币当作真币实施抢劫、抢夺、盗窃的情形中,行为人的主观目的是为了取得真币,只是因为对象认识错误而取得了假币。如果行为人发觉是假币后仍然对假币加以持有的,他在主观上就产生了另一个犯罪故意,这个时候,行为人主观故意内容发生了变化,这个变化导致了抢劫、抢夺、盗窃行为与持有行为的分离。在这种情况下,行为人持有假币的行为也就不再是不可罚的附随行为了,当然就不能再适用吸收犯的原理,而应该对行为人的抢劫、抢夺、盗窃未遂行为和持有假币罪实行数罪并罚。

从前面这个问题,大家可能马上会联想到第二个问题:如果行为人明知是假币而实施抢劫、抢夺、盗窃的,又该怎么来认定呢,对于这个问题,司法实践和理论界也存在不同的看法。我认为,由于假币本身并没有财产价值,不能体现刑法规定的侵犯财产犯罪中的客体——公私财产所有权,因此,行为人明知是假币而抢劫、抢夺、盗窃的,当然不能构成抢劫、抢夺、盗窃罪。但是,我们应该看到,行为人明知是假币还实施抢劫、抢夺、盗窃的,说明他主观上存在利用假币进行其他犯罪活动的意图。我们以行为人为了出售假币而盗窃假币为例,在这种情况下,行为人盗窃假币的行为只是出售假币的预备行为,如果没有实际出售就遭案发的,应以出售假币罪的预备犯论处。但是,司法实践中,有时行为人实施妨害货币管理制度犯罪的目的很难加以确定,特别是在概括故意时,他要实施的犯罪的具体内容不明确,这种情况下,就应该以持有假币罪论处。当然,行为人实施抢劫、抢夺、盗窃假币行为时,侵犯了其他非财产性权益而构成犯罪的,对其他犯罪仍然需要定罪。比如抢劫时,侵犯到人身利益,定故意伤害或故意杀人罪;在盗窃时,侵犯了住宅的安宁的,定非法侵入住宅罪。

现实生活中,有些人持有的假币是通过接受馈赠、意外拾得、误收等途径获得的,这些途径并不是非法途径,有些来源还是合法的,对这种持有行为应当怎么定性?我认为,从理论上分析,行为人在明知是假币的情况下仍然持有,他的行为可以构成持有假币罪。但是,由于行为人获取假币的途径并不违法,说明他主观恶性程度较低,如果数额也不是特别大的,一般不以犯罪论处。

再次,我们来分析如何认定持有假币与使用假币行为的交叉的问题。司法实践中,经常出现持有假币与使用假币的交叉行为。通常情况下,行为人如果使用伪造的货币,必然是以实际持有伪造的货币为前提,但是由于使用行为的存在,他的持有行为就失去了独立成罪的基础,在这种情况下,我们对行为人只以"使用假币罪"论处就可以了。如果行为人在使用伪造货币数额较大的同时,还持有数额较大的伪造货币,我们对行为人的行为以"持有、使用假币罪"论处就可以了,没有必要数罪并罚。因为持有、使用假币罪是一个选择性罪名。

如果持有的假币数额较大,但使用的只是几百元,应该以持有假币罪定罪,使用假币的情况可以在法律文书中叙明,作为持有假币罪的量刑情节予以考虑。曾经发生过这样一个案件,2009 年 3 月 7 日李某在某市一商店购买香烟,当他拿出一张面值 100 元的伪造人民币付款时,被巡警当场抓获。从他身上另外查获伪造的人民币 40 张,每张面值 100 元。连同正在使用的假人民币 100 元,共计 4 100 元。这个案件中,李某既携带伪造的人民币，又使用伪造的人民币，但因为李某使用的假币只有100元，还没有达到使用假币罪"数额较大"的起点4000元，所以，对李某可以持有假币罪定罪，而使用假币只作为一个量刑情节来考虑。

如果使用假币的数额较大，但行为人身上除使用的假币外，只剩几百元假币的，应当以使用假币罪定罪，持有假币的行为作为使用假币罪量刑的情节予以考虑；如果行为人持有假币数额较大，但拿出其中一部分使用后，使用和持有的数额都没有到"数额较大"的，这种情况应当以持有假币罪处罚，使用假币的数额应累计为持有的数额，使用假币的行为作为量刑情节予以考虑。

对于以上各种情形，确定罪名的原则是，不能将持有的假币数额在使用后再重复计算数额。持有的数额使用后，只计算使用假币的数额，如果不够追究使用假币罪的，可以作为持有假币罪处罚时的量刑情节予以考虑。

最后，我们来分析出售、购买、运输假币与使用假币的罪数认定问题。司法实践中，经常发生行为人在出售、购买、运输伪造货币的同时，又实施了使用伪造货币行为的案件，对于行为人的这些行为是否应该实行数罪并罚？出售、购买、运输假币与使用假币的罪数认定也是一个存在争议的问题。

根据最高人民法院《关于审理伪造货币等案件具体应用法律若干问题的解释》规定，行为人购买假币后使用，构成犯罪的，依照《刑法》第171条的规定，以购买假币罪定罪，从重处罚。行为人出售、运输假币构成犯罪，同时有使用假币行为的，依照《刑法》第171条、第172条的规定，实行数罪并罚。

司法解释的这些规定，实际上将购买伪造货币行为与出售、运输伪造货币行为分别作了规定，如果购买行为与使用行为结合，对行为人只须按购买假币罪一罪论处；而如果出售、运输行为与使用行为结合，则以出售、运输假币和使用假币对行为人实行数罪并罚。对于前一种情况，在理论上和司法实践中不存在任何问题，因为，司法解释明确规定是购买假币后使用的，也就是说行为人使用的假币就是来自所购买的假币，在这种情况下，我们可以将行为人使用假币的行为看作是购买假币犯罪的当然结果，按牵连犯的原理，对行为人的行为按一重罪从重处罚是完全合理的。但是，对于后一种情况，我认为很值得讨论。由于司法解释并没有对行为人出售、运输的假币与使用的假币是否属于同一宗假币作出说明，因而在理解上就会产生分歧。我的观点是，如果行为人出售、运输的假币与使用的假币不是同一宗的，对行为人的行为实行数罪并罚是完全可以，因为，在这种情况下，行为人实际上既实施了出售、运输假币犯罪行为，又实施了使用假币犯罪行为，对他实行数罪并罚符合刑法基本原理。但是，如果行为人出售、运输的假币与使用的假币属于同一宗的，就不应该对他实行数罪并罚。因为，在这种情况下，行为人的行为实际上针对的是同一个对象，特别是在运输并使用的情况下，行为之间又具有延续性，如果对这些行为进行数罪并罚显然与刑法基本原理相悖。当然对于同一宗假币，很难出现出售和使用并存的情况。

三、高利转贷罪

接下来,我们来看高利转贷罪。所谓的高利转贷罪,是指金融机构将信贷资金高利转贷他人,违法所得数额较大的行为。高利转贷罪是我国 1997 年《刑法》设立的罪名,1979 年《刑法》没有规定这个罪。增设高利转贷罪与我国经济发展的背景密切相关:改革开放以后,随着经济的快速发展,资金需求也相应增加,由于国家宏观经济指导对信贷资金在使用规模、方向等方面的控制,局部范围内出现了信贷资金供不应求的矛盾。一些不法之徒为了牟取暴利,借机采用各种手段套取金融机构的信贷资金,高利转贷他人。这种行为严重扰乱了正常的金融秩序,破坏了我国金融业的健康发展。但是,由于我国刑法中缺乏相应的刑事惩治规定,致使这种行为得不到有效遏制。刑法修订时,针对实践中大量存在的滥用贷款的行为,许多有识之士提出应在我国刑法中增设滥用贷款罪。考虑到金融领域犯罪圈不宜过分扩大,我国 1997 年《刑法》只将高利转贷这一滥用贷款行为作为犯罪规定在条文中。

我们知道,金融机构发放贷款的时候是经过严格审查和精确计算的,并且在贷款发放后,还对贷款的使用情况进行跟踪。高利转贷行为,使贷款直接脱离了金融机构的控制。而且,一般情况下,转贷的利息肯定高于银行的贷款利息,否则你就是在为人民服务了。(全场笑)利息越高,意味着收回贷款的风险越大,而且,转贷者本人或者单位不可能对他人使用贷款的情况进行深入的调查,贷款一旦收不回就会导致金融机构的坏账。所以转贷牟利的危害是显而易见的,要用刑法进行调整。对此,我国《刑法》第 175 条规定:以转贷牟利为目的,套取金融机构信贷资金高利转贷他人,违法所得数额较大的,处 3 年以下有期徒刑或者拘役,并处违法所得 1 倍以上 5 倍以下罚金;数额巨大的,处 3 年以上 7 年以下有期徒刑,并处违法所得 1 倍以上 5 倍以下罚金。另外,《刑法》该条第 2 款还规定:单位犯前款罪的,对单位判处罚金,并对其直接负责的主管人员和其他直接责任人员,处 3 年以下有期徒刑或者拘役。关于这个罪名,我主要讲七个问题。

(一)对"套取"的认定

刑法有关高利转贷罪的规定明确将"套取金融机构信贷资金"作为构成犯罪的前提条件,怎么来理解这里的"套取"?对套取行为的认定在理论上有不同的意见。有学者认为,套取金融机构信贷资金,是指行为人不符合贷款的条件但以虚假的贷款理由或贷款条件,向金融机构申请贷款,并且获取由正常程序无法得到的贷款。也有学者从文义上对套取进行了分析,他们认为,"套"在字典中解释为"以计骗取",套取就应该是施以某种计谋骗取。根据字面上的意思,套取金融机构信贷资金应当理解为行为人虚构事实、伪造理由,比如谎报借款用途,采取担保贷款或者信用贷款的方式,向金融机构贷出人民币或外汇。也就是说,行为人以自己的名义编造借款理由向金融机构申请贷款,但不打算将贷款用于借款合同上所载明的用途,而是要非法高利转贷给他人。

套取行为表现出行为人贷款理由的虚假性和贷款行为的欺骗性。

我认为这里所谓"套取金融机构信贷资金",是指行为人在不符合贷款条件的前提下,以虚假的贷款理由或者贷款条件,向金融机构申请贷款,并且获取由正常程序无法取得的贷款。判断行为人的行为是否属于套取,关键要看行为人对于贷款的实际用途。根据相关法规的规定,行为人申请信贷资金,必须有正当的用途,符合贷款条件。事实上,借款人不按照正常的贷款用途使用贷款,就证明了他贷款的理由和贷款的条件都是虚假的。高利转贷罪行为人的目的是高利转贷,所以套取金融机构信贷资金是构成犯罪的必要要件。

1996年《贷款通则》规定了借款人的义务,具体包括:(1)应当如实提供贷款人要求的资料,应当向贷款人如实提供所有开户行、账号及存贷款余额情况,配合贷款人的调查、审查和检查;(2)应当接受贷款人对其使用信贷资金的情况和有关生产经营、财务活动的监督;(3)应当按借款合同约定用途使用贷款;(4)应当按借款合同约定及时清偿贷款本息;(5)将债务全部或部分转让给第三人的,应当取得贷款人的同意;(6)有危及贷款人债权安全情况的,应当及时通知贷款人,同时采取保全措施。显然,高利转贷罪的行为人违反了这些法定义务。

行为人还往往在《借款申请书》和《借款合同》中虚拟不真实条款,掩盖其贷款真实目的,并通过各种手段蒙蔽贷款人的调查、审批和检查套取信贷资金。因而套取还具有一定程度的欺骗性。

(二)对"高利"标准的认定

高利转贷罪的客观方面必须是套取信贷资金,高利转贷他人。如果只有套取信贷资金后的转贷行为,但转贷利率并不属于"高利"的,只属于一般违法行为,不构成高利转贷罪。多高的利息才算"高利"?"高利"标准的确定问题也是学界有争议的问题。

有一种观点认为,"高利"是指以高出金融机构贷款利率的较大比例转贷给他人,或者说"高利"是指行为人转贷他人所定利率远远高于他从银行或其他金融机构所套取的信贷资金利率。还有一种观点认为,"高利"是指将银行信贷资金以高于银行贷款的利率转贷他人。具体高出银行贷款利率多少,不影响高利转贷罪的成立。你们是怎么认为的呢?(下讲台提问)

学生1:"我同意第一种观点,因为我觉得应该要高出银行贷款利率很多才能叫'高利'。"

学生2:"我也觉得应该是要高很多。"

(回讲台)我认为,后一种观点才是正确的,即本罪中的"高利",并不能以"高利贷"的标准来衡量。理由主要有三点。

首先,从法律规定看,我国《刑法》第175条并没有要求高利转贷罪的行为人必须以高出金融机构贷款较多的利率转贷给他人,而只是指出高利转贷他人就可能构成犯罪。高利转贷罪中的"高利"与民间所称的"高利贷",虽然都是"高利",但两者有着根本的区别：民间高利贷的资金不属于金融机构，而高利转贷罪的资金是属于金融机构的；民间高利贷的高利贷者不关心资金的用途，而高利转贷罪的资金本应该属于专款专用，行为人却擅自改变资金的用途，侵犯了资金的使用管理制度；民间高利贷侵犯的仅仅是利率方面的管理制度，而高利转贷罪不仅侵犯了利率方面的管理制度，而且还侵犯贷款的发放和使用管理制度。所以，不能将民间高利贷中"高利"的标准适用于高利转贷罪的"高利"标准。

其次，从司法实践看，如果以民间高利贷的标准作为衡量高利转贷罪的"高利"标准，就可能导致对大多数转贷行为无法追究刑事责任的情况出现。因为，金融活动中一般人不会愿意付出这么高的贷款利息接受转贷款的，借款者如果真的愿意完全可以向民间贷款，又何必接受这种风险很高的转贷款呢？这样看来，以民间高利贷的标准作为衡量高利转贷罪的"高利"标准的观点，似乎与立法初衷不一致。

最后，从高利转贷罪的立法宗旨看，立法者之所以要将高利转贷行为规定为犯罪，是因为行为人通过转贷行为而谋取非法利益。法律明确规定，行为人是以"转贷牟利为目的"。行为人非法谋取利益，并非只能通过高出银行法定标准的利率来实现，只要行为人通过转贷赚取了差价，就是谋取了非法利益。这种赚取差价的方式与行为人以高于银行法定标准的利率进行转贷牟利，在危害性上并没有本质上的差别。实践中，有的单位编造理由，以较低的利息套取银行贷款，然后，再以银行规定的法定利率转贷给他人，如果数量巨大，仍然可能牟取到较大的非法利润，应该认定为构成高利转贷罪。而按照第一种观点，因为行为人没有采用高的利率就不能对他定罪处罚，这显然不利于惩治犯罪，不利于维护我国的金融管理秩序。实践中，行为人可能以高于银行贷款利率十几倍、二十几倍的利率将信贷资金转贷给他人，但因转贷额小，其违法所得仅几百元，或因行为人意志以外的原因，实际上没有收益，这种情况属"高利而违法所得较少"；行为人也可能以稍稍高于银行贷款的利率将信贷资金转贷给他人，因转贷数额巨大，他的违法所得可能有几万元，这种情况属"低利而违法所得较大"。如果认为贷款利率较高才是高利，那么对后一种情况就无法定罪，这不利于惩处犯罪。

所以说，我认为，高利转贷罪中"高利"不能以民间高利贷的标准作为衡量标准，而应该以金融机构同期贷款利率为标准，只要高于这一标准进行转贷，就可以看作是高利转贷。

（三）对"转贷牟利目的"的认定

解决了高利转贷罪的"高利"问题，我们再来看看"转贷牟利目的"的认定问题。根据刑法规定，高利转贷罪的行为人必须以转贷牟利为目的。由此可以看出，高利转贷罪属于目的犯，行为人只有在这种目的支配下实施转贷牟利行为才能构成犯罪。换句话说，行为人在主观方面表现为直接故意，并且要以转贷牟利为目的，间接故意和过失都不能构成高利转贷罪。如果行为人将从金融机构套取的信贷资金转贷给他人，但不具有转贷牟利的目的，比如只是想帮助他人摆脱困境等等，不能构成高利转贷罪。需要提醒大家的是,尽管高利转贷罪的行为人必须以转贷牟利为目的,但是,这一目的是否达到,不影响犯罪的成立。

此外,行为人转贷牟利目的产生的时间不应该成为影响高利转贷罪构成的因素。如果行为人在套取金融机构信贷资金前就产生转贷牟利的目的,自然可以构成高利转贷罪;如果行为人在套取金融机构信贷资金后产生转贷牟利目的,同样也可以构成高利转贷罪。首先,行为人转贷牟利目的产生的时间其实很难加以确认。如果我们强调在套取金融机构信贷资金后产生牟利目的,就不构成本罪,就会导致行为人以此为借口而逃脱刑法的制裁。特别是在司法实践中,要准确证实行为人转贷牟利目的产生的时间,不仅会增加司法成本,而且也根本没有办法证实。其次,转贷牟利目的产生的先后,对于套取金融机构信贷资金行为的认定并不会产生实质的影响。我们讲过,所谓套取金融机构信贷资金,是指行为人在不符合贷款条件的前提下,以虚假的贷款理由或者贷款条件,向金融机构申请贷款,并且获取由正常程序无法获得的贷款。由于高利转贷行为本质上属于滥用贷款行为,行为人在获取贷款后产生转贷牟利目的,实际上就证明了其获取金融机构贷款的行为就是一种套取,因为,将贷款用于转贷牟利绝对不可能成为行为人向金融机构申请获得贷款的理由。最后,高利转贷罪中行为人是否有套取的行为,在很大程度上是由行为人对贷款的实际用途来决定的。行为人在获取贷款后又加以转贷,足以说明其之前获取贷款理由的虚假性,从而说明行为人实施了套取金融机构贷款行为。

(四)用到期贷款进行高利放贷牟利的行为的定性

下面,大家来思考一个问题,对于行为人用到期贷款进行高利放贷牟利的行为还构成高利转贷罪吗?(下讲台提问)

学生1:"我觉得不应该构成吧。"

提问:"说说理由。"

学生1:"因为行为人并不存在套取资金的行为啊。"

学生2:"我也觉得不构成高利转贷罪。"

(回讲台)其实,在司法实践中,对于行为人用到期贷款进行高利放贷牟利的行为的定性,也有不同意见。我的看法是,这种情况下,行为人获得金融机构贷款使用权时是合法的,主观上并没有转贷牟利的目的,所以他获取金融机构贷款过程中确实不存在套取贷款的行为。但是当行为人在贷款到期后仍然故意不归还时,行为人已经不能合法地使用贷款了,这个时候,他如果出于转贷牟利目的实施了高利放贷,他的到期不还贷款的行为已经与套取贷款的行为没有两样了。也就是说,在行为人转贷牟利目的产生时,他到期不还贷款的行为与我们前面所讲的套取贷款的行为实际上没有本质的区别了。在转贷牟利目的的支配下,行为人继续拖欠金融机构贷款不还,实质上也还是套取资金的行为,这一点刚才那位同学没有认识到。因此,对于行为人用到期贷款进行高利放贷牟利的行为,同样应当以高利转贷罪追究他的刑事责任。

（五）利用自有资金高利转贷行为的认定

高利转贷罪是指行为人套取金融机构信贷资金,高利转贷他人的行为。如果行为人利用自有资金高利放贷给他人,属于正常借贷或拆借行为,当然不应构成本罪。但是,如果行为人先将自有资金高利放贷他人牟取非法利益,而后套取金融机构信贷资金弥补自身资金不足的,或套取金融机构信贷资金后,将该笔资金注入流动资金或者其他用途,而将自有资金抽出高利转贷他人的,该怎么来认定?

在我看来,这种行为实际上是变相的高利转贷行为,应当按高利转贷罪处理,理由主要有三点。

第一,行为人向金融机构贷款的行为与他实施的放贷行为是一种相向的行为,无论在行为人的主观上,还是在资金的实际走向上,都是不一致的。按照一般常识,行为人向金融机构贷款是在自有资金不足的情况下才会发生的,既然有自有资金放贷给他人,他就不需要也不应该再向金融机构申请贷款。除非其中存在利益问题,否则行为人不会实施这些思路不一致的行为。

第二,这些行为实际上只是在资金上做了一定的处理,在本质上与高利转贷的行为并没有什么不同。分析这些行为,我们不难发现,无论行为人是将自有资金高利转贷他人牟取利益,而后套取金融机构信贷资金弥补自身资金不足的,还是套取金融机构信贷资金后,将这笔资金注入流动资金或者其他用途,而将自有资金抽出高利转贷他人的,他的行为都是在以转贷牟利为目的的主观意志支配下实施的,由于资金本身属于种类物,实际上很难具体分清放贷给他人的资金与从金融机构中获取的贷款是否是同一笔资金。因此,这种行为实质上与套取信贷资金后直接高利转贷给他人没有实质上的区别,同样也会给金融机构的信贷安全带来危害。

第三,如果对于这些行为不以高利转贷罪处理的话,完全可能引导行为人利用这种具有很大隐蔽性和欺骗性的手段,实施高利转贷的行为,并规避法律的制裁。这种显失公平的做法,必然导致刑法有关高利转贷罪的条文形同虚设。

（六）对于将贷款余额高利转贷他人牟取非法利益行为的定性

司法实践中,对于行为人在贷款使用过程中,将贷款余额高利转贷他人牟取非法利益行为的定性,也有不同的意见。理论上有学者认为,这种情况是否构成高利转贷罪,关键看行为人主观方面的故意内容,在认定上要结合主观方面来分析有无套取信贷资金的行为。如果行为人在申请贷款时,对申请贷款的项目需要资金量有明确的认识,故意借机多报致使申请数额超过实际需要的资金量,而又有将多余资金用于放贷意图的,就符合了套取信贷资金的构成条件,属于套取信贷资金行为,之后行为人又高利转贷的,可以构成高利转贷罪。如果行为人在申请贷款时,按实际资金使用量如实申报,取得贷款后,由于情况发生变化,实际使用资金额远远少于申请额,行为人利用多余资金高利转贷的,由于不具有以转贷牟利的目的套取金融机构资金的行为,所以,虽然是高利转贷行为,也不构成高利转贷罪,对行为人可以按一般的金融违法行为处理。

我不赞同这些观点。我认为只要行为人产生转贷牟利的目的，并且将贷款余额用于高利转贷，达到犯罪程度的，都应当以高利转贷罪定性处罚。我们前面讲过，行为人转贷牟利目的产生时间的先后，不影响对行为人套取金融机构贷款行为的认定。行为人是否实际实施了套取金融机构贷款的行为，在很大程度上取决于行为人是否产生转贷牟利的目的，以及是否实施了高利转贷的行为。所以即使行为人在向金融机构申请贷款时具有正当的理由，或按实际资金使用量如实申报，取得贷款后又将贷款高利转贷出去，只要行为人产生了转贷牟利的目的，并实施高利转贷行为，就可以认定行为人之前获取金融机构贷款的行为是套取行为。因此，对于行为人将贷款余额高利转贷他人牟取非法利益行为的定性，只要违法数额或者违法次数达到构成犯罪程度，就应以高利转贷罪定罪处罚。

（七）对于内外勾结高利转贷牟利行为的定性

司法实践中，经常发生借款人与金融机构工作人员勾结，利用金融机构工作人员的职务之便，为借款人获取低息贷款，并高利转贷给他人的案件。在这些案件中，金融机构工作人员常常因自己所起的作用而以各种名义分得一些利益。对于这种内外勾结高利转贷牟利行为的定性，理论上与实践中也有不同的看法。

我认为，对于内外勾结套取金融机构贷款并高利转贷的行为，应当根据案件的具体情况进行分析。

如果借款人利用金融机构工作人员的职务之便，在套取金融机构贷款后，实施高利转贷行为，金融机构工作人员虽然获取了利益，但没有参与实际转贷行为的，对于金融机构工作人员应以受贿罪（或非国家工作人员受贿罪）论处。因为在这种情况下，金融机构工作人员是因为利用了自己的职务便利为借款人套取了贷款，而接受了借款人的财物，他的行为特征完全符合受贿罪（或非国家工作人员受贿罪）的构成要件。对于借款人，应当以高利转贷罪追究他的刑事责任。

如果金融机构工作人员与他人事先约定高利转贷事宜，然后利用第三人的名义套取贷款，并实施高利转贷获取转贷利益的，对于金融机构工作人员应以受贿罪（或非国家工作人员受贿罪）论处。因为在这种情况下，尽管金融机构工作人员在形式上获取了高利转贷的利益，而实际上他是在相关金融业务活动中收受他人财物。其中的第三人完全是金融机构工作人员实施犯罪行为的工具，通过第三人名义的贷款，金融机构工作人员才能获得所谓"转贷的利益"。可见，在这种情况下，金融机构工作人员的行为性质，应该是以获取转贷利益的名义行收受他人贿赂之实。

如果借款人与金融机构工作人员事先通谋，利用金融机构工作人员的职务之便，共同套取贷款并转贷牟利的，对于金融机构工作人员及借款人都可以按高利转贷罪定性处罚。因为在这种情况下，借款人与金融机构工作人员具有共同的故意和共同的行为，他们的行为特征又完全符合高利转贷罪的构成要件。虽然金融机构工作人员的行为在形式上也符合挪用公款（或挪用资金）罪的某些构成要件，但是，由于他们的行为毕竟都发生在申请贷款和使用贷款过程中,显然与利用职务之便挪用本单位或者客户资金的行为有很大区别。

应该看到,在高利转贷罪中,套取金融机构信贷资金的行为人必须同时也是高利转贷给他人的行为人,也就是说,套取者与转贷者是同一人。如果金融机构工作人员将本单位或者客户资金以个人名义借贷给他人,由于金融机构工作人员不能成为申请贷款的主体,因而他的行为完全属于挪用性质,对金融机构工作人员的行为就应该按挪用公款罪(或挪用资金罪)论处。

四、骗取贷款罪

在高利转贷罪设立之后,其他滥用贷款的行为还在发生,怎么办?很多人主张在高利转贷罪之外增设滥用贷款的犯罪,因此,《刑法修正案(六)》第10条以《刑法》第175条之一专门规定了一个新的犯罪,就是骗取贷款、票据承兑、金融票证罪。骗取贷款、票据承兑、金融票证罪是一个选择性罪名。具体内容是,以欺骗手段取得银行或者其他金融机构贷款、票据承兑、信用证、保函等,给银行或者其他金融机构造成重大损失的,处3年以下有期徒刑或者拘役,并处或者单处罚金;给银行或者其他金融机构造成特别重大损失或者有其他特别严重情节的,处3年以上7年以下有期徒刑,并处罚金。我们今天仅仅探讨其中的骗取贷款罪的相关问题,对于骗取贷款罪,我主要讲三个问题。

(一)骗取贷款罪设立的必要性

首先我们来了解一下这个罪名独立成罪的必要性。我们知道,近年来社会生活中大量出现以虚假的手段骗取贷款的情况,特别是有些人多次以各种方式骗取金融机构的贷款进行滥用,数额从几百万元、几千万元到上亿元、十多亿元,严重地危害了金融机构的资金安全。在这之前,我国刑法有关贷款方面的犯罪主要有贷款诈骗罪和高利转贷罪。按照刑法条文的规定,贷款诈骗罪的行为人必须以非法占有为目的,而高利转贷罪的行为人必须以转贷牟利为目的。也就是说,当时的刑法只处罚以非法占有为目的的贷款诈骗行为和以转贷牟利为目的的滥用贷款行为,对于其他骗用贷款的行为,由于现行刑法中没有专门的规定,没有办法对这些行为用刑罚加以惩罚。即使造成严重后果,一般也只能按照贷款纠纷加以处理。就像《全国法院审理金融犯罪案件工作座谈会纪要》中所指出的:"对于合法取得贷款后,没有按规定的用途使用贷款,到期没有归还贷款的,不能以贷款诈骗罪定罪处罚;对于确有证据证明行为人不具有非法占有的目的,因为不具备贷款的条件而采取了欺骗手段获取贷款,案发时有能力履行还贷义务,或者案发时不能归还贷款是因为意志以外的原因,如因经营不善、被骗、市场风险等,不应以贷款诈骗罪定罪处罚。"

对于这一状况,在金融界、刑法理论和实务界,都有人提出了不同的建议和意见。他们认为,刑法中的贷款诈骗罪在主观要件上必须有非法占有的目的,而现实生活中存在的大量的贷款诈欺行为由于非法占有目的很难证明,导致无法追究这些人的刑事责任,这会使我国的金融机构在国际资本市场的竞争中处于不利的地位。还有人指出,对于经济欺诈犯罪,发达国家的刑法大多采用非目的犯的立法方式,不要求行为人必须具备非法占有目的,比如作为大陆法系典范的《德国刑法典》在第 256 条 B 规定了信贷诈欺罪,只要行为人在关于信贷条件的许可、放弃或变更的申请中,就有利于贷款人且对其申请的决定具有重要意义的经济关系提出不真实或不完全的资料,如收支平衡表、赢利及亏损账目、资产摘要或鉴定书,或以书面形式作不真实或不安全的报告;或未在附件中说明资料或报告所表明的经济关系的恶化,而其对申请的判断又非常重要的,处 3 年以下自由刑或罚金。可见,《德国刑法典》对贷款欺诈行为所设计的犯罪圈远远大于我国刑法,只要行为人在贷款申请中虚构了事实或隐瞒了真相,没有必要证明非法占有的目的,即使行为人主观上只是为了一时的占用,都构成信贷诈欺罪。他们因此提出,我国刑法不仅应当处罚以非法占有为目的的贷款诈骗行为和以转贷牟利为目的的高利转贷行为,还应该将一时占用的贷款诈欺行为犯罪化。

这些观点从不同侧面提出了修正刑法原有规定的要求。骗取贷款罪的设立正是为了满足理论和实践中的这些要求,明确将骗取贷款的行为纳入了刑法调整的范围,从而弥补了现行刑法中只有贷款诈骗罪和高利转贷罪的不足。

接下来,我们来讨论一下设立骗取贷款罪会不会对其他贷款类犯罪产生影响?这主要是指对原先规定的两个罪名——高利转贷罪和贷款诈骗罪的影响。有人错误地认为,骗取贷款行为犯罪化了,贷款诈骗罪就将取消。事实上,无论在理论上还是在实践中,贷款诈骗和骗取贷款都是有本质区别的,关于它们的区别后面我会专门讲述。我认为虽然骗取贷款罪从实质上看与高利转贷罪一样,也是一种占用贷款的行为,但是我们前面分析过,正是因为骗取贷款行为的社会危害性很大,而原有的两个罪名无法适用,刑法才将以欺骗手段获取金融机构的贷款加以滥用,严重危害金融管理秩序和金融安全的行为犯罪化。所以将骗取贷款的行为犯罪化,不应该影响司法实践中对高利转贷罪和贷款诈骗罪的认定和处罚。

(二)骗取贷款罪的主观方面

有人认为骗取贷款罪主观方面是过失。我认为骗取贷款罪的主观方面只能由故意而不能由过失构成。

首先,从法条所处的位置上看,骗取贷款罪是以《刑法》第 175 条之一的形式设立,而《刑法》第 175 条规定的高利转贷罪,在主观方面是以转贷牟利为目的,所以骗取贷款罪理所当然为故意。同时《刑法》第 175 条与第 175 条之一所规定的法定刑完全相同,这在很大程度上证明立法者的原意是将骗取贷款罪以故意犯罪而不是以过失犯罪来规定。

其次,《刑法》第 175 条之一规定的骗取贷款罪虽然没有犯罪目的的强调,这并不意味着骗取贷款罪的行为人实施犯罪行为不具有目的。事实上,从立法的背景以及设置骗取贷款罪的目的意义上分析,不难发现,行为人实施骗取贷款罪的目的就是除"转贷牟利"及"非法占有"等目的之外的其他的滥用贷款的目的。

再次,从骗取贷款罪的行为手段分析,刑法明文规定,骗取贷款罪的行为是"以欺骗手段取得银行或者其他金融机构贷款",行为人的主观方面不可能包含过失。在行为人明知自己是在用欺骗手段获取银行或其他金融机构贷款的情况下,很难想象他在主观上可能存在过失。

最后,从骗取贷款罪的结果上看,刑法规定构成骗取贷款罪必须造成重大损失,因此,骗取贷款罪行为人的主观方面不能完全排除间接故意存在的可能,因为行为人在以欺骗的手段获取金融机构的贷款后,对于自己的骗取行为所导致的重大损失确实可能存在希望或者放任的心理状态。

(三)骗取贷款罪与高利转贷罪、贷款诈骗罪

从开始介绍骗取贷款罪起,我们就一直把它与高利转贷罪和贷款诈骗罪进行着比较。现在,我要专门谈谈骗取贷款罪与高利转贷罪和贷款诈骗罪之间的界限。骗取贷款罪、高利转贷罪与贷款诈骗罪在骗取贷款的行为方式上应当是相同的,都可以包括编造引进资金、项目等虚假理由,使用虚假的经济合同,使用虚假的证明文件等等。

我认为,骗取贷款罪与贷款诈骗罪之间在行为方式上存在一定的相似性,然而两者最根本区别就在行为人的主观目的上。构成骗取贷款罪,行为人主观上是以非法使用贷款为目的,即行为人以不按照相关法律的规定滥用贷款作为主观上的目的;而构成贷款诈骗罪,行为人主观上必须具有非法占有贷款的目的。换言之,行为人以非法占有为目的,采取相应的手段骗取贷款,则构成贷款诈骗罪;若行为人以非法使用为目的骗取贷款,则构成骗取贷款罪。除此之外,在犯罪主体上,自然人和单位都能构成骗取贷款罪,而贷款诈骗罪只能由自然人构成。

骗取贷款罪与高利转贷罪在获取金融机构贷款的手段以及法定刑的设置等许多方面都具有很多相似之处。骗取贷款罪与高利转贷罪的最大区别是行为人的主观目的不同。骗取贷款罪不要求行为人具有特殊的主观目的,而高利转贷罪则要求行为人必须具有转贷牟利的目的。因此我认为,骗取贷款罪和高利转贷罪是一种包容型法条竞合关系,骗取贷款罪的范围要比高利转贷罪的范围要大。高利转贷罪是特别法条,骗取贷款罪是普通法条,以转贷牟利以及非法占有目的之外的其他的滥用贷款的行为都可以按照骗取贷款罪来认定。

高利转贷罪与贷款诈骗罪的最大区别是主观上是否具有非法占有的目的。如果行为人以占有为目的骗取了贷款以后,放弃了占有目的转而实施了高利转贷行为的,怎么来认定?(下讲台提问)

学生1:"我觉得应该以贷款诈骗罪和高利转贷罪数罪并罚吧。"

学生2:"我的观点和前面那位同学一样。"

(回讲台)其实,这就是我们通常讲的放弃高位犯罪实施低位犯罪的情形。我认为,数罪并罚是不妥当的,如果按照贷款诈骗罪与高利转贷罪数罪并罚,就是对行为人骗取银行贷款的行为重复评价了。如果仅仅按照高利转贷罪来认定,又无法体现当初

贷款诈骗罪故意的实际状况。我的观点是按照高位犯罪的中止来认定,把高利转贷的行为作为贷款诈骗造成损害的中止来理解。这么处理的好处在于,它既体现了高位犯罪的基本情况,对他能犯而不犯的这一状态进行了肯定,更重要的是,通过中止的认定,把低位犯罪的情况也考虑进去。因为犯罪中止有两种情形:一种是造成损害的中止;一种是没有造成损害的中止。所以对这种情况应当按照已经造成损害的贷款诈骗罪的中止来认定。

好,这一讲的内容我就介绍到这,下一讲我们将继续学习破坏社会主义市场经济秩序罪的内容。

第四讲

破坏社会主义市场经济秩序罪(二)

在这一讲中,我们继续学习破坏社会主义市场经济秩序罪的相关内容。

五、非法吸收公众存款罪

首先,我们来看非法吸收公众存款罪。所谓的非法吸收公众存款罪,是指非法吸收公众存款或者变相吸收公众存款,扰乱金融秩序的行为。我国 1979 年《刑法》并未规定非法吸收公众存款罪,这是因为,当时我国经济体制尚处于计划经济时代,国家对货币流通和投资行为存在严格管制,货币或资本的流动受到严格限制,非法吸收存款的行为没有存在的土壤。近年来,随着我国经济体制改革的迅速发展,尤其是社会主义市场经济的逐步确立,人们手中持有的货币增多,资金的融通和资本的流动成为生产经营发展的推动力。一些个人或单位(主要是民营企业或乡镇企业等得不到国家资金扶持的单位)为募集企业资金以扩大企业规模,发展生产或经营,提高企业竞争能力,但又苦于得不到国家金融机构扶持时,就开始擅自采取吸收公众资金,或者变相吸收公众资金的方法来募集资金;而一些金融机构在激烈的竞争中,为最大限度地获取本部门利益,也往往采取非法的手段吸纳公众存款,以增强本机构的投放贷款的能力,获取更大的利润。

有鉴于此,《商业银行法》第 11 条规定,未经国务院银行监督管理机构批准,任何单位和个人不得从事吸收公众存款等商业银行业务,任何单位不得在名称中使用"银行"字样。同时,该法第 47 条规定,商业银行不得违反规定提高或降低利率以及采用其他不正当手段,吸收存款,发放贷款。与这些规定相协调,同年,全国人大常委会通过了《关于惩治破坏金融秩序犯罪的决定》,其中第 7 条明文规定:"非法吸收公众存款或者变相吸收公众存款,扰乱金融秩序的,处 3 年以下有期徒刑或者拘役,并处或者单处 2 万元以上 20 万元以下罚金;数额巨大或者有其他严重情节的,处 3 年以上 10 年以下有期徒刑,并处 5 万元以上 50 万元以下罚金。单位犯前款罪的,对单位判处罚金,并对直接负责的主管人员和其他直接责任人员,依照前款的规定处罚。"从此,正式确立了非法吸收公众存款罪的罪名。1997年《刑法》对该《决定》这一规定的内容全部采纳，未作改动。关于这个罪名，我主要讲六个问题。

（一）非法吸收公众存款罪主体资格的认定

理论上一般认为，所谓"非法吸收公众存款"，包括两种情况：一是行为人不具有吸收公众存款的法定主体资格而吸收公众存款，比如个人私设银行、钱庄，企事业单位私设银行、储蓄所等，非法办理存款贷款业务，吸收公众存款；另一种情况是，行为人虽然具有吸收公众存款的法定主体资格，但采取非法的方法吸收公众存款，比如有些商业银行和信用合作社，为了争揽客户，以擅自提高利率或在存款前先支付利息等手段吸收公众存款。

但是，有的学者认为，"非法吸收公众存款"仅仅是指无主体资格的非法金融机构吸收公众存款的情形，而有吸收公众存款主体资格的金融机构采用提高利率等不正当手段吸收公众存款的行为，不属于本罪的"非法吸收公众存款"。因为，国务院发布的《非法金融机构和非法金融业务活动取缔办法》第4条第2款规定，"非法吸收公众存款"是指未经中国人民银行批准，向社会不特定对象吸收资金，出具凭证，承诺在一定期限内还本付息的活动；"变相吸收公众存款"是指未经中国人民银行批准，不以吸收公众存款的名义，向社会不特定对象吸收资金，但承诺履行的义务与吸收公众存款性质相同的活动。该行政解释把经过批准设立的金融机构采用提高利率等不正当手段吸收公众存款的行为，排除在本罪的"非法吸收公众存款"的行为方式之外。在对刑法的同一规定的学理解释与行政解释相矛盾的情况下，应以行政解释为准。

我认为，这位学者的观点值得商榷。因为它混淆了擅自设立金融机构罪与非法吸收公众存款罪的界限。国务院1998年7月13日发布的《非法金融机构和非法金融业务活动取缔办法》，并未把有吸收公众存款主体资格的金融机构采用提高利率等不正当手段吸收公众存款的行为，排除在本罪的"非法吸收公众存款"的行为方式之外。该办法只说明了"非法吸收公众存款"是指未经中国人民银行批准而擅自吸收。它是针对吸收存款而言的，并非是指未经批准而擅自设立的金融机构吸收存款。因此，不能把"未经中国人民银行批准而擅自吸收存款"理解为"未经中国人民银行批准而擅自设立的金融机构吸收存款"。因此，这位学者认为行政解释与学理解释矛盾的看法是没有依据的，其实两种解释并没有本质的不同。

（二）对非法吸收公众存款罪中的"公众"的界定

根据2010年最高人民法院颁布的《关于审理非法集资刑事案件具体应用法律若干问题的解释》第1条规定，非法吸收公众存款罪的主体包括单位，但是，对于该罪对象"公众"是否包括单位，理论和实践中争议很大。我认为，非法吸收公众存款罪中的"公众"不包括单位，理由主要有四点。

第一，从立法原意本身来看，非法吸收公众存款罪中的"公众"是不包括单位的。从法律用语本身来看，刑法中的"公众"并不包括单位。刑法中涉及公共或者公众的罪名主要有两类:危害公共安全类犯罪和危害公共卫生类犯罪。而危害公共安全类犯罪中的"公共安全"就是指不特定多数人的生命、健康或者财产的安全,所以很明显,这里所说的"公共安全"就是指自然人的生命、健康及财产的安全,而不是指单位的安全。另外,《刑法》第185条之一第2款规定,"社会保障基金管理机构、住房公积金管理机构等公众资金管理机构……依照前款的规定处罚",从该款规定中可以看出,此处公众资金管理机构中的"公众资金"指的是社会保障基金及住房公积金,而社会保障基金和住房公积金都是由自然人负责缴纳的,即使单位缴纳也仅是为单位中的自然人缴纳,而单位本身是不需要缴纳社会保障基金及住房公积金的。也就是说,此处的"公众"指的是缴纳社会保障基金及住房公积金的自然人,而不包括单位。而且,现在越来越多的人不断提出,应增加单位作为非法吸收公众存款罪的对象,从这一点我们也可以看出,没有把单位纳入非法吸收公众存款罪"公众"的范围,也是非法吸收公众存款罪的立法原意。如果需要根据现今社会的发展变化扩大本罪的对象,则只能通过立法的方式对相关刑法条文进行修改,而不能通过司法解释或立法解释,更不能通过学理解释来改变立法的原意。

第二,从相关司法解释的规定来看,非法吸收公众存款罪中的"公众"是不包括单位的。2001年1月21日最高人民法院发布的《全国法院审理金融犯罪案件工作座谈会纪要》的第2条第2项以及2010年5月7日最高人民检察院、公安部发布的《关于公安机关管辖的刑事案件立案追诉标准的规定(二)》的第28条都规定:"具有个人非法吸收或者变相吸收公众存款20万元以上的;或者个人非法吸收或者变相吸收公众存款30户以上等情形的,可以按非法吸收公众存款罪定罪处罚。"这些解释所规定的"30户"的"户"字也充分说明了非法吸收公众存款的对象只能是自然人,而不能是单位。只有自然人才以"户"作为计算单位,单位并不以"户"作为计算单位。此外,在现实生活中,涉及单位的资金拆借的数额往往是比较大的,如果说这些解释中所规定的"20万元以上存款"包含单位存款的话,那就几乎不存在入罪的"门槛"了,刑法的打击面也就太广了,这完全与刑法的谦抑性相悖。所以,无论是根据2001年的司法解释,还是根据最新的司法解释,非法吸收公众存款罪中的"公众"都是不包括单位的。

第三,从相关民事或行政法律法规对单位与自然人之间以及自然人与自然人之间借贷的规定来看,非法吸收公众存款罪中的"公众"也是不包括单位的。2015年8月6日最高人民法院发布的《关于审理民间借贷案件适用法律若干问题的规定》第1条规定:"本规定所称的民间借贷,是指自然人、法人、其他组织之间及其相互之间进行资金融通的行为。"由此可见,我国法律法规对于自然人与单位之间借贷的法律规制是非常宽松的,甚至几乎没有限制。显然,我国民事、行政法律法规对单位与自然人之间借贷的法律规制要远远宽松于自然人与自然人之间借贷的法律规制。那么,既然连民事、行政法律法规对自然人与单位之间的借贷都几乎不作规制,刑法也就更没有必要将其纳入评价的范围了。

第四,根据"二次违法"理论,非法吸收公众存款罪中的"公众"也不应该包括单位。非法吸收公众存款罪属于法定犯,如果要构成本罪,就必然存在"二次违法"的情形,而从现有的民事、行政及金融法规的规定来看,并没有关于吸收单位存款违法的相关规定,从而也就不存在"二次违法"的前提了。由此也可以推出,非法吸收公众存款罪中的"公众"是不包括单位的。

(三)非法吸收公众存款与变相吸收公众存款行为

根据国务院1998年7月13日发布的《非法金融机构和非法金融业务活动取缔办法》第4条第2款的规定,所称非法吸收公众存款,是指未经中国人民银行批准,向社会不特定对象吸收资金,出具凭证,承诺在一定期限内还本付息的活动;所称变相吸收公众存款,是指未经中国人民银行批准,不以吸收公众存款的名义,向社会不特定对象吸收资金,但承诺履行的义务与吸收公众存款性质相同的活动。

值得注意的是,根据2003年12月27日第十届全国人大常委会第六次会议通过的《银行业监督管理法》(已于2006年10月31日修订)第2条的规定,国务院银行业监督管理机构负责对全国银行业金融机构及其业务活动监督管理的工作。因此,国务院银行业监督管理机构取代中国人民银行成为金融业务的监管主体。同时,这次会议也对1995年通过的《商业银行法》(已于2015年8月29日再次修订)进行了修正,修正后的该法第3条规定,商业银行可以经营吸收公众存款业务,但应当报国务院银行业监督管理机构批准。该法第81条规定,未经国务院银行业监督管理机构批准,擅自设立商业银行,或者非法吸收公众存款、变相吸收公众存款,构成犯罪的,依法追究刑事责任;并由国务院银行业监督管理机构予以取缔。

同时,根据最高人民法院《关于审理非法集资刑事案件具体应用法律若干问题的解释》第1条的规定:"违反国家金融管理法律规定,向社会公众(包括单位和个人)吸收资金的行为,同时具备下列四个条件的,除刑法另有规定的以外,应当认定为刑法第一百七十六条规定的'非法吸收公众存款或者变相吸收公众存款':(一)未经有关部门依法批准或者借用合法经营的形式吸收资金;(二)通过媒体、推介会、传单、手机短信等途径向社会公开宣传;(三)承诺在一定期限内以货币、实物、股权等方式还本付息或者给付回报;(四)向社会公众即社会不特定对象吸收资金。"

分析这些规定,我们不难看出,非法吸收公众存款与变相吸收公众存款的共同特征在于,吸收存款行为的非法性和吸收对象的不特定性。

这里所谓的非法性,是指吸收存款的行为未经批准,按照相关法律规定,任何向公众集资或吸收存款的行为,都必须经过国务院银行业监督管理机构批准,未经批准,即为非法。由于存款业务是金融机构的重要金融业务,目前,我国对存款业务经营实行特许制,即必须是经过国务院银行业监督管理机构审核批准,具有存款经营业务范围的金融机构才能开展存款业务。商业银行等金融机构合法吸收公众存款的行为,对于国家实现对国民经济的宏观调控、稳定物价、保证储户存款的保值增值,具有十分重要的作用。而非法吸收公众存款或变相吸收公众存款的行为人,无视国家有关存款法律制度的禁止性规定,采取提高利率等方式,与银行争资金,将大量资金集中于个人控制之下,形成在吸收存款上的不正当竞争,破坏了利率的统一,影响了币值的稳定,给金融秩序带来巨大的威胁,也给广大储户带来巨大的风险。理论上有人还认为,这里的非法性包括另外一种情况,即具有吸收公众存款业务经营权的金融机构采取非法方式进行吸收存款的行为。正如某些学者所说的,这种行为属于广义的非法吸收公众存款的行为。

这里所谓的对象不特定性,是指吸收公众存款的行为人是向社会不特定对象吸收资金,即行为人开展非法吸收存款业务是面向不特定多数人的,而不是限于特定对象。需要注意的是,对于在企业内部的入股、集资行为,由于其对象是特定少数个人或单位内部成员,而且,其形式也不是以存款的形式进行,因而不属于吸收"公众"存款,对这些行为一般不以本罪论处。

但是有两种特殊情况,希望大家掌握。2014年"两高"、公安部印发的《关于办理非法集资刑事案件适用法律若干问题的意见》指出,在向亲友或者单位内部人员吸收资金的过程中,明知亲友或者单位内部人员向不特定对象吸收资金而予以放任的或是以吸收资金为目的,将社会人员吸收为单位内部人员,并向其吸收资金的,也应当认定为向社会公众吸收资金,也即向社会不特定对象吸收资金。

大家还需要注意的是,非法吸收公众存款罪理应具有"非法吸收"的行为,如果行为人获取公众存款的手段是合法的,就不可能构成非法吸收公众存款罪。理论上有人认为,有资格吸收公众存款的金融机构依法吸收公众存款后,在公众有权提取存款时不允许公众提取存款的行为,也是非法吸收公众存款的表现形式之一。我认为,这个观点值得商榷。尽管拒绝公众提取存款的行为与非法吸收公众存款的行为,在控制和使用公众存款这一点上基本相同,但是,吸收存款和拒绝提款还是有本质区别的,刑法设立非法吸收公众存款罪主要针对非法吸收行为,而并非是针对拒绝提款行为,也即本罪中的"非法"是相对吸收而言,而不是相对支付存款而言的。行为人出于各种原因,违反法律规定拒绝支付应该支付的公众存款,完全属于民事侵权行为,但由于其吸收公众存款的行为是合法的,因而,不能以非法吸收公众存款罪定罪处罚。

(四)委托理财与非法吸收公众存款行为

所谓委托理财业务,又叫作受托投资管理业务。这里所谓投资,是指作为经济行为主体的法人或自然人以获得未来收益为目的,预先垫付一定数量的资金或资源来经营某项事业的行为;所谓理财,就是指资金的筹措与使用。由这些概念分析,我们可以清楚地看到投资不同于理财:投资是经过决策并通过一定的投入来达到投资目的的行为,理财是为使投资达到收益最大化所采取的方法和手段;投资是一种行为过程,理财则是一种管理技巧。由于委托理财业务活动中客观存在投资的内容,因而,司法实践中常常容易与吸收公众存款行为混淆。

2014年7月29日修订的《证券公司监督管理条例》第45条规定:"证券公司可以依照《证券法》和本条例的规定,从事接受客户的委托、使用客户资产进行投资的证券资产管理业务。投资所产生的收益由客户享有,损失由客户承担,证券公司可以按照约定收取管理费用。证券公司从事证券资产管理业务,应当与客户签订证券资产管理合同,约定投资范围、投资比例、管理期限及管理费用等事项。"同时,该条例第 46 条规定:"证券公司从事证券资产管理业务,不得有下列行为:(一)向客户做出保证其资产本金不受损失或者保证其取得最低收益的承诺;(二)接受一个客户的单笔委托资产价值,低于国务院证券监督管理机构规定的最低限额;(三)使用客户资产进行不必要的证券交易;(四)在证券自营账户与证券资产管理账户之间或者不同的证券资产管理账户之间进行交易,且无充分证据证明已依法实现有效隔离;(五)法律、行政法规或者国务院证券监督管理机构禁止的其他行为。"

应该看到,目前在我国资本市场上,部分证券公司为获取他人的资金,常常开展一些以保本付息承诺为前提的委托理财活动。其具体运作过程是,证券公司以给予固定回报或高于银行同期储蓄存款利率数倍的承诺为前提,通过与客户签订名为资产管理合同等方法吸引客户投入资产,再以证券公司自己的名义将该资产投入证券市场从事股票、债券等金融工具的组合投资,实现自己收益最大化。

我认为,这种保本付息的所谓委托理财活动,其实已经脱离了委托理财的内在含义,与委托理财的本质特征也不相符合,其实质是变相的非法吸收公众存款行为,理由主要有三点。

第一,在保本付息的活动中不存在委托关系。保本付息的行为虽然形式上也存在所谓的委托,但是,证券公司与客户之间实质上不存在委托代理关系。也就是说,在保本付息的活动中,证券公司与客户之间签订的资产管理合同不是真正的委托代理协议,其实质是证券公司向客户约定到期兑现的承诺书。正因为证券公司与客户之间不存在委托关系,因此,保本付息活动不具有委托理财的最本质的特征。

第二,在保本付息活动中的投资行为并未体现客户的意愿。保本付息的活动中,证券公司在取得客户投资的资产后,完全是以自己名义进行对外投资的,投资方法和投资时机等都是由证券公司自己决策或决定的,这种活动体现的是证券公司的意愿,而并没有体现客户的意愿。也就是说,在这些活动中,客户关注的是证券公司向其所作出的承诺,但并不关心证券公司如何使用其投入的资产。由于体现客户意愿是委托理财内在的应有之意,因此,保本付息活动难以归入正常的委托理财业务范围之中。

第三,客户在保本付息活动中并不承担投资风险。正如我们前面讲到的,委托理财的重要特征之一在于客户须承担投资风险,但是,在保本付息活动中,由于证券公司无论盈亏情况如何,都要在约定期限内兑现承诺保本付息,即客户投入资产的风险不是由客户而完全是由证券公司承担的。

所以说,我认为,尽管非法吸收公众存款的犯罪对象理应是"公众存款",但并非必须以"存款"的名义出现,这正是"变相"方式的来源之所在。"变相"就是不以"存款"形式出现的,因此,对于本罪中"存款"的含义应作实质性的理解。只要具备聚集资金和还本付息的特征,就可以认为是"存款"。当然,我们也应该注意的是,本罪中的"存款"并不与存款的实际用途挂钩。立法的宗旨在于处罚未经有关机关批准擅自吸收公众存款,从而侵犯国家的正常吸收存款的管理制度的行为,而并不考虑行为人吸收存款后的用途,或者说,行为人将吸收的资金用于生产经营还是进行投资,并非本罪所关注的问题。因而,目前包括证券公司在内的金融机构推出的有保本付息承诺的所谓"委托理财"业务,并非是真正法律意义上的受托投资管理业务,而是以所谓的委托理财名义吸收社会不特定人员资金的活动。从吸收对象、委托关系、意愿体现、风险承担等诸多角度分析,保本付息活动与储户将钱款存入储蓄机构、由储蓄机构向储户承诺给予还本付息的吸收公众存款的性质并无差异,也符合国务院 2011 年 1 月修订的《非法金融机构和非法金融业务活动取缔办法》第 4 条的规定;关于变相吸收公众存款,是指未经中国人民银行批准,不以吸收公众存款的名义,向社会不特定对象吸收资金,但承诺履行的义务与吸收公众存款性质相同的活动。由此,将包括证券公司在内的金融机构实施的保本付息行为,定性为变相吸收公众存款的性质既符合实际情况,也有充分的法律依据。

（五）非法吸收公众存款罪与非罪的界定

我国《刑法》第 176 条规定,非法吸收公众存款或者变相吸收公众存款,扰乱金融秩序的,就构成犯罪。对于本罪的犯罪形式虽有结果犯与行为犯的理论之争。但多数学者认为本罪是行为犯。如果将本罪作为行为犯看待,是否就表明,只要行为人实施了非法吸收公众存款,或者变相吸收公众存款行为,无论数量多少,都可以构成犯罪呢？在有关司法解释出台前,学界中确实存在这样的观点。比如,有的学者认为,行为人吸收存款的手段尽管多种多样,但无论其采取什么方法,只要其行为有吸收公众存款的特征,即符合本罪客观方面的特征。至于采取什么手段、吸收存款的人数多少,存款的数量多少,均不影响本罪的构成。但是,2011 年 1 月 4 日实施的最高人民法院《关于审理非法集资刑事案件具体应用法律若干问题的解释》指出,非法吸收或者变相吸收公众存款,具有下列情形之一的,可以按照非法吸收公众存款罪定罪处罚:(1)个人非法吸收或者变相吸收公众存款,数额在 20 万元以上的,单位非法吸收或者变相吸收公众存款,数额在 100 万元以上的。(2)个人非法吸收或者变相吸收公众存款对象 30 人以上的,单位非法吸收或者变相吸收公众存款对象 150 人以上的。(3)个人非法吸收或者变相吸收公众存款,给存款人造成直接经济损失 10 万元以上的,单位非法吸收或者变相吸收公众存款,给存款人造成直接经济损失数额在 50 万元以上的。(4)造成恶劣社会影响或者其他严重后果的。因此,区分本罪的罪与非罪应从吸收公众存款的数量、存户数量及给存款人造成的损失或者其他严重后果上加以把握。

（六）非法集资相关问题的研究

非法集资是近几年社会上所热议的话题,尤其是随着吴英案件判决的尘埃落定,刑法学界对非法集资相关问题的研究也日渐深入。应该看到,非法集资与我们上述非法吸收公众存款罪的认定息息相关。在司法实务中,司法机关主要是通过非法吸收公众存款罪的刑法适用来打击愈演愈烈的非法集资行为的。接下来,我们来看非法集资领域中的一些热点问题。

1. 对于非法集资,法律应避免"断崖"

我国过去长期以来允许金融行业垄断经营,对于向不特定社会公众的民间融资行为基本持绝对禁止的态度。因而,我们将民间融资中涉及违法犯罪的行为通常均统称为"非法集资"行为,具体涉及的罪名主要有非法吸收公众存款罪和集资诈骗罪等。

但是,当今世界绝大多数国家的刑事立法中均未对不以非法占有为目的的吸收公众资金的行为加以规定,即基本上未规定类似于我国的非法吸收公众存款罪的罪名。如果行为人以非法占有为目的且使用欺诈手段募集公众资金的,则应根据行为人的具体行为方式选择适用罪名,尤以适用诈骗罪或欺诈罪(即我国的普通诈骗罪)为多。之所以存在上述差异,可能主要是由于各国对于金融业务的开放态度有所不同。同时,也多多少少反映了立法目的上的差异:我国的立法目的较为强调侧重保护抽象的金融管理秩序;而大多数国家的立法目的则主要出于保护公众资金安全和消费者利益。

我认为,市场经济条件下的民间融资不可或缺,我们既不能对其完全禁止,也不能对其放任不管。法律对民间融资领域的介入和调整是法治社会的必然要求,但是这种介入和调整应该有"度",否则将不利于市场经济全面有序的发展。当下,应通过完善相关行政法规,缩减现行刑法规定的相关罪名和法定刑,来达到"调整"和"适度"的统一。

2. 我国严惩非法集资行为刑事立法缺陷的分析

我国立法者希望通过严惩非法集资行为来达到遏制非法集资之目的,2020年颁布的《刑法修正案(十一)》甚至提高了非法集资犯罪的法定刑,但从现实生活看,非但没有达到预期目的,反而暴露出我国在严惩非法集资刑事立法方面存在诸多缺陷。这些缺陷主要体现在以下几个方面:

首先,是入罪门槛偏低。在我国的司法实践中,绝大部分非法集资行为往往被认定为非法吸收公众存款罪。而目前的非法吸收公众存款罪存在入罪门槛偏低的缺陷。主要体现在以下两个方面:

第一,对社会公众含义的界定不合理。在我国现行法律制度框架内,集资对象是否为不特定的"社会公众"往往成为划分非法集资行为罪与非罪的界限。为严惩非法集资行为,司法实务部门又经常以吸收存款对象的多寡作为判断"社会公众"的标准,从而认定行为人的行为是否构成犯罪,由此导致非法吸收公众存款罪的入罪门槛大为降低。

第二,无视集资用途的差异。在现实生活中,有的个人和企业将集资款用于商业、生产的运营,有的个人和企业将集资款用于资本、货币经营等,由此就产生了直接融资与间接融资之不同。从非法吸收公众存款罪的立法初衷看,刑法惩治的是间接融资行为而非直接融资行为。《商业银行法》第11条规定:"设立商业银行,应当经国务院银行业监督管理机构审查批准。未经国务院银行业监督管理机构批准,任何单位和个人不得从事吸收公众存款等商业银行业务,任何单位不得在名称中使用'银行'字样"。这一规定实际上是从法律上确立了商业银行的市场准入制度。《商业银行法》第81条第1款对于违反该规定的法律责任作出了明确的规定:"未经国务院银行业监督管理机构批准,擅自设立商业银行,或者非法吸收公众存款、变相吸收公众存款,构成犯罪的,依法追究刑事责任;并由国务院银行业监督管理机构予以取缔。"由此可见,我国立法者设立非法吸收公众存款罪的目的是为了规制以资本、货币经营为目的的间接融资行为。但是,从司法实践看,大量直接融资行为也被纳入了打击范围,这显然背离了立法者的初衷。

其次,是重罪与轻罪的界限模糊。行为人非法集资的目的主要有两种:一种是以非法使用吸收的资金为目的;另一种是以非法占有吸收的资金为目的。如果行为人只是以非法使用吸收的资金为目的,那么只能构成非法吸收公众存款罪或其他特定犯罪;如果行为人以非法占有吸收的资金为目的,那么就构成集资诈骗罪。可见,是否"以非法占有为目的"是集资诈骗罪与非法吸收公众存款罪的本质区别。但是,在司法实践中,为了严惩非法集资行为,法官对"非法占有目的"的认定比较随意,导致很多非法吸收公众存款行为被认定为集资诈骗犯罪。例如,在司法实践中有些法官常仅凭行为人一时无法返还较大数额的非法集资款就推定行为人具有"非法占有目的",而不论行为人无法返还非法集资款的具体原因。再如,在司法实践中经常出现仅根据行为人将非法集资款用于个人消费或挥霍就认定其具有"非法占有目的"的情况,致使一些将大部分非法集资款用于投资或生产经营活动,而仅将少量的非法集资款用于个人消费或挥霍的行为人被认定构成集资诈骗罪。

3. 我国严惩非法集资类犯罪刑事立法之检讨

依我之见,我国严惩非法集资行为的刑事立法极不合理,主要体现在以下两个方面:

首先,严惩非法集资行为违背刑法的谦抑性。根据刑法谦抑性的要求,如果一种现象的频繁出现是由经济体制直接引发,并且通过经济、行政手段完善该制度就能防止该现象频繁出现,那么我们就不能通过立法轻易地把某种行为规定为犯罪,更不能动辄就通过重刑严惩。应当看到,非法集资活动由金融体制的缺陷所催生主要体现在以下两个方面:其一,我国目前的金融体制严重限制了中小型企业从正规渠道融资;其二,中小型企业具有旺盛的融资需求。既然非法集资活动日益增多是我国目前金融体制下金融资源垄断的必然结果,那么将有正当需求的集资行为定性为犯罪,就势必无法满足我国经济持续发展所产生的合理资金需求,也无法为今后民间融资合法化预留合法空间,更不符合保护投资者利益的公共政策。由此看来,只有针对我国现行金融体制的缺陷进行制度重构,建立起自由、合理的金融制度才能有效防止非法集资活动的发生。我认为,与其动用刑法严惩非法集资行为,不如从制度构建上开辟更便捷、更广阔的融资渠道。

其次,严惩非法集资行为违背主客观相统一原则。主客观相统一原则既应体现在定罪的过程中又应体现在量刑的过程中。由于被害人的过错是衡量行为人主观恶性和人身危险性大小的重要参考依据,因此在给被告人定罪量刑的过程中考虑被害人的过错是主客观相统一原则的必然要求。

从某种意义上讲,在非法集资犯罪中,被害人本身就具有一定的过错。在市场经济大潮中,当一些人看到他人发财时便心理失衡,加之受当下社会贫富分化严重现状的刺激,这种心理失衡日益严重。在投资"高额回报、见效快"、"钱生钱、利滚利"等诸多利诱之下,集资参与人企图以投机方式获取高额回报。此时,他们往往将理性投资的意识抛之脑后,甘冒风险积极配合集资人进行非法集资活动。可见,非法集资犯罪的频发与集资参与人自身存在过错也有关,大多数非法集资案中的被害人在暴利的驱动下"踊跃参与",从而直接或间接地促成了非法集资案件的形成。显然,我们应当根据被害人自身存在过错这一事实来减轻对行为人主观恶性和人身危险性的负面评价。在追究非法集资行为人的刑事责任时不应过于苛刻,即使对其不能从轻或减轻处罚,也不能对其施加过于严厉的刑罚;否则,就违背了主客观相统一原则,最终落入客观归罪的窠臼。

4. 我国合理规制非法集资行为刑事立法之探索

从我国金融体制自身发展的规律和我国经济发展对金融体制的要求看,民间借贷从地下走向地面、由暗箱操作走向阳光化运作、由非法经营走向合法经营是未来发展的必然趋势。为此,我国应该为民间借贷的合法化预留一定空间,特别是刑法在规制非法集资行为时必须进行必要的限缩,以保持一个合理的限度。因此,我建议通过合理界定非法吸收公众存款罪的构成要件来解决刑事立法在严惩非法集资行为时所凸显的问题。

首先,我们须合理界定"社会公众"的含义。我认为,司法机关应从集资对象是否具有不特定性或开放性方面来界定"社会公众"的含义,而不能仅仅因为集资对象人数众多就认定为"社会公众"。不特定性或开放性要求构成犯罪的行为人必须是向社会公开宣传集资,其面向的是社会不特定人群。如果集资人并非以面向社会不特定人群发放集资的公告,或通过其他方式使社会不特定人群得知其集资的消息,即使行为人集资对象人数众多、集资数额达到了法律规定的追诉标准,也不应当认定其行为是非法吸收"公众"存款的行为。对此,最高人民法院颁布的《关于审理非法集资刑事案件具体应用法律若干问题的解释》第1条第2款规定:"未向社会公开宣传,在亲友或者单位内部针对特定对象吸收资金的,不属于非法吸收或者变相吸收公众存款。"

其次,我们须合理地界定集资用途。如前所述,刑法设立非法吸收公众存款罪的目的在于规制以经营资本、货币为目的的间接融资行为,而司法实务部门将该罪入罪的门槛降低至以经营商业、生产为目的的直接融资行为则完全是受严惩非法集资观念之影响。因此,我们完全可以从集资的用途方面对非法吸收公众存款罪进行限定。

在现实生活中,企业或个人在集资后,有的是将集资款用于从事非法的资本、货币经营,有的则是将集资款用于从事合法的商业、生产运营。这两种集资用途所产生的社会危害性是完全不同的。前者毫无疑问会严重侵犯国家的金融管理秩序,而后者则不然。当行为人将集资款用于合法的商业、生产运营时,金融管理秩序并不会受到严重的侵害。另外,从国家允许民间借贷的事实也不难看出,法律并非禁止公民和企业集资,而是禁止公民和企业未经批准从事金融业务,即像金融机构那样用吸收的资金从事资本和货币经营。

5. 非法集资行政认定与刑事认定之关系

2014年3月25日，最高人民法院、最高人民检察院、公安部印发《关于办理非法集资刑事案件适用法律若干问题的意见》。其中，该司法解释有关非法集资行政认定的内容值得我们关注。该司法解释相关条文规定："行政部门对于非法集资的性质认定，不是非法集资刑事案件进入刑事诉讼程序的必经程序。行政部门未对非法集资作出性质认定的，不影响非法集资刑事案件的侦查、起诉和审判。"我们知道，非法集资领域的犯罪属于法定犯，而法定犯具有二次违法的特征。那么，该司法解释的这一规定是否违反了二次违法的基本原理？（走下讲台）

学生：违背了二次违法原理。因为二次违法是指，构成犯罪的行为必然以违反前置法为前提，司法解释的规定恰恰突破了这一原理。

提问：司法解释仅仅规定，非法集资案件进入刑事诉讼程序，未必需要经过行政认定，而没有规定不构成违法的非法集资行为就能构成犯罪。

学生：（一时无语）

我认为，该司法解释的这一规定实际上并没有违反法定犯所具备的二次违法性。理由有以下两点：

首先，该司法解释有关非法集资行政认定的条文是两高和公安部针对处理非法集资案件的司法程序所作出的规定。这一规定明确了司法机关在处理非法集资案件的司法程序中，行政认定并非是案件进入刑事诉讼的必要程序。而二次违法是从实体法的角度提出的，即在法定犯领域中，某一行为如果构成刑事犯罪，那么该行为必然违反相关行政、经济或者民事法律规范。因而，该司法解释有关行政认定的规定与二次违法之间完全属于两个层面上的问题，本身并不存在交集，更不会相互矛盾或冲突。

其次，二次违法是刑事立法过程中必须遵循和贯彻的理念，然而在刑事司法中，我们还是要坚持刑事优先的原则，即在司法实务中，只要相关行为触犯相关刑法规定，那么司法机关就应当直接追究行为人的刑事责任，而无需对行为人的行为进行民事或是行政评价。所以，在司法机关处理非法集资案件中，只要司法机关认定相关非法集资活动构成刑事犯罪，司法机关就应当直接追究行为人的刑事责任，而无需行政部门再对该非法集资活动作出行政认定；但是如果相关非法集资活动事先已经由行政部门认定不构成违法，那么司法机关无论如何也不能认定该非法集资活动构成犯罪。因而，该司法解释有关非法集资行政认定的规定，只是在某种程度上强调了刑事优先原则，并没有完全否认和突破二次违法的基本原理。

六、伪造、变造金融票证罪

接下来，我们要学习的罪名与金融票证有关。我不知道同学们对金融票证了解多少，但有一种金融票证，你们可能用得比我要多，比如说银行卡。如果你的银行卡被他人伪造或变造，且这种情况持续不断地出现，后果会怎样？我想答案肯定是：不堪设想！当我们的日常生活越来越离不开金融票证时，当金融票证在经济活动中发挥着越来越重要的作用时,金融票证的信用就会显得越来越重要了。伪造、变造金融票证的行为直接破坏了金融票证的真实性,从而危及金融票证的信用,是一种严重扰乱正常金融活动、破坏金融管理秩序的行为。

伪造、变造金融票证罪规定在我国《刑法》第177条,具体内容是:有下列情形之一,伪造、变造金融票证的,处5年以下有期徒刑或者拘役,并处或者单处2万元以上20万元以下罚金;情节严重的,处5年以上10年以下有期徒刑,并处5万元以上50万元以下罚金;情节特别严重的,处10年以上有期徒刑或者无期徒刑,并处5万元以上50万元以下罚金或者没收财产:(1)伪造、变造汇票、本票、支票的;(2)伪造、变造委托收款凭证、汇款凭证、银行存单等其他银行结算凭证的;(3)伪造、变造信用证或者附随的单据、文件的;(4)伪造信用卡的。

从法条中,同学们可能感觉到了,伪造、变造金融票证罪的犯罪对象有很多。一些同学可能会产生畏难情绪。的确,伪造、变造金融票证是金融刑法中在同一个罪名内规定涉及金融工具最多的一个。具体包括四大类:即汇票、本票、支票,委托收款凭证、汇款凭证、银行存单等其他银行结算凭证,信用证或者附随的单据、文件,以及信用卡。这些金融工具分别是金融诈骗罪中的票据诈骗罪、金融凭证诈骗罪、信用卡诈骗罪、信用证诈骗罪以及破坏金融管理秩序罪中骗取票据承兑罪、骗取金融票证罪、妨害信用卡管理罪、违规出具金融票证罪、对违法票据承兑、付款、保证罪等的犯罪对象或犯罪工具。所以,从现在开始,你们对这些金融工具要慢慢地有所了解,熟悉了以后就不会再感到困难了。

下面,我将围绕伪造、变造金融票证罪的各种犯罪行为,为大家讲解四个问题。

(一)伪造票据行为的认定

在讲解伪造票据行为的认定之前,我们需要先了解一对概念:形式伪造与内容伪造。这是我国刑法所规定的伪造行为的两种形式。所谓形式伪造,是指对有价证券或者文书证件外观形式的非法仿制;所谓内容伪造,是指对有价证券或者文书证件实质内容的非法填写。

分析我国刑法中涉及伪造的犯罪,我们不难发现,有的伪造犯罪只要实施形式伪造就能构成,没有必要实施内容伪造,比如伪造货币,只要对真实货币的外观形式进行仿制,就可成立犯罪,因为对于货币来说,货币的内容直接包含在货币的形式中;再比如伪造印章,只要对他人印章的外观形式进行非法仿制,就可以构成犯罪,因为印章的内容也是直接包括在印章的形式中的。

也有一些伪造犯罪不需要实施形式伪造,并且只能通过内容伪造来实施犯罪,比如在合法印制的空白票据、证件上面非法填写。由于空白票据或者证件是合法印制的,所以不存在形式伪造的问题,这类伪造行为的实质在于内容伪造。再比如,无权填写的人没有取得权利人的许可擅自填写签章,或者有权填写的人超越权限填写签章,他们所填写签章的内容都是违法的,这些行为都构成内容伪造。

还有一类伪造犯罪既需要实施形式伪造还需要实施内容伪造,比如信用卡伪造。

传统理论上认为,由于信用卡具有明显的权属特征,一张没有权利人的信用卡是没有意义的。因此,对于伪造信用卡犯罪来说,不仅需要形式伪造,也就是仿制某种信用卡的外观形式,而且需要内容伪造,也就是在信用卡磁条上输入权利人的信息。

根据刚才的分析,我们可以看出,伪造对象的性质不同,伪造行为的构成也不相同。那么,伪造票据行为中的伪造究竟是形式伪造还是内容伪造呢?(下讲台提问)

学生1:"形式伪造吧。"

学生2:"我也觉得是形式伪造。"

提问:"说说理由。"

学生2:"我觉得它应该和伪造货币的情况一样,仿制用来填写的票据。"

(回讲台)其实,对于这一问题,我国理论界和实务界争议也是比较大的。我认为,无论从票据法还是从刑法的角度进行分析,票据伪造都不包括形式伪造,只能是内容伪造。

我们知道,对集中发行的有价证券(比如债券和股票)的伪造,通常表现为在外观形态上的伪造,也就是采用一定的技术手段,做出与真实债券和股票的形状、色彩、图案等相同或者相近的外观形态,从而达到伪造的目的。这种伪造的结果是形成了伪造债权或股权这一自身虚假,并且在任何情况下都属无效的虚假有价证券。票据与债券、股票有很大的不同,票据是个别发行的证券,票据的伪造并不在于形成了某种票据外观,而在于实施了由伪造签章、签名构成的虚假票据行为。根据具体的票据行为,理论上有人将票据伪造分为广义票据伪造和狭义票据伪造。狭义的票据伪造是指假冒出票人的名义实施的出票行为,又称出票的伪造;广义的票据伪造不仅包括狭义的票据伪造行为,还包括假冒他人名义实施的背书、承兑、保证等其他票据行为。从这些定义中,我们可以看到,无论是广义的还是狭义的票据伪造,它们的共同之处在于都有伪造他人签章、签名的行为,从中可以看出,法律上票据伪造行为实际上只是指对内容的伪造。也就是说,票据的伪造是指假冒他人的名义实施票据行为,也就是实施伪造票据上的签章、签名的行为。只有当行为人在票据用纸上进行记载,完成签章、签名的,才能认为是伪造了票据。

我国票据法规定,伪造票据上的签章和其他记载事项的,应当承担法律责任。但票据法并没有规定伪造票据格式的要承担法律责任。从票据法的规定分析,我们不难得出,伪造票据格式的,并不当然承担民事、行政或刑事等法律责任。票据犯罪应该建立在票据违法的基础上,既然票据法并没有将伪造票据格式的行为纳入违法的范围,那么,非法仿制票据的行为,也不可能成为伪造票据犯罪行为的内容。

为什么伪造票据只能是内容伪造呢?我们知道,票据是一种设权证券,票据权利的产生必须首先做成证券,在证券做成以前权利是不存在的,票据权利是在票据做成的同时才发生的。没有票据,也就没有票据上的权利。而票据的做成由两个环节构成:一是票据的制作;二是出票人在票据上签章。因此,行为人仿照真实的票据非法制作票据的行为,并不是票据的创设,由这种行为所产生的票据自然也就不是票据法意义上的票据。所以,票据的伪造,虽然也可能存在票据外观形态的伪造的情况,但仅仅伪造出了票据的形状、色彩、图案等外观形态,只能说是伪造了票据用纸,本质上不可能带来票据权利。也就是说,这种情况下的伪造,还没有形成有价证券,不可能认为是伪造了票据。票据的伪造必须是实质伪造、内容伪造,仅仅形式伪造是没有意义的。你只要去银行办一个手续,就会得到很多空白的票据,甚至在柜台都可以很方便地拿到。如果只是伪造了票据用纸,就等于伪造练习本,(全场笑)没有任何意义。

(二) 变造票据行为的认定

司法实践中,与伪造票据行为认定联系最紧密的是变造票据行为的认定。理论上一般认为,所谓变造金融票据,是指行为人针对真实的汇票、本票、支票等金融票据,采取挖补、拼接、翻凑、涂改等方法进行加工处理,制造数量更多或票面价值更大的金融票据。从这个定义分析,所谓变造必须以真实的金融票据为基础。比如说,在真实的票据上将原先填写的笔迹经化学药水消褪后,重新填写票据金额的行为,就属于变造金融票据。

我们在认定票据变造行为的时候经常会遇到的一个问题是,票据变造是否需要目的要件? 具体地说,票据变造是否以行使票据权利为目的?(下讲台提问)

学生 1:"不需要吧。"

学生 2:"我也觉得应该不需要吧。"

(回讲台)我认为,刑法上的票据变造应当以行使票据权利为目的。为什么这么说呢? 在通常情况下,变造是利害关系人为获取不法利益而故意实施的,比如持票人变更汇票金额向付款人进行承兑提示,但也不排除过失地涂抹,或者利害关系人以外的其他人进行恶意变更的情况。后面这种情况也可能导致票据法律关系的内容发生变动,对这类情况也应当视为票据法上的变造。但是票据法上的变造并不等同于刑法意义上的变造,两者应当有所区别。我认为,刑法上票据变造的行为人主观上应当以行使票据权利为目的。从我国刑法规定看,无论是伪造、变造金融票证罪还是票据诈骗罪,都是故意犯罪,而且从法理上分析,这种故意应该是直接故意。所以过失地涂抹票据或者利害关系人以外的其他人恶意的变更并不属于刑法上的票据变造。我们主张变造票据的行为人必须以行使票据权利为目的,也是为了限制犯罪圈的扩大。因为如果没有这种主观上的要求,完全可能导致变造票据行为犯罪圈无限扩大的结果。

票据变造行为在认定上的另一个问题是:票据变造是否以有效票据为前提? 我的观点是,票据变造并不以形式上有效的票据为前提。从票据法的规定以及票据原理分析,票据变造并不限于票据记载变更前后票据都在形式上有效的情况。因票据记载的变动,使无效票据转化为有效票据的,或者有效票据转变为无效票据的,都属于票据的变造。我们可以将票据变造分为三类。第一,完全票据经变造仍然为完全票据;第二,完全票据经变造成为不完全票据;第三,不完全票据经变造成为完全票据。所以票据变造并不要求票据记载变更前后票据在形式上都是有效的。在某些情况下,变造前票据可以是无效票据,经变造成为有效票据。我举一个例子,行为人张某完成某厂委托承建的一项工程后,该厂为他开出了一张面额为 30 800 元的转账支票。张某接过支票一看,支票上公章、私章都很齐全,但只填写了小写金额 30 800 元、费用名称和对方科目三个项目,别的什么都没填。张某回家后,用漂白液漂去了支票上的字迹,带着支票到银行,让工作人员帮他填了一张金额为 830 800 元的支票,并先后 5 次将钱从银行提走。在这个例子中,张某变造前的票据是无效票据,但不妨碍张某的行为构成票据的变造。因为票据是要式证券,票据的制作必须依票据法规定的方式进行。票据上记载的文义,也必须在票据法规定的范围内,才发生票据法上的效力。票据上的记载事项有应当记载事项和可以记载事项。前一类记载事项,当事人在票据上必须记载,否则这种票据就是无效的,除非票据法另有规定。票据金额属于必须记载的事项,而且必须以中文大写和数码同时记载,两者必须一致,两者不一致的票据无效。张某变造前的票据只用数码记载了金额,本属无效的票据,但经过张某的变造,使原来无效的票据变成了有效的票据。这个例子说明,票据变造并不要求票据记载变更前后票据都是形式上有效的票据。

需要特别提醒大家注意,有几种情况不能看作是票据变造。票据的变造,是指以行使票据权利义务为目的,没有变更权限的人变更票据上除签章之外的其他记载事项的违法行为。根据这一定义,有三种情况不能看作是票据的变造。第一,依法有变更权限的人所作的变更。这是因为有变更权限的人所作的变更不会产生对他人票据权利的侵害。第二,变更票据的签章。因为依据票据法原理,变更票据签名属于票据的伪造行为。第三,在空白票据上进行填充。严格地讲,只有变更票据事项的行为足以使票据权利的内容发生变化的,才能称为票据的变造,由于空白票据并没有设定票据权利,因此对空白票据进行填空实际上不存在使票据权利发生变化的基础。

简单地说,伪造票据和变造票据的最大区别在于,伪造票据是非法地、原始地创设票据权利的行为,伪造票据行为的实质在于设立票据权利;而变造票据是没有变更权限的人在真实的票据基础上,非法更改票据记载内容从而改变票据权利内容的行为,变造票据行为的实质在于改变已经设立的票据权利的内容。

(三)伪造信用卡行为的认定

下面,我来讲讲伪造信用卡行为的认定。大家要特别注意,刑法中的信用卡与金融业务中的信用卡含义是不完全一致的。伪造信用卡犯罪中伪造的信用卡是指由金融机构发行的包括贷记卡、借记卡等在内的所有具有消费支付、信用贷款、转账结算、存取现金等全部功能或者部分功能的电子支付卡。

那么,伪造信用卡的具体行为方式有哪些呢?前面我们说过,伪造票据只是内容伪造而不包括形式伪造,但这并不意味着伪造信用卡或者其他金融凭证也以这个为标准。刑法中的伪造行为有多种表现形式,即使在伪造票证中的伪造也可能因对象的不同,而使伪造具有不同的含义。伪造信用卡就不同于伪造票据,由于信用卡具有明显的权属特征,这种权属特征既需要信用卡的外观体现也需要信用卡的内容体现。由于没有信用卡的形式存在,也就失去了权利人的权利得以寄托的载体,同样,一张没有权利人的信用卡是没有意义的。因此对于伪造信用卡犯罪来说,不仅需要形式伪造,也就是仿制某种信用卡的外观形式(当然也包括利用原有某种信用卡的外观形式),而且需要内容伪造,也就是在信用卡磁条上输入权利人的信息。所以,无论是形式伪造还是内容伪造都是伪造信用卡的行为。相应地,伪造信用卡的犯罪也主要分为两种情形。一是形式伪造。包括模仿信用卡的质地、模式、版块、图样以及磁条信息制成信用卡;对真实信用卡"半成品"进一步凸印、写磁等制成信用卡;伪造空白信用卡等。二是内容伪造。包括在真卡的基础上进行伪造,比如对他人信用卡的签名进行涂改,然后重新签名;或者利用作废的信用卡,甚至普通的磁条卡重新写磁;复制他人信用卡;将他人信用卡信息资料写入磁条介质、芯片等等。形式伪造与内容伪造的区别在于前者欠缺持卡人的个人信息,所伪造的信用卡不能直接使用;后者制成后齐备了作为信用卡的所有要素,可以直接使用。

伪造空白信用卡是否属于本罪所规定的伪造信用卡的情形? 之所以提出这一问题,是有一定的原因的。2005 年《刑法修正案(五)》规定了妨害信用卡管理罪,明确地将持有、运输伪造的信用卡与持有、运输伪造的空白信用卡分开来规定,这就意味着,立法者并没有将伪造的空白信用卡归入伪造的信用卡含义之中。从中我们可以分析得出,《刑法》第 177 条有关伪造信用卡的立法原意中并不包括伪造空白的信用卡的情况。但是,从司法实践来看,伪造空白信用卡的行为经常发生并且具有较为严重的社会危害性。既然刑法将持有、运输伪造的空白信用卡行为纳入到妨害信用卡管理罪中,那么将伪造空白信用卡的行为纳入伪造信用卡犯罪范围之中,更是理所当然的。这是因为伪造行为的社会危害性要远远大于持有、运输行为,既然持有、运输伪造的空白信用卡已经作为犯罪规定在刑法条文中,我们没有理由将伪造空白的信用卡行为排除在犯罪之外。对此,"两高"《关于办理妨害信用卡管理刑事案件具体应用法律若干问题的解释》第 1 条第 2 款规定,伪造空白信用卡 10 张以上的,应当认定为《刑法》第 177 条第 1 款第 4 项规定的"伪造信用卡",以伪造金融票证罪定罪处罚。这样就把伪造空白信用卡纳入到本罪伪造信用卡的行为之中。但是立法上的问题仅仅靠司法解释是不够的。正是由于刑法修正案有关妨害信用卡管理罪的规定中明确将"伪造的信用卡"与"伪造的空白信用卡"区别开来,因此,如果要将伪造空白信用卡的行为纳入伪造信用卡犯罪之中,我们应该对刑法伪造、变造金融票证罪的规定作出修正,这也是罪刑法定原则的要求。

伪造信用卡有不同的情形和情节,那么定罪量刑的标准是什么呢? 具体说来,只要复制他人信用卡、将他人信用卡信息资料写入磁条介质、芯片或者以其他方法伪造信用卡 1 张以上的,或者伪造空白信用卡 10 张以上的,都可以伪造金融票证罪定罪处罚。如果伪造信用卡 5 张以上不满 25 张的,或者伪造的信用卡内存款余额、透支额度单独或者合计数额在 20 万元以上不满 100 万元的,或者伪造空白信用卡 50 张以上不满 250 张的,应当认定为"情节严重"。而伪造信用卡,有以下情形之一的,属于"情节特别严重":伪造信用卡 25 张以上的;伪造的信用卡内存款余额、透支额度单独或者合计数额在 100 万元以上的;伪造空白信用卡 250 张以上的;其他情节特别严重的情形。这里所说的"信用卡内存款余额、透支额度"是以信用卡被伪造后发卡行记录的最高存款余额、可透支额度来计算的。

（四）伪造、变造金融票证罪的罪数认定

伪造、变造金融票证罪中较为复杂的问题是罪数的认定，其中包括两个问题。

罪数认定中的第一个问题是对既伪造又变造行为的认定。我国《刑法》第177条规定的伪造、变造金融票证罪，实际上在同一条文中规定了两种不同的行为——伪造金融票证行为和变造金融票证行为。如果同一行为人在案发前既实施了伪造金融票证的犯罪，又实施了变造金融票证的犯罪，是定一罪还是定两罪呢？（下讲台提问）

学生1："应该是定两罪，数罪并罚吧。"

学生2："我的观点和他一样。"

提问："理由呢？"

学生2："您前面讲过伪造货币又变造货币的就定两个罪，现在这种情况应该也是一样的吧。"

（回讲台）这个还是不一样的。我认为，只能以一罪论处。你们注意到了吗？《刑法》第177条将伪造金融票证和变造金融票证规定在同一个条文中，这种情况与《刑法》以第170条和第173条分别规定伪造货币罪和变造货币罪是不同的，从中我们不难得出这样的结论：伪造货币罪与变造货币罪都是刑法中的单一罪名，而伪造、变造金融票证罪属于刑法中的选择罪名。也就是说，伪造、变造金融票证罪中的伪造行为或者变造行为都不过是行为的具体表现方式，并不是各具刑法特征的独立的犯罪行为。刑法之所以对货币类的犯罪与票证类的犯罪作这样不同的规定，可能是由于在货币类的犯罪中伪造与变造的社会危害性通常相差很大，而在票证类的犯罪中伪造与变造的社会危害性的差别并不明显。如果将伪造货币犯罪与变造货币犯罪作为选择罪名规定在同一条文中，并规定相同的刑罚，难以体现刑法中罪刑相适应原则的精神。而将伪造金融票证犯罪与变造金融票证犯罪作为选择罪名规定在刑法同一条文中，并用相同的法定刑加以处罚，是有一定道理的。从刑法原理上分析，行为人只要实施了伪造或者变造金融票证中的任何一个行为，达到一定程度就可以构成犯罪，罪名分别是伪造金融票证罪或者变造金融票证罪；但是，如果行为人既实施伪造金融票证的行为又实施变造金融票证的行为，对行为人不能实行数罪并罚，而应该以伪造、变造金融票证罪一罪来论处。

罪数认定的第二个问题是对以伪造、变造金融票证为方法实施其他犯罪行为的认定。在司法实践中，行为人实施伪造、变造金融票证的犯罪行为往往是为了进一步实施票据诈骗、金融凭证诈骗、信用证诈骗和信用卡诈骗等犯罪，也就是说，伪造、变造金融票证的犯罪行为是实施其他相关犯罪的方法行为。在这种情况下，对于行为人的行为应当如何定性？我认为，应当区别以下四种情况。

第一，如果行为人在伪造或者变造金融票证后，尚未实施票据诈骗、金融凭证诈骗、信用证诈骗和信用卡诈骗等目的犯罪就案发的，对于行为人的行为应当以伪造、变造金融票证罪一罪论处。

第二,如果行为人在伪造或者变造金融票证后,又使用了这些金融票证实施票据诈骗、金融凭证诈骗、信用证诈骗和信用卡诈骗等目的犯罪,对于行为人的行为应当按牵连犯"从一重处断"的原则加以处理。这是因为,我国刑法明确规定,使用伪造、变造的金融票据的,构成票据诈骗罪,使用伪造、变造的信用证或者附随的单据、文件的,构成信用证诈骗罪;使用伪造的信用卡的,构成信用卡诈骗罪。从理论上分析,伪造、变造金融票证后又使用的,行为人实施了数个行为并触犯了数个罪名,理应构成数罪,但由于行为人伪造、变造金融票证的方法行为与票据诈骗、金融凭证诈骗、信用证诈骗和信用卡诈骗等目的行为之间具有密切的联系,并且在犯罪构成要件上也具有一定的包容关系,完全符合刑法理论上牵连犯的构成要件,所以对于行为人的行为理应按他所触犯的罪名中法定刑最重的一个罪名论处。

第三,如果行为人伪造或变造金融票证后,交由其他人使用这些金融票证实施票据诈骗、金融凭证诈骗、信用证诈骗和信用卡诈骗等犯罪,行为人与其他人具有共同牟取非法利益的目的的,也就是具有共同故意的,对行为人和其他人应当以共同犯罪论处,并且按照牵连犯"从一重处断"原则处理。因为在这些行为过程中,尽管行为人与其他人分别实施了不同的行为,但是这些不同的行为是在一个共同故意支配下实施的,其中每个人的行为都是实现共同目的的一个组成部分,他们所实施的不同的行为只是共同犯罪行为的分工不同而已。同时由于在这一共同犯罪中,伪造、变造金融票证行为与票据诈骗、金融凭证诈骗、信用证诈骗和信用卡诈骗等行为之间又具有明显的牵连关系,因而按照牵连犯处理是完全合理的。

第四,如果行为人伪造或变造金融票证后,出售给其他人用于票据诈骗、金融凭证诈骗、信用证诈骗和信用卡诈骗等犯罪,行为人与其他人并不具有共同故意的,对行为人应当以伪造、变造金融票证罪论处,其他人分别构成相关的金融诈骗罪。因为在这种情况下,行为人与其他人并不具有共同的犯罪故意,行为人的故意内容是伪造、变造金融票证并且出售,其他人在主观上明知是伪造、变造的金融票证而购买并加以使用。尽管伪造、变造者与使用者可能都出于牟取非法利益的目的,但他们之间的主观故意的内容是独立的,不能以共同犯罪论处,对他们的行为只能分别以伪造、变造金融票证罪以及相关金融诈骗罪来论处。

七、妨害信用卡管理罪

在前面的学习中,我们已经接触了一些以信用卡为犯罪工具或犯罪对象的犯罪。我们知道,信用卡是当今世界各国使用范围最为广泛的一种大众化支付工具。然而,由于信用卡与生俱来的特点,它也为犯罪分子牟取非法利益提供了可乘之机。涉及信用卡的犯罪一旦发生,就会对金融机构和公众的利益造成相当大的损害,同时也会对金融机构的信誉和国家的金融秩序造成不良的影响。为了保护金融机构和社会公众的合法利益,维护正常的金融秩序,世界各国和地区普遍通过加强刑事立法,以有力打击各种涉信用卡犯罪。

我国刑法中涉信用卡犯罪的罪名共有4个,它们是伪造、变造金融票证罪,妨害信用卡管理罪,窃取、收买、非法提供信用卡信息罪和信用卡诈骗罪。这里我主要为大家介绍一下妨害信用卡管理罪。

妨害信用卡管理罪是《刑法修正案(五)》以《刑法》第177条之一的形式增设的罪名,依照法条规定,有以下四种情形之一,妨害信用卡管理的,处3年以下有期徒刑或者拘役,并处或者单处1万元以上10万元以下罚金;数量巨大或者有其他严重情节的,处3年以上10年以下有期徒刑,并处2万元以上20万元以下罚金:明知是伪造的信用卡而持有、运输的,或者明知是伪造的空白信用卡而持有、运输,数量较大的;非法持有他人信用卡,数量较大的;使用虚假的身份证明骗领信用卡的;出售、购买、为他人提供伪造的信用卡或者以虚假的身份证明骗领的信用卡的。

(一)持有、运输伪造的信用卡或伪造的空白信用卡行为的认定

首先,我们来看持有、运输伪造的信用卡或伪造的空白信用卡行为,这个行为是《刑法》规定的妨害信用卡管理罪的第1项行为。对于这种行为的认定,主要涉及以下几个问题。

第一,对持有行为的认定。怎么理解这里的持有伪造的信用卡或伪造的空白信用卡?应该看到,持有型犯罪在刑法中已经多处出现,理论上曾经对持有型行为是否是独立的行为形式,也就是说,在作为和不作为之外作为第三种行为形式,展开过深入的讨论。大多数意见都认为,持有并不是一个独立的行为形式。但是对持有行为的实际内涵却存在不同的看法,现在主要以"事实法律支配说"为通说。这种观点认为"持有"是指行为人在事实上或法律上对物的一种控制和支配状态。根据持有行为的这种定义,理论上一般认为,持有伪造的信用卡或伪造的空白信用卡,是指行为人在事实上或法律上支配、控制伪造的信用卡或伪造的空白信用卡。这种持有的成立不需要证明它在时间上的延续性,也不需要行为人与对象之间具有密切的空间关系。

第二,对运输行为的认定。什么样的行为是伪造的信用卡或伪造的空白信用卡的运输行为?我国现行刑法根据运输对象的不同规定了两种运输行为:第一种,运输的对象本身是合法的,只是因为不按照法律规定的安全措施进行了非法运输,行为本身具有危害性,因而把它规定为犯罪,如非法运输危险物质罪;第二种,运输对象是非法的,运输行为本身不会给社会造成危害,但由于运输对象的非法性,运输该物品的行为构成了犯罪,如运输假币、毒品等。根据这一分析,我们不难看出,运输伪造的信用卡或伪造的空白信用卡,显然属于后一种运输行为。从字面上理解,所谓运输伪造的信用卡或伪造的空白信用卡,是指行为人明知是伪造的信用卡或伪造的空白信用卡,仍将它从一地运往另一地。由于刑法中已经规定有其他涉及信用卡的犯罪,因而只有当行为人在运输信用卡过程中并且无法查明他的行为可以构成其他信用卡犯罪时,才能以妨害信用卡管理罪中的运输行为来认定。

第三,对变造信用卡行为的认定。变造的信用卡是不是属于伪造的信用卡?这里所说的伪造的信用卡,是指单位或者个人没有经过国家主管部门批准,以各种方法制

造并输入了用户相关信息的信用卡，俗称假卡。实践中常见的伪造的信用卡有两种：一种是仿制卡，也就是模仿信用卡的质地、模式、图样以及磁条信息等制造的信用卡；另一种是变造卡，是指在真卡的基础上进行改造，主要是在过期卡、作废卡、盗窃卡、丢失卡等各种信息完整的真实信用卡上修改关键要素，比如在卡面上对卡号、有效期和姓名重新压印，对磁条上的信息资料重新写磁等，或者对非法获取的发卡银行的空白信用卡进行凸印、写磁而制成的信用卡。由于变造的行为也必须通过重新压印或重新写磁等过程才能完成，因而理论上和司法实践中一般认为，变造卡应当属于伪造的信用卡。再一个理由是，信用卡具有身份性，信用卡上记载着合法持卡人的个人资料，行为人如果仅仅从外观上伪造信用卡，即使再逼真，也不足以使这种假信用卡具有使用价值。合法持卡人的个人资料包括以电子数据的形式记录在信用卡磁条上的用户资料和持卡人自设的密码，这些个人资料同时由发卡机构保存。只有当持卡人的个人信息资料与发卡机构保存的信息资料相吻合时，这种信用卡才能正常使用。因此，变造的信用卡实质上就是伪造的信用卡。

第四，对伪造的空白信用卡的认定。伪造的空白信用卡，是指没有经过国家主管部门批准的单位或个人，以各种方法制造的没有输入用户信息的信用卡。这种信用卡是没有授信财产信息的信用卡。伪造的空白信用卡与伪造的信用卡之本质区别在于：伪造的信用卡实际或者曾经输入过用户的信息，而伪造的空白信用卡没有输入用户信息。尽管理论上可以认为，伪造的空白信用卡应包括变造的空白信用卡，但是，由于对空白的信用卡进行变造没有实际意义，因而实践中一般不可能存在变造的空白信用卡。

第五，对"数量较大"的理解。这里又包括两个问题。第一个问题是"数量较大"要件是针对伪造的信用卡、伪造的空白信用卡还是同时针对这两者？理论上对于《刑法》第177条之一第1款第1项中规定的明知是伪造的信用卡或明知是伪造的空白信用卡而持有、运输的行为是否应以"数量较大"为必要要件有不同的理解。有人认为，无论是持有、运输伪造的信用卡，还是持有、运输伪造的空白信用卡都必须以"数量较大"作为犯罪构成要件。但是，我认为，这一理解显然不符合刑法的立法原意。刑法条文是这样规定的："明知是伪造的信用卡而持有、运输的，或者明知是伪造的空白信用卡而持有、运输，数量较大的。"分析这一规定，我们不难发现，在"或者"之前，条文已经用"的"将行为规定完毕，而"或者"后面的"的"，则是加在"数量较大"之后。可见持有、运输伪造的空白信用卡必须达到"数量较大"，而持有、运输伪造的信用卡不以"数量较大"作为要件。刑法的这种规定方式在许多条文中都有体现，比如说，《刑法》第385条规定，国家工作人员利用职务上的便利，索取他人财物的，或者非法收受他人财物，为他人谋取利益的，是受贿罪。按相关的司法解释规定，索取他人财物构成受贿罪，不以"为他人谋取利益"为必要要件；而非法收受他人财物构成受贿罪，必须同时具备"为他人谋取利益"的条件。所以我认为持有、运输伪造的信用卡不以"数量较大"为构成要件。根据"两高"《关于办理妨害信用卡管理刑事案件具体应用法律若干问题的解释》第2条的规定，明知是伪造的空白信用卡而持有、运输10张以上不满100张的，应当认定为"数量较大"。而对明知是伪造的信用卡而持有、运输的,则没有规定具体的认定标准。这也表明《刑法》第177条之一第1款第1项中的"数量较大"只是针对伪造的空白信用卡,而不是伪造的信用卡。

第二个问题是"数量较大"中的数量究竟以什么作为标准?我们说持有、运输伪造的信用卡不以"数量较大"为构成要件,并不意味着认定这一犯罪行为时可以不看数量,我们的观点只是表明数量要求并不是刑法的规定。在认定"数量较大"时是以伪造的信用卡的张数作为标准,还是以伪造信用卡上的钱款数额作为标准?我认为,对于伪造的空白信用卡当然应该以信用卡的张数作为认定数量是否较大的标准,因为空白信用卡本身并不存在用户信息,因而卡上也不可能体现具体的钱款数额。而伪造的信用卡可能存在较为复杂的情况,伪造的贷记卡与伪造的借记卡可能给发卡机构或持卡人造成的损失不会完全一样,因为前者不仅可能导致卡上记载的钱款遭受损失,而且还会因透支而可能导致更大的损失;而后者则不可能发生这种情况。其实即使不考虑透支行为,在伪造的相同的若干张信用卡中钱款的数额也可能相差很大。这一问题,我们后面还要详细分析。

(二)非法持有他人信用卡行为的认定

接下来,我们来看非法持有他人信用卡行为,即《刑法》规定的妨害信用卡管理罪的第2项行为。对于这种行为的认定,主要涉及三个问题。

第一,怎么理解这里的"非法"?应该看到,刑法中的非法持有行为中的非法主要包括两种情况。第一种是持有的物品本身属于法律禁止持有的;第二种是持有的物品本身并不属于法律禁止持有的,但持有行为没有合法的根据。妨害信用卡管理罪中,非法持有他人信用卡行为的对象是他人的信用卡,这种信用卡并不是国家法律禁止持有的物品,它的非法性主要体现在这种持有行为不具有合法根据,也就是说,这种持有并没有他人授权、委托、无因管理等合法的根据。刑法把它规定为犯罪是因为这是没有合法根据的持有行为,它的非法性显然就体现在持有行为本身。

第二,"他人信用卡"是否包括"假卡"——伪造卡、空白卡或废卡?对于这里所指的他人信用卡的范围,理论上有不同的观点。有人认为,他人的信用卡是指他人申领的合法有效的信用卡,而不包括伪造卡、空白卡或废卡。也有人认为,他人的信用卡不仅包括他人申领的合法有效的真卡,还包括伪造卡、空白卡或废卡,甚至包括用虚假的身份证明骗领的信用卡,他们认为卡的性质不影响对信用卡秩序的妨害。我认为,从法律规定的妨害信用卡管理罪的内容分析,这里所指的他人的信用卡应该是他人真实有效的信用卡。因为如果是伪造卡或者空白卡,行为人在明知的情况下,完全可以按照妨害信用卡管理罪第1项行为加以认定,而不应该也没有必要把它看作第2项行为。妨害信用卡管理罪中的第1项行为与第2项行为事实上是有区别的,最大的区别就在于第1项行为的对象是伪造卡或者伪造的空白卡,而第2项行为的对象是他人真实有效的信用卡。至于实践中有时会存在行为人误将他人伪造的信用卡、伪造的空白信用卡或作废的信用卡当作真卡而故意非法持有的情况,这种情况只应该以妨害信用卡管理罪的第 2 项行为认定。因为,刑法规定妨害信用卡管理罪第 1 项行为时特别强调要以"明知"为前提,在行为人对对象产生错误认识时,行为人主观上就不具有这种明知,因而不能以第 1 项行为认定。根据刑法基本原理,行为人对于对象产生错误认识时,应以其错误的认识作为主观依据。当然在这种情况下,由于行为人主观上认为是他人真实有效的信用卡,对他按照妨害信用卡管理罪认定是完全合理的。另外,这里所指的他人信用卡,还应包括他人使用虚假的身份证明骗领的信用卡。这是因为使用虚假的身份证明骗领的信用卡实际上是真卡,这种卡不仅可以直接使用,而且是由发卡机构发行,只是领卡人是以虚假身份进行骗领,通俗地说,卡是真的,人是"假"的。正是由于这一点,对于行为人非法持有他人使用虚假身份证明骗领的信用卡,应当以妨害信用卡管理罪的第 2 项行为认定。

第三,如何理解"数量较大"? 刑法对于非法持有他人信用卡行为构成妨害信用卡管理罪,明确提出了要以"数量较大"为构成要件。正如我们前面提到过的那样,这里也有一个数量较大的标准怎么来确定的问题,是以他人信用卡的张数还是以他人信用卡中所包含的金额作为标准? 有学者认为,这里的"数量较大"仅仅指信用卡张数较多,不是指信用卡内所含的金额较大。因为从语义上看,数量和数额是有所区别的,数额一般包括数量和金额,其外延要大于数量。根据最高人民法院《关于审理盗窃案件具体应用法律若干问题的解释》,对于未兑现的金融票证,不能以金融票证所包含的金额来计算数额,进而定罪量刑。司法实践中对于盗窃信用卡并使用的,认定盗窃数额是以行为人实际使用、占有的数额为依据,而不是以信用卡内存在的金额或可透支的金额为标准。同样道理,妨害信用卡管理罪中的"数量较大"也应当仅仅指信用卡本身的数量较大,而不是信用卡内所含金额较大。

另外,"两高"在《关于办理妨害信用卡管理刑事案件具体应用法律若干问题的解释》中对非法持有他人信用卡"数量较大"规定为 5 张以上不满 50 张的,并且对本罪其他行为的"数量巨大"的认定也都是以信用卡的数量为标准的。可见这里的"数量"仅仅是指信用卡的张数。该司法解释尽管对"其他严重情节"未作规定,但是它对伪造、变造金融票证罪中伪造信用卡"情节严重"的行为不仅确立了信用卡的数量标准,而且还规定了信用卡内存款余额、透支额度等数额标准。在该司法解释已经将伪造金融票证罪中伪造信用卡与伪造空白信用卡分别确立认定标准的前提下,我认为,这一思路可以同样适用于本罪第 1 项"明知是伪造的信用卡而持有、运输的"情形,也就是说信用卡内存款余额、透支额度可以作为犯罪情节加以考虑。更进一步说,我认为,除"明知是伪造的空白信用卡而持有、运输的"外,本罪其他法定情形都应当建立相应的数量和数额的两种认定标准:因为伪造的信用卡、他人的信用卡和骗领的信用卡从某种意义上说都是"成品",随时可用,信用卡内存款余额、透支额度是其社会危害性的一种体现;而伪造的空白信用卡是"半成品",当信用卡内存款余额、透支额度无从体现时,只能以伪造的空白信用卡的数量作为唯一的认定标准。

（三）使用虚假的身份证明骗领信用卡行为的认定

下面，我们来看使用虚假的身份证明骗领信用卡行为，也即《刑法》规定的妨害信用卡管理罪的第3项行为。所谓使用虚假的身份证明骗领信用卡，是指行为人在办理信用卡申领手续时，使用虚假的身份证明骗取金融机构信任，获得信用卡的行为。

应该看到，在使用虚假的身份证明骗领信用卡的行为认定中，被骗领的信用卡是真卡，骗领者是形式上的合法持卡人，但由于骗领者的身份与信用卡记载的信息并不一致，骗领者实质上是非法持卡人。《刑法修正案（五）》第1条明确将使用虚假的身份证明骗领信用卡行为规定为妨害信用卡管理罪中的第3项法定行为。与此同时，《刑法修正案（五）》第2条对《刑法》第196条信用卡诈骗罪也作了相应修正，将"使用以虚假的身份证明骗领的信用卡"作为信用卡诈骗罪的一种法定行为，可见立法者对骗领信用卡以及使用骗领的信用卡行为的重视。

在认定使用虚假的身份证明骗领信用卡行为时，涉及虚假身份证明的问题。身份证明是信用卡申请人个人资信证明载体，是发卡行对申请人资格认定的一个关键依据，同时也是申请人对于信用卡使用承担责任的重要基础。有人认为，身份证明是指一切能够证明自己身份的证明材料或证件，这种身份证明有很多，包括身份证、户籍证、学生证、工作证等，甚至包括加盖公章的介绍信等，种类繁多。这是持广义的身份证明的观点。也有人认为，身份证明只应当包括居民身份证、现役军官的军官证和境外居民的护照等证明。因为，根据中国人民银行颁布的《银行卡业务管理办法》的规定，申领信用卡，应当提供公安部门规定的本人有效身份证件，对于金融机构来说，申领人要申请信用卡，一般来说必须出示身份证，这种情况下，所谓身份证明主要是身份证。同时根据有关规定，中国境内居民必须提供居民身份证复印件，现役军官必须提供军官证复印件，境外居民必须提供护照复印件。这是持狭义的身份证明的观点。

"两高"在《关于办理妨害信用卡管理刑事案件具体应用法律若干问题的解释》第2条第3款规定，违背他人意愿，使用其居民身份证、军官证、士兵证、港澳居民往来内地通行证、台湾居民来往大陆通行证、护照等身份证明申领信用卡的，或者使用伪造、变造的身份证明申领信用卡的，应当认定为《刑法》第177条之一第1款第3项规定的"使用虚假的身份证明骗领信用卡"。

虽然该司法解释重在澄清什么是"虚假"，明确指出包括违背他人意愿使用其身份证明和使用伪造、变造的身份证明的两种情形。但根据该司法解释对身份证明的列举，我们已经得到答案，"使用虚假的身份证明骗领信用卡"行为中的身份证明应当是指狭义的身份证明。

尽管刑法将妨害信用卡管理的行为独立设罪，但是，我们也应该看到，妨害信用卡管理罪中的许多行为与伪造、变造金融票证罪以及信用卡诈骗罪等具有密切的联系，有些行为是其他犯罪的后续行为，也有些行为是其他犯罪的准备行为。因此，正确把握涉及妨害信用卡管理罪的罪数形态极为重要，实践中应注意以下六个问题。

第一，伪造信用卡后又出售或提供给他人的行为的处理。司法实践中较多地存在行为人在伪造信用卡后，又将自己伪造的信用卡出售或提供给他人的情况。对于行为人的这些行为应该如何定性？（下讲台提问）

学生1："我觉得应该以伪造金融票证罪和妨害信用卡管理罪数罪并罚。"

学生2："我的观点和前面那位同学的一样，因为行为人实施了两个独立的犯罪行为，而且后面的行为又不属于事后不可罚的行为。"

（回讲台）对于这个问题，司法实践中有不同意见，但你们的意见倒蛮一致的嘛。我认为，对于伪造信用卡后又出售或提供给他人的行为，应当以刑法理论上的牵连犯"从一重处断"原则论处，也就是以伪造金融票证罪定罪处罚。因为在将自己伪造的信用卡出售或提供给他人的案件中，出售或者提供行为实际上是伪造行为的目的行为，而伪造行为是手段行为，并且行为人实施伪造或者出售、提供行为时主观上具有一致性。特别是伪造信用卡行为与妨害信用卡管理行为在构成要件上具有一定的包容关系，完全符合刑法理论上的牵连犯构成要件，应当从一重论处。由于伪造金融票证罪的法定刑高于妨害信用卡管理罪，因而，对行为人的行为应以伪造金融票证罪从重处罚。

第二，伪造信用卡后又持有、运输行为的处理。理论上对于行为人伪造信用卡后又对自己伪造的信用卡进行持有、运输行为的处理，也有不同意见。我认为这种行为仍然属于牵连犯，应按照伪造金融票证罪处理。理由与伪造信用卡后又出售或提供给他人行为的处理意见完全相同。

第三，骗领信用卡后又出售或提供给他人行为的处理。实践中经常发生这样一种情况：行为人使用虚假的身份证明骗领信用卡后，又将自己骗领的信用卡出售给他人或者提供给他人。对行为人的行为应如何定罪？这种情形与伪造信用卡后又出售或提供给他人的行为不同，这类案件中，行为人的骗领行为和出售、提供行为是同时被规定在妨害信用卡管理罪中的，行为人只要实施其中任何一个行为就可以构成犯罪，如果行为人实施两个以上的行为也不可能实行数罪并罚。因为行为人的行为所涉及的具体罪名是相同的，按照刑法基本原理，对于相同罪名不能实行数罪并罚，因此对于行为人的行为只能以妨害信用卡管理罪从重处罚。

第四，购买他人盗窃的信用卡行为的处理。司法实践中经常发生行为人明知是他人盗窃的信用卡仍然加以购买的案件，对于这种行为怎么处理？由于妨害信用卡管理罪中的购买行为的对象仅限于伪造的信用卡和以虚假的身份证明骗领的信用卡，并没有将他人盗窃的信用卡包括在内。因此，如果行为人在购买后又加以使用的，对他的行为可以按信用卡诈骗罪论处；如果行为人购买后并没有加以使用的，对于行为人的行为只能以妨害信用卡管理罪中"非法持有他人信用卡"的行为论处，而不能以妨害信用卡管理罪中的购买行为论处。

第五，使用伪造的信用卡与持有、运输伪造的信用卡竞合行为的处理。实践中行为人在使用伪造的信用卡进行诈骗时，往往伴随着持有、运输伪造的信用卡的行为，对这种行为应该怎么处理呢？我认为，刑法将持有、运输等行为规定为犯罪时，通常都是将它们作为兜底条款来对待的,即行为人的行为只有在不符合其他条款的情况下,才能以持有、运输行为来认定,否则就应当以其他相关罪名论处。在这类案件中,既然行为人的行为已经符合信用卡诈骗罪的构成要件,就应该以信用卡诈骗罪论处,而不应该再以妨害信用卡管理罪来认定。同样地,对于行为人冒用他人信用卡进行诈骗,同时又非法持有他人信用卡的行为,也应该以信用卡诈骗罪论处。

第六,购买伪造的信用卡或骗领的信用卡又加以使用的行为的处理。在这类案件中,行为人既实施了购买行为,又实施了使用行为,而购买行为与使用行为分别规定在妨害信用卡管理罪与信用卡诈骗罪中。行为人购买伪造的信用卡或骗领的信用卡的目的就是为了使用,因此,其中的购买行为完全是使用行为的手段行为,这在理论上较为符合牵连犯的构成要件,对于这种行为,按照从一重处断的原则处理较为合理。

好,这一讲的内容我就讲到这里,谢谢大家!

第五讲

破坏社会主义市场经济秩序罪(三)

今天,我们来继续学习破坏社会主义市场经济秩序罪的内容。

八、内幕交易、泄露内幕信息罪

首先,我们来看内幕交易、泄露内幕信息罪。我国《刑法》第180条前3款规定了内幕交易、泄露内幕信息罪。根据法条规定,证券、期货交易内幕信息的知情人员或者非法获取证券、期货交易内幕信息的人员,在涉及证券的发行,证券、期货交易或者其他对证券、期货交易价格有重大影响的信息尚未公开前,买入或者卖出该证券,或者从事与该内幕信息有关的期货交易,或者泄露该信息,或者明示、暗示他人从事上述交易活动,情节严重的,处5年以下有期徒刑或者拘役,并处或者单处违法所得1倍以上5倍以下罚金;情节特别严重的,处5年以上10年以下有期徒刑,并处违法所得1倍以上5倍以下罚金。对于这个罪名,我主要给大家讲七个问题。

(一)内幕信息的概念和特征

我们先来谈谈内幕信息的概念和特征。理论上一般认为,知情人员只有利用内幕信息进行证券、期货交易或者泄露内幕信息,才能构成内幕交易、泄露内幕信息罪。所以对内幕信息的界定十分重要。对于什么是内幕信息,各国的法律有不同的规定。美国联邦立法以及证券交易委员会条例都没有对内幕信息作出明确的定义。美国对内幕信息的定义是从判例法中发展起来的,内幕信息包括实质性和秘密性这两个核心要素,内幕信息是指任何可能对某一或某些上市公司的证券价格产生实质性影响的、尚未公开的信息。欧盟对于内幕信息的定义存在于关于内幕交易的法律准则中,欧盟的内幕信息是指那些尚未公开披露的,与一个或几个可转让证券的发行人,或与一种或几种可转让证券的准确情况有关的信息。

我国《证券法》对内幕信息作出了较为准确的界定。《证券法》第52条规定:"证券交易活动中,涉及发行人的经营、财务或者对该发行人证券的市场价格有重大影响的尚未公开的信息,为内幕信息。本法第 80 条第 2 款、第 81 条第 2 款所列重大事件属于内幕信息。"《证券法》第 80 条第 2 款所列的重大事件包括:(1)公司的经营方针和经营范围的重大变化;(2)公司的重大投资行为,公司在 1 年内购买、出售重大资产超过公司资产总额 30％,或者公司营业用主要资产的抵押、质押、出售或者报废一次超过该资产的 30％;(3)公司订立重要合同、提供重大担保或者从事关联交易,可能对公司的资产、负债、权益和经营成果产生重要影响;(4)公司发生重大债务和未能清偿到期重大债务的违约情况;(5)公司发生重大亏损或者重大损失;(6)公司生产经营的外部条件发生的重大变化;(7)公司的董事、1/3 以上监事或者经理发生变动,董事长或者经理无法履行职责;(8)持有公司 5％以上股份的股东或者实际控制人持有股份或者控制公司的情况发生较大变化,公司的实际控制人及其控制的其他企业从事与公司相同或者相似业务的情况发生较大变化;(9)公司分配股利、增资的计划,公司股权结构的重要变化,公司减资、合并、分立、解散及申请破产的决定,或者依法进入破产程序、被责令关闭;(10)涉及公司的重大诉讼、仲裁,股东大会、董事会决议被依法撤销或者宣告无效;(11)公司涉嫌犯罪被依法立案调查,公司的控股股东、实际控制人、董事、监事、高级管理人员涉嫌犯罪被依法采取强制措施;(12)国务院证券监督管理机构规定的其他事项。第 81 条第 2 款所列重大事件包括:(1)公司股权结构或者生产经营状况发生重大变化;(2)公司债券信用评级发生变化;(3)公司重大资产抵押、质押、出售、转让、报废;(4)公司发生未能清偿到期债务的情况;(5)公司新增借款或者对外提供担保超过上年末净资产的 20％;(6)公司放弃债权或者财产超过上年末净资产的 10％;(7)公司发生超过上年末净资产 10％的重大损失;(8)公司分配股利,作出减资、合并、分立、解散及申请破产的决定,或者依法进入破产程序、被责令关闭;(9)涉及公司的重大诉讼、仲裁;(10)公司涉嫌犯罪被依法立案调查,公司的控股股东、实际控制人、董事、监事、高级管理人员涉嫌犯罪被依法采取强制措施;(11)国务院证券监督管理机构规定的其他事项。

作为内幕信息应当具有哪些特征?对此学者们的观点基本相同,一般都将秘密性(未公开性)作为其中的一个特征。这就意味着,判定内幕信息中的秘密性是判定内幕信息的关键性问题。秘密性是指某个信息尚未公开,没有被证券、期货市场上的投资者所获悉。所以,要确定一项信息是否具有秘密性,实际上就是要判断这个信息有没有被公开。实践中一般认为,信息公开的标准有三个:第一是在全国性的新闻媒介上公布这个信息;第二是通过新闻发布会公布这个信息;第三是市场消化了这个信息,也就是说,市场对这则信息已经作出了反应。

有的学者认为,从信息公布时起到市场传播、消化、分析,从而引起证券、期货市场价格变动的一段时间,都应当属于信息还没有达到公开化的程度。知情人员在这期间利用这则信息进行相关的证券、期货合约的买卖或者建议不知道这个信息的他人买卖相关证券、期货合约的,也应当认定构成内幕交易、泄露内幕信息罪。在我看来,由于判定信息的"秘密性"是认定内幕交易行为的一个前提条件,因此必须有一个客观并且容易操作的标准。法律应当作出规定,使广大投资者在知情人员进行交易前有一定的时间对信息加以消化和理解，这么做起码可以在形式上保证证券、期货交易在信息利用上的公平。

在内幕信息还没有公开前，利用公开的信息资料对股市作出分析预测，从而进行交易的，是否属于内幕交易？国务院《禁止证券欺诈行为暂行办法》（现已废止）中曾规定：“内幕信息不包括运用公开的信息和资料，对证券市场作出的预测和分析。”我认为，借助没有确切消息的猜测，显然是投机行为，无论基于这种猜测进行交易所导致的结局如何，对这种行为显然是不能以内幕交易、泄露内幕信息罪来评价的。实际上，股评文章的性质也是一样。股评文章从实质上说，也是一种猜测，只不过这种猜测是由具有丰富的证券专业知识、熟悉证券市场运行规律的证券专家，运用科学的分析手段对公开的信息资料进行分析研究所得出的结论。因此，这种结论的正确性远远高于普通人的猜测。但无论这种预测的准确度多高，都改变不了“猜测”的实质。法律不能因为一个人的预言相当精确就可以剥夺他发表意见的权利，这是现代法治社会公民享有言论自由的必然结论。

还有一些学者认为，在现实生活中具有一定社会危害性的行为是很多的，法律没有必要也不可能将所有具有社会危害性的行为，都用法律尤其用刑法加以调整。对于股评文章，尽管它可能对证券交易价格有一定的影响，但与法律规定的内幕信息比较，这种影响比较小。股评文章所依据的材料、信息已经公开，这种已经公开化的材料、信息对证券价格已经施加了影响，通过这种信息作出的股评实质上就是对已公开的信息进行消化和再消化的过程，不符合内幕信息的特征。从另一方面看，如果将股评文章等类似的信息都作为内幕信息，就会扩大内幕信息的范围和内幕人员的范围，不符合刑法的立法本意。

我认为，对于利用已经公开的信息资料对市场作出分析和预测，并从事有关交易的行为不属于内幕交易的行为，因为内幕交易的前提条件是必须有内幕信息的存在。但是，有影响力的人利用已经公开的信息资料对市场作出分析和预测，从而影响证券、期货市场价格，并从事有关交易的行为属于“抢帽子”交易的行为，可能构成操纵证券、期货市场罪，我将在介绍操纵证券、期货市场罪时详细讲述这个问题。

除了前面我们所讲的秘密性特征以外，在理论上大多数学者认为，在内幕信息中，重要性或价格敏感性也是一个重要的特征。判断内幕信息中的重要性或价格敏感性，需要确定一个客观的标准。国外（比如美国最高法院）是以理智投资者作为认定标准。如果一个理智的投资者，在他作出投资决策时，可能认为这个被忽略的事实是重要的，那么这个事实就是重要的。换句话说，如果这个被忽略的事实公开后，极有可能被理智的投资者看成是改变了自己所掌握的信息的性质的话，那么，这些事实也就是重要的。从投资人的角度看，如果他们将这条消息与他们已经获知的其他消息合并在一起，会对相关股票的价格给予重新评价。美国法院经常就是以这种理智投资者的可能决定作为标准来判断某项消息是否属于“重要消息”。

在我国，相关法律都规定了内幕信息重要性的要件。例如，我国《证券法》第 52 条规定：“证券交易活动中，涉及发行人的经营、财务或者对该发行人证券的市场价格有重大影响的尚未公开的信息,为内幕信息。"并且详细列举了内幕信息。国务院《期货交易管理条例》第81条规定:"内幕信息,是指可能对期货交易价格产生重大影响的尚未公开的信息,包括:国务院期货监督管理机构以及其他相关部门制定的对期货交易价格可能发生重大影响的政策,期货交易所做出的可能对期货交易价格发生重大影响的决定,期货交易所会员、客户的资金和交易动向以及国务院期货监督管理机构认定的对期货交易价格有显著影响的其他重要信息。"《刑法》第180条也将内幕信息表述为"对证券、期货交易价格有重大影响的信息"。

(二)"明示、暗示他人从事交易活动"行为的定性

对于"明示、暗示他人从事交易活动"行为的定性,在认识上并不统一。1998年的《证券法》中就明确将"建议他人买卖证券"归入内幕交易的行为方式中,然而这一变化却始终没有在刑法中得到体现。对于这种行为是否应该纳入刑法规制的范围,学界一直有不同的认识。我认为,建议他人买卖证券行为利用的是行为人掌握的还没有公开的内幕信息,在客观上完全可能成为一种纵容或促使他人利用内幕信息进行相关证券、期货交易的行为。通常情况下,行为人是在掌握内幕信息的情况下实施建议他人从事交易活动的行为,因此行为人的行为往往起到鼓励、推动和指导作用。这种情况下虽然行为人可能自己并没有直接从事证券、期货交易,有些甚至可能没有从中获利,但是从实质上分析,行为人客观上是借他人之手进行相关证券、期货交易,这必然导致利用内幕信息进行证券、期货交易范围的扩大,并对证券、期货市场造成更加严重的破坏,这种行为的社会危害性是显而易见的。

所以我的观点是"建议"行为应当入罪,但紧接着的一个问题是,如果入罪,是否要求内幕信息的知情人员必须将内幕信息"告知"被建议者?《刑法修正案(七)》颁行以后,这些问题都得到了圆满的解决。《刑法修正案(七)》第2条第1款增加了明示、暗示他人从事交易活动的行为方式。我认为,这里的"示"就是"建议","明示"是指清楚、明白地告知他人未公开信息内容,并建议他人从事相关证券、期货交易的行为;可见,"明示、暗示"行为其实就是对不同表现形式的"建议"行为的表述,两者没有本质的区别,因此,《刑法修正案(七)》明确了"建议"行为应当入罪。在我看来,《刑法修正案(七)》之所以将"建议"行为表述为"明示"、"暗示"两种行为表现方式,正是为了解决"告知"的问题。"暗示"是指不明确告知未公开信息内容,只是建议他人从事相关证券或期货交易的行为。显然,"暗示"行为的入罪明确回答了建议行为入罪并不需要"告知","建议"并不以内幕信息的知情人员必须将内幕信息告知被建议者为要件,建议者的"暗示"行为同样构成犯罪,仍然可以依照规定定罪量刑。

内幕交易、泄露内幕信息罪是一个选择性罪名,原《刑法》第180条第1款包含两种行为,分别对应内幕交易罪与泄露内幕信息罪。那么,我要问大家的是,对于《刑法修正案(七)》新规定的"明示"、"暗示"行为究竟应该以内幕交易罪还是泄露内幕信息罪定罪呢?(下讲台提问)

学生1："我认为,应该以泄露内幕信息罪定罪。"

提问："不管'明示'还是'暗示'都一样的吗?"

学生1："是的,不管'明示'还是'暗示'都是泄露了。"

学生2："我也觉得是一样的。"

（回讲台）对同学们的这些观点,我不能同意。我认为,应该根据不同情况,分别对"明示""暗示"这两种行为进行定性。如果知情人明示他人进行某些证券、期货交易行为。在这种情况下,虽然交易行为并不是由知情人亲自实施,但知情人的建议行为直接导致了被建议者有针对性地实施证券、期货交易行为,两者之间存在直接因果关系。而被建议者有针对性地实施证券、期货交易行为是基于对建议者拥有内幕信息的默认。知情人的建议行为其实是一种间接的内幕交易行为。另外,知情人告知他人内幕信息的行为已完全符合泄露内幕信息罪的构成要件,应当以"内幕交易、泄露内幕信息罪"定罪处罚。

如果知情人暗示他人进行某些证券、期货交易,在这种情况下,知情人并没有泄露内幕信息,只是含蓄地建议他人买卖证券或期货,并导致了他人有针对性地实施证券、期货交易行为。因此,只构成内幕交易罪,而不构成泄露内幕信息罪,应当以"内幕交易罪"定罪处罚。

（三）内幕交易"利用"行为的定性

利用内幕信息进行证券、期货交易的行为是内幕交易行为中最为常见的类型。理论上一般认为,"利用"是指行为人在涉及证券、期货的发行、交易或者其他对证券、期货交易价格有重大影响的信息尚未正式公开前,利用自己所知道的内幕信息,掌握有利的条件和时机,进行证券、期货的买入或者卖出。

对于内幕交易行为是否必须具有"利用"要件,相关的法律规定并不完全一致。例如,《证券法》第50条规定:"禁止证券交易内幕信息的知情人和非法获取内幕信息的人利用内幕信息从事证券交易活动。"从这一条文中,我们不难发现,内幕交易的客观方面明显包括"利用"这一要素。但是,我国《刑法》第180条的规定中并没有"利用内幕信息"的提法,对于内幕交易罪的构成是否必须具备利用内幕信息的要件的问题,理论和实践中存有争议。

我认为,在我国有关内幕交易的行政法律法规中,比较强调利用内幕信息这个要件,但是从《刑法》第180条的规定中分析,我们不难发现,这一条文并没有将利用内幕信息作为构成要件。这一方面是因为司法实践中判断行为人是否利用内幕信息确实有相当大的困难,如果把它作为必要要件,可能会给许多实施内幕交易的行为人提供一个逃避刑事责任的借口,同时也必然会制造一个司法认定上的难题。另一方面,刑法之所以规定内幕交易、泄露内幕信息罪,无非是想从根本上禁止知情人员或者非法获取内幕信息的人员从事证券、期货交易,从而使证券、期货市场的"三公"原则得以真正实现。因为只要有知情人员或者非法获取内幕信息的人员从事证券、期货交易,就不可能有真正的"三公"环境的存在。因此,《刑法》第180条只是从时间上（也就是在涉及证券、期货的发行、交易或者其他对证券、期货的价格有重大影响的信息尚未公开前)对内幕交易罪的构成作出规定,而没有从是否"利用内幕信息"上提出要求,这显然也是刑事立法的初衷。当然,由于内幕交易罪的构成是以情节严重为前提的,所以尽管利用内幕信息并非是本罪的构成要件,但这并不意味着行为人的交易行为就与内幕信息无关,相反,行为人如果构成犯罪,他的交易行为必然与内幕信息具有一定的关联性。

(四)泄露内幕信息行为的定性

理论上认为,泄露内幕信息的行为是指行为人将处于保密状态的内幕信息公开化,通过各种方式,透露、提供给不应当知悉这则信息的人员,使他们可以利用信息进行证券、期货交易。泄露内幕信息的行为包括两种:一是将内幕信息告知不应或无权知道该信息的人员;二是在保密期届满前解密,让可以知悉或者有权知悉的人员提前知悉。泄露的内容是可以作为证券、期货交易依据的内幕信息的全部或主要事实。根据信息的不同,泄露行为可以分为直接型泄露和间接型泄露。直接型泄露往往直接泄露内幕信息的具体内容,间接型泄露则泄露与内幕信息有关的其他信息,其他人可以根据该信息判断出内幕信息的具体内容。特别是直接参与内幕信息形成的筹划、磋商的内幕信息知情人员,其泄露相关的日程安排、工作情况可以使他人根据工作安排等信息推断出内幕信息的具体内容。这种泄露方式即是间接型泄露内幕信息方式,与直接型泄露内幕信息方式在本质上无异。泄露内幕信息行为通常可以分为"泄密"和"再泄密"。其中"泄密"是指内幕人员直接将他掌握的内幕信息泄露给他人。"再泄密"是指非内幕人员在获取内幕信息后,又将内幕信息泄露给他人。那么,对于再泄密行为应该怎么定性?

我认为,非内幕人员在获取内幕信息后再泄密的情况有可能构成犯罪。《刑法》第180条规定,非法获取证券、期货交易内幕信息的人员泄露内幕信息,情节严重的,构成泄露内幕信息罪。从法条分析,这个条文并没有把非内幕人员再泄密的行为排除在犯罪之外。非内幕人员再泄密行为之所以可以构成泄露内幕信息罪的理由主要有三点。第一,不应知悉内幕信息的人员在获取内幕信息后应当承担保密的义务。不论这些人员获取内幕信息的途径怎样,最终的结果是得知了内幕信息的内容,从得知了内幕信息的那一时刻起,这些人员就负有保密的义务。第二,泄密与再泄密行为人的主观恶性程度没有区别。从行为人的主观故意看,行为人明知自己通过非法手段获得的是证券、期货交易的内幕信息,还故意将这种信息泄露给他人,他的主观恶性程度与证券、期货交易内幕信息的知情人员的泄密行为并没有什么不同。第三,从泄露内幕信息罪的后果看,这一犯罪的后果主要是由泄密行为引起的,没有行为人的泄密行为,也就不可能产生内幕交易的后果。泄密行为和再泄密行为在引起内幕交易的后果上是一样的,法律制止所有的泄密行为,不应当人为地区分首次泄密和再泄密,从而使再泄密行为逃避法律的制裁。

（五）内幕交易"不作为"行为的定性

理论上和实践中还存在这样一种情况：行为人原先准备买入某一证券或期货合约，或者准备卖出手中的某一证券或期货合约，但是，在获知有关内幕信息后却停止了原来准备实施的交易行为，从而获取了利益或者避免了可能遭受的损失。你们认为这种内幕交易"不作为"的行为可以构成内幕交易罪吗？（下讲台提问）

学生1："我认为应当构成。"

学生2："我也认为应当构成。"

提问："说说理由。"

学生2："因为这一行为与行为人利用内幕信息实施积极交易行为的实际效果是一样的，所以完全可以构成内幕交易罪。"

（回讲台）我认为，这种所谓的"不作为"的行为不能构成内幕交易罪，理由主要有四点。

首先，内幕交易犯罪必须有交易行为的存在。从某种程度上说，交易是内幕交易犯罪的本质所在，如果没有交易也就不会有内幕交易犯罪。行为人掌握内幕信息本身并不能成为其遭受法律惩罚的理由，如果行为人没有因此而进行证券、期货交易，就不可能对社会带来任何危害。因此，在证券、期货市场上，内幕交易当然应该有实际的交易行为的存在，而这种交易行为都表现为一种积极的买入或卖出的行为方式，实际上不可能存在所谓消极的"不作为"形式的买入或卖出的行为方式。

其次，刑法中的"不作为"应该以特定的义务为前提，没有特定的义务也就不应该有"不作为"存在。在证券、期货市场上，行为人在获知内幕信息后，只有不进行交易的义务，而根本就不存在所谓必须进行交易的义务。在某种程度上，行为人在获知内幕信息后，不进行交易是他应该做的，即使行为人从中得到了利益或实际避免了损失，也没有什么好指责的。在证券、期货市场上，我们不应该期待投资者（包括内幕人员）只能输钱不能获利，否则"投资人"就变"捐资人"了，这是不符合市场规律的。（全场笑）

再次，内幕交易犯罪的危害性不仅仅在于行为人违反了公平竞争的原则，获得了不正当利益或者使自己避免了损失，更重要的是在于行为人的这种行为从根本上破坏了证券、期货市场的正常交易秩序。行为人在获知内幕信息后不买或不卖证券、期货合约，仅仅只是行为人自己得到了利益或者避免了损失（这种利益并不是通过交易行为得到的），证券、期货市场的秩序并没有遭受不良影响，公平竞争的原则也并没有遭受直接的破坏。

最后，认定"不作为"的行为构成内幕交易罪，证据搜集难度较大，证明较为困难。行为人在获知有关内幕信息后停止了原来准备实施的买入或卖出行为，这在理论上和实践中确实可能存在，但由于行为人并没有实施买入或卖出的积极行为，因而对行为人改变投资的主观决定很难加以证明。

（六）"内幕人员"的界定

立法上禁止内幕交易、泄露内幕信息行为，实质上在于禁止内幕人员利用基于其特殊身份所取得的信息便利谋取不正当利益或减少自己的损失。从这个意义上说，对于主体的认定，也就是确认行为人是否属于内幕人员，是认定内幕交易、泄露内幕信息罪的关键所在。

从世界各国和地区的相关法律来看，基本上都规定内幕人员包括一切可能优先接触内幕信息并且对内幕信息负有不得私自泄露或利用得利的人员。我国刑法把内幕交易、泄露内幕信息罪的主体分为两类：法定的内幕人员和法定的非内幕人员。对于法定的内幕人员，《刑法》第180条规定，证券、期货内幕信息知情人员的范围，依照法律、行政法规的规定确定。我国《证券法》第51条规定了证券交易内幕信息知情人员的范围。根据该规定，内幕信息知情人员包括：（1）发行人及其董事、监事、高级管理人员；（2）持有公司百分之五以上股份的股东及其董事、监事、高级管理人员；（3）发行人控股的公司及其董事、监事、高级管理人员；（4）由于所任公司职务或者因与公司业务往来可以获取公司有关内幕信息的人员；（5）上市公司收购人或者重大资产交易方及其控股股东、实际控制人、董事、监事和高级管理人员；（6）因职务、工作可以获取内幕信息的证券交易场所、证券公司、证券登记结算机构、证券服务机构的有关人员；（7）因职责、工作可以获取内幕信息的证券监督管理机构工作人员；（8）因法定职责对证券的发行、交易或者对上市公司及其收购、重大资产交易进行管理可以获取内幕信息的有关主管部门、监督机构的工作人员；（9）国务院证券监督管理机构规定的可以获取内幕信息的其他人员。根据我国《期货交易管理条例》第81条的规定，内幕信息知情人员是指由于其管理地位、监督地位或者职业地位，或者作为雇员、专业顾问履行职务，能够接触或者获得内幕信息的人员，包括：期货交易所的管理人员以及其他由于任职可获取内幕信息的从业人员，国务院期货监督管理机构和其他有关部门的工作人员以及国务院期货监督管理机构规定的其他人员。从中我们不难发现，我国法律对于内幕人员的界定不仅仅局限于公司内部人员，实际上包括了所有可能优先接触公司内幕信息并且对内幕信息负有不得私自泄露或利用得利的其他人员，也就是说，对于内幕人员的界定，关键并不在于他是否为内部人员，而在于他是否能够通过合法途径接触或获得内幕信息。

2012年3月，最高人民法院、最高人民检察院联合发布的《关于办理内幕交易、泄露内幕信息刑事案件具体应用法律若干问题的解释》（下文简称《内幕交易犯罪解释》）第2条对于内幕人员作出规定。但是，《内幕交易犯罪解释》简单罗列内幕信息知情人员司法判断所依据的法律、法规条文，对于指导惩治内幕交易犯罪实践的意义并不大，并没有涉及真正意义上的内幕信息知情人员的认定难点问题。

我认为，《证券法》《期货交易管理条例》有关内幕信息知情人员的规定实际上各自存在着缺陷。

在证券内幕信息知情人员法律规定方面，《证券法》第51条在列举了上市公司董事、监事、高级管理人员等8项证券内幕信息知情人员类型之后,通过第9项兜底条款将国务院证券监督管理机构规定的其他人整体纳入知情人员范围。《证券法》第51条由于缺乏内幕信息知情人员实质标准的界定,造成证券监管机构裁量权过大,最终导致其他内幕信息知情人员的范围处于不确定的状态。而《期货交易管理条例》具体列举的知情人员主体类型不仅极为概括,而且使用了大量"其他人员""有关人员"等内涵模糊的表述,造成期货内幕交易犯罪司法实践难以确定期货内幕信息知情人员。

因而,司法解释有必要明确内幕信息知情人员的司法认定规则。

其一,司法解释应当明确规定证券内幕信息知情人员的实质特征是基于职务可获取证券内幕信息。纳入《证券法》第51条第9项规定的其他内幕信息知情人员的行为主体应当与该条前8项规定的主体类型具有同质性特征,这种同质性特征的归纳正是内幕交易犯罪司法解释应当予以明确的问题。从《证券法》第51条明示性规定的证券内幕信息知情人员类型来看,其实质特征都是基于这些人员在上市公司、上市公司控股公司、上市公司实际控制方、上市公司收购方或重大资产交易方、证券监管与服务机构等所担任的职务能够获取内幕信息。因此,司法解释有必要规定,由于所担任职务可获取证券内幕信息的人员是证券内幕信息知情人员。

其二,司法解释应当对期货内幕信息知情人员规定细致且具有可操作性的司法判断规则。对于期货交易所、期货交易结算公司、期货公司等机构工作人员而言,如果其承担的期货市场管理、持仓量、新近建仓量、加仓减仓量、资金进出量等具体交易数据统计与清算、机构客户交易信息管理等职务能够获取大量未公开且与期货合约供求关系紧密相关的信息,就应当认定为期货内幕信息知情人员。所以,《期货交易管理条例》规定的构成期货内幕信息知情人员的"有关"部门工作人员,应当明确为与期货市场有关的监管机构和行业协会工作人员。同时,随着金融交易及产品开发日趋成熟,证券与期货交易关联性日趋紧密,证券行业人员或者上市公司人员也可能构成期货内幕信息知情人员。

例如,2010年4月中国金融期货交易所推出"沪深300股指期货合约"的交易品种由于"沪深300股指期货合约"的涨跌直接与证券现货市场多空信息挂钩,对沪深300指数中权重较大的成分股交易价格具有重要影响且尚未公开的信息显然属于证券内幕信息,其同样对股指期货合约交易价格具有重要影响,这种基于证券现货市场与股指期货市场关联性或者价格传递关系而对金融期货交易价格具有重要影响的未公开信息显然也是期货内幕信息。发行权重股的上市公司的内幕信息知情人员或者其他基于职务便利能够获悉此类内幕信息的金融机构、中介机构工作人员,同样应当构成期货内幕信息知情人员。

以非法手段获取内幕信息的其他人员,属于法定的非内幕人员,这是指除内幕人员外,通过非法方法或途径从内幕人员处获取内幕信息的人员。对"非法获取"的理解不能过于狭窄,不能仅仅把它限于积极的并且具有违法性的手段,而应从较为宽泛的角度加以解释。从内涵上分析,"非法获取"实际上应该是指"不该获得而获得"的情况,其中,"不该获得"是指行为人与内幕信息之间并没有职务或业务上的紧密关系,行为人属于被相关法律法规禁止接触或者禁止获取证券、期货交易内幕信息的人员。

《内幕交易犯罪解释》第2条采纳了较宽泛解释的做法，不仅将通过窃取、骗取、套取、窃听、利诱、刺探或者私下交易等手段获取内幕信息的人员认定为非法获取内幕信息人员，而且将内幕信息知情人员的近亲属、关系密切人、内幕信息敏感期内的联络、接触人等不该获取或禁止接触内幕信息且实际利用该信息从事相关证券、期货交易的人员规定为非法获取内幕信息人员。

对于《内幕交易犯罪解释》第2条第2项规定的以非法手段获取内幕信息人员，实践中并不存在认定障碍，关键问题在于内幕信息知情人员的近亲属、关系密切人、内幕信息敏感期内的联络、接触人等内幕交易犯罪行为主体的判断。

关于近亲属范围问题，我国《刑法》并没有专门的规定。我认为，刑法中探索近亲属的合理范围，必须以财产关系作为限制标准对近亲属进行范围限定。财产关系标准不仅具有实体法上的规范性，而且与内幕交易犯罪利用内幕信息从资本市场交易中非法获取利润的行为实质最为契合。因为近亲与远亲之间的界限是模糊与主观的，最为客观的判断标准应当是财产关系上的远近亲疏。从《继承法》第10条至第12条有关财产法定继承的规定来看，除了夫妻、父母、子女、同胞兄弟姊妹等之外，继承法上的第一顺序、第二顺序和代位继承中具有法律继承权的主体，也应当视为近亲属。以财产继承关系为核心确定近亲属范围，不仅整体涵盖了三代以内直系血亲，而且根据亲缘结构与家庭财产归属的实际情况出发，将非婚生子女、养子女和有抚养关系的继子女，养父母和有扶养关系的继父母，同父异母或者同母异父的兄弟姐妹、养兄弟姐妹、有扶养关系的继兄弟姐妹，以及承担主要赡养义务的丧偶儿媳、女婿等纳入近亲属范围，更能实现内幕交易犯罪主体界定与内幕交易犯罪实质之间的高度契合。因为近亲属之所以能够从内幕信息知情人员处获取内幕信息，根本原因在于其不仅能够基于"近"的家属关系影响内幕信息知情人员对于内幕信息的保密程度，而且能够在内幕信息所可能产生的财产利益方面与内幕信息知情人员形成利益共同体。

而内幕信息知情人员的关系密切人则着眼于该种类型的行为主体与内幕信息知情人员之间的人际关系，强调的是两者之间的人际关系超越普通层面，达到了紧密联系、黏合、影响的程度。这种紧密联系可以是友好关系，也可以是客观中性的利益、利害关系，还可以是并非基于职权而生成的控制、胁迫、制约关系。因此，《内幕交易犯罪解释》既然使用了关系密切人的概念，实际上就应当将其实质内涵明确界定为与内幕信息知情人员人际关系紧密的人。对于内幕信息知情人员关系密切人的具体范围，应当包括以下几项：第一，亲属层面的人际关系；第二，利益层面的人际关系，主要是指与内幕信息知情人员有共同利益关系、利害关系的人；第三，情感层面的人际关系，主要是指内幕信息知情人员的情妇（夫）或者其他有情感依恋关系的人；第四，社交层面的人际关系，主要是指与内幕信息知情人员紧密交往的同乡、同事（包括现在和以前的平级和上下级同事）、同学、战友、朋友、商业伙伴、常规工作联系人等。

内幕信息的传递一般多发于近亲属以及其他关系密切人之间，但这并不意味着没有证据表明行为人与内幕信息知情人员之间关系密切，就可以直接排除行为人获取内幕信息的可能。内幕信息完全可以在社会关系一般的主体之间进行传递。内幕信息知悉人员基于故意、口风不严、疏忽大意、意图使得信息受领者利用内幕信息牟利、炫耀等各种因素，都可能使得行为人获取内幕信息。正是因为上述内幕信息传递的实践特征，《内幕交易犯罪解释》第 2 条第 3 项规定，在内幕信息敏感期内，与内幕信息知情人员联络、接触，从事或者明示、暗示他人从事，或者泄露内幕信息导致他人从事与该内幕信息有关的证券、期货交易，相关交易行为明显异常，且无正当理由或者正当信息来源的，属于非法获取内幕信息人员。这条规定不仅将内幕信息知情人员近亲属、关系密切人之外的内幕信息敏感期内的联络、接触人纳入内幕交易犯罪主体范围，而且合理地将偶然、无意地听闻内幕信息的人员排除在内幕交易犯罪行为主体之外。

（七）内幕交易、泄露内幕信息行为人主观方面的认定

我认为，对于内幕交易、泄露内幕信息罪的主观方面是故意还是过失，关键还是要分析刑法规定和理解刑事立法的原意。我国《刑法》第 15 条第 2 款明确规定："过失犯罪，法律有规定的才负刑事责任"，而《刑法》第 180 条并没有规定过失可以构成内幕交易、泄露内幕信息罪，根据罪刑法定的原则，内幕交易、泄露内幕信息罪的主观方面不应该包括过失，并且由于行为人实施内幕交易、泄露内幕信息的行为都是以获取非法利益或者减少损失为目的，所以内幕交易、泄露内幕信息罪的主观方面只能是直接故意。

在主观方面中，有一个问题还存在争议，这就是关于对象认识错误的问题。如果行为人在主观上误把某种不属于内幕信息的消息当作内幕信息加以利用或予以泄露，该怎么认定？这种对象认识错误是否可能构成内幕交易、泄露内幕信息罪？（下讲台提问）

学生 1："我认为，是有可能构成的。"

学生 2："我认为，应该区分具体情况而定。"

（回讲台）应该看到，要构成本罪，行为人的行为必须达到情节严重的程度，并且有关交易和泄露行为应当与内幕信息具有关联性。由于受到这些条件的影响，那么，如果行为人主观上把某种不属于内幕信息的信息当作内幕信息进行交易或泄露，不可能出现所谓关联性问题，也不大可能达到情节严重的程度，所以很难构成犯罪；如果行为人将内幕信息误认为不是内幕信息而进行交易或泄露，由于主观上缺乏故意，当然也不能构成犯罪。因此，我认为，如果行为人主观上确实存在对象认识错误的情况，实际上一般都不应该构成本罪。

九、利用未公开信息交易罪

下面，我们来看《刑法修正案（七）》新增加的一个罪名——利用未公开信息交易罪。《刑法修正案（七）》第 2 条第 2 款规定，"证券交易所、期货交易所、证券公司、期货经纪公司、基金管理公司、商业银行、保险公司等金融机构的从业人员以及有关监管部

门或者行业协会的工作人员,利用因职务便利获取的内幕信息以外的其他未公开的信息,违反规定,从事与该信息相关的证券、期货交易活动,或者明示、暗示他人从事相关交易活动,情节严重的,依照内幕交易、泄露内幕信息罪的规定处罚。"该条款设在《刑法》第180条第3款之后,作为《刑法》第180条第4款的内容。《刑法修正案(七)》的这个规定使得受学界和舆论广泛抨击的"老鼠仓"行为终于有了明确的刑法规制依据。对于这个罪名我主要讲两个问题。

（一）"老鼠仓"行为的界定

首先我们来了解一下"老鼠仓"行为到底是指什么,也就是说对"老鼠仓"行为应该怎么界定? 如果我们在这个问题上不统一,那么我们得出的观点也会大相径庭。正如我国刑法学者冯亚东所说的:"大家都使用同样的一个术语,而实际上所想的,要表达的并不完全一致。尽管我们所讲的两个东西大体是交叉的,但内涵和外延并不等同。"所以我们只有在对"老鼠仓"行为的认识使用统一标准的前提下,才能展开讨论。

"老鼠仓"行为究竟是什么? 理论上有"广义说"和"狭义说"两种说法。广义说认为,"老鼠仓"行为表现为以下三种形式:一是身为受托资产管理业务机构的从业人员(以下简称"相关从业人员"),知道相关大额资金的投资信息,却违背受托人义务,私自买入相关的股票以追求私利的行为;二是相关从业人员违背受托人义务,自己先行买入股票,然后用所管理的基金把股票价格拉升,自己买入的股票通过股价差获利;三是利益输送,也就是相关从业人员违背受托人义务,故意选择不公平的价格或者不适当的时机交易,让公募基金为私募基金高位接盘,致使公募基金被套牢,私募基金却解套获利。狭义说认为,"老鼠仓"指庄家在用公有资金拉升做庄个股股价前,先用自己个人(亲友团)的资金在低位建仓,再用公有资金将股价拉升到高位,个人仓位率先卖出获利,最后套牢亏损的是机构(公有)和散户的资金。这种在底部埋仓吃公家粮的行为,与老鼠进粮仓颇为类似,因此被形象地称为"老鼠仓"。

我认为,我们对一个法律现象进行认识或解释时,应遵循"立法原意"。虽然说由于时间的一维性,真正的"立法原意"已经过去,我们很难认知,但至少我们应从业已存在的规范形式出发,推定当时的"立法原意"。既然《刑法修正案(七)》将"利用未公开信息交易罪"规定为《刑法》第180条中的一款,它的内涵就应限定在内幕交易、泄露内幕信息罪适用的领域之内。因此,我认为"狭义说"的解释较为合理。

（二）利用未公开信息交易罪的司法认定

关于利用未公开信息交易罪的司法认定,我主要讲这么几个问题。

第一,"未公开信息"怎么理解? 或者说什么是"未公开信息"? 利用未公开信息交易罪设立之初,并没有其他法律或者行政法规对"未公开信息"作出明确的规定,所以理论和实践中关于"未公开信息"的理解存在争议。2019年,"两高"发布的《关于办理利用未公开信息交易刑事案件适用法律若干问题的解释》第1条规定"内幕信息以外的其他未公开的信息"包括:(1)证券、期货的投资决策、交易执行信息;(2)证券持仓数量及变化、资金数量及变化、交易动向信息；(3)其他可能影响证券、期货交易活动的信息。2019年修订的《证券法》第54条首次明确了禁止利用未公开信息交易的行为，但是没有明确"未公开信息"的范围。为了实现法条内部的匹配与衔接，根据《证券法》第52条的规定，我认为刑法中的"未公开信息"应界定为内幕信息以外的其他涉及证券发行，证券、期货交易或者对证券、期货交易价格有重大影响的信息，包括由金融机构相关人员掌握的涉及交易投资具体信息的投资决策信息，以及由证券交易所、证券监管机构或行业协会掌握的涉及证券交易、变动等影响价格的监管信息和行业信息等。

我认为，"未公开信息"应当具备以下五个特性：一是差别性："未公开信息"必须是内幕信息之外的其他信息；二是未公开性："未公开信息"尚未通过法定渠道或其他以公众熟知方式向社会大众和广大投资者公布；三是真实性："未公开信息"必须是正确、客观的信息，不能是虚假、编造，无中生有的信息；四是价格影响性："未公开信息"必须是涉及公司的经营、财务或者对该公司证券的市场价格有重大影响的信息，而不能是其他一切信息；五是可利用性："未公开信息"被行为人所掌握后，行为人或其亲友可从中受益之信息。

在我刚才列举的"未公开信息"的五个特性中，尤其值得我们探讨的是什么是"未公开性"？《证券法》第42条第2款规定："为发行人及其控股股东、实际控制人或者收购人、重大资产交易方出具审计报告或者法律意见书等文件的证券服务机构和人员，自接受委托之日起至上述文件公开后5日内，不得买卖该证券。实际开展上述有关工作之日早于接受委托之日的，自实际开展上述有关工作之日起至上述文件公开后5日内，不得买卖该证券。"同时《证券法》第86条规定："依法披露的信息，应当在证券交易场所的网络和符合国务院证券监督管理机构规定条件的媒体发布，同时将其置备于公司住所、证券交易场所，供社会公众查阅。"有学者通过对这两个法条的分析和解读，提出了"将内幕信息以外的其他未公开信息公布5日之后的状态规定为已公开"的观点，也就是认为相关当事人在内幕信息以外的其他未公开信息公布之日起5日内不得买卖与该信息有关的证券或期货合约，否则，就构成利用未公开信息交易罪。

我认为，这种观点确实为我们开拓了思路。但是，《证券法》关于"自接受委托之日起至上述文件公开后5日内，不得买卖该种股票"的规定并不代表相关文件公开后5日内信息属于未公开的状态。这个规定只能明令禁止有关人员在文件公开后5日内不能买卖股票，而在这段时间内，相关信息已经无可逆转地成为公开的信息了。所以我认为，以公开后5日为限来界定信息是否已公开的这一提法是不合适的，并且禁止相关当事人在内幕信息以外的其他未公开信息公布之日起5日内不得买卖与该信息有关的证券或期货合约的做法过于苛刻，且缺乏充分论证。西方有个著名的理论叫做"有效市场"理论。这个理论认为，某项消息一旦被相当数量的投资者知悉时，相关公司的证券、期货价格便会很快地发生变动，或涨或跌，从而来反映证券、期货公司对市场这种消息的感受与反应。当某项消息对证券、期货市场能产生有效影响时，该消息便被认为已经属于公开的消息；反之，则仍属于尚未公开。实践中一般认为，信息公开的标准有三个：一是在全国性的新闻媒介上公布该消息；二是通过新闻发布会公布信息;三是市场消化了该信息,也就是市场对该信息已作出反应。我认为,这三个标准值得我们借鉴。

第二,怎么理解"职务便利"与"未公开信息"的关系? 我认为"利用未公开信息交易罪"中的职务便利,应当是指证券交易所、期货交易所、证券公司、期货经纪公司、基金管理公司、商业银行、保险公司等金融机构的从业人员以及有关监管部门或者行业协会的工作人员,主管、管理、从事、履行本职工作、义务或者其他一切与职务有关的便利条件。在此基础上,"职务便利"与"未公开信息"之间必须具有因果关系,也就是说,行为人获取"未公开信息"必须是利用"职务便利"获取的。之所以强调两者之间必须具备因果关系,是因为司法实践中存在无意获取"未公开信息"的情形。比方说,某基金公司职员在饭馆会客时,无意中听到自己公司的领导谈论本公司将重仓持有某只股票的信息并加以利用的情形。我认为,在这种情形下,行为人并不是利用职务便利而获取到信息的,两者之间没有因果关系,所以应该被排除在刑法规制范围之外。强调"职务便利"与"未公开信息"之间的因果关系,也是罪刑法定原则的精神要旨所向。

第三,是否要求实际"盈利"或"减少、避免损失"? 在司法实践中会产生这样的情况,证券交易所、期货交易所、证券公司、期货经纪公司、基金管理公司、商业银行、保险公司等金融机构的从业人员以及有关监管部门或者行业协会的工作人员利用未公开的信息从事与该信息相关的证券、期货交易活动,往往是为了使本人或者其亲友"盈利"或者"减少、避免损失",但结果是不但没有盈利或者减少、避免损失,反而自己也被"套住了"。很多法官因此认为,"利用未公开信息交易罪"为目的犯,尽管在条文中没有明确表述,但"盈利"或者"减少、避免损失"作为条文的隐性要件暗含其中,既然没有"盈利"或"减少、避免损失"就不应该构成利用未公开信息交易罪。

从犯罪构成理论的角度分析,目的犯之目的是故意之外的主观要素,它与故意之内的目的是有所不同的,对此应当加以区分。我认为,此处"盈利"或者"减少、避免损失"不是故意之内的目的,更确切地说是一种动机。相同的犯罪目的可能有不同的犯罪动机,相同的犯罪动机也可能产生不同的犯罪目的,进而实施不同的犯罪行为,符合不同的犯罪构成。因此,一般情况下,犯罪动机不是犯罪构成的必要要件。"盈利"或者"减少、避免损失"这一动机实现与否对是否构成本罪没有影响。另外,从法条的表述来看,本罪完全符合刑法理论中行为犯的特征,而决定是否实际盈利的因素多且复杂,除了自身的原因外,还受大盘、政策、市场资金充裕程度、欧美股市的走势等等因素的影响。因此,尽管行为人以盈利或避免损失为目的而利用未公开信息进行交易,但由于诸多因素的影响,也可能出现与其主观预期相违背的结果。只要行为人的交易行为完成了,且达到了情节严重的程度,就应当以本罪追究其刑事责任。

需要引起大家注意的是,有些舆论或媒体将"利用未公开信息交易罪"的设立解读为是对"老鼠仓"行为的全面打击,其实这种说法并不准确。实践中的"老鼠仓"不仅涉及内幕交易,还涉及市场操纵以及刑法未涉及的背信等范畴。因此,《刑法修正案(七)》增设本罪只是触及了一部分的"老鼠仓"行为。

此外,刑法理论与实践中对于利用未公开信息交易罪是否如同内幕交易、泄露内幕信息罪一样具有"情节严重""情节特别严重"两档量刑情节存在争议。这个争议是由著名的"马乐案"引发的。马乐利用其担任基金经理的职务而获取的未公开信息从事相关金融交易，累计交易量 10.5 亿余元，获取非法交易利润 1 883 万余元。2014 年 3 月，深圳市中级人民法院判决马乐利用未公开信息交易"情节严重"，判处其有期徒刑 3 年缓刑 5 年。2014 年 10 月，广东省高级人民法院经二审维持原判，认为利用未公开信息交易罪只有"情节严重"一档法定刑，并未规定"情节特别严重"情形。2014 年 12 月，最高人民检察院向最高人民法院提起抗诉。2015 年 12 月，最高人民法院对马乐利用未公开信息交易再审一案作出改判，认为利用未公开信息交易罪具有"情节严重""情节特别严重"两档量刑情节，判处原审被告人马乐有期徒刑 3 年，并处罚金人民币 1 913 万元，违法所得人民币 1 912 万余元依法予以追缴。2019 年"两高"发布的《关于办理利用未公开信息交易刑事案件适用法律若干问题的解释》也同样明确了利用未公开信息交易具有两档量刑情节。

但是，我认为利用未公开信息交易罪应当只有"情节严重"一档量刑情节。其一，从社会危害性轻重角度分析，利用未公开信息交易罪与内幕交易、泄露内幕信息罪适用完全相同的法定刑并不妥当。应该看到，《刑法修正案（七）》增设利用未公开信息交易罪，现行刑法尽管将其与内幕交易、泄露内幕信息罪配置在同一个条文中，但两者之间实际存在着明确的规范界限。根据当时对《刑法修正案（七）》的权威解读，利用未公开信息交易罪与内幕交易、泄露内幕信息罪本质上的差异集中体现在两罪所对应的信息内容上。一般而言，内幕信息对于证券、期货市场价格的影响非常直接且巨大，"其他重大未公开信息"的价格影响性相对而言较为间接且不如内幕信息如此显著。因此，利用内幕信息进行交易、泄露内幕信息与利用未公开信息进行交易或者泄露未公开信息行为的社会危害性均不同。我国刑法并没有一开始就将利用未公开信息交易行为规定为犯罪的原因，恐怕也在于此。其二，从立法原意角度分析，利用未公开信息交易罪与内幕交易、泄露内幕信息罪适用完全相同的法定刑并不妥当。从刑法条文分析，《刑法》第 180 条第 4 款其实并没有明示性地规定利用未公开信息交易"情节特别严重"一定要适用内幕交易、泄露内幕信息罪"情节特别严重"的这一档法定刑。相反，利用未公开信息交易罪的条文明确规定的仅仅只有"情节严重"这样唯一一档法定刑，即"情节严重"应依照内幕交易、泄露内幕信息罪"情节严重"的法定刑档次处罚。从立法文意和立法技术的角度分析，我们似乎更能得出这一立法原意：即利用未公开信息交易罪其实是不存在"情节特别严重"这一档法定刑的。我认为，如果一定要认为利用未公开信息交易罪存在两档量刑情节应当通过立法的方式作出修改，而不应当通过司法解释的方式来改变。

十、操纵证券、期货市场罪

接下来，我们来学习操纵证券、期货市场罪。操纵证券、期货市场罪规定于我国《刑法》第 182 条，具体内容是：有下列情形之一，操纵证券、期货市场，影响证券、期货交易价格或者证券、期货交易量,情节严重的,处 5 年以下有期徒刑或者拘役,并处或者单处罚金;情节特别严重的,处 5 年以上 10 年以下有期徒刑,并处罚金:(1)单独或者合谋,集中资金优势、持股或者持仓优势或者利用信息优势联合或者连续买卖的;(2)与他人串通,以事先约定的时间、价格和方式相互进行证券、期货交易的;(3)在自己实际控制的账户之间进行证券交易,或者以自己为交易对象,自买自卖期货合约的;(4)不以成交为目的,频繁或者大量申报买入、卖出证券、期货合约并撤销申报的;(5)利用虚假或者不确定的重大信息,诱导投资者进行证券、期货交易的;(6)对证券、证券发行人、期货交易标的公开作出评价、预测或者投资建议,同时进行反向证券交易或者相关期货交易的;(7)以其他方法操纵证券、期货市场的。我国 1979 年《刑法》中没有关于惩治操纵证券、期货市场犯罪的规定,这是因为当时我国并不存在证券、期货市场。为了满足不断发展和完善的证券、期货市场的需要,1997 年《刑法》第 182 条明确规定了"操纵证券交易价格罪"这一新罪名和相应的法定刑,之后全国人大常委会于1999 年 12 月 15 日颁布了《刑法修正案》,对本罪作了补充,增加规定了期货犯罪的内容,将本罪改为操纵证券、期货交易价格罪。2006 年 6 月 29 日全国人大常委会通过了《刑法修正案(六)》,对本罪作了第二次修正,罪名相应调整为"操纵证券、期货市场罪"。2020 年 12 月 26 日全国人大常委会通过了《刑法修正案(十一)》,增加了操纵行为类型。

（一）操纵证券、期货市场罪的行为方式与罪数形态

操纵证券、期货市场行为就是利用证券、期货市场上证券、期货的供求关系会影响交易价格的原理,通过各种各样的操纵行为,虚构市场的供求关系,有意哄抬证券、期货的价格,人为地控制市场上的资金流向,从而达到操纵相关证券、期货的交易价格并从中获取利益的目的。操纵证券、期货市场罪的行为方式的认定是一个相当复杂的问题,下面我将为大家分别讲解刑法规定的这七种操纵证券、期货市场罪的法定情形。

第一,单独或者合谋,集中资金优势、持股或者持仓优势或者利用信息优势联合或者连续买卖情形的认定。操纵证券、期货市场罪的行为方式可以分为单独操纵和合谋联合买卖、合谋连续买卖。一般表现为资金大户、持股大户或者持仓大户等利用他们具有的大量资金或持有的大量股票或者大的仓位等进行单独或通谋买卖,对某种股票或某一期货品种连续以高价买进或连续以低价卖出,造成这种股票或期货品种价格见涨、见跌的现象,诱使其他投资者错误地抛售或追涨,而自己却作出相反的行为来获取巨额利润。

理论上,我们通常把"资金优势""持股优势""持仓优势"和"信息优势"等统称为资源优势。操纵证券、期货市场的行为人往往利用自己手中掌握的资源优势来实现操纵的目的,而操纵行为一旦与这些资源优势结合起来,对证券、期货市场就会产生严重的危害结果。因为资金、持股、持仓以及信息等因素在证券、期货市场上具有举足轻重的地位,证券、期货交易价格主要被这些因素所左右。值得一提的是,在人工智能时代,交易者可能因使用人工智能交易技术而拥有速度或智能优势。

需要注意的是,这里的"信息优势"中"信息"的外延和内涵比起内幕交易、泄露内

幕信息罪中的"内幕信息"要宽得多，一般应该包括任何与证券、期货交易有关的信息，既包括内部消息也包括还没有公开但已经事先知悉的信息，既包括重大信息也包括其他一般信息，既包括真实的信息也包括虚假的信息等。因为证券、期货市场是一个非常敏感的市场，它对"信息"的敏感度要远远高于一般的市场。与内幕交易罪不同，操纵证券、期货市场罪中的信息只是操纵者实施操纵行为的工具，在很多情况下，行为人利用一般的信息有时也同样可以达到操纵证券、期货交易价格的目的，所以，我们没有必要将这里"信息"的外延和内涵限定在"内幕信息"的范围内，只要行为人实际操纵了证券、期货交易价格，不管他利用了哪一种信息，都有可能构成操纵证券、期货市场罪。

这里所讲的"连续买卖"，是指行为人以影响行情为目的，对某种证券、期货合约连续买进卖出，以显示这一证券、期货交易活跃，给人形成见涨或见跌的印象，诱使其他投资大众信以为真而上当受骗，行为人却通过连续买卖的行为，达到抬高或者压低证券、期货交易价格的目的，从而控制价格并从中渔利。连续买卖是从操纵行为的时间方面提出的一个概念，因为在证券、期货市场上，如果操纵行为不能持续一定的时间，行为人就没有办法通过增加交易量来进一步影响交易价格。认定操纵证券、期货交易价格中的连续交易，关键是对"连续"怎么来理解。也就是说怎样才叫"连续"？认定这个问题，确实比较困难。目前世界上大多数国家和地区的有关法律中都没有作出明确的规定，只有极个别国家的证券法（比如《澳大利亚证券法》）规定在任何时间买卖同一公司证券超过一次的，就是连续交易。从《澳大利亚证券法》的这一规定分析，我们不难发现它的认定标准过于宽松，如果按它的规定加以认定，实践中打击面会很大，与证券、期货市场发展的要求和规律也不吻合。在我看来，证券、期货交易应该允许两次交易，但是两次交易间隔的时间应当作严格的限定，比如说，不能在同一交易日，否则就看作连续交易。

什么叫作"一次交易"？理论上有不同的观点，有的以委托次数为标准，有的以交易次数为标准。我认为应当根据行为人的委托次数作为基本标准，因为在证券、期货交易中，行为人只能控制自己委托的次数而很难控制成交的次数。如果以成交的次数作为判定连续买卖的标准，可能会存在许多不确定的因素，从而难以具体判断行为人究竟是否存在操纵证券、期货交易价格的行为。另外，在证券、期货交易中，行为人的委托行为本身就能影响到证券、期货的交易价格，在很多情况下，投资者买卖证券、期货合约往往根据他人委托买入或卖出的价格来确定自己希望成交的价格。因此，把行为人的委托次数作为确定是否连续买卖的基本标准是完全合理的。当然，在没有委托存在的情况下，应该将一次成交看作一次交易。因为并非所有的证券、期货交易都需要委托，证券、期货自营商和综合类证券、期货商也是证券、期货交易所的非证券、期货经纪公司会员或者期货经纪兼营机构，它们以自己的名义和财产从事证券、期货交易时，是不需要委托经纪商的。如果把一次交易理解为一次委托，由于它们实际上不存在委托，实践中就无法正确进行判断。

那么什么是"联合买卖"呢？联合买卖是指两个以上的利益主体，按照事先约定，通过联合买或联合卖等手段共同操纵市场。在我国的证券、期货市场上，联合买卖是一种比较常见的操纵行为。这种行为主要表现为:机构与机构之间、大户与大户之间以及机构与大户之间,为了共同的不法利益,利用资金、持股、持仓和信息等优势,联合起来操纵某一种或者某一类证券、期货的价格;为地方利益,有些地方政府或者承销商出面组织证券、期货投资者,共同操纵某类证券、期货的价格;证券、期货发行公司与证券、期货承销公司之间,为了共同的利益,共同操纵某类证券、期货价格,以达到证券、期货顺利发行的目的;利用内部消息,企业界、管理界、金融界、新闻界等联手操纵证券、期货价格,等等。

关于联合买卖,还有一个问题需要明确:联合买卖是否包括一方为买方,另一方为卖方的情形? 我认为,尽管从刑法有关操纵证券、期货市场罪客观方面的表述分析,联合买卖不能够完全排除一方为买方、另一方为卖方的情形,但是如果包括了这种情形,那么就会在《刑法》第182条第1款第1、2项之间造成重复,有损于法律规定的逻辑性与科学性。因为刑法条文中对客观行为的规定一般都会从某种角度加以限定,尽管有时在文字表述上会出现含义交叉甚至重合的情况,但立法者的原意以及侧重点还是很清楚的,一般不会从交叉或重合角度对行为作出规定。由于受到文字表述的限制,有时立法上也不可能完全杜绝交叉或重合情况的出现,在这种情况下,一般应作这样的理解:当立法上出现一个含义较广的条文与一个含义较窄的条文并列时,通常表明立法者是要将含义较窄的情形从含义较广的情形中分离出来。从这个法条来看,由于刑法中已经有了通谋买卖的规定,因此对联合买卖应该理解为是共同买或共同卖,而不包括一方买另一方卖的情况。这样理解可以将联合买卖行为与通谋买卖行为区别开来,符合立法的原意。

第二,与他人串通,以事先约定的时间、价格和方式相互进行证券、期货交易情形的认定。这种行为理论上一般认为主要是指通谋买卖的情况。通谋买卖,就是指行为人与他人相互串通,以事先约定的时间、价格和方式相互进行证券、期货交易。由于通谋买卖是在行为人与他人相互串通和事先约定的情况下进行的,因此当通谋买卖行为反复进行时,某一证券、期货合约的价格就可能受时间、价格和方式等因素的影响而被抬高或压低,行为人可以在价格被抬高时出售,而在价格被压低时买入。

第三,在自己实际控制的账户之间进行证券交易,或者以自己为交易对象,自买自卖期货合约情形的认定。一般认为,与刑法规定的这种操纵行为相类似的行为主要包括三种。第一种行为方式叫作冲销转账,也就是在自己实际控制的证券账户之间反复作价,或者以自己为交易对象自买自卖期货合约,将证券、期货价格抬高或者压低,行为人自始至终都是与自己交易,支出的只是部分交易手续费。第二种行为方式叫作拉锯。行为人通过连续买卖以拉锯的方式反复作价,将证券、期货合约的价格抬高或者压低。第三种行为方式叫作洗售。它是指连续交易的行为人为了造成虚假的行情,在卖出了某类证券后,又买入同样数量的同类证券,诱导小额投资者跟进。这三种操纵行为,从某种意义上说都属于不转移证券、期货所有权的虚假交易,因为在这种情况下,证券、期货交易的双方实际上是同一个人,自己买入或卖出的证券、期货合约正是自己卖出或买入的证券、期货合约。在这种情况下所形成的"交易"事实上并没有转移证券、期货合约的所有权。

第四,不以成交为目的,频繁或者大量申报买入、卖出证券、期货合约并撤销申报的情形的认定。这种操纵行为在理论与实践中被看作是虚假申报操纵,亦称为"幌骗交易操纵",其依赖于高频交易技术,虽然每一次虚假申报的行为带来的都只有微薄的利益,但通过高频交易技术,交易者可以在单秒内实现多次虚假申报,从而累积获得丰厚的利润。此前,伊士顿公司在不以成交为目的的情况下,通过高频交易程序大量买单、卖单,诱骗其他投资者后迅速撤单并调整买卖价格,最终被认定为操纵证券、期货市场罪,使得高频交易行为受到公众极大的关注。事实上,不仅仅是幌骗,高频交易行为还包括塞单、趋势引发、试单等多种行为类型,《刑法修正案(十一)》明确了其中的虚假申报行为构成操纵证券、期货市场罪,我认为塞单行为和趋势引发行为同样可能构成操纵证券、期货市场罪,对这些行为的规制有待未来刑法进一步明确。

第五,利用虚假或者不确定的重大信息,诱导投资者进行证券、期货交易的情形的认定。这种操纵行为在理论与实践中被看作是蛊惑交易操纵。分析该项规定,我们不难看出,蛊惑交易操纵行为的结构是滥用虚假或不确定的重大信息——控制市场中的资本配置——破坏正常的价格机制。从操纵手段而言,蛊惑交易操纵属于滥用信息优势型操纵,也称信息操纵。尽管刑法对于蛊惑交易操纵中利用的信息没有作明确限制,但在我看来,蛊惑交易操纵中利用的信息必须是能够对证券、期货市场价格造成明显影响的信息,这是由于只有利用具有价格敏感性的信息才能使行为人具有滥用信息优势的可能,否则在证券、期货市场价格可能受各方因素影响的情况下,我们无法判断行为人滥用信息优势的手段是否与非法控制证券、期货市场密切相关,进而无从判断操纵证券、期货市场犯罪行为的成立。

第六,对证券、证券发行人、期货交易标的公开作出评价、预测或者投资建议,同时进行反向交易或者相关期货交易的情形的认定。这种操纵行为在理论与实践中被看作是"抢帽子"交易操纵。"抢帽子"交易行为是否应当认定为操纵证券、期货市场罪曾引发较大争议,争议由以"汪建中案"为代表的一系列同类型案件的出现而引发。汪建中作为证券咨询机构的法定代表人,通过先期购买证券,再向社会公众公布建议买入对应证券的咨询意见,最后提前卖出相关证券获利,最终法院通过适用兜底条款认定汪建中构成操纵证券、期货市场罪。当时对于"抢帽子"交易行为能否适用操纵证券、期货市场罪中的兜底条款存有异议的原因在于,无论司法解释还是前置性法律法规对于"抢帽子"交易行为的定性都没有明确的规定。我认为,"抢帽子"交易行为通过操纵投资者的资本配置造成对证券、期货市场正常管理秩序的破坏,与蛊惑交易操纵一样属于资本操纵和信息操纵,认定为操纵证券、期货市场罪是合理且妥当的。

需要指出的是,此次刑法明确"抢帽子"交易操纵的主体为一般主体,即只要达到法定年龄,具有刑事责任能力的人均可构成。而在此之前的最高人民检察院、公安部关于操纵证券、期货市场罪立案标准的规定中认为"抢帽子"交易操纵的主体为特殊主体,即只有"证券公司、证券投资咨询机构、专业中介机构或者从业人员"才能构成。我认为,将"抢帽子"交易操纵的主体规定为一般主体有其合理性。因为"抢帽子"交易操纵能够实施的基础是行为人能对公众产生影响力,而只要是具有这种影响力的人就能通过实施"抢帽子"交易操纵对证券期货市场管理秩序造成破坏。但是在具体案件办理的过程中,是否应当考虑司法解释的溯及力问题似乎很值得研究。虽然刑事立案标准不属于司法解释,但在司法实践中其实具有司法解释的效力。2019年的司法解释认为"抢帽子"交易操纵的主体是一般主体。就此而言,我们不应当将2019年司法解释前一般主体实施的"抢帽子"交易行为认定为操纵证券、期货市场罪。

第七,以其他方法操纵证券、期货市场的情形的认定。

这是刑法对操纵证券、期货市场罪行为方式的一种概括性规定。由于操纵证券、期货市场行为可能多种多样,法律不可能把所有的行为方式一一罗列,有关规定内容难免会挂一漏万,所以需要一个概括性的规定对我们前面所讲的六种方式以外的操纵行为加以概括。

我认为,对操纵证券、期货市场罪的"其他方法"不能作任意的扩张解释,尽管这是一种概括性的规定,但是在罪刑法定原则已经确立的今天,如果一味强调"概括",可能会出现新的"箩筐"——"口袋罪"。就刑法中"兜底条款"的适用来说,我们应当严守刑法的谦抑精神,在适用"兜底条款"评价相关行为时必须秉持谨慎的原则,核心就是对"兜底条款"坚守限制解释的立场。而贯彻这一刑法理念的关键就是确立"兜底条款"同质性解释规则,也就是说,纳入"兜底条款"进行刑法评价的对象应当是与这一刑法条文已经明确规定的法律类型或者具体犯罪的实质内涵具有相同的性质与特征。对于具体罪名中的"兜底条款"来说,同质性解释规则更为明确的表述应当是:纳入这一罪名"兜底条款"进行归责的犯罪行为应当与这一犯罪明示的行为类型或这一犯罪的实质具有相同的特征。由此可见,操纵证券、期货市场罪中的"其他方法"理应指的是与刑法明确规定的操纵证券、期货市场罪的前六种行为方式具有相同特征的一些方法。在这一问题上,我国《期货交易管理条例》第70条第1款第5项对"其他方法"专门作了规定,也就是说必须是"国务院期货监督管理机构规定的其他操纵期货交易价格的行为"。但是《刑法》第182条却没有类似的规定,可见两者之间还是有一定差异的。

2019年"两高"发布《关于办理操纵证券、期货市场刑事案件适用法律若干问题的解释》,其中第1条明确了"以其他方法操纵证券、期货市场的"情形包括:(1)蛊惑交易操纵,即利用虚假或者不确定的重大信息,诱导投资者作出投资决策,影响证券、期货交易价格或者证券、期货交易量,并进行相关交易或者谋取相关利益的;(2)"抢帽子"交易操纵,即通过对证券及其发行人、上市公司、期货交易标的公开作出评价、预测或者投资建议,误导投资者作出投资决策,影响证券、期货交易价格或者证券、期货交易量,并进行与其评价、预测、投资建议方向相反的证券交易或者相关期货交易的;(3)重大事项操纵,即通过策划、实施资产收购或者重组、投资新业务、股权转让、上市公司收购等虚假重大事项,误导投资者作出投资决策,影响证券交易价格或者证券交易量,并进行相关交易或者谋取相关利益的;(4)控制信息操纵,即通过控制发行人、上市公司信息的生成或者控制信息披露的内容、时点、节奏,误导投资者作出投资决策,影响证券交易价格或者证券交易量，并进行相关交易或者谋取相关利益的；（5）虚假申报操纵，即不以成交为目的，频繁申报、撤单或者大额申报、撤单，误导投资者作出投资决策，影响证券、期货交易价格或者证券、期货交易量，并进行与申报相反的交易或者谋取相关利益的；（6）跨期、现货市场操纵，即通过囤积现货，影响特定期货品种市场行情，并进行相关期货交易的；（7）以其他方法操纵证券、期货市场的。这一司法解释出台在《刑法修正案（十一）》颁布以前，其中规定的几种操纵情形已经成为立法列举的情形，不需要通过兜底条款进行规制。下文仅对尚未被立法列举的情形进行分析。

重大事项操纵中的"重大事项"必须是虚假的，否则利用这些重大事项信息进行交易则可能构成内幕交易、泄露内幕信息罪。有人可能会将重大事项操纵与蛊惑交易操纵进行比较，我认为两者的操纵具有相似之处，即都是通过滥用信息的方式对证券、期货市场实施非法控制；而两者的主要区别在于行为人是否实施了具体的虚假行为，重大事项操纵中存在实际发生的欺骗投资者的虚假行为，而蛊惑交易操纵中行为人只是利用虚假或者不确定的重大信息，并不存在实际的虚假行为。

控制信息操纵是主要的信息操纵类型，实际上，信息操纵不仅包括控制信息操纵，蛊惑交易操纵、重大事项操纵等都属于信息型操纵。对控制信息操纵类型案件的讨论源于著名的"徐翔案"。在该案中，徐翔等人通过控制上市公司择机发布"高送转"方案、引入热点题材等方式进行证券交易获取高额利润，属于典型的控制信息操纵。

跨期、现货市场操纵中最为常见的行为手段为囤积现货，故司法解释第1条第6项将囤积现货的跨期、现货市场交易行为纳入规制范围。跨期、现货市场操纵属于跨市场操纵，其利用现货市场与期货市场之间的价格传导机制使掌握了现货筹码的交易者可以通过控制现货市场价格在期货市场中谋利。20世纪著名的"滨中泰男操控案"就属于跨期、现货市场操纵的典型案例，日本住友商事前首席金属交易员滨中泰男通过囤积大量现货铜操控了全球铜价大约十年之久。而在我国也出现了同类型的案例，最典型的代表为"姜为操纵期货市场案"，在该案中姜为通过大量囤积甲醇现货影响期货市场，使该期货价格发生异常变动。应当看到，将跨期、现货市场操纵行为认定为操纵证券、期货市场罪，对于防范期货市场中的异常风险有着重要作用。

此外，虽然《刑法修正案（十一）》和司法解释已经对六种市场操纵行为予以明确性，但是仍有部分市场操纵行为未被纳入规制范围，尤其是滥用技术优势进行市场操纵的行为未被纳入，多少令人感到遗憾。我认为，应当全面将滥用技术优势进行市场操纵的行为定性为操纵证券、期货市场的犯罪行为。虽然利用高频交易技术的虚假申报操纵也属于滥用技术优势进行操纵，且司法解释明确对其作出规定，但是虚假申报操纵并不能完全涵盖所有滥用技术优势进行市场操纵的行为。目前《证券法》已经把程序化交易纳入规范，利用法律规定之外的交易技术参与交易就可能会造成规范意义上的交易不公，这就为市场操纵行为留下了一定实施的空间。特别是在人工智能技术高速发展的状态下，未来如果出现了绝对理智、智能的"人工智能交易员"，那么证券、期货市场的正常交易秩序必将受到高强度的冲击和挑战。在此情况下，对交易技术进行限制或许是一种较为合理的路径。之前专家论证时曾有方案，将滥用技术优势排除或者限制其他投资者进行交易并获取相关利润的行为,视为操纵证券、期货市场罪。我认为,该方案是合理且妥当的。但令人遗憾的是,该方案最终未能如愿列入本次解释规定中。

在此,我还想补充一点内容,即关于利用人工智能技术操纵证券、期货市场行为的认定。在证券、期货交易市场中,有行为人利用智能机器人超乎常人的反应速度实施操控市场的行为,最典型的便是"幌骗"和"塞单"行为,即申报大量订单后迅速撤销,从中牟取利益。该行为违背了证券、期货市场的"三公"原则,本质上是行为人利用技术优势操控证券、期货市场的行为。根据《刑法》第182条"操纵证券、期货市场罪"的规定,操纵证券、期货市场的行为是指行为人利用自己手中掌握的资源优势操纵证券、期货交易价格或者交易量。而"资源优势"指的是资金优势、持股优势、持仓优势、信息优势,并不包括技术优势。因此,运用现行刑法中的操纵证券、期货市场罪的规定很难规制利用技术优势操纵证券、期货市场的行为。因此应当采用修正案的方式,在《刑法》第182条之中增加利用技术优势操纵证券、期货交易价格或者证券、期货交易量这种行为方式,完善操纵证券、期货市场罪的行为方式,以适应人工智能时代的需求。

(二)操纵证券、期货市场罪的主观方面

《刑法修正案(六)》取消了操纵证券、期货市场罪"获取不正当利益或者转嫁风险"的犯罪目的要件,但是,我认为操纵证券、期货市场罪在主观方面仍然只能由故意构成。

在主观方面认定上的另外一个重要的问题是,对于大量跟随行情"追涨杀跌"的投机者能不能以操纵证券、期货市场罪的共犯来认定?实践中,有人提出,可以按照片面共犯来认定。这是因为,他们在追随操纵行为时,已经完全理解了操纵者的故意内容和行为的性质,并在此基础上将自己的故意和行为融入操纵者的故意和行为之中,客观上对操纵行为起到了推波助澜的作用,完全可以对追随者按共犯认定和处理。对于这种观点,我不赞同。从我国《刑法》第182条的规定分析,作为操纵证券、期货市场罪的共犯,应当具有"合谋""串通""事先约定"等反映共同故意的行为。如果追随者没有实施与操纵者的"合谋""串通""事先约定"等行为,而仅仅是"随波逐流",虽然客观上可能对操纵行为起到了推波助澜的作用,但是由于缺乏刑法对操纵证券、期货市场罪的特别要求,就不能构成单独犯罪,也不能依据片面共犯的原理对他作出操纵行为共犯的认定。

(三)操纵证券、期货市场罪此罪与彼罪的界限

实践中,行为人的操纵行为还可能与其他的犯罪行为交织在一起,实践中很难加以界定,需要我们加以探讨。

我们首先来看编造并传播证券、期货交易虚假信息行为与操纵证券、期货市场行为的关系问题。证券、期货犯罪中,行为人为达到获取不正当利益或者转嫁风险的目的,往往会编造并传播证券、期货交易的虚假信息,而且编造并传播虚假信息的行为常

常与操纵证券、期货市场的行为在同一个过程中出现。也就是说,操纵证券、期货市场是目的行为,编造并传播证券、期货交易虚假信息是手段行为。我们知道,证券、期货交易的信息会直接影响到相关证券、期货的价格,甚至会影响到证券、期货价格指数的变化。这种信息对广大投资者来说,是十分重要的投资参考因素或者依据。操纵证券、期货市场的行为人正是利用了人们的这种心理,散布虚假的信息,诱使他人买卖某种证券、期货合约,造成证券、期货交易价格的涨跌,来达到他们通过操纵行为来获取不正当利益或者转嫁风险的目的。一般情况下,由于操纵证券、期货市场罪法定行为方式中的"利用信息优势"已经包括了利用"虚假信息"的情形,所以编造并传播证券、期货交易虚假信息的行为完全可以被操纵证券、期货市场罪的构成要件所包含,而且这两种行为之间具有手段行为与目的行为的牵连关系,完全符合我国刑法理论上牵连犯的构成要件,所以应当依照牵连犯的原则从一重处断。当然,用牵连犯原理来处理还有一个前提条件,也就是行为人的编造并传播行为与操纵行为必须都构成犯罪。如果行为人只传播虚假信息,进而操纵市场价格,但没有编造行为的,不能构成编造并传播证券、期货交易虚假信息罪,这种情况下,也就不存在编造并传播证券、期货交易虚假信息罪与操纵证券、期货市场罪的牵连犯问题。

其次,当行为人挪用公款或挪用资金来操纵证券、期货市场,或行为人以破坏计算机信息系统为手段来操纵证券、期货市场时,应当如何定性处理呢?(下讲台提问)

学生1:"应该认定为牵连犯,从一重处断吧。"

学生2:"我也觉得是牵连犯。"

(回讲台)我认为,对于这些行为,不能适用刑法理论上的牵连犯加以认定,而应该实行数罪并罚。因为,挪用公款、破坏计算机信息系统等行为与操纵证券、期货市场行为,事实上不可能具有刑法上的牵连关系,也即它们在犯罪构成要件上没有包容关系。如果行为人挪用公款或挪用资金本身构成犯罪,并且他操纵证券、期货市场的行为也同样构成犯罪的话,应当以挪用公款罪或挪用资金罪与操纵证券、期货市场罪数罪并罚;如果行为人挪用公款或挪用资金的行为不构成犯罪,而操纵证券、期货市场的行为构成犯罪的,或者行为人挪用公款或挪用资金的行为构成犯罪,但操纵证券、期货市场的行为不构成犯罪的,对行为人应当分别以操纵证券、期货市场罪或挪用公款罪、挪用资金罪一罪处罚。

关于以破坏计算机信息系统为手段实施操纵证券、期货市场的行为,上海曾经发生的一个案例就很能说明问题。1999年3月31日下午,石家庄信托投资股份公司上海零陵路证券交易营业部电脑部交易清算员赵某到三亚中亚信托投资公司上海新闸路证券交易营业部的营业厅,通过操作专供客户查询信息所用的电脑终端,非法侵入三亚营业部的计算机信息系统,发现这个系统中的委托报盘数据库没有设置密码,就萌生了通过修改数据库中的数据抬高上市股票价格以使自己在抛售股票时获利的念头。4月15日,赵某再次通过三亚营业部的电脑侵入了营业部的计算机信息系统,先复制下委托报盘数据库,再对数据库进行模拟修改。当尝试性的修改获得成功后,赵某决定第二天正式实施。为了炫耀自己具有操纵股市变动趋势的"才华",(全场笑)赵某示意股民高某某先买进"莲花味精"股票,等到股票价格上扬时再抛售获利。4月16日中午股市休市时,赵某在三亚营业部的营业厅里通过操作电脑终端,对三亚营业部准备向证券交易所发送的委托报盘数据内容进行了修改,将周某等5位股民买卖其他股票的数据,都修改成以当日涨停价位委托买入"兴业房产"198.95万股、"莲花味精"298.98万股。当日下午股市开盘时,这些修改过的数据被三亚营业部发送到证券交易所后,立即引起"兴业房产"和"莲花味精"两种股票的价格大幅度上扬。赵某乘机以涨停价抛售了他在天津市国际投资公司上海证券业务部账户上的7 800股"兴业房产"股票,获利7 277.01元。股民高某某及其代理人王某某也将受赵某示意买入的8.9万股"莲花味精"股票抛出,获利8.4万余元。由于拥有这两种股票的股民都乘机抛售,使发出买入信息的三亚营业部不得不以涨停价或接近涨停价的价格买入,为此需支付6 000余万元的资金。三亚营业部一时无法支付这么大数额的资金,最后被迫平仓,遭受的经济损失达295万余元。

这个案件应当怎么来定性?理论界和司法实践中都有不同的意见。有人认为,赵某违反国家规定,非法对计算机信息系统储存的数据进行修改,对计算机信息系统中存储、处理、传输的数据进行破坏,侵犯了国家对计算机信息系统的管理制度,应当按照《刑法》第286条第2款的规定,以破坏计算机信息系统罪追究刑事责任。还有人认为,赵某以转嫁风险为目的,采用侵入计算机信息系统,修改数据的方法操纵证券市场,并引起证券交易价格的异常波动,侵害证券市场的管理秩序,前后两个行为是手段和目的的牵连,应当按目的行为所触犯的条款,也就是以操纵证券市场罪定罪处罚。检察院最后以操纵证券市场罪提起公诉,法院也以这个罪名对行为人定罪量刑。

我不同意法院的观点,我认为赵某的行为根本不能构成操纵证券市场罪。这是因为,我国刑法中规定的证券犯罪属于刑法理论上的"行政犯"或"法定犯",区别于刑法理论上的"刑事犯"或"自然犯"。"行政犯"是指由行政法规中的刑事罚则所规定的犯罪,这种犯罪的特点是人们不能也没有办法仅仅凭借道德观念对它进行判断。正是因为这一点,包括操纵证券、期货市场罪在内的证券、期货类犯罪都有一个共同的特点:行为人在证券、期货市场上的交易行为都属于市场行为,他们用资金买入证券、期货本身应该属于正常的交易行为。交易行为之所以可能构成犯罪,关键在于行为人能不能交易、如何进行交易以及与谁进行交易。本案中赵某的行为完全超出了正常的市场交易行为的范围,他通过修改计算机系统中的数据,在他人完全不知道而且根本违背他人意志的情况下,与他人进行了所谓的"交易",这种交易显然不能算作正常的市场交易行为。正因为这样,我认为,本案中赵某的行为不构成操纵证券市场罪,所以这里也不存在所谓的牵连犯的问题。当然,对他修改计算机系统中的数据的行为,我们完全可以按破坏计算机信息系统罪来论处。

另外,在证券、期货犯罪中,内幕交易罪和操纵证券、期货市场罪是两个最常见的犯罪。内幕交易行为离不开"内幕信息",而许多操纵证券、期货交易价格的行为也与"信息优势"有关,而且两种行为所利用的信息都可能影响证券、期货的交易价格。理论上一般认为,这两个罪的区别主要有两点。

第一,操纵的信息不同。内幕交易行为人所涉及的信息是指实际存在并且对证券、期货价格走势有重大影响的还没有公开的信息。而操纵证券、期货市场行为人所涉及的信息通常是操纵者自己编造的信息,这些信息往往是虚假的。

第二,利用信息的方式不同。内幕交易行为人是在信息还没有公开之前,利用投资大众不知道内幕信息的情况进行证券、期货的交易,它的特点是利用信息公布中的时间差。而操纵证券、期货市场行为人是通过联合或连续买卖、虚买假卖、自买自卖等非法交易行为,利用某些自己编造出来的信息,将自己的意志积极地体现到某种证券、期货的行情变化中,让价格随着自己的意愿上扬或下跌。

好,这一讲的内容就讲到这里,谢谢大家!

第六讲

破坏社会主义市场经济秩序罪(四)

今天,我们继续学习破坏社会主义市场经济秩序罪的内容。

十一、洗钱罪

在市场经济体制下,随着金融业改革、开放的深入发展,洗钱犯罪的蔓延以及这种行为的社会危害性,已经愈来愈引起人们的注意。接下来,我向大家讲一下洗钱罪的相关问题。我先来讲一下洗钱罪的立法沿革。考虑到改革开放以来,我国的经济形势发生了巨大的变化,洗钱行为也日益严重,立法者在 1997 年修订《刑法》中增设了洗钱罪。在 1997 年《刑法》中,洗钱罪包括三种上游犯罪,即毒品犯罪、黑社会性质的组织罪和走私犯罪。2001 年,全国人大常委会通过的《刑法修正案(三)》增加了洗钱罪上游犯罪的范围,即增加了恐怖活动犯罪,以适应世界反恐怖斗争的需要。2006 年,全国人大常委会通过的《刑法修正案(六)》对洗钱罪上游犯罪的范围作进一步扩大,将贪污贿赂犯罪、破坏金融管理秩序犯罪和金融诈骗犯罪列入其中。2020 年,《刑法修正案(十一)》对洗钱罪进行了进一步调整。

至此,对洗钱罪,我国《刑法》第 191 条第 1 款是这样规定的:为掩饰、隐瞒毒品犯罪、黑社会性质的组织犯罪、恐怖活动犯罪、走私犯罪、贪污贿赂犯罪、破坏金融管理秩序犯罪、金融诈骗犯罪的所得及其产生的收益来源和性质,有下列行为之一的,没收实施以上犯罪的所得及其产生的收益,处 5 年以下有期徒刑或者拘役,并处或者单处罚金;情节严重的,处 5 年以上 10 年以下有期徒刑,并处罚金:(1)提供资金账户的;(2)将财产转换为现金、金融票据、有价证券的;(3)通过转账或者其他支付结算方式转移资金的;(4)跨境转移资产的;(5)以其他方法掩饰、隐瞒犯罪所得及其收益的来源和性质的。

(一)洗钱罪的构成要件

现在,我重点给大家介绍一下洗钱罪的构成要件。

1. 洗钱罪的客体

我首先向大家介绍一下有关洗钱罪客体的相关问题。洗钱罪侵害的客体应该是国家金融管理秩序。将国家金融管理秩序作为洗钱罪的客体,是由洗钱罪的立法归类所决定的。我国现行刑法将洗钱罪规定在刑法典分则第三章第四节"破坏金融管理秩序罪"之中,从立法思路上分析,我们不难得出国家金融管理秩序是洗钱罪侵犯客体的结论。理论上通常认为,立法上之所以将洗钱罪归入破坏金融管理秩序罪中,主要是因为大多数的洗钱行为是通过金融机构进行的,这种行为在很大程度上破坏了金融体系的纯洁性,影响金融机构在公众中的形象和声誉,削弱公众对金融机构的信任。另外,洗钱行为往往涉及数额巨大,手段又具有极大的不确定性,因而很容易导致金融秩序的混乱甚至引起金融危机的发生。时下,理论界大多数学者认为,洗钱罪侵犯的客体是复杂客体,只是具体的内容有所不同而已。你们认为洗钱罪侵犯的客体应该是什么呢?(下讲台提问)

学生1:"我觉得也是复杂客体,既侵犯了金融管理秩序又侵犯了社会管理秩序。"

学生2:"我的观点和他一样。"

(回讲台)我认为,根据修正后的现行《刑法》以及《反洗钱法》的规定,洗钱罪的客体只能是简单客体,也就是我国的金融管理秩序,主要理由有三点。

第一,从实然的角度分析,将洗钱罪的客体限定于金融管理秩序是有充分的法律依据的。我国现行刑法将洗钱罪归属于刑法分则第三章第四节"破坏金融管理秩序罪"之中,刑法分则各章同类客体的内容应当贯穿在相应各章的全部刑法条文中,并决定相应各章规定的个罪的直接客体的内容。正如有些学者所指出的,确立了刑法分则各章的目的,就等于确定了各章罪名的范围;确立了具体条文的目的,就等于确定了各种犯罪的本质和构成要件。由于刑法将洗钱罪归类于破坏金融管理秩序罪之中,这就决定了洗钱罪所侵犯的客体应当是金融管理秩序。特别是从《刑法》第191条所规定的洗钱行为方式分析,我们可以清楚地看到,尽管社会生活中的洗钱可能通过多种途径,但是我国现行刑法实际上是将洗钱犯罪的适用范围限定在金融领域的洗钱行为。

另外,我国《反洗钱法》第1条也明确规定了反洗钱的目的:为了预防洗钱活动,维护金融秩序,遏制洗钱犯罪及相关犯罪。从中我们也可得出这一结论:我国的反洗钱行为仅仅限定在金融领域,其他领域的洗钱行为不在规制之列。这再次证实了洗钱犯罪的适用范围是金融领域。

我们还可以从洗钱罪与其他赃物犯罪的关系来论证这个问题,《刑法修正案(六)》第19条修正了《刑法》第312条所规定的窝藏、转移、收购、销售赃物罪的构成要件,将原条文中所规定的"赃物"修正为"犯罪所得及其产生的收益",并增加了"以其他方法掩饰、隐瞒"的行为方式。这充分表明了金融领域以外的掩饰、隐瞒犯罪所得及其产生的收益的行为,以赃物犯罪处理的立法意图。这从另一角度也确证了洗钱犯罪的适用范围仅仅限于金融领域。

第二,从应然的角度分析,将洗钱罪的客体限定于金融管理秩序也是合理和必要的。对于洗钱犯罪行为,我们原来都是以相关的赃物罪定罪处罚的,后来之所以将洗钱犯罪独立设罪,很重要的原因就在于洗钱犯罪行为与一般赃物犯罪行为相比具有许多不同的特征,比如说,洗钱犯罪往往涉及的赃款很大,洗钱通常是通过金融活动进行的,洗钱行为的社会危害性远远大于其他赃物犯罪。以金融机构中的洗钱犯罪为例,巨额赃款的进出必然影响金融机构对存贷比率的决策;洗钱者为了隐瞒和掩盖犯罪所得赃物的性质和来源,主观上不可能存在投资等想法,这就决定了洗钱行为绝对不可能像一般的投资行为那样具有规律性和可预测性,洗钱行为往往具有很大的突然性和不确定性,容易引发金融市场的动荡。所以说,洗钱犯罪行为的社会危害性主要集中表现在对金融管理秩序的破坏上。可见,洗钱犯罪行为与一般的赃物犯罪行为具有本质的区别,完全有必要在刑法中将洗钱罪独立设罪。也正是由于这一点,我们可以清楚地看到,将洗钱犯罪行为的客体限定在金融管理秩序上是完全合理和必要的。

第三,将洗钱罪的客体理解为社会管理秩序,必然会混淆洗钱罪与其他赃物犯罪的区别。由于各国法律传统、法律文化以及政治、经济等各个方面都存在一定的差异,在洗钱犯罪的刑事立法上也有较大的不同。以美国为例,由于在法律中没有单独处罚赃物犯罪行为的规定,导致将一切针对犯罪所得的非法处分行为都纳入了洗钱罪的调控范围之内。我国洗钱罪的设立有别于美国以及其他一些国家和地区,从前面我们对洗钱罪的立法回顾可以知道,我国刑法中的洗钱罪是借鉴其他国家立法经验,结合我国刑事立法实际情况,从赃物犯罪中分离出来而设立的。事实上,现行刑法在设立洗钱罪后,并没有取消相关的赃物犯罪,相反,还通过《刑法修正案(六)》修正了赃物犯罪的构成要件。可见在我国刑事立法上,赃物罪与洗钱罪是呈彼此分工、并列同行、相互弥补的关系的。从某种角度分析,我国的洗钱罪与其他赃物犯罪的总和才相当于美国等其他一些国家和地区的洗钱罪范围,刑法学界中的有些观点显然没有考虑到我国洗钱罪与其他一些国家和地区洗钱罪的区别。如果认为洗钱罪在破坏金融管理秩序罪的同时还侵犯了社会管理秩序,必然与《刑法修正案(六)》第19条对赃物犯罪的修正规定发生不必要的冲突与重叠,实践中也很难区分洗钱罪与赃物犯罪的界限。

2. 洗钱罪的客观要件

接下来,我给大家讲一下洗钱罪的客观要件。洗钱罪的客观方面表现为行为人实施了掩饰、隐瞒犯罪的违法所得及其收益的性质和来源的行为。这里所谓的"掩饰"是指行为人采用作假的方式掩盖六类犯罪违法所得及其收益的事实真相;"隐瞒"是指行为人刻意不让他人知悉实际存在的六类犯罪违法所得及其收益的事实真相。两者的相同点在于行为的本质都是为了掩盖事实真相,主要区别在于是否存在作假的内容。根据《刑法》第191条的规定,洗钱罪的行为方式有五种:(1)提供资金账户的;(2)将财产转换为现金、金融票据、有价证券的;(3)通过转账或者其他支付结算方式资金转移的;(4)跨境转移资产的;(5)以其他方式掩饰、隐瞒犯罪的所得及其收益的来源和性质的。其中前4项是具体的规定,第5项是一个开放性条款,以概括性词语"其他方式"对未尽事项进行了概括。

2009年11月4日最高人民法院发布的《关于审理洗钱等刑事案件具体应用法律若干问题的解释》第2条规定,具有下列情形之一的,可以认定为《刑法》第191条第1

款第 5 项规定的"以其他方法掩饰、隐瞒犯罪所得及其收益的来源和性质"：（1）通过典当、租赁、买卖、投资等方式，协助转移、转换犯罪所得及其收益的；（2）通过与商场、饭店、娱乐场所等现金密集型场所的经营收入相混合的方式，协助转移、转换犯罪所得及其收益的；（3）通过虚构交易、虚设债权债务、虚假担保、虚报收入等方式，协助将犯罪所得及其收益转换为"合法"财物的；（4）通过买卖彩票、奖券等方式，协助转换犯罪所得及其收益的；（5）通过赌博方式，协助将犯罪所得及其收益转换为赌博收益的；（6）协助将犯罪所得及其收益携带、运输或者邮寄出入境的；（7）通过前述规定以外的方式协助转移、转换犯罪所得及其收益的。

　　3. 洗钱罪的主体

　　洗钱罪的主体可以是自然人也可以是单位，关于洗钱罪主体的主要争议在于上游犯罪的行为人可不可以成为洗钱罪的主体？大家一起来思考一下。（下讲台提问）

　　学生 1："可以的吧。"

　　学生 2："应该不可以吧。"

　　提问："说说理由。"

　　学生 2："我说不清楚。"

　　（回讲台）依据罪刑法定原则的要求，并结合我国《刑法》第 191 条的规定，我们不难得出洗钱罪的犯罪主体不应该包括上游犯罪的行为人的结论。在《刑法修正案（十一）》颁布以前，因为《刑法》有关洗钱罪的规定中列举了五种情形，从法律措辞上分析，第 1 项至第 4 项的"提供""协助"等词语表明了立法的初衷是否定"上游犯罪"的行为人可以构成洗钱犯罪。尽管第 5 项并没有"协助"一词，但考虑到条文之间的协调关系，也应理解成"协助""上游犯罪"行为人实施其他掩饰、隐瞒行为，也就是说，洗钱罪的主体仅仅限于实施"上游犯罪"以外的人，否则会引起条文间的内在冲突。这种立法精神显然是由"不可罚之事后行为"理论所决定的。但是，《刑法修正案（十一）》将洗钱罪中"协助"一词删除表明我国刑法规定的洗钱罪的犯罪主体已经扩展到包括上游犯罪的犯罪分子本人，这种做法是正确的主要有三点理由。

　　第一，上游犯罪行为人的洗钱行为同样具有严重的社会危害性。上游犯罪的行为人实施特定犯罪取得赃款、赃物后，对自己的犯罪所得进行清洗的行为，不同于一般的隐藏行为。传统的赃物犯罪采取的是较为原始的手段藏匿犯罪所得，社会危害性相对较小；洗钱犯罪主要是通过金融机构转移、处置犯罪所得及其收益，有可能造成金融秩序混乱，甚至诱发金融危机，危及本国及其他国家金融秩序的稳定与经济安全。因此，洗钱行为的社会危害性远远大于一般的赃物犯罪。洗钱犯罪侵犯的客体是金融管理秩序，从洗钱行为对金融管理秩序造成损害的程度上看，无论是上游犯罪的行为人，还是其他提供帮助的洗钱者，他们洗钱行为的社会危害性并没有本质的不同。因此，理应将上游犯罪的行为人纳入洗钱罪的主体。

　　第二，将上游犯罪的行为人排除在洗钱罪主体之外背离了设立洗钱犯罪的立法宗旨。上游犯罪的行为人在共同的洗钱犯罪中通常是主犯，如果对他们仅仅以上游犯罪来处罚，就会鼓励和刺激实施上游犯罪的行为人自己直接进行洗钱犯罪活动，违背了刑法设立洗钱犯罪的立法宗旨。

第三,将上游犯罪的行为人排除在洗钱罪主体之外不利于国际协调与合作。应该看到,国外有很多关于上游犯罪的行为人实施洗钱行为构成洗钱罪的立法例,而且从世界各国洗钱罪主体的立法现状和发展趋势上看,将上游犯罪主体纳入洗钱罪主体是一种趋势。比如美国刑法规定的"以非法所得进行金融交易罪";英国刑法规定的"隐瞒或转移犯罪收益罪";日本刑法规定的"隐瞒贩毒非法收益罪",它们的犯罪主体都包含了上游犯罪的行为人。

4.洗钱罪的主观方面

下面,我们来看一下洗钱罪的主观方面。洗钱罪的主观方面表现为故意。这里需要特别提醒大家注意的是,虽然洗钱罪的成立应当以上游犯罪事实成立为认定前提,但上游犯罪尚未依法裁判、查证属实的,不影响洗钱罪的审判;上游犯罪的事实可以确认,因行为人死亡等原因依法不予追究刑事责任的,不影响洗钱罪的认定;上游犯罪事实可以确认,依法以其他罪名定罪处罚的,也不影响洗钱罪的认定。

需要指出的是,根据《刑法》规定,洗钱罪应具有掩饰、隐瞒上游犯罪所得及其来源和性质的犯罪目的。如何理解《刑法》规定中的"为掩饰、隐瞒其来源和性质"的属性?我的看法是只有为达到掩饰、隐瞒特定犯罪所得及其收益的来源和性质的结果而实施刑法所规定的洗钱行为的,才构成我国刑法中的洗钱罪。如果不是为了掩饰、隐瞒特定犯罪所得及其收益的来源和性质,也就是不具有洗钱的目的的,不构成洗钱罪。根据现行《刑法》的规定,洗钱罪属于刑法理论上所说的目的犯,目的犯中的目的,只要存在于行为人的内心就可以,不要求存在与它相对应的客观事实。但没有这个目的,就缺乏齐备的主观要素从而不构成洗钱罪。洗钱罪中的目的要素,也是洗钱犯罪与一般赃物犯罪的显著区别。当然,掩饰、隐瞒犯罪所得及其收益的来源和性质的洗钱目的是有地域限制的。当犯罪所得及其收益离开了行为人的国界(广义概念)或特定的社会制度时,在一般人看来,他掩饰、隐瞒犯罪所得及其收益的洗钱目的是显而易见的。总之,洗钱罪中的目的要素,是为了限制刑罚处罚的范围,没有这个目的就不构成洗钱罪。

(二)洗钱罪的刑事立法完善问题

下面,我们来谈谈洗钱罪的刑事立法完善问题。虽然2001年和2006年全国人大常委会分别对我国洗钱罪的刑法规定进行了部分修正,但是在刑法国际化潮流的影响下,我国的洗钱罪立法仍然显露出许多局限和不足。为适应反洗钱犯罪的发展需要,对刑法有关洗钱犯罪的立法完善仍然值得我们探讨和研究,我认为主要有三个问题需要我们在立法上加以完善。

1.上游犯罪的立法完善

洗钱罪作为一种"下游犯罪"或"派生犯罪",它是行为人对"上游犯罪"或"原生犯罪"所得及其非法收益进行清洗的行为。洗钱犯罪与上游犯罪的关系密不可分,没有上游犯罪就无所谓洗钱犯罪。

经过两次修正后我国《刑法》第191条规定,我国洗钱罪的上游犯罪包括以下六类犯罪:毒品犯罪、走私犯罪、黑社会性质的组织犯罪、恐怖活动犯罪、贪污贿赂犯罪和金融犯罪。虽然每一类罪名包括许多具体的罪名,但是从司法实践需要和国际刑法的立法例来看,我国的洗钱罪上游犯罪的范围仍然过于狭窄,应该进一步扩大。

我认为,我国洗钱犯罪的上游犯罪应当扩大为包括"毒品犯罪、走私犯罪、黑社会性质的组织犯罪、恐怖活动犯罪、贪污贿赂犯罪、金融犯罪"在内的所有严重犯罪,而严重犯罪的范围可限定为法定最低刑在有期徒刑6个月以上的故意犯罪。这也把我国司法实践中比较突出的围绕着盗窃、诈骗、抢劫等侵犯财产犯罪和其他严重犯罪的洗钱活动纳入洗钱罪刑事规制的范围。这样的范围既符合国际上多数国家的立法规定,也符合我国参加的国际公约的标准。当然,这可能导致洗钱罪与掩饰、隐瞒犯罪所得、犯罪所得收益罪难以区分。这个问题可以再讨论。

2. 行为方式的立法完善

我国刑法有关洗钱犯罪的条文具体规定了五种洗钱罪的行为方式:提供资金账户的;将财产转换为现金、金融票据、有价证券的;通过转账或者其他支付结算方式资金转移的;跨境转移资产的;以其他方法掩饰、隐瞒犯罪所得及其收益的来源和性质的。

最高人民法院《关于审理洗钱等刑事案件具体应用法律若干问题的解释》第2条规定,具有下列情形之一的,可以认定为《刑法》第191条第1款第5项规定的"以其他方法掩饰、隐瞒犯罪所得及其收益的来源和性质":(1)通过典当、租赁、买卖、投资等方式,协助转移、转换犯罪所得及其收益的;(2)通过与商场、饭店、娱乐场所等现金密集型场所的经营收入相混合的方式,协助转移、转换犯罪所得及其收益的;(3)通过虚构交易、虚设债权债务、虚假担保、虚报收入等方式,协助将犯罪所得及其收益转换为"合法"财物的;(4)通过买卖彩票、奖券等方式,协助转换犯罪所得及其收益的;(5)通过赌博方式,协助将犯罪所得及其收益转换为赌博收益的;(6)协助将犯罪所得及其收益携带、运输或者邮寄出入境的;(7)通过前述规定以外的方式协助转移、转换犯罪所得及其收益的。

从这些我国洗钱犯罪行为方式的规定可以看出,我国刑事立法和司法解释对于洗钱罪的行为方式侧重于赃款的"转换"。而国际条约以及许多国家和地区的立法中则大多数规定了"转换""转让""掩饰""隐瞒""获取""持有"和"使用"七种基本犯罪形式,这显然不利于打击洗钱犯罪的国际合作。比方说,根据我国《刑法》的规定,"获取、持有、使用非法收益"的行为只适用于一般赃物犯罪,不适用于洗钱罪。但是国际条约和多数国家和地区的刑事法律都把这些行为归入洗钱犯罪的范围之内,具体区分为两种情况:一种是把这些行为视为一种独立的洗钱方式,与"替换"或"转移"方式并列规定,不作为独立的犯罪;另一种是将这些行为作为洗钱类罪中的一个独立的罪名。因此,与国际条约和国外、境外反洗钱立法相比,我国在洗钱罪的行为方式的规定上存在刚性过强而柔性不足的问题。鉴于洗钱犯罪活动的不断发展变化,如果立法上的规定刚性过强,司法实践中却对许多的洗钱犯罪活动进行强行适用的话,无疑将有违罪刑法定原则。所以,应当进一步扩充洗钱罪行为方式的种类。

在司法实践中,对明知是他人实施六类特定犯罪的所得及其收益,而加以使用、经营的,是否构成洗钱罪? 在我看来,行为人是否构成洗钱罪,关键看他是否具有掩饰、隐瞒犯罪所得及其收益的来源和性质的目的,也就是洗钱目的。洗钱罪的本质特征是掩饰、隐瞒特定六类犯罪所得及其收益的来源和性质,是将上游犯罪的犯罪所得及其收益表面合法化。从财产所有权的角度来说,上游犯罪的所得及其收益的财产所有权在洗钱过程中只是在形式上或表面上发生了转移,实质上所有权仍然属于上游犯罪的行为人。我国刑法意义上洗钱罪的本质在于掩饰、隐瞒犯罪所得及其收益的来源和性质。如果行为人在明知是他人实施六类特定犯罪的所得及其收益,但又不具有掩饰、隐瞒犯罪所得及其收益的来源和性质之目的的情况下,使财产的所有权发生了对价转移,也就是说,财产所有权实质上发生了转移,一般不构成洗钱罪,符合赃物犯罪特征的,以相应的赃物犯罪论处。如果对价转移是以掩饰、隐瞒的洗钱为目的的,也即接受、购买、销售、使用行为是为掩饰、隐瞒的洗钱服务的,不管是否发生了财产所有权的转移,都构成洗钱罪。也就是说,如果持有人或者占有人使用、经营他人犯罪所得及其收益的,只要没有洗钱目的,不具备为他人掩饰、隐瞒犯罪所得及其收益的来源和性质的主观故意的,即使明知是犯罪所得及其收益,也不能以洗钱罪论处。

需要大家引起注意的是,国际上对洗钱方式的规定多数采用概括性的规定,不作具体列举。我国刑法规定的洗钱方式采取列举加概括相结合、侧重于列举式的示范性规定。这可能与洗钱在我国还是一个新事物,采用列举方式,便于普通民众和司法界理解和掌握有关。但是随着公众对洗钱认识的加深,我国刑法应当吸收国外法律的规定,采用概括性的立法方式。

此外,我国刑法对于洗钱行为对象的表现形式也没有作具体的区分,只是原则地表明"违法所得及其产生的收益",而国际上一般对违法所得及其产生的收益会作具体的区分。比如"转让"或"转换"行为的对象是财产,"隐瞒"或"掩饰"行为的对象是各种权利形式。《联合国禁毒公约》第 3 条第 1 款(b)项、《欧洲反洗钱公约》第 6 条、《欧盟反洗钱指令》第 1 条第 3 款、《美洲反洗钱示范法》第 2 条和《联合国禁毒署反洗钱示范法》第 21 条及第 22 条第(1)项都规定,隐瞒或掩饰财产的"真实性质、来源、所在地,处置、转移相关的权利或所有权"是一种洗钱行为。美国法律也有相似的规定。《美国法典汇编》第 18 编第 1956 节第(A)款第(2)项规定,"隐瞒或掩饰特定非法行为所得收益的性质、所在地、来源、所有权或控制权的",构成洗钱罪。相比较来说,我国刑法对于洗钱行为对象的规定较为笼统,难以体现对象不同、行为方式相应不同的特点。

为更清晰地了解洗钱的特征,更准确地打击洗钱犯罪,在洗钱罪的行为方式上,我们应当借鉴国际公约及其他多数国家的法律规定,将洗钱罪的行为方式设计为:"凡有下列洗钱行为之一,处……:(1)转换、转让或者转移该违法所得及其产生的收益的;(2)隐瞒、掩饰该违法所得及其产生的收益的性质、来源、所在地,处置、转移相关的权利或者所有权的;(3)隐瞒、掩饰该违法所得及其产生的收益的;(4)获取、持有、使用该违法所得及其产生的收益的。"

好,这一讲的内容我就为大家介绍到这里,谢谢大家!

第七讲

破坏社会主义市场经济秩序罪(五)

今天,我们接着来学习破坏社会主义市场经济秩序罪的内容。

十二、贷款诈骗罪

贷款诈骗罪规定于我国《刑法》第193条,具体内容是:有下列情形之一,以非法占有为目的,诈骗银行或者其他金融机构的贷款,数额较大的,处5年以下有期徒刑或者拘役,并处2万元以上20万元以下罚金;数额巨大或者有其他严重情节的,处5年以上10年以下有期徒刑,并处5万元以上50万元以下罚金;数额特别巨大或者有其他特别严重情节的,处10年以上有期徒刑或者无期徒刑,并处5万元以上50万元以下罚金或者没收财产:(1)编造引进资金、项目等虚假理由的;(2)使用虚假的经济合同的;(3)使用虚假的证明文件的;(4)使用虚假的产权证明作担保或者超出抵押物价值重复担保的;(5)以其他方法诈骗贷款的。关于贷款诈骗罪,我主要给大家讲五个问题。

(一)单位贷款诈骗行为的定罪处罚

首先,我们来看如何对单位贷款诈骗行为进行定罪处罚。我国《刑法》第30条规定,公司、企业、事业单位、机关、团体实施的危害社会的行为,法律规定为单位犯罪的,应当负刑事责任。根据这一规定,我国刑法是以惩罚自然人犯罪为原则,以惩罚单位犯罪为例外,也就是说,单位犯罪负刑事责任的,应该以刑法规定为前提条件。我国《刑法》第193条关于贷款诈骗罪的规定,没有明确单位可以成为本罪的主体,这就意味着单位不能成为贷款诈骗罪的主体。既然单位不能构成贷款诈骗罪,对于单位实施的贷款诈骗行为,不能以贷款诈骗罪定罪处罚,也不能以贷款诈骗罪追究直接负责的主管人员和其他直接责任人员的刑事责任。

但是实际上,我国银行和其他金融机构在相当长的时间内贷款的对象主要是单位,自然人并不很多,所以实施贷款诈骗的主体主要是单位。因此,不断有学者对刑法关于贷款诈骗罪的规定中没有将单位作为犯罪主体的立法提出质疑,比如有人提出:为什么我国刑法规定单位可以成为信用证诈骗罪、集资诈骗罪等金融诈骗犯罪的主体,但却不能成为贷款诈骗罪的主体?事实上,单位实施贷款诈骗的情况不仅可能,而且在司法实践中并不罕见。有的单位出于非法占有的目的,利用制作假报表等手段骗取贷款;有些单位在向银行或者其他金融机构贷款后,以破产等理由废债逃债;还有一些单位通过企业改制减免或废除银行债务。

我认为,《刑法》第193条之所以没有规定单位犯罪,主要还是受某些传统观念的影响,因为长期以来向银行或者其他金融机构贷款的单位主要是国有企业,如果将单位列为贷款诈骗罪的主体,很可能会打击到国有企业。特别是有许多国有企业认为占有银行和其他金融机构的贷款,并不会发生所有权的真正转移,无非是国家的这个口袋的钱放到了另一个口袋里,不还贷款是理所当然、天经地义的事情。社会上大量存在着国有企业靠银行贷款发工资、发奖金的情况。从这一点来看,刑法中没有规定单位可以成为贷款诈骗罪的主体,多少带有计划经济留下的痕迹。

但是在市场经济条件下,刑法仍然没有规定贷款诈骗罪的单位主体显然是不妥当的,也明显不符合司法实践的需要。当前,银行或者其他金融机构都进行了改制,许多银行从一般的国有银行改制为商业银行,贷款的安全直接影响到银行和其他金融机构的经营状况。无论什么单位(包括国有企业)非法占有贷款,都会直接损害银行和其他金融机构的利益,特别是在市场经济条件下,国有企业应该与其他企业处于同等的地位,不应该享有所谓的特权,更不应该为了保护国有企业的这种特权,将单位完全排除在贷款诈骗罪的主体之外。而且,如果不对单位贷款诈骗行为进行打击,还可能引发单位去实施贷款诈骗。因此,刑法应尽快对贷款诈骗罪进行修订,将单位列为贷款诈骗罪的主体,以适应司法实践的需要。

理论上对于单位不能成为贷款诈骗罪的主体已经取得共识,但是对于单位确实以非法占有为目的,骗取银行和其他金融机构贷款的行为是否应当追究刑事责任?怎么来追究刑事责任?这些问题,在理论上和实践中还存在争议。根据最高人民法院《全国法院审理金融犯罪案件工作座谈会纪要》的规定:"在司法实践中,对于单位十分明显地以非法占有为目的,利用签订、履行借款合同诈骗银行或其他金融机构贷款,符合刑法第224条规定的合同诈骗罪构成要件的,应当以合同诈骗罪定罪处罚。"《全国人民代表大会常务委员会关于〈中华人民共和国刑法〉第三十条的解释》又规定:"公司、企业、事业单位、机关、团体等单位实施刑法规定的危害社会的行为,刑法分则和其他法律未规定追究单位的刑事责任的,对组织、策划、实施该危害社会行为的人依法追究刑事责任。"

我认为,在2014年全国人大常委会关于《刑法》第30条的立法解释出台之前,对单位贷款诈骗行为以合同诈骗罪论处,在理论上不应该有什么障碍,理由是贷款诈骗罪与合同诈骗罪之间的关系在刑法理论上属于法条竞合关系,合同诈骗相对于贷款诈骗是普通法条,而贷款诈骗是特别法条,两者具有包容关系。对于法条竞合,应遵循特别法条优于普通法条的原则,如果行为人的行为既符合特别法条的规定,又符合普通法条的规定，应优先适用特别法条，除非按普通法条的规定处罚更重的才适用普通法条。如果行为人的行为不符合特别法条的规定，但符合普通法条的规定，应按普通法条追究行为人的刑事责任。对单位贷款诈骗，由于刑法没有规定单位可以成为贷款诈骗罪的主体，因而不能按照贷款诈骗罪追究单位的刑事责任；但是对于合同诈骗罪，刑法明文规定单位可以成为犯罪主体，同时由于单位贷款诈骗行为往往是单位利用借款合同实施的，单位在签订、履行借款合同过程中，骗取金融机构钱款，数额较大的，完全符合合同诈骗罪的构成要件。所以，以合同诈骗罪追究单位及其直接负责的主管人员和直接责任人员的刑事责任既符合罪刑法定原则，也与刑法理论上处理法条竞合的原则不相矛盾。但是，在立法解释出台后，对于单位实施贷款诈骗的行为，司法机关应当以自然人犯罪的形式追究相关责任人员的刑事责任。

（二）贷款诈骗和贷款纠纷

接下来，我们来看一下应该如何界定贷款诈骗和贷款纠纷。贷款诈骗和贷款纠纷最主要的区别在于：行为人是否具有非法占有贷款的目的以及行为人是否采用了欺骗的手段骗取贷款，而其中最关键的是要查明行为人是否具有非法占有的目的。贷款纠纷中的行为人在贷款时并不具有非法占有贷款的目的，只是由于经营不善、市场行情变化等原因，无法按期归还贷款；而贷款诈骗中的行为人在申请贷款时就已经具有非法占有贷款的目的。

考察行为人是否具有非法占有贷款的目的，关键是从行为人在申请贷款时所使用的手段上进行分析，虽然不能说只要采用了欺骗的手段获取贷款的，就可以认定行为人具有非法占有的目的，但是在一般情况下，对于行为人的欺骗手段的考察，无疑是认定行为人是否具有非法占有目的的主要依据，比如明知没有归还能力而大量骗取贷款的，就可以认定行为人具有非法占有的目的。另外，还应结合行为人取得贷款后的贷款实际用途等内容进行全面综合的分析。如果行为人获取贷款后逃跑的；或肆意挥霍骗取贷款的；或使用骗取的贷款进行违法犯罪活动的；或抽逃、转移资金、隐匿财产，以逃避返还贷款的；或隐匿、销毁账目，或者搞假破产、假倒闭，以逃避归还资金的等等，当然就可以认定行为人具有非法占有目的，从而以贷款诈骗罪追究行为人的刑事责任。但是如果行为人对于获取的贷款仅仅想通过转贷获取高额利息的，则应当以高利转贷罪对行为人定罪处罚。如果行为人将获取的贷款用于购买发展生产的原材料的，一般可以排除行为人具有非法占有目的，在这种情况下，即使行为人最后由于经营不善不能归还贷款，也不能按照贷款诈骗罪来认定。

（三）金融机构工作人员单独或参与骗贷行为的定性

接下来，我们再来看一下金融机构工作人员单独或参与骗贷行为的定性问题。司法实践中经常出现银行或者其他金融机构工作人员利用职务之便冒名骗取贷款，或者与非金融机构工作人员内外勾结骗取贷款的案件。对于这些行为，大家认为应当怎么定性呢？（下讲台提问）

学生 1："我觉得如果是国有银行的话应该以贪污罪定罪,如果是非国有银行的话就以职务侵占罪定罪。"

提问："理由呢?"

学生 1："我觉得是因为这些行为在形式上虽然是一种贷款诈骗行为,但是其中的贷款诈骗行为主要是利用金融机构行为人的职务便利实施的,所以应当以贪污罪或职务侵占罪定性。"

学生 2："我觉得应该定贷款诈骗罪吧。"

提问："说说理由?"

学生 2："因为贷款诈骗罪的主体是一般主体,金融机构的工作人员利用职务之便单独或参与骗取贷款的,他的行为实质仍然是贷款诈骗,与其他人一样都应当构成贷款诈骗罪。"

学生 3："我觉得还是应该看情况的,如果金融机构工作人员起主要作用的话,就以贪污或职务侵占罪定罪,如果非金融机构工作人员起主要作用的话,就以贷款诈骗罪定罪。"

(回讲台)我认为,对于银行或者其他金融机构工作人员利用职务之便冒名骗取贷款,或者与非金融机构工作人员内外勾结骗取贷款行为的定性,应当根据案件的具体情况进行分析。

1. 内外勾结骗取占有贷款行为的定性

金融机构工作人员与非金融机构工作人员内外勾结骗取贷款行为的定性,涉及身份犯和非身份犯共同犯罪的问题。根据现行刑法和相关司法解释对某些具体犯罪的规定,身份犯与非身份犯共同犯罪的,一般以身份犯罪的共犯论处。刑法作出这一规定的理由无非是因为身份犯的职务便利对于具体案件的实施起了决定性的作用。尽管内外勾结作案的形式多种多样,但在获取内部单位的财物时,如果主要不是利用身份犯的职务便利,没有身份犯的职务行为,无论非身份犯实施了哪一种行为,都很难得逞。但是在贷款诈骗案件中,经常会发生相关的骗贷故意和骗贷行为主要是由非身份犯(也就是外部人员)提起和实施,而身份犯(也就是内部人员)仅仅只是起配合帮助作用的情形。这种情况是否也一定要对内外人员都以相关的身份犯罪论处呢? 我主张应根据案件实际情况确定行为人行为的性质。

如果金融机构工作人员以非法占有为目的,主要利用自己职务上的便利,但为了作案的需要,请求非金融机构工作人员参与作案,比如帮助提款,伪造某些证明文件等,事后金融机构工作人员占有了其中大部分贷款,非金融机构工作人员没有获得或仅获得少量酬劳的,我认为对相关人员都应该以贪污罪或职务侵占罪的共犯论处。这是因为这类案件无论在占有贷款故意上,还是在实际占有贷款的行为上,金融机构工作人员都起着决定性作用,非金融机构工作人员仅仅只是起着帮助和辅助的作用。

如果非金融机构工作人员以非法占有为目的,请求金融机构工作人员帮助但没有明确告知占有的故意,并且占有贷款的行为主要是由非金融机构工作人员采取欺骗的方法实施的,金融机构工作人员只是在不知情的情况下客观上实施了相关的配合和帮助行为,对于金融机构工作人员的行为可以按违法发放贷款罪定罪处罚。

如果非金融机构工作人员以非法占有为目的,在告知占有故意的情况下请求金融机构工作人员帮助,并且占有贷款的实行行为主要是由非金融机构工作人员采取欺骗的方法实施的,对于金融机构工作人员应以贷款诈骗罪的共犯论处。这是因为,贷款诈骗案件中一般都需要有人向金融机构提出贷款的申请,而这些行为往往是由非金融机构人员才能实施的。在内外勾结的贷款诈骗行为中,一般起主要或者关键作用的是非金融机构的工作人员,如果没有非金融机构人员,贷款诈骗行为很难成功。而按照共犯原理,如果身份犯和非身份犯内外勾结实施并不要求是特殊主体的犯罪,其中的身份犯也可以构成这一犯罪。

2. 内外勾结骗取使用贷款行为的定性

如果金融机构的工作人员以转贷牟利为目的或以其他使用为目的,与非金融机构工作人员内外勾结,以欺骗的手段套取银行或者其他金融机构贷款的,对金融机构工作人员应以挪用公款罪或者挪用资金罪论处,理由与骗取占有贷款案件相同。其中的非金融机构人员如果属于实际使用人的,并且使用人与挪用人共谋,指使或者参与策划取得挪用款的,对非金融机构工作人员以挪用公款罪或者挪用资金罪的共犯论处。但是,如果在这类案件中,非金融机构工作人员在故意的产生和行为的具体实施过程中都起着主要作用,对相关行为实施者应以高利转贷罪或者骗取贷款罪的共犯论处。这是因为,在这一情况中,非金融机构的工作人员并不是以非法占有为目的,而是通过将获取的贷款转手贷给其他单位或个人来收取高额利息,或者以欺骗手段在获取银行或者其他金融机构的贷款后加以滥用的。这就完全符合了刑法中关于高利转贷罪和骗取贷款罪的构成要件,而金融机构的工作人员与非金融机构工作人员虽然具有共同故意,但是金融机构工作人员只是起相关配合或者帮助作用,因而从刑法原理上应按高利转贷罪或者骗取贷款罪的共犯论处。

3. 内部人员单独骗取占有贷款行为的定性

如果金融机构的工作人员以非法占有为目的,单独利用职务上的便利,骗取贷款的,对于金融机构工作人员应以贪污罪或者职务侵占罪论处。这是因为,金融机构的工作人员尽管具有欺诈获取贷款的行为,但这种行为是利用行为人的职务上的便利实施的,而且非法占有贷款的目的也是他利用职务上的便利才能实现的,这就完全符合贪污罪或者职务侵占罪的构成要件。如果这些内部成员属于国家工作人员,可以构成贪污罪,如果是非国家工作人员,应当构成职务侵占罪。

4. 内部人员单独骗取使用贷款行为的定性

如果金融机构的工作人员以转贷牟利为目的,或者归个人使用为目的,单独利用职务上的便利骗取贷款的,对于金融机构工作人员应以挪用公款罪或者挪用资金罪论处。这是因为,金融机构的工作人员无论是通过将获取的贷款转手贷给其他单位或个人,并收取高额利息,还是将贷款挪作其他使用,实际上都是挪用本单位资金的行为,都是对银行或者其他金融机构贷款使用权的侵害。根据《刑法》第185条规定,商业银行等金融机构的工作人员利用职务上的便利,挪用本单位或者客户资金的,以挪用资金罪定罪处罚。国有商业银行等金融机构的工作人员和国有商业银行等金融机构委派到非国有金融机构从事公务的人员利用职务上的便利,挪用本单位或者客户资金的,以挪用公款罪定罪处罚。由于在内部人员单独骗取使用贷款的案件中,行为人主观上不具有非法占有的故意,因而对行为人不能以贪污罪或者职务侵占罪论处,而只能以挪用类犯罪论处。如果这些内部成员属于国家工作人员,当然可以构成挪用公款罪,如果这些内部成员属于非国家工作人员,应当构成挪用资金罪。

(四)事后故意不归还贷款行为的认定

下面,我们来看一下事后故意不归还贷款行为的认定问题。对于行为人在获取贷款时并没有非法占有的目的,但在事后却因为各种各样的原因产生了占有的目的和占有的行为的,应当怎么来定性?司法实践中,这类情况主要有两种。一是以合法手段取得贷款后,再采取欺诈手段不归还贷款。这种情况往往是行为人通过合法的手段申请并获取银行或者其他金融机构的贷款后,在规定的贷款期限到期之前,以经营亏损为由,采取转移或隐藏资金、携款潜逃等方式逃避归还贷款。二是以欺诈手段取得贷款后,先使用贷款再采取欺诈手段不归还贷款。这种情况主要是行为人在申请并获取贷款时,虽然使用了一定的欺诈手段,但有证据证明行为人主观上并没有非法占有的目的,而只是想使用贷款,但在使用过程中,行为人萌生了占有的目的,便以经营亏损为由,采取欺诈手段逃避归还贷款。

对于这些"事后故意"的情况,有人认为,这种案件不能以贷款诈骗罪论处。理由是:构成贷款诈骗罪,必须是既采用了刑法条文中规定的欺诈方法,又具有非法占有贷款的目的,两者必须同时具备,缺一不可。而在这种案件中,行为人虽然具有非法占有贷款的目的,但这一目的产生在取得贷款之后。也有人认为,事后故意虽然产生在取得贷款以后,但行为人仍具备非法占有金融机构贷款的主观目的,在客观行为方式上也符合《刑法》第193条第5款规定的"以其他方法诈骗贷款"的情况,因此事后故意行为符合贷款诈骗罪的主客观构成要件,应当以贷款诈骗罪处理。还有人认为,事后故意的占有贷款行为虽然直接威胁到银行贷款的安全,但贷款诈骗罪的客观方面应当是采用虚构事实、隐瞒真相等方法欺骗银行等金融机构,从而骗取贷款。如果行为人在贷款到手后才使用欺骗手段非法占有贷款,不符合贷款诈骗罪的主观特征,而且国家立法机关和"两高"也没有对贷款诈骗罪中的"其他方法诈骗贷款"的含义作出明确司法解释,因而事后故意的贷款欺诈行为不构成贷款诈骗罪。

对于事后故意不归还贷款行为的定性,我认为应该具体问题具体分析,关键是看行为人是否具有非法占有的目的,以及行为人是否采用了欺骗的手段获取贷款。需要指出的是,行为人使用了欺骗的手段获取贷款并不意味着行为人在主观上一定具有非法占有的目的,如果行为人具有其他目的,可能构成高利转贷罪或骗取贷款罪等。通常情况下,如果行为人在主观上事先具有非法占有的目的,一定会使用欺骗的手段申请贷款。如果行为人非法占有贷款的目的是在取得贷款后产生的,那么他在获取金融机构贷款时并不一定会使用欺骗的手段。《全国法院审理金融犯罪案件工作座谈会纪要》明确指出:对于合法取得贷款后,没有按规定的用途使用贷款,到期没有归还贷款的,不能以贷款诈骗罪定罪处罚;对于确有证据证明行为人不具有非法占有的目的,因不具备贷款的条件而采取了欺骗手段获取贷款,案发时有能力履行还贷义务,或者案发时不能归还贷款是因为意志以外的原因,如因经营不善、被骗、市场风险等,不应以贷款诈骗罪定罪处罚。对于纪要的这一规定,我认为应当从两个方面来把握。

第一,对于合法取得贷款后到期没有归还的情况,一般不能构成贷款诈骗罪,即使行为人没有按规定的用途使用贷款而导致到期没有归还贷款。但是,如果行为人合法取得贷款后,采用抽逃、转移资金、隐匿财产等手段,以逃避返还资金的;或者采用隐匿、销毁账目,以及搞假破产、假倒闭等手段,以逃避返还资金的,应当构成贷款诈骗罪。因为在这些情况下,尽管行为人是以合法的手段获取贷款,但事后明显产生了非法占有的目的,并实施了逃避返还资金(也就是占有贷款)的行为,当然可以构成贷款诈骗罪。

第二,对于因不具备贷款的条件而采取了欺骗手段获取贷款后到期没有归还的情况,应当以行为人是否具有非法占有目的,作为划分此罪和彼罪的界限。如果确有证据证明行为人不具有非法占有的目的,即使行为人使用欺骗手段获取贷款后到期不能归还贷款的,也不能以贷款诈骗罪加以认定。当然,我们应该看到,《全国法院审理金融犯罪案件工作座谈会纪要》是在《刑法修正案(六)》出台之前颁布的,事实上《刑法修正案(六)》已经将上述骗取贷款的行为规定在骗取贷款罪中,因此,对于因不具备贷款的条件而采取了欺骗手段获取贷款后到期没有归还,给银行或者其他金融机构造成重大损失的,可以构成骗取贷款罪。如果行为人具有非法占有的目的,同时又采用了欺骗手段获取贷款且到期不归还的,可以按贷款诈骗罪论处。

通过前面的分析,我们可以得出,对于事后故意不归还贷款行为的定性,关键不在于行为人是合法取得贷款还是非法取得贷款,主要还在于行为人是否具有非法占有的目的,无论这种目的的产生是在贷款之前还是在贷款之后,只要行为人具有非法占有的目的,都可以构成贷款诈骗罪。如果行为人不具有非法占有的目的,即使采用欺诈手段获取了贷款,也只能构成其他犯罪,而不能构成贷款诈骗罪。

(五) 以骗取担保的形式骗取贷款行为的定性

最后,我们来看以骗取担保的形式骗取贷款行为的定性问题。司法实践中曾经发生过行为人以骗取他人担保的形式,获取并占有金融机构贷款的案件。这类案件中,行为人向金融机构提供虚假证明文件,同时骗取担保人的信任向金融机构提供担保,在获取金融机构贷款后加以占有,并由担保人代为偿还部分或者全部贷款。在这类案件中,行为人虽然客观上欺骗了两个对象(既欺骗了提供担保的人,也欺骗了金融机构),但行为人的目的只有一个——占有金融机构的贷款,而且行为人欺骗担保人的行为是手段行为,是骗取贷款行为的组成部分,是为行为人实现占有贷款的目的服务的。因此理论上和司法实践中普遍认为,对行为人的行为只能定一罪,不能实行数罪并罚。

但是对行为人的行为究竟应以什么罪名加以认定和处罚,却有不同的观点。有人认为,对行为人的行为应当根据受损失方来确定具体罪名。如果最终受损失方是金融机构,应当以贷款诈骗罪定罪;如果最终受损失方是担保人,应当以合同诈骗罪定罪。也有人认为,以受损失方作为定性依据是可行的,但不应该以"最终受损失方"作为依据,因为在案件侦破和审判过程中,要确定最终受损失方只能是推理,而这种推理往往又是不确定的。持这种观点的人主张,应当以案件侦破和审判时,损失停留在哪个当事人那里来认定损失方,理由主要有两点。第一,行为人在犯罪对象上是概括性的故意。行为人不是真心贷款,而是以占有为目的,因而欺骗了金融机构;由于金融机构要求行为人找担保,于是行为人就欺骗担保人。行为人的目的就是为了占有贷款,至于最终由谁承担贷款的损失,行为人在主观上并不作具体区分。第二,行为人骗取的担保能否兑现,事实上处于不确定的状态。因为有真实的担保能力,也不一定就能真正地执行担保。如果金融机构一发现被骗,立刻就将担保兑现了,兑现之后才案发,那么这个损失就停留在担保人处,对行为人的行为就应定合同诈骗罪。金融机构没有办法很快摆脱这一损失,对行为人的行为就应当以贷款诈骗罪来认定。

我认为这些观点认定的角度不完全一样,但本质上都是以被害方是谁作为认定行为人行为性质的标准,这种认定标准既不符合刑法基本原理,也不利于司法实践中对这类案件性质的正确认定。对这类案件都应该以贷款诈骗罪来认定,理由主要有三点。

首先,当一个案件进入刑事司法程序时,相关的民事责任实际上处于不确定的状态,究竟谁是被害人很难确定,甚至从某种程度上说是不能加以确定的,否则就会出现以刑事认定来替代民事认定的问题。特别是在对行为人的行为定性后,如果出现民事认定的被害人与刑事认定的被害人不一致,是否还要对刑事判决进行改判呢? 可见,以不确定的因素作为对行为人行为定性的依据本身就是不科学的。

其次,无论是以"最终受损失方",还是以"损失停留方"作为定性标准,事实上都可能出现对行为人行为的不同定性,也就是说,行为人的行为既可能构成合同诈骗罪,也可能构成贷款诈骗罪,这就必然导致同行为不同罪的情况出现。但是在这类案件中,行为人所实施的诈骗行为完全一样,并没有因为受损失方的变化而有所区别。可见,对于相同的行为以不同犯罪定性,显然不符合刑法基本原理。

最后,从行为人的目的以及主要欺骗手段角度分析,在这类案件中,行为人的目的是为了占有金融机构的贷款,欺骗别人为他提供担保只是骗取金融机构贷款的一种手段,其行为实质还是骗取金融机构的信任,以占有贷款。由此看来,金融机构处于被骗者的地位是显而易见的,至于金融机构是否要承担民事责任其实并不是刑事判决所要考虑的问题。在贷款诈骗案件中被骗者与民事责任承担者并不要求一致,被骗损失方是谁不应该成为对行为人行为定性的决定性因素,事实上,即使是被骗提供担保的人最终承担了损失,也不能改变行为人骗取占有金融机构贷款的客观事实。在我看来,刑事上对于行为人行为的定性,主要是看行为人的行为和主观方面,而不在于分析当事人之间的法律关系。对行为人而言,无论被骗者是谁,只要他在主观上具有占有金融机构贷款的目的,客观上实施了欺骗金融机构的行为,都应当构成贷款诈骗罪。至于最终谁是实际损失的承担者并承担民事责任,应该交由民事判决加以确认。

十三、信用卡诈骗罪

下面,我来讲一下信用卡诈骗罪。我国《刑法》第196条规定了信用卡诈骗罪,该条第1款规定:有下列情形之一,进行信用卡诈骗活动,数额较大的,处5年以下有期徒刑或者拘役,并处2万元以上20万元以下罚金;数额巨大或者有其他严重情节的,处5年以上10年以下有期徒刑,并处5万元以上50万元以下罚金;数额特别巨大或者有其他特别严重情节的,处10年以上有期徒刑或者无期徒刑,并处5万元以上50万元以下罚金或者没收财产:(1)使用伪造的信用卡,或者使用以虚假的身份证明骗领的信用卡的;(2)使用作废的信用卡的;(3)冒用他人信用卡的;(4)恶意透支的。

为明确说明条款中的"恶意透支"的内容,《刑法》第196条第2款还专门规定:恶意透支,是指持卡人以非法占有为目的,超过规定限额或者规定期限透支,并且经发卡银行催收后仍不归还的行为。

针对实践中对盗窃他人信用卡并加以使用的案件的定罪分歧,《刑法》第196条第3款规定,盗窃信用卡并使用的,依照盗窃罪的规定定罪处罚。

关于信用卡诈骗罪,我主要讲八个问题。

(一)"信用卡"含义的确定

首先,我们来看如何确定"信用卡"含义的问题。在较长的一段时间里,刑法理论和司法实践中对我国刑法信用卡诈骗罪中的"信用卡",以及刑法中的其他"信用卡"与银行或者其他金融机构业务工作中的"信用卡"是否应该具有完全相同的含义等问题,存在不同的认识。主要原因是:根据中国人民银行1999年发布的《银行卡业务管理办法》规定,我国的银行卡包括信用卡和借记卡两种,其中信用卡包括贷记卡和准贷记卡。在这之前,中国人民银行1996年发布的《信用卡业务管理办法》中将贷记卡和借记卡都归入信用卡的范围。也就是说,为了加强与国际接轨,在银行业务活动中,银行卡已经代替了原来的信用卡概念,并限定了信用卡仅指贷记卡,从而将借记卡从信用卡中分离出来。由于我国现行《刑法》是在1997年10月1日正式生效的,而它规定的信用卡诈骗罪中"信用卡"的含义显然是根据中国人民银行1996年发布的《信用卡业务管理办法》中规定的内容,既包括贷记卡也包括借记卡。这就产生了一个问题:我国刑法中信用卡诈骗罪中"信用卡"的含义是否需要随着银行业务管理工作中"信用卡"含义的变化而变化? 我认为,在对现行刑法中有关信用卡诈骗罪的规定没有作出修正之前,信用卡诈骗罪中的"信用卡"应当包括借记卡。我的理由主要有四点。

第一,从刑法的立法初衷分析,借记卡应当纳入信用卡诈骗罪规制的范围之内。因为我国现行刑法在制定时,银行业务管理活动中的借记卡就包含在信用卡范围内,而我国刑法的制定是依据银行业务管理活动中的相应行政法规制定的,它的立法原意是将借记卡归入信用卡诈骗罪规制的范围之内的。以后虽然银行业务管理活动中对信用卡的含义作了调整,但实际上只是在名称上对信用卡进行了规范,按照银行现行管理办法的规定,现在的银行卡实际上就是以前的信用卡,而现在的信用卡仅指贷记卡而不包括借记卡。这种行政法规中对信用卡定义的变化固然有它管理工作的需要,对今后我们完善和修正刑法规定有一定的借鉴作用,但是这种变化不能也不应该成为影响或改变刑法立法初衷的理由。如果今后有关信用卡诈骗罪的刑事立法发生变化,也应该是将现行刑法中的信用卡诈骗罪改为银行卡诈骗罪,而不应该缩小信用卡诈骗罪的范围,将借记卡排除在信用卡之外,并片面地将信用卡诈骗仅理解为贷记卡诈骗。

第二,从刑法的规定分析,借记卡应当纳入信用卡诈骗罪规制的范围之内。我国刑法关于信用卡诈骗罪的行为方式一共规定了四项,其中只有恶意透支不能适用于借记卡,而其他如使用伪造的借记卡、使用作废的借记卡、冒用他人借记卡等都可能与贷记卡诈骗造成一样的社会危害性。更何况,人们日常生活中使用最广泛的主要还是借记卡,借记卡在实际数量和使用频率上要远远大于贷记卡,因而实践中发生借记卡诈骗的可能性要比贷记卡诈骗高得多。我国现行刑法的规定实际上已经考虑到借记卡与贷记卡在许多功能上的相同之处,因而在立法时,已将借记卡纳入信用卡诈骗罪规制的范围之内。

第三,从刑法理论上分析,借记卡应当纳入信用卡诈骗罪规制的范围之内。不可否认,借记卡和贷记卡的主要区别在于是否具有透支功能,在其他功能上两者并没有实质的区别。正是由于这一点,除在恶意透支这一信用卡诈骗形式上有所不同外,利用借记卡进行诈骗和利用贷记卡进行诈骗不应该有实质的区别。从刑法理论上分析,我们没有必要将利用具有基本相同功能的借记卡或贷记卡进行诈骗的行为分别加以惩治。

第四,从刑事司法的实际处理角度分析,借记卡也应纳入信用卡诈骗罪规制的范围之内。如果将借记卡从信用卡诈骗罪规制的范围中分离出来,实践中就有可能引发一些难题:比如说,当某个人拿着一张伪造的贷记卡和一张伪造的借记卡到取款机上取款,在处理的时候由于借记卡不属于信用卡,所以行为人应构成两个犯罪(信用卡诈骗罪和诈骗罪),并要对他实行数罪并罚。但是如果行为人拿着两张贷记卡到取款机上取款,取得与前面同样数额的款项,对行为人只能以信用卡诈骗罪一罪定罪处罚。这种同行为不同罚的做法,显然有悖于刑法的立法精神。另外,刚才讲的案例中,如果行为人使用伪造的借记卡和伪造的贷记卡取款总数已达到某一犯罪的要求,但分别计算取款的数额都没有达到犯罪的要求,这样要对其进行数罪并罚十分困难。相反,如果按一罪处理,就根本不存在这样的问题。可见,将借记卡纳入信用卡诈骗罪规制的范围之内,也是实际处理案件的需要。

需要指出的是,2004年12月29日全国人民代表大会常务委员会《关于〈中华人民共和国刑法〉有关信用卡规定的解释》中指出:"刑法规定的'信用卡',是指由商业银行或者其他金融机构发行的具有消费支付、信用贷款、转账结算、存取现金等全部功能或者部分功能的电子支付卡。"这一立法解释将实践中引发争议的借记卡诈骗案件纳入了刑法中有关"信用卡"犯罪的处罚范围。在刑法意义上,借记卡今后将一律被视为"信用卡",有关借记卡犯罪司法实践定性中的混乱局面将得以消除。应当说,这一立法解释对"信用卡"的规定非常符合我国现状,有利于统一执法和打击犯罪。2018 年 11 月 28 日"两高"《关于办理妨害信用卡管理刑事案件具体应用法律若干问题的解释》规定,《刑法》第 196 条第 1 款第 3 项所称"冒用他人信用卡",包括"窃取、收买、骗取或者以其他非法方式获取他人信用卡信息资料,并通过互联网、通讯终端等使用的。"这一规定直接将信用卡信息资料作为冒用型信用卡诈骗罪的对象,突破了以往信用卡诈骗罪的对象只能是实体信用卡的传统认知,也似乎间接承认了信用卡信息资料是信用卡的一种新型表现形式。

(二) 拾得信用卡并加以使用行为的认定

接下来,我们来看拾得信用卡并加以使用行为的认定问题。对于拾得信用卡并在获得密码后加以使用行为的定性,理论界分歧较大,司法实践中对这种行为的定性也不完全一致,有的以盗窃罪定性,有的以信用卡诈骗罪定性,还有的以诈骗罪定性,甚至有观点认为这种行为不构成犯罪。比如说,有的学者认为,这种行为既不构成信用卡诈骗罪,也不构成诈骗罪,在这种情况下对拾得者来讲,他捡到信用卡和密码,等于获取了信用卡所含资金的使用权,这与捡到他人的活期存折而取款的行为性质是相同的。如果拾得者拒不交出所取款项的,可以考虑按侵占罪论处。

我认为对于拾得信用卡并加以使用行为的定性,应当考虑四个问题。

第一,金融机构的 ATM 机等机器能否成为诈骗的对象？这也是我要问大家的问题。(下讲台提问)

学生 1:"不能吧。"

学生 2:"我也觉得不能。"

提问:"说说理由。"

学生 2:"ATM 机只是机器,都没有意识,所以也不会陷入认识错误,当然也就不能说被骗了。"

提问:"你的意思是,如果没有诈骗对象就不可能定信用卡诈骗罪或诈骗罪了？"

学生 2:"是的。"

(回讲台)没有诈骗对象的确就不可能定信用卡诈骗罪或诈骗罪。我认为,在拾得信用卡并加以使用的案件中并不是没有被骗者,只不过需要研究谁是被骗者。有学者认为,诈骗罪中的受骗者必须是自然人,如果没有自然人受骗,就不可能基于认识错误而处分财产。诈骗罪与盗窃罪的关键区别在于:受骗人是否基于认识错误处分(交付)财产。而机器是不可能被骗的,因为机器没有意识,不会陷入认识错误,更不会基于认识错误而处分财产。

我认为,这一观点其实是将经过电脑编程的 ATM 机等机器与一般的机械性机器混同了。从某种角度分析,包括 ATM 机在内的机器经电脑编程后,实质上已经成为"机器人"。之所以将其称为"机器人",主要是因为 ATM 机既不同于机器,也不同于人。其与一般机械性机器的区别点主要在于,ATM 机具有相当程度的"识别"功能。在大多数情况下,ATM 机实际上是代替业务人员处理相关金融业务,开展诸如辨认、自动存取款等简单业务活动。由此,我们就不难得出这么一个结论:既然金融机构的业务人员可以成为诈骗的对象,那么,这些经电脑编程后的机器人当然也可以成为诈骗罪的对象。刑法之所以将冒用他人的信用卡行为归入信用卡诈骗罪中,主要原因还在于,冒用者实际上是利用了ATM机在识别功能上的"认识错误"实施相关诈骗行为的。由此可见,经电脑编程后的ATM机当然可以成为诈骗对象,刑法将冒用他人的信用卡归入信用卡诈骗罪中,是完全正确的。

但是,需要指出的是,我并不认为ATM机就等同于金融机构的业务员,也即ATM机既不是机器,也不是"人",而是"机器人"。(全场笑)与真正意义上的业务人员相比,经电脑编程后的ATM机除了能作一些简单的业务操作外,并不具有人脑的其他思维、辨别能力。就此而言,如果ATM机出现了机械故障,我们最多只能说这类似于人的精神出了问题,而绝对不能将此理解为是人的认识或理解错误。如果作这样理解的话,我们就很容易理解,为什么我们对许霆案件以盗窃罪定性了。在这个案件中,许霆利用的是ATM机的机械故障,而不是认识错误,因为我们不可能将1元误认为是1 000元钱的。如果一定要和人比的话,我认为,ATM机的机械故障,只能比作是人丧失了辨认或者控制能力,即患了精神病。在此情况下,许霆拿了"精神病人"的钱,当然应该以盗窃罪认定。(全场笑)理论上有人提出质疑,如果许霆在自动存钱机上存钱,存了1 000元钱,而在其账上只记1元钱,为什么就不能定银行的罪呢?他们认为,这是很不公平的。而按照我刚才说的观点,我们完全可以反驳这一质疑。许霆拿"精神病人"的钱构成盗窃罪,而"精神病人"拿许霆的钱当然不构成犯罪。许霆怎么可以和精神病人去谈公平呢?(全场笑)关于这个问题,我讲诈骗罪的时候还会专门讲述。

第二,如何理解信用卡诈骗罪中"冒用他人信用卡"的含义? 一些学者认为,取得密码后在自动柜员机上使用别人信用卡的情况,不存在"骗"的问题,因为信用卡是真的,密码也是真的,哪来的诈骗? 我曾经说过,如果对信用卡诈骗罪四种法定行为方式进行归类的话,可以归为三类:一类是卡和人都是"假"的,比如使用作废的信用卡、伪造的信用卡的;一类是卡是"真"的人是"假"的,比如冒用他人信用卡和使用以虚假的身份证明骗领的信用卡的;再一类是卡和人都是"真"的,比如恶意透支。我认为,拾得信用卡并取得密码后在自动柜员机上取款的行为,显然属于冒用他人信用卡的行为,完全符合刑法中规定的冒用行为的特征。尽管在这种情况下,信用卡是"真"的,密码也是"真"的,但人却是"假"的。(全场笑)银行对于行为人冒用他人信用卡无法加以识别,是因为行为人掌握了他人信用卡的密码,在这种实际使用者冒充持卡人的情况下,银行以为是信用卡的主人而"自觉自愿"实施付款行为。银行处于被骗者的地位是显而易见的,至于银行是否要承担民事责任不是我们考虑的问题,事实上在司法实践中被骗者与民事责任承担者并不一定要求一致。需要指出的是,在拾得信用卡和密码后在自动柜员机上取款的情况,最后应由谁来承担民事责任问题,并不是我们刑法所要研究的问题,而且谁是被害人的问题不应该成为行为人构成诈骗犯罪的障碍。从刑法角度看问题,认定犯罪主要是看行为人的行为和主观方面,而不在于分析当事人之间的法律关系。在诈骗犯罪中,只要行为人实施了虚构事实、隐瞒真相的行为,被骗者是谁(有可能是财产所有人,也有可能是财产持有者,甚至可能是与财产所有人或持有人有联系的其他人)其实对于行为人诈骗行为的认定并没有多少决定意义,无论被骗者是谁,只要行为人实施了诈骗行为,就可能构成诈骗类的犯罪。谁是实际损失的最终承担者,应该由民法理论加以研究。

第三,拾得信用卡是否等同于占有了信用卡上的资金? 对这个问题我的回答是否定的。拾得信用卡和密码并不等于已经获取了信用卡上的资金(或称资金的使用权)。这是因为,信用卡虽然与财产具有一定的联系,但它充其量只是记载财产内容的一种载体,它本身并不等于财产,如果要转化为财产必须有兑现的过程。正如司法实践中,对于盗窃信用卡并加以使用的,以盗窃罪论处,而认定盗窃的数额是以行为人实际使用占有(也就是兑现)的数额作为依据,并不是以信用卡上记载的数额作为标准。可见信用卡与财产不能完全等同。同样的情况,2013 年 4 月,"两高"发布的《关于办理盗窃刑事案件适用法律若干问题的解释》第 5 条规定:"盗窃有价支付凭证、有价证券、有价票证的,按照下列方法认定盗窃数额:(一)盗窃不记名,不挂失的有价支付凭证、有价证券、有价票证的,应当按票面数额和盗窃时应得的孳息、奖金或者奖品等可得收益一并计算盗窃数额;(二)盗窃记名的有价支付凭证、有价证券、有价票证,已经兑现的,按照兑现部分的财物价值计算盗窃数额;没有兑现,但失主无法通过挂失补领、补办手续等方式避免损失的,按照给失主造成的实际损失计算盗窃数额。"由此,我认为信用卡并不等于资金,拾得信用卡和密码并不等于已经获取了信用卡上的资金,虽然这种情况要比不知悉密码的情况离获取财产距离更近,但无论如何,行为人要真正占有财产还必须通过冒用行为。可见,根据行为人冒用他人信用卡的行为追究他的刑事责任是完全合理的,认定行为人构成信用卡诈骗罪也是符合刑法规定的。

第四,拾得信用卡并加以使用是否应以先前行为加以定性? 理论上和实践中经常有人会提出,我国刑法中明确规定盗窃信用卡并加以使用的,以盗窃罪论处,也就是以盗窃行为而不是使用行为作为定罪的依据,那么,为什么拾得信用卡而加以使用的却要以使用行为作为定罪的依据呢? 我认为,"盗窃信用卡后并加以使用的,以盗窃罪论处"的规定属于法律拟制,即如果没有法律的明确规定,不应当认定为盗窃罪。但是在拾得信用卡而加以使用的情况中,由于拾得行为只能在信用卡属于遗忘物且行为人拒不交出所取款项的情况下,才能构成侵占罪。但在一般情况下,由于很难出现"拒不交出"的情况,因而拾得行为实际上很难构成犯罪。同时,信用卡仅仅是记载财物的载体,其本身没有经济价值,不是财物本身,因而拾得信用卡这一行为不构成犯罪。可见,在处理拾得信用卡并加以使用的案件中,由于行为人的使用行为完全符合刑法所规定的信用卡诈骗罪中的"冒用他人信用卡"的行为特征,因而对行为人以信用卡诈骗罪定罪处罚是正确的。

应该看到,信用卡必须由持卡人本人使用是世界各国和地区普遍遵循的一项原则。这项原则的确立主要是基于信用卡使用的前提是持有人在账户上存入一定的资金作为一定的信用担保和支付保证(中国的情况不完全相同),如果非持卡人使用信用卡,就有可能给持卡人本人或发卡机构带来风险。我国发行银行卡的各机构也都明确规定,信用卡只限于持卡人本人使用,不得转借或转让。很多机构发行信用卡时,也会设置一些确认是否是持卡人本人的措施。但由于信用卡的管理较为复杂,即使制定某些措施也难免会有漏洞,因而实践中冒用他人信用卡的情况仍时有发生。尤其是某些持卡人在丢失信用卡后,长时间地处在不知道状态或知道后不及时去发卡机构办理挂失手续,这就使冒用他人信用卡的行为人有了可乘之机。由于持有真实、有效的信用卡就可以在自动取款机上直接取款,因此,一旦犯罪分子获知持卡人的信用卡密码,就极有可能给持卡人的合法财产造成极大的损害。因此,对于拾得他人信用卡并加以冒用的行为完全有必要加以惩治。

2008年5月7日,最高人民检察院《关于拾得他人信用卡并在自动柜员机(ATM机)上使用的行为如何定性问题的批复》也明确指出:拾得他人信用卡并在自动柜员机(ATM机)上使用的行为,属于《刑法》第196条第1款第3项规定的"冒用他人信用卡"的情形,构成犯罪的,以信用卡诈骗罪追究刑事责任。

需要提及的是,2018年修订的"两高"《关于办理妨害信用卡管理刑事案件具体应用法律若干问题的解释》中明确列举了"冒用他人信用卡"所包括的四种情形,除了拾得他人信用卡并使用的情形外,还包括骗取他人信用卡并使用以及窃取、收买、骗取或者以其他非法方式获取他人信用卡信息资料,并通过互联网、通讯终端等使用的,以及其他冒用他人信用卡的情形等。

(三)"恶意透支"行为的认定

我们前面说过,根据《刑法》第196条第2款的规定,恶意透支是指持卡人以非法占有为目的,超过规定限额或者规定期限透支,经发卡银行催收后仍不归还的行为。可见,恶意透支行为必须同时满足以下四个条件:一是行为人为合法持卡人。这是区别于其他形式的信用卡诈骗罪的关键。二是行为人在主观方面具有恶意。行为人在主观上必须出于直接故意,并且具有非法占有的目的。三是行为人有超限情况,包括超过规定限额和超过规定期限两种。四是经发卡银行催收后仍不归还。

我归纳了一下,关于"恶意透支"的问题主要有六个:(1)什么叫经催收不还?(2)如何认定恶意透支行为人主观上的"以非法占有为目的"?(3)在量刑数额标准上,恶意透支与其他法定情形是否应该有所区别?(4)恶意透支数额是否包含利息和其他费用?(5)偿还透支款的还要不要继续追究刑事责任?(6)利用销售点终端机具套取现金的行为应该如何定性?

2018年11月28日修订的"两高"《关于办理妨害信用卡管理刑事案件具体应用法律若干问题的解释》第6条对这些问题都给予了明确的回答:(1)经发卡银行催收后仍不归还的行为,是指经发卡银行两次有效催收后超过3个月仍不归还的。而该司法解释第7条规定,"有效催收"应同时符合:①在透支超过规定限额或者规定期限后进行;②催收应当采用能够确认持卡人收悉的方式,但持卡人故意逃避催收的除外;③两次催收至少间隔30日;④符合催收的有关规定或者约定。对于是否属于有效催收,应当根据发卡银行提供的电话录音、信息送达记录、信函送达回执、电子邮件送达记录、持卡人或者其家属签字以及其他催收原始证据作出判断。发卡银行提供的相关证据材料，应当有银行工作人员签名和银行公章。（2）具备以下六种情形之一，应认定为"恶意透支"中的"以非法占有为目的"：①明知没有还款能力而大量透支，无法归还的；②使用虚假资信证明申领信用卡后透支，无法归还的；③透支后通过逃匿、改变联系方式等手段逃避银行催收的；④抽逃、转移资金，隐匿财产，逃避还款的；⑤使用透支的资金进行违法犯罪活动的；⑥其他非法占有资金，拒不归还的行为。（3）对于恶意透支的量刑数额，根据这一司法解释的规定，正好是其他法定情形数额标准的 10 倍，体现了对恶意透支行为的区别对待。（4）恶意透支的数额是指公安机关刑事立案时尚未归还的实际透支的本金数额，不包括利息、复利、滞纳金、手续费等发卡银行收取的费用。归还或者支付的数额，应当认定为归还实际透支的本金。（5）恶意透支数额较大，在提起公诉前全部归还或具有其他情节轻微情形的，可以不起诉；在一审判决前全部归还或者具有其他情节轻微情形的，可以免予刑事处罚。但是曾因信用卡诈骗受过两次以上处罚的除外。（6）对于持卡人以非法占有为目的，违反国家规定，使用销售点终端机具（POS 机）等方法，以虚构交易、虚开价格、现金退货等方式恶意透支的，以信用卡诈骗罪定罪处罚。而违反国家规定，使用销售点终端机具（POS 机）等方法，以虚构变易、虚开价格、现金退货等方式向信用卡持卡人直接支付现金，情节严重的，应当依据《刑法》第 225 条的规定，以非法经营罪定罪处罚。

（四）以诈骗、抢夺、侵占等手段获取他人信用卡并加以使用行为的定性

接下来，我们再来看一种情况，在实践中，对于行为人以欺骗、抢夺等方式获取他人的信用卡并加以使用的行为，以及行为人使用他人委托保管的信用卡的行为，在如何定性的问题上存在较大的争议。大多数人认为，按照刑法有关盗窃信用卡并使用的，以盗窃罪定罪处罚的立法精神，对于这些行为理应以行为人的先前行为作为定性的依据。即如果行为人以诈骗、抢夺等方式取得他人的信用卡并加以使用的，应以诈骗罪或者抢夺罪论处；如果行为人使用他人委托保管的信用卡的，在"拒不退还"的情况下，应以侵占罪论处。

我不赞同这些观点。"盗窃信用卡并使用的，以盗窃罪定罪处罚"的规定，属于法律拟制。对于这一立法规定，我们绝对不能简单地套用于其他犯罪中。特别是在行为人的先前行为是诈骗、抢夺或者侵占行为时，如果简单地套用盗窃信用卡并使用的规定，就必然会出现很不合理且罪责刑不相适应的结果。在我看来，对于诈骗、抢夺或者侵占他人信用卡并使用的行为，应该以信用卡诈骗罪定性，我的理由主要有两点。

首先，刑法有关诈骗罪、抢夺罪和侵占罪的法定刑都低于信用卡诈骗罪。按照刑法规定，虽然诈骗罪和抢夺罪的法定最高刑是无期徒刑，与信用卡诈骗罪持平，但是侵占罪的法定最高刑为 5 年，明显低于信用卡诈骗罪。另外，信用卡诈骗罪"数额较大"的法定最高刑为 5 年，而诈骗罪、抢夺罪"数额较大"的法定最高刑为 3 年，侵占罪"数额较大"的法定最高刑为 2 年。可见，诈骗、抢夺和侵占罪的法定刑在总体上要低于信用卡诈骗罪。如果对诈骗或者侵占他人信用卡并使用的行为以诈骗罪或者侵占罪定

性的话,会出现"择其轻者而处断"的问题,这显然既不符合刑法基本原理,也与罪责刑相适应的原则相悖。

其次,《刑法》第 196 条明文规定,冒用他人信用卡的,以信用卡诈骗罪定性,这就意味着无论行为人采用什么手段获取他人的信用卡,只要冒用并达到犯罪的程度就可以构成信用卡诈骗罪。如果按照这些观点就会产生一个不均衡的结果:在信用卡诈骗罪的法定刑高于诈骗罪和侵占罪的情况下,如果行为人采取了非犯罪手段获取他人信用卡并使用的,我们只能对他的行为以信用卡诈骗罪定性;而在行为人采取诈骗、抢夺或者侵占等犯罪手段获取他人信用卡并使用时,我们却要以处罚较轻的诈骗罪、抢夺罪和侵占罪来定性。也就是说,如果行为人仅仅实施冒用他人信用卡的行为,对行为人的行为要以较高法定刑的信用卡诈骗罪定性,而在行为人冒用他人信用卡前实施了诈骗、抢夺或者侵占行为的,反而要以较低法定刑的诈骗罪、抢夺罪或者侵占罪定性。可见,这些观点显然违反了罪责刑相衡的原则,如果按这种观点对相关行为进行处理,必然导致明显不平衡的结果出现。

所以我认为,对以犯罪手段获取他人信用卡并加以使用的行为的定性,应具体问题具体分析。除盗窃信用卡并使用的,以盗窃罪论处外,其他行为应当根据重罪吸收轻罪的精神定罪处罚。比方说,行为人以抢劫方式获取他人信用卡并使用的,由于抢劫罪的法定刑明显高于信用卡诈骗罪,因此,对于行为人的行为应以抢劫罪定性,但认定抢劫罪的数额则应以行为人实际使用信用卡的数额作为依据。

(五)伪造信用卡并加以使用行为的定性

下面,我们来谈谈对伪造信用卡并加以使用行为的定性问题。我国现行刑法中,对于伪造信用卡的行为是以伪造金融票证罪定罪处罚的,刑法同时又规定了信用卡诈骗罪,但是,对于伪造信用卡并加以使用的行为应如何处理,刑法没有作出具体规定,理论上和司法实践中也有不同的观点和不同的做法。

我认为,伪造信用卡并加以使用的行为应当构成伪造金融票证罪,理由主要有两点。

首先,伪造信用卡并加以使用的行为完全符合刑法理论上牵连犯的构成要件。这是因为,从行为人主观方面分析,伪造信用卡和使用信用卡的目的应该基本相同,都是以获取非法利益或非法占有为目的,这就符合了牵连犯必须出于"一个犯罪目的"的主观要件;从行为人的客观行为分析,尽管行为人客观上实施了伪造行为和使用行为,但无论是伪造还是使用行为都符合信用卡诈骗罪"虚构事实、隐瞒真相"的客观特征,伪造行为完全被信用卡诈骗罪的客观要件所包容。同时,由于我国刑法中对伪造信用卡并加以使用行为的处理并没有作出明确的规定,因而只能按刑法理论上牵连犯的处断原则进行处理。

其次,刑法虽然没有对伪造信用卡并加以使用行为的处理作出规定,但是刑法对相类似的伪造货币行为是作了明确规定的,根据《刑法》第 171 条第 3 款的规定,伪造货币并出售或者运输伪造的货币的,依照伪造货币罪从重处罚。从这一规定分析,刑法对于既有伪造行为又有出售或者运输行为的处理，是以初始行为（也就是伪造行为）作为定罪依据的。由于伪造信用卡并加以使用的行为既构成伪造金融票证罪，又构成信用卡诈骗罪，按牵连犯的处罚原则，应当以重罪吸收轻罪，但由于两罪的法定最高刑完全一样，在这种情况下，以伪造行为作为认定的依据是正确的，因为行为人伪造信用卡的目的就是为了牟利，而具体的使用行为正体现了行为人的牟利目的。

需要说明的是，我们这里所讨论的伪造信用卡并加以使用的情况是指同一行为主体既实施了伪造行为又实施了使用行为，并且使用的信用卡又是他先行伪造的。事实上，伪造信用卡并加以使用的情况并没有这么简单，有时候表现得相当复杂，需要我们认真分析，以便正确定罪量刑。

对于不同行为主体分别实施了伪造和使用行为的，如果行为人之间具有共同故意的，无论伪造者还是使用者都可以按伪造金融票证罪论处，因为这种情况实际上与同一行为主体既实施了伪造行为又实施了使用行为是一样的。如果行为人之间不具有共同故意，对于伪造者应以伪造金融票证罪定罪处罚，对于使用者（在明知的情况下），属于使用伪造的信用卡的情况，对他应当以信用卡诈骗罪定罪处罚。

对于同一行为主体既实施伪造行为又实施了使用行为，但伪造和使用的并非是同一"信用卡"，比如行为人既伪造了信用卡，又使用了他人伪造的信用卡，对于行为人应以伪造金融票证罪和信用卡诈骗罪实行并罚。因为在这种情况下，行为人的伪造行为与使用行为不具有刑法理论上的牵连关系，而且伪造行为与使用行为并不是针对同一"信用卡"，事实上存在着多个不同的"信用卡"，存在着多次危害社会的行为，因此，对行为人实行数罪并罚是理所当然的。

（六）"使用以虚假的身份证明骗领的信用卡"行为的认定

下面，我们再来看一下如何认定"使用以虚假的身份证明骗领的信用卡"的行为？"使用以虚假的身份证明骗领的信用卡"，是指行为人使用以伪造的身份证等虚假的身份证明材料骗领的发卡银行发放的信用卡的行为。应该看到，在较长时间里，刑法对于"使用以虚假的身份证明骗领的信用卡"的行为，并没有作出具体的规定。只是在1995年4月20日"两高"《关于办理利用信用卡诈骗犯罪案件具体适用法律若干问题的解释》中规定："对以伪造、冒用身份证和营业执照等手段在银行办理信用卡或者以伪造、涂改、冒用信用卡等手段骗取财物，数额较大的，以诈骗罪追究刑事责任。"但同年全国人大常委会《关于惩治破坏金融秩序犯罪的决定》首次规定信用卡诈骗罪时，对这种骗领信用卡进行诈骗的行为没有作规定，1997年《刑法》修订时仍然没有规定这种行为。直到《刑法修正案（五）》才将该种行为归入信用卡诈骗罪之中。

《刑法修正案（五）》之所以对信用卡诈骗罪的规定作出修正，主要是因为司法实践中存在着大量使用骗领的信用卡的现象。有的行为人虚构持卡人的名义，制作相应的虚假身份证件，骗领信用卡，由于名义上的"持卡人"根本不存在，如果发生了巨额透支，银行也无从查证，无法挽回经济损失。还有的行为人冒用他人的名义以及身份证件，冒领信用卡，致使他人为冒用者承担恶意透支的后果。

司法实践中"使用以虚假的身份证明骗领信用卡的"情况较为复杂,主要可以分为两种情况:一是虚构一个并不存在的申请人的身份证信息骗领信用卡并使用的;二是用他人的身份证信息骗领信用卡并使用,但违背他人意愿的。对于前者一般比较容易理解,而对于后者要特别注意。司法实践中,还经常发生这样一类案件:行为人盗用他人的真实身份证,以他人名义在银行办理信用卡后,用来恶意透支。这在表面上似乎是"冒用他人信用卡"的情形,不属于"使用以虚假的身份证明骗领的信用卡",但从实质而论,行为人并不是经合法授权为他人代办信用卡,而是盗用他人名义骗领信用卡供自己使用。既然是为自己办信用卡供自己用,就应当向发卡银行提供自己的真实身份证明,提供他人的身份证来为自己办信用卡,这应当评价为"使用虚假的身份证明骗领信用卡"。即使行为人不想用来骗取财物,还可能构成妨害信用卡管理罪。如果将这种行为解释为"冒用他人信用卡",那就意味着对他办理信用卡行为的一种认可,并且可能由信用卡的名义持卡人来承担诈骗行为所造成的财产损失。这显然是不合理的。可见,只要使用了不是以自己的身份信息申请的信用卡的都有可能构成信用卡诈骗罪。当然,在现实生活中,也有可能存在经他人同意或授权,用他人身份证信息申请信用卡的情况,这种情况一般按照违规行为处理。只要申请人遵循信用卡管理办法和章程的规定正当地使用信用卡的,就不能认为构成犯罪,因为这种行为可以视为真实身份人的委托授权行为,银行不会因为行为人恶意透支而找不到相关的责任人,一旦发生恶意透支行为,对真实身份人可以按信用卡诈骗罪论处。

应该看到,与信用卡诈骗罪增设使用以虚假的身份证明骗领的信用卡的行为方式相对应,妨害信用卡管理罪四种表现形式中就包含"使用虚假的身份证明骗领信用卡"的行为。需要指出的是,"使用以虚假的身份证明骗领的信用卡"的行为与"使用虚假的身份证明骗领信用卡"的行为是既有联系又有区别的行为。前者虽然是以后者行为的存在为前提,但它属于信用卡诈骗罪的行为方式之一,而后者属于妨害信用卡管理犯罪的行为方式之一。因此,如果行为人使用虚假的身份证明骗领信用卡后又加以使用的,对行为人的行为应当以信用卡诈骗罪定性。因为,在这种情况下,行为人的骗领行为实际上是使用行为的前提条件,两者具有牵连关系,而且信用卡诈骗罪的法定刑明显重于妨害信用卡管理罪的法定刑。如果行为人使用虚假身份证明骗领信用卡后没有使用的行为,则不能认定为信用卡诈骗罪(预备),而应该构成妨害信用卡管理罪。而且,这种情况没有数额的要求,行为人一旦用虚假的身份证明骗领了信用卡,就构成犯罪。

（七）涉第三方支付方式侵财行为的认定

接下来我要和大家探讨一下涉第三方支付方式侵财行为的定性问题。从司法实践来看,涉第三方支付方式侵财行为最大的特点就是"盗骗交织",也因此,对于涉第三方支付方式侵财行为的定性问题,理论界与实务界观点不一,存在盗窃、诈骗和信用卡诈骗三种观点。

第一,涉第三方支付方式侵财行为是盗窃犯罪还是诈骗类犯罪?（下讲台提问）

学生 1:"第三方支付账户可以看作是一种新型'钱包',偷第三方支付账户里的钱就好比偷钱包里的钱一样,所以应当是盗窃犯罪。"

学生 2:"我觉得应该是诈骗类犯罪,因为行为人要通过'欺骗'第三方支付公司,才能取得财物。"

(回讲台)我认为,涉第三方支付方式侵财行为应当属于诈骗类犯罪而非盗窃犯罪。定性"盗骗交织"类犯罪的关键在于判断该行为属于"主动获取"还是"被动交付"。因而正确理解诈骗类犯罪的"被动交付"与盗窃犯罪的"主动获取"便成为区分盗窃罪与诈骗罪的关键。"主动获取"指的是行为人采取积极主动的手段从被害人处取得财物,在这个过程中被害人并未作出转移财物占有的意思表示。而"被动交付"是指被害人基于错误认识"自愿"或者"被迫"地作出转移财物占有的意思表示,从而将财物"错误地"交付给了行为人。在第三方支付方式盛行的大背景下,网络技术的发展似乎模糊了"主动获取"和"被动交付"的界限。但是,只要把握住两者的本质特征,仍旧可以准确判断涉第三方支付方式侵财行为属于"主动获取"抑或"被动交付",从而对涉第三方支付方式侵财行为准确地加以定性。涉第三方支付方式侵财行为大多应该理解为"被动交付"犯罪。第三方支付账户并不是一个单纯的"钱包",第三方支付账户之间的资金流转需要通过第三方支付平台来完成,并不是简单的买卖双方之间的资金流转。以支付宝为例,根据服务协议规定,支付宝服务是支付宝向用户提供的非金融机构支付服务,是受用户委托代用户收款或付款的资金转移服务,其流程是:用户发出拨付指令—支付宝接受委托—支付宝调转用户账户中的资金。因此,想要从第三方支付账户中取财必须得到这个第三方支付平台的"许可",单纯"主动获取"的行为根本无法实现取财的目的,因而涉第三方支付方式侵财行为属于"被动交付"的诈骗类犯罪而非"主动获取"的盗窃犯罪。

第二,涉第三方支付方式侵财行为是普通诈骗还是信用卡诈骗?(下讲台提问)

学生 1:"普通诈骗,这里不涉及信用卡的问题。"

学生 2:"要看情况。如果是取走他人第三方支付账户中绑定的信用卡账户里的钱,那就是信用卡诈骗,否则就是普通诈骗。"

(回讲台)我认为,在讨论这个问题时,要先厘清第三方支付账户与信用卡账户之间的关系。司法实践中有观点认为,对于此类侵财行为的判断,需要先看第三方支付账户是否绑定了信用卡:如果绑定了信用卡,该侵财行为就属于信用卡诈骗;如果没有绑定信用卡,该侵财行为就不能认定为信用卡诈骗,而属于普通诈骗。对于这种观点,我不认同。无论第三方支付账户是否绑定了信用卡,都应该将其理解为信用卡支付方式的延伸。这种延伸关系体现在:第三方支付账户与信用卡账户密切相关,但又具有一定的独立性。因而,涉第三方支付方式侵财行为都应该理解为信用卡诈骗行为,理由有三点:

其一,无论是否绑定了信用卡,第三方支付都无法脱离信用卡支付。2017 年 8 月4 日,中国人民银行向有关金融机构下发了《中国人民银行支付结算司关于将非银行支付机构网络支付业务由直连模式迁移至网联平台处理的通知》,其中指出,自 2018 年 6

月 30 日起,支付机构受理的涉及银行账户的网络支付业务全部通过网联平台处理。届时,所有第三方支付平台全部"收归"央行,形成与银联平台类似的网联平台,两者背后的监管机构都是中国人民银行。因此,虽然刑事立法暂时还未跟上支付方式革新的进程,但我们不应该再将第三方支付与信用卡支付分开来看。第三方支付的核心功能在于"支付",其支付的钱款无论在第三方支付账户与信用卡账户之间辗转往返多少个来回,其最根本的来源只能是信用卡账户,因为银行才是无形货币的最初发行人与最终兑换人。另外,从功能和使用方式上来看,两者具有统一性。如今,信用卡的使用方式已经实现了"无卡化",即用户不需要持有实体信用卡也能实现资金的转移和消费支付等功能。而第三方支付的最大特点也在于"无卡化",用户只要使用随身携带的移动设备就可以随时完成资金的转移和消费支付等功能。就此而言,即使第三方支付账户与信用卡账户存有差异,但考虑到两者在功能与使用方式上的高度重合,将第三方支付方式理解为信用卡在网络技术支持下支付方式的延伸,可能更符合事物的本来面目。

其二,第三方支付平台与 ATM 机都是"机器人",均可以成为被骗的对象。涉第三方支付方式侵财行为都需要获取第三方支付平台的"许可"。一般而言,行为人只需要获取用户的账号和密码,即可进行相应的转账和消费支付。那么,第三方支付平台是否可以成为被骗的对象呢?我认为是可以的。第三方支付平台与 ATM 机具有相似的功能和使用方式,比如识别、转账功能等。我之前已经说了,ATM 机的本质既不是"机器",也不是"人",而是"机器人"。如果行为人利用"机器人"所具有的"人"的认识错误非法占有财物的,其行为理应构成诈骗类的犯罪,而如果行为人只是利用"机器人"本身具有的"机械故障"非法占有财物的,其行为当然应构成盗窃类的犯罪。要正确判断"机器人"能否被骗,关键看其是否因为行为人的欺骗行为产生认识错误,这就要从"机器人"的识别能力与识别方式上考虑。我认为,通过使用正确的账户和密码从第三方支付账户中取财行为的本质就是利用第三方支付平台的识别能力,让第三方支付平台产生"错误认识",自愿"处分"财产,进而获取财产的行为。由此可见,具有识别功能的第三方支付平台与 ATM 机均应当被视作"机器人",可以成为被骗的对象。

其三,将此类侵财行为认定为信用卡诈骗罪,有利于司法实践应对未来更多纷繁复杂的第三方支付方式。应当看到,网络技术的发展速度总是出乎人们的意料,完全可以预见,在未来还会有更多"出乎意料"的新型支付方式出现在人们的视野中。如果司法实践需要对每一个新型支付方式都加以甄别并分别定性,那么司法的"成本"无疑会大大提高。我认为,面对纷至沓来的新型支付方式,需要做的是找出"共同点",而非找出"不同点"。对诸如涉及第三方支付平台侵财行为的定性应当统一,即一律认定为信用卡诈骗罪,此举无疑会有利于司法实践,同时也有利于立法活动的稳定。

因此,我认为涉第三方支付方式侵财行为应当统一认定为信用卡诈骗行为,不应当一味拘泥于被害人与银行、微信、支付宝公司之间的民事法律关系,应当关注的是实施侵财的行为人之"行为"本身。此类侵财行为的"行为"本身就是通过正确的账户和密码"欺骗"第三方支付平台进而取财的过程。第三方支付方式应当被看作信用卡支付方式的延伸，所以将此类侵财行为认定为信用卡诈骗罪不仅有利于司法实践，更具有深厚的理论基础与支持。

（八）对盗窃信用卡并使用行为的理解

《刑法》第 196 条第 3 款规定："盗窃信用卡并使用的，依照本法第 264 条的规定定罪处罚。"据此，盗窃信用卡并使用的行为一概以盗窃罪定罪处罚。在当时的时代背景下，该规定内容可能确实存在一定的合理性与必要性。随着信息网络技术的迅猛发展，信用卡的虚拟化程度逐步提高，信用卡信息资料的实际功能逐渐等同于一般的实体信用卡。与此同时，司法实践中涉及信用卡的财产犯罪行为模式也发生了巨大变化。随着信用卡虚拟化趋势的加强，盗窃实体信用卡并使用的情况逐渐被窃取信用卡信息资料并使用的情形所取代。在此情形下，《刑法》第 196 条第 3 款关于盗窃信用卡并使用定盗窃罪的规定凸显出内容的不合理性和不恰当性，从而导致了诸多司法疑难问题。根据 2018 年 11 月 28 日"两高"修订的《关于办理妨害信用卡管理刑事案件具体应用法律若干问题的解释》第 5 条第 2 款第 3 项的规定，窃取他人信用卡信息资料并使用的行为应被认定为信用卡诈骗罪。这一规定突破了传统上认为信用卡诈骗罪的对象仅可能是实体信用卡的观点，而直接将信用卡信息资料作为信用卡诈骗罪的对象。然而，该司法解释和《刑法》第 196 条第 3 款的相关规定存在矛盾和冲突。

我认为，《刑法》第 196 条第 3 款关于盗窃信用卡并使用定盗窃罪的规定应当属于法律拟制而非注意规定，其本质上是将信用卡诈骗罪拟制为盗窃罪，理由是：其一，盗窃信用卡行为不构成盗窃罪。理论上一般认为，信用卡仅是记载财物的载体，其并非财物本身。由此，行为人通过盗窃获取了信用卡并不等于就获得了信用卡内的财物。其二，使用所窃取的信用卡行为构成信用卡诈骗罪。"盗窃信用卡并使用"其实是一个复合行为，可以被分解为两个行为——盗窃信用卡和使用所窃取的信用卡。如果行为人仅实施了这个复合行为的一部分——盗窃信用卡，则不能完全齐备该复合行为的要件，从而不能被认定为犯罪（除非该信用卡本身的价值达到了盗窃罪的数额标准）。由此可见，欠缺使用行为的盗窃信用卡行为不能构成犯罪，而使用行为的本质，归根结底还是"冒用他人信用卡"。使用行为才是这个复合行为的核心，并非盗窃行为之后的不可罚行为。

随着电子商务及网络技术向纵深发展，新型支付方式不断涌现和发展，对信用卡的使用逐渐进入了无卡化、虚拟化时代，尤其是手机银行应用软件的出现和普及已经让信用卡的使用基本实现了无卡化，盗窃实体信用卡的现象也渐趋减少，虚拟信用卡大行其道。盗窃信用卡并使用定盗窃罪这一法律拟制规定已逐渐丧失了其存在的现实基础和理论依据，并呈现出诸多不合理性和不科学性，其存在的必要性受到质疑似乎也是不可避免的。因此，应当将盗窃信用卡并使用的行为认定为信用卡诈骗罪，并且实践中在认定盗窃实体信用卡并使用行为的性质时，应将其与窃取信用卡信息资料并使用行为的性质相等同。在盗窃信用卡并使用定盗窃罪这一法律拟制规定已经丧失其存在基础时，我们就应适时通过刑法修正案的方式来修订盗窃信用卡并使用定盗窃罪的规定。

好，这一讲的内容我就为大家介绍到这，谢谢大家！

第八讲

破坏社会主义市场经济秩序罪(六)

在这一讲中,我们来继续学习破坏社会主义市场经济秩序罪。

十四、保险诈骗罪

我们首先来看一下保险诈骗罪。保险诈骗罪规定于我国《刑法》第 198 条。《刑法》第 198 条第 1 款规定:有下列情形之一,进行保险诈骗活动,数额较大的,处 5 年以下有期徒刑或者拘役,并处 1 万元以上 10 万元以下罚金;数额巨大或者有其他严重情节的,处 5 年以上 10 年以下有期徒刑,并处 2 万元以上 20 万元以下罚金;数额特别巨大或者有其他特别严重情节的,处 10 年以上有期徒刑,并处 2 万元以上 20 万元以下罚金或者没收财产:(1)投保人故意虚构保险标的,骗取保险金的;(2)投保人、被保险人或者受益人对发生的保险事故编造虚假的原因或者夸大损失的程度,骗取保险金的;(3)投保人、被保险人或者受益人编造未曾发生的保险事故,骗取保险金的;(4)投保人、被保险人故意造成财产损失的保险事故,骗取保险金的;(5)投保人、受益人故意造成被保险人死亡、伤残或者疾病,骗取保险金的。《刑法》第 198 条同时还规定,有第 1 款第 4 项、第 5 项所列行为,同时构成其他犯罪的,依照数罪并罚的规定处罚。单位犯第 1 款罪的,对单位判处罚金,并对其直接负责的主管人员和其他直接责任人员,处 5 年以下有期徒刑或者拘役;数额巨大或者有其他严重情节的,处 5 年以上 10 年以下有期徒刑;数额特别巨大或者有其他特别严重情节的,处 10 年以上有期徒刑。保险事故的鉴定人、证明人、财产评估人故意提供虚假的证明文件,为他人诈骗提供条件的,以保险诈骗的共犯论处。关于保险诈骗罪,我主要为大家讲述以下六个问题。

(一)保险诈骗罪的主体的界定

首先我们来看第一个问题——如何认定保险诈骗罪的主体? 在理论和实践中一般认为,保险诈骗罪的主体是一般主体,自然人和单位都可以构成。但也有人认为,保险诈骗罪的主体是特殊主体,因为刑法明文规定本罪的主体是投保人、被保险人和受益人,而一般主体和特殊主体是有严格区别的,特殊主体是行为人除了具备一般主体的要件以外,还必须具有特定的身份。我认为,投保人、被保险人和受益人等都是由保险行为所产生的,是随着保险合同的存在而存在的,而利用保险合同进行诈骗是保险诈骗罪最本质的特征,也是保险诈骗罪区别于其他诈骗犯罪的一个关键点。保险诈骗罪的成立,必须以行为人与被诈骗的保险人之间存在着保险合同为前提,也就是说行为人必须具有合同关系人的特定身份才能构成保险诈骗罪,如果不具备这种合同关系人的身份,就不可能产生所谓的保险诈骗行为,但如果符合诈骗罪构成要件的,可以按诈骗罪定罪处罚。因此,认为保险诈骗罪的主体为特殊主体是妥当的。

从法理上分析,在自然人作为保险诈骗罪主体时,一般情况下应该是与保险标的有保险利益关系的人,而在共同犯罪中,其他自然人也可能成为保险诈骗罪的主体。与保险标的有保险利益关系的人主要包括投保人、被保险人和受益人等。应该看到,在有的保险合同中,投保人、被保险人、受益人可能是同一个人,而在有的保险合同中,可能分别是三个人。需要指出的是,刑法关于保险诈骗罪的五种表现形式的犯罪行为不同,主体也并不相同。第一种行为是虚构保险标的,所以只有投保人才可以实施;第二种行为是以发生了保险事故为前提,行为人对保险事故的发生编造虚假原因或者夸大损失程度,所以投保人、被保险人和受益人都有可能构成;第三种行为是虚构保险事故,在财产险与人身险中都有可能发生,所以犯罪主体与第二种行为相同;第四种行为仅限于财产险,因为财产保险中被保险人就是受益人,这是由财产所有权的固有特性所决定的,所以犯罪主体不包括受益人;第五种行为发生在人身保险中,虽然也存在被保险人为使受益人得到保险金而自杀的情况,但由于刑法并没有规定自杀是犯罪行为,而且自杀者本身也不能成为犯罪主体,所以这类行为的主体,仅限于投保人和受益人,而不包括被保险人。

对于保险人能不能成为保险诈骗罪的主体,我国刑法保险诈骗罪的条文没有作出明确的规定,但 2015 年 4 月 24 日修订的新《保险法》第 116 条第 6 项规定,保险公司及其工作人员在保险业务活动中不得故意编造未曾发生的保险事故、虚构保险合同或者故意夸大已经发生的保险事故的损失程度进行虚假理赔,骗取保险金或者牟取其他不正当利益;第 131 条第 9 项规定,保险代理人、保险经纪人及其从业人员在办理保险业务活动中不得串通投保人、被保险人或者受益人,骗取保险金;第 179 条规定,违反本法规定,构成犯罪的,依法追究刑事责任。至于究竟以什么罪名追究刑事责任,并没有明确。这就导致司法实践中,对于保险人在保险业务中进行诈骗行为定性上的不同认识。理论上大多数人认为,由于保险人在刑法中并没有被归入保险诈骗罪的犯罪主体中,对保险人所实施的诈骗行为,尽管与保险业务直接有关,仍然应该以一般诈骗罪定性。我认为,既然保险公司及其代理人诈取投保人保险费的现象早已屡见不鲜,而且,这些案件发生在保险领域相关活动中,刑法完全有必要将保险人在保险业务活动中的诈骗行为归入保险诈骗罪中,也就是将保险人列入保险诈骗罪的主体之中。

另外,根据《刑法》第 198 条第 4 款规定,保险事故的鉴定人、证明人、财产评估人故意提供虚假的证明文件,为他人诈骗提供条件的,以保险诈骗的共犯论处。这些人虽然与保险利益没有直接的关系,但是他们的行为可能直接影响保险事故的定性。如果这些人通过自己的行为为他人实施保险诈骗提供条件,就很容易使保险诈骗成功。由于这些行为人故意实施的行为实际上已经与保险诈骗行为构成一个整体,因此刑法将这些人的提供条件行为视为保险诈骗的共同犯罪行为是完全合理的。

根据我国《刑法》第198条第3款的规定,单位可以成为保险诈骗罪的主体。但需要我们探讨的是,当单位实施《刑法》第198条第1款第4项和第5项行为,也就是单位作为投保人,故意造成财产损失的保险事故,骗取保险金,或者单位作为投保人,故意造成被保险人死亡、伤残或疾病而骗取保险金时,根据《刑法》第198条第2款的规定,应当依照数罪并罚的规定处罚。而事实上,单位又不能成为故意毁坏财物罪、放火罪、故意杀人罪和故意伤害罪等犯罪的主体。对于这个问题,应当如何处理呢?(下讲台提问)

学生1:"那当然是根据罪刑法定原则,不能认定单位构成这些犯罪了。"

提问:"那单位实施的这些具有严重社会危害性的行为,就不需要追究刑事责任了吗?"

学生1:"不是的,应直接追究实施这些行为的自然人的刑事责任。"

学生2:"我的看法和这位同学一样,原因也一样。"

(回讲台)有人认为,在单位人员为本单位利益,以放火等单位不能成为主体的手段行为实施保险诈骗时,对单位应当以保险诈骗罪定罪,同时追究单位与直接负责的主管人员和其他直接责任人员的刑事责任;而对放火等罪,尽管单位不能构成,但单位中直接负责的主管人员和其他直接责任人员并不能免除对这些行为的责任。我基本同意这种观点,因为我刚才讲的刑法的有关规定确实涉及某些单位不能成为犯罪主体的犯罪,根据罪刑法定原则,单位当然不能承担相应的刑事责任。但是,在这些情况中又实际存在着故意杀人、故意伤害、故意毁坏财物以及放火等犯罪,而且,保险诈骗行为是以这些犯罪行为为手段的,如果不追究任何人的刑事责任也不符合罪责刑相适应原则,而这些犯罪行为肯定是由一些具体的自然人实施的,尽管这些自然人可能是为了单位的利益,但这并不能成为他们免责的借口。

我认为,对刑法条文规定的许多自然犯,单位不能成为犯罪主体,这是理论上的共识,自然人为了单位利益实施这些犯罪,我们不能理解为是单位行为,而只能看作是自然人的行为,因为单位的行为应当与单位的经营业务有相关性。在保险诈骗犯罪中,单位可以成为保险诈骗罪的主体,但不能成为故意杀人罪等犯罪的主体,因此对单位只能追究保险诈骗罪的刑事责任,而对单位中直接负责的主管人员和其他直接责任人员,则既要追究保险诈骗罪的刑事责任,也要追究故意杀人罪等犯罪的刑事责任,并对有责人员实行数罪并罚。对此,2014年4月24日第十二届全国人民代表大会常务委员会第八次会议通过的《全国人大常委会关于〈中华人民共和国刑法〉第三十条的解释》规定:"公司、企业、事业单位、机关、团体等单位实施刑法规定的危害社会的行为,刑法分则和其他法律未规定追究单位的刑事责任的,对组织、策划、实施该危害社会行为的人依法追究刑事责任。"

（二）对虚构保险标的的理解及相关行为的定性

接下来，我们来看对虚构保险标的的理解及相关行为的定性问题。《刑法》第198条第1款第1项规定，投保人故意虚构保险标的，骗取保险金，数额较大的，可以构成保险诈骗罪。理论上和司法实践中对于其中"虚构保险标的"是否包含虚构部分保险标的的内容有不同看法，而且许多观点直接影响到对一些行为的定性。有人认为，"虚构保险标的"仅指虚构根本不存在的保险对象与保险人订立保险合同；有人认为，虚构保险标的的范围要宽泛得多，既可以是虚构保险标的的整体，也可以是虚构保险标的的一部分。

在我看来，这两种观点是分别从狭义和广义两个角度来解释"虚构保险标的"在刑法学上的含义的。一般认为，狭义解释的根据是汉语词典中"虚构"的含义，是指虚构一个根本不存在的保险对象与保险人订立保险合同。比如说，行为人通过伪造购物发票，使用作废的有关文件，签订保险合同，而后谎称保险标的发生了保险事故，从而骗取保险金，但事实上保险标的根本就不存在。广义解释的根据是虚构既可以包括编造完全不存在的内容，也可以包括编造与实际不相同的内容。也就是认为虚构保险标的并不局限于保险标的的不存在，也包括保险标的的存在，但虚构者对于保险标的的有关的一些重要事实不如实说明。从刑法的立法原意角度分析，我赞同广义解释的观点。因为，从诈骗罪客观行为上虚构事实、隐瞒真相的内容分析，虚构保险标的应当包含"有"和"无"两个方面。保险诈骗罪中的"虚构保险标的"当然也应该体现一般诈骗行为的特征，既包括编造完全不存在的标的，也包括编造与实际存在内容不一致的标的。前者属于虚构事实的范畴，后者则属于隐瞒真相的范畴。

应该看到，对虚构保险标的的不同解释，直接影响到对恶意复保险等行为是否可以构成犯罪的认定。接下来，我们来探讨一下如何认定下面三种骗取保险金的行为。

1. 对恶意复保险以及隐瞒保险危险（瑕疵投保）骗取保险金行为的认定

保险领域中的复保险，是指投保人对于同一个保险利益、同一保险事故，在同一时期向数个保险人分别订立数个合同的保险。在保险活动中，如果复保险的各保险金额的总数没有超过保险标的的价值，而且投保人将复保险的情况告知各保险人，通常属于正常的保险活动，这种行为因被法律所允许而不可能构成犯罪。但是，如果投保人复保险金额超过保险标的的价值，而且对保险人隐瞒复保险的事实，以取得双倍乃至更多的赔偿为目的进行保险，就属于恶意复保险。恶意复保险的行为因为行为人主观上的恶意而且复保险金额超过保险标的的价值，当然被法律所禁止。

所谓隐瞒保险危险骗取保险金，是指行为人隐瞒已经存在的危险，与保险人签订某种保险合同，从而骗取保险金的行为。这在健康保险活动中经常发生，比如说，行为人隐瞒自己的严重疾病与保险人签订健康保险合同，然后向保险公司通知病情，骗取保险金。

复保险和隐瞒保险危险骗取保险金，显然都不属于《刑法》第198条规定的第2至第5项的情形。对于这两种行为是否可以构成保险诈骗罪，实际上，还是涉及对刑法有关保险诈骗罪规定中"故意虚构保险标的,骗取保险金"含义的理解。从立法原意角度分析,我们没有理由将这里的"虚构"作狭义解释。狭义说的观点主要还是因为没有看到诈骗罪客观行为中存在"虚构"和"隐瞒"两种不同的行为方式,从而认为这里的"虚构"内容中不应当包含"隐瞒"的含义。这种将诈骗罪隐瞒真相的特征排除在外的观点,并不能真正体现刑法立法原意。我认为,复保险和隐瞒保险危险骗取保险金这两种行为,都可以归入保险诈骗罪"故意虚构保险标的"的行为范围内。

2. 对事后投保骗取保险金行为的认定

事后投保,是指先出险后投保的情形,也就是说,某项财产原本没有投保,在该财产发生事故造成损失后,行为人隐瞒事故向保险人投保,使这项财产转化为保险标的,来骗取保险金。

应当看到,事后投保骗取保险金行为可以构成保险诈骗罪,这已经成为学界的共识,而学者争议的主要问题是对于这种行为应适用保险诈骗罪的哪一个条款。对于有学者提出的在保险诈骗罪的规定中设置兜底条款的建议,我认为没有很大的必要,因为现行刑法的规定完全可以将这种行为包容进去,至于是将这种行为归入"虚构保险标的",还是归入"编造未曾发生的保险事故",尽管观点并不统一,但是并不会影响这种行为构成保险诈骗罪的认定。从理赔时相关保险标的是否实际发生过保险事故角度分析,将事后投保骗取保险金的行为归入"虚构保险标的"更为妥当。因为毕竟事故是发生过的,只不过事故发生的时间是在投保之前,行为人只是隐瞒了事故实际发生时间这一事实,并没有编造未曾发生的事故。编造未曾发生的事故骗取保险金的本质特征是编造事故,而这一编造的事故是以客观存在的投保标的为基础的。虚构保险标的骗取保险金行为的本质特征是对投保标的的虚构,而这一虚构行为显然是以没有客观存在的投保标的,或与客观存在的投保内容不符合为基础的。可见,在事后投保骗取保险金的案件中,投保人在投保时明显隐瞒了投保标的的已经发生事故的实际情况,也就是投保的标的与实际存在的标的并不完全一致,依照前面讲的观点,以这种方式骗取保险金的行为应当属于虚构保险标的的保险诈骗行为。

3. 对超额投保骗取保险金行为的处理

超额投保,是指行为人在投保时提供虚假的证明资料,人为抬高保险价值,以便在损失事件中获得比保险财产价值更高的保险金的情况。在这种情况中,超过保险价值的那部分保险标的是行为人虚构的。对超额投保骗取保险金的行为是否属于虚构标的骗取保险金的行为,理论上也有不同的观点。我认为,超额投保骗取保险金的行为应当构成保险诈骗罪,这种行为可以归入虚构保险标的骗取保险金的范围内。理由是,尽管这类案件中存在着投保标的,但是行为人投保的标的价值与实际存在的标的价值并不相符,超出的部分确实属于虚构的部分,因此,以虚构保险标的骗取保险金的行为来认定这种行为的性质是妥当的。

（三）冒名骗赔行为的定性

冒名骗赔,是指行为人不参加投保或不全部投保,一旦出了事故便设法冒用已参加投保的单位或个人的名义向保险公司骗赔的情况。这种情况较多地发生在财产保险中,往往是在擅自转让保险标的后,新的财产所有人利用原合同关系诈骗保险金。比如说,在机动车交易中,交易双方并不办理过户手续,新车主利用原车主的保险合同进行诈骗。对于这种冒名骗赔行为的定性,我认为,利用保险合同进行诈骗是保险诈骗罪最本质的特征,也是保险诈骗罪区别于其他诈骗犯罪的一个关键点。保险诈骗罪的成立,必须以行为人与被诈骗的保险人之间存在着保险合同为前提,行为人正是利用了这种合同关系的存在才能实施保险诈骗行为。如果不存在这种保险合同关系,就不可能产生所谓的保险诈骗行为。冒名骗赔的实质在于虚构实际并不存在的保险合同关系骗取保险公司的保险金。由于在这类案件中,骗赔者与保险公司之间不存在所谓的保险合同,也就不可能存在行为人利用保险合同关系进行诈骗的情况,因此,对冒名骗赔者以保险诈骗罪定性缺乏事实上和法律上的依据。但是我们也应该看到,冒名骗赔者毕竟在主观上具有骗取保险金的意图,客观上又实施了虚构事实、隐瞒真相的骗保行为,这些都完全符合一般诈骗罪的构成特征,对他以诈骗罪定性不应该有任何障碍。

需要指出的是,对于冒名骗赔行为的定性应该具体问题具体分析。由于在日常理赔活动中,冒名者的骗赔行为一般需要被冒名者的帮助才能得逞,行为人很难单独实施骗赔行为。因为,所有的保险手续或合同都在被冒名者手中,要取得保险赔偿必须凭合同或身份证等文件或证件。另外,冒名者提出保险赔偿后,保险公司还要作一定的调查确认,如果没有投保人的帮助、配合,冒名者是很难骗得赔偿金的。如果冒名者与被冒名者具有共同骗赔的意图,那么,对冒名者完全可以按保险诈骗罪的共犯加以处罚。因为在这种情况下,冒名者的骗赔行为是完全依靠被冒名者与保险人之间已经存在的保险合同关系的,而故意实施帮助、配合等行为的被冒名者又完全符合保险诈骗罪的主体要求,尽管冒名者不符合,但可以作为共犯加以认定。如果冒名者与被冒名者确实没有共同意图,例如冒名者以欺骗方法骗得被冒名者有关文件、证明等,单独向保险公司实施骗赔行为的,由于这种情况冒名者的行为虽然具有诈骗性质,但并不属于刑法保险诈骗罪的法定行为方式之一,事实上冒名者与保险公司之间也不存在保险合同关系,冒名者的身份完全不符合保险诈骗罪主体的要求,根据罪刑法定原则以及刑法设定保险诈骗罪的立法原意,对冒名者不能以保险诈骗罪定性处罚,如果符合诈骗罪构成要件的,可以按诈骗罪定罪处罚。

(四)被保险人采用自损方式让他人获取保险金行为的定性

接下来,我们再来看一种情况,被保险人采用自损方式让他人获取保险金的行为应该如何定性呢?在司法实践中经常发生被保险人采用自杀、自残方式骗取保险金的案件。由于这种故意制造保险事故的行为是由被保险人实施的,而且很多情况下投保人和受益人并不知情,因此,就产生了对被保险人自杀未遂或自残的行为如何处理的问题。尽管现行《刑法》第198条列举的第五种保险诈骗行为是"投保人、受益人故意造成被保险人死亡、伤残或者疾病,骗取保险金",但是,其中的犯罪主体仅仅是投保人、受益人，并没有被保险人。如果这类案件中投保人与被保险人是同一人，在被保险人自杀未遂或自残的情况下，我们完全可以将其解释为投保人故意造成被保险人伤残的情况。例如，上海曾经发生过一个案件，行为人为自己投保后，就用菜刀将自己的手指砍下，并以切菜时不小心造成伤残为由，向保险公司申请理赔。保险公司在向医院调查中，发现被砍下手指的切口不整齐，也即并非是一刀导致的结果，而如果是行为人不小心砍下的，从人的本能角度分析，不可能会出现砍几刀的现象。可见，这是人为导致的后果。案发后，理论和实践中也有很多不同的意见。这里，我请同学讨论一下，这种情况下的行为人是否应该承担刑事责任？（下讲台提问）

学生1："我认为，不要承担刑事责任，毕竟是自残行为，人家已经很可怜了。"

学生2："我认为，刑事责任还是要承担的，只是在量刑时应该考虑从轻处罚。"

（回讲台）我认为，追究本案中行为人的刑事责任应该没有什么问题，因为，按照刑法条文的规定，行为人的行为完全符合相关构成要件。只是我觉得，在类似的案件中，行为人通常都不可能实际获得理赔，因而从犯罪形态上分析，应该以保险诈骗罪的未遂来认定。

但是，如果投保人与被保险人不是同一人，对自杀未遂或自残的被保险人如何处理？以保险诈骗罪论处明显存在犯罪主体要件上的障碍，因为实施自杀未遂或自残的被保险人并不是投保人或受益人。另外，行为人毕竟是自残，尽管其行为属不可为的性质，但确实存在一些值得同情与宽恕的因素，处罚时应该加以充分考虑。

对于被保险人以自杀、自残的方式骗取保险金的情况，有些国家的刑法明确将这种行为规定为犯罪行为，比如《意大利刑法典》第642条第2款规定，意图为自己或他人领取灾害保险金，而伤害自己的身体，或者使意外事件所伤害的身体状况恶化的构成犯罪。

有学者认为，根据我国现行《刑法》第198条的规定，立法者并没有将被保险人自杀、自残的行为规定为保险诈骗的行为方式之一，这可能与我国传统意识中的"仁爱"思想有关，倾向于对弱者（自杀、自残者）的同情与宽恕，将自杀、自残的行为不作为一种道德上可谴责的行为。对于自杀、自残的行为，如果按照罪刑法定原则，不能以保险诈骗罪论处，这种行为方式虽然符合普通诈骗罪，但司法机关在真正处理此类案件时，也不宜认定为诈骗罪。一是考虑到我国对自杀、自残行为的特有观念。二是从刑事立法角度看，虽然从逻辑上讲，发生在保险领域的诈骗行为在不构成保险诈骗罪时，可以诈骗罪论处。但对于这种情况，一般不以犯罪论处。一位参加立法起草的人员曾作过解释，他认为，第5项规定的情形比较复杂，虽然也涉及投保人、受益人和被保险人，但故意造成被保险人死亡、伤残或者疾病的，通常情况下，多是投保人和受益人所为。当然也不排除实践中会发生被保险人为使受益人取得保险金而自杀、自残的情况，这类情况可不作为犯罪处理。

我的看法是，依照我国现行刑法的规定，在投保人或受益人不是被保险人的情况下，被保险人自杀未遂或者自残的行为不能作为保险诈骗罪处理，原因是这种情形下的被保险人不能单独成为保险诈骗罪的主体。这类情况在司法实践中很少发生，特别是行为人的欺诈故意很难实际得逞，因为在理赔过程中，这些欺诈行为往往会被保险公司发现，因此对这一行为不以犯罪论处还是可行的。当然，如果被保险人自杀、自残后，投保人、受益人在明知且有能力救治的情况下，故意不对被保险人进行救治，导致被保险人死亡、伤残后果发生，并以此骗取保险金的，我们可以不追究被保险人的刑事责任，但是，对投保人或受益人可以按保险诈骗罪论处。

（五）故意扩大保险事故骗取保险金行为的定性

下面，我们来谈谈对于故意扩大保险事故骗取保险金的行为应该如何定性的问题。故意扩大保险事故，是指保险损失已经发生或者仍在继续发生，但影响的范围有限，如果行为人积极施救，完全能够避免损失的扩大，行为人为了多得保险赔偿而对之采取放任的态度，听任损失的发生与发展，甚至顺势施加一些加害行为，导致损失程度的扩大。司法实践中，这类案件经常发生在车险理赔过程中。

理论上，对于故意扩大保险事故骗取保险金的行为可以构成保险诈骗罪，基本没有异议。但是对于应将这种行为归入刑法有关保险诈骗罪的哪一项规定之中，却有不同的意见。有人认为，这种行为应归属于第二种法定行为方式"夸大损失的程度"中；还有人认为，故意扩大保险事故应归属于第四种法定行为方式"故意造成财产损失的保险事故"中；还有人认为，这种情形应归属于第二种法定行为方式"对发生的保险事故编造虚假的原因"中。

我的观点是，对于故意扩大保险事故骗取保险金的行为，应归入保险诈骗罪规定的第4项"故意造成财产损失的保险事故，骗取保险金的"法定行为方式之中，理由主要有三点。

首先，扩大保险事故与保险诈骗罪第2项"夸大损失的程度"法定行为方式是完全不同的。两者的主要区别是所谓的"损失"是否客观存在：故意扩大保险事故所造成的损失是客观存在的，扩大部分的相关损失是由行为人的行为故意造成的；而"夸大损失程度"中尽管存在一定的损失，但是其中被夸大部分的相关"损失"是虚构的，事实上并没有发生这么大的损失，而是由行为人虚构夸大出来的。可见，两者之间有着本质的差别。另外，夸大损失程度的行为只能是指索赔时在证明材料上弄虚作假，以小说大，行为人对事故本身并没有施加人为的影响；而在故意扩大保险事故的行为中，行为人主要是以影响、改变保险状态来骗赔的，在索赔材料中并不像夸大损失程度那样，使事故损失与证明材料不相符，而是主要利用对事故状态的人为改变来完成的。所以，我们不应该将故意扩大保险事故的行为归入"夸大损失程度"法定行为方式之中。

其次，扩大保险事故与保险诈骗罪第2项"对发生的保险事故编造虚假的原因"法定行为方式也是不同的。与"夸大损失程度"行为方式一样，"编造虚假的原因"行为方式的前提条件是"对发生的保险事故"，也就是说，客观上确实存在着保险事故，但是由于导致保险事故发生的原因无法得到正常理赔，行为人为了获取保险金而编造属于保险责任的理由。可见，"编造虚假的原因"的行为方式仅仅只是对原因的编造，并不存在改变事故状态的情况，而扩大保险事故的行为是对事故状态的改变，两者具有本质的区别。我们不应该将故意扩大保险事故的行为归入"编造虚假的原因"法定行为方式之中。

最后,故意扩大保险事故骗取保险金的行为符合保险诈骗罪第 4 项"故意造成财产损失的保险事故"法定行为方式。这里可以分两种情况分析:第一,如果行为人在发生保险事故后,为了多获取保险金,顺势施加一些加害行为,故意扩大保险事故的,完全符合"故意造成财产损失的保险事故"的法定行为方式,只是保险事故中有一部分本身属于正常保险事故的范围而已,这不影响将扩大部分归入"故意造成财产损失的保险事故"之中;第二,如果行为人在发生保险事故后,采用消极的方式不积极施救,导致保险事故扩大的,可以从不作为角度将这种行为归入"故意造成财产损失的保险事故"之中。因为《保险法》第 57 条规定:"保险事故发生时,被保险人应当尽力采取必要的措施,防止或者减少损失。"可见,在保险事故发生时,被保险人实际上具有法定责任,需要承担防止或减少保险事故损失的义务。当然,《保险法》所指的"保险事故",应是保险责任范围之内的事故,而扩大部分的损失完全是因为行为人的不作为行为所导致的。由于故意扩大保险事故骗取保险金的案件中,行为人主观上对损失持故意态度,并具有非法占有保险金的目的,客观上又属于"应为能为而不为"的情况,而且这种不作为的方式又导致了保险事故损失的扩大,因此,完全符合"故意造成财产损失的保险事故"的法定行为方式。

(六)保险诈骗共同犯罪形态的认定

下面,我们再来看保险诈骗罪的最后一个问题:如何认定保险诈骗的共同犯罪形态? 现代社会的保险制度相当复杂,这在很大程度上导致了保险诈骗行为本身的复杂多样性,特别是保险活动涉及多方利益和各种人员。现行《刑法》第 198 条虽然规定投保人、被保险人和受益人都可以单独构成保险诈骗罪主体,但从刑法所列举的五种行为方式来看,并不是三种主体都可以单独实施所有类型的犯罪。比如说,虚构保险标的、恶意重复投保骗取保险金的行为只能由投保人单独实施。但是,故意制造保险事故、虚假理赔可以由投保人、被保险人或受益人分别实施。而且在很多情况下,行为人需要在别人的帮助下才能完成保险诈骗行为,实践中往往是投保人、被保险人、受益人之间相互勾结,共同实施保险诈骗行为,才能达到占有保险金的目的。因此,我们有必要从理论上对保险诈骗罪的共同犯罪加以研究。

这里首先需要讨论的是,投保人、被保险人、受益人与其他人员相互勾结骗取保险金的共同犯罪问题。投保方人员与其他人相互勾结,在共同骗取保险金的意图下,共同实施了保险诈骗行为,符合保险诈骗罪的构成要件,成立保险诈骗罪的共犯,这是最常见的共犯形态。在司法实践中,问题的关键是其他人能否成为保险诈骗罪的共同正犯。根据《刑法》第 198 条的规定,保险诈骗罪的主体仅限于投保人、被保险人和受益人。但是,由于保险诈骗罪在刑法理论上并不是亲手犯,因此,如果在骗取保险金的共同意图下,实施虚构保险标的等骗取保险金的共同行为的,其他人完全可以同投保方人员一起成为保险诈骗罪的共犯。

其次，投保方人员与保险事故鉴定人、证明人、财产评估人共同骗取保险金的共同犯罪问题。现行《刑法》第 198 条第 4 款规定："保险事故的鉴定人、证明人、财产评估人故意提供虚假的证明文件，为他人诈骗提供条件的，以保险诈骗的共犯论处。"对刑法的这一规定是否属于刑法理论上的片面共犯，理论界存在不同的观点。

我认为，《刑法》第 198 条第 4 款中包含有片面共犯的内容，而且按照条文规定的内容对于有片面合意的成员是可以按共同犯罪处理的。刑法理论上所谓的片面合意，是指一方有意地帮助另外一方实施故意犯罪，而被帮助的一方并不知道自己的行为是在他人的帮助之下完成的情况。对于其中有意帮助他人实施犯罪的这一方，我们可以根据刑法基本理论和司法实践需要单方面地认定他为共犯。

大家需要注意的是，刑法规定保险事故的鉴定人、证明人、财产评估人故意提供虚假的证明文件，为他人诈骗提供条件的情况，确实可能存在保险事故的鉴定人、证明人、财产评估人与实施保险诈骗者通谋，为保险诈骗提供便利条件的情况。但也可能存在这样一种情况：保险诈骗者并没有与保险事故的鉴定人、证明人、财产评估人通谋，鉴定人、证明人、财产评估人在明知诈骗者诈骗故意和诈骗行为的情况下，仍然为诈骗者提供虚假的证明文件，为诈骗者实施诈骗提供条件，而保险诈骗者并不知情。因为《刑法》第 198 条第 4 款中并没有使用"通谋"一词加以限制，这就说明刑法并没有将没有通谋的情况排除在条款规定之外。同时，刑法强调对于保险事故的鉴定人、证明人、财产评估人，以保险诈骗罪的共犯论处，而没有具体明确对实施保险诈骗者也要以保险诈骗罪的共犯论处，这就意味着，对于没有通谋情况的单方面合意者可以按保险诈骗罪的共犯论处。

十五、互联网金融的法律规制

有关金融犯罪的罪名我就讲到这里。最后，我们来看一下受到社会各界高度关注的互联网金融法律规制方面的问题。

互联网金融是传统金融行业与互联网平台相结合的新兴领域。伴随着"互联网＋"战略布局的纵深化推进，互联网金融正"如火如荼"地发展。当然，互联网金融里面也存在很多问题，值得我们研究。

我认为，互联网金融最主要的问题则是在互联网金融发展初期我国对于互联网金融的法律监管出现了"真空地带"。任何事物的健康发展离不开良好的运行秩序，而良好的运行秩序则离不开健全的监管机制。互联网金融要稳健有序地发展，不仅需要创新模式的支撑，更离不开健全的法律监管机制的规制。而由于法律的滞后性以及互联网金融的飞速发展，原先的法律监管机制已经难以应对后来出现的互联网金融的乱象。

当然，通过何种路径对互联网金融进行必要的法律监管，主要应该取决于我们对于互联网金融如何定位，即互联网金融究竟是属于互联网业务的范畴还是属于金融业务的范畴。

2015 年 7 月 14 日国务院十部委《关于促进互联网金融健康发展的指导意见》指出，互联网金融是指"传统金融机构与互联网企业利用互联网技术和信息通信技术实现资金融通、支付、投资和信息中介服务的新型金融业务模式"。顾名思义，互联网金融应该是互联网领域和金融领域的"联合"或"携手"。但这绝不是简单的"1＋1＝2"，而是一项重大创新。在这项创新中，互联网似乎只是一种"手段"或"方式"，其提供的只是一种平台，可以在很大层面上提高金融交易效益、提高金融交易速度；而金融业务或金融活动才是核心和本质。简单地说，互联网金融是在互联网的平台上开展金融业务或者金融活动。由此而言，完全可以得出这样一个结论：互联网金融属于金融领域的一个分支。

既然互联网金融是属于金融业务的范畴，那么我们就应该将其纳入金融监管体系之中。据悉，央行正和银监会、证监会、保监会协作，共同致力于完善对于互联网金融的法律监管机制。目前，这项工作已经初见成效。2016 年 3 月 25 日，中国人民银行牵头组建的中国互联网金融协会已正式获得国务院批复。该协会由央行条法司牵头筹建，旨在对互联网金融行业进行自律管理。而此前，央行还牵头成立了互联网金融专业委员会。我认为，对于互联网金融的法律监管，我们一方面要使政府部门担当起应尽的监管职责，另一方面也不能忽视行业自律所起到的作用。而中国互联网金融协会以及互联网金融专业委员会的建立无疑是一个良好的开端。央行也明确提出，对于互联网金融的法律监管须处理好政府监管和自律管理的关系，充分发挥行业自律的作用。2019 年 8 月 1 日国务院办公厅《关于促进平台经济规范健康发展的指导意见》指出，创新管理理念和方式，实行包容审慎监管，积极探索适应新业态特点，有利于公平竞争的公正监管办法，分领域制定监管规则和标准，在严守安全底线的前提下为新业态发展留足空间，科学界定平台责任，加快研究出台平台尽职免责的具体办法，建立健全协同监管机制，积极推进"互联网＋监管"，维护公平竞争市场秩序。

在一般情况下，我国对于金融机构的相关业务主要由央行、银监会、证监会、保监会等行政部门进行监管。对于金融业务中的一些社会危害性较小的金融违法行为，上述监管部门则依据相关行政法规的规定予以行政处罚。而对于金融业务中的那些社会危害性较大的犯罪行为，则由司法机关依据刑法的相关规定，追究相关责任人员的刑事责任。我认为，对于互联网金融的法律监管，我们应当既有"严堵"也有"疏导"。我们一方面应当通过完善相关法律监管制度，由一行三会等监管部门以及相关行业自律协会对互联网金融活动进行法律监管。另一方面，对于互联网金融活动中涉嫌犯罪的行为，我们应当追究相关责任人员的刑事责任。

在互联网金融刚兴起时，有不少人觉得互联网金融里没有刑事犯罪问题，我不这么认为。当时春节期间网络上发微信红包引起了我的注意。微信红包刚推出时，你只要红包一发出，资金就已经从你的银行卡上扣除，但是红包接收人在收到红包后却要等到三天以后才能兑现红包里的钱。那么这三天的真空期里，这笔钱到哪里去了？事实上，很多人事后都忘记取红包了，因为他们觉得很麻烦。那么，这种情况下，红包里的钱又去了哪里？而且微信红包一直持续到正月十五，那么多的人发红包，这形成了多大的资金池！这难道不涉嫌非法集资？互联网金融中还有不少类似的情况。

概括地讲，互联网金融领域存在以下刑事风险：

第一，涉嫌构成非法经营罪和擅自设立金融机构罪。从时下互联网金融活动的现状来看，很多开展金融业务的机构事实上都是非金融机构，而这些经营互联网金融业务的非金融机构的设立大多都没有经过中国人民银行的批准。这就很可能会构成《刑法》第174条规定的擅自设立金融机构罪。

第二，涉嫌构成非法吸收公众存款罪、集资诈骗罪和擅自发行股票、公司、企业债券罪。在互联网金融领域，一些网络集资机构在业务开展过程中，存在虚构借款项目吸收资金、未经批准开展自融业务，以及归集资金形成资金池等情况。有些P2P网络融资平台通过将借款需求设计成理财产品出售给放贷人，还有些P2P网络融资平台在经营过程中开展自融业务。由于这些活动往往通过互联网向社会进行公开宣传，擅自向社会不特定公众吸收资金并承诺收益，因而当这些行为符合司法解释中相关罪名的认定标准时，就涉嫌构成非法吸收公众存款罪或者集资诈骗罪。此外，如果众筹活动的发起人向社会不特定对象发行或以转让股权等方式变相发行股票或者公司、企业债券达30人以上或是向特定对象发行、变相发行股票或者公司、企业债券累计超过200人，行为人则涉嫌构成擅自发行股票、公司、企业债券罪。

第三，涉嫌构成洗钱罪。在互联网金融活动中，无论是通过基金销售、保险销售、证券经纪、P2P网络集资机构的集资中介业务，还是通过微信上网络红包的网银转账业务，经营机构只要将他人上游犯罪所得的赃款转入第三方支付机构的网络平台，再通过该平台转出相应资金，那么赃款来源和性质便能得以漂白。而且这些操作流程往往不需要经过严格的资格审查，网络用户和手机用户都可以通过简单地设置身份证号和登录密码而在第三方支付平台上进行资金流转，而不法分子极有可能在填写虚假信息后利用第三方支付平台的转账功能实现"黑钱"的划拨。因此，如果相关经营机构或行为人利用互联网金融为他人提供洗钱服务，则涉嫌构成洗钱罪。

第四，涉嫌构成挪用资金罪或职务侵占罪。目前，互联网金融行业也缺乏必要的内外部监督和约束，尤其是针对第三方支付衍生的各种金融业务，远没有形成完备的准则和有效的监管。而在此情形下，一些互联网金融机构，例如P2P网贷平台等一系列互联网金融机构的借贷交易过程中，资金并非即时、直接打入借贷各方账户，而会产生大量在途资金的沉淀，一旦平台内部人员疏于自律，就很容易发生挪用客户资金甚至非法占有客户资金的情况。这就可能构成挪用资金罪或是职务侵占罪。

第五，涉嫌构成诈骗罪、盗窃罪等犯罪。在互联网金融领域，刑事犯罪的风险还来自互联网金融业普通参与者可能实施的犯罪。很多互联网金融业务均突破了传统受理终端的业务模式，且在落实客户身份识别义务、保障客户信息安全等方面并没有建立起行之有效的程序和制度。由此势必会发生一些互联网金融参与者因在获取他人信息后冒充他人进行交易而涉嫌构成诈骗罪的情况，或者因直接利用所获取的信息从他人账户上划走巨额资金而涉嫌构成盗窃罪的情况。

面对互联网金融所存在的诸多刑事风险，我们确实应当适时运用刑法条文对相关的违法犯罪行为进行规制,但基于互联网金融所具有的巨大创新价值,刑法理应只能适度规制而绝对不能过度干预,否则势必会适得其反,将互联网金融创新扼杀在"摇篮"之中。

刑法应保持一定谦抑性。当一种现象的频繁出现和发生是由经济制度所直接引发,且只要通过经济、行政手段完善该制度就能防止时,我们就不能单纯或轻易动用刑法,更不能依赖刑法。而从互联网金融是一种为弥补金融体系缺陷,适应和满足不断发展的社会需求的创新活动来看,刑法的过度介入显然违背了刑法的补充性原则。

互联网金融的存在从某种程度上可以说是我国目前金融体系下金融资源垄断的必然结果,如果动辄将正当的互联网金融活动定性为犯罪,势必无法满足我国经济持续发展所产生的合理资金需求,也不符合保护投资者利益的公共政策。从长远来看,动用刑法进行简单与粗暴的禁止,势必会阻碍一个新行业、新经济的兴起,会阻滞一种创新性服务模式的兴起以及相关的技术革新,最终将堵塞经济的生长点。有效防范互联网金融活动演化为犯罪的正确策略应当是放开与引导,针对国家金融体系的缺陷进行制度构建和完善构建自由、合理的金融制度。因此,我认为,从制度构建和政策制定上提供更便捷、更广阔的融资渠道和金融服务,方为上上之策,而对互联网金融活动的刑法规制则应当保持最大的限度性与克制性。

我认为,对于那些利用互联网金融实施的违法犯罪行为,刑法应予以严厉的惩治和打击,而对于那些因经营正当的互联网金融业务活动而不得已或不小心触及刑事法网的行为,应予以适当程度的宽宥处理,以免阻滞或扼杀金融创新。因而,我们要对非法吸收公众存款罪,擅自发行股票、公司、企业债权罪,集资诈骗罪以及非法经营罪这几个罪名进行限缩。

我们完全可以通过以下两种方式对这些罪名进行限缩。其一,在入罪标准上,可以在一定程度上提高这些罪名的入罪门槛。此外,还应将"造成恶劣社会影响"作为构成犯罪的必要条件。其二,在量刑上,对于构成犯罪的互联网金融经营行为,应尽量在3年有期徒刑以下判处刑罚且不并处罚金,并尽可能判处缓刑。

十六、侵犯知识产权罪

随着我国社会主义市场经济的不断深入发展,知识产权在社会经济活动中的地位和作用越来越突出。与此同时,我们也应该关注一个重要的问题和现象:近年来,与知识产权相关的违法犯罪活动日益严重和频繁。针对知识产权犯罪发展的现状,如何加强对知识产权的刑法保护,并通过刑事立法的完善严厉惩治知识产权犯罪,已经成为刑法理论和司法实践中的一个热门话题。在我国刑法中,侵犯知识产权罪是一类犯罪的类罪名。我国现行刑法分则第三章破坏社会主义市场经济秩序罪第七节(刑法条文从第213条到220条)明确规定了包括"假冒注册商标罪""销售假冒注册商标的商品罪""非法制造、销售非法制造的注册商标标识罪""假冒专利罪""侵犯著作权罪""销售侵权复制品罪"和"侵犯商业秘密罪"七个罪名在内的侵犯知识产权犯罪。下面,我们来分析一下侵犯知识产权罪这一类罪的概念和特征。我想只要领会了侵犯知识产权罪的内涵,那么对于其中的七个具体罪名的理解就不在话下了。

(一)侵犯知识产权罪概述

我们首先来看侵犯知识产权罪的概念。依我看来,作为一类犯罪的概念,既要体现一般犯罪概念的共性,又应体现区别于其他类罪的特性。要体现共性,就应该最大限度地将犯罪的社会危害性、刑事违法性和应受刑罚处罚性三个基本特征表达出来;而要体现特性,就应将这类犯罪所侵犯的犯罪客体在定义中加以明确。根据这些要求,我认为,所谓侵犯知识产权罪,是指违反知识产权法律法规规定,侵犯他人的知识产权,破坏知识产权管理制度和秩序,情节严重,依照刑法规定应受刑罚处罚的行为。

接下来,我们来分析一下侵犯知识产权罪的构成要件。侵犯知识产权犯罪具有以下四个构成特征。

1. 侵犯知识产权罪的客体

对于侵犯知识产权犯罪所侵犯的客体应该是什么?刑法理论界争议较大。我认为,侵犯知识产权罪侵犯的客体应该是复杂客体,既包括权利人的知识产权,同时也包括国家相关知识产权管理制度和秩序,理由主要有两点。

第一,侵犯知识产权罪侵犯了权利人的知识产权。正如我们前面所讲的,知识产权作为一种个人所拥有的无形财产权(相对于动产或不动产等有形财产权而言的概念),是民事权利的一种,但它又具有不同于其他民事权利的特点。由于知识产权的这种"无形"的特性,决定了权利人对其占有不能通过实在具体的控制来实现。侵权人的侵占方式也不是通过侵夺或毁损,而是通过剽窃、假冒、篡改、擅自使用等没有法律根据地占有和使用他人的精神成果的方式来实现。与它相对应的是,权利人只有在发生侵权,从而通过诉讼等方式主张权利时,才能体现出权利人对知识产权行使占有、控制和进行管理的权利。正因为如此,西方法学界有人把知识产权称为"诉讼中的物权"。大多数国家也都因此采取单独制定民事特别法的方式对知识产权加以保护。在刑法领域,侵犯知识产权犯罪有别于传统的侵犯人身权利犯罪和侵犯财产权利犯罪,而独立成为一种新类型犯罪。严重侵犯知识产权的行为必然会给知识产权的权利人造成严重的经济损失。

应该看到,这类犯罪所侵犯知识产权的内容,是由我国参加的有关知识产权保护立法的国际公约,以及我国国内有关知识产权保护的立法规定具体规范的,它的范围包括两个方面。一是著作权,又分为广义上的著作权和狭义上的著作权。广义上的著作权是指文学、艺术和科学作品的作者或传播者依法所享有的权利。内容包括:作者依法对其作品本身享有的权利;著作邻接权,也就是作品传播者依法享有的权利;计算机软件著作权。狭义上的著作权则是指作者对其作品本身依法享有的权利。二是工业产权,它具体又可以分为专利权、商标权、商业标记权、商业秘密权等等。

第二,侵犯知识产权罪侵犯了我国的知识产权管理制度和秩序。侵犯知识产权罪绝不仅仅是侵犯知识产权人的权益,它还侵害了国家对知识产权的有序管理,甚至会造成市场的不稳定和动荡。正基于此,国家对知识产权建立了系统的保护和管理制度以维护知识产权领域的正常秩序。应该看到,国家的知识产权管理制度主要包含两方面的内容:一是国家通过法律确认和保护知识产权所有人的合法权益;二是国家鼓励和促进知识产权所有人利用其知识产权,或允许他人在权利人许可的情况下利用知识产权。由于侵犯知识产权犯罪在很大程度上要对国家有关知识产权管理制度造成侵害,从而扰乱社会主义市场经济的正常秩序,因而,侵犯知识产权罪的客体也就必然包含着对国家相关知识产权的管理制度和秩序的侵害或破坏。根据犯罪客体决定犯罪分类的原理,刑法将侵犯知识产权犯罪归入第三章破坏社会主义市场经济秩序罪之中,它的意义不言自明。

所以说,侵犯知识产权犯罪侵犯的客体理应既包括权利人的知识产权,也包括国家相关知识产权管理制度和秩序,但是,在这两个客体中,国家对知识产权管理制度和秩序应该是主要客体,而权利人的知识产权则应该是次要客体。这既是由侵犯知识产权犯罪的归类所决定的,也是侵犯知识产权犯罪与侵犯财产犯罪的根本区别所在。

需要我们注意的是,尽管绝大多数侵犯知识产权犯罪都既侵犯了权利人的知识产权,又侵犯了国家的知识产权管理制度和秩序,但是,并非所有侵犯知识产权犯罪都存在复杂客体。有一些侵犯知识产权的行为虽然侵犯了国家的知识产权管理制度和秩序,但却并没有实际侵犯他人的知识产权。我认为,这种情况在国外有关侵犯知识产权犯罪中表现较多,我国相关法律中可能存在,但是否属于侵犯知识产权罪的范围仍值得探讨。比如说,日本现行商标法第 37 条规定,以欺诈行为进行商标注册、防御商标注册、商标权或基于防御商标注册的权利在有效期限内继续注册或受到审决的,处 3 年以上的徒刑或者 20 万日元以上的罚金。这就是所谓骗取商标权罪,这种行为虽然侵犯了国家有关商标的管理制度,但并没有侵犯他人的商标权。特别是在专利法领域,许多国家都把利用欺骗手段在专利局登记、骗取专利的行为,非官方认可的专利代理人代理专利事务的行为,以及泄露特定秘密的行为规定为犯罪,而这些犯罪行为只是侵犯了国家的专利制度,却往往不涉及他人的专利权。我国专利法中也有类似的规定,也就是擅自向外国申请专利,泄漏国家重要机密的,应当承担刑事责任。这种行为显然也侵犯了专利法中所确立的专利管理制度,但并未侵犯他人的专利权,只是我国刑法并未将这种行为纳入假冒专利罪的内容之中。

2. 侵犯知识产权罪的客观方面

下面,我们来看侵犯知识产权犯罪的客观方面的特征。首先,侵犯知识产权犯罪属于法定犯,也就是说是以违反相关经济、行政法律法规为前提的行为。根据刑法理论,犯罪可分为自然犯和法定犯两类。自然犯又称刑事犯,是指违反公共善良风俗和人类伦理,由刑法典和单行刑法所规定的传统犯罪。比如故意杀人、抢劫、强奸、放火、爆炸、盗窃等犯罪,它们的行为本身就自然蕴含着犯罪性,人们根据一般的伦理观念就可对其作出有罪评价。法定犯又称行政犯,是指违反经济、行政法律法规中的禁止性规范并由经济、行政法律法规的法则所规定的犯罪。比如由经济、行政法律法规的法则所规定的职务犯罪、经济犯罪等犯罪就属于这类犯罪。这一类犯罪的特点是:它们都以违反一定的经济、行政法律法规为前提，原来都没有被认为是犯罪，由于社会情况的变化，在一些经济、行政法律法规中首先作为被禁止的行为或作为犯罪加以规定，随后在修订的刑法中予以吸收而视之为犯罪。侵犯知识产权犯罪完全符合法定犯的特征，由于刑法的介入是以经济、行政法律法规的介入为前提的，因此，这类犯罪的构成理应是以行为人的行为违反经济、行政法律法规为前提。如果行为人的行为并没有违反相关经济、行政法律法规，也就不可能构成侵犯知识产权犯罪。

这里所说的违反相关经济、行政法律法规，是指违反知识产权法律、法规，也就是违反国家制定的与有关商标、专利、商业秘密、著作权等有关的法律、法规。在我国，有关知识产权法律、法规主要包括《商标法》《专利法》《反不正当竞争法》《著作权法》等。需要我们注意的是，侵犯知识产权犯罪的构成必须以违反相关经济、行政法律法规为前提，并不意味着行为人的行为只要违法就必然构成犯罪。事实上，行为人侵犯知识产权的行为是否构成犯罪还必须严格地依照我国刑法的有关规定作为判断标准。司法实践中有许多侵犯知识产权的行为被有关经济、行政法律法规所禁止，但并没有为刑法所禁止，对此，无论这种行为具有多大的社会危害性也不能以侵犯知识产权犯罪论处。

其次，这种行为必须是未经权利人许可，实施了侵犯他人知识产权，破坏知识产权管理制度和秩序的行为。知识产权制度作为现代社会的一种新型产权制度，主要包含两方面的内容：一是国家通过法律确认和保护知识产权人的合法权益；二是国家鼓励和促进知识产权所有人利用其知识产权，或允许他人在权利人许可的情况下利用知识产权。从这些内容中，我们不难发现，知识产权具有专有性，也就是说，除了知识产权权利人许可或法律另有规定外，其他任何人都不得享有或使用该权利。权利人垄断这种专有权并受法律的严格保护，权利人可以自己行使其所享有的专有权，也可以以转让、许可他人使用等方式处分其智力成果并从中获取利益。任何人未经权利人同意或未在法律规定情况下使用该项权利都构成侵权，要承担相应的法律责任。行为人未经权利人许可，实施了刑法中所规定的侵犯商标权、侵犯专利权、侵犯著作权以及侵犯商业秘密的行为，就有可能构成犯罪。需要我们注意的是，目前许多国家和地区的相关法律都将诸如冒充注册商标、冒充专利等单纯违反知识产权法律法规的行为规定为犯罪，而我国相关法律则并未将这些行为列入侵犯知识产权犯罪之中，有些只是作为一般侵犯知识产权违法行为对待。出现这种差异的主要原因就在于我国比较注重侵犯知识产权犯罪行为与一般违法行为之间的区别，尽可能地划清两者之间的界限，以控制和调整刑法介入知识产权领域的度，充分体现刑法谦抑性的精神。

最后，侵犯知识产权犯罪行为还必须是达到一定情节或造成一定后果的行为。我国刑法中所规定的侵犯知识产权犯罪都不是行为犯，而全部是结果犯或者情节犯，所有犯罪行为的社会危害性从结果或情节中体现出来，侵权行为不具备情节严重等后果或者情节的，就不构成犯罪。从刑法条文规定看，侵犯知识产权犯罪一节中每一具体的犯罪都规定必须具备一定的情节才能构成犯罪。当然这里的情节是指广义上的情节，不同的犯罪在刑法上的表述并不完全一样。比如说，根据刑法的相关规定，对于侵犯商业秘密罪必须"情节严重的"才能构成犯罪;对于销售假冒注册商标的商品罪必须"违法所得数额较大或者有其他严重情节的"才能构成犯罪;对于销售侵权复制品罪必须"违法所得数额巨大或者有其他严重情节的"才能构成犯罪;对于侵犯著作权罪必须"违法所得数额较大或者有其他严重情节的"才能构成犯罪;对于假冒注册商标罪、非法制造、销售非法制造的注册商标标识罪、假冒专利罪则必须"情节严重"才能构成犯罪。可见,是否具备一定的情节是区分侵犯知识产权行为罪与非罪的一个标准。如果行为人不具备"情节严重"等情况,则只属于一般的侵犯知识产权违法行为。至于这里所说的"数额较大""数额巨大"以及"情节严重"等的标准,则由司法解释作出专门规定。

3. 侵犯知识产权罪的主体

按照我国现行刑法规定,犯罪主体主要是自然人,但如果法律有规定的,单位也可以成为某些罪的犯罪主体。由于知识产权领域中存在着多种法律关系,其中既有行政法律关系,又有民事法律关系,这些法律关系相互交叉、错综复杂。任何法律关系主体侵犯知识产权法律关系达到一定严重程度,行政或民事的制裁措施不足以补救其对知识产权领域中正常秩序的危害时,就需要用刑罚手段来加以制裁。因而,知识产权法律关系主体的多样性决定了侵犯知识产权犯罪主体的多样性,包括个人与单位。根据我国《刑法》第 213 条至第 219 条规定,对于所有的侵犯知识产权罪的主体,刑法都没有作特别的规定,也就是说包括假冒注册商标等罪的犯罪主体都是一般主体,只要达到法定年龄、具有刑事责任能力的人实施了侵犯知识产权犯罪的行为,都可以构成犯罪。另外,针对侵犯知识产权犯罪中单位犯罪较为严重的特点,刑法专门集中规定了单位侵犯知识产权罪的处罚。根据《刑法》第 220 条规定,单位犯《刑法》第 213 条至第 219 条之一规定之罪的,对单位判处罚金,并对其直接负责的主管人员和其他直接责任人员,依照刑法各该条的规定处罚。可见,刑法对于侵犯知识产权罪中的所有七种犯罪都规定了单位可以成为犯罪主体。

对于单位犯罪的处罚,理论上和司法实践中有转嫁制、连带制、代罚制、双罚制等。理论上一般认为,我国现行刑法对单位犯罪的处罚主要采用双罚制,而对于部分单位犯罪的处罚采用单罚制。对于侵犯知识产权犯罪,我国刑法在规定单位可以成为犯罪的主体的同时,都强调要用双罚制进行处罚,也就是对单位判处罚金,并对其直接负责的主管人员和其他直接责任人员,处相应的自由刑。我认为,对单位犯侵犯知识产权罪的处罚采用双罚制,符合世界各国和地区相关法律的发展趋势,也符合惩治侵犯知识产权犯罪的客观需要,理由主要有三点。

第一,双罚制是对单位组织体侵犯知识产权犯罪行为的综合性的全面处罚。这种处罚最后必然要直接或间接地落实到单位内部成员的头上,根据单位内部成员在单位犯罪中所处的地位和作用不同,使他们分担不同的责任,不但合理而且公正。

第二,对单位侵犯知识产权犯罪的处罚采用双罚制符合我国刑法对侵犯知识产权犯罪采用的刑罚方式的要求。我国刑法对侵犯知识产权犯罪的刑罚方式主要采用自由刑与财产刑相结合的方式,双罚制对单位判处罚金,并对单位中直接负责的主管人员和其他直接责任人员,处相应的自由刑,这符合刑法对侵犯知识产权犯罪的自由刑与财产刑相结合的刑罚方式。

第三,对单位侵犯知识产权犯罪的处罚采用双罚制符合世界各国和地区相关法律的发展趋势。综观世界各国和地区有关侵犯知识产权犯罪的刑事立法规定,只要规定有单位犯罪的,一般都采用双罚制的处罚原则,这无疑是一种对单位犯罪处罚的立法发展趋势,我国现行刑法的规定显然是顺应了这一发展趋势。

4. 侵犯知识产权罪的主观方面

我们最后再来看一下侵犯知识产权犯罪的主观方面。关于这个问题,大家想想,故意和过失都能构成这类犯罪吗?(下讲台提问)

学生 1:"应该都可以。"

学生 2:"过失应该不可以。"

提问:"为什么过失不可以呢?"

学生 2:"我觉得从'侵犯'这个词义来看,都应该出于一定的目的。"

(回讲台)其实,对于侵犯知识产权犯罪的主观方面是故意还是过失,理论上争议还是很大的。

我认为,侵犯知识产权犯罪的主观方面只能由故意构成,过失不能构成这类犯罪,理由主要有三点。

第一,这应该是由侵犯知识产权犯罪本身的特性所决定的。正如有些学者所指出的,从刑法理论上看,侵犯知识产权犯罪可归入法定犯。法定犯作为一定的社会现象,它本身并不一定蕴含着法律所禁止的性质或为社会所责难的性质,国家之所以认为这种行为是犯罪行为,完全是出于某种行政的社会政策的需要。法定犯由于其伦理道德上的可谴责性较弱,不宜对其主观犯意过于苛责,行为人只有在出于故意的情况下,才宜作为犯罪对待。过失行为则通常作为一般违法行为处理。这是刑法人道主义和刑法谦抑性的价值取向的必然要求。

第二,侵犯知识产权犯罪之所以只能由故意构成而不能由过失构成,也是由刑法的规定所决定的。因为,按照刑法规定,过失犯罪,法律有规定的才负刑事责任。由此可见,侵犯知识产权犯罪是否可以由过失构成,理应以刑法规定为限,刑法没有明文规定,行为即使有社会危害性,也不能作为犯罪处理。

第三,从世界范围进行考察,我们不难发现,世界上除意大利以外的绝大多数国家和地区的法律都没有将过失侵犯知识产权的行为列入犯罪之中。就此而言,我认为,将过失纳入侵犯知识产权犯罪的主观方面,不仅与刑法原理不相符合,也与罪刑法定原则相悖,同时还不符合世界有关侵犯知识产权犯罪刑事立法的发展趋势。

侵犯知识产权犯罪只能由故意构成,这就需要从认识因素和意志因素分别加以分析。

在认识因素方面,侵犯知识产权犯罪的行为人对于犯罪对象有认识,也就是明知是他人享有专有权的知识产权,比如明知是他人的注册商标、明知是假冒注册商标的商品、明知是他人的专利、明知是他人的著作权或明知是他人的商业秘密等。另外,行为人还应该认识到自己的侵权行为所造成的危害后果,也就是明知自己假冒注册商标、销售假冒注册商标的商品、假冒专利、非法制造、销售非法制造的注册商标标识、侵犯著作权、侵犯商业秘密等侵犯知识产权的行为会造成危害社会的结果。

需要指出的是,在认识因素上的这两种明知,其实内容还是有很大区别的,前者主要是对对象的明知,而后者则是对行为以及由行为所造成的后果的明知。对对象的明知通常属于刑法分则具体犯罪中的明知,而对行为以及由行为所造成的后果的明知则属于犯罪故意内容中的明知。由于明知的内容不一样,对于明知的证明要求也不完全一样。按照现行大多数司法解释的规定,对于具体犯罪中对象的明知,我们只要证明到"应知"程度就可以了,也就是说行为人只要对对象应当知道就可认定行为人已经明知。比如说,销售假冒注册商标的商品罪中行为人必须明知是假冒注册商标的商品仍予以销售才构成犯罪,根据司法解释的规定,对于行为人是否明知是假冒注册商标的商品,我们只要证明到其应当知道是假冒注册商标的商品就可以了。但是,对于行为以及由行为所造成的后果的明知,则证明的要求比较高,一般应该证明到确实知道的程度。

在意志因素方面,理论上一般认为侵犯知识产权犯罪的多数行为人都持有积极追求,希望犯罪结果的发生的心理态度,比如行为人为追求违法利益,追求他人商标、专利信誉丧失的危害结果的发生等。在少数情况下,行为人的主观心理态度也可以是放任。因此,侵犯知识产权犯罪可以由直接故意构成,也可以由间接故意所构成。

理论上通常认为,侵犯知识产权犯罪的行为人一般是出于营利目的,特殊情况下也可能是出于其他目的,比如破坏他人注册商标信誉、捞取某种荣誉或者损害他人专利或专利产品的信誉等。但是,由于我国《刑法》第213条至第219条所规定的侵犯知识产权犯罪中,只有侵犯著作权罪和销售侵权复制品罪明确规定要"以营利为目的",其他诸如假冒注册商标罪、假冒专利罪等都没有这样的规定。于是,刑法理论上对侵犯知识产权犯罪是否属于目的犯,也就是行为人是否要"以营利为目的"为构成这类犯罪的必要要件这一问题,产生了不同的意见。我认为,侵犯知识产权罪行为人主观上较多是以营利为目的的,但也确实有其他犯罪目的存在的可能性。特别是近年来司法实践中出现的网络环境下的该类犯罪,存在着侵权人将他人软件和作品擅自通过信息网络供公众免费使用或下载的情况,很难以这种客观行为推定侵权人的营利目的,有些案件经查行为人纯粹是出于证明自身能力、满足兴趣爱好、交友等其他非营利目的。由于刑法中明确规定侵犯著作权罪和销售侵权复制品罪主观方面必须以营利为目的,作为构成犯罪的必备要件,如果不具备就不能定罪。从而导致了实践中对虽未经著作权人许可,严重侵犯著作权,但不以营利为目的的行为无法进行刑事追究情况出现。所以,我认为,刑法中只规定侵犯著作权罪和销售侵权复制品罪须"以营利为目的"似有不妥,应该予以修正,具体理由有四点。

第一,刑法对不同侵犯知识产权犯罪作出不同的规定缺乏充足的理由。因为假冒注册商标罪、假冒专利罪等行为人主观方面通常也是以营利为目的的,但是刑法却未将"以营利为目的"作为必要要件加以规定,而侵犯著作权罪和销售侵权复制品罪行为人主观方面则完全可能是出于其他犯罪目的，但是刑法却将"以营利为目的"规定为必要要件。由此可见，各种侵犯知识产权犯罪在行为人主观上实际上具有一致性，也就是说行为人既可以具有营利目的，也可以具有其他犯罪目的。无论行为人出于何种目的，只要其行为侵犯他人知识产权，并达到刑法所规定的犯罪程度，都可以构成犯罪。刑法对不同的侵犯知识产权犯罪作出区别规定显然既没有必要也缺乏充足的理由。

第二，尽管知识产权具有一般产权的特征，但是，侵犯知识产权犯罪并非是单纯的侵犯财产犯罪，它更多地具有经济犯罪的特征，也就是说它的社会危害性主要集中在对国家知识产权管理制度和秩序的破坏上，我国刑法将侵犯知识产权犯罪归在破坏社会主义市场经济秩序罪一章中就足以证明这一点。如果过分地强调"以营利为目的"，就可能混淆侵犯知识产权犯罪与传统的侵犯财产犯罪的界限。

第三，侵犯知识产权行为人主观上是否以营利为目的，事实上并不会直接影响到行为本身的社会危害性程度，比如行为人完全可能出于其他诸如扬名、评定职称等目的而严重地侵犯他人的著作权，在这种情况下并不会因为行为人不是出于营利目的而影响其侵犯他人著作权行为的社会危害性程度。

第四，世界各国和地区刑法中有关侵犯知识产权犯罪的规定中，虽有不同的立法例，但多数国家和地区没有专门规定要"以营利为目的"为构成侵犯知识产权犯罪的必要要件。比如日本、法国、意大利等国的刑法中都没有将"以营利为目的"作为侵犯知识产权罪的主观要件。也就是说大多数国家和地区的立法例都认为，在侵犯知识产权犯罪中，行为人不论主观上出于何种目的，都不影响侵犯知识产权犯罪的成立，也不影响对其惩罚的轻重。

所以说，尽管刑法中的构成要件有显性要件和隐性要件之分，但是，对构成要件的规定在一类犯罪中除有特别需要外，应该保持一致性。否则很容易引起理论认识上出现混乱并进而导致司法实践中出现茫然。我国刑法只对侵犯著作权罪和销售侵权复制品罪规定以营利为目的，而对其他侵犯知识产权罪未作规定显然缺乏一定的科学性，必要时应该予以修改。

下面，我将为大家讲解侵犯知识产权犯罪的七个具体罪名。

（二）假冒注册商标罪

首先，我们来看假冒注册商标罪。根据我国《刑法》第213条的规定："未经注册商标所有人许可，在同一种商品、服务上使用与其注册商标相同的商标，情节严重的，处三年以下有期徒刑，并处或单处罚金；情节特别严重的，处三年以上十年以下有期徒刑，并处罚金。"从这一规定我们可以看出，所谓假冒注册商标罪，是指违反商标管理法规，未经商标所有人许可，在同一种商品上使用与其注册商标相同的商标，情节严重的行为。目前，假冒注册商标罪在理论上存在许多疑难问题，在司法实践中又出现了许多新问题，下面我就围绕假冒注册商标罪中一些需要大家重点注意的内容进行讲解。

第一，假冒注册商标罪中假冒的对象必须是他人已经注册的商标。我国实行的是注册商标保护制，不管是我国的还是外国的，不管是个人的还是单位的，商标只要在我国注册就受到我国刑法的保护。但如果他人没有将商标进行注册,就不存在假冒注册商标的问题。比如,他人虽然一直在使用某一商标,但却没有注册,在这种情况下,如果你抢先注册了这个商标,你的行为就属于商标法中规定的抢注商标行为,而不能作为假冒商标行为来对待。当然,这里确实存在一个商标所有权的界定问题,但这是需要由民法来解决的问题,而无需用刑法解决。

第二,行为人必须是在同一种商品、服务上使用他人的注册商标。如果是在不同的商品、服务上使用他人的注册商标,则不构成假冒注册商标罪。比如,由于巧克力和电风扇是不同的产品,因此,如果你生产的是德芙牌电风扇就不构成假冒注册商标罪。(全场笑)当然,肯定也不会有很多人来买你的德芙牌电风扇,因为大家都知道德芙牌巧克力是名牌,但电风扇还是华生牌的比较好。如果你买一台德芙牌的电风扇回家,大家就会觉得你买了一个"山寨货"。(全场笑)应该看到,商标是商品、服务竞争的工具,在市场经济中,它发挥着重大的作用。商标具有标记商品、服务来源的功能,它是商品生产者、经营者、服务提供者,在商品交换与服务提供中所体现的一种信誉。商品、服务凭借商标进入市场,参加竞争,它不仅反映一个企业产品的质量、价格和服务,它更代表着一个企业的形象、规模、声誉和实力。因此,商标不仅是企业的竞争手段和竞争目标,象征着企业的知名度,而且也是企业非常宝贵的无形财产,它所代表的内容,包含的价值,甚至远远超过了商品、服务本身,因而商标并不能随便更换。但可惜的是,我们国家在很长一段时间内都不太注重商标的价值。比如,以前就一直有人觉得英雄牌金笔这个名称不符合我们现代社会的特征,主张将英雄牌这个商标名称改掉。此外,我们国家以前最早的英文打字机原来也叫作英雄牌英文打字机,因为这种英文打字机也是由英雄牌金笔厂生产的。但后来由于有很多人建议,英雄牌英文打字机就被改为了飞鱼牌英文打字机,这一改就使得这一品牌打字机的销量直线下降。所以,我认为,商标名称其实是不能随意变化的。例如,我们"华东政法大学"的名称就是一个招牌,你绝对不能随意地将"华东政法大学"改为"东华政法大学",这是一塌糊涂的。"华东政法大学"这个招牌你可能觉得并不重要,但还是有很多人觉得它是很重要的。当初我们"华东政法学院"更名为"华东政法大学"时,大家就感觉到这个更名确实很成功。因为如果更名不妥当,我们学校的名称就再也保留不住了。而一旦名称保留不住,我们很多人就会觉得自己的母校没有了。你可能现在还没有这种感觉,但等你毕业后踏入了社会,你就会愈发感觉到母校的重要性,因为母校有时候确实能够给你带来很多的资源。当然,现在有很多同学觉得,踏入社会后讲自己毕业于华东政法大学,其实并没有太多值得骄傲的地方。但应当看到,华东政法大学在政法系统中的影响力还是非常大的,你说你毕业于华东政法大学,就能够找到很多同学、很多校友,他们可能会为你提供一些法律帮助,这就是一种资源、一种财富,毕业于其他学校的人在这一点上是没办法与你相比的。而与我们学校的这种名称一样,对于一个企业来说,商标也同样具有很大的意义和价值,它是企业的生命所在,因而商标也不应当随意更换。

这里需要指出的是,2011年1月10日"两高"和公安部出台的《关于办理侵犯知识产权刑事案件适用法律若干问题的意见》对假冒注册商标罪刑法条文中的"同一种商品"作出了明确界定:"名称相同的商品以及名称不同但指同一事物的商品,可以认定为'同一商品'。'名称'是指国家工商行政管理总局商标局在商标注册工作中对商品使用的名称,通常即《商标注册用商品和服务国际分类》中规定的商品名称。'名称不同但指同一事物的商品'是指在功能、用途、主要原料、消费对象、销售渠道等方面相同或者基本相同,相关公众一般认为是同一种事物的商品。认定'同一种商品',应当在权利人注册商标核定使用的商品和行为人实际生产销售的商品之间进行比较。"

第三,行为人使用的必须是与他人注册商标相同的商标。应该看到,商标法中规定的侵犯商标权的行为包括使用与他人的注册商标相同或者相似的商标等两种情况,但我们刑法中所规定的假冒注册商标罪中的假冒注册商标行为则强调必须是使用与他人注册商标相同的商标,而不包括相似的商标。那么,相同商标与相似商标到底应该如何区分呢?这个问题其实是没有办法完全搞清楚的,因为不同是绝对的,相同是相对的。按照哲学上的观点,世界上不存在两片完全相同的树叶,(全场笑)也就是说,世界上根本没有两件完全相同的物品。即使是双胞胎也不会完全相同,我们只能说两个人长得很像,而绝不能说两个人长得完全一样。2004年12月8日"两高"《关于办理侵犯知识产权刑事案件具体应用法律若干问题的解释》:"《刑法》第213条假冒注册商标罪中规定的'相同商标',是指与被假冒的注册商标完全相同,或者与被假冒的注册商标在视觉上基本无差别、足以对公众产生误导的商标。"2020年9月12日"两高"发布的《关于办理侵犯知识产权刑事案件具体应用法律若干问题的解释(三)》第1条则对"相同商标"作出了更为细致的规定:"具有下列情形之一的,可以认定为'与其注册商标相同的商标':(一)改变注册商标的字体、字母大小写或者文字横竖排列,与注册商标之间基本无差别的;(二)改变注册商标的文字、字母、数字等之间的间距,与注册商标之间基本无差别的;(三)改变注册商标颜色,不影响体现注册商标显著特征的;(四)在注册商标上仅增加商品通用名称、型号等缺乏显著特征要素,不影响体现注册商标显著特征的;(五)与立体注册商标的三维标志及平面要素基本无差别的;(六)其他与注册商标基本无差别、足以对公众产生误导的商标。"由此可见,判断是否属于"相同商标"是以社会公众的一般认识作为基本标准的。

而我们之所以要以社会公众的一般认识作为标准,主要是因为从实际情况来看,完全相同的假冒注册商标的情形并不多见,许多假冒商标与他人的注册商标总会在某些方面存在细微差别。如果对"相同商标"作出太过严格的要求,对于实践中发生的一些案件就没有办法处理了。大家都知道,上海以前有两个自行车品牌最出名,一个是永久牌,另一个是凤凰牌。我们年轻的时候都是以拥有一辆永久牌或凤凰牌自行车作为自己的长期奋斗目标的。(全场笑)你们现在骑的自行车都是父母买给你们的,但在我们那个年代,父母是不可能随意就给我们买辆自行车的。我们的自行车通常都是在毕业后到单位工作了几年,用自己平时攒下来的工资去买的。我记得我们当时刚开始工作时,前三年学徒阶段的工资都是每月17块8毛,当时的工资里还有8毛,但现在几毛钱人家都不稀罕要了。(全场笑)而每月17块8毛的工资根本不可能让我们很快就买得起自行车,基本上都要等到我们三年学徒期结束后,我们攒的钱才差不多能够去买类似自行车、手表之类的物品。我记得我当时三年学徒期满之后，我首先就去买了一辆自行车，这辆自行车最起码使我激动了一年的时间。（全场笑）而等我激动完了，这辆自行车也已经旧了。但是这辆自行车还是伴随了我很长的时间，从我学徒期满之后一直到我读大学，我都一直在用这辆车，因此这辆车与我的感情是非常深厚的。（全场笑）当然，等我读完了大学，这辆车也基本上处于除了铃铛不响其他到处都响的状态了。（全场笑）而我的这辆自行车就是"永久"牌自行车。除了永久牌自行车之外，上海还有一个自行车牌子非常出名，也就是我们耳熟能详的凤凰牌自行车。上海就曾发生过有人假冒凤凰牌自行车商标，最后被告上法院的案件。在这个案件的辩护过程中，被告人提出了一个观点，他认为构成假冒注册商标罪必须是在同一种商品上使用与他人注册商标完全相同的商标，而他在其生产的自行车上所使用的商标与凤凰牌自行车的注册商标实际上是不相同的，因而不应构成假冒注册商标罪。法官当时就问他两个商标的不同点体现在什么地方，他说真实的凤凰牌自行车商标上凤凰的羽毛是 13 根，而他所使用的商标上凤凰的羽毛是 12 根。（全场笑）于是，这里就产生了 12 根羽毛的凤凰和 13 根羽毛的凤凰到底是相同还是相似的问题。当时有人就提出，12 根羽毛的凤凰和 13 根羽毛的凤凰只能说是相似，而绝不能说是一样的。但如果说 12 根羽毛的凤凰与 13 根羽毛的凤凰只是相似而不是相同的话，12 根半羽毛的凤凰与 13 根羽毛的凤凰呢？即使有 13 根羽毛，但其颜色亮度不一样，是否只能理解为是相似而非相同呢？应当看到，一般的老百姓在买凤凰牌自行车的时候，实际上是不知道也不可能仔细数凤凰羽毛的数量或者查看凤凰羽毛颜色亮度的。因此，如果一旦将这些情形都视为相似而不是相同的话，刑法中规定的假冒注册商标罪在司法实践中可能就没法适用了，这就会导致刑法条文空置的问题。当然，尽管当时并没有司法解释对这种情形加以明确规定，法院最后还是认定这个案件的被告人构成假冒注册商标罪。由此可见，相同商标和相似商标的界定标准本身就具有很大的不确定性，我国商标法中的相同商标和相似商标在一定意义上都是归在我国刑法假冒注册商标罪中相同商标的含义内的。也就是说，应当对我国刑法假冒注册商标罪中规定的相同商标作广义的理解。

但也应当注意，在认定行为人是否构成假冒注册商标罪时，对于商标是否属于相同商标确实还是需要视情况加以具体分析的，而不是说可以随意对相同商标作无限制的扩大解释。比如，你仿照白猫牌洗洁精、白猫牌洗衣粉，在你生产的洗洁精、洗衣粉上贴上了黑猫牌洗洁精、黑猫牌洗衣粉的商标。对于一些老太太来说，她们搞不清楚黑猫牌和白猫牌到底有什么区别，她们认为只要洗洁精、洗衣粉的牌子中有猫的字样就是好的。也就是说，她们认为不管是黑猫还是白猫，能够洗衣服、洗碗的就是好猫。（全场笑）在这种情况下，虽然你使用黑猫牌商标确实会导致一些老太太产生一定的误解，但我认为，由于黑猫牌和白猫牌在视觉上差别还是比较大的，因而根据相关司法解释的规定，将这两个商标认定为相似商标而不是相同商标，其实更为妥当，我们不能仅以导致极少数人产生了误解就简单认定两个商标属于相同商标。

（三）销售假冒注册商标的商品罪

接下来，我们来看销售假冒注册商标的商品罪。根据《刑法》第214条的规定："销售明知是假冒注册商标的商品，违法所得数额较大或者有其他严重情节的，处三年以下有期徒刑，并处或者单处罚金；违法所得数额巨大或者有其他特别严重情节的，处三年以上十年以下有期徒刑，并处罚金。"关于这个罪，大家要掌握这么几个问题。

第一，行为人构成犯罪必须以明知为前提，也就是说行为人必须明知是假冒注册商标的商品而予以销售。但是对于什么是"明知"？如何来认定行为人主观态度中的"明知"？无论是理论界还是实务界，对这些问题都存在不同的认识。在司法实践中，有人将侵犯商标权犯罪中的"明知"理解为"确知"，认为只有行为人明确表示他明知是假冒注册商标的商品而故意销售，才能按销售假冒注册商标的商品罪处罚。如果行为人自己没有明确表示是明知，或者说行为人自己说不知道自己销售的商品是假冒注册商标的商品，则不能认定为销售假冒注册商标的商品罪。还有人认为，销售假冒注册商标的商品罪中的"明知"是一个多余的限制，强调这一点，只会束缚办案人的手脚。因为，在办案中，行为人是否"明知"很难确定，法律上又没有明确的解释，客观上也难以找到认定的依据。所以这些人主张办理案件时不必认定行为人是否"明知"，只要符合销售假冒注册商标的商品罪的其他要件，就应当认定为销售假冒注册商标的商品罪。也就是说，不管行为人是否"明知"，都应当认定为销售假冒注册商标的商品罪。

应该看到，主张取消"明知"这一主观要件的观点，主要是担心"明知"的存在会限制司法机关的手脚，但我认为，这种观点是极其危险的。我们不能因为司法实践对有关要件难以查明或者难以证明就简单地将一些对犯罪成立有重要影响的要件尤其是主观要件取消掉，如果这样的话，那刑法就容易陷入"客观归罪"的泥潭。同时，将"明知"等同于"确知"的观点，其实缩小了明知的范围，从而导致犯罪得不到有效追究。因此，刚刚提到的这两种观点都是错误的，都不利于惩治侵犯商标权犯罪，也不符合我国的相关立法精神。我认为，"明知"是行为人的主观心理态度，是指犯罪行为人在主观上对自己所实施的行为在刑法上是否构成犯罪具有十分清楚的认识，也就是能够预见到或者认识到自己所实施的行为将会受到刑罚的制裁。明知不等于确知，除了确知外，还应包括可能知道的情形，即使行为人不确知这批商品是假冒哪一家的注册商标，以及不能十分肯定这批商品是不是属于假冒注册商标的商品，但只要意识到这批商品可能是假冒注册商标的商品，而没有任何合理的根据在心理上加以否定，那就属于明知的范围。

第二，行为人销售的商品本身必须是假冒他人注册商标的商品，否则就不能构成本罪。具体来说，就是行为人销售的必须是与注册商标所有权人的商品属于同一种的商品，而且这种商品上所贴附的是与他人注册商标相同的商标。也就是说，如果行为人销售行为所涉及的只是相似的商标或是类似的商品，都不构成销售假冒注册商标的商品罪。有人认为，既然《刑法》第214条销售假冒注册商标的商品罪中没有将"假冒注册商标的商品"限定在与注册商标所有权人的商品属于同种商品的范围内，那么本条所使用的"假冒注册商标"应当泛指我国《商标法》第 52 条第 1 项规定的所有商标侵权行为,也就是说不仅包括在同一种商品上使用与他人注册商标相同的商标,而且包括在同一种商品上使用与他人注册商标相近似的商标、在类似商品上使用与他人注册商标相同的商标以及在类似商品上使用与他人注册商标相近似的商标。应该说,这种认识是不正确的。因为从立法本意上看,《刑法》第 214 条所指的销售假冒注册商标的商品中的"假冒注册商标"与《刑法》第 213 条所规定的"假冒注册商标"的内涵与外延应该是相同的,也就是说仅限于"在同一种商品上使用与其注册商标相同的商标",而不是泛指一切假冒注册商标的侵权行为。如果不这样理解,实践中可能会出现极其不合理的现象。例如,张三在类似商品上使用与他人注册商标相近似的商标,李四则负责销售这种商品。显然,张三的行为不构成假冒注册商标罪,其行为是一般的商标侵权行为。根据举重以明轻的原则,李四的销售行为也不应该构成犯罪,如果认为李四反而构成销售假冒注册商标的商品罪,则显然违背了罪刑相适应的原则。因此,销售假冒注册商标的商品罪中必须注意"两个相同",也就是行为人销售的商品与注册商标所有人生产的商品属于同一种商品,而且销售商品上所贴附的商标与商标权人的注册商标属于相同的商标。

此外,大家还需要注意的是,行为人销售的只能是他人所生产或提供的假冒注册商标的商品,而不能是自己所生产的商品。如果行为人在自己生产、加工的同一种商品上,使用与他人注册商标相同的商标,然后拿到市场上去销售,构成犯罪的,应当按照假冒注册商标罪处理。

第三,行为人的违法所得数额必须较大或者有其他严重情节。违法所得数额是否较大或者是否有其他严重情节,是区分销售假冒注册商标的商品罪与一般商标侵权行为的界限。至于什么是违法所得数额较大,以及其他严重情节具体包括哪些内容,仍有待"两高"出台相应的司法解释予以明确。

(四)非法制造、销售非法制造的注册商标标识罪

下面,我们来看非法制造、销售非法制造的注册商标标识罪。《刑法》第 215 条规定:"伪造、擅自制造他人注册商标标识或者销售伪造、擅自制造的注册商标标识,情节严重的,处三年以下有期徒刑,并处或者单处罚金;情节特别严重的,处三年以上十年以下有期徒刑,并处罚金。"从这一规定可以看出,非法制造、销售非法制造的注册商标标识罪,是指违反商标管理法规,伪造、擅自制造他人注册商标标识或者销售伪造、擅自制造的注册商标标识,情节严重的行为。

应当看到,由于本罪是选择性罪名,因此在适用罪名时应注意这么几个问题:首先,非法制造他人注册商标标识和销售非法制造的商标标识是构成本罪的两种不同行为方式,只要具备其一就可以构成本罪,只是在确定罪名时应除去另一没有实施行为的名称,如仅实施非法制造行为的,就定为非法制造注册商标标识罪;仅实施非法销售行为的,就定为销售非法制造的注册商标标识罪。其次,行为人实施了非法制造他人注册商标标识的行为,又销售非法制造的商标标识的,也构成本罪一罪,直接定非法制造、销售非法制造的注册商标标识罪,而不应数罪并罚。

家乡是浙江义乌的同学都知道,义乌制造、销售非法制造的注册商标标识最为有名。在 20 世纪 80 年代末 90 年代初,义乌有一个市场专门集中销售非法制造的注册商标标识,并且还有专职警察维持这个市场的经营秩序。你如果想要生产中华牌香烟,就先到这个市场里兜一圈,等你一圈兜完了,你想要生产的中华牌香烟的外包装、内包装、裹烟纸就都有了。然后你再到其他地方买一些烟丝和一个香烟加工器,并将你买到的中华牌香烟的标识贴到生产出来的香烟上,那你生产的香烟就变成中华牌香烟了。有一次,上海的法院到义乌去执行,法官被经营者从车子上拽下来,拽成了重伤。当时,当地的警察在旁边手拉着手维持秩序,看着经营者将上海的法官从车子上拽下来,而不让别人去营救。从道理上说,警察应该是去救法官,但他们却是在维持秩序,不让别人去营救,这个确实很气人。这个案件引起了"两高"的高度重视,"两高"后来就专门发文对这种地方保护主义进行了相关规定。经营者当时之所以那么抵触上海的法官,是因为他们平时就是靠制造、销售假冒注册商标的标识赚钱生活的,你没收了他们的制造工具以及非法制造的注册商标标识,就等于砸掉了他们的饭碗。其实对于这种侵犯知识产权的行为,我们也应该客观地看待。哪些地方侵犯知识产权侵犯得比较厉害,哪些地方的经济实际上就发展得比较快。比如,我国一些农村地区在发展经济的过程中,从不侵犯他人的知识产权,这些地区的经济往往就发展得比较慢。而我国香港、台湾地区的经济那么发达,他们在刚开始发展经济时,侵犯知识产权的现象其实也是非常普遍、非常严重的。再比如,我国浙江经济发展得这么快,实际上有很多地方也是从侵犯知识产权开始的,其中又以温州最为典型。而当经济发展达到一定程度之后,市场主体的经济行为就会逐步开始规范,侵犯知识产权的行为也就会相应减少。现在的国际社会之所以对我们国家施加这么大的压力,很大程度上就是因为他们的经济已经发展到了一定的程度,他们侵犯知识产权的行为已经在逐渐减少,从而他们也就要开始重点打击我们侵犯知识产权的行为了。由此可见,在我国还处于社会主义初级阶段,经济才刚刚起步的情况下,对于侵犯知识产权行为的打击力度也不宜过大,否则对经济会产生非常不利的影响。这其实也正是我国刑法将"情节严重""违法所得数额较大""造成重大损失"等作为构成相关侵犯知识产权犯罪所必须具备的条件的原因之一。此外,对知识产权的侵犯在某种程度上不仅可以带动经济的发展,还可以促进技术与文化事业的发展。一方面,在侵犯他人知识产权的过程中,侵权人自己的相关生产技术实际上也会发展;另一方面,通过侵犯他人著作权所生产出来的诸如书籍、光盘等复制品的价格往往比较便宜,而且内容与原作品也基本甚至完全相同,这就使得更多的老百姓能够花更少的钱买更多的书籍或者光盘,这显然有利于推广我国的文化教育事业。总的来说,虽然对知识产权的侵犯在某种程度上确实具有一定益处,但我们应该看到,这种行为最大的问题就在于侵犯了他人的合法权利,我们绝不能为了使自己过上好日子就去随意侵犯他人的合法权利,所以我们还是应当强调对知识产权的保护。

（五）假冒专利罪

接下来，我们来看假冒专利罪。根据我国《刑法》第216条的规定："假冒他人专利，情节严重的，处3年以下有期徒刑或者拘役，并处或者单处罚金。"从这个概念可以看到，假冒专利罪的犯罪对象是专利权人的专利。在我国，专利主要包括发明、实用新型和外观设计，而专利权则主要是指授予发明人、设计人或者所在单位某种发明、实用新型或者外观设计在一定期间内享有的专用权。

假冒专利罪的行为方式有很多种，根据2004年12月8日"两高"《关于办理侵犯知识产权刑事案件具体应用法律若干问题的解释》第10条的规定："实施下列行为之一的，属于《刑法》第216条规定的'假冒他人专利'的行为：（一）未经许可，在其制造或者销售的产品、产品的包装上标注他人专利号的；（二）未经许可，在广告或者其他宣传材料中使用他人的专利号，使人将所涉及的技术误认为是他人专利技术的；（三）未经许可，在合同中使用他人的专利号，使人将合同涉及的技术误认为是他人专利技术的；（四）伪造或者变造他人的专利证书、专利文件或者专利申请文件的。"这里需要大家注意的问题是，刑法重点保护的到底是他人的专利权还是国家对专利的管理秩序？搞清楚这个问题的意义在于刑法保护重点的不同会导致对行为人是否构成假冒专利罪的判断结果完全不同。比如，专利权人有一个"567"的专利号，如果你也使用了"567"这个专利号，那么你的行为显然属于假冒专利的行为，这种情形并不存在争议。但如果你没有使用"567"的这个专利号，而是自己编造了一个其他人从未申请获得过的"789"专利号，这种行为能不能按照假冒专利罪处理，则在理论上存在很大争议。争议的焦点就在于这种行为只侵害了国家的专利管理制度，而并没有实际侵害他人的专利权。这一争议实际上就涉及我们刑法设立假冒专利罪的出发点和立足点到底是什么的问题。你编造一个专利号在产品中予以使用显然属于违反专利法的行为，但能否按照犯罪处理确实值得进一步讨论。

我认为，既然刑法将假冒专利罪归在了侵犯知识产权罪这一节中，那么假冒专利罪理应会侵害到他人的专利权。而由于前面提到的这种冒充专利的行为实际上主要侵害的是国家对专利的管理制度，因而假冒专利罪中的假冒他人专利行为不应该包括这种冒充专利的行为。具体来说，假冒他人专利行为与冒充专利行为的最本质区别在于，假冒行为的对象是实际存在的他人的专利，而冒充行为的对象则为实际并不存在的所谓"专利"。正是由于冒充专利行为中的"专利"实际并不存在，因而通常实际上就不会发生对他人专利权的侵犯。我认为，这种行为尽管会对国家有关专利管理制度造成侵害，而且在某种程度上对公众的欺骗以及对国家和社会公共利益损害更大，但从本质上说，这种行为纯粹是对消费者的欺骗行为，而主要不是直接对他人专利权的侵害。假冒他人专利的行为则完全不同，由于这种假冒行为的对象是实际存在的他人的专利，因此，实施假冒者的行为不仅会侵害国家有关专利管理活动以及侵害消费者的合法利益，更主要的是这种行为必然会对他人专利权造成侵害。由此可见，假冒他人专利行为显然不同于冒充专利的行为，理论和实践中我们不应该将两者混同。当然，出于更有效地实现我国对专利市场监督管理的目的,我认为,在今后的刑事立法完善中,应当将冒充专利的行为也纳入刑法的调整范围。

(六)侵犯著作权罪和销售侵权复制品罪

下面,我们来看侵犯著作权罪和销售侵权复制品罪。我国《刑法》第217条规定:"以营利为目的,有下列侵犯著作权或者与著作权有关的权利的情形之一,违法所得数额较大或者有其他严重情节的,处三年以下有期徒刑,并处或者单处罚金;违法所得数额巨大或者有其他特别严重情节的,处三年以上十年以下有期徒刑,并处罚金:(一)未经著作权人许可,复制发行、通过信息网络向公众传播其文字作品、音乐、美术、视听作品、计算机软件及法律、行政法规规定的其他作品的;(二)出版他人享有专有出版权的图书的;(三)未经录音录像制作者许可,复制发行、通过信息网络向公众传播其制作的录音录像的;(四)未经表演者许可,复制发行录有其表演的录音录像制品,或者通过信息网络向公众传播其表演的;(五)制作、出售假冒他人署名的美术作品的;(六)未经著作权人或者与著作权有关的权利人许可,故意避开或者破坏权利人为其作品、录音录像制品等采取的保护著作权或者与著作权有关的权利的技术措施的。"第218条规定:"以营利为目的,销售明知是本法第二百一十七条规定的侵权复制品,违法所得数额巨大或者有其他严重情节的,处五年以下有期徒刑,并处或者单处罚金。"从这两条规定我们可以看到,所谓侵犯著作权罪,是指行为人以营利为目的,违反国家著作权管理法规,侵犯他人著作权、邻接权,违法所得数额较大或者有其他严重情节的行为。所谓销售侵权复制品罪,是指行为人以营利为目的,明知是侵犯他人著作权、邻接权的复制品而予以销售,违法所得数额巨大或者有其他严重情节的行为。

侵犯著作权的案件在我们学术界,尤其是高校、科研机构等部门发生比较多。在学习这个罪名时,大家要注意这么几个问题。

第一,侵犯著作权犯罪的犯罪对象。我国《刑法》第217条规定的侵犯著作权罪和第218条规定的销售侵权复制品罪的对象完全相同,也就是说销售侵权复制品罪是以侵犯著作权罪所涉及的对象为其犯罪对象的。总的来说,我国刑法中有关侵犯著作权犯罪的对象是由相应的犯罪行为所决定的。根据刑法的规定,具体包括这么几类:(1)他人享有著作权的文字作品、音乐、美术、视听作品、计算机软件及法律、行政法规规定的其他作品;(2)他人享有专有出版权的图书;(3)他人制作的录音录像制品;(4)录有他人表演的录音录像制品;(5)假冒他人署名的美术作品。

第二,侵犯著作权犯罪的行为方式。我国刑法中有关侵犯著作权犯罪主要涉及侵犯著作权罪和销售侵权复制品罪两个罪名,按照2004年"两高"司法解释的规定,实施《刑法》第217条规定的侵犯著作权犯罪,又销售该侵权复制品的,构成犯罪的,应当依照《刑法》第217条的规定,以侵犯著作权罪定罪处罚。这是因为,侵犯著作权罪和销售侵权复制品罪之间,存在着一种包容关系或吸收关系。如果单从客观行为进行分析,在很多情况下侵犯著作权罪包容了销售侵权复制品罪,也就是行为人为营利目的而实施侵犯著作权的犯罪行为,其销售侵权复制品的行为只是实现目的之后续行为。

正因为如此,如果行为人既有《刑法》第 217 条中所规定的侵犯著作权的行为,又有《刑法》第 218 条中所规定的销售侵权复制品的行为,尽管同时符合侵犯著作权罪与销售侵权复制品罪两罪的构成要件,但对行为人既不能以销售侵权复制品罪定罪处罚,也不能实行数罪并罚,而只能按侵犯著作权罪一罪定罪处罚。但是,实践中对于既实施了《刑法》第 217 条规定的行为又实施了第 218 条规定的行为的情况,并不是说都不能实行数罪并罚。例如,"两高"2004 年司法解释规定,如果行为人实施《刑法》第 217 条规定的侵犯著作权犯罪,又销售明知是他人的侵权复制品,构成犯罪的,应当实行数罪并罚。

侵犯著作权犯罪在行为方式上主要包括《刑法》第 217 条所规定的内容以及《刑法》第 218 条所规定的销售行为。具体来说,主要包括这么几种行为:(1)未经著作权人许可,复制发行、通过信息网络向公众传播其文字作品、音乐、美术、视听作品、计算机软件及法律、行政法规规定的其他作品的行为或者未经录音录像制作者许可,复制发行、通过信息网络向公众传播其制作的录音录像的行为以及未经表演者许可,复制发行录有其表演的录音录像制品,或者通过信息网络向公众传播其表演的行为;(2)出版他人享有专有出版权的图书的行为;(3)制作、出售假冒他人署名的美术作品的行为;(4)未经著作权人或者与著作权有关的权利人许可,故意避开或者破坏权利人为其作品、录音录像制品等采取的保护著作权或者与著作权有关的权利的技术措施的行为;(5)销售侵权复制品的行为。这里需要大家特别注意的是侵犯著作权罪客观行为方式中"复制发行"行为的含义。在司法实践中,存在有以营利为目的,大量出租自己复制的侵权复制品,如出租自己复制的影碟、录像带等,违法所得数额巨大或特别巨大的情况,对这种出租自己复制的侵权复制品的行为应该如何定性?能不能视为《刑法》第 217 条规定的发行行为?理论和实践对于这个问题争议比较大。我认为,出租不同于传统的出售和散发等发行方式,大量的出租侵权复制品行为也同样会对他人的著作权造成侵害,这种行为的社会危害性也不容小视。我国 1991 年《著作权法实施条例》第 5 条规定:"发行是指为满足公众的合理需求,通过出售、出租等方式提供一定数量作品的复制件的行为。"由此可见,出租行为实际上就是发行行为的一种表现形式,因此,如果行为人出租的侵权复制品是自己复制的,完全可以以《刑法》第 217 条侵犯著作权罪中的发行行为定性。然而,1991 年《著作权实施条例》第 5 条第 5 项现已失效。2010 年《著作权法》第 10 条第 1 款第 6 项、第 7 项将出租权与发行权单列,可见依据现行法律,出租行为不同于发行行为。因而上述行为能否认定为《刑法》第 217 条中的发行行为有待商榷。

应当看到,随着社会的不断发展,复制发行的内容也在不断变化,特别是随着信息网络渗透社会生活的方方面面后,利用信息网络对他人作品进行复制传播的情况大量存在,这种形式的行为对他人著作权以及国家对著作权管理制度的侵害十分严重,必须将这种行为纳入刑法调整的视野之中。为此,2004 年 12 月 8 日"两高"《关于办理侵犯知识产权刑事案件具体应用法律若干问题的解释》第 11 条第 3 款明确规定:"通过信息网络向公众传播他人文字作品、音乐、电影、电视、录像作品、计算机软件及其他作品的行为,应当视为《刑法》第 217 条规定的复制发行。"2005 年 10 月 13 日"两高"《关于办理侵犯著作权刑事案件中涉及录音录像制品有关问题的批复》也明确规定:"未经录音录像制作者许可,通过信息网络传播其制作的录音录像制品的行为,应当视为《刑法》第 217 条第 3 项规定的'复制发行'。"2020 年 12 月 26 日通过的《刑法修正案(十一)》将"通过信息网络向公众传播"的行为方式作为侵犯著作权犯罪的行为方式之一,与"复制发行"并列规定于侵犯著作权罪的刑法条文当中。

司法实践中对于互联网中的"私服""外挂"行为的定性之前一直存在争议。所谓"私服""外挂"违法行为是指未经许可或授权,破坏合法出版、他人享有著作权的互联网游戏作品的技术保护措施,修改作品数据,私自架设服务器,制作游戏充值卡(点卡),运营或挂接运营合法出版、他人享有著作权的互联网游戏作品,从而谋取利益、侵害他人利益的行为,属于非法互联网出版活动。但是,对于通过"私服""外挂"等行为获取巨额非法利益的,能否以犯罪处理? 是否属于《刑法》第 217 条中所指的"复制发行"行为? 我认为,"私服""外挂"行为在本质上是对他人合法出版的互联网作品所享有的著作权的侵害,因而对这种行为可以视为"复制发行"行为,违法所得数额较大或者有其他严重情节的,可以按侵犯著作权罪定罪处罚。只是这种复制在许多情况下是通过修改作品数据或程序完成的,与通常所说的复制有所不同,但这不应该影响对行为的定性。对此,2020 年 12 月 26 日通过的《刑法修正案(十一)》将该类技术措施作为侵犯著作权罪的第(六)项行为方式之一纳入刑法条文当中。

而对于"复制发行"行为究竟是复合行为还是并列行为的问题,理论上和实践中也存在不同的理解。根据 2007 年 4 月 5 日"两高"《关于办理侵犯知识产权刑事案件具体应用法律若干问题的解释(二)》第 2 条的规定:"《刑法》第 217 条侵犯著作权罪中的'复制发行',包括复制、发行或者既复制又发行的行为。侵权产品的持有人通过广告、征订等方式推销侵权产品的,属于《刑法》第 217 条规定的'发行'。非法出版、复制、发行他人作品,侵犯著作权构成犯罪的,按照侵犯著作权定罪处罚。"由此可见,这一司法解释实际上是将"复制发行"视为了并列行为。需要指出的是,2011 年 1 月 10 日"两高"和公安部出台的《关于办理侵犯知识产权刑事案件适用法律若干问题的意见》第 12 条对"发行"的含义单独作出了规定:"'发行',包括总发行、批发、零售、通过信息网络传播以及出租、展销等活动。非法出版、复制、发行他人作品,侵犯著作权构成犯罪的,按照侵犯著作权罪定罪处罚,不认定为非法经营罪等其他犯罪。"

此外,对于"未经著作权人许可""未经录音制作者许可"的理解,"两高"于 2020 年 9 月 12 日发布的《关于办理侵犯知识产权刑事案件具体应用法律若干问题的解释(三)》第 2 条特别提道:"在刑法第二百一十七条规定的作品、录音制品上以通常方式署名的自然人、法人或者非法人组织,应当推定为著作权人或者录音制作者,且该作品、录音制品上存在着相应权利,但有相反证明的除外。在涉案作品、录音制品种类众多且权利人分散的案件中,有证据证明涉案复制品系非法出版、复制发行,且出版者、复制发行者不能提供获得著作权人、录音制作者许可的相关证据材料的,可以认定为刑法第二百一十七条规定的'未经著作权人许可''未经录音制作者许可'。但是,有证据证明权利人放弃权利、涉案作品的著作权或者录音制品的有关权利不受我国著作权法保护、权利保护期限已经届满的除外。"

第三,侵犯著作权犯罪的主观目的。根据刑法的规定,侵犯著作权犯罪属于目的犯,也就是说行为人主观上必须具有营利的目的才能构成侵犯著作权罪或者销售侵权复制品罪。2011年"两高"和公安部《关于办理侵犯知识产权刑事案件适用法律若干问题的意见》中规定,除销售外,具有下列情形之一的,可以认定为"以营利为目的":(1)以在他人作品中刊登收费广告、捆绑第三方作品等方式直接或者间接收取费用的;(2)通过信息网络传播他人作品,或者利用他人上传的侵权作品,在网站或者网页上提供刊登收费广告服务,直接或者间接收取费用的;(3)以会员制方式通过信息网络传播他人作品,收取会员注册费或者其他人费用的;(4)其他利用他人作品牟利的情形。但在侵犯知识产权犯罪概述部分我已经讲过,在今后的立法完善过程中,我们理应将侵犯著作权罪、销售侵权复制品罪的主观目的取消,这里我就不再重复讲述了。

除了刚刚讲的几点需要大家注意的内容以外,我还想向大家诉苦的是,我的著作权现在也经常被别人侵犯。(全场笑)比如,我上课的视频现在就在外面被广泛传播,随时随地可以从网上下载,很多人可以随便听到我的声音。你只要在百度里输入我的名字,所有视频就都立刻跳出来了。(全场笑)我的上课视频最远传播到新疆和内蒙古,这些地方的一些大学开设了刑法学课程,但却不招聘刑法学教师,学生上课就直接看我的上课视频。(全场笑)他们不向我支付任何著作权使用费,用最低的成本享受了最好的刑法学教育,这种行为确实非常不好。由于我的上课视频一开始是我们的一位同学上传到网上的,所以我就去找这位同学理论。但这位同学却说这是为了帮助我扬名,我就纳闷了,我什么时候要他帮助我扬名了?(全场笑)归根结底,这还是一个法治意识的问题,我们这位同学的法治意识还是有所欠缺的,需要再补一补知识产权的相关课程。(全场笑)此外,我们还有很多同学在我授课的过程中,经常用录音笔进行录音,然后再上传到网上,他们可能也是为了帮助我扬名,但其实我并不需要扬名。这些行为从性质上来说都属于侵犯我著作权的行为。(全场笑)

(七)侵犯商业秘密罪

最后,我们来看侵犯商业秘密罪。根据我国《刑法》第219条的规定:"有下列侵犯商业秘密行为之一,情节严重的,处三年以下有期徒刑,并处或者单处罚金;情节特别严重的,处三年以上十年以下有期徒刑,并处罚金:(一)以盗窃、贿赂、欺诈、胁迫、电子侵入或者其他不正当手段获取权利人的商业秘密的;(二)披露、使用或者允许他人使用以前项手段获取的权利人的商业秘密的;(三)违反保密义务或者违反权利人有关保守商业秘密的要求,披露、使用或者允许他人使用其所掌握的商业秘密的。明知前款所列行为,获取、披露、使用或者允许他人使用该商业秘密的,以侵犯商业秘密论。"从这一刑法条文的表述可以看出,侵犯商业秘密罪,是指采取不正当手段,获取、披露、使用或允许他人使用权利人的商业秘密,给商业秘密的权利人造成重大损失的行为。侵犯商业秘密罪也是侵犯知识产权犯罪中发案率比较高的一个罪名,在学习这个罪名时，我们需要重点把握这么几个问题。

首先，大家看一下商业秘密的含义。依据《反不正当竞争法》第 9 条的规定，商业秘密是指不为公众所知悉、具有商业价值并经权利人采取相应保密措施的技术信息、经营信息等商业信息。由此可见，商业秘密主要具有非公知性、价值性和保密性的特征。同时，商业秘密包含了技术信息和经营信息等商业信息。

应该看到，对商业秘密的保护在很多情况下会牵涉到对劳动权利的保护，更重要还是对商业秘密的保护问题。这是因为，商业秘密所有者往往都是富人，而侵犯他人商业秘密的人通常都是穷人。在侵犯商业秘密的案件中，商业秘密所有者与侵犯商业秘密的员工签订的劳动合同往往是不公正的。在合同中，商业秘密所有者通常都会明确向员工提出，他向员工提供的这份工作涉及他的商业秘密，因而员工只能在他这里工作，而不能再到其他单位做类似的工作。这就意味着商业秘密所有者一方面是按月支付员工工资的，另一方面却买断了员工的终身。如果员工以后不想在这个单位工作了，商业秘密所有者不可能在员工离职后再支付他工资，但员工却还要替商业秘密所有者保密，这显然不公平。现在有很多案件都是这样的，尤其是涉及知识分子的这类案件特别多。比如，如果我跳槽到复旦大学，华东政法大学可能就会提出，你在华东政法大学教了这么多年书，你的所有的教学经验都是在华东政法大学积累的，因而也就属于华东政法大学的商业秘密，而现在你去复旦大学运用这些教学经验教书，显然就侵犯了华东政法大学的商业秘密。这也就是说，如果我不在华东政法大学教书，我就不能再到复旦大学或者其他任何大学教书了。这种观点是很没有道理的，因为如果这样一来，就意味着我要么一直在华东政法大学教书，要么就永远不能再教书，而只能去"扛大包"了。（全场笑）上次我担任辩护人的一个案件也是这种情况，法官说我辩护的那个被告人在这个单位工作了这么多年，而且一直是这个单位支付他工资的，因而他的所有的设计经验都是这个单位赋予他的，从而这种设计经验就理应是属于这个单位的商业秘密，而不能再到其他单位里使用。听了这些话，我就明显感觉到这个法官已经带有很强的倾向性了。于是我就反问这位法官，我在华东政法大学工作了这么多年，依照你的说法，是不是就意味着我不能再到其他学校去讲课了？但我也经常去法官进修学院给你们法官讲课的，这是不是也侵犯了我们华东政法大学的商业秘密呢？法官听完我的话后就没话可说了。（全场笑）按照这位法官的理解，就意味着任何人只要在一个单位工作过，他就不能再到其他单位做任何类似性质的工作了，这种观点是一塌糊涂的。所以，我们应当要对商业秘密的含义有一个正确的理解。

其次，大家要注意侵犯商业秘密罪的行为方式。侵犯商业秘密罪的第一种行为方式是以盗窃、贿赂、欺诈、胁迫、电子侵入或者其他不正当手段获取权利人的商业秘密，对于这里的"盗窃"的理解，"两高"于 2020 年 9 月 12 日发布的《关于办理侵犯知识产权刑事案件具体应用法律若干问题的解释（三）》第 3 条规定："采取非法复制、未经授权或者超越授权使用计算机信息系统等方式窃取商业秘密的，应当认定为刑法第二百一十九条第一款第一项规定的'盗窃'。"第二种行为方式是披露、使用或者允许他人使用以前项手段获取的权利人的商业秘密。第三种行为方式是违反保密义务或者违反权利人有关保守商业秘密的要求,披露、使用或者允许他人使用其所掌握的商业秘密。需要注意的是,行为人在侵犯了他人的商业秘密以后,往往都会说是因为权利人采取的保密措施不当。但我认为,权利人采取的保密措施是否妥当对于行为人是否构成侵犯商业秘密罪的认定并无影响。只要权利人有保密的要求,采取的保密措施即使不妥当也不意味着你就可以随意侵犯权利人的商业秘密。正如小偷进屋偷东西,绝对不能说是因为被害人没关门或者门没关紧,所以他进屋盗窃的行为就不构成盗窃罪,这种理解显然不正确。无论被害人有没有关门以及门有没有关紧,进屋偷东西就是盗窃行为,就可以对行为人以盗窃罪认定。所以,在侵犯商业秘密的案件中,只要权利人提出保密的要求就可以了,而无需权利人采取了妥当的保密措施。

另外,大家要注意的是,2020 年 12 月 26 日出台的《刑法修正案(十一)》将侵犯商业秘密罪刑法条文中的"给商业秘密的权利人造成重大损失的"改为"情节严重的",即将侵犯商业秘密罪由结果犯改为了情节犯,而对于如何认定"情节严重",仍有待相关司法解释的出台予以明确。

最后,《刑法修正案(十一)》在刑法第 219 条中新增了一个罪名,并将其作为《刑法》第 219 条之一。该条文规定:"为境外的机构、组织、人员窃取、刺探、收买、非法提供商业秘密的,处五年以下有期徒刑,并处或者单处罚金;情节严重的,处五年以上有期徒刑,并处罚金。"

关于侵犯知识产权犯罪的内容,我就给大家介绍到这里。下面,我们来看非法经营罪的相关内容。

十七、非法经营罪

(一)非法经营罪的概念及构成要件

所谓非法经营罪,是指行为人违反国家的法律、法规规定,非法进行经营活动,扰乱市场秩序,情节严重的行为。

非法经营罪的重点问题是客观方面主要包括三方面。一是未经许可经营法律、行政法规规定的专营、专卖或者其他限制买卖的物品的。专营专卖就是指我们所说的烟草黄金之类的,限制买卖就是棉花、药品或者其他易燃易爆、有毒物品,这个是没有问题的。二是买卖进出口许可证、进出口原产地证明以及其他法律、行政法规规定的经营许可证或者批准文件的行为。三是未经国家有关主管部门批准非法经营证券、期货、保险业务的,或者非法从事资金支付结算业务的。值得大家注意的是,《刑法修正案(七)》第 5 条新增加了"非法从事资金支付结算业务的"的规定,这是非法经营罪里唯一采取修正案形式进行的修改。四是其他严重扰乱市场秩序的非法经营行为。

另外,大家还需要注意的是,根据最高人民法院《关于情节严重的传销或者变相传销行为如何定性问题的批复》,对从事传销或变相传销活动,扰乱市场秩序,情节严重的,以非法经营罪论处。但是,《刑法修正案(七)》专门设立了组织、领导传销活动罪,因此这个司法解释已作废。

（二）"非法经营活动"的形式

非法经营罪也被称为"小口袋罪"，这体现在一系列立法解释和司法解释对它的补充规定中。具体来说，在1997年《刑法》颁布后，全国人大常委会颁布了立法解释，最高人民法院、最高人民检察院也颁布了相关的司法解释，对《刑法》第225条进行进一步的补充，对"非法经营活动"作了进一步列举，归纳起来，主要包括这么几种形式。

第一，非法倒卖外汇。根据全国人大常委会《关于惩治骗购外汇、逃汇和非法买卖外汇犯罪的决定》和"两高"《关于办理非法从事资金支付结算业务、非法买卖外汇刑事案件适用法律若干问题的解释》第2条的规定，违反国家规定，实施倒买倒卖外汇或者变相买卖外汇等非法买卖外汇行为，扰乱金融市场秩序，情节严重的，以非法经营罪论。值得大家注意的是，《关于惩治骗购外汇、逃汇和非法买卖外汇犯罪的决定》是我国目前唯一有效的单行刑法。

第二，经营非法出版物。根据最高人民法院《关于审理非法出版物刑事案件具体应用法律若干问题的解释》第11条，对违反国家规定，出版、印刷、复制、发行严重危害社会秩序和扰乱市场的非法出版物，情节严重的，以非法经营罪论处。

第三，非法经营禁用饲料。根据"两高"《关于办理非法生产、销售、使用禁止在饲料和动物饮用水中使用的药品等刑事案件具体运用法律若干问题的解释》第1条，未取得药品生产、经营许可证件和批准文号，非法生产、销售盐酸克仑特罗等禁止在饲料和动物饮用水中使用的药品，扰乱药品市场秩序，情节严重的，或者在生产、销售的饲料中添加盐酸克仑特罗等禁止在饲料和动物饮用水中使用的药品，或者销售明知是添加有该类药品的饲料，情节严重的以非法经营罪追究刑事责任。

第四，非法经营电信业务。根据最高人民法院《关于审理扰乱电信市场管理秩序案件具体应用法律若干问题的解释》第1条，违反国家规定，采取租用国际专线、私设转接设备或者其他方法，擅自经营国际电信业务或者涉港澳台电信业务进行营利活动，扰乱电信市场管理秩序，情节严重的，以非法经营罪论处。根据最高人民检察院《关于非法经营国际或港澳台地区电信业务行为法律适用问题的批复》，采取租用电信国际专线、私设转接设备或者其他方法，擅自经营国际或者香港特别行政区、澳门特别行政区和台湾地区电信业务进行营利活动，扰乱电信市场管理秩序，情节严重的，以非法经营罪追究刑事责任。

第五，非法经营木材进出口证明。根据最高人民法院《关于审理破坏森林资源刑事案件具体应用法律若干问题的解释》，对于伪造、变造、买卖林木采伐许可证、木材运输证件，森林、林水、林地权属证书，占用或者征用林地审核同意书、育林基金等缴费收据以及其他国家机关批准的林业证件构成犯罪的，以伪造、变造、买卖国家机关公文、证件罪定罪处罚；但对于买卖允许进出口证明书等经营许可证明，同时构成非法经营罪的，依照处罚较重的规定定罪处罚。

第六，非法经营野生动物进出口证明书、猎捕证、驯养证。根据最高人民法院《关于审理破坏野生动物资源刑事案件具体应用法律若干问题的解释》，对伪造、变造、买卖国家机关颁发的野生动物允许进出口证明书、特许猎捕证、狩猎证、驯养繁殖许可证等公文、证件构成犯罪的,以伪造、变造、买卖国家机关公文、证件罪定罪处罚;但是实施这些行为构成犯罪,同时构成非法经营罪的,依照处罚较重的规定定罪处罚。

第七,非法经营非国家重点保护野生动物及其制品。根据"两高两部"《关于依法惩治妨害新型冠状病毒感染肺炎疫情防控违法犯罪的意见》的规定,违反国家规定,非法经营非国家重点保护野生动物及其制品(包括开办交易场所、进行网络销售、加工食品出售等),扰乱市场秩序,情节严重的,依照《刑法》第225条第4项的规定,以非法经营罪定罪处罚。

第八,传染病疫情期间哄抬物价。根据"两高"《关于办理妨害预防、控制突发传染病疫情等灾害的刑事案件具体运用法律若干问题的解释》第6条,违反国家在预防、控制突发传染病疫情等灾害期间有关市场经营、价格管理等规定,哄抬物价、牟取暴利,严重扰乱市场秩序,违法所得数额较大或者有其他严重情节的,依照《刑法》第225条第4项的规定,以非法经营罪定罪,依法从重处罚。同时,根据"两高两部"《关于依法惩治妨害新型冠状病毒感染肺炎疫情防控违法犯罪的意见》,在疫情防控期间,违反国家有关市场经营、价格管理等规定,囤积居奇,哄抬疫情防控急需的口罩、护目镜、防护服、消毒液等防护用品、药品或者其他涉及民生的物品价格,牟取暴利,违法所得数额较大或者有其他严重情节,严重扰乱市场秩序的,依照《刑法》第225条第4项的规定,以非法经营罪定罪处罚。

第九,擅自发行、销售彩票。根据"两高"《关于办理赌博刑事案件具体应用法律若干问题的解释》第6条,未经国家批准擅自发行、销售彩票,构成犯罪的,依照《刑法》第225条第4项的规定,以非法经营罪定罪处罚。

第十,非法使用销售点终端机具为信用卡持卡人套现。根据最高人民法院、最高人民检察院《关于办理妨害信用卡管理刑事案件具体应用法律若干问题的解释》第12条,违反国家规定,使用销售点终端机具(POS机)等方法,以虚构交易、虚开价格、现金退货等方式向信用卡持卡人直接支付现金,情节严重的,应当依据《刑法》第225条的规定,以非法经营罪定罪处罚。

第十一,非法买卖允许进出口证明书等经营许可证明。根据最高人民法院《关于审理破坏森林资源刑事案件具体应用法律若干问题的解释》第13条,对于买卖允许进出口证明书等经营许可证明,同时触犯《刑法》第225条、第280条规定之罪的,依照处罚较重的规定定罪处罚。

第十二,非法经营烟草。根据"两高"《关于办理非法生产、销售烟草专卖品等刑事案件具体应用法律若干问题的解释》第1条第5款规定,违反国家烟草专卖管理法律法规,未经烟草专卖行政主管部门许可,无烟草专卖生产企业许可证、烟草专卖批发企业许可证、特种烟草专卖经营企业许可证、烟草专卖零售许可证等许可证明,非法经营烟草专卖品情节严重的,依照《刑法》第225条的规定定罪处罚。

第十三,非法买卖其他法律、行政法规规定的经营许可证或者批准文件。最高人民法院《关于审理破坏野生动物资源刑事案件具体应用法律若干问题的解释》第9条,伪造、变造、买卖国家机关颁布的野生动物允许进出口证明书、特许捕猎证、狩猎证、驯养繁殖许可证等公文、证件构成犯罪的,依照《刑法》第 280 条第 1 款的规定以伪造、变造、买卖国家机关公文、证件罪定罪处罚。实施这些行为构成犯罪,同时构成《刑法》第 225 条第 2 项规定的非法经营罪的,依法依照处罚较重的规定定罪处罚。

第十四,非法经营药品。根据"两高"《关于办理危害药品安全刑事案件适用法律若干问题的解释》第 7 条的规定,违反国家药品管理法律法规,未取得或者使用伪造、变造的药品经营许可证,非法经营药品,情节严重的,依照《刑法》第 225 条的规定以非法经营罪定罪处罚。以提供给他人生产、销售药品为目的,违反国家规定,生产、销售不符合药用要求的非药品原料、辅料,情节严重的,依照《刑法》第 225 条的规定以非法经营罪定罪处罚。

第十五,非法销售无线电设备。"两高"《关于办理扰乱无线电通讯管理秩序等刑事案件适用法律若干问题的解释》第 4 条第 1 款规定,非法生产、销售"黑广播""伪基站"、无线电干扰器等无线电设备具有下列情形之一的,应当认定为《刑法》第 225 条规定的"情节严重":(1)非法生产、销售无线电设备 3 套以上的;(2)非法经营数额 5 万元以上的;(3)其他情节严重的情形。

第十六,非法经营兴奋剂目录所列物质。最高人民法院《关于审理走私、非法经营、非法使用兴奋剂刑事案件适用法律若干问题的解释》第 2 条规定,违反国家规定,未经许可经营兴奋剂目录所列物质,涉案物质属于法律、行政法规规定的限制买卖的物品,扰乱市场秩序,情节严重的,应当依照《刑法》第 225 条的规定,以非法经营罪定罪处罚。

第十七,非法放贷。"两高两部"《关于办理非法放贷刑事案件若干问题的意见》规定,违反国家规定,未经监管部门批准,或者超越经营范围,以营利为目的,经常性地向社会不特定对象发放贷款,扰乱金融市场秩序,情节严重的,依照《刑法》第 225 条第 4 项的规定,以非法经营罪定罪处罚。

第十八,非法生产、销售具有赌博功能的电子游戏设施设备或软件。最高人民法院、最高人民检察院、公安部《关于办理利用赌博机开设赌场案件适用法律若干问题的意见》规定,以提供给他人开设赌场为目的,违反国家规定,非法生产、销售具有退币、退分、退钢珠等赌博功能的电子游戏设施设备或者其专用软件,情节严重的,依照《刑法》第 225 条的规定,以非法经营罪定罪处罚。

第十九,非法有偿提供删除、发布信息等服务。根据"两高"《关于办理利用信息网络实施诽谤等刑事案件适用法律若干问题的解释》第 7 条的规定,违反国家规定,以营利为目的,通过信息网络有偿提供删除信息服务,或者明知是虚假信息,通过信息网络有偿提供发布信息等服务,扰乱市场秩序,具有下列情形之一的,属于非法经营行为"情节严重",依照《刑法》第 225 条第 4 项的规定,以非法经营罪定罪处罚:(一)个人非法经营数额在五万元以上,或者违法所得数额在二万元以上的;(二)单位非法经营数额在十五万元以上,或者违法所得数额在五万元以上的。实施前款规定的行为,数额达到前款规定的数额五倍以上的,应当认定为《刑法》第 225 条规定的"情节特别严重"。

第二十，非法生产、销售非食品原料。根据"两高"《最高人民法院、最高人民检察院关于办理危害食品安全刑事案件适用法律若干问题的解释》第 11 条规定，以提供给他人生产、销售食品为目的，违反国家规定，生产、销售国家禁止用于食品生产、销售的非食品原料，情节严重的，依照《刑法》第 225 条的规定以非法经营罪定罪处罚。违反国家规定，生产、销售国家禁止生产、销售、使用的农药、兽药，饲料、饲料添加剂，或者饲料原料、饲料添加剂原料，情节严重的，依照前款的规定定罪处罚。实施前两款行为，同时又构成生产、销售伪劣产品罪，生产、销售伪劣农药、兽药罪等其他犯罪的，依照处罚较重的规定定罪处罚。第 12 条规定，违反国家规定，私设生猪屠宰厂（场），从事生猪屠宰、销售等经营活动，情节严重的，依照《刑法》第 225 条的规定以非法经营罪定罪处罚。实施前款行为，同时又构成生产、销售不符合安全标准的食品罪，生产、销售有毒、有害食品罪等其他犯罪的，依照处罚较重的规定定罪处罚。

第二十一，非法发行基金。根据最高人民法院《关于审理非法集资刑事案件具体应用法律若干问题的解释》第 7 条规定，违反国家规定，未经依法核准擅自发行基金份额募集基金，情节严重的，依照《刑法》第 225 条的规定，以非法经营罪定罪处罚。

最后，我结合一个案例给大家分析一下，为什么非法经营罪这个"小口袋"不宜在司法实践中开得过大。

上海曾经发生过一起从一审定非法经营罪到二审改判无罪的案件。在上海黄浦江港口，每天都会有数以万条的运煤船从这里进出，这些运煤船需要加油的时候，不可能都开到码头加油站。从道理上讲，我们应该有专门加油的油船给它们补给，但是有资质的油船公司不愿意做这种小生意，因为需要投入资金专门特制一种油船，才能给它们加油。一个船舶公司看到了这里边的商机，他们在没有取得《成品油经营许可证》，并不具备成品油经营资质的情况下，组织了 100 多只船为这些运煤船加油，类似于"水上加油站"。经营了一年多时间以后，杨浦区人民检察院以涉嫌非法经营罪对这个船舶公司提起了诉讼。一审法院认为，由于船舶公司没有取得《成品油经营许可证》，并不具成品油经营资质，因此认定该船舶公司构成非法经营罪，而当时，法院适用的就是第 225 条第 4 项的"兜底条款"。

根据一些媒体的报道，我们了解到，在 2000 年以前，黄浦江上的水上加油业务都由中石化经营，但由于在黄浦江上，那些运煤船舶主要需要补给的是重油，而经营重油的话，不仅利润比较低，而且管理船舶费用比较高，风险比较大。所以中石化在 2000 年时就退出了水上加油的领域，从而民营企业取代国有企业，开始经营黄浦江的水上加油业务，填补了市场空缺。正是由于民营企业的及时介入，保证了对运煤船的补给。但是，根据有关法规，民营企业很难取得成品油经营资质，因此，这些民营加油企业都无法具备成品油的经营资质。我认为，尽管这种行为是违规的，但是对社会发展是有利的，如果一定要把它按犯罪处理并没有太大的意义。所以，二审改判为无罪。像这种类似的情况，我认为就不要把"非法经营罪"的"小口袋"拉得太大。

（三）信用卡养卡套现行为的刑法分析

近年来，违反国家规定，使用销售点终端机具（POS 机）、网上支付、电话支付等方法，以虚构交易、虚开价格、现金退货等方式向信用卡持卡人直接支付现金的信用卡套现行为日益增多，已蔓延至全国，特别在当前全球金融危机和我国中小企业融资难的情况下，通过非法中介进行信用卡套现的情况急剧增加，套现金额和笔数增长迅速。基于此，"两高"《关于办理妨害信用卡管理刑事案件具体应用法律若干问题的解释》（下文简称《解释》）第 12 条规定："违反国家规定，使用销售点终端机具（POS 机）等方法，以虚构交易、虚开价格、现金退货等方式向信用卡持卡人直接支付现金，情节严重的，应当依据《刑法》第 225 条的规定，以非法经营罪定罪处罚。"尽管司法解释对此类行为进行了专门规定，但信用卡养卡套现中仍有不少疑难问题没有解决。下面，我们就有关信用卡养卡套现的相关问题进行探讨。

我们先来看一下，什么是"养卡"。所谓"养卡"，实际上指的是行为人先行垫资替信用卡持卡人归还已到透支期限的金额，随后采取真实交易或是 POS 机以虚假刷卡消费的方式取回垫资款，以延长持卡人的透支期限，行为人则收取一定比例手续费的行为。

根据《刑法》第 225 条以及《解释》第 12 条的规定，理论上有观点认为，信用卡透支到期后，行为人替持卡人还款，等同于行为人将该笔款项交给持卡人，与信用卡"套现"并无本质不同。所以，上面我们所讲到的"养卡"行为均属于《解释》所规定的非法经营行为。

虽然"养卡"行为确实具有较大的社会危害性，但能否一概以非法经营罪认定，还应视其是否符合非法经营罪及相关司法解释的条文规定。事实上，根据行为人在收回垫资款及手续费时有无额外帮助持卡人"套现"，可以将"养卡"行为划分为单纯"养卡"行为(非"套现"型"养卡"行为)和"套现"型"养卡"行为。我认为，单纯"养卡"行为不构成非法经营罪，而"套现"型"养卡"行为理应构成非法经营罪。理由主要有以下几点：

首先，单纯"养卡"行为不符合《解释》的相关规定，将该行为认定为非法经营罪也与《解释》相关条文的原意相背离。根据《解释》第 12 条的规定，无论是何种形式的"养卡"行为，只有在行为人向信用卡持卡人直接支付现金且情节严重的情况下，才能以非法经营罪论处。而在单纯"养卡"行为中，行为人无论是以 POS 机虚假刷卡消费的方式，还是以真实交易的方式取回垫资款及手续费，实质都只是将持卡人信用卡内的金额转移至自己的账户内，以收回自己的垫资款及手续费，目的仅仅是激活已经到期且即将失效的信用卡而非向持卡人直接支付现金。同时，《解释》之所以将协助信用卡持卡人"套现"的行为认定为非法经营罪，主要原因是信用卡"套现"行为不仅增加了金融秩序中的不稳定因素，而且还给发卡银行带来巨大的信贷风险。但就单纯"养卡"行为而言，一方面，行为人并未帮助持卡人套取银行的资金；另一方面，在持卡人无法及时归还透支款项，银行面临无法收回款项的巨大风险的情况下，行为人替持卡人归还透支款的行为，实际上对于银行顺利收回透支款项还起到了一定的帮助作用。因而，从

《解释》第 12 条规定的原意来看,行为人单纯"养卡"的行为也不应认定为非法经营罪。

其次,"套现"型"养卡"行为符合《解释》第 12 条的相关规定。应当看到,这类"养卡"行为的操作流程是行为人先垫资替信用卡持卡人归还已到透支限期的金额,随后用 POS 机以虚假刷卡消费的方式取回垫资款,并在取回垫资款的同时还以该种方式帮助持卡人套取卡内金额,行为人则就此收取一定比例的手续费。而这类"养卡"行为实际上可划分为两种具体行为:一种行为即为前面所讲到的单纯"养卡"行为;另一种行为则为使用 POS 机协助持卡人"套现"的行为。虽然单纯"养卡"行为不构成非法经营罪,但行为人使用 POS 机协助持卡人套现的行为却无疑符合《解释》的规定。因此,对于这类行为,司法机关理应以非法经营罪追究行为人的刑事责任。

然而,司法实务中经常会出现行为人以真实交易的方式实施"套现"型"养卡"行为。例如,行为人在替持卡人归还透支款 100 万元后,使用持卡人的信用卡在淘宝上购买价值 400 万元的手机充值卡,随后在自己设立的网店上出售该批手机充值卡,以此方式套取现金 400 万元,扣除垫付款及手续费共计 108 万元后,将剩余的 292 万元直接支付给信用卡持卡人。对于这类以真实交易的方式实施的"套现"型"养卡"行为,是否构成非法经营罪?

我认为,这类以真实交易的方式所实施的"套现"型"养卡"行为,仍然可以构成非法经营罪。理由是:在该种情形中,虽然涉及手机充值卡、加油卡的交易行为是客观存在的,但这种真实的交易行为实际上并非存在于行为人与信用卡持卡人之间,而是存在于行为人和出售手机充值卡等物品的淘宝网店主及购买手机充值卡等物品的淘宝网消费者之间。应该看到,《解释》第 12 条所规定的虚构交易、虚开价格、现金退货等虚构方式,显然是指在行为人与信用卡持卡人之间不存在真实交易行为,而并非指在行为人与其他人之间不存在真实交易。据此,只要行为人与信用卡持卡人之间不存在真实的交易行为,就完全可以适用《解释》第 12 条的规定,而将这类行为认定为非法经营罪。

好,关于破坏社会主义市场经济秩序罪的内容,我就给大家介绍到这了,谢谢大家!

第九讲

侵犯公民人身权利、民主权利罪(一)

从这一讲开始,我们来学习侵犯公民人身权利、民主权利罪,由于这部分的内容比较重要也比较多,所以我将分四讲给大家讲述。

一、故意杀人罪

我们首先来看故意杀人罪。所谓故意杀人罪,是指故意非法剥夺他人生命的行为。

(一)故意杀人罪的构成要件

1. 故意杀人罪的客体

故意杀人罪的客体是特定公民的生命权利。有一句话叫做"生命诚可贵,爱情价更高",但是,如果人没有生命的话是不可能有爱情的,所以人的生命是享受、行使其他一切权利的基础和前提。包括中国在内的当今世界各个国家和地区一般都把保护公民的生命权利放在首位,这也就意味着,任何公民的生命都应当受到法律的保护。就此而言,我们可以说,故意杀人罪是刑法中最严重的一种犯罪。生命应始于何时、终于何时的问题也就成为刑法分论研究故意杀人罪的时候,首先需要解决的问题。下面,我来讲一下判断生命始于何时、终于何时的标准。

第一,关于人出生的标准。

关于人出生的标准,在刑法理论上有"断带说""露出说"等各种各样的学说,当今世界上普遍主张的是"独立呼吸说",这种学说认为胎儿全部脱离母体后,能够进行独立呼吸的,才算是有生命的人。我国刑法也是以"独立呼吸"作为一个生命开始的标准。生命从何时开始的问题,实际上会影响对某些行为性质的认定。例如,行为人拳击怀孕妇女,导致该妇女流产,如果行为人主观上不具有杀人故意,通常我们不会将这种导致"胎儿死亡"结果的行为定性为故意杀人罪的。由于这个问题很好理解,所以我就不详细介绍了。

第二,关于人死亡的标准。

关于人死亡的标准,刑法理论上也有不同的学说。有人主张"呼吸停止说",认为人的死亡应以呼吸停止作为标志。应该说,这一观点在相当长的一段时间内属于较为传统的观点,但是后来随着医学的不断发展,停止呼吸的人被救活的情况大量出现,坚持这一学说者已经不多。有人主张"脉搏停止说",认为人的死亡应以脉搏停止跳动作为标志。由于这种学说难以概全,特别是在医学高度发展的今天,脉搏停止跳动者,经抢救后得到恢复的情况常有出现,所以现在坚持这种学说的人也很少了。也有人主张"心脏停止说",认为人的死亡应以心脏停止跳动作为标志。应该看到,这一学说在以往长时间地被世界各国和地区的刑法所接受和采纳,但是,随着现代医学的发展,实践中已经出现许多心脏停止跳动几分钟,甚至十几分钟,经抢救仍然得到恢复的情况。许多人甚至借助于心脏移植或者使用人工心脏等手术,使生命长期得以持续。因此,在当今世界上这一学说也逐渐地遭到人们的否定。目前普遍主张的是"脑死亡说",这种学说认为人的死亡应该以大脑功能停止活动为标志。因为,医学发展至今尚未发生过在人的大脑功能停止活动后经抢救医治得以恢复的情况。

最早引发人们对"心脏停止说"或"呼吸停止说"和"脑死亡说"争议的是发生在苏联的一个案件。基本案情如下:一个女工在马路上行走的时候被一辆汽车撞倒,肇事司机把女工送到医院抢救,医生很快为这个女工制订了抢救方案,同时成立了一个抢救小组。这个抢救小组的组长由一个已经取得博士学位的医生来担任,他在对这个妇女进行抢救之前,首先对她进行了脑电图、心电图等各种测试,测试的结果表明这个女工尽管还有心脏跳动,但是她的大脑已经死亡了。于是,这位医生下令停止抢救。法院在审理这起交通肇事案件的时候,肇事司机的辩护人认为,这个案件中真正导致这个女工死亡的原因是这位医生的医疗失误。因为他在下令停止抢救的时候,女工还有心跳,按照"心脏停止说"的死亡标准,女工并没有死亡。医生坚持认为,自己是按照医学上的正规程序,首先对女工做了一系列相关的测试,测试的结果可以断定女工大脑已经死亡。从医学的角度看,已经脑死亡的人是不可能再被救活的。正是由于当时法学判断人死亡的标准是"心脏停止说"和"呼吸停止说",但是医学界认为人死亡的标准是"脑死亡说"。这种情况下,对于在认定人的死亡标准上,出现了法律的标准和医学的标准不一致的情况。于是这个案件在全世界范围内引起了广泛的讨论,人们也因此开始认识到,随着医学的发展,心脏停止跳动和呼吸停止的人,很多是可以被抢救过来的,而目前的医学技术下,脑死亡的人没有办法得到救治,因此越来越多的人开始关注和认可"脑死亡说"。

与世界上其他国家和地区一样,我国刑法中有关人出生和人死亡的标准也有一个发展过程,经历了从采用"心脏停止说"或"呼吸停止说"作为判断人死亡的标准逐渐转变为采用"脑死亡说"作为认定人死亡的标准。分析这一发展过程,我们不难发现,刑法上有关人死亡的标准的变化显然都与医学技术的发展直接相连。可以预见,随着现代医学技术的进一步发展,判断人死亡的标准必然还会发生变化。大家需要注意,我国司法实务中也是采取脑死亡作为判断死亡的标准,但是,脑死亡的标准还没有法律的规定。实践中曾有人在全国人大会议上提出制定《脑死亡法》的提案，只是由于条件尚不成熟而没有获得通过。但是无论如何，司法实务界中采取的也是"脑死亡说"。

这里还有两个需要大家注意的问题。其一，脑死亡和植物人是有区别的。植物人并不意味着脑死亡，虽然他大脑的某一部分出现了问题，但是他能够像"植物"那样存在，这就证明他的大脑并没有死亡。其二，我们既然承认脑死亡是人死亡的一个标志，就需要确定脑死亡发生的时间。从医学角度看，它既有可能发生在呼吸停止和心脏停跳之前，也有可能发生在呼吸停止和心脏停跳之后。刚才讲的案例中，苏联博士医生就是判断女工的脑死亡发生在呼吸停止和心脏停跳的前面。事实上，心脏停止跳动以及呼吸停止被我们救活的例子已经很多，但是，到目前为止，还没有一个人脑死亡以后还能被救活的例子。

第三，刑法和民法对于生命开始和终结的标准存在不同的理解。

我们前面讲过，刑法和民法看问题的角度不同，刑法看行为，而民法看关系。具体到生命开始和终结标准的问题上，民法和刑法当然也存在区别。关于生命终止的标准，我曾经问过一位民法老师。他的回答是，医生开具死亡单据是生命终止的标准，而刑法研究的是医生是依据什么标准来开具死亡单据的。民法是从法律关系的角度来看死亡，因为死亡单据一开，人的权利义务就开始产生变化。刑法是从行为角度看死亡，因此关心的是死亡的结果是什么时候形成的。由此可见，刑法和民法对生命终结标准的研究是不一样的。我们需要注意，已经死亡的人是尸体，已经没有生命的存在，因而也不存在有"生命"被非法剥夺的可能性，不能成为故意杀人罪的对象。除行为人主观上有认识错误，比如误将尸体当作活人进行杀害，可能构成故意杀人罪并按对象不能犯的杀人未遂处理外，在其他行为人明知是尸体的情况下所实施的行为，行为人都不可能构成故意杀人罪，如果行为人的行为符合侮辱尸体罪的构成要件，可以按侮辱尸体罪处理。

同样，关于生命开始的标准，民法和刑法也存在区别。刑法以独立呼吸作为生命开始的标志，这就意味着胎儿不属于具有刑法意义上的有生命之人，不存在有"生命"被非法剥夺的可能性，所以不能成为故意杀人罪的对象。如果行为人对怀孕妇女腹中的胎儿进行打击的话，不可能构成故意杀人罪，而可能构成对怀孕妇女的故意伤害罪。如果把这种行为认定为故意杀人罪，那么所有堕胎的行为也都构成故意杀人罪。这与之前实行的计划生育政策是明显违背的。在我国，堕胎行为是不违法的。而民法是把胎儿作为人来看待的，尽管胎儿跟一般的人仍然有所区别，但是胎儿仍然享有一些权利，比如胎儿也享有继承权。

2. 故意杀人罪的客观方面

下面，我来讲一下故意杀人罪的客观方面。故意杀人罪的客观方面表现为非法剥夺他人生命的行为。从行为形式上分析，故意杀人罪既可以由作为构成，也可以由不作为构成。我重点讲一下故意杀人罪的不作为形式。

不作为构成故意杀人罪的只限于那些负有防止死亡结果发生的特定义务的人，这种特定义务有三个不同的来源。

第一,有些义务源于法律所作的规定。比如说,母亲故意不给婴儿哺乳,最后导致婴儿被饿死。对于母亲来说,她的行为构成故意杀人罪,因为按照我国法律规定,父母对未成年子女负有抚养的义务。母亲有能力对于自己的婴儿哺乳,而故意不哺乳的,当然可以按不作为形式的故意杀人罪加以认定。

第二,有些义务来源于人的职责。比如说,医生对求治的病人故意见死不救,最终导致病人因为没有得到及时救治而死亡,对于医生来说,他的行为构成故意杀人罪,因为医生负有救死扶伤的特定义务,如果故意拒不抢救病人导致其死亡,也可以按不作为形式的故意杀人罪认定。

第三,有些义务还来源于行为人的先前行为。比如说,行为人带未成年人去海边游泳,眼见未成年人将要淹死,在自己完全有能力救助的情况下,故意见死不救,对于行为人而言,可能构成故意杀人罪。因为行为人带未成年人去游泳的先前行为实施后,就已经产生了保证未成年人生命安全的义务,当未成年人遇到危险时,行为人故意见死不救的,同样可以按不作为形式的故意杀人罪认定。

下面请大家分析一个案例。我们生活中经常会见到夫妻之间吵架时,丈夫对妻子说:"你去死吧!"结果妻子真的自杀了。丈夫的行为构成故意杀人罪吗? 这个问题的关键就是夫妻之间是否存在法律上的"救助义务"。

有的观点认为,法律明文规定了三种"养"的义务,包括平辈之间的扶养义务,上辈对下辈是抚养的义务和下辈对上辈的赡养义务。因此,夫妻之间的义务只是扶养的义务,并不包括救助的义务。这种观点对扶养义务的理解过于狭隘。我认为,救助义务是扶养义务的应有之义。我们来比较一下,丈夫连妻子死活都不管,还谈什么扶养的义务呢? 这不是"养死人"嘛! 所以,从举轻以明重的原理看,像丈夫给妻子喂饭这种扶养义务属于法律上的义务,那么丈夫抢救妻子的生命也一定是法律上的义务,因为没有了生命何谈扶养呢?

生活中还有这样的一种情况:甲和乙是男女朋友,有一次两人在争吵中,乙哭着说自己不想活了,甲就说那你去死吧,同时给了乙一瓶毒药,乙喝完毒药之后死亡。虽然男女朋友之间不具有夫妻之间的法定扶养义务,但是这种情况我们可以从先行义务角度来分析。甲给乙毒药的行为是先行行为,这种行为有帮助乙死亡的性质,而这个帮助的先前行为就引发了一个救助的义务。甲在现场,看到了乙处于一个危险情况,能救而不救。很显然,甲构成不作为的故意杀人罪。如果甲只是说让乙去死,并没有给乙提供毒药,我们认为甲并没有先行行为,因此甲的行为不构成故意杀人罪,最多只是道德上的问题。在我们长宁校区就曾经发生过类似的案件。有一个女青年,其实她不是我们学校的,她经过我们学校华政桥的时候,正打电话和在北京的男朋友吵架,吵的时候由于情绪过于激动,她竟然从华政桥上跳进了苏州河溺水而亡。我认为,这个男朋友是没有刑事责任的。因为他们毕竟不是夫妻关系,况且他在北京,不可能马上来到现场阻止女青年跳河。当然,对于那位女青年的身亡,我们感到十分可惜,其实我们每个人都应该珍惜自己的生命啊!

（二）故意杀人罪的认定

接下来,我们来看如何认定故意杀人罪的问题,这也是我们学习的重点,大家需要从以下五个方面来掌握。

1. 直接故意杀人与间接故意杀人

第一个方面,我们要注意划清直接故意杀人与间接故意杀人的界限。很明显,两者的区别在主观方面。直接故意杀人是指行为人明知自己的行为会发生被害人死亡的结果,并希望这种结果的发生;而间接故意杀人是指行为人明知自己的行为可能会造成他人死亡的结果,而放任这种结果的发生。从意识因素上分析,直接故意杀人和间接故意杀人的行为人都对自己的行为会造成他人死亡的结果有预见,只是预见的程度有所不同。直接故意杀人的行为人对自己的行为会造成他人死亡结果的预见存在必然性和可能性两种,而间接故意杀人的行为人对自己的行为会造成他人死亡结果的预见则只能存在可能性一种。从意志因素上分析,直接故意杀人和间接故意杀人的行为人对于发生被害人死亡的结果所持有的态度有很大的不同。直接故意杀人的行为人对被害人死亡结果的发生持希望的态度,而间接故意杀人的行为人对自己的行为会造成他人死亡结果的发生则持放任的态度。

给大家举一个例子,甲想杀死乙,看见乙和丙在一起吃饭,甲拿了一个手榴弹扔向了乙。甲对乙是直接故意的杀人行为,那么,我要问的是,甲对丙是什么主观故意?（下讲台提问）

学生 1:"间接故意吧。"

学生 2:"我也觉得是间接故意。"

提问:"理由呢?"

学生 2:"因为丙毕竟不是甲的仇人,所以甲对丙的死亡是持放任的心态的。"

（回讲台）你们的观点错就错在没有认识到放任是一种意志因素,是要受到意识因素制约的。我们都知道,一个手榴弹足以杀死包括乙在内的所有人,那么甲对丙的死亡结果是必然预见,当甲对危害结果有必然性预见时仍实施相关行为,这就证明了甲对丙死亡的结果是持希望即我所说的"肯定"的态度。我认为,在这种情况下,甲不可能是持放任也即我经常说的"既不肯定也不否定"态度的。这是需要大家特别注意的地方。

另外还需要注意的是,直接故意杀人存在犯罪目的,而间接故意杀人则不具有犯罪目的。直接故意杀人有未遂问题,而间接故意杀人则不存在未遂问题。

2. 自杀行为的定性

第二个方面是有关自杀行为的定性。主要包括行为人自杀和行为人的行为引起他人自杀两种情况,下面我为大家分别介绍一下。

首先,我们看一下行为人自杀的情况。自杀是行为人故意剥夺自己生命的行为,由于行为人实际剥夺的是自己的生命而非他人的生命,因此,如果确实是出于自愿,我国刑法并不认为可以构成故意杀人罪。但是,国外某些法律规定,行为人如果是为了逃避债务或者法律责任而自杀未遂,行为人仍然可能要构成犯罪。有一种观点认为军人在战斗的时候自杀,也应该被认定为犯罪。我认为发生这种情况的可能性不大,刑法只规定了战时自伤罪而没有规定战时自杀罪,因为军人为了逃避战斗的目的就是为了保全自己的性命,他怎么可能因为怕死而选择自杀呢? 他只可能会去自伤。

其次,行为人的行为引起他人自杀的是否要负刑事责任的问题,这也是我们研究的重点问题。我认为,对于行为人引起他人自杀的行为定性不能一概而论,而应作具体分析,主要有以下几种情况需要大家把握。

第一,正常行为引起他人自杀。如果行为人的正常行为引起他人自杀的,行为人不负刑事责任。比如说,教师正常批评学生,引起学生自杀;父母正常教育子女,引起子女自杀等。由于教师和家长等人的行为都属于正常行为,即使引起他人的自杀,也不会发生刑事责任问题。

第二,轻微的违法行为引起他人自杀。如果行为人的轻微违法行为引起他人自杀的,行为人也不负刑事责任。

大家来看这样一个例子。现在的闵行区,原来我们叫做上海县,在这个区的莘庄发生过一个案件,这个案子和摘棉花有关。我曾经在农村摘过棉花,在农活中我最喜欢做的就是摘棉花,为什么喜欢呢? 因为它跟挑担子或者耕地不一样,是农活中最轻的活,适合我干。(全场笑)而且摘棉花会带给人一种丰收的感觉,我们在摘之前一眼看过去,农地全部是白花花的,等我们摘完以后再一眼望过,农地全部是黑乎乎的。(全场笑)我也很喜欢采摘棉花时的手感,那段经历令我至今记忆犹新。(全场笑)回过头来讲这个案件。当时有一个生产队长,他正在农地里一排一排地摘棉花,在他旁边一排也有一个妇女在摘棉花,由于上海的棉花的枝干比较高,人在棉花田间别人看不到。生产队长趁四周没有人的时候,跑到妇女的身边,对着她的脸摸了一下。这个妇女很要面子,她觉得自己的脸怎么能被人家随便摸呢? 被人家摸过的脸还怎么见人呢? 由于这个农村妇女思想上极端保守,当天下午她就上吊自杀了。那么,生产队长构成犯罪吗? (下讲台提问)

学生1:"不构成,因为我觉得他不是故意的,他只是摘棉花时恰巧碰到了妇女。"

提问:"你的想象力比较丰富,案件中他就是故意跑过去摸妇女的脸。"

学生1:"即使他是故意的,我觉得也不构成犯罪。"

提问:"为什么?"

学生1:"因为他的行为跟妇女的死亡没有因果关系。"

提问:"不去考虑因果关系,他的行为和妇女的死亡总归是有联系的,如果他不去摸妇女的脸,妇女是不会自杀的。"

学生2:"我觉得不构成犯罪。因为这种行为在社会上是很多的,而且其他人是不会因为这种行为选择自杀的。"

(回讲台)这个同学讲得有道理。大家需要注意,司法实践中的自杀是一个十分复杂的问题。自杀行为是由人的意志决定的,而人的意志又受到自身的文化、素养、忍耐力等各方面因素的影响。有些行为人的行为相当严重,但是对方却没有自杀。有些行为人的行为相当轻微，但对方却选择自杀。考察行为的社会危害性主要应该从行为本身加以考察，他人自杀的结果仅仅是反映危害程度的因素之一。如果行为人已经构成犯罪的情况下，他人自杀的结果才能作为量刑的因素考虑。不能因为有了人死的结果，就一定认为行为的危害很严重。比如，邻居之间的争吵中，夹杂了一些侮辱人格的语言，从而引起了当事人的自杀，由于行为人的行为本身并没有达到犯罪的程度，所以即使引起他人自杀，也不应发生刑事责任问题。反之，也不能因为没有出现人死的结果，就一定认为行为的危害就不严重。

第三，因犯罪行为引起他人的自杀。对于行为人的犯罪行为比如强奸、侮辱、诽谤、强迫卖淫和诬告陷害等，引起他人自杀的案件应如何处理？一般认为，在这种情况下，由于行为人的行为并不是直接指向他人的生命，所以不能认定为故意杀人罪。但是，行为人也应该对他人的自杀后果承担刑事责任，我们先对行为人的行为本身所构成的犯罪定罪，把他人自杀的后果作为量刑时考虑的情节。比如说侮辱、诽谤引起他人自杀，我们按照侮辱、诽谤罪定罪之后，把引起人家自杀的结果作为一种从重处罚情节。

第四，逼迫他人自杀。如果甲要吃一颗糖，但是乙就是不给甲，这是属于逼迫吗？构成犯罪吗？（下讲台提问）

学生 1："逼迫就是指自己失去选择权，但不给糖吃对一个人没那么重要，所以我认为不是犯罪。"

提问："如果甲想吃饭，而乙就是不给甲吃饭呢？因为人是不能不吃饭的，乙的行为构成犯罪吗？"

学生 1："构成。"

提问："构成什么罪？不给吃饭罪？"

学生 2："我觉得还应该加一个前提才能判断是否构成犯罪，比如是不是甲已经快要饿死了，这种情况就是故意杀人罪。"

提问："很正确，我们还需要结合逼迫程度来判断行为人是不是已经侵犯了他人的生命权。如果行为人逼迫一个妇女卖淫，这妇女被逼跳楼，行为人构成什么罪？是故意杀人罪还是强迫卖淫罪？"

学生 2："强迫卖淫罪。"

（回讲台）逼迫他人自杀的情况比较复杂，关键是看这种逼迫的程度。如果逼迫没有达到一定的程度是不能按照犯罪处理的。如果逼迫达到了一定的程度，对行为人定罪关键在于行为的直接指向。如果这种逼迫行为直接地指向了人的生命，我们就应该按照故意杀人罪来处理；如果这种逼迫行为没有直接指向人的生命权，比如刚才所举的逼迫妇女卖淫的例子，行为人还没有直接威胁到她的生命，但是妇女却选择了自杀。这种情况应该按照强迫卖淫罪定罪处罚，而被逼迫妇女自杀的结果作为该罪的量刑情节考虑。

下面我给大家简单总结一下。我把"逼迫"分成三种情况，刚才所举的行为人不给对方糖吃，这是一个常态的逼迫，是不可能构成犯罪的；行为人用追杀的方式逼着别人从悬崖上跳下去,这种情况按照故意杀人罪定罪处罚;行为人逼迫妇女卖淫导致妇女跳楼自杀的,这种情况可以按照强迫卖淫罪定罪处罚,将被逼卖淫的妇女的自杀结果作为一个量刑情节考虑。这些就是我们讲的逼迫他人自杀的有关问题。

第五,教唆、帮助他人自杀。首先,我们来看教唆自杀。比如甲说自己很郁闷,乙对甲说,死亡可以摆脱一切烦恼。后来甲果真按照乙的话自杀身亡。乙构成犯罪吗?(下讲台提问)

学生:"乙不构成犯罪,尽管乙教唆甲自杀,但是甲是一个正常的人,他可以选择自杀,也可以选择不自杀。"

提问:"但是甲原来并没有自杀的想法,是乙的一句话让甲产生了自杀的念头。对于这个问题你怎么解释?"

学生:"尽管是乙的话让甲产生自杀的念头的,但自杀仍然是甲自己决定并最终实施的,乙并没有帮助甲自杀。所以乙仍然不能构成犯罪。"

(回讲台)大家要从法理的角度思考这个问题。之前我们讲过,一个人自杀是不构成犯罪的。那么行为人教唆他人实施一个不构成犯罪的行为,教唆者也是不可能构成犯罪的。理论上把教唆他人自杀称为"不可罚的教唆",就是因为自杀本身不构成犯罪,那么教唆自杀行为也不构成犯罪。大家需要注意,这是有一个前提条件的,就是被教唆的人必须是达到法定年龄的,有刑事责任能力的人。因为只有正常的人才具有自由的意志,才能够正确决定自己的行为。这是大家需要理解的第一点。

另外,教唆他人自杀还有三种情况需要我们注意。

第一种情况,教唆精神病人或未达法定年龄人自杀。精神病人或未达法定年龄人没有自由的意志,不能正确决定自己的行为和正确地判断自己的意志。对于教唆、帮助精神病人或未达法定年龄人自杀的,理论和实践上一般认为,这实际上是借精神病人或未达法定年龄人的手实施杀人行为。这是因为,精神病人和未达法定年龄人都属于无责任能力的人,对他们进行教唆、帮助无异于"借刀杀人"。因此,对于实施教唆、帮助精神病人或未达法定年龄人自杀行为的人,应以故意杀人罪认定。

第二种情况,我们叫做教唆、引诱或者帮助邪教练习者自杀。我们把"法轮功"练习者称为邪教练习者,也按照故意杀人罪来定,这个是由司法解释规定的。最高人民法院、最高人民检察院分别于 1999 年和 2001 年出台两个司法解释,把指使、胁迫"法轮功"练习者实施自杀、自伤和自残的行为,认定为故意杀人罪或者故意伤害罪。

第三种情况,利用封建迷信教唆他人自杀。尽管对这种行为能否按故意杀人罪处理还存在争议,但实践中一般认定为故意杀人罪。四川曾经发生过一个典型的案例。在四川的一个农村里,甲是一个踏实勤劳的农民,经过他的辛勤劳作,家里的日子过得非常红火。乙是村里有名的二流子,好吃懒做,他对甲的生活十分嫉妒。有一天,乙对甲说:"我昨天晚上梦见了玉皇大帝,他让我告诉你,叫你在下周一全家跳到村边的河里,玉皇大帝会专门派人来接你们升天。你们不用超度就能上天,这是玉皇大帝对你们全家的恩赐。"甲听后信以为真,就对乙说:"我这几天就把家里的东西安置一下。"乙说:"我知道你家里有两头猪,一头猪你们抓紧时间把它杀死吃掉,因为天上不一定有猪肉吃，那另外一头猪我帮你养。你也把房子的钥匙给我，我帮你看着。你上天之后还要下凡的，下凡以后就别住宾馆了，还住家里。"甲觉得乙想得很周到，就按照乙的提议，把家里安排妥当。到了周一的时候，甲分别在妻子、儿子和自己身上都绑上了大石头，先把妻儿推到河里，自己跟着也跳了进去。甲跳进河以后，呛了很多水，感觉很难过，本能地产生了自救的念头。这时候他突然清醒了，因为升天应该是一件很快乐的事情，怎么会这么难过呢？于是，他怀疑乙记错了玉皇大帝告诉他跳河的时间。万一是这种情况，他死了也不能升天。想到这，由于甲的水性特别好，他挣扎着就浮出了水面。请问大家，我们如何认定甲和乙的行为？（下讲台提问）

学生 1："甲是故意杀人罪，乙也是故意杀人罪。"

提问："可是甲的妻子都是自愿绑石头的，而甲也是自愿相信乙的行为的，这样还是故意杀人罪？"

学生 2："可是甲有帮助他妻子自杀，乙也编造了一个故事欺骗甲，导致他全家自杀。"

（回讲台）这位同学关于甲是不是构成犯罪的分析还是有一定道理的。因为，甲的帮助行为直接导致了妻儿的死亡，尽管妻儿是同意跳河的，但是我们还是要按照故意杀人罪处理。这个案件的关键是我们如何认定乙的行为。乙是利用了甲的迷信思想，教唆甲自杀。实际中乙被认定为故意杀人罪，但是理论上存在很大争议。我认为，行为人利用他人迷信思想教唆他人自杀，是否应该定故意杀人罪，还是应该看被教唆人的具体状态。如果这种迷信思想引导他人自杀的情况能定故意杀人罪的话，就会产生另外一个问题，也就是对于借别人醉酒的时候引诱他人自杀的行为应该怎样认定？比如说，行为人借他人醉酒的状态，诱骗行为人去以跳楼的方式拥抱蓝天，他还欺骗行为人在跳楼的时候会长翅膀。而人在醉酒的情况下神志不清，很可能会做出这些行为。那么对借别人醉酒的时候引诱他人自杀的行为应该怎样认定，我认为，也是很值得讨论的问题。

接下来，我们来看帮助他人自杀的情况。

帮助他人自杀，理论上通常认为，如果帮助行为对自杀的实现起了作用，而且帮助行为与他人自杀的结果有因果关系，应该以故意杀人罪定性；如果帮助行为对自杀的实现不直接发生作用，而且帮助行为与他人自杀的结果没有因果关系的，帮助者不能承担故意杀人罪的刑事责任。帮助他人自杀的帮助和我们一般所说的帮助含义有所区别。比如说，甲为了自杀，向乙借了一把刀，乙也知道甲是用来自杀的，但是甲自杀的时候乙并没有在现场，这种情况下，乙的行为不属于帮助自杀中的"帮助"。前面我们讲过，男女朋友争吵过程中，男朋友给女朋友毒药，这种行为虽然有帮助的成分，但是我们按照先行行为认定为故意杀人罪，这种行为也不属于帮助自杀中的"帮助"。如果甲站在黄浦江边想要跳江自杀，但是突然感觉十分害怕，此时乙上前把甲推了下去，这种行为就属于帮助自杀的情形。因此，帮助自杀中"帮助"的含义和一般所讲的"帮助"是有区别的，大家要围绕着我这个思路来思考。

第六,相约自杀。相约自杀是指二人以上约定自愿共同自杀的行为。由于自杀者本身并没有刑事责任问题存在,因此,如果相约自杀者都已死亡,对于其中的任何一方都不会发生刑事责任问题。

理论上一般认为,成立相约自杀必须符合两个条件。一是每个相约自杀者必须具有真实的自杀决意。如果自己没有自杀的真意,只是作出虚假的意思表示,相约与对方一起自杀,最终对方真自杀了,而自己并没有自杀。这实际上是诱骗他人自杀,假借对方之手,以达到杀死对方的目的。对于实施诱骗行为的一方应该承担故意杀人罪的刑事责任。二是自杀者相互间必须有共同的意愿。如果行为人打算自杀,也希望别人一起自杀,但没有和对方表达这种意愿就先把对方杀害,而自己自杀又没有成功的,也应当按故意杀人罪论处。

如果在相约自杀过程中行为人本身是想自杀的,只不过因为种种原因,自杀未成,这时行为人应该如何处理呢?比如说,甲乙相约跳河自杀,两人都跳下去了,由于甲的水性好最后被救了过来。对于甲来说,因为他在相约自杀的过程中起到了一定的推动的作用,也确实有一定的行为,并且这种行为在实际中对乙的自杀起到作用,那么我们认为,尽管甲和乙有相约自杀的共同意愿,仍然要追究甲故意杀人罪的刑事责任。但是,在量刑时应该与社会上一般的故意杀人罪区别开来,因为,这种情况中行为人的帮助行为毕竟是在得到另一方自杀者的承诺后实施的,它的性质与安乐死有相同之处。

3.“见死不救”行为的定性

接下来,我给大家讲一下“见死不救”是否构成故意杀人罪的问题。

我国现行《刑法》中没有关于“见死不救”的规定,因此,“见死不救”不能作为一个独立的罪名,我们主要从行为人是否构成故意杀人罪的角度来考虑。“见死不救”主要是一种不作为的行为,不作为构成故意杀人罪只限于那些负有防止死亡结果发生的特定义务的人才能构成。那么,如何认定见死不救的行为,我们分为几种情况来看。

第一种情况,医生的“见死不救”。医生面对病人生命垂危而见死不救,要不要负刑事责任?因为医生负有救死扶伤的特定义务,如果故意拒绝抢救病人导致病人死亡,应该认定构成故意杀人罪。需要大家注意的是,因为医生负有救助义务,作为义务源于他的职责,因此只有在工作期间,他才负有这种义务。如果在其他时间,医生的“见死不救”行为就要另当别论了。比如说,一名医生在旅游期间,遇到飞机上有一名乘客需要急救,如果这位医生拒绝对这名乘客抢救导致乘客死亡,尽管他具有医生的身份,但是,由于在工作时间以外,他不负有对病人的救助的义务。因此,我们只能对这名医生进行道德上的谴责,而不能将他的行为认定为故意杀人罪。

第二种情况,人民警察的“见死不救”。如果人民警察在执行公务期间眼见罪犯行凶而见死不救,构成犯罪吗?(下讲台提问)

学生1:“构成犯罪。”

提问:“构成什么犯罪?”

学生1:“过失致人死亡罪。”

提问:“我们不考虑法条,就是问你人民警察眼见罪犯行凶而见死不救和医生见死不救都是在工作期间,是一样的吗?"

学生 2:"不一样,因为警察的职责比医生的职责还要高。"

提问:"我不是问医生和警察的区别是什么? 我问的是他们的定性一样吗?"

学生 3:"两者的定性不一样。医生对患者的死亡是一种故意,而对警察来说,被害人并不是被警察杀死而是罪犯杀死,所以警察的'见死不救'和被害人的死亡之间是没有直接的故意关系的。"

(回讲台)这位同学回答得很好。医生的"见死不救"和病人死亡结果之间是具有因果关系的,而警察的"见死不救"和被害人的死亡结果之间,并不存在直接联系,导致受害人死亡的直接原因是罪犯的行凶而不是警察的"见死不救"行为。所以,警察的"见死不救"的行为并不直接指向被害人的生命,我们不能以故意杀人罪对警察定罪量刑。尽管警察"见死不救"中不救的行为没有直接产生被害人死亡的结果,但是却产生了犯罪没有被制止的后果。因为警察的职责是制止犯罪,但是犯罪却没有被制止,所以这种行为是一种渎职行为。但具体是构成渎职罪中的玩忽职守罪还是滥用职责罪呢? 从行为特征角度分析,警察是一种玩忽职守的行为,但是能否构成玩忽职守罪,我们还需要判断行为人的主观方面是否是过失。警察看到罪犯行凶而见死不救的主观方面,我认为,还是存在一定的故意成分。如果存在这种故意,警察的行为还能否构成玩忽职守罪还需要进一步讨论。由此看来,"见死不救"的行为并不必然构成故意杀人罪,根据行为指向的对象不同,也可能构成其他的罪名。

第三种情况,家庭成员间的"见死不救"。家庭成员之间,一方眼见另外一方生命垂危而见死不救,我们应该如何定罪? 这种情况大多数发生于生活在一起的家庭成员之间,比如老人生重病,子女不予救治。上海就曾发生过这样一个案件:甲男和乙女是夫妻,乙女十分虔诚地信仰一种宗教,她平时也向甲男传授教义。两个人平时就在一起学习教义,基本上断绝了与外界的联系。两个人结婚很长时间也没有性生活,当甲男向乙女提出这方面的要求时,乙女教导甲男放弃这样的念头,虔心信教。有一天,乙女告诉甲男自己马上"要为教而献身",但是自己死去之后很快就会复活。并且告诉甲男不要为她提供任何食物和水。甲男信以为真,过了很多天,乙女由于长时间的绝食很快就死了。甲男把乙女的尸体放在空调房间,等着乙女复活。就这样过了几个月以后,由于楼房管道施工,乙女尸体腐朽的气味引起了施工工人的怀疑,很快,乙女的尸体被警方发现。

大家认为甲男构成犯罪吗? 我认为甲男构成故意杀人罪。因为甲男对乙女负有法律上的救助义务,甲眼见乙绝食身亡而不救助,构成不作为形式的故意杀人罪。当然,实际中这种案件很少,因为证据很难找,但是证据难找不代表我们对这种行为不能定性。这个在前面我们已经专门讨论过,所以,我只是再简单重复一下。

4."安乐死"行为的定性

接下来,我们来看第四个问题——"安乐死"行为的定性。

安乐死一般分为两种,一种是绝对安乐死,也叫积极安乐死;另一种是相对安乐死,也叫消极安乐死。消极安乐死在现实中普遍存在,比如说一个人既没有停止心跳,也没有发生脑死亡,由于无法治愈,继续采取任何救治措施,也只是缓解病人的痛苦,延长一点时间而已,医生因此就不再采取任何治疗措施,这种做法就属于消极安乐死。由于消极安乐死在实践中普遍存在,我们没有办法将这种行为作为犯罪来处理,并且也很难定罪。现在争议较大的是另外一种情况,也就是积极安乐死,即行为人采取一定的行为,使用外力加速他人的死亡。一些病入膏肓并且身患绝症的病人,其自身很痛苦,对家庭和国家的负担都很重。我们能否采用打针等方式加速这类病人的死亡?对于积极的安乐死的认定,本来是没有什么可以争议的,就是按照故意杀人罪定罪处罚。有人曾在人大会议中提出应该将安乐死合法化提上议程,但是最终没有作为一个议案被正式提到大会上进行讨论。

世界上一些国家相继在法律中将安乐死合法化,其中荷兰是第一个将安乐死合法化的国家。荷兰国家虽然不大,但是在法律上制造了很多先例,比如同性恋结婚、吸毒和卖淫嫖娼的合法化。我们国家跟荷兰进行比较,仍然是比较难做到安乐死合法化的。主要的原因在于,荷兰国土面积比较小,国家对于一些制度的实施容易协调。相反,我国国土面积广阔,对于一些制度的实施很难操控协调。最关键的问题还在于我们如何正确判断可以实施积极安乐死的对象,也就是说,怎么对“病入膏肓”和“身患绝症”进行具体的限定。荷兰专门成立了一个委员会,申请实施安乐死的病人必须经过这个委员会的认可以后,才可以完成安乐死。我们国家有众多省份,需要建立很多这种专门鉴定安乐死的委员会,而且在医疗实践的角度,也很难有一个统一的标准。比如说,同样一种病,有的医生认为是绝症,而有的医生认为可以治愈。

到目前为止,尽管我们认为安乐死对于个人、社会乃至国家都具有一定的积极意义,但是由于安乐死合法化还需要一系列制度的保证,特别是在程序上有许多细节要加以讨论,我国立法上还没有将安乐死合法化的规定和考虑。但对于构建和谐社会而言,安乐死合法化这条路是一定要走的。最后大家注意,对积极安乐死的行为实施者,应追究故意杀人罪的刑事责任,只是量刑时应与社会上一般故意杀人行为有所区别,可以从宽处理。

5. 利用智能机器人杀人行为的定性

随着人工智能技术的发展,滥用人工智能机器人的行为也开始出现,杀手机器人的出现一度引起恐慌。它的可怕之处在于其可以识别各种伪装,精准地搜寻到打击对象并一击即中。这种致命性的自主武器成本低,却威力巨大。但探究其工作机制,我们可以发现,用杀手机器人夺取人的性命,与用刀、枪、棍棒等夺取人的性命并无本质上的不同,都是非法剥夺他人生命的行为,按照故意杀人罪定罪量刑即可。或许会有人提出,如果行为人意图针对的打击目标与杀手机器人最终打击的对象不一致,即杀手机器人实施的行为与行为人预想的行为存在偏差,应当如何处理?笔者认为,这种情况可以用事实认识错误的理论解决。正如行为人放狗咬人,本来希望狗咬死甲,但狗却咬死了乙,狗的“错误”不影响对行为人行为的定性,对行为人仍应以故意杀人罪(既遂)来认定。杀手机器人作为完全受行为人设计和编制的程序控制的个体,其在执行杀人指令时,与上文中所说的狗并无本质区别,因此其所犯的“错误”也不应影响对行为人行为性质的认定。

(三) 故意杀人罪与过失致人死亡罪

接下来,我们来分析一下如何划清过失致人死亡罪与故意杀人罪的界限。所谓的过失致人死亡罪,是指由于行为人的过失而造成他人死亡结果的行为。

第一,过失致人死亡罪必须有他人死亡的实际结果才可能构成犯罪,而构成故意杀人罪并不一定要有他人死亡的实际结果。故意杀人罪的结果通常会出现三种情况,分别是人被杀死、人没死但是受伤和人既没死也没受伤。形象地说,甲一刀把乙杀死,这叫做一刀毙命;还有一种情况是甲一刀砍下来,乙躲闪后没有丧命但是重伤;第三种情况是甲一刀砍下来,乙练过气功,不但乙毫发无伤,刀也断了。(全场笑)这三种情况我们应该如何处理? 由于故意杀人罪是结果犯,所以在第一种情况中,甲构成故意杀人罪既遂;而在第二、三种情况中,甲构成故意杀人罪未遂。有人认为,既然没有出现死亡的结果,甲就不应该构成犯罪。这种观点混淆了犯罪形态和犯罪成立条件。尽管被害人没有死亡,但是我们仍然要以故意杀人罪未遂定罪处罚。也就是说,被害人死亡的结果只是故意杀人罪既遂的标准,而不是故意杀人罪成立的条件。

在过失致人死亡罪中,被害人死亡的结果是过失致人死亡罪的成立条件。也就是说,没有死亡的结果就不构成过失致人死亡罪。如果出现致人重伤的后果,行为人成立过失致人重伤罪。如果没有出现重伤的结果,那么行为人就不构成犯罪。由此可见,故意杀人罪的死亡结果是用来判断犯罪形态的,过失致人死亡罪中的死亡结果是用来决定是否构成犯罪的,这属于两个层面的问题,请大家不要混淆。

第二,行为人的主观方面不同是两个罪名的关键区别。我们应该特别注意过于自信过失致人死亡行为与间接故意杀人行为的区别。因为两者在主观方面都已经预见到自己的行为可能造成他人死亡的结果,并且在客观上都发生了这种结果,因而很容易产生混淆。两者的主要区别有两点。

首先,过于自信过失致人死亡对危害结果的心理状态是轻信可以避免,并且希望死亡结果不要发生。也就是说,行为人对死亡结果的发生是持否定态度的,死亡结果的发生是违背行为人的意志的。间接故意杀人行为则对危害结果的发生与否,听之任之,持放任态度。也就是说,行为人对死亡结果的发生持既不肯定也不否定的态度。

尽管间接故意杀人行为和过于自信致人死亡行为对死亡结果都有预见,而且都是对死亡发生的"可能性"的预见,但是这种死亡结果发生的可能性,间接故意可能大一点,而过于自信的过失可能小一点。然而,概率的大小很难有一个标准来衡量。因此,关键是看行为人对死亡结果的态度,也就是看死亡的发生是否违背行为人的意志。违背行为人意志的就是过于自信过失致人死亡行为,反之就是间接故意杀人行为。

有人认为,所有故意犯罪对危害结果的发生是肯定的,所有过失犯罪对危害结果的发生是否定的。我不同意这个观点中的"所有故意犯罪对危害结果的发生是肯定的"看法。我认为,故意犯罪和过失犯罪的关键区别在于对危害结果是否持否定的态度。所有的过失犯罪对危害结果是"否定的",但所有的故意犯罪对危害结果的最低限度是"不否定"。因为对危害结果而言,直接故意是肯定,间接故意是既不肯定也不否定,所以我们说所有故意犯罪对危害结果的最低限度是不否定的。

其次,过于自信过失致人死亡的行为人认为死亡结果可以避免发生,是有所依据的轻信。比如说,行为人自恃技术水平高明,或者已经采取了防止措施,过高地估计了客观上的有利条件等;而间接故意杀人行为不希望危害结果发生是没有任何根据的。

第三,过失致人死亡罪专门规定"本法另有规定的,依照规定",而故意杀人罪没有类似规定。《刑法》第233条在规定了过失致人死亡罪及其法定刑之后,还专门指出:"本法另有规定的,依照规定。"对此,大家应注意正确加以理解。这种情况主要是指因失火、过失决水、过失爆炸、过失投放危险物质致人死亡,交通肇事致人死亡,重大责任事故致人死亡等等。它们在形式上与过失致人死亡有许多相同之处,但是,由于刑法有关规定已对这些过失致人死亡的行为作了特别规定,就应该依照特别规定的条款处罚,而不应以过失致人死亡罪论处。

我们前面讲到的"本本族"在小区开车连撞17人的案件,既然不属于交通运输领域,我们就不能以交通肇事罪定罪处罚。又因为行为人的行为针对的是不特定对象,我们就应该在危害公共安全罪这一章的其他罪名中寻找答案。我觉得,行为人的行为构成过失以危险方法危害公共安全罪。既然如此,根据过失致人死亡罪的这一专门规定,检察院以过失致人死亡罪提起公诉,显然有失偏颇。

(四) 故意杀人罪的法定刑

接下来,我们来了解一下故意杀人罪的法定刑。大家先看一下《刑法》第232条的规定:"故意杀人的,处死刑、无期徒刑或者10年以上有期徒刑;情节较轻的,处3年以上10年以下有期徒刑。"我认为,故意杀人罪的法定刑具有以下两个特点,需要大家特别注意。

第一,按照刑法的规定,故意杀人罪可以判处有期徒刑3年以上,包括判处3年有期徒刑,所以对于故意杀人罪,我们也是有可能判处缓刑的。我们在总论的时候提到过,一位母亲被逼杀死自己不孝的儿子,这位母亲的动机是大义灭亲,因此法院对她判处缓刑。

第二,故意杀人罪的法定刑的规定跟其他犯罪的法定刑有区别。这个区别就是,一般的犯罪规定法定刑的顺序是由轻到重,而故意杀人罪规定法定刑的顺序是由重到轻。我认为,由重到轻的顺序强调的是"重",也就是说,法官在选择故意杀人罪的法定刑时,首先考虑的是死刑。北京师范大学专门成立了"北京师范大学死刑研究国际中心",我被聘任为研究员。我曾经参加了中心组织的一个国际研讨会,议题是关于控制死刑的问题,会上有人提出一个在2030年废除暴力犯罪的死刑的方案。曾经也有一位学者提出50年废除死刑。为什么需要50年的时间呢?因为当时刑法中有68个条文涉及死刑,假如我们每年废除一个,还需要68年,这位学者把时间稍微缩短了一些,最后提出需要50年来废除死刑。我觉得50年其实也稍微长了点,到时候我们就是百岁老人和七十多岁的老人在一起了。我还是希望在有生之年能够看到死刑的废除。让我们在国家废除死刑的时候再相聚,希望我们都还在,希望到时候我们都很幸福。(全场笑)由于故意杀人罪是刑法中最严重的犯罪之一,如果故意杀人罪的死刑能被废除,那么刑法中全部犯罪的死刑就都能被废除。

二、故意伤害罪

接下来我们讲故意伤害罪,这也是一个很重要的罪名,在司法实践中也存在很多问题值得我们进一步研究。所谓故意伤害罪,是指故意非法损害他人身体健康的行为。

(一)故意伤害罪的构成要件

我们首先来了解一下故意伤害罪的构成要件。

第一,故意伤害罪侵犯的客体是他人的身体健康,这里有两点需要注意。

首先,故意伤害罪损害的只能是"他人"的身体健康。如果行为人故意伤害的是自己的身体,一般不认为是犯罪。但是,特定的人在特定的时间里实施自伤行为,同时损害了社会利益,也触犯了刑法其他规定的,应该按照相应的罪名定罪处罚。比如,军人为了逃避军事义务,在战时自伤身体的,应按照《刑法》第434条的规定追究行为人的刑事责任。再比如,司法实践中现在也出现了通过自伤来骗取保险金的案件。对伤害自己的行为我们是无法定罪的,但是根据保险诈骗罪的规定,投保人、受益人故意造成被保险人死亡、伤残或者疾病,骗取保险金的,除被保险人是他人以外,不应该构成故意伤害罪,而是应该按照保险诈骗罪来处理。因此,行为人通过自伤而骗取保险金的行为应该认定为保险诈骗罪,而不能将自伤的行为认定为故意伤害罪。

其次,关于他人的"身体健康"。这里所指的身体,仅指具有生命之人的整体,包括躯体、四肢、内脏、五官器官及牙齿等等。所谓他人的"身体健康",是指他人人体组织的完整或者人体器官的正常功能活动。

第二,故意伤害罪在客观方面表现为非法伤害他人身体健康的行为。

非法伤害他人身体健康,一般包括两个方面:一方面是对他人人体组织完整性的破坏,比如砍掉他人的手,而手是身体的一部分,因此就是对人体完整性的破坏;另一方面是对他人人体器官正常机能的破坏,比如行为人打断了他人的手,但是手没有离开身体,只是遭受了功能性的破坏,因此是对人体器官正常机能的破坏。

除了这两方面之外,人的精神也可以成为故意伤害的对象。这里我说到的损害他人的精神健康,须给他人造成了精神伤害。这种精神伤害是指精神病学意义上的"神经上的打击",在实质上会引起身体的病变。例如,精神分裂症,而并非单纯的感情上的伤害;单纯的感情上的伤害,而没有实质上造成身体损害是不能构成故意伤害罪的。另外,这里还有一个问题需要大家注意。时下,社会生活中人们对于组织买卖、非法摘取人体器官的行为反响强烈、深恶痛绝。《刑法修正案(八)》则对此民情作出了反应,在刑法中新增了对组织买卖、非法摘取人体器官的行为的明确规定。根据《刑法修正案(八)》第37条第2款的规定,未经本人同意摘取其器官,或者摘取不满18周岁的人的器官,或者强迫、欺骗他人捐献器官的,应当依照故意伤害罪、故意杀人罪的规定定罪处罚。而对于违背本人生前意愿摘取其尸体器官,或者本人生前未表示同意,违反国家规定,违背其近亲属意愿摘取其尸体器官的,则应当依照盗窃、侮辱尸体罪的规定定罪处罚。此外,组织他人出卖人体器官的,应认定为组织出卖人体器官罪,处5年以下有期徒刑,并处罚金;情节严重的,处5年以上有期徒刑,并处罚金或者没收财产。我认为,将组织买卖、非法摘取人体器官的行为纳入刑法规制是完全必要的。因为组织买卖、非法摘取人体器官的行为不仅严重扰乱了国家有关器官移植医疗管理秩序,而且还严重侵害了公民生命、健康权利。同时,组织买卖、非法摘取人体器官的行为还具有严重的反伦理性,严重破坏了社会善良风俗,对社会共同生活所形成的公共利益造成了严重的侵害。

伤害行为必须是非法的,常见的合法的伤害行为有:因正当防卫、紧急避险而伤害他人;因职务行为而实际致人伤残,比如医生因医疗上的需要对他人做截肢手术;在体育、竞技场合为规则所允许的伤害等,比如拳击场上拳击手把对方击伤。这些都因行为不具有非法性而不构成犯罪。

伤害行为既包括作为,也包括不作为。积极的作为是常见的伤害方式,而消极的不作为必须以负有防止他人身体健康受损害的特定义务为前提。比如说,行为人牵着狗到马路上去,如果遇到狗咬人而行为人不去阻拦,导致了路人被狗咬伤,行为人就可能构成不作为形式的故意伤害罪。

伤害行为的手段是多种多样的,行为人可以直接使用刀、枪、棍、棒或者拳打脚踢等暴力手段对他人进行伤害,也可以间接利用未成年人、精神病患者、动物等伤害他人,还可以使用物理的机械撞伤和放射线、激光等科学技术手段进行伤害。大家需要特别注意的是,实践中对于利用自己身患的病症以故意传染的手段对他人进行伤害的情况能否定故意伤害罪的问题颇有争议。比如,行为人明知自己身患艾滋病,为了把艾滋病传染给其他人,行为人故意和不同的人发生性接触,导致多数人感染了艾滋病。我认为,由于在这种情况下很难取得相应的证据,也就是说在很多情况下我们根本无法证明他人得病是否由于行为人的病菌所致,因此尽管理论上认为行为人可以构成故意伤害罪,但实践中则较难认定。

伤害行为的危害结果,也是多种多样的。比如有的是外伤,有的是内伤,有的是肉体伤害,也有的是精神伤害等等。对于故意伤害来说,伤害结果的程度分为轻伤、重伤与伤害致死。伤害程度直接反映伤害行为罪行轻重,因此查明伤害程度,对于故意伤害罪的量刑具有重大意义。

第三,故意伤害罪的主体是一般主体。

故意伤害罪在主体上存在三个要求:首先,对于一般伤害的,已满16周岁且具有刑事责任能力的人才能负刑事责任;其次,对于故意伤害致人重伤或者死亡的,已满14周岁的人就应负刑事责任。因为,刑法规定的已满14周岁不满16周岁的人所实施的八种犯罪行为中就包括故意伤害致人重伤、死亡的情形。最后，已满 12 周岁不满 14 周岁的人，犯故意伤害罪，致人死亡或者以特别残忍手段致人重伤造成严重残疾，情节恶劣，经最高人民检察院核准追诉的，也应当负刑事责任。对于这一点，很多同学经常会混淆，所以请大家格外注意。

第四，故意伤害罪的主观方面表现为故意。

故意的内容是伤害他人健康，指行为人明知自己的行为会发生伤害他人身体的结果，并且希望或者放任这种结果的发生。我们可以看到，以伤害他人身体为故意内容的故意伤害罪区别于以剥夺他人生命为故意内容的故意杀人罪，同时"故意"又是区别故意伤害和过失致人重伤的主要界限。故意伤害的犯罪动机有多种多样，但不论出于何种动机，都不影响本罪的成立。需要指出的是，在故意伤害罪中存在有故意伤害致人重伤、死亡的情况。

在故意伤害罪的主观方面里，还有一个重要的问题需要大家注意。关于故意伤害罪的处罚分为三段，第一段犯故意伤害罪的，处 3 年以下有期徒刑、拘役或者管制；第二段致人重伤的，处 3 年以上 10 年以下有期徒刑；第三段致人死亡或者以特别残忍手段致人重伤造成严重残疾的，处 10 年以上有期徒刑甚至死刑。我要强调的问题就是，这个处罚规定第二段和第三段中的"致人重伤"和"致人死亡"，行为人在主观罪过上是有区别的。

故意伤害致人重伤，行为人对重伤的结果可能是故意也可能是过失，绝大多数情况下是故意，但是不能排除过失。比如说，甲主观上明确想对乙造成轻伤，但是却发生造成乙重伤的结果，这个结果有可能违背了甲的意志。在故意伤害致人死亡中，行为人对死亡的结果只能是过失，不可能是故意。理由主要有两点：

首先，由于刑法规定了故意杀人罪，如果行为人对死亡的结果是故意的，那么，就说明行为人具有杀人的故意，在此情况下，对行为人的行为就应该以故意杀人罪认定，从而也不可能将其认定为故意伤害罪（故意伤害致人死亡）。

其次，在处理故意伤害案件时，由于行为人同一种行为往往存在着造成轻伤或者重伤两种可能性（在未造成被害人死亡的前提下），而不论发生哪种结果一般都不违反行为人的本意，也就是轻伤或重伤都包括在行为人的犯意之内。因此，凡是伤害他人的案件，只要行为人主观上具有伤害他人的故意，结果造成轻伤的，就按轻伤处理，结果造成重伤的，就按重伤处理。在通常情况下，行为人对于自己的伤害行为会给被害人造成何种程度的伤害，事先并不一定会有明确的认识。那么，在这种情况下按照结果认定，并不违背主客观相一致的刑事责任原则，事实上无论是造成轻伤还是重伤，都包括在行为人的主观犯意之内。同时，我们去证明行为人轻伤的罪过和重伤的罪过是很困难的，更何况轻伤和重伤本身只是伤的程度的问题。对于轻伤和重伤，从理论上讲，在故意的内容中有可能划分，但是实际认定中根本不可能划分。我们在司法实践中，对重伤和轻伤是按照结果来判断。这是因为，无论是重伤还是轻伤，均属于伤害范畴，而伤害与死亡在性质上则是完全不一样的，所以，行为人对死亡的结果主观上不可能是故意。

因此,故意伤害致人重伤和故意伤害致人死亡中的行为人的罪过形式是不完全一致的。行为人对故意伤害致人重伤的结果而言,主观上既可以是故意,也可能存在过失;但是,行为人对故意伤害致人死亡的结果,主观上则只能是过失。

（二）故意伤害罪的认定

接下来我们讲的是认定故意伤害罪时应该注意的问题,这也是我们学习的重点,大家需要从以下五个方面来掌握。

1. 重伤和轻伤的认定

我们首先来看如何认定重伤和轻伤。刚才我们提到,由于只要行为人有伤害他人的故意,最后判定被害人究竟是重伤还是轻伤是由实际发生的结果来确定的,而不是由行为人实施伤害时的主观心态来决定的。另外,由于造成被害人重伤的法定刑和造成被害人轻伤的法定刑存在很大区别,因此,明确重伤和轻伤的划分标准对于我们正确认定故意伤害罪十分重要。关于重伤和轻伤的认定,我们可以从两个方面来分析。

第一个方面,我们分别来看一下法律对于重伤和轻伤的认定标准。

轻伤是指物理、化学及生物等各种外界因素作用于人体,造成组织、器官结构一定程度的损害或者部分功能障碍。

重伤的标准有三种:一是使人肢体残废或者毁人容貌的;二是使人丧失听觉、视觉或者其他器官机能的;三是其他对人身健康有重大伤害的。这里是指除刚才讲的两种重伤以外的其他严重影响人体健康的伤害,比如达到一定程度的烧伤、冻伤、物理性损伤(放射线、激光等)、化学性损伤、生物性损伤等。虽然我国法律条文对重伤作出了这些规定,但是我们还需要通过相关的鉴定结论才能确定重伤,法官也按照有关的鉴定结论来判案,当事人双方都可以要求重新鉴定。

对于重伤的标准,我们有两个问题需要注意。

第一个问题,怎么理解"肢体残废"?

肢体残废是指由各种致伤因素致使肢体缺失或者肢体虽然完整但已丧失功能,比如说,甲砍掉乙一只手,乙肯定构成了肢体残废。但是如果甲只是砍掉乙的一根手指或者半截手指呢? 这就产生了认定重伤和轻伤的问题。按照现行标准,只要对肢体本身的损害达到50%以上就应该按照重伤来认定,也就是符合使人肢体残废的情况。我们按照定罪标准的50%,对手指进行这样的鉴定,对脚趾也是依照同样的标准。大拇指受损认定为损害达到50%,食指受损认定为损害是20%,其他三指受损各认定为损害是10%。我认为,伤害最关键是对人的活动能力和劳动能力的损害。我们应该看到,实际上手或脚对于每个人的作用是不一样的。比如砍掉我的手和砍掉钢琴家的手,后果是不一样的。同样道理,砍掉我的腿和砍掉马拉多纳的腿也是不一样的。(全场笑)但是,由于法律不可能对每个具体人的能力都做出明确规定,所以只能以一个基本的标准加以衡量,所谓公平公正都是相对而言的。

第二个问题,如何理解"毁人容貌"? 按照法律的标准,毁人容貌是指毁损他人面容,致使容貌显著变形、丑陋或者功能障碍。对于"丑陋"这一标准,司法实践中有时很难认定。比如甲把乙的鼻子咬掉，但是乙原来的鼻子长得就畸形，乙后来整容换了一个鼻子之后，反而比以前更美观了。(全场笑)这种情况到底算丑陋难看还是更加美观了呢？这里可能还涉及，判断伤势究竟是以结果发生时的状况为标准，还是以经过治疗以后的状况为标准的问题。

第二个方面，判断伤害程度的时间标准。

对伤害程度判断的时间标准，应该是以行为时产生的后果，还是以治疗后的结论为准，这也是需要具体分析的。举一个例子，我们在打篮球的时候，可能不小心会被篮球猛地撞到，有的人当时就丧失视力，但是很快就会恢复。如果我们按照篮球撞击时候判断，结论就是重伤。还有一种情况，行为发生时产生的后果不严重，但是治疗时却发展成为重伤。那么，我们究竟是以行为时产生的后果，还是以治疗后的结论来判断伤害程度呢？我认为，犯罪行为的社会危害性主要体现在行为发生时，但是伤害的结果确实存在经过治疗以后能否恢复的不确定性。所以，刑法和民法在这个问题上的判断的角度不完全一样。刑法是以行为当时的伤害情况作为判断的主要依据，当然应该由鉴定机构作出施以伤害之时的鉴定结论。但是，因为一些伤害结果也存在能否经过治疗得到恢复的不确定性，经过治疗后的情况也可以加以考虑，因此也可能以恢复后的情况作为伤害程度的鉴定标准。这和民法中强调关系的恢复原状的观念是不一样的。民法强调复原关系，刑法注重行为。

2. 故意伤害致人死亡与故意杀人、过失致人死亡

接下来，我讲一下故意伤害致人死亡与故意杀人、过失致人死亡的区别。

第一，故意伤害致人死亡和故意杀人的区别。

故意伤害致人死亡中，死亡结果是犯罪成立要件。因为行为人对这种死亡结果是过失的，没有出现死亡结果就不能按照故意伤害致人死亡来定罪量刑。故意杀人罪中，死亡结果是犯罪既遂的标准。因此，我们对这两个罪的比较，当然应该围绕故意杀人的既遂和故意伤害致人死亡来进行区分。大家分析一下，这句话是对的还是错的：故意杀人与故意伤害致人死亡的主要区别之一，在于行为人的犯罪目的不同。(下讲台提问)

学生1："这句话应该是对的，一个目的是要他人死，而另一个目的是要他人伤。"

学生2："我认为，这句话也没有问题，应该是正确的。"

(回讲台)你们大家都说这句话是对的，那么，我的意见似乎和你们不一样。我认为，这句话是错的。应该看到，故意杀人和故意伤害致人死亡这两个犯罪都是故意犯罪，并且它们在客观上都造成了被害人死亡，这是两罪的共同点。但是，我们不能说两罪的主要区别之一，在于行为人的犯罪目的不同。因为，前面我已经反复强调过，犯罪目的只存在于直接故意犯罪之中，间接故意犯罪没有犯罪目的。但是，故意杀人罪中既包括直接故意杀人也包括间接故意杀人，如果说上述两罪的区别在于犯罪目的不同的话，那么，实际上我们已经将故意杀人罪中的间接故意杀人排除了。由此可见，这句话是不全面的，因而也是不正确的。我认为，故意杀人与故意伤害致人死亡的主要区别，在于犯罪故意的内容不同，故意伤害致死的行为人在主观上具有伤害他人的故意，

死亡是在其意料之外的,而且是违反其本意的;故意杀人的行为人在主观上具杀人的故意,死亡是在其意料之中,而且不违反其本意。

对于伤害故意和杀人故意的区分,我们应该结合主客观情况,综合加以考虑分析。特别是对行为人主观故意内容的判断,我们更应结合案件中的主客观情况,比如案件的起因、行为人作案是否有预谋、行为人使用的工具和手段、行为人打击被害人的部位和强度等,综合加以判断。最关键的因素是考察结果发生后行为人的态度。如果行为人具有杀人的故意,那么死亡结果都不违背他的意志;如果行为人主观具有伤害的故意,死亡结果就违背了他的意愿。因此,行为人知道结果之后的态度是我们需要重点关注的,比如行为人对被害人是否进行抢救等。大家注意,两个罪名的法定刑在规定的顺序上略有不同,一个是由轻到重,一个是由重到轻,但是两者法定刑的整体幅度是一样的。在量刑时,我们不能因为故意伤害致人死亡和故意杀人既遂都出现了被害人死亡的结果,而都强调从严惩处,甚至一律适用死刑,而是需要根据行为人故意的性质和内容的不同,作出一定的区别对待。

第二,故意伤害致人死亡和过失致人死亡的区别。

故意伤害致人死亡和过失致人死亡的区别,是司法实践中最容易产生混淆的一个问题。过失致人死亡和故意伤害致人死亡的相同点很多,两者在客观上都造成了他人死亡的结果,且主观上对于死亡结果的发生都表现为过失的心理态度,死亡结果的发生都违背了行为人的意志。两者的关键区别是行为人有无伤害的故意。过失致人死亡,行为人不仅无杀人的故意,也无伤害的故意;而故意伤害致死,行为人具有伤害的故意,只是对被害人的死亡结果部分是过失而已。

按照刑法规定,故意伤害致人死亡的法定刑为 10 年以上有期徒刑、无期徒刑或者死刑,而过失致人死亡的法定刑为 3 年以上 7 年以下有期徒刑;情节较轻的,甚至可处 3 年以下有期徒刑。可见,两者的处罚轻重相差很大,故意伤害致人死亡犯罪的处罚要远远重于过失致人死亡罪。因此,我们在处理这类案件时,不能仅仅根据犯罪的结果随意地加以认定。

司法实践中,对于行为人具有一般的殴打行为而致使他人死亡案件的处理争议颇大。比如,妻子和婆婆发生争吵,丈夫就上前劝阻,结果妻子用拳头打丈夫,丈夫警告妻子说,如果再不停手,自己就还手了。结果妻子继续用拳头打丈夫,丈夫忍无可忍,随手捡起一个扁担打了一下妻子,结果妻子被当场打死。我们对于丈夫的行为应该如何认定?(下讲台提问)

学生 1:"故意伤害致人死亡吧。"

学生 2:"这个应该不算故意伤害吧,他是不小心打死他妻子的。"

提问:"什么叫不小心?他怎么是不小心呢?明明就是故意捡起扁担打死他妻子的。"

学生 2:"可是他只是想轻轻打一下,不是要打死的。"

提问:"对啊,故意伤害致人死亡,对死亡的结果就是过失的。如果是想打死妻子就是故意杀人罪了。"

学生 2："那就是故意伤害致人死亡吧。"

提问："你确定？我说的不一定都是对的，虽然大多数的时候，我说的都是对的。"（全场笑）

学生 2："我确定。"

（回讲台）刚才那位同学被我一说，整个人都被搞糊涂了。现在许多人认为，行为人既然具有殴打他人的行为，就证明了行为人主观上具有伤害他人的故意，由此导致他人死亡的结果，就应该按照故意伤害致人死亡的犯罪性质加以认定。我认为，在故意伤害致人死亡案件中，行为人必须明显具有伤害他人的故意，而且这种故意应该是直接故意，不应该是间接故意。理由是，如果行为人主观上是间接故意的话，那么，就应该按结果定罪，现在本案中出现了死亡结果，对行为人就不应该以故意伤害致人死亡定性，而应该以故意杀人定性了。

需要指出的是，一般的殴打行为不等于伤害，我们不能依此证明行为人具有伤害他人的故意。所以，刚才这位同学一开始觉得不是故意伤害，其实是对的，但是他没有把关键的理由说出来。另外，我们特别需要注意的是，刑法中犯罪故意的内容主要是相对结果而言，而并非是相对行为而言的。这是因为，在日常生活中人们的任何行为都是"有意为之"，即都是"故意"实施的，而这种日常生活中的故意并非我们刑法意义上的故意。因此，对于司法实践中行为人的行为过失导致他人死亡案件的处理，我们理应把查实行为人主观上是否具有伤害他人的故意放在首位，如果无法查明行为人具有伤害他人故意的，一般都应以过失致人死亡犯罪对行为人定罪量刑。按照我这样的观点，这个案件中丈夫用扁担打了妻子一下的行为是故意的，因为日常生活中的人的任何行为都是故意的。但是，综合考察本案的所有情况，本案中的丈夫确实没有明显伤害妻子的故意，且由于他对死亡结果是过失的，我们应该认定丈夫构成过失致人死亡罪，而不能按照故意伤害致人死亡罪定罪。

3. 故意伤害罪中"本法另有规定"的含义

故意伤害罪中也有"本法另有规定的，依照规定"的表述，这与过失致人死亡罪中的"本法另有规定"是有区别的。这里的"本法另有规定"是指实施其他犯罪而造成他人伤害的情况，并且这些情况在刑法分则中已有专门条款加以规定，应依照该条文的专门规定定罪量刑。比如抢劫致人重伤就是"本法另有规定"，我们就应该将故意伤害的行为认定为抢劫罪而不是故意伤害罪。

4. 故意伤害罪的未遂

关于故意伤害罪的未遂问题，理论上认为，故意伤害罪作为结果犯当然有未遂，但是故意伤害罪的未遂，只存在于一般伤害之中。也即行为人具有明确的轻伤他人的故意，但最后未能达到轻伤的结果，理论上讲是可能存在未遂的。但是，由于故意伤害没有达到轻伤的程度实际上就不是犯罪，所以，对于没有造成轻伤结果的伤害行为，就很难认定犯罪。我认为，故意伤害罪在理论上可能存在未遂，但是实践中是不可能有未遂的。应该看到，伤害他人的结果是按照客观标准进行判断的。也即所谓"重伤""轻伤"包括"轻微伤"的判断是按照实际发生的结果来认定的。结果造成轻伤的，就按轻伤处理;结果造成重伤的,就按重伤处理;结果造成轻微伤,就不构成犯罪但可能构成违法;如果结果一点伤都没有的,就既不是犯罪也不是违法。

有人认为,行为人主观上如果具有明确的重伤他人的故意,而且已经着手实行重伤行为,只是由于行为人意志以外的原因而未得逞的,对于行为人的行为就可以按照故意伤害致人重伤的未遂加以认定。我认为,这一观点并不很科学,特别是在司法实践中较难掌握。因为行为人是否具有重伤他人的故意较难进行判断,而要进行相关的证明也并非易事,所以,以行为人的行为最后实际导致的结果作为认定的标准无疑是最为科学的。更何况故意伤害致人重伤实际上属于结果加重犯,而刑法理论上一般认为,结果加重犯是不存在未遂的。

这一讲的内容我就给大家介绍到这了,谢谢大家!

第十讲

侵犯公民人身权利、民主权利罪(二)

今天,我们来继续学习侵犯公民人身权利、民主权利罪的内容。在这一讲中,我将为大家介绍强奸罪的相关内容。

三、强奸罪

(一)强奸罪的构成特征

所谓强奸罪,是指违背妇女意志,使用暴力、胁迫或者其他手段,强行与妇女发生性关系的行为。接下来,我介绍一下强奸罪的构成特征。

1. 强奸罪的客体

强奸罪侵犯的客体是妇女性的不可侵犯的权利,具体指妇女按照自己正常意志决定正当性行为的权利。对于强奸罪的客体,有这么几个问题需要明确。

第一,强奸罪的客体不包括男性的性权利。

强奸罪仅仅保护的是妇女的性权利。虽然刑法也保护男性儿童的性权利,但是对成年男子的性权利,我国刑法并没有特别加以强调保护。然而,实践中男性受到性侵害的现象很常见,有些侵害的程度也十分严重。除了以前发生过女性对男性的性侵害案件以外,现在还出现了男性同性之间性侵害的案件。男性同性之间性侵害的案件多发于老板和打工者之间。安徽曾经发生过一个打工者被老板多次"强奸"的案件,然而由于刑法对于同性之间性侵害的规定存在空白,所以这个打工者举报无门,精神和肉体都受到了很大摧残,他先后几次自杀,最后都没有成功。上海黄浦区也曾发生过类似的案件。也曾经有人大代表建议刑法增加条款制裁"同性性侵害",但是到目前刑法仍然没有发生变化。我认为,发生在一般异性之间的非自愿的性行为,比如发生在夫妻之间非自愿性的性行为,尽管实践中有很少一部分是按照强奸罪认定的,但是,理论上一般并没有按强奸罪来认定,对此只能从道德层面来评判。应该看到,社会对于同性之间自愿的性行为,道德上的谴责远远高于婚内非自愿性行为,法律如果对同性之间的性侵犯再置之不顾,这是很没道理的,在理论上也存有争议。

第二,强奸罪侵犯的对象是妇女。对于"妇女"的理解,有这么几点需要大家注意。

首先,考虑到夫妻之间具有同居的权利义务关系,这里的妇女必须是妻子以外的妇女。其次,不论妇女作风是否正派,是否结婚与患病,精神是否正常,都可成为本罪的对象;我们特别强调的是,对强奸罪的妇女不得作出年龄的限制,既包括已满14周岁的妇女也包括未满14周岁的幼女。应该看到,在较长的一段时间里,我国刑法司法解释都把奸淫幼女作为一个独立罪名规定在强奸罪之外的。但是,《刑法》第236条第2款是将奸淫幼女作为构成强奸罪的从重处罚情节,很明显,奸淫幼女并不应该作为一个独立的罪名,当时刑法司法解释的规定明显违背了立法原意。为此,2002年3月15日最高人民法院、最高人民检察院在《关于执行〈中华人民共和国刑法〉确定罪名的补充规定》中明确指出,《刑法》第236条的罪名为强奸罪,取消奸淫幼女罪。关于这个问题,我稍后还会为大家详细介绍,这里只是简单地提及。再次,强奸卖淫的妇女也可以定强奸罪,因为卖淫女在没有卖淫的时候也享有与其他妇女一样的性权利,刑法对此应该予以保护。最后,由于妇女性的权利只有具有生命的妇女才能享有和行使,所以,行为人为发泄兽欲而奸污妇女尸体的,不构成强奸罪。同样,杀死妇女而后奸尸的,应以故意杀人罪和侮辱尸体罪数罪并罚,而不以本罪论处。

需要注意的是,《刑法修正案(九)》将原来的第237条第1款中"猥亵妇女"的表述修改为"猥亵他人",这意味着成年男性也将被列入猥亵犯罪的对象之中。而强奸罪的对象仍然不包括男性。这并不矛盾。因为,强奸罪侵犯的客体是女性的性自主权,而强制猥亵罪侵犯的客体是人的人格、尊严,或者说是人的性羞耻心,这在男性和女性身上具有同质性,而强奸行为势必会侵犯女性的性自主权,但是对于男性则未必了。强奸罪的设立侧重于对作为弱者的女性权益的保护,所以,其对象只能为妇女。将男性纳入强奸罪的犯罪对象无疑会扩大强奸罪的打击范围,有违刑法的谦抑性原则。我认为,对于实践中少有的男性"强奸"男性或者女性"强奸"男性的情况,对于施暴者可以根据案件发生的具体情况以故意伤害罪或强制猥亵、侮辱罪来惩处。

2. 强奸罪的客观方面

强奸罪中的客观方面是很重要的内容,主要表现为违背妇女意志,使用暴力、胁迫或者其他手段,强行与妇女发生性关系的行为。对于这个罪的客观方面大家需要重点掌握两点。

第一点,违背妇女意志是该罪本质特征。违背妇女意志,是指在妇女不同意发生性关系的情况下,强行与之性交。如果妇女同意发生性关系,行为人的行为就不构成强奸罪。大家可以从两个方面来理解。

首先,违背妇女意志是指违背具有正常心理的妇女的意志。

需要指出的是,这里所指的违背妇女意志是相对于具有正常心理的妇女而言的。对于精神病妇女和幼女而言,由于她们本身并不具有正常心理,无法与其他妇女一样正常决定自己的意志,因此,也就不存在所谓是否违背意志的问题了。只是与间歇性精神病患者在未发病期间发生性行为,只要当时妇女本人是同意的,行为人不构成强奸罪。也正是因为这一点,司法实践中对于奸污精神病妇女和奸淫幼女构成强奸罪的,都强调不以违背意志为前提。另外,下面我会专门介绍强奸罪的手段。对于精神病妇女和幼女来说,行为人的手段也不一定要是暴力、胁迫和其他强制方法。我们可以简单地总结为,不论行为人采用何种手段,也不问精神病妇女和幼女是否表示同意或反抗,只要行为人明知是精神病妇女或幼女仍实施奸淫行为,就能构成强奸罪。由此,我们可以看出来,法律对于弱者的利益一般都会予以特殊保护。因为在对自己性权利的保护方面,精神病妇女和幼女属于弱者,所以刑法对于她们性权利的保护力度比对一般妇女的保护要大。

其次,我们在认定是否违背妇女意志时,不能以被害妇女作风好坏来划分。强行与作风不好的妇女发生性行为的,也构成强奸罪。司法实践中,我们不能因为被害妇女是"卖淫女",而将其排除在强奸对象之外,因为,无论该妇女作风有多么不好,她仍然有决定自己性行为的权利。

最后,这里的妇女意志是妇女对是否与他人发生性关系的一种心理意愿,属于主观的范畴。因此,我们在判断是否违背妇女意志时,也不能仅仅以被害妇女有无反抗表示作为必要条件。对妇女未作反抗表示,或者反抗表示不明显的,要根据案件发生现场的实际情况,比如行为人的手段、主观方面等因素具体加以分析,精心加以区别。

下面,我来举两个案例,以便大家更好地理解这个问题。

第一个案例:在某个农村,甲是一个寡妇,乙是寡妇的"相好",甲经常把自己的钥匙给乙,并且约定了每周固定见面一次的时间。每到这个时间,乙就会偷偷溜到甲的家里与甲会面。那天,正好是两人约定晚上见面的时间,甲的女儿带了女婿回家探望甲,晚上住在家里。当地有一个习惯,女儿带丈夫回娘家是不能同床睡觉的,不然会给娘家带来"霉运"。因此,甲就让女儿睡在了自己原来睡的床上,而让女婿睡在里间的床上。由于家里比较小,所以甲就去了生产队的办公室里睡。由于接待女儿和女婿事情太多,甲把与乙晚上约会的事情忘得一干二净。但是,乙并没有忘记且完全不知道甲没有在家。到了约会的时间,用钥匙开了门跑进了甲的房间,按照习惯没开灯就摸到甲平时睡的床边。乙以为睡在床上的是甲(实际上是甲的女儿),而睡在床上的甲的女儿以为是睡在里间自己的丈夫出来了,两人"稀里糊涂"间就发生了性行为。后来甲的女儿觉得有些不对,拉开灯仔细一看,才发现不是自己的丈夫。于是,她马上起身叫来丈夫一起把乙捉住,后来才知道乙是甲的情人。我的问题是,乙的行为能否构成强奸罪?(下讲台提问)

学生1:"我认为,可以构成,因为不管怎么样,这是违背妇女意志的行为。"

学生2:"从本质上分析,乙的行为是违背妇女意志的,但是,在当时的情况下,形式上并没有违背妇女意志,因而乙的行为不构成强奸罪。"

(回讲台)两个同学对此有不同的看法,那么究竟乙的行为是否构成强奸罪呢?我的观点是不构成的。理由是,从本质上看,乙的行为确实是违背了甲的女儿的意志,但是,我们不能就此认定乙构成强奸罪,还必须结合乙的主观来分析。在本案中,乙在与妇女发生性行为时,并没有强奸的故意。因为他与甲是"相好"关系,且行为时一直以为是甲睡在床上,也即乙在主观上对性行为的对象有误解。由于强奸罪必须由故意构成,所以乙不构成犯罪。

第二个案例:这是早年发生在深圳的一个案件。早年人们结婚一般都喜欢采用"旅行结婚"的形式。由于当时的生活条件不很好,所以出外旅行通常都住在招待所里。那时的招待所条件很简陋,每个房间的摆设都一样,并且有很多招待所的卫生间是公用的。这天晚上一对新婚夫妇住在招待所,新娘在半夜上公共厕所走出房门时,将自己屋的房门虚掩。但是,她回来的时候却分不清自己住的是哪一间了。她看见洗手间斜对面一个房间的门是虚掩的,以为是自己的房间就推门进去了。其实这个房间住的是一个单身出差的男人,由于一人出差,因此,他睡时未将门关死。当新娘推门进来的时候,一开始他是睡着的,后来就"稀里糊涂"地与新娘发生了性行为。后来,新郎发觉新娘已经出去很久了,他就走到走廊去叫新娘的名字,新娘听到喊自己名字的声音竟然是自己丈夫的声音,她就慌乱地从这个房间跑了出来。新郎很恼火,就向警方报了案。现在我的问题,本案中那个出差的人是否构成强奸罪。(下讲台提问)

学生1:"我认为,那人应该构成强奸罪。因为他是利用别人的误解实施相关性行为的。"

学生2:"我同意这个同学的观点。"

(回讲台)我们把这个案件和第一个案例进行对比,这两个案件中的被害人都产生了把对方当作自己丈夫的错误,但是,两个案件最大的区别在于行为人主观的认识。第一案例中的"相好"乙主观上同样也存在误解,正是这种误解,说明行为人并不是有意利用别人的误解实施相关性行为的,因而可以排除他主观上有强奸故意的可能。应该看到,第二个案例中的出差男子主观上并没有认识错误,他实际上是有意利用了被害人的错误与对方发生性行为。因为尽管其一开始是在睡觉,但是,在与妇女发生性行为时意志肯定是清楚的。因此,我认为他违背了妇女的意志,并利用妇女本身存在的认识错误,与妇女发生性行为,是可以构成强奸罪的。本案这个男子最后被法院以强奸罪判处了有期徒刑6年。

这两个案例告诉我们,违背妇女意志是强奸罪的本质特征,但不是唯一特征。如果行为人的行为构成强奸罪,必须违背被害妇女的意志,但是,违背被害妇女的意志并不一定构成强奸罪,我们还考察行为人主观上是否具有强奸故意,客观上是否实施了强奸行为。

第二点,强奸罪的手段包括暴力、胁迫和其他方法。下面,我来具体分析一下这三类手段。

第一,暴力是指通过外力对妇女身体实行强制的一种方法。暴力通常是对妇女直接使用伤害身体、捆绑手足、掐脖子、捂嘴巴或强力按倒等手段,使妇女处于不能抗拒的情况下,强行与其发生性交的行为。它的本质特征在于使被害人处在"不能"反抗的境地。理论上通常认为,这里暴力不包括故意杀人,最起码不包括直接故意杀人。因为,如果行为人在剥夺妇女生命后再实施奸淫行为的,实际上不可能构成强奸罪。

第二,胁迫是指对妇女采用威胁、恐吓等手段,实行精神上的强制,使妇女处于不敢反抗的情况下,强行与其发生性交的行为。胁迫的本质特征在于使被害人"不敢"反抗。胁迫的手段可以是多种多样的,既可以直接对被害妇女进行威胁,也可以通过第三者进行威胁;既可以是口头胁迫,也可以是书面胁迫;既可以是暴力胁迫,也可以是非暴力胁迫。大家需要特别注意对暴力胁迫与非暴力胁迫的理解。所谓暴力胁迫,是指以实施暴力作为后盾,对妇女进行威胁、恐吓,实行精神上的强制,使妇女因害怕受到暴力打击而不敢反抗。比如说,行为人持刀威胁妇女,称如不服从就将妇女杀了,从而迫使妇女就范。所谓非暴力胁迫,则是指以揭发隐私、毁坏名誉等非暴力内容对妇女进行威胁、恐吓,对妇女实行精神上的强制,使妇女因害怕不能公开的东西被公开并导致名誉损害而不敢反抗。比如说,行为人以如果不服从就要揭发妇女有小偷小摸行为作为要挟内容,迫使妇女就范。需要指出的是,这里所谓隐私的内容既可以是违法犯罪的,比如妇女的偷盗、重婚行为,其本人并不愿意让他人知道的情况,也可以是本身并不具有违法性或犯罪性的,比如妇女正常与他人谈恋爱,或妇女身体或生理上有某些缺陷,她本人并不愿意让他人知悉的情况。同时,这种隐私既可能存在,也可能不存在而是行为人凭空捏造的。比如说,你不服从我就把你偷东西的事情说出去,你的确是有可能偷东西了,我就抓住这点迫使你就范。还有一种就是实际上并不存在的,例如,利用妇女怕别人说自己乱搞男女关系的心理,而胁迫说如果不服从就会对外公布其乱搞男女关系,其实这个妇女作风很正派,但是,她怕外边的这种传播影响自己的声誉。

第三,所谓其他手段,是指用暴力和胁迫以外的手段,使妇女处于不知或不能反抗的情况下,强行与其发生性交行为。它的本质特征在于使被害人"不知"或者部分"不能"反抗。这里我先举一些"不知"和"不能"反抗的例子,帮助大家理解。比如,行为人用酒把妇女灌醉或用药物麻醉使之昏迷而对妇女实施奸淫行为,这种情况应该理解为是利用妇女"不知"反抗的强奸。又例如,行为人利用被害妇女身处中风的状态对妇女实施奸淫行为,这种情况应该理解为是利用妇女"不能"反抗的强奸。

需要指出的是,这里的"不知"反抗还包括利用欺骗的方法骗取妇女的信任,与妇女发生性行为的情况,我们称之为"骗奸"。这种情况在司法实践中有很复杂的表现形式,我们不能一概而论,应该作出具体分析。我认为,并非所有的欺骗都构成强奸罪,关键是看这种欺骗的程度。我们应该以这种欺骗的方法是否达到足以使妇女在违背自己意志的情况下,与他人发生性行为的程度作为标准。如果这种欺骗已经达到了这种程度,在此情况下发生的性行为就可以认定为强奸罪,比如利用妇女熟睡之机冒充其丈夫而与之发生性交的情况,对行为人的行为可以按强奸罪认定。相反,如果这种欺骗尚未达到这种程度,就不能以强奸罪认定,比如行为人冒充华侨、导演等身份骗取妇女的信赖而与之发生性行为的情况,对行为人的行为不能以强奸罪认定。这两种情况尽管都有行为人欺骗的因素存在,但是,欺骗的程度是完全不一样的。行为人冒充丈夫的欺骗程度很高,因为妻子和丈夫间的特殊关系,足以导致妇女在违背自己意愿的情况下与他人发生性行为。行为人冒充华侨或者导演则完全不同,因为并不是对方是华侨或者导演,妇女就有义务和他发生性行为。所以,在这些行为中尽管存在欺骗的因素,但这种"骗"仅仅是为了满足妇女的虚荣心,并没有达到足以使妇女违背自己意志与行为人发生性行为的程度。可见,我们不能把这种情况认定为强奸罪。司法实践中,对于"骗奸"的行为以强奸罪认定的,主要有上述利用妇女熟睡之机,冒充丈夫实施奸淫的情况,同时还包括医生利用为妇女治病之机用欺骗的方法对妇女进行强奸;行为人组织、利用会道门、邪教组织或者利用迷信奸淫妇女等。实践中,我们对这些行为均以强奸认定的。

3. 强奸罪的主体

接下来,我简要讲一下强奸罪的主体的问题。强奸罪的主体一般是达到法定年龄,具有刑事责任能力实施强奸行为的男子。妇女在通常情况下不能构成强奸罪主体,但在这样两种情况下可以成为该罪主体:第一,妇女构成强奸罪的共犯,一般构成教唆犯或帮助犯;第二,妇女单独构成强奸罪,理论和实践中认为,妇女利用无刑事责任能力的男子强奸其他妇女的,也可以构成强奸罪的间接正犯。比如妇女利用不到14周岁或者是精神病的男子对其他妇女进行强奸,这些人只是妇女实施犯罪的工具,因此不属于强奸罪的共犯。另外,根据《刑法》第17条规定,已满14周岁的人应对本罪负刑事责任。

（二）强奸罪的认定

接下来,我讲一下在认定强奸罪时需要大家重点掌握的几个问题。

1. 奸淫精神病妇女、幼女构成强奸罪"明知"的认定

首先,我们来看一下对奸淫精神病妇女、幼女构成强奸罪"明知"的认定问题。

司法实践中一般认为,奸淫精神病妇女构成强奸罪的必须以明知为前提。对明知是不能正确表达自己意志的精神病妇女或严重痴呆妇女而与之发生性交行为的,无论行为人采取什么手段,也无论被害人是否"同意",都应构成强奸罪。

为大家举一个典型案例。精神病中有一种叫作"花痴",主要是指男性或女性对性行为要求过于强烈为主要特征的一种疾病。在这个案件中的妇女就患有这种精神病,但是她表面上看起来和正常人没有区别。有很多开长途货运的卡车会经过这个村庄,这个妇女专门勾引在村里吃饭过夜的男司机,先后和100多个人发生过性关系。因为很难从表面看这个妇女是否正常,并且她是主动勾引这些司机的,所以这些司机中的绝大多数都不清楚这个妇女患有精神病。由于刑法要求奸淫精神病妇女构成强奸必须以明知为前提,所以绝大多数不知情的司机都不构成强奸罪。如果这些人都构成强奸罪,监狱都关不下了。（全场笑）

其次,我们再来分析一下行为人奸淫幼女构成强奸罪是否应该以明知为前提。

对于奸淫幼女构成强奸的是否要以明知为前提,曾经在相当长的一段时间里,在理论界产生很大的争议。一种观点认为,本罪的成立不要求行为人认识到对方为不满14周岁的幼女,主要理由是刑法分则条文并没有要求行为人"明知是幼女"。而另一种观点认为,行为人主观上对对方为幼女必须有认识,或者明知对方是幼女,或者明知对方可能是幼女,或者不管对方是否是幼女,在这样的基础上决意实施奸淫行为的,就具备奸淫幼女犯罪的主观要件。而2003年1月17日颁布实施的最高人民法院《关于行

为人不明知是不满 14 周岁的幼女,双方自愿发生性关系是否构成强奸罪问题的批复》(以下简称《批复》),将奸淫幼女犯罪的对象明知要件彻底明确化。虽然《批复》已经于 2013 年废止,但是,《批复》中的相关内容无疑是符合刑法原理的。这个批复明确了两点:一方面,如果行为人明知是不满 14 周岁的幼女而与她发生性关系,不论幼女是否自愿,都应当认定为强奸罪;另一方面,如果行为人确实不知对方是不满 14 周岁的幼女,双方自愿发生性关系,并没有造成严重后果,情节显著轻微的,不认为是犯罪。由此可见,最高人民法院的这一批复实际上将明知作为认定奸淫幼女构成强奸罪的一个要件。这个批复的颁布使我国刑法中主客观相统一原则在奸淫幼女犯罪中得到了明确、具体的体现。这样,长期以来在奸淫幼女犯罪"明知"问题上的争论和带有客观归罪痕迹的习惯做法,也终于得到清理。

但是,这个批复颁布后,理论界和实务界对于奸淫幼女犯罪主观方面的具体认定又掀起了波澜,同时,也引发了妇联的强烈反响。有位著名学者专门写了一篇 4 万字的文章发表在《法学》杂志上,明确指出《批复》是一个不公正的司法解释,《批复》的颁布可能使许多与幼女发生性行为的行为得不到刑事法律制裁,不利于对幼女权益的保护,并提出应该取消"明知"这个前提。我也写了一篇题目为《奸淫幼女犯罪新司法解释的几点分析》的文章,专门对这位学者的观点进行了商榷。我主要有以下观点。

第一,刑法分则中具体犯罪中的"明知"与故意犯罪中的"明知"是存在区别的。

这位学者在理论上对"明知"的理解进行了透彻的分析,很可惜的是,他并没有从刑法角度对"明知"进行分析。从刑法的角度来看,刑法分则中具体犯罪中的明知与总则故意犯罪中的明知是存在区别的。但是,这位学者认为,既然"明知"是刑法的用语,那么它在刑法中就应该表达相同的含义,而他最大的问题也正是在于,混淆了故意犯罪中明知的概念和分则中每个罪的明知的概念。其实,在刑法中,同样的词在不同的罪名或者场合里,它表达的意义可能就有区别。我认为,分则中的"明知"是对对象的明知,而总则中故意犯罪的"明知"则是对危害结果的明知。并且,这两个"明知"的证明程度要求也存在较大的差别。总则中的"明知"的证明程度是行为人对危害结果"确实知道",既包括直接故意犯罪中的必然性预见和可能性预见,也包括间接故意犯罪中的可能性的预见。也就是说,无论是必然性预见还是可能性预见,我们都要证实行为人确实是预见到了危害结果。由此可见,这种对"明知"的证明要求比较高。而分则中的"明知"的证明程度是行为人对犯罪对象"应当知道",证明要求比较低。

第二,奸淫幼女犯罪以明知幼女为构成要件并不会决然缩小犯罪圈。

这位学者认为,《批复》的颁布可能使得许多与幼女发生性行为的行为得不到刑事法律制裁,不利于幼女权益的保护。其实,这只是问题的一面,客观地说,近期我国有关司法解释并没有一概收缩奸淫幼女犯罪的犯罪圈,也有扩大解释,主要是有关司法解释已变相扩大了"明知"的内涵。

其一,"明知"包括"知道"或"应当知道"。从字面意义上讲"明知",一般是指"明确地知道",即"确知"。"确知"是确确实实地知道,是完全知道。但是,人的认识程度是有梯度的,可以是全部知道,也可能是基本知道;可能是基本不知道,也可能是确实不知道。而司法机关证明犯罪人实施犯罪时的主观认识也是有相当难度的。有的犯罪分子对于主观认识供认不讳,并经查实;有的犯罪分子对于主观认识并不供认,但司法机关通过其他证据予以查实,从而推定犯罪人"应当知道"。"应当知道"虽然已经查证,但毕竟与"确知"有程度上的差别。现有许多相关司法解释已规定了,刑法分则中的明知包括"确知"和"推定知道"。这样,就扩大了"明知"的范围,而不至于将"推定知道"的这些犯罪人排除在犯罪圈之外。比如,1998 年 5 月 8 日最高人民法院与其他有关机关联合发布的《关于依法查处盗窃、抢劫机动车案件的规定》第 17 条中规定:本规定所称的"明知",是指知道或者应当知道。有下列情形之一,可以视为应当知道。但是有证据证明确属被蒙骗的除外……2000 年 12 月 11 日施行的最高人民法院《关于审理破坏森林资源刑事案件具体应用法律若干问题的解释》第 10 条规定:《刑法》第 345条规定的"非法收购明知是盗伐、滥伐的林木"中的"明知"是指知道或应当知道。具有下列情形之一,可以视为应当知道。但是有证据证明确属被蒙骗的除外……2001 年 6月 11 日公布施行的最高人民检察院《关于构成嫖宿幼女罪主观上是否需要具备明知要件的解释》将嫖宿幼女罪中的"明知"解释为:行为人知道被害人是或者可能是不满14 周岁幼女。尽管《刑法修正案(九)》废除了嫖宿幼女罪,该司法解释也就无继续适用的必要了。但至少从其规定中可以看出,将"明知"理解为知道或可能知道,是司法对立法的扩大解释。

这位学者认为奸淫幼女罪不应该以"明知"为前提,主要是出于这样的考虑,他认为,当刑法司法解释在强调"明知"以后,就会使那些对幼女实施奸淫行为的时候根本不想知道幼女年龄的行为人,因为借口自己"不明知"而逃脱法律制裁。我认为,这种担心大可不必,因为我们只要证明行为人"应当知道"就足够了,并且证明"应当知道"也是很容易的一件事情。如果行为人不想知道幼女的年龄,那么,我们就认为行为人应当知道。我们强调"明知"的主要目的是要把那些确实不能或者无法知道幼女年龄的行为人,排除在刑法的打击范围之外,当然,这需要足够的证据来支撑。比如说,甲和乙在谈恋爱,甲确实问过乙的年龄,而乙对甲隐瞒了自己不满 14 周岁的事实,谎称自己已经成年。但是,乙的外表确实很像已满 18 周岁的成年女性,后来两人发生了性关系。在这种情况下,甲在与乙发生性关系时确实无法知道乙的真实年龄,如果我们还要将甲的行为认定为强奸罪,确实存在不妥之处。因此,法律用"明知"作为认定和幼女发生性行为构成强奸罪的前提条件,主要目的就是为了排除这种不可能知道对方是幼女的情况,而不是将那些有明显奸淫行为而想逃脱责任的人排除。对于这种情况,我们完全可以用"应当知道"来认定行为人主观上具有奸淫的故意。

其二,"确实不知"虽不构成犯罪,但须具备一定条件。《批复》一方面对于奸淫幼女犯罪有"明知"的要求,另一方面,对于"确实不知"的,并非都作为无罪处理。在"确实不知"的情况下作为无罪处理,按照最高人民法院研究室有关负责人的介绍,应具备两个条件:一是"有证据证明",二是"未造成严重后果,情节显著轻微"。而同时具备这两个条件的案件,事实上是相当少的,因而,也不至于让许多奸淫幼女的罪犯逍遥法外。就第一个"有证据证明"的条件来说,这里的"有证据证明"采用了一种举证责任倒置的方式,它与一般公诉案件中被告人不承担举证责任的规定是有较大差别的。由被告人承担举证责任,并且又要有足够的证据让法官确信其"确实不知",这对于被告人来说并非轻而易举。除非被告人主观上"确实不知",否则,被告人要想利用这一点来作为逃脱犯罪惩处的空子是相当困难的。就第二个"未造成严重后果,情节显著轻微"条件来说,其本身又包含了两个子条件:"未造成严重后果"和"情节显著轻微"。仅仅有"未造成严重后果"这个条件仍是不充分的,只有在"未造成严重后果"的情况下又符合"情节显著轻微"的,才可以作为无罪处理。《批复》不嫌繁琐地规定了这么多条件,无非是要严格防止放纵犯罪的现象,况且,"情节显著轻微"的限定条件又是刑事立法限定犯罪条件的规定。可见,《批复》的精神是尽量保证司法解释不违背法律规定,不超越法律权限,由此可见解释者的用心良苦。

第三,对象明知是奸淫幼女犯罪故意的重要内容。

虽然对象明知与故意犯罪中的明知,确实不能完全等同,但在奸淫幼女犯罪中,故意犯罪所要求的"明知自己的行为会发生危害社会的结果"这一认识因素,集中地表现在明知对方是幼女而故意奸淫这一点上。刑法对奸淫幼女犯罪的规定之所以不要求以使用暴力、胁迫或其他强制手段为要件,而只要求有奸淫不满 14 周岁的幼女的行为,是因为这种行为的社会危害性主要取决于对方是没有责任能力,或者说是发育尚未成熟的幼女。幼女自身的特殊性决定了奸淫幼女的行为本身具有严重的社会危害性。因此对这种行为的危害结果的认识主要是通过对奸淫对象是幼女这一客观事实的认识表现出来的。如果行为人不知对方是幼女,他就不可能认识到在对方同意的情况下与之发生性行为也会有严重的社会危害性。因此,"明知自己的行为会发生危害社会的结果"在奸淫幼女罪中,是与奸淫对象不满 14 周岁这一客观事实的认识紧密联系在一起的,缺乏这一认识,就不能说行为人明知自己的行为会发生侵犯幼女的人身权利的结果。

值得注意的是,近年来,一系列"虐童"及性侵中小学生事件频频见诸报端。鉴于此类案件数量之多、发生频率之高、受害人数之众、作案情节之恶劣、危害后果之严重、舆论震荡之剧烈,最高人民法院、最高人民检察院、公安部、司法部于 2013 年联合发布了《关于依法惩治性侵害未成年人犯罪的意见》(下文简称《意见》),以严惩性侵幼女之恶劣行径。

《意见》第 19 条第 2 款规定:"对不满十二周岁的被害人实施奸淫等性侵害行为的,应认定行为人'明知'对方是幼女。"那么,《意见》第 19 条第 2 款对"明知"的规定,是否突破了前面我们讲到的"明知"是奸淫幼女构成强奸罪的前提的刑法原理?我认为,《意见》第 19 条第 2 款的规定,既没有排除奸淫幼女构成强奸罪所要求的"明知"要件,也不是所谓的扩张解释,其强调的是性侵幼女构成强奸仍应以"明知"为前提。

《意见》第 19 条第 2 款的规定实际上是将性侵不满 12 周岁幼女的行为人的主观认识推定为"明知"中的"应当知道"。据最高人民法院新闻发言人孙军工介绍,作此规定的主要原因在于,"制定意见过程中,各方普遍反映,应当对不满 12 周岁的幼女予以绝对保护,而且该年龄段的被害人通常外在幼女特征也较为明显"。诚如所言,不满 12

周岁的幼女所体现出的外在幼女特征是绝大多数人均可认识和识别的，性侵幼女的行为人一般不会也不可能有理由无法认识到对方是不满 12 周岁的幼女。故而为了防止行为人根据幼女的外貌体征等方面来作强词夺理的申辩，也为了体现从严从重惩处性侵幼女及对幼女予以绝对保护的原则，《意见》第 19 条第 2 款便将性侵不满 12 周岁幼女的行为人的主观认识一概推定为"应当知道"。因而，其仍然强调性侵幼女构成强奸应以"明知"为前提，而绝非排除了奸淫幼女构成强奸罪所要求的"明知"要件。

第四，年龄认知错误与"不能预见"的原因应加以区分。

这位学者还认为，对幼女年龄的认知错误不符合《刑法》第 16 条的规定。因为，《刑法》第 16 条规定的是"不可抗力"和"意外事件"。我们无论如何都不可能认为一名男子在年龄认知错误的情况下同一名不满 14 周岁的幼女的性行为是一种"不可抗力"和"意外事件"。从法经济学的角度看，所谓"不可抗力"或"意外事件"至少是施加惩罚不会排除事件发生，或者降低其发生之概率的事件。而司法机关作出不同的司法解释，必定会影响这类行为发生的数量和概率。"年龄认知错误"不属于，也不可能属于法律上认可的不可抗力或意外事件。

我认为，年龄认知错误与刑法规定中的"不能预见"的原因是两个不同视角的问题，无法将它们进行类比。我国《刑法》第 16 条规定："行为在客观上虽然造成了损害结果，但是不是出于故意或者过失，而是由于不能抗拒或者不能预见的原因所引起的，不是犯罪。"刑法理论上一般将《刑法》第 16 条的规定称为无罪过事件，具体可以分为不可抗力和意外事件两种。在与幼女发生性关系时，行为人如果发生年龄判断错误，以为对方已满 14 周岁，仅仅是一种结果事实，这种结果事实不是判断行为人是否有罪过的依据。判断罪过的依据应该是造成年龄认知错误的原因事实，即是什么原因造成了行为人的年龄判断失误，比如幼女的外表、主动引诱或其他因素。根据当时的具体情况和条件（即原因事实），如行为人确实无法预见的，这种预见就可以归属于《刑法》第 16 条规定中的"不能预见"的原因，以无罪过事件处理。因此，这位学者以年龄认知错误的结果事实作为评判标准是对刑法规定的误解。

年龄认识错误属于我国刑法理论中认识错误的范畴，它与无罪过事件相关，但又有区别。在行为人发生认识错误时，对其定罪，仍要考虑其主观上有无罪过。如有罪过的，可以定罪；如无罪过，就属于意外事件，不作为犯罪处理。

至于这位学者以事件发生的概率是否会受政策的影响作为评判行为是否属于刑法上意外事件性质的依据，也是值得商榷的。因为，《刑法》所规定的"不能预见"是就行为人本身的认识能力在特定条件下是否能预见而言的。有些人为的因素，对于行为人来讲可能无法预见，但对于其他人来讲却可以预见，公共政策的变化完全可以作用于普遍大众，并对于某种行为的发生概率产生变化，但只要某具体行为人在实施行为的当时，确实是由于不能预见的原因而引起损害结果，仍可以属于意外事件。因此，事件发生的概率不能作为评判刑法中无罪过事件的依据。

2. 少男幼女性行为的认定

我在前面已经讲过，现在已经取消了奸淫幼女罪，但是在原来存在奸淫幼女罪的时候,最高人民法院《关于审理强奸案件有关问题的解释》规定,已满 14 周岁不满 16 周岁的人,与幼女发生性关系,情节轻微尚未造成严重后果,不认为是犯罪。在取消奸淫幼女罪这一罪名之前,理论上和实践中通常还认为,少男和幼女在恋爱过程中自愿发生性行为的,一般不宜认定为犯罪。因为少男和幼女年龄比较接近,他们之间谈恋爱的可能性比较大,那么他们在谈恋爱过程中发生的性行为,和一般的成年人与幼女之间发生性关系的情况有很大区别,如果仍然认定为奸淫幼女罪就很不妥当。

那么,在取消奸淫幼女罪之后,这种观点和判断标准是否仍可以适用呢?我认为,仍然应该加以适用。司法解释中取消奸淫幼女罪的规定并不是要否定奸淫幼女这类犯罪行为的客观存在,只不过是强调要将这种行为归入强奸罪之中。实际上奸淫幼女的行为无论是否独立成罪,其构成犯罪的成立要件不应该发生什么变化。由于少男幼女发生性行为的情况较多可能发生于交友、早恋过程中,而少男本身对性行为的认识能力也有限,对这类行为作出特殊的处理应该是有必要的。

3. 婚内强行性行为的定性

在理论和司法实践中对于强奸罪议论较多的一个问题是婚内是否存在强奸,也就是说丈夫使用暴力等强制手段强行与妻子发生性关系的行为是否构成强奸罪?下面我们就重点谈一下这个问题。

首先给大家讲一个发生在上海青浦区的案件:王某以与妻子钱某感情已破裂为由,向青浦区人民法院提出离婚诉讼请求,随后法院作出了准许双方离婚的一审判决。在法院送达判决书的第 5 天,也就是在离婚判决尚未生效的时候,王某来到了钱某的住所,在钱某的强烈反抗下,强行与她发生了性关系。青浦检察院以强奸罪对王某提起公诉,青浦区人民法院一审判决王某构成强奸罪,判处有期徒刑 3 年,缓刑 5 年。王某没有上诉,一审判决生效。

法院认定王某构成强奸罪基于两点理由。一是强奸罪的对象是妇女,而在法律中并没有写明这里的妇女不包括妻子。既然法律没有明确排除,那么妻子是可以成为强奸罪的犯罪对象。二是由于青浦法院作出了离婚判决,并且法院判决双方离婚的主要依据是"夫妻感情确已破裂",尽管这个离婚判决并没有生效,但是无法否认王某和钱某感情已经破裂的事实,况且双方并没有打算上诉。基于双方"实质上"的感情破裂事实,完全可以认定王某和钱某之间的夫妻关系已经解除。因此,钱某不能被当作王某的妻子来看待,那么王某的行为当然构成强奸罪。

这个案件本身引起了社会的很大关注。关于婚内是否存在强奸的问题,学者们也发表了不同的观点,有人主张一律不构成强奸罪,有人主张一律构成强奸罪,有人主张在提起离婚诉讼期间或者分居期间构成强奸罪。

我认为,婚内定"强奸"不妥,理由主要有这么几点。

第一,我认为,婚内不该有"奸"。在日常生活中夫妻之间具有性的权利和性的义务,根本不存在什么"奸"的问题。"奸",是指非婚姻关系内的不正当男女之间的性关系,"奸"本身是一个贬义词。夫妻之间怎么会有"奸"的问题呢?如果把夫妻之间的性生活也看作是"奸"的话,那么从逻辑上讲就必然会有"强奸"和"通奸"之分。也就说,如果"不违背"双方意志的夫妻间的性生活就是"通奸",反之,强迫妻子发生性关系就是"强奸"。这显然与"奸"字的原意完全不符,而且与一般生活常理相差甚远。

另外,作为强奸罪对象的"妇女"必然排除妻子。没有一个国家的法律在强奸罪规定中不把妻子排除在外,也没有一个国家法律会对此作出明确规定。我认为,法律不是教科书,对某些显而易见的东西无需在条文中明确规定。如果连强奸罪的对象不包括妻子这个问题都要在法条中指明,那么,法律中就有太多东西需要指明了,如此,法律的无限膨胀就不可避免了。因此,我认为,法院的第一个理由是不正确的。

第二,构成强奸罪必须同时具备"强"和"奸"两个条件。对于强奸罪的认定,有的学者认为,只要行为人采用暴力、胁迫或者其他方法,与他人发生性行为的,就是违背妇女意志,就可以按强奸罪定罪处罚。其实这是对强奸罪构成要件的曲解,是一种认识上的误区。我认为,认定强奸罪,不仅要看到行为人"强"的行为一面,而且更主要的是要看到行为人"奸"的行为一面。"奸"是强奸罪的前提和本质,而"强"只是手段和形式。光"强"无"奸",就不是强奸,有"强"有"奸"才能定强奸。青浦法院的"婚内强奸案"判决,显然只注意"强"而忽略了"奸",从而根据行为人使用"暴力"这一事实,而作出了"婚内"有"强奸"的判决。

第三,我国没有"事实离婚"制度。现在有一种观点认为,如果双方当事人虽然是夫妻,但实际上长期分居,他们之间的夫妻关系"名存实亡",在这种情况下可以承认婚内强奸。我认为这种观点也是不正确的。从法律概念来说,我国确实存在"事实结婚"的情况,但绝对不存在所谓的"事实离婚"。我国婚姻法中只有把夫妻因感情不和分居满两年作为认定感情确已破裂的规定,但这仅仅是法官判决离婚的依据,而并不表明他们已经"事实离婚"。国外有些地方确实存在这种所谓的"别居"制度,但这种制度的存在必须有法律规定作为依据,并且还要经过法院来决定。我国没有这种相应的法律规定,司法实践中也不存在所谓的"事实离婚"制度。因此,认为夫妻之间长期分居,夫妻关系实际上就不存在(或已解除),从而就有强奸问题存在的观点,不仅没有法律依据,也与我国的实际情况不相吻合。

第四,即使夫妻双方已处于离婚阶段,但离婚判决未生效,婚姻关系则未解除,在此种情况下仍然不能认为婚内有强奸。在讨论青浦区法院判决的"婚内强奸案"时,有一种观点认为,本案王某与钱某之间一直在闹离婚,并且一审法院已作出准予离婚的判决,虽然行为人不服此判决向二审法院提出上诉,但是,上诉内容并未涉及"婚姻解除"问题。因此,行为人事实上也认可了一审法院的"离婚判决"。也就是说,王某与钱某对"离婚"都没有异议,因而双方婚姻关系实际上"已经解除"。因此,在此种情况下可以承认婚内强奸。我不同意这个观点。从法律上分析,这种观点至少有三点值得商榷。

首先,根据法律规定,一方面,在上诉期间,双方当事人完全可以就"婚姻关系"内容转变观点,从而提出撤销离婚的请求。这样就意味着一审法院的判决根本不会生效。由此分析,认为行为人未对"离婚"内容提出异议,从而就可视为双方婚姻关系已经解除的观点明显有问题。另一方面,行为人上诉内容中没有对"离婚"提出异议,而二审法院在审理上诉案件时,必须对全案作出全面的审理,即使上诉人没有涉及的内容也同样应该审理,更何况对离婚判决的上诉,当然不能不审理离婚的内容。而且经审理后二审法院对一审法院的判决完全有改判的可能性。通过这两点分析,从民事诉讼程序的角度来看,对于离婚案件,在一审法院判决生效之前,无论当事人是否上诉,也无论上诉的内容中是否涉及"离婚"内容,双方的夫妻关系理应属于"存续"期间,相互间的婚姻关系不能也不应该视为"已经解除"。而在婚姻关系存续期间,当然不应该有强奸问题存在。

其次,按照这种观点,如果夫妻之间进行离婚诉讼就说明双方感情已经破裂,而不进行离婚诉讼就说明感情没有破裂,这明显是不符合生活现实的。事实上,现代社会中有很多夫妻的感情其实早已经破裂,但是,并没有进行离婚的诉讼。双方不离婚的考虑有很多,比如为了子女的成长,为了自身的名誉等。如果按照"实质上"感情确已破裂来认定婚姻关系已经解除,那么,认定夫妻关系不存在的标准就根本不存在了。

最后,如果离婚诉讼还处于上诉期间就认定夫妻关系已经解除,这个期间丈夫违背妻子意志发生的性行为被认定构成强奸罪,那么,对于没有提起离婚诉讼而实际双方感情已经破裂的情况下,丈夫违背妻子意志发生性行为,我们能不能认定丈夫构成强奸罪呢?对比这两种情况,无非一个是提起了离婚诉讼,另一个没有提起离婚诉讼,但是两种情况中夫妻的感情都已经破裂。从民事诉讼程序角度看,两种情况只不过是"五十步"与"百步"的关系,并没有本质上的区别。如果非要看本质,没有提起离婚诉讼的夫妻感情破裂的程度往往更大。

第五,婚内定强奸与罪刑法定原则相悖。还有的学者认为,婚内定强奸并没有违反我国刑法规定,因为我国刑法规定的强奸罪并没有将婚姻关系存续期间的夫妻性行为排除在外,也就是说刑法并没有明文规定婚姻关系存续期间不能存在强奸问题。我认为,这种观点存在两种认识上的误区。

首先,我国《刑法》第236条规定,以暴力、胁迫或者其他手段强奸妇女的,就构成强奸罪。从刑法有关强奸罪的规定中来看,我们不难发现,无论是立法原意还是条文规定的内容,实际上都是明显将"存续期间的婚姻"排除在强奸罪之外的。焦点仍然集中在"奸"的问题上。我前面已经说过,既然是夫妻就不应该有"奸"的问题存在,也就不会发生所谓的"强奸"问题。刑法条文中所指的强奸罪的"妇女",明显是指夫妻关系以外的妇女。这是一种常理,是根本不需要在刑法条文中明确加以规定的,对此,我们大家应该要有这种共识。而且我们应该看到,刑法是一种禁止性法规,其本身不可能也不应该对不需要禁止的行为加以规定。所以,认为刑法没有作明确规定,就可以认定婚内强奸的看法其实是一种认识上的误区。

其次,我国现行《刑法》明确将"罪刑法定"确立为刑法的基本原则,这就从根本上要求我们在定罪量刑的时候要严格依照刑法规定。凡是刑法没有明文规定的,就不能定罪和量刑。我认为,就分析案件的思路来讲,我们也应该作一下根本的改变,不能因为刑法对某种行为没有明确规定不是犯罪,就可以认定为犯罪。相反,只有在刑法明确规定为犯罪的情况下才可以认为是犯罪,只有这样才符合罪刑法定原则的根本精神。我认为,这是现代社会的刑法基本理念,我们大家都应该具备。对婚内是否有强奸的问题,我们的分析思路应该是,既然刑法没有明文规定婚姻存续期间也有强奸问题存在,那么只要夫妻关系存在就不应存在强奸问题。那种认为刑法没有将婚姻存续期间的情况排除在强奸罪之外,从而认定婚内强奸的观点,显然是没有正确理解罪刑法定原则的真正含义,从而进行了逆向推论,这样得出来的结论当然是和罪刑法定原则相背离的。

通过前面五点理由的分析,我认为,上海青浦区法院有关婚内强奸案的刑事判决显然不妥。对于一些在特殊情况下,行为人明显违背婚内妻子意志并强行与之发生性行为案件的处理,从理论上我们虽然可以进行讨论,但在我国有关婚姻法律制度没有改变以及刑法条文未作明确规定之前,还是不以犯罪论处为好。当然,需要说明的是,我并不是认为丈夫在任何情况下都不可能成为强奸妻子的主体,对于丈夫教唆、帮助他人强奸妻子的,我们完全可以对其以强奸罪论处。

应该看到,在夫妻进行离婚诉讼的这段期间,妻子的权益特别容易受到侵害。因为这段期间仍然是夫妻关系存续期间,而妻子又不能成为强奸罪的犯罪对象。那么我们应该怎样保护妇女权益呢?我认为,可以借鉴国外的方式。德国专门有一种"别居"制度,指的是一旦离婚诉讼程序正式开始,为了保护妇女性的权益,由法官发出"别居令",让双方分开。在"别居令"生效期间,如果丈夫强行违背妻子的意志与妻子发生性关系,丈夫的行为构成强奸罪。德国的"别居制度"是有法律的规定作为依据的,而前面提到的一些学者的观点,他们认为刑法没有明文将妻子排除在强奸罪的对象之外,就意味着强奸罪的对象包括妻子,这种说法是没有说服力的,而且会导致认识上的混乱。所以,我认为婚内不存在强奸,如果想要实现对这种特殊情况下妇女的利益的保护,必须通过法律专门规定来实现,而不能在没有法律依据的情况下,随意得出婚内存在强奸的结论。

4. "半推半就"行为的认定

另外,大家还要注意对"半推半就"这种行为如何认定的问题。

在强奸罪的认定中,可能出现三种情况。第一,被告人供述自己对被害人实施了强奸行为,被害人也陈述了强奸的事实,两边基本吻合。这种情况下,证据确凿,并且通常情况下被告人不会翻供。司法工作人员很容易认定被告人的行为构成强奸罪。第二,也有人认为强奸罪是较难认定的犯罪,如果被告人不承认自己对被害人实施过强奸行为,而被害人一口咬定对方对自己实施了强奸,司法办案人员搜集到其他的证据也能够证明被告人确实实施了奸淫行为,即使没有被告人的供述,也可以定罪。第三,也是令办案人员最头疼的一种情况,就是被告人不承认自己对被害人实施过强奸行为,而被害人却一口咬定对方对自己实施了强奸。司法工作人员想要判断谁说的话属实,却找不到其他证据来证明被告人实施过奸淫行为,这种情况下往往要结合当时的实际情况进行判断。而这种情况中最多见,也是最难判断的,就是对男女双方"半推半就"的性行为的认定。

对"半推半就"最难判断体现在,这种情况下的男女双方往往认识,两个人发生的性行为里既有"推"又有"就"的性质。"推"就是指女方对男方的拒绝，"就"是指女方对男方行为的认可和同意。这种拒绝或者同意的程度都比较模糊，并且发生在一个性行为中，因此，司法人员判断起来就十分困难。另外，在"半推半就"的案件中，其实女方的感情可能发生变化，可能在性行为开始时女方是同意的，但是性行为结束后女方又觉得男方违背了自己的意志。

正是因为女方有感情发生变化的可能性，所以特别是要注意对双方平时的关系如何，性行为是在什么环境和情况下发生的，事情发生后女方的态度怎样，又在什么情况下告发等事实和情节，认真审查清楚，全面分析女方在性行为发生的过程中，到底是以"推"为主还是以"就"为主。如果女方以"就"为主，尽管在行为中有"推"，这种情况不属于违背妇女意志，一般不宜按强奸罪论处。如果女方以"推"为主以"就"为辅，这种情况属于违背妇女意志，应该以强奸罪惩处。

我给大家举一个典型的案例：甲男和乙女以前认识，村子里很多人都认为他们的关系很好。两个人有一天在一个房间里发生了性关系，房间的外面还坐着乙女的婆婆。当天晚上，乙女的丈夫回家发现了床边有烟灰，在丈夫的追问下，乙女承认说甲男强奸了自己。乙女的丈夫当晚就去派出所报了案。负责这个案件的办案人员就比较为难，因为这是一个"半推半就"案件。办案人员结合平时甲男和乙女的关系，再根据当天乙女的婆婆在门口并没有听见乙女反抗的声音的情况，由此认定，尽管这个案件里有"推"的动作，但是主要还是以"就"为主，因此认定甲男不构成犯罪。我认为，司法机关的这一认定是有道理的。

5. 强奸和通奸

通奸是指一方或双方有配偶的男女，自愿发生性行为。强奸和通奸只差一个字，但是在定性上却相差十万八千里。现代社会中，很多人认为通奸是很正常的行为，甚至有人认为，对通奸也不应该进行道德上的谴责，因为这是人的一种自由。当然，这种观点恐怕我们大家都不愿意赞同。我们需要从法律角度来看待这两种行为，通奸不构成犯罪，而强奸则是一种犯罪行为，并且刑法规定的法定刑也十分重。所以，对这两个词，我们不能发生理解的偏差。

从理论角度看，强奸与通奸的界限很容易划分，我们只需要看是否违背妇女意志，但在司法实践中，强奸和通奸比较难认定。因为人的情感是多变的，有时完全会由于其他原因导致行为人与被害人情感上的变化。一般认为，以暴力、胁迫等手段，长期霸占妇女的情况应以强奸论处。对既有强奸又有通奸情节的，我们认定起来存在一定的困难，司法实践中通常存在这么几种情形。

第一，有的妇女与人通奸，一旦翻脸，关系恶化，或者事情暴露后，怕丢面子，或者为推卸责任、嫁祸于人，把通奸说成强奸。对于这种情况，我们不能认定行为人构成强奸罪。

第二，如果第一次性行为违背妇女的意志，但事后并未告发，后来女方又多次自愿与该男子发生性行为的，一般不宜以强奸罪论处。因为，在这种情况下，妇女的意志实际上已经起了变化，由"违背"变为"不违背"了。

第三,犯罪分子强奸妇女后,对被害妇女实施精神上的威胁,迫使其继续忍辱屈从的,应以强奸罪论处。因为,在这种情况下,尽管在形式上存在被害妇女的"从",但是,这种"从"完全是被迫的,从而在本质上,以后的性行为仍然是违背被害妇女意志的。

第四,男女双方先是通奸,后来女方不愿继续通奸,而男方纠缠不休,并以暴力或败坏名誉等进行胁迫,强行与女方发生性行为的,以强奸罪论处。因为,行为人与被害人之前的关系只能作为判断以后行为性质的参考因素,而不能作为决定因素。我们判断行为人与被害人之间的性行为是否违背意志,当然应该以行为时被害人的态度作为判断依据。

通过对通奸和强奸的区分,我们可以得出结论:一般认为,对既有强奸又有通奸情节的,应以最后一次行为的性质作为认定的依据。比如第四种情况,男女之间长期通奸,但是案发时的一次性行为是强奸,我们就要按照强奸罪论处,因为前面的通奸并不能否认最后一次的违背意志。对于第三种情况,行为人在第一次强奸后,又以暴力、胁迫等手段,长期霸占妇女的情况,可以按照强奸罪论处,因为后面的行为也是违背妇女意志的。而对于第二种情况,行为人先强奸妇女,后来该妇女与行为人长期通奸,这个时候可以按通奸认定。因此,我们一般情况下都按照男女之间最后一次性行为的性质来认定,这个需要大家注意。

6. 强奸与恋爱中的不正当性行为

男女恋爱中双方自愿发生性行为,属于道德范畴的问题,一般不涉及任何违法问题,当然更不能以强奸罪处理。对于那些在恋爱过程中男方采取不明显的强制手段与妇女发生性关系,但后来感情破裂,女方告发男方强奸的案件,一般也不宜认定为强奸罪。

需要大家特别注意的是,对于由一些特殊情况引起的恋爱中的不正当性行为,我们应该如何定性。这些特殊情况主要指下面两种情况。

第一,男方和女方已经开始恋爱,男方担心女方最后不和自己结婚,就采用强制手段在违背女方意志的情况下强行与女方发生性关系。也就是说,男方想通过发生性行为最后确定两人的婚姻关系,这种情况在农村地区比较多见。

第二,男方和女方还没有开始恋爱,男方怕女方不愿意和自己建立恋爱关系,于是他就强行和女方发生性行为,实际上是为两人的恋爱关系打下基础。

对于这两种情况应该怎样认定,我的观点很简单,主要看妇女的态度。如果在性行为之后,女方觉得这个男的还是不错,愿意和他继续交往,这说明女方已经对男方产生了感情,刑法就没有必要对这个性行为进行有罪评价。相反,如果女方觉得男方的行为违背了自己的意志,而且觉得以后双方不可能发展成恋爱关系或婚姻关系,那么我们应该把男方的行为认定为强奸罪。但是需要大家注意的是,我们在处理的时候要与社会上一般的强奸有所区别。总之,我认为,对这类案件的处理,我们应该持谨慎的态度。

(三) 强奸罪的法定刑

关于强奸罪的法定刑,我想为大家介绍以下两个内容。

1. 轮奸的法定刑

刑法有关强奸罪的法定刑有这样的规定,即行为人2人以上轮奸妇女或奸淫幼女的,都要处10年以上有期徒刑、无期徒刑或者死刑。由此可见,轮奸是强奸的一种加重处罚情形。下面我就重点为大家介绍一下轮奸。轮奸指两男以上(包括两男)在一段时间轮流对同一妇女强行奸淫的行为。轮奸一般的特征除了在主体上是"两男"以上,一般在时间上具有三"同"特征——同时、同地、同一对象。"同时"并不是指精确到不相差一分钟,而是指基本上处在一个时间段之内。"同地"通常是指在同一个地点,如果两个地点相距过远也不能认定为属于"同地",比如上海和北京就不属于这里的"同地",而一个房屋的相邻房间属于"同地",所以我们对这里的"同地"不能机械地理解。"同一对象",指两个以上男子需要针对同一对象进行强奸,如果两个以上男子分别强奸的是不同的妇女,就不属于"同一对象"。但是,如果两个以上男子分别对不同妇女实施了强奸,其中有一个被强奸的妇女同时受到过两个以上男子的强奸,这些男子也构成对这个妇女的轮奸。

大家还需要特别注意,轮奸是强奸的一种加重处罚情形,那么轮奸是不是一定都是共犯? 我认为,大多数情况下的轮奸都是共犯,但是这并不绝对。当第一个人对某一妇女实施奸淫行为的时候,如果他不知道后面的行为人也要对这个妇女实施奸淫行为,而后面的行为人则在知道前面行为人已经对该妇女实施奸淫行为后,还奸淫该妇女,我们对于后一个人可以按照轮奸论处,而对前一个行为人则按一般强奸论处。这种情况是比较多见的,比如有一老板使用暴力把一个妇女控制在一个地方,但是这个老板不知道帮助他实施暴力的其他人也有奸淫的意图,当他实施完奸淫行为之后就逃走了,但是,帮助他看守的人随即也对这个妇女实施奸淫行为。这时,看守的人应该按照轮奸论处,而这个老板应当被认定为一般强奸。还可能存在另外一种情况,如果老板知道看守的人也要实施强奸,或者他默许了看守的人可以继续对妇女进行强奸,此时,这个老板当然应该被认定为轮奸。由此可见,轮奸并不一定都是共犯。这一点需要大家特别注意。

2. 奸淫幼女的法定刑

接下来,我们来看强奸罪处罚中关于奸淫幼女的规定。

《刑法》第236条第2款明确规定:"奸淫不满十四周岁的幼女的,以强奸论,从重处罚。"我们怎么来理解这里的"从重处罚"? 它是指在3年以上10年以下的法定刑中从重处罚,还是指相对于10年以上的法定刑中从重处罚? 我们认为,一般的奸淫幼女行为,应该在3年以上10年以下的法定刑中从重处罚。同时,强奸罪中应当判处10年以上有期徒刑、无期徒刑和死刑的六种情形中有四处都提到奸淫幼女,分别是"强奸妇女、奸淫幼女情节恶劣的";"强奸妇女、奸淫幼女多人的";"在公共场所当众强奸妇女、奸淫幼女的"以及"奸淫不满十周岁的幼女或者造成幼女伤害的"。所以,符合这四种情况的就要在10年以上的法定刑中从重处罚。因此,奸淫幼女的从重处罚到底是在哪一段中从重处罚,需要根据行为人的犯罪情节具体分析。

好,这一讲的内容我就讲到这里。在下一讲中,我将为大家介绍侵犯公民人身自由的几个犯罪,谢谢大家!

第十一讲
侵犯公民人身权利、民主权利罪（三）

下面，我们接着学习侵犯公民人身权利、民主权利罪。在这一讲中，我将为大家介绍非法拘禁罪、绑架罪和拐卖妇女、儿童罪的相关内容。

四、非法拘禁罪

首先，我们来看非法拘禁罪。

（一）非法拘禁罪的概念

所谓非法拘禁，是指拘押、禁闭或者以其他方法非法剥夺他人人身自由的一种行为。这个罪的本质特征是剥夺他人的人身自由。

非法拘禁行为通常有不同的动机，有些动机甚至是犯罪的动机。比如，强奸行为中往往包含一个拘禁行为，但是这种拘禁行为被强奸行为吸收了，因为你不可能在不剥夺他人自由的情况下对其实施奸淫行为。而有一些拘禁行为的动机本身不构成犯罪，这时我们就可以对非法拘禁这个行为单独进行评价。非法拘禁行为的动机本身构成犯罪的，我们采用重罪吸收轻罪的原则来处理，这个称为吸收犯，因为这是在一个过程中发生的行为。而如果动机本身不构成犯罪，这时就要对拘禁行为单独进行评价。比如说，甲男与乙女二人谈恋爱要分手，乙女不让甲男走，要甲男讲清楚，而甲男一定要走，乙女为了不让甲男走就将甲男锁在房间里，这就是非法拘禁。"讲清楚"这个动机本身不构成犯罪，这时就要单独评价乙的这个非法拘禁行为。这是需要大家注意的一个问题。另外，非法拘禁中的拘禁手段也需要大家注意。它可以是各种各样的手段，其中包括囚禁、通过恐吓行为将人限制在一个地方、将人绑起来、用刀威胁等，但关键是要把人控制在一个地方。

（二）非法拘禁罪中的结果加重犯和转化犯的认定

接下来，我们讲一下非法拘禁罪中的结果加重犯和转化犯的问题，这也是我们实践中经常涉及的问题。刑法对非法拘禁罪进行处罚的条文规定,对一般非法拘禁的处罚是3年以下有期徒刑、拘役、管制或者剥夺政治权利。具有殴打、侮辱情节的从重处罚。犯前款罪(非法拘禁罪),致人重伤的,处3年以上10年以下有期徒刑;致人死亡的,处10年以上有期徒刑。这个属于结果加重犯。使用暴力致人伤残、死亡的,依照故意伤害罪和故意杀人罪的规定定罪处罚。这属于转化犯。应该看到,无论是结果加重犯的规定还是转化犯的规定,都会出现被害人伤残或是死亡的结果。我认为,判断是结果加重犯还是转化犯,关键是要看被害人伤残和死亡的结果是由非法拘禁行为本身造成的还是由行为人额外的暴力行为造成的。如果是前者,则为结果加重犯,若是后者,则属于转化犯。

(三)绑架、拘禁索债型犯罪的认定

1. 绑架、拘禁索债型案件中的"债务"性质对定罪的影响

应当看到,非法拘禁罪本身并没有太多值得讨论的问题,我们需要重点研究的是刑法专门规定的为索取债务而扣押、拘禁他人,定为非法拘禁罪的情形,也就是现实中经常发生的绑架、拘禁索债型案件。这类案件在现实中往往表现为,将他人扣押之后向被扣押人的家人索要钱财,家人不交钱则不放人。这种情况是以绑架罪认定还是以非法拘禁罪认定呢?这里就存在一个债务的问题。但在各种各样的索债案件中,我们也不难发现,绑架、拘禁索债型案件中当事人所索要的债务可以分为五种:合法债务、超过合法债务数额的"债务"、非法债务、根本不存在的债务、难以查清的债务。下面,我就给大家一一分析一下,索取这些"债务"的行为应该如何分别加以定性?

第一,索取合法债务行为的定性。如果行为人是为索取合法债务而实施绑架、拘禁行为,对他人进行扣押、拘留,而且其债务是实际存在的,应定非法拘禁罪。例如,王某因做水果生意向李某借款5万元人民币,因生意亏本而到期未能归还。李某多次向王某催讨后,王某为逃债长期在外打工。李某千方百计打听到王某的下落后,邀集自己两个朋友,赶到王某在外地的住所,将其捆绑后押到一朋友家中关押。然后李某打电话给王某的妻子,要其在3天内归还5万元欠款,否则王某性命难保。王某妻子当即报警,后来李某及其朋友被捕。这个案件是一起典型的以索债为目的而实施绑架、非法拘禁他人的案件。从客观行为上来看,李某及其同伙实施了绑架他人、索要财物的行为,与绑架罪的构成要件很相似。但是,从李某的目的来看,其是为索要债务,而且该债务是合法的,所以并非是勒索他人财物。因此,这个案件中,李某的行为完全符合《刑法》第238条第3款规定的"为索取债务非法扣押、拘禁他人的,依照前两款的规定处罚",即以非法拘禁罪和相关罪名定罪量刑。

第二,索取超过合法债权数额的"债务"的行为的定性。如果行为人为索取超过合法债权数额的"债务"而实施绑架、拘禁他人的行为,应具体分析行为人索取的数额与合法债权的数额之间的差价,区分不同情况以绑架罪或非法拘禁罪定罪量刑。例如,河北李某与山西王某有经济纠纷,王某欠李某施工款8万元左右,1998年8月18日,李某一伙在王某妻子下班途中,将其绑架到河北省曲阳县并向王某索要现金30万元。

最后,王某交出 30 万元现金后,才将妻子赎回。本案的定性颇有争议。有学者认为,对所索要的 30 万元"债务"应分成两部分,其中行为人为索取其合法债务 8 万元而绑架他人的行为应定为非法拘禁罪,而其索要的超过合法债务的 22 万元实为勒索他人财物,又是以绑架方式实行,构成绑架罪,所以应定两罪而数罪并罚。还有的学者认为,行为人并非仅仅索要债务,主观上还有勒索他人财物的目的,所以行为人由索债为目的转化为勒索目的,这种犯罪目的的转化已经为一般的非法拘禁罪所无法涵盖,而且,行为人一个绑架行为触犯了非法拘禁罪和绑架罪两个罪名,所以,对此不能以非法拘禁罪定罪,而是属于想象竞合犯,应以绑架罪论处。我认为,这个案件中,李某既有索取合法债务的目的,又有勒索他人财物的目的,不存在目的转化,而其实施了一个绑架行为,又同时触犯非法拘禁罪和绑架罪。由于我国刑法中一罪与数罪是以犯罪构成的个数作为划分的标准,且主要是以行为作为定罪的依据,对同一行为不能重复评价,即一个行为不可能构成数罪。所以,对此不能数罪并罚,还是应以想象竞合犯从一重处,以绑架罪定罪量刑。其中合法债务 8 万元应从犯罪数额中予以扣除。

另外,对于犯罪人与被害人之间存在合法的债权债务关系,犯罪人使用绑架、拘禁手段索取财物数额大大超过其实际享有的债权数额的情形,比如说,欠 100 元但却索要 10 万元,我认为,在这种情况下,扣除必要的费用也就是成本之后,如果索要的数额巨大,则可以按照绑架罪来处理。这是因为,由于行为人索取财物的数额大大超过其实际债权,这就足以证明行为人的主观目的主要是非法占有他人财物,而索取合法债务显然已成为次要目的。但是,如果超过合法债权索取的数额不大,其绑架罪不能成立,仍应以非法拘禁罪定罪量刑。因为,在绑架、拘禁索债型犯罪中,行为人超过合法债权索取的数额不大,本身就足以证明其主观目的主要是为了索取合法债权,而不是为了非法占有他人财物。但是,这同时产生了另一个问题,即如何判断和确定超过合法债权数额的"大"与"不大"? 首先,应当确定合法债权的数额,在此基础上才能判断超出合法债权的数额。其次,要确定超出合法债权数额较大的"度"。我认为,虽然在绑架、拘禁索债型犯罪中索取大大超过合法债权的债务,其行为构成绑架罪,但是这与一般的绑架罪毕竟不同,因为其索要的财物中存在合法债务,而且,在一些案件中往往难以确定其数额。为此,必须规定超过合法债务的是一个较大的数额,这样可以明显表现出行为人的主观恶性,也可以最大限度地防止出入人罪。这类案件所涉及的数额较大的标准,可以参照"两高"有关财产犯罪的司法解释中对于数额的规定。我认为,考虑到经济的不断发展和国民收入的不断提高,绑架、索债型犯罪中索取超过合法债务的数额以 3 000 元作为数额较大为宜。

第三,索要非法债务行为的定性。大家思考一下,为索取法律不予保护的债务而扣押拘禁他人,应该如何定罪?(下讲台提问)

学生 1:"我认为,应该定绑架罪。"

学生 2:"我也认为,应该定绑架罪,因为,索取法律不予保护的债务等于勒索他人财物。"

（回讲台）现实中最多的就是为了讨回赌债而扣押他人，由于赌债本身是不合法的，法律是不予保护的，为索取法律不予保护的债权而扣押、拘禁他人的，能不能按照犯罪处理？如果能按照犯罪处理则应以何罪论处？这是很重要的问题。上海市曾专门就这个问题出台了会议纪要，会议纪要明确指出，为索取非法债务扣押、拘禁他人的，应该定绑架罪。而最高人民法院对这个问题也专门作了司法解释，即《关于对为索取法律不予保护的债务非法拘禁他人行为如何定罪问题的解释》，司法解释明确规定，为索取高利贷、赌债等法律不予保护的债权债务非法扣押、拘禁他人的，应该定非法拘禁罪。大家认为是上海市的会议纪要正确还是最高人民法院的司法解释正确呢？这种情形应该以绑架罪还是非法拘禁罪认定？（下讲台提问）

学生1："我认为上海市的会议纪要是正确的，也就是说这种情形应该以绑架罪认定。因为这种情形中行为人索取的是法律不保护的债务，是非法的债务，法律对非法的债权是不予保护的，从而为索取这种债务拘禁他人和为索取一般的债务拘禁他人应该是有一定区别的，应当以较重的绑架罪认定。"

提问："你主要是从债权债务性质的角度出发加以考虑的。那么，我们一般来说的刑法考察的主要是行为的社会危害程度及行为人主观恶性的大小，在对这种情形进行定性时，我们是否也应该侧重从行为人的主观方面加以考虑呢？如果考虑行为人的主观方面，又应该如何认定？"

学生2："从行为人主观方面来讲，无论他索取的债务是合法的还是非法的，他都是为了拿回他自认为应该是属于自己所有的财物，法律上的性质到底如何，行为人并不会加以特别考虑。"

（回讲台）第二位同学的回答是有一定道理的。我认为，最高人民法院的司法解释的规定是正确的，是符合立法原意的。

首先，从主观上分析，对于索债的人来讲，他是不管这个债务是合法的还是非法的，他的想法就是你欠我的钱就要还给我，欠债还钱，天经地义。行为人的这种行为和勒索财物的行为有很大的区别，它毕竟是属于有因的行为，这个"因"就是你确实欠他的钱。如果说这里的债还要分合法之债和非法之债，就等于说行为人在扣押的时候还要想一想这个债是合法的还是非法的。其实也并不是所有的人都知道这个债是合法的还是非法的，但是在扣押的时候行为人的动机却都是一样的，就是要你还债。这种情况下要求当事人区别合法之债和非法之债，对当事人而言要求过高。

其次，虽然高利贷、赌债等非法债务，法律不予保护，但是它们确实是现实中存在的债务。这种债务同样也反映行为人的行为与被害人的损害之间实际存在一定的关系（有学者将其称之为条件关系，以区别于法律上的因果关系，而且法官对这种关系的认定只需站在一般人的角度来理解），这种关系也就是前面讲的"事出有因"中的"因"。就此而言，司法解释将高利贷、赌博等法律不予保护的债务纳入《刑法》第238条第3款中的债务范围之中，无疑是符合立法原意的。因此，只要行为人以索取债务为目的，而且，该债务是现实存在的（至少依民间习惯认为是确实存在的），无论债务合法与否，其绑架后非法扣押、拘禁他人的行为仍以非法拘禁罪定罪。

最后，从法定刑来分析，当时绑架罪的法定刑是 10 年以上，而非法拘禁罪的法定刑是 3 年以下，两者比较而言，绑架罪的法定刑远远高于非法拘禁罪的法定刑。这在相当程度上反映了立法者的原意是，对绑架、拘禁他人的行为要区别行为人是否"事出有因"，以正确定性。正因为这样，非法拘禁他人虽侵犯了他人的人身权利，但往往行为人与被拘禁人之间具有各种各样的经济纠纷和生活矛盾，许多拘禁案件确实是"事出有因"，而绑架他人的行为虽然也有"因"，但这种"因"仅仅是行为人"勒索财物"的目的。显然，这种绑架行为不属于"事出有因"的范围。而行为人与被绑架人之间往往不具有所谓的"矛盾和纠纷"。对于"事出无因"的绑架罪规定较重的法定刑，而对于"事出有因"的非法拘禁罪规定较轻的法定刑。所以说，我认为，司法解释的这种理解是正确的。根据司法解释的规定，"为索取债务"中的债务既包括合法债务，也包括非法债务。

需要注意的是，《刑法修正案（十一）》对采取非法手段催收非法债务的行为作出了特别的规定，《刑法修正案（十一）》在《刑法》第 293 条后增加 1 条作为第 293 条之一，该条规定："有下列情形之一，催收高利放贷等产生的非法债务，情节严重的，处三年以下有期徒刑、拘役或者管制，并处或者单处罚金：（一）使用暴力、胁迫方法的；（二）限制他人人身自由或者侵入他人住宅的；（三）恐吓、跟踪、骚扰他人的。"可见，如果行为人采取上述非法手段索取非法债务，也可能构成《刑法》第 293 条之一所规定的犯罪。其中通过限制他人人身自由来催收非法债务的行为还可能同时触犯非法拘禁罪与《刑法》第 293 条之一所规定的犯罪，在这种情况下，应该属于想象竞合的情形，择一重罪论处。

继续深入研究，我们还会发现很多问题。例如，上海青浦区曾经发生过一起行为人使用扣押人质的方法躲避逼债的案件。甲赌博赌输了，借了高利贷，最后没钱还高利贷。甲打电话给家人，家人也没钱，放高利贷的人不让甲走，派人看着甲。甲就对看他的人讲，他有一个朋友很有钱，让他们跟着他去拿钱。放高利贷的人就跟着甲去拿钱了。走到一个菜市场，甲看到乙（女性）在前面走，就对放高利贷的人说他去向她要钱，这时甲看到旁边正好有一把菜刀，他拿起菜刀就架在乙的脖子上，然后对放高利贷的人说："你们都不要过来，谁要是过来我就把她杀了。"旁边的人都不敢过来，围观的人叫来了警察。甲把乙拉到一旁对她说："你放心，我不会伤害你的，我是因为他们逼债逼得实在没有办法，只能采取这种办法。"之后警察赶到了，这个人就跟警察对话，他说："我有两个请求，第一个要求是派一辆车把我送到你们公安局，第二个要求是叫我母亲和弟弟到公安局和我见面，你们如果不相信我也可以叫我表弟过来，我就把她放了。"警察叫来他表弟后，甲就把乙放了。警察看到这个情况就把他的母亲叫到了公安局，然后安排了一辆车把他送到了公安局，到了公安局之后警察就把甲抓住了。我要问大家的是，这个案件应该定非法拘禁罪还是绑架罪呢？（下讲台提问）

学生 1："应该定绑架罪。因为他使用了刀具，极有可能对乙造成伤害，社会危害性极大，从而应当以绑架罪认定。"

提问："你认为刚才这位同学的观点有道理吗？"

学生 2:"完全没有道理。(全场笑)使用了刀具又不一定就构成绑架罪的,依刚才这位同学的观点,如果我无意间随身带了把刀实施盗窃,就应该认定为抢劫罪吗? 我认为,这是不对的。这个案件中行为人如果以非法拘禁罪加以认定似乎更为恰当。"

(回讲台)我认为,应该是定非法拘禁罪的。但让我感到遗憾的是,司法部门却同意第一位同学的观点,对甲定了绑架罪。(全场笑)他们定绑架罪的一个理由和第一位同学提出的一样,就是行为人使用了刀具,但是,为什么用刀了就不能是非法拘禁罪呢? 用刀了就相当于绑架了,这种观点是不正确的,这里关键还是要看是有因还是无因。法律对这种逃避债务的情况并没有明确规定,而只是规定了为索取债务的情况。但我认为,索取债务和逃避债务的主观上都有一个"因"的问题,为索取债务拘禁他人我们都可以按照非法拘禁罪来认定,为逃避债务被逼无奈拘禁他人的情况与勒索财物的差距就更大了。因此,我认为,将这种情况认定为非法拘禁罪更为妥当,而且这个案件中甲根本就没有勒索财物的目的,而仅具有其他的动机,对此,一般是不能定绑架罪的。

第四,索取根本不存在的债务。如果行为人以索取"债务"为名,实施绑架、拘禁他人的行为,而实际上根本就不存在债务,对行为人的行为则应以绑架罪定性。例如,朱某在骑车路过张某家门口时不慎撞死了张家的一只鸡,朱某当即作了赔偿。但事后,张某仍不肯罢休,屡次向朱某索要所谓的"赔款",都遭到朱的拒绝。张某便怀恨在心,纠集亲友三人在路上将朱某劫持至某地,打电话向其家人索要 4 万元。在本案中,朱某虽然由于不慎撞死了张家的鸡,但当时已作了赔偿,也即民事责任已经了结了。在这种情况下,张某就无权再次索要所谓的赔偿费。本案中张某明知是索要根本不存在的债务而绑架、非法拘禁他人,可以认定其主观上有勒索他人财物的目的,其行为构成绑架罪。

第五,索取难以查清的债务。民间的债权债务关系有时由于证据的缺乏,而难以查清。如果行为人认为确实有债务存在而实施绑架、拘禁他人的行为,因行为人主观上没有"索取他人财物的目的",所以应以非法拘禁罪定罪处罚。例如,孙某与丁某生意往来多年,双方经常互有赊欠。后双方因纠纷而闹翻,孙某认为丁某欠其 3 万元,而丁某坚决认为没有,但双方都没有证据证明。孙某经多次向丁索要不成后,遂邀人将丁某绑架,向其家人索债。由于民事法律中是以"谁主张谁举证"为原则的,孙某主张债权而无法举证,从民法角度来看,孙某与丁某的债权债务关系是不存在的。但是,用刑法犯罪构成理论来分析,无论该债权债务是否确实存在,孙某是在认为索要合法债务的主观认识之下实施绑架行为,所以不存在绑架勒索罪犯罪构成所需的"勒索他人财物的目的",不能构成绑架罪。况且从有利于被告人的刑法原则来看,也应该以相对较轻的非法拘禁罪定罪。

正是由于绑架的法定最低刑为 5 年,其处罚之重是非法拘禁罪不能与之相提并论的。因此,我们在对绑架、拘禁索债型犯罪定性时,必须慎之又慎,并依据谦抑原则,尽可能对那些确定"事出有因"的行为以非法拘禁罪定罪。

2. 绑架、拘禁索债型案件的举证责任承担的问题

通过前面的分析,我们知道,绑架、拘禁索债型案件中所索要的债务存在与否对案

件的处理具有极为重要的影响。正因为如此,此类案件中对债务的举证责任承担问题也就成为一个焦点问题。

比如说,甲把乙扣押了,最后被警察抓住,抓住以后甲说我扣押乙是因为乙欠我钱。警方能不能说,你说他欠你钱,你就要拿出证据来,拿不出证据就定你绑架罪,拿得出证据证明他确实欠你钱,就定你非法拘禁罪?(下讲台提问)

学生 1:"我认为,既然甲提出别人欠他钱,他就应该拿出证据,如果没有证据,当然就应该按绑架罪认定。"

学生 2:"我认为,刑事案件的举证责任应该由司法机关承担,而不能由当事人来承担。"

(回讲台)我认为,让当事人自己拿出证据来举证,就等于叫当事人自己拿出证据来证明自己构成犯罪。我们知道刑事诉讼中的一个重要原则是不能让当事人自证其罪。而在这种情况下,无论当事人拿出证据还是不拿出证据,实际上都是在证明自己构成犯罪。因为,这就等于说,你拿不出证据就说明你在证明自己构成绑架罪,如果你拿得出证据就证明自己构成非法拘禁罪,这在法律上是难以说通的。而且,当事人在被拘留的情况下你怎么能够叫他拿证据呢?但是,这里的债权债务关系是一个民事法律关系,债权债务关系就是谁主张谁举证。这是我们一直坚持的,你总不能叫警方来证明双方当事人之间是否存在债权债务关系吧。然而,我认为,尽管这里是债权债务关系,但证明这种债权债务关系最终是为了判断当事人是否承担刑事责任,以及承担何种刑事责任的问题。而证明行为人是否构成犯罪的举证责任当然应该在公诉方。所以,在这种情况下不能把举证责任转移到被告人这边。尽管债权债务是民事法律关系,但是这个民事法律关系的证明是为了证明行为是否构成犯罪的,要证明行为是否构成犯罪则必须严格遵循刑事诉讼法的基本原则——由起诉方来承担证明责任。从这个角度来讲,我认为举证责任应该在公诉人一方。但是,由于绑架、索债型案件一般是由民事债权债务纠纷引起的,只是因为在解决过程中采用了非法绑架的手段,而转化为刑事案件的。因此,在债务存在与否的不同情况下,辩护方与公诉方对行为是否构成犯罪,以及是构成绑架罪还是非法拘禁罪的问题上存在分歧的时候,为证明行为人无罪或罪轻,辩护方有权并有责任就债权债务问题提出相应的证据材料。

具体来说,我认为,对于绑架、拘禁索债型刑事案件的举证责任的分配,应该根据不同情况具体分析对待。

第一,当事人之间债务性质清楚明确时双方举证责任的分配。这种情况又可以分为两种情况。

其一,当绑架、拘禁索取的债务是合法债务或非法债务时,依照《刑法》第 238 条第 3 款及相关司法解释的规定,应以非法拘禁罪定罪量刑。此时公诉机关应负债务的举证责任。公诉机关在审查此类案件时,首先应查清案件中所涉债务是否存在,如果已经查明确实存在债务,则应继续查明存在的债务是合法之债还是非法之债。虽然说无论哪种债务都应以非法拘禁罪定罪,但在量刑时,应考虑追索合法之债其社会危害性显然要比追索高利贷、赌债等法律不予保护的债务小,量刑也应该相应轻一些。当公诉机关或法院误将合法之债认作是非法之债时，则辩护人为维护当事人的合法利益，有权利也有责任收集有关证明债务合法性的证据。

其二，当绑架、拘禁索取的债务被公诉机关认为是根本不存在时，公诉机关应以绑架罪起诉，并负相应的举证责任。如果此时辩护方认为应以非法拘禁罪定罪，则有权并有责任提出证明债务确实存在这一事实的证据与材料。

第二，债务性质不明确时双方举证责任的分配。这种情况也可分成两种情况。

其一，当绑架、拘禁索取的债务确实无法查清时举证责任的分配。在许多债权债务纠纷案件中，由于债权人碍于情面或证据意识的缺乏，常常出现以口头协议签订合同或者借款的现象，而事后若债务人拒不认债，债权人往往难以通过法律途径实现自己的合法权益。如果一部分人铤而走险，绑架他人索债，对此类案件中的债务是否存在及其性质的确定就成了棘手的问题，更是与案件的定性有极大关系。在这种情况下，公诉机关应依照有利于被告人的原则，以量刑较轻的非法拘禁罪起诉。辩护方在对被告人有利的情况下，自然无须提出不同意见。而如果公诉机关以较重的绑架罪起诉，则必须承担证明当事人之间不存在债务的举证责任，辩方无须亦无法找到证据材料来证明债务确实存在，此时只需反驳公诉方定罪所依据的事实不清，证据不足即可。

其二，当绑架、拘禁所索取的债务与非债务相混合时双方举证责任的分配。在某些绑架、拘禁索债型案件中，行为人出于报复或贪利等目的，索要了大于自己合法或非法债务数额的财物，造成债务与非债务相混合。在这类案件中，如果超过实际债务数额较大的，公诉机关和法院应当以绑架罪对行为人定罪，而且应当扣除实际债务的数额。公诉机关对实际债务数额及超过数额负举证责任。辩方若认为公诉机关及法院认定的实际债务数额偏少的，有权并有责任提出相应证据材料证明，比如当事人之间约定的债务及利息，银行同期存贷款利息等。

所以说，虽然债权债务关系属于民事法律关系，一般应该遵循民事举证原则——谁主张谁举证，但是，由于绑架、拘禁索债型案件往往触犯刑律，涉及刑事责任的承担，根据刑事责任优先的原则，在证明此类案件中行为的性质时，理应遵循刑事抗辩诉讼中的举证责任原则，即一般由公诉方来承担举证责任。辩护方一般不承担举证责任，但为维护当事人的合法权益，有权并有责任就债权债务问题提出证明犯罪嫌疑人、被告人无罪或罪轻的证据材料。

3. 绑架、拘禁索债型案件的刑事判决和民事判决的协调问题

绑架、拘禁索债型案件的刑事判决和民事判决的协调问题是比较复杂的。如果刑法判决甲扣押、拘禁乙的行为构成非法拘禁罪，也就意味着甲和乙之间有债权债务关系，然后甲通过民事官司向乙要债，最后法院认定甲乙之间没有债权债务关系，这时原来的刑事判决要不要改变？还有一种情况正好相反，法院认为甲构成绑架罪，然后甲通过民事诉讼去索要债务，履行自己的债权，最后法院认为乙确实欠甲债，应该还钱，原来的刑事判决中判甲构成绑架罪对不对？这种情况应怎么处理？（下讲台提问）

学生1："我认为两种情况下的刑事判决都不应该加以改变，我们要维护刑法判决的权威性和稳定性。"

提问:"那么,知错还不改怎么维持刑法的权威性和稳定性?这只会让老百姓对刑事判决失去信心。"(全场笑)

学生 2:"我认为两种情况下的刑事判决都应该加以改变,因为既然有错误了就应该改,否则就没办法维持刑法的稳定性了。"

(回讲台)刚才两位同学提出了截然不同的两个观点:要么都不能改,要么都要改,大家一定要从刑法基本原理的角度加以考虑。我认为,对于这两种情况要区别对待:如果一审判决认定甲构成绑架罪,也就是刑事判决认定甲构成绑架罪,而民事判决认定乙确实欠甲的债,应该还甲钱,在这种情况下,刑事判决应该改变,因为这个刑事判决肯定是错误的。如果刑事判决认定甲构成非法拘禁罪,甲通过民事索债,民事判决最后认定乙不欠甲债,在这种情况下,原有的刑事判决则不需要改变。理由很简单,因为我们要从有利于被告的角度考虑,当时刑事判决认定甲构成非法拘禁罪,而民事判决认为甲与乙没有债权债务关系,这并不意味着刑事判决一定错。因为,民事法律中认定债和刑事法律中认定债标准是不一样的。民事法律中认定的债是合法之债,它不包括非法之债,而刑事法律中扣押者和被扣押者之间的债既包括合法之债,也包括非法之债。为了索取非法之债扣押他人也是非法拘禁,而这种非法之债在民事判决中是不可能得到支持的,但民事判决不支持并不意味着当事人之间没有债权债务关系,在这种情况下,刑事判决认定为非法拘禁罪仍然是正确的。但是,民事判决中认定当事人之间存在债权债务关系,而刑事判决中认定被告人构成绑架罪的情况,则肯定是错误的。因为,民事认定债权债务关系的要求要比刑事认定债权债务关系的要求高,既然民事判决认定当事人之间有债权债务关系,就证明认定被告人构成绑架罪的刑事判决肯定是错的。

4. 绑架、拘禁索债型案件中的几个疑难问题

第一,关于绑架、拘禁索债型案件中致使被绑架人伤害、死亡行为的罪数问题。这个问题又包含两种情况。其一,在为索要合法或非法债务及难以查清的债务而绑架、拘禁索债时,依照有关法律和司法解释,是以非法拘禁罪定罪量刑。在这类案件中,依照《刑法》第 238 条第 2 款规定,犯前款罪,致人重伤的,处 3 年以上 10 年以下有期徒刑;致人死亡的,处 10 年以上有期徒刑。如果使用暴力致人伤残、死亡的,依照《刑法》第 234 条故意伤害罪、第 232 条故意杀人罪的规定定罪处罚。其中"致人重伤"的情形,是指因为非法拘禁被害人,致使被害人重伤,是一种结果加重犯,行为人对这种危害后果主观上是过失。如果是行为人明知自己的暴力行为会或可能会造成被害人伤残、死亡而实施的,就转化为故意伤害罪或故意杀人罪了。其二,在为索取根本不存在的债务或超过实际债务的"债务"时,根据我们前面的分析,应该以绑架罪定罪量刑。在这类案件中,致使被害人受到伤害的,包括绑架行为致人死亡的,以绑架罪论处,在 10 年以上有期徒刑或者无期徒刑中从重处罚,并处罚金或者没收财产;杀害被绑架人或者故意伤害被绑架人,致人重伤死亡的,也以绑架罪定罪,处无期徒刑或死刑,并处没收财产。理论上有人认为,这是刑法上的结合犯,即故意杀人罪与绑架罪以及故意伤害罪与绑架罪的结合,不能实行数罪并罚。由此可见,绑架、拘禁索债型案件中致使

被绑架、拘禁人伤害、死亡的行为一般都不存在数罪并罚问题。其中有些作为结果加重情节,有些作为转化犯,有些则是结合犯。

第二,绑架、拘禁索债型案件中"雇人索债"中的共犯问题。在司法实践中,有些案件是债权人亲自实施绑架、拘禁人质的行为,但有大量案件是债权人雇人讨债。在社会上存在许多所谓的"讨债公司"专门负责为人索要债务,然后以所收债务数额按一定比例收取高额费用,更有黑社会势力卷入其中牟取暴利。由于替人索债具有巨额利润,索债人往往不择手段,比如采用骚扰、恐吓、殴打乃至绑架、非法拘禁等手段。而债权人为索取债务,对于受雇人采取何种手段并不过问。所以,如果受雇人采用绑架、非法拘禁索债的,债权人与受雇人应构成绑架罪或非法拘禁罪的共犯,此时债权人主观上是故意,而且一般是概括故意,无论受雇人采用何种手段都在债权人故意范围之内,双方构成绑架罪或非法拘禁罪的共犯。如果用民法中的代理制度来解释,索债人的行为是受债权人的委托而为之,索债人是代理人,而债权人是被代理人,而且债权人对索债人的索债手段违法一般是明知的,所以债权人与索债人应该共同对违法代理承担责任。如果债权人明确提出让受雇人使用绑架、拘禁等非法手段进行索债,但不得伤害债务人,而受雇人在绑架、拘禁他人索债过程中,致使被害人伤害或死亡的,受雇人的行为在刑法理论中,被称之为共同犯罪中的实行过限行为。实行过限,又叫作共同犯罪中的过剩行为,是指实行犯实施了超出共同犯罪故意的行为。在实行过限的情况下,实行过限行为人当然应对其犯罪行为承担刑事责任。而债权人仅就其教唆受雇人绑架、拘禁债务人的行为负共同犯罪的刑事责任,但对受雇人实行过限行为不负刑事责任。在债权人雇佣他人为其索债时明确提出必须用合法手段索债时,如果受雇人违背其意志使用了非法手段,则债权人不应构成共犯。

第三,绑架、拘禁索债型案件中的未遂与既遂问题。绑架、拘禁索债型案件中其实存在两个行为阶段:绑架、拘禁债务人或者其亲友为人质;再向被绑架、拘禁人的亲友或债务人索债。有人认为,在此类型案件中,行为人既是以索债为目的,惟有行为人实施绑架、拘禁行为后索债成功才是既遂,缺少任何一个行为都无法构成既遂。如果行为人尚未来得及向被绑架、拘禁人亲友索债即被抓获,则构成犯罪未遂。也有人认为,这类案件须有绑架、拘禁和索债两个行为才可以构成既遂。而我认为,刑法中并无绑架索债罪,这类案件在司法实践中是依照其索取的债务存在与否,分别认定为非法拘禁罪和绑架罪的。如果以非法拘禁罪定罪,则依该罪的犯罪构成,只要行为人为索债,实行绑架、拘禁他人的行为,扣押一定时间即可认定既遂,并不需要索债成功,甚至行为人尚未来得及索债也是既遂。如果以绑架罪定罪,《刑法》第239条第1款明确规定:"以勒索财物为目的绑架他人的……"由此可见,绑架勒索犯罪是目的犯,而目的犯在客观上不要求存在与目的相对应的事实,所以勒索财物目的是否实现并不是成立本罪的必要条件。此外,绑架罪也属于行为犯。只要行为人出于勒索财物的目的,实施了绑架他人的行为,控制了人质并提出索债要求即构成犯罪既遂。

五、绑架罪

下面我重点为大家讲一下绑架罪。

（一）绑架罪概述

绑架罪，是指利用被绑架人的近亲属或者其他人对被绑架人安危的忧虑，以勒索财物为目的，使用暴力、胁迫或者麻醉方法劫持他人，或为满足某种要求，使用暴力、胁迫或者麻醉的方法劫持他人作为人质的行为。在我国刑法中绑架罪也算是一个"大罪"，较早我们一般称之为"掳人勒索罪"。大家需要注意的是，绑架罪在 1979 年《刑法》中没有专门加以规定。当时为什么没有规定呢？我认为，主要原因可能与当时的社会状况直接相关，当时很少发生绑架的事件，这与社会的发展是绝对密切相关的。大家知道，绑架行为一般都是发生在贫富差距悬殊的社会背景下。20 世纪 70、80 年代，我们的工资都是每月 36 元钱，大家的工资基本相同，没有什么差别，绑来绑去也就是 36 元钱。那时，我们学徒 3 年期间只有 18 元左右的月工资，期满了月工资就是 36 元。我记得，当时表现好一点的比 36 元稍微多一点，但是差异不大。绑架罪是随着社会的发展新增加的一个犯罪，主要是改革开放后，人们的生活水平有了很大的提高，人们的收入之间的差距也逐年在扩大，从而导致了贫富差距悬殊的情况大量出现，在这种社会背景下，掳人勒索的行为开始出现并有所蔓延。为此，1997 年《刑法》把绑架罪作为一个独立的罪名加以规定。可见，刑法中的绑架罪这一罪名，完全是根据社会发展的需要而增设的。应该看到，并不是刑法规定了绑架罪后，才出现绑架行为的，实际上绑架行为以前就存在，只是数量不大而已。以前司法实践中，对发生的绑架行为，我们通常是分情况处理的。如果在绑架的过程中故意杀人的，按故意杀人罪处理；如果没有故意杀人的，处理时则有不同的观点：有人主张按照抢劫罪认定，也有人主张以非法拘禁罪加故意伤害罪来认定，还有人主张以非法拘禁罪加敲诈勒索罪数罪并罚等等。由于当时社会生活中绑架行为发生并不很多，因此，并没有引起人们的高度重视，处理时大家的做法也可能各有不同。但是，现在由于贫富差距的拉大，各地出现了很多绑架行为，被绑架的人主要是名人、演员、老板等比较有钱的人，且这种犯罪往往会带来严重的危害后果。在此情况下，绑架罪实际上成了刑法中的一个大罪。

（二）绑架罪的认定

在认定绑架罪的时候大家需要注意下面几个问题。

《刑法修正案（七）》和《刑法修正案（九）》对绑架罪的法定刑先后进行了修正。原来的《刑法》第 239 条规定，"以勒索财物为目的绑架他人的，或者绑架他人作为人质的，处 10 年以上有期徒刑或者无期徒刑，并处罚金或者没收财产；致使被绑架人死亡或者杀害被绑架人的，处死刑，并处没收财产"，而《刑法修正案（七）》在该条款中增加了"情节较轻的，处 5 年以上 10 年以下有期徒刑，并处罚金"的规定。也就是说，绑架罪的法定刑从最低 10 年改为最低 5 年，这里就出现了一个"斜坡"。我认为，《刑法修正案（七）》对绑架罪法定刑的这一修正，具有较为重大的意义。

首先，修正案的这一修正突出反映了我国刑事立法者已经开始高度关注轻刑化的问题。大家应该知道，长期以来，刑事立法者对刑法的修正通常不是提高某一罪的法定刑，就是增设某一个罪名，几乎没有发生过主动地降低某一个罪的法定刑的情况。这一方面说明我国刑事犯罪还较为严重，另一方面还说明重刑化思想较为根深蒂固。本次对绑架罪法定最低刑的降低，表明轻刑化观念已经开始影响到立法层面。

其次，修正案的这一修正确实反映了司法实践的需要。大家都知道，司法实践中，确实有很多行为人绑架的行为并不十分严重且最终也拿不到钱。有时候甚至出现行为人善待被绑架人的情况，绑架者给被绑架者好吃好喝好住，待遇很好。在有些极端的案例中，被绑架人和绑架人之间还产生了恋情，最后被绑架人不愿意离开绑架人。（全场笑）此外，很多绑架者仅仅把绑架作为一种手段，主观上一般都准备在拿不到钱的情况下，最后也要把被绑架人放走。在这些情况下，由于原来刑法有关绑架罪的法定最低刑为 10 年，所以，实际一判就是 10 年也确实太重了，不切合实际。我认为，现在把绑架罪的法定刑降到 5 年是比较合理的，这是一个变化。

另外，《刑法修正案（七）》有关绑架罪的规定还有一个变化，这就是把原来的"致使被绑架人死亡或者杀害被绑架人的"这种情节，另起一款加以规定。原来刑法将这一情节是规定在绑架罪同一条款中的，现在修正案用另起一款的方式，设立了独立的一款，明确规定："犯前款罪，致使被绑架人死亡或者杀害被绑架人的，处死刑，并处没收财产。"

《刑法修正案（九）》第 14 条将《刑法修正案（七）》增设的第 2 款修改为"犯前款罪，杀害被绑架人的，或者故意伤害被绑架人，致人重伤、死亡的，处无期徒刑或者死刑，并处没收财产"。首先需要注意的是，该修正案去除了绑架他人过失致他人死亡定死刑的可能性，对于绑架他人，因为绑架行为致人死亡的情节只能从第 1 款中量刑。另外，该修正案将第 2 款中的量刑从原来的绝对确定的法定刑，即"死刑，并处没收财产"变为相对确定的法定刑"无期徒刑或者死刑，并处没收财产"，按照原来的规定，对于"致使被绑架人死亡或者杀害被绑架人"的情形皆无例外地要处死刑，并处没收财产，这个法定刑规定是相当重的，《刑法修正案（九）》这样的修改体现了刑法的轻刑化趋向。除此之外，《刑法修正案（九）》将在绑架过程中，故意伤害被绑架人，造成被绑架人重伤、死亡的情形列在第 2 款中，与故意杀害被绑架人并列，作为无期徒刑或者死刑的量刑情节，这也是需要注意的。

非法拘禁罪中的"非法拘禁使用暴力致人伤残或者死亡"与这里的"杀害被绑架人的，或者故意伤害被绑架人，致人重伤、死亡"有区别。非法拘禁使用暴力致人伤残或者死亡，我们定故意伤害罪或故意杀人罪，这个是转化犯，而绑架罪中"杀害被绑架人"和"故意伤害被绑架人，致人重伤、死亡"，一个是杀害的故意，一个是伤害的故意，我们不会按照故意杀人罪和故意伤害罪来认定，而应直接以绑架罪来认定，这是结合犯的形式。有人认为我们国家是没有结合犯的，大家认为我国存在结合犯吗？（下讲

台提问）

学生 1："没有。结合犯在罪名上应当是两个罪名合起来，我们国家好像都没有这样的规定。"

学生 2："应该是有的吧，只是没有在罪名上反映出来。"

提问："那你举个例子出来。"

学生 2："刚才讲的绑架行为当中有故意杀人行为，应该算是一种结合吧。"

（回讲台）对于我国刑法中有无结合犯这个问题，理论上是有一定争议的。我认为，我国刑法中是有结合犯规定的，上面所讲的这种绑架并杀害被害人的情形就是结合犯。说我们国家没有结合犯指的是我们国家没有标准意义上的结合犯，这里的"标准意义"指的就是"A 罪＋B 罪＝AB 罪"。德国刑法、日本刑法和我国台湾地区"刑法"中既有强盗罪的规定还有强奸罪的规定，然后他们又有一个"强盗强奸罪"。强盗罪是独立的罪名，强奸罪也是独立的罪名，强盗强奸罪又是一个新的独立的罪名，这个"强盗强奸罪"就是结合犯，这就是"A 罪＋B 罪＝AB 罪"的结合犯模式，这种模式是大家公认的结合犯模式。应该承认，我国刑法中没有这种结合犯的模式，但是，这并不意味着我们国家没有实质意义上的结合犯，我们国家刑法的模式中有 A 罪也有 B 罪，无非最后结合出来的罪是 A 罪而已，也就是我讲的"A 罪＋B 罪＝A 罪"或者是"A 罪＋B 罪＝B 罪"的模式，绑架罪中就是绑架罪加故意杀人罪按照绑架罪加重处罚。我认为，这也是两个独立的罪名加在一起形成的一个独立的犯罪，这个犯罪尽管不是一个独立的新的罪名，但它是一个独立的罪，按绑架罪处罚，也属于结合犯，这一点值得注意。

对于绑架罪我们还需要注意的是行为人的主观目的，按照我们法律的规定是"勒索财物或其他目的"，勒索财物是绑架罪中最常见的一种目的，其他目的一般是指政治目的，这种情况在我们国家不多，但也确实存在。比如绑架人质，然后要求把某些人放掉，或者要求政府解决某些问题，这些都应该按照绑架罪来处理。绑架罪还有一个重要的问题是手段问题。按照法律的规定，绑架罪最大的特征主要是通过对人的一种控制，利用被绑架人的近亲属和其他人对被绑架人安危的担忧来勒索财物，或者达到其他的目的。对人进行控制主要有利用暴力、胁迫或者麻醉等方法对他人进行劫持，其主要内容是对他人自由的控制。现在问题最大的是，有时候行为人使用一种欺骗的手段，把某人留在一个地方，然后利用其家属不知情的情况向其家属勒索财物，对此行为应如何定性？例如，约人打牌，并叫打牌的人把手机关掉，接下来在打牌的过程中一直会有人与打牌的人周旋。这时，另外有人就会打电话给打牌的人的家属，说打牌的人被绑架了，要家属送钱过来，否则不放人。家属打那人的手机又打不通，于是误以为家人确实是被绑架了，而家人实际上是在打牌，家属没有办法，出于担心家人安全的考虑，就把钱送给了绑架者。这种情况能不能定绑架罪呢？（下讲台提问）

学生 1："我认为，可以定绑架罪。"

学生 2："这个案件中被害人实际没有被绑架，怎么可以定绑架罪呢？"

学生 3："我认为，可以定诈骗罪，因为行为人是用欺骗家属的方法实施相关行为的。"

(回讲台)我认为,本案行为人的行为不属于绑架罪。因为,行为人没有对被害人的人身进行实际的控制,而只是使用了欺骗的方法,所以这种情况不应该定绑架罪。但是,它确实又有勒索他人财物的故意和行为存在,有人主张对这种情况定诈骗罪,但我主张定敲诈勒索罪。诈骗罪和敲诈勒索罪的最主要区别是被害人交付财物时的态度不同,即如果是自觉自愿的应定诈骗;如果是被迫无奈的,应定敲诈勒索罪。有学者认为,这是一种想象竞合的情况,应按重罪吸收轻罪的原则处理。对此观点,我并不赞同。我认为,这里根本就不存在想象竞合的问题,我们不能因为行为人的行为中有欺骗的成分,就认为可以构成诈骗罪。其实敲诈勒索罪中既有"敲"也有"诈"的内容,行为人以"诈"的手段实施"敲"的行为,完全符合敲诈勒索罪的构成要件,不存在想象竞合,当然也就不应该发生重罪吸收轻罪的问题。

需要注意的是,处理这类案件时,我们还要具体问题具体分析,关键是要看具体的对象。如果是以约成年人打牌的形式,然后向其家属勒索财物,定敲诈勒索罪应该没有问题。但是,如果对象是婴幼儿,比如把一个幼儿骗到一个地方,尽管可以让其自由走动,但是已经实际控制了他的自由,这时向他的家属索要财物,则应该定绑架罪。这时尽管没有明显的绑架行为,但已经实际控制了他的自由,这种情况下利用家属对这个小孩的担忧,向其勒索财物,属于以勒索财物为目的偷盗婴幼儿的情况,应该定绑架罪。

(三)偷盗婴幼儿行为的定性

这里我将婴幼儿的问题一并作个讲解。首先要注意的是绑架罪概念中提到的婴幼儿的问题,这是一个特别的规定。大家首先需要注意的是对婴幼儿的限定,这种限定包括年龄上的限定,比如现行法律和司法解释明确规定,不满1周岁的为婴儿,不满6周岁的为幼儿,不满14周岁的为儿童。这些特别的规定是要注意的,比如雇佣童工中的"童工"为不满16周岁,奸淫幼女中的"幼女"为不满14周岁。绑架罪中的婴幼儿就是指不满1周岁的婴儿和不满6周岁的幼儿,显然法律条文中的"幼儿"与"幼女"中的"幼"的含义是不同的。由于婴幼儿的年龄都很小,所以对他们就不需要使用明显的暴力、胁迫、麻醉等方法,比如只要将他们抱在手上就可以构成绑架罪了。由于他们的能力是有限的,所以现在是这样规定的,偷盗婴幼儿,也就是以秘密的方式将婴幼儿抱住,就可以认定为绑架罪的实行行为了。此外,还应注意的是偷盗婴幼儿不构成盗窃罪,因为婴幼儿不属于财产。关于偷盗婴幼儿行为的定性,主要分四种情况:第一,如果是以出卖为目的的,以拐卖儿童罪认定;第二,如果是以索债为目的的,以非法拘禁罪认定;第三,如果是以勒索财物为目的的,以绑架罪认定;第四,如果是以收养、奴役为目的的,以拐骗儿童罪认定。也就是说,对于偷盗婴幼儿的行为具体如何认定,关键要看行为人的目的。

(四)"职业绑手"受雇控制被害人行为的定性

最后,我给大家讲一下"职业绑手"的问题。应该看到,在司法实践中,侵犯公民人身权利的刑事案件中往往都包含一个控制被害人的行为,而且在不少案件中由于受到自身能力等条件方面的限制,行为人往往会雇佣他人实施相关控制行为。正因为如此,社会上就形成了与"职业杀手"相对应的所谓的"职业绑手"群体。这些人专门负责帮助他人实施控制被害人的行为,然后收取数额不等的"报酬"。应该看到,很多情况下"职业绑手"对于雇佣者具有勒索财物或索取债务等目的是明知的,根据共同犯罪的基本原理,对"职业绑手"的行为应该以绑架罪或者非法拘禁罪等罪名定性,对此,理论和实践并不存在争议。但是,对于"职业绑手"并不确切知道雇佣者的目的,主观上只是为了获取"报酬"而帮助雇佣者控制被害人的,应该如何定性?理论和实践还存在较大争议。大家想一想,在这种情况下,应该对"职业绑手"如何定性?(下讲台提问)

学生1:"应该定绑架罪。"

提问:"定绑架罪的理由呢?"

学生1:"因为他客观上实施了绑架他人的行为。"

提问:"你有不同意见吗?"

学生2:"我认为应该定非法拘禁罪。"

提问:"你的理由呢?"

学生2:"'职业绑手'主观上既没有勒索财物的目的,也没有提出其他不法要求的目的,只是为了获取'报酬'而帮助雇佣者实施控制被害人的行为,他的行为实际上剥夺了被害人的人身自由,符合非法拘禁罪的犯罪构成。"

(回讲台)这两位同学提出了他们的观点和理由,但我的观点和他们并不一样。我认为,对"职业绑手"的行为无论是以绑架罪认定,还是以非法拘禁罪认定,都存在很多不妥当的地方。

具体来说,刚刚第一位同学认为"职业绑手"应该构成绑架罪,实际上仅仅考虑到了绑架罪的客观构成要件,但却忽视了绑架罪的主观构成要件,前面所说这种情况中"职业绑手"的行为其实并不符合绑架罪的主观构成要件。我在分析绑架罪的构成要件时曾讲过,绑架罪的行为人主观上必须具有利用被绑人的近亲属或者其他人对被绑人安危的忧虑,从而达到其勒索财物或者满足其他不法要求的目的。而这一点也正是绑架罪区别于非法拘禁罪、敲诈勒索罪、抢劫罪以及其他一些暴力性犯罪的最显著特征。例如,如果行为人主观上不具有利用被绑人近亲属或其他人对被绑人安危忧虑的意思,在控制了被害人后,直接向被害人索取财物或让被害人隐瞒被控制的事实向近亲属或者其他人打电话索要财物的,则不应该成立绑架罪,而应该根据行为的性质认定为抢劫罪等其他罪名。而在我们讲的"职业绑手"的情形中,雇佣者是出于拘禁、绑架、伤害或杀害被害人等不法目的而雇佣"职业绑手"控制被害人的,因此,雇佣者向"职业绑手"支付所谓"报酬"实际上并不是出于对被害人安危的忧虑,而是因为"职业绑手"控制被害人的行为为他继续实施侵犯被害人人身权利的犯罪行为提供了一定的帮助。而且"职业绑手"也已经概括性地认识到雇佣者之所以要雇佣自己实施控制被害人的行为,就是为了进一步对被害人实施其他包括非法拘禁、绑架、伤害或杀害等犯罪行为。因此,"职业绑手"主观上不可能具有利用雇佣者对被害人安危的忧虑,从而以被害人作为人质向雇佣者索取"报酬"的意思。因此，"职业绑手"的行为并不符合绑架罪的主观构成要件，我们也就不应该对"职业绑手"一律以绑架罪认定。

此外，如果对"职业绑手"的行为一律以绑架罪认定，还有可能导致实施帮助行为的"职业绑手"的刑事责任要重于直接实施侵害被害人人身权利行为的雇佣者的刑事责任，这显然不符合罪责刑相适应的原则。举个例子来说，如果雇佣者雇佣"职业绑手"帮助他控制被害人，只是为了轻伤被害人的，则雇佣者应构成故意伤害罪，最多只能对他判处 3 年有期徒刑。但如果对"职业绑手"的行为一律以绑架罪认定，则至少应对"职业绑手"判处 5 年有期徒刑。这就会导致对"职业绑手"判处的刑罚重于对雇佣者判处的刑罚，这显然不符合罪责刑相适应原则的要求。

而刚刚第二位同学认为"职业绑手"应该构成非法拘禁罪的观点则不能全面正确反映这类行为的社会危害性程度。这里大家需要注意，"职业绑手"与"职业杀手"虽然在"受人雇佣"或"受人教唆"这一点上存在一定相似的地方，但二者所实施行为的社会危害性程度的判断依据是完全不同的。"职业杀手"是受他人雇佣，并在确定的杀人故意支配下直接实施杀人行为的，其主观上杀害被害人的故意就是雇佣者的主观故意内容。由此可见，"职业杀手"的行为实际上就是故意杀人共同犯罪的实行行为，其社会危害性程度直接体现在这一行为上，而并不取决于雇佣者的行为。但"职业绑手"的情形则不一样，"职业绑手"在受他人雇佣并控制了被害人后，还要进一步将被害人交给雇佣者，而且他主观上对于雇佣者将要实施的后续犯罪行为所可能导致的危害结果的发生是持一种不确定且概括、包容的心理态度。也就是说，"职业绑手"实施行为的社会危害性程度并不是仅仅体现在他实施的控制被害人的行为上，而是要取决于雇佣者实施的后续犯罪行为，只有在雇佣者实施了后续犯罪行为之后，"职业绑手"控制被害人行为的社会危害性程度才能最终得以确定。例如，雇佣者在为了索取债务的情况下与在具有杀人故意的情况下，"职业绑手"实施同样扣押拘禁被害人行为的社会危害性显然具有天壤之别，后面一种情况的社会危害性远远大于前面一种情况。因此，如果对"职业绑手"一律按照他所实施的控制被害人的行为而认定为非法拘禁罪，则不能全面反映这类行为的社会危害性程度。而且我认为，如果对"职业绑手"的行为一律以非法拘禁罪认定，实际上也不利于有效保护公民的基本权利。应该看到，"职业绑手"犯罪行为在我国日常生活中已经比较多的出现，而且正呈现一种愈演愈烈的趋势。但是，如果对"职业绑手"的行为一律以非法拘禁罪认定，就容易导致"职业绑手"群体产生错误的认识，认为无论在什么情况下，他们帮助雇佣者实施的控制被害人的行为，在性质上都只是属于社会危害性不大的非法拘禁行为，从而也就不会被判处较重的刑罚。而在"职业绑手"群体产生了这一错误认识的情况下，如果雇佣者再以高额"报酬"加以诱惑，"职业绑手"往往就会铤而走险，视雇佣者的主观目的于不顾，无所顾忌地帮助雇佣者实施控制被害人的行为。这就在客观上为雇佣者实施绑架、故意杀人等严重侵害公民人身权利的犯罪行为提供了极大的帮助，从而最终导致公民的人身自由以及生命、健康等权利遭受严重的侵害。

按照我的观点，"职业绑手"的行为其实属于雇佣者所实施的相关犯罪的共犯，他应当对雇佣者实施的后续犯罪行为所导致的最终危害结果承担共同犯罪的相应刑事责任。我在总则共同犯罪部分曾经讲过，共同犯罪中的犯罪行为并不仅仅是指实行行为，同时还应当包括相关帮助行为。而在我们讨论的"职业绑手"情形中，虽然对被害人造成的最终危害结果是由雇佣者一方实施的后续犯罪行为所直接导致的，但"职业绑手"控制被害人的行为也为雇佣者实施这一实行行为提供了极大的便利条件。同时，"职业绑手"在将被害人交付雇佣者时，他主观上对于雇佣者所可能对被害人实施的犯罪行为是持一种不确定且概括、包容的心理态度，也就是说，无论是被害人被拘禁或绑架的危害结果，还是被害人被伤害或杀害等其他的危害结果，都在他包容和可接受的范围之内。这其实就是我们通常所说的刑法理论犯罪故意中的概括故意。因此，无论是从客观还是从主观来看，"职业绑手"实施的控制被害人的行为都应该属于共同犯罪中的帮助行为，这一帮助行为与雇佣者实施的实行行为彼此联系，互相配合，属于一个统一、完整、有机的共同犯罪的不同组成部分。而将雇佣者对被害人实施的后续犯罪行为所造成的最终危害结果同样归责于"职业绑手"，则显然符合我国刑法中共同犯罪的基本原理。当然，在对"职业绑手"判处刑罚的时候，我们也应该遵循罪责刑相适应的原则，根据他们在相关共同犯罪中所起的作用，将其中的一部分行为人认定为共同犯罪中的从犯，并对他们从轻、减轻或者免除处罚。

六、拐卖妇女、儿童罪

接下来，我们重点讲一讲拐卖妇女、儿童罪。所谓的拐卖妇女、儿童罪，是指以出卖为目的，拐骗、绑架、收买、贩卖、接送、中转妇女、儿童的行为。

（一）拐卖人口犯罪概述

纵观人类社会犯罪的历史，拐卖人口的行为可谓古今中外都存在。当然，在不同的社会形态、社会制度以及不同的国家和地区，拐卖人口的行为可能表现形式不完全相同，而立法者对这种行为的认可或禁止的态度也有所区别。应该看到，把拐卖人口行为作为犯罪处理，并强调用刑罚的方式加以惩罚，是在近代民族国家独立、形成后，个人权利意识增强，追求人本身的自由成为共同的目标，文明的进步逐渐淘汰了漠视和公开侵犯弱者自由、权利的野蛮制度的情况下才得以出现的。有关如何加强刑事立法并运用刑法武器打击拐卖人口犯罪的问题，已经日益引起了世界各国和地区的高度重视。

我国政府一贯重视对拐卖人口犯罪的惩治和打击。在各级司法机关的努力下，经过多次的集中打击，到20世纪60年代，我国拐卖人口的现象已经基本绝迹了。但是随着社会和经济的发展，拐卖人口犯罪又死灰复燃，从20世纪70年代以来，我国拐卖人口犯罪呈逐年上升趋势。特别是近年来，由于各地经济发展的不平衡以及人们社会生活贫富之间差距加大，拐卖人口犯罪在数量上有增无减，而且表现出许多新型的特点：犯罪手段由简单的介绍工作等发展为以公司招工等名义进行拐卖；犯罪区域也由以前比较集中的几个地方逐步辐射扩张到全国各地,近年来甚至出现了跨国境的拐卖人口犯罪;犯罪对象更为多样化;犯罪主体也从以前较多的单个犯罪发展为较多的团伙甚至组织犯罪。随着社会经济的发展,出现比较多的是拐卖劳动人口的情况,比如山西黑砖窑案件。黑砖窑案件中出现了一个比较奇怪的现象,就是对拐卖行为没办法处理。因为窑主主要需要的是大量的男性劳动力,而不是妇女、儿童。其中有个案件很有典型性,一个国家工作人员在马路上看到一个人,问这人要去哪里,这人说找工作,于是该国家工作人员就领他去了黑砖窑,因为他领一个人去就可以得到 500 元钱。被拐卖的人到砖窑一看,发现砖窑的条件很差,于是就逃走了。但是,在街上他又遇到了拐卖他的那个国家工作人员,国家工作人员就问他为什么要跑出来,他说砖窑的条件很差,无法工作。国家工作人员就对这个人说:"那我们联合起来,我每次将你卖到一个砖窑后,你就设法逃出来,逃出来后我再卖给其他砖窑主,得到的钱款两人平分。"这个人觉得这样挺不错的,于是他就决定和这个国家工作人员联合一起实施这种行为。类似这种情况我们现在就没办法处理,主要就是因为缺少拐卖人口罪。刚才我们讲的是拐卖人口罪的一个问题,人本身是不能作为商品买卖的,这是刑法需要加以完善的一个内容。

同样,目前世界上许多地方也存在着严重的拐卖人口犯罪的现象。根据有关国际组织透露,各国及相关地区黑帮每年贩卖 100 万到 200 万的妇女、儿童到全球各地充当性奴或奴工,其中亚洲地区就有 25 万妇女、儿童遭受了被非法贩卖的厄运。贩卖人口由于其利润高、风险低已经成为世界上增长最快和最有利可图的犯罪行业之一。世界上每年因拐卖人口犯罪牟取的高额利润达 170 亿美元左右,居贩卖毒品、走私军火之后,列第 3 位。如今贩卖人口案件数量庞大,发展迅速,形势严峻;受害妇女、儿童大多数被贩卖到色情服务行业,遭受商业性性剥削;贩卖妇女、儿童活动组织化,已成为继贩毒、贩军火之后,跨国组织犯罪经常涉足的又一重要行当,并有可能取代贩毒成为跨国犯罪组织的主要财源。

拐卖人口犯罪是严重侵犯公民人身权利的犯罪之一。人身权利是我国宪法赋予公民的最基本的权利。为了保障公民充分享受人身权利,制止不法侵害,我国刑法将保护公民的人身权利列入刑法的任务之中。这种犯罪行为表现为直接将他人作为商品出卖,因而具有十分严重的社会危害性。在现代社会,人是社会财富的创造者,不是商品,不能成为买卖的对象。而实施拐卖人口犯罪的行为人无视他人的人身自由权利,将人作为商品随意拐骗出卖。另外,这种行为不仅严重侵害了公民的人身权利,同时也必然会对他人的婚姻家庭关系造成损害,有时甚至会直接影响到社会的治安稳定。对于具有如此严重社会危害性的行为,刑法将其规定为犯罪并强调要用刑罚加以惩罚,理由是十分充分的。

首先,将拐卖人口行为作为犯罪处理,符合社会危害性是犯罪最本质特征的原理。按照我国刑法规定和刑法传统理论,犯罪有三个基本特征,也就是社会危害性、刑事违法性和应受刑罚惩罚性。在犯罪的三个基本特征中,社会危害性是犯罪最本质的特征。没有社会危害性就没有犯罪,社会危害性是行为构成犯罪的前提条件。刑法在设立犯罪条文时主要也是根据行为的社会危害性来确定的。一般而言,当一种行为的社会危害性达到严重的程度,刑法就有可能会将这种行为规定为犯罪,并强调要用刑罚加以惩罚。既然拐卖人口犯罪有如此严重的社会危害性,我国刑法将其视为犯罪就是完全正常的了。因此,我们必须始终坚持同拐卖人口的犯罪行为进行坚决的斗争。

其次,将拐卖人口行为作为犯罪处理,符合我国刑法任务的内容。我国现行《刑法》第2条在规定刑法的任务时,明确将保护公民的人身权利作为基本任务之一。由于拐卖人口行为严重侵犯了公民的人身权利和其他权利,用刑法将其规定为犯罪完全符合刑法任务的要求。

再次,将拐卖人口行为作为犯罪处理,也符合当代世界各国和地区刑事立法发展的趋势。当代世界各国和地区普遍重视对侵犯人身权利行为的刑事立法。正如前面所说的,目前世界上大多数国家和地区都在刑法中规定了拐卖人口的犯罪,并将拐卖人口犯罪作为重罪来看待。我国刑法将拐卖人口视为犯罪,显然与世界各国和地区刑事立法发展的趋势是相一致的。

最后,将拐卖人口行为作为犯罪处理,也符合我国司法实践的需要。由于拐卖人口犯罪具有极其严重的社会危害性,因而打击拐卖人口的犯罪历来是我国政府所坚持的刑事政策之一。特别是近年来,一些地方拐卖人口犯罪活动猖獗,并呈迅速发展蔓延的态势,犯罪团伙组织日趋严密,犯罪手段更加隐蔽、狡猾、残忍,盗抢儿童、强迫被拐卖的妇女卖淫的案件突出,因拐卖妇女、儿童引起的伤害、杀人、强奸等恶性案件也逐年增多,危害越来越严重。拐卖人口犯罪严重侵犯了被拐卖者的人身权利,导致了许多家庭骨肉分离、家破人亡,并由此引发了一系列的社会问题,直接影响到了社会稳定,这就更需要我们在刑事政策上加以密切关注。但是,司法实践中要做到准确有效地打击犯罪,就必须有充分的法律依据。如果刑法中没有设立拐卖人口方面的犯罪,就没有办法进行打击了。就此而言,我国刑法将拐卖人口行为视为犯罪、列入刑法打击范围是完全符合我国司法实践的需要的。

我们应该承认,我国刑事立法和刑事司法实践历来是将打击拐卖人口犯罪列入主要任务之一的。应该看到,我国打击拐卖人口犯罪的刑事立法有一个发展过程。在我学习刑法的时候,1979年《刑法》中的一个罪名叫"拐卖人口罪",后来发现我们国家出现的拐卖人口案件中拐卖妇女的情况特别多,造成的危害也特别大,于是全国人大常委会专门颁布了《关于严惩拐卖、绑架妇女、儿童的犯罪分子的决定》。在这个决定中,增设了拐卖妇女、儿童罪。在这个时段中就出现了拐卖妇女、儿童罪和拐卖人口罪并行的情况,后来在1997年《刑法》修订的时候,有人就提出拐卖人口罪和拐卖妇女、儿童罪并行不妥当,因为妇女、儿童也属于"人口"。立法者再三考虑,最后作出了一个决定,就取消了拐卖人口罪而保留拐卖妇女、儿童罪。这样一来就形成了一个很怪的现象:在我们国家只有拐卖妇女、儿童才可能构成犯罪,而拐卖除男童之外的男性一般就很难认定为犯罪,除非认定其为非法拘禁罪,否则一般都不构成犯罪。于是就出现了黑砖窑案件中很多男性被拐卖的情况。关于拐卖人口这个现象,我曾专门去美国考察过,美国拐卖人口的情况很多,但对象均不仅仅限于妇女、儿童,而且比较多的情况是拐卖劳动人口，这种情况多发生在跨国界的拐卖中。由于美国的劳动力资源比较匮乏，于是，有人就从诸如墨西哥等地拐卖劳动人口，而从亚洲比如菲律宾等国家则是拐卖妇女较多。美国对拐卖人口管得相当严，要求也相当严，有时候没办法和他们深入交流，因为他们就觉得我们这些国家的人都要想办法通过各种途径涌入美国，他们觉得自己很强大。总而言之，拐卖妇女、儿童罪中拐卖的对象是经过变化的，是由拐卖妇女、儿童罪与拐卖人口罪并存到只有拐卖妇女、儿童罪。

我国有关拐卖人口犯罪的刑事立法轨迹主要是：1979 年《刑法》第 141 条就明确规定，"拐卖人口的，处 5 年以下有期徒刑，情节严重的，处 5 年以上有期徒刑"。以后，针对拐卖人口犯罪日益严重的情况以及拐卖人口犯罪集团出现较多的现象，1983 年 9 月 2 日全国人大常委会也专门通过了《关于严惩严重危害社会治安的犯罪分子的决定》，其中就明确规定："拐卖人口集团的首要分子，或者拐卖人口情节特别严重的，可以在刑法规定的最高刑以上处刑，直至判处死刑。"1984 年"两高"、公安部联合颁布了《关于当前办理拐卖人口案件中具体应用法律的若干问题的解答》，对有关的法律规定作了具体的解释。为了有效地遏止拐卖妇女、儿童的犯罪活动，保护妇女、儿童的人身安全和其他合法权益，维护社会治安秩序，全国人大常委会又于 1991 年 9 月 4 日通过了《关于严惩拐卖、绑架妇女、儿童的犯罪分子的决定》（已于 2009 年修正），对刑法中的拐卖人口罪的规定作了重要修改补充，在刑法中增加了"拐卖妇女、儿童罪"这一罪名。这个决定的第 1 条规定："拐卖妇女、儿童的，处 5 年以上 10 年以下有期徒刑，并处 1 万元以下罚金；有下列情形之一的，处 10 年以上有期徒刑或者无期徒刑，并处 1 万元以下罚金或者没收财产；情节特别严重的，处死刑，并处没收财产：（1）拐卖妇女、儿童集团的首要分子；（2）拐卖妇女、儿童 3 人以上的；（3）奸淫被拐卖的妇女的；（4）诱骗、强迫拐卖的妇女卖淫或者将被拐卖的妇女卖给他人迫使其卖淫的；（5）造成被拐卖的妇女、儿童或者其亲属重伤、死亡或者其他严重后果的；（6）将妇女、儿童卖往境外的。"该决定第 1 条第 2 款还专门给拐卖妇女、儿童罪下了一个定义："拐卖妇女、儿童是指以出卖为目的，有拐骗、收买、贩卖、接送、中转妇女、儿童的行为之一的。"另外，针对有些地方出现的使用暴力、胁迫或者麻醉等方法绑架妇女、儿童或者偷盗婴、幼儿予以出卖的情况，该决定还专门设立了一个独立的"绑架妇女、儿童罪"，并规定了相应的法定刑。《决定》的第 2 条第 1 款规定："以出卖为目的，使用暴力、胁迫或者麻醉方法绑架妇女、儿童的，处 10 年以上有期徒刑或者无期徒刑，并处 1 万元以下罚金或者没收财产；情节特别严重的，处死刑，并处没收财产。"《决定》第 2 条第 2 款还规定："以出卖或者勒索财物为目的，偷盗婴幼儿的，依照本条第 1 款的规定处罚。"《决定》第 2 条第 3 款同时还规定："以勒索财物为目的绑架他人的，依照本条第 1 款的规定处罚。"

应当看到，我国现行刑法中直接涉及有关拐卖人口犯罪的有拐卖妇女、儿童罪，收买被拐卖的妇女、儿童罪，聚众阻碍解救被收买的妇女、儿童罪等三个罪名，都规定在刑法分则第四章侵犯公民人身权利、民主权利罪中。涉及的刑法条文主要有三条，也就是《刑法》第 240 条、第 241 条和第 242 条。

另外，为了加强对拐卖人口犯罪的打击，我国现行刑法在渎职罪中还对职务上负有解救职责的国家机关工作人员的行为作了规范,专门规定了不解救被拐卖、绑架妇女、儿童罪和阻碍解救被拐卖、绑架妇女、儿童罪等罪名。

从前面讲的有关我国刑事法律关于拐卖人口犯罪的规定中,我们不难发现,对于拐卖人口犯罪的法律规定是有很多变化的:首先,在1979年《刑法》中只规定了拐卖人口罪,并规定了较低的法定刑,一般情况是处5年以下有期徒刑,情节严重处5年以上有期徒刑。在1983年9月2日全国人大常委会的《决定》中提高了拐卖人口罪的法定刑,也就是可以在1979年《刑法》第141条规定的最高刑以上处刑,直至判处死刑。其次,在1991年9月4日全国人大常委会的决定中增设了拐卖妇女、儿童罪这一新罪名,并且没有取消原来存在的拐卖人口罪,从而形成了一段时间里刑法中既有拐卖妇女、儿童罪,又有拐卖人口罪的情况。另外,《决定》还增设了绑架妇女、儿童罪这一新罪名,且将以出卖为目的以及以勒索财物为目的的绑架妇女、儿童的行为都归入绑架妇女、儿童罪之中,从而出现了在拐卖人口犯罪中,不是以行为人的犯罪目的作为划分不同犯罪的标准,而是以行为人的行为方式作为划分不同犯罪标准的情况;最后,在1997年《刑法》中规定了拐卖妇女、儿童罪,并且在刑法条文中取消了原有的拐卖人口罪,从而结束了一段时间里我国刑法条文和司法实践中拐卖人口罪和拐卖妇女、儿童罪并存的局面。同时,1997年《刑法》还取消了全国人大常委会1991年《决定》中规定的绑架妇女、儿童罪这一罪名,将以出卖为目的绑架妇女、儿童的行为作为拐卖妇女、儿童罪的加重情节,可处10年以上有期徒刑直至死刑;而将以勒索财物为目的绑架他人的行为,专门规定了一个新罪名即绑架罪予以处罚。1997年《刑法》第240条与全国人大常委会1991年《决定》的规定相比,还删除了法定刑中罚金最高为1万元的数额限制。同时1997年《刑法》还保留了全国人大常委会1991年《决定》中的收买被拐卖的妇女、儿童罪和聚众阻碍解救被收买的妇女、儿童罪。

具体分析我国刑事法律有关拐卖人口犯罪规定变化的轨迹,我认为,这些变化显然是具有一定规律性的,且主要是受到我国拐卖人口犯罪的情况变化以及人们对拐卖人口犯罪的社会危害性程度的认识变化等因素的影响。其中拐卖人口罪法定刑的变化,显然是因为我国拐卖人口犯罪日益严重且对社会造成了越来越大的危害;而对拐卖人口犯罪罪名的变化则主要体现在拐卖人口犯罪主要对象的变化,也就是说当社会上大多数拐卖人口犯罪的对象集中表现为妇女、儿童时,人们认识到打击拐卖妇女、儿童犯罪比打击其他拐卖人口犯罪更为重要,为了突出体现这一精神,刑事法律中就出现了拐卖妇女、儿童罪,并将其独立于拐卖人口罪之外;而当立法者发现拐卖人口罪与拐卖妇女、儿童罪并存的情况在逻辑上并不能说得通,而且也没有很大的必要时,就在修订刑法时取消了拐卖人口罪。

（二）拐卖人口犯罪的构成要件

由于现行刑法中没有拐卖人口罪的规定,但是,司法实践中客观存在着拐卖人口的现象,我也主张应该在刑法中恢复对拐卖人口罪这一罪名的规定,所以,我在这里以"拐卖人口犯罪"的提法对这一类犯罪的构成要件作一个总体介绍。所谓拐卖人口犯罪,是指以营利为目的,拐骗、绑架、收买、贩卖、接送、中转人口的行为。

下面,我们重点来看一下拐卖人口犯罪的构成要件。

1. 拐卖人口犯罪的客体

我认为,所谓犯罪客体,是指刑法所保护的、被犯罪行为所侵害的社会关系。理论上一般认为,由于犯罪客体应反映犯罪行为的属性,因此其必须具备三个特征:第一,能反映犯罪行为的本质属性;第二,能穷尽这种犯罪行为的周延性;第三,能反映刑法保护的被该犯罪行为侵犯的社会关系的本质。就此进行分析,我认为,拐卖人口的犯罪确实会破坏被拐卖者的家庭关系,也会给被拐卖者的家庭成员带来很大的痛苦,但是,拐卖人口犯罪行为直接指向或破坏的应该主要是被拐卖者的人身自由权利,我们在判断犯罪行为所侵犯的客体时,理应以行为直接指向或侵害的社会关系为标准。就此而言,我认为,拐卖人口犯罪所侵犯的客体应该是公民的人身自由权利。我国宪法规定,公民的人身自由权利不可侵犯。在当代社会中,人是社会财富的创造者,其本身当然不是商品,不能成为买卖的对象。对于刚才讲的认为拐卖人口犯罪侵犯的客体是人身的不可出卖性的观点,我认为,虽然有一定道理,但是从总体而言,范围太窄而且提法上也缺乏规范性。对于某些案件中被害人并没有受到强行控制的情况,一方面这种案件可能是极个别的,另一方面在这种情况下其实质上是否真的没有被剥夺人身自由还是值得研究的。

2. 拐卖人口犯罪的客观方面

拐卖人口犯罪的客观方面表现为实施了拐卖人口的行为。根据现行刑法的有关规定,拐卖行为应包含拐骗、绑架、收买、贩卖、接送和中转等行为。行为人只要实施了这些行为中的任何一种就可以构成拐卖人口犯罪。所谓拐骗,是指以利诱、欺骗等非暴力手段控制被拐卖者的人身,使被拐卖者脱离家庭或监护人的行为。至于拐骗的手法则是多种多样,比如以合伙做生意、帮助找工作、帮助上学、结伴旅游、介绍对象、冒充亲友认领等手段诱骗被害人离开家庭或监护人。所谓绑架,是指以暴力、胁迫或者麻醉等方法控制被拐卖者人身的行为。这种行为与绑架罪的最大区别在于行为人的目的不同。本类犯罪的绑架,行为人是以出卖为目的;而绑架罪中的行为人则是以勒索财物或满足其他要求为目的的。所谓收买,是指为了再转手出卖而从拐卖者手中买来被拐骗的人口的行为,司法实践中有的是从人贩子手中先低价买入,再加价卖出;有的则直接从被害人的监护人手中买进,再伺机高价卖出。所谓贩卖,是指将买来的被拐卖者再出卖给第三人或将拐骗来的被害人出卖给他人的行为。所谓接送、中转,是指在拐卖人口的共同犯罪中,进行接应、藏匿、移送、接转被拐卖人的行为。接送可以视为拐骗行为的继续或作为贩卖行为的组成部分,多数情况属于共犯行为,比如从拐骗的人贩子手中接过来送到贩卖的人贩子手中。中转则是指将被害人由某地转移至另一地,在整个拐卖人口犯罪活动中只是一种帮助行为。除此之外,刑法还将偷盗婴幼儿作为拐卖行为中的一种。所谓偷盗婴幼儿,是指用秘密窃取的方法将婴幼儿盗走出卖,也就是在婴幼儿的父母或其他监护人不知道的情况下将婴幼儿领走卖掉。比如趁婴幼儿父母熟睡或不注意的时候抱走婴幼儿;以给糖果吃或带领其找父母等方式拐走婴幼儿。偷盗行为的对象是特定的,仅限于婴幼儿。根据"两高"的司法解释,不满1周岁的为婴儿,1周岁以上不满6周岁的为幼儿。

行为人构成本罪是否既要实施"拐"的行为又要实施"卖"的行为? 在相当长的一段时间里,理论上和司法实践中争议很大,而且这一争议还延续到以后对刑法中出现的拐卖妇女、儿童罪的认定上。我认为,拐卖人口犯罪的行为特征中确实有"拐"和"卖"不同时存在的情况。但是,无论如何,行为人的"拐"是为"卖"服务的,也就是说其最终必然落实到"卖"的行为上。就此而言,行为人只要有卖的打算,并实施了拐的行为就已经构成犯罪,是否已经出卖无非是犯罪形态的问题,并不影响行为人犯罪的构成。

对于拐卖人口犯罪的构成是否以"违背被害人的意志"为构成要件,刑法理论和司法实践中争议也一直很大。主要有"肯定说"和"否定说"两种。对此,我认为,拐卖人口犯罪的构成一般应以"违背被害人的意志"为构成要件,理由是这类犯罪手段毕竟是"拐卖",如果不以"违背被害人的意志"为必要要件,就无法体现"拐卖"行为的实际特征,那不就变成"出卖"行为了吗? 至于刑法条文并未明文规定构成拐卖人口类的犯罪必须以"违背被害人意志"为必要条件,并不能成为否定的理由。事实上刑法条文并非会对所有的构成条件都作明确规定,有些条件在刑法理论上可称之为显性要件,也就是刑法条文无须明文规定也应该注意理解的要件。在拐卖人口犯罪中"违背被害人的意志"就是显性要件。当然在处理案件时,我们应该具体问题具体分析,特别是当被害人是没有达到法定年龄或者不具有法定责任能力的人时,我们认定是否"违背被害人的意志"时,标准就应有所不同,因为事实上这些人根本就不存在正常意志,也就很难有所谓"违背被害人的意志"的问题。

3. 拐卖人口犯罪的主观方面

拐卖人口犯罪的主观方面是直接故意。理论上和司法实践中一般认为,拐卖人口犯罪的行为人在主观方面只能是直接故意不可能是过失,而且也排除间接故意存在的可能性。司法实践中曾经存在这样的情况:父母把超生的婴儿交给人贩子,明知婴儿可能被出卖,也放任了这种结果发生,这是一种间接故意的心理状态。有人认为这种情况也可能构成拐卖人口犯罪。我认为这种观点是不妥当的。因为在这类案件中,由于人贩子具有直接故意的罪过形态,因而对于人贩子理应以拐卖人口类的犯罪处理,而对于父母则完全可以追究其遗弃罪的刑事责任。按照我国现行刑法的有关规定,拐卖人口类的犯罪都必须具有"以出卖为目的"的构成要件,也就是说拐卖人口犯罪理应是目的犯。而以前有关的刑事法律及刑法理论一般认为,拐卖人口犯罪行为人主观方面应该具有"营利的目的"。我认为,相比较而言,"以出卖为目的"比"以营利为目的"更直接清楚,也更便于司法实践的操作,同时也更有利于对拐卖人口犯罪的犯罪形态的认定。从刑法理论上分析,将拐卖者的营利心态视为犯罪动机则更为妥当。

好,这一讲的内容我就讲到这里了。由于时间关系,有关拐卖妇女、儿童罪的司法认定以及刑事立法完善问题,我放到下一次再讲。谢谢大家!

第十二讲

侵犯公民人身权利、民主权利罪(四)

在这一讲中,我将继续给大家介绍侵犯公民人身权利、民主权利罪的相关内容。

(三)拐卖妇女、儿童罪的司法认定

首先,我们来继续学习上一讲的拐卖妇女、儿童罪的相关内容。前面我们讲到,拐卖妇女、儿童罪是全国人大常委会 1991 年 9 月 4 日通过的《关于严惩拐卖、绑架妇女、儿童的犯罪分子的决定》中所规定的一个新的独立罪名。在《决定》规定的当时,因为刑法中原来存在拐卖人口罪,所以一段时间里我国刑事法律中存在拐卖人口罪和拐卖妇女、儿童罪并行的情况。以后在修订刑法时,将拐卖人口罪取消了。因此,现行我国刑法中只存在拐卖妇女、儿童罪。对于这种立法状况是否合理,我将在后面专门进行讲解。

应该看到,拐卖妇女、儿童罪的构成要件在许多方面与前面所说的拐卖人口犯罪相似,主要区别在于对象不同。顾名思义,拐卖妇女、儿童罪的对象仅限于妇女和儿童。当然这里所指的儿童应该包括婴儿、幼儿和儿童。根据最高人民法院于 2000 年 1 月 3 日公布的《关于审理拐卖妇女案件适用法律有关问题的解释》第 1 条的规定,《刑法》第 240 条规定的拐卖妇女罪中的"妇女",既包括具有中国国籍的妇女,也包括具有外国国籍和无国籍的妇女。被拐卖的外国妇女没有身份证明的,不影响对犯罪分子的定罪处罚。正是由于本罪在对象规定上的特殊性以及行为的流动性比较明显等特点,拐卖妇女、儿童罪在司法认定中仍存在许多问题。

司法实践中经常会碰到有些人捡拾到他人遗弃的婴幼儿后加以处置的情况。有些人将捡拾到的婴幼儿送到有关部门,有些人将捡拾到的婴幼儿留在自己家中收养或送人收养,还有些人则将捡拾的婴幼儿出卖。对于这些情况应该怎么处理? 我认为,如果行为人在捡拾婴幼儿后及时送交有关部门或者留在家中收养的,当然不能构成犯罪,其中的收养行为一般应办理一定的手续,否则可能会引起民事纠纷。但是,对于将捡拾的婴幼儿出卖的,对行为人可以按拐卖儿童罪定罪。这种情况与偷盗婴幼儿的主要区别在于行为人取得婴幼儿的手段不同,偷盗婴幼儿是用秘密窃取的方式获取婴幼儿,并使该婴幼儿脱离其家庭或监护人的监护;而捡拾到的婴幼儿本身多数是被人遗弃的,不存在行为人使其脱离家庭和监护的情况。但是,这种情况与偷盗婴幼儿最本质的相同点在于,行为人都将获得的婴幼儿出卖了,而这种出卖行为正体现了拐卖儿童罪最本质的特征,也就是将人作为商品买卖。为此,"两高"公安部、民政部、司法部、全国妇联于 2000 年 3 月 20 日联合发出《关于打击拐卖妇女儿童犯罪有关问题的通知》,明确指出,"出卖捡拾的儿童的,应以拐卖儿童罪追究刑事责任"。

司法实践中将丈夫出卖妻子和父母出卖子女的这些情况称之为家庭成员之间的买卖。由于在这些案件中出卖者和被卖者具有亲属关系,通常不会发生"拐"的问题,因此给司法认定工作带来了很大的难度。有人认为,这种情况不构成犯罪,因为拐卖妇女、儿童罪侵犯的对象是他人家庭中的成员,出卖家庭成员不构成本罪,这只是不道德的行为,但不会构成犯罪。但理论上和司法实践中大多数人认为,拐卖妇女、儿童罪侵害的对象,可以是任何家庭的成员,并不仅仅限于他人家庭的成员。出卖妻子、儿女绝不仅仅是不道德的行为,而是国家法律所不容许的犯罪行为。如果丈夫违背妻子的意志、父母违背儿女的意志将妻子或儿女出卖的,在这种情况下仍然可以构成拐卖妇女、儿童罪。当然,如果是由于生活所迫,为了求生存而被迫将家庭成员出卖的,则可以酌情不认定为犯罪。《通知》也明确指出:"出卖亲生子女的,由公安机关依法没收非法所得,并处以罚款;以营利为目的,出卖不满 14 周岁子女,情节恶劣的,应以拐卖儿童罪追究刑事责任。出卖 14 周岁以上女性亲属或者其他不满 14 周岁亲属的,以拐卖妇女、儿童罪追究刑事责任。"

司法实践中还经常会出现有些人应妇女本人或者他人之托,带妇女到外地为其介绍婚姻,从中索取一些财物的情况。这种情况与拐卖妇女犯罪在形式上有许多相似之处,比如都是带妇女到外地去结婚,又都有从中取得利益的情况,但我们应该注意,两者还有本质的区别:第一,妇女的意志不同。借介绍婚姻索取钱财等违法行为中的妇女在意志上完全是自由、自愿的,而拐卖妇女罪中妇女的意志则往往是不自愿或者说不自由的;第二,行为人的手段不同。拐卖妇女罪的行为人一般采用欺骗或者胁迫等手段,而借介绍婚姻索取钱财等违法行为中的行为人则没有采取这些手段;第三,形式也有所不同。由于实施拐卖妇女犯罪的行为人是以出卖为目的,因此,在形式上一般都将妇女作为商品来谈价,出卖者与收买者之间大多纯粹是一种买卖关系。但借介绍婚姻索取钱财等违法行为中的行为人与被介绍人之间一般都是事先认识的,有些甚至彼此很熟悉,索取钱财主要是想以此得到一些报酬。

下面,我们来看如何区分拐卖儿童罪与拐骗儿童罪。拐骗儿童罪是指用蒙骗、利诱或者其他方法使不满 14 周岁的男女儿童,脱离家庭或者监护人而由其控制的行为。拐卖儿童罪与拐骗儿童罪在行为对象上,以及造成脱离家庭或者监护人等内容上都有许多相似或相同之处。但两者又具有许多区别:第一,侵犯的客体不同,拐卖儿童罪侵犯的是儿童的人身自由权利,而拐骗儿童罪侵犯的主要是他人的家庭关系。第二,行为人的目的不同,这是两罪最本质的区别。拐卖儿童罪是以出卖为目的,而拐骗儿童罪则一般是以收养、使唤或奴役为目的的。

(四)盗婴医生的罪与罚

2013年,媒体连续报道了陕西省富平县妇幼保健院产科医生以婴儿"患有先天性疾病"为由,通过劝说产妇家人放弃婴儿,私自将孩子抱走"处理"一事。经媒体曝光后,引起社会公众的广泛关注。

在我国刑法中,"偷盗婴幼儿"的行为可能涉及四个罪名:以出卖为目的的拐卖儿童罪;以收养、奴役为目的的拐骗儿童罪;以索取债务为目的的非法拘禁罪;以勒索财物为目的的绑架罪。根据已经曝光的案件事实,当事医生张某以营利为目的,劝说产妇家人放弃所谓患病婴儿,并以秘密的方式将婴儿卖给跨省贩婴集团。这种"盗卖"行为已经完全符合我国《刑法》第240条的规定,具备拐卖儿童罪的全部构成要件。与此同时,2010年3月15日由"两高"、公安部、司法部联合发布的《关于依法惩治拐卖妇女儿童犯罪的意见》中指出:"医疗机构、社会福利机构等单位的工作人员以非法获利为目的,将所诊疗、护理、抚养的儿童贩卖给他人的,以拐卖儿童罪论处。"据此,张某的行为理应构成拐卖儿童罪。

拐卖人口犯罪是严重侵犯公民人身权利的犯罪,人身权利是我国宪法赋予公民的最基本的权利。将新生儿作为商品随意拐骗出卖,这种行为不仅严重侵害了新生儿的人身权利,同时也必然会对新生儿的家庭关系造成极大损害,甚至会直接影响到社会的稳定。

我认为,本起"盗卖"婴儿案件之所以引起公众高度关注,完全是因为本案的行为主体具有特殊身份。众所周知,医生具有救死扶伤的职责,作为迎接新生命的产科医生,更是使命崇高的"白衣天使"。然而,本案中的张某却从"白衣天使"转变成为贩卖新生儿的"黑衣魔鬼",这一角色分裂的背后,折射出张某的人性畸变和职业伦理的堕落,更反映出产科医务人员一旦实施拐卖儿童的行为,其社会危害性会更大、更严重。

依我之见,本案在刑法上的评价似乎不具有太大的争议,但是本案所反映出的问题却令人深思。我了解到,在一些大医院,医护人员即使要将医院的仪器设备携带出院,也需要履行相应的管理程序。而对于一个刚刚出生的婴儿,相关管理规定更是非常严格。例如,新生儿出生后会马上戴上"腕条"或"脚条",写上母亲的名字;新生儿从产房到产妇住院楼层的交接都有规定的程序;新生儿做检查和注射疫苗等都要有家属的全程陪同。这样严格的规定,既是出于保证婴儿人身安全的考虑,也在于明确医院和产妇家人双方的权利、义务和责任。然而,这些制度在涉案妇幼保健院却并不存在,相关管理规定和执行流程的缺失,导致张某能够轻易地"盗卖"新生儿。

刑法作为后置性的法律规范,更多是承担事后救济的角色,而作为日常医护管理的前置性制度规范,理应更多地承担起事前预防的责任。痛定思痛,为了有效预防和杜绝此类违法犯罪行为的再次发生,切实完善和贯彻落实前置性制度规范,才是给予婴幼儿全方位、深层次保护的应然举措。

（五）我国惩治拐卖人口犯罪的刑事立法完善

关于我国刑法中有关拐卖人口犯罪的规定，我认为这些规定虽然基本适应我国近年打击拐卖人口犯罪的实际需要。但是，理论上和司法实践中仍然存在一些问题需要解决，特别是与世界上其他国家和地区相比，我们《刑法》涉及的打击拐卖人口犯罪的法律条文还不够完善。

正如我们前面所说的，我国1979年《刑法》原来规定有拐卖人口罪，后来由于社会上拐卖人口的犯罪集中表现为对妇女、儿童的拐卖，因此，根据司法实践的需要，加强了对拐卖妇女、儿童犯罪活动的打击，全国人大常委会专门颁布了决定，强调对绑架、拐卖妇女、儿童的犯罪行为要进行严惩，并为此专门规定了拐卖妇女、儿童罪。但当时在刑法中仍然保留有拐卖人口罪这一罪名，也就是说在当时的情况下，我国刑事法律规定中关于拐卖人口的犯罪实际上是有两个罪名的，即拐卖人口罪和拐卖妇女、儿童罪。我认为，在当时的情况下，在刑事法律中强调加强对拐卖妇女、儿童犯罪行为的惩治，出发点以及实际效果都是好的。问题是在我国1997年《刑法》的修订过程中，立法者却只看到司法实践中拐卖妇女、儿童的情况较为严重，而忽视了社会上同样可能有拐卖除妇女、儿童以外的其他"人口"情况的存在，只在新刑法的条文中规定拐卖妇女、儿童罪，而取消了原有刑法中有关拐卖人口罪的规定和罪名。这一重大的立法变化在当时得到了许多学者和实务部门工作者的赞同和支持，因为在这之前的一段时间里，我国刑事法律中既存在拐卖人口罪，又存在拐卖妇女、儿童罪的情况，从立法上讲，确实有条文重复、内容重叠的问题存在，理应在刑法修订时加以解决。但是，经过一段时间的实践，现在回过头来对1997年《刑法》有关拐卖人口犯罪规定的修订进行检讨和反思时，我们不得不承认，当时的这一修订也显然存在许多问题。

第一，1997年《刑法》对有关拐卖人口犯罪规定的修订与立法原意相悖。

正如我们前面所提到的，在当今社会中，人不是商品，当然不能进行买卖。人们生活在社会中享有法律赋予的各种权利，而其中最主要也是最重要的权利就是人身权利，这种权利是受法律保护的，任何人都不能侵犯。我国刑法之所以在分则中专章规定"侵犯公民人身权利和民主权利罪"，就是为了强调对公民人身权利的特别保护。拐卖人口的犯罪将人作为商品任意进行买卖，严重侵犯了公民人身权利，是对人权的一种践踏，理应加以禁止和严惩。这就是包括中国在内的世界各国和地区的刑事法律一般都将拐卖人口的行为规定为犯罪的立法意图。

从对人权保护这一角度进行分析，人的权利应该是平等的，无论是男性还是女性，也无论是成年人还是儿童，他们的权利都应受到法律的保护。在拐卖人口的犯罪中，拐卖妇女、儿童行为固然应该受到惩罚，但这并不意味着对拐卖其他"人口"就可以视而不见，不加以惩罚了。我们不否认，在目前以至在今后较长的一段时间里，我国拐卖人口犯罪中的对象主要还是妇女、儿童，而且由于妇女、儿童本身受到性别及身体、生理条件的客观限制以及反抗能力相对较弱的影响，在拐卖人口犯罪中，他们将始终处于相对弱势的地位。因此，适当地强调对拐卖妇女、儿童的行为进行严惩是完全必要的。但是,我们不能因为这一点,就干脆将原来刑法中所规定的拐卖人口罪彻底取消,从而导致目前司法实践中对拐卖除妇女、儿童以外的其他"人口"的行为无法进行处罚。

我认为,由于制定法律的初衷之一是为了对"弱者利益"的保护,所以在一定时期或一定范围内,对于一些弱者的权利特别提出来强调并加以保护,是完全应该和必要的。但是,我们在强调这一点的同时,不能也不应该用牺牲某种利益的方式来突出这一点。否则就会出现与立法原意相违背的情况,在这种情况下制定出来的法律条文就会有偏差,也无法全面地体现立法的精神并达到立法原来所要追求的目的。事实上,从拐卖人口的犯罪来分析,在这类犯罪中,无论什么对象都是处于弱者地位的。

第二,1997 年《刑法》对有关拐卖人口犯罪规定的修订不符合一般的立法要求。

我国《刑法》第 4 条明确规定:"对任何人犯罪,在适用法律上一律平等。不允许任何人有超越法律的特权。"这就是现行刑法所确立的三大基本原则之一,也就是所谓的"适用刑法平等原则"。我认为,这一原则虽然只是从刑法适用角度提出来的,但是刑法适用的平等在很大程度上还是以刑法制定的平等为前提条件的。尽管我们也知道,在任何情况下,立法只能追求相对的平等,而不可能有绝对的平等。但是,无论怎么说,追求平等显然应该是对立法者的基本要求之一。由此分析,在刑法中将拐卖人口罪取消,而只保留拐卖妇女、儿童罪,就必然会在司法实践中出现适用上的不平等,而这种不平等则完全是由于立法本身所造成的。可见,取消拐卖人口罪应该是不符合一般立法要求的。

另外,从一般立法技术分析,在很多情况下,刑法条文确实要突出强调对侵害某种特殊对象要从重处罚的问题,但是通常这种突出强调都是体现在对构成要件以及法定刑的特别规定上,也就是通常是在基本条文中,用情节加重的形式强调对某些特别的情况从重处罚,而不会采用取消基本条文的方式进行。比如,《刑法》第 236 条对强奸罪的规定,在规定了一般强奸罪的罪状和法定刑后,为了强调对奸淫幼女的处罚,该条第 2 款还专门规定,"奸淫不满 14 周岁的幼女的,以强奸论,从重处罚"。显然这一条文并没有为了强调要保护幼女的性的权利,而放弃对其他妇女的性的权利的保护。从立法技术上分析,刑法对强奸罪的规定明显要比对拐卖妇女、儿童罪的规定要科学得多。

第三,1997 年《刑法》对有关拐卖人口犯罪规定的修订与司法实践不相适应。

前面我们提到,就目前中国社会上存在拐卖人口的情况进行分析,主要还是集中发生在对妇女、儿童的拐卖上,但是,这并不是说拐卖其他"人口"的情况就不存在,实践中应该说还是存在一些如对刚满 14 周岁的男子进行拐卖的情况的。特别是由于各地经济发展的不平衡以及贫富和城乡之间差距的客观存在,司法实践中已经出现了较多的拐卖成年人去做苦力的情况,而且这种情况正在逐年增加。由于我国现行刑法已经对拐卖犯罪在对象上作了限制,这就使司法实践中无法对那些拐卖除妇女、儿童以外的其他"人口"的行为进行处理。有些地方甚至发生了较为严重的拐卖成年男性做苦力的案件,由于无法以拐卖人口罪追究当事人的刑事责任,在没有办法的情况下,只能变通以非法拘禁罪追究当事人的刑事责任。这种定罪处理方法不符合刑法对行为人犯罪目的的要求,因为无论是从刑法规定还是从刑法理论上讲,非法拘禁罪的行为人都不能以出卖为目的,如果以出卖为目的非法拘禁他人,则应构成拐卖人口的犯罪。此外,这样定罪也不符合刑法中罪责刑相适应原则的要求,因为非法拘禁罪的法定刑比较低,而拐卖类犯罪的法定刑一般比较高。

由此可见,现行刑法对拐卖人口犯罪的规定,与司法实践的需要很不相适应,这种状况已经并将继续在客观上给司法工作造成相当大的困难,并给打击拐卖人口的犯罪造成障碍。特别是目前大量存在的跨国境、跨边境拐卖人口犯罪,而在这些拐卖人口犯罪的对象中绝大多数又是成年劳动力,其中很多都是成年男性。加强对这方面犯罪的打击无疑是今后一段时间内司法工作的重点之一,但是保证做好这方面工作的前提条件是"有法可依"。令人遗憾的是,在目前情况下,我国现行刑法中没有相应的规定,这也就当然阻碍了打击拐卖人口犯罪的正常进行。

第四,1997 年《刑法》对有关拐卖人口犯罪规定的修订在实践中难以适用。

正如前面我所讲到的,人不是商品,所以不能进行买卖,任何对人进行买卖的行为都是对他人基本权利的一种严重侵害,理应构成犯罪。而这里所指的"人"不应该有性别上的限制,也不应该有年龄上的限制。但是我国现行刑法对拐卖人口的对象在性别上和年龄上作了不必要的限制,从而导致了司法实践中打击不力的现象出现。在此,我还要指出的是,由于刑法条文在这类犯罪中对对象作了不必要的限制规定,也导致了在犯罪形态认定上的困难以及在适用法律上的困难。

司法实践中曾出现过这么一个案件:张某为牟利将火车站一外地妇女王某骗到一边远地区,这个妇女实际为两性人,但张某并不知道,他以 5 000 元将王某卖给了当地的一个单身男子李某为妻。当天,李某在王某不情愿的情况下,使用暴力欲与王某发生性关系,后来发现王某是两性人从而未能如愿。李某为此十分恼火,决定挽回"损失"。后来李某将王某带到外省,谎称王某是自己的妹妹并以同样的价格将其卖给了他人,最后经他人检举而案发。对于这个案件,同学们觉得应该如何认定张某和李某的行为性质?(下讲台提问)

学生 1:"张某是拐卖妇女罪,李某是收买被拐卖的妇女罪和强奸罪还有拐卖妇女罪,这三个罪要数罪并罚。"

学生 2:"张某是拐卖妇女罪,李某应该是收买被拐卖的妇女罪、强奸罪和诈骗罪数罪并罚吧。"

提问:"他说是诈骗罪,和你不一样,你们 PK 一下。"

学生 1:"哦,我好像错了,他后来是已经知道那个不是女的了,那应该是诈骗罪吧。"

提问:"那你把这两个人的犯罪形态也逐一分析一下。"

学生 1:"张某是拐卖妇女罪既遂,李某是收买被拐卖的妇女罪既遂,强奸罪未遂,诈骗罪既遂。"

(回讲台)对这个案件的定性实际上是很有争议的,下面我为大家分析一下。对于本案中张某应构成拐卖妇女罪,理论和实践中都不存在争议,因为张某主观上以出卖为目的,在认为对方是妇女的情况下,客观上对该"妇女"又加以拐骗、贩卖,理应构成拐卖妇女罪。但是,由于本案中客观上被张某拐卖的不是妇女,这就是刑法理论上对象不能犯的问题,也就是说刑法规定拐卖妇女罪的对象理应为妇女,而张某对被拐卖的对象在性别上有认识错误,客观上拐卖的并不是妇女,对张某的行为是否应以拐卖妇女罪的未遂加以认定? 实践中对此产生了不同的看法:有人认为对张某应以拐卖妇女罪的既遂追究刑事责任,因为张某已经实施完了有关的拐卖行为;也有人认为,张某虽然完整地实施了拐卖行为,但由于行为人主观上对对象的认识与法律明文规定的对象不一致,从对象不能犯原理分析,张某的行为属于对象不能犯未遂,所以理应构成拐卖妇女罪的未遂。根据《现代汉语词典》的解释,两性人是指由于胚胎的畸形发育而形成的具有男性和女性两种生殖器官的人。因此,拐卖两性人的行为已经具备了刑法规定的拐卖妇女罪的全部要件,只是因为行为人的疏忽或者相关知识的欠缺,导致意欲实施的行为与其实际实施的行为形似而质异,才没能发生行为人所希望的犯罪后果,但仍具有社会危害性,不影响拐卖妇女罪的成立,属于对象不能犯的未遂。

　　另外,对于本案中李某行为的认定争议就更大了。首先,李某在明知对象是被拐卖的"妇女"后,不是为了出卖而仍然加以收买,按照刑法规定应构成收买被拐卖的妇女罪,对此理论和实践中都无异议。问题还是对李某犯罪行为的形态认定,究竟应该以既遂认定? 还是按未遂认定? 实践中也有不同的看法。其次,由于刑法规定收买被拐卖的妇女,并强行与其发生性关系的,必须依照数罪并罚的规定处罚。对于李某强行与被拐卖的"妇女"发生性关系的行为,应认定为强奸罪,但是由于对象不是妇女,从而使强奸行为无法完成,是否按未遂认定也存在一定的争议。再次,李某在明知对象不是妇女或不完全是妇女的情况下,为减少损失,而谎称该被拐卖的对象为妇女再将其卖给他人,骗取他人的钱财的行为应如何定性? 按照我国刑法规定,收买被拐卖的妇女又出卖的,依照拐卖妇女罪定罪处罚。但是这一规定的前提条件是收买和出卖的对象是妇女,如果在明知对象不是妇女的情况下,又以欺骗的方法骗取他人钱财,在理论上行为人应构成诈骗罪。如果是这样的话,就产生了对于李某是否应以诈骗罪定罪处罚的问题。最后,李某先前的收买被拐卖的妇女犯罪行为是否仍然存在,要不要对李某实行数罪并罚,这个问题也很值得讨论。因为如果李某所实施的行为的对象确实是妇女的话,对李某只能以拐卖妇女罪一罪处罚,也就是由收买被拐卖的妇女罪转化为拐卖妇女罪,而不能实行数罪并罚;但是,由于本案中李某的后一出卖行为不能构成拐卖妇女罪,而只能构成诈骗罪,李某的前一收买行为是否应独立构成犯罪呢?

　　我认为,本案的关键问题在于两性人算不算妇女。如果两性人不属于妇女,从刑法理论和刑法规定进行分析,本案中张某应构成拐卖妇女罪,在犯罪形态上则应属于未遂。因为刑法规定的拐卖妇女罪的对象毫无疑问是有限定的,只能是妇女。虽然张某并不知道被拐卖者不是妇女,但这只能作为其构成犯罪的主观依据,但不能改变客观存在的事实,也就是被拐卖者不是"妇女"这一事实。正是因为这一点,从刑法理论上分析,这种情况就完全符合刑法中对象错误的要件,属于对象不能犯的未遂。本案中李某则应构成收买被拐卖的妇女罪、强奸罪和诈骗罪,并实行数罪并罚,在犯罪形态上,前两罪应属于未遂,而后一罪则属于既遂。因为刑法规定的收买被拐卖的妇女罪的犯罪对象只能是被拐卖的妇女,也就是说本罪的对象首先必须是妇女,其次这一妇女又必须是被拐卖的。李某在误认为对象是被拐卖的"妇女"的前提下,为了娶妻的目的而将该"妇女"收买了下来,其主观上和客观行为上都符合收买被拐卖的妇女罪的要件,理应构成犯罪。问题是与前面张某一样,虽然李某在实施收买行为时并不知道对象不是被拐卖的"妇女",由此证明李某完全符合本罪的主观要件,但是李某认为对象是被拐卖妇女的这种误解客观上又不能改变这一对象的实际性别,也就是说被拐卖者事实上不是"妇女"。正因为如此,从刑法理论上分析,李某的这种情况也完全符合刑法中对象错误的要件,属于对象不能犯的未遂,因而李某的收买被拐卖的妇女罪应属于未遂。同样,由于刑法中规定强奸罪的对象仅限于妇女,而本案中李某强行与收买下来的被拐卖的且自认为的"妇女"发生性行为,也就是如同我们通常所说的"把男的当作女的进行强奸"的行为,应构成强奸罪,但在犯罪形态上也属于对象不能犯未遂,因而李某的行为应属于强奸未遂。

需要指出的是,由于《刑法》第 240 条规定的拐卖妇女罪,明确了"奸淫被拐卖的妇女的",不要实行数罪并罚,而只是作为拐卖妇女罪的情节加重犯。这就产生了一个问题,也就是李某在实施收买行为后,又实施了出卖行为,对于其中的强奸行为是否还要实行数罪并罚? 我认为,本案中李某虽然后来实施了出卖行为,但是其强奸行为是发生在其产生出卖目的之前,我们理解刑法中规定的"奸淫被拐卖的妇女的"这一情节,应该是指在拐卖过程中奸淫被拐卖的妇女,也就是拐卖行为应该发生在奸淫行为之前而不能发生在奸淫行为之后。本案中李某显然是先实施了强奸行为,后再实施出卖行为的,而刑法条文规定,收买被拐卖的妇女,强行与其发生性关系的,应实行数罪并罚。所以,对本案中李某的强奸行为理应与其他犯罪行为实行数罪并罚。此外,李某的后一行为应构成什么罪呢? 司法实践中也有一定的争议,问题主要是因刑法的规定而产生的。因为《刑法》第 241 条第 5 款明确规定,收买被拐卖的妇女又出卖的,以拐卖妇女罪定罪处罚。有人认为,只要行为人前一行为构成收买被拐卖的妇女罪,而后又实施出卖行为的,就可依照刑法这一条款定罪处理。我不同意这一观点,我认为,对于刑法这一条款应该正确加以理解,不能因为只要行为人的前一行为构成收买被拐卖的妇女罪,而后又实施出卖行为的,就一定要以拐卖妇女罪定罪处罚。理由是这种情况属于一种转化犯,是根据行为人的主观故意而进行犯罪间的转化。如果行为人在实施收买行为时,主观上明知对象是被拐卖的妇女但不具有出卖的目的,行为人可以构成收买被拐卖的妇女罪;但是如果以后又产生出卖目的,则应转化为拐卖妇女罪。需要注意的是在这种罪与罪之间的转化过程中,我们仍然需要以犯罪构成的要件齐备为转化条件。如果行为人的行为最终要转化为拐卖妇女罪的话,行为人的主、客观方面都必须符合拐卖妇女罪的构成要件,否则就不能进行转化。由于本案中李某的前一行为已经构成了收买被拐卖的妇女罪,但由于主观上有认识错误,因而属于未遂。而其在实施后面的出卖行为时,李某在主观上已经明确知道该对象不是妇女,但仍谎称其为妇女而加以出卖,此时李某主观上已经不具有出卖妇女的故意了,而仅仅是为了避免和转移损失,采取隐瞒真相的手段骗取他人钱财。在这种情况下,由于李某主观上不具有出卖妇女的故意,因而尽管其实施了出卖行为但却因主观要件不符而不能转化为拐卖妇女罪。但是,李某隐瞒真相骗取他人钱财的行为显然符合了诈骗罪的构成要件,属于典型的诈骗罪,而且最后也实际取得了财物,理应构成诈骗罪既遂。由于刑法中并未规定收买被拐卖的妇女罪可以转化为诈骗罪,因而对李某应实行数罪并罚。

当然,这些只是我对本案所作的分析,这些分析都是建立在本案中的两性人不属于妇女这一基础之上的,如果说两性人也属于妇女,那结论可能就大不相同了。张某就应构成拐卖妇女罪的既遂;而李某则应以强奸罪的未遂与拐卖妇女罪的既遂实行数罪并罚。

综合分析这个案例,尽管从刑法理论和刑法规定看,最后也还是能得出一定的结论,但是,有些观点还是不免有点牵强,特别是在两性人问题上。科学地讲,这类人既可以说是男性也可以说是女性,在拐卖或收买的对象是具有一定女性成分的“非妇女”时,是否应认定为未遂? 我认为,起码在理论上还是值得探讨的。这个案件之所以会出现这么多的认定和处罚问题,关键就在于刑法条文本身规定得不完善,如果刑法中规定有拐卖人口罪以及收买被拐卖的人口罪等罪名,这个案件中的有些问题就不会产生,司法实践中的处理也就会容易得多。

如果被害人是妇女,行为人在收买该妇女之后强奸该妇女,最后又另起犯意,将该妇女出卖。在这个案例中,行为人的强奸行为发生在收买过程中,却没有发生在拐卖过程中。在这种情况下,我们对行为人是按照拐卖妇女罪一罪认定还是以强奸罪与拐卖妇女罪数罪并罚?(下讲台提问)

学生:应当定一罪。我们应该对这一系列行为进行整体考虑。《刑法》规定,收买妇女又出卖的,以拐卖妇女罪认定。如果我们将这一系列行为作为一个整体评价,而不是将先前的收买行为和后续的出卖行为割裂开来独立评价,那么发生在收买过程中的强奸行为,就应当视为行为人在拐卖妇女过程中强奸妇女。因而,对这一行为应当以一罪认定。

(回讲台)我认为,应当以强奸罪与拐卖妇女罪数罪并罚。以两罪的数罪并罚认定,可以体现出行为人拐卖妇女的故意是产生于强奸之后。因为,在拐卖过程中强奸与在收买过程中强奸,行为人的主观恶性是完全不同的。因为从行为人的角度讲,与自己花钱买来作妻子的妇女发生性行为是理所当然的。这与在拐卖过程中发生性行为的主观恶性是完全不同的。在拐卖过程中强奸妇女的,可以判处10年以上有期徒刑、无期徒刑或者死刑。而在收买过程中强奸妇女,完全可以将法定刑定为10年以下,因为这时候行为人的主观恶性相对较小。我们通过数罪并罚的方式,将所判处的刑罚进行灵活处理,使主观恶性相对较小的行为人得以判处相对较轻的刑罚。

总而言之,我国现行刑法中有关拐卖人口类犯罪的规定还存在一些问题,其中最主要的问题在于对拐卖对象的限制。这种情况,无论是从理论上还是从实践上看都有明显的欠缺之处,应当加以完善。我认为,刑法条文中完全应该重新规定拐卖人口罪和收买被拐卖的人口罪等罪名。为了体现对妇女、儿童利益的特殊保护,可以将拐卖妇女、儿童的行为作为拐卖人口罪的一种从重情节加以规定。这样既可以有力地打击任何拐卖人口的行为,也可以起到保护妇女和儿童利益的效果。

关于"收买被拐卖妇女、儿童罪",在《刑法修正案(九)》生效之前,刑法原来的规定是"收买被拐卖的妇女、儿童,按照被买妇女的意愿,不阻碍其返回原居住地的,对被买儿童没有虐待行为,不阻碍对其进行解救的,可以不追究刑事责任"。这个规定来源于2010年3月15日"两高"、公安部、司法部出台的《关于依法惩治拐卖妇女儿童犯罪的意见》:"收买被拐卖的妇女、儿童,被追诉前主动向公安机关报案或者向有关单位反映,愿意让被收买妇女返回原居住地,或者将被收买儿童送回其家庭,或者将被收买妇女、儿童交给公安、民政、妇联等机关组织,没有其他严重情节的,可以不追究刑事责任。"这一规定的刑事政策考量是,现实生活中收买被拐卖妇女、儿童的情况比较复杂,对那些符合条件且主观恶性极小的收买行为,不追究刑事责任,有利于减少营救被拐妇女、儿童的阻力,从而让更多的妇女、儿童得到保护。然而,《刑法修正案(九)》将原条款修改为:"收买被拐卖的妇女、儿童,对被买儿童没有虐待行为,不阻碍对其进行解救的,可以从轻处罚;按照被买妇女的意愿,不阻碍其返回原居住地的,可以从轻或者减轻处罚。"自此,收买被拐卖妇女、儿童者将被一律追究刑事责任,这无疑斩断了犯罪分子"悬崖勒马"之路。

我认为,这一立法修订与近年来人贩子猖獗、拐卖儿童问题引起民众广泛关注和极大愤恨有莫大关联,存在情绪性立法的色彩。在2015年6月《刑法修正案(九)》草案审议过程中,一篇《人贩子一律当判死刑》的帖子引爆了微信朋友圈等社交媒体,一时间"人贩子当一律处死"的观点受到了民众和舆论的热捧和推崇。诚然,帖子的内容因为没有正当性并没有被采纳,但是《刑法修正案(九)》规定对收买被拐卖的妇女、儿童一律追究刑事责任肯定或多或少地受到了部分民众情绪的干扰和影响。虽然修法的动机值得肯定,但这种情绪性的修法方式,是否能够更好地实现对妇女儿童的保护,我有所质疑。

首先,对收买被拐卖的妇女、儿童行为一律追究刑事责任,实际上使得其刑事立法目的在一定程度上偏离了保护法益的初衷。刑法规定拐卖妇女、儿童罪和收买被拐卖的妇女、儿童罪的目的是为了保护公民的人身自由权这一重要法益,而不能"留恋于"抚慰被拐卖儿童家人受伤之心灵中。我认为,刑事立法必须以实现对法益最大程度的保护为前提,而不能过多地迎合所谓的民意或被非理性的舆论所利用。

其次,对收买被拐卖的妇女、儿童行为一律追究刑事责任,不但可能收效甚微甚至可能适得其反。《刑法修正案(九)》规定对收买被拐卖的妇女、儿童行为一律追究刑事责任的初衷,无非是想通过切断收买被拐卖妇女、儿童者的"后路"的方式来威慑收买行为,从而达到从源头上预防此类犯罪的目的。这一想法固然美好,但实际上很可能并不能如愿,有时还反而可能出现不利于被拐卖妇女、儿童的后果。对于收买者来说,之所以选择实施收买被拐卖的妇女、儿童行为,或许是因为家庭贫困或生理缺陷导致其无法像一般人一样结婚生子，或许是因为对组成完整家庭的极度渴望促使其铤而走险。也就是说，收买者的目的是为了组成家庭，其对于将来很可能会发生的所收买的妇女、儿童被解救的情况是持否定态度的。而试图让一个非理性的收买者在行为时考虑该行为将来可能产生的不确定的法律后果似乎意义不大。而且《刑法修正案（九）》的规定在切断了收买者的"后路"的同时，更有可能导致的情况是：一旦案发，必将被追责的现实会让收买者在犯罪的道路上"义无反顾"、越走越远，实施一些极端行为。这反而会使妇女、儿童陷于更加不利的处境。

最后，对儿童、妇女区别对待的规定也值得商榷。《刑法修正案（九）》将刑法原第242条第6款规定中的"可以不追究刑事责任"修改为"可以从轻、减轻或者免除处罚"。并且规定仅适用于收买妇女的情况；如果收买的对象是儿童，即使收买人"对被买儿童没有虐待行为，不阻碍对其进行解救的"，充其量也只能是"可以从轻处罚"。从这我们可以看出，如此修法虽然体现了立法者对儿童权益的格外关注，也与强化儿童保护的舆论相一致。但是，就像我前面所说的，在拐卖、收买妇女儿童犯罪中，这样的规定往往会适得其反。

七、侮辱罪

所谓侮辱罪是指使用暴力或者其他方法，公然贬损他人人格，破坏他人名誉，情节严重的行为。关于侮辱罪的构成要件，我主要讲三个方面。

第一，侮辱罪侵害的客体与诽谤罪相同，所以我一并给大家介绍一下。从诽谤罪和侮辱罪所侵害的客体分析，我们不难看出，两罪所侵犯客体应该是他人的人格和名誉权利。这里的"他人"只包括自然人，而不包括单位，如果是对单位的名誉进行损毁的，则可能构成损害商业信誉罪。理论上和司法实践中有人认为，死人也能成为诽谤罪和侮辱罪的对象。比如，在著名导演"谢晋名誉侵权案"被法院受理后，有人就提出，谢晋也可以成为诽谤罪的对象，相关行为人也可以构成诽谤罪。但是，我认为，诽谤罪和侮辱罪的对象必须是活人而不应该包括死人。理由是，死者没有人格权，这是人所共知的。那么，死者是否有名誉权呢？我认为，从刑法角度看，死者的名誉权主要还是死者家属的名誉权，其本身并不能成为刑法保护的对象。也即死者的名誉权可以成为民事侵权行为的对象，但是，刑事中的诽谤罪和侮辱罪的对象则不能包括死人。同时，民事法律对死者名誉权的保护也主要是对死者家属名誉权的保护，即民事侵权行为中的侵权比较多的也就是对死者家属的名誉的侵犯。我之所以有如此观点，是因为刑法中诽谤罪和侮辱罪是放在侵犯公民人身权利罪中的，由于公民的其他人身权利和生命权利之间具有依附关系，即公民所有的其他人身权利都是以生命权利的存在为前提的，所以，人死了以后就不存在有所谓的人格权和名誉权，这正如人死了后没有健康权利或性权利一样。特别是刑法中的客体是指行为所直接指向的社会关系，因此，民事侵权中所谓的死者的"名誉权"（主要是死者家属的名誉权）就不能成为刑法所保护的客体。这是从立法角度的层面分析，我们可以得出的结论。另外，从司法实践角度分析,死者也不能成为诽谤罪和侮辱罪的对象。依我之见,如果这种情况都可能构成犯罪,类似的情况就可能太多了。以我们现实生活中的很多电视剧的剧情为例,时下,很多电视剧中存在皇帝嫖娼的剧情,那么,皇帝的后代是否就可以控告编剧构成诽谤罪?这显然是不可能的,事实上如果真的控告了,谁来举证?又如何举证?司法机关又如何来查明那位皇帝是否真的嫖娼了?这些都是不现实的且没有必要的。事实上,司法实践中也没有出现过这种控告,只有家属提出民事侵权的诉求,而从来没有刑事控告的。由此可见,侮辱罪、诽谤罪的对象必须是活人,而且必须是具体的个人。

第二,在客观方面,侮辱罪表现为实施了以暴力或者其他方法公然侮辱他人,情节严重的行为。所谓侮辱,一般包含两种情况。一是暴力侮辱,是指用外力对人身体进行强制的方法或者以这种方法作为后盾进行威胁对他人进行侮辱,比如说,强令被害人当众做令人难堪的动作;往被害人身上泼粪便,往嘴里塞污秽的东西等等。大家需要注意的是,这里的暴力侮辱显然既包括直接使用暴力对他人进行侮辱,也包括使用暴力相威胁对他人进行侮辱,但是,不能包括杀人、伤害等行为。二是其他方法的侮辱,是指用言词或文字等形式对他人进行侮辱。比如说,行为人当众进行不堪入耳的辱骂、嘲笑来侮辱被害人,以使被侮辱者当众出丑;或用包括文字、图画等书面形式进行侮辱,即通过书写、张贴、传阅有损他人名誉的大字报、小字报、漫画、标语等形式,让被害人出丑以损害他人的名誉权。

当然,构成侮辱罪的行为必须是公然进行的。所谓公然,是指采用不特定或者多数人可能知悉的方式对他人进行侮辱。也就是说,这种行为可以当着被害人的面进行,也可以背着被害人进行,但必须是在使第三者看到或听到的情况下公然实施的,因为,只有在旁人听到或看到的情况下所实施的侮辱行为才足以使他人的人格和名誉受到损害。

大家需要特别注意的是,按照刑法规定,构成侮辱罪应以"情节严重"为必要要件。所谓情节严重,一般是指侮辱手段恶劣,比如当众强行将粪便塞入他人口中;侮辱行为造成的后果严重,比如被害人不堪侮辱自杀的,因受侮辱导致精神失常的,多次实施侮辱行为的,侮辱行为给社会带来影响极坏的等等。侮辱情节一般,违反治安管理的规定并应当受到处罚的,可以按《治安管理处罚法》的规定处罚。

第三,侮辱罪的主观方面表现为故意并且有损害他人名誉的目的。由于过失而使他人的人格、名誉受到损害的,不构成本罪。理论上对于间接故意能否构成侮辱罪存在争议,我认为,间接故意不能构成本罪。理由是因为本罪行为人必须具有损害他人名誉的目的,即在刑法理论上本罪属于目的犯,而犯罪目的只存在于直接故意之中,间接故意中不存在犯罪目的。特别是从行为人实施侮辱行为的心理状态分析,间接故意不可能具有明确的贬低他人人格,破坏他人名誉的目的,因此,间接故意不可能构成本罪。当然,行为人实施侮辱行为的动机可能是多种多样的,比如说,有的是出于报仇泄愤,有的则是出于妒忌,但是行为人的不同动机并不影响本罪的成立,而只能作为量刑时考虑的情节。

八、诽谤罪

（一）诽谤罪的概念与构成要件

下面，我们来看一下诽谤罪。所谓诽谤罪是指故意捏造并散布虚构的事实，足以贬损他人人格，破坏他人名誉，情节严重的行为。前面大家已经对诽谤罪侵害的客体有所了解，接下来，我再给大家介绍一下诽谤罪的其他主要构成要件。

第一，在客观方面，诽谤罪表现为实施了捏造并散布某种虚构的事实，足以损害他人名誉，情节严重的行为。所谓捏造，是指无中生有，凭空制造虚假的事实。只是传播了确实存在的事实，或以讹传讹，确有其事但有出入的，就不构成本罪。捏造的虚假事实必须达到足以贬低被害人在社会上的价值，损害其人格和名誉的程度。另外，捏造还必须是具体的事实，如果行为人只是捏造的内容较为抽象且并非一件具体的事情，则可能构成侮辱罪而不构成本罪。所谓散布，是指用口头或文字方式扩散其所捏造的事实，使众人知道，只有捏造事实的行为，而未加散布，就不能以本罪处理。针对近年来多发的通过信息网络诽谤他人的事件，两高颁布的《关于办理利用信息网络实施诽谤等刑事案件适用法律若干问题的解释》指出，捏造损害他人名誉的事实，在信息网络上散布，或者组织、指使人员在信息网络上散布的或者将信息网络上涉及他人的原始信息内容篡改为损害他人名誉的事实，在信息网络上散布，或者组织、指使人员在信息网络上散布的，应当认定为"捏造事实诽谤他人"。构成诽谤罪，必须以情节严重为必要要件。所谓情节严重，一般是指手段、动机特别恶劣，引起被害人自杀或精神失常等其他严重后果的情况等等。

第二，诽谤罪主观方面表现为故意，并且具有损害他人人格和名誉的目的。也就是说，行为人明知散布捏造的事实会损害他人的人格和名誉而仍然加以散布，并希望他人的人格和名誉受到损害。过失或误信他人捏造的诽谤言论而加以传播，而本人并没有诽谤他人之意的，不构成本罪。我认为，与侮辱罪相同，间接故意也不能构成诽谤罪，因为构成本罪行为人必须具有损害他人人格和名誉的目的。行为人实施诽谤行为的动机是多种多样的，但动机的不同，不影响本罪的构成，而只能作为量刑时考虑的情节。

（二）诽谤罪和侮辱罪的联系

讲到诽谤罪和侮辱罪，我们要注意两者的共同点和各自的概念。从上述诽谤罪和侮辱罪的概念分析中，我们可以知道，这两个罪都要达到"情节严重"的程度才能定罪。这是诽谤罪和侮辱罪的第一个特征。同时我们也要注意，这两个罪都有一个特点，就是必须是公然实施的。这里的关键是我们怎么来理解"公然实施"这一点？比如说，有人在你背后说你的坏话，有没有可能构成侮辱罪、诽谤罪？（下讲台提问）

学生1："我认为，不可以构成，因为诽谤罪和侮辱罪都必须公然进行，行为人又没有当面说别人坏话，而是背后进行的。"

提问:"那么,按照你的意思,'公然'就是'当面'的意思?"

学生1:"对呀!背后怎么可以理解为是'公然'呢?"

学生2:"我也同意这位同学的观点,行为人不可能构成侮辱或者诽谤罪。"

(回讲台)大家要注意,诽谤罪与侮辱罪中的"公然"和"当面"并非是一个同义词,相反,两者具有不同的含义。"公然"进行并不必然等于"当面"进行,诽谤和侮辱者的行为可以当面进行,也可以背后进行,但必须是当众进行的。这是诽谤罪和侮辱罪的第二个特征。诽谤罪和侮辱罪的第三个特征是两罪行为人具有相同的目的,即都是以贬低他人人格、损害他人名誉为目的。这里所说的他人必须是具体的人,而不能是一般意义上的抽象的人。比如有人说华东政法大学的学生都是流氓,这不可能构成侮辱罪、诽谤罪的,因为华东政法大学的学生是一个集合的概念,而不是特定、具体的个人。在上海著名的"杨佳案"中,苏州有个人在网上大量散布谣言,说案件的起因是上海的警方打坏了杨佳的生殖器。他的行为导致了很多不知实情的人产生了误解,也在很大范围内误导了舆论,后来这人被警方抓起来了,但是,如何给其定罪产生了很大的困难。我认为,这个人的行为不能构成诽谤罪,因为他的行为不是专指特定的某个人,他说的是上海的警方,这是一个集合概念。当然,我认为,这个人的行为具有很大的社会危害性,确实需要通过法律加以规制,可惜现行刑法中没有规定相关的犯罪。从罪刑法定的要求出发,就不能追究这个人的刑事责任。由于时下这类行为较为普遍且影响很大,有时甚至会导致社会动乱,所以,我建议刑法应该专门设置一个"造谣惑众罪"来惩治这类行为。这类行为虽然不是针对特定的个人,但却对社会造成了不良影响,情节严重的就应当认定为犯罪。再比如说,在杭州的交通肇事案件中,法院判刑之后,有人就造谣说被告人有替身,但是,他也没有说具体是谁让别人作了被告人的替身,所以我们也不能认定他构成诽谤罪。

(三)诽谤罪和侮辱罪的区别

刚才讲的是诽谤罪和侮辱罪的共同点,接下来我们讲一讲两者的不同点,这些不同点很关键。不同点主要有三个。第一,手段不同。侮辱罪的手段中可以使用暴力,而诽谤罪的手段中则不能使用暴力。当然,构成侮辱罪,行为人并不一定要采取暴力的方式。第二,场所不同。侮辱一般都是当面进行,而诽谤则主要是背后实施。但是,无论是当面还是背后,都必须是当众进行。第三,侮辱和诽谤都可能有捏造,但诽谤罪必须是捏造具体的事实。比如说,甲说乙有偷东西的习惯,并且说乙的这种习惯是祖传的。我的问题是,甲的这个行为是属于侮辱还是诽谤?(下讲台提问)

学生1:"甲的行为属于诽谤,因为是无中生有。"

学生2:"我同意他的观点。"

那么,我再举个例子让大家分析,甲说他昨天看到乙偷了别人5 000元钱。当然,这里乙肯定是没偷的,如果是真偷的话,甲就算举报了。(全场笑)我的问题是本案中甲的这个行为属于侮辱还是诽谤?甲的这个行为与之前那个行为有没有区别?(下讲台提问)

学生 3："我觉得甲的前一个行为是侮辱，后一个行为是诽谤。"

提问："为什么？两个有什么区别？"

学生 3："第一个人捏造的是一般人一听就不会相信的事实，别人都知道这是在侮辱他。而第二个，他说的很像真的，别人会相信，所以是诽谤，不容易被揭穿。"

（回讲台）我认为，这个同学的结论是对的，但理由显然是"蒙"的。那我们怎么区分这两个行为呢？我认为，这两个行为尽管都有捏造行为，但是，行为人说某人有偷东西的习惯，并且这个习惯是祖传的，这种捏造并不是捏造具体的事件。相反，如果行为人说自己昨天看到某人偷了人家 5 000 元钱，这种行为捏造的则是具体的事实。这是两者最关键的区别点，大家一定要特别注意。也就是说侮辱和诽谤都可能有捏造，但诽谤罪必须是捏造具体的事实，而侮辱罪捏造的不能是具体的事实。马克思先生在这个问题上早有自己的见解，因为，马克思早年学过法律。他曾说过：说这个人有偷东西的习惯是侮辱，说这个人偷了别人一把勺子则是诽谤。马克思的这个说法显然是正确的，大家一定要搞清楚这一点区别。

另外，我们要注意诽谤罪和诬告陷害罪的区别，两罪的最主要的区别就是，同样都有捏造行为，但是诬告陷害罪捏造的内容必须是犯罪事实，而诽谤罪捏造的内容只要是具体的虚假的事实就行了，可以是犯罪事实也可以是一般事实。诽谤罪与诬告陷害罪的另外一个区别也是最主要的一个区别则是诽谤是公然散布捏造的事实，而诬告陷害罪则是捏造犯罪事实后向有关部门进行告发。

此外还需要大家注意的是诽谤罪和侮辱罪这两个罪都是告诉才处理的犯罪。如果被害人因受强制、威吓无法告诉的，人民检察院和被害人的近亲属也可以告诉。当然，根据《刑法》第 246 条第 2 款的规定，对于严重危害社会秩序和国家利益的诽谤、侮辱行为，则不属于告诉才处理的范围。《刑法修正案（九）》增加了一款，规定通过信息网络实施侮辱、诽谤行为，被害人向人民法院告诉，但提供证据确有困难的，人民法院可以要求公安机关提供协助。

九、暴力干涉婚姻自由罪

暴力干涉婚姻自由罪是指以暴力的方法干涉他人婚姻自由的行为。对于这个犯罪，我想简单讲以下几点。

第一，本罪是告诉才处理的犯罪。刑法中一共有 5 个告诉才处理的犯罪，也就是侮辱罪、诽谤罪、暴力干涉婚姻自由罪、虐待罪和侵占罪。应该注意的是，"告诉才处理"和"自诉"是两个不同的概念，在刑事诉讼中，告诉才处理的案件肯定是自诉案件，但是自诉案件并非仅仅只是告诉才处理的案件。

第二，应该如何理解这里的"婚姻自由"呢？婚姻自由应该既包括结婚自由，也包括离婚自由。那么包不包括恋爱自由呢？（下讲台提问）

学生 1："我认为，不包括的，因为婚姻不同于恋爱，这是人所共知的。"

提问："那么，如果没有恋爱又何来婚姻呢？"

学生 2:"实践中没有恋爱的婚姻也是有的呀!"(全场笑)

（回讲台）我认为,这里的婚姻自由应该包括恋爱自由。因为,刑法中讲的"婚姻"与婚姻法中讲的"婚姻"肯定是不一样的,我们的重点是对行为的一种惩治,而婚姻法则是对婚姻关系的一种保护。所以在婚姻法中,恋爱关系可能不能作为其保护的对象。但是,我认为,人在恋爱时,婚姻关系虽然没有形成,但是,这个行为显然是婚姻的一个组成部分。试想,如果在恋爱中就受到了别人的暴力干涉,后面怎么可能有婚姻呢?而且实际中绝大多数干涉婚姻自由的行为,都是发生在恋爱阶段的。如果狭义地认为,只有在"结婚阶段"进行暴力干涉,才可以构成暴力干涉婚姻自由罪,那么,这种犯罪可能就根本没有了。即行为人只能是在别人结婚登记的时候,用暴力阻止人家去登记,才会有犯罪的问题,在此之前可以随意干涉,可以这样理解吗?（全场笑）如果这样理解的话,这个罪就形同虚设了。

第三,本罪的主体要求。虽然本罪的主体是一般主体,但在实际中,绝大多数的犯罪主体都是家庭成员。

第四,对于暴力干涉婚姻自由罪的主观方面,要特别注意它的动机。应该说,在绝大多数情形下,本罪的动机本身并没有错,有些人是为了追求幸福,有些人则是为了别人的幸福,有些父母是为了孩子的未来考虑,门当户对,日子好过等等,从而进行暴力干涉。动机本身可能并没有错,但是无论出于什么动机,都不影响行为人构成犯罪。

第五,在行为手段上,本罪必须使用暴力。如果没有使用暴力就不能构成本罪。比如我用威胁的手段或其他方法,就都不能以本罪认定。

第六,夫妻之间能否构成本罪呢?我认为是可以的,比如一方要离婚,另一方不让离婚,要离婚的一方采取暴力进行干涉就有可能构成本罪。

第七,如果行为人实施暴力干涉行为故意致使被害人死亡或伤害的应该如何认定?我认为,这种情况应以故意杀人罪或故意伤害罪认定。

十、重婚罪和破坏军婚罪

重婚罪,是指有配偶又与他人结婚,或者明知他人有配偶而与之结婚的行为。关于重婚罪,我简要谈两个问题。

第一,重婚中的婚姻的含义是什么?婚姻分为法定婚姻和事实婚姻,前者是需要到民政局登记结婚的,后者则是必须符合"公开同居""以夫妻名义生活""人们也认为他们是夫妻"等条件。我们现在要讨论的是,重婚罪中的婚姻是否包括后者这种事实婚姻?有人提出,1994 年的《婚姻登记管理条例》第 24 条明确规定,"没有配偶的男女,未经登记就以夫妻名义同居生活的,其婚姻关系无效,不受法律保护"。有人就认为,我国已不再承认事实婚姻的效力。因此,事实婚姻中的夫妻一方就不能称之为这里的"配偶"。这也就意味着行为人如果先有事实婚姻而与他人结婚的或明知他人有事实婚姻而与之结婚的,都不构成本罪。

我不同意这种观点。对于有配偶的人在没有解除事实婚姻关系的状态下,与他人登记结婚或形成事实婚姻,或明知他人有配偶而与之登记结婚或形成事实婚姻的,可以构成本罪的观点,事实上早有定论,根本不属于争议的范围。2004 年 12 月 4 日最高人民法院《关于〈婚姻登记管理条例〉实行后发生的以夫妻名义非法同居的重婚案件是否以重婚罪定罪处罚——给四川省高级人民法院的批复》中明确指出,新的《婚姻登记管理条例》发布施行后,有配偶的人与他人以夫妻名义同居生活的,或者明知他人有配偶而与之以夫妻名义同居生活的,仍应按重婚罪处罚。

而现在争议的主要问题是,事实婚姻中夫妻一方与他人结婚的或者明知他人是事实婚姻而与之结婚的行为是否构成本罪?

我认为也是可以构成本罪的。理由是:《婚姻登记管理条例》中所作的规定与刑法中关于重婚的规定事实上并不矛盾。这个条例只是指明事实婚姻不受法律保护,法律不保护并不意味着行为人事实结婚的客观行为不存在,也就是说法律不予保护的婚姻关系并不能消灭客观存在的事实结婚行为。而事实婚姻是否受法律保护与事实婚姻是否构成重婚罪也不是同一个问题,刑法分析问题的角度与婚姻条例分析问题的角度是不一样的,婚姻条例主要是从婚姻关系是否受到保护出发的,而刑法则较多是从对行为的惩治出发的;重婚罪主要是为了对同时存在的两次以上的结婚行为进行惩罚。特别需要指出的是,实际上刑法的立场与婚姻法立场并没有矛盾之处,我们将事实婚姻中夫妻一方作为重婚罪的"配偶"来看待,并不是对这种事实婚姻关系的保护,相反却是通过对这种重婚行为的惩罚作出对这种事实婚姻关系的否定。就此而言,《婚姻登记管理条例》中的规定与司法实践中的通常做法是不相违背的,只不过是考虑问题的角度不同而已。另外,如果认为行为人先有事实婚姻而与他人结婚的或明知他人有事实婚姻而与之结婚都不构成本罪的话,司法实践中真正构成本罪的情况可能就不多了,因为日常生活中大量存在的重婚情况都没有法律登记的行为,如果认为这些行为都不能构成重婚罪,显然就与刑法设立重婚罪的立法原意相违背了。这个问题的关键就在于要明确刑法和民法的思维角度是不一样的。

第二,大家判断一下,"构成重婚罪,必须以明知为前提"这句话是对的还是错的?(下讲台提问)

学生 1:"对的。构成重婚的人必须要以明知为前提。"

学生 2:"我也认为是对的。要构成本罪,就要明知对方有配偶。"

提问:"那么,如果有配偶的一方不知道对方有配偶而又与之结婚是否构成重婚呢?"

学生 3:"我认为构成的,因为他对自己有配偶是明知的呀!"

(回讲台)我认为,这句话是不对的。大家思考问题的时候一定要把各种情况考虑周全。这个问题的焦点涉及有配偶一方构成重婚罪要不要以"明知"为前提的问题。有人认为有配偶的一方不以明知为前提,也有人认为有配偶的一方必须以明知为前提。我认为,分则中的明知一般都是指对对象的明知,而不是对自己状况的明知。实际上,在重婚罪中,行为人对自己婚姻状态的明知不明知是没有必要讨论的,对自己的婚姻状态不存在不明知的问题。行为人有配偶,且当然知道这种状态的存在,然后再和他人结婚,无论是否知道对方有无配偶,行为人均构成重婚罪。大家要注意的是,对于行为人重婚所导致的危害结果的明知是故意犯罪中的明知,而刑法分则中某一个具体罪中的明知,一般都是指对对象的明知。在重婚罪这个概念里,应该很清楚地看到,重婚有两种情况:一种是有配偶又与他人结婚。甲有配偶,甲再与他人结婚,不管甲知道不知道对方有没有配偶,甲都是构成重婚的,因为甲是有配偶的。另外一种是明知他人有配偶而与其结婚。甲没有配偶,甲与他人结婚,也有可能构成重婚,这里的重婚就是指甲明知对方有配偶而与其结婚。尽管婚姻对甲来说只有一次,也同样构成重婚罪。即构成重婚罪行为人并不一定具有两次以上的婚姻,甲没有配偶,甲明知乙有配偶而与乙结婚,甲也是构成重婚罪的。这是重婚罪中我们需要特别注意的一个问题。此外,司法实践中并不是所有的重婚均构成重婚罪的。重婚还分一些具体的情况,有时候在特定的环境里,为了生存,没有办法,只能与他人结婚,这种情况下的重婚我们只需要民事解除就可以了。

下面,我们来看破坏军婚罪。根据我国《刑法》第 259 条的规定:"明知是现役军人的配偶而与之同居或者结婚的,处 3 年以下有期徒刑或者拘役。"从这一规定可以看出,所谓破坏军婚罪,是指明知是现役军人的配偶而与之同居或者结婚的行为。而本罪的客观行为方式则包括同居和结婚两种。我前面曾讲过,重婚罪的客观行为方式只包括结婚一种。由此可见,破坏军婚罪实际上要比重婚罪多一种同居的行为方式。此外,按照最高人民法院 1984 年 7 月 18 日《印发〈关于破坏军人婚姻罪的四个案例〉的通知》,与现役军人的配偶长期通奸,破坏现役军人的婚姻,造成现役军人夫妻关系破裂的严重后果的,也应当适用破坏军婚罪的规定予以处罚。这里大家要注意,"同居"与"通奸"的含义并不相同。理论上一般认为,同居是以两性关系为基础,同时还有经济上和其他生活方面的特殊关系。而通奸是指男女双方或其中一方有配偶的人暗中发生不正当性关系的行为。通奸一般仅限于性行为,而不包括有经济上和其他生活方面的特殊关系;而同居则不仅存在性关系而且还具有经济、生活方面的特殊关系。简单来说,通奸不一定是同居,但同居肯定是通奸。因此,按照刑法与这一司法解释的相关规定,破坏军婚罪客观上的破坏行为实际上包含了同居、结婚和长期通奸等情形,这体现了刑法对现役军人婚姻关系的重点保护。当然,这个司法解释是在 1997 年新刑法生效以前颁布施行的,在当时实际上具有类推的性质。在新刑法生效之后,这个司法解释是不是还有效力,也值得我们研究。那么,大家想一想,刑法为什么要重点保护现役军人的婚姻关系呢?这是因为,军人担负着保卫国家安全和祖国建设事业的重任,军人婚姻关系的稳定非常重要。破坏现役军人的婚姻关系会直接影响到军人的战斗意志并由此而减弱我们军队的战斗力。我们很难想象一个现役军人的婚姻关系被破坏得一塌糊涂,但他的战斗意志却还不受影响,还能拼命地为国打仗,这是不可能的。当然,除非他是化悲痛为力量了。(全场笑)在学习破坏军婚罪的相关内容时,希望大家注意几个关键点。

首先,破坏军婚罪中的"现役军人"包不包括公安、武警和消防战士?应该看到,判断一个人是否是"现役军人",关键就在于看他有没有军籍。在我国,武警和消防战士都有军籍，而公安战士没有军籍。因此，破坏军婚罪中的"现役军人"包括武警和消防战士，但却不包括公安战士。那么，"现役军人"包不包括退伍军人和在我们学校学习的国防生？（全场笑）根据前面所说的判断标准，由于退伍军人和我们学校的国防生都没有军籍，因而也都不属于"现役军人"。

其次，"现役军人的配偶"包括现役军人的丈夫吗？应当说，在 1963 年之前是不包括的，但现在是包括的。1963 年之前明确规定"现役军人的配偶"仅指现役军人的妻子，而不包括现役军人的丈夫，这就意味着我国刑法对现役女军人的婚姻关系并不予以特殊保护。这么规定就好像我国的女军人根本不具有战斗力似的，（全场笑）但实际上我国的女军人也是有战斗力的。在很早之前我们就有"杨门女将"，她们的战斗力是非常强的，甚至远远超过了当时的男军人，"巾帼不让须眉"这句话也是具有一定道理的。（全场笑）那么，"现役军人的配偶"包不包括与现役军人仅有"婚约"的"未婚妻""未婚夫"或者现役军人的恋人？应当说，在 1963 年之前是包括的，但现在不包括了。在 1963 年之前，只要现役军人处于谈恋爱或者有婚约的状态，你就不能随便介入，否则就属于破坏军婚行为。这其实就剥夺了现役军人恋人的全部婚姻自由，显然是不正确的。根据我国现行刑法的规定，"未婚妻""未婚夫"以及恋人都不属于"现役军人的配偶"，这一点希望大家注意。

最后，在认定破坏军婚罪时，还有一些疑难问题需要大家注意。举个例子，我是现役军人的配偶，（全场笑）同时我也是现役军人，我与另外一个现役军人的配偶结婚，但是这个人不是现役军人。在这种情况下，我应该构成什么罪？我提供三个答案供你们选择：第一个是破坏军婚罪；第二个是重婚罪；第三个是破坏军婚罪与重婚罪数罪并罚。破坏军婚罪与重婚罪数罪并罚对吗？（下讲台提问）

学生 1："不对。"

提问："为什么不对？这么严重的行为还不用数罪并罚？"

学生 1："因为你只有一个行为。"（全场笑）

提问："你的讲法是对的，我在总论罪数形态部分曾经讲过，一个行为是不可能构成数罪的，否则就会导致对同一行为的重复评价。那么，现在已经排除了数罪并罚的选项，我到底是构成破坏军婚罪还是构成重婚罪呢？"

学生 2："破坏军婚罪。"

提问："为什么不构成重婚罪？"

学生 2："因为破坏军婚罪就是从重婚罪中分立出来的一个罪名，从竞合的角度来看，破坏军婚罪是特殊法条，重婚罪是普通法条，两者是法条竞合的关系。根据法条竞合特殊法条优于普通法条的处理原则，我们应该以特殊法条也就是以破坏军婚罪认定。"

（回讲台）这里涉及的其实就是一般婚姻关系与军人婚姻关系之间的关系。正如刚刚那位同学所说的，破坏军婚罪是一个特殊法条。不管与现役军人的配偶结婚的人是不是现役军人，也不管与现役军人的配偶结婚的人是不是现役军人的配偶，只要行为人明知对方是现役军人的配偶，就应该构成破坏军婚罪。我们不能因为与现役军人的配偶结婚的人是现役军人或者是现役军人的配偶，就否定他是与现役军人的配偶结婚的人。此外，现役军人的配偶既可以是现役军人，也可以不是现役军人，不能因为现役军人的配偶是现役军人，就否认他是现役军人的配偶身份。由此可见，前面所举的例子中，我构成破坏军婚罪是没有问题的。但现在问题的关键在于我明知对方是现役军人的配偶，我与她结婚，那这个现役军人的配偶应该构成什么罪呢？我刚刚讲的情形是四个人中有三个人是军人，我与一个不是现役军人的人结婚，我应当构成破坏军婚罪。但应该注意到，在这种情况中，我其实也是现役军人的配偶，因而与我结婚的那个不是现役军人的人也应该构成破坏军婚罪，这是没有争议的。但如果我不是现役军人的配偶，我明知你是现役军人的配偶，我与你结婚，我构成破坏军婚罪没有问题，但在这种情形下，你构成犯罪吗？如果构成，应该构成什么罪呢？这个问题存在比较大的争议。我认为，你作为现役军人的配偶，你与我结婚，实际上你破坏的同样也是现役军人的婚姻关系。因此，从道理上来说，你也应该构成破坏军婚罪。当然，在对你进行惩罚的时候，还是应该征询现役军人的意见，因为保护的毕竟是现役军人的婚姻关系，如果完全违背现役军人的意愿对你进行惩罚，现役军人可能会很痛苦，这同样也会影响军队的战斗力。（全场笑）而且即使是从共犯对合性的角度分析，我构成破坏军婚罪，现役军人的配偶也就应该构成破坏军婚罪，而不应该构成重婚罪。

有关破坏军婚罪的内容我就给大家介绍到这里。

十一、虐待罪和遗弃罪

接下来，我们来看虐待罪。虐待罪是指对共同生活的家庭成员，经常以打骂、冻饿、禁闭、强迫过度劳动、有病不给治疗、限制自由、凌辱人格等手段，从肉体上、精神上进行摧残、折磨，情节恶劣的行为。本罪也属于告诉才处理的犯罪，但《刑法修正案（九）》增加规定，被害人没有能力告诉，或者因受到强制、威吓无法告诉的除外。其中，有这么几点需要大家注意。

首先，虐待罪的主体一般是共同生活的家庭成员，因为他们之间存在相互抚养、帮助的义务。你们寝室的室友之间互相虐待不能构成虐待罪，（全场笑）办公室的同事之间互相虐待也同样不存在虐待罪的问题。当然，非共同生活的家庭成员可以成为虐待罪的共犯。我国就曾经发生过非共同生活的家庭成员帮助他人实施虐待行为的案件，残疾的丈夫虐待妻子，并雇用了一个帮手协助他共同虐待妻子。在这种情形下，对这个帮手就应该以虐待罪的共犯认定。

那么，除此之外，是不是非共同生活的家庭成员就不能成立虐待罪了呢？《刑法修正案（九）》在原来的第260条中又增设了一条，规定了"虐待被监护、看护人罪"，这就使得虐待行为的主体不仅限于共同生活的家庭成员，"对未成年人、老年人、患病的人、残疾人负有监护、看护职责的人"，也成为本罪的主体；另外，第260条之一第2款新增了单位犯罪的规定，将单位也纳入了本罪主体中，以有效防止和惩处发生于幼儿园、学校、养老院、医院等单位内的虐待现象。需要注意的是，符合该罪主体，并且实施虐待行为,情节恶劣的,构成虐待被监护人、看护人罪,处 3 年以下有期徒刑或者拘役,相对于一般的虐待罪处 2 年以下有期徒刑、拘役或者管制,其量刑更重。

其次,虐待罪与故意伤害罪、故意杀人罪的区别。应该看到,根据《刑法》第 260 条第 2 款的规定:"虐待他人,致使被害人重伤、死亡的,处 2 年以上 7 年以下有期徒刑。"这里需要特别注意的是,因虐待致人重伤、死亡的案件并不属于告诉才处理的案件。那么,符合这一款规定的虐待致人重伤、死亡的情形与故意伤害、故意杀害被害人的情形应当如何区分呢? 应当说,如果行为人是在虐待过程中直接伤害被害人或者杀害被害人的,就不能以虐待致人重伤、死亡的情形来看待。虐待罪中致使被害人重伤、死亡的情形,主要指的是行为人实施的虐待行为导致被害人因疾病或其他一些意外情况而重伤或死亡,以及因被害人的自残或自杀行为而导致重伤或死亡,但绝不包括行为人在虐待过程中直接使用暴力伤害或者杀害被害人的情况。虽然虐待罪的行为方式可以是作为,也可以是不作为,但虐待行为必须具有经常性、一贯性的特点,这是虐待罪最重要的特点之一。也就是说,虐待其实是一种长期的状态,这种状态带动了行为人虐待行为的持续,因而虐待罪属于我们通常所称的刑法中的持续犯或继续犯。而故意伤害罪、故意杀人罪则往往都是一次性偶尔发生的,通常不可能发生经常、持续的故意伤害或故意杀人。这也就是虐待罪与故意伤害罪、故意杀人罪的本质区别。如果行为人在一次行为中,实施明显超出平时虐待强度的伤害或杀人行为,并致使被害人重伤、死亡的,则应以故意伤害罪或故意杀人罪定罪处罚。

最后,虐待罪的构成以"情节恶劣"为必要要件。情节是否恶劣,要从虐待的手段、持续的时间、对象、社会影响、行为人的动机等方面进行综合评价。一般认为,本罪中的"情节恶劣"主要包括虐待手段残忍的,动机卑劣的,对被害人长期进行虐待的,先后虐待多人的,对年老、年幼、患重病或残废而不能独立生活的人实施虐待的,引起被害人伤害等严重后果的等。对于日常生活中对家庭成员的一般的虐待行为不能以犯罪论处。

下面,我们来看遗弃罪。遗弃罪,是指负有法定扶养义务的人,对年老、年幼、患病或其他没有独立生活能力的家庭成员,拒绝履行扶养义务,情节恶劣的行为。与重婚罪、破坏军婚罪和虐待罪相同,遗弃罪也是持续犯,只要被遗弃的这种状态存在,行为人的遗弃行为就一直延续。也就是说,我们不能将遗弃的行为理解为一次性的行为,它在客观方面确实可能表现为行为人将一个人放在某一个地方,但是遗弃罪的本质是我应该养而不养。就遗弃罪来说,大家需要重点掌握以下几点。

首先,行为人一定要有某种特定的义务,没有义务的人是不可能构成遗弃罪的。比如,在大街上乞讨的乞丐要吃饭,而我不给他饭吃,由于我对他没有义务,所以我不构成遗弃罪。需要指出的是,这种特定的义务既有可能是法律规定的,也有可能是由一些特定的法律事件所引起的义务。比如,你收养了一个小孩,那么你对这个小孩就具有抚养的义务。应该看到,根据我国婚姻法的相关规定,家庭成员间的扶养义务主要包括这么几个方面:第一,夫妻之间有相互扶养的义务;第二,父母对子女有抚养教育的义务;第三,子女对父母有赡养扶助的义务;第四,养父母与养子女、继父母与继子女之间有相互扶养的义务;第五,有负担能力的祖父母、外祖父母对父母已经死亡或丧失扶养能力的未成年的孙子女、外孙子女有抚养义务;第六,有负担能力的孙子女、外孙子女对子女已经死亡或者丧失赡养能力的祖父母、外祖父母有赡养义务;第七,有负担能力的兄姐对父母已经死亡或者父母无力扶养的未成年弟妹有抚养的义务。负有法定义务的人,对年老病幼或其他没有独立生活能力的家庭成员,拒绝履行扶养义务的行为,必然会侵害婚姻法中所规定的家庭成员具有的权利。

其次,行为人仅有义务而没有能力也不能构成遗弃罪。我有义务抚养我的女儿,但由于我本身严重残疾,自己也需要别人养,因而我没有能力抚养她,最后女儿被遗弃了。在这种情况下,我也不应该构成遗弃罪,因为我确实没有抚养女儿的能力。这其实就是我们通常所说的"法律不强人所难"法律格言的具体体现。

再次,遗弃罪在客观上往往表现为抛弃的行为,比如,我们有时候会将小孩抛弃在某一个地方,这种行为到底是作为还是不作为? 也就是说遗弃罪的行为方式到底是什么? 我提供三个答案供大家选择:第一,作为;第二,不作为;第三,既可以是作为也可以是不作为。(下讲台提问)

学生:"既可以作为,也可以不作为。"

提问:"为什么?"

学生:"因为他有抚养小孩的法定义务,而不作为是针对他应当履行而不履行这个抚养义务而言的,而在有的情况下,他们把小孩抛弃,这就是作为。"

(回讲台)这位同学的理解是不正确的,因为刑法规定的是遗弃罪,而不是扔小孩罪。(全场笑)遗弃罪的行为方式主要应该从他应该养而不养的角度来看。行为人应该履行抚养的义务而不履行,显然就是不作为。而且,由于遗弃罪只能以不作为的形式出现,因而我们通常将遗弃罪的这种不作为称之为纯正的不作为。但要注意的是,在判断一个行为是否属于不作为形式的遗弃行为时,还要看具体的情况而定。比如,现在的弃婴行为主要有这么几种情况。一种情况是将小孩扔到人迹罕至的深山老林里喂老虎或者直接扔到窗外摔死。上海就曾经发生过好几起类似的案件,有的小孩一生下来就是严重残疾的,很难养活,因而好多人就将小孩直接从窗口扔出去摔死或者扔到粪坑里淹死。在这种情况下,行为人将小孩看成了一个物品,由于行为人已经达到了法律规定的刑事责任年龄,因而他们将小孩扔出窗外或者扔到粪坑里的行为显然应该以作为形式的故意杀人罪认定。而另一种情况是将小孩扔到一个别人容易注意到的地方,让别人能够收养这个小孩。在这种情况下,行为人就属于应当履行抚养小孩的义务而不履行,应该构成遗弃罪。应当看到,在这两种弃婴行为中,一种情况是扔出窗外或者扔到粪坑、人迹罕至的深山老林里,另一种情况是放在一个别人容易注意到的地方。虽然这两种情况同样都包含了抛弃的动作,但问题的关键就在于前一种情况主要应从剥夺他人生命的角度分析,其行为方式是作为,而后一种情况则主要应从应该履行抚养的义务而不履行的角度分析,其行为方式是不作为。具体来说,你将小孩扔出窗外或者扔到深山老林、粪坑里,你扔的行为实质上指向的是小孩的生命权利,由于法律禁止你剥夺他人的生命,因而在这种情形下,你扔小孩的行为就是作为。而你将小孩放在一个别人容易注意到的地方,如车站、码头、医院、商店、孤儿院、养老院、别人家门口以及公共街道等地方,希望人家发现后小孩能及时得到救援,这个行为虽然也是一个抛弃的行为,但由于这一行为实际上指向的是对小孩抚养义务的履行,所以抛弃小孩的行为就是不作为。由此可见,相同行为但不同内容的情况在作为与不作为这一点上有可能是不一样的。这也正是司法实践中在处理弃婴行为时,有时候对行为人按照故意杀人罪认定,有时候按照遗弃罪认定的原因所在。

最后,"情节恶劣"是构成本罪的要件之一,也就是说,行为人的行为必须达到情节恶劣的程度才能构成本罪。对于情节轻微、危害不大的一般遗弃行为,不能以犯罪论处。所谓情节恶劣,主要是指犯罪动机十分卑劣、犯罪手段极其恶劣、在遗弃中又兼有虐待等行为、因遗弃致使被害人生活无着落而流离失所、由于遗弃而引起被害人受伤、死亡或者自杀等。

好,关于侵犯公民人身权利、民主权利罪的内容我就给大家介绍到这里了。谢谢大家!

第十三讲
侵犯财产罪（一）

从这一讲开始，我们就要开始学习侵犯财产罪了。侵犯财产罪中的罪名并不多，但是所有的罪都是常见的犯罪，都非常重要，因此，我将分三讲给大家详细讲述。

一、侵犯财产罪概述

俗话说"人为财死，鸟为食亡"，从古至今，几乎所有的犯罪都是围绕着财产实施的。关于侵犯财产罪，有几点希望大家注意。

第一点需要大家注意的，就是侵犯财产罪中的财产和我们一般意义上所讲的财物有没有区别？侵犯财产罪中的财产和财物又有没有区别？应当注意，这里所谓的财产和财物并没有很大的区别，只不过是在不同的内容中作一些区分而已。换句话说，在类罪名中通常讲财产，这可能更多的是从同类客体角度加以考虑的，因为，只有"财产关系"而不会有"财物关系"的提法。而在具体罪名中通常讲财物，这可能更多的是从具体对象角度加以考虑的，比如盗窃罪中的"以非法占有为目的，秘密窃取数额较大的公私财物"，这个具体罪名中用的就是财物。由此可见，这里的财产和财物并没有本质区别。立法的时候并没有刻意地要将财产和财物作一个很明显的区分，因此也没有必要想方设法将它们予以区分。这一点是需要大家注意的。

第二点需要大家注意的，就是财产或者财物本身的几个问题。

首先，是动产与不动产的问题。动产一般包括在这里所讲的财产或财物的范围内，但不动产包不包括在这里所讲的财产或财物的范围内呢？比如说，甲抢乙的钱，钱是财产，这是没有问题的，那么甲抢乙的房子行不行呢？甲能不能盗窃乙的房子？能不能诈骗乙的房子？到目前为止，绝大多数人还是认为不动产在大多数的情况下是不能成为财产犯罪的对象的。因为不动产毕竟都有一种登记制度，要对不动产实施犯罪是有一定难度的，所以绝大多数情况我们都是按照民事纠纷来处理的。但在实际生活中有没有可能存在前面说的情况呢？比如说行为人用暴力将房屋主人赶出去，强占他的房屋进行居住，这种情况能不能按照抢劫罪来认定？这都是值得讨论的。我认为，在道理上是可以以抢劫罪认定的,但在认定这种情形时还是要谨慎一点。

　　其次,是有形财产与无形财产的问题。现在大量的财产都是有形的,有形财产都是包括在这里财产或财物的范围内的,这也是没有问题的。但无形财产是不是也包括在内呢? 比如说煤气、电力等无形物是否包括在内呢? 煤气还有点味道,电力连味道都没有。以前有人专门偷水,他采用什么方法呢? 水表上面专门有一个红的指针在转动,他就将这个转动中的红的指针上面的一块小玻璃敲碎,然后在里边放一个小蟑螂,也就是我们通常所说的"四害"之一的蟑螂,这个小蟑螂看到动的东西,它也就会拼命地乱串,从而它就会把这个红的转动的指针给卡住。(全场笑)指针不动了表也就不走了,这时行为人就可以随意使用自来水了。这个行为就属于盗窃。此外,偷电行为现在也已经明确属于盗窃行为了。类似偷用人家网线之类的情况,现在都还在研究中。从道理上讲,这些情况都属于盗窃,这里问题的关键在于网络信息本身能不能作为财物来对待? 这就是一个值得探讨的问题了。当然,相关司法解释规定这类行为属于盗窃。

　　以前有一个寓言故事,也就是我们小时候经常听的阿凡提的故事。我小时候就经常听到这个故事,故事的内容是这样的:有一个马夫,一天他赶着马车到了一个村口,准备吃午饭,他只带着冷饭团,实在是难以下咽,这时,他看到村口一个巷子里飘出来一股羊肉的香味。走近后,他发现店老板在蒸羊肉时都会有热气飘出来,他就跟店老板讲,我没钱吃羊肉,你能不能将我的冷饭团挂在这个蒸笼上面,让这个羊肉的蒸汽将它弄热。他心里想,我吃不到羊肉,但是我吃这个带有羊肉味道的饭团,也蛮好的。(全场笑)店老板就跟他说可以,于是他就将冷饭团放在蒸笼上面。过了一会儿,他就开始美美地吃他的"羊肉味饭团"了。(全场笑)当他吃完准备走的时候,店老板不让他走了,他认为马夫吃了他的羊肉味,就应该付出一定的代价。马夫则认为羊肉味又没有价值,凭什么要我付钱。这时阿凡提就过来了,阿凡提说,吃人家的羊肉,喝人家的羊汤都要付钱,闻人家的羊肉味也应该付钱。于是,他就抓起马夫手里的钱袋,拼命地在店老板面前搓,一边搓一边说,你闻闻,闻够了没有。直到店老板讨饶说,够了够了,阿凡提才放手。阿凡提的意思是,羊肉味应该由"钱味"来支付。实际上,这个故事蕴含了一个很有探讨价值的法律问题,也就是味道能不能作为财产来看待? 我认为,类似这种气味之类的无形物不是财物。你呼吸空气是绝对没有关系的,如果我到要收门票的景点内猛吸景点里的空气,能构成盗窃空气罪吗? 显然是不能的。我们所讲的无形物,一定是能够进行管理,实际上也在进行管理的,这种才能算作财物。

　　再次,财物是否一定是有价值的物? 本身没有价值的物能否作为财物来看待? 我认为,有些没有价值的物也是可以作为财物来对待的。那么,财物是否包括人的身体、器官呢? 我认为,人的身体、器官本身是不能成为财产犯罪的对象的。行为人偷人家一个胃,偷人家一个肾脏,实际中可以按照故意伤害罪加以认定,而不能按照侵犯财产罪加以认定。财物又是否包括无主物呢? 行为人偷人家的宠物,可以构成盗窃罪,这是没有问题的。现在关键是如果偷死人的东西,比如偷死人的骨头,能否构成盗窃罪,这个则是争议比较大的问题。因为死人本身能不能作为财物来对待,也存在很大的争议。当然,类似这种情况,在实际生活中通常是不按照犯罪来认定的。

最后,是侵犯财产罪中的财物能不能包括债权和债务的问题。我认为,债务肯定包括在内。比如说,甲借了乙的钱,写了一张借条给乙,然后甲使用暴力的手段,将这个借条抢过来,甲就应该构成抢劫罪,我认为这是没有问题的。但是,如果甲现在使用暴力的手段让乙写一张借条给甲,表明乙实际中借过甲的钱,这种情况能以抢劫罪认定吗?这两种情况有区别吗?通过一定的手段来设定一个债权,能不能作为侵犯财产罪来认定?这种情况很复杂。比如说,原来有一个业务是甲办的,乙现在将合同抢过来,从而由乙来办这个业务。类似这种情况应该怎么处理呢?我认为,这种行为应当构成侵犯财产罪,但在处理时也要特别慎重。消灭债务,我认为是可以构成侵犯财产罪的,但是设定债权,我认为是不可以构成侵犯财产罪的。道理很简单,消灭债务,这个消灭行为的存在,导致了财产占有的状态的出现。比如说,甲将原来写给乙的借条抢走,就意味着甲实际不欠乙的钱了。那么,不欠乙的钱,就意味着甲应该给乙的钱不要给乙了,从而甲也就占有这笔钱了,这时占有他人财产的状态也就出现了。而设定债权,与消灭债务最大的区别就是这种债权的设定并不能直接导致占有财产的状态出现。这里只是一种权利的设定,但实际上行为人并没有对财物进行占有,或者说实际上行为人并没有获取财物,他只是获得了有可能获得财物的权利,而且这种权利最终能不能实现也还不确定。这种情况就等于说,甲要了乙一个承诺,乙说现在没钱,以后再给甲。你们说甲在这个时候就已经构成抢劫既遂了吗?这是绝对不行的,这种情形能不能以抢劫认定都成问题。在这种情形中,甲抢到的只是一个承诺,这种承诺能不能最终兑现还不知道。而且,在这种情形中,甲只有通过别人交付的行为才能获得财物。而在消灭债务的情况中,只要消灭了债务,行为人实际上就占有了他人的财物,因为,主动权是掌握在他手里的,换句话说,在这种情况中,行为人是主动方。而在设定债权的情况中,行为人是不是能够占有这个财物,关键是看被害人本身交付不交付,在这种情况中,行为人是被动方,被害人是主动方。被害人不交付,行为人就不能占有,被害人交付了,行为人才能占有。所以,这两种情形中的主动方是不一样的,从而是要有所区别的。

第三点需要大家注意的,就是侵犯财产罪中的所有权,与民法里所讲的所有权不完全一样,刑法中所有侵害财产权中的侵害,与民法中的侵害都是不一样的。刑法中侵害财产权的侵害不可能发生实质意义上的财产的真正转移。所以,不能简单地用民法里的侵害来理解刑法里的侵害,两者是不一样的。

二、抢劫罪

(一)抢劫罪的概念与构成要件

下面,我们来看侵犯财产罪中的抢劫罪。首先,我们讲一下抢劫罪的基本概念。抢劫罪,是指以非法占有为目的,通过暴力、胁迫或者其他方法,劫取公私财物的行为。在抢劫罪中,我们有几个问题要专门跟大家讨论。首先,抢劫罪侵犯的是复杂客体。

但是大家要注意,复杂客体中还分为主要客体和次要客体。抢劫罪侵犯的主要客体是财产权利,因为刑法将它归在侵犯财产罪里,所以它侵犯的主要客体就是财产权利。绑架罪也是复杂客体,因为刑法将它归在侵犯人身权利罪里,所以绑架罪侵害的主要客体是人身权利。由于抢劫罪和绑架罪的主要客体不一样,所以抢劫罪和绑架罪的犯罪形态的认定也是不一样的。由于抢劫罪侵犯的主要客体是财产权利,所以对大多数抢劫行为而言,财产是否到手是认定犯罪形态的主要标准。而绑架罪就不一样了,行为人只要对他人实施了绑架,一般情况下,行为人只要提出了勒索的要求就达到既遂,而并非是以财产是否到手作为既遂标志的。

另外,在抢劫罪中,大家还要注意抢劫罪的手段。抢劫罪的手段是暴力、胁迫或者其他方法。这里我们需要重点研究的问题是,刑法中同样的用语所含的内容可能是不一样的。我这里要说的是,抢劫罪与强奸罪的手段都有暴力、胁迫或者其他方法等手段,也即我以前讲过"三不":暴力是利用被害人不能反抗的状态;胁迫是利用被害人不敢反抗的状态;其他方法是利用被害人不知反抗(包括部分不能反抗)的状态。但是,这些用语所表达的含义还是有很大的区别的。

下面,我们就讲一讲抢劫罪的手段。首先是"暴力"。我们通常所讲的暴力就是外力对人身体的强制,也即行为人利用一些工具或者强制力,对他人身体进行强制。大家要注意的是,强奸罪中有暴力,抢劫罪中也有暴力,同样都是暴力,暴力的内容有区别吗?(下讲台提问)

学生1:"没有区别,因为在相同法律中的相同用语,其语义理应相同。"

提问:"没有区别我怎么会问呢?"(全场笑)

学生2:"有区别的。"

提问:"继续讲,区别在哪里?"

学生2:"抢劫罪中的暴力程度应该比强奸罪中的暴力程度更深一些,因为在绝大多数情况下,如果不使用暴力就无法抢劫成功,但在强奸罪中则不一样。"

提问:"你的意思是说在绝大多数情况下,如果不使用暴力就不能抢劫成功,但如果不使用暴力则都能强奸成功?"

学生2:"对的。"

提问:"那依照你的说法,在强奸罪中就无需规定暴力的手段,只要规定胁迫以及其他手段就可以了?"

学生2:"这个问题我还没有想清楚。"

(回讲台)大家要注意,虽然同样是暴力,但抢劫的暴力和强奸的暴力的含义是不一样的。抢劫的暴力是包含故意杀人在内的,而强奸的暴力是不包含故意杀人的,最起码不包括直接故意杀人。比如说,为了劫财而使用杀人的手段,行为人构成抢劫罪。但是,为了奸淫妇女,行为人先把妇女杀掉,再奸尸,行为人构成故意杀人罪,而并非构成强奸罪。我的问题是,为什么会有这种区别的呢?(下讲台提问)

学生1:"我不清楚,怎么会有这种区别的。"

学生2:"我想可能是故意杀人罪比强奸罪处罚重吧。"

（回讲台）我认为，之所以会有这种区别，主要还得从客体角度加以分析。正如前面我说的，抢劫罪侵害的主要客体是财物，强奸罪所侵害的主要客体是妇女性的权利。这两种权利与人的生命权利的关系是不一样的。性的权利是人身权利中的一种，它依附于生命的权利，就像健康的权利依附于生命的权利一样。甲把乙杀了，再把乙的手砍下来，后面砍乙手的行为绝对不构成故意伤害罪。因为甲把乙杀了，乙的生命权利就不存在了，乙的健康权利也就随之消失了，健康权利是依附于生命权利的。与之相同的是，性的权利同样也是依附于生命的权利，当一个人的生命不存在了，她的性的权利也同样随之消失了。没有性的权利，也就不存在对性权利的侵害，从而也就不存在强奸的问题。然而财产权利并不完全依附于生命的权利，它跟生命的权利有一定的联系。但是，一个人的财产权利虽然与生命有一定联系，却并不完全依附于生命的权利。这就和死者身上的东西不能拿是一样的道理，你拿了死人身上的东西，也可能构成盗窃罪。例如，在地震的时候，一个人死了，他随身携带的东西，其他人是不能随便拿的。这说明，尽管一个人已经死了，其生命已经丧失，但是，他的财产权利仍然还存在。以后即使发生财产转移的问题，还需要通过民法上的继承来实现。试想，如果财产权利不存在了，怎么会有被继承的问题呢？由此可见，财产权利并不随着人的生命权利的消失而消失。所以把人杀掉以后，仍然可能侵害其财产权利。所以，我们可以把故意杀人作为抢劫中的一种暴力手段。总之，同样都是暴力，强奸的暴力和抢劫的暴力含义是不一样的。

另外，大家一定要注意，强奸的暴力和抢劫的暴力并不一定要产生伤害的结果。比如我捂住你的嘴，把你的手拧在背后，掏你的口袋，口袋掏完后，放开你的手，你没有受到任何伤害。这种情况算不算暴力？我认为，这种情况也是暴力，因为暴力是外力对他人身体的强制，而并不一定要造成对他人的伤害结果。

接下来我们讲一讲本罪中的"胁迫"手段。强奸中有胁迫，抢劫中也有胁迫，同样都是胁迫，这两个胁迫有区别吗？（下讲台提问）

学生1："有区别的。强奸罪中是非暴力胁迫，而抢劫罪中是暴力胁迫。"

提问："在强奸罪中没有暴力胁迫的情况吗？"

学生2："有的。"

提问："那你说一下两个胁迫之间的区别是什么？"

学生2："我个人认为强奸罪中非暴力胁迫的情况多一些，暴力胁迫的情况少一些。而抢劫罪中暴力胁迫的情况多一些，非暴力胁迫的情况少一些。"

提问："你能不能举出一个抢劫罪中使用非暴力胁迫的例子？"

学生2："比如说甲要乙交出钱，否则甲就要把乙以前盗窃的事情说出去。"（全场议论）

（回讲台）大家应当注意，虽然同样都是胁迫，但抢劫的胁迫与强奸的胁迫是不一样的。抢劫的胁迫只能是暴力胁迫，而强奸的胁迫则既包括暴力胁迫也包括非暴力胁迫。如果是非暴力胁迫获取财产的就是敲诈勒索。以非暴力手段胁迫，即使是当场取得财产也应构成敲诈勒索罪，刚才那位同学举的例子就应当以敲诈勒索罪论处。抢劫罪的胁迫只能是暴力胁迫,而强奸罪的胁迫既包括暴力胁迫也包括非暴力胁迫,这就是两者的区别。那么,为什么会有这种区别呢?(下讲台提问)

学生1:"可能还得从客体角度分析吧。"

学生2:"我说不清楚。"

(回讲台)我认为,这个可能从客体角度分析很难说得清楚。主要是因为,我国刑法对于财产犯罪规定得比较细,也即刑法对于财产罪的罪名作了细化规定。不仅有抢劫罪、抢夺罪,而且还有盗窃罪、诈骗罪和敲诈勒索罪等,它们的主要区别在于行为人的手段不同。但是,对于侵犯妇女性权利的犯罪则规定得较粗,主要罪名是强奸罪和强制猥亵、侮辱罪。正因为如此,强奸罪中的胁迫所包括的内容就要比抢劫罪要广得多。

此外,抢劫罪的胁迫手段是不是一定要有明显的语言和动作呢?比如说,行为人在阴暗的角落边,看到有人过来。就挡在那人面前只说"给钱"两字,行为人并没有说你不给钱会怎么样,只是让对方给钱。那人把钱拿出来后,行为人数了钱后就扬长而去了,还和对方说了声"拜拜"。上海以前发生过一起很值得研究的案件:有一个小偷,他到人家家里偷东西,刚开始拿东西时,这家的老太就回来了。小偷看到老太进来了,也不慌张,就看了一下老太,老太就站在旁边,一边看他拿东西一边说:"你少拿一点,少拿一点。"这个小偷也不答复老太,当他觉得拿得差不多了,就和老太说了声"拜拜",然后扬长而去了。对这个小偷的行为应该怎么认定呢?应该定盗窃罪、抢夺罪还是抢劫罪呢?(下讲台提问)

学生1:"盗窃罪。"

提问:"定盗窃的理由是什么?"

学生1:"因为这个小偷看到老太后并没有使用暴力、胁迫或者其他手段。"

学生2:"我也觉得应该定盗窃罪。因为这个小偷没有使用抢夺罪和抢劫罪客观方面的手段。"

学生3:"我认为,应该定抢劫罪。"

提问:"那么,你认为这是抢劫罪的什么手段?"

学生3:"是抢劫罪中的'其他方法'。"

提问:"其他方法?小偷是利用老太'不知反抗'的状态实施相关行为的?这个案件中,老太实际知道得很清楚啊!还叫他'少拿一点'呢!"(全场笑)

学生4:"那么,应该是胁迫的手段。"

提问:"是什么胁迫?"

学生4:"是非暴力胁迫。"

提问:"非暴力胁迫?那不就是敲诈勒索罪了吗?"

(回讲台)大家要注意,在这个案件里,对行为人应该以抢劫罪认定。类似的情况也可能发生在强奸罪里,行为人不说话,也不做动作,但是,一切"尽在不言之中"。因为,当时的客观环境实际上是被害人处于孤立无援的状态,在这种情况下,其实行为人是不需要说话的,大家都心知肚明,被害人反抗将会出现什么后果。我认为,这种手段应该是属于胁迫的手段而并非是其他方法,而且这种胁迫应该理解为是暴力胁迫,而不是非暴力胁迫。有人认为应是非暴力胁迫,但如果是非暴力胁迫就应该定敲诈勒索罪了。

接下来,我们讲一讲本罪中的"其他方法"。抢劫罪中有其他方法,强奸罪中也有其他方法,同样都是其他方法。这两个罪中的其他方法一样吗?(下讲台提问)

学生1:"没有区别。"

学生2:"我同意这位同学的观点。"

(回讲台)大家一定要注意,抢劫罪中的其他方法是抢劫的人实施的,主要是指抢劫的人利用被害人不知反抗的状态进行抢劫。但是抢劫罪中的其他方法和强奸罪中的其他方法是有本质区别的。例如,甲在街上看到前面许多人围着一个醉汉,从人缝往里看,甲发现这个醉汉戴着一块金光闪闪的进口手表。甲就跟周围人说:"这人是我的同学,我认识他家,我送他回家。"周围的人一看醉汉的同学来了,就让甲扶着醉汉走了。走了一段路后,甲看见周围没人了,就把这个醉汉的手表拿走了。现在我要问的是,甲构成什么罪?(下讲台提问)

学生1:"甲构成抢劫罪,属于'其他方法'。"

学生2:"我也认为甲构成抢劫罪。"

学生3:"我认为,甲构成盗窃罪。"

(回讲台)你们有人说甲构成盗窃罪,也有人说甲构成抢劫罪。那么我再举个案例,大家作一些比较。甲在街上闲逛,碰到自己的一个老同学。在闲谈过程中,甲发现这个同学手上戴着一块金光闪闪的进口手表。甲觉得发财的机会来了,于是甲就邀请这个同学一起喝酒,在喝酒的过程中拼命灌酒,最后把这个同学灌醉了,然后趁周围没人的时候拿走了这个同学的手表。现在我要问,甲构成什么罪?(下讲台提问)

学生1:"我认为,前一个案件中甲的行为构成盗窃罪,后一个案件中甲的行为构成抢劫罪。"

学生2:"我同意这位同学的观点。"

(回讲台)应该说,这两个案件中的甲都是利用他人醉酒的状态,拿走他人手表的。但是,大家一定要注意,这两个案件的主要区别就在于,被害人醉酒的状态是谁造成的。在第一个案例中,醉酒的状态是被害人本身存在的,行为人是利用了被害人本身存在的不知反抗的状态实施相关行为的,在这种情况下,甲应构成盗窃罪。在第二个案例中,醉酒的状态是行为人的灌酒行为造成的,然后行为人利用了被害人的酒醉状态实施相关行为的,在这种情况下,甲当然应构成抢劫罪。但是,就强奸罪而言,如果甲(男的)看到乙(女的)喝醉了,趁机奸淫了乙,甲应构成强奸罪。如果甲把乙灌醉之后趁机奸淫乙,甲同样也应构成强奸罪。从这些分析,大家应该可以看出,抢劫罪中的其他方法和强奸罪中的其他方法是明显不一样的。虽然抢劫罪和强奸罪中都有其他方法,而且利用的都是被害人不知反抗的状态,但它们之间有一个最大区别,就是抢劫罪中被害人不知反抗的状态,必须是由行为人的行为引起的。如果是行为人利用了被害人本身存在的不知反抗的状态,就不能定抢劫罪,而应定盗窃等其他犯罪。但是,在强奸罪中,被害人不知反抗的状态既可以是被害人本身存在的,也可以是行为人的行为引起的。无论是被害人本身存在的,还是行为人的行为引起的,只要行为人利用这个状态,实施了奸淫行为,就都应定强奸罪。

综上所述,我希望大家注意的是,在刑法条文规定的不同犯罪中使用相同的用词,其含义完全可能是不同的。我们要根据行为所侵害的犯罪客体以及立法原意等内容综合考察。

另外,我还想补充一点,即在人工智能时代,对于抢劫罪中涉及的"当场性"问题,需要结合人工智能时代的特点予以进一步明确。例如,行为人给无人机装上手枪、扩音器等装置,在犯罪现场以外的地方操纵无人机上的装置对被害人进行威胁,要求其交出随身携带的财物,否则就将对被害人的头部进行射击。根据 2005 年 6 月 8 日最高人民法院《关于审理抢劫、抢夺刑事案件适用法律若干问题的意见》,抢劫罪中的"当场性"表现为行为人劫取财物一般应在同一时间、同一地点。按照通常理解,"同一时间""同一地点"应指行为人与被害人同时出现于同一时空中,但是在人工智能时代,由于行为人可以操控智能机器人(如无人机)对被害人进行人身威胁甚至是直接的打击,更有甚者,行为人只要为智能机器人设置好相应的程序,智能机器人就可以自主选择抢劫对象、抢劫时间和抢劫地点,实际的抢劫过程无需行为人参与。以非法占有为目的,实施暴力威胁的情况下,抢劫罪和敲诈勒索罪的界限之一在于威胁的方式不同。敲诈勒索罪中的威胁可由行为人直接向被害人口头或书面提出,也可以通过第三人间接提出,这个在之后讲到敲诈勒索罪这个罪名时我会详细讲解;抢劫罪中的威胁只能由行为人当场向被害人提出。结合上述行为人利用智能机器人实施抢劫的案例,我们可以发现,如果把智能机器人按照程序设定或者行为人的操控对被害人作出的威胁理解为"通过第三人间接提出",则上述行为应被认定为敲诈勒索罪而非抢劫罪。但事实上,抢劫罪和敲诈勒索罪的上述界限存在的主要原因是,敲诈勒索罪中的暴力威胁不具有当场发生的可能性,而抢劫罪中的暴力威胁具有当场发生的可能性。反观上述案例,利用智能机器人抢劫的场景中,智能机器人(如无人机)上面装配着手枪等装置,随时可以对被害人实施暴力,因此可以说,上述案件中的暴力威胁具有当场发生的可能性,以敲诈勒索罪认定显然不合法理和常理,而应以抢劫罪来认定。这就需要我们通过司法解释来明确"当场性"在人工智能时代的具体含义。在人工智能时代,"当场性"成立所要求的"同一时间""同一地点"显然不应是行为人与被害人在同一时空中,而是行为人的行为(包括行为的延伸)与被害人在同一时空中,至于抢劫行为的启动形式在所不论。抢劫行为可能是由行为人直接对被害人实施的(此时行为人与被害人在同一时空中),也可以是行为人操控的智能机器人对被害人实施的(此时行为人与被害人在同一时间但未在同一空间),甚至可以是智能机器人在行为人设计和编制的程序操控下对被害人实施的(此时行为人与被害人既未在同一空间,也未在同一时间)。但无论如何,在利用智能机器人抢劫的场景中,被害人的人身安全和财产安全受到了实际的威胁或实际的侵害,且都是由行为人的行为或者行为的延伸所直接导致的。因此,我认为,将刚才所举案例中的行为认定为抢劫罪更为妥当。

（二）转化型抢劫的认定

下面，我重点为大家讲一下转化型抢劫。转化型抢劫，是指我国《刑法》第269条规定的，犯盗窃、诈骗、抢夺罪，为窝藏赃物、抗拒抓捕或者毁灭罪证，而当场使用暴力或者以暴力相威胁的，依照抢劫罪定罪处罚的行为。一般来说，构成转化型抢劫有三个条件。

第一个是前提条件，就是行为人实施了盗窃、诈骗、抢夺行为。在这个条件中，大家要注意两点。第一，盗窃、诈骗、抢夺行为应该有一个"时态"，就像英语中通常所讲的时态一样，包括现在进行时、现在完成时、过去时和过去完成时等。现在进行时是讲目前正在进行着的一件事；过去时是讲过去发生的一件事，跟现在没有什么联系；而现在完成时是讲过去的事，但跟现在还有着联系。转化型抢劫中所指的盗窃、诈骗、抢夺行为，并不是现在进行时，因为如果是现在进行时，行为人正在盗窃的时候被发现，然后进行反抗或者直接使用暴力，直接定抢劫就可以了，就不需要再定转化型抢劫了。如果是过去时，跟现在就没有什么联系了，被害人过了很长时间才发现这个东西是自己的，被害人再向行为人索要，这时行为人如果使用暴力，行为人则应该构成盗窃罪和故意伤害罪或者故意杀人罪，也是不能转化为抢劫罪的，因为转化型抢劫中的"转化"只能是当场转化的。但是，需要指出的是，虽然盗窃、诈骗、抢夺行为一定要完成，但并不一定要达到既遂。比如，甲到乙家偷东西，正准备走的时候，乙来抓甲，甲抗拒抓捕，这时也可以转化为抢劫。第二，我们知道盗窃罪、诈骗罪、抢夺罪中有数额的要求，而抢劫罪并没有数额的要求。如果盗窃、诈骗、抢夺的数额没达到，而其他的条件都达到了，是否也可以转化为抢劫罪呢？对此，2005年6月8日最高人民法院颁布的《关于审理抢劫、抢夺刑事案件适用法律若干问题的意见》第5条指出，行为人实施盗窃、诈骗、抢夺行为，未达到"数额较大"，为窝藏赃物、抗拒抓捕或者毁灭罪证当场使用暴力或者以暴力相威胁，情节较轻、危害不大的，一般不以犯罪论处；但具有下列情节之一的，可依照《刑法》第269条的规定，以抢劫罪定罪处罚：（1）盗窃、诈骗、抢夺接近"数额较大"标准的；（2）入户或在公共交通工具上盗窃、诈骗、抢夺后在户外或交通工具外实施上述行为的；（3）使用暴力致人轻微伤以上后果的；（4）使用凶器或以凶器相威胁的；（5）具有其他严重情节的。所以说，虽然盗窃、诈骗、抢夺没有构成犯罪，照样也是可以转化为抢劫罪的，这是我们需要注意的一个问题。还需注意的是，2016年1月19日最高人民法院颁布的《关于审理抢劫刑事案件适用法律若干问题的指导意见》第3条第1款对上述问题作出明确规定，"犯盗窃、诈骗、抢夺罪，为窝藏赃物、抗拒抓捕或者毁灭罪证而当场使用暴力或者以暴力相威胁的"，依照抢劫罪定罪处罚。"犯盗窃、诈骗、抢夺罪"，主要是指行为人已经着手实施盗窃、诈骗、抢夺行为，一般不考察盗窃、诈骗、抢夺行为是否既遂。但是所涉财物数额明显低于"数额较大"的标准，又不具有最高人民法院《关于审理抢劫、抢夺刑事案件适用法律若干问题的意见》第5条所列五种情节之一的，不构成抢劫罪。"当场"是指在盗窃、诈骗、抢夺的现场以及行为人刚离开现场即被他人发现并抓捕的情形。

另外，大家还需要注意的一个问题是，已满 14 周岁不满 16 周岁的行为人实施了盗窃、诈骗、抢夺行为，为了窝藏赃物、抗拒抓捕或者毁灭罪证，当场使用暴力或者以暴力相威胁的，能否转化成抢劫罪？我们知道，已满 14 周岁不满 16 周岁的行为人可能实施盗窃、诈骗或者抢夺行为，但是，根据《刑法》第 17 条第 2 款的规定，他们不可能构成盗窃、诈骗和抢夺罪，那么他们的行为能否转化成抢劫罪呢？对于这一问题，2003 年 4 月 18 日最高人民检察院颁布的《关于相对刑事责任年龄的人承担刑事责任范围有关问题的答复》第 2 条规定，相对刑事责任年龄的人实施了《刑法》第 269 条规定的行为的，应当依照《刑法》第 263 条的规定，以抢劫罪追究刑事责任。但对情节显著轻微，危害不大的，可根据《刑法》第 13 条的规定，不予追究刑事责任。然而，2006 年 1 月 11 日颁布的最高人民法院《关于审理未成年人刑事案件具体应用法律若干问题的解释》第 10 条第 2 款规定，已满 14 周岁不满 16 周岁的人盗窃、诈骗、抢夺他人财物，为窝藏赃物、抗拒抓捕或者毁灭罪证，当场使用暴力，故意伤害致人重伤或者死亡，或者故意杀人的，应当分别以故意伤害罪或者故意杀人罪定罪处罚。可见，前后两个司法解释是存在冲突的，也即一个认为可以构成抢劫罪，而另一个却认为不能构成抢劫罪。但我们仔细分析一下，不难发现，相对刑事责任能力人在还没有占有他人财物时，也即还没有对他人的财产权造成侵害的情况下，当场使用暴力或以暴力相威胁，可以构成抢劫罪，而在已经通过盗窃、诈骗、抢夺占有他人财物之后，也即已经对他人的财产权造成侵害的情况下，当场使用暴力或以暴力相威胁的，却不构成抢劫罪，于情于理都有点说不过去。而且，从犯罪构成的转化角度来说，由于当行为人当场使用暴力或以暴力相威胁时，行为的性质已经发生了转变，行为所侵犯的客体也进一步转化、扩大，也即已经由原来的盗窃、诈骗、抢夺的犯罪构成向抢劫的犯罪构成转变，而相对刑事责任能力人是可以构成抢劫罪的。当然，从法律拟制的角度来看，因为，《刑法》第 269 条规定的行为原本就不符合抢劫罪的构成要件，只是由于行为人是在实施了盗窃、诈骗或抢夺罪之后，又当场使用暴力或以暴力相威胁的，《刑法》第 269 条赋予了与抢劫罪相同的法律效果，而如果行为人之前实施的是这三个犯罪之外的犯罪，则不在《刑法》第 269 条评价范围之内，也就不构成抢劫罪了。由此可见，刑法强调构成转化型抢劫的前提是行为人首先构成盗窃、诈骗或抢夺罪，而相对刑事责任能力人是不能构成这三种犯罪的，因而也就不能构成转化型抢劫罪。所以，这是一个值得我们进一步研究的问题。

接下来，我们讲一讲转化型抢劫的第二个和第三个条件，也就是目的条件和手段条件。转化型抢劫的目的条件是为了窝藏赃物、抗拒抓捕或者毁灭罪证，而不是为了直接占有财产。转化型抢劫的手段条件，是当场使用暴力或者以暴力相威胁。根据 2016 年 1 月 6 日最高人民法院发布的《关于审理抢劫刑事案件适用法律若干问题的指导意见》第 3 条的规定，对于以摆脱的方式逃脱抓捕，暴力强度较小，未造成轻伤以上后果的，可不认定为"使用暴力"，不以抢劫罪论处；"当场"是指在盗窃、诈骗、抢夺的现场以及行为人刚离开现场即被他人发现并抓捕的情形。这里强调的是当场，但是这个当场不一定指的是犯罪现场，当场应该是与犯罪现场直接相关、相联的，且在时空上不间断的整个行为过程的场所。比如说，甲偷了乙的东西后逃跑，乙一直追，从上海曹家渡追到静安寺,甲见自己快被追上了,就回头对着乙挥拳说,你再追我就打你。后来在过路人的帮助下,甲被乙给抓住了。在这种情况中,虽然甲不是在盗窃现场实施暴力威胁的,但是,由于暴力相威胁的实施时间和空间与盗窃现场在时空上没有间断,因而甲的行为仍然应该构成转化型抢劫罪。再比如说,甲偷了乙的东西,但乙不知道是谁偷的,也不知道东西在什么地方。后来乙无意中看到甲在销赃,这时乙向甲索要,甲捅了乙一刀导致乙重伤,甲也不构成转化型抢劫罪,而应该构成盗窃罪和故意伤害罪,两罪数罪并罚。

此外,2016年1月6日最高人民法院颁布的《关于审理抢劫刑事案件适用法律若干问题的指导意见》第3条第3款和第4款还对涉及转化型抢劫的一些特殊问题作出规定,值得我们多加注意:入户或者在公共交通工具上盗窃、诈骗、抢夺后,为了窝藏赃物、抗拒抓捕或者毁灭罪证,在户内或者公共交通工具上当场使用暴力或者以暴力相威胁的,构成"入户抢劫"或者"在公共交通工具上抢劫";两人以上共同实施盗窃、诈骗、抢夺犯罪,其中部分行为人为窝藏赃物、抗拒抓捕或者毁灭罪证而当场使用暴力或者以暴力相威胁的,对于其余行为人是否以抢劫罪共犯论处,主要看其对实施暴力或者以暴力相威胁的行为人是否形成共同犯意、提供帮助。基于一定意思联络,对实施暴力或者以暴力相威胁的行为人提供帮助或实际成为帮凶的,可以抢劫罪的共犯论处。

(三)抢劫罪加重情节的认定

按照现在关于抢劫罪的司法解释的规定,抢劫致人重伤、死亡这种结果加重犯是没有未遂的,而抢劫罪的其他七种加重情节都是有未遂的。也就是说抢劫致人重伤、死亡,即使行为人没有抢到财产,也要按既遂论处。而其他的七种情节加重犯,则都是以财产是否到手作为划分既遂、未遂的标准的。从道理上说,情节加重犯都是有未遂的。如果仅仅是造成一般的轻伤,在没有抢到财物的情况下,也按既遂论处,我认为是不妥当的。因为大量的情节加重犯都有未遂的问题。按照刑法的规定,抢劫罪中有八种加重情节是可以判10年以上有期徒刑、无期徒刑、死刑的。其中,第一种加重情节是入户抢劫,属于场所加重;第二种加重情节是在公共交通工具上抢劫,这也属于场所加重;第三种加重情节是抢劫银行或者其他金融机构,属于对象加重;第四种加重情节是多次抢劫或者抢劫数额巨大的,属于数额和数量加重;第五种加重情节是抢劫致人重伤或者死亡,属于结果加重;第六种加重情节是冒充军警人员抢劫,属于身份加重;第七种加重情节是持枪抢劫,属于手段加重;第八种加重情节是抢劫军用物资或者抢险、救灾、救济物资,属于对象加重。可以看出,这八种情形有些是从对象角度,有些是从手段角度,有些是从结果角度,还有些是从身份角度等加以规定的,但是我们统称其为情节加重。

其实,这八种情节加重犯都值得研究,刑法条文规定细了以后,问题也就越来越多。入户抢劫中的"抢劫"不用研究,但是"入户"两个字需要研究。什么叫"入"? 什么叫"户"? 我们一般所说的"户"是指人们生活起居的与外界相对隔离的一种场所。但是大家往往在"户"的理解上差别很大。比如说，在教室里抢劫，如果算入户抢劫，就要判 10 年以上，如果算一般抢劫，就是 10 年以下，两者的差别很大。在教室里抢劫算不算入户抢劫呢？我认为不算。因为教室里人来人往，大家走动比较多，所以在这个场所大家互相支持的可能性很大。"户"的私隐性要求比较高，人们在户内不希望得到别人的关注，所以得到别人的支持的可能性就很小。在这种情况下，行为人在户内实施抢劫，被抢者得到公力支持的可能性很小，在孤立无援的情况下除了"束手就范"别无其他选择，因而行为人犯罪的成功率也会很高。关于入户抢劫还要讨论几个问题，渔船算不算"户"？学生宿舍算不算"户"？临时的违章建筑算不算"户"？假如违章建筑里住着钟点工、保姆，行为人到违章建筑里抢劫保姆的钱财，是否属于入户抢劫？此外，还有一种"前店后住"的情形，也就是一个房子前面是开店的后面是住宿的，中间有一块窗帘隔开。行为人到这种店户两用的房子里抢劫，是入户抢劫还是入店抢劫？（下讲台提问）

学生 1："不是入户抢劫，因为这种店、户两用的房子并不具有私隐性。"

提问："但窗帘后面确实是店主日常生活起居的地方啊！"

学生 2："我也觉得不是入户抢劫，因为虽然店主是将窗帘后的房间作为其日常生活的场所，但毕竟从客观上看，这种房子并不具备我们所说的'户'的私隐性。"

（回讲台）像这种不确定的东西，我们要具体分析。比如渔船，如果是专门打鱼用的，则不能算入户抢劫；如果这个渔家本身也是正常居住在这个渔船里的，它也是与外界相对隔离的一个场所，也可以按照户来对待。违章建筑违章不违章不是主要的，主要是有没有人起居在里面。"前店后住"，就要以营业和非营业的时间来对它进行划分，如果是在营业时间，就以"店"来看待；如果是非营业时间，就以"户"来对待。类似的这种情况，如果是与外界相对隔离，人们的生活起居又在里面，同时又跟一般的集体宿舍有区别，我们就都应该作为户来对待。2016 年 1 月 6 日最高人民法院颁布的《关于审理抢劫刑事案件适用法律若干问题的指导意见》第 2 条关于认定"入户抢劫"的条文中指出，对于部分时间从事经营、部分时间用于生活起居的场所，行为人在非营业时间强行入内抢劫或者以购物等为名骗开房门入内抢劫的，应认定为"入户抢劫"。对于部分用于经营、部分用于生活且之间有明确隔离的场所，行为人进入生活场所实施抢劫的，应认定为"入户抢劫"；如场所之间没有明确隔离，行为人在营业时间入内实施抢劫的，不认定为"入户抢劫"，但在非营业时间入内实施抢劫的，应认定为"入户抢劫"。

那么，什么叫"入"呢？比如说，甲在乙的房间里打牌，突然间甲感觉到可以抢了，就实施了抢劫行为。实践中争议最多的就是这种情况，上海就发生过好几起类似案件。比如说，甲扛东西扛不动了，找了一个人来帮忙，开门进屋之后，那人对甲实施了抢劫。这个算不算入户抢劫？进屋的时候是受到请求帮忙把东西扛进去的，但是抢劫行为却发生在户内。入户抢劫的量刑起点是 10 年以上，而一般的抢劫则是 10 年以下，差别是很大的。按照现在司法解释的精神，我们以是否违法进入别人的住处作为入户抢劫的判定标准，并不一定要求为抢劫而进入他人家里。也就是说，进入他人家里，如果本身进入就具有违法的目的，这时在户内抢劫的就都定入户抢劫，这里的违法不一定是要为抢劫而入户,也可以是为其他违法的目的而入户。如果是正常的入户,被邀请跳舞或者被邀请打牌,这里则应该理解为"在户抢劫","在户抢劫"不是"入户抢劫",不能判10年以上,两者的主观恶性程度还是有区别的。我认为,在户抢劫是一种临时起意的行为,与为了抢劫而入户是不一样的,两者应该是要有所区别的。2016年1月6日最高人民法院颁布的《关于审理抢劫刑事案件适用法律若干问题的指导意见》第2条第1款指出,认定"入户抢劫",要注重审查行为人"入户"的目的,将"入户抢劫"与"在户内抢劫"区别开来。以侵害户内人员的人身、财产为目的,入户后实施抢劫,包括入户实施盗窃、诈骗等犯罪而转化为抢劫的,应当认定为"入户抢劫"。因访友办事等原因经户内人员允许入户后,临时起意实施抢劫,或者临时起意实施盗窃、诈骗等犯罪而转化为抢劫的,不应认定为"入户抢劫"。可见该条规定与我的观点是相一致的。

关于在公共交通工具上抢劫,大家要注意两点。第一,"公共交通工具"的含义是什么?我认为这里的公共交通工具应该是指从事社会公众营运的交通工具,按照2016年1月6日最高人民法院颁布的《关于审理抢劫刑事案件适用法律若干问题的指导意见》第2条中的规定,"公共交通工具",包括从事旅客运输的各种公共汽车,大、中型出租车,火车,地铁,轻轨,轮船,飞机等,不含小型出租车。对于虽不具有商业营运执照,但实际从事旅客运输的大、中型交通工具,可认定为"公共交通工具"。接送职工的单位班车、接送师生的校车等大、中型交通工具,视为"公共交通工具"。因此,在小型的出租车或者小轿车上抢劫,不属于在公共交通工具上抢劫,而是属于一般的抢劫。另外,根据这个司法解释的规定,在班车上抢劫的也视为在公共交通工具上抢劫。比如说,某人在从华东政法大学长宁校区开到松江校区的班车上抢劫,(全场笑)就属于在公共交通工具上抢劫了。虽然,我认为,班车上的人都是一个学校的,彼此都很熟悉,可以互相支持,这与在公共交通工具上的乘客有很大的区别,但令人遗憾和悲痛的是,这个司法解释却不加区分,将这种情况也视为公共交通工具。这可能与近年来在班车上实施抢劫的刑事案件频发有关。此外,从事营运的被包车辆算不算公共交通工具?我认为,一般来说,如果是在包车的范围内就不算是公共交通,因为包车在营运时间内并没有搭乘公众。这就是我们需要注意的公共交通工具的范围。第二,如何理解"在公共交通工具上"中的这个"上"。比如说,某人站在公共交通工具下面,对着公共交通工具上的人进行抢劫,是否属于在公共交通工具上进行抢劫?(下讲台提问)

学生1:"我认为也应该算在公共交通工具上抢劫。"

学生2:"我认为不能算,因为其行为是发生在公共交通工具下的呀。"

提问:"那么,如果按你的理解,行为人一个脚在车上,一个脚在车下,是否能算在公共交通工具上呢?"(全场笑)

学生2:"这种情况应该算了,因为毕竟其有一个脚在车上。"

(回讲台)我认为,上述所讲的这些情况均属于在公共交通工具上抢劫。我们理解刑法条文时,不能机械地从字面上解释。根据上述司法解释,"在公共交通工具上抢劫",既包括在处于营运状态的公共交通工具上对旅客及司售、乘务人员实施抢劫,也包括拦截营运途中的公共交通工具对旅客及司售、乘务人员实施抢劫,但不包括在未营运的公共交通工具上针对司售、乘务人员实施抢劫。以暴力、胁迫或者麻醉等手段对公共交通工具上的特定人员实施抢劫的,一般应认定为"在公共交通工具上抢劫"。这里的"上"是指针对在公共交通工具上的人进行抢劫,因此,甚至还可以包括把车子拦下来,然后叫车子上的人全都下来,一个一个地搜身,这种情况也应该理解为"在公共交通工具上抢劫"。但是不能认为只要是对乘过公共交通工具的人进行抢劫就都属于在公共交通工具上抢劫,我们每个人都是乘过公共交通工具的。(全场笑)这里应该指的是针对当时在公共交通工具上的人实施抢劫,至于行为实际是发生在车上还是车下则不需要考虑。

关于抢劫银行或金融机构,大家要注意司法解释的规定。按照司法解释,抢劫正在使用中的银行或者金融机构的运钞车也应该视为抢劫银行或者金融机构。盗窃自动取款机里的钱款,我们是以盗窃罪认定的。如果行为人没有银行卡或者银行卡里没有余额,于是行为人把 ATM 机砸坏,把机器里的钱取出来,这种情况应该定抢劫还是盗窃? 毫无疑问是应该认定为盗窃的,就像我到你家里,打不开大门,最后我用力踹开了大门,道理是一样的。这里暴力所指向的对象是物,而不是人。抢劫罪的暴力是针对人而言的,而 ATM 机不是一般的机器也不是一般的人,它是一种"机器人"。所以针对"机器人"使用暴力,我们是不能按照一般暴力来对待的。当然,对于银行的办公用品进行抢劫是不能包括在抢劫金融机构里的。

关于多次抢劫,一般是指 3 次以上。抢劫数额巨大,我们需要注意数额的标准。司法解释中规定的从多少数额到多少数额,讲的是一个幅度,在这个幅度里还需要根据各个地区的经济发展情况进行选择。实际中一般都是以一个省作为标准的,比如在上海,司法解释中规定的 1 000 元到 3 000 元,实际上都是指高于 3 000 元,因为上海的经济发展较快,你在上海偷 5 万元和在贫困地区偷 5 万元,社会危害是不一样的。就像你偷一个富人 5 万元,和偷一个贫穷的农民 5 万元,社会危害也是不一样的。所以地区间数额还是有差异的,虽然这个差异并不会很大。此外,根据上述司法解释第 2 条的规定,还有几个问题需要大家注意:认定"抢劫数额巨大",参照各地认定盗窃罪数额巨大的标准执行。抢劫数额以实际抢劫到的财物数额为依据。对以数额巨大的财物为明确目标,由于意志以外的原因,未能抢到财物或实际抢得的财物数额不大的,应同时认定"抢劫数额巨大"和犯罪未遂的情节,根据刑法有关规定,结合未遂犯的处理原则量刑;抢劫信用卡后使用、消费的,以行为人实际使用、消费的数额为抢劫数额。由于行为人意志以外的原因无法实际使用、消费的部分,虽不计入抢劫数额,但应作为量刑情节考虑。通过银行转账或者电子支付、手机银行等支付平台获取抢劫财物的,以行为人实际获取的财物为抢劫数额。

接下来,我们来看如何认定冒充军警人员抢劫。首先大家要注意,军警人员包括军人和警察。在实践中有争议的问题是真的军警人员抢劫要不要按刑法这一条款"冒充军警人员抢劫"论处? 因为冒充军警人员抢劫中的军警人员肯定是假的。(下讲台提问)

学生 1:"按照罪刑法定的原则,不能按照这一条款加重处罚。"

学生 2："既然刑法没有规定，我们就不能扩大解释，将这种情形按这一条款加重处罚。"

学生 3："我认为真的军警人员抢劫所具有的社会危害性要比假的军警人员冒充真的军警人员抢劫更大，按照刑法'举轻以明重'的原则，既然刑法对社会危害性较轻的行为都予以加重处罚，对于社会危害性更大的情形则更应当加重处罚。所以，应当依照这一款进行处罚。"

（回讲台）关于这个问题的争议很大，有人提出这种情况没有冒充，也有人提出冒充军警抢劫都要判 10 年，没冒充就更要多判了。我认为，在犯罪情节上，特别是在量刑情节上要考虑举轻以明重。情节较轻的，都要判 10 年以上，情节严重的更应该要判 10 年以上。我不主张在定罪问题上考虑举轻以明重，但是我主张在量刑情节上考虑举轻以明重。在定罪的时候，我们法律需要稳定，既然没有规定，就不能对别人定罪量刑；而在量刑上，我们则需要举轻以明重。因为举轻以明重是一种弥补立法者自身不足的手段，而这种弥补又是建立在行为人的行为依法已经构成犯罪的前提下。正如前述，立法者的智慧是有限的，但犯罪者的手段发展可能是无限的，因此，在量刑情节上，我们应该提倡举轻以明重。经常有人提到一个问题：真的国家机关工作人员进行诈骗行为，能不能按照招摇撞骗罪处理？我认为是不能的。理由有两点：第一，真的国家机关工作人员进行诈骗直接用诈骗罪处理就可以了，因为诈骗本身就包括了招摇撞骗的情况；第二，冒充国家机关工作人员招摇撞骗，这里的冒充是一个构成要件，而不是一个量刑情节。然而，需要我们关注的是，2016 年 1 月 6 日最高人民法院颁布的《关于审理抢劫刑事案件适用法律若干问题的指导意见》第 2 条规定：军警人员利用自身的真实身份实施抢劫的，不认定为"冒充军警人员抢劫"，应依法从重处罚。这里需要我们注意新司法解释的规定。此外，上述司法解释还规定认定"冒充军警人员抢劫"，要注重对行为人是否穿着军警制服、携带枪支、是否出示军警证件等情节进行综合审查，判断是否足以使他人误以为是军警人员。对于行为人仅穿着类似军警的服装或仅以言语宣称系军警人员但未携带枪支，也未出示军警证件而实施抢劫的，要结合抢劫地点、时间、暴力或威胁的具体情形，依照常人判断标准，确定是否认定为"冒充军警人员抢劫"。

下面，我们再来看持枪抢劫。这里的"枪"的含义是什么？我认为，这里的枪应该是指枪支管理法中规定的枪，持假枪抢劫不能作为持枪抢劫来对待，因为无论是从持枪人的主观恶性程度还是从有可能导致的危害结果角度考虑，持真枪和持假枪都是不一样的。对于量刑情节，我们不能"举重以明轻"，而只能"举轻以明重"，所以持假枪抢劫是不能包括在持枪抢劫内的。此外，我们还需要注意的就是持枪抢劫的主观方面。比如，甲认为是真枪但实际上是假枪，由于不懂枪，甲就拿着这把枪去抢劫了。这种情况能不能对甲按照持枪抢劫认定？又比如说，虽然枪是真的，但没子弹了，而且甲也知道没子弹了，但甲知道没子弹的枪就和假枪一样，甲拿着这把枪就去抢劫了，这种情况能不能对甲按照持枪抢劫认定？相反，如果甲误把真枪当成玩具枪，甲拿着这把枪去抢劫了，但甲主观上一直把它当成是假枪的，最后被抓住了甲才知道原来是真枪，这种情况又能不能认定甲是持枪抢劫呢? 对于以上这些问题,我认为,应当采取客观标准进行认定和辨别,也就是以客观上是真枪还是假枪来判断是否属于持枪抢劫,否则就很难有一个标准。那么,持炮抢劫、持手榴弹抢劫、持炸药包抢劫,(全场笑)能不能定持枪抢劫呢? 对于这些问题,直到现在还有很大的争议。

另外,还有一些简单的问题需要大家注意。例如转化型抢劫能不能直接转到抢劫罪情节加重犯的情形? 比如说,甲在公共交通工具上盗窃,盗窃到手以后被人追赶,甲打了追赶的人一拳,甲是不是可以直接转化为在公共交通工具上抢劫呢? 再比如说,甲在乙家里盗窃,盗窃完了被乙发现了,乙追赶甲,甲当场使用暴力或者以暴力相威胁,甲是不是可以直接转化为入户抢劫? 如果直接转到情节加重的情形,在量刑上就要在 10 年以上判处刑罚。按照司法解释的规定,这种情况应该要看行为人当场使用暴力或者以暴力相威胁的手段是发生在户内还是发生在户外。如果发生在户内,就直接定加重型抢劫,如果发生在户外,则按照一般的抢劫论处。按照这个标准会涉及一个复杂的问题,比如说,我一只脚在户内一只脚在户外,这种情况应该怎么认定? 这是值得研究的一个问题。此外,还有这么一种情况,比如甲进行盗窃,乙追赶甲,甲拿出枪说:"如果你再追我就开枪",甲能不能被认定为持枪抢劫? 像这种情形,我认为不可以认定为持枪抢劫,应当按照一般抢劫罪论处。

当然,关于抢劫罪还有很多问题值得我们去研究,以后我在讲其他罪名的时候还会陆续提到。

好,今天我就讲到这里。在下一讲中,我将继续为大家介绍盗窃罪、诈骗罪以及抢夺罪的相关内容,谢谢大家!

第十四讲

侵犯财产罪(二)

在今天这一讲中,我将接在上一讲内容的后面继续为大家介绍盗窃罪、诈骗罪以及抢夺罪的相关内容。

三、盗窃罪

接下来,我们来看盗窃罪。盗窃罪,是指以非法占有为目的,窃取数额较大的公私财物,或者多次盗窃、入户盗窃、携带凶器盗窃、扒窃公私财物的行为。盗窃罪作为人类社会最古老的犯罪之一,一直与人们的生存方式以及对财产的占有方式紧密相连。同时,盗窃行为的多发性、盗窃手段的多样性、盗窃活动的隐蔽性等等,给人们的社会生活带来了不安定因素,也对社会的正常生产、生活秩序产生了非常不良的影响。

(一)盗窃罪的构成要件

下面,我们来分析一下盗窃罪的构成要件。

1. 盗窃罪的客体

我们首先来看盗窃罪的客体。盗窃罪侵犯的客体是公私财物的所有权,这个在理论上几乎没有什么争议。需要大家注意的是盗窃罪的犯罪对象。犯罪对象是国家、集体或个人所有的各种财物。一般来说,盗窃的对象仅限于动产,但是,附着于不动产上的可移动部分,比如说,房屋的门窗、土地上的生长物等,也可成为盗窃罪的对象。盗窃罪的对象一般是有形财物,但是,诸如电力、煤气、重要技术成果等无形财物,也可成为盗窃罪的对象。但总的来说,我认为,可以成为盗窃罪对象的财物,必须同时具备三个基本特征。

第一,这个财物必须具有可支配性。盗窃行为的基本特征就是,行为人通过秘密窃取,破坏他人对财物的支配关系,进而建立起行为人自己对财物的支配关系。这就决定了作为本罪对象的财物必须是人力可以支配的,假如财物是人力所不能支配的,比如月球上的矿石等,那么,盗窃行为就不可能发生。即使这种不可支配的财物具有很高的经济价值,也不可能成为盗窃罪的对象。

第二,这个财物必须具有财产上的价值。从我国刑法关于盗窃罪的规定以及司法解释的精神看,盗窃罪的罪与非罪,以及刑罚的轻与重,基本上是按盗窃财物的价值大小来判断的。当然,随着社会的发展,财产观念的不断变化,如何理解财物的财产上的价值,又是一个极为复杂的问题。在现代社会,把财物的价值仅仅理解为市场的金钱交换价值不完全符合实际情况,所以,我们应在更广义、更宽泛的范围内,理解财产价值的真正含义。

第三,这个财物被盗时必须正处于他人的控制支配之下。如果财物不被任何人控制支配,比如遗弃物、废弃物等这样的物品,是不可能成为盗窃罪的对象的。所以,我国刑法中规定的公私财物,特指的是处于他人控制支配下的财物。

2. 盗窃罪的客观方面

接下来,我们来看盗窃罪的客观方面。根据《刑法修正案(八)》第39条的规定,盗窃罪的客观方面,主要表现为秘密窃取数额较大的公私财物,或者多次盗窃、入户盗窃、携带凶器盗窃、扒窃公私财物的行为。对于盗窃罪的客观方面,我们主要应当弄清如何认定"秘密窃取""多次盗窃"以及"数额较大"这三个问题。

我们首先来看如何认定"秘密窃取"。盗窃罪与其他罪名最主要的区别是秘密性。那么,"秘密性"应该怎么理解呢?大家来判断一下这句话对不对:"所谓秘密窃取是指在他人不知道的情况下窃取财物。"(下讲台提问)

学生1:"我认为,这句话是对的。"

学生2:"我认为,这句话是错的。"

提问:"为什么是错的?"

学生2:"因为如果这句话是对的话,您是不会问我们的,所以是错误的。"

(回讲台)这位同学回答得很聪明,但是等于没有回答。(全场笑)应当注意,这句话确实是不对的。所谓秘密窃取,不能理解为他人不知道,而应该理解为行为人在自认为他人不知道的情况下窃取他人财物。判断是不是秘密窃取,并不在于财产所有者是否知道,而在于行为人自己认为是否被他人知道。即使在他人知道的情况下,行为人如果以为他人不知道,并实施相关占有行为的,还是属于秘密窃取。比如说,在公交车上甲把手伸到乙的口袋里,乙看到了甲的手伸到乙的口袋里,而且乙看得相当清楚,但是甲不知道乙已经看到自己在偷东西,且仍然拿乙的东西,这个也是秘密窃取。我们有一句成语很形象,那就是"掩耳盗铃",从刑法角度看,"掩耳盗铃也是盗"。再比如说,以前在学校读书的时候,有个学生半夜起来偷别人的钱,蚊帐里的人都看得很清楚,但这仍然是秘密窃取,因为他不知道人家看得到他。(全场笑)又比如说,在"许霆案"中,许霆拿钱的时候,他也知道ATM机上有探头,这时他还算不算秘密窃取?(下讲台提问)

学生1:"不算。"

学生2:"算。"

提问:"探头对着行为人与被害人看到行为人一样吗?"

学生 2:"一样。"

学生 3:"我觉得不一样。探头只能录下行为人的行为过程,如果没有被别人发觉的话也只是些机器的信息。而如果人看到图片的话,头脑就会进行分析处理,但这个探头只是记录信息,不会进行分析处理。"

(回讲台)许多专家都把探头作为人的眼睛来对待,其实这是一种误读。因而,他们认为只要许霆知道有探头对着他,就不算秘密窃取。特别是许霆知道自己在 ATM 机上取款会留下各种痕迹,因而也不能定盗窃罪。但是,我认为,探头和人的眼睛是有区别的,它们的最大区别在于,人的眼睛可以立刻作出反应,而探头只是把行为过程记录下来,它不像人的眼睛可以直接作出反应,它只是"机器人"上的一个装置,它不是人的眼睛。比如说,甲知道乙家里有摄像头对着甲,但甲照样偷东西,甲怎么就不算盗窃呢?我认为,这种情况照样应该定盗窃罪。有的人在别人家里盗窃完了之后还在床底下打呼噜,能不能说打呼噜就不是盗窃罪了?(全场笑)有的人还喝酒吃红烧肉呢!还有的人在走之前在别人的墙壁上写道:"这件事是我干的,你们抓不住我的",并签上了自己的"大名"。(全场笑)对这种情况,我们不能因为行为人写了字签了名,留下了痕迹,就不认定其行为是盗窃性质。我认为,这些都应该以盗窃定性。

所以,希望大家注意秘密窃取的含义。如果有些被害人因害怕而躲在旁边,而行为人拿东西的时候,也明知道有人在旁边,这种利用别人孤立无援的状态取得他人财物的行为,是可以认定为抢劫罪的。但是,如果行为人拿东西的时候并不知道有人在看他,比如说人家睡了,或者人家是看到行为人后害怕了便假睡,这种情况就应认定为盗窃罪。这两者是不一样的,所以,我们认定占有类财产犯罪时,主要应该结合行为人的主观方面进行判断。

下面,我们来看一下"多次盗窃"的含义。所谓多次盗窃,根据 2013 年"两高"颁布的《关于办理盗窃刑事案件适用法律若干问题的解释》第 3 条的规定,是指 2 年内盗窃了 3 次以上。在具体认定"多次盗窃"时,我们应当注意以下三种情况:第一,2 年内入户盗窃或者扒窃 3 次以上,总和数额未达到"数额较大"标准的,或者其中存在盗窃未遂情形的,都不影响多次盗窃的认定。第二,行为人基于一个概括的盗窃故意,在同一场所针对不同的被害人相继实施的盗窃行为,或者在同一时段内针对相邻住户连续实施的盗窃行为,可以认定为 1 次盗窃行为。第三,行为人基于一个概括的盗窃故意,在 2 年内连续实施 3 次以上的盗窃行为,累计数额达到"数额较大"标准的,可以视为徐行犯,以盗窃罪定罪处刑。

最后,还需要我们注意的是,除了几类特殊盗窃行为,盗窃公私财物数额较大,也是构成盗窃罪的法定条件。因此,盗窃财物的数额大小,是区分罪与非罪、重罪与轻罪的重要标志之一。根据上述司法解释第 1 条的规定:"盗窃公私财物价值 1 000 元至 3 000 元以上、3 万元至 10 万元以上、30 万元至 50 万元以上的,应当分别认定为刑法第 264 条规定的'数额较大''数额巨大''数额特别巨大'。各省、自治区、直辖市高级人民法院、人民检察院可以根据本地区经济发展状况,并考虑社会治安状况,在前款规定的数额幅度内,确定本地区执行的具体数额标准,报最高人民法院、最高人民检察院批准。在跨地区运行的公共交通工具上盗窃,盗窃地点无法查证的,盗窃数额是否达到'数额较大''数额巨大''数额特别巨大',应当根据受理案件所在地省、自治区、直辖市高级人民法院、人民检察院确定的有关数额标准认定。盗窃毒品等违禁品,应当按照盗窃罪处理的,根据情节轻重量刑。"

3. 盗窃罪的主体

接下来,我们来了解一下盗窃罪的主体。盗窃罪的主体是一般主体,只要是已满16周岁、具有辨认能力和控制能力的自然人,都可以成为盗窃罪的主体,但是,单位不能成为盗窃罪的主体。因为,在我国刑法中,单位犯罪的构成,除必须具备事实上的特征以外,还必须具备法律特征,即只有在法律规定为单位犯罪的情况下,才能以单位犯罪论处。由于我国刑法分则并未明文规定单位可以成为盗窃罪的主体,因此,单位不能成为盗窃罪的主体。但是,在为单位实施盗窃、获取财物归单位所有的情况下,可以追究单位中的直接负责的主管人员和其他直接责任人员的盗窃罪的刑事责任。2002年8月9日最高人民检察院《关于单位有关人员组织实施盗窃行为如何适用法律问题的批复》就指出了:单位有关人员为谋取单位利益组织实施盗窃行为,情节严重的,应当依照《刑法》第264条的规定以盗窃罪追究直接责任人员的刑事责任。2013年"两高"《关于办理盗窃刑事案件适用法律若干问题的解释》第13条规定,单位组织、指使盗窃,符合刑法第264条及本解释有关规定的,以盗窃罪追究组织者、指使者、直接实施者的刑事责任。

4. 盗窃罪的主观方面

我们最后来看盗窃罪的主观方面。盗窃罪在主观方面只能由故意构成,并且具有非法占有的目的。盗窃罪的犯罪故意是指行为人明知实施秘密窃取,或多次秘密窃取等行为,会引起他人失去数额较大公私财物的危害结果,并且希望这种结果发生。盗窃罪的犯罪目的是非法占有,对非法占有的理解,我们应当注意以下三个问题。

第一,行为人非法占有的目的既包括将财物占为己有,也包括为第三人非法占有、为集体非法占有等,而不能将非法占有狭义地理解为占为己有。

第二,行为人非法占有的目的是指永久性的非法占有,暂时性的非法占有并不是盗窃罪的犯罪目的。比如,2013年4月2日"两高"《关于办理盗窃刑事案件适用法律若干问题的解释》第10条第3项规定:"为实施其他犯罪,偷开机动车作为犯罪工具使用后非法占有车辆,或者将车辆遗失导致丢失的,以盗窃罪和其他犯罪数罪并罚;将车辆送回来未造成丢失的,按照其所实施的其他犯罪从重处罚。"第11条规定:"盗窃公私财物并造成财物损毁的,按照下列规定处理:(一)采用破坏性手段盗窃公私财物,造成其他财物损毁的,以盗窃罪从重处罚,同时构成盗窃罪和其他犯罪的,择一重罪从重处罚;(二)实施盗窃犯罪后,为掩盖罪行或者报复等,故意毁坏其他财物构成犯罪的,以盗窃罪和构成的其他犯罪数罪并罚;(三)盗窃行为未构成犯罪,但损毁财物构成其他犯罪的,以其他犯罪定罪处罚。"这些规定说明,只要行为人不是永久性地以非法占有为目的窃取他人财物,一般就不认定为盗窃罪。

第三,非法占有目的的时间性问题。盗窃罪主观方面的非法占有目的是指行为人实施秘密窃取财物时的主观心理状态,至于行为人在窃取行为得手后,客观上无论非法占有的时间长或短,甚至行为人出于各种考虑而把财物送还权利人,都不影响盗窃罪的成立,而这些只可能成为量刑的一个因素。

另外,盗接他人通信线路、复制他人电信码号或者明知是盗接、复制的电信设备、设施而使用的,必须符合"以牟利为目的"的主观要件时,才成立盗窃罪。

(二)盗窃罪数额的认定

首先,我们来看盗窃罪数额认定的问题。有时候盗窃数额是很难认定的,比如说,甲伸手到乙口袋里偷钱,我们最后应该怎么认定盗窃数额呢?这里有一个很典型的案件,大家可能都听过,那就是"天价葡萄案"。2003年8月7日凌晨,北京海淀警方巡逻至香山门头村幼儿园门前时,发现4名男子抬着一个可疑的编织袋。盘查后,警方发现4名男子的编织袋中放着偷来的47斤科研用葡萄。经调查,其中一名男子因未成年被释放。据被盗单位称:这些葡萄的来历与普通葡萄不同,它们是北京农林科学院林业果树研究所葡萄研究园投资40万元、历经10年培育研制的科研新品种。四人的"馋嘴之举"已使得其中的20余株试验链中断,损失无法估量。案发后,北京市物价局价格认证中心对被偷的葡萄进行估价,被偷葡萄的直接经济损失为11 220元。而按照市场价的话,这47斤葡萄也不过百来块钱。这个案件中,盗窃行为肯定是有的,关键是这个盗窃数额怎么认定,是按"天价"认定?还是一般葡萄的市场价认定?(下讲台提问)

学生1:"我认为,应该按照'天价'认定,因为盗窃的数额应该按照实际财物的价值计算的。"

学生2:"我认为,应该按照一般葡萄的市场价来计算。因为行为人并不知道这些葡萄的'天价'呀!否则,不是主客观不一致了吗?"

(回讲台)对于刚才讲的这些案例,用我的一个标准都可以很好地加以解决。我认为,应该以行为人的这种故意内容是概括的还是确定的作为标准,简而言之就是,"概括故意按客观,确定故意按主观"。上述第一个案例中,当甲在实施盗窃行为的时候,即把手伸到别人的口袋时,他对别人口袋里财物数额的判断是概括的,也就是说,他不知道乙口袋里到底有多少钱,而是抱着一种拿到多少算多少的心态实施盗窃行为的。这个时候,我们只能以甲实际拿到财物的数额计算盗窃数额。这是因为,在这种情况下,行为人获取的任何财物都在其故意的范围之中,以客观获取财物的数额计算,完全符合主客观一致的原则。相反,我们不可以用这个标准来判断"天价葡萄案"的盗窃数额。这是因为,那四个人在偷吃葡萄的时候,绝对认为自己偷的只是普通的葡萄,而不可能知道是天价葡萄。从这个角度来讲的话,他们盗窃时的主观故意的内容是确定的。因此,根据"概括故意看客观,确定故意看主观"这个标准,我认为,应当以四人的主观认识的确定性来判断盗窃的数额,即只能以一般葡萄的价格来认定他们的盗窃数额。

需要大家注意的是,除了多次盗窃、入户盗窃、携带凶器盗窃、扒窃这些特殊盗窃行为之外,盗窃数额必须达到数额较大才能构成盗窃罪,所以,行为人实施盗窃行为时的主观故意的确定抑或概括,还关系到盗窃罪的既遂与未遂的问题。当行为人在确定故意的情况下,因为他的故意是确定的,盗窃数额就按照行为人主观上确定的财物来确定,取得其所确定的财物的就是既遂,因为意志以外原因,没有取得相应财物的,就定未遂。而当行为人是概括故意的情况下,由于他的主观故意的内容是概括或不确定的,盗窃数额就按照客观上来认定,客观上拿多少算多少,没拿的就不算。所以说,在确定故意的情况下有未遂,在概括故意的情况下不应该存在未遂,因为他连犯罪的数额都没有,怎么会有未遂的问题呢? 比如说,甲刚把手伸到乙的口袋里,就被乙抓住,但是,由于盗窃的数额都没有,也就不能认定为盗窃罪了。所以说,抓小偷时要等行为人把财物全部拿出来后再抓,不然抓了也白抓。(全场笑)

(三) 盗窃罪既遂与未遂标准的认定

关于盗窃罪的既遂标准,理论上有接触说、转移说、隐匿说、失控说、控制说、失控加控制说等等。大家觉得盗窃罪应当采取哪一种既遂标准呢?(下讲台提问)

学生1:"我觉得应该采取转移说。只有当行为人将他人财物转移到其他地方时,才能认定行为人成立既遂。"

学生2:"我觉得应当根据各个时期的盗窃犯罪严重程度而定。如果某一段时间里盗窃犯罪非常严重则应当采取接触说,一碰到就成立既遂,如果某一段时间里盗窃犯罪不严重则应当采取隐匿说,只有行为人将他人财物藏到某一个地方了才能成立既遂。"

(回讲台)第二位同学的观点可厉害了,我伸手去偷人家的皮夹,手指才刚刚碰到,还没见到皮夹长什么样就已经成立既遂了。(全场笑)我认为,应该采取"失控加控制说",当盗窃行为已经使被害人丧失了对财物的控制时,或者行为人已经控制了所盗财物时,都是既遂。被害人的失控与行为人的控制,在通常情况下是一致的,也就是说,被害人的失控实际上意味着行为人的控制。但是,两者也存在不一致的情况,如果被害人对财物失去了控制,但行为人也并没有控制财物,这种情况也应该认定为盗窃既遂。因为,刑法是以保护合法权益为目的的,既遂与未遂的区分,说到底,是衡量社会危害性大小的问题。就盗窃罪而言,其危害程度的大小不仅仅在于行为人是否控制了财物,最重要的还在于被害人即财产所有人对这个物是否失去控制。比如说,行为人在铁路沿线中,跳上火车,不断地将火车上的货物往下推,等他后来跳下车沿线去捡的时候,发现他从火车上推下来的东西都被别人捡走了。(全场笑)大家说这是既遂还是未遂?(下讲台提问)

学生1:"我认为,这是未遂。"

提问:"说说理由呢?"

学生1:"因为他没有得到那些东西啊。"

学生2:"我觉得,应该是既遂。"

（回讲台）我认为,这种情况当然是既遂。因为尽管行为人没实际控制财物,但是,财物的主人已经实际失控了呀!所以应该是既遂。由此可见,即使行为人没有控制财物,但只要被害人失去了对财物的控制的,也成立盗窃罪既遂,而没有理由以未遂论处。当然,在不同的地方判断是否失去控制的标准是不一样的。比如说,甲在乙家里拿到东西,但没有离开,乙就不算对财物失去控制,而如果在商店里面,甲将财物拿出了柜台,我们就认为商店已经对财物失去控制了。这个大家还是需要注意区分的。

（四）盗窃罪的处罚

下面,我们简要了解一下盗窃罪的处罚问题。这里需要大家特别注意的是,《刑法修正案（八）》已经废除了盗窃罪的死刑规定。根据《刑法修正案（八）》第39条的规定,犯盗窃罪的,处3年以下有期徒刑、拘役或者管制,并处或者单处罚金;数额巨大或者有其他严重情节的,处3年以上10年以下有期徒刑,并处罚金;数额特别巨大或者有其他特别严重情节的,处10年以上有期徒刑或者无期徒刑,并处罚金或者没收财产。

（五）对"许霆案"的几点思考

通过前面的讲述,大家对盗窃罪都应该有了一个较为清晰的认识了吧。接下来,我比较全面地讲一讲我个人对"许霆案"的几点看法,这样大家可以加深对盗窃罪的理解。

许霆的行为是否构成犯罪,我的看法及结论始终如一,也就是说,他的行为肯定构成犯罪。这个案件之所以会出现那么多的争论,我认为,主要原因在于对下面这几个问题没有达成共识。

第一,当一个人的行为既有民事侵权性质,又具有刑事犯罪性质,应如何定性?

我认为,一段时间里法学界提出的很多观点以及媒体表达的观点都是有倾向性的,无罪的观点要么不登,要登就登在很重要的位置。当时有媒体采访我,我认为有罪,他们就不太愿意和我谈下去,因为我的观点和他们的不一样。所以,从舆论的角度看,好像是无罪论占了上风,但事实上并不是这样。

在法学界,特别是刑法学界,主张有罪的绝对占上风,包括我在内。现在有些学者主张,刑法是最后一道防线,只有在其他法律不能调整的情况下,刑法才能介入。由此,很多人在谈论许霆案时,说许霆的行为完全可以以民事侵权行为认定,也就是以民事法律加以调整,没有必要将其认定为犯罪,追究他的刑事责任。大家认为这种观点有道理吗?（下讲台提问）

学生1:"有道理。刑法具有谦抑性,是保障法,只有当其他法律无法规制时才能够动用刑法。"

学生2:"有道理。刑法是一把利剑,用之不当甚至会伤及自身。能够不用就应当不用,只有当其他所有法律都没有办法规制时才应该使用这把利剑。"

（回讲台）我认为,这种观点看似有理,但实际上似乎偷换了一个概念,它将刑事立法层面与刑事司法层面混淆了,也就是说,这种观点将立法上规定的内容与司法调整的范围等同了。从刑事立法角度分析,刑法确实是最后一道屏障,刑法的介入确实需要十分谨慎,只有在其他法律不能解决问题的前提下,刑法才能将某种行为规定为犯罪。但是,这仅仅是从刑事立法层面分析得出的结论,这种结论不能也不应该随意用于刑事司法层面。在刑事司法实践中,既然刑法已有规定,那么,当一个人的行为既有民事侵权性质,又有犯罪性质,我们肯定首先从刑法适用角度对这一行为进行评判。

事实上,刑法中侵犯财产的犯罪都可以用民事侵权行为来理解。也就是说用民事侵权理论完全可以把犯罪中的财产犯罪问题解释清楚。但是,我们看问题的角度,首先应该从刑法角度来分析。如果这种行为在刑法中已有规定,根据罪刑法定原则,就应该对这种行为适用刑法规定定罪量刑。只有在这种行为不符合刑法中的相关规定、不符合有关犯罪的犯罪构成,这时才可以考虑是否用民事侵权责任对其进行制裁。

我认为,刑法是调整社会关系的最后一道屏障,是针对立法层面而非针对司法层面的。在立法上我们应该尽可能地限制刑法介入的范围,只要其他法律能够解决的问题,刑法就不要轻易介入。但是,这并不意味着在司法上对行为人的行为由于其他法律可以调整了,就可以随意放弃追究其刑事责任。

任何犯罪,特别是财产犯罪,都可以用民事侵权行为理论来解释,但是,符合民事侵权要件的行为并不等于一定不构成犯罪。这恰恰是现在很多学者主张民事侵权解决许霆案件观点中的一个最大缺陷。事实上,其他法律能否足以加以调整的判断标准,也应该是以刑法的规定作为依据的。

第二,许霆利用 ATM 机获取钱财的行为属于什么性质?

很多学者把许霆案与其他行为作了一些类比:行为人到古董店买古董,看到一件古董是真品,但价格却是赝品的价格,而商店及营业员都以为它是赝品。在他们鉴别失误的情况下,行为人用赝品的价格买下了一个真品古董。行为人是否要被追究刑事责任?对这个例子,相信大家都可以得出结论,对行为人的行为肯定不能用刑法来调整,因为其不符合刑法中的任何一种规定。也许有人会说,许霆取款的这种行为也是一种交易,是与金融机构做的一种交易,与买古董一样都是交易。在许霆案中,ATM机产生了错误,两者都是利用了对方的错误进行交易,性质是一样的,买古董的人不构成犯罪,许霆也就同样不应该构成犯罪。

我认为,这种观点偷换了一个概念,因为两者之间没有可以类比的地方。古董商店跟行为人进行的交易,有两点是和许霆案件截然不同的。首先,古董是个财物,可以估价。所谓真品还是赝品,实际上是一个形式上的概念问题,实质上是营业员怎么估价的问题,也即无非是对这个财物估价的高低问题。但是许霆去取款,他去拿 1 000元,不存在对 1 000 元到底值多少钱的估价问题,也就不存在认识错误问题。ATM 机的错误是机械故障,而不是对钱的价值理解错误。其次,许霆去取款,他和金融机构之间并没有交易,这只不过是金融机构处理的一笔金融业务。许霆拿信用卡去取钱,信用卡本身并不是财物,它是记载财物的一种载体。许霆到 ATM 机去取款,他无非是从记载财物的载体中去兑现了财物,金融机构无非是在兑现中处理了一笔金融业务,其中并没有发生交易问题。

现在,很多学者把两者予以类比,错误就产生在这里,听上去很有说服力,但事实上是不能类比的。

第三,能否用期待可能性的理论赦免许霆的刑事责任?

现在讨论比较多的问题是能否用期待可能性的理论处理许霆案件,也就是所谓的"挡不住的诱惑"。许多人认为,考虑到人性的弱点,很多人在面对许霆遇到的这种情况时可能都难抵诱惑。这里我想澄清两点。

首先,对期待可能性理论的理解,一些学者想偏了。什么叫期待可能性?这是德国法院的一个判例,也就是所谓的"癖马案"。有匹马喜欢用尾巴缠住缰绳,然后朝下压。马夫告诉主人,说这匹马有恶癖,不能继续用于做生意,但主人说没问题,如果马夫坚持要换,马夫就只能下岗。马夫硬着头皮用这匹马运输。后来,这匹马恶癖发作,疯狂地跑,把一个行人的腿给轧断了。司法机关控告马夫过失伤害,法院认为不构成过失伤害。法律不能期待行为人宁可失去工作而和自己的主人对着干,最后法院判决无罪。司法机关又抗诉,最后德国帝国法院作出终审判决,维持原判。

从案例中,可以得出结论,法律只能要求行为人做可能做到的事情,不能期待行为人做不可能做到的事情。它的实际含义是很明确的,就是法律不能期待行为人在没有条件可以选择合法行为的情况下,不实施某些过错行为。换言之,期待可能性只能发生在这种场合:即行为人如果不实施相关的过错行为,其本身的合法利益会受到重大损害。那么,许霆案是否可以用期待可能性理论来解释呢?

显然,许霆案和这个结论是相违背的。因为许霆第一次取了1 000元扣掉1元之后,已经知道机器有故障。在这种情况下,他和自己的老乡又反复取了171次。这是很不容易的,确实很有"毅力"。(全场笑)取款171次,在每次取款行为中,他是否都没有一种可以选择合法行为的可能呢?如果许霆不拿钱,他的合法权益会受到重大损害吗?显然,许霆案件中不存在这个问题,所以,我们不能用期待可能性理论来解释。

其次,关于诱惑的问题,很多学者说,如果他碰到这种情况,可能也挡不住这种诱惑。我想,你第一次拿,可能是挡不住的。但你在知道机器已经出了问题之后,再反复拿,这就不存在挡不住诱惑的问题了。即便存在这种诱惑,我们都挡不住的话,反过来只能说明我们的道德水准已经降到了一种很低的程度。后面的取款是一种恶意的行为,怎么可能挡不住呢?

由此可见,我认为,我们现在应该以期待可能性理论中的完整内容对有些人的观点进行拨乱反正,而不要简单地用期待可能性理论中的某一点内容来随意解释许霆案。

第四,取款留痕迹是否属于秘密窃取?

许霆的行为是否构成侵占罪?我认为是不构成的,他应该构成盗窃罪。秘密窃取是盗窃罪最本质的特征,行为人在自认为他人不知道的情况下窃取他人财物就是秘密窃取。我们强调的是"行为人自认为"。甲的手伸到乙的口袋里,并不因为乙看见了,甲就不是秘密窃取。这个问题前面已经谈过,这里再强调一下。

有人认为,利用别人的错误就不能构成犯罪,这种观点是错误的,所有诈骗问题都是利用被害人的认识错误。我们并不提倡只要被害人有错就不能构成犯罪。在盗窃罪里,完全有可能是利用别人的错误来实施犯罪。比如说,某个人家门没关,行为人闯进来了,行为人总不能说,因为别人没关门,我就可以进来盗窃。(全场笑)

我们现在讨论的最大的问题是许霆行为是否符合秘密窃取的特征? 有人认为由于他知道 ATM 机上有探头,同时也知道取款过程中都会留下痕迹,所以这种行为不符合秘密窃取的特征。我认为,这根本不能作为否定其秘密窃取特征的理由。具体内容我在上面讲课中已经详细作了介绍,这里就不再赘述。

也有学者提出,许霆确实是在明知 ATM 机出了故障的情况下获取钱款的,如果把 ATM 机比作"人"来看,许霆在金融机构的柜台上取款,因工作人员的误解而多给了许霆钱,许霆即使构成犯罪,也应该是诈骗罪。

我认为,这里首先要明确的是,出故障的 ATM 机绝对不能等同于有认识错误的金融机构工作人员。事实上我们完全可以将出故障的 ATM 机比作不能辨认或者不能控制的精神病人,在社会生活中,如果行为人在明知对方是精神病人的情况下,仍然恶意拿他的钱,将其行为性质认定为盗窃当然并无不妥之处。另外,也有学者认为,在金融业务中,出故障的 ATM 机在处理金融业务中多扣了顾客的钱是不可能承担刑事责任的,为什么顾客多拿了钱却要承担刑事责任呢? 从平等角度看,许霆不应该构成犯罪。

依我的看法,这个观点也很难成立。如果用我刚刚所说的观点进行分析,我们不难看出,既然出了故障的 ATM 机可以比作精神病人,精神病人拿了他人的钱财当然不可能承担刑事责任,而他人非法地获取精神病人的钱财该追究刑事责任的就应该追究。可见,从刑法角度分析,有刑事责任能力的人是不可能与无刑事责任能力的人讲平等的,这个观点的缺陷在于将两种不同的人混淆了。就此而言,我们完全可以这样认为,在 ATM 机出故障的情况下,金融机构不构成犯罪并不等于许霆不构成犯罪。

第五,别国的案例是否具有借鉴性?

现在很多学者都介绍了国外的一些基本情况。比如,有些人谈到英国的一个案例:英国某地一台 ATM 机,有一天突然向外吐款,许多市民去抢,结果英国银行说由于 ATM 机出毛病,吐出来的钱你们拿走就拿走吧,银行不要了。有学者说英国人都有这种态度,这么高的姿态,我们为什么不能有?

我认为这是不可比的。首先,自动吐款和采用恶意行为主动取款是不一样的,这种取款是在获知 ATM 机有故障的情况下,积极、恶意的取款行为,两者没有可比性。另外,我要反问一下,为什么英国有这种姿态,我们就一定要有这种姿态? 这种比较是没有必要的。就案例而言,国外其实有很多支持许霆构成犯罪的案例。比如,美国一家银行在处理业务时,把一笔款 500 万美元打到了一个人的账户里,这个人恶意使用了 200 万,他知道这个款不是自己的,但是银行打到了他的账户里,他就使用了。这个案件现在已进入法院审理过程中了。我们为什么不用这个案件说明许霆行为构成犯罪呢? 有些人就是喜欢找一些证明自己观点是对的而且都是无罪的案件来说理,我认为这既不全面也不妥当。

把许霆的行为认定为犯罪,按照我的理解是符合立法精神的。现在侵犯财产罪中有一条侵占罪。侵占罪有三个对象:埋藏物、遗忘物和保管物。埋藏物、遗忘物和许霆案无关,按照许霆的说法是为银行保管财物,这个听起来有点荒谬。你委托我保管一份财物,我后来拒不归还、拒不交出,都可能构成犯罪。在许霆案中,没人委托许霆保管,他主动采取积极的恶意取款行为,你还认为这种行为不构成犯罪?因为恶性程度不一样,法律把恶性程度很小的、有可能构成犯罪的都规定在条文里,而许霆这种恶性程度明显的行为,如果不构成犯罪,从立法上是说不过去的。

当时很多人提出"疑罪从无",许多专家都围绕这个东西谈了许多观点。关于这个问题,我认为,这是对"疑罪从无"这个观点本身的一种曲解。"疑罪从无"更多的是从程序、证据以及从事实本身来看,而不是从法律本身。如果从法律谈"疑罪从无"的话,任何案件只要一讨论,只要专家意见不一致,就可以疑罪从无。如果这样,专家就太厉害了。案件定不下来了,专家发表一个不同观点,疑罪从无,检察机关也就可以打烊关门了,什么案件讨论一下就可以解决了。我认为,这不是"疑罪从无",而是"讨论从无"了。(全场笑)另外,关于行为人认识错误的问题。许多专家都在对许霆案的认识错误问题展开大讨论,认为一个打工的人怎么可能在取款的时候认识到自己的行为是违法的,这种观点很有蛊惑性。我认为这种观点也是错误的,如果许霆在取款的时候不知道自己的行为是违法的,我认为照样可以构成犯罪。更何况只要是智力正常的人都可能想到自己的行为是违法的。而且即使行为人认为不违法,但是,这仍然属于法律上的认识错误,法律上的认识错误并不影响法律的适用。法律颁布以后,就视为行为人知道,在这种情况下,这种认识错误不影响具体的定性。

(六)盗窃罪司法解释若干疑难问题解析

"两高"于2013年4月2日联合颁布了《关于办理盗窃刑事案件适用法律若干问题的解释》(以下简称《2013年解释》)。该司法解释对"多次盗窃""携带凶器盗窃""扒窃"等内容作出了规定。但是,司法解释中的不少内容仍然需要我们进行研究。

1."多次盗窃"中每次盗窃行为的认定

根据《刑法修正案(八)》的规定,并结合司法实践情况,《2013年解释》第3条第1款将"多次盗窃"的含义由1997年最高人民法院《关于审理盗窃案件具体应用法律若干问题的解释》的"1年内入户盗窃或者在公共场所扒窃3次以上"调整为"2年内盗窃3次以上"。

提问:这里的2年内盗窃3次以上,是否包括已经受过行政处罚或刑事处罚的盗窃行为?

学生:不包括,否则会造成重复评价。

我认为,"多次盗窃"中的每次盗窃行为既应包括未经处理或处罚的盗窃行为,也应包含已经受过行政处罚或刑事处罚的盗窃行为。主要理由有以下几点:

首先,将已受过行政处罚或刑事处罚的盗窃行为认定为"多次盗窃"中的具体每次盗窃行为,并不违反禁止重复评价原则。"第一次评价"是根据行为人的盗窃数额予以行政处罚或刑事处罚,这里主要评价的是行为人的客观危害结果;"第二次评价"是根据行为人的盗窃次数予以刑事处罚,这里主要评价的是行为人的主观恶性。因为行为人在因盗窃而受过处罚后又实施盗窃行为,说明其屡教不改,主观恶性较大,所以这里主要评价的是行为人第二次实施盗窃所反映出来的主观恶性。由此可见,两次处罚评价的内容实际上是不一样的。

其次,将已受过行政处罚和刑事处罚的盗窃行为排除出"多次盗窃"势必会轻纵盗窃犯罪分子,不利于对盗窃犯罪的打击。比如,对于多次盗窃者而言,他完全可以通过每次主动接受行政处罚,避重就轻,规避刑事处罚。再如,"多次盗窃"构成盗窃罪的规定将会因司法实践中发生的盗窃案件多为入户盗窃、携带凶器盗窃、扒窃等而难以被适用,以致被束之高阁,形同虚设。

2."携带凶器盗窃"中的"凶器"的认定

《2013年解释》第3条第3款将"携带凶器盗窃"界定为"携带枪支、爆炸物、管制刀具等国家禁止个人携带的器械盗窃,或者为了实施违法犯罪携带其他足以危害他人人身安全的器械盗窃"。依我之见,应通过审查行为人所携带的器械与盗窃行为、盗窃目标之间是否存在关联,来判定其主观上是否具有使用凶器的意识,即在犯罪过程中针对人身使用器械以压制他人反抗或杀伤他人的意识,进而认定该器械是否为"凶器"。如存在关联就表明行为人主观上具有使用凶器的意识,即可认定该器械为"凶器";反之,则表明行为人主观上并无使用凶器的意识,应将该器械认定为犯罪工具而不能认定为"凶器"。

3."扒窃"对象——"随身携带的财物"的认定

为了加大对扒窃行为的打击力度,《2013年解释》第3条第4款将"扒窃"界定为"在公共场所或者公共交通工具上盗窃他人随身携带的财物",而不要求必须盗窃贴身携带的财物才构成犯罪。但对于何为"随身携带的财物",《2013年解释》并没有作出进一步的解释。我认为,"随身携带的财物"应理解为贴身的可携带的财物,或者在近身范围内可支配、可掌控和可携带的财物,其中对近身财物的支配和掌控是指客观上可支配和可掌控,而并不要求实际支配和掌控及主观意识上能支配和掌控。

4. 特殊盗窃犯罪未遂形态的判定

接下来,我们来看特殊盗窃犯罪的未遂形态问题。有不少学者认为,特殊盗窃犯罪不存在未遂。你们怎么看?（下讲台提问）

学生:不存在未遂,因为特殊盗窃犯罪是行为犯。

提问:那么强奸罪也是行为犯,为什么强奸罪存在未遂?

学生:（一时无语）

（回讲台）我认为,特殊盗窃存在未遂形态。理由主要有以下四点:

其一,对于占有类的财产犯罪而言,财物是否到手或被害人是否失去对财物的控制,绝对是判断犯罪既未遂的根本标准。入户盗窃、携带凶器盗窃和扒窃等特殊盗窃虽然是盗窃罪的特殊表现形式,但其仍然属于占有类的财产犯罪,其所侵犯的也仍然是公私财产所有权。我们不能因为某些盗窃的行为方式具有特殊性而否认这些盗窃行为存在未遂形态,这是没有道理的。

其二,不能因这些特殊盗窃犯罪无数额较大的要求而否定其存在未遂的形态。实际上,我国刑法中的很多犯罪虽也无数额较大的要求,但也仍然存在未遂的形态。例如,《刑法》第 263 条规定的抢劫罪也无数额较大的要求,但仍然存在抢劫罪的未遂。如某甲持刀威胁某乙,并对某乙进行搜身,但某乙身无分文,某甲便作罢。对于这种行为人既未劫取财物,又未造成他人人身伤害后果的行为,就应认定为抢劫罪的未遂。《关于审理抢劫、抢夺刑事案件适用法律若干问题的意见》第 10 条就明确规定,既未劫取财物,又未造成他人人身伤害后果的,属抢劫未遂。

其三,即便行为犯也存在未遂形态。不能因为将特殊盗窃划定为行为犯,就认为其不存在未遂形态。行为犯可以分为过程行为犯和既成行为犯。即使要将特殊盗窃认作行为犯,也应属于这种过程行为犯。对于过程行为犯,同样可以根据案情的不同即行为人的犯罪行为实施进度区分不同的犯罪形态。如果因为行为人意志以外的原因没能窃得财物,就应认定为犯罪未遂。

《2013 年解释》第 12 条第 1 款规定:"盗窃未遂,具有下列情形之一的,应当依法追究刑事责任:(一)以数额巨大的财物为盗窃目标的;(二)以珍贵文物为盗窃目标的;(三)其他情节严重的情形。"特殊盗窃未遂是否只有在符合上述规定下才应当追究刑事责任?我也持肯定态度,理由主要有以下两点:

其一,虽然特殊盗窃行为构成犯罪并没有数额较大的要求,但这并不意味对这些行为的定罪和处罚不需要行为达到一定的危害程度。刑法对盗窃罪的认定和处罚既有定性要求,也有定量要求。即只有当特殊盗窃行为达到一定的社会危害性时,而不能简单地将仅取得价值微小或无价值财物的特殊盗窃行为也认定为构成盗窃罪,更不用说没有取得财物的特殊盗窃未遂行为。

其二,特殊盗窃既遂的行为尚可根据《刑法》第 13 条的但书规定不追究其刑事责任,或者根据《刑法》第 37 条的规定免予刑事处罚,更何况是情节更为轻微的特殊盗窃未遂行为了。

综上所述,我认为,入户盗窃、携带凶器盗窃和扒窃等特殊盗窃行为实际上是存在未遂形态的,但存在未遂形态并不等于一定要追究其刑事责任。对于特殊盗窃未遂的行为,还应当综合考虑具体案情和情节严重程度,只有在符合司法解释第 12 条第 1 款的规定即达到情节严重的情况下,才应追究其刑事责任。对于其中符合治安管理处罚法的特殊盗窃未遂行为,没有必要适用刑法调整,以免造成司法资源的浪费。

好,盗窃罪的相关内容我就为大家介绍到这,接下来我为大家介绍诈骗罪的相关内容。

四、诈骗罪

诈骗罪是侵犯财产罪中最为常见且最为古老的犯罪之一。所谓诈骗罪,是指以非法占有为目的,用虚构事实或隐瞒真相的方法,骗取数额较大的公私财物的行为。我国关于诈骗罪的规定主要体现在《刑法》第266条,但这一规定的罪状非常简单:"诈骗公私财物,数额较大的"构成诈骗罪,从中并不能看出诈骗罪的犯罪构成要件。目前,我们对诈骗罪所下的定义以及对该罪构成要件的表述,其实都是沿用传统刑法理论中的观点。正是由于刑事立法和司法解释对诈骗罪及其构成要件未作详细规定,从而影响了理论研究中对诈骗罪的不同认识,这多少也是导致司法实践中,认定诈骗罪存在许多不同意见的原因之一。尤其是面对一些具体的案件时,理论界和实务界往往众说纷纭,莫衷一是。所以,我认为,尽管诈骗罪是古老、传统的财产犯罪,但研究诈骗罪仍然具有十分重要的理论意义和实践价值。关于诈骗罪,我主要为大家分析以下几个问题。

(一)诈骗罪侵犯客体的界定

我们首先来界定一下诈骗罪的犯罪客体。诈骗罪所侵犯的客体理应是公私财产所有权这一简单客体,理由主要有三点。

首先,在我国刑法中诈骗罪是归属于侵犯财产罪一类犯罪之中的,在这类犯罪中除少数诸如抢劫罪等犯罪侵犯的客体是复杂客体外,大多数犯罪所侵犯的客体都是简单客体,诈骗罪也不例外。尽管社会生活中行为人在实施诈骗行为时,有时会对刑法所保护的其他社会关系造成损害,但是无论如何诈骗罪所侵犯的客体因受其主观方面及客观方面的影响,都应该是简单客体。

其次,经修订后的我国新刑法已经对诈骗罪作了具体分解,也就是将合同诈骗罪以及金融诈骗罪从一般诈骗罪中分离了出来,而且这些诈骗犯罪都被刑法列入第三章破坏社会主义市场经济秩序罪之中。从犯罪客体是我国刑法分则中具体犯罪分类的主要依据的原理出发,我们可以清楚地看到,包括合同诈骗罪和金融诈骗八种犯罪在内的诈骗类犯罪所侵犯的主要客体理应是市场经济秩序。尽管实施这些犯罪的行为人在主观上仍然应该具有非法占有的目的,但他们的诈骗行为受行为方式以及诈骗领域的限制,就决定了这些诈骗类犯罪所侵犯的主要客体应该是市场经济秩序。由于被分离后的一般诈骗罪仍然归在刑法侵犯财产罪中,因此,理论上应该可以理解一般诈骗罪所侵犯的客体是公私财产所有权。

最后,在刑法分则对诈骗犯罪进行了分解后,原来诈骗罪的概念和范围事实上也有了很大程度的缩小。按照特别法条优于普通法条的法条竞合原理,通常发生在市场经济领域中的诈骗犯罪行为,理应构成相应特别法条所规定的诈骗罪,而原来的一般诈骗罪则通常是指发生在除市场经济领域外的其他社会生活之中。就这一点来说,现行刑法中的诈骗罪所侵犯的客体理应是简单客体,其内容应该是公私财产所有权。

在明确了诈骗罪的客体后,在司法实践中我们需要明确与"财物"相关的一个问题,也就是说财物是否限于有经济价值之物?对于这个问题,我国理论界一般都认为,诈骗罪的犯罪对象必须具有价值,但对这种价值是否限于经济价值,以及这种价值的判断是依据主观标准还是客观标准,理论上存在不同的观点。第一种观点认为,作为侵犯财产罪对象的财物,并不要求具有客观的经济价值,即使它客观上没有经济价值,也不失为侵犯财产罪的对象。比如,某些纪念品、礼品,本身不一定具有客观的经济价值,但所有人、占有人认为它是有价值的,社会观念也认为这种物是值得刑法保护的物,因而属于财物。第二种观点认为,只有具有一定经济价值的财物,才能成为侵犯财产罪的侵害对象。判断某种物品是否具有经济价值,其标准应当是客观的,不能以主观上的标准来评判。经济价值是指能够用客观的价值尺度衡量的经济效用。某件物品是否具有经济价值,主要通过市场关系来体现。

我认为,正如我们前面所讲的,诈骗罪作为侵犯财产罪的组成部分,其所侵犯的客体理应是公私财产所有权。由此决定,诈骗罪的对象是财物,当然这种财物必须具有一定的价值,而且这种价值必须体现为经济价值;同时,这种价值是客观方面的价值,而不是被害人认可的价值。第一种观点抹煞了侵犯财产罪的本质特征,忽视了这种犯罪所侵犯的客体是财产权而不是其他的精神方面的权利。

需要指出的是,诈骗罪的对象并不限于有形物,无形物与财产性利益也可能成为诈骗罪的对象。根据《刑法》第210条的规定,使用欺骗手段骗取增值税专用发票或者可以用于骗取出口退税、抵扣税款的其他发票的,构成诈骗罪。根据最高人民法院2000年5月12日《关于审理扰乱电信市场管理秩序案件具体应用法律若干问题的解释》,以虚假、冒用的身份证件办理入网手续并使用移动电话,造成电信资费损失数额较大的,以诈骗罪定罪处罚。

因为我国刑法规定要构成诈骗罪,所诈骗的财物必须达到一定的数额,那么这里存在的问题是:假如行为人认为的价值与财物的实际价值不相符合,比如行为人在实施诈骗时认为诈骗的对象价值很大而实际价值很小或者正好相反,应当如何处理?(下讲台提问)

学生1:"我认为应当按照行为人的主观方面加以认定,否则不能实现罪刑相适应。"

学生2:"我认为这属于对象的认识错误,应当按照主观方面加以认定,只不过是成立未遂而已。"

(回讲台)我认为,这种对诈骗对象价值的认识错误,与通常所说的对象错误并不完全一样。在刑法理论上,对于对象的认识错误我们一般都是按照行为人的主观方面加以认定的,也就是说只要行为人具有犯罪的故意,即使在对对象的认识上有错误,最多会影响到犯罪的形态,而不会影响犯罪的成立。但是,由于诈骗罪以达到一定数额作为构成犯罪的必要要件,因此,对象价值的多少可能直接影响到诈骗犯罪的认定。就此而言,我认为,只要行为人对于诈骗对象的性质本身没有认识错误,如果仅仅只是对于诈骗对象的价值有认识错误,无论什么认识错误,我还是坚持我前面提出的"概括故意按客观,确定故意按主观"的判断标准。

(二)诈骗罪"非法占有"目的的认定

接下来,我们来分析一下诈骗罪的"非法占有"的目的。诈骗罪是故意犯罪,而且是直接故意,这一点理论界没有什么争议。此外,虽然我国刑法对诈骗罪没有规定以

"非法占有为目的",但理论界和实务界一般认为,诈骗罪应当以非法占有为目的。然而,理论界和实务界对"非法占有为目的"存在不同的认识。第一种观点认为,所谓非法占有为目的,是指明知是公共的或他人的财物,而意图把它非法转归自己或第三者占有。这是我国理论界的通说,可以称为"意图占有说"。第二种观点认为,非法占有为目的包括两种情况,一是以非法暂时占有、使用为目的,二是以不法所有为目的,对非法占有目的或不法所有目的,不能理解为只是意图占有或者控制财物,而应当包括利用和处分财物的目的在内。我们可以称它为"不法所有说"。

我认为,所谓诈骗罪的"非法占有"与民法意义上的占有既有联系又有区别,其最大的区别可能反映在对某些财产的占有不可能真正发生民法意义上的所有权转移的问题,刑法意义上的占有可能更多地反映在对财物的控制上。就这一点来说,我认为,诈骗罪中的占有理应理解为是行为人将不属于自己的公私财物作为自己的财物另作使用、收益和处分。刚才讲的第一种观点是从字面意义上来认识"非法占有"这一要件的,这种理解尽管得到了绝大多数人的认可,但仍然存在一定问题;而第二种观点在第一种观点的基础上增加"非法占有"字面意义的理解,具有一定的道理。我认为,要正确认识这个问题,必须要正确认识占有的含义。

对于"非法占有"的目的,是否是诈骗罪的构成要件? 答案应该是肯定的。我认为,犯罪构成的要件有"显性要件"和"隐性要件"之分,也就是说并非所有犯罪的构成要件都在刑法条文中明文规定。现行刑法中虽然没有明文规定诈骗罪的犯罪目的,但是作为占有型的财产犯罪一般都要求行为人主观上应该具有"非法占有"的目的,而且这一目的应该是诈骗罪的构成要件之一。"以非法占有为目的"的要件是区别诈骗罪与民事欺诈行为的重要界限之一。诈骗罪中的"以非法占有为目的"是指恶意占有公私财物并将其作为自己的财物进行使用、收益或处分。

(三)诈骗罪客观行为表现形式分析

下面,我们来具体分析一下诈骗罪的客观表现形式。有学者认为,从客观要件看,诈骗罪在客观方面必须表现为一个特定行为的发展过程:行为人实施欺骗行为——对方产生或者继续维持认识错误——对方基于认识错误处分(或交付)财产——行为人获得或者使第三者获得财产——被害人遭受财产损失。但也有的国家刑法典仅仅规定了刚刚讲的三个要件:欺诈行为、使被害人陷入错误和被害人遭受财产损失。比如德国刑法典规定:意图使自己或第三人获得不法财产利益,以欺诈、歪曲或隐瞒事实的方法,使他人陷于错误之中,因而损害其财产的,处 5 年以下自由刑或罚金。我认为,前面讲的五个要件中的"行为人获得或者使第三者获得财产"对认定行为是否构成犯罪并没有意义,正如前面我们讲的,行为是否构成犯罪是以被害人遭受损失为依据,而不是以行为人获得利益为依据。而且这一要件和"对方基于认识错误处分(或交付)财产"是一个问题的两个方面,只描述其中一个要件就可以说明这个问题。另一个要件"对方基于认识错误处分(或交付)财产"虽然在一些国家的刑法典中没有规定,但理论界大都认为这是构成诈骗罪的必备要件,而且有的国家的刑法典也明确规定了要有交付行为才构成犯罪。比如说,《日本刑法典》第246条规定:"欺骗他人使之交付财物。"我国理论界和实务界也有人认为,在认识错误的基础上交付财物是构成诈骗罪的必备要件。因此,理论上许多人认为,诈骗罪在客观方面表现为下面四个阶段:行为人实施欺骗行为——被害人产生认识错误——被害人基于认识错误处分(或交付)财产——被害人遭受财产损失。我认为,在这四个阶段中,前三个阶段是诈骗罪区别于其他犯罪的关键点,而第四个阶段尽管是构成诈骗罪的要件内容,但并非是关键点。下面,我们就来具体分析一下这四个阶段。

1. 行为人实施欺骗行为

我们首先来看第一个阶段——行为人实施欺骗行为。诈骗罪的客观行为表现为行为人实施了虚构事实、隐瞒真相的行为。行为人所实施的欺骗行为是诈骗罪的前提条件,没有这一行为,就无所谓诈骗罪的成立。对此,有的国家的刑法典明确规定了这一要件,比如《德国刑法典》所规定的"以欺诈、歪曲或隐瞒事实的方法",再比如《俄罗斯刑法典》第159条规定的"以欺骗或滥用信任的方法"。我国现行刑法有关诈骗罪的条文中没有明确规定诈骗行为的具体内容,但理论界和实务界一致认为,诈骗罪中诈骗行为应包括虚构事实和隐瞒真相两种形式。

所谓"虚构事实",是指捏造客观上并不存在的事实,骗取被害人的信任,也就是以假为真。所谓"隐瞒真相",是指对受害人掩盖客观存在的某种事实,也就是遮掩客观事实。在我国的司法实践中,一般认为,行为人所实施的欺骗行为一般是对事实的欺诈,并不包括价值判断。而且这里的事实一般是具体的事实而不是对抽象事实的扩大。比如,编造谎言,假冒身份,骗取钱财;伪造、涂改单据,冒领财物;伪造公文、证件骗取财物等等。

行为人所实施的欺骗行为需要达到什么程度才可以构成诈骗罪?这是一个理论界和实务界争议颇大且很难厘清的问题。比如说,商家在推销产品时,有的时候对产品的性能会有一些夸大的陈述,对事实有一定的歪曲,那么,这种行为是否能够构成诈骗罪?(下讲台提问)

学生1:"我认为不构成诈骗罪。这种现象太常见了,如果将这种行为都入罪,那打击面就太宽了。"

学生2:"我认为要看骗的程度,如果已经违背了商品本来的性质及用途,那就构成诈骗罪,否则就不应该以犯罪论处,直接用民事欺诈加以解决就行了。"

(回讲台)这个问题在司法实践中也很难有一个标准来加以确定。我认为,由于诈骗罪与民事欺诈行为客观上需要存在程度上的区别,而且在刑事犯罪中还存在许多涉及欺诈内容的行为也应该要与诈骗罪加以区别,因此,诈骗罪中的欺骗程度应该理解为是较为"彻底的骗"。例如,行为人以土豆冒充天麻,以树根冒充人参,由于土豆和天麻、树根和人参都是完全不同质的东西,因而这些"骗"其实都属于"彻底的骗"。就此而言,行为人的行为属于诈骗无疑。如果商家在推销产品过程中,只是对产品的性能作了一些夸大的陈述,但这些陈述并没有改变产品的真实性能,一般就不能作为诈骗行为加以认定。

2. 对方产生认识错误

接下来,我们来看第二个阶段——对方产生认识错误。

首先,我们来看什么叫"认识错误"。对方产生认识错误是诈骗罪的核心要件,也是诈骗罪与其他侵犯财产罪区别的关键所在。比如,对于盗窃罪与诈骗罪的界定,理论上一般认为,盗窃罪是以不为人知的"梁上君子、暗度陈仓"的手法窃取公私财物;而诈骗罪则是用为人错知的"巧舌如簧、明修栈道"的手法骗取公私财物。也就是说是否使对方产生错误认识是划分盗窃罪和诈骗罪界限的根本要件。所谓对方产生认识错误是指由于行为人的欺骗行为,使得被害人对事实的判断产生偏差,在这种错误认识的基础上,将财物按照行为人的意志加以处理。当然,认定行为人的行为是否构成诈骗罪还要看行为人最后是否是通过对方的错误认识而实际占有财物的,这一标准在界定盗窃罪和诈骗罪时必须突出加以强调。

我举个例子,大家讨论一下。一对新婚夫妇收到一封来信,信中写道:"祝贺新婚,送上两张电影票。要知道谁是送票人,看完电影便知道。"新婚夫妇兴冲冲去看电影,却一直未找到送票人。看完电影回家,发现家中洗劫一空,桌上留了一张字条:"你们该知道送票人是谁了吧。"(全场笑)我的问题是,本案行为人构成什么犯罪?(下讲台提问)

学生1:"我认为,应该构成盗窃罪。"

学生2:"我认为,应该构成诈骗罪。"

(回讲台)那么,我再举个例子,大家进一步开展讨论。甲经过一家电器公司,见门前有一货车正在下货,便佯装从公司匆匆走出,还吆喝:"快点下,顾客等着要货。"卸货员以为甲是公司人员,遂将一录像机递给甲,甲抱机又装着朝公司迈步,其实抄小路离去。本案行为人应该构成何种犯罪?(下讲台提问)

学生1:"我认为,甲的行为构成诈骗罪。"

学生2:"我同意这位同学的观点。"

提问:"这个案例和前一个案例主要有什么区别?两个案例被害人均有错误认识呀!"

学生3:"两案例中的被害人尽管均有认识错误,但是,似乎性质并不相同,我讲不清楚。"

(回讲台)我认为,案例一的行为人构成盗窃罪,案例二的行为人构成诈骗罪。两个案例中的被害人尽管都有认识错误,但是,关键是行为人的欺骗方式是否是实际占有他人财物的直接手段。案例一的行为人尽管也采用了一些欺骗手法,而且被害人也确实产生了一定的错觉,但行为人并没有利用被害人产生的错觉也没有用欺骗手段直接取得财物,而只是利用这些内容将被害人引开,也就是所谓使用"调虎离山"计。在此基础上,乘被害人家中无人之机,采取背着事主秘密窃取的手段占有财物,因而案例一的行为人构成了盗窃罪。案例二中的甲虚构事实,冒充公司人员,使卸货员在产生错误认识后,"自觉、主动"地将录像机交给甲,也就是说甲取得财物所直接采用的手段是"虚构和蒙骗",因而甲构成了诈骗罪。从这些案件分析中,我们不难发现,在理解对方错误认识这一点上,必须要和行为人的诈骗行为加以联系,也就是说被害人的认识错误是基于行为人所实施的欺骗行为而产生的,而且行为人所实施的诈骗行为是占有财物的直接手段。如果行为人所实施的欺骗行为没有使对方产生认识错误,或者即使使对方产生认识错误,但并非是占有财物的直接手段,那么行为人即使实施了欺骗行为,也不构成诈骗罪。这一点在一些国家的刑法典中有明确的规定,除了德国刑法典外,其他的比如《瑞士刑法典》第 146 条所规定的:"以欺骗、隐瞒或歪曲事实的方法,使他人陷于错误之中,或恶意地增加其错误,以致决定被诈骗者的行为。"

我们应该看到,这里所谓使对方产生错误认识必须基于一个前提,也就是说对方必须是在清醒的状态下、且能够认识自己所实施的行为性质,只有在此前提下因行为人的诈骗行为而产生认识错误的,并基于这种认识错误处理财产,才符合诈骗罪的特征,否则行为人的行为可能构成其他犯罪但不构成诈骗罪。比如,行为人采用使被害人产生幻觉或者迷糊的方法而获取财物,对此应以抢劫罪定性而不能认定为诈骗罪。因为这种情况中的被害人其实并没有产生错误认识,而只是在全部或部分丧失认识能力的基础上实施了交付行为,符合抢劫罪的"其他方法"的特征。

当然这里还应该讨论的是,如果实施诈骗行为的对方是没有达到法定年龄的人或者是没有责任能力的人是否也可构成诈骗罪?比如说,行为人通过虚构事实、隐瞒真相的手段欺骗一个 8 岁的小孩子或者一个精神病人,获取其随身携带的财物,这种行为是否构成诈骗罪?(下讲台提问)

学生 1:"不构成诈骗罪。8 岁的小孩和精神病人在刑法上就相当于工具一样,不存在独立的认识,类似这种情形以盗窃罪认定更为妥当。"

学生 2:"不构成诈骗罪。对于 8 岁小孩和精神病人而言,不应存在骗的问题,但在他们眼皮底下拿走他们的东西,定盗窃罪似乎也不太妥当,我觉得是不是可以定抢夺罪或者抢劫罪。"

(回讲台)有人认为,与所谓的"认识错误"相对的是"认识正确",而"认识正确"的前提条件是行为人必须有认识能力和意志能力,也就是说应当具备民事行为能力,否则就无所谓正确或者错误。在欺骗没有认识能力的人并将其财物取走的情况下,被害人并没有产生认识错误,因为其本身就对自己行为的性质无法正确认识,因此,这种情况不能构成诈骗罪。虽然我国刑法对这种情况没有明确规定,司法实践中一般也是按照诈骗罪来认定的,但这种认定是不正确的,不能将这种情况认定为诈骗罪,因为诈骗罪的被害人应当是具有民事行为能力的人。持这个观点的学者认为,在我国现行刑法规定的框架内,可以将这种行为认定为抢夺罪。

我认为,对于这类案件的定性确实值得我们加以讨论。如果对行为人以诈骗罪定性确实有很多难以说通的地方。因为,这些案件中的被害人均是没有达到法定年龄的人和精神病人,由于他们本身均不具有法律意义上的认知能力,因而又怎么可能产生所谓真正意义的"认识错误"呢?当然,我也不同意上述学者提出的行为人构成抢夺罪的观点,因为,在这种情况下,行为人是利用被害人不知反抗或不能反抗的状态实施相关占有财物的行为的,既然被害人不知,又何来"乘人不备"之说呢?就此而言,我认为,对这类案件应该以盗窃罪定性。因为,行为人实际上是在被害人不能认知自己行为性质的情况下,实施相关的占有他人财物的行为。

其次,我们来分析一下诈骗罪被害人的范围。我认为,对诈骗罪被害人范围的确定直接影响到我们能否对诈骗行为正确定性。这里需要讨论的有如下几个问题。

第一,被害人与被骗人是否可以为不同的人?

应该看到,诈骗罪的"对方"理应理解为是被害人,那么这里的被害人是否仅指财物的所有人? 我认为,诈骗罪的被害人并不仅仅限于财物的所有人,其实诈骗罪的被害人还应包括财物的持有人或者有权处分财物的相关人(理论上也有人将这些人称之为被骗人,以区别于真正因诈骗行为而遭受财产损失的被害人)。比如说,乙上班后,其保姆丙在家做家务。被告人甲敲门后欺骗保姆说:"你们家的主人让我上门取他的西服去干洗。"丙信以为真,将乙的西服交给甲。这种财产处分人与被害人不同一的情况属于三角诈骗,也是诈骗犯罪的一种。

理论上将这种情况称之为"三角诈骗",主要是因为在一般诈骗罪中,被骗人和被害人是同一个人,但在这种情况下被骗人和被害人则不是同一人。所以有人将这种发生在三者之间的诈骗案件,称为"三角诈骗"。

在研究三角诈骗时,理论界和司法实务工作者较多关注诉讼欺诈,这也是近几年我国学者讨论比较激烈的问题。一般认为,诉讼欺诈是三角诈骗的特殊表现形式。所谓诉讼欺诈是指行为人为非法获取他人财产或财产性利益,虚构事实或者隐瞒真相,伪造证据并向法院提起民事诉讼,诱使法院作出有利于自己的判决,从而获取财产或财产性利益的行为。诉讼欺诈的特点在于利用法院的力量来获取不正当的利益,在利用法院力量的时候,采取了骗取的手段,司法实践中主要表现为伪造证据,而伪造证据是虚构事实或者隐瞒真相的组成部分。也就是说,诉讼欺诈=虚构事实(隐瞒真相)+提起民事诉讼。其基本流程可以表示为:行为人实施欺骗行为——法院产生认识错误——法院作出有利于行为人的判决——被害人根据法院判决交付财产——行为人获取利益。

值得注意的是,我国《刑法修正案(九)》新增加了虚假诉讼罪。《刑法》第307条之一第1款规定:"以捏造的事实提起民事诉讼,妨害司法秩序或者严重侵害他人合法权益的,处三年以下有期徒刑、拘役或者管制,并处或者单处罚金;情节严重的,处三年以上七年以下有期徒刑,并处罚金。"根据罪刑法定原则,现在的诉讼欺诈行为构成犯罪的都应以虚假诉讼罪来定罪处罚。

第二,"机器"是否可以成为诈骗罪的被害人?

目前,理论上对于诈骗罪的被害人是否包括机器这一问题争议很大,可谓众说纷纭,莫衷一是。大家对这个问题是怎么理解的呢?(下讲台提问)

学生1:"我认为机器是不能成为诈骗罪的对象的。无论是从一般人的常识来看还是从机器的特征来看,都应该得出这样的结论。"

学生2:"我也认为机器不能成为诈骗罪的对象。机器即使再高明,也是由人设计出来的,永远不会超过人的智慧,永远要受人的操纵,它不可能和人等同,所以机器是不能像人一样可能被骗的。"

学生 3:"我认为机器是可以被骗的。因为机器完全可能出现一定的故障,我以前有个同学就把一枚一元的硬币穿了个洞,然后用一根细绳将这枚硬币穿起来,每次到自动售货机买饮料时就将这枚硬币用绳子拉住放到投币孔里,然后再拉上来,反复操作,免费饮料就出来了。"(全场笑)

(回讲台)这位同学要注意了,你这是在"传授犯罪方法"嘛!(全场笑)你赶紧和你那位同学联系一下,让他悬崖勒马,回头是岸,一旦达到了数额,他也可能构成犯罪了。(全场笑)

理论上有人认为,只有人才会陷入错误,机器不能陷入错误,也不可能成为诈骗的对象。因此,把与硬币相似的东西投入自动售货机,或者用刚刚那位同学"传授"的方法取得其中财物的行为,不构成诈骗罪。因为诈骗罪必须要有足以使他人陷入错误的欺诈行为,而机器没有人的意识不可能陷入错误,把与硬币相似之物投入自动售货机取出财物的行为,自然不属于骗取,应当视为窃取,成立盗窃罪。这个观点是日本刑法理论上的通说,也是日本判例所持的基本立场。

但是,也有学者不赞成这种主张,认为自动售货机是按一定程序来运作的,程序的设置是人的意志的体现,人设置程序时想到的是顾客支付了相对数额的金钱才会提供相应价值的物品。所以,预先设置的自动售货机的程序是"人的意思、心理的代行为",行为人投假币到自动售货机中,这应当认为是欺诈行为,由此而导致其程序误认,实质上等于是程序设置者陷入错误,自动售货机提供物品的行为,实际上也是代替设置者完成的交付行为。因此,应当认定为诈骗罪。

我认为,要正确判断机器是否是诈骗罪的被害人,关键是看其是否因为行为人的欺骗行为产生认识错误。正如前面所讲的,诈骗案件中的被害人之所以产生"认识错误"是因为事先有"认识正确",就认为应当对某种行为作出什么反应。就机器而言,如自动存取款机(ATM 机),根据事先的程序设计,只要行为人手持已经登记的合格的信用卡且输入的密码正确,自动存取款机就要付款给持卡人,至于持卡且输入密码的人是否是卡的真正主人,自动存取款机则无法识别。有论者认为,对于行为人冒用他人的信用卡在自动存取款机上取款的行为,只要信用卡和密码是真实的,就不存在机器受欺骗的情况,应视情况成立侵占罪或者不负刑事责任。

我认为,由于现代社会的信用卡都要求是持卡人才能使用,因而当信用卡和密码均是真实的情况下,也仍然存在"骗"的问题,即我经常所说的,卡是真的,密码也是真的,但人是假的,也即卡和密码与人对不上号。在这种情况下,ATM 机就会误将使用者当作信用卡的真实持卡人,而"自觉自愿"地将钱款交给使用者。我认为,所谓行为人是利用机器的缺陷的说法是不能成立的,因为使用虚假的凭证、信息本身就是欺诈行为,而不是因为机器的设计有缺陷而允许使用虚假的凭证、信息。认定机器是否陷入错误,应当参考社会一般认识,从机器设计目的及所有人的意图进行解释。冒用他人信用卡的行为是行政法规明文禁止的,行为人冒用他人的信用卡本身就体现了隐瞒事实、虚构真相的欺诈意图。其他如将类似硬币的金属片投入自动售货机中取得商品的行为,参考社会一般人的认识,也应当认为存在欺诈行为而成立诈骗罪。

因此,我认为,我们这里所讨论的机器其实并非真正意义上的"机械",在某种程度上其实应将这些诸如自动存取款机、自动售货机等视为"机器人"。这些"机器人"其实是有意识的,这个意识是程序设计员事先设计好的,也就是说,机器的意识是人的意识的体现,只不过为了体现方便、快捷的功能,而将人的意志通过计算机程序加以体现。另外,我认为,即使是通过人工操作的活动,也是通过机器来识别的,如银行的储蓄人员在接受储户存款,识别储户交付的货币是否为假币时,大都通过验钞机来进行,如果假币的质量很高,足以通过验钞机的检验,我们能说储户交付假币的行为没有使储蓄人员产生认识错误吗? 最后,我国的立法规定实际上已经认可了对机器可以构成诈骗罪,那就是我国《刑法》第196条规定的信用卡诈骗罪,该条规定构成信用卡诈骗罪的几种行为方式,如使用伪造的信用卡、使用作废的信用卡、冒用他人信用卡。当行为人利用他人的信用卡到自动取款机上取得现金时,这种行为构成信用卡诈骗罪,而我们一般认为,信用卡诈骗罪是诈骗罪的特别形式,是新刑法为了更有利于打击信用卡犯罪从诈骗罪中分离出来的。所以,我认为,对机器所实施的欺骗行为,足以使机器能产生认识错误,可以认定为诈骗罪。

持否定机器可以产生认识错误的观点认为,这种行为不构成诈骗罪,而应构成盗窃罪。我认为,这种观点没有认识到科学的巨大发展,完全是从自然的意义上来理解和分析这一问题,而且在很大程度上是从因犯罪所造成损失应该由谁承担这一角度来考虑行为人行为的性质。随着科技的发展,人工智能的精密程度会越来越高,甚至在某些方面会超过人类的智能,阿尔法狗(Alpha Go)和阿尔法元(Alpha Go Zero)战胜围棋世界冠军的例子深刻地说明了这一点。而且人工智能在社会生活中的运用也越来越广泛。对这些发展视而不见,仅仅以机器出现时的眼光和心态去看待人工智能,并不是一种科学的态度。行为人针对机器使用伪造、虚假或者无权的信息获取不正当利益,其行为本身就体现了欺诈性,使得代表人们意思的智能化机器产生误认而错误处分财产,应当视为机器的所有者或设计者陷于错误而处分财物。另外,应该注意的是,在财产犯罪案件中,被害人是谁有时确实也可能影响到行为人的性质,但是,我们绝对不应该将此问题绝对化。因为对于行为人行为性质的认定,刑法与民商法看问题角度并不完全一样,我认为,民商法看问题比较注重分析侵权行为所侵害的关系,而刑法看问题则比较注意在行为人主观意识支配之下的行为,这就是我主张的"刑法看行为,民法看关系"的观点。在诈骗案件中,只要行为符合相关刑事法律的规定,达到诈骗犯罪构成的要求,就可认定其构成诈骗罪,至于实际谁来承担诈骗所造成的损失,与行为的性质其实没有很大的联系。就此而言,不认可机器可以产生认识错误从而否定这种行为不能构成诈骗罪的观点,因缺乏对科学技术发展的正确认识,似乎很难得到认同。

随着经济的发展与智能机器的迅速推广,国外也逐渐认识到这个问题。在基于机器无法产生认识错误的前提下,不少国家针对这种情况在立法上专门作了规定:比如德国刑法典第265条、日本改正刑法草案第339条等均有专门的规定。基于这种情况,有人就认为,在我国,对这种情况也应当由立法专门作出规定。当然对于这种情况是否需要由刑事立法专门作出特别规定,则是仁者见仁,智者见智了。我认为,现行刑法已经对诈骗类犯罪作了较为明确的规定,对于司法实践中出现的一些新问题,不能动辄就寄希望于刑事立法的改变。对于有些并非属于立法完善的内容,我们完全可以运用多种解释方法来解释原有的法律规定。

3. 对方基于认识错误处分(或交付)财物

首先,我们接着来看诈骗罪客观行为的第三个阶段——对方基于认识错误处分(或交付)财物。理论上有人认为,处分(或交付)财物的行为是诈骗行为的必要要件。也就是说只有在被害人因为行为人的欺骗行为陷入认识错误状态,然后在这种状态下将财物按照行为人的意思处理,才可构成诈骗罪。应该看到,对方基于认识错误处分(或交付)财物的行为是否为诈骗行为的必要要件,在各国的立法例中各有不同:有的国家明确规定这一要件是诈骗罪的构成要件,但也有的国家没有规定这一要件是诈骗罪的构成要件。我国刑法典没有规定交付行为是诈骗罪的构成要件,但理论界和实务界一般认为,交付行为是诈骗罪的必备要件。

我认为,由于诈骗罪中对方是受诈骗行为的影响而在产生错误认识的前提下,"自觉自愿"地将财物交出,因此,在通常情况下,确认交付行为应该是诈骗罪的构成要件,且这一要件在某些情况下对区分盗窃罪、抢夺罪和诈骗罪具有十分重要的意义。正如理论上大多数人的观点,盗窃罪、抢夺罪与诈骗罪的根本区别在于盗窃罪、抢夺罪属于获取罪,而诈骗罪属于交付罪,前者行为人获取财物是违背财物占有人的意志的,而后者是财物占有人基于行为人的欺骗行为产生认识错误在"自愿"的前提下将财物交付给行为人。理论上之所以坚持认为对方的交付行为是诈骗罪的必要要件,主要是因为:行为人实施欺骗行为,被害人产生认识错误,然后基于认识错误按照行为人的意思来处理财产,这是环环相扣、不可分离的环节。行为人所实施的欺骗行为和被害人产生认识错误之间必须有因果关系,被害人产生认识错误和被害人处分财产行为之间也必须有因果关系,否则,诈骗罪很难构成。就比如我们前面讲的"调虎离山"的案例,行为人使用欺骗的手段将人引开,然后采用秘密窃取的方式获取财物。我认为,对行为人的行为应以盗窃罪认定,而不应以诈骗罪处理。因为行为人通过欺骗行为使被害人产生了认识错误,但被害人并没有基于这一认识错误交付财物给行为人,行为人最终占有财物完全是通过背着受害人所实施的秘密窃取的手段实现的。

理论上有人认为,诈骗案件的被害人在实施交付行为时,必须认识到自己是在按照"自己的意志"处理财物,如认识不到这一点也很难构成诈骗罪。我认为,在通常情况下理解这一内容应该不成问题,但是在某些特殊情况下(特别是在行为人"隐瞒真相"的情况下),是否只有在被害人对自己交付财物的内容完全清楚时,行为人才构成诈骗?(下讲台提问)

学生1:"是的。只有被害人对自己交付财物的性质有正确认识时行为人才能构成诈骗罪。"

提问:"你所说的对财物的性质有正确认识,怎么理解?"

学生1:"就是说,不能将性质理解错,比如,不能将面包理解为矿泉水,不能将自行车理解为电瓶车,但如果仅仅是对面包的价值或者矿泉水的价值理解错误的话,行为人则完全可能构成诈骗罪。"

(回讲台)这是一个很值得讨论的问题。也就是说这里实际上涉及如何正确理解"处理财物"内涵的问题。我认为,这里对诈骗罪中所谓的被害人"交付行为"或者"处理财物的行为"应该作广义的理解。在通常情况下,应根据诈骗罪的两种行为方式作不同的理解。在"虚构事实"诈骗情况下,被害人通常是在知悉自己交付财物具体内容的情况下而"自愿"将财物交给诈骗行为人;但是,在"隐瞒真相"的情况下,被害人则并不一定对于自己实际交付财物的具体内容十分清楚,有时(特别是当被害人的错误认识发生在对财物的内容上时),甚至可能因被害人对真相的认识错误,而实际并不知悉自己交付财物的内容。也就是说,依我之见,诈骗罪中交付意思并不需要被害人认识到所交付财物的价值、数量、性质等,只要认识到自己的行为是在把某种财产转移给对方占有就可以了。

比如说,经常在超市发生的"换包"案件,行为人将价值贵重的物品放入价值便宜物品的包装盒内,收银员按照价值便宜物品的价格收费,然后将贵重物品交付给行为人。在这一案件中,行为人实施了欺骗行为,被害人(收银员)在被欺骗的基础上产生了认识错误,并在这一错误的支配下实施了交付财物的行为。对此类案件的定性,有人认为,行为人的行为不构成诈骗罪。因为收银员并没有交付的意思,收银员交付的意思仅仅是交付价值便宜物品的意思而不是价值贵重物品的意思,而这一意思并没有受到行为人欺骗行为影响。

我不赞同这个观点,理由主要有两点。

首先,在超市中"调包"案件的定性,应该以行为人最后实际占有财物的手段作为依据。应该看到,在超市里人们拿在手里的东西其实并非是自己的物品,他们随时可以将物品放回货架,只有在通过收银柜台并经结算后,这些物品才属于他们。所以说,在超市里,行为人将贵重物品放入价值便宜的包装盒内的行为,显然并非是占有财物的行为,真正占有财物的情况实际上发生在通过收银柜台后,也就是行为人以隐瞒真相的方式,使收银员产生错误认识,而将贵重的财物交付给行为人只收取便宜物品的价格,从而使行为人最终占有贵重财物。

其次,在超市"调包"案件中,实际存在收银员的认识错误以及交付行为,所有这些完全符合诈骗罪的相关要件。只是由于行为人使用的是"隐瞒真相"的诈骗方式,从而使收银员在对盒内具体货物的内容产生错误认识的情况下实施了交付行为。这也正是"隐瞒真相"诈骗中所常见的情况。我认为,超市中"调包"行为不同于"夹带"行为。如果行为人为占有财物而将超市中的货物"夹带"在自己口袋、身体某部位之中,对此行为应以盗窃罪定性。因为,在这种情况下,行为人并没有使收银员产生错误认识(如果说有认识错误的也仅仅是不知行为人夹带了物品,而并非是对物品的具体内容产生错误认识),而且也不存在有所谓收银员的交付行为,当然就不能对此行为以诈骗罪定性。由此可见,超市里"夹带"行为与"调包"行为的本质区别在于是否存在收银员的交付行为,而并非在于收银员是否清楚交付物品的具体内容。因此,"夹带"行为应以盗窃认定,而"调包"行为则应以诈骗定性。

我们还要注意的是,我们如何来理解诈骗罪中的"交付"。例如,行为人在饭店里向他人借打手机,然后声称信号不好,到外面去打。行为人在饭店外有摩托车,就趁手机的主人吃饭之际,骑上摩托车就走了。真可谓:挥一挥手,不带走一片云彩,但却带走了一只手机。(全场笑)那么,在这种情况下,能定诈骗吗?

学生:不能,因为手机的主人没有交付。

我认为,手机的主人确实有"交",但没有"交付"。诈骗罪中的"交付"是对财物的一种实质性处分。而在借打手机的案例中,手机的主人并不是对手机本身的交付和处分,而只是让别人一次性使用手机上的通讯功能。所以,我们不能将手机主人"交"手机的行为,理解为诈骗罪中的"交付"。

那么,这种行为是否构成盗窃呢?(下讲台提问)

学生:不构成。因为这里是公然夺取财物,而没有秘密窃取。

(回讲台)我也认为不构成盗窃,而应该构成抢夺。我们以前讲过,盗窃罪与抢夺罪的界限不应该是是否通过和平手段获取财物,而应当是从秘密窃取还是公然夺取的角度进行判断。在这个案例中,行为人很显然是当着手机主人的面获取财物的,这"明目张胆"的行为再被认定为盗窃罪,那么只能说是手机主人得了近视眼了。

需要指出的是,诈骗罪中交付的意思应当是被害人认识到自己当时是自愿的,而不是被迫的。司法实践中对于行为人冒充警察以查赌为名,以要将参赌人员带至公安局处理相要挟,没收参赌人员赌资的行为定性颇有争议。有人认为,应以抢劫罪定性;有人认为,应以诈骗罪定性;也有人认为,应以招摇撞骗罪定性。对此,2005 年 6 月 8 日最高人民法院《关于审理抢劫、抢夺刑事案件适用法律若干问题的意见》第 9 条"关于抢劫罪与相似犯罪的界限"规定,行为人冒充正在执行公务的人民警察"抓赌",没收赌资或者罚款的行为,构成犯罪的,以招摇撞骗罪从重处罚;在实施上述行为中使用暴力或者暴力威胁的,以抢劫罪定罪处罚。

我认为,对于冒充警察诈取赌资的行为应以敲诈勒索罪定性。理由是:

首先,这类案件中行为人的行为不符合抢劫罪特征。因为,在这一类案件中行为人一般并没有使用暴力也没有使用暴力相威胁的手段,所以行为人不可能构成抢劫罪。有人可能会提出,在这类案件中,行为人往往会以将人带到公安局处理作为要挟,迫使被害人交出财物,这种情况符合胁迫的特征,因而应以抢劫罪处理。但是,我认为,这个观点不妥。因为,抢劫罪的胁迫只能是暴力胁迫,而将人带到公安局处理尽管属于胁迫的内容,但并非是暴力胁迫,而只能是非暴力胁迫的内容,因而,行为人的行为不能构成抢劫罪。

其次,这类案件中行为人的行为也不构成诈骗罪和招摇撞骗罪。因为,刑法中诈骗罪和招摇撞骗罪都具有被害人仿佛"自觉自愿"地交出财物的特征,而这类案件中被害人交出赌资的行为显然并非是自愿的,可以说,他们之所以交出赌资,完全是基于不愿意让所谓的"警察"带到公安局去处理的心理。就此而言,他们完全是在被迫无奈的情况下才将赌资交出的,因此,行为人的行为也不能构成诈骗罪或者招摇撞骗罪。

最后,这类案件中行为人的行为符合敲诈勒索罪的特征,应构成敲诈勒索罪。由于这类案件中被害人是在被迫的状态下交出赌资的,说明他们实际上是受到了威胁,而"要将参赌人员带到公安局处理"这种胁迫又属于非暴力胁迫,用非暴力胁迫的手段获取财物的,只能以敲诈勒索罪定性。在理解这类问题时,关键还在于要正确理解各种犯罪的特征。不要因为行为人的行为具有欺骗因素,就一定要从诈骗角度加以考虑。其实,敲诈勒索罪中既有"敲"的因素,也有"诈"的因素。敲诈勒索罪与诈骗罪的最大区别就在于,敲诈勒索罪是以"敲"为主,诈骗罪是以"骗"为主。判断行为方式是以哪种因素为主的标准,当然应该主要考察被害人交付财物的态度。如果被害人是被迫交付财物的,就应以敲诈勒索罪处理。

其实,在冒充警察诈取赌资案件中"敲"的因素,集中反映在被害人是被迫交付赌资这一点上;而这类案件中"诈"的因素,集中反映在行为人是以冒充警察为手段,从而使被害人产生错误认识这一点上。

4. 被害人遭受财产损失

接下来,我们来看诈骗罪客观行为的最后一个阶段——被害人遭受财产损失。我认为,被害人遭受财产损失是诈骗罪的构成要件,但并非是诈骗罪所独有的特征,所以,其本身不能作为诈骗罪与其他犯罪的区别要点。

我国刑法将诈骗罪归入侵犯财产犯罪之中,这就说明行为人最终的目的是通过实施虚构事实、隐瞒真相的欺骗行为获取公私财物。从理论上分析,被害人遭受财产损失显然应该是诈骗罪的构成要件。对此,世界上有些国家的刑法典就明确规定了这一要件,比如说,《意大利刑法典》第 640 条规定:利用计谋或圈套致使他人产生错误,为自己或其他人获取不正当利益并且使他人遭受损失的,为诈骗罪。应该看到,我国现行刑法没有明确规定被害人造成财产损失这一要件,但在刑法有关诈骗罪的规定中明确作出"数额较大"的限制规定,也就是说我国刑法将"数额较大"作为构成诈骗罪的必要条件。对刑法有关诈骗罪的条文进行分析,我们不难得出"数额较大"是指对被害人造成了数额较大的财产损失之结论。因此,财产的损失自然是诈骗罪必不可少的要件,由此可见,我国刑法有关诈骗罪的条文实际上对被害人遭受损失作出了规定,"数额较大"是被害人遭受物质损失在我国刑法中的体现。

在诈骗案件中,被害人财产遭受损失,必然有人获取了利益。但是,需要注意的是,获取利益的并不一定是行为人,在一些案件中还有可能是第三人甚至是单位。比如,《意大利刑法典》就明确了第三人获取利益仍然构成诈骗罪。但是,我认为,在诈骗罪中获取利益的第三人(或者单位)和行为人之间必须有某种特别的关系,也就是说行为人实施诈骗行为既可以是为自己占有财物,也可以是为其他第三人(或者单位)占有财物。如果被害人把财物交付给与行为人完全没有关系的第三人,不能构成诈骗罪。

对财产遭受损失的内容,我国理论界的认识并不一致。有的学者认为,我国《刑法》明文规定:"诈骗公私财物,数额较大的",才构成诈骗罪。所谓"数额较大"是指"受骗人因为行骗人的行骗行为造成的直接损失数额"较大。因此,不仅采用欺骗手段骗取对方财物同时向其支付了相对款物的行为,不可能构成诈骗罪,而且利用签订假合同,骗取对方预付款,供自己经营的行为,营利后事后偿还的,也不能按照诈骗罪处理。但也有学者认为,诈骗罪是对个别财产的犯罪,而不是对整体财产的犯罪。被害人因欺诈花3万元人民币购买3万元的物品,虽然财产的整体没有受到损害,但从个别财产来看,如果没有行为人的欺诈,被害人不会花3万元购买该物品,花去3万元便是个别财产的损害。因此,使用欺诈手段使他人陷于错误认识骗取财物的,即使支付了相当价值的物品,也应当认定为诈骗罪。这两种观点的争论在这个案例中表现得最为明显:甲急需一批香烟,但短时间内很难凑齐,就对货主乙的营业员丙说:乙让我来取一箱香烟,并按照香烟的价格支付了货款,甲的行为是否构成诈骗罪?根据刚才讲的第一种观点是不构成诈骗罪的,而根据第二种观点,则构成诈骗罪。

我认为,以第一种观点来理解诈骗罪"财产损失"的内容显然是合理和切实可行的,理由是:

首先,从行为人实施诈骗行为的目的分析:正如前面我们讲过的,我国刑法中的诈骗罪属于侵犯财产犯罪中的一种。作为占有型的侵犯财产犯罪,行为人一般都具有非法占有的目的,而占有公私财产的实质是对被害人财产或者财产利益造成损害,是侵犯被害人的财产权,对财产权的侵犯表现为对他人财产的损害。如果一个人实施了诈骗行为,没有对他人的财产权造成损害,即使严重违约,也不构成犯罪。

其次,从行为人支付对价的行为特征分析:随着市场经济的发展,现代社会的进步,财产的变化大都是通过与他人进行交易来完成的。应该看到,在市场交易过程中考察一个人的财产权是否受到侵犯,不仅仅要看其有没有支出,还要看是否从对方那里得到了一定的对价回报。在刑事案件中,如果只考虑被害人交付财产这一方面,而忽视了行为人同时向被害人支付了价值相当的财物,就随意将行为人的行为认定为诈骗罪,这显然是不公平的,也是为社会大众所不能接受的观念。因此,在市场交易过程中,只要行为人提供的是国家允许交易的物品,行为人支付了数额相当的对价,对所谓被害人而言就不存在所谓的财产损失。即使在交易中,行为人的行为存在欺诈现象,但由于这一过程中不可能存在财产权受到侵犯的情况,被害人只是因受欺诈而实施了错误的交易行为,因此,行为人的行为不应该构成诈骗罪。我认为,对大多数存在欺诈的交易行为,我们可以按照民事欺诈侵权行为加以认定和处理。

最后,从我国的立法规定和司法实践分析:毋庸置疑,我国的刑事立法和司法实践其实都是以受骗人因为行骗人的行骗行为造成的直接损失数额,作为判断诈骗案件中财产遭受损失的标准的。比如,我国现行刑法明确将"数额较大"视为诈骗罪的构成要件,这足以证明只有在被害人实际被骗财物数额达到较大的程度,行为人的行为才可能构成犯罪。

对于诈骗未遂能否以犯罪论处?理论上和实践中对此争议较大。但是,按照2011年3月1日"两高"《关于办理诈骗刑事案件具体应用法律若干问题的解释》的规定:"诈骗未遂,以数额巨大的财物为诈骗目标的,或者具有其他严重情节的,应当定罪处罚。"既然如此,说明诈骗未遂仍然有可能按照犯罪处理的。那么,处理时又必然会涉及诈骗的数额问题,而一般诈骗罪的数额认定通常是以客观骗到手的财物数额为标准的,既然未遂是没有获取财物,又如何认定相关数额呢? 我认为,解决这一问题,还是应该运用我前面所提出的标准,即"概括故意按客观,确定故意按主观"。由于在概括故意的情况下,行为人没有实际获取财物,因而也就不存在未遂的问题。只有在行为人具有确定故意的情况下,才存在未遂的问题,具体数额按照其确定故意的内容定。

在司法实践中还有一个问题需要明确,那就是通过欺骗手段行使权利,是否构成诈骗罪? 比如说,实践中有些人利用欺骗手段骗取对方偿还到期未还的债务。我认为,前面我们已经详细分析了诈骗罪的实质是使对方的财产权受到损害,也就是说行为人实施诈骗行为的目的是为了占有公私财物。但是,在行为人通过欺骗手段行使权利的情况中,"被害人"实际上存在应当履行义务而没有履行的情况,行为人为了使自己的权益得到维护或实现,采取了欺骗手段,他的主观目的并不具有非法占有的内容,而只是实现自己应得的权益,对于这种行为当然不能以诈骗罪认定。当然,如果行为人在实施欺诈行为过程中构成其他犯罪的,则可以对其按照其他犯罪来处理。

(四)诈骗罪与其他财产犯罪

诈骗罪骗取的行为表现为两个方面:一个叫虚构事实,一个叫隐瞒真相。虚构事实是指把原来不存在的东西,虚构出来。而隐瞒真相是把原来实际存在的某个东西,把它实际中的内容或性质改变了。隐瞒真相可以发生在对某一个事件的隐瞒,也可以发生在对财物性质内容的隐瞒,其包括的范围比较广。而诈骗罪最大的特征可以概括为"三段论":第一段是行为人使用欺骗手段。这个"骗"包括虚构事实、隐瞒真相。第二段是被害人因被骗而产生错误认识。第三段就是基于这种错误认识,进行了交付。抓住这个"三段论",也就把诈骗罪的本质抓住了,也就可以准确地界定诈骗罪与其他犯罪了。

诈骗罪的被害人包括财产持有者和财产所有人。行为人使财产持有者或者财产所有人产生错误认识,然后基于错误认识进行交付,行为人都构成诈骗罪。这里需要注意的就是诈骗过程中手段交叉时的认定,对于这个问题我们要掌握几条原则:

当诈骗和其他的手段交叉,一般都是以行为人最后实际取得财物的手段作为定罪的依据。由此推出,在侵犯财产的犯罪中,除了抢夺罪之外,其他的所有犯罪我们都是以最后实际取得财物的手段作为定罪依据的。比如说,行为人用欺骗的手段把人引出,引蛇出洞,调虎离山,然后跑到别人家里把东西给拿走,行为人的行为毫无疑问应该属于盗窃罪。再比如,行为人在超市里边趁营业员不注意把装方便面箱子中的方便面倒掉,并装入价格昂贵的保健品,通过让收银员验证条形码等隐瞒真相的手段,骗取收银员的信任,使收银员将实际上是一箱价格昂贵的保健产品误以为是方便面,并收取方便面的钱款。在这类案件中,行为人的行为则符合诈骗罪的特征。

总之,我认为,诈骗罪跟盗窃罪的最大区别体现在客观方面上,盗窃罪是秘密窃取,诈骗罪是虚构事实、隐瞒真相。一个是秘密性,一个是骗取性。这个区别的集中反映则是,被害人是否具有交付的行为,至于被害人对自己交付财物的内容是否清楚则在所不问。

另外,大家要注意诈骗罪和敲诈勒索罪的区别。敲诈勒索罪里有诈的行为,诈骗罪里也有诈的行为。两者最主要的区别是手段,敲诈勒索罪中虽然有"诈",但是以"敲"为主,而诈骗罪则是以"骗"为主。两者另外一个区别就是获取财产的利益性质也是不一样的。两者之间的第三个区别,也是最主要的区别是,被害人的态度。诈骗罪是以"骗"为主的,被害人是"自觉自愿"交付财物的,这是诈骗罪最主要的一个特征;而敲诈勒索罪则是以"敲"为主的,被害人是被迫交付财物的。

最后,大家还要注意一下诈骗罪与金融诈骗罪的关系。我国刑法分则第三章第五节专门设立了金融诈骗类犯罪,这一类犯罪主要包括集资诈骗罪、贷款诈骗罪、票据诈骗罪、金融凭证诈骗罪、信用证诈骗罪、信用卡诈骗罪、有价证券诈骗罪、保险诈骗罪八个具体罪名。应该看到,这八个犯罪都是发生在金融领域的诈骗类犯罪,都具有诈骗罪的一般特征,因此,这八个具体犯罪与诈骗罪实际上是特殊犯罪与一般犯罪的关系,而这八个金融诈骗罪的法条与诈骗罪的法条之间则是特殊法条与普通法条的竞合关系。根据法条竞合特殊法条优于普通法条的一般处理原则,如果行为既符合特殊法条的规定,也符合普通法条的规定,一般情况下应当优先适用特殊法条,这也就是说,如果行为既符合金融诈骗罪的规定,也符合诈骗罪的规定,一般应对行为人以金融诈骗罪论处。

这里值得一提的是,2011 年 3 月 1 日"两高"联合发布了《关于办理诈骗刑事案件具体应用法律若干问题的解释》,根据这一司法解释第 1 条的规定:"诈骗公私财物价值 3 000 元至 1 万元以上、3 万元至 10 万元以上、50 万元以上的,应当分别认定为刑法第二百六十六条规定的'数额较大''数额巨大''数额特别巨大'。各省、自治区、直辖市高级人民法院、人民检察院可以结合本地区经济社会发展状况,在前款规定的数额幅度内,共同研究确定本地区执行的具体数额标准,报最高人民法院、最高人民检察院备案。"而根据 2018 年 11 月 28 日"两高"联合发布的《关于办理妨害信用卡管理刑事案件具体应用法律若干问题的解释》第 5 条第 1 款的规定:"使用伪造的信用卡、以虚假的身份证明骗领的信用卡、作废的信用卡或者冒用他人信用卡,进行信用卡诈骗活动,数额在 5 000 元以上不满 5 万元的,应当认定为刑法第一百九十六条规定的'数额较大';数额在 5 万元以上不满 50 万元的,应当认定为刑法第一百九十六条规定的'数额巨大';数额在 50 万元以上的,应当认定为刑法第一百九十六条规定的'数额特别巨大'。"由此可见,构成信用卡诈骗罪的最低数额标准为 5 000 元,而构成诈骗罪的最低数额标准则由各省、自治区、直辖市高级人民法院、人民检察院结合本地区经济社会发展状况,在 3 000 元至 1 万元之间进行选择,也就说各地最终确定的构成诈骗罪的最低数额标准既有可能在 5 000 元以上,也有可能在 3 000 元至 5 000 元之间。那么,在认定信用卡诈骗罪时,可能就会产生行为人信用卡诈骗的数额没有达到构成信用卡诈骗罪的 5 000 元的最低数额标准,但却达到了当地确定的构成诈骗罪的最低数额标准的情况。在这种情况下,对于行为人能不能以诈骗罪认定呢?

比如,某一边远地区的高级人民法院、高级人民检察院结合当地的经济社会发展情况,确定构成诈骗罪的最低数额标准为 3 000 元。行为人使用伪造的信用卡骗取了 4 900 元,由于这一数额没有达到构成信用卡诈骗罪的数额标准,因而不能对行为人以信用卡诈骗罪认定,但这一数额却达到了当地确定的这一构成诈骗罪的最低数额标准。在这种情况下,能不能对行为人以诈骗罪追究刑事责任呢?刑法学界有人对此持肯定意见,认为如果行为人信用卡诈骗没有达到信用卡诈骗罪的最低数额标准的,还可以按照诈骗罪对行为人追究刑事责任。但我认为,这种在行为无法适用法定刑较重的特殊法条的情况下,又回过头看能否适用法定刑较轻的普通法条的"回头看"做法并不妥当。应该看到,根据我国刑法的相关规定,信用卡诈骗罪数额较大的法定刑是 5 年以下有期徒刑或者拘役,诈骗罪数额较大的法定刑是 3 年以下有期徒刑、拘役或者管制。由此可见,信用卡诈骗罪的法定刑实际上要比诈骗罪重,也就是说,与诈骗罪相比较而言,信用卡诈骗罪属于重罪。而信用卡诈骗罪与诈骗罪又是特殊犯罪与普通犯罪的关系,那么,如果在信用卡诈骗的行为人不符合法定刑较重的信用卡诈骗罪构成要件的情况下,仍然回过头认为其可以构成相对而言法定刑较轻的普通诈骗罪,则显然有违"出罪举重以明轻"的基本道理。因此,我认为,如果信用卡诈骗的行为人不能构成信用卡诈骗罪,则不能再"回头看"认定其构成诈骗罪。当然,有人可能会提出,如果按照我的这种观点,行为人使用普通的虚构事实、隐瞒真相的手段,骗取他人 4 000 元的,应当以诈骗罪认定,但行为人以使用伪造信用卡这种虚构事实、隐瞒真相的手段骗取银行 4 000 元的,却不构成犯罪,这显然不尽合理。我认为,这种不合理的现象确实是存在的,但这种不合理却是由前面提到的两个司法解释规定之间的不协调性所导致的,我们不能基于这种不合理现象的存在就肯定"回头看"这种不合理的做法。如果要杜绝这种不合理现象以及"回头看"的不合理做法,最根本的办法就是修改我国构成诈骗罪的最低数额标准,具体来说,应该将各地区可以自行确定的构成诈骗罪的最低数额标准的起点由原先的 3 000 元改为与信用卡诈骗罪相同的 5 000 元。这样就不可能再出现行为人信用卡诈骗的数额没有达到信用卡诈骗罪的最低数额标准,但却达到了构成诈骗罪的数额标准的情况,从而也就根本不会产生是否需要"回头看"的问题了。

五、抢夺罪

所谓的抢夺罪,是指以非法占有为目的,乘人不备,公然夺取数额较大的公私财物,或者多次抢夺的行为。

抢夺罪和抢劫罪最重要的区别是手段的不同。比如甲冲上来抢乙的包,抢包的过程中乙摔倒了,甲的这种行为是不能认定为抢劫罪的,而只能定抢夺罪,因为甲拉包是针对包的,抢劫的暴力必须是明显针对人的。比如甲冲上来抢乙的包,乙追赶甲,甲扬起拳头对乙说:"你再追我,我就打你!"这种情况就应该定抢劫罪。再比如,甲冲上来抢乙的包,乙把包抓得很紧,甲打了乙一拳然后把包抢走了,这也应该是定抢劫罪的。那么,后两种情况有没有区别呢?(下讲台提问)

学生 1:"我认为,没有区别,均是定抢劫罪。"

学生2:"我认为,有区别的。一个是转化型抢劫,一个是一般抢劫。"

(回讲台)我认为,虽然后两种情况都构成抢劫罪,但是两者是不一样的。主要是"时态"不一样,一个是现在完成时,一个是现在进行时。(全场笑)因此,第一种是转化型的抢劫,第二种是直接定抢劫,因为行为人是在抢夺的过程中直接使用了暴力。

携带凶器抢夺,按照法律规定是定抢劫罪的。在具体认定过程中,行为人对携带凶器本身还是要有一定的认识的,我要强调的是,这里的凶器必须是有意携带的,并且还要有使用的可能性。我们要排除无意携带的情况,如果行为人在实施抢夺的过程中根本不想或者不可能使用凶器的,也不能以抢劫认定。比如,行为人在旅行包里里三层外三层地包了一个凶器,这时候他去实施抢夺,他根本不可能有使用凶器的可能性,因而就不能认定其构成抢劫罪。大家还要注意的就是携带凶器抢夺虽然定抢劫罪,但行为的实际手段应当是抢夺。比如,甲拿刀逼乙把东西拿出来,这个也是携带凶器,但它并不是抢夺,因为这个行为本身就是抢劫。

现在有一个案例,大家来看看,应当如何对行为人的行为进行定性? 行为人利用他人卧病在床、无法动弹之际,前往他人家里,当面获取他人财物,对于这一行为,我们应当定什么罪?

学生1:应该是盗窃。

学生2:我认为是抢夺。

我之所以要举这个案例,主要是想和大家探讨盗窃罪和抢夺罪之间的界限。应该看到,我国的财产犯罪是以行为手段的不同来划分不同罪名的。按照传统的刑法理论,盗窃罪强调的是以非法占有为目的,秘密窃取他人财物。因而,在司法实务中,我们一般是以秘密窃取还是公然夺取来划分盗窃罪和抢夺罪的。但是,学界有学者提出,盗窃应当强调以平和的手段获取财物,所以秘密性并非是盗窃罪的本质特征,公开夺取也可以定盗窃罪。进而,该学者提出,通过对财物使用暴力而获取财物,定抢夺;而通过平和手段获取财物,定盗窃。那么,这一观点是否合理?

我认为,这一观点值得商榷。该学者的这一观点,主要受到了日本刑法的影响。我们知道,日本刑法中没有抢夺罪,只有抢劫罪和盗窃罪,抢夺罪的那部分内容,有不少被划到盗窃罪的范畴中。因而,在日本刑法中,盗窃罪是以平和的手段获取财物,而并不强调秘密性。该学者正是站在这一基点上,才会认为应当以暴力手段还是以平和手段获取财物为界限,来区分抢夺罪和盗窃罪。但是,我们必须看到,我国的刑法中有抢夺罪,所以我国刑法中盗窃罪的范围必然比日本刑法中盗窃罪的范围要小。我们不能随意地将通过平和手段获取财物的行为归入盗窃罪的范畴。值得注意的是,该学者之所以要突破传统理论,扩大盗窃罪的范围,其逻辑起点是因为日本刑法中没有抢夺罪,这种套用日本刑法理论来解释中国刑法的做法,事实上并没有太大的必要。而且,在司法实务中,我们依据传统理论来区分盗窃罪和抢夺罪,也并没有出现过什么问题。所以,我们仍然应该坚持以秘密窃取还是公然夺取为界限,来区分抢夺罪和盗窃罪。

由于时间关系,今天我就讲到这里。在下一讲中,我将继续为大家介绍敲诈勒索罪以及侵占罪的相关内容,谢谢大家!

第十五讲

侵犯财产罪(三)

好,关于盗窃罪、诈骗罪以及抢夺罪的内容我就讲到这里,接下来我为大家介绍敲诈勒索罪和侵占罪的相关内容。

六、敲诈勒索罪

所谓敲诈勒索罪,是指以非法占有为目的,对被害人实施威胁或者要挟的方法,强索数额较大的公私财物或者多次敲诈勒索的行为。

关于敲诈勒索罪,大家要注意其客观行为、手段和概念。其中最主要的就是使用威胁或者要挟的方法。敲诈勒索罪和抢劫罪的区别主要有以下两点:第一,只要行为人使用了暴力,即使不当场取得财物,也应该构成抢劫罪,敲诈勒索是不能使用暴力的;第二,只要行为人使用的是非暴力的胁迫,即使当场取得财物,也不可能认定其为抢劫,而只能认定为敲诈勒索罪。实际上,我们一般教科书里所讲的敲诈勒索罪与抢劫罪的区别,主要集中在"暴力胁迫"这一点上,因为抢劫罪的胁迫只能是暴力胁迫,而敲诈勒索罪的胁迫包括暴力胁迫和非暴力胁迫,因此,两者的重叠部分只是在"暴力胁迫"这一点上。而在这一点上区别主要表现为以下三点。

其一,胁迫的方式不同。敲诈勒索的胁迫方式可直接向被害人口头或书面提出,也可通过第三人间接提出;抢劫罪的胁迫方式只能当场当面向被害人提出。

其二,胁迫交出财物的时间不同。敲诈勒索的胁迫可以要求被害人当场交出财物,也可以要求被害人在一定期限内交出财物;抢劫罪的胁迫只能要求被害人当场交出财物。比如,甲让乙三天内给甲两万元钱,否则就打乙。由于这种情形不是当场取得财物,所以应该认定为敲诈勒索罪。再比如,甲让乙立刻给甲两万元钱,否则就打乙,这种情形则应该认定为抢劫罪,因为甲是当场取得财物。

其三,兑现胁迫内容的时间不同。敲诈勒索罪的行为人提出,如果被害人不答应交出财物,将在以后兑现胁迫中的暴力内容;而抢劫罪的行为人则提出,如果被害人不答应交出财物,将当场实施暴力。比如,甲让乙给甲两万元钱,否则甲明天就要打乙,这种情形也应该认定为敲诈勒索罪,因为威胁内容的兑现不是在当时。

此外,大家还要注意,《刑法修正案(八)》对敲诈勒索罪的构成要件作了一定修改。概括来讲,主要有三点修改:首先,将敲诈勒索罪的构成要件由"数额较大"修改为"数额较大或者多次敲诈勒索";其次,将敲诈勒索罪的法定最高刑由 10 年有期徒刑提高到 15 年有期徒刑;最后,在敲诈勒索罪的刑罚规定中,增加了罚金刑。这里需要特别注意的是,尽管《刑法修正案(八)》对敲诈勒索罪的构成要件作了一定修改,但敲诈勒索罪仍然是以最后是否实际占有财物作为判断犯罪既未遂的标准,如果行为人没有实际占有财物,则不能按照敲诈勒索罪的既遂认定。

七、侵占罪

侵占罪,是指以非法占有为目的,将代为保管的他人财物非法占为己有,数额较大,拒不退还的,或者将他人的遗忘物、埋藏物非法占为己有,数额较大,拒不交出的行为。

(一)侵占罪的对象

侵占罪中最关键的一点是物的性质。从刑法的规定分析看,侵占的对象包括三种物:代为保管的他人财物、遗忘物和埋藏物。侵占罪是我国 1997 年《刑法》规定的一个新的罪名,在此之前的侵占行为通常均属于民事侵权行为。正因为如此,我认为,对于侵占罪对象的范围应该从严掌握,以提高侵占罪的入罪门槛,并严格划定刑事犯罪与民事侵权的界限。

1. 保管物

我们来讲一讲代为保管的他人财物,也就是通常所说的保管物。理论上一般认为,代为保管的他人财物不能只是狭义地理解为基于保管合同而保管的财物,而应该理解成由于各种原因而对财物具有的事实上或者法律上的支配关系。这种支配关系主要包括委托关系、租赁关系、借用关系、担保关系和运输关系等等,不具有这类支配关系的管理是不能包括在内的,这实际上也就是排除了无因管理物。如果行为人侵占了无因管理物,则只能按照民事的不当得利来处理,而不能按照刑事的侵占罪来处理。侵占罪本身就是从民事侵权行为中分离出来的,我们是专门将侵占行为从民事侵权行为中拉出来的,并且规定了相应的罪名。那么,如果将无因管理中的侵占行为都以侵占罪加以论处的话,就等于将民事中的这一类行为全部替换为刑事犯罪行为了,这是不妥当的。我认为,侵占罪中的保管物,必须基于委托保管关系而成立,没有委托保管关系的物,不能作为保管物对待。此外,值得大家注意的是,保管关系既可以通过书面形式成立也可以通过口头形式成立。

下面,我给大家简单介绍一下前面提到的几种支配关系。

其一,委托关系。一般来说,委托关系是指出于对行为人的信任,出于某种目的而将财物交给行为人。比如,委托代为保管财物;委托代购、代卖某种物品;委托代办邮寄财物等等。可以看出,在这些情况中,行为人都有一个保管他人财物的时间过程,只是保管财物并不都是委托人的目的。

其二，租赁关系。在租赁合同中，出租人将财产交付承租人使用、收益，承租人取得使用权、收益权，同时负有支付租金和合同期满或终止时将承租的财产退还所有人的义务。如果他将出租物品非法占为己有，拒不返还，则构成侵占罪。比如说，租赁他人房屋，后来他以个人名义将房屋出卖，所得归自己所有，并且还拒不返还，则应以侵占罪论处，而不应看作是一般的民事违约行为，也不能以盗窃罪论处。

其三，借用关系。有的人借他人的财物使用，但并没有取得所有权，后来却不归还，并将财物非法占为己有，给出借人造成了较大的损失，这种情形即由民事法律关系转变为刑事法律关系了，行为人应当构成侵占罪。但应当注意，我们一定要把侵占借用他人的、没有处分权的物品，与通过借贷关系取得的并具有处分权的物品严格加以区分。正如有的学者所说的，借贷合同的特点之一，就是"借贷合同标的物所有权转移"。比如说，甲因做生意缺少资金，向乙借贷 10 万元，承诺 1 个月后归还。甲取得借款后就取得了对款项的所有权，他可以作任何处理，乙都无权干涉。如果到期甲拒绝归还或者无力归还，只能作债务纠纷处理，而不能构成侵占罪。因为侵占罪的财物只能是行为人取得占有权但没有处分权的财物，而通过借贷取得的金钱，借款人也就取得了对借款的处分权，只不过因此而负有偿还债务的义务，这与将自己持有的没有处分权的他人财物，并非法占为己有，是有原则区别的。但大家要注意把一般的债务纠纷与以非法占有为目的的骗借、骗贷严格区别开来。前面这一种情况在发生债务关系时，债务人并没有非法占有对方财物的目的，而后面这一种情况则是行为人一开始就具有非法占有他人财物的目的，所谓借贷只不过是骗取他人财物的手段而已。对以借贷为名实际上是诈骗行为的案件，应当根据案件的具体情况，分别对行为人以诈骗罪、贷款诈骗罪等罪名定罪处罚。

其四，担保关系。担保是指依照法律规定或按照当事人的约定，为促使债务人履行债务，保证债权人的权利实现而设定的保证措施。动产质押和留置，都是与向债权人转移一定的财物有关的担保措施。动产质押是债务人或第三人将其动产移交债权人占有，将这个动产作为债权的担保。债务人不履行债务时，债权人有权依照法律规定，以这个动产折价或者以拍卖、变卖该动产的价款优先受偿。留置是债权人按照合同约定占有债务人的动产，债务人不按照合同约定的期限履行债务，债权人则有权依照法律规定留置这个财产，并以这个财产折价或者以拍卖、变卖该财产的价款优先受偿。可以看出，无论是质权人或是留置权人，都只是对质物或者留置物具有占有权，而没有所有权，同时负有在债务人已经履行了债务、债权已经消灭时返还质物或留置物的义务，如果债权人应当返还质物或者留置物时，拒不返还，将该物非法据为己有，数额较大的，应当以侵占罪论处。

其五，委托运输关系。应该看到，大多数委托运输的合同中包含着委托保管关系，由此，在运输途中的物，理所当然地应该理解为是保管物。但是，大家要注意，并不是所有的运输合同中都包含了保管的义务。比如说，我让你帮我将一个东西搬到另外一个地方，但我也一直跟着你走。作为财产的主人，实际上我还是一直控制着这个物的，在这种情形里就不存在保管关系,你只是帮我把东西从一个地方运到了另外一个地方,我是借助你的搬动能力将东西移到了目的地,但我并没有将对物的控制权转移给你。所以,从这个道理上来讲,尽管我委托你从事运输的活动,但这里并没有保管关系存在。下面大家来思考一个问题:如果我的货到了码头,我叫了一辆三轮车帮我把货运到工地上。我一开始紧跟着这辆三轮车,但后来三轮车主越骑越快,最后,他对我扬了扬手,说了声再见后,一溜烟地走了。这个案件应该怎么认定?(下讲台提问)

学生1:"应定侵占罪。因为我是委托你帮我送货的,那这个货物就属于保管物,你将货物拿走不还给我就应当构成侵占罪。"

学生2:"我认为应该定盗窃罪。因为我是跟着三轮车运货的,就不应当理解为已经将货物委托给三轮车主保管了。那么,既然不是保管物,就不应当构成侵占罪。除去侵占罪,我认为这种情形以盗窃罪认定就比较合适了。"

(回讲台)为什么不是侵占罪就一定要构成盗窃罪呢?这是没有道理的。我认为,在分析侵犯财产犯罪时,关键是要看各个罪本身的特征。抢夺罪本身的特征是公开性,盗窃罪本身的特征是秘密性。乘人不备,公然夺取,按照公开性的要求,我们是认定为抢夺罪的。而"乘人有备"的公开性,明显要超过"乘人不备"的公开性。那么,乘人有备、公然夺取的情况又怎么能从盗窃的角度去考虑呢?所以,刚才说的这种情况,我认为,应该认定为抢夺罪。再比如说,我让三轮车主帮我把货物从码头运到工地,半路上我想买烟,就让三轮车主在店外停一下,等我去买包烟。等我烟买好回来的时候,三轮车主已经把车骑走了。这种情况对三轮车主应该如何认定呢?(下讲台提问)

学生1:"盗窃罪。因为他是乘我不在,秘密将车骑走的,完全符合盗窃罪秘密性的特征。"

学生2:"我认为应该构成抢夺罪。因为他是在乘我不备的情况下,将货夺走的。"

(回讲台)我认为,这种情况应该定侵占罪。被害人在跟车的时候,货物不属于保管物,但是在被害人去买烟的时候,货物就已经算作保管物了。被害人告诉行为人要去买包烟,被害人的意思实际上就是让行为人帮着看管一下货物,这个时候被害人已经将对货物的控制权暂时转移给行为人了。在这种情况下,行为人如果占有了他人的货物,当然就是对保管物的占有。

此外,大家还要注意理解保管物的相关内容。一般来说,保管物应该分为动产和不动产。我先举些例子,大家讨论一下。第一个案例:甲要出国,就委托自己的邻居乙代为看管一下自己的房子,当时并没具体告知房子内财物的内容。等甲回国后,发现自己放在五斗橱抽屉里的钱被乙拿走了。于是,甲就向乙要,乙拒不退还。我的问题是,乙的行为是否构成侵占罪?第二个案例:甲要出去办事,就将一个旅行包委托自己的朋友乙保管,当时并没有明确告知乙包内的是什么东西。等甲办事回来拿回自己的旅行包后,发现自己放在包内的钱被乙拿走了。于是,甲就向乙要,乙拒不退还。我的问题是,乙的行为是否构成侵占罪?(下讲台提问)

学生1:"我认为,两个案例中乙的行为均构成侵占罪。因为,放在房子里的钱和放在包里的钱均属于保管物。"

学生 2:"我同意这位同学的观点。"

学生 3:"我认为,放在房子里的钱不属于保管物,而放在包里的钱属于保管物。"

提问:"为什么呢? 房子和包有什么区别? 难道我们不能将房子看作是'水泥做的包',而把旅行包看作是'皮革做的房子'吗?"(全场笑)

学生 3:"不一样的,从法律上说,包和钱均属于动产,而房子属于不动产,房子里的钱属于不动产中的动产。"

(回讲台)好,这个同学回答得很好。我认为,第一个案例中乙的行为不属于侵占性质,而应该构成盗窃;第二个案例中乙的行为属于侵占。理由是,对于动产和不动产保管的理解应该是不一样的。对于动产而言,需要特别注意的问题是如何认定有外包装的物品的范围。比如说,我给你一个包,让你进行保管,我们就应该将包里所有的东西都理解为保管物,而并不需要你对包里的东西有明确的了解以后才将其视为保管物。但是如果我让你替我保管一幢房子,在这种情况下,并不意味房子里所有的东西都要你保管。房子是不动产,我们不能将不动产里的动产理解为保管物。当然,在委托保管时就明确指明的除外。在这种情况下,你使用非法的手段将房子里的东西拿掉,则应该构成盗窃罪而不是构成侵占罪。这种情况最典型的情形就是保姆趁主人外出时拿主人房子里的东西。主人让保姆打扫房子的卫生,将房子钥匙交给她,这也就意味着主人不在的时候保姆要保管这幢房子,但这并不意味房子里所有的东西就都是保管物了,如果她将房子里的东西拿掉,则应该成立盗窃罪而不是成立侵占罪。

那么,诸如房子之类的不动产本身能否成为侵占罪的对象呢? 我认为,合理解决不动产是否可以成为侵占罪对象的问题,应当根据刑法的有关规定,从理论与实践相结合的方面加以分析。首先,从立法上看,《刑法》第 270 条对侵占罪的对象仅规定为财物,既然财物可作动产和不动产的分类,这一条又没有明确将侵占罪的对象限定为动产,那么,不动产完全有可能成为侵占罪的对象。其次,从理论上看,由于侵占罪是将自己持有的他人财物非法占有的犯罪,因而这个犯罪的实施并不以移动他人财物为必要。基于侵占罪这一特点,就完全可以认为,行为人实施将他人委托其管理的不动产非法占有的行为,如果不动产价值数额较大又拒不退还的,应构成侵占罪。再次,从实践中看,也存在着非法侵占他人不动产的情况,客观上也需要将这种行为作为犯罪来处理。

需要大家注意的是,不动产的范围非常广泛,并不是任何不动产都可以成为侵占罪的对象。除房屋等少数不动产外,其他多数不动产如土地、矿产等自然资源都不能作为侵占罪的对象。因为根据我国刑法的有关规定,侵犯这些不动产的所有权,应分别构成非法占用农用地罪、非法采矿罪等犯罪。

下面,我讲一下侵占无形保管物的问题。首先,我认为,只要是人可以管理控制的具有经济价值的无形物,就可以成为财产类犯罪的对象,当然也就能够成为侵占罪的对象。作为财产的电力、煤气之类被侵犯及其损失,主要表现在无代价地利用、消耗他人的能源,而生产费用或使用费却要由物主支付。盗用他人的电力和煤气等无形财产,数额较大的,可构成盗窃罪,骗用他人电力、煤气等无形财产,数额较大的,可构成诈骗罪。既然电力、煤气等无形物可以成为盗窃的对象,那就意味着是人可以管理控制或占有的财物,不仅所有人能管理控制,所有人还可以委托其他人管理控制,这种被委托管理的电力、煤气等无形物,自然也就可以成为侵占罪的对象。如果将代为保管的一些电箱、气罐之类的物品整体侵吞,拒不退还,当然就可能构成侵占罪。如果保管者不是侵占电箱、气罐的整体,而是取得其中的内容物,如将自己保管的他人气罐中的液化气全部抽到其他气罐中转卖掉,这与整体侵占电箱、气罐并没有实质的差别,同样也可能构成侵占罪。我国台湾地区及少数国家的刑法明确将某些无形物规定为侵占罪的对象。比如我国台湾地区"刑法"第 338 条就将电气规定为侵占罪的对象,《韩国刑法典》第 361 条则规定,可以控制的动力应视为财物,能够成为侵占罪的对象。

当然,应当注意,有的无形财产,如作为知识产权的专利权、商标权、著作权以及商业秘密,则很难成为侵占罪的对象。因为它们总要依附于一定的有形载体之上,即使行为人侵占了有形的知识产权载体,也不意味着权利人就失去了对这些知识产权的所有权。

接下来,我们来探讨一下民法中的无因保管物是否属于侵占罪中保管物的范畴。

学生:应该包括。因为在民法中,无因管理属于事实行为,并形成事实上的保管关系。

我认为,侵占罪中的保管物,不包括无因保管物。我们探讨这个问题一定要考虑设立这一罪名的初衷,即从立法原意的角度,来分析这一问题。1979 年《刑法》中是没有侵占罪的,那些对保管物的侵害行为都是作为民事侵权行为而由民法来调整的。在1997 年修订刑法之前,我们把部分对保管物的侵害类推为盗窃罪。1997 年《刑法》修订的时候,大家都觉得将这类行为类推为盗窃不妥当,因此设立了侵占罪。应该看到,我们设立侵占罪的初衷,就是把原来受民法调整的部分侵权行为纳入刑法打击的范围。在此情况下,我们当然不应当将所有的对保管物的侵害行为都拉到侵占罪中。因为如果这样,民法中的无因管理岂不就被完全消灭了吗?按照刑法的基本原理,只有在民法调整不够的情况下,刑法才能介入。因而我认为,刑法和民法在对保管物的侵占这一问题上应该有明确的界限,区分的关键还是应该以财物与财物持有人或者所有人距离的远近程度作为依据。无因管理和其他有委托的保管之间最本质的区别就是有无明确的委托保管。有委托的保管,保管物就与财物持有人或所有人距离近,这种情况下行为人对保管物的侵占,产生的社会危害性就大;而无因管理因不存在委托保管关系,保管物与财物持有人或所有人距离就远,行为人对无因管理物的侵占所产生的社会危害性就小。所以,我们应当以社会危害性的大小为界限,将社会危害性大的对委托保管物的侵占纳入刑法调整的范畴,而将社会危害性相对较小的对无因管理物的侵占归入民法调整的范围。

2. 遗忘物

下面,我们来看一下侵占罪的第二个对象:遗忘物。

首先,我们应该清楚遗失物与遗忘物的区别。理论上一般认为,"遗忘物"和"遗失物"是有区别的,遗失物和遗忘物均是指财物的所有人或持有人因为疏忽而将财物失落在某处,如果是对物暂时的失控就是遗忘物,如果是对物永久的失控就是遗失物。具体来说,两者的区别主要有三点:第一,遗忘物经过回忆通常能够知道财物所在位置,也比较容易找回来;而遗失物通常不知道失落在什么地方,不太容易找回来;第二,遗忘物一般脱离物主的时间比较短;遗失物一般脱离物主的时间比较长;第三,遗忘物一般没有完全脱离物主的控制范围,而遗失物则完全脱离了物主的控制范围。

当然,也有人认为不应该区分遗忘物和遗失物,遗忘物和遗失物是比较难以区分的。如果说遗忘物是刚刚被遗忘了,失主知道忘在什么地方,而遗失物一般是离开失主的时间比较长,失主没有办法确切地知道忘在什么地方,这种区分只是丧失控制后程度上的区分,而不是性质上的区分。丢失时间的长短、是否知道丢失地方这些因素都不足以区分遗忘物和遗失物。而且如果将遗忘物和遗失物作这些区分,则行为人是否构成侵占罪的根据不在行为人本身的主观罪过和客观行为,而取决于失主对财物的主观心理态度,这是很不合理的。我认为,从所有人对财物的控制程度来说,显然所有人对遗忘物的控制程度要远远大于其对遗失物的控制程度,因此,对他人遗忘物的占有对他人财产权利所造成的侵害,显然也要大于对他人遗失物的占有,也即前者的社会危害性明显大于后者,而我们刑法主要就是根据社会危害性的大小来判定行为是否构成犯罪,以及罪轻或罪重的,因而刑法对两者的评价必然存在差别,或者只对其中社会危害性较大的行为进行评价。由于侵占遗失物的行为属于民法中的恶意占有,依靠民事法律也完全可以对这种行为进行调整,因而也就没有必要将其纳入刑法的评价范围,刑法不能挤占民法的调整空间而肆意扩大其调整范围,将本属于民法的恶意占有的侵占遗失物的行为规定为犯罪。而且,占有遗失物的行为不存在构成侵占罪所要求的"拒不退还"的问题,因为,遗失物的物主已经对财物完全失去控制,当然就不可能存在向行为人索要的问题。正因为如此,侵占他人遗失物的行为不构成侵占罪。由此可见,前面讲的第二种观点是不合理的,我们应该区分遗忘物和遗失物,只有遗忘物才能成为侵占罪的对象。

此外,还需要我们考虑的一个问题就是遗忘物是不是需要"忘"。我认为,遗忘物本身当然应该要"忘",如果不"忘"就不应该叫遗忘物了。这个问题的提出主要是为了解决有时只是暂时丢失财物的情况。比如说,我和你做生意,在谈判的时候,我将手机一直放在桌子上,谈判中途我去洗手间,等我回来时发现手机已经被你拿走了。这时就不能再将手机作为遗忘物来对待了,因为我主观上并没有忘记这个手机,我只是暂时离开一会儿。如果将这种情况中的手机也作为遗忘物来看待,那遗忘物的概念就太大了。换句话说,只有拿在手里的东西才不是遗忘物,我手一松开就变成遗忘物了。(全场笑)我们不能这样来理解遗忘物的,遗忘物的概念本身就包含了对物暂时失控的含义。另外,大家还要注意遗忘物的"忘"指的是"忘"了什么?"忘"了物本身还是"忘"了物的锁?比如说自行车,你对自行车并没有忘记,但你忘记对自行车上锁了。那么,人家将你没有上锁的自行车拿走了,这种行为应当如何认定?(下讲台提问)

学生1:"盗窃罪。虽然我忘记给车上锁了,但我并没有忘记车,你在这种情况下拿走我的车就是盗窃行为。"

学生 2:"我认为是侵占罪。他既然忘记了上锁,就证明他忘记了对车进行保管,那这辆车就应该是遗忘物了。"

(回讲台)我认为,这种行为属于盗窃行为。我们对遗忘物的判断不是从锁的角度来考虑的,而是从物本身的角度来考虑的,因为,毕竟是"遗忘物"呀,而不是"遗忘锁"呀!(全场笑)有时我们作判断时还是应当采取客观标准。

3. 埋藏物

下面我们再来讲一下侵占罪的第三个对象:埋藏物。所谓"埋藏物"是指埋藏于地下,所有人不明或应为国家所有的财物。如果是他人有意埋藏于地下的财物,则属于他人占有的财物,而不属于埋藏物。行为人明知是他人有意埋藏的物品而秘密窃取的,应构成盗窃罪。如果行为人不知道有所有人,则属于事实上的认识错误,不应构成盗窃罪而应成立侵占罪。应当注意,理论上对于刑法所说的埋藏物,有着不同的解释。一种观点认为,埋藏物是指埋藏于地下的所有人不明的财物。另一种观点认为,埋藏物是指埋在地下的财物,如埋在院子中或者坟墓中的钱财、珍宝等,这里要将埋藏物与文物区别开来,埋藏于地下的文物,年代久远,一般属于国家所有。还有的观点认为,埋藏物是指埋藏在地下或者私人地方的财物,埋藏物不同于隐藏物,后者指用其他物品加以遮掩,不显露于外的财物。

我认为,刑法上的埋藏物与民法上埋藏物的概念是不太一样的。民法上的埋藏物是指埋藏于地下的所有人不明的财物,其主要是为了解决权利归属的问题。而刑法上所说的埋藏物,是为了解决侵占不属于行为人所有的埋藏物的刑事责任问题。对于埋藏物来说,既有所有人明确的埋藏物,也有所有人不明的埋藏物。对于侵占埋藏物的行为来说,侵占所有人明确的埋藏物与侵占所有人不明的埋藏物,在客观上对埋藏物所有权的危害是不一样的。不一样的理由与我们前面讲的区别遗忘物与遗失物的理由基本相同。所有人明确的埋藏物与所有人的联系程度要大于所有人不明的埋藏物,这样,侵占所有人明确的埋藏物对所有人的财产权的侵害程度就大于侵占所有人不明的埋藏物,前者的社会危害性也势必大于后者。另外,对埋藏物的占有构成侵占罪的,刑法明确规定要有"拒不交出"的要件,而在所有人不明的情况下,似乎很难发生"拒不交出"的问题。我们刑法也没有必要将本应由民法调整的侵占所有人不明的埋藏物的行为,纳入其评价范围。因此,刑法上的埋藏物只能是指所有人明确的埋藏物。

前面提到的第一种观点将埋藏物只理解为所有人不明的情形,而将社会危害性更大的侵占所有人明确的埋藏物的情形排除,显然是不对的。而第二种观点强调要把埋藏物与地下文物区别开来,以免混淆侵占埋藏物与盗掘古墓葬的界限。然而,以非法占有地下埋藏的珍贵文物为目的去挖掘古墓葬,无论是否获得了珍贵文物,都构成盗掘古墓葬罪。出于其他目的对地面进行挖掘,偶然发现埋藏于地下的千百年的珍贵文物,并占为己有,拒不交出,则可以构成侵占罪。由此可见,在侵占罪的对象中将埋藏物与文物加以区分无助于侵占罪的正确认定。第三种观点将"地下"与"私人地方"加以并列也没有很大的必要。因为无论是在宅院等私人地方,还是在其他地方的埋藏物,都属于埋藏物。

因此,刑法上作为侵占对象的埋藏物,是指不归行为人所有的埋藏于地下的财物,无论其所有者是否明确,埋藏时间多久,财物是什么性质,只要行为人不是出于盗窃目的,在对地面进行挖掘时,偶然发现地下埋藏物,明知不归本人所有,应当交出而拒不交出,非法据为己有,数额较大的,就构成侵占罪。

(二)侵占罪的客观特征

侵占罪的客观特征是,行为人将自己已经合法持有的三种特定财物,非法占为己有,数额较大,拒不退还或拒不交出的行为。因此,构成侵占罪,在客观上必须同时具备三个条件:一是非法占为己有;二是拒不退还或拒不交出;三是数额较大。下面我将分别讲一讲这三个条件。

1."非法占为己有"行为的认定

非法占为己有,也就是通常所说的侵占。有的学者认为,非法占为己有是指行为人在事实上控制他人财物的前提下,变占有为所有,在财产所有权人要求其归还财物时,拒绝交还。我认为,凡是行为人实施的在客观上足以表现其将自己持有的他人财物非法转变为自己所有的主观意图的行为,都属于非法占为己有的行为。具体来说,就是指行为人对自己持有的他人财物,变持有为非法所有的行为。比如说,将代为保管的他人财物进行消费、出卖、赠予等。但按照《民法典》的规定,取得财产的所有权,必须符合法律规定,也就是说用非法手段不可能取得所有权。侵占罪中的变合法持有为非法所有,只是表明行为人把他人财物当成自己财物一样,但他并没有法律上的所有权。

非法占为己有是否包括为他人占有也是一个值得探讨的问题。有学者认为,非法占为己有是指由行为人自己占有。我认为,对于非法占为己有中的"己有"不能作字面意义的解释,而应按刑法的精神作实质解释。侵占行为的本质是侵犯他人的所有权。事实上,除了将代为保管的他人财物占为己有会侵犯他人的财产所有权外,将代为保管的他人财物转移给其他人,也侵犯了他人的财产所有权,其造成的社会危害性是一样的,那也就理当以侵占罪论处。因此,非法占为"己有"应当理解为非法占为自己或其他人所有。

2."拒不退还"或者"拒不交出"行为的认定

"拒不退还"或者"拒不交出"是侵占罪构成中的一个要件,单纯地非法占为己有的行为还不能以侵占罪论处。

"拒不退还""拒不交出"是指权利人在向行为人要求其退还财物时,明确作出拒不退还的意思表示。但如果行为人确实有客观困难,暂时不能退还,要求暂缓退还,则不能以侵占罪论处。那么,拒不退还是否要求行为人有明确表示呢?在大多数情况下,向行为人要求退还财物时,行为人会明确表示拒不退还。但行为人有时会侥幸地以为不会有充分的证据来证明他已经占有了财物,所以,常常只是否认自己占有了财物,而没有拒不退还的明确表示。在这种情况下,是否还属于拒不退还呢?(下讲台提问)

学生1:"不属于的。因为他并没有说他不还,他有可能在谎言被揭穿后就还了。"

学生2:"我也觉得不属于的。刑法明确规定要拒不归还,行为人在这种情况下还没有拒不归还的意思表达出来。"

(回讲台)我的观点和这两位同学的观点是不太一样的。我认为,只要行为人的行为在客观上足以表现出拒不退还的意思,就属于拒不退还。因为根据他的行为在客观上就足以认定他有拒不退还的意思,具体表现在他的非法占有他人财物的意志已经很坚定,在客观上又确实侵犯了他人对财物的所有权,从而可能构成侵占罪。否则,有的行为人因为直接说了拒不退还就构成侵占罪,而有的行为人因为没有说拒不退还就不构成侵占罪,这就为真正的犯罪分子提供了一个逃避法律制裁的机会,促使他尽量不以语言直接明确地表示拒不退还,这显然是不妥当的。

此外,还要注意的一个问题就是拒不退还的对象是否限于物主?行为人向财物所有人表示了拒不退还的意思,当然就构成侵占罪。问题是,如果行为人向财物所有人以外的人员或司法机关表示他拒不退还的意思,是不是也可以成立侵占罪呢?我认为,当然是可以的。我们不应将行为人表示拒不退还意思的对象仅限于财物所有人,其范围可以包括财物所有人以外的,受托向行为人追索的人员或司法机关。因为在多数情况下,财物所有人发现他的财物被他人侵占后会向司法机关报案,而由司法机关出面向行为人要求归还财物,并不是自己向占有人提出归还的要求。在这种情形下,行为人向司法机关表示拒不退还,当然也应该构成侵占罪。对于所有者以外的其他人,如果他受物主所托而向占有人提出归还的要求,而行为人向他表示拒不退还的,也可以构成侵占罪。但是,对于其他无关的人员,行为人向他表示拒不退还的,则不能必然推定行为人会在所有人的要求下拒不退还,因此,这还不足以认定行为人有拒不退还的意思。

下面,我讲一讲拒不退还的时间问题。关于拒不退还的最后时间的界定问题,理论上主要有三种观点:第一种观点认为应当把拒不退还的最后时间,界定为行为人在占有他人财物之后经财物所有人要求退还而拒不退还;第二种观点认为,应当把拒不退还的最后时间,界定为在司法机关立案前表示拒不退还;第三种观点认为,应当把拒不退还的最后时间,界定为在一审判决前仍表示拒不退还。大家想想,哪种观点才是最合理的呢?(下讲台提问)

学生1:"应该是在占有他人财物之后。"

学生2:"我认为是在立案前。"

学生3:"我认为是在一审过程中。"

(回讲台)你们坐得这么近,观点怎么还会这么不一致呢?(全场笑)大家来看,第一种观点中的"行为人在占有他人财物之后经财物所有人要求退还而拒不退还"的标准,具有很大的不确定性和模糊性。实际中,由于行为人占有他人财物后不归还财物,所有人就可能不止一次地要求行为人退还财物,而行为人就可能不止一次地拒不退还财物,那么,到底应该以哪一次要求退还而拒不退还作为拒不退还的最后时间呢?可能有同学会说,以最后一次要求退还而拒不退还作为拒不退还的最后时间不就可以吗?但是,我们应该看到,由于这里不存在一个"截止日期",因此,我们也就无法判断哪一次才能算是最后一次了。大家再来看一下，第三种观点中的"一审判决前仍表示拒不退还"，如果在某一侵占行为已经经过法院的审理而即将作出判决的时候，行为人马上表态同意退还所有人财物了，那么在一审判决之前，司法机关所付出的劳动不就都要付之东流了吗？因此，如果采用这种标准实际造成很大不确定性，势必会浪费我们有限的司法资源。

我认为，拒不退还是侵占行为构成的一个必要条件。《刑法》第270条中在规定"非法占为己有"的条件后，仍然规定"拒不退还"，表明两者是一种并列的关系。拒不退还当然是非法占有目的的进一步表示，但这个要件还有独立存在的意义，它表明了立法者缩小打击面的意图，立法者是想将侵占罪的成立范围限于那些行为人主观恶性比较大的案件。同时，也通过这样一种方式给行为人一个挽救、悔过的机会，促使他退还非法占有的他人财物，从而体现刑法的谦抑性。由于侵占罪属于"告诉才处理"的犯罪，同时考虑到立法者设立拒不退还的精神，所以，应当把拒不退还的最后时间，界定为行为人在司法机关立案前仍表示拒不退还。

（三）侵占罪与其他财产犯罪

1. 侵占罪与盗窃罪

我们首先来看一下侵占罪与盗窃罪的界限。盗窃罪是指以非法占有为目的，秘密窃取公私财物，数额较大，或者多次盗窃、入户盗窃、携带凶器盗窃、扒窃公私财物的行为。侵占罪是指以非法占有为目的，将代为保管的他人财物，或者他人遗忘物、埋藏物非法据为己有，数额较大，拒不退还的行为。这两个罪的共同点在于都是出于非法占有的目的，采取的手段都可以是秘密的方式，侵害的对象都可以是自己没有所有权的财物，而且两个罪都必须是故意。这两罪的不同点则主要表现为三点。第一，犯罪的前提是不一样的。盗窃罪中行为人对所窃取的财物不具有合法的占有权或使用权。而侵占罪与盗窃罪最大的区别就是行为人侵占的财物是行为人已经合法持有的，也就是说，是在行为人合法控制之下的财物。持有人将他人财物变合法持有为非法所有是侵占罪最大的特点，也是侵占罪与盗窃罪的本质区别。第二，犯罪目的产生的时间不同。侵占罪行为人非法占有的目的，发生在持有他人的财物、拾得他人的遗忘物和发现他人的埋藏物之后，而盗窃行为人的不法占有目的，则发生在秘密窃取他人财物之前，换句话说，行为人是为了非法占有才去秘密窃取他人财物的。第三，犯罪的客观方面不同。侵占罪的行为，是对自己已经持有的他人的委托保管物、拾得的他人遗忘物以及发现的他人的埋藏物，拒不退还或拒不交出，从而实现非法占有。盗窃罪的行为则是对他人持有的财物，采取秘密窃取的方法，使财物脱离所有人的控制，从而实现非法占有。其手段只能是秘密的，且窃得他人财物后又主动退还的，不影响盗窃罪的成立，这一点与侵占罪以"拒不退还""拒不交出"作为犯罪成立的要件有着很大的差别。

在司法实践中，侵占罪与盗窃罪也非常容易出现混淆，需要大家特别注意的有两种情况。第一种情况是受委托代他人保管财物的认定。这一种情况我们在讲保管物的时候已经讲过了,这里就不再讲了。第二种情况是侵占遗忘物与盗窃遗忘物的界限。对于这两种行为的界定,很多人往往会举乘客将财物遗忘在出租车内的例子,他们认为,出租车乘客将自己的财物遗忘在出租车内,出租车司机就对这个遗忘物有事实上的支配关系。其他顾客将这类遗忘物占有的,则属于盗窃;出租车司机将该遗忘物占有而拒不交出的,则属于侵占。而我认为,盗窃遗忘物只能是指盗窃已经被其他人控制的"遗忘物"的情形,如果行为人所占有的遗忘物还没有被其他人控制的话,则只能构成侵占罪。这是因为,所有人既可能将财物遗忘在一个相对封闭的空间内,比如出租车、酒店等,也可能将财物遗忘在户外的公共场所,比如操场上甚至是马路边等,而不管所有人将财物遗忘在什么地方,其对遗忘物所具有的支配关系是一样的,在其他人没有发现并控制该遗忘物的情况下,事实上该遗忘物依然处于失控状态之下,因此,行为人占有马路边的遗忘物与占有出租车内的遗忘物行为,对所有人财产权的侵害程度也是一样的,都只可能构成侵占,而不是盗窃。所以,前面的案例中,乘客将自己的财物遗忘在出租车内,无论其他乘客还是出租车司机将该遗忘物占为己有的,都构成侵占遗忘物,而只有在出租车司机发现乘客的遗忘物,并将该遗忘物置于自己控制之下的时候,行为人将该遗忘物秘密窃取的情况下,该行为人才可能构成盗窃遗忘物。

在考察对财物事实上的支配关系时,还需要结合财物的形状、体积、价值、通常的存放状态等得出合理的结论。比如说,行为人受托占有他人委托上锁的箱子,是否同时占有箱子中的财物? 这也就是我们通常所说的封缄物内的财物是否为行为人占有?(下讲台提问)

学生1:"应当是占有的。因为行为人已经拿到了整个箱子,那就应当占有了箱子里的财物。"

学生2:"我也认为是占有的。行为人完全可以将锁敲碎打开箱子,在他手上就应该认定为占有箱子里的财物的。"

学生3:"我认为没有占有。因为毕竟上了锁,如果是将整个箱子都委托他保管,就不需要再上锁了,即使上了锁也应该把钥匙给他。而现在上了锁且没有给他钥匙,那就说明他没有占有箱子里的财物。"

(回讲台)这个问题在理论上有比较大的争议。理论上通常有区别说与非区别说之分。区别说认为,箱子由受托人占有,但其中的物品由原主占有。受托人占有箱子整体的,成立侵占罪;取出箱子中的物品,成立盗窃罪。非区别说认为,箱子整体与其中的物品没有区别,性质相同。

我比较赞成非区别说。因为委托人在将箱子交付给受托人进行保管时,并不仅限于让受托人只负责对箱子的保管,相反,主要是希望受托人保管好箱子中的财物,这是社会生活中毋庸置疑的一般常识。从委托人将箱子连同箱内的财物交付给受托人进行保管时起,受托人就已经合法地控制了箱子及其箱内的财物,就已经处于一种合法的持有状态。如果受托人将箱子秘密打开,取走箱中的财物,事后也拒不将财物退还给委托人,他的行为则无疑构成了侵占罪,而不是盗窃罪。

最后还需要说明的一个问题是,某些财物,本来是由他人占有的,但行为人误认为是遗忘物。这是事实认识错误问题,而不是财物本身的性质问题。比如,长途客车司机将代他人购买的 10 余部手机装入一个黑包内,然后将包放在驾驶座位后。一男乘客上车后坐在第一排,发现了这个包,他以为这个包是与自己同排并坐的另一个女乘客所有的。在女乘客下车后,男乘客发现这个包还在车内,便以为是女乘客遗忘了这个包,于是提前下车并占有了这个"遗忘物"。对这类案件,我们应当根据主客观相一致的原则加以认定。如果物主实际上遗忘了财物,行为人也认识到物主暂时对财物失去了控制,同时认为特定第三人没有形成实际支配关系的,行为人非法占有财物的行为应构成侵占罪。而如果物主实际遗忘财物,行为人却发生认识错误,将这个遗忘物占有的,则应根据其主观方面,认定其构成盗窃罪。如果行为人认识到物主对财物失去了控制,同时认为第三人实际控制了遗忘物而仍然采取秘密的方法取得,则应成立盗窃罪,这时,第三人是作为财物的合法持有人,行为人变他人的持有为自己的所有,当然应当构成盗窃罪。如果行为人认为物主对财物失去了控制,同时认为第三人没有实际控制这个财物而将遗忘物占为己有的,但实际上物主对财物并没有失去控制,则应根据其主观方面将其认定为侵占罪。

2. 侵占罪与诈骗罪

侵占罪与诈骗罪,都是以他人财物为对象,都侵犯了公私财物的所有权,主观上都有非法占有的目的。因而,两罪有比较多的共同点。但两罪的区别也很明显。第一,犯罪的对象不同。侵占罪的对象仅限于代为保管的他人财物和他人的遗忘物或埋藏物。而诈骗罪的对象则可以是各种公私财物。第二,犯罪的客观方面不同。侵占罪的客观方面表现为行为人将代为保管的他人财物非法占为己有,数额较大,拒不退还,或者将他人的遗忘物、埋藏物非法占为己有,数额较大,拒不交出的行为。诈骗罪在客观方面表现为行为人用虚构事实或者隐瞒真相的方法,骗取公私财物的行为。因此,侵占罪与诈骗罪一般是比较容易区分的。值得大家注意的是,侵占罪的行为人有时也可能使用欺诈的方法非法占有代为保管的他人财物,比如说,在代为保管他人财物后,将代为保管的他人财物藏匿、谎称被窃或者遗失而拒不归还等等。在这种情况下,虽然行为人使用了虚构事实或者隐瞒真相的方法占有他人的财物,但因行为人意图占有的财物在行为前已经被他代为保管了,则符合侵占罪的特征,仍然应当认定为侵占罪。这里区分的关键就在于行为人在非法占有他人财物之前,是不是已经合法持有了这个财物。

3. 侵占罪与职务侵占罪

侵占罪与职务侵占罪在客观方面都表现为将合法持有的财物变为非法所有的行为,但两罪还是有一定区别的。首先,犯罪客体及犯罪对象不同。职务侵占罪的客体是非国有公司、企业或其他单位的财物所有权,其犯罪对象是非国有公司、企业或其他单位的财物。侵占罪的客体则是他人对其财物的所有权,其犯罪对象是代为保管的他人财物和他人的遗忘物或埋藏物。其次,犯罪客观方面不同。职务侵占罪在客观方面表现为行为人利用其职务上的便利,侵占本单位数额较大的财物的行为,侵占罪则无职务上的便利的要求。职务侵占罪并无拒不归还方面的要求,但侵占罪则有拒不归还或拒不交出的要求。再次,两罪的犯罪主体不同。职务侵占罪的主体是公司、企业或者其他单位中的非国家工作人员,而侵占罪的主体是一般主体,只要达到法定年龄、具有刑事责任能力的人均可构成。最后,追诉方式不同。职务侵占罪是一种公诉罪。而侵占罪是一种"告诉才处理"的犯罪。

关于侵占罪的内容,我就为大家介绍到这,同时侵犯财产罪的内容我也就讲到这了。谢谢大家!

第十六讲

妨害社会管理秩序罪

在这一讲中,我们来学习妨害社会管理秩序罪,这类犯罪的罪名虽然比较繁杂,但相对也比较容易认定,下面,我就选取其中几个相对重要的罪名为大家讲解一下。

一、妨害公务罪

妨害公务罪,是指以暴力、威胁方法阻碍国家机关工作人员依法执行职务,或者以暴力、威胁方法阻碍人大代表依法执行代表职务,或者在自然灾害和突发事件中以暴力、威胁方法阻碍红十字会的工作人员依法履行职责,或者故意阻碍国家安全机关、公安机关工作人员依法执行国家安全工作任务,虽未使用暴力、威胁方法但造成严重后果的行为。

妨害公务罪的构成要件包括以下四个方面的内容。

第一,这个罪侵犯的客体是国家机关的正常公务管理活动、人大代表执行代表职务的制度、红十字会的法定职责以及国家安全机关、公安机关履行的维护国家安全、公共安全的职责和权力。此外,妨害公务的行为还侵犯了这几个机构的执行职务、职责的工作人员的人身权利。只要造成严重后果都可以构成妨害公务罪。

第二,在客观方面,这个罪表现为以暴力、威胁方法阻碍国家机关工作人员依法执行职务,或者以暴力、威胁方法阻碍人大代表依法执行代表职务,或者在自然灾害和突发事件中以暴力、威胁方法阻碍红十字会的工作人员依法履行职责,或者故意阻碍国家安全机关、公安机关工作人员依法执行国家安全工作任务,虽未使用暴力、威胁方法但造成严重后果,或者暴力袭击正在依法执行职务的人民警察的行为。首先,行为人的行为指向的必须是国家机关工作人员依法执行职务、人大代表依法执行代表职务、红十字会工作人员在自然灾害和突发实践中依法履行职责以及国家安全机关、公安机关工作人员依法执行国家安全工作任务的行为。如果不属于这些职务、职责范围之内的行为,则行为人不构成妨害公务罪。其次,行为人使用了暴力、威胁等方法(针对国家安全机关、公安机关除外)。而如果在妨害公务过程中,实施了严重的伤害和杀人行为的,则应该按照故意伤害罪和故意杀人罪处理。最后,行为必须发生在相关人员执行公务的过程中。如果是发生在公务执行之前或公务行为完成之后,则不符合本罪的构成要件。

需要大家注意的是,这里所谓执行公务并不一定要在上班的时候,不能说下班的时候就没有公务,关键看相关人员的行为是否与其职务相关。

另外,依据刑法规定,有两种妨害公务的行为只有在特定情况下发生才可能构成犯罪。其一是阻碍红十字会工作人员依法履行职责的,必须发生在自然灾害和突发事件中,才可能构成犯罪;其二是阻碍国家安全机关、公安机关履行职责的,必须发生在执行国家安全工作任务时,才可能构成犯罪。

第三,这个罪的主体是一般主体,只要达到刑事责任年龄,具有刑事责任能力的人都可以成为这个罪的主体。

第四,这个罪的主观方面表现为故意,也就是说,行为人明知是国家机关工作人员依法执行职务、人大代表依法执行代表职务、红十字会工作人员在自然灾害和突发实践中依法履行职责仍然以暴力、威胁等方法加以阻碍或是明知是国家安全机关、公安机关工作人员依法执行国家安全工作任务而加以阻碍。

接下来,我简单为大家介绍一下《刑法修正案(九)》新增的有关暴力袭警行为的内容。

《刑法修正案(九)》在《刑法》第 277 条中增加一款作为第 5 款:"暴力袭击正在依法执行职务的人民警察的,依照第一款的规定从重处罚。"《刑法修正案(十一)》又对该款行为规定了明确的法定刑,将该款修改为:"暴力袭击正在依法执行职务的人民警察的,处三年以下有期徒刑、拘留或者管制;使用枪支、管制刀具或者以驾驶机动车撞击等手段,严重危及其人身安全的,处三年以上七年以下有期徒刑。"我认为有关暴力袭警的这一规定其实并无太大的实际意义。首先,加大对袭警行为的处罚力度并不一定有助于保障警察执法权。保障警察执法的途径主要有两种,一是提升警察的自我保护能力,使袭警行为不能发生或不能得逞;二是对已经发生的袭警行为予以及时有效的制裁,以震慑违法犯罪分子。其中的第一种途径属于防患未然,而第二种途径是惩罚已然。在追求保障警察执法权的路径选择上,我们不能寻求利用刑法来惩治袭警行为而忽视警察的自我保护能力的途径。在当今的社会环境下,警民关系本来就比较敏感,一旦不适当的执法行为导致二者关系进一步恶化,完全有可能引发更深层次的社会矛盾。所以就保障警察的执法权而言,防患于未然的未雨绸缪远比挥泪斩马谡的亡羊补牢更有效。其次,加重对暴力袭警行为的打击力度不符合现代刑法"锄强扶弱"的法治精神。在强化警察权力、维护警察权威的同时,我们有必要时刻反省,我们是否做到了像保护警察那样保护公民。由于警察职业的特殊性,在执法过程中,警民对立的情况时有发生,在发生矛盾甚至产生冲突时,警察受过专业训练且配有器械、枪支,所以在绝大多数冲突中受伤害的都是普通民众,从这个角度来说,更应该受到特殊保护的应当是手无寸铁的普通百姓而并非全副武装的警察。除此之外,在某些情况下,民众对警察的执法活动产生质疑本来就情有可原,而在此情况下所产生的"事发有因"

的肢体冲突,如果再强调加大对民众的惩罚力度,似乎就没有正当性可言了。最后,《刑法修正案(九)》与《刑法修正案(十一)》相继加重对暴力袭警行为的处罚力度,无非是想解决之前刑法对袭警行为处罚力度过轻的问题。然而,这一"补漏"性质的修复措施却带来了新的罪刑失衡问题。比如说,同样是公务员甚至是司法工作者,我国刑法中却并没有"暴力袭击法官、检察官的,从重处罚",也没有"暴力袭击政府官员的,从重处罚"等类似规定。事实上,在现实生活中袭击法官、检察官和政府官员的事件并不少见。综上所述,我认为在妨害公务罪中对警察予以特殊保护,不但缺乏正当的依据,也显得十分突兀与多余,立法者不能因为警察在我国权力体系中的特殊地位而片面地予以特殊保护。

二、招摇撞骗罪

接下来,我们来讨论招摇撞骗罪。

(一)招摇撞骗罪的概念与构成要件

首先,我们来了解一下招摇撞骗罪的概念和构成要件。

招摇撞骗罪,是指冒充国家机关工作人员,利用国家机关工作人员的身份或职称进行招摇撞骗,损害国家机关的威信和信誉,损害公民的合法权益的行为。

招摇撞骗罪的构成要件包括以下四个方面的内容。

第一,这个罪侵犯的客体是国家机关的威信、信誉和正常的公务活动,同时公民的合法权益也受到损害。

第二,在客观方面,这个罪表现为冒充国家机关工作人员,利用国家工作人员的身份或职称进行招摇撞骗的行为。具体来说:一是行为人冒充的对象是国家机关工作人员。如果冒充的不是国家机关的工作人员,则并不构成本罪;二是行为人必须利用冒充的身份,进行了招摇撞骗的行为,比如说,利用群众对国家工作人员的信任,骗取地位、荣誉以及其他非法利益等。另外,行为人构成该犯罪,除了冒充,还要有骗的行为,不是以骗为目的,而是为了满足自己的虚荣心冒充国家机关工作人员的,不能算招摇撞骗。

第三,这个罪的主体是一般主体,一般情况多是由非国家工作人员构成的,但是,具有国家机关工作人员身份的人冒充其他国家机关工作人员的,也可以构成这个罪。那么,国家机关工作人员进行诈骗行为,能不能按照招摇撞骗罪处理呢?我认为是不能的。理由有两点:第一,真的国家机关工作人员进行诈骗直接用诈骗罪处理就可以了,因为诈骗本身就包括了招摇撞骗的情况;第二,冒充国家机关工作人员招摇撞骗,这里的冒充是一个构成要件,而不是一个量刑情节。

第四,这个罪在主观方面表现为故意,并且是以非法谋取财产、地位、荣誉、信任等利益为目的的。

（二）招摇撞骗罪与其他犯罪

接下来，我们来分析一下招摇撞骗罪与其他犯罪的界限。

首先，我们来看招摇撞骗罪与敲诈勒索罪的界限。招摇撞骗罪和敲诈勒索罪之间的区别在于，招摇撞骗是以"骗"为基本要素，而敲诈勒索是以"敲"为基本要素。两者之间最大的区别是被害人是否自觉自愿地交出财物，如果是自觉自愿交出财物的，应认定为招摇撞骗罪；如果是被迫交出财物的，则应定敲诈勒索罪。比如说，有人冒充警察冲进某个赌场，然后通过"没收"或"开罚单"的方式获取赌资，这种情况下，由于行为人抓住了被害人参与赌博的把柄，并对其施加精神强制，被害人也因害怕名声败坏等原因，而被迫放弃财物，所以就应该认定为敲诈勒索罪。我这个观点与司法解释的观点是不一样的，但是，我认为，这个观点符合刑法基本原理。虽然说，冒充国家机关工作人员敲诈别人，应该认定为敲诈勒索罪，但这里还要看具体的行为，如果行为人使用了暴力或者暴力相威胁的方法，以获取赌资，这种情况是可以定性为抢劫罪的。但是，在冒充警察的情况下，一般是不大可能直接使用暴力的，而不使用暴力胁迫的话，就不能认定为抢劫罪。

所以说，界定招摇撞骗罪和敲诈勒索罪，关键是看被害人在交付财物的时候是不是自觉自愿的，因为招摇撞骗罪的核心是"骗"。如果行为人假冒国家机关工作人员，被害人又是自觉自愿交付财物的，就可以认定为招摇撞骗罪，而如果被害人是被迫交出财物的，则就应认定为敲诈勒索罪，即使是冒充国家机关工作人员，仍然不能认定为招摇撞骗罪。

其次，我们来看招摇撞骗罪与诈骗罪的界限。关于这两个罪的界定，我前面在介绍诈骗罪时就已经讲到过，这里我再简单提一下。招摇撞骗罪和诈骗罪的共同点是，被害人都是自愿交付财物的，而主要区别在于，行为人是否使用了假冒的手段。而招摇撞骗罪、诈骗罪和敲诈勒索罪的主要区别，就是看被害人是否是自愿的。需要大家特别注意的是，冒充国家机关工作人员骗取巨额财产的行为，应该认定为诈骗罪。首先，因为招摇撞骗罪的法定最高刑是 10 年，而诈骗罪的最高刑是无期徒刑。行为人骗取巨额财产，又假冒国家机关工作人员，还按照招摇撞骗罪最高只能判 10 年的话，是没有道理的。这种情况实际上可以用法条竞合原理加以解释，即当特别法条与普通法条的法定刑出现"倒挂"的情况，我们应该采用"重法条优于轻法条"的原则选择相应的法条。其次，从刑法原理上看，这时侵犯的主要客体已经转移。行为人冒充国家机关工作人员招摇撞骗，骗取巨额财产，其行为侵害的主要客体就已经转移到财产关系上，所以这时应该认定为诈骗罪。最后，对该行为以诈骗罪来认定也得到了"两高"2011 年 3 月 1 日发布的《关于办理诈骗刑事案件具体应用法律若干问题的解释》的认可。

（三）招摇撞骗罪的处罚

最后，大家看一下对招摇撞骗罪的处罚规定。根据《刑法》第 279 条的规定，犯招摇撞骗罪的，处 3 年以下有期徒刑、拘役、管制或者剥夺政治权利；情节严重的，处 3 年以上 10 年以下有期徒刑。鉴于冒充人民警察的危险和危害极大,《刑法》第 279 条第 2 款规定,冒充人民警察招摇撞骗的,从重处罚。

三、寻衅滋事罪

刑法中的寻衅滋事罪,是指无事生非、无理取闹、起哄闹事、肆意挑衅、殴打伤害无辜的行为。此罪是由 1979 年《刑法》中的流氓罪分解而来。

学界的通说认为,寻衅滋事罪侵犯的客体是社会治安管理秩序。该罪在客观方面主要表现为行为人实施了无事生非、无理取闹、起哄闹事、肆意挑衅、殴打伤害无辜的行为。具体而言,行为人主要是对互不相识的人或没有利害纠葛的人故意挑逗、挑衅;在人多拥挤的地方故意制造混乱,横冲直撞;拦截、追逐、辱骂、恐吓他人;随意殴打他人;强拿硬要或任意损毁、占用公私财物。该罪的主体为一般主体。该罪的主观方面表现为故意,且行为人在主观上须以寻求精神刺激为目的。

关于寻衅滋事罪,有两个在学界较为热议的问题,值得我们探讨。

(一)网络谣言的刑法规制

2013 年,"两高"联合颁布《关于办理利用信息网络实施诽谤等刑事案件适用法律若干问题的解释》。该司法解释的第 5 条规定:"利用信息网络辱骂、恐吓他人,情节恶劣,破坏社会秩序的,依照刑法第二百九十三条第一款第(二)项的规定,以寻衅滋事罪定罪处罚。"对此,有人担心公民的"言论自由"是否会受到限制或丧失保障,也有人担心开展得如火如荼的"网络反腐"是否会受到打压或失去作用。依我之见,这种担心其实是多余的。我们现在开展对信息网络秩序的管理,在很大程度上就是为了让公民"言论自由"的基本权利更好地得到实现,同时也让"网络反腐"真正能发挥其"利剑封喉"的作用。

在现代法治社会中,法律对社会的调整应该是全方位的,而不应该有任何"空白地带"。信息网络在空间上缩短了人们交流的距离,在时间上则加快了人们联系的速度。这不仅给人们的工作和生活带来了极大的便利,而且还最大程度地提高了效率。但是,信息网络社会绝非法外之地,人们在享受快节奏的网络服务并最充分地实现"言论自由"基本权利的同时,仍然应该遵守法律规范并承担相应的义务。依我之见,现代社会中没有绝对的自由,任何自由均应该有边界或限度。同样,法治社会下的"言论自由"是不可能不受制约的,在没有制约的环境下,不可能有真正意义的自由。从某种角度上说,如果通过网络以牺牲社会的安定和其他人的权利来实现自己的所谓自由权利,不仅是无稽之谈并无法做到的,而且也是法律所不容许的。

正如我一贯的观点,信息网络在给人们生活工作带来便利的同时,也不可避免地给谣言的编造和传播插上了"翅膀"。近年来,网络造谣、传谣现象愈演愈烈,通过有组织地造谣、传谣,以蓄意诽谤公民个人、策划网络热点非法牟取暴利的事件频频出现。仅以上海为例,2013 年以来,公安机关就已经依法查处网络造谣、传谣案件 380 余起,涉案 170 余人。从中我们不难发现,时下网络造谣、传谣已经呈现出如下四个特点:一是有组织的网络水军、网络推手、网络公关公司通过发帖、删帖、炒作、造谣,制造社会热点,借机牟取经济利益;二是因个人问题编造谣言,打击报复、发泄私愤;三是一些微博"大V"为了博取眼球、赚取粉丝,不辨是非甚至捏造不实信息;四是假借"网络维权反腐"编造谣言并恶意传播。

可见,时下对信息网络领域已经到了"非管不可、不管不行"的程度。如果我们容忍这些信息网络领域违法犯罪的存在,其结果势必会威胁到整个社会的安定和人们的安全感。在一个社会中,当人人都可能成为被攻击的对象,也就必然可能成为攻击别人的人。一旦社会出现这种状况,人们的安全感就会荡然无存,恐惧感就会油然而生,不安定因素就会随之积聚,这些恐怕是任何一个现代法治社会都无法容忍的。无论如何,在不安定的社会环境中,人们不可能开展有效的包括反腐在内的各项工作,也不可能真正实现"言论自由"的基本权利,这应该是广大民众都能理解的常识和统一的思想。就此而言,对信息网络领域进行规范不仅完全必要,而且从根本上说,与公民所追求"言论自由"基本权利的意愿也是不矛盾的。

这里我们还需要讨论一下"网络反腐"的问题。应该看到,"网络反腐"是信息网络时代一种群众监督的新形式,因其能够借助互联网人多力量大的特点,以及具有方便快捷、低成本、低风险的技术优势,而更容易形成舆论热点,能够对行政监督和司法监督起到一定程度的补充作用。时下,我们确实通过信息网络的传播挖出了一些腐败现象,从而使"网络反腐"产生了效应。就此而言,"网络反腐"完全可以认为是现代社会中反腐倡廉的一种重要的手段和途径。但是,如果以非法手段或方式并通过网络进行传播,进行所谓的"网络反腐"则绝不可取。

值得注意的是,《刑法修正案(九)》在《刑法》第六章"妨害社会管理秩序罪"中单独设立了编造、故意传播虚假信息罪这一新的罪名。《刑法》第 291 条之一第 2 款规定:"编造虚假的险情、疫情、灾情、警情,在信息网络或者其他媒体上传播,或者明知是上述虚假信息,故意在信息网络或者其他媒体上传播,严重扰乱社会秩序的,处三年以下有期徒刑、拘役或者管制;造成严重后果的,处三年以上七年以下有期徒刑。"这一罪名的设立对相关的造谣传谣行为进行了专门的规制,有助于在信息网络领域中更好地实现公民"言论自由"的基本权利。

(二)处理虐童行为的应然路径

2012 年下半年,浙江温岭幼师虐童案引起大家的广泛关注。面对社会公众的强烈反应,温岭警方高度重视,立即成立专案组进行调查,相关当事人因涉嫌寻衅滋事罪也被刑拘。事实上,从前面讲过的寻衅滋事罪的构成要件来看,虐童行为根本不构成寻衅滋事罪。最主要的理由是,寻衅滋事罪侵犯的客体是社会治安管理秩序。而虐童行为都是在封闭的环境下实施的,一般情况下不可能对社会治安管理秩序造成侵害。

值得注意的是,随着一连串的虐童案件发生,媒体以及公众关于增设"虐童罪"的呼声不断高涨,学术界也不乏该呼声的支持者。对于虐童的行为是否需要在刑法中增设"虐童罪",可谓仁者见仁、智者见智。

我认为,我们不应该过度受舆论与民意的影响,而在刑法中增设所谓的"虐童罪"。现在真的已经到了防止"刑事立法狂躁症"的时候了,即我们应该纠正一有风吹草动就增设刑法新罪名予以应对的错误理念。

事实上,我国现有的刑法条文中有关故意伤害罪、侮辱罪等的规定,已经足以调整相关虐童行为。

然而我们应当注意到,《刑法修正案(九)》还是增设了"虐待被监护、看护人罪"这一全新的罪名。《刑法》第260条之一规定:"对未成年人、老年人、患病的人、残疾人等负有监护、看护职责的人虐待被监护、看护的人,情节恶劣的,处三年以下有期徒刑或者拘役;单位犯前款罪的,对单位判处罚金,并对其直接负责的主管人员和其他直接责任人员,依照前款的规定处罚;有第一款行为,同时构成其他犯罪的,依照处罚较重的规定定罪处罚。"由此,在《刑法修正案(九)》出台后,我们应当严格依照罪刑法定的原则处理虐童行为。如果相应的虐童行为符合虐待被监护、看护人罪的构成要件的,应以该罪名定罪处罚。

四、传授犯罪方法罪

(一)传授犯罪方法罪的概念与构成要件

首先,我们来看传授犯罪方法罪的概念与构成要件。

传授犯罪方法罪,是指以语言、文字、动作或者其他方法,将实施犯罪的具体经验、技能传授给他人的行为。关于这个罪,大家要注意两点:第一,传授犯罪方法罪是一个独立的罪名,具有独立的法定刑;第二,传授犯罪方法罪是举动犯,只要实施了传授犯罪方法的行为,就构成犯罪,至于被传授的人是否学会了,则在所不问。

关于传授犯罪方法罪的构成要件,我主要给大家讲两个方面。

第一,在客观方面,大家要注意的是,行为人传授的必须是犯罪方法。所谓犯罪方法,是指犯罪的经验和技能,包括犯罪的手段、犯罪的步骤、犯罪的技巧以及反侦查技术等。如果传授的不是犯罪方法,或者只是一般的违法行为方法,则不构成本罪。

第二,这个罪的主观方面表现为故意,也就是说,行为人必须明知是用于犯罪的犯罪方法,而故意加以传授。需要大家注意的是,有些方法在一般情况下可能不是犯罪方法,但是,当行为人在明知他人有犯罪企图的情况下,还仍然向其传授的,则可能构成传授犯罪方法罪,比如传授开锁技术、武术、化学知识、药物知识等等。

(二)传授犯罪方法罪的认定

接下来,我们来看传授犯罪方法罪的认定问题。在认定传授犯罪方法罪时,应注意本罪与教唆犯的界限。它们之间的区别主要体现在四个方面。

第一,教唆犯不是一个独立的罪名,教唆犯是按照教唆的内容定罪的;而传授犯罪方法罪是一个独立的罪名,即并非是按照其传授的内容定罪的,例如,甲传授乙具体实施盗窃的方法,对甲不能定盗窃罪,而应该定传授犯罪方法罪。

第二,传授犯罪方法罪侵犯的客体是特定的,而教唆犯侵犯的客体是不特定的,如果教唆他人盗窃,侵犯的客体就是财产权利,如果教唆他人杀人,侵犯的客体就是他人的生命权利。

第三,传授犯罪方法罪只是以传授技艺为目的,其造意性的意图一般是不明显或不确定的。而教唆犯的造意性是很强的,两者在主观目的上是不一样的。

第四,受上述是否是独立罪名的影响,传授犯罪方法罪有独立的法定刑,而教唆犯则没有独立的法定刑。

第五,两者在行为特征上是不一样的。传授犯罪方法罪的行为表现仅仅是传授技艺,而教唆犯则是通过不特定多种方法使人产生犯意。教唆犯主要是引起他人的犯罪意图,古代刑法称之为造意犯。而传授犯罪方法主要是具体方法的传授,对于犯罪意图在所不问。比如说,甲让乙产生盗窃的意图,这是造意。甲教乙怎么盗窃,这是传授方法,两者是不一样的。如果甲既引起乙犯罪的意图,又教乙犯罪的方法,比如,甲让乙去偷东西,还教给乙偷东西的方法,这种情况应该怎么认定呢?要不要数罪并罚?(下讲台提问)

学生 1:"要的。"

提问:"怎么数罪并罚呢?"

学生 2:"按照传授犯罪方法罪一罪处理。"

提问:"甲教唆乙杀人,又教乙杀人的方法,怎么认定啊?"

学生 3:"按教唆犯认定。"

提问:"你们已经提出三种可能,一种是传授犯罪方法罪,一种是教唆犯,还有一种是数罪并罚,到底是哪一种呢?"

学生 4:"应该是教唆吧,我认为传授犯罪方法罪被教唆的行为吸收了。"

(回讲台)对于这个问题,应该是比较清楚的。我的观点是,传授犯罪方法的行为被教唆的行为吸收,从而只定教唆的犯罪。因为,传授犯罪方法罪只是单纯方法的传授,不存在引起他人犯意的问题。以前的刑法没有规定这个罪,现在规定了,目的就是为了规制教唆犯不能包括的行为。所以说,行为人引起犯意后又传授方法,不影响教唆犯的认定,而且只定教唆的犯罪。本案例中,甲确实是引起了乙盗窃的犯意,所以你们要正确理解"引起犯意"的意思。不要和自己自愿犯罪的说法混同起来,教唆别人犯罪,犯罪的人当然是自愿的,我们重点要看犯罪的意图是谁引起的。大家好好理解一下。

总而言之,传授犯罪方法罪属于刑法的个罪,而教唆犯则属于共同犯罪中对共同犯罪人进行划分的一种类别。大家要特别注意传授犯罪方法罪和教唆犯的具体区别。

(三)传授犯罪方法罪的处罚

最后,大家来简单了解一下对传授犯罪方法罪的处罚规定。大家应当特别注意的是,《刑法修正案(八)》已经废除了本罪的死刑规定。根据《刑法修正案(八)》第 44 条的规定,犯传授犯罪方法罪的,处 5 年以下有期徒刑、拘役或者管制;情节严重的,处 5 年以上 10 年以下有期徒刑;情节特别严重的,处 10 年以上有期徒刑或者无期徒刑。

五、赌博罪

首先,我简要为大家介绍一下赌博罪的概念、构成要件及其处罚规定。

赌博罪,是指以营利为目的,聚众赌博或者以赌博为业的行为。赌博罪的概念里包括两种情况,一种叫聚众赌博,俗称"赌头";另一种是以赌博为业,俗称"赌棍"。需要指出的是,赌博罪原来还包括开设赌场的情况,后来《刑法修正案(六)》对其作了修正,明确将开设赌场从赌博罪中分离出来,独立设罪且提高了法定刑,《刑法修正案(十一)》又进一步加重了该罪的法定刑。值得讨论的是,"赌棍"是否是惯犯。有人认为,刑法中的惯犯只有两个,一个是非法行医罪,一个是赌博罪。我认为,这是一个值得讨论的问题。因为,刑法中的惯犯通常是以某些基本犯罪为前提的,例如,原刑法中的惯窃罪是以盗窃罪为前提的,惯骗是以诈骗罪为前提的。而在赌博罪中,以赌博为业,实际上是构成赌博罪的必要要件,对于这个必要要件能否作为惯犯的特征来对待是值得讨论的。因为,如果行为人不是以赌博为业,本身就无法构成赌棍类的赌博罪。可见,这是一个很值得研究的问题。但是,如果说这些都不是惯犯的话,那么,我国刑法中确实已经没有惯犯的概念了。

关于本罪的构成要件,我主要讲两方面。第一,在客观方面,这个罪表现为聚众赌博或者以赌博为业的行为。所谓聚众赌博,是指组织、招引多人进行赌博,而本人从中抽头渔利,但也可能直接参与赌博。所谓以赌博为业,则是指以赌博所得作为生活的来源。第二,本罪主观方面表现为故意,需要大家注意的是,行为人必须具有营利的目的才能构成本罪。

对于赌博罪的处罚,根据《刑法》第 303 条规定,犯赌博罪的,处 3 年以下有期徒刑、拘役或者管制,并处罚金。

六、开设赌场罪

开设赌场罪,是指为赌博提供场所,设定赌博方式,提供赌具、筹码、资金等组织赌博的行为。《刑法修正案(六)》将这种行为从赌博罪中分离出来,并规定为独立罪名。

关于本罪的构成要件,我主要讲三个方面。第一,在客观方面,本罪表现为为赌博提供场所,设定赌博方式,提供赌具、筹码、资金等组织赌博的行为。第二,在主体方面,需要注意的是丌办赌场者才能构成犯罪,普通雇员不属于开设赌场的人。第三,本罪主观方面表现为故意,不要求必须以营利为目的。

最后,大家了解一下对开设赌场罪的处罚规定。根据《刑法》第 303 条规定,犯开设赌场罪的,处 5 年以下有期徒刑、拘役或者管制,并处罚金;情节严重的,处 5 年以上 10 年以下有期徒刑,并处罚金。需要大家注意的是,本罪的法定刑是由《刑法修正案

(六)》《刑法修正案(十一)》相继专门修正提高的。经修正后的本罪法定最高刑远远高于赌博罪的法定刑,赌博罪的法定最高刑为 3 年,而开设赌场罪的法定最高刑为10 年。

七、窝藏、包庇罪

所谓窝藏、包庇罪,是指明知是犯罪的人而为其提供隐藏处所、财物,帮助其逃逸或者作虚假证明包庇的行为。

关于本罪的构成要件,我主要讲三个方面的内容。

第一,这个罪侵犯的客体是司法机关正常的司法活动。

第二,在客观方面,这个罪表现为明知是犯罪的人而为其提供隐藏处所、财物,帮助其逃逸或者作虚假证明包庇的行为。所谓窝藏,不仅包括为犯罪分子提供隐藏处所,而且还应包括为犯罪分子指示逃跑路线、方向,或者为犯罪分子提供金钱、衣物、食物,帮助潜逃或隐藏的行为。所谓包庇,是一种积极的对司法机关或有关组织作虚假证明,掩盖其犯罪罪行,以使得犯罪分子无罪或罪轻的行为,但不包括为犯罪分子毁灭、伪造罪证等行为,简单地说,就是作假证明进行包庇。

第三,这个罪的主观方面表现为故意。窝藏主要表现在对犯罪分子窝藏的故意,包庇则主要表现为对司法机关和有关组织作虚假证明的故意。

最后,大家看一下对窝藏、包庇罪的处罚规定。根据《刑法》第 310 条的规定,犯窝藏、包庇罪的,处 3 年以下有期徒刑、拘役或者管制;情节严重的,处 3 年以上 10 年以下有期徒刑。所谓情节严重,主要是指窝藏、包庇危害国家安全的犯罪分子和重大刑事犯罪分子的,窝藏、包庇多人的,多次实施窝藏、包庇行为的,窝藏时间长,使犯罪分子长期没有受到法律制裁的情况。在窝藏、包庇行为中,如果存在事前通谋的行为,则应作为被窝藏、包庇的犯罪分子的共犯定罪处罚。

八、掩饰、隐瞒犯罪所得、犯罪所得收益罪

掩饰、隐瞒犯罪所得、犯罪所得收益罪原来的罪名是窝藏、转移、收购、销售赃物罪。掩饰、隐瞒犯罪所得、犯罪所得收益罪,是指明知是犯罪所得及其产生的收益而予以窝藏、转移、收购、代为销售或者以其他方法掩饰、隐瞒的行为。

关于本罪的主要构成要件,我主要讲三个方面的内容。

第一,这个罪侵犯的客体是国家司法机关的正常活动。本罪的犯罪对象是犯罪所得及其收益。

第二,在客观方面,这个罪表现为行为人实施了窝藏、转移、收购、代为销售或者以其他方法掩饰、隐瞒犯罪所得及其产生的收益的行为。所谓窝藏,是指为犯罪分子提供隐匿赃物的处所或保管赃物。所谓转移,是指替犯罪分子运输、搬运赃物。所谓收购,是指有偿地获得赃物后加以出卖的行为,大多是低价买进、高价卖出。所谓代为销

售,是指受犯罪分子的委托而为其代为销售赃物的行为。如果购买赃物归自己使用不符合本罪构成特征。所谓以其他方法掩饰、隐瞒,是指采用窝藏、转移、收购、代为销售以外的方法掩盖犯罪所得及其收益的性质的行为。

第三,这个罪的主观方面表现为故意,也就是说,行为人必须明知是犯罪所得及其所产生的收益。

接下来,我们来简要分析一下窝藏、包庇罪和掩饰、隐瞒犯罪所得、犯罪所得收益罪的区别和联系。这两个罪一个是对人,一个是对物,但这两个罪都属于事后的帮助行为。这种事后的行为是有可能按照共犯来认定的,但是这种共犯不同于事前的共犯或者事中的共犯。我在讲刑法总则的时候曾说过,事前帮助和事中帮助构成共犯是没有问题的,但对于事后帮助能否成为共犯,关键是看行为人事先是否有通谋,如果有通谋,就构成共犯;如果没有通谋,就单独构成窝藏、包庇罪或者掩饰、隐瞒犯罪所得、犯罪所得收益罪。比如说,甲杀了人,乙把甲藏起来,可能有两种结果。一种是他们事先约定,在甲杀人后乙负责帮忙把甲藏起来,这构成故意杀人罪的共犯;另一种是,乙之前不知道甲要杀人,甲杀了人以后来找乙,乙明知甲杀了人还把甲藏起来,这样,乙就只构成窝藏、包庇罪。因此,我们必须准确地进行区分。

此外,鉴于以单位名义实施的窝藏、转移、收购、销售赃物的现象日益突出,同时,也为了进一步完善刑法的反洗钱措施。《刑法修正案(七)》在《刑法》第312条中增加一款作为该条的第2款:单位犯前款罪的,对单位判处罚金,并对其直接负责的主管人员和其他直接责任人员,依照前款的规定处罚。由此,对于单位实施的,掩饰、隐瞒(洗钱罪规定的七类犯罪之外的)犯罪所得及其收益来源和性质的行为,都有了明确的定罪处罚依据了。

最后,大家要注意,掩饰、隐瞒犯罪所得、犯罪所得收益罪和洗钱罪的法条适用问题。大家都知道,这两个罪是一般法条和特别法条的法条竞合关系。一般情况下,我们也都是按照特殊法条优于一般法条的原则进行适用的,而最高人民法院2009年11月4日通过的《关于审理洗钱等刑事案件具体应用法律若干问题的解释》第3条规定要以重罪吸收轻罪,也就是说,如果行为既符合洗钱罪,又符合掩饰、隐瞒犯罪所得、犯罪所得收益罪的,应按重罪定罪。

九、脱逃罪

(一)脱逃罪的概念与构成要件

我们首先来看脱逃罪的概念与构成要件。

所谓脱逃罪,是指依法被关押的罪犯、犯罪嫌疑人、被告人逃离羁押、监管场所的行为。

脱逃罪的构成要件包括以下四个方面。

第一,这个罪侵犯的客体是司法机关的正常监管秩序。司法机关依法对罪犯、犯罪嫌疑人、被告人进行拘留、逮捕、羁押、监管,是惩罚犯罪、保护人民的有效的手段,是维护正常的社会秩序的保证,同时更是法律得到贯彻执行的体现。而罪犯、犯罪嫌疑人、被告人逃离羁押、监管场所的行为,势必破坏了正常的监管秩序,妨害了司法、执法的完整性,同时也对正常的社会公共秩序造成了巨大的不稳定因素。

第二,在客观方面,这个罪表现为依法被关押的罪犯、犯罪嫌疑人、被告人逃离羁押、监管场所的行为。具体来说:首先,行为人要有脱逃行为,这主要表现为,行为人在被司法机关依法剥夺人身自由之后,为非法获得自由而采取的非法逃离的行为;其次,行为必须发生在行为人被司法机关采取了拘留、逮捕强制措施和判处拘役、徒刑等刑罚之后直至被依法解除之前;最后,实施该犯罪还有一定的空间限制。空间范围既包括行为人从司法机关的看守所、监狱、劳改队等监管场所逃离,也包括在押解途中非法摆脱司法机关对其人身自由施加的法律强制行为。

第三,脱逃罪的主体是我们要重点把握的内容,现在是很清楚的,脱逃罪的主体是特殊主体,包括依法被关押的罪犯、犯罪嫌疑人和被告人。在侦查阶段,我们称之为犯罪嫌疑人;在审查起诉和审判阶段,称之为被告;在执行阶段,则称之为罪犯。脱逃罪的主体贯穿整个刑事诉讼的各个阶段,而且前提是被关押的。主要是依法被逮捕、拘留的未决犯和经判处拘役、有期徒刑和死刑的已决犯,也就是说在拘留、逮捕、拘役、有期徒刑、无期徒刑等阶段的人员都可以包括在内的。但是,被行政拘留、司法拘留、监视居住、取保候审、管制、劳动教养、缓刑、假释、保外就医、监外执行,以及被超期羁押等相关的人员,都不能成为脱逃罪的主体。这是主体认定当中非常重要的问题。无罪被错押者逃跑后,如果能够被证明之前的行为确实是无罪的,我认为,其脱逃行为尽管不宜提倡,但遵循实事求是的原则,其行为不应该构成脱逃罪,而如果无法证明无罪的,则当然应构成脱逃罪。

第四,脱逃罪的主观方面表现为故意。是长期或永远逃避的故意,还是满足某种暂时逃避的故意,刑法并没有加以规定,尤其是为满足某种暂时的需要而逃避后又迅速返回的,是否应以本罪论处,也存在着不同的规定。我认为,不能一概而论,应针对具体案件加以分析,同时,还应注意其与"脱管"的区别。"脱管"是指,在司法实践中发生的,被监管人不具有脱逃犯罪的目的,而逃离监押的行为。比如说,一个在押罪犯,他想家想小孩了,想回家看看,然后又回来了,这种情况下,他不以脱离监管为目的,但确实脱离了警戒线,脱离了监管,应该怎么认定?现实中确实有这种情况存在。以前曾经发生过这么一起案件:梁某因为犯罪被判有期徒刑15年,还有几个月服刑期就满了,有一天监管人员发现他脱逃了。经过侦查发现,他以前在农场劳动的时候和一个留场女职工谈恋爱,两个人感情一直很好。侦查人员判断,他可能藏在女职工的家里。到女职工家里一看,他果然在那里,经过询问,他就是想来看看自己的女朋友。(全场笑)经调查后发现,他的确也准备回监狱了。梁某自己也说,他还有几个月就释放了,不可能现在逃出来的,要逃早就逃了。关于这个案例,理论上认为他的确不具有脱离监管的目的,因而不能构成脱逃罪,这只是一种违反监管规定的行为。但在实践操作上,只要逃出了警戒线,就认为是脱逃罪的既遂。由此可见,理论和实践在这个问题上还没有统一,但我个人认为,理论上的观点是有一定道理的。

　　另外,关于脱逃罪的目的,我们还要注意的是,被错押、错捕的人为了寻求正义,而脱离监管的情况,就像日本电影《追捕》里的男主人公杜丘。我们国家对这种情况的处理原则是,不鼓励这种行为,但是也不构成脱逃罪,但如果行为人在脱逃过程中导致他人受伤的,则可以构成故意伤害罪。

(二)脱逃罪的犯罪形态

　　接下来,我要讲一个非常重要的问题,也就是脱逃罪的犯罪形态问题。你们回答一个问题,一个犯人从监狱挖洞,但挖到一半被人家发现,是什么?(下讲台提问)

　　学生1:"犯罪预备。"

　　学生2:"犯罪未遂,如果是犯罪既遂的话,应该是已经逃跑了。"

　　学生3:"犯罪既遂。"

　　提问:"那么犯罪既遂、犯罪未遂怎么认定?"

　　学生4:"我觉得既遂、未遂不仅是要看行为还有一个空间的问题,他还没从洞里逃出去就是未遂。"

　　提问:"那他从上海挖洞,已经挖到南京了呢?"(全场笑)

　　学生5:"没逃出监狱的门就是未遂呀,逃到南京了当然就是既遂啦。"

　　提问:"那他着手了没有。"

　　学生5:"已经着手了。"

　　(回讲台)大家要注意,这是什么罪呀? 是脱逃罪还是"挖洞罪"呀? 如果是"挖洞罪"的话,他肯定是已经着手了,但这是脱逃罪,挖洞只是预备,逃还没开始,挖洞是为逃做准备,这个时候被抓住是犯罪预备;但如果他一边挖一边逃,那就是着手了,因为着手的标志是逃的行为开始。大家一定要注意,这是脱逃罪而不是"挖洞罪"! 着手是从"逃"开始的,挖洞只是为"逃"做准备的。

　　最后,要注意既遂与未遂的标准是,犯罪人是否脱离监管。对此,在关押场所,我们以警戒线为标准,在警戒线以内被抓住就是未遂,在警戒线以外被抓就是既遂。如果行为人挖洞脱逃,后来挖错方向了,从自己的监房挖到别人监房里去了,这只能属于未遂,因为还在警戒线内。那么,如果行为人逃跑被抓时,一只脚在警戒线里面,一只脚在外面,是既遂还是未遂呀? 当然,这种情况实际上是不存在的,除非行为人是在对我们进行司法考试。(全场笑)那么,罪犯在押送途中,是以什么作为脱逃罪的既遂和未遂的标准呢? 一般来说,我们是以脱离押送人员的视线作为既遂的标准的。

十、走私、贩卖、运输、制造毒品罪

　　下面,我为大家介绍一下走私、贩卖、运输、制造毒品罪。所谓的走私、贩卖、运输、制造毒品罪,是指违反海关、工商、交通、运输、毒品管理等行政法规,走私、贩卖、运输、制造毒品的行为。

　　首先,我们来看一下立法中的问题,这个罪把走私、贩卖、运输、制造四种行为放在一个条文中,规定的法定刑也是相同的,适用的标准也是相同的,这就导致了,运输毒品的人成为每年因毒品犯罪被判死刑的犯罪人中数量最多的人。但是,参与运输毒品的往往都是没有文化且家里穷得一塌糊涂的人,在很多情况下,他们是为了谋生才去运输毒品的;而走私、贩卖制造毒品的人恶性比较大,只是由于他们一般文化程度比较高,反侦查能力也比较强,因而很少被定罪判刑。这个问题需要我们加以警惕,至少说明立法上存在着一定的问题。有人主张,为了改变这种不合理的状态,应该将这个刑法条文进行修改,把运输毒品罪单列出来,并降低运输毒品罪的法定刑。但是,我们知道,对刑法本身进行修改并非易事,实际上有很大的困难,所以,这种主张的可行性不强。还有人主张,可以通过司法解释,把运输毒品罪的定罪量刑标准单独列出,从而提高其入罪的门槛并实际减轻对其的处罚;或者是将大多数的运输行为作为一般的持有或是携带行为对待,这样就可以将其认定为非法持有毒品罪,从而达到从轻处罚的目的。我认为,运输毒品的目的是很明确的,就是把毒品从一个地方运送到另外一个地方,这不同于持有,因为定非法持有毒品罪的前提是,搞不清持有毒品的目的,所以将运输毒品的行为认定为非法持有毒品罪,是不妥当的。

其次,我们还要注意的是毒品的含义。大家说,敌敌畏、蟑螂药、剧毒农药是不是毒品呀?(全场笑答:不是)对的,大家要注意毒品和毒药的区别。毒品是麻醉药品和精神药品的总称,包括鸦片、海洛因、冰毒、吗啡、大麻、可卡因以及国家规定管制的其他能够使人形成瘾癖的麻醉药品和精神药品等。

再次,大家要注意司法解释关于假毒品和掺假毒品的认定。对贩卖假毒品的犯罪案件,如果行为人明知是假毒品并将其冒充毒品加以贩卖,应当以诈骗罪追究行为人的刑事责任。但是,如果行为人不知是假毒品而以毒品进行贩卖的,应当以贩卖毒品罪未遂追究行为人的刑事责任。比如说,甲把面粉冒充海洛因卖给乙构成诈骗罪,而如果甲以为面粉是海洛因卖给乙,则构成贩卖毒品罪的未遂,这个大家要注意区分。

最后,大家还需要注意的一个问题是,对于毒品的认定,是不考虑毒品的纯度,而是按照数量来计算的。但是,如果主要成分是杂质,而毒品含量相当少的话,我认为就不应该再将其认定为毒品。

十一、组织、强迫卖淫罪

我们首先来了解一下卖淫的概念。卖淫的概念有一个发展的过程。原来我们1979 年《刑法》规定的犯罪行为只涉及"妇女卖淫",包括组织妇女卖淫,强迫、容留妇女卖淫等等。后来随着社会的发展、变化,"女性能做到的事,男性也能做到"。社会上男性卖淫的现象也开始出现。为此,1997 年《刑法》条文规定中将"妇女卖淫"改为"他人卖淫",这种修改也就确认了卖淫的主体既可以是女性也可以是男性。时下,随着社会的进一步发展,卖淫情况又有了新的发展。也即卖淫不仅包括传统理解上的异性之间的性交易行为,也包括了同性之间的性交易行为,社会又进了一步。而且,这种情况已经在司法实践中出现了。对此能否以相关涉及卖淫的犯罪处理,理论和司法实践中均有不同的观点。我认为,认定同性卖淫是符合刑法原理的,而不需要对此专门作出司法解释或者立法解释。因为,我们从来没有将卖淫这种行为只局限于异性之间。而且按照我的观点,同样发生性行为,同性之间的性行为和异性之间的婚外性行为,在道德感情上,人们的接受程度是不一样的。异性之间的性行为,双方互相愿意的话,现在很难说会受到一种道德上的谴责;而同性之间的性行为,绝大多数人还是难以接受的,这种行为在我国较长时期内是作为违法行为看待的,现在往往还会受到道德上的谴责。那么,在这个基础上,同样加上"交易"、加上"组织"等行为,异性之间的组织卖淫行为要构成犯罪,而同性之间的组织卖淫行为则不构成犯罪,这是没有道理的!因此,这需要我们从立法原意的角度去理解。

另外,我们也要注意,卖淫本身是不构成犯罪的,对于卖淫嫖娼的行为,我们一般对其按照《治安管理处罚法》进行行政处罚。但是,我们这里讲的组织、强迫他人卖淫的行为,是构成犯罪的。之所以把这一类行为当作犯罪处理,最关键的是我们认为,性行为是人身权利的一种,而作为人身权利是不能进行交易的,更不能强迫进行交易。如果组织、强迫他人实施这种行为,就有可能构成犯罪,因为这是严重违背我们的社会伦理道德的,是具有社会危害性的行为。

接下来,我简要地为大家介绍一下组织、强迫卖淫罪。

组织卖淫罪,是指以招募、雇佣、强迫、引诱、容留等手段,控制多人从事卖淫的行为。而所谓的强迫交易罪,是指采用暴力、胁迫等手段,对他人实施人身或精神强制,逼迫其违背意愿地从事卖淫活动的行为。这里值得大家注意的是,《刑法修正案(九)》不仅废除了本罪的死刑,还以"情节严重"代替了原条文中的5种量刑情节,并增设了组织、强迫未成年人卖淫和数罪并罚的规定。《刑法》第358条规定:"组织、强迫他人卖淫的,处五年以上十年以下有期徒刑,并处罚金;情节严重的,处十年以上有期徒刑或者无期徒刑,并处罚金或者没收财产;组织、强迫未成年人卖淫的,依照前款的规定从重处罚;犯前两款罪,并有杀害、伤害、强奸、绑架等犯罪行为的,依照数罪并罚的规定处罚。"

十二、协助组织卖淫罪

接下来,我为大家介绍一个比较特别的罪,也就是协助组织卖淫罪。根据《刑法修正案(八)》第48条的规定,所谓协助组织卖淫罪,是指在组织他人卖淫活动中,为组织卖淫的人招募、运送人员或者其他起辅助作用、次要作用,帮助、协助组织他人卖淫的行为。之所以说它特别,是因为一般的协助行为应该属于共同犯罪中的帮助犯,属于从犯的范畴。而刑法法条专门把协助组织卖淫的行为规定为独立的罪名,这样就把共犯中的帮助行为独立出来了。在这种情况下,不管协助组织卖淫者与组织卖淫者有没有通谋,都应该按照协助组织卖淫罪认定。

在组织卖淫的行为中,协助组织的人与组织的人有时候是有通谋的,最多的是发生在宾馆、旅馆里。在珠海曾经发生过这样一起案件:某宾馆里有负责对外联络的经理,专门跟一些旅行社联系拉团嫖娼事宜。在一个商定的时间里,某旅行社组织了一个日本的旅行团,全部集中到这家宾馆里,进行集中的卖淫嫖娼活动。后来通过调查发现,旅行社在日本宣传时就打着这种所谓的"旅游"的招牌,组织日本人到中国来进行这种活动。最后,这些日本游客以及宾馆的人悉数被抓获。这里要注意的是,旅行团是组织客源,也就是说,他们不是组织卖淫而是组织嫖娼,而组织卖淫的是宾馆里的人。因此,对宾馆里的人可以定组织卖淫罪,而对旅行团就只能定协助组织卖淫罪了。进行卖淫嫖娼行为的人在我国是应该对其进行劳教的,但是,由于受到各种限制,最后那些日本"嫖客"全都被放了。

协助组织卖淫可以分为两种情况,一种是跟组织卖淫者有通谋的,另一种是行为人知道组织卖淫者在组织卖淫,暗中协助组织卖淫者,而其不知道行为者在帮助他们。这种情况是有可能发生的,比方说,甲已经看出乙是在组织卖淫了,甲眼看有利可图,一见有人来查了,甲就发信号给乙。这种情况也是一种协助组织卖淫行为。这和片面合意也是有一定关系的,但对于片面合意,我们是按照共犯来认定的,而这里甲的行为是构成一个独立的罪名,也就是我们所说的协助组织卖淫罪。

好,关于妨害社会管理秩序罪的相关重点内容,我就为大家介绍到这,谢谢大家!

第十七讲

贪污贿赂罪（一）

今天，我们开始学习贪污贿赂犯罪，由于贪污贿赂犯罪是刑法中很重要的一类犯罪，同时也是司法实践中较为常见的一类犯罪，因此，我分两讲给大家讲述。

一、贪污罪

（一）贪污罪的概念与构成要件

我们首先来看贪污罪的概念及其构成要件。贪污罪是指国家工作人员利用职务上的便利，侵吞、窃取、骗取或者以其他手段非法占有公共财物的行为。贪污罪的概念中有几个问题是值得我们讨论的。

首先，本罪的主体是国家工作人员。需要指出的是，贪污罪主体中的国家工作人员与其他罪中的国家工作人员有所区别，也即贪污罪的主体是"四加一"。

国家工作人员的概念是由《刑法》第93条专门规定的，它包括四种人：

第一，国家机关中从事公务的人员，包括在各级国家权力机关、行政机关、司法机关和军事机关中从事公务的人员。

第二，国有公司、企业、事业单位、人民团体中从事公务的人员。需要指出的是，这里"国有"的含义必须是纯国有的，也即百分之一百是国有的。国有控股或参股公司、企业等不属于我们刑法意义上的"国有"单位。

第三，国家机关、国有公司、企业、事业单位委派到非国有公司、企业、事业单位、社会团体中从事公务的人员。我们应该注意的是，这里的"从事公务"应该是基于"委派"行为而产生的。

第四，其他依照法律从事公务的人员。包括依法履行职责的各级人民代表大会代表；依法履行审判职责的人民陪审员；协助乡镇人民政府、街道办事处从事行政管理工作的村民委员会、居民委员会等农村和城市基层组织人员；其他由法律授权从事公务的人员。需要注意的是，2009年8月27日全国人大常委会《关于〈中华人民共和国刑法〉第93条第2款的解释》规定村民委员会等村基层组织人员协助人民政府从事下列

行政管理工作,属于《刑法》第 93 条第 2 款规定的"其他依照法律从事公务的人员":
(1)救灾、抢险、防汛、优抚、移民、救济款物的管理;(2)社会捐助公益事业款物的管理;
(3)国有土地的经营和管理;(4)土地征收、征用补偿费用的管理;(5)代征、代缴税款;
(6)有关计划生育、户籍、征兵工作;(7)协助人民政府从事的其他行政管理工作。

另外,还需要我们注意的是,贪污罪的主体除了上述四种人外,还有一种人也包括
在内。《刑法》第 382 条第 2 款专门规定,受国家机关、国有公司、企业、事业单位、人民
团体委托管理、经营国有财产的人员,利用职务上的便利,侵吞、窃取、骗取或者以其他
手段非法占有国有财产的,以贪污论。要注意,这里是"委托",而不是"委派"。严格地
讲,《刑法》第 382 条第 2 款规定的这一类人不属于国家工作人员,因为国家工作人员
已经由《刑法》第 93 条专门规定了。从这个角度讲,贪污罪的主体就不仅仅局限于国
家工作人员。贪污罪的主体应该是"四"加"一"。"四"是国家工作人员,而第 382 条第
2 款规定的这个"一"有可能是国家工作人员,也可能不是国家工作人员。当然,这里的
"受委托管理、经营国有财产"的人员应作何理解? 理论上也有不同的看法。按照司法
解释的规定,主要是指:"因承包、租赁、临时聘用等管理、经营国有财产"的人员。

从主体角度进行分析的话,《刑法》第 93 条第 3 项规定受委派到非国有公司、企
业、事业单位、社会团体中从事公务的人员也是国家工作人员,所以贪污罪的对象也就
不仅局限于公共财产,还包括非国有公司、企业、事业单位、社会团体中的非公共财产。
按我的理解,你既然是委派过去的,被委派的非国有公司、企业、事业单位、社会团体中
的财物肯定具有公共财物的性质。如果没有公共财物的性质,怎么可能被委派过去
呢? 在一个单纯的私有的企业中,是不可能有国家委派的工作人员的。比如说宝钢,
作为一个副部级的单位,它的总负责人肯定是被委派过去的,宝钢的财产在很大程度
上也有公共财产的性质,因为国有资产在宝钢中占大部分。

此外,大家要注意的是对于贪污罪的主体范围,刑法另有一些特别的规定。《刑
法》第 183 条第 2 款规定,国有保险公司工作人员和国有保险公司委派到非国有保险
公司从事公务的人员利用职务上的便利,故意编造未曾发生的保险事故进行虚假理
赔,骗取保险金归自己所有的,以贪污罪定罪处罚。《刑法》第 271 条第 2 款规定,国有
公司、企业或者其他国有单位中从事公务的人员和国有公司、企业或者其他国有单位
委派到非国有公司、企业以及其他单位从事公务的人员利用职务上的便利,将本单位
财物非法占为己有,数额较大的,以贪污罪定罪处罚。这种主体的特殊规定,表面上看
与《刑法》第 93 条第 2 款的准国家工作人员的规定并没有多大的区别,但如果细细区
分,还是有一定差别的,比如国有保险公司工作人员与国有保险公司中从事公务人员
就有所区别。

其次,在本罪的客观行为中,利用职务上的便利应当如何理解需要大家注意。本
罪中利用职务上的便利与受贿罪中利用职务上的便利有区别吗?(下讲台提问)

学生 1:"没有区别,都是利用国家工作人员的一种权力。"

提问:"我问的是这种'权力'本身有没有区别呢?"

学生 1:"没有吧,都是国家工作人员的一种职务上的权力。"

学生 2:"我同意刚刚那位同学的观点。"

(回讲台)大家要注意,虽然本罪中利用职务上的便利与受贿罪中利用职务上的便利,在刑法条文中的表述相同,但意义却有很大的不同。贪污罪中利用职务上的便利,是利用自己主管、经管、管理财物上的职务便利,而受贿罪中利用职务上的便利,是利用自己主管、负责、承办某项公共事务的权力。通俗地讲,贪污罪中行为人所占有的财物,一般都是在他的职务控制之下的,除了通过骗取这种手段取得的财物之外。骗取公共财物的行为如出差人员虚假报销的情况,报销时所取得的财产是财务人员控制的,这种情况我们也认定为贪污,当然这是贪污罪的例外情况,属于极个别的。这和受贿罪有本质的区别,受贿罪拿到的财物是用权力换来的,一般都是别人的财物。有的观点认为,利用经手公共财物的便利也是利用职务便利。我认为,职务便利与从事公务的身份是密切相关的,它的根本属性在于其管理性。而经手的便利不具有管理性质,营业员虽有经手公款的便利,但却不能构成贪污罪,所以经手公共财物的便利不属于职务便利。如果利用与主管、经营、管理公共财物职权无关的便利条件,如熟悉作案环境或者与他人所管财物比较接近等,则不属于利用职务便利。贪污罪的本质特点在于利用职务便利,这也正是贪污犯罪与盗窃、诈骗等犯罪的重要区别特征。

至于对客观行为中的侵吞、窃取、骗取的理解,大家应该不会有什么问题。应当承认,所谓侵吞、窃取、骗取或者以其他手段非法占有的行为,与侵犯财产罪的其他犯罪形式在客观方面没有什么区别。贪污罪中的"侵吞"是指利用职务上的便利,将自己主管、管理、经手的公共财物非法占为己有的行为。"窃取"是指利用职务上的便利,用秘密获取的方法,将自己主管、管理、经手的公共财物占为己有的行为。"骗取"是指利用职务上的便利,使用欺骗的方法,非法占有公共财物的行为。"其他手段"是指侵吞、窃取、骗取以外的利用职务上的便利非法占有公共财物的手段。本罪实施的手法有这四种,但行为人占有公共财物的方式却是多种多样的。有直接将所管财物非法占有的,有将所管财物以某种名义转移至其他单位占有的,也有将本应收进本单位的货款直接占有的。不论采用哪种方式,行为人对财物的占有应当是事实的占有和控制。至于占有之后的去向,有自己挥霍、使用等本人占有花用,也有占有之后赠送他人的,但都不会影响到本罪的成立。

最后,本罪的主观方面表现为直接故意,并应具有非法占有公共财物的目的。行为人虽然实际占有公共财物,但如果是过失或者缺乏非法占有的主观目的,则都不能构成本罪。

(二)贪污罪的认定

此外,在贪污罪的认定中,有几个问题也需要大家注意。

1. 贪污罪的数额与情节认定

《刑法修正案(九)》生效前以及相关司法解释出台前,司法实践中以 5 000 元作为构成犯罪的起点,贪污 10 万元以上就要被判处 10 年以上有期徒刑。现在看来确实太低了,特别是针对一些经济比较发达的城市而言,不利于"轻刑化"的实现。

《刑法修正案(九)》为适应新形势下反腐工作的需要,避免唯数额论处过于僵化而不能做到罪刑相适应的问题,在将具体数额模式修正为概括式数额(数额较大、数额巨大、数额特别巨大)的基础上加重"情节"在贪污罪定罪量刑上的作用,也就是情节和数额并列成为具有相同作用的贪污罪定罪量刑要素。

《刑法修正案(九)》对贪污罪定罪量刑标准予以修正后,虽然数额不再是唯一标准,但不可否认贪污罪仍具有财产性犯罪性质,因而犯罪数额依然是认定犯罪人罪与罚的重要要素。对于贪污后至案发前贪污的公款所生利息,依照有关司法解释的规定,不应作为贪污数额;对于多次贪污未经处理的,应累计计算其贪污数额。在理论上贪污犯罪也存在既遂与未遂之分,其既遂未遂的标准同其他财产犯罪相同,也是以行为人的非法占有和财物所有人或者保管人的失控的统一为标准。

2016 年 4 月 18 日"两高"《关于办理贪污贿赂刑事案件适用法律若干问题的解释》规定,贪污或者受贿数额在 3 万元以上不满 20 万元的,为"数额较大";数额在 20 万元以上不满 300 万元的,为"数额巨大";数额在 300 万元以上,为"数额特别巨大"。贪污数额在 1 万元以上不满 3 万元,具有下列情形之一的,认定为"其他较重情节":(一)贪污救灾、抢险、防汛、优抚、扶贫、移民、救济、防疫、社会捐助等特定款物的;(二)曾因贪污、受贿、挪用公款受过党纪、行政处分的;(三)曾因故意犯罪受过刑事追究的;(四)赃款赃物用于非法活动的;(五)拒不交待赃款赃物去向或者拒不配合追缴工作,致使无法追缴的;(六)造成恶劣影响或者其他严重后果的。具有上述情形之一,贪污数额不满"数额巨大""数额特别巨大",但达到起点一半的,应认定为"严重情节"或"特别严重情节",依法从重处罚。

2. 贪污罪与其他类似犯罪

贪污罪的认定的第二个问题是贪污罪与其他类似犯罪的界限的认定问题。

我们首先来看贪污罪与盗窃、诈骗、侵占犯罪之间的界限。这几个犯罪都是侵犯财产性质的犯罪,它们的主观目的都是非法占有他人的财物,而且这些罪所采用的手段具有一定的相似性。贪污罪与这些犯罪的区别主要有三个方面。首先,贪污罪是特殊主体,也就是国家工作人员和受委托管理、经营国有财产的人员,而盗窃、诈骗、侵占三个罪的主体则是一般主体。其次,贪污罪侵犯的是特定对象,也就是公共财物,当然,受委派到非国有单位实施贪污的对象除外。而盗窃、诈骗、侵占三个罪的对象则既可以是公共财产,也可以是非公共财产。最后,贪污罪的客观方面必须具有利用职务便利的构成要件,而盗窃、诈骗、侵占三个罪则没有这个特殊要求。在司法实践中,区分贪污罪还是盗窃、诈骗、侵占罪,一般只要根据主体是否为国家工作人员就能确定。但是,当国家工作人员实施盗窃、诈骗或者侵吞公共财产行为时,则一定根据行为人是否利用职务上的便利来确定,如果是利用职务上的便利,应以贪污罪认定;反之,则应以盗窃、诈骗、侵占罪认定。

下面,我们来看一下贪污罪与职务侵占犯罪的界限。《刑法》第 271 条设立的职务侵占罪与贪污罪在主观上都是故意,都有非法占有财物的目的,客观上都有利用职务便利,非法占有所管财物的行为,主体都是特殊主体。这是两者容易混淆的方面,特别是在非国有的公司、企业、事业单位、社会团体中也有贪污罪的存在。我认为，两罪的区别主要在主体上。

贪污罪的主体是国家工作人员和受委托管理、经营国有财产的人员，职务侵占罪的主体则是除贪污罪主体之外的公司、企业或者其他单位的人员。有人说，贪污罪的主体与职务侵占罪的主体主要在于他们所在单位的性质不同。你们认为这句话是否正确？（下讲台提问）

学生1："我认为，这句话没有什么错。"

学生2："我认为，这句话好像不全面，因为在非国有单位中也可能有国家工作人员的呀！"

（回讲台）是的，我同意后一位同学的观点。我认为，贪污罪与职务侵占罪在主体上的最主要区别并不在于单位的性质，而在于人的身份。因为，在非国有单位中可能有国家工作人员，他们也可能犯贪污罪；而在国有单位中可能有非国家工作人员，他们也可能犯职务侵占罪。所以，两罪在主体方面的主要区别在于是否是国家工作人员。

另外，需要大家注意的是，贪污犯罪的共犯问题。按照司法解释，非国家工作人员伙同国家工作人员共同贪污的，以贪污罪共犯论处。国有单位委派到非国有单位从事公务的人员与非国有单位中有职务便利的人员勾结，分别利用各自的职务便利，共同将非国有公司、企业、事业单位、社会团体的财物非法占为己有的，按照主犯的犯罪性质定罪。但是，这个司法解释显然没有明确，共同犯罪中，如果国家工作人员与非国家工作人员均是主犯，又应该如何定性？为此，2003年11月13日最高人民法院在《全国法院审理经济犯罪案件工作座谈会纪要》中指出，司法实践中，如果根据案件的实际情况，各共同犯罪人在共同犯罪中的地位、作用相当，难以区分主从犯的，可以贪污罪定罪处罚。可见，司法实践中，还是按照重罪认定和处罚的。

（三）贪污罪的处罚

《刑法修正案（九）》规定，犯贪污罪被判处死刑缓期执行的，人民法院根据犯罪情节等情况可以同时决定在其死刑缓期执行2年期满依法减为无期徒刑后，终身监禁，不得减刑、假释。相关司法解释也予以落实，贪污数额特别巨大、犯罪情节特别严重、社会影响特别恶劣、给国家和人民造成特别重大损失的，可以判处死刑。符合上述情形，根据犯罪情节等情况可以判处死刑缓期2年执行，同时裁判决定在其死刑缓期执行2年期满依法减为无期徒刑后，终身监禁，不得减刑、假释。终身监禁第一次出现在刑法条文中，是对于严厉打击贪污贿赂犯罪的刑事政策的回应。但是，应当看到对重大贪污贿赂犯罪设置终身监禁刑存在情绪性立法色彩。虽然在无期徒刑的执行过程中，服刑人员可能利用"余权"采取假释、保外就医等方式逃脱制裁，但这并不意味着我国的"生刑过轻"。相反，终身监禁有违刑罚的教育改造功能，为了迎合某些民众的呼吁而对贪污受贿犯罪设置终身监禁刑的做法实际上否定了刑罚的教育改造功能，其在定罪量刑时就完全斩断了罪犯改过自新的后路，不利于鼓励罪犯通过劳动改造，早日重归社会。其次，对非暴力犯罪施行终身监禁有违罪刑相适应原则。剥夺任何罪犯的减刑、假释权不仅是不人道的,而且也是不合法的。即便是出于政策考量或者现实需要,对某些领域的罪犯进行限制减刑的试点,非暴力犯罪也不该首当其冲。几乎能够被视为"敌人刑法"的恐怖主义犯罪尚未设置终身监禁,贪污贿赂犯罪又何以担此重任。

关于贪污罪的内容我就讲到这里,接下来我为大家讲解挪用公款罪的相关内容。

二、挪用公款罪

(一)挪用公款罪的概念与构成要件

挪用公款罪,是指国家工作人员利用职务上的便利,挪用公款归个人使用,进行非法活动,或者挪用公款数额较大、进行营利活动的,或者挪用公款数额较大、超过3个月未还的行为。

挪用公款罪中应该重点注意以下几个问题:第一,挪用公物不能构成挪用公款罪。但这一点也不是绝对的,因为按照法律的规定,挪用用于救灾、抢险、防汛、优抚、扶贫、移民、救济等特定款物归个人使用的,按照挪用公款罪从重处罚。在这里我们要注意,《刑法》第273条规定的挪用特定款物罪的挪用与挪用公款罪中的"挪用"的意义是否有区别?(下讲台提问)

学生1:"我认为,挪用本身没有什么区别,只是对象不同而已。"

学生2:"我也是这么认为的。"

(回讲台)实际上我这样提问了,说明两者肯定是有区别的,否则,我也不会问呀!应该看到,挪用公款罪中的"挪用"是指挪为个人使用;而挪用特定款物罪中的"挪用"是"挪作他用"或者说"挪作公用",如建造楼堂馆所、购置办公用品、用于经济开发等等。如果是挪作个人使用的,就应该按照挪用公款罪从重处罚。

另外,大家要注意对于挪用公款罪的客观行为,也就是对"归个人使用"的理解。对这个问题,2002年4月全国人大常委会《关于〈刑法〉第384条第1款的解释》对国家工作人员利用职务上的便利,挪用公款"归个人使用"的含义,作出如下解释,"有下列情形之一的,属于挪用公款归个人使用":第一,将公款供本人、亲友或者其他自然人使用的;第二,以个人名义将公款供其他单位使用的;第三,个人决定以单位名义将公款供其他单位使用,谋取个人利益的。

我们再看一个有关挪用资金罪的司法解释,也就是2000年7月20日最高人民法院《关于如何理解〈刑法〉第272条规定的"挪用本单位资金归个人使用或者借贷给他人"问题的批复》的规定。这里希望大家注意两点:第一,挪用公款罪和挪用资金罪除了在主体上的区别外,在"归个人使用"的法律条文的表达上也是不同的。挪用公款罪是"归个人使用",挪用资金罪是"归个人使用或者借贷给他人",比前者多了一个"借贷给他人";第二,对"归个人使用"的理解也是不一样的。最高人民法院的这些司法解释对挪用资金罪中挪用资金"归个人使用"的含义进行了界定,"公司、企业或者其他单位的非国家工作人员,利用职务上的便利,挪用本单位资金归本人使用或者其他自然人使用，或者挪用人以个人名义将所挪用的资金借给其他自然人和单位，构成犯罪的，应当依照《刑法》第272条第1款的规定定罪处罚"。这与全国人大常委会的立法解释中对挪用公款罪中"归个人使用"的解释是不同的。其中最大的区别就在于挪用资金罪中的"归个人使用"没有单位对单位的问题，如果借给单位构成犯罪的，挪用人必须以个人名义而不能以单位名义，否则不构成犯罪。而挪用公款罪中的"归个人使用"的行为则包括个人决定以单位名义将公款供其他单位使用，谋取个人利益的行为。

此外，大家要注意挪用公款归个人使用后的三种用途：非法活动、营利活动和其他活动。这里要注意的是我们对这三种用途的认定是就高不就低，就重不就轻的。也就是说有些活动既是营利的又是非法的，只要是非法的就按非法活动来认定。

需要注意的是，法律与司法解释对于挪用公款不同的用途有不同的数额要求，根据2016年4月18日"两高"《关于办理贪污贿赂刑事案件适用法律若干问题的解释》第5条的规定，挪用公款归个人使用，进行非法活动的，数额在3万元以上应当以挪用公款罪追究刑事责任，数额在300万元以上的应当认定为"数额巨大"；具有下列情形之一的，应当认定为"情节严重"：（一）挪用公款数额在100万元以上的；（二）挪用救灾、抢险、防汛、优抚、扶贫、移民、救济特定款物，数额在50万元以上不满100万元的；（三）挪用公款不退还，数额在50万元以上不满100万元的；（四）其他严重的情节。根据该司法解释第6条的规定，挪用公款归个人使用，进行营利活动或者超过3个月未还的，数额在5万元以上的应当认定为"数额较大"；数额在500万元以上的应当认定为"数额巨大"；具有下列情形之一的，应当认定为"情节严重"：（一）挪用公款数额在200万元以上的；（二）挪用救灾、抢险、防汛、优抚、扶贫、移民、救济特定款物，数额在100万元以上不满200万元的；（三）挪用公款不退还，数额在100万元以上不满200万元的；（四）其他严重的情节。用挪用来的公款直接从事经营活动，这肯定是一种营利活动，至于最后是否实际营利，在所不问。还有一个问题就是"公款私存"的活动算不算营利活动？就是把公款以个人名义存在个人账户上，获取利息，俗称"借鸡生蛋，留蛋还鸡"，司法实践中都是将这种情况作为营利活动来对待的。还有一种情况，就是一些活动本身不能认为是营利活动，但行为人误认为是营利活动，比如说挪用公款去买福利彩票，福利彩票本身并不一定是营利活动，它是一种捐赠性质的活动，但行为人主观上是想通过买福利彩票，中一个大奖，然后把钱还上，在这种情况下我们仍然按照营利活动来认定。

另外，实践中争议比较大的一种情况就是行为人把挪用来的公款并不直接用于经营，而是用于与经营相关的活动，比如挪用资金装修用于经营的门面，挪用公款还债，而这笔债是用于经营活动的，这些情况在司法实践中也都被认定为是用于经营活动。

大家还要注意，挪用公款用于非法活动和营利活动都没有时间的要求，但用于营利活动有数额的要求，而用于其他活动有数额和时间的要求。按照法律规定，用于其他活动构成挪用公款罪须要挪用公款数额较大，超过3个月未还。对于"未还"的理解，按照司法解释的规定，过了3个月没还的都属于未还，即使在案发前已经归还了，也作为超过3个月未还来认定。但案发前归还的可以从轻、减轻或者免除处罚。

在挪用公款用于其他活动中,还有一种情况,就是多次挪用,但每次挪用的时间都不超过 3 个月。比如说,甲挪用一笔钱,挪用了两个月就还回去了,过了几天后又把这笔钱挪出来,还是用了不到 3 个月,又还回去了。这种情况能不能认定为挪用公款呢?现在司法实践中通常是这样处理的:将时间累计,并且数额按照最后一次挪用的数额认定。但对于挪用公款从事非法活动或营利活动的,挪用公款的数额要进行累计的,而不是按最后一次挪用的数额认定。因为对于挪用公款从事非法活动或营利活动来说,没有时间上的要求,每次挪用都可以单独成立犯罪。

(二) 挪用公款罪共犯的认定

接下来,我讲一下挪用公款罪共犯的认定问题。挪用公款罪的共犯有几种形式:第一种,多个国家工作人员共同利用职务上的便利,共同挪用公款归个人使用的,构成挪用公款罪的共犯;第二种,非国家工作人员帮助国家工作人员挪用公款的,以挪用公款罪的共犯论处;第三种,国有单位委派到非国有单位中从事公务的国家工作人员与非国家工作人员分别利用其各自职务上的便利,共同挪用单位资金的,按主犯的犯罪性质认定罪名;第四种,如果不是分别利用各自职务上的便利,而是主要利用非国家工作人员的职务便利,按挪用资金罪来认定。另外,关于挪用人与使用人之间的共犯问题,根据 1998 年 4 月 29 日最高人民法院《关于审理挪用公款案件具体应用法律若干问题的解释》的规定,"挪用公款给他人使用,使用人与挪用人共谋、指使或者参与策划取得挪用款的,以挪用公款罪的共犯定罪处罚"。使用人必须与挪用人共谋、指使或者参与策划,而不仅仅是一般的知道所用的钱是公款,才可认定为共犯。

(三) 挪用公款罪的罪名转化

另外,大家还要注意挪用公款罪的罪名转化。挪用公款归个人使用,数额巨大,因客观原因在一审宣判前不能退还的,我们仍然按照挪用公款罪认定,但法定刑有所提高,处 10 年以上有期徒刑或者无期徒刑,这和原来的法律规定有所不同。根据 1988 年全国人民代表大会常务委员会《关于惩治贪污罪贿赂罪的补充规定》的规定,挪用公款不退还的,按贪污罪论处。原来的规定认为挪用公款后不论是因客观原因还是主观原因不退还的,都按照贪污罪论处。而现在的法律规定,则是因客观原因不退还的,仍按照挪用公款罪认定,只有主观上有能力归还而不归还的,比如携款潜逃等情况,才按贪污罪定罪处罚。

(四) 挪用公款罪与贪污罪

挪用公款罪与贪污罪两罪在主体上都是国家工作人员,主观方面都是故意,客观方面都是利用职务上的便利,侵犯的对象中都有公款。两罪的区别主要有三点。首先,挪用公款罪的对象只能是公款,贪污罪的对象则包括公款和其他公共财物。其次,挪用公款罪在客观方面是挪用公款归个人使用,进行非法活动或者营利活动等,贪污罪的客观方面则是利用职务便利侵吞、窃取、骗取或者以其他手段非法占有所经管的公共财物。最后，挪用公款是暂时挪用，用完后归还，贪污罪则是永久非法占有公共财物，两者在主观目的上也是不相同的。

三、受贿罪

（一）受贿罪的概念与对象

受贿罪的概念是国家工作人员利用职务上的便利，索取他人财物的，或者非法收受他人财物，为他人谋取利益的行为。受贿行为涉及的罪名有受贿罪、单位受贿罪和利用影响力受贿罪。索取他人财物的，我们称之为索贿。索贿不是一个独立的罪名，而是受贿行为的一种表现。索取他人财物的，不论是否为他人谋取利益，都可构成受贿罪。

受贿罪的对象，从法律规定上来看是财物，按照2016年4月18日"两高"《关于办理贪污贿赂刑事案件适用法律若干问题的解释》规定，受贿罪的对象还包括可以用金钱计算的财产性利益，包括可以折算为货币的物质利益，如房屋装修、债务免除等，以及需要支付货币的其他利益，如会员服务、旅游等。但是，非财产性利益不能作为受贿罪的对象，诸如提供性服务、升学、就业、出国等，因为不能计算其价值，与现有刑法对受贿罪以数额多少作为处罚依据的规定不符。在非财产性利益中，我着重介绍一下近来各界议论较多的所谓"性贿赂"问题。有观点赞成立法制裁"性贿赂"，这种观点认为，在建设社会主义市场经济的新形势下，不法分子利用美色或花费巨资雇佣妓女将党政领导干部拖下水，并借此谋取不正当利益，其社会危害性和持续性有时甚至超过了财物贿赂行为，是一种非常恶劣的犯罪行为。对于这个问题，我有不同的看法。我主要是从犯罪学和刑法学的角度来考虑这个问题的。

2016年4月18日"两高"《关于办理贪污贿赂刑事案件适用法律若干问题的解释》明确了对"为他人谋取利益"的认定：（一）实际或者承诺为他人谋取利益的；（二）明知他人有具体请托事项的；（三）履职时未被请托，但事后基于该履职事由收受他人财物的。国家工作人员索取、收受具有上下级关系的下属或者具有行政管理关系的被管理人员的财物价值3万元以上，可能影响职权行使的，视为承诺为他人谋取利益。

在犯罪学的视野下，"犯罪"只具有事实意义，只是一种事实的存在而不是法律的存在，它们一般不具有法律的规范评价的属性，还没有进入司法的视野，所以犯罪学的功能只在于一种描述，描述某种现象，从现象出发探究其形成的原因，揭示其发展的规律。犯罪存在首先是一种社会存在，犯罪存在的社会解释，就是对犯罪形成原因的解释。犯罪学视野下的犯罪行为也是探讨刑法学研究的犯罪行为的前提和基础。所以，从犯罪学角度对性贿赂行为及其存在状况进行考察，是讨论是否将性贿赂行为予以犯罪化，将其纳入刑法的射程之内的前提和基础。

实际上，"性贿赂"的称谓本身并不准确，其本质内容是权色交易。权色交易指的是，一方利用权力和权力带来的利益与另一方发生性关系达到满足生理欲望和感情需要的目的，而另一方或利用自身姿色投怀送抱，或借用、雇佣美色勾引，从对方手中获取财物和利益。

值得提出的是,将权色交易概括为"性贿赂",本身也还有待进一步讨论。同时,"性贿赂"的提法也存在误区。"贿赂"一词在《现代汉语词典》中的解释是:"1.用财物买通别人……2.用来买通别人的财物……""贿赂"指的是用财物,而"性"并非财物,因此,两者并列,本身就存在矛盾。所以,"性贿赂"的提法值得推敲。从一些案件的查处来看,权色交易较多是作为刑事案件中的附带成分出现。如成克杰案、胡长清案,成克杰和胡长清的罪行主要是受贿,是他们与行贿者的权钱交易。基于这一点,我们可以说权色交易在一定程度上只是贪官进行权钱交易的一个动因或者一种手段。的确,在如今的官吏腐败、职务犯罪中往往伴生着权色交易,从王宝森案、厦门远华案到湖南第一女贪蒋艳萍"肉弹"袭击各高官,乃至自己身陷囹圄时,还拉拢公安局看守所副所长。这些都传递着这样一个信息,那就是"性贿赂"行为多发以至于从性行贿人或情妇身上切入案件,作为案件突破口,早已成为中国各级反贪机关的常用侦查手段。但是否就可以据此将"性贿赂"行为认定为犯罪行为呢? 毫无疑问,"性贿赂"行为,在犯罪学、法社会学视野下是一种社会失范行为。失范行为,是指在失范状态下产生的没有规范或难以规范的行为。失范与规范是一种矛盾,规范是人们的那种可以被社会认可的、合适的、合乎需要的雅致的行为。社会失范行为位于刑法立法的"前缘"。正如有的学者所说的,所谓社会失范行为,是指一些被社会多数评价为违反行为规范的而且在社会的运行过程中产生和消失的行为。这样的越轨行为自身不具有性质,它主要取决于非正式的社会反应以及这种反应的反作用。任何一种社会失范行为都应当纳入秩序的轨道,受道德、法律等社会调整手段的规范。在我国,当前正处于市场经济发展的转轨时期,在新旧体制的此消彼长之际,各种社会的组成因素都处于相对没有稳定的状态,法律的调整范围也相对有限,容易出现社会失范行为。社会失范行为根据程度的不同,可以分为不同的序列,最严重的即是犯罪行为。我认为,"性贿赂"现象的出现,是我国经济体制与政治体制转轨过程中产生的不可避免的现象,是行为人由于社会变革导致的观念冲突、心理失衡、自制力降低而产生的一种现象。

那么,"性贿赂"行为在我国的社会失范体系中处于哪一层列呢? 从法社会学角度考察这种社会失范行为,是否应将其纳入刑法的调整范围? 评判的标准是什么呢? 这是刑法学视野下的问题。

刑法学研究与关注的是行为人的行为是否应纳入刑法的调整范围,是否应犯罪化以及犯罪化后应如何认定及量刑。对于"性贿赂"行为,争论的焦点无外是犯罪化与非犯罪化,其实质是犯罪化与非犯罪化思想的冲突。犯罪化与非犯罪化思想的冲突是刑事立法中的常见现象。

进入20世纪90年代以来,这种冲突较为集中地体现在刑法的修订过程中,其冲突的实质是刑法价值观念的差异。90年代以来,我们对社会生活中的失范行为,大量予以犯罪化。具体体现在,修订后的刑法较之修订前的刑法的内容要广泛得多,即使1997年《刑法》实施后也先后出台了多个单行刑事补充规定,并出台了两个刑法修正案。当然,这些修订都是必要的,它对我国的社会经济、政治秩序的稳定与发展发挥了重要作用。但毋庸讳言,在理论和司法实践界,有这样一种观点:刑法是万能的,只要大量地把社会失范行为犯罪化,相关的社会问题就可以迎刃而解。因此,就出现了将见死不救、性贿赂等行为予以犯罪化的思想。但是,如果我们对中国现行刑法中犯罪化与非犯罪化思想的冲突作一深入分析,就不难发现,广泛地犯罪化的思想,是基于几种思想根源。

首先,中国封建社会刑法本位的犯罪化思想。中国封建社会刑事立法的总体特点是:依附于礼,而主导于法。相对于礼而言,法是次要的,"明刑"是为了"弼教"。而在法的内部,刑是主导的,刑事立法成为全部立法的主体。犯罪化与非犯罪化思想在中国封建社会刑事立法中的冲突,主要表现为法家的严刑峻法与儒家的德主刑辅之间的矛盾。不过,儒家尽管强调德主刑辅,但在刑事立法中仍然体现出一种带有理想色彩的重刑化思想倾向,这主要表现在:第一,法家的严刑峻法、以刑去刑思想对整个封建社会始终有着深远的影响;第二,儒家思想尽管提倡德教为主、刑罚为辅,但其"一准乎礼"的立法原则,导致一切不合乎礼的行为均可入刑,加之"刑期于无刑"的旨在杜绝一切犯罪的理想化立法价值取向的影响,从而使犯罪化思想贯穿于整个封建社会的始终;第三,家庭习惯法与国家立法并行不悖,促进了犯罪化思想在中国封建社会的进一步现实化。这种犯罪化思想影响至今。

其次,传统社会主义刑法政治本位的犯罪化思想。传统社会主义刑法强调其根本任务是"打击敌人,保护人民",认为刑法是统治阶级进行统治的重要工具,其功能主要是镇压被统治阶级的反抗,反对国内外阶级敌人的复辟阴谋,惩治敌我矛盾性质的犯罪分子,同时也惩罚非敌我矛盾性质的人民内部犯罪。过去"严打"政策的一贯坚持,反映在立法上,就是在定罪和量刑两方面都坚持犯罪化原则。在刑法修订过程中,鉴于治安形势的严峻而坚持持续"严打"的犯罪化思想依然是立法机关和实践部门乃至社会公众的主流思想。现行刑法虽然相对于修订前有个别非犯罪化的迹象,但从总体上说仍然是以犯罪化思想为主导的。刑法本位主义主张以刑法作为社会调控的先导,要不断拓展和完善刑法调控的范围和领域,使刑法成为调整市场经济运行的主要法律手段。

我认为,近些年在社会生活中出现的,主张设立"见死不救罪"与将"性贿赂"行为犯罪化的主张,就是犯罪化思想的具体反映。毋庸置疑,刑法只是社会调控的最后手段,调整社会关系的最后一道防线,只有在出现其他法律无法规范的社会失范行为,其他法律无法调整该社会失范行为的情况下,我们才动用刑罚手段来调整,把这一社会失范行为纳入刑法的调整范围之内。但是,刑法在我国的社会主义法律体系结构中绝不能喧宾夺主,刑法的作用是有限的,刑法万能的观点自然也是不正确的。"性贿赂"行为毫无疑问应受到伦理道德的谴责与否定,但是否就必须予以犯罪化呢? 我认为,"性贿赂"行为中所涉及的"性"与财物不同,它和人身属性不可分离,是人类的特有现象,不像财物那样具有可转让性。当一个人在实施财物贿赂时,财物仅仅是行为的对象和工具,但正如前面所讲的,如果行为人实施的是"性贿赂"行为,那么除了其本人的性行为之外,还有他人的性行为,例如,通过提供娼妓的行为以达到不法意图。这类行为涉及三方面的利益关系：一是行贿者，也就是以"性贿赂"获得高额回报的人或利益集团；二是贿赂客体，多为有姿色的女子，她们一般另有所求；三是接受"性贿赂"者，通常是掌握国家和人民授予的国家权力者或能控制一些不是自己所有的资源的人。我国《刑法》第 385 条规定："国家工作人员利用职务上的便利，索取他人财物的，或者非法收受他人财物，为他人谋取利益的，是受贿罪。"这条明确地限定了受贿罪的对象仅限于财物。从《刑法》第 385 条的规定出发，在当今中国，接受性贿赂者不具有以受贿罪定罪的可能性。自然对作为实施"性贿赂"的对偶犯的行贿者也不能以行贿罪认定。当然，对于接受"性贿赂"者也绝不是不构成其他罪，对于一些特殊领域的性贿赂案件有可能触犯刑法中的其他罪名。比如这样一个案例：某犯罪嫌疑人在押，这名犯罪嫌疑人的妻子为了给其夫办理取保候审以身相送，多次与主管该案件的某公安刑警队副队长发生性关系，这名在押犯罪嫌疑人不久就被取保候审了。作为司法工作人员的公安刑警队副队长在与犯罪嫌疑人的配偶发生性关系后，违法为该犯办理了变更强制措施手续，根据《刑法》第 399 条第 1 款和 1999 年最高人民检察院《关于人民检察院直接受理立案侦查案件立案标准的规定》，"在立案后……违法撤销，变更强制措施，致使犯罪嫌疑人、被告人实际脱离司法机关侦控的"，构成徇私枉法罪。在分析"性贿赂"行为是否犯罪化时，我们不妨设想一下，如果将实施"性贿赂"的行为人予以犯罪化，会有什么样的具体情况？如果将"性贿赂"规定为犯罪，那么就会导致"性行为是商品或工具"的谬论。再比如，怎样追究"性贿赂犯罪"，其具有证据收集、数量衡量等各种无法把握的因素。无疑，追究"性贿赂"的刑事责任，司法实践上也会有极大的难度。

正如前面所讲的，"性贿赂"的本质内容是权色交易。权色交易在一定程度上只是贪官进行权钱交易的一个动因或一种手段，把它上升为"性贿赂罪"，定性不准确。同时，按照我国通行的刑法理论，贿赂犯罪与财产或财产性的利益不可分离。贿赂犯罪的客观方面是财产利益的非法转让或取得。"性贿赂"没有财产属性，不符合犯罪构成。

"刑罚与其严厉不如缓和。"这一刑法格言在我国体现为诸如"从旧兼从轻"等刑法原则上。这是刑法的谦抑性，也就是国家执行刑事政策时，只要能给予犯罪人较轻处罚的，就不会给予较重的处罚。如果将"性贿赂"纳入犯罪体系，就会扩大刑法的"杀伤面"，违背刑法的谦抑性原则，破坏刑罚的均衡性，产生不利后果。再者，如果将"性贿赂"上升为犯罪，那么犯罪主体如何确认？普通财物贿赂罪，犯罪主体是很明确的。但"性贿赂罪"的犯罪主体应是三方：行贿者、受贿者和用以行贿的女人。施受双方都应当治罪就不用说了，第三方又应当如何处罚呢？现在还没有法律可以比照。定卖淫罪？这似乎弱化了"性贿赂"的危害性。最极端的例子是，有的女人主动出卖色相，以性牟利，她既是行贿者又是行贿"物"，是否该定"性贿赂罪"值得商榷。我认为，把"性贿赂"行为纳入刑法，作为学术界的一种探讨是可以的，但不宜在没有做大量案例研究前就预先设定结论。实际上，如果真的将"性贿赂"行为犯罪化，司法实践中会出现两大难处：取证和量刑。一个罪名出台的基本条件，一是具有社会危害性，二是行为具有普遍性，除此以外还必须考虑到这种罪名设置在司法实践中的操作难度。就"性贿赂"

行为来说，首先，与财物贿赂的取证难度相比，财物贿赂可以通过查获赃物、提取书证、证人证言等多种途径收集证据，从而形成"证据链"，在法庭上形成所谓"铁证"，一般即使受贿人不承认，也不影响对其定罪量刑；而"性贿赂"则不然，这种交易更为隐蔽，往往只有行贿、受贿人双方知晓，因此，所能收集到的证据形式往往只是犯罪嫌疑人的供述而已，很难取得其他形式的证据来相互印证，也就是形成所谓的"孤证"，而且犯罪嫌疑人出于各种目的和动机，其供述又是极不可靠的。因此，对"性贿赂"定罪的证据采集，在法律上就形成一个瓶颈，很难收集证据，一旦"行贿"的女性为不法分子所收买或拼接有关性贿赂行为的视听资料用于报复诬陷，所谓"受贿人"又很难辩白，易形成错案。这就是对"性贿赂"进行定罪所付出的法律成本，如何解决这个问题，现有的法律似难作出回应，这又是另一个法律瓶颈。此外，根据现行刑法，贿赂罪的量刑轻重依贿赂的财物数额大小和情节而定。而"性贿赂"的贿赂客体——"性"是无法量化的。同时，对"性贿赂"行为的量刑也不好操作，其数量很难计算。其实，性行为属于道德范畴，而道德与法律是两个并行的意识形态，不能用法律来规范道德层面的事情。如果只从现实危害性出发，轻易主张将某种现象纳入犯罪的行列，是不符合刑法实际的。在现实生活中，还有许多违背道德的反社会行为，但是，刑法不可能将其一一规定为犯罪行为。

下面，我对前面所讲的"性贿赂"的内容作一个简单的总结。我认为，我国现实社会生活中存在的"性贿赂"行为的确具有相当大的社会负面影响，也具有一定的社会危害性。但是，从理论与现实的可行性考虑，将其犯罪化并不可取。

接下来，我们看一下受贿罪中"利用职务便利"的含义。大家要明确受贿罪的本质是"权钱交易"，受贿罪中利用职务上的便利与贪污罪中利用职务上的便利有本质的区别。在贪污罪中，利用职务上的便利是利用自己主管、经管、管理财物上的职务便利，而受贿罪中利用职务上的便利是利用自己主管、负责、承办某项公共事务的权力，两者的含义是不一样的，这一点在前面我们已经讲过了。

由于时间关系，这一讲我就为大家介绍到这里。在下一讲中，我将继续为大家讲解受贿罪、利用影响力受贿罪以及行贿罪的相关内容，谢谢大家！

第十八讲

贪污贿赂罪（二）

上一讲我已经为大家介绍了受贿罪的概念与对象等问题，在这一讲中，我将继续为大家介绍有关贿赂犯罪刑事立法和司法的最新发展。

（二）新型受贿罪的认定

我们先来看一下近年来出现的几种新型受贿犯罪的相关问题。由于课堂时间有限，我不可能对每一种新型受贿犯罪都予以详细讲解，在接下来的讲课过程中，我将重点讲解两种较为常见的新型受贿犯罪，同时对其他几种新型受贿犯罪也都作一个简单的介绍。

在2007年7月8日"两高"发布的《关于办理受贿刑事案件适用法律若干问题的意见》（以下简称《意见》）的规定中，以下几类行为所取得的财产性利益也为受贿罪的对象。

1. 交易型受贿

所谓交易型受贿，是指国家工作人员利用职务上的便利为请托人谋取利益，以明显低于市场的价格向请托人购买房屋、汽车等物品或是以明显高于市场的价格向请托人出售房屋、汽车等物品或是以其他交易形式非法收受请托人财物的行为都应认定为受贿。但根据商品经营者事先设定的各种优惠交易条件，以优惠价格购买商品的，不属于受贿。

下面，我详细为大家介绍一下交易型受贿犯罪的相关内容。

尽管当今我们一般将《意见》中包括"以交易形式收受请托人财物"在内的行为都称为"新类型受贿"，认为其是贿赂的新形式、新动向，但实际上早在20世纪80年代初期，这种"以购代贿"的贿赂形式就在我们的生活中存在。早期相关司法解释对此类行为作出了明确规定。"两高"在1985年出台的《关于当前办理经济犯罪案件中具体应用法律的若干法律问题的解答（试行）》中就曾规定："国家工作人员利用职务上的便利，为他人谋取利益，收受物品，只付少量现金，这往往是行贿、受贿双方为掩盖犯罪行为的一种手段，情节严重，数量较大的，应认定为受贿罪。受贿金额以行为人购买物品实际支付的金额扣除受贿人已付的现金额来计算。行贿人的物品未付款或无法计算行贿人支付金额的，应以受贿人收受物品当时当地的市场零售价格扣除受贿人已付现金额来计算。"不过，20世纪90年代以来，随着国家价格改革和放开，"以购代贿"中的罪与非罪的界限逐渐被模糊，假借这种方式进行权钱交易日益盛行，而且涉案的物品越来越昂贵。例如很多情况是发生在房屋、汽车等贵重大宗物品的交易中。令人遗憾的是，我国1997年修改后的《刑法》中并没有将这种以交易形式收受贿赂的行为明确纳入受贿罪的客观表现形式中。那么，是否就意味着以交易形式收受请托人财物的行为"非犯罪化"了呢？有学者认为，对于那些发生在商品购销活动中的案件，只要是在商品的成本价或者成本价之上，不管国家工作人员是否为对方谋取利益，都不宜认定为受贿。因为，根据《刑法》的规定，一般受贿罪的犯罪构成必须是非法收受他人财物，为他人谋取利益的行为。对于让利行为，由于这个行为属于一般商品买卖活动中的促销手段，且所让的利并不是《刑法》规定中的"他人财物"，所以如果以此作为非法收受财物给国家工作人员定罪，未免打击面过大。而在司法实务中，对这类案件性质的认定在较长的一段时期内各不相同，有作违纪行为处理的，也有以受贿罪定罪处罚的。我认为，以低于市场正常价格购买或者以高于市场正常价格出售房屋、汽车等大宗贵重物品的行为，可以构成受贿。换句话说，以交易形式收受请托人财物的，构成受贿罪，具体理由主要有以下两点：

第一，以交易形式收受请托人财物的行为符合受贿罪法律规定。国家工作人员利用职务上的便利为请托人谋取利益，以低于正常价格购买或者以高于正常价格出售房屋、汽车等大宗贵重物品，虽然行为人支付了一定费用，但其支付的费用与该物品的正常价格不符。其与贪污行为中的"以无报有、以少报多"一样，因此，没有支付任何对价的无偿受贿固然属于受贿行为，而支付一定对价的有偿受贿同样也应属于受贿行为。

第二，以交易形式收受请托人财物的行为吻合了受贿罪权钱交易的本质。权钱交易是受贿罪的本质特征，受贿行为简而言之就是一个行贿人给受贿人以物质利益，以此换取受贿人手中的公权力为自己谋取利益的交易过程。我认为，在交易型受贿行为中，存在着"双重交易"，既包括形式上的"市场交易"，也包括实质上的"权钱交易"，也即交易型受贿具有双重交易性质。从形式上看，行贿人和受贿人双方存在着一般市场交易行为，有正规的市场交易这种形式，有金钱和物品的对价支付这种手段，且这种交易形式中通常包含着打折、让利、优惠等。但是这类打折、让利、优惠的条件并不是一般商品买卖活动中为了促销而进行的正常销售手段，换取这种打折、让利、优惠中产生的巨大利益的对价包括两方面，除了国家工作人员支付的一定金额的价款之外，更重要的是国家工作人员手中的公权力。换句话说，这种"市场交易"中的打折、让利、优惠条件的直接目的有很明确的指向，那就是国家工作人员手中的公权力。因此，在表层的市场交易形式的背后，实际隐藏的仍然是一个行贿人给受贿人以物质利益，并以此换取受贿人手中的公权力为其谋取利益的权钱交易的过程。所谓市场交易只不过是权钱交易的手段行为，是一种掩护，是一个幌子，权钱交易才是交易型受贿犯罪双重交易性质的本质特征。由于交易型受贿吻合我国刑法规定,且以其形式上的市场交易掩盖了本质上的权钱交易,实践中认定起来相当困难。而随着我国社会经济的不断发展,认定交易型受贿的难度也在不断加大。相关交易伪装越来越巧妙,判断相关交易是受贿还是正常、合法的优惠购物的难度越来越大。因此,《意见》第 1 条明文规定了交易型受贿犯罪及其客观表现形式,这不仅有着充分的法理根据和现实理由,也符合我国司法实践的客观需要。

接下来,我们来看一下交易型受贿犯罪的特征。

第一,"交易行为"的实质违法性特征。为了掩盖其行贿和受贿的犯罪目的与犯罪行为,行贿人和受贿人之间一般都会采用与正常买卖交易行为形式上相同的交易程序,比如收受房屋时,签订房屋购销买卖合同、约定分期付款方式、到房产登记部门进行产权变更登记等等,在形式上手续和过程往往是合法和完备的。但是这种"交易"的形式合法性背后掩藏的是其权钱交易的实质违法性。这里所谓的形式合法性中的"法"包括《物权法》、《合同法》等民事法律法规,而实质违法性中的法主要是指刑事法律。交易型受贿就是受贿人在形式上符合民事法律法规规定的买卖交易行为的掩护下,暗中收受请托人给予的好处和利益,并为请托人谋取利益,实质上就是一种权钱交易行为,因而构成了刑法所规定的受贿犯罪。

第二,有形"交易"对象价值上的不对等性特征。在交易型受贿中,请托人提供的物品在价值上的对价包括受贿人支付的一定数额的金钱和受贿人手中的公权力这一无形利益两个部分,或者请托人的对价不仅包括了物品的价值还包括受贿人手中的公权力。因此,双方的有形交易对象,也就是请托人提供的物品和受贿人支付的金钱之间存在价值上的不对等性。这一点在认定交易型受贿中的"交易"行为时显得尤为重要,因为,如果有形交易对象之间不存在价值上的不对等性,那么两者之间就没有差价可言,国家工作人员也就不可能从交易中获取巨大利益,当然受贿也就无从谈起了。需要注意的是,这里的不对等性必须有程度上的限制,按照《意见》的规定这种不对等性必须达到"明显"的要求,即明显高于或者明显低于,以便与市场波动中商品价格正常偏离商品价值相区别。关于这一点我将在后面作具体分析。

第三,"交易"形式主要以金钱和物品为对象进行交换。这也是交易型受贿区别于传统受贿方式的一个重要方面。传统的受贿方式一般都是请托人直接给予国家工作人员以金钱或者财物,而在交易型受贿中,取而代之的是一种更加隐蔽的间接交换。这种以金钱和物品为媒介进行的间接交换不仅体现了"权"和"钱"进行交换的受贿犯罪的本质特征,还外在表现为"市场交易"这一交易型受贿特有的形式特征。当然,这里需要强调一点,交易型受贿中不仅仅只包括金钱和物品的交换,还可能包括物品和物品交换的特殊情况。近年来,以低价值房屋、汽车等物品置换高价值房屋、汽车等物品是国家工作人员收受财物的新动向。应该说,这种形式以低价购买、高价出售相关物品的交易形式本质上是一致的。因此,如果所置换物品之间价值相差悬殊,同样构成受贿犯罪。

此外,大家还要注意交易型受贿犯罪的判断标准。

首先,交易型受贿犯罪的价格判断标准是什么呢? 实践中,房屋、汽车等商品价格多样,存在成本价、优惠价、市场价等多种价格,究竟应当以哪一种价格作为判断差价的标准,这是我们认定交易型受贿犯罪首先必须解决的问题。刑法理论以及司法实践中存在着商品"成本价格论"和"市场价格论"等不同观点的争议。成本价格论者认为,不宜将低于市场价格,高于成本价格的部分视为"他人财物"。优惠价格销售实际上就是让利销售,是指将商品销售中的可得利润全部或部分让掉,以成本价或略高于成本价出售商品的方式。让利销售属于商品买卖中常见的促销手段,而让利的因素是多方面的,对于每一个购买者都是不确定的。而且,从打击面来看,以"市场价格"计算容易造成打击面过大的不利后果。我认为,"成本价"或者"象征性价格",不当地抬高了此类受贿犯罪的定罪门槛。对于房屋等商品,成本价和市场价相差非常悬殊,依这种标准,很大一部分的受贿罪将不能得到依法追究,相比之下,市场价格更具实践合理性,也更具包容性。鉴于实践中市场价格可能波动较大,可以通过专业机构对物品在一个特定时间点上的价格进行评估,得出一个相对确定、合理的价格。当然,为了避免仅仅以市场价格作为判断差价的标准可能会扩大打击面的情况出现,《意见》中也明确了"明显"低于或者高于的标准,使得这一规定更为科学。有学者认为《意见》中不应该附加"明显"的判断要件,理由是正常交易是符合市场价格的交易,国家工作人员在权钱交易中收取的贿赂是偏离市场价格的差额。市场价格判断规则已经承担了构成要件的筛选功能,不应再附加"明显"要件进行不必要的程度控制。受贿犯罪打击面的适当控制是必须予以考虑的刑事政策需要,但重复设置限制性构成要件亦可能致使打击面控制异化,最终导致受贿罪刑法条文及司法解释的规范效果过度限缩。

我认为,这里涉及对《意见》中的"市场价格"的认识问题。这些观点所认为的"市场价格"是指市场规律自然调节形成的一个合理的价格波动区间,但其却忽略了商品经营者完全可能在这个区间以下面向公众设定优惠价格。比如房产开发商为了融资的紧急需要,事先面向广大公众对于剩余的几套房屋设定了低于成本的优惠价格,这个价格明显是不符合市场规律的,但根据《意见》的相关规定,却是可以认定为市场价格的。因此,商品经营者在特殊情况下,事先面向公众设定的优惠价格,虽然可能是低于市场规律自然调节所形成的合理价格波动区间的,但却是《意见》所认可的市场价格。这种优惠价格显然不能被这些观点中的"市场价格"的内涵所包容,因此,这些观点中的"市场价格",与《意见》中的"市场价格"并不是同一概念。我认为,《意见》中所规定的市场价格应该理解为包括两个方面,一是由价格评估部门在市场规律自然调节所形成的合理的价格波动区间内,结合发生交易的时间点的相关情况所确定的价格。二是在市场规律自然调节所形成的合理的价格波动区间的基础上,商品经营者面向公众自主拟定的低于这个区间的优惠交易价格。所以,在认定交易型受贿犯罪时,为区别于正常的市场价格波动情况,避免刑事打击面的扩大,设定"明显"这一判断要件是必要和合理的。

其次,"明显"的具体判断标准是什么?《意见》中对于构成交易型受贿犯罪的构成标准使用了一个表示程度的副词"明显"来修饰"低于"和"高于",但是对于"明显低于"

和"明显高于"如何认定却又并没有规定明确的标准。相关的权威解读性文章对于这个问题给出的解释是："依此查处的案件应当是社会影响大的严重案件，并且数额巨大或者特别巨大。到底相差多少数额属于'明显低于或高于正常市场的价格'，可根据实践中遇到的具体案件具体分析认定。"但也正因为如此，司法实践中对于交易型受贿案件中的"明显"的尺度把握存在比较大的意见分歧。我认为，在国家最高司法机关对于"明显"判断标准的相关配套解释还没有出台的情况下，判断是否属于"明显低于"和"明显高于"时，需要把握的原则是：由于交易型受贿犯罪毕竟在客观上存在形式上的交易且这种交易均是发生在房屋、汽车等大宗物品买卖中，因而其定罪量刑的标准理应与一般的受贿犯罪不同，这一不同主要应该体现在我们在考虑绝对数额的同时，理应考虑相对比例的问题。如果只考虑绝对数额而不顾相对比例，就会在大宗物品交易中扩大打击面；反之，如果只考虑相对比例而不看绝对数额，就会与《刑法》规定的标准完全偏离且在非大宗物品交易中扩大打击面。只有将两者协调起来，互为补充，在此基础上确定一个客观标准。我认为，要解决这一问题首先应该对交易型受贿犯罪的数额较大标准作重新规定，是否可以规定高于一般受贿犯罪的标准，并适当地考虑各地物价水平和收入水平的不同，规定有一定幅度性的标准。其次，应该规定一个相对比例标准，比如，以交易价格高于市场价格10%作为比例标准。在一般情况下只有在相对比例和绝对数额均达到这些标准的情况下，才可以认定为"明显高于"和"明显低于"。但是，根据大宗物品交易涉及数额较大的特点，虽然相对比例没有达到标准而绝对数额却达到了巨大的要求，也可以认定为"明显高于"和"明显低于"。总之，依我的观点，对于交易型受贿中明显偏离市场价格的理解，不能将眼光仅仅放在"高于"或者"低于"的差值的形式比较和对条文文字的僵化解读上，而更应该结合受贿罪权钱交易的本质特征及其社会危害性来考虑，这才是罪刑法定原则的本质上的要求。

最后，我们再来看一下以优惠价格购买商品与交易型受贿犯罪的三点界限。

第一，优惠条件或优惠交易价格具有预先设定性。在优惠购物中交易价格通常是由经营者预先设定的，是按照经营者事先确定的折扣操作，而不是由主管人员根据情况直接拍板。优惠价格相对一般价格必然发生结算方式、数额、渠道的变化，需要处于经营主体购销环节的内部成员按照事先制定的程序规范进行，共同完成、照章办事。反之，交易型受贿犯罪中的优惠条件或优惠交易价格则往往具有较大的随机性和任意性，一般价格向"优惠"价格进行交易环节转换的方式极为粗糙，缺少领导与分工。基本上由经营者根据交易对象（国家工作人员）的具体情况灵活调整价格优惠幅度、结算时间与平账方式。优惠交易价格的预设性排除了交易双方通过差价给付或者收受贿赂的行为故意；明显偏离市场标准的见机调整性价格印证了国家工作人员间接从中谋取非法个人利益的犯罪意图。

第二，优惠条件或优惠交易价格所针对交易相对人具有不特定性或者相对特定性。交易型受贿犯罪中出现的交易价格固然明显偏离市场价格，但优惠购物中的优惠价格也有可能明显偏离同类商品市场一般价格。但是，以优惠条件购买商品中的交易相对人是不特定的，或者根据经营者规定的条件在一定幅度内享受折扣。对于不特定的优惠交易价格来说，凡是愿意支付相关对价者都可参与商品买卖、享受优惠待遇；对于相对特定的优惠交易价格来说，相对特定的受众群体在优惠幅度内进行合法交易。因此，国家工作人员不符合优惠条件或者不具有优惠身份而享受优惠价格的，可以构成交易型受贿犯罪。例如，内部职工股、内部职工购买房屋等"内部价"都明显低于市场价格，在符合法律规定的情况下，同样属于合法价格。但国家工作人员不具有内部职工身份却购买相关股票、房屋的，因不符合相对特定优惠价格的交易条件而区别于《意见》"以优惠价格购买商品不属于受贿"，不能适用这条除罪规定。

第三，优惠条件或优惠交易价格往往表现出有因性。优惠是商品购销中的让利，是经营者在销售商品时，以明示并如实入账的方式给予对方的价格竞争优势，表现为支付价款时对价款总额按一定比例即时予以扣除或者支付价款总额后再按一定比例予以退还。从本质上考察，优惠是经营者所采取的一种价格营销策略，即通过让利达到促销，存在符合市场价值规律的价格优惠原因。从形式上分析，优惠条件或优惠交易价格普遍发生在符合商业惯例的经营活动中，基础性原因或事实包括：（1）买方当期付款，缩短卖方资金回流周期；（2）降价处理积压商品，收回部分成本；（3）买方承担运输、仓储费用，或者承诺缩减部分售后服务，节省卖方附随性开支。而交易型受贿犯罪行为，一般违背诚实信用，无视市场规律，私通暗恰，通过暂时性的亏本买卖换取权力腐败而形成的排他性回馈，其不存在优惠的合法合理原因，买卖合同权利义务关系不对等、缺乏商业惯例依据、无视价格法律法规。

2. 干股型受贿、投资型受贿和委托理财型受贿

所谓干股型受贿，是指国家工作人员利用职务上的便利为请托人谋取利益，收受请托人提供的干股的，以受贿论处。干股是指未出资而获得的股份。干股型受贿中受贿数额的计算分为两种情况，一种是进行了股权转让登记，或者有相关证据证明股份发生了实际转让的，受贿数额按转让行为时的股份价值计算，所分红利按受贿孳息处理。另一种是股份没有实际转让，以股份分红名义获取利益的，实际获利数额应当认定为受贿数额。

所谓投资型受贿，是指国家工作人员利用职务上的便利为请托人谋取利益，由请托人出资，"合作"开办公司或者进行其他"合作"投资的，以受贿论处。还有一种情况是，国家工作人员利用职务上的便利为请托人谋取利益，以合作开办公司或者其他合作投资的名义获取"利润"，没有实际出资和参与管理、经营的，也以受贿论处。

所谓委托理财型受贿，是指国家工作人员利用职务上的便利为请托人谋取利益，以委托请托人投资证券、期货或者其他委托理财的名义，没有实际出资而获取"收益"，或者虽然实际出资，但获取"收益"明显高于出资应得收益的，以受贿论处。受贿数额，前一情形，以"收益"额计算；后一情形，以"收益"额与出资应得收益额的差额计算。

关于这一类受贿罪，实践操作中也存在一定的问题，有一些变味了。这里所谓的变味，就是说凡是利用职务上的便利为人家谋利的，你就不能再委托人家替你理财了。你委托人家理财，最后输了是没问题的，但一旦赢了，就要算受贿了。因为你没有办法证明这里赢的部分到底是不是人家有意送你的。案件一旦审理到了这个程度，侦查机

关就会说"世界上没有无缘无故的爱,也没有无缘无故的恨",人家为什么不替别人赚钱,而仅仅替你赚钱呢?其实回答这个问题是很难的。

接下来,我详细地给大家介绍一下委托理财型受贿犯罪中的相关问题。

对于这里的"未实际出资而获取'收益'",我们应当如何理解?众所周知,委托理财关系中最基本的特征是委托人将资金交给受托人管理,受托人在理财后将投资收益返还给委托人。正因为如此,当国家工作人员没有实际出资却获取证券、期货等投资"收益",其中也就根本不存在所谓的"委托理财"的因素了。从本质上看,这种行为只是借用理财名义直接收受请托人财物的受贿行为。有学者提出,《意见》第4条前半部分规定的有关没有实际出资却以委托理财名义获取收益的解释与其说是法律适用的解释,倒不如说是对社会上意在借此形式收受贿赂者的宣示,对查办受贿案件并无太多指导价值,属于多余性条款。《意见》第4条之所以出现这一非必要性解释,其目的还在于为后半部分的解释做铺垫,即"虽然实际出资,但获取'收益'明显高于出资应得收益的,以受贿论处"。我认为,《意见》将本在司法实践中并无太大争议的内容规定于第4条前半部分,其原因除了为后半部分作铺垫以外,更主要的原因可能是对应《意见》的前身——由中共中央纪委于2007年6月8日印发的《关于严格禁止利用职务上的便利谋取不正当利益的若干规定》(俗称《八项禁令》)所作的要求。从内容上看,《意见》有关委托理财型受贿的行为方式几乎完全照搬了《八项禁令》中的有关规定。所不同的是,《八项禁令》的语句结构是"严格禁止……"而《意见》则使用了更符合法律文本特点的"……的,以受贿论处"的结构。按照惯例,党在自己的纪律文件中对明显违法违纪的行为进行禁止性的重申是比较常见的,本身也并无不妥。但在作为司法解释性质文件的《意见》中也作此重申,却的确略显不妥。

首先,司法解释的主要功能在于规范指导司法活动,保证刑事法律得到统一、正确的实施,而国家工作人员没有实际出资却获得收益的行为除了打着"委托理财"的旗号以外,与传统意义上的受贿并没有区别,司法实践似乎并不需要指导和统一。

其次,从《意见》的起草背景和目的看,是想通过对10种受贿犯罪行为的认定,防止腐败分子以合法的市场经济交易形式掩盖非法的行贿、受贿行为。而在前面所讲的情况下,委托理财只是纯粹的借口而已,"合法的市场经济交易"即使在形式上都根本不存在。显然,将这种情形规定于《意见》之中与《意见》的起草初衷不完全吻合。

最后,将以各种虚构名义实施的受贿行为分别加以规定也不符合制定法律文件时应遵循的"经济、效益"原则。在司法实践中,国家工作人员与请托人之间可以事先虚构出各种各样的财产流转关系,再以此关系作为借口实施行、受贿活动。这些关系可以包括委托理财、交易、投资、借贷、保管等等,不一而足。如果按照《意见》第4条前半部分的模式,对那些仅是当事人虚构出来的事由都一一加以明确,则不知需要多少条文方能将之穷尽。事实上,即使认为这些行为具有一定隐蔽性需要在司法解释中将之明确犯罪化,也完全可以用类似"使用虚构的理由收受他人财物的,以受贿论处"这样概括性的条文加以归纳。

　　总之，我认为，虽然国家工作人员在没有实际出资的情况下获取所谓"理财收益"也是以"委托理财"名义实施的受贿行为，在学理上可以归入委托理财型受贿中加以讨论，且在党的纪律文件或者普法告示等文件中作出宣示性、重申性的禁止规定并无不可，但是，由于这种情况本身并没有太大法律适用争议，因此在诸如《意见》这样的司法解释性质文件中作规定则略显得多余了。

　　此外，大家还要注意把握"出资应得收益"的含义。在国家工作人员利用职务便利为委托理财的受托人谋取利益的情形下，其构成受贿与否，关键并不在于是否获取收益，而在于所获收益是否明显高于出资应得收益。对于出资应得收益以内的部分，国家工作人员原本就有权获得，而对于出资应得收益以外的部分，国家工作人员则无权取得。在一般情形下，"超额部分"如属他人自愿赠予本无可厚非，但如果这种"赠予"结合了国家工作人员利用职权，直接或间接地使受托人获取了不应该获取的利益，这种投资的性质就发生了根本的变化，变成了一种权钱交易，属于行贿受贿行为。而判断国家工作人员所获收益是否明显高于出资应得收益，首先必须对"出资应得收益"进行认定。应当看到，不同于金融市场中以理财产品形式出现的狭义上的委托理财，司法实践中国家工作人员实施的委托理财行为多属广义上的"委托理财"。广义上的"委托理财"是一个内涵比较简单、外延比较宽泛的经济概念，其实质是"受人之托，代人理财"。在此处，委托理财的投资者范围、资产管理者范围、资产范围、资金投向范围都作广义理解。在实践中，以委托理财名义出现的民事活动可能表现为不同的民事法律关系。比如，双方当事人约定委托人自己开立资金账户和股票账户，委托受托人进行投资管理，一切投资后果由委托人承担的，具有委托代理关系性质；双方当事人约定委托人直接将资金交付给受托人，由受托人以自己的名义进行投资管理的，具有信托关系性质；双方当事人约定共同出资，利益共享，风险共担的，具有合伙关系性质；双方当事人通过"保底条款"约定固定本息、超额收益归受托人所有，投资损失由受托人承担的，由于其实质与民间借贷无异，因而具有借贷关系性质。委托理财所体现的民事法律关系不同，与之相对应的用以确定当事人权利义务的法律规则也有所不同。因此，在对国家工作人员的委托理财"应得收益"进行判断时，应当根据委托理财实际体现的民事法律关系，适用不同的民事规则来加以调整。

　　从本质上来说，在委托代理关系中，受托人利用国家工作人员交付的出资所取得的全部投资收益都应归后者所有，但委托行为前双方约定报酬的，应当从中相应扣除。在信托关系中，信托收益属于委托人或者其指定的受益人。在没有指定其他受益人的情况下，信托所产生的收益除约定报酬以外都属国家工作人员的"出资应得收益"。在合伙关系中，合伙当事人利润分配、亏损分担的一般原则是应当按照合伙协议的约定办理；合伙协议未约定或者约定不明确的，由合伙人协商决定；协商不成的，由合伙人按照实缴出资比例分配、分担。但应当注意的是，在通常情况下，合伙双方可就利润分配、亏损方案自由协商。但在国家工作人员作为合伙当事人时，由于合伙理财所产生的盈利由请托人进行操作而实现，即使双方按出资比例分配盈利，请托人实际上已多付出了自己的专业技术、技能和智力。在这种情况下，国家工作人员仍然取得超过其出资比例的盈利,该"多收少支"的行为按社会常理已明显不符合市场经济活动中的对价原则,"接受方没有给付(相应)对价,显然必须以具有倾向性的职务行为弥补对价空缺"。这时,国家工作人员所获得的这部分"盈利"更符合"权钱交易"中对价的特征。因此,在由国家工作人员作为当事人的合伙理财关系中,双方可以约定对付出理财劳动的请托人多分配盈利,但一般不得反向约定对国家工作人员一方多分配盈利。在借贷关系中,基于借贷合同所固有的"还本付息"的特征,实为贷出方的国家工作人员的应得收益为贷出金额(即出资额)与约定利率的乘积。

通过前面的分析,我们不难发现,相比较于"两高"《意见》有关交易型受贿"明显低于(高于)市场的价格"中"市场价格"的认定,"应得收益"在理论上更为确定。这是因为,"市场价格"本身并不是由理论上的技术规则确定而是直接源于市场,而"应得收益"的确定则可以遵循相关法律规则。然而,这并不意味着在司法实践中"应得收益"比"市场价格"更容易认定。正如有学者所说的,"市场价格的确定属于技术测算问题,司法机关可以委托价格事务所对房屋、汽车等贿赂商品进行估价。股票、期货等委托理财应得收益的确定属于证据问题,关键是要掌握请托人收取国家工作人员实际投资后进行理财操作的实际情况"。实践中,当国家工作人员与请托人形成的是委托代理、信托、合伙等性质的委托理财时,前者的"应得收益"直接与后者的理财活动挂钩。这时,对后者的理财操作情况进行查证具有重要的现实意义。

从实际情况看,请托人在取得国家工作人员出资后,不外乎以下两种做法:其一,将受托资金单独设立账户进行管理,资金的各种流向清晰可查;其二,将受托资金存入自有资金账户,如证券、期货或者其他现金账户,在投资时一并进行操作。在司法认定中,前一种情况的处理相对容易,只需通过查询相关账户中的交易记录计算委托理财的盈亏情况,根据资金记录即可确定应得收益。对于后一种情况,确定资金收益则相对复杂。现在,有些请托人将受托资金与自有资金共存于一个账户之内进行投资,在一定期限后以收益率较高的投资作为"代理投资",以余下收益率不高甚至亏损的投资作为"自行投资",从而支付给国家工作人员较高的"应得收益"。

我认为,这种做法是一种刻意规避法律的行为,因而应当被认定为无效。根据民法原理,货币是一种种类物。当不同所有权人的同种货币发生混同时,其所有权只能通过品种、数量等度量衡单位加以确定和体现。这时,被混同的货币为不同所有人按份共有,共有人以自己的资金数额和比例对共有的货币及其产生的孳息享有权利。同样地,在国家工作人员的委托资金与请托人的自有资金共存于一个账户之中时,账户内的所有资金为国家工作人员与请托人按份共有,前者以其资金份额对账户内的资金享有权利。当请托人利用账户内资金投资产生收益后,国家工作人员与请托人应当以各自的资金份额对收益进行分配。有学者提出,这时认定国家工作人员应得收益的有效替代办法是"在计算账户内所有收益的基础上,按照资金投入比例区分两项资金的对应收益,由此确定国家工作人员的应得收益"。应当说,这种操作方式具有一定的合理性。但在现实的经济环境下,许多投资账户本身时常处于动态流转之中。比如,由于委托理财的投资方式不限于证券、期货,请托人可以支取资金从事诸如投资实业、民间借贷等其他经营活动；也可以从投资账户中支取或者存入资金以从事私人业务；此外，证券、期货的买入或卖出也会引起投资账户内资金余额的增减。随着账户资金的流转，国家工作人员的资金份额就会随之提高或稀释。当资金流转频繁到一定程度时，对国家工作人员的应得收益计算无疑会异常复杂繁琐，这时可能需要借助专业的审计、会计人员帮助厘定具体的"应得收益"数额。

此外，值得一提的是，将国家工作人员的委托资金与请托人的自有资金混同存入同一账户固然容易造成事后国家工作人员的投资应得收益认定困难，但这并不意味着当事人在事前无法避免这种困难。金钱是种类物，种类物经特定化之后可以变为特定物，而特定物产生的孳息仅归特定物所有权人享有。就委托理财来说，如果请托人在利用共用账户资金从事某项投资时，事先声明这项投资是专为委托人进行的，则该投资资金就可从账户资金中特定化，被赋予独立的意义，该投资所产生的收益应当全部归委托人享有。

接下来，我们再来看一下"高于出资应得收益"的标准应当如何确立。

根据"两高"《意见》有关委托理财型受贿的规定，在国家工作人员具有实际出资的情形下，其获取"收益"必须在"明显高于"出资应得收益时方构成受贿罪。由此引出的问题是，当国家工作人员获取"收益"高于出资应得收益的数额已达到受贿罪法定数额标准，但相比于数额巨大的委托资金而言又还不"明显"时，其是否应当以受贿罪论处？从"明显高于"的语法结构上来看，"明显"作为程度副词对"高于"起着限定作用，也就是说，国家工作人员所获取的"收益"不仅要高于其出资应得收益，且必须达到"明显"的程度才能以受贿罪论处。反之，如果"高于"的程度不明显，则即使超过法定数额的追诉标准，也不能进行定罪处罚。

纵观"两高"《意见》，除了委托理财型受贿以外，在交易型受贿的成立标准中亦有"明显"的限制性条件。对于委托理财型受贿中的"明显"要求，较为权威的解释是"现实生活中投资收益及其比例均具有不确定性，尤其是在具有高风险、高回报特点的证券、期货领域，如果将所有的所获'收益'额高于应得收益额的情况都认定为受贿，打击面过宽，也有违情理。只有在所获'收益'额明显高于应得收益额的情况下认定为受贿，才既合法又合理"。显然，"两高"《意见》在委托理财型的认定标准中设置"明显"这一程度要求是基于"查处大案、要案"、控制刑事打击面的考虑而有意为之的。在理论界，有学者将用"明显"要求对受贿犯罪构成进行程度控制的做法看作是《意见》贯彻宽严相济刑事政策的具体体现。我认为，在委托理财型受贿的认定标准中设置"明显"要求看似源于司法实践中的实际情形，并能突出受贿犯罪的惩治重点，但仔细研究，既没有理论上的必要性，也没有实践中的可行性，更有突破罪刑法定原则的嫌疑，在某种程度上是《意见》中的一个败笔。

首先，委托理财型受贿的自身特征决定了设置"明显"要求没有必要。与交易型受贿中"市场价格"先天的模糊性和动态性不同，"出资应得收益额"本身在理论上是确定和静止的。"市场价格"是一个由市场自发形成的，在客观上表现为在一定区间内浮动的价格段，对于价格动辄几十万元、上百万元的房产、汽车等大件商品而言，其市场价格的浮动空间也相应较大。在司法认定中,虽然可以通过委托价格事务所等机构对商品进行估价的方式获得技术上的认定价格,但该价格毕竟是经过估算和拟制得出的。当实际交易价格与估算价格在数额上存在一定偏差但比例差别不大时,即使其相差数额超过受贿罪法定的起刑数额甚至法定刑升格数额标准,也很难绝对认定该交易价格偏离了实际的市场价格。而在委托理财型受贿中,广义上的委托理财虽然涵盖不同的民事法律关系,但具体到每一种关系都有明确的收益认定规则。即使理财涉及的金额非常大,但只要依据相应的判断规则仍能精确地计算出委托人的"出资应得收益额"。虽然在实践中委托理财的操作可能较为复杂,精确查证"出资应得收益额"会存在困难。但对"出资应得收益额"的查证毕竟是刑事诉讼层面的证明问题。对于问题的处理,完全可以通过证据规则的确立、证明方法的改进来解决。我们不能因为现实生活中委托理财的投资收益及其比例不容易查证和确定,就人为地将本属于犯罪构成要件内容的犯罪数额标准抬高。

其次,从委托理财型受贿司法认定规定的角度看,"明显高于"标准缺乏适用上的可行性。在受贿犯罪中,受贿数额通常被认为是区分受贿犯罪与一般受贿行为的重要参考指标,在受贿犯罪的定性定量过程中起着举足轻重的作用。作为受贿犯罪成立的量化标准,对犯罪数额的规定及认定规则本身首先应当符合"标准"的基本要求,即必须明确化和具体化。本属于犯罪客观要件一部分的犯罪数额,就更应尽可能地做到形式化和非价值化,从而使人们在司法认定中通过简单的事实判断就能准确地得出结论。但是,"明显高于"标准显然并不符合这一要求。在汉语中,"明显"属于程度副词,意为"清楚地显露出来,容易让人看出或感觉到"。"明显高于"意味着国家工作人员的"所得收益"与"投资应得收益"之间差距必须"清楚地显露出来"。但是"明显"本身是一个极具价值色彩的词汇,对"明显"的判断并非形式判断,而是实质判断。高于应得收益是根据理财行为的客观情况进行的事实确认,正如有学者所说的,"'明显高于'却是根据社会观念、主观识别、政策立场作出的价值选择。在受贿罪具体构成要件的认定环节就进行实质判断或者价值选择,难免造成控辩意见在是否'明显'问题上相持不下的司法困境"。此外,就现实情况来说,实践中的委托理财形式多样,风险大小及收益率高低各不相同,在一定期限内交易次数也不存在限制,这就导致了通过理财活动赢取巨额利润或者造成巨大损失都具有现实的可能性。如果说交易型受贿中,对于是否明显高于市场价格多少还能运用社会大众的一般认识来大致判断的话,那么在委托理财型受贿中,要想形成一定时期内各种投资理财的一般收益率就几乎成了不可能完成的任务。

总之,尽管《意见》在委托理财型受贿的认定标准中,设置"明显"的程度要求作为受贿罪的定罪门槛,在客观上具有防止刑事打击面过大的作用。但是,"明显高于"标准在理论上不符合委托理财的自身特征,在实践中也缺乏适用上的可能性。更主要的是,标准是《意见》对刑法中受贿罪数额标准这一记述性构成要素的突破性、创造性解释,这种解释本身有悖于罪刑法定原则的基本要求。因此,我认为,在委托理财型受贿中,应当摒弃"明显高于"提法而统一使用"高于"标准,也就是说在国家工作人员利用职务上的便利,为请托人谋取利益,出资委托请托人进行各种委托理财的情形下,只要其所获"收益"高于出资应得收益的部分达到3万元或者虽不满3万元,但达到1万元以上且情节较重的,就可以受贿罪定罪处罚。而针对由于社会经济水平提高,可能出现的达到这一标准,但社会危害性不足以动用刑法加以惩治的情况,则可以适用《刑法》第13条"情节显著轻微危害不大的,不认为是犯罪"的规定作非犯罪化处理,或者依据刑事诉讼法第142条第2款"对于犯罪情节轻微,依照刑法规定不需要判处刑罚或者免除刑罚的",由人民检察院作不起诉处理。当然,在适当的时候,也可考虑社会发展的现实情况,对刑法中受贿罪的定罪量刑标准作出必要的修正,提高受贿罪的定罪数额标准,或者放弃明确规定受贿罪定罪数额标准的立法例。

那么,我们又应该怎样来看待国家工作人员对"高于出资应得收益"的主观认识并且如何对其加以认定呢?

根据我国刑事司法中应当贯彻的主客观相一致原则,犯罪的成立不仅要求行为人在客观上实施了严重危害社会的行为,而且要求行为人在主观上存在罪过。这一原理具体到委托理财型受贿,就要求国家工作人员在客观上获取"高于出资应得收益"的财物,在主观上对该事实及犯罪数额存在认识。我认为,如果国家工作人员在主观上对超额"投资收益"这一对象存在应当知道的认识,对自己通过委托理财获得超额"投资收益"这一危害结果存在必然性或者可能性预见,我们就可以认定行为人具有受贿的主观故意。反之,如果行为人对相关对象和结果确实不知或者存在合理的认识偏差,则可以根据刑法上的认识错误原理排除其行为的犯罪性。因此,在对委托理财型受贿的司法认定中,判断和评价国家工作人员对"高于出资应得收益"的主观认识就显得尤为重要。

从现实社会生活考察,我们不难发现,国家工作人员在获取"收益"时对"收益"高于出资应得收益这一事实的认识主要存在着三种情况:其一,明确知道所获"收益"高于自己的应得收益,超出部分是对方给予的"好处费";其二,不明确知道请托人的理财实际情况及自己"应得收益"的具体数额,但对请托人给予的全部"收益""全部笑纳""来者不拒";其三,因为各种原因对自己"应得收益"产生错误认识,从而确实不知自己从请托人处多获得了利益。

对于第一种情况,认定行为人有受贿故意应当没有疑问。如果国家工作人员在事前和事后通过请托人告知、投资账户查询等方式明确知道自己应得收益的数额,或者虽不知道具体数额,但明确知道自己所获财物肯定高于"出资应得收益",则可以认定其在主观上对自己所受的"超额收益"系"受贿财物"存在"明知"。

在第二种情形中,由于国家工作人员对自己的"应得收益"并不存在明确的认识或者这种认识在诉讼中难以被证明,此时,认定行为人对受贿财物的性质存在明知就可能有一定的障碍。但是,基于常理分析,国家工作人员在收受请托人所给予的"投资收益"时,显然可以认识到所获"收益"超过"应得收益"这一事实存在的现实可能性。这是因为,与委托理财关系的当事人是地位平等的民事主体的情况不同,在这种情况中,国家工作人员与请托人在委托理财关系形成前往往存在着利益上的制约关系,尤其在国家工作人员已经或者将要利用自己的职务便利为请托人谋取利益时，请托人自然会存在通过一定方式向国家工作人员作出利益返还、补偿的倾向和冲动。换句话说，国家工作人员利用职权为请托人谋利后，其从请托人处获取的财物中含有贿赂成分就有较大的盖然性，作为具有社会生活一般常识的国家工作人员对此不可能不知道。因此，即使国家工作人员在收受请托人给予的所谓"收益"时，对自己超额收受他人财物不存在确定性认识，也应当对这一事实存在概括性的认识，也就是认识到这一事实存在的可能性。当国家工作人员在主观上对所收受的财物性质具有概括性认识时，无疑能意识到自己行为的社会危害性和违法性。在这种情况下，国家工作人员有义务去明确所收财物的性质，以排除自己违法犯罪的可能，而这也是其与一般委托理财中的委托人的不同之处。应该看到，在通常情况下查询理财情况、获知自己应得收益数额对委托人而言是一种权利，委托人有权放弃行使该权利，由此导致其受到损失或者多获利益（实际几乎不可能发生）的后果都由其自己承担，法律不应加以干涉。但是，在国家工作人员委托请托人理财的情形下，明确自己理财应得收益，对国家工作人员来说，不仅是一种权利，同时也是一种义务。国家工作人员有权防止自己的应得收益被克扣，同时也有义务避免自己从请托人处获取不属于自己应得收益的财物。如果国家工作人员在已经认识到自己超额获取请托人"投资收益"的情况下，不采取积极措施避免该事实发生，显然应当对自己的行为承担相应的刑事责任。这里我们必须明确的是，犯罪故意概念中的"明知"与刑法分则中具体犯罪的"明知"在内容上的区别。我认为，犯罪故意概念中的"明知"是对行为危害社会结果的预见，而刑法分则中具体犯罪的"明知"则主要是对行为对象的知晓。两者在证明要求上并不完全相同：对行为危害社会结果的预见尽管存在必然性预见和可能性预见，但是，这种预见其实应该达到确实知道程度；而对行为对象的知晓，则只需达到应当知道的程度就可以了。依照我的观点，前面所说的国家工作人员对于自己超额获取请托人"投资收益"的认识，尽管会直接影响到其对行为危害社会结果的预见，但从本质上来说显然属于受贿罪中对行为对象的明知。对于这种明知的证明，只要达到应当知道的程度就可以了。事实上，在国家工作人员应当知道"投资收益"存在的情况下，其对于自己超额获取请托人"投资收益"的行为危害结果也已经达到了确实知道的程度，只不过有时仅存在行为人确知自己受贿危害结果发生"可能性"认识的情况而已。由此可见，国家工作人员对于自己超额获取请托人"投资收益"持概括性认识并不影响对其主观故意的认定，相反，其应当对高于"应得收益"的全部数额承担受贿罪的刑事责任。

第三种情况主要是，实践中国家工作人员在委托请托人理财后，并非一定都对从请托人处所获"收益"的性质和应得收益的数额持概括性认识。除了前面所说的应当知道"收益"高于自己的应得收益的情形外，也可能对这一事实明确不知道。这通常是由于请托人对国家工作人员采取欺骗、隐瞒等方式使后者确信自己所获得的"收益"是自己"应得收益"，从而产生认识上的错误。这时，应当排除国家工作人员获取超额收益行为成立受贿犯罪的可能性。

此外，还应当讨论的是，国家工作人员对超额"投资收益"对象的应当知道以及对其获取这一"投资收益"危害后果的确实预见的证明,应由谁来承担举证责任? 举证责任在理论上是一种法律假定的后果,特指承担责任的当事人必须对自己的主张举出主要的事实根据,以证明其确实存在,否则将承担败诉后果。我认为,在刑事诉讼活动中,证明被告人有罪的责任理应由公诉机关承担,这是毋庸置疑的。实际上在委托理财型受贿中,公诉机关只要证明国家工作人员在客观上利用职务便利为请托人谋利,并从请托人处获取了高于其应得收益的财物,在主观上对这一对象存在应当知道的认识,对危害结果存在必然性或者可能性确实预见即可。如果公诉机关能够对行为人的主观加以证实,实际上也就排除了行为人主观上存在"确实不知"的可能性,认定行为人的行为构成犯罪也就有了主观基础。实际上,在委托理财型受贿刑事诉讼活动中,被告人通常也会对自己主观上存在"确实不知"的情况进行举证,但是,这仅仅只是被告人在行使自己的权利。如果被告人放弃这一权利,我们也不能想当然地认为行为人主观上一定对受贿危害结果存在必然性或可能性的确实预见。这就要求在证明委托理财型受贿过程中,司法人员不应简单轻信犯罪嫌疑人的口供,而应根据案件中的主客观情况综合判断。也就是说,可以通过收益率、请托人的投资方式、资质、投资手段的行情走势、请托人与国家工作人员在理财前的约定、理财中请托人的告知等情况加以佐证。如具有收益率畸高或收益率与投资方式明显不符、国家工作人员明知请托人没有某项特定理财活动的资质仍委托其理财、请托人在理财中对投资情况有过通报说明等情形,就可以排除被告人主观上存在"确实不知"的可能性。

所以说,国家工作人员利用职务之便为请托人谋取利益,并出资委托请托人代为理财,事后从请托人处谋取高于出资应得收益的财物,如果这名国家工作人员在主观上对超额"投资收益"这一对象存在应当知道的认识,同时,对自己获取超额"投资收益"的危害结果存在必然性或者可能性的预见,我们就可以将其行为认定为受贿。如果有证据证明国家工作人员在主观上对该对象或危害后果确实不知的,对其行为则不能以受贿论处。

3. 赌博型受贿、挂名工资型受贿

所谓赌博型受贿,是指国家工作人员利用职务上的便利为请托人谋取利益,通过赌博方式收受请托人财物的,构成受贿。实践中应注意区分贿赂与赌博活动、娱乐活动的界限。具体认定时,应当结合赌博的背景、场合、时间、次数、赌资来源、其他赌博参与者有无事先通谋、输赢钱物的具体情况和金额大小进行判断。

所谓挂名工资型受贿,是指国家工作人员利用职务上的便利为请托人谋取利益,要求或者接受请托人以给特定关系人安排工作为名,使特定关系人不实际工作却获取所谓薪酬的,以受贿论处。那么,如果特定关系人一周上一天班,而且这一天只上一个小时班,这种情况能不能对国家工作人员以受贿认定呢? (下讲台提问)

学生1:"可以的,上一个小时班等于没上班。"

学生2:"我也认为是可以的,否则就会放纵犯罪分子了。"

(回讲台)大家一定要注意,按照《意见》的精神,特定关系人只有在不实际工作的情况,获取薪酬的,才可能构成犯罪。当初在作司法解释时,曾经考虑将"低职高薪"也纳入受贿之中,但是,后来考虑这个问题太复杂,因为,何为"低职"?何为"高薪"?其实都很难判断。基于此,最后该《意见》没有将"低职高薪"纳入受贿范围之中。

（三）特定关系人受贿行为的认定

接下来,我们来看特定关系人受贿中的相关问题。特定关系人受贿大家要注意,按照我的理解,由于《刑法修正案（七）》的出台,原有的关于特定关系人受贿的司法解释就无效了。在特定关系人受贿里有几个问题需要大家把握。

其一,是国家工作人员利用职务上的便利为人家谋取利益,指定请托人把钱送给特定关系人,送给特定关系人的钱,就等于国家工作人员自己受贿的钱。比如说,甲是国家工作人员,甲利用职务上的便利为乙谋利,乙要送钱给甲,甲对乙说:"你不要给我钱,你把钱送给我的情妇,她很可怜。"这种情况下,送给甲情妇的钱就等于是送给甲的钱,这是司法解释明确规定的。

其二,是特定关系人或非特定关系人构成共犯的问题。在上述案件中,在认定甲构成受贿的同时,人们自然会想到,甲的情妇是不是构成受贿罪呢?按照司法解释的规定,甲的情妇是否构成受贿,关键看其是否与甲有通谋。如果甲的情妇和甲有通谋,则甲的情妇也构成受贿罪的共犯。

如果甲通过职务便利为乙谋利,乙送钱给甲,甲叫其秘书来拿,秘书是非特定关系人。如果是非特定关系人去拿钱,这个秘书是否构成共犯呢?根据司法解释的规定,非特定关系人构成受贿罪的共犯,必须具有两种条件:一个是非特定关系人与国家工作人员有通谋;另外一个就是非特定关系人共同占有财产。分析上述案件,如果甲与其秘书仅有通谋还不够,还必须要有秘书和甲共同分取财产的情况,即拿来的钱秘书也拿一部分,也就是共同占有财产,这种情况下秘书也构成犯罪。

这就是原来司法解释的规定,也就是说,特定关系人构成受贿要有通谋。而我前面所讲的国家工作人员直接指定把钱送给特定关系人,国家工作人员直接构成受贿罪。这些就是特定关系人受贿中要注意的问题。

（四）其他特殊情形的认定

此外,大家还要注意关于收受贿赂物品未办理权属变更的问题。对于这个问题,2007年7月8日"两高"《关于办理受贿刑事案件适用法律若干问题的意见》第8条专门作了规定,这条规定指出,国家工作人员利用职务上的便利为请托人谋取利益,收受请托人房屋、汽车等物品,未变更权属登记或者借用他人名义办理权属变更登记的,不影响受贿的认定。认定以房屋、汽车等物品为对象的受贿,应注意与借用的区分。具体认定时,除双方交代或者书面协议之外,主要应当结合以下因素进行判断:(1)有无借用的合理事由;(2)是否实际使用;(3)借用时间的长短;(4)有无归还的条件;(5)有无归还的意思表示及行为。

另外,受贿罪中有一些比较特殊的问题也需要大家注意。比如一些非典型受贿罪的概念和构成,其中有几个法律条款的规定需要大家注意。

第一个是《刑法》第385条第2款规定，国家工作人员在经济往来中，违反国家规定，收受各种名义的回扣、手续费，归个人所有，以受贿论处。对于这个问题，大家要注意和贪污罪相区别。根据《刑法》第394条对贪污罪的规定，国家工作人员在国内公务活动或者对外交往中，接受礼物按照国家规定应当交公不交公，按照贪污罪认定。你们看一下，这个规定和之前讲到的《刑法》第385条第2款的规定主要有什么区别？为什么一种以贪污罪认定，另一种却以受贿罪认定呢？（下讲台提问）

学生1："法条是这么规定的。"

学生2："我说不清楚。"

（回讲台）这里的原因主要有两点。第一个原因是两者发生的场合不一样，非典型受贿罪是在经济往来中，而贪污罪是在国内公务活动或者对外交往中。另外一个很重要的原因就是《刑法》第385条所规定的在经济往来中，你拿的是你不能拿的，所以定受贿罪。而在《刑法》第394条的规定中，你拿是正常的，处罚的仅是你不交公的行为。可见，一个处罚的是接受行为，一个处罚的是不交公行为，所以一个定受贿，一个定贪污。原来是单位的财产你拿了不交公就是占有了单位的财产，所以是贪污。而在经济往来中人家是不应该给你，而你收受了就是受贿。

第二个是非典型受贿罪，我们称之为斡旋受贿。但是大家一定要注意，斡旋受贿不是一个独立的罪名。斡旋受贿是按照受贿罪论处的，如果是国家工作人员就是受贿罪。在贪污贿赂罪中，有受贿罪、单位受贿罪、利用影响力受贿罪，但是没有斡旋受贿罪。斡旋受贿就是国家工作人员利用职权形成的便利条件，通过其他国家工作人员的职务上的行为，为他人谋取不正当的利益。这里必须是不正当利益，如果你在概念中出现为请托人谋取利益就错了，应该是不正当利益。而一般受贿只要为他人谋取利益，这个利益可以是合法的也可以是非法的。比如说，甲是办户籍的工作人员，乙来办户口，甲如果违反规定，为乙办户口，当然构成受贿。相反，甲如果没有违反规定，而是按照规定为乙办了户口，乙送钱给甲，甲照样构成受贿罪。前者我们称之为"受贿枉法"，而后者我们称之为"受贿不枉法"。无论枉法不枉法，只要行为人受贿都构成犯罪。有些人经常会说："我又没有给国家造成损害，又没有给单位造成损害，我就拿了点钱而已。"应当注意，造成损害与否和你是否构成受贿犯罪是没有关系的。但是，在斡旋受贿中，委托人家办的事情必须是为了获取不正当利益，如果是为了获取正当利益就不能构成犯罪。

这里主要有一个中间环节，也就是"其他国家工作人员"。斡旋受贿是指国家工作人员利用自己的职权、地位形成的便利条件，让其他国家工作人员利用职务便利为他人谋取不正当利益，而该国家工作人员收取他人的财物。这里应当注意的是，其他国家工作人员不应该包括与国家工作人员有上下级别关系的人员，因为，这种情况实际上等于直接利用自己职务上的便利。这就涉及前面提到的利用职务上的便利的含义问题，一般我们认为它应该包括两层含义：一个是利用本人职务上的便利，还有一个是利用上下级之间职务上的便利。比如说，我是公安局局长，我让下级的户籍警察帮他人办户口，然后我收取他人财物，这个不是斡旋受贿，而应该直接按照受贿罪论处，因为民警是属于我管的。斡旋受贿通常是指一种便利条件,是我对其他国家工作人员职务上的影响,比较多的情况是我与那个国家工作人员实际中有工作上的制约或者牵连关系,而不应该是上下级的关系。

(五)国家工作人员受贿且渎职行为的罪数形态分析

《刑法》第 399 条第 4 款规定:"司法工作人员收受贿赂,有前三款行为的(触犯徇私枉法罪、民事行政枉法裁判罪、执行判决、裁定失职罪、执行判决裁定滥用职权罪),同时又构成本法第三百八十五条规定之罪的(受贿罪),依照处罚较重的规定定罪处罚。"而对于国家工作人员收受贿赂后又实施其他渎职犯罪的行为,司法机关是应当数罪并罚还是以一罪认定,学界争议较大。对此,"两高"《关于办理渎职刑事案件适用法律若干问题的解释(一)》第 3 条规定:"国家机关工作人员实施渎职犯罪并收受贿赂,同时构成受贿罪的,除刑法另有规定外,以渎职犯罪和受贿罪数罪并罚。"那么,这一规定是否符合我国罪数形态的基本原理? 我们应当如何评价该司法解释第 3 条的规定? 这些问题值得我们探讨和研究。

我认为,国家工作人员受贿且渎职行为应当属于刑法中的牵连犯,理应采用"从一重处断"的原则进行处罚。

以前我们讲过,牵连犯的成立必须具有四个条件:行为的复数性、行为的独立性、行为的异质性,以及行为的牵连性。

对照上述牵连犯的四个成立条件,受贿且渎职行为明显具备了行为复数性、独立性以及异质性三大条件。而受贿与渎职行为之间是否形成牵连关系,是理论上争议较多的问题,也是受贿且渎职行为能否成立牵连犯的最为关键的问题。

我认为,在认定牵连犯中的牵连关系时,我们必须遵循主客观相一致原则。这是因为牵连犯应是主观因素和客观因素的有机统一体,而牵连关系的形成既不能脱离行为人的主观因素,也不能脱离行为人的客观因素。也就是我们常说的,两手都要抓,两手都要硬。

对于行为人的主观因素的认定,应以"一个犯罪目的"作为标准,正是因为有了这个犯罪目的,行为人主观上才有牵连意图。例如,行为人通过伪造公文、证件实施诈骗行为,从主观上分析,如果行为人没有占有他人财物的目的,就不会实施伪造证件的行为,即伪造公文、证件的行为以及以后实施的诈骗行为,均是为了占有他人的财物。这里的占有目的明确无误地将行为人的牵连意图反映了出来。

对于行为人的客观因素的认定,应从严掌握并有具体统一的标准。我主张以"犯罪构成要件"作为认定牵连犯客观因素的标准。也即在客观上,只有行为人的方法行为与目的行为或原因行为与结果行为在法律上完整地包含于一个犯罪构成客观要件之中时,才能作为认定牵连犯客观因素的标准。这一标准既规范,又具有可操作性,同时也可以适当地限制牵连犯的适用范围,符合刑事法治的一般要求。例如,行为人通过伪造公文、证件实施诈骗行为,之所以可以构成牵连犯,除行为人在主观上具有一个犯罪目的以外,在客观上行为人的伪造公文、证件行为又正好符合诈骗罪"虚构事实、隐瞒真相"的客观要件,也即作为方法的伪造公文、证件行为完全被作为目的的诈骗行为构成要件中的客观要件所包含。因而,这一行为无疑符合了牵连犯中牵连关系的客观因素。反之,如果行为人通过盗窃枪支弹药实施抢劫行为,虽然行为人在主观上也可能只有一个犯罪目的,且在客观上盗窃枪支弹药的行为与抢劫行为也形成了"通常"的手段行为与目的行为之间的关系,但由于盗窃枪支弹药的行为无法被抢劫罪的客观要件所包含,所以不能以牵连犯加以认定。

我们再来看受贿且渎职的行为。在受贿且渎职行为中,作为牵连关系的主观因素,"一个犯罪目的"的具体内容显然就是谋取个人私利,并且这种私利集中体现为收受财物。正是基于收受贿赂这个犯罪目的,国家工作人员或者非国家工作人员主观上才具有牵连意图。同时,在受贿且渎职的行为过程中,渎职系手段行为,受贿系目的行为。从牵连关系客观因素的角度考察,行为人违背职责要求而以本单位利益损失为代价为行贿人谋取利益的行为,完全可以包含于受贿犯罪"为他人谋取利益"要件之中,因此具备了牵连关系的客观因素。可见,受贿行为与渎职行为之间具有牵连关系,所以受贿且渎职构成牵连犯,在处罚上应当遵循"从一重处断"的原则。

而最高人民法院与最高人民检察院司法解释中的相关内容,显然并没有严格遵循我国的罪数形态基本原理。

四、利用影响力受贿罪

(一)利用影响力受贿罪概述

首先,我简要讲一下《刑法修正案(七)》在修正方式上存在的一些问题。《刑法》第388条规定:"国家工作人员利用本人职权或者地位形成的便利条件,通过其他国家工作人员职务上的行为,为请托人谋取不正当利益,索取请托人财物或者收受请托人财物的,以受贿论处。"由于刑法条文明确规定要对这种行为"以受贿论处",且没有设置独立的法定刑,因而理论上和司法实践中通说认为其并非是一个独立罪名,而习惯上将条文所规定的行为称为"斡旋受贿"犯罪。

应该看到,《刑法修正案(七)》在草案中对于有关贿赂犯罪的修正采用的是"在《刑法》第388条中增加两款作为第2款、第3款"的方式,这种方式在草案征求意见时遭到了学界的强烈批评。因为,在此之前的刑法修正案对分则条文的修正通常采用两种方式:其一,不增设罪名,即直接对刑法原条文所规定犯罪的构成要件或者法定刑进行修正;其二,增设罪名,即以"之一""之二"等形式,在原规定独立罪名的条文后面增加新的条文,从而形成新的独立罪名。草案中采用的方式显然都与这两种方式不符,受到批评也在情理之中。为此,正式颁布的《刑法修正案(七)》又对草案采用的方式进行了修改,也就是采用"在《刑法》第388条后增加一条作为第388条之一"的方式对有关贿赂犯罪进行修正。

尽管如此,我认为,《刑法修正案(七)》对受贿犯罪的修正仍然是对传统修正方式的突破,具体表现为:首先,《刑法》第388条原来并不是一个独立罪名的规定,修正案在非独立罪名的规定后通过增设"第388条之一"规定了一个独立罪名,这是以前从来没有的;其次,《刑法》第388条原来并没有规定独立的法定刑,修正案通过增设"第388条之一"专门规定独立的法定刑,且不对原388条作任何修正,这也是以前从来没有的。正因为这一点,《刑法修正案(七)》有关贿赂犯罪规定在修正方式上的创新,理所当然地会引起学界的关注。

有学者认为,经修正后的第388条之一的现状不符合刑法分则条文分布的一般规律。也有学者主张不改变现有的《刑法》第388条的格局,但认为对其确定单独的罪名及法定刑很有必要。

我认为,这些观点都有一定道理,其共同点是主张对《刑法》第388条所规定的"斡旋受贿"作出调整,不同点是将"斡旋受贿"并入385条受贿罪之中,还是并入修正案第13条所规定的犯罪之中。依我的观点,前面提到的第二种观点应该更具有合理性。因为,从修正方式分析,尽管《刑法修正案(七)》草案规定的方式存在一定的瑕疵,但在总体上似乎比《刑法修正案(七)》规定的方式更为科学、合理。

《刑法修正案(七)》草案当时拟修正的方式存在的最大问题在于,是在没有对《刑法》第388条原有规定进行一定修正的情况下,简单地将两款内容加入进去,这就必然形成在一个条文中出现极不统一的情况,即既有"以受贿论处"的规定,又有独立罪名和法定刑的规定。我认为,这种不一致显然是这一修正方式最大的瑕疵,因而在征求意见时遭到学界普遍反对是完全可以理解的。

《刑法修正案(七)》最后采用的方式尽管回避了草案中出现的瑕疵,但是仍然与传统的修正方式形成很大的差异。我认为,这种方式最大的败笔在于:将基本相同的行为方式规定在不同的条文里,同时仍然保留原条文中"以受贿论处"的规定。这种情况必然导致立法规范上出现不统一:即刑法有关贿赂类犯罪的规定既不是按照行为方式划分,也不是按照主体划分,令人感到立法者随心所欲、标准不一。

我认为,对于《刑法修正案(七)》中有关贿赂犯罪的修正规定,理应采用在对《刑法》第388条进行修改的基础上,将相关修正内容并入这个条文之中的方式。理由主要有两点。

首先,刑法中有关贿赂犯罪的规定基本上是按照行为方式,而并不是以主体身份进行分类规定的,比如,受贿罪、行贿罪、介绍贿赂罪等实际上都是按照行为方式的不同在不同的条文中分别加以规定。而本次修正案增加的内容与《刑法》第388条原规定的内容尽管在主体上有了很大的差异或扩大,但是,在总体行为方式上仍具有很大的一致性,也就是都属于行为人利用影响收受贿赂的犯罪。就这一点来说,将这些规定放在一个条文里似乎并没有大碍。现在《刑法修正案(七)》将有关修正内容以"第388条之一"的方式加以规定,既不能体现新增内容与原规定内容主体上的差异,也不能体现行为方式上的差异。而且在一个既没有独立法定刑也并非是独立罪名的条文后增设一个有罪状和法定刑规定且为独立罪名的条文,在立法原理上明显存在着瑕疵。

其次,刑法每一个条文内容规定的方式应该具有相对的一致性,除有特别需要外,不能出现前后矛盾的情况。就这一点来说,我们如果简单地将《刑法修正案(七)》增加的内容与《刑法》第388条原规定的内容合并起来,就很难避免前后之间的矛盾,也就是说第一款是规定"以受贿论处",而第2、3款则有独立的罪状和法定刑。这种情况必然会导致人们对新增的内容是否是一个独立的罪名产生怀疑。我认为,本次刑法修正案有关贿赂犯罪的规定既有罪状又有法定刑,从立法原理上当然应该理解为是一个独立罪名。在这种情况下,将其简单归入第388条,而不对原条文内容作修改,在内容上肯定会产生一个条文规定中的前后矛盾。

由此,我认为,将《刑法修正案(七)》增加的内容与《刑法》第388条加以组合是不应该有任何障碍的,其实问题并非在于两者能否组合,而在于如何加以组合。从立法方式统一性角度出发,最好的办法是取消《刑法》第388条中"以受贿论处"的规定,并增设相应的法定刑,在这个基础上,将《刑法修正案(七)》增加的两款内容作为第388条第2款、第3款的内容。这样既符合刑法中有关贿赂犯罪以行为方式分类的要求,也符合刑法修正通常方式的要求,同时还解决了修正后条文内容上的前后矛盾问题。

接下来,我们看一下《刑法修正案(七)》中新增加的一个很重要的罪名,即利用影响力受贿罪。《刑法修正案(七)》第13条规定:"在刑法第388条后增加一条作为第388条之一:'国家工作人员的近亲属或者其他与该国家工作人员关系密切的人,通过该国家工作人员职务上的行为,或者利用该国家工作人员职权或者地位形成的便利条件,通过其他国家工作人员职务上的行为,为请托人谋取不正当利益,索取请托人财物或者收受请托人财物,数额较大或者有其他较重情节的,处3年以下有期徒刑或者拘役,并处罚金;数额巨大或者有其他严重情节的,处3年以上7年以下有期徒刑,并处罚金;数额特别巨大或者有其他特别严重情节的,处7年以上有期徒刑,并处罚金或者没收财产。离职的国家工作人员或者其近亲属以及其他与其关系密切的人,利用该离职的国家工作人员原职权或者地位形成的便利条件实施前款行为的,依照前款的规定定罪处罚。'""两高"《关于执行〈中华人民共和国刑法〉确定罪名的补充规定(四)》规定,从2009年10月16日开始,国家工作人员或者其近亲属以及其他与其关系密切的人,利用国家工作人员职权或者地位形成的便利条件受贿的,司法机关将使用"利用影响力受贿罪"进行定罪处罚。

这个罪的规定顺应了我们签署的《联合国反腐败公约》提出的要求。这就是我们通常所说的国内法适应国际法的发展。利用影响力受贿罪最大的特点就是和受贿罪在主体上的区别。这个变化就是利用影响力受贿罪的主体不局限于国家工作人员,它的主体是国家工作人员的近亲属或者关系密切的人。近亲属和关系密切的人可以是国家工作人员也可以不是国家工作人员。比如说,甲的妻子可以是国家工作人员,也可以是非国家工作人员,但是甲的妻子是甲的近亲属。甲的情妇可以是国家工作人员,也可以不是国家工作人员,但是甲的情妇是和甲关系密切的人。这个罪打破了受贿罪必须是将国家工作人员作为主体的要求,因为斡旋受贿也要是国家工作人员才能构成,但是利用影响力受贿罪非国家工作人员也可以构成。

另外,离职的国家工作人员或者其近亲属以及其他与其关系密切的人,也可以构成利用影响力受贿罪。离职既包括离退休,也包括调离岗位。比方说,某国家工作人员已经离职了,但他利用其原来的职权和地位形成的便利条件,然后通过其他国家工作人员职务上的便利,那么,他也构成利用影响力受贿罪。

(二)利用影响力受贿罪与斡旋受贿

利用影响力受贿罪和斡旋受贿最大的区别在于:主体的身份不同。斡旋受贿是国家工作人员利用自己职务便利所形成的影响力来影响其他国家工作人员,利用其他国家工作人员的职务便利谋取利益。而利用影响力受贿罪是国家工作人员的近亲属或者其他与该国家工作人员关系密切的人,利用国家工作人员的职务行为或职权、地位形成的便利条件,以及离职的国家工作人员或者其近亲属和其他与其关系密切的人,利用该离职的国家工作人员原职权或者地位形成的便利条件。利用影响力受贿罪解决了这样一个问题,就是国家工作人员利用了职务便利,但是没有收钱,也没有叫别人去拿钱,而他的近亲属和关系密切的人知道后利用了这一点去拿钱。例如,某市委书记当时利用职务上的便利为人家谋取了利益,他的妻子和儿子去拿了人家的钱。案发以后,书记坚决否认他知道妻子和儿子拿钱的事情,因为他的妻子和儿子拿了钱也没有告诉过他,最后没有办法对他定罪。如果这个案子发生在现在,如果市委书记确实不知道的话,那市委书记不构成犯罪,但是市委书记的妻子和儿子可以按照利用影响力受贿罪来认定。但是,这个案子已经判了,最后对那个市委书记就定了一个滥用职权罪。利用影响力受贿罪从某种意义上来讲就是为了解决这类案件。

这里大家还要注意的是,近亲属和关系密切的人与国家工作人员形成共同故意的,不要求一定要有通谋,只要心理上有默契就可以了。比如丈夫为人家办事,妻子拿钱,他们分工合作。妻子拿钱,丈夫也都知道,一个家庭中怎么能不知道呢?这时就不按照利用影响力受贿罪来认定了,而是直接按照受贿罪认定,把近亲属和关系密切的人认定为共犯。

利用影响力受贿罪的主体也就是近亲属和关系密切的人,不仅可以是单纯利用国家工作人员职务上的行为,收受钱财的行为人,也可以是利用国家工作人员职权或者地位形成的便利条件,通过其他国家工作人员职务上的行为,收受钱财的行为人。但是这里的斡旋和斡旋受贿的本质区别就是主体不同。这里的斡旋的主体是国家工作人员的近亲属或者其他与该国家工作人员关系密切的人,以及离职的国家工作人员或者其近亲属和其他与其关系密切的人。而斡旋受贿的主体则是国家工作人员。

另外,还需要大家注意的是,利用影响力受贿罪必须是谋取不正当利益,在受贿中要求必须是谋取不正当利益的,就是斡旋受贿和利用影响力受贿罪,但是利用影响力受贿罪是独立的罪名,而斡旋受贿不是独立的罪名,斡旋受贿是按照受贿罪认定的。

(三)"关系密切的人"的认定

按照这个条文,犯罪的面很广,我们现在都无法对关系密切的人加以界定,什么叫"关系密切"?师生之间的关系算不算关系密切?以前特定关系人是有明确定义的,也就是有共同利益的人。而现在关系密切的人,就很难说了。同学之间是否关系密切呢？老战友之间是否关系密切呢？师生之间是否关系密切呢？我的学生是法官，我跟这个学生关系密切吗？那我利用职务、地位所形成的便利条件，利用法官的职务谋利，这个算不算呢？（下讲台提问）

学生1："算的。因为刑法对'关系密切'并没有作出明确界定，那我们就应当从严认定。"

学生2："不算的。如果将这些情况都认定为'关系密切'的话，那打击面就太广了。"

（回讲台）我认为是不算的，这个问题本身就值得讨论。那么，关系密切的人的定义究竟是什么？我们对这个概念是没有明确规定的，司法解释要作出明确规定也是比较困难的。当时出台这个修正案征求我意见的时候，我就一直主张不要一会儿提出一个新的名词，新名词太多是不好的。之前有一个特定关系人，现在又有一个关系密切的人，那就又要对它下定义。从名词本身的意义来看，显然立法者对特定关系人的定义是不满意的，觉得特定关系人的定义太窄，关系密切的人的定义则可以放宽。那么，放宽范围以后，今后又应该如何来界定呢？是不是要借鉴《联合国反腐败公约》中任何人都可以构成受贿类犯罪的规定呢？那就连关系密切的人都不用讲了，直接规定任何人都可以构成受贿类犯罪，任何人利用国家工作人员职务上的便利或者职务地位形成的便利条件，通过其他国家工作人员的职务行为都可以构成受贿类犯罪，这样一来，问题就都解决了，行为人只要达到法定刑事责任年龄就可以了。可是立法者又不愿意按照这种方式来认定，从而就又编了一个没有边际的关系密切的人的概念。

那么，我们应该如何理解"关系密切的人"与"特定关系人"两个概念之间的关系呢？这个问题已经成为时下理论界和实务界新的探讨焦点。

有人认为，所谓"关系密切的人"是指非国家工作人员以亲情、友谊、利益等因素为纽带，与国家工作人员之间形成的较为亲近的特殊关系人。其认为"关系密切的人"主要存在于以下几种常见的关系之中：亲戚关系（非近亲属）、情人关系、情感关系、经济利益关系、朋友关系、同事关系、同学关系、老乡关系等等。而这些关系又常常存在着相互交叉的情形，比如情人之间，往往同时兼有情感关系和经济利益关系。持这种观点的学者还指出，"关系密切的人"与该国家工作人员之间并不必然存在共同利益关系，至少主要不是指经济利益关系。因为"关系密切的人"利用国家工作人员的地位、职权和影响力而索取或者收受财物，其收敛财物的行为并不为该国家工作人员所知（否则可能构成共同受贿罪），且在大多数情况下财物归"关系密切的人"不法所有。

也有学者指出，《刑法修正案（七）》中的"关系密切的人"与"两高"《关于办理受贿刑事案件适用法律若干问题的意见》中的"特定关系人"是一种包容关系，前者的范围可以容纳后者。其认为《意见》中的"特定关系人"包括三类："近亲属""情妇（夫）"和"其他共同利益关系的人"。这三类人之中，作为"特定关系人"的"近亲属"被《刑法修正案（七）》明示规定为"关系密切的人"的一种，而另外两类"特定关系人"中，"情妇（夫）"是与国家工作人员具有不正当男女关系和金钱包养关系的人，"其他共同利益关系的人"一般认为只限于具有经济利益关系的人，不包括老乡、同学、故友等只具有情感往来的人。《刑法修正案（七）》中的"其他关系密切的人"当然包括特定关系人中的"情妇（夫）"和具有"共同利益关系的人"，同时，被"特定关系人"概念排除在外的那些仅仅有情感往来但却无明显共同利益关系的其他人，就有可能属于"与国家工作人员有密切关系的人"，从而能够在实施特定行为的时候，包含在《刑法修正案（七）》第13条中。

也有学者提出直接去掉"其他与该国家工作人员关系密切的人"这一规定，使主体范围明确为"国家工作人员的近亲属"。其理由概括起来有三点：第一，"其他与该国家工作人员关系密切的人"斡旋受贿行为的社会危害性较小，应当排除在受贿罪的犯罪圈之外，以体现刑法谦抑精神；第二，这种规定根本不具有明确性和操作性，"其他与该国家工作人员关系密切的人"界限不明确，尤其是实践中无法准确界定其范围，对其斡旋受益行为定罪具有牵连无辜的重大风险，可能形成人人自危的局面，不利于建设社会主义和谐社会，也不具有可操作性，违反罪刑法定原则的精神；第二，对于"其他与该国家工作人员关系密切的人"斡旋受益行为，可以用其他方法进行防范，以充分体现刑法的最后手段性特征，节约刑法资源以集中打击相关的严重危害社会行为。

赞同限制说的学者并不多，而建议扩大主体范围的学者却为数不少。多数支持扩大说的学者主张将《刑法修正案（七）》第13条的主体扩大至其他任何人员，不作其他限制。更有学者提出，影响力交易行为的本质不在于犯罪主体的特殊性，而在于行为人所具有的影响力。《刑法修正案（七）》列举诸多主体，甚至概括至"关系密切的人"，其含义模糊，掌握困难，难具司法实践的可操作性。但主体并没有必要规定到罪状里，主体根本不是影响力交易的本质问题。将不是本质问题的主体问题当作要件规定进来，又引起了一系列其他的问题，如主体要件本身的明确性问题以及刑法分则的体系问题等。

我认为，《刑法修正案（七）》第13条所规定的"关系密切的人"是一种对主体要件兜底性的规定，由于相关规定中将其与近亲属并列规定，因此，其范围理应包括除近亲属之外的所有与国家工作人员具有密切关系的人。从《刑法修正案（七）》的规定与两高《意见》的规定分析，我认为，尽管"关系密切的人"与"特定关系人"两概念之间在语义上似乎是一种包容关系，但是，实质上则是一种交叉关系，理由主要有三点。

首先，由于《刑法修正案（七）》第13条的规定是将"近亲属"与"关系密切的人"并列规定的，因而"关系密切的人"概念中应该不包含近亲属的内容；而《意见》中规定有"特定关系人"，并具体界定为是"与国家工作人员有近亲属、情妇（夫）以及其他共同利益关系的人"，可见，"特定关系人"概念中应该包含近亲属的内容。就这个层面分析，"特定关系人"的范围应该比"关系密切的人"的范围要大。

其次，根据《刑法修正案（七）》第13条的规定，"关系密切的人"能够单独构成相关贿赂犯罪的主体，也就是说只要与国家工作人员关系密切，无论是否与国家工作人员通谋，只要通过国家工作人员职务上的行为，或者利用国家工作人员职权或者地位形成的便利条件，通过其他国家工作人员职务上的行为，都可能构成相关贿赂犯罪的主体。但是，根据《意见》规定，"特定关系人"只能以受贿共犯的身份出现，也就是说特定关系人与国家工作人员通谋，共同实施受贿行为的，对特定关系人以受贿罪的共犯论处。由于《意见》中并没有规定"特定关系人"可以单独构成受贿罪的主体，一般理解"特定关系人"只可能成为受贿罪的共犯，而不能单独成罪。就这个层面分析，"关系密切的人"构成犯罪的可能性要比"特定关系人"大很多。也正是因为这一点，我认为，在《刑法修正案（七）》颁布施行后，《意见》中有关"特定关系人"构成受贿罪的规定也就应该自动失效。

最后，由于《刑法修正案（七）》并没有对"关系密切的人"作专门界定，因而一般理解只要行为人与国家工作人员关系密切就可以构成"关系密切的人"。而《意见》则对"特定关系人"作了明确界定，"特定关系人"就是指与国家工作人员有近亲属、情妇（夫）以及其他共同利益关系的人。由此，从字面上理解，"关系密切的人"之范围理应比"特定关系人"的范围要大。

总之，我认为，"关系密切的人"与"特定关系人"之间存在交叉关系，在《刑法修正案（七）》颁行后，"特定关系人"的概念理应取消。另外，由于《刑法修正案（七）》第 13 条扩大了受贿犯罪的主体范围，非国家工作人员在没有通谋情况下也可以独立构成相关受贿犯罪，因此，我们理应明确界定"关系密切的人"的范围，从而谨慎划定受贿犯罪圈，强调实际存在的影响力对构成受贿犯罪的重要作用。

五、行贿罪

大家一定要注意，要构成行贿罪，谋取的必须是不正当利益。我国刑法中现在一共有 7 个条文规定必须是谋取不正当利益的。一个是对非国家工作人员行贿罪要谋取不正当利益，一个是斡旋受贿中要谋取不正当利益，一个是利用影响力受贿罪要谋取不正当利益，一个是对有影响力的人行贿罪要谋取不正当利益，一个是行贿罪也要谋取不正当利益，另外，还有对单位行贿罪和单位行贿罪也都要谋取不正当利益。可见，谋取不正当利益是构成行贿罪的一个很重要的条件。所谓谋取不正当利益，按照1999 年 3 月 4 日"两高"《关于在办理受贿犯罪大要案的同时要严肃查处严重行贿犯罪分子的通知》的规定，就是指谋取违反法律、法规、国家政策和国务院各部门规定的利益，以及要求国家工作人员或者有关单位提供违反法律、法规、国家政策和国务院各部门规章规定的帮助或者方便条件。其中一个是实体违法，另一个是程序违法。此外，根据 2008 年"两高"《关于办理商业贿赂刑事案件适用法律若干问题的意见》的规定，还包括违反一般的行业规则。特别需要注意的是，在这个有关商业贿赂的司法解释中，提出了一个特别的问题，就是在投标竞标以及政府采购等商业活动中，违背公平原则，给予相关人员财物，以谋取竞争优势的，属于"谋取不正当利益"。同时，2012 年"两高"颁布的《关于办理行贿刑事案件具体应用法律若干问题的解释》中指出，违反公平、公正原则，在经济、组织人事管理等活动中，谋取竞争优势的，应当认定为"谋取不正当利益"。也就是说，只要在招标投标、政府采购等商业活动以及在经济、组织人事管理等活动中送了钱，就是"谋取不正当利益"，就构成行贿。当然，这仅限于招标投标、政府采购等商业活动以及经济、组织人事管理等活动。除此之外的情形,我们不能因为送了钱,就认定是"谋取不正当利益"。如果只要送钱就是"谋取不正当利益",那"谋取不正当利益"就不是法律规定的构成要件了,这个要件也就形同虚设了。所以,不能认为一送钱就是"谋取不正当利益",不要将行贿和"谋取不正当利益"画等号。这是要专门加以证明的,只要是构成犯罪的必要要件就要专门加以证明。

2016年4月18日"两高"《关于办理贪污贿赂刑事案件适用法律若干问题的解释》对行贿罪的构成要件作了具体解释。为谋取不正当利益,向国家工作人员行贿,数额在3万元以上的,应当以行贿罪追究刑事责任。行贿数额在1万元以上不满3万元,具有下列情形之一的,应当依行贿罪追究刑事责任:(一)向3人以上行贿的;(二)将违法所得用于行贿的;(三)通过行贿谋取职务提拔、调整的;(四)向负有食品、药品、安全生产、环境保护等监督管理职责的国家工作人员行贿,实施非法活动的;(五)向司法工作人员行贿,影响司法公正的;(六)造成经济损失数额在50万元以上不满100万元的。犯行贿罪,具有下列情形之一的,应当认定为"情节严重":(一)行贿数额在100万元以上不满500万元的;(二)行贿数额在50万元以上不满100万元,并具有向3人以上行贿、将违法所得用于行贿、通过行贿谋取职务提拔、调整、向负有食品、药品、安全生产、环境保护等监督管理职责的国家工作人员行贿,实施非法活动或向司法工作人员行贿,影响司法公正的情形之一的;(三)其他严重的情节。为谋取不正当利益,向国家工作人员行贿,造成经济损失数额在100万元以上不满500万元的,应当认定为"使国家利益遭受重大损失"。

此外,还有两个问题需要大家注意。其中第一个需要大家注意的是非典型的行贿行为。在经济往来中,违反国家规定,给予国家工作人员财物,就是非典型的行贿。大家要注意,这种行贿仍然要以"谋取不正当利益"为要件。很多人认为,刑法条文并没有规定这种非典型的行贿要以"谋取不正当利益"为要件,其实这是不用规定的,它是条文的第2款,而条文的第1款已经明确规定了"谋取不正当利益"的要件。公务活动中的行贿和经济活动中的行贿的社会危害性是不同的。既然公务活动中都要"谋取不正当利益"才能构成犯罪,那在一般经济活动中就更要"谋取不正当利益"才能构成犯罪了,因为在经济活动中送钱的可能性更大。如果没有这个要件,那打击的面就太广了。第二个需要大家注意的是《刑法修正案(八)》对非国家工作人员行贿罪的刑法条款所作的修改。根据《刑法修正案(八)》第29条第2款的规定,为谋取不正当商业利益,给予外国公职人员或者国际公共组织官员以财物的,应当依照对外国公职人员、国际公共组织官员行贿罪的规定定罪处罚。

六、对有影响力的人行贿罪

《刑法修正案(九)》增设了对有影响力的人行贿罪。大家要注意的是,这个罪的客观方面主要包括以下几点:(1)行为特质在于行为人通过钱实现与国家工作人员"关系密切人"对国家工作人员具有的"影响力"之间的交易。(2)行为人给予财物既包括主动给予也包括基于上述人员的明示或暗示性的索取财物的行为而被动给予。(3)行为人行贿的对象必须是国家工作人员的近亲属或者与该国家工作人员关系密切的人、离职的国家工作人员或者其近亲属以及其他与其关系密切的人。如果行为人给予财物的对象是现职国家工作人员,则不构成本罪。

对有影响力的人行贿罪与一般的行贿罪还是有比较大的区别:(1)行为主体不同。行贿罪的主体仅包括自然人,不包括单位。对有影响力的人行贿罪的主体包括一般自然人和单位。(2)对象不同。对有影响力的人行贿罪的行为对象是"有影响力的人",也就是与在职国家工作人员"关系密切的人"。而行贿罪的行为对象则是在职国家工作人员。(3)行为性质不同。对有影响力的人行贿罪是钱与影响力的交易。而行贿罪是钱与权的交易。(4)客体不同。对有影响力的人行贿罪侵犯的客体是公职人员职务行为的正当性和公正性,而行贿罪侵犯的客体是公职人员职务行为的廉洁性。另外还有一点是需要注意的,根据刑法规定,因被勒索给予国家工作人员财物,没有获得不正当利益的,不是行贿,但因被勒索给予有影响力的人财物,没有获得不正当利益的,也构成对有影响力的人行贿罪。

《刑法修正案(九)》的生效意味着利用影响力受贿罪与对有影响力的人行贿罪形成对向关系,构成对向犯。国家工作人员的近亲属或者其他与国家工作人员关系密切的人,离职的国家工作人员或者其近亲属或者其他与其关系密切的人,利用影响力索要或者非法收受为谋取不正当利益的行为人财物,构成利用影响力受贿罪。在《刑法修正案(九)》生效之前,对于对有影响力的人行贿者无法处罚,为了进一步打击贪污贿赂,严密反腐法网,《刑法修正案(九)》增设了对有影响力的人行贿罪。

好,贪污贿赂的内容我就为大家介绍到这,同时刑法分论的内容我也就讲到这了,谢谢大家!

图书在版编目(CIP)数据

刑法学名师讲演录/刘宪权著.—3 版.—上海:
上海人民出版社,2021
ISBN 978 - 7 - 208 - 16992 - 0

Ⅰ.①刑… Ⅱ.①刘… Ⅲ.①刑法-法的理论-中国
-文集 Ⅳ.①D924.01 - 53

中国版本图书馆 CIP 数据核字(2021)第 044105 号

责任编辑 秦 堃
封面设计 一本好书

刑法学名师讲演录(第三版)
刘宪权 著

出　　版　上海人 ⺠ 出版社
　　　　　　(200001　上海福建中路 193 号)
发　　行　上海人民出版社发行中心
印　　刷　江阴市机关印刷服务有限公司
开　　本　787×1092　1/16
印　　张　49.75
插　　页　8
字　　数　1,034,000
版　　次　2021 年 3 月第 3 版
印　　次　2021 年 3 月第 1 次印刷
ISBN 978 - 7 - 208 - 16992 - 0/D · 3726
定　　价　168.00 元(全二册)